Abgabenordnung
Finanzgerichtsordnung

dtv

Schnellübersicht

Abgabenordnung

mit Finanzgerichtsordnung
und
Nebengesetzen

Textausgabe mit ausführlichem Sachverzeichnis
und Einführung
von Dr. Armin Pahlke

45. Auflage
Stand: 1. 3. 2021

www.dtv.de
www.beck.de

Sonderausgabe
dtv Verlagsgesellschaft mbH & Co. KG
Tumblingerstraße 21, 80337 München
© 2021. Redaktionelle Verantwortung: Verlag C.H.Beck oHG
Gesamtherstellung: Druckerei C.H.Beck, Nördlingen
(Adresse der Druckerei: Wilhelmstraße 9, 80801 München)
Umschlagtypographie auf der Grundlage
der Gestaltung von Celestino Piatti

chbeck.de/nachhaltig

ISBN 978-3-423–53057-6 (dtv)
ISBN 978-3-406–76230-7 (C.H.Beck)

Inhaltsverzeichnis

Fußnotenhinweise beziehen sich auf folgende Beck'sche Loseblattsammlungen:

Einführung

Von Dr. Armin **Pahlke,** Richter am Bundesfinanzhof a.D., München

Abgabenordnung

Die seit dem 1. Januar 1977 geltende **Abgabenordnung (AO)** – abgedruckt unter **1.** – enthält die für die Besteuerung der Bürger grundlegenden Vorschriften. Ihrer Konzeption nach ist die AO ein „Mantelgesetz", das das allgemeine Steuerrecht und das Steuerverwaltungsverfahren in einem einheitlichen Gesetzeswerk zusammenfasst.

Die Bezeichnung „Abgaben"ordnung ist insofern missverständlich, als zu den (öffentlichen) „Abgaben" neben den Steuern auch Gebühren (Entgelte für die Inanspruchnahme der öffentlichen Verwaltung, zB Müllabfuhr- oder Verwaltungsgebühren) sowie Beiträge (Entgelte für die Möglichkeit der Inanspruchnahme öffentlicher Leistungen, zB Anliegerbeiträge) und die sog. Sonderabgaben (zB Ausgleichsabgabe nach dem Schwerbehindertengesetz) zählen. Die AO gilt hingegen nur für Steuern und steuerliche Nebenleistungen (§ 3 Abs. 1 und 4) und für diese auch nur dann, wenn sie durch Bundesrecht oder EU-Recht geregelt sind (§ 1 Abs. 1). Damit findet die AO insbesondere auf die Einkommen-, Körperschaft- und Umsatzsteuer Anwendung. Für die sog. Realsteuern (dies sind die Grundsteuer und Gewerbesteuer, vgl. § 3 Abs. 2) gilt die AO, sofern ihre Verwaltung den Gemeinden übertragen ist, nur eingeschränkt (vgl. § 1 Abs. 2).

Der Begriff Abgaben*„ordnung"* legt zwar die Vorstellung nahe, dieses Gesetz enthalte ausschließlich verfahrensrechtliche Vorschriften. Dies trifft aber nicht zu. Vielmehr enthält die AO auch zahlreiche Regelungen, die dem materiellen Steuerrecht zuzuordnen sind. Dazu gehören insbesondere die Vorschriften über das Steuerschuldrecht (§§ 33 bis 50) sowie die in §§ 369 ff. geregelten Tatbestände des Steuerstraf- und Steuerordnungswidrigkeitenrechts.

Historisch geht die AO auf die von *Enno Becker* geschaffene und am 23. Dezember 1919 in Kraft getretene Reichsabgabenordnung (RAO) zurück. Die RAO galt nahezu 60 Jahre und wurde nach sorgfältigen Vorarbeiten durch die am 1. Januar 1977 in Kraft getretene AO grundlegend reformiert. Das wesentliche Ziel der AO besteht darin, das allgemeine Steuerrecht und das Steuerverfahrensrecht in einem Gesetz zusammenzufassen. Ferner sollte für das Steuerrecht ein gerechter Ausgleich zwischen den Grundsätzen der Rechtssicherheit und der materiellen Gerechtigkeit erreicht werden. Schließlich musste der technischen Entwicklung durch Anpassung des Besteuerungsverfahrens an die elektronische Datenverarbeitung Rechnung getragen und eine rasche, zeitnahe und unbürokratische Steuererhebung ermöglicht werden.

Die **Gliederung** der AO in neun Teile folgt systematischen Gesichtspunkten. Der *Erste Teil* (§§ 1 bis 32j) steckt in seinen „Einleitenden Vorschriften" durch § 1 den Anwendungsbereich des Gesetzes ab. Von der Bundesrepublik geschlossene völkerrechtliche Verträge – dies sind vor allem die mit zahlreichen

Einführung

Staaten abgeschlossenen Doppelbesteuerungsabkommen – genießen einen Vorrang gegenüber den innerstaatlichen Steuergesetzen (§ 2). Die Vorschriften über die Verarbeitung personenbezogener Daten in § 2a sind seit dem 25. Mai 2018 an die in allen Mitgliedstaaten der EU geltende Datenschutz-Grundverordnung angepasst. Die Verarbeitung der geschützten Daten regeln die neu geschaffenen §§ 29b und 29c. Die Rechte der betroffenen Personen ergeben sich aus §§ 32a bis 32 f. In den §§ 32g bis 32j werden die Datenschutzaufsicht sowie der gerichtliche Rechtsschutz in datenschutzrechtlichen Angelegenheiten behandelt. Die §§ 32c und 32i wurden in Teilen durch Gesetz vom 29. Dezember 2020 neu geregelt.

Große praktische Bedeutung haben die in §§ 3 bis 15 gegebenen steuerlichen **Begriffsdefinitionen** (zB Gesetz, Ermessen, Behörden, Wohnsitz, Angehörige), die für die gesamte AO wichtig sind. Der an sich zentrale Begriff des Steuerpflichtigen wird allerdings außerhalb dieses Abschnitts erst in § 33 definiert. Die Regelungen über die Zuständigkeit (§§ 16 bis 29a) betreffen teilweise nur einzelne Steuerarten und werden durch Regelungen in den Einzelsteuergesetzen ergänzt.

Das in § 30 geregelte **Steuergeheimnis** gründet auf dem durch das Grundgesetz geschützten Recht auf sog. informationelle Selbstbestimmung. Die Regelung wurde dahingehend ergänzt, dass auch die Statistischen Landesämter die Daten benutzen dürfen. Ein Bankgeheimnis sieht die AO nicht mehr vor. Die den Finanzbehörden früher auferlegte Verpflichtung, „auf das Vertrauensverhältnis zwischen den Kreditinstituten und deren Kunden besonders Rücksicht zu nehmen" (§ 30a), ist entfallen. Diese Vorschrift hatte ohnehin schon an Bedeutung verloren, nachdem der Gesetzgeber den Finanzbehörden durch das Kontenabrufverfahren (§ 93 Abs. 7 bis 10 sowie § 93b) die Möglichkeit eröffnet hat, einzelne Daten über Konto- und Depotverbindungen über das Bundesamt für Finanzen abzurufen. Eine Durchbrechung des Steuergeheimnisses enthält die Regelung des § 31 AO, der den dort aufgeführten Stellen der öffentlichen Verwaltung einen Zugriff auf die Daten der Finanzverwaltung gestattet. Zudem lassen §§ 31a und 31b einen Informationsaustausch zwischen den Finanzbehörden und anderen Stellen zu, um zB illegale Beschäftigung, Schwarzarbeit, Leistungsmissbrauch, Geldwäsche und Terrorismusfinanzierung wirksamer bekämpfen zu können.

Der mit „Steuerschuldrecht" überschriebene *Zweite Teil* (§§ 33 bis 77) enthält vor allem materiell-rechtliche Vorschriften über Entstehung, Inhalt und Erlöschen des Steuerschuldverhältnisses und über die Haftung für Steuerschulden anderer. § 33 stellt den Begriff des Steuerpflichtigen voran; dieser Begriff ist umfassender als der des Steuerschuldners (dazu § 37). Denn Steuerpflichtiger ist nicht nur der Schuldner eines vermögensrechtlichen Anspruchs, sondern prinzipiell auch jeder, dem in der AO oder in einzelnen Steuergesetzen Verfahrenspflichten (zB Erklärungs- oder Mitwirkungspflichten) auferlegt sind. Gegenstand des Steuerschuldverhältnisses sind vermögensrechtliche Ansprüche zwischen dem Steuerschuldner und dem Steuergläubiger. Die einzelnen Ansprüche aus dem Steuerschuldverhältnis sind in § 37 aufgezählt. Mehrere Personen, die nebeneinander dieselbe Steuer schulden oder für sie haften, unterliegen den besonderen Regeln der Gesamtschuldnerschaft (dazu § 44).

Bei der Beurteilung von Rechtsgeschäften und anderen für die Besteuerung erheblichen Verhältnissen stellt das Steuerrecht auf das wirtschaftliche Ergebnis ab. Einzelheiten dieser wirtschaftlichen Betrachtungsweise ergeben sich aus den §§ 39 bis 41. Steuerumgehungen durch den Missbrauch von rechtlichen Gestaltungsmöglichkeiten begegnet § 42, der den „Missbrauch" als „unangemessene rechtliche Gestaltung" definiert.

Eingehende Regelungen enthalten §§ 51 ff. hinsichtlich der **steuerbegünstigten Zwecke.** Ist nach Maßgabe dieser Bestimmungen eine Gemeinnützigkeit zu bejahen, ergeben sich daraus erhebliche Steuervergünstigungen (zB bei der Körperschaft-, Gewerbe- und Umsatzsteuer). Einen Vertrauensschutz bei Mittelweitergaben normiert nunmehr der ab 29. Dezember 2020 eingefügte § 58a. Ab 1. Januar 2024 soll durch § 60b ein zentrales Zuwendungsempfängerregister beim Bundeszentralamt für Steuern geschaffen werden, mit dem zukünftig auf gesonderte Zuwendungsbescheinigungen verzichtet werden kann. Durch zahlreiche Änderungen des Gemeinnützigkeitsrechts sind die Rahmenbedingungen für bürgerschaftliches Engagement und Ehrenamt laufend verbessert worden. Verfassungsfeindliche Organisationen werden nicht gefördert (§ 51 Abs. 3 S. 1). Für die Tätigkeit von Dachverbänden bei der Organisation von Sportverbänden gilt ab 1. Januar 2021 eine Begünstigung (§ 67a Abs. 4); ein Zweckbetrieb liegt schon dann vor, wenn mehr als 50 Prozent Amateursportler an der Veranstaltung teilnehmen. Für gemeinnützige Vereine und andere Körperschaften hält die Anlage 1 zu § 60 eine Mustersatzung bereit.

Die Haftung im Steuerrecht – sie bedeutet das Einstehenmüssen für fremde Steuerschulden – regeln §§ 69 ff. Diese Vorschriften sollen das Steueraufkommen sicherstellen. Durch § 72a wurde nunmehr ein neuer Haftungstatbestand eingefügt, der unter näheren Voraussetzungen eine Haftung des Herstellers nichtamtlicher Datenverarbeitungsprogramme begründet. Die steuerrechtliche Haftpflicht knüpft vor allem an bestimmte Handlungen (zB Pflichtverletzungen gesetzlicher Vertreter) an. Die Haftung bei Organschaft (§ 73) wurde dahingehend ausgedehnt, dass neben ihr auch die Organgesellschaften haften. Zur Haftung führt auch eine besondere Nähe des Haftenden zu dem Vermögen, aus dem die Steuerschuld aufgebracht werden soll (zB Haftung eines Betriebsübernehmers, § 75). Haftungsschuldner werden durch Haftungsbescheid (§ 191 Abs. 1) in Anspruch genommen.

Der *Dritte Teil* (§§ 78 bis 133) enthält die ganz allgemeinen Vorschriften über das Steuerverwaltungsverfahren. Dazu wird in § 78 zunächst der am Besteuerungsverfahren beteiligte Personenkreis umschrieben und in §§ 79 bis 81 festgelegt, wer wirksam Verfahrenshandlungen vornehmen kann. § 80 Abs. 9 regelt nunmehr die sofortige Zurückweisung von Beiständen, die ohne die notwendige Befugnis handeln.

Für das gesamte Besteuerungsverfahren geltende wichtige Verfahrensgrundsätze ergeben sich aus §§ 85 bis 92. Steuern sind nach dem sog. **Legalitätsprinzip** nach Maßgabe der Gesetze gleichmäßig festzusetzen und zu erheben (§ 85). Die in §§ 87a (zuletzt geändert durch Gesetz vom 12. Dezember 2020) bis 87e geschaffenen Regelungen erlauben unter näheren Voraussetzungen eine **elektronische Kommunikation** mit dem Finanzamt. Gemäß § 87a Abs. 1 S. 3 AO kann nunmehr auf die Verschlüsselung verzichtet werden, wenn alle betroffenen Personen zustimmen. Der in § 88 festgelegte **Untersuchungsgrundsatz** ist durch das Gesetz zur Modernisierung des Besteuerungsverfahrens neu justiert worden. Die Finanzämter bestimmen das Maß der zu beachtenden Amtsermittlungspflicht unter Berücksichtigung ihrer personellen und wirtschaftlichen Konsequenzen. Dabei können auch allgemeine Erfahrungen sowie die Wirtschaftlichkeit und Zweckmäßigkeit berücksichtigt werden. Zur Sicherstellung eines angemessenen Entdeckungsrisikos wird außerdem ein automati-

Einführung

siertes Risikomanagement geschaffen. Dadurch wird die Steuererklärung ggf. einer persönlichen Prüfung durch einen Amtsträger zugeführt.

Bemerkenswert ist die Regelung des § 89. Die Vorschrift verpflichtet die Finanzbehörden nicht nur allgemein zu Beratung und Auskunft. § 89 Abs. 2 enthält auch eine allgemeine gesetzliche Regelung über die sog. **verbindliche Auskunft.** Hierfür besteht aus Gründen der Planungssicherheit und vor dem Hintergrund der immer komplizierteren Steuergesetze ein dringendes praktisches Bedürfnis. Freilich erteilen die Finanzbehörden eine solche verbindliche Auskunft im Regelfall nicht gratis, sondern nur gegen Zahlung einer Gebühr (§ 89 Abs. 3 bis 7). Diese Gebühr wird nach dem Wert der Auskunft für den Antragsteller bemessen. Die Gebührenpflicht entfällt, wenn der Gegenstandswert weniger als 10.000 Euro oder die Bearbeitungszeit für das Finanzamt weniger als zwei Stunden beträgt.

Die Beteiligten sind zur Mitwirkung bei der Ermittlung des Sachverhalts verpflichtet (§ 90 Abs. 1) und haben ein Recht auf Anhörung (§ 91). Zu diesen Mitwirkungspflichten gehört zB die Pflicht zur Auskunft (§ 93); diese Vorschrift wurde mehrfach – zuletzt mit Wirkung ab 29. Dezember 2020 – geändert. Die Sachaufklärungsbefugnisse der Vollstreckungsbehörde sind erweitert worden. Die Mitwirkungspflicht gilt auch für die Vorlage von Urkunden (§ 97) oder die Duldung des Betretens von Grundstücken und Räumen (§ 99). Die Finanzbehörde kann zur Sachverhaltsermittlung auch auf Dritte zurückgreifen (zB §§ 93, 96 und 97). Das Auskunftsersuchen nach § 93 einschließlich eines sog. Sammelauskunftsersuchens und das Vorlageersuchen nach § 97 sind gleichrangige Ermittlungsinstrumente. Dritte Personen haben unter bestimmten Voraussetzungen ein Auskunftsverweigerungsrecht (§§ 101 bis 106).

Von besonderer Brisanz (im Hinblick auf die notwendige Balance zwischen der Gleichmäßigkeit der Besteuerung einerseits und dem Recht auf informationelle Selbstbestimmung andererseits) sind § 93 Abs. 7, Abs. 8 und Abs. 8a sowie § 93b. Die Finanzbehörden haben aufgrund dieser Vorschriften die Möglichkeit zum **Kontenabruf,** dh, sie können für steuerliche Zwecke über das Bundeszentralamt für Steuern bei den Finanzinstituten einzelne Daten abrufen. Im Zuge der Einführung der Abgeltungssteuer auf private Zinsen und Veräußerungsgewinne wurden die Kontenabrufmöglichkeiten durch § 93 Abs. 7 eingeschränkt; mitteilungspflichtig sind jedoch bundesgesetzliche Steuererstattungen und Steuervergütungen (zB Kindergeld) sowie Mitteilungen nach § 138 Abs. 2. Nach § 93 Abs. 8 und Abs. 8a haben zB auch die für die Gewährung von Sozialhilfe oder Ausbildungsförderung zuständigen Behörden die Möglichkeit des Kontenabrufs. Hinsichtlich des Kontenabrufs besteht grundsätzlich eine Informationspflicht gegenüber dem Betroffenen (§ 93 Abs. 9) und ferner eine Dokumentationspflicht der ersuchenden Behörde über das Abrufersuchen und dessen Ergebnis (§ 93 Abs. 10).

Zu den Allgemeinen Vorschriften gehören auch solche über **Fristen und Termine** (§§ 108 und 109). Die Möglichkeit der Fristverlängerung ist für die nach dem 31. Dezember 2017 beginnenden Besteuerungszeiträume stark eingeschränkt worden. Durch § 109 Abs. 4 ist für Steuererklärungen und für von den Finanzbehörden gesetzte Fristen die Möglichkeit eines rein automationsgestützten Verfahrens eröffnet. Wurde im Verwaltungsverfahren eine gesetzliche Frist (zB eine Rechtsbehelfsfrist) nicht eingehalten, ist unter näheren Voraussetzungen Wiedereinsetzung in den vorigen Stand zu gewähren (dazu § 110).

Im Rahmen der Rechts- und Amtshilfe (§§ 111 ff.) sind Gerichte und Behörden verpflichtet, die Finanzbehörden zur Durchführung der Besteuerung zu

X

unterstützen. Aufgrund der stetig zunehmenden Verflechtung Deutschlands mit dem Ausland gewinnt auch die zwischenstaatliche grenzüberschreitende Rechts- und Amtshilfe an Bedeutung. Im Rahmen des § 117 können die Finanzbehörden auch ausländische Rechts- und Amtshilfe in Anspruch nehmen bzw. ausländischen Behörden solche Hilfe gewähren. Hier zieht das EU-Amtshilfegesetz vom 26. Juni 2013 (BGBl. 2013 I 1809) eine erhebliche Ausweitung des Austauschs von Informationen in Steuersachen zwischen Deutschland und den übrigen EU-Mitgliedstaaten nach sich. § 117a und § 117b lassen zur Verhütung von Straftaten die Übermittlung von Daten an Mitgliedstaaten der EU zu. Auf der Grundlage des § 117c kommt es auch bei anderen internationalen Sachverhalten, insbesondere im Verhältnis zu den USA, zur Erhebung und Übermittlung steuerrelevanter Daten. § 117d erlaubt die Aufbereitung der im Rahmen der internationalen Amts- und Rechtshilfe erlangten Informationen zu statistischen Zwecken und deren Veröffentlichung.

Das Handeln der Finanzbehörden erfolgt, soweit dieses Regelungscharakter aufweist, durch **Verwaltungsakt.** Für die allgemeinen Steuerverwaltungsakte gelten die in §§ 118 bis 132 niedergelegten Grundsätze. Die Bekanntgabe der Steuerverwaltungsakte bestimmt sich grundsätzlich nach §§ 122 und 122a. Auch der Steuerbescheid ist ein Steuerverwaltungsakt. Für ihn gelten als Spezialvorschriften zunächst die §§ 155 bis 168 AO; die §§ 118 ff. AO sind hier nur ergänzend heranzuziehen. Auch das Steuerverwaltungsverfahren passt sich immer stärker der Entwicklung der modernen Kommunikationstechnik an. § 87a (diese Vorschrift bildet die Grundlage für die elektronische Übermittlung von Steuererklärungen im Programm „ELSTER") sowie § 119 Abs. 2 und 3 sowie § 122 Abs. 2a machen es Bürgern und Steuerverwaltung möglich, auf elektronischem Wege miteinander in rechtsverbindlicher Weise zu kommunizieren. Bislang konnte die für Anträge, Erklärungen und Mitteilungen an die Finanzbehörde erforderliche Schriftform durch die elektronische Form nur bei Verwendung einer qualifizierten elektronischen Signatur ersetzt werden. Dieses Verfahren hat sich allerdings in der Praxis nicht durchgesetzt. Die Schriftform kann durch Eingabe der Erklärung in ein elektronisches Formular sowie durch die Versendung von Dokumenten per DE-Mail ersetzt werden.

Der *Vierte Teil* (§§ 134 bis 217 AO) unter dem Titel „Durchführung der Besteuerung" behandelt in seinem ersten Abschnitt die Erfassung der Steuerpflichtigen (§§ 137 bis 139). Die Neufassung des § 138 (dieser wurde mit Wirkung vom 29. Dezember 2020 wiederum geändert) betrifft die Anzeigen über die Erwerbstätigkeit. § 138a (geändert durch Gesetz vom 29. Dezember 2020) statuiert einen länderbezogenen Bericht multinationaler Konzerne, §§ 138b und 138c sehen erweiterte neue Mitteilungs-, Mitwirkungs- und Auskunftspflichten für Steuerpflichtige und mitteilungspflichtige Stellen vor. Der Zeitpunkt der erstmaligen Anwendung des § 138 Abs. 1b S. 2 wird durch ein noch zu ergehendes Schreiben des BMF bestimmt werden. Durch die §§ 138d bis 138k wird für diejenigen, die eine grenzüberschreitende Steuergestaltung verwalten oder für Dritte konzipieren, organisieren oder zur Nutzung bereitstellen, oder ihre Umsetzung durch Dritte verwalten lassen (sog. **Intermediäre,** also insbesondere Angehörige der steuerberatenden Berufe), eine Mitteilungspflicht gegenüber dem **Bundeszentralamt für Steuern** begründet. Dazu sind ergänzende Regelungen zur erstmaligen Anwendbarkeit ergangen. Privatpersonen sind von dieser Mitteilungspflicht, die eine Erosion des Steuersubstrats verhindern soll, nur in Ausnahmefällen betroffen.

Einführung

Auf der Grundlage der §§ 139a bis d wird allen Steuerpflichtigen ein **einheitliches Identifikationsmerkmal** für das Besteuerungsverfahren zugewiesen; § 139b wurde zuletzt durch Gesetz vom 18. Februar 2021 geändert. In der Verwendung von einheitlichen Identifikationsmerkmalen liegt kein Verstoß gegen das Recht auf informationelle Selbstbestimmung. Natürliche Personen erhalten eine Identifikationsnummer, wirtschaftlich Tätige eine Wirtschafts-Identifikationsnummer. Dieses Identifikationsmerkmal löst die bisherigen Steuernummern ab und verbessert die Kontrollmöglichkeiten der Finanzverwaltung. Nach Maßgabe des § 139b Abs. 9 darf das Bundeszentralamt für Steuern Informationen an die Meldebehörden weitergeben. Die zweckwidrige Erhebung und Verwendung der Identifikationsnummer und der Wirtschafts-Identifikationsnummer werden als Ordnungswidrigkeit verfolgt (§ 384a).

Spezielle Mitwirkungspflichten für die Steuerpflichtigen hinsichtlich der Buchführung und der Abgabe von Steuererklärungen ergeben sich aus §§ 140 bis 154. § 147 Abs. 6 erleichtert für die Zeit ab 1. Januar 2020 den Wechsel des Datenverarbeitungssystems. Die Vorschrift gilt für alle Daten, deren Aufbewahrungsfrist am 1. Januar 2020 noch nicht abgelaufen ist. § 149 Abs. 4 S. 1 Buchst. b wurde mit Wirkung ab 18. Dezember 2019 geändert.

Bereits seit 2018 ist die Frist zur Abgabe der Steuererklärung um zwei Monate verlängert worden. Eine weitere Fristverlängerung kann jedoch im Regelfall nicht mehr erfolgen. **§ 152 AO** wurde zum 29. Dezember 2020 in Teilen geändert. Die Vorschrift begründet entweder eine **Ermessensentscheidung zur Festsetzung eines Verspätungszuschlags** oder – insbesondere bei Abgabe der Steuererklärung erst binnen 14 Monaten nach Ablauf des Kalenderjahrs oder des Besteuerungszeitpunkts – eine **gesetzliche Pflicht zur Festsetzung eines Verspätungszuschlags.** Die Vorschrift lässt nunmehr auch eine allein automationsgestützte Festsetzung zu. Durch den an die Vorschriften des Geldwäschegesetzes angepassten § 154 Abs. 2, Abs. 2a bis 2c erstreckt sich die Identifizierung zukünftig auch auf die wirtschaftlich Berechtigten.

Die Regelungen über die Steuerfestsetzung (§§ 155 bis 178a) betreffen die Sachentscheidung der Finanzbehörde, die diese über die im Einzelfall gegebene Steuerfolge trifft. Diese Entscheidung ergeht durch einen **Steuerbescheid** (§ 155). Aufgrund der Neuregelung in § 155 Abs. 4 können auch Steuerfestsetzungen, Anrechnungen von Steuerabzugsbeträgen sowie Vorauszahlungen ausschließlich automationsgestützt vorgenommen oder geändert werden. Die dem Steuerbescheid zugrunde liegenden Besteuerungsgrundlagen können grundsätzlich nicht selbständig angefochten werden (§ 157 Abs. 2). Davon abweichend werden jedoch Besteuerungsgrundlagen durch Feststellungsbescheid gesondert festgestellt, soweit dies in der AO oder in einzelnen Steuergesetzen besonders angeordnet ist (vgl. §§ 179 bis 184). Diese Vorschriften werden in den folgenden Jahren an die spätestens ab 1. Januar 2025 anzuwendenden neuen Grundbesitzwerte angepasst.

Insbesondere Einkommensteuerbescheide enthalten regelmäßig einen sog. **Vorläufigkeitsvermerk** (dazu § 165). Vorläufigkeit bedeutet, dass die Steuerfestsetzung zugunsten oder zuungunsten des Steuerpflichtigen geändert werden kann. Die Vorläufigkeitserklärung soll auch sicherstellen, dass Steuerpflichtige in den Genuss für sie günstiger künftiger Rechtsentwicklungen kommen. Dies betrifft (vgl. § 165 Abs. 1 S. 2 Nr. 2a und Nr. 3) insbesondere Fälle, in denen die Vereinbarkeit einer steuerrechtlichen Bestimmung mit europäischem Gemeinschaftsrecht oder dem Grundgesetz Gegenstand eines beim Europäischen Gerichtshof, beim Bundesverfassungsgericht oder beim Bundesfinanzhof anhängigen Verfahrens ist. § 165 Abs. 1 S. 2 Nr. 4 erweitert die Möglichkeit der Vorläufigkeitserklärung auf Fallgestaltungen, in denen allein die Auslegung einer steuerrechtlichen Bestimmung – unabhängig davon, ob es sich um die Vereinbarkeit mit europäischem Gemeinschaftsrecht oder dem Grundgesetz geht – Gegenstand eines Verfahrens vor dem Bundesfinanzhof ist. Der Gesetzgeber stellt damit sicher, dass Steuerpflichtige von einer für sie günstigen Auslegung durch den Bundesfinanzhof profitieren können. Zugleich wird durch die Vorläufigkeitserklärung vermieden, dass allein wegen dieser Frage massenweise Einsprüche gegen Steuerbescheide eingelegt werden.

Die Vorschriften über die **Festsetzungsverjährung** (§§ 169 bis 171) regeln die Dauer der Festsetzungsfrist und die Folgen der Festsetzungsverjährung. Diese Regelungen dienen dem Rechtsfrieden und der Rechtssicherheit. Von der Festsetzungsverjährung zu trennen ist die zum Steuererhebungsverfahren gehörende Zahlungsverjährung (§§ 228 bis 232); diese betrifft allein die Verjährung bereits fälliger Ansprüche aus dem Steuerschuldverhältnis.

Die reguläre Festsetzungsfrist (§ 169 Abs. 2) beträgt für Verbrauchsteuern (zB Mineralölsteuer) ein Jahr; für die weitaus meisten Steuern (insbesondere Einkommen-, Umsatz- und Gewerbesteuer) beträgt die Festsetzungsfrist vier Jahre. Noch längere Festsetzungsfristen gelten im Fall einer Steuerhinterziehung oder leichtfertigen Steuerverkürzung. Folge der Festsetzungsverjährung ist, dass eine Steuerfestsetzung sowie ihre Aufhebung oder Änderung nicht mehr zulässig ist. Aus § 170 ergibt sich, welche Ereignisse den Beginn der Festsetzungsfrist in Lauf setzen. Durch § 170 Abs. 6 soll insbesondere bei im Ausland verstecktem Kapitalvermögen eine nachträgliche Steuerfestsetzung erreicht werden. Nach § 170 Abs. 7 wird der Anlauf der Festsetzungsfrist für maximal zehn Jahre gehemmt, soweit der Steuerpflichtige es unterlässt der Finanzbehörde steuererhebliche „beherrschende" Beziehungen zu einer Drittstaat-Gesellschaft iSd § 138 Abs. 3 mitzuteilen. § 171 regelt Fälle der sog. Ablaufhemmung, durch welche sich die Festsetzungsverjährung infolge während der laufenden Festsetzungsfrist eintretender Ereignisse verlängert. Die Bestimmung des § 171 Abs. 5 wurde zuletzt durch Gesetz vom 29. Dezember 2020 geändert.

Die Normen über die Bestandskraft (§§ 172 bis 177) enthalten eigenständige Vorschriften für die Aufhebung und Änderung bestandskräftiger Steuerbescheide. Diese werden um Regelungen für den Fall von Schreib- und Rechenfehlern des Steuerpflichtigen (§ 173a) sowie der Änderung von Steuerbescheiden bei Datenübermittlung durch Dritte (§ 175b) ergänzt.

Wegen ihres besonderen Ermittlungsauftrags sind den Finanzbehörden durch die Mittel der Außenprüfung (§§ 193 bis 207) besondere Aufklärungs- und Kontrollmöglichkeiten eröffnet. Die Außenprüfung kann sich auch auf die Erfüllung von Mitteilungen bei einer nach § 93c mitteilungspflichtigen Stelle richten. Besondere Aufklärungsmöglichkeiten ergeben sich auch für die Steuerfahndung (§ 208). Neu ist die durch Gesetz vom 29. Dezember 2020 geschaffene Möglichkeit des Bundeszentralamts für Steuern, in eigener Zuständigkeit die Aufdeckung und Ermittlung unbekannter Steuerfälle zu betreiben. Die Möglichkeit der Steueraufsicht ergibt sich aus §§ 209 bis 217.

Der *Fünfte Teil* (§§ 218 bis 248) betrifft das **Erhebungsverfahren.** Sein Gegenstand ist die Geltendmachung (Verwirklichung) des Anspruchs aus der zuvor im Festsetzungsverfahren (durch Steuerbescheid) erfolgten Festsetzung des Anspruchs aus dem Steuerschuldverhältnis. Im Einzelnen geregelt sind hier die Fälligkeit, die Zahlung, die Stundung, die Aufrechnung, der Erlass, die Zahlungsverjährung (hier wurde § 231 durch Gesetz vom 29. Dezember 2020 ge-

Einführung

ändert), die Verzinsung von Ansprüchen aus dem Steuerschuldverhältnis sowie die Säumniszuschläge. Die Höhe des Zinses zB für Steuernachforderungen und Steuererstattungen (§ 233a) beträgt 0,5 % für jeden Monat (§ 238 Abs. 1 S. 1), also 6 % jährlich und liegt damit völlig außerhalb des derzeitigen Niedrigzinsniveaus. Zu dieser Problematik sind Verfahren beim BVerfG und dem BFH anhängig. Bislang hat sich der Gesetzgeber nicht zu einer Herabsetzung des gesetzlichen Zinssatzes entschließen können; für Besteuerungszeiträume ab dem 1. Januar 2012 gewährt die Verwaltung eine Aussetzung der Vollziehung (zuletzt BMF v. 27.11.2019, BStBl. I 2019, 1266). Bei nicht rechtzeitiger Entrichtung der Steuer wird ein Säumniszuschlag erhoben (§ 240). Er beträgt für jeden angefangenen Monat der Säumnis 1 % des nach unten abgerundeten Steuerbetrags.

Der *Sechste Teil* (§§ 249 bis 346) enthält eingehende Vorschriften über die **Vollstreckung.** Diese setzt einen vollstreckbaren Verwaltungsakt voraus (vgl. §§ 249 und 251). Die AO regelt zum einen die Vollstreckung wegen Geldforderungen (dazu §§ 259 bis 327) für den Fall, dass die Steuer im Erhebungsverfahren nicht gezahlt wurde. Doch ist eine Vollstreckung auch dann möglich, wenn der Steuerpflichtige eine ihm durch Verwaltungsakt aufgegebene Pflicht zu einer Handlung, Duldung oder Unterlassung nicht erfüllt hat (dazu §§ 327 bis 346). Die Vollstreckung darf erst beginnen, wenn die Leistung fällig ist, der Vollstreckungsschuldner zur Leistung aufgefordert wurde und seit der Aufforderung mindestens eine Woche verstrichen ist (§ 254 Abs. 1 S. 1). Die Festsetzung von Säumniszuschlägen kann auch rein automationsgestützt erfolgen. Die für die Vollstreckung anfallenden Kosten (dies sind einzeln aufgeführte Gebühren und Auslagen) hat der Vollstreckungsschuldner zu tragen (§ 337 Abs. 1).

Der *Siebente Teil* (§§ 347 bis 367) betrifft das außergerichtliche Rechtsbehelfsverfahren. Dieses ist dem finanzgerichtlichen Verfahren vorgeschaltet (vgl. § 44 Finanzgerichtsordnung) und – wie insbesondere die Verweisung des § 365 Abs. 1 auf die allgemeinen Verfahrensvorschriften zeigt – als Fortsetzung des Verwaltungsverfahrens ausgestaltet. Außergerichtlicher Rechtsbehelf ist der **Einspruch;** er ist gegen die in § 347 (vgl. jedoch auch den Ausnahmekatalog des § 348) aufgeführten Verwaltungsakte und insbesondere gegen Steuerbescheide gegeben. Der Einspruch ist innerhalb eines Monats nach Bekanntgabe des Verwaltungsakts einzulegen (§ 355 Abs. 1 S. 1). Der Einspruch ist schriftlich einzureichen oder zur Niederschrift zu erklären (§ 357 Abs. 1 S. 1); die Schriftform wird auch durch Telefax und durch einfache E-Mail (an die E-Mail-Adresse des Finanzamts) gewahrt. Auf entsprechenden Antrag hin hat die Finanzbehörde die Sach- und Rechtslage mit dem Einspruchsführer zu erörtern (§ 364a). Mit der Einspruchsbegründung können auch solche Tatsachen vorgetragen werden, die an sich schon im Besteuerungsverfahren hätten geltend gemacht werden können. Die Finanzbehörde kann eine Frist für die Begründung des Einspruchs, für die Klärung bestimmter Punkte, zur Bezeichnung von Beweismitteln oder für die Vorlage von Urkunden setzen. Wird die gesetzte Frist nicht eingehalten, sind die entsprechenden Erklärungen oder Beweismittel ausgeschlossen (§ 364b; die Rechtmäßigkeit dieser Maßnahme kann auf eine Klage hin vom Finanzgericht überprüft werden). Das außergerichtliche Rechtsbehelfsverfahren endet mit der **Einspruchsentscheidung.** In der Einspruchsentscheidung kann jetzt bei der gesonderten und einheitlichen Feststellung nach § 180 Abs. 1 S. 1 Nr. 2 Buchstabe a auf die Nennung sämtlicher Einspruchsführer verzichtet werden (Gesetz vom 29. Dezember 2020). Die Einspruchsentscheidung kann den angefochtenen Verwaltungsakt unter bestimmten

Umständen auch zum Nachteil des Einspruchsführers ändern (§ 367 Abs. 2 S. 2). § 367 Abs. 2a gibt der Finanzbehörde die Möglichkeit, über Teile des Einspruchs vorab zu entscheiden. Auf der Grundlage des § 367 Abs. 2b können Einsprüche auch durch eine sog. Allgemeinverfügung zurückgewiesen werden. Dies betrifft vor allem die massenweise eingelegten Einsprüche, die eine vom Europäischen Gerichtshof, vom Bundesverfassungsgericht oder vom Bundesfinanzhof in einem Musterverfahren zu entscheidende Rechtsfrage betreffen. Kann diesen Einsprüchen nach dem Ausgang des Musterverfahrens vor diesen Gerichten nicht abgeholfen werden, wird die an sich erforderliche individuelle Einspruchsentscheidung durch die Allgemeinverfügung ersetzt. Diese muss im Bundessteuerblatt oder auf den Internetseiten des Bundesministeriums der Finanzen veröffentlicht werden. Gegen die Zurückweisung des Einspruchs durch die Allgemeinverfügung kann binnen eines Jahres Klage zum Finanzgericht erhoben werden.

Das außergerichtliche Rechtsbehelfsverfahren ist **kostenfrei;** sowohl die Einspruchsführer als auch die Finanzbehörde haben ihre eigenen Kosten zu tragen. Gegen die Einspruchsentscheidung kann Klage vor dem Finanzgericht erhoben werden.

Der Einspruch hemmt nicht die **Vollziehung** des Verwaltungsaktes und entbindet den Steuerpflichtigen insbesondere nicht von seiner Verpflichtung zur Zahlung der Steuer (§ 361 Abs. 1 AO). Jedoch kann die Finanzbehörde die Vollziehung nach Maßgabe des § 361 Abs. 2 und 3 AO aussetzen. Lehnt die Finanzbehörde die Aussetzung oder Aufhebung der Vollziehung ab, kann das Finanzgericht angerufen werden (§ 69 Finanzgerichtsordnung).

Der *Achte Teil* (§§ 369 bis 412) betrifft die Ahndung steuerlichen Fehlverhaltens durch das **Steuerstrafrecht** und das Recht der **Steuerordnungswidrigkeiten.** Das materielle Steuerstrafrecht regeln §§ 369 bis 376. Das materielle Recht der Steuerordnungswidrigkeiten ergibt sich aus §§ 377 bis 384. An diese Regelungen knüpfen die anschließenden speziellen Verfahrensvorschriften an. Soweit im Achten Teil nichts anderes bestimmt ist, gelten ergänzend die allgemeinen Bestimmungen über das Strafrecht und das Strafverfahrensrecht, also insbesondere das Strafgesetzbuch, die Strafprozessordnung und das Gesetz über Ordnungswidrigkeiten (OWiG).

Das zentrale Delikt des Steuerstrafrechts ist die **Steuerhinterziehung** (§ 370). Sie kann mit Freiheitsstrafe mit bis zu fünf Jahren (in besonders schweren Fällen bis zu zehn Jahren) bestraft werden. Für die besonders schwere Steuerhinterziehung (§ 370 Abs. 3 S. 2 Nr. 1 bis 6) ist die Verjährungsfrist durch Gesetz vom 29. Dezember 2020 auf fünfzehn Jahre hinaufgesetzt worden. Als besonders schwere Steuerhinterziehung gilt nunmehr auch die Nutzung einer Drittstaat-Gesellschaft (§ 370 Abs. 3 Nr. 6) zur Verschleierung steuerlich relevanter Tatsachen, soweit dadurch Steuern verkürzt oder nicht gerechtfertigte Steuervorteile erlangt werden. Allerdings kann, was in den letzten Jahren große Aufmerksamkeit in der Öffentlichkeit gefunden hat, durch eine sog. **Selbstanzeige** (§ 371) Straffreiheit erlangt werden. Diese strafbefreiende Selbstanzeige, deren Ziel die Rückkehr zur Steuerehrlichkeit ist, besteht in der Berichtigung, Ergänzung oder Nachholung von Angaben, wobei die Straffreiheit nur bei Entrichtung der hinterzogenen Steuern innerhalb bestimmter Frist eintritt. Nachdem die Zahl der Selbstanzeigen in den letzten Jahren (vor allem bedingt durch eine Vielzahl der Finanzverwaltung bekannt gewordener ausländischer Schwarzgeldkonten) sprunghaft angestiegen ist, hat der Gesetzgeber die Anforderungen an eine strafbefreiende Selbstanzeige weiter verschärft. Die Strafbe-

Einführung

freiung tritt nur ein, wenn die Selbstanzeige vollständige Angaben zu allen unverjährten Steuerstraftaten einer Steuerart, mindestens aber zu allen Steuerstraftaten einer Steuerart *innerhalb der letzten zehn Kalenderjahre* enthält. Auch die sog. Sperrgründe, bei deren Vorliegen die strafbefreiende Wirkung einer Selbstanzeige nicht eintritt (so insbesondere, wenn dem an der Tat Beteiligten oder seinem Vertreter eine Prüfungsanordnung oder die Einleitung des Straf- oder Bußgeldverfahrens zu einer der offenbarten Taten bekannt gegeben worden ist), wurden erheblich erweitert. Bei einer hinterzogenen Steuer von mehr als 25.000 Euro tritt keine Straffreiheit ein. Allerdings wird bei Überschreiten dieser Betragsgrenze unter den Voraussetzungen des § 398a von einer Strafverfolgung abgesehen. Dies setzt zum einen voraus, dass neben den hinterzogenen Steuern auch die Hinterziehungszinsen (§ 235) sowie die Zinsen nach § 233a entrichtet werden. Außerdem muss ein sog. Selbstanzeigezuschlag gezahlt werden, der nach der Höhe des Hinterziehungsbetrags gestaffelt ist (§ 398a Abs. 1 Nr. 2).

Der Kreis der als Steuerordnungswidrigkeiten geahndeten Zuwiderhandlungen ist um die Regelung des § 383b über die Pflichtverletzung bei Übermittlung von Vollmachtsdaten ergänzt worden.

Der *Neunte Teil* (§§ 413 bis 415) enthält Schlussvorschriften, insbesondere hinsichtlich der Einschränkung von Grundrechten sowie des Inkrafttretens der AO.

Bei einer Gesamtbetrachtung ist festzustellen, dass die AO zu den großen steuergesetzlichen Reformwerken der letzten Jahrzehnte gehört. Seit ihrem Inkrafttreten im Jahre 1977 wurden zahlreiche Vorschriften durch insgesamt 160 Änderungsgesetze entweder aufgehoben, neu eingefügt oder geändert. Diese Eingriffe betrafen im Schwerpunkt die Mitwirkungspflichten der Beteiligten, die Festsetzungsverjährung, die Verzinsung, das Gemeinnützigkeitsrecht sowie das außergerichtliche Rechtsbehelfsverfahren. Die Motive für diese enorme Regelungswut des Gesetzgebers sind vielschichtig und in ihrem praktischen Ertrag bisweilen zweifelhaft. Unbefriedigend ist überdies, dass das in den Einzelsteuergesetzen geregelte materielle Steuerrecht zunehmend komplizierter und undurchschaubarer wird.

Das **Einführungsgesetz zur Abgabenordnung** (**EGAO** – abgedruckt unter **1.1**) enthält Überleitungs- und Anpassungsvorschriften. Diese Regelungen betreffen insbesondere die erstmalige Anwendung der AO-Vorschriften sowie die zwischenzeitlichen Gesetzesänderungen.

Der **Anwendungserlass zur AO** (**AEAO** – abgedruckt unter **1.2**) ist eine interne Arbeitsanweisung für die Handhabung der AO durch die Finanzbehörden. Ihm lassen sich zahlreiche wertvolle Hinweise für die Auslegung und Anwendung der AO (insbesondere in Zweifelsfragen) entnehmen; er ermöglicht ferner eine Prognose darüber, wie die Finanzbehörde einen Sachverhalt beurteilt bzw. welchen weiteren Verfahrensweg sie einschlagen wird. Für die Finanzgerichte und die Steuerpflichtigen ist dieser Erlass nicht bindend.

Finanzgerichtsordnung

Die **Finanzgerichtsordnung** (**FGO**) – abgedruckt unter **2.** – regelt den Rechtsschutz durch die Finanzgerichte. Das Verfahren vor den Finanzgerichten ist ein Rechtsschutzverfahren gegen das Verhalten der Finanzbehörden. Die Finanzgerichte entscheiden in „Abgabenangelegenheiten" (zu diesem Begriff vgl.

§ 33 Abs. 2 FGO). Dazu gehören vor allem Streitigkeiten, die die Rechtmäßigkeit von Steuerbescheiden betreffen. Auch in Kindergeldsachen ist der Rechtsweg zu den Finanzgerichten eröffnet.

Die **Finanzgerichtsbarkeit** ist zweistufig aufgebaut. Im ersten Rechtszug (§ 35 FGO) entscheiden die in allen Bundesländern eingerichteten Finanzgerichte als Tatsacheninstanz. Gegen diese Entscheidungen der Finanzgerichte kann als Rechtsmittelinstanz (§ 36 FGO) der Bundesfinanzhof (BFH) mit dem Rechtsmittel der Revision angerufen werden. Ab dem 1. Januar 2026 werden die **Prozessakten elektronisch** geführt. Das Einsichtsrecht wird durch die Bereitstellung des Inhalts der Akten gewährt. Die Beteiligten können auf ihre Kosten Ausfertigungen, Auszüge, Ausdrucke und Abschriften erhalten. Künftig kann unter näheren Voraussetzungen die **Medienöffentlichkeit** hergestellt werden.

Das Verfahren vor dem Finanzgericht beginnt mit der Erhebung der **Klage.** Diese ist regelmäßig erst zulässig, wenn ein Einspruchsverfahren erfolglos geblieben ist (§ 44 Abs. 1 FGO). Mit der Klage muss geltend gemacht werden, durch einen Verwaltungsakt (zB durch einen Steuerbescheid), seine Ablehnung (zB Ablehnung einer Stundung oder eines Antrags auf Änderung eines Steuerbescheids) oder seine Unterlassung in eigenen Rechten verletzt zu sein (§ 40 Abs. 2 FGO). Das Finanzgerichtsverfahren dient nicht der Klärung abstrakter oder allein im Interesse der Allgemeinheit aufgeworfener Rechtsfragen. Der klageerhebenden Partei steht es frei, sich vor dem Finanzgericht selbst zu vertreten oder durch selbst gewählte Bevollmächtigte (zB Rechtsanwälte oder Steuerberater) vertreten zu lassen. Die beim **Finanzgericht gebildeten Senate** (§ 5 FGO) entscheiden grundsätzlich durch Urteil nach mündlicher Verhandlung (§ 90 Abs. 1 FGO) – diese kann ggf. auch per Videokonferenz durchgeführt werden (§ 91a FGO) – in der Besetzung mit drei Richtern und zwei ehrenamtlichen Richtern. Urteile der Senate ohne mündliche Verhandlung sind nur möglich, wenn die Beteiligten hierzu ihr Einverständnis erklärt haben (§ 90 Abs. 2 FGO). Anstelle des Senats kann auch ein Einzelrichter entscheiden, wenn der Senat diesem die Entscheidung übertragen hat (§ 6 FGO). Ferner können Vorsitzende bzw. Berichterstatter den Rechtsstreit auch alleine durch Urteil entscheiden, wenn die Beteiligten hierzu ihr Einverständnis erklärt haben (§ 79a Abs. 3 und 4 FGO). Schließlich können Vorsitzende bzw. Berichterstatter ohne mündliche Verhandlung durch Gerichtsbescheid entscheiden (§ 79a und § 90a FGO); gegen diesen Gerichtsbescheid können die Beteiligten stets mündliche Verhandlung beantragen oder – wenn im Gerichtsbescheid die Revision zugelassen wurde – Revision beim BFH einlegen. Für das finanzgerichtliche Verfahren gilt der sog. Amtsermittlungsgrundsatz (§ 76 Abs. 1 FGO); das Gericht hat den seiner Entscheidung zugrunde zu legenden Sachverhalt von Amts wegen zu ermitteln.

Die Erhebung der Klage hindert nicht die **Vollziehung des angefochtenen Verwaltungsakts** (§ 69 Abs. 1 FGO); die Finanzbehörde kann also trotz Klageerhebung zB die festgesetzte Steuer erheben. Damit soll sichergestellt werden, dass dem Staat die für seine Aufgaben erforderlichen Mittel laufend zufließen. Auf Antrag kann jedoch das Finanzgericht die Vollziehung aussetzen, wenn die Rechtmäßigkeit des Verwaltungsakts ernstlichen Zweifeln unterliegt oder die Vollziehung für den Betroffenen eine unbillige Härte bedeutet (§ 69 Abs. 2 und 3 FGO).

Urteile der Finanzgerichte können durch die **Revision** zum BFH angegriffen werden. Die Revision ist zulässig, wenn sie das Finanzgericht im Urteil bzw.

Einführung

im Gerichtsbescheid zugelassen hat oder sie der BFH aufgrund Beschwerde gegen die Nichtzulassung der Revision zulässt (§§ 115, 116 FGO). Das Revisionsverfahren ist auf eine rechtliche Nachprüfung der angefochtenen Entscheidung beschränkt. Neues tatsächliches Vorbringen und neue Beweismittel können grundsätzlich nicht berücksichtigt werden. Vor dem BFH müssen sich Steuerpflichtige durch Bevollmächtigte vertreten lassen. Dazu gehören insbesondere Rechtsanwälte, Steuerberater, Wirtschaftsprüfer sowie Steuerberatungs- und Wirtschaftsprüfungsgesellschaften.

Die **Kosten** des finanzgerichtlichen Verfahrens hat grundsätzlich der unterliegende Beteiligte zu tragen. Die Höhe der Kosten richtet sich nach dem Streitwert. Bereits bei Klageerhebung ist ein Gerichtskostenvorschuss zu zahlen. Mittellose Kläger können auf Antrag beim Gericht **Prozesskostenhilfe** erhalten. Voraussetzung hierfür ist, dass die Klage hinreichende Aussicht auf Erfolg bietet und nicht mutwillig erscheint. Wird Prozesskostenhilfe gewährt, kann dem Beteiligten nicht nur ein Rechtsanwalt, sondern auch ein Steuerbevollmächtigter, Wirtschaftsprüfer oder vereidigter Buchprüfer beigeordnet werden. Eine Musterfeststellungsklage ist im Anwendungsbereich der FGO nicht statthaft (§ 155 S. 1 FGO).

Ein spezieller Rechtsschutz wird bei der **überlangen Dauer eines finanzgerichtlichen Verfahrens** gewährt. § 155 FGO verweist für die näheren Einzelheiten auf das Gerichtsverfassungsgesetz. Danach ist ein Verfahrensbeteiligter angemessen zu entschädigen, wenn er infolge unangemessener Dauer eines finanzgerichtlichen Verfahrens einen Schaden erleidet. Die Angemessenheit der Verfahrensdauer muss jeweils nach der Schwierigkeit und Bedeutung des Verfahrens beurteilt werden. Ist die Verfahrensdauer unangemessen, kann grundsätzlich für jedes Jahr der Verzögerung eine pauschale Entschädigung von 1.200 Euro beansprucht werden. Ein Entschädigungsanspruch besteht allerdings nur, wenn während des finanzgerichtlichen Verfahrens eine **Verzögerungsrüge** erhoben wurde. Über Entschädigungsansprüche hat stets der BFH zu entscheiden.

1. Abgabenordnung (AO)[1]

In der Fassung der Bekanntmachung vom 1. Oktober 2002[2]

(BGBl. I S. 3866, ber. 2003 S. 61)

FNA 610-1-3

geänd. durch Art. 8c Zweites Gesetz für moderne Dienstleistungen am Arbeitsmarkt v. 23.12.2002 (BGBl. I S. 4621), Art. 9 Steuervergünstigungsabbaugesetz (StVergAbG) v. 16.5.2003 (BGBl. I S. 660), Art. 6 Kleinunternehmerförderungsgesetz v. 31.7.2003 (BGBl. I S. 1550), Art. 8 Steueränderungsgesetz 2003 (StÄndG 2003) v. 15.12.2003 (BGBl. I S. 2645), Art. 57 Drittes Gesetz für moderne Dienstleistungen am Arbeitsmarkt v. 23.12.2003 (BGBl. I S. 2848), Art. 2 Gesetz zur Förderung der Steuerehrlichkeit v. 23.12.2003 (BGBl. I S. 2928), Art. 31 Viertes Gesetz für moderne Dienstleistungen am Arbeitsmarkt v. 24.12.2003 (BGBl. I S. 2954), Art. 47 Gesetz zur Einordnung des Sozialhilferechts in das Sozialgesetzbuch v. 27.12.2003 (BGBl. I S. 3022), Art. 1a Gesetz zur Förderung der Ausbildung und Beschäftigung schwerbehinderter Menschen v. 23.4.2004 (BGBl. I S. 606), Art. 4 Abs. 57 Kostenrechtsmodernisierungsgesetz (KostRMoG) v. 5.5.2004 (BGBl. I S. 718), Art. 1 Gesetz zur Änderung der Abgabenordnung und weiterer Gesetze v. 21.7.2004 (BGBl. I S. 1753), Art. 12g Abs. 11 Erstes Gesetz zur Modernisierung der Justiz v. 24.8.2004 (BGBl. I S. 2198), Art. 28 Gesetz zur Organisationsreform in der gesetzlichen Rentenversicherung (RVOrgG) v. 9.12.2004 (BGBl. I S. 3242), Art. 8 Richtlinien-Umsetzungsgesetz (EURLUmsG) v. 9.12.2004 (BGBl. I S. 3310, ber. S. 3843), Art. 13 Justizkommunikationsgesetz (JKomG) v. 22.3.2005 (BGBl. I S. 837), Art. 27 Gesetz zur Umbenennung des Bundesgrenzschutzes in Bundespolizei v. 21.6.2005 (BGBl. I S. 1818), Art. 2 Abs. 13 Gesetz zur Novellierung des Verwaltungszustellungsrechts v. 12.8.2005 (BGBl. I S. 2354), Art. 4 Abs. 22 Gesetz zur Neuorganisation der Bundesfinanzverwaltung und zur Schaffung eines Refinanzierungsregisters v. 22.9.2005 (BGBl. I S. 2809), Art. 3 Gesetz zur Eindämmung missbräuchlicher Steuergestaltungen v. 28.4.2006 (BGBl. I S. 1095), Art. 9 Steueränderungsgesetz 2007 v. 19.7. 2006 (BGBl. I S. 1652), Art. 6 Erstes Gesetz zum Abbau bürokratischer Hemmnisse insbesondere in der mittelständischen Wirtschaft v. 22.8.2006 (BGBl. I S. 1970), Art. 18 Föderalismusreform-Begleitgesetz v. 5.9.2006 (BGBl. I S. 2098), Art. 10 Jahressteuergesetz 2007 (JStG 2007) v. 13.12.2006 (BGBl. I S. 2878), Art. 8 Gesetz zur Änderung des Passgesetzes und weiterer Vorschriften v. 20.7.2007 (BGBl. I S. 1566), Art. 6 Unternehmensteuerreformgesetz 2008 v. 14.8.2007 (BGBl. I S. 1912), Art. 5 Zweites Gesetz zum Abbau bürokratischer Hemmnisse insbesondere in der mittelständischen Wirtschaft v. 7.9.2007 (BGBl. I S. 2246), Art. 5 Gesetz zur weiteren Stärkung des bürgerschaftlichen Engagements v. 10.10.2007 (BGBl. I S. 2332), Art. 5 Zweites Gesetz zur Änderung des Finanzverwaltungsgesetzes und anderer Gesetze v. 13.12.2007 (BGBl. I S. 2897), Art. 14 Jahressteuergesetz 2008 (JStG 2008) v. 20.12.2007 (BGBl. I S. 3150), Art. 3 Gesetz zur Neuregelung der Telekommunikationsüberwachung und anderer verdeckter Ermittlungsmaßnahmen sowie zur Umsetzung der Richtlinie 2006/24/EG v. 21.12.2007 (BGBl. I S. 3198), Art. 4 Achtes Gesetz zur Änderung des Steuerberatungsgesetzes v. 8.4.2008 (BGBl. I S. 666), Art. 7a Gesetz zur Ergänzung der Bekämpfung der Geldwäsche und der Terrorismusfinanzierung (GwBekErgG) v. 13.8.2008 (BGBl. I S. 1690), Art. 23 Gesetz zur Modernisierung des GmbH-Rechts und zur Bekämpfung von Missbräuchen (MoMiG) v. 23.10.2008 (BGBl. I S. 2026), Art. 89 Gesetz zur Reform des Verfahrens in Familiensachen und in den Angelegenheiten der freiwilligen Gerichtsbarkeit (FGG-RG) v. 17.12.2008 (BGBl. I S. 2586), Art. 10 Jahressteuergesetz 2009 (JStG 2009) v. 19.12.2008 (BGBl. I S. 2794), Art. 10 Gesetz zur Modernisierung und Entbürokratisierung des Steuerverfahrens (Steuerbürokratieabbaugesetz) v. 20.12.2008 (BGBl. I S. 2850), Art. 3 Gesetz zur Fortführung der Gesetzeslage 2006 bei der Entfernungspauschale v. 20.4.2009 (BGBl. I S. 774), Art. 13 Abs. 9 Gesetz zur Modernisierung des Bilanzrechts (Bilanzrechtsmodernisierungsgesetz – BilMoG) v. 25.5.2009 (BGBl. I S. 1102), Art. 4 und Art. 7 Abs. 3 Gesetz zur Reform des Kontopfändungsschutzes v. 7.7.2009 (BGBl. I S. 1707), Art. 2 Gesetz zur Reform der Sachaufklärung in der Zwangsvollstreckung v. 29.7.2009 (BGBl. I S. 2258), Art. 3 Gesetz zur Bekämpfung der Steuerhinterziehung (Steuerhinterziehungsbekämpfungsgesetz) v. 29.7.2009 (BGBl. I S. 2302), Art. 2 Gesetz über die Internetversteigerung in der Zwangsvollstreckung und zur Änderung anderer Gesetze v. 30.7.2009 (BGBl. I S. 2474), Art. 9 Jahressteuergesetz 2010 (JStG 2010) v. 8.12.2010 (BGBl. I S. 1768), Art. 4 Zweites Gesetz zur erbrechtlichen Gleichstellung nichtehelicher Kinder, zur Änderung der Zivilprozessordnung und der Abga-

---

[1] Beachte Art. 97 Übergangsvorschriften des EGAO (Nr. **1.1**).
[2] Neubekanntmachung der AO v. 16.3.1976 (BGBl. I S. 613, 1977 S. 269) in der ab 1.9.2002 geltenden Fassung.

benordnung v. 12.4.2011 (BGBl. I S. 615), Art. 2 Gesetz zur Verbesserung der Bekämpfung der Geldwäsche und Steuerhinterziehung (Schwarzgeldbekämpfungsgesetz) v. 28.4.2011 (BGBl. I S. 676), Art. 3 Steuervereinfachungsgesetz 2011 v. 1.11.2011 (BGBl. I S. 2131), Art. 12 Gesetz zur Umsetzung der Beitreibungsrichtlinie sowie zur Änderung steuerlicher Vorschriften (Beitreibungsrichtlinie-Umsetzungsgesetz – BeitrRLUmsG) v. 7.12.2011 (BGBl. I S. 2592), Art. 5 Gesetz zur Optimierung der Geldwäscheprävention v. 22.12.2011 (BGBl. I S. 2959), Art. 2 Abs. 54 und Art. 5 Gesetz zur Änderung von Vorschriften über Verkündung und Bekanntmachungen sowie der Zivilprozessordnung, des Gesetzes betreffend die Einführung der Zivilprozessordnung und der Abgabenordnung v. 22.12.2011 (BGBl. I S. 3044), Art. 9 Gesetz über die Vereinfachung des Austauschs von Informationen und Erkenntnissen zwischen den Strafverfolgungsbehörden der Mitgliedstaaten der Europäischen Union v. 21.7.2012 (BGBl. I S. 1566), Art. 1 Gesetz zur Stärkung des Ehrenamtes (Ehrenamtsstärkungsgesetz) v. 21.3.2013 (BGBl. I S. 556), Art. 2 Abs. 10 Gesetz zur Fortentwicklung des Meldewesens (MeldFortG) v. 3.5.2013 (BGBl. I S. 1084, geänd. durch G v. 20.11.2014, BGBl. I S. 1738), Art. 11 Gesetz zur Umsetzung der Amtshilferichtlinie sowie zur Änderung steuerlicher Vorschriften (Amtshilferichtlinie-Umsetzungsgesetz – AmtshilfeRLUmsG) v. 26.6.2013 (BGBl. I S. 1809), Art. 7 Gesetz zur Förderung der elektronischen Verwaltung sowie zur Änderung weiterer Vorschriften v. 25.7.2013 (BGBl. I S. 2749), Art. 2 Abs. 71 Gesetz zur Strukturreform der Gebührenrechts des Bundes v. 7.8.2013 (BGBl. I S. 3154), Art. 13 Gesetz zur Anpassung des Investmentsteuergesetzes und anderer Gesetze an das AIFM-Umsetzungsgesetz (AIFM-Steuer-Anpassungsgesetz – AIFM-StAnpG) v. 18.12.2013 (BGBl. I S. 4318), Art. 3 Gesetz zur Anpassung steuerlicher Regelungen an die Rechtsprechung des Bundesverfassungsgerichts v. 18.7.2014 (BGBl. I S. 1042), Art. 16 Gesetz zur Anpassung des nationalen Steuerrechts an den Beitritt Kroatiens zur EU und zur Änderung weiterer steuerlicher Vorschriften v. 25.7.2014 (BGBl. I S. 1266), Art. 1 Gesetz zur Änderung der Abgabenordnung und des Einführungsgesetzes zur Abgabenordnung v. 22.12.2014 (BGBl. I S. 2415), Art. 1 und 2 Gesetz zur Anpassung der Abgabenordnung an den Zollkodex der Union und zur Änderung weiterer steuerlicher Vorschriften v. 22.12.2014 (BGBl. I S. 2417), Art. 3 Gesetz zur Entlastung insbesondere der mittelständischen Wirtschaft von Bürokratie (Bürokratieentlastungsgesetz) v. 28.7.2015 (BGBl. I S. 1400), Art. 7 Steueränderungsgesetz 2015 v. 2.11.2015 (BGBl. I S. 1834), Art. 6 Gesetz zur Bekämpfung der Korruption v. 20.11.2015 (BGBl. I S. 2025), Art. 5 Gesetz zur Neuorganisation der Zollverwaltung v. 3.12.2015 (BGBl. I S. 2178), Art. 1 Gesetz zur Modernisierung der Besteuerungsverfahrens v. 18.7.2016 (BGBl. I S. 1679), Art. 3 Abs. 13 Neuntes Gesetz zur Änderung des Zweiten Buches Sozialgesetzbuch – Rechtsvereinfachung – sowie zur vorübergehenden Aussetzung der Insolvenzantragspflicht v. 26.7.2016 (BGBl. I S. 1824), Art. 1 und 2 Gesetz zur Umsetzung der Änderungen der EU-Amtshilferichtlinie und von weiteren Maßnahmen gegen Gewinnkürzungen und -verlagerungen v. 20.12.2016 (BGBl. I S. 3000), Art. 1 Gesetz zum Schutz vor Manipulationen an digitalen Grundaufzeichnungen v. 22.12.2016 (BGBl. I S. 3152), Art. 19 Abs. 12 Gesetz zur Stärkung der Teilhabe und Selbstbestimmung von Menschen mit Behinderungen (Bundesteilhabegesetz – BTHG) v. 23.12.2016 (BGBl. I S. 3234), Art. 3 Gesetz zur Auflösung der Bundesmonopolverwaltung für Branntwein und zur Änderung weiterer Gesetze (Branntweinmonopolverwaltung-Auflösungsgesetz – BfBAG) v. 10.3.2017 (BGBl. I S. 420), Art. 6 Abs. 32 Gesetz zur Reform der strafrechtlichen Vermögensabschöpfung v. 13.4.2017 (BGBl. I S. 872), Art. 1 Gesetz zur Bekämpfung der Steuerumgehung und zur Änderung weiterer steuerlicher Vorschriften (Steuerumgehungsbekämpfungsgesetz) v. 23.6.2017 (BGBl. I S. 1682), Art. 9 Gesetz zur Umsetzung der Vierten EU-Geldwäscherichtlinie, zur Ausführung der EU-Geldtransferverordnung und zur Neuorganisation der Zentralstelle für Finanztransaktionsuntersuchungen v. 23.6. 2017 (BGBl. I S. 1822), Art. 3 Gesetz zur Verbesserung der Sachaufklärung in der Verwaltungsvollstreckung v. 30.6.2017 (BGBl. I S. 2094), Art. 2 Zweites Gesetz zur Entlastung insbesondere der mittelständischen Wirtschaft von Bürokratie (Zweites Bürokratieentlastungsgesetz) v. 30.6.2017 (BGBl. I S. 2143), Art. 17 Gesetz zur Änderung des Bundesversorgungsgesetzes und anderer Vorschriften v. 17.7.2017 (BGBl. I S. 2541), Art. 6 Gesetz zur Durchführung der Verordnung (EU) Nr. 910/2014 des Europäischen Parlaments und des Rates vom 23. Juli 2014 über elektronische Identifizierung und Vertrauensdienste für elektronische Transaktionen im Binnenmarkt und zur Aufhebung der Richtlinie 1999/93/EG (eIDAS-Durchführungsgesetz) v. 18.7.2017 (BGBl. I S. 2745), Art. 12 Gesetz zur Vermeidung von Umsatzsteuerausfällen beim Handel mit Waren im Internet und zur Änderung weiterer steuerlicher Vorschriften v. 11.12.2018 (BGBl. I S. 2338), Art. 15 Gesetz zur Umsetzung des Gesetzes zur Einführung des Rechts auf Eheschließung für Personen gleichen Geschlechts v. 18.12.2018 (BGBl. I S. 2639), Art. 10 Gesetz gegen illegale Beschäftigung und Sozialleistungsmissbrauch v. 11.7.2019 (BGBl. I S. 1066), Art. 1 Gesetz zur Reform der Psychotherapeutenausbildung v. 15.11.2019 (BGBl. I S. 1604), Art. 70 Zweites Gesetz zur Anpassung des Datenschutzrechts an die Verordnung (EU) 2016/679 und zur Umsetzung der Richtlinie (EU) 2016/680 (Zweites Datenschutz-Anpassungs- und Umsetzungsgesetz EU – 2. DSAnpUG-EU) v. 20.11.2019

(BGBl. I S. 1626), Art. 26 Abs. 8 Gesetz zur Umsetzung der Richtlinie (EU) 2016/680 im Strafverfahren sowie zur Anpassung datenschutzrechtlicher Bestimmungen an die Verordnung (EU) 2016/679 v. 20.11.2019 (BGBl. I S. 1724), Art. 3 Drittes Gesetz zur Entlastung insbesondere der mittelständischen Wirtschaft von Bürokratie (Drittes Bürokratieentlastungsgesetz) v. 22.11.2019 (BGBl. I S. 1746), Art. 4 und 5 Gesetz zur Reform des Grundsteuer- und Bewertungsrechts (Grundsteuer-Reformgesetz – GrStRefG) v. 26.11.2019 (BGBl. I S. 1794), Art. 21 Gesetz zur weiteren steuerlichen Förderung der Elektromobilität und zur Änderung weiterer steuerlicher Vorschriften v. 12.12.2019 (BGBl. I S. 2451), Art. 9 Gesetz zur Umsetzung der Änderungsrichtlinie zur Vierten EU-Geldwäscherichtlinie v. 12.12.2019 (BGBl. I S. 2602), Art. 1 Gesetz zur Einführung einer Pflicht zur Mitteilung grenzüberschreitender Steuergestaltungen v. 21.12.2019 (BGBl. I S. 2875), Art. 194 Elfte Zuständigkeitsanpassungsverordnung v. 19.6.2020 (BGBl. I S. 1328), Art. 6 Zweites Gesetz zur Umsetzung steuerlicher Hilfsmaßnahmen zur Bewältigung der Corona-Krise (Zweites Corona-Steuerhilfegesetz) v. 29.6.2020 (BGBl. I S. 1512), Art. 7 Gesetz zur Einführung der Grundrente für langjährige Versicherung in der gesetzlichen Rentenversicherung mit unterdurchschnittlichem Einkommen und für weitere Maßnahmen zur Erhöhung der Alterseinkommen (Grundrentengesetz) v. 12.8.2020 (BGBl. I S. 1879), Art. 3 Abs. 5 Gesetz zur Fortentwicklung des Rechts des Pfändungsschutzkontos und zur Änderung von Vorschriften des Pfändungsschutzes (Pfändungsschutzkonto-Fortentwicklungsgesetz – PKoFoG) v. 22.11.2020 (BGBl. I S. 2466), Art. 5 Gesetz zur Digitalisierung von Verwaltungsverfahren bei der Gewährung von Familienleistungen v. 3.12.2020 (BGBl. I S. 2668), Art. 4 Gesetz zur Stärkung der Sicherheit im Pass-, Ausweis- und ausländerrechtlichen Dokumentenwesen v. 3.12.2020 (BGBl. I S. 2744), Art. 3 Gesetz über die Umwandlung des Informationstechnikzentrums Bund in eine nichtrechtsfähige Anstalt des öffentlichen Rechts und zur Änderung weiterer Vorschriften v. 7.12.2020 (BGBl. I S. 2756), Art. 27 und 28 Jahressteuergesetz 2020 (JStG 2020) v. 21.12.2020 (BGBl. I S. 3096) und Art. 8 Gesetz zur Verbesserung der Transparenz in der Alterssicherung und der Rehabilitation sowie zur Modernisierung der Sozialversicherungswahlen und zur Änderung anderer Gesetze (Gesetz Digitale Rentenübersicht) v. 11.2.2021 (BGBl. I S. 154)

Inhaltsübersicht

Erster Teil. Einleitende Vorschriften

Erster Abschnitt. Anwendungsbereich

Anlage 1 (zu § 60) Mustersatzung für Vereine, Stiftungen, Betriebe gewerblicher Art von juristischen Personen des öffentlichen Rechts, geistliche Genossenschaften und Kapitalgesellschaften

Erster Teil. Einleitende Vorschriften

Erster Abschnitt. Anwendungsbereich

§ 1 Anwendungsbereich. (1)[1] ¹Dieses Gesetz gilt für alle Steuern einschließlich der Steuervergütungen, die durch Bundesrecht oder Recht der Europäischen Union geregelt sind, soweit sie durch Bundesfinanzbehörden oder durch Landesfinanzbehörden verwaltet werden. ²Es ist nur vorbehaltlich des Rechts der Europäischen Union anwendbar.

(2) Für die Realsteuern gelten, soweit ihre Verwaltung den Gemeinden übertragen worden ist, die folgenden Vorschriften dieses Gesetzes entsprechend:

1.[2] die Vorschriften des Ersten, Zweiten, Vierten, Sechsten und Siebten Abschnitts des Ersten Teils (Anwendungsbereich; Steuerliche Begriffsbestimmungen; Datenverarbeitung und Steuergeheimnis; Betroffenenrechte; Datenschutzaufsicht, Gerichtlicher Rechtsschutz in datenschutzrechtlichen Angelegenheiten),

2. die Vorschriften des Zweiten Teils (Steuerschuldrecht),

3. die Vorschriften des Dritten Teils mit Ausnahme der §§ 82 bis 84 (Allgemeine Verfahrensvorschriften),

4. die Vorschriften des Vierten Teils (Durchführung der Besteuerung),

5. die Vorschriften des Fünften Teils (Erhebungsverfahren),

6.[3] § 249 Absatz 2 Satz 2,

7.[3] die §§ 351 und 361 Abs. 1 Satz 2 und Abs. 3,

8.[3] die Vorschriften des Achten Teils (Straf- und Bußgeldvorschriften, Straf- und Bußgeldverfahren).

(3)[4] ¹Auf steuerliche Nebenleistungen sind die Vorschriften dieses Gesetzes vorbehaltlich des Rechts der Europäischen Union sinngemäß anwendbar. ²Der Dritte bis Sechste Abschnitt des Vierten Teils gilt jedoch nur, soweit dies besonders bestimmt wird.

§ 2[5] Vorrang völkerrechtlicher Vereinbarungen. (1) Verträge mit anderen Staaten im Sinne des Artikels 59 Abs. 2 Satz 1 des Grundgesetzes über die Besteuerung gehen, soweit sie unmittelbar anwendbares innerstaatliches Recht geworden sind, den Steuergesetzen vor.

(2) ¹Das Bundesministerium der Finanzen wird ermächtigt, zur Sicherung der Gleichmäßigkeit der Besteuerung und zur Vermeidung einer Doppelbesteuerung oder doppelten Nichtbesteuerung mit Zustimmung des Bundes-

---

[1] § 1 Abs. 1 Sätze 1 und 2 geänd. mWv 30.6.2013 durch G v. 26.6.2013 (BGBl. I S. 1809).

[2] § 1 Abs. 2 Nr. 1 neu gef. mWv 25.5.2018 durch G v. 17.7.2017 (BGBl. I S. 2541).

[3] § 1 Abs. 2 Nr. 6 eingef., bish. Nr. 6 und 7 werden Nr. 7 und 8 mWv 29.12.2020 durch G v. 21.12.2020 (BGBl. I S. 3096).

[4] § 1 Abs. 3 Satz 1 geänd. mWv 30.6.2013 durch G v. 26.6.2013 (BGBl. I S. 1809).

[5] § 2 neu gef. durch G v. 8.12.2010 (BGBl. I S. 1768); zur Anwendung siehe Art. 97 § 1 Abs. 9 EGAO (Nr. 1.1).

rates Rechtsverordnungen zur Umsetzung von Konsultationsvereinbarungen zu erlassen. ²Konsultationsvereinbarungen nach Satz 1 sind einvernehmliche Vereinbarungen der zuständigen Behörden der Vertragsstaaten eines Doppelbesteuerungsabkommens mit dem Ziel, Einzelheiten der Durchführung eines solchen Abkommens zu regeln, insbesondere Schwierigkeiten oder Zweifel, die bei der Auslegung oder Anwendung des jeweiligen Abkommens bestehen, zu beseitigen.

(3)¹⁾ Das Bundesministerium der Finanzen wird ermächtigt, durch Rechtsverordnung mit Zustimmung des Bundesrates Vorschriften zu erlassen, die

1. Einkünfte oder Vermögen oder Teile davon bestimmen, für die die Bundesrepublik Deutschland in Anwendung der Bestimmung eines Abkommens zur Vermeidung der Doppelbesteuerung auf Grund einer auf diplomatischem Weg erfolgten Notifizierung eine Steueranrechnung vornimmt, und

2. in den Anwendungsbereich der Bestimmungen über den öffentlichen Dienst eines Abkommens zur Vermeidung der Doppelbesteuerung diejenigen Körperschaften und Einrichtungen einbeziehen, die auf Grund einer in diesem Abkommen vorgesehenen Vereinbarung zwischen den zuständigen Behörden bestimmt worden sind.

§ 2a²⁾ Anwendungsbereich der Vorschriften über die Verarbeitung personenbezogener Daten.

(1) ¹Die Vorschriften dieses Gesetzes und der Steuergesetze über die Verarbeitung personenbezogener Daten im Anwendungsbereich dieses Gesetzes gelten bei der Verarbeitung personenbezogener Daten durch Finanzbehörden (§ 6 Absatz 2), andere öffentliche Stellen (§ 6 Absatz 1a bis 1c) und nicht-öffentliche Stellen (§ 6 Absatz 1d und 1e). ²Das Bundesdatenschutzgesetz oder andere Datenschutzvorschriften des Bundes sowie entsprechende Landesgesetze gelten für Finanzbehörden nur, soweit dies in diesem Gesetz oder den Steuergesetzen bestimmt ist.

(2) ¹Die datenschutzrechtlichen Regelungen dieses Gesetzes gelten auch für Daten, die die Finanzbehörden im Rahmen ihrer Aufgaben bei der Überwachung des grenzüberschreitenden Warenverkehrs verarbeiten. ²Die Daten gelten als im Rahmen eines Verfahrens in Steuersachen verarbeitet.

(3)³⁾ Die Vorschriften dieses Gesetzes und der Steuergesetze über die Verarbeitung personenbezogener Daten finden keine Anwendung, soweit das Recht der Europäischen Union, im Besonderen die Verordnung (EU) 2016/679 des Europäischen Parlaments und des Rates vom 27. April 2016 zum Schutz natürlicher Personen bei der Verarbeitung personenbezogener Daten, zum freien Datenverkehr und zur Aufhebung der Richtlinie 95/46/EG (Datenschutz-Grundverordnung) (ABl. L 119 vom 4.5.2016, S. 1; L 314 vom 22.11.2016, S. 72; L 127 vom 23.5.2018, S. 2) in der jeweils geltenden Fassung unmittelbar oder nach Absatz 5 entsprechend gilt.

(4) Für die Verarbeitung personenbezogener Daten zum Zweck der Verhütung, Ermittlung, Aufdeckung, Verfolgung oder Ahndung von Steuerstraftaten oder Steuerordnungswidrigkeiten gelten die Vorschriften des Ersten und

---

¹⁾ § 2 Abs. 3 angef. mWv 1.1.2017 durch G v. 20.12.2016 (BGBl. I S. 3000).
²⁾ § 2a eingef. mWv 25.5.2018 durch G v. 17.7.2017 (BGBl. I S. 2541).
³⁾ § 2a Abs. 3 geänd. mWv 26.11.2019 durch G v. 20.11.2019 (BGBl. I S. 1626).

des Dritten Teils des Bundesdatenschutzgesetzes, soweit gesetzlich nichts anderes bestimmt ist.

(5) Soweit nichts anderes bestimmt ist, gelten die Vorschriften der Verordnung (EU) 2016/679, dieses Gesetzes und der Steuergesetze über die Verarbeitung personenbezogener Daten natürlicher Personen entsprechend für Informationen, die sich beziehen auf identifizierte oder identifizierbare

1. verstorbene natürliche Personen oder

2. Körperschaften, rechtsfähige oder nicht rechtsfähige Personenvereinigungen oder Vermögensmassen.

Zweiter Abschnitt. Steuerliche Begriffsbestimmungen

§ 3 Steuern, steuerliche Nebenleistungen. (1) Steuern sind Geldleistungen, die nicht eine Gegenleistung für eine besondere Leistung darstellen und von einem öffentlich-rechtlichen Gemeinwesen zur Erzielung von Einnahmen allen auferlegt werden, bei denen der Tatbestand zutrifft, an den das Gesetz die Leistungspflicht knüpft; die Erzielung von Einnahmen kann Nebenzweck sein.

(2) Realsteuern sind die Grundsteuer und die Gewerbesteuer.

(3)[1] [1] Einfuhr- und Ausfuhrabgaben nach Artikel 5 Nummer 20 und 21 des Zollkodex der Union sind Steuern im Sinne dieses Gesetzes. [2] Zollkodex der Union bezeichnet die Verordnung (EU) Nr. 952/2013 des Europäischen Parlaments und des Rates vom 9. Oktober 2013 zur Festlegung des Zollkodex der Union (ABl. L 269 vom 10.10.2013, S. 1, L 287, S. 90) in der jeweils geltenden Fassung.

(4)[2] Steuerliche Nebenleistungen sind

1.[3] Verzögerungsgelder nach § 146 Absatz 2c,

2. Verspätungszuschläge nach § 152,

3. Zuschläge nach § 162 Absatz 4,

4. Zinsen nach den §§ 233 bis 237 sowie Zinsen nach den Steuergesetzen, auf die die §§ 238 und 239 anzuwenden sind,

5. Säumniszuschläge nach § 240,

6. Zwangsgelder nach § 329,

7. Kosten nach den §§ 89, 178, 178a und 337 bis 345,

8. Zinsen auf Einfuhr- und Ausfuhrabgaben nach Artikel 5 Nummer 20 und 21 des Zollkodex der Union und

9. Verspätungsgelder nach § 22a Absatz 5 des Einkommensteuergesetzes[4].

(5)[5] [1] Das Aufkommen der Zinsen auf Einfuhr- und Ausfuhrabgaben nach Artikel 5 Nummer 20 und 21 des Zollkodex der Union steht dem Bund zu. [2] Das Aufkommen der übrigen Zinsen steht den jeweils steuerberechtigten Körperschaften zu. [3] Das Aufkommen der Kosten im Sinne des § 89 steht jeweils der Körperschaft zu, deren Behörde für die Erteilung der verbindlichen

---

[1] § 3 Abs. 3 neu gef. mWv 1.5.2016 durch G v. 22.12.2014 (BGBl. I S. 2417).
[2] § 3 Abs. 4 neu gef. mWv 1.1.2017 durch G v. 18.7.2016 (BGBl. I S. 1679).
[3] § 3 Abs. 4 Nr. 1 geänd. mWv 29.12.2020 durch G v. 21.12.2020 (BGBl. I S. 3096).
[4] dtv 5785 ESt/LSt Nr. 1.
[5] § 3 Abs. 5 neu gef. durch G v. 13.12.2006 (BGBl. I S. 2878); Satz 1 geänd. mWv 1.5.2016 durch G v. 22.12.2014 (BGBl. I S. 2417).

Auskunft zuständig ist. [4] Das Aufkommen der Kosten im Sinne des § 178a steht dem Bund und den jeweils verwaltenden Körperschaften je zur Hälfte zu. [5] Die übrigen steuerlichen Nebenleistungen fließen den verwaltenden Körperschaften zu.

§ 4 Gesetz. Gesetz ist jede Rechtsnorm.

§ 5 Ermessen. Ist die Finanzbehörde ermächtigt, nach ihrem Ermessen zu handeln, hat sie ihr Ermessen entsprechend dem Zweck der Ermächtigung auszuüben und die gesetzlichen Grenzen des Ermessens einzuhalten.

§ 6[1) Behörden, öffentliche und nicht-öffentliche Stellen, Finanzbehörden. (1)[2) Behörde ist jede öffentliche Stelle, die Aufgaben der öffentlichen Verwaltung wahrnimmt.

(1a)[3) Öffentliche Stellen des Bundes sind die Behörden, die Organe der Rechtspflege und andere öffentlich-rechtlich organisierte Einrichtungen des Bundes, der bundesunmittelbaren Körperschaften, der Anstalten und Stiftungen des öffentlichen Rechts sowie deren Vereinigungen ungeachtet ihrer Rechtsform.

(1b)[3) Öffentliche Stellen der Länder sind die Behörden, die Organe der Rechtspflege und andere öffentlich-rechtlich organisierte Einrichtungen eines Landes, eines Gemeinde, eines Gemeindeverbandes oder sonstiger der Aufsicht des Landes unterstehender juristischer Personen des öffentlichen Rechts sowie deren Vereinigungen ungeachtet ihrer Rechtsform.

(1c)[3) [1] Vereinigungen des privaten Rechts von öffentlichen Stellen des Bundes und der Länder, die Aufgaben der öffentlichen Verwaltung wahrnehmen, gelten ungeachtet der Beteiligung nicht-öffentlicher Stellen als öffentliche Stellen des Bundes, wenn

1. sie über den Bereich eines Landes hinaus tätig werden oder

2. dem Bund die absolute Mehrheit der Anteile gehört oder die absolute Mehrheit der Stimmen zusteht.

[2] Anderenfalls gelten sie als öffentliche Stellen der Länder.

(1d)[3) [1] Nicht-öffentliche Stellen sind natürliche und juristische Personen, Gesellschaften und andere Personenvereinigungen des privaten Rechts, soweit sie nicht unter die Absätze 1a bis 1c fallen. [2] Nimmt eine nicht-öffentliche Stelle hoheitliche Aufgaben der öffentlichen Verwaltung wahr, ist sie insoweit öffentliche Stelle im Sinne dieses Gesetzes.

(1e)[3) Öffentliche Stellen des Bundes oder der Länder gelten als nicht-öffentliche Stellen im Sinne dieses Gesetzes, soweit sie als öffentlich-rechtliche Unternehmen am Wettbewerb teilnehmen.

(2) Finanzbehörden im Sinne dieses Gesetzes sind die folgenden im Gesetz über die Finanzverwaltung genannten Bundes- und Landesfinanzbehörden:

[1) § 6 Überschrift neu gef. mWv 25.5.2018 durch G v. 17.7.2017 (BGBl. I S. 2541).
[2) § 6 Abs. 1 neu gef. mWv 25.5.2018 durch G v. 17.7.2017 (BGBl. I S. 2541).
[3) § 6 Abs. 1a bis 1e eingef. mWv 25.5.2018 durch G v. 17.7.2017 (BGBl. I S. 2541).

1. das Bundesministerium der Finanzen und die für die Finanzverwaltung zuständigen obersten Landesbehörden als oberste Behörden,

2.[1] das Bundeszentralamt für Steuern, das Informationstechnikzentrum Bund und die Generalzolldirektion als Bundesoberbehörden,

3.[2] Rechenzentren sowie Landesfinanzbehörden, denen durch eine Rechtsverordnung nach § 17 Absatz 2 Satz 3 Nummer 3 des Finanzverwaltungsgesetzes[3] die landesweite Zuständigkeit für Kassengeschäfte und das Erhebungsverfahren einschließlich der Vollstreckung übertragen worden ist, als Landesoberbehörden,

4.[4] die Oberfinanzdirektionen als Mittelbehörden,

4a.[5] die nach dem Finanzverwaltungsgesetz oder nach Landesrecht an Stelle einer Oberfinanzdirektion eingerichteten Landesfinanzbehörden,

5. die Hauptzollämter einschließlich ihrer Dienststellen, die Zollfahndungsämter, die Finanzämter und die besonderen Landesfinanzbehörden als örtliche Behörden,

6.[6] Familienkassen,

7.[7] die zentrale Stelle im Sinne des § 81 des Einkommensteuergesetzes[8] und

8.[9] die Deutsche Rentenversicherung Knappschaft-Bahn-See (§ 40a Abs. 6 des Einkommensteuergesetzes).

§ 7 Amtsträger. Amtsträger ist, wer nach deutschem Recht

1. Beamter oder Richter (§ 11 Abs. 1 Nr. 3 des Strafgesetzbuchs) ist,

2. in einem sonstigen öffentlich-rechtlichen Amtsverhältnis steht oder

3.[10] sonst dazu bestellt ist, bei einer Behörde oder bei einer sonstigen öffentlichen Stelle oder in deren Auftrag Aufgaben der öffentlichen Verwaltung wahrzunehmen.

§ 8 Wohnsitz. Einen Wohnsitz hat jemand dort, wo er eine Wohnung unter Umständen innehat, die darauf schließen lassen, dass er die Wohnung beibehalten und benutzen wird.

§ 9 Gewöhnlicher Aufenthalt. ¹Den gewöhnlichen Aufenthalt hat jemand dort, wo er sich unter Umständen aufhält, die erkennen lassen, dass er an diesem Ort oder in diesem Gebiet nicht nur vorübergehend verweilt. ²Als gewöhnlicher Aufenthalt im Geltungsbereich dieses Gesetzes ist stets und von Beginn an ein zeitlich zusammenhängender Aufenthalt von mehr als sechs Monaten Dauer anzusehen; kurzfristige Unterbrechungen bleiben unberück-

---

[1] § 6 Abs. 2 Nr. 2 neu gef. mWv 1.1.2016 durch G v. 3.12.2015 (BGBl. I S. 2178); geänd. mWv 1.1.2019 durch G v. 10.3.2017 (BGBl. I S. 420); geänd. mWv 1.1.2021 durch G v. 7.12.2020 (BGBl. I S. 2756).
[2] § 6 Abs. 2 Nr. 3 neu gef. mWv 6.11.2015 durch G v. 2.11.2015 (BGBl. I S. 1834).
[3] **dtv 5765 Steuergesetze Nr. 31.**
[4] § 6 Abs. 2 Nr. 4 neu gef. mWv 1.1.2016 durch G v. 3.12.2015 (BGBl. I S. 2178).
[5] § 6 Abs. 2 Nr. 4a eingef. durch G v. 13.12.2006 (BGBl. I S. 2878).
[6] § 6 Abs. 2 Nr. 6 geänd. durch G v. 23.12.2002 (BGBl. I S. 4621).
[7] § 6 Abs. 2 Nr. 7 geänd. durch G v. 23.12.2002 (BGBl. I S. 4621).
[8] **dtv 5785 ESt/LSt Nr. 1.**
[9] § 6 Abs. 2 Nr. 8 angef. durch G v. 23.12.2002 (BGBl. I S. 4621); geänd. durch G v. 9.12.2004 (BGBl. I S. 3242); geänd. mWv 30.6.2013 durch G v. 26.6.2013 (BGBl. I S. 1809).
[10] § 7 Nr. 3 geänd. mWv 25.5.2018 durch G v. 17.7.2017 (BGBl. I S. 2541).

sichtigt. [3] Satz 2 gilt nicht, wenn der Aufenthalt ausschließlich zu Besuchs-, Erholungs-, Kur- oder ähnlichen privaten Zwecken genommen wird und nicht länger als ein Jahr dauert.

§ 10 Geschäftsleitung. Geschäftsleitung ist der Mittelpunkt der geschäftlichen Oberleitung.

§ 11 Sitz. Den Sitz hat eine Körperschaft, Personenvereinigung oder Vermögensmasse an dem Ort, der durch Gesetz, Gesellschaftsvertrag, Satzung, Stiftungsgeschäft oder dergleichen bestimmt ist.

§ 12 Betriebstätte. [1] Betriebstätte ist jede feste Geschäftseinrichtung oder Anlage, die der Tätigkeit eines Unternehmens dient. [2] Als Betriebstätten sind insbesondere anzusehen:

1. die Stätte der Geschäftsleitung,

2. Zweigniederlassungen,

3. Geschäftsstellen,

4. Fabrikations- oder Werkstätten,

5. Warenlager,

6. Ein- oder Verkaufsstellen,

7. Bergwerke, Steinbrüche oder andere stehende, örtlich fortschreitende oder schwimmende Stätten der Gewinnung von Bodenschätzen,

8. Bauausführungen oder Montagen, auch örtlich fortschreitende oder schwimmende, wenn

a) die einzelne Bauausführung oder Montage oder

b) eine von mehreren zeitlich nebeneinander bestehenden Bauausführungen oder Montagen oder

c) mehrere ohne Unterbrechung aufeinander folgende Bauausführungen oder Montagen

länger als sechs Monate dauern.

§ 13 Ständiger Vertreter. [1] Ständiger Vertreter ist eine Person, die nachhaltig die Geschäfte eines Unternehmens besorgt und dabei dessen Sachweisungen unterliegt. [2] Ständiger Vertreter ist insbesondere eine Person, die für ein Unternehmen nachhaltig

1. Verträge abschließt oder vermittelt oder Aufträge einholt oder

2. einen Bestand von Gütern oder Waren unterhält und davon Auslieferungen vornimmt.

§ 14 Wirtschaftlicher Geschäftsbetrieb. [1] Ein wirtschaftlicher Geschäftsbetrieb ist eine selbständige nachhaltige Tätigkeit, durch die Einnahmen oder andere wirtschaftliche Vorteile erzielt werden und die über den Rahmen einer Vermögensverwaltung hinausgeht. [2] Die Absicht, Gewinn zu erzielen, ist nicht erforderlich. [3] Eine Vermögensverwaltung liegt in der Regel vor, wenn Vermögen genutzt, zum Beispiel Kapitalvermögen verzinslich angelegt oder unbewegliches Vermögen vermietet oder verpachtet wird.

§ 15 Angehörige. (1)[1] Angehörige sind:
1. der Verlobte,
2. der Ehegatte oder Lebenspartner,
3. Verwandte und Verschwägerte gerader Linie,
4. Geschwister,
5. Kinder der Geschwister,
6. Ehegatten oder Lebenspartner der Geschwister und Geschwister der Ehegatten oder Lebenspartner,
7. Geschwister der Eltern,
8. Personen, die durch ein auf längere Dauer angelegtes Pflegeverhältnis mit häuslicher Gemeinschaft wie Eltern und Kind miteinander verbunden sind (Pflegeeltern und Pflegekinder).

(2) Angehörige sind die in Absatz 1 aufgeführten Personen auch dann, wenn
1.[2] in den Fällen der Nummern 2, 3 und 6 die die Beziehung begründende Ehe oder Lebenspartnerschaft nicht mehr besteht;
2. in den Fällen der Nummern 3 bis 7 die Verwandtschaft oder Schwägerschaft durch Annahme als Kind erloschen ist;
3. im Fall der Nummer 8 die häusliche Gemeinschaft nicht mehr besteht, sofern die Personen weiterhin wie Eltern und Kind miteinander verbunden sind.

Dritter Abschnitt. Zuständigkeit der Finanzbehörden

§ 16 Sachliche Zuständigkeit. Die sachliche Zuständigkeit der Finanzbehörden richtet sich, soweit nichts anderes bestimmt ist, nach dem Gesetz über die Finanzverwaltung.

§ 17 Örtliche Zuständigkeit. Die örtliche Zuständigkeit richtet sich, soweit nichts anderes bestimmt ist, nach den folgenden Vorschriften.

§ 18 Gesonderte Feststellungen. (1) Für die gesonderten Feststellungen nach § 180 ist örtlich zuständig:
1. bei Betrieben der Land- und Forstwirtschaft, bei Grundstücken, Betriebsgrundstücken und Mineralgewinnungsrechten das Finanzamt, in dessen Bezirk der Betrieb, das Grundstück, das Betriebsgrundstück, das Mineralgewinnungsrecht oder, wenn sich der Betrieb, das Grundstück, das Betriebsgrundstück oder das Mineralgewinnungsrecht auf die Bezirke mehrerer Finanzämter erstreckt, der wertvollste Teil liegt (Lagefinanzamt),
2. bei gewerblichen Betrieben mit Geschäftsleitung im Geltungsbereich dieses Gesetzes das Finanzamt, in dessen Bezirk sich die Geschäftsleitung befindet, bei gewerblichen Betrieben ohne Geschäftsleitung im Geltungsbereich dieses Gesetzes das Finanzamt, in dessen Bezirk eine Betriebsstätte – bei

---

[1] § 15 Abs. 1 Nr. 1, 2 und 6 geänd. durch G v. 18.7.2014 (BGBl. I S. 1042); zur Anwendung siehe Art. 97 § 1 Abs. 10 Satz 3 EGAO (Nr. **1.1**); Abs. 1 Nr. 1 geänd. mWv 22.12.2018 durch G v. 18.12. 2018 (BGBl. I S. 2639).
[2] § 15 Abs. 2 Nr. 1 geänd. durch G v. 18.7.2014 (BGBl. I S. 1042); zur Anwendung siehe Art. 97 § 1 Abs. 10 Satz 3 EGAO (Nr. **1.1**).

mehreren Betriebstätten die wirtschaftlich bedeutendste – unterhalten wird (Betriebsfinanzamt),

3.[1)] bei Einkünften aus selbständiger Arbeit das Finanzamt, von dessen Bezirk aus die Tätigkeit vorwiegend ausgeübt wird,

4.[2)] bei einer Beteiligung mehrerer Personen an Einkünften, die keine Einkünfte aus Land- und Forstwirtschaft, aus Gewerbebetrieb oder aus selbständiger Arbeit sind und die nach § 180 Absatz 1 Satz 1 Nummer 2 Buchstabe a gesondert festgestellt werden,

a) das Finanzamt, von dessen Bezirk die Verwaltung dieser Einkünfte ausgeht, oder

b) das Finanzamt, in dessen Bezirk sich der wertvollste Teil des Vermögens, aus dem die gemeinsamen Einkünfte fließen, befindet, wenn die Verwaltung dieser Einkünfte im Geltungsbereich dieses Gesetzes nicht feststellbar ist.

[2] Dies gilt entsprechend bei einer gesonderten Feststellung nach § 180 Absatz 1 Satz 1 Nummer 3 oder § 180 Absatz 2.

(2) [1] Ist eine gesonderte Feststellung mehreren Steuerpflichtigen gegenüber vorzunehmen und lässt sich nach Absatz 1 die örtliche Zuständigkeit nicht bestimmen, so ist jedes Finanzamt örtlich zuständig, das nach den §§ 19 oder 20 für die Steuern vom Einkommen und Vermögen eines Steuerpflichtigen zuständig ist, dem ein Anteil an dem Gegenstand der Feststellung zuzurechnen ist. [2] Soweit dieses Finanzamt auf Grund einer Verordnung nach § 17 Abs. 2 Satz 3 und 4 des Finanzverwaltungsgesetzes[3)] sachlich nicht für die gesonderte Feststellung zuständig ist, tritt an seine Stelle das sachlich zuständige Finanzamt.

§ 19 Steuern vom Einkommen und Vermögen natürlicher Personen.

(1)[4)] [1] Für die Besteuerung natürlicher Personen nach dem Einkommen und Vermögen ist das Finanzamt örtlich zuständig, in dessen Bezirk der Steuerpflichtige seinen Wohnsitz oder in Ermangelung eines Wohnsitzes seinen gewöhnlichen Aufenthalt hat (Wohnsitzfinanzamt). [2] Bei mehrfachem Wohnsitz im Geltungsbereich des Gesetzes ist der Wohnsitz maßgebend, an dem sich der Steuerpflichtige vorwiegend aufhält; bei mehrfachem Wohnsitz eines verheirateten oder in Lebenspartnerschaft lebenden Steuerpflichtigen, der von seinem Ehegatten oder Lebenspartner nicht dauernd getrennt lebt, ist der Wohnsitz maßgebend, an dem sich die Familie vorwiegend aufhält. [3] Für die nach § 1 Abs. 2 des Einkommensteuergesetzes[5)] und nach § 1 Abs. 2 des Vermögensteuergesetzes unbeschränkt steuerpflichtigen Personen ist das Finanzamt örtlich zuständig, in dessen Bezirk sich die zahlende öffentliche Kasse befindet; das Gleiche gilt in den Fällen des § 1 Abs. 3 des Einkommensteuergesetzes bei Personen, die die Voraussetzungen des § 1 Abs. 2 Satz 1 Nr. 1 und 2 des Einkommensteuergesetzes erfüllen, und in den Fällen des § 1a Abs. 2 des Einkommensteuergesetzes.

[1)] § 18 Abs. 1 Nr. 3 geänd. durch G v. 20.12.2008 (BGBl. I S. 2850).
[2)] § 18 Abs. 1 Nr. 4 neu gef. mWv 1.1.2017 durch G v. 18.7.2016 (BGBl. I S. 1679).
[3)] dtv 5765 **Steuergesetze Nr. 31.**
[4)] § 19 Abs. 1 Satz 2 2. HS geänd. durch G v. 18.7.2014 (BGBl. I S. 1042); zur Anwendung siehe Art. 97 § 1 Abs. 10 Satz 1 EGAO (Nr. **1.1**).
[5)] dtv 5785 **ESt/LSt Nr. 1.**

(2)[1] [1] Liegen die Voraussetzungen des Absatzes 1 nicht vor, so ist das Finanzamt örtlich zuständig, in dessen Bezirk sich das Vermögen des Steuerpflichtigen und, wenn dies für mehrere Finanzämter zutrifft, in dessen Bezirk sich der wertvollste Teil des Vermögens befindet. [2] Hat der Steuerpflichtige kein Vermögen im Geltungsbereich des Gesetzes, so ist das Finanzamt örtlich zuständig, in dessen Bezirk die Tätigkeit im Geltungsbereich des Gesetzes vorwiegend ausgeübt oder verwertet wird oder worden ist. [3] Hat ein Steuerpflichtiger seinen Wohnsitz oder gewöhnlichen Aufenthalt im Geltungsbereich des Gesetzes aufgegeben und erzielt er im Jahr des Wegzugs keine Einkünfte im Sinne des § 49 des Einkommensteuergesetzes, ist das Finanzamt örtlich zuständig, das nach den Verhältnissen vor dem Wegzug zuletzt örtlich zuständig war.

(3) [1] Gehören zum Bereich der Wohnsitzgemeinde mehrere Finanzämter und übt ein Steuerpflichtiger mit Einkünften aus Land- und Forstwirtschaft, Gewerbebetrieb oder freiberuflicher Tätigkeit diese Tätigkeit innerhalb der Wohnsitzgemeinde, aber im Bezirk eines anderen Finanzamts als dem des Wohnsitzfinanzamts aus, so ist abweichend von Absatz 1 jenes Finanzamt zuständig, wenn es nach § 18 Abs. 1 Nr. 1, 2 oder 3 für eine gesonderte Feststellung dieser Einkünfte zuständig wäre. [2] Einkünfte aus Gewinnanteilen sind bei Anwendung des Satzes 1 nur dann zu berücksichtigen, wenn sie die einzigen Einkünfte des Steuerpflichtigen im Sinne des Satzes 1 sind.

(4) Steuerpflichtige, die zusammen zu veranlagen sind oder zusammen veranlagt werden können, sind bei Anwendung des Absatzes 3 so zu behandeln, als seien ihre Einkünfte von einem Steuerpflichtigen bezogen worden.

(5) [1] Durch Rechtsverordnung der Landesregierung kann bestimmt werden, dass als Wohnsitzgemeinde im Sinne des Absatzes 3 ein Gebiet gilt, das mehrere Gemeinden umfasst, soweit dies mit Rücksicht auf die Wirtschafts- oder Verkehrsverhältnisse, den Aufbau der Verwaltungsbehörden oder andere örtliche Bedürfnisse zweckmäßig erscheint. [2] Die Landesregierung kann die Ermächtigung auf die für die Finanzverwaltung zuständige oberste Landesbehörde übertragen.

(6)[2] [1] Das Bundesministerium der Finanzen kann zur Sicherstellung der Besteuerung von Personen, die nach § 1 Abs. 4 des Einkommensteuergesetzes beschränkt steuerpflichtig sind und Einkünfte im Sinne des § 49 Abs. 1 Nr. 7 und 10 des Einkommensteuergesetzes beziehen, durch Rechtsverordnung[3] mit Zustimmung des Bundesrates einer Finanzbehörde die örtliche Zuständigkeit für den Geltungsbereich des Gesetzes übertragen. [2] Satz 1 gilt auch in den Fällen, in denen ein Antrag nach § 1 Abs. 3 des Einkommensteuergesetzes gestellt wird.

§ 20 Steuern vom Einkommen und Vermögen der Körperschaften, Personenvereinigungen, Vermögensmassen. (1) Für die Besteuerung von Körperschaften, Personenvereinigungen und Vermögensmassen nach dem Einkommen und Vermögen ist das Finanzamt örtlich zuständig, in dessen Bezirk sich die Geschäftsleitung befindet.

---

[1] § 19 Abs. 2 Satz 3 angef. mWv 29.12.2020 durch G v. 21.12.2020 (BGBl. I S. 3096).
[2] § 19 Abs. 6 angef. durch G v. 13.12.2006 (BGBl. I S. 2878); Satz 1 geänd. und Satz 2 angef. mWv 1.1.2009 durch G v. 19.12.2008 (BGBl. I S. 2794).
[3] Siehe Einkommensteuer-Zuständigkeitsverordnung v. 2.1.2009 (BGBl. I S. 3), geänd. durch VO v. 11.12.2012 (BGBl. I S. 2637).

(2) Befindet sich die Geschäftsleitung nicht im Geltungsbereich des Gesetzes oder lässt sich der Ort der Geschäftsleitung nicht feststellen, so ist das Finanzamt örtlich zuständig, in dessen Bezirk die Steuerpflichtige ihren Sitz hat.

(3) Ist weder die Geschäftsleitung noch der Sitz im Geltungsbereich des Gesetzes, so ist das Finanzamt örtlich zuständig, in dessen Bezirk sich Vermögen der Steuerpflichtigen und, wenn dies für mehrere Finanzämter zutrifft, das Finanzamt, in dessen Bezirk sich der wertvollste Teil des Vermögens befindet.

(4) Befindet sich weder die Geschäftsleitung noch der Sitz noch Vermögen der Steuerpflichtigen im Geltungsbereich des Gesetzes, so ist das Finanzamt örtlich zuständig, in dessen Bezirk die Tätigkeit im Geltungsbereich des Gesetzes vorwiegend ausgeübt oder verwertet wird oder worden ist.

§ 20a Steuern vom Einkommen bei Bauleistungen. (1)[1] [1] Abweichend von §§ 19 und 20 ist für die Besteuerung von Unternehmen, die Bauleistungen im Sinne von § 48 Abs. 1 Satz 3 des Einkommensteuergesetzes[2] erbringen, das Finanzamt zuständig, das für die Besteuerung der entsprechenden Umsätze nach § 21 Abs. 1 zuständig ist, wenn der Unternehmer seinen Wohnsitz oder das Unternehmen seine Geschäftsleitung oder seinen Sitz außerhalb des Geltungsbereiches des Gesetzes hat. [2] Das gilt auch abweichend von den §§ 38 bis 42f des Einkommensteuergesetzes beim Steuerabzug vom Arbeitslohn.

(2) [1] Für die Verwaltung der Lohnsteuer in den Fällen der Arbeitnehmerüberlassung durch ausländische Verleiher nach § 38 Abs. 1 Satz 1 Nr. 2 des Einkommensteuergesetzes ist das Finanzamt zuständig, das für die Besteuerung der entsprechenden Umsätze nach § 21 Abs. 1 zuständig ist. [2] Satz 1 gilt nur, wenn die überlassene Person im Baugewerbe eingesetzt ist.

(3) Für die Besteuerung von Personen, die von Unternehmen im Sinne des Absatzes 1 oder 2 im Inland beschäftigt werden, kann abweichend von § 19 das Bundesministerium der Finanzen durch Rechtsverordnung mit Zustimmung des Bundesrates die örtliche Zuständigkeit einem Finanzamt für den Geltungsbereich des Gesetzes übertragen.

§ 21 Umsatzsteuer. (1)[3] [1] Für die Umsatzsteuer mit Ausnahme der Einfuhrumsatzsteuer ist das Finanzamt zuständig, von dessen Bezirk aus der Unternehmer sein Unternehmen im Geltungsbereich des Gesetzes ganz oder vorwiegend betreibt. [2] Das Bundesministerium der Finanzen kann zur Sicherstellung der Besteuerung durch Rechtsverordnung[4] mit Zustimmung des Bundesrates für Unternehmer, die Wohnsitz, Sitz oder Geschäftsleitung außerhalb des Geltungsbereiches dieses Gesetzes haben, die örtliche Zuständigkeit einer Finanzbehörde für den Geltungsbereich des Gesetzes übertragen.

(2)[5] Für die Umsatzsteuer von Personen, die keine Unternehmer sind, ist das Finanzamt zuständig, das nach § 19 oder § 20 für die Besteuerung nach dem Einkommen zuständig ist; in den Fällen des § 180 Absatz 1 Satz 1 Nummer 2 Buchstabe a ist das Finanzamt für die Umsatzsteuer zuständig, das nach § 18 auch für die gesonderte Feststellung zuständig ist.

---

[1] § 20a Abs. 1 Satz 1 geänd. durch G v. 9.12.2004 (BGBl. I S. 3310).
[2] **dtv 5785 ESt/LSt Nr. 1.**
[3] § 21 Abs. 1 Satz 2 geänd. durch G v. 16.5.2003 (BGBl. I S. 660).
[4] Siehe VO über die örtliche Zuständigkeit für die USt im Ausland ansässiger Unternehmer v. 20.12.2001 (BGBl. I S. 3794, 3814), zuletzt geänd. durch G v. 21.12.2020 (BGBl. I S. 3096).
[5] § 21 Abs. 2 neu gef. mWv 1.1.2017 durch G v. 18.7.2016 (BGBl. I S. 1679).

§ 22 Realsteuern. (1) [1] Für die Festsetzung und Zerlegung der Steuermessbeträge ist bei der Grundsteuer das Lagefinanzamt (§ 18 Abs. 1 Nr. 1) und bei der Gewerbesteuer das Betriebsfinanzamt (§ 18 Abs. 1 Nr. 2) örtlich zuständig. [2] Abweichend von Satz 1 ist für die Festsetzung und Zerlegung der Gewerbesteuermessbeträge bei Unternehmen, die Bauleistungen im Sinne von § 48 Abs. 1 Satz 3 des Einkommensteuergesetzes[1] erbringen, das Finanzamt zuständig, das für die Besteuerung der entsprechenden Umsätze nach § 21 Abs. 1 zuständig ist, wenn der Unternehmer seinen Wohnsitz oder das Unternehmen seine Geschäftsleitung oder seinen Sitz außerhalb des Geltungsbereiches des Gesetzes hat.

(2) [1] Soweit die Festsetzung, Erhebung und Beitreibung von Realsteuern den Finanzämtern obliegt, ist dafür das Finanzamt örtlich zuständig, zu dessen Bezirk die hebeberechtigte Gemeinde gehört. [2] Gehört eine hebeberechtigte Gemeinde zu den Bezirken mehrerer Finanzämter, so ist von diesen Finanzämtern das Finanzamt örtlich zuständig, das nach Absatz 1 zuständig ist oder zuständig wäre, wenn im Geltungsbereich dieses Gesetzes nur die in der hebeberechtigten Gemeinde liegenden Teile des Betriebs, des Grundstücks oder des Betriebsgrundstücks vorhanden wären.

(3) Absatz 2 gilt sinngemäß, soweit einem Land nach Artikel 106 Abs. 6 Satz 3 des Grundgesetzes[2] das Aufkommen der Realsteuern zusteht.

§ 22a[3] Zuständigkeit auf dem Festlandsockel oder an der ausschließlichen Wirtschaftszone. Die Zuständigkeit der Finanzbehörden der Länder nach den §§ 18 bis 22 oder nach den Steuergesetzen im Bereich des der Bundesrepublik Deutschland zustehenden Anteils an dem Festlandsockel und an der ausschließlichen Wirtschaftszone richtet sich nach dem Äquidistanzprinzip.

§ 23 Einfuhr- und Ausfuhrabgaben und Verbrauchsteuern. (1)[4] Für die Einfuhr- und Ausfuhrabgaben nach Artikel 5 Nummer 20 und 21 des Zollkodex der Union und Verbrauchsteuern ist das Hauptzollamt örtlich zuständig, in dessen Bezirk der Tatbestand verwirklicht wird, an den das Gesetz die Steuer knüpft.

(2) [1] Örtlich zuständig ist ferner das Hauptzollamt, von dessen Bezirk aus der Steuerpflichtige sein Unternehmen betreibt. [2] Wird das Unternehmen von einem nicht zum Geltungsbereich des Gesetzes gehörenden Ort aus betrieben, so ist das Hauptzollamt zuständig, in dessen Bezirk der Unternehmer seine Umsätze im Geltungsbereich des Gesetzes ganz oder vorwiegend bewirkt.

(3)[5] Werden Einfuhr- und Ausfuhrabgaben nach Artikel 5 Nummer 20 und 21 des Zollkodex der Union und Verbrauchsteuern im Zusammenhang mit einer Steuerstraftat oder einer Steuerordnungswidrigkeit geschuldet, so ist auch das Hauptzollamt örtlich zuständig, das für die Strafsache oder die Bußgeldsache zuständig ist.

---

[1] dtv 5785 ESt/LSt Nr. 1.
[2] dtv 5765 Steuergesetze Nr. 32.
[3] § 22a eingef. durch G v. 25.7.2014 (BGBl. I S. 1266).
[4] § 23 Abs. 1 geänd. mWv 1.5.2016 durch G v. 22.12.2014 (BGBl. I S. 2417).
[5] § 23 Abs. 3 geänd. mWv 1.5.2016 durch G v. 22.12.2014 (BGBl. I S. 2417).

§ 24 Ersatzzuständigkeit. Ergibt sich die örtliche Zuständigkeit nicht aus anderen Vorschriften, so ist die Finanzbehörde zuständig, in deren Bezirk der Anlass für die Amtshandlung hervortritt.

§ 25 Mehrfache örtliche Zuständigkeit. [1] Sind mehrere Finanzbehörden zuständig, so entscheidet die Finanzbehörde, die zuerst mit der Sache befasst worden ist, es sei denn, die zuständigen Finanzbehörden einigen sich auf eine andere zuständige Finanzbehörde oder die gemeinsame fachlich zuständige Aufsichtsbehörde bestimmt, dass eine andere örtlich zuständige Finanzbehörde zu entscheiden hat. [2] Fehlt eine gemeinsame Aufsichtsbehörde, so treffen die fachlich zuständigen Aufsichtsbehörden die Entscheidung gemeinsam.

§ 26[1] Zuständigkeitswechsel. [1] Geht die örtliche Zuständigkeit durch eine Veränderung der sie begründenden Umstände von einer Finanzbehörde auf eine andere Finanzbehörde über, so tritt der Wechsel der Zuständigkeit in dem Zeitpunkt ein, in dem eine der beiden Finanzbehörden hiervon erfährt. [2] Die bisher zuständige Finanzbehörde kann ein Verwaltungsverfahren fortführen, wenn dies unter Wahrung der Interessen der Beteiligten der einfachen und zweckmäßigen Durchführung des Verfahrens dient und die nunmehr zuständige Finanzbehörde zustimmt. [3] Ein Zuständigkeitswechsel nach Satz 1 tritt so lange nicht ein, wie

1. über einen Insolvenzantrag noch nicht entschieden wurde,

2. ein eröffnetes Insolvenzverfahren noch nicht aufgehoben wurde oder

3. sich eine Personengesellschaft oder eine juristische Person in Liquidation befindet.

§ 27[2] Zuständigkeitsvereinbarung. [1] Im Einvernehmen mit der Finanzbehörde, die nach den Vorschriften der Steuergesetze örtlich zuständig ist, kann eine andere Finanzbehörde die Besteuerung übernehmen, wenn die betroffene Person zustimmt. [2] Eine der Finanzbehörden nach Satz 1 kann die betroffene Person auffordern, innerhalb einer angemessenen Frist die Zustimmung zu erklären. [3] Die Zustimmung gilt als erteilt, wenn die betroffene Person nicht innerhalb dieser Frist widerspricht. [4] Die betroffene Person ist auf die Wirkung ihres Schweigens ausdrücklich hinzuweisen.

§ 28 Zuständigkeitsstreit. (1) [1] Die gemeinsame fachlich zuständige Aufsichtsbehörde entscheidet über die örtliche Zuständigkeit, wenn sich mehrere Finanzbehörden für zuständig oder für unzuständig halten oder wenn die Zuständigkeit aus anderen Gründen zweifelhaft ist. [2] § 25 Satz 2 gilt entsprechend.

(2) § 5 Abs. 1 Nr. 7 des Gesetzes über die Finanzverwaltung[3] bleibt unberührt.

---

[1] § 26 Satz 3 angef. durch G v. 20.12.2007 (BGBl. I S. 3150).
[2] § 27 Sätze 2 bis 4 angef. mWv 1.1.2004 durch G v. 15.12.2003 (BGBl. I S. 2645); Sätze 1 bis 4 geänd. mWv 26.11.2019 durch G v. 20.11.2019 (BGBl. I S. 1626); Satz 4 geänd. mWv 29.12.2020 durch G v. 21.12.2020 (BGBl. I S. 3096).
[3] **dtv 5765 Steuergesetze Nr. 31.**

§ 29 Gefahr im Verzug. [1]Bei Gefahr im Verzug ist für unaufschiebbare Maßnahmen jede Finanzbehörde örtlich zuständig, in deren Bezirk der Anlass für die Amtshandlung hervortritt. [2]Die sonst örtlich zuständige Behörde ist unverzüglich zu unterrichten.

§ 29a[1)] **Unterstützung des örtlich zuständigen Finanzamts auf Anweisung der vorgesetzten Finanzbehörde.** [1]Die oberste Landesfinanzbehörde oder die von ihr beauftragte Landesfinanzbehörde kann zur Gewährleistung eines zeitnahen und gleichmäßigen Vollzugs der Steuergesetze anordnen, dass das örtlich zuständige Finanzamt ganz oder teilweise bei der Erfüllung seiner Aufgaben in Besteuerungsverfahren durch ein anderes Finanzamt unterstützt wird. [2]Das unterstützende Finanzamt handelt im Namen des örtlich zuständigen Finanzamts; das Verwaltungshandeln des unterstützenden Finanzamts ist dem örtlich zuständigen Finanzamt zuzurechnen.

Vierter Abschnitt.[2)] Verarbeitung geschützter Daten und Steuergeheimnis

§ 29b[3)] **Verarbeitung personenbezogener Daten durch Finanzbehörden.** (1) Die Verarbeitung personenbezogener Daten durch eine Finanzbehörde ist zulässig, wenn sie zur Erfüllung der ihr obliegenden Aufgabe oder in Ausübung öffentlicher Gewalt, die ihr übertragen wurde, erforderlich ist.

(2) [1]Abweichend von Artikel 9 Absatz 1 der Verordnung (EU) 2016/679 ist die Verarbeitung besonderer Kategorien personenbezogener Daten im Sinne des Artikels 9 Absatz 1 der Verordnung (EU) 2016/679 durch eine Finanzbehörde zulässig, soweit die Verarbeitung aus Gründen eines erheblichen öffentlichen Interesses erforderlich ist und soweit die Interessen des Verantwortlichen an der Datenverarbeitung die Interessen der betroffenen Person überwiegen. [2]Die Finanzbehörde hat in diesem Fall angemessene und spezifische Maßnahmen zur Wahrung der Interessen der betroffenen Person vorzusehen; § 22 Absatz 2 Satz 2 des Bundesdatenschutzgesetzes ist entsprechend anzuwenden.

§ 29c[4)] **Verarbeitung personenbezogener Daten durch Finanzbehörden zu anderen Zwecken.** (1) [1]Die Verarbeitung personenbezogener Daten zu einem anderen Zweck als zu demjenigen, zu dem die Daten von einer Finanzbehörde erhoben oder erfasst wurden (Weiterverarbeitung), durch Finanzbehörden im Rahmen ihrer Aufgabenerfüllung ist zulässig, wenn

1. sie einem Verwaltungsverfahren, einem Rechnungsprüfungsverfahren oder einem gerichtlichen Verfahren in Steuersachen, einem Strafverfahren wegen einer Steuerstraftat oder einem Bußgeldverfahren wegen einer Steuerordnungswidrigkeit dient,

2. die gesetzlichen Voraussetzungen vorliegen, die nach § 30 Absatz 4 oder 5 eine Offenbarung der Daten zulassen würden, oder zu prüfen ist, ob diese Voraussetzungen vorliegen,

---

[1)] § 29a eingef. mWv 23.7.2016 durch G v. 18.7.2016 (BGBl. I S. 1679).
[2)] 1. Teil 4. Abschnitt Überschrift neu gef. mWv 25.5.2018 durch G v. 17.7.2017 (BGBl. I S. 2541).
[3)] § 29b eingef. mWv 25.5.2018 durch G v. 17.7.2017 (BGBl. I S. 2541).
[4)] § 29c eingef. mWv 25.5.2018 durch G v. 17.7.2017 (BGBl. I S. 2541).

3. offensichtlich ist, dass die Weiterverarbeitung im Interesse der betroffenen Person liegt und kein Grund zu der Annahme besteht, dass sie in Kenntnis des anderen Zwecks ihre Einwilligung verweigern würde,

4. sie für die Entwicklung, Überprüfung oder Änderung automatisierter Verfahren der Finanzbehörden erforderlich ist, weil

   a) unveränderte Daten benötigt werden oder

   b) eine Anonymisierung oder Pseudonymisierung der Daten nicht oder nur mit unverhältnismäßigem Aufwand möglich ist.

   [2]Die Nutzung personenbezogener Daten ist dabei insbesondere erforderlich, wenn personenbezogene Daten aus mehreren verschiedenen Dateisystemen eindeutig miteinander verknüpft werden sollen und die Schaffung geeigneter Testfälle nicht oder nur mit unverhältnismäßigem Aufwand möglich ist,

5. sie für die Gesetzesfolgenabschätzung erforderlich ist, weil

   a) unveränderte Daten benötigt werden oder

   b) eine Anonymisierung oder Pseudonymisierung der Daten nicht oder nur mit unverhältnismäßigem Aufwand möglich ist,

   oder

6. sie für die Wahrnehmung von Aufsichts-, Steuerungs- und Disziplinarbefugnissen der Finanzbehörde erforderlich ist. [2]Das gilt auch für die Veränderung oder Nutzung personenbezogener Daten zu Ausbildungs- und Prüfungszwecken durch die Finanzbehörde, soweit nicht überwiegende schutzwürdige Interessen der betroffenen Person entgegenstehen.

[2]In den Fällen von Satz 1 Nummer 4 dürfen die Daten ausschließlich für Zwecke der Entwicklung, Überprüfung oder Änderung automatisierter Verfahren verarbeitet werden und müssen innerhalb eines Jahres nach Beendigung dieser Maßnahmen gelöscht werden. [3]In den Fällen von Satz 1 Nummer 6 dürfen die Daten nur durch Personen verarbeitet werden, die nach § 30 zur Wahrung des Steuergeheimnisses verpflichtet sind.

(2) Die Weiterverarbeitung besonderer Kategorien personenbezogener Daten im Sinne des Artikels 9 Absatz 1 der Verordnung (EU) 2016/679 ist zulässig, wenn die Voraussetzungen des Absatzes 1 und ein Ausnahmetatbestand nach Artikel 9 Absatz 2 der Verordnung (EU) 2016/679 oder nach § 29b Absatz 2 vorliegen.

§ 30 Steuergeheimnis. (1) Amtsträger haben das Steuergeheimnis zu wahren.

(2)[1] Ein Amtsträger verletzt das Steuergeheimnis, wenn er

1. personenbezogene Daten eines anderen, die ihm

   a) in einem Verwaltungsverfahren, einem Rechnungsprüfungsverfahren oder einem gerichtlichen Verfahren in Steuersachen,

   b) in einem Strafverfahren wegen einer Steuerstraftat oder einem Bußgeldverfahren wegen einer Steuerordnungswidrigkeit,

   c)[2] im Rahmen einer Weiterverarbeitung nach § 29c Absatz 1 Satz 1 Nummer 4, 5 oder 6 oder aus anderem dienstlichen Anlass, insbesondere

[1] § 30 Abs. 2 neu gef. mWv 25.5.2018 durch G v. 17.7.2017 (BGBl. I S. 2541).
[2] § 30 Abs. 2 Nr. 1 Buchst. c neu gef. mWv 18.12.2019 durch G v. 12.12.2019 (BGBl. I S. 2451); zur Anwendung siehe Art. 97 § 1 Abs. 13 EGAO (Nr. **1.1**).

durch Mitteilung einer Finanzbehörde oder durch die gesetzlich vorgeschriebene Vorlage eines Steuerbescheids oder einer Bescheinigung über die bei der Besteuerung getroffenen Feststellungen,

bekannt geworden sind, oder

2. ein fremdes Betriebs- oder Geschäftsgeheimnis, das ihm in einem der in Nummer 1 genannten Verfahren bekannt geworden ist,

(geschützte Daten) unbefugt offenbart oder verwertet oder

3. geschützte Daten im automatisierten Verfahren unbefugt abruft, wenn sie für eines der in Nummer 1 genannten Verfahren in einem automationsgestützten Dateisystem gespeichert sind.

(3) Den Amtsträgern stehen gleich

1. die für den öffentlichen Dienst besonders Verpflichteten (§ 11 Abs. 1 Nr. 4 des Strafgesetzbuchs),

1a. die in § 193 Abs. 2 des Gerichtsverfassungsgesetzes genannten Personen,

2. amtlich zugezogene Sachverständige,

3. die Träger von Ämtern der Kirchen und anderen Religionsgemeinschaften, die Körperschaften des öffentlichen Rechts sind.

(4)[1] Die Offenbarung oder Verwertung geschützter Daten ist zulässig, soweit

1. sie der Durchführung eines Verfahrens im Sinne des Absatzes 2 Nr. 1 Buchstaben a und b dient,

1a.[2] sie einer Verarbeitung durch Finanzbehörden nach Maßgabe des § 29c Absatz 1 Satz 1 Nummer 4 oder 6 dient,

1b.[2] sie der Durchführung eines Bußgeldverfahrens nach Artikel 83 der Verordnung (EU) 2016/679 im Anwendungsbereich dieses Gesetzes dient,

2.[3] sie durch Bundesgesetz ausdrücklich zugelassen ist,

2a.[4] sie durch Recht der Europäischen Union vorgeschrieben oder zugelassen ist,

2b.[5] sie der Erfüllung der gesetzlichen Aufgaben des Statistischen Bundesamtes oder für die Erfüllung von Bundesgesetzen durch die Statistischen Landesämter dient,

2c.[6] sie der Gesetzesfolgenabschätzung dient und die Voraussetzungen für eine Weiterverarbeitung nach § 29c Absatz 1 Satz 1 Nummer 5 vorliegen,

3.[7] die betroffene Person zustimmt,

4.[8] sie der Durchführung eines Strafverfahrens wegen einer Tat dient, die keine Steuerstraftat ist, und die Kenntnisse

---

[1] § 30 Abs. 4 einl. Satzteil neu gef. mWv 25.5.2018 durch G v. 17.7.2017 (BGBl. I S. 2541).
[2] § 30 Abs. 4 Nr. 1a und 1b eingef. mWv 25.5.2018 durch G v. 17.7.2017 (BGBl. I S. 2541).
[3] § 30 Abs. 4 Nr. 2 geänd. mWv 25.5.2018 durch G v. 17.7.2017 (BGBl. I S. 2541).
[4] § 30 Abs. 4 Nr. 2a eingef. mWv 25.5.2018 durch G v. 17.7.2017 (BGBl. I S. 2541).
[5] § 30 Abs. 4 Nr. 2b neu gef. mWv 18.12.2019 durch G v. 12.12.2019 (BGBl. I S. 2451); zur Anwendung siehe Art. 97 § 1 Abs. 13 EGAO (Nr. **1.1**).
[6] § 30 Abs. 4 Nr. 2c eingef. mWv 25.5.2018 durch G v. 17.7.2017 (BGBl. I S. 2541).
[7] § 30 Abs. 4 Nr. 3 geänd. mWv 26.11.2019 durch G v. 20.11.2019 (BGBl. I S. 1626).
[8] Siehe hierzu § 4 Abs. 5 Nr. 10 Satz 3 EStG **(dtv 5785 ESt/LSt Nr. 1)**.

a) in einem Verfahren wegen einer Steuerstraftat oder Steuerordnungswidrigkeit erlangt worden sind; dies gilt jedoch nicht für solche
Tatsachen, die der Steuerpflichtige in Unkenntnis der Einleitung des
Strafverfahrens oder des Bußgeldverfahrens offenbart hat oder die
bereits vor Einleitung des Strafverfahrens oder des Bußgeldverfahrens
im Besteuerungsverfahren bekannt geworden sind, oder

b) ohne Bestehen einer steuerlichen Verpflichtung oder unter Verzicht
auf ein Auskunftsverweigerungsrecht erlangt worden sind,

5. für sie ein zwingendes öffentliches Interesse besteht; ein zwingendes
öffentliches Interesse ist namentlich gegeben, wenn

a)[1] die Offenbarung erforderlich ist zur Abwehr erheblicher Nachteile
für das Gemeinwohl oder einer Gefahr für die öffentliche Sicherheit,
die Verteidigung oder die nationale Sicherheit oder zur Verhütung
oder Verfolgung von Verbrechen und vorsätzlichen schweren Vergehen gegen Leib und Leben oder gegen den Staat und seine Einrichtungen,

b) Wirtschaftsstraftaten verfolgt werden oder verfolgt werden sollen, die
nach ihrer Begehungsweise oder wegen des Umfangs des durch sie
verursachten Schadens geeignet sind, die wirtschaftliche Ordnung
erheblich zu stören oder das Vertrauen der Allgemeinheit auf die
Redlichkeit des geschäftlichen Verkehrs oder auf die ordnungsgemäße
Arbeit der Behörden und der öffentlichen Einrichtungen erheblich zu
erschüttern, oder

c) die Offenbarung erforderlich ist zur Richtigstellung in der Öffentlichkeit verbreiteter unwahrer Tatsachen, die geeignet sind, das Vertrauen in die Verwaltung erheblich zu erschüttern; die Entscheidung
trifft die zuständige oberste Finanzbehörde im Einvernehmen mit
dem Bundesministerium der Finanzen; vor der Richtigstellung soll
der Steuerpflichtige gehört werden.

(5)[2] Vorsätzlich falsche Angaben der betroffenen Person dürfen den Strafverfolgungsbehörden gegenüber offenbart werden.

(6)[3] ¹Der Abruf geschützter Daten, die für eines der in Absatz 2 Nummer 1
genannten Verfahren in einem automationsgestützten Dateisystem gespeichert
sind, ist nur zulässig, soweit er der Durchführung eines Verfahrens im Sinne des
Absatzes 2 Nummer 1 Buchstabe a und b oder der zulässigen Übermittlung
geschützter Daten durch eine Finanzbehörde an die betroffene Person oder
Dritte dient. ²Zur Wahrung des Steuergeheimnisses kann das Bundesministerium der Finanzen durch Rechtsverordnung mit Zustimmung des Bundesrates
bestimmen, welche technischen und organisatorischen Maßnahmen gegen den
unbefugten Abruf von Daten zu treffen sind. ³Insbesondere kann es nähere
Regelungen treffen über die Art der Daten, deren Abruf zulässig ist, sowie über
den Kreis der Amtsträger, die zum Abruf solcher Daten berechtigt sind. ⁴Die
Rechtsverordnung bedarf nicht der Zustimmung des Bundesrates, soweit sie

---

[1] § 30 Abs. 4 Nr. 5 Buchst. a neu gef. mWv 25.5.2018 durch G v. 17.7.2017 (BGBl. I S. 2541).
[2] § 30 Abs. 5 geänd. mWv 26.11.2019 durch G v. 20.11.2019 (BGBl. I S. 1626).
[3] § 30 Abs. 6 Satz 4 neu gef. mWv 30.6.2013 durch G v. 26.6.2013 (BGBl. I S. 1809); Satz 1 neu
gef. mWv 25.5.2018 durch G v. 17.7.2017 (BGBl. I S. 2541).

die Kraftfahrzeugsteuer, die Luftverkehrsteuer, die Versicherungsteuer sowie Einfuhr- und Ausfuhrabgaben und Verbrauchsteuern, mit Ausnahme der Biersteuer, betrifft.

(7)[1] Werden dem Steuergeheimnis unterliegende Daten durch einen Amtsträger oder diesem nach Absatz 3 gleichgestellte Personen nach Maßgabe des § 87a Absatz 4 oder 7 über De-Mail-Dienste im Sinne des § 1 des De-Mail-Gesetzes versendet, liegt keine unbefugte Offenbarung, Verwertung und kein unbefugter Abruf von dem Steuergeheimnis unterliegenden Daten vor, wenn beim Versenden eine kurzzeitige automatisierte Entschlüsselung durch den akkreditierten Diensteanbieter zum Zweck der Überprüfung auf Schadsoftware und zum Zweck der Weiterleitung an den Adressaten der De-Mail-Nachricht stattfindet.

(8)[2] Die Einrichtung eines automatisierten Verfahrens, das den Abgleich geschützter Daten innerhalb einer Finanzbehörde oder zwischen verschiedenen Finanzbehörden ermöglicht, ist zulässig, soweit die Weiterverarbeitung oder Offenbarung dieser Daten zulässig und dieses Verfahren unter Berücksichtigung der schutzwürdigen Interessen der betroffenen Person und der Aufgaben der beteiligten Finanzbehörden angemessen ist.

(9)[3] Die Finanzbehörden dürfen sich bei der Verarbeitung geschützter Daten nur dann eines Auftragsverarbeiters im Sinne von Artikel 4 Nummer 8 der Verordnung (EU) 2016/679 bedienen, wenn diese Daten ausschließlich durch Personen verarbeitet werden, die zur Wahrung des Steuergeheimnisses verpflichtet sind.

(10)[4] Die Offenbarung besonderer Kategorien personenbezogener Daten im Sinne des Artikels 9 Absatz 1 der Verordnung (EU) 2016/679 durch Finanzbehörden an öffentliche oder nicht-öffentliche Stellen ist zulässig, wenn die Voraussetzungen des Absätze 4 oder 5 und ein Ausnahmetatbestand nach Artikel 9 Absatz 2 der Verordnung (EU) 2016/679 oder nach § 31c vorliegen.

(11)[5] ¹Wurden geschützte Daten

1. einer Person, die nicht zur Wahrung des Steuergeheimnisses verpflichtet ist,

2. einer öffentlichen Stelle, die keine Finanzbehörde ist, oder

3. einer nicht-öffentlichen Stelle

nach den Absätzen 4 oder 5 offenbart, darf der Empfänger diese Daten nur zu dem Zweck speichern, verändern, nutzen oder übermitteln, zu dem sie ihm offenbart worden sind. ²Die Pflicht eines Amtsträgers oder einer ihm nach Absatz 3 gleichgestellten Person, dem oder der die geschützten Daten durch die Offenbarung bekannt geworden sind, zur Wahrung des Steuergeheimnisses bleibt unberührt.

§ 30a[6] *(aufgehoben)*

---

[1] § 30 Abs. 7 angef. mWv 1.8.2013 durch G v. 25.7.2013 (BGBl. I S. 2749); geänd. mWv 25.5.2018 durch G v. 17.7.2017 (BGBl. I S. 2541).
[2] § 30 Abs. 8 angef. mWv 25.5.2018 durch G v. 17.7.2017 (BGBl. I S. 2541).
[3] § 30 Abs. 9 angef. mWv 25.5.2018 durch G v. 17.7.2017 (BGBl. I S. 2541).
[4] § 30 Abs. 10 angef. mWv 25.5.2018 durch G v. 17.7.2017 (BGBl. I S. 2541); geänd. mWv 26.11.2019 durch G v. 20.11.2019 (BGBl. I S. 1626).
[5] § 30 Abs. 11 angef. mWv 25.5.2018 durch G v. 17.7.2017 (BGBl. I S. 2541).
[6] § 30a aufgeh. durch G v. 23.6.2017 (BGBl. I S. 1682); zur letztmaligen Anwendung siehe Art. 97 § 1 Abs. 12 Satz 2 EGAO (Nr. **1.1**).

§ 31 Mitteilung von Besteuerungsgrundlagen. (1)[1] [1]Die Finanzbehörden sind verpflichtet, Besteuerungsgrundlagen, Steuermessbeträge und Steuerbeträge an Körperschaften des öffentlichen Rechts einschließlich der Religionsgemeinschaften, die Körperschaften des öffentlichen Rechts sind, zur Festsetzung von solchen Abgaben mitzuteilen, die an diese Besteuerungsgrundlagen, Steuermessbeträge oder Steuerbeträge anknüpfen. [2]Die Mitteilungspflicht besteht nicht, soweit deren Erfüllung mit einem unverhältnismäßigen Aufwand verbunden wäre. [3]Die Finanzbehörden dürfen Körperschaften des öffentlichen Rechts auf Ersuchen Namen und Anschriften ihrer Mitglieder, die dem Grunde nach zur Entrichtung von Abgaben im Sinne des Satzes 1 verpflichtet sind, sowie die von der Finanzbehörde für die Körperschaft festgesetzten Abgaben übermitteln, soweit die Kenntnis dieser Daten zur Erfüllung von in der Zuständigkeit der Körperschaft liegenden öffentlichen Aufgaben erforderlich ist und überwiegende schutzwürdige Interessen der betroffenen Person nicht entgegenstehen.

(2)[2] [1]Die Finanzbehörden sind verpflichtet, die nach § 30 Absatz 2 Nummer 1 geschützten personenbezogenen Daten der betroffenen Person den Trägern der gesetzlichen Sozialversicherung, der Bundesagentur für Arbeit und der Künstlersozialkasse mitzuteilen, soweit die Kenntnis dieser Daten für die Feststellung der Versicherungspflicht oder die Festsetzung von Beiträgen einschließlich der Künstlersozialabgabe erforderlich ist oder die betroffene Person einen Antrag auf Mitteilung stellt. [2]Die Mitteilungspflicht besteht nicht, soweit deren Erfüllung mit einem unverhältnismäßigen Aufwand verbunden wäre.

(3)[3] Die für die Verwaltung der Grundsteuer zuständigen Behörden sind berechtigt, die nach § 30 geschützten Namen und Anschriften von Grundstückseigentümern, die bei der Verwaltung der Grundsteuer bekannt geworden sind, zur Verwaltung anderer Abgaben sowie zur Erfüllung sonstiger öffentlicher Aufgaben zu verwenden oder den hierfür zuständigen Gerichten, Behörden oder juristischen Personen des öffentlichen Rechts auf Ersuchen mitzuteilen, soweit nicht überwiegende schutzwürdige Interessen der betroffenen Person entgegenstehen.

§ 31a Mitteilungen zur Bekämpfung der illegalen Beschäftigung und des Leistungsmissbrauchs. (1)[4] Die Offenbarung der nach § 30 geschützten Daten der betroffenen Person ist zulässig, soweit sie

1. für die Durchführung eines Strafverfahrens, eines Bußgeldverfahrens oder eines anderen gerichtlichen oder Verwaltungsverfahrens mit dem Ziel

   a) der Bekämpfung von illegaler Beschäftigung oder Schwarzarbeit oder

   b) der Entscheidung

   aa) über Erteilung, Rücknahme oder Widerruf einer Erlaubnis nach dem Arbeitnehmerüberlassungsgesetz oder

---

[1] § 31 Abs. 1 Satz 3 angef. durch G v. 9.12.2004 (BGBl. I S. 3310); Satz 3 geänd. mWv 26.11.2019 durch G v. 20.11.2019 (BGBl. I S. 1626).

[2] § 31 Abs. 2 Satz 1 geänd. mWv 1.1.2004 durch G v. 23.12.2003 (BGBl. I S. 2848); Satz 1 geänd. mWv 25.5.2018 durch G v. 17.7.2017 (BGBl. I S. 2541); Satz 1 geänd. mWv 26.11.2019 durch G v. 20.11.2019 (BGBl. I S. 1626); Satz 1 geänd. mWv 29.12.2020 durch G v. 21.12.2020 (BGBl. I S. 3096).

[3] § 31 Abs. 3 geänd. mWv 26.11.2019 durch G v. 20.11.2019 (BGBl. I S. 1626).

[4] § 31a Abs. 1 einl. Satzteil geänd. mWv 25.5.2018 durch G v. 17.7.2017 (BGBl. I S. 2541); einl. Satzteil geänd. mWv 26.11.2019 durch G v. 20.11.2019 (BGBl. I S. 1626).

bb) über Bewilligung, Gewährung, Rückforderung, Erstattung, Weitergewährung oder Belassen einer Leistung aus öffentlichen Mitteln

oder

2. für die Geltendmachung eines Anspruchs auf Rückgewähr einer Leistung aus öffentlichen Mitteln

erforderlich ist.

(2)[1] [1] Die Finanzbehörden sind in den Fällen des Absatzes 1 verpflichtet, der zuständigen Stelle die jeweils benötigten Tatsachen mitzuteilen. [2] In den Fällen des Absatzes 1 Nr. 1 Buchstabe b und Nr. 2 erfolgt die Mitteilung auch auf Antrag der betroffenen Person. [3] Die Mitteilungspflicht nach den Sätzen 1 und 2 besteht nicht, soweit deren Erfüllung mit einem unverhältnismäßigen Aufwand verbunden wäre.

§ 31b[2] Mitteilungen zur Bekämpfung der Geldwäsche und der Terrorismusfinanzierung. (1)[3] Die Offenbarung der nach § 30 geschützten Daten der betroffenen Person an die jeweils zuständige Stelle ist auch ohne Ersuchen zulässig, soweit sie einem der folgenden Zwecke dient:

1. der Durchführung eines Strafverfahrens wegen Geldwäsche oder Terrorismusfinanzierung nach § 1 Absatz 1 und 2 des Geldwäschegesetzes,

2. der Verhinderung, Aufdeckung und Bekämpfung von Geldwäsche oder Terrorismusfinanzierung nach § 1 Absatz 1 und 2 des Geldwäschegesetzes,

3. der Durchführung eines Bußgeldverfahrens nach § 56 des Geldwäschegesetzes gegen Verpflichtete nach § 2 Absatz 1 Nummer 13 bis 16 des Geldwäschegesetzes,

4. dem Treffen von Maßnahmen und Anordnungen nach § 51 Absatz 2 des Geldwäschegesetzes gegenüber Verpflichteten nach § 2 Absatz 1 Nummer 13 bis 16 des Geldwäschegesetzes oder

5. der Wahrnehmung von Aufgaben nach § 28 Absatz 1 des Geldwäschegesetzes durch die Zentralstelle für Finanztransaktionsuntersuchungen.

(2) [1] Die Finanzbehörden haben der Zentralstelle für Finanztransaktionsuntersuchungen unverzüglich Sachverhalte unabhängig von deren Höhe mitzuteilen, wenn Tatsachen vorliegen, die darauf hindeuten, dass

1. es sich bei Vermögensgegenständen, die mit dem mitzuteilenden Sachverhalt im Zusammenhang stehen, um den Gegenstand einer Straftat nach § 261 des Strafgesetzbuchs handelt oder

2. die Vermögensgegenstände im Zusammenhang mit Terrorismusfinanzierung stehen.

[2] Mitteilungen an die Zentralstelle für Finanztransaktionsuntersuchungen sind durch elektronische Datenübermittlung zu erstatten; hierbei ist ein sicheres Verfahren zu verwenden, das die Vertraulichkeit und Integrität des Datensatzes gewährleistet. [3] Im Fall einer Störung der Datenübertragung ist ausnahmsweise eine Mitteilung auf dem Postweg möglich. [4] § 45 Absatz 3 und 4 des Geldwäschegesetzes gilt entsprechend.

---

[1] § 31a Abs. 2 Satz 2 geänd. mWv 26.11.2019 durch G v. 20.11.2019 (BGBl. I S. 1626).
[2] § 31b neu gef. mWv 26.6.2017 durch G v. 23.6.2017 (BGBl. I S. 1822).
[3] § 31b Abs. 1 einl. Satzteil geänd. mWv 25.5.2018 durch G v. 17.7.2017 (BGBl. I S. 2541); einl. Satzteil geänd. mWv 26.11.2019 durch G v. 20.11.2019 (BGBl. I S. 1626).

(3) Die Finanzbehörden haben der zuständigen Verwaltungsbehörde unverzüglich solche Tatsachen mitzuteilen, die darauf schließen lassen, dass

1. ein Verpflichteter nach § 2 Absatz 1 Nummer 13 bis 16 des Geldwäschegesetzes eine Ordnungswidrigkeit nach § 56 des Geldwäschegesetzes begangen hat oder begeht oder

2. die Voraussetzungen für das Treffen von Maßnahmen und Anordnungen nach § 51 Absatz 2 des Geldwäschegesetzes gegenüber Verpflichteten nach § 2 Absatz 1 Nummer 13 bis 16 des Geldwäschegesetzes gegeben sind.

(4) § 47 Absatz 3 des Geldwäschegesetzes gilt entsprechend.

§ 31c[1]) **Verarbeitung besonderer Kategorien personenbezogener Daten durch Finanzbehörden zu statistischen Zwecken.** (1) [1]Abweichend von Artikel 9 Absatz 1 der Verordnung (EU) 2016/679 ist die Verarbeitung besonderer Kategorien personenbezogener Daten im Sinne des Artikels 9 Absatz 1 der Verordnung (EU) 2016/679 durch Finanzbehörden auch ohne Einwilligung der betroffenen Person für statistische Zwecke zulässig, wenn die Verarbeitung zu diesen Zwecken erforderlich ist und die Interessen des Verantwortlichen an der Verarbeitung die Interessen der betroffenen Person an einem Ausschluss der Verarbeitung erheblich überwiegen. [2]Der Verantwortliche sieht angemessene und spezifische Maßnahmen zur Wahrung der Interessen der betroffenen Person vor; § 22 Absatz 2 Satz 2 des Bundesdatenschutzgesetzes gilt entsprechend.

(2) Die in den Artikeln 15, 16, 18 und 21 der Verordnung (EU) 2016/679 vorgesehenen Rechte der betroffenen Person sind insoweit beschränkt, als diese Rechte voraussichtlich die Verwirklichung der Statistikzwecke unmöglich machen oder ernsthaft beinträchtigen und die Beschränkung für die Erfüllung der Statistikzwecke notwendig ist.

(3) [1]Ergänzend zu den in § 22 Absatz 2 Satz 2 des Bundesdatenschutzgesetzes genannten Maßnahmen sind zu statistischen Zwecken verarbeitete besondere Kategorien personenbezogener Daten im Sinne des Artikels 9 Absatz 1 der Verordnung (EU) 2016/679 zu pseudonymisieren oder anonymisieren, sobald dies nach dem Statistikzweck möglich ist, es sei denn, berechtigte Interessen der betroffenen Person stehen dem entgegen. [2]Bis dahin sind die Merkmale gesondert zu speichern, mit denen Einzelangaben über persönliche oder sachliche Verhältnisse einer bestimmten oder bestimmbaren Person zugeordnet werden können. [3]Sie dürfen mit den Einzelangaben nur zusammengeführt werden, soweit der Statistikzweck dies erfordert.

Fünfter Abschnitt. Haftungsbeschränkung für Amtsträger

§ 32 Haftungsbeschränkung für Amtsträger. Wird infolge der Amts- oder Dienstpflichtverletzung eines Amtsträgers

1. eine Steuer oder eine steuerliche Nebenleistung nicht, zu niedrig oder zu spät festgesetzt, erhoben oder beigetrieben oder

2. eine Steuererstattung oder Steuervergütung zu Unrecht gewährt oder

3. eine Besteuerungsgrundlage oder eine Steuerbeteiligung nicht, zu niedrig oder zu spät festgesetzt,

---

[1]) § 31c eingef. mWv 25.5.2018 durch G v. 17.7.2017 (BGBl. I S. 2541).

so kann er nur in Anspruch genommen werden, wenn die Amts- oder Dienstpflichtverletzung mit einer Strafe bedroht ist.

Sechster Abschnitt.[1] Rechte der betroffenen Person

§ 32a[1] Informationspflicht der Finanzbehörde bei Erhebung personenbezogener Daten bei betroffenen Personen. (1) Die Pflicht der Finanzbehörde zur Information der betroffenen Person gemäß Artikel 13 Absatz 3 der Verordnung (EU) 2016/679 besteht ergänzend zu der in Artikel 13 Absatz 4 der Verordnung (EU) 2016/679 genannten Ausnahme dann nicht, wenn die Erteilung der Information über die beabsichtigte Weiterverarbeitung oder Offenbarung

1. die ordnungsgemäße Erfüllung der in der Zuständigkeit der Finanzbehörden liegenden Aufgaben im Sinne des Artikels 23 Absatz 1 Buchstabe d bis h der Verordnung (EU) 2016/679 gefährden würde und die Interessen der Finanzbehörden an der Nichterteilung der Information die Interessen der betroffenen Person überwiegen,

2. die öffentliche Sicherheit oder Ordnung gefährden oder sonst dem Wohl des Bundes oder eines Landes Nachteile bereiten würde und die Interessen der Finanzbehörde an der Nichterteilung der Information die Interessen der betroffenen Person überwiegen,

3. den Rechtsträger der Finanzbehörde in der Geltendmachung, Ausübung oder Verteidigung zivilrechtlicher Ansprüche oder in der der Verteidigung gegen ihn geltend gemachter zivilrechtlicher Ansprüche im Sinne des Artikels 23 Absatz 1 Buchstabe j der Verordnung (EU) 2016/679 beeinträchtigen würde und die Finanzbehörde nach dem Zivilrecht nicht zur Information verpflichtet ist, oder

4. eine vertrauliche Offenbarung geschützter Daten gegenüber öffentlichen Stellen gefährden würde.

(2) Die ordnungsgemäße Erfüllung der in der Zuständigkeit der Finanzbehörden liegenden Aufgaben im Sinne des Artikels 23 Absatz 1 Buchstabe d bis h der Verordnung (EU) 2016/679 wird insbesondere gefährdet, wenn die Erteilung der Information

1.[2] die betroffene Person oder Dritte in die Lage versetzen könnte,

    a) steuerlich bedeutsame Sachverhalte zu verschleiern,

    b) steuerlich bedeutsame Spuren zu verwischen oder

    c) Art und Umfang der Erfüllung steuerlicher Mitwirkungspflichten auf den Kenntnisstand der Finanzbehörden einzustellen,

oder

2. Rückschlüsse auf die Ausgestaltung automationsgestützter Risikomanagementsysteme oder geplante Kontroll- oder Prüfungsmaßnahmen zulassen

und damit die Aufdeckung steuerlich bedeutsamer Sachverhalte wesentlich erschwert würde.

---

[1] 1. Teil 6. Abschnitt (§§ 32a bis 32f) eingef. mWv 25.5.2018 durch G v. 17.7.2017 (BGBl. I S. 2541).
[2] § 32a Abs. 2 Nr. 1 einl. Satzteil geänd. mWv 26.11.2019 durch G v. 20.11.2019 (BGBl. I S. 1626).

(3) Unterbleibt eine Information der betroffenen Person nach Maßgabe von Absatz 1, ergreift die Finanzbehörde geeignete Maßnahmen zum Schutz der berechtigten Interessen der betroffenen Person.

(4) Unterbleibt die Benachrichtigung in den Fällen des Absatzes 1 wegen eines vorübergehenden Hinderungsgrundes, kommt die Finanzbehörde der Informationspflicht unter Berücksichtigung der spezifischen Umstände der Verarbeitung innerhalb einer angemessenen Frist nach Fortfall des Hinderungsgrundes, spätestens jedoch innerhalb von zwei Wochen, nach.

(5) Bezieht sich die Informationserteilung auf die Übermittlung personenbezogener Daten durch Finanzbehörden an Verfassungsschutzbehörden, den Bundesnachrichtendienst, den Militärischen Abschirmdienst und, soweit die Sicherheit des Bundes berührt wird, andere Behörden des Bundesministeriums der Verteidigung, ist sie nur mit Zustimmung dieser Stellen zulässig.

§ 32b[1]) **Informationspflicht der Finanzbehörde, wenn personenbezogene Daten nicht bei der betroffenen Person erhoben wurden.** (1) [1]Die Pflicht der Finanzbehörde zur Information der betroffenen Person gemäß Artikel 14 Absatz 1, 2 und 4 der Verordnung (EU) 2016/679 besteht ergänzend zu den in Artikel 14 Absatz 5 der Verordnung (EU) 2016/679 und § 31c Absatz 2 genannten Ausnahmen nicht,

1. soweit die Erteilung der Information

   a) die ordnungsgemäße Erfüllung der in der Zuständigkeit der Finanzbehörden oder anderer öffentlicher Stellen liegenden Aufgaben im Sinne des Artikel 23 Absatz 1 Buchstabe d bis h der Verordnung (EU) 2016/679 gefährden würde oder

   b) die öffentliche Sicherheit oder Ordnung gefährden oder sonst dem Wohl des Bundes oder eines Landes Nachteile bereiten würde

oder

2. wenn die Daten, ihre Herkunft, ihre Empfänger oder die Tatsache ihrer Verarbeitung nach § 30 oder einer anderen Rechtsvorschrift oder ihrem Wesen nach, insbesondere wegen überwiegender berechtigter Interessen eines Dritten im Sinne des Artikel 23 Absatz 1 Buchstabe i der Verordnung (EU) 2016/679, geheim gehalten werden müssen

und deswegen das Interesse der betroffenen Person an der Informationserteilung zurücktreten muss. [2]§ 32a Absatz 2 gilt entsprechend.

(2) Bezieht sich die Informationserteilung auf die Übermittlung personenbezogener Daten durch Finanzbehörden an Verfassungsschutzbehörden, den Bundesnachrichtendienst, den Militärischen Abschirmdienst und, soweit die Sicherheit des Bundes berührt wird, andere Behörden des Bundesministeriums der Verteidigung, ist sie nur mit Zustimmung dieser Stellen zulässig.

(3) Unterbleibt eine Information der betroffenen Person nach Maßgabe der Absätze 1 oder 2, ergreift die Finanzbehörde geeignete Maßnahmen zum Schutz der berechtigten Interessen der betroffenen Person.

---

[1]) 1. Teil 6. Abschnitt (§§ 32a bis 32f) eingef. mWv 25.5.2018 durch G v. 17.7.2017 (BGBl. I S. 2541).

§ 32c[1] Auskunftsrecht der betroffenen Person. (1) Das Recht auf Auskunft der betroffenen Person gegenüber einer Finanzbehörde gemäß Artikel 15 der Verordnung (EU) 2016/679 besteht nicht, soweit

1.[2] die betroffene Person nach § 32a Absatz 1 oder nach § 32b Absatz 1 oder 2 nicht zu informieren ist,

2.[3] die Auskunftserteilung den Rechtsträger der Finanzbehörde in der Geltendmachung, Ausübung oder Verteidigung zivilrechtlicher Ansprüche oder in der Verteidigung gegen ihn geltend gemachter zivilrechtlicher Ansprüche im Sinne des Artikels 23 Absatz 1 Buchstabe j der Verordnung (EU) 2016/679 beeinträchtigen würde; Auskunftspflichten der Finanzbehörde nach dem Zivilrecht bleiben unberührt,

3. die personenbezogenen Daten

    a) nur deshalb gespeichert sind, weil sie auf Grund gesetzlicher Aufbewahrungsvorschriften nicht gelöscht werden dürfen, oder

    b) ausschließlich Zwecken der Datensicherung oder der Datenschutzkontrolle dienen

und die Auskunftserteilung einen unverhältnismäßigen Aufwand erfordern würde sowie eine Verarbeitung zu anderen Zwecken durch geeignete technische und organisatorische Maßnahmen ausgeschlossen ist.

(2) Die betroffene Person soll in dem Antrag auf Auskunft gemäß Artikel 15 der Verordnung (EU) 2016/679 die Art der personenbezogenen Daten, über die Auskunft erteilt werden soll, näher bezeichnen.

(3) Sind die personenbezogenen Daten weder automatisiert noch in nicht automatisierten Dateisystemen gespeichert, wird die Auskunft nur erteilt, soweit die betroffene Person Angaben macht, die das Auffinden der Daten ermöglichen, und der für die Erteilung der Auskunft erforderliche Aufwand nicht außer Verhältnis zu dem von der betroffenen Person geltend gemachten Informationsinteresse steht.

(4) [1]Die Ablehnung der Auskunftserteilung ist gegenüber der betroffenen Person zu begründen, soweit nicht durch die Mitteilung der tatsächlichen und rechtlichen Gründe, auf die die Entscheidung gestützt wird, der mit der Auskunftsverweigerung verfolgte Zweck gefährdet würde. [2]Die zum Zweck der Auskunftserteilung an die betroffene Person und zu deren Vorbereitung gespeicherten Daten dürfen nur für diesen Zweck sowie für Zwecke der Datenschutzkontrolle verarbeitet werden; für andere Zwecke ist die Verarbeitung nach Maßgabe des Artikels 18 der Verordnung (EU) 2016/679 einzuschränken.

(5) [1]Soweit der betroffenen Person durch eine Finanzbehörde keine Auskunft erteilt wird, ist sie auf Verlangen der betroffenen Person der oder dem Bundesbeauftragten für den Datenschutz und die Informationsfreiheit zu erteilen, soweit nicht die jeweils zuständige oberste Finanzbehörde im Einzelfall feststellt, dass dadurch die Sicherheit des Bundes oder eines Landes gefährdet würde. [2]Die Mitteilung der oder des Bundesbeauftragten für den Datenschutz und die Informationsfreiheit an die betroffene Person über das Ergebnis der datenschutzrechtlichen Prüfung darf keine Rückschlüsse auf den Erkenntnis-

---

[1] 1. Teil 6. Abschnitt (§§ 32a bis 32f) eingef. mWv 25.5.2018 durch G v. 17.7.2017 (BGBl. I S. 2541).

[2] § 32c Abs. 1 Nr. 1 geänd. mWv 29.12.2020 durch G v. 21.12.2020 (BGBl. I S. 3096).

[3] § 32c Abs. 1 Nr. 2 geänd. mWv 29.12.2020 durch G v. 21.12.2020 (BGBl. I S. 3096).

stand der Finanzbehörde zulassen, sofern diese nicht einer weitergehenden Auskunft zustimmt.

§ 32d[1] Form der Information oder Auskunftserteilung. (1) Soweit Artikel 12 bis 15 der Verordnung (EU) 2016/679 keine Regelungen enthalten, bestimmt die Finanzbehörde das Verfahren, insbesondere die Form der Information oder der Auskunftserteilung, nach pflichtgemäßem Ermessen.

(2) Die Finanzbehörde kann ihre Pflicht zur Information der betroffenen Person gemäß Artikel 13 oder 14 der Verordnung (EU) 2016/679 auch durch Bereitstellung der Informationen in der Öffentlichkeit erfüllen, soweit dadurch keine personenbezogenen Daten veröffentlicht werden.

(3) Übermittelt die Finanzbehörde der betroffenen Person die Informationen über die Erhebung oder Verarbeitung personenbezogener Daten nach Artikel 13 oder 14 der Verordnung (EU) 2016/679 elektronisch oder erteilt sie der betroffenen Person die Auskunft nach Artikel 15 der Verordnung (EU) 2016/679 elektronisch, ist § 87a Absatz 7 oder 8 entsprechend anzuwenden.

§ 32e[1] Verhältnis zu anderen Auskunfts- und Informationszugangsansprüchen. [1] Soweit die betroffene Person oder ein Dritter nach dem Informationsfreiheitsgesetz vom 5. September 2005 (BGBl. I S. 2722) in der jeweils geltenden Fassung oder nach entsprechenden Gesetzen der Länder gegenüber der Finanzbehörde *ein*[2] Anspruch auf Informationszugang hat, gelten die Artikel 12 bis 15 der Verordnung (EU) 2016/679 in Verbindung mit den §§ 32a bis 32d entsprechend. [2] Weitergehende Informationsansprüche über steuerliche Daten sind insoweit ausgeschlossen. [3] § 30 Absatz 4 Nummer 2 ist insoweit nicht anzuwenden.

§ 32f[1] Recht auf Berichtigung und Löschung, Widerspruchsrecht.

(1) [1] Wird die Richtigkeit personenbezogener Daten von der betroffenen Person bestritten und lässt sich weder die Richtigkeit noch die Unrichtigkeit der Daten feststellen, gilt ergänzend zu Artikel 18 Absatz 1 Buchstabe a der Verordnung (EU) 2016/679, dass dies keine Einschränkung der Verarbeitung bewirkt, soweit die Daten einem Verwaltungsakt zugrunde liegen, der nicht mehr aufgehoben, geändert oder berichtigt werden kann. [2] Die ungeklärte Sachlage ist in geeigneter Weise festzuhalten. [3] Die bestrittenen Daten dürfen nur mit einem Hinweis hierauf verarbeitet werden.

(2) [1] Ist eine Löschung im Falle nicht automatisierter Datenverarbeitung wegen der besonderen Art der Speicherung nicht oder nur mit unverhältnismäßig hohem Aufwand möglich und ist das Interesse der betroffenen Person an der Löschung als gering anzusehen, besteht das Recht der betroffenen Person auf und die Pflicht der Finanzbehörde zur Löschung personenbezogener Daten gemäß Artikel 17 Absatz 1 der Verordnung (EU) 2016/679 ergänzend zu den in Artikel 17 Absatz 3 der Verordnung (EU) 2016/679 genannten Ausnahmen nicht. [2] In diesem Fall tritt an die Stelle einer Löschung die Einschränkung der Verarbeitung gemäß Artikel 18 der Verordnung (EU) 2016/679. [3] Die Sätze 1 und 2 finden keine Anwendung, wenn die personenbezogenen Daten unrechtmäßig verarbeitet wurden.

---

[1] 1. Teil 6. Abschnitt (§§ 32a bis 32f) eingef. mWv 25.5.2018 durch G v. 17.7.2017 (BGBl. I S. 2541).
[2] Richtig wohl: „einen".

(3)[1] [1] Ergänzend zu Artikel 18 Absatz 1 Buchstabe b und c der Verordnung (EU) 2016/679 gilt Absatz 2 Satz 1 und 2 entsprechend im Fall des Artikels 17 Absatz 1 Buchstabe a und d der Verordnung (EU) 2016/679, solange und soweit die Finanzbehörde Grund zu der Annahme hat, dass durch eine Löschung schutzwürdige Interessen der betroffenen Person beeinträchtigt würden. [2] Die Finanzbehörde unterrichtet die betroffene Person über die Einschränkung der Verarbeitung, sofern sich die Unterrichtung nicht als unmöglich erweist oder einen unverhältnismäßigen Aufwand erfordern würde.

(4)[2] Ergänzend zu Artikel 17 Absatz 3 Buchstabe b der Verordnung (EU) 2016/679 gilt Absatz 2 entsprechend im Fall des Artikels 17 Absatz 1 Buchstabe a der Verordnung (EU) 2016/679, wenn einer Löschung vertragliche Aufbewahrungsfristen entgegenstehen.

(5) Das Recht auf Widerspruch gemäß Artikel 21 Absatz 1 der Verordnung (EU) 2016/679 gegenüber einer Finanzbehörde besteht nicht, soweit an der Verarbeitung ein zwingendes öffentliches Interesse besteht, das die Interessen der betroffenen Person überwiegt, oder eine Rechtsvorschrift zur Verarbeitung verpflichtet.

Siebter Abschnitt.[3] Datenschutzaufsicht, Gerichtlicher Rechtsschutz in datenschutzrechtlichen Angelegenheiten

§ 32g[3] Datenschutzbeauftragte der Finanzbehörden. Für die von Finanzbehörden gemäß Artikel 37 der Verordnung (EU) 2016/679 zu benennenden Datenschutzbeauftragten gelten § 5 Absatz 2 bis 5 sowie die §§ 6 und 7 des Bundesdatenschutzgesetzes entsprechend.

§ 32h[3] Datenschutzrechtliche Aufsicht, Datenschutz-Folgenabschätzung. (1) [1] Die oder der Bundesbeauftragte für den Datenschutz und die Informationsfreiheit nach § 8 des Bundesdatenschutzgesetzes ist zuständig für die Aufsicht über die Finanzbehörden hinsichtlich der Verarbeitung personenbezogener Daten im Anwendungsbereich dieses Gesetzes. [2] Die §§ 13 bis 16 des Bundesdatenschutzgesetzes gelten entsprechend.

(2) [1] Entwickelt eine Finanzbehörde automatisierte Verfahren zur Verarbeitung personenbezogener Daten im Anwendungsbereich dieses Gesetzes für Finanzbehörden anderer Länder oder des Bundes, obliegt ihr zugleich die Datenschutz-Folgenabschätzung nach Artikel 35 der Verordnung (EU) 2016/679. [2] Soweit die Verfahren von den Finanzbehörden der Länder und des Bundes im Hinblick auf die datenschutzrelevanten Funktionen unverändert übernommen werden, gilt die Datenschutz-Folgenabschätzung auch für die übernehmenden Finanzbehörden.

(3) Durch Landesgesetz kann bestimmt werden, dass die oder der Bundesbeauftragte für den Datenschutz und die Informationsfreiheit für die Aufsicht über die Verarbeitung personenbezogener Daten im Rahmen landesrechtlicher oder kommunaler Steuergesetze zuständig ist, soweit die Datenverarbeitung auf bundesgesetzlich geregelten Besteuerungsgrundlagen oder auf bundeseinheitlichen Festlegungen beruht und die mit der Aufgabenübertragung verbundenen

---

[1] § 32f Abs. 3 Satz 1 geänd. mWv 26.11.2019 durch G v. 20.11.2019 (BGBl. I S. 1626).
[2] § 32f Abs. 4 geänd. mWv 26.11.2019 durch G v. 20.11.2019 (BGBl. I S. 1626).
[3] 1. Teil 7. Abschnitt (§§ 32g bis 32j) eingef. mWv 25.5.2018 durch G v. 17.7.2017 (BGBl. I S. 2541).

Verwaltungskosten der oder des Bundesbeauftragten für den Datenschutz und die Informationsfreiheit vom jeweiligen Land getragen werden.

§ 32i[1]) Gerichtlicher Rechtsschutz. (1) [1]Für Streitigkeiten über Rechte gemäß Artikel 78 Absatz 1 und 2 der Verordnung (EU) 2016/679 hinsichtlich der Verarbeitung nach § 30 geschützter Daten zwischen einer betroffenen öffentlichen Stelle gemäß § 6 Absatz 1 bis 1c und Absatz 2 oder ihres Rechtsträgers, einer betroffenen nicht-öffentlichen Stelle gemäß § 6 Absatz 1d und 1e oder einer betroffenen Person und der zuständigen Aufsichtsbehörde des Bundes oder eines Landes ist der Finanzrechtsweg gegeben. [2]Satz 1 gilt nicht in den Fällen des § 2a Absatz 4.

(2)[2]) [1]Für Klagen der betroffenen Person hinsichtlich der Verarbeitung personenbezogener Daten gegen Finanzbehörden oder gegen deren Auftragsverarbeiter wegen eines Verstoßes gegen datenschutzrechtliche Bestimmungen im Anwendungsbereich der Verordnung (EU) 2016/679 oder der darin enthaltenen Rechte der betroffenen Person ist der Finanzrechtsweg gegeben. [2]Der Finanzrechtsweg ist auch gegeben für Auskunfts- und Informationszugangsansprüche, deren Umfang nach § 32e begrenzt wird.

(3) [1]Hat die nach dem Bundesdatenschutzgesetz oder nach dem Landesrecht für die Aufsicht über andere öffentliche Stellen oder nicht-öffentliche Stellen zuständige Aufsichtsbehörde einen rechtsverbindlichen Beschluss erlassen, der eine Mitwirkungspflicht einer anderen öffentlichen Stelle oder einer nicht-öffentlichen Stelle gegenüber Finanzbehörden nach diesem Gesetz oder den Steuergesetzen ganz oder teilweise verneint, kann die zuständige Finanzbehörde auf Feststellung des Bestehens einer Mitwirkungspflicht klagen. [2]Die Stelle, deren Pflicht zur Mitwirkung die Finanzbehörde geltend macht, ist beizuladen.

(4) Die Finanzgerichtsordnung ist in den Fällen der Absätze 1 bis 3 nach Maßgabe der Absätze 5 bis 10 anzuwenden.

(5) [1]Für Verfahren nach Absatz 1 Satz 1 und Absatz 3 ist das Finanzgericht örtlich zuständig, in dessen Bezirk die jeweils zuständige Aufsichtsbehörde ihren Sitz hat. [2]Für Verfahren nach Absatz 2 ist das Finanzgericht örtlich zuständig, in dessen Bezirk die beklagte Finanzbehörde ihren Sitz oder der beklagte Auftragsverarbeiter seinen Sitz hat.

(6) Beteiligte eines Verfahrens nach Absatz 1 Satz 1 sind

1. die öffentliche oder nicht-öffentliche Stelle oder die betroffene Person als Klägerin oder Antragstellerin,

2. die zuständige Aufsichtsbehörde des Bundes oder eines Landes als Beklagte oder Antragsgegnerin,

3. der nach § 60 der Finanzgerichtsordnung[3]) Beigeladene sowie

4. die oberste Bundes- oder Landesfinanzbehörde, die dem Verfahren nach § 122 Absatz 2 der Finanzgerichtsordnung beigetreten ist.

---

[1]) 1. Teil 7. Abschnitt (§§ 32g bis 32j) eingef. mWv 25.5.2018 durch G v. 17.7.2017 (BGBl. I S. 2541).
[2]) § 32i Abs. 2 Satz 2 angef. mWv 29.12.2020 durch G v. 21.12.2020 (BGBl. I S. 3096).
[3]) Nr. 2.

(7) Beteiligte eines Verfahrens nach Absatz 2 sind

1.[1] die betroffene Person oder die um Auskunft oder Informationszugang ersuchende Person als Klägerin oder Antragstellerin,

2. die Finanzbehörde oder der Auftragsverarbeiter als Beklagte oder Antragsgegnerin,

3. der nach § 60 der Finanzgerichtsordnung Beigeladene sowie

4. die oberste Bundes- oder Landesfinanzbehörde, die dem Verfahren nach § 122 Absatz 2 der Finanzgerichtsordnung beigetreten ist.

(8) Beteiligte eines Verfahrens nach Absatz 3 sind

1. die zuständige Finanzbehörde als Klägerin oder Antragstellerin,

2. die Aufsichtsbehörde des Bundes oder eines Landes, die den rechtsverbindlichen Beschluss erlassen hat, als Beklagte oder Antragsgegnerin,

3. die Stelle, deren Pflicht zur Mitwirkung die Finanzbehörde geltend macht, als Beigeladene und

4. die oberste Bundes- oder Landesfinanzbehörde, die dem Verfahren nach § 122 Absatz 2 der Finanzgerichtsordnung beigetreten ist.

(9)[2] ¹Ein Vorverfahren findet nicht statt. ²Dies gilt nicht für Verfahren nach Absatz 2 Satz 2.

(10) ¹In Verfahren nach Absatz 1 Satz 1 haben eine Klage oder ein Antrag aufschiebende Wirkung. ²Die zuständige Aufsichtsbehörde darf gegenüber einer Finanzbehörde, deren Rechtsträger oder deren Auftragsverarbeiter nicht die sofortige Vollziehung anordnen.

§ 32j[3] **Antrag auf gerichtliche Entscheidung bei angenommener Rechtswidrigkeit eines Angemessenheitsbeschlusses der Europäischen Kommission.** Hält der oder die Bundesbeauftragte für den Datenschutz und die Informationsfreiheit oder eine nach Landesrecht für die Kontrolle des Datenschutzes zuständige Stelle einen Angemessenheitsbeschluss der Europäischen Kommission, auf dessen Gültigkeit es bei der Entscheidung über die Beschwerde einer betroffenen Person hinsichtlich der Verarbeitung personenbezogener Daten ankommt, für rechtswidrig, so gilt § 21 des Bundesdatenschutzgesetzes.

Zweiter Teil. Steuerschuldrecht

Erster Abschnitt. Steuerpflichtiger

§ 33 Steuerpflichtiger. (1) Steuerpflichtiger ist, wer eine Steuer schuldet, für eine Steuer haftet, eine Steuer für Rechnung eines Dritten einzubehalten und abzuführen hat, wer eine Steuererklärung abzugeben, Sicherheit zu leisten, Bücher und Aufzeichnungen zu führen oder andere ihm durch die Steuergesetze auferlegte Verpflichtungen zu erfüllen hat.

---

[1] § 32i Abs. 7 Nr. 1 geänd. mWv 29.12.2020 durch G v. 21.12.2020 (BGBl. I S. 3096).
[2] § 32i Abs. 9 Satz 2 angef. mWv 29.12.2020 durch G v. 21.12.2020 (BGBl. I S. 3096).
[3] 1. Teil 7. Abschnitt (§§ 32g bis 32j) eingef. mWv 25.5.2018 durch G v. 17.7.2017 (BGBl. I S. 2541).

(2) Steuerpflichtiger ist nicht, wer in einer fremden Steuersache Auskunft zu erteilen, Urkunden vorzulegen, ein Sachverständigengutachten zu erstatten oder das Betreten von Grundstücken, Geschäfts- und Betriebsräumen zu gestatten hat.

§ 34 Pflichten der gesetzlichen Vertreter und der Vermögensverwalter.

(1) [1]Die gesetzlichen Vertreter natürlicher und juristischer Personen und die Geschäftsführer von nicht rechtsfähigen Personenvereinigungen und Vermögensmassen haben deren steuerliche Pflichten zu erfüllen. [2]Sie haben insbesondere dafür zu sorgen, dass die Steuern aus den Mitteln entrichtet werden, die sie verwalten.

(2) [1]Soweit nicht rechtsfähige Personenvereinigungen ohne Geschäftsführer sind, haben die Mitglieder oder Gesellschafter die Pflichten im Sinne des Absatzes 1 zu erfüllen. [2]Die Finanzbehörde kann sich an jedes Mitglied oder jeden Gesellschafter halten. [3]Für nicht rechtsfähige Vermögensmassen gelten die Sätze 1 und 2 mit der Maßgabe, dass diese diejenigen, denen das Vermögen zusteht, die steuerlichen Pflichten zu erfüllen haben.

(3) Steht eine Vermögensverwaltung anderen Personen als den Eigentümern des Vermögens oder deren gesetzlichen Vertretern zu, so haben die Vermögensverwalter die in Absatz 1 bezeichneten Pflichten, soweit ihre Verwaltung reicht.

§ 35 Pflichten des Verfügungsberechtigten.

Wer als Verfügungsberechtigter im eigenen oder fremden Namen auftritt, hat die Pflichten eines gesetzlichen Vertreters (§ 34 Abs. 1), soweit er sie rechtlich und tatsächlich erfüllen kann.

§ 36 Erlöschen der Vertretungsmacht.

Das Erlöschen der Vertretungsmacht oder der Verfügungsmacht lässt die nach den §§ 34 und 35 entstandenen Pflichten unberührt, soweit diese den Zeitraum betreffen, in dem die Vertretungsmacht oder Verfügungsmacht bestanden hat und soweit der Verpflichtete sie erfüllen kann.

Zweiter Abschnitt. Steuerschuldverhältnis

§ 37 Ansprüche aus dem Steuerschuldverhältnis.

(1) Ansprüche aus dem Steuerschuldverhältnis sind der Steueranspruch, der Steuervergütungsanspruch, der Haftungsanspruch, der Anspruch auf eine steuerliche Nebenleistung, der Erstattungsanspruch nach Absatz 2 sowie die in Einzelsteuergesetzen geregelten Steuererstattungsansprüche.

(2) [1]Ist eine Steuer, eine Steuervergütung, ein Haftungsbetrag oder eine steuerliche Nebenleistung ohne rechtlichen Grund gezahlt oder zurückgezahlt worden, so hat derjenige, auf dessen Rechnung die Zahlung bewirkt worden ist, an den Leistungsempfänger einen Anspruch auf Erstattung des gezahlten oder zurückgezahlten Betrags. [2]Dies gilt auch dann, wenn der rechtliche Grund für die Zahlung oder Rückzahlung später wegfällt. [3]Im Fall der Abtretung, Verpfändung oder Pfändung richtet sich der Anspruch auch gegen den Abtretenden, Verpfänder oder Pfändungsschuldner.

§ 38 Entstehung der Ansprüche aus dem Steuerschuldverhältnis.
Die Ansprüche aus dem Steuerschuldverhältnis entstehen, sobald der Tatbestand verwirklicht ist, an den das Gesetz die Leistungspflicht knüpft.

§ 39 Zurechnung. (1) Wirtschaftsgüter sind dem Eigentümer zuzurechnen.

(2) Abweichend von Absatz 1 gelten die folgenden Vorschriften:

1. [1]Übt ein anderer als der Eigentümer die tatsächliche Herrschaft über ein Wirtschaftsgut in der Weise aus, dass er den Eigentümer im Regelfall für die gewöhnliche Nutzungsdauer von der Einwirkung auf das Wirtschaftsgut wirtschaftlich ausschließen kann, so ist ihm das Wirtschaftsgut zuzurechnen. [2]Bei Treuhandverhältnissen sind die Wirtschaftsgüter dem Treugeber, beim Sicherungseigentum dem Sicherungsgeber und beim Eigenbesitz dem Eigenbesitzer zuzurechnen.

2. Wirtschaftsgüter, die mehreren zur gesamten Hand zustehen, werden den Beteiligten anteilig zugerechnet, soweit eine getrennte Zurechnung für die Besteuerung erforderlich ist.

§ 40 Gesetz- oder sittenwidriges Handeln. Für die Besteuerung ist es unerheblich, ob ein Verhalten, das den Tatbestand eines Steuergesetzes ganz oder zum Teil erfüllt, gegen ein gesetzliches Gebot oder Verbot oder gegen die guten Sitten verstößt.

§ 41 Unwirksame Rechtsgeschäfte. (1) [1]Ist ein Rechtsgeschäft unwirksam oder wird es unwirksam, so ist dies für die Besteuerung unerheblich, soweit und solange die Beteiligten das wirtschaftliche Ergebnis dieses Rechtsgeschäfts gleichwohl eintreten und bestehen lassen. [2]Dies gilt nicht, soweit sich aus den Steuergesetzen etwas anderes ergibt.

(2) [1]Scheingeschäfte und Scheinhandlungen sind für die Besteuerung unerheblich. [2]Wird durch ein Scheingeschäft ein anderes Rechtsgeschäft verdeckt, so ist das verdeckte Rechtsgeschäft für die Besteuerung maßgebend.

§ 42[1] Missbrauch von rechtlichen Gestaltungsmöglichkeiten.

(1) [1]Durch Missbrauch von Gestaltungsmöglichkeiten des Rechts kann das Steuergesetz nicht umgangen werden. [2]Ist der Tatbestand einer Regelung in einem Einzelsteuergesetz erfüllt, die der Verhinderung von Steuerumgehungen dient, so bestimmen sich die Rechtsfolgen nach jener Vorschrift. [3]Anderenfalls entsteht der Steueranspruch beim Vorliegen eines Missbrauchs im Sinne des Absatzes 2 so, wie er bei einer den wirtschaftlichen Vorgängen angemessenen rechtlichen Gestaltung entsteht.

(2) [1]Ein Missbrauch liegt vor, wenn eine unangemessene rechtliche Gestaltung gewählt wird, die beim Steuerpflichtigen oder einem Dritten im Vergleich zu einer angemessenen Gestaltung zu einem gesetzlich nicht vorgesehenen Steuervorteil führt. [2]Dies gilt nicht, wenn der Steuerpflichtige für die gewählte Gestaltung außersteuerliche Gründe nachweist, die nach dem Gesamtbild der Verhältnisse beachtlich sind.

---

[1] § 42 neu gef. durch G v. 20.12.2007 (BGBl. I S. 3150); zur Anwendung siehe Art. 97 § 7 EGAO (Nr. **1.1**).

§ 43 Steuerschuldner, Steuervergütungsgläubiger. [1]Die Steuergesetze bestimmen, wer Steuerschuldner oder Gläubiger einer Steuervergütung ist. [2]Sie bestimmen auch, ob ein Dritter die Steuer für Rechnung des Steuerschuldners zu entrichten hat.

§ 44 Gesamtschuldner. (1) [1]Personen, die nebeneinander dieselbe Leistung aus dem Steuerschuldverhältnis schulden oder für sie haften oder die zusammen zu einer Steuer zu veranlagen sind, sind Gesamtschuldner. [2]Soweit nichts anderes bestimmt ist, schuldet jeder Gesamtschuldner die gesamte Leistung.

(2) [1]Die Erfüllung durch einen Gesamtschuldner wirkt auch für die übrigen Schuldner. [2]Das Gleiche gilt für die Aufrechnung und für eine geleistete Sicherheit. [3]Andere Tatsachen wirken nur für und gegen den Gesamtschuldner, in dessen Person sie eintreten. [4]Die Vorschriften der §§ 268 bis 280 über die Beschränkung der Vollstreckung in den Fällen der Zusammenveranlagung bleiben unberührt.

§ 45 Gesamtrechtsnachfolge. (1) [1]Bei Gesamtrechtsnachfolge gehen die Forderungen und Schulden aus dem Steuerschuldverhältnis auf den Rechtsnachfolger über. [2]Dies gilt jedoch bei der Erbfolge nicht für Zwangsgelder.

(2) [1]Erben haben für die aus dem Nachlass zu entrichtenden Schulden nach den Vorschriften des bürgerlichen Rechts über die Haftung des Erben für Nachlassverbindlichkeiten einzustehen. [2]Vorschriften, durch die eine steuerrechtliche Haftung der Erben begründet wird, bleiben unberührt.

§ 46 Abtretung, Verpfändung, Pfändung. (1) Ansprüche auf Erstattung von Steuern, Haftungsbeträgen, steuerlichen Nebenleistungen und auf Steuervergütungen können abgetreten, verpfändet und gepfändet werden.

(2) Die Abtretung wird jedoch erst wirksam, wenn sie der Gläubiger in der nach Absatz 3 vorgeschriebenen Form der zuständigen Finanzbehörde nach Entstehung des Anspruchs anzeigt.

(3) [1]Die Abtretung ist der zuständigen Finanzbehörde unter Angabe des Abtretenden, des Abtretungsempfängers sowie der Art und Höhe des abgetretenen Anspruchs und des Abtretungsgrundes auf einem amtlich vorgeschriebenen Vordruck anzuzeigen. [2]Die Anzeige ist vom Abtretenden und vom Abtretungsempfänger zu unterschreiben.

(4) [1]Der geschäftsmäßige Erwerb von Erstattungs- oder Vergütungsansprüchen zum Zweck der Einziehung oder sonstigen Verwertung auf eigene Rechnung ist nicht zulässig. [2]Dies gilt nicht für die Fälle der Sicherungsabtretung. [3]Zum geschäftsmäßigen Erwerb und zur geschäftsmäßigen Einziehung der zur Sicherung abgetretenen Ansprüche sind nur Unternehmen befugt, denen das Betreiben von Bankgeschäften erlaubt ist.

(5) Wird der Finanzbehörde die Abtretung angezeigt, so müssen Abtretender und Abtretungsempfänger der Finanzbehörde gegenüber die angezeigte Abtretung gegen sich gelten lassen, auch wenn sie nicht erfolgt oder nicht wirksam oder wegen Verstoßes gegen Absatz 4 nichtig ist.

(6) [1]Ein Pfändungs- und Überweisungsbeschluss oder eine Pfändungs- und Einziehungsverfügung dürfen nicht erlassen werden, bevor der Anspruch entstanden ist. [2]Ein entgegen diesem Verbot erwirkter Pfändungs- und Überweisungsbeschluss oder erwirkte Pfändungs- und Einziehungsverfügung sind

nichtig. [3] Die Vorschriften der Absätze 2 bis 5 sind auf die Verpfändung sinngemäß anzuwenden.

(7) Bei Pfändung eines Erstattungs- oder Vergütungsanspruchs gilt die Finanzbehörde, die über den Anspruch entschieden oder zu entscheiden hat, als Drittschuldner im Sinne der §§ 829, 845 der Zivilprozessordnung.

§ 47 Erlöschen. Ansprüche aus dem Steuerschuldverhältnis erlöschen insbesondere durch Zahlung (§§ 224, 224a, 225), Aufrechnung (§ 226), Erlass (§§ 163, 227), Verjährung (§§ 169 bis 171, §§ 228 bis 232), ferner durch Eintritt der Bedingung bei auflösend bedingten Ansprüchen.

§ 48 Leistung durch Dritte, Haftung Dritter. (1) Leistungen aus dem Steuerschuldverhältnis gegenüber der Finanzbehörde können auch durch Dritte bewirkt werden..

(2) Dritte können sich vertraglich verpflichten, für Leistungen im Sinne des Absatzes 1 einzustehen.

§ 49 Verschollenheit. Bei Verschollenheit gilt für die Besteuerung der Tag als Todestag, mit dessen Ablauf der Beschluss über die Todeserklärung des Verschollenen rechtskräftig wird.

§ 50 Erlöschen und Unbedingtwerden der Verbrauchsteuer, Übergang der bedingten Verbrauchsteuerschuld. (1) Werden nach den Verbrauchsteuergesetzen Steuervergünstigungen unter der Bedingung gewährt, dass verbrauchsteuerpflichtige Waren einer besonderen Zweckbestimmung zugeführt werden, so erlischt die Steuer nach Maßgabe der Vergünstigung ganz oder teilweise, wenn die Bedingung eintritt oder wenn die Waren untergehen, ohne dass vorher die Steuer unbedingt geworden ist.

(2) Die bedingte Steuerschuld geht jeweils auf den berechtigten Erwerber über, wenn die Waren vom Steuerschuldner vor Eintritt der Bedingung im Rahmen der vorgesehenen Zweckbestimmung an ihn weitergegeben werden.

(3) Die Steuer wird unbedingt,

1. wenn die Waren entgegen der vorgesehenen Zweckbestimmung verwendet werden oder ihr nicht mehr zugeführt werden können. [2] Kann der Verbleib der Waren nicht festgestellt werden, so gelten sie als nicht der vorgesehenen Zweckbestimmung zugeführt, wenn der Begünstigte nicht nachweist, dass sie ihr zugeführt worden sind,

2. in sonstigen gesetzlich bestimmten Fällen.

Dritter Abschnitt. Steuerbegünstigte Zwecke

§ 51 Allgemeines. (1) [1] Gewährt das Gesetz eine Steuervergünstigung, weil eine Körperschaft ausschließlich und unmittelbar gemeinnützige, mildtätige oder kirchliche Zwecke (steuerbegünstigte Zwecke) verfolgt, so gelten die folgenden Vorschriften. [2] Unter Körperschaften sind die Körperschaften, Personenvereinigungen und Vermögensmassen im Sinne des Körperschaftsteuergesetzes[1] zu verstehen. [3] Funktionale Untergliederungen (Abteilungen) von Körperschaften gelten nicht als selbständige Steuersubjekte.

---

[1] dtv 5786 KSt/GewSt Nr. 1.

(2)[1] Werden die steuerbegünstigten Zwecke im Ausland verwirklicht, setzt die Steuervergünstigung voraus, dass natürliche Personen, die ihren Wohnsitz oder ihren gewöhnlichen Aufenthalt im Geltungsbereich dieses Gesetzes haben, gefördert werden oder die Tätigkeit der Körperschaft neben der Verwirklichung der steuerbegünstigten Zwecke auch zum Ansehen der Bundesrepublik Deutschland im Ausland beitragen kann.

(3)[2] ¹Eine Steuervergünstigung setzt zudem voraus, dass die Körperschaft nach ihrer Satzung und bei ihrer tatsächlichen Geschäftsführung keine Bestrebungen im Sinne des § 4 des Bundesverfassungsschutzgesetzes fördert und dem Gedanken der Völkerverständigung nicht zuwiderhandelt. ²Bei Körperschaften, die im Verfassungsschutzbericht des Bundes oder eines Landes als extremistische Organisation aufgeführt sind, ist widerlegbar davon auszugehen, dass die Voraussetzungen des Satzes 1 nicht erfüllt sind. ³Die Finanzbehörde teilt Tatsachen, die den Verdacht von Bestrebungen im Sinne des § 4 des Bundesverfassungsschutzgesetzes oder des Zuwiderhandelns gegen den Gedanken der Völkerverständigung begründen, der Verfassungsschutzbehörde mit.

§ 52 Gemeinnützige Zwecke. (1) ¹Eine Körperschaft verfolgt gemeinnützige Zwecke, wenn ihre Tätigkeit darauf gerichtet ist, die Allgemeinheit auf materiellem, geistigem oder sittlichem Gebiet selbstlos zu fördern. ²Eine Förderung der Allgemeinheit ist nicht gegeben, wenn der Kreis der Personen, dem die Förderung zugute kommt, fest abgeschlossen ist, zum Beispiel Zugehörigkeit zu einer Familie oder zur Belegschaft eines Unternehmens, oder infolge seiner Abgrenzung, insbesondere nach räumlichen oder beruflichen Merkmalen, dauernd nur klein sein kann. ³Eine Förderung der Allgemeinheit liegt nicht allein deswegen vor, weil eine Körperschaft ihre Mittel einer Körperschaft des öffentlichen Rechts zuführt.

(2)[3] ¹Unter den Voraussetzungen des Absatzes 1 sind als Förderung der Allgemeinheit anzuerkennen:

1. die Förderung von Wissenschaft und Forschung;
2. die Förderung der Religion;
3. die Förderung des öffentlichen Gesundheitswesens und der öffentlichen Gesundheitspflege, insbesondere die Verhütung und Bekämpfung von übertragbaren Krankheiten, auch durch Krankenhäuser im Sinne des § 67, und von Tierseuchen;
4. die Förderung der Jugend- und Altenhilfe;
5. die Förderung von Kunst und Kultur;
6. die Förderung des Denkmalschutzes und der Denkmalpflege;
7. die Förderung der Erziehung, Volks- und Berufsbildung einschließlich der Studentenhilfe;
8.[4] die Förderung des Naturschutzes und der Landschaftspflege im Sinne des Bundesnaturschutzgesetzes und der Naturschutzgesetze der Länder, des

---

[1] § 51 Abs. 2 angef. mWv 1.1.2009 durch G v. 19.12.2008 (BGBl. I S. 2794); zur Anwendung siehe Art. 97 § 1d Abs. 2 EGAO (Nr. **1.1**).
[2] § 51 Abs. 3 angef. mWv 1.1.2009 durch G v. 19.12.2008 (BGBl. I S. 2794); zur Anwendung siehe Art. 97 § 1d Abs. 2 EGAO (Nr. **1.1**).
[3] § 52 Abs. 2 neu gef. durch G v. 10.10.2007 (BGBl. I S. 2332); zur Anwendung siehe Art. 97 § 1d EGAO (Nr. **1.1**).
[4] § 52 Abs. 2 Satz 1 Nr. 8 geänd. mWv 29.12.2020 durch G v. 21.12.2020 (BGBl. I S. 3096).

Umweltschutzes, einschließlich des Klimaschutzes, des Küstenschutzes und des Hochwasserschutzes;

9. die Förderung des Wohlfahrtswesens, insbesondere der Zwecke der amtlich anerkannten Verbände der freien Wohlfahrtspflege (§ 23 der Umsatzsteuer-Durchführungsverordnung[1])), ihrer Unterverbände und ihrer angeschlossenen Einrichtungen und Anstalten;

10.[2]) die Förderung der Hilfe für politisch, rassistisch oder religiös Verfolgte, für Flüchtlinge, Vertriebene, Aussiedler, Spätaussiedler, Kriegsopfer, Kriegshinterbliebene, Kriegsbeschädigte und Kriegsgefangene, Zivilbeschädigte und Behinderte sowie Hilfe für Opfer von Straftaten; Förderung des Andenkens an Verfolgte, Kriegs- und Katastrophenopfer; Förderung des Suchdienstes für Vermisste, Förderung der Hilfe für Menschen, die auf Grund ihrer geschlechtlichen Identität oder ihrer geschlechtlichen Orientierung diskriminiert werden;

11. die Förderung der Rettung aus Lebensgefahr;

12. die Förderung des Feuer-, Arbeits-, Katastrophen- und Zivilschutzes sowie der Unfallverhütung;

13. die Förderung internationaler Gesinnung, der Toleranz auf allen Gebieten der Kultur und des Völkerverständigungsgedankens;

14. die Förderung des Tierschutzes;

15. die Förderung der Entwicklungszusammenarbeit;

16. die Förderung von Verbraucherberatung und Verbraucherschutz;

17. die Förderung der Fürsorge für Strafgefangene und ehemalige Strafgefangene;

18. die Förderung der Gleichberechtigung von Frauen und Männern;

19. die Förderung des Schutzes von Ehe und Familie;

20. die Förderung der Kriminalprävention;

21. die Förderung des Sports (Schach gilt als Sport);

22.[2]) die Förderung der Heimatpflege, Heimatkunde und der Ortsverschönerung;

23.[2]) die Förderung der Tierzucht, der Pflanzenzucht, der Kleingärtnerei, des traditionellen Brauchtums einschließlich des Karnevals, der Fastnacht und des Faschings, der Soldaten- und Reservistenbetreuung, des Amateurfunkens, des Freifunks, des Modellflugs und des Hundesports;

24. die allgemeine Förderung des demokratischen Staatswesens im Geltungsbereich dieses Gesetzes; hierzu gehören nicht Bestrebungen, die nur bestimmte Einzelinteressen staatsbürgerlicher Art verfolgen oder die auf den kommunalpolitischen Bereich beschränkt sind;

25. die Förderung des bürgerschaftlichen Engagements zugunsten gemeinnütziger, mildtätiger und kirchlicher Zwecke;

26.[3]) die Förderung der Unterhaltung und Pflege von Friedhöfen und die Förderung der Unterhaltung von Gedenkstätten für nichtbestattungspflichtige Kinder und Föten.

---

[1]) **dtv 5546 USt Nr. 2.**
[2]) § 52 Abs. 2 Satz 1 Nr. 10, 22 und 23 geänd. mWv 29.12.2020 durch G v. 21.12.2020 (BGBl. I S. 3096).
[3]) § 52 Abs. 2 Satz 1 Nr. 26 angef. mWv 29.12.2020 durch G v. 21.12.2020 (BGBl. I S. 3096).

[2] Sofern der von der Körperschaft verfolgte Zweck nicht unter Satz 1 fällt, aber die Allgemeinheit auf materiellem, geistigem oder sittlichem Gebiet entsprechend selbstlos gefördert wird, kann dieser Zweck für gemeinnützig erklärt werden. [3] Die obersten Finanzbehörden der Länder haben jeweils eine Finanzbehörde im Sinne des Finanzverwaltungsgesetzes[1]) zu bestimmen, die für Entscheidungen nach Satz 2 zuständig ist.

§ 53 Mildtätige Zwecke. Eine Körperschaft verfolgt mildtätige Zwecke, wenn ihre Tätigkeit darauf gerichtet ist, Personen selbstlos zu unterstützen,

1. die infolge ihres körperlichen, geistigen oder seelischen Zustands auf die Hilfe anderer angewiesen sind oder

2.[2]) deren Bezüge nicht höher sind als das Vierfache des Regelsatzes der Sozialhilfe im Sinne des § 28 des Zwölften Buches Sozialgesetzbuch; beim Alleinstehenden oder Alleinerziehenden tritt an die Stelle des Vierfachen das Fünffache des Regelsatzes. [2] Dies gilt nicht für Personen, deren Vermögen zur nachhaltigen Verbesserung ihres Unterhalts ausreicht und denen zugemutet werden kann, es dafür zu verwenden. [3] Bei Personen, deren wirtschaftliche Lage aus besonderen Gründen zu einer Notlage geworden ist, dürfen die Bezüge oder das Vermögen die genannten Grenzen übersteigen. [4] Bezüge im Sinne dieser Vorschrift sind

a) Einkünfte im Sinne des § 2 Abs. 1 des Einkommensteuergesetzes[3]) und

b) andere zur Bestreitung des Unterhalts bestimmte oder geeignete Bezüge,

aller Haushaltsangehörigen. [5] Zu berücksichtigen sind auch gezahlte und empfangene Unterhaltsleistungen. [6] Die wirtschaftliche Hilfebedürftigkeit im vorstehenden Sinne ist bei Empfängern von Leistungen nach dem Zweiten oder Zwölften Buch Sozialgesetzbuch, des Wohngeldgesetzes, bei Empfängern von Leistungen nach § 27a des Bundesversorgungsgesetzes oder nach § 6a des Bundeskindergeldgesetzes als nachgewiesen anzusehen. [7] Die Körperschaft kann den Nachweis mit Hilfe des jeweiligen Leistungsbescheids, der für den Unterstützungszeitraum maßgeblich ist, oder mit Hilfe der Bestätigung des Sozialleistungsträgers führen. [8] Auf Antrag der Körperschaft kann auf einen Nachweis der wirtschaftlichen Hilfebedürftigkeit verzichtet werden, wenn auf Grund der besonderen Art der gewährten Unterstützungsleistung sichergestellt ist, dass nur wirtschaftlich hilfebedürftige Personen im vorstehenden Sinne unterstützt werden; für den Bescheid über den Nachweisverzicht gilt § 60a Absatz 3 bis 5 entsprechend.

§ 54 Kirchliche Zwecke. (1) Eine Körperschaft verfolgt kirchliche Zwecke, wenn ihre Tätigkeit darauf gerichtet ist, eine Religionsgemeinschaft, die Körperschaft des öffentlichen Rechts ist, selbstlos zu fördern.

(2) Zu diesen Zwecken gehören insbesondere die Errichtung, Ausschmückung und Unterhaltung von Gotteshäusern und kirchlichen Gemeindehäusern, die Abhaltung von Gottesdiensten, die Ausbildung von Geistlichen, die

---

Erteilung von Religionsunterricht, die Beerdigung und die Pflege des Andenkens der Toten, ferner die Verwaltung des Kirchenvermögens, die Besoldung der Geistlichen, Kirchenbeamten und Kirchendiener, die Alters- und Behindertenversorgung für diese Personen und die Versorgung ihrer Witwen und Waisen.

§ 55 Selbstlosigkeit. (1) Eine Förderung oder Unterstützung geschieht selbstlos, wenn dadurch nicht in erster Linie eigenwirtschaftliche Zwecke – zum Beispiel gewerbliche Zwecke oder sonstige Erwerbszwecke – verfolgt werden und wenn die folgenden Voraussetzungen gegeben sind:

1. [1] Mittel der Körperschaft dürfen nur für die satzungsmäßigen Zwecke verwendet werden. [2] Die Mitglieder oder Gesellschafter (Mitglieder im Sinne dieser Vorschriften) dürfen keine Gewinnanteile und in ihrer Eigenschaft als Mitglieder auch keine sonstigen Zuwendungen aus Mitteln der Körperschaft erhalten. [3] Die Körperschaft darf ihre Mittel weder für die unmittelbare noch für die mittelbare Unterstützung oder Förderung politischer Parteien verwenden.

2. Die Mitglieder dürfen bei ihrem Ausscheiden oder bei Auflösung oder Aufhebung der Körperschaft nicht mehr als ihre eingezahlten Kapitalanteile und den gemeinen Wert ihrer geleisteten Sacheinlagen zurückerhalten.

3. Die Körperschaft darf keine Person durch Ausgaben, die dem Zweck der Körperschaft fremd sind, oder durch unverhältnismäßig hohe Vergütungen begünstigen.

4.[1] [1] Bei Auflösung oder Aufhebung der Körperschaft oder bei Wegfall ihres bisherigen Zwecks darf das Vermögen der Körperschaft, soweit es die eingezahlten Kapitalanteile der Mitglieder und den gemeinen Wert der von den Mitgliedern geleisteten Sacheinlagen übersteigt, nur für steuerbegünstigte Zwecke verwendet werden (Grundsatz der Vermögensbindung). [2] Diese Voraussetzung ist auch erfüllt, wenn das Vermögen einer anderen steuerbegünstigten Körperschaft oder einer juristischen Person des öffentlichen Rechts für steuerbegünstigte Zwecke übertragen werden soll.

5.[2] [1] Die Körperschaft muss ihre Mittel vorbehaltlich des § 62 grundsätzlich zeitnah für ihre steuerbegünstigten satzungsmäßigen Zwecke verwenden. [2] Verwendung in diesem Sinne ist auch die Verwendung der Mittel für die Anschaffung oder Herstellung von Vermögensgegenständen, die satzungsmäßigen Zwecken dienen. [3] Eine zeitnahe Mittelverwendung ist gegeben, wenn die Mittel spätestens in den auf den Zufluss folgenden zwei Kalender- oder Wirtschaftsjahren für die steuerbegünstigten satzungsmäßigen Zwecke verwendet werden. [4] Satz 1 gilt nicht für Körperschaften mit jährlichen Einnahmen von nicht mehr als 45 000 Euro.

(2) Bei der Ermittlung des gemeinen Werts (Absatz 1 Nr. 2 und 4) kommt es auf die Verhältnisse zu dem Zeitpunkt an, in dem die Sacheinlagen geleistet worden sind.

---

[1] § 55 Abs. 1 Nr. 4 Satz 2 geänd. durch G v. 8.12.2010 (BGBl. I S. 1768); zur Anwendung siehe Art. 97 § 1d Abs. 3 EGAO (Nr. **1.1**).
[2] Zur Anwendung siehe Art. 97 § 1a Abs. 3 EGAO (Nr. **1.1**); Abs. 1 Nr. 5 Satz 3 geänd. mWv 1.1. 2013 und Satz 1 geänd. mWv 1.1.2014 durch G v. 21.3.2013 (BGBl. I S. 556); Satz 4 angef. mWv 29.12.2020 durch G v. 21.12.2020 (BGBl. I S. 3096).

(3)[1] Die Vorschriften, die die Mitglieder der Körperschaft betreffen (Absatz 1 Nr. 1, 2 und 4), gelten bei Stiftungen für die Stifter und ihre Erben, bei Betrieben gewerblicher Art von juristischen Personen des öffentlichen Rechts für die Körperschaft sinngemäß, jedoch mit der Maßgabe, dass bei Wirtschaftsgütern, die nach § 6 Absatz 1 Nummer 4 Satz 4 des Einkommensteuergesetzes[2] aus einem Betriebsvermögen zum Buchwert entnommen worden sind, an die Stelle des gemeinen Werts der Buchwert der Entnahme tritt.

§ 56 Ausschließlichkeit. Ausschließlichkeit liegt vor, wenn eine Körperschaft nur ihre steuerbegünstigten satzungsmäßigen Zwecke verfolgt.

§ 57 Unmittelbarkeit. (1) [1]Eine Körperschaft verfolgt unmittelbar ihre steuerbegünstigten satzungsmäßigen Zwecke, wenn sie selbst diese Zwecke verwirklicht. [2]Das kann auch durch Hilfspersonen geschehen, wenn nach den Umständen des Falls, insbesondere nach den rechtlichen und tatsächlichen Beziehungen, die zwischen der Körperschaft und der Hilfsperson bestehen, das Wirken der Hilfsperson wie eigenes Wirken der Körperschaft anzusehen ist.

(2) Eine Körperschaft, in der steuerbegünstigte Körperschaften zusammengefasst sind, wird einer Körperschaft, die unmittelbar steuerbegünstigte Zwecke verfolgt, gleichgestellt.

(3)[3] [1]Eine Körperschaft verfolgt ihre steuerbegünstigten Zwecke auch dann unmittelbar im Sinne des Absatzes 1 Satz 1, wenn sie satzungsgemäß durch planmäßiges Zusammenwirken mit mindestens einer weiteren Körperschaft, die im Übrigen die Voraussetzungen der §§ 51 bis 68 erfüllt, einen steuerbegünstigten Zweck verwirklicht. [2]Die §§ 14 sowie 65 bis 68 sind mit der Maßgabe anzuwenden, dass für das Vorliegen der Eigenschaft als Zweckbetrieb bei der jeweiligen Körperschaft die Tätigkeiten der nach Satz 1 zusammenwirkenden Körperschaften zusammenzufassen sind.

(4)[4] Eine Körperschaft verfolgt ihre steuerbegünstigten Zwecke auch dann unmittelbar im Sinne des Absatzes 1 Satz 1, wenn sie ausschließlich Anteile an steuerbegünstigten Kapitalgesellschaften hält und verwaltet.

§ 58 Steuerlich unschädliche Betätigungen. Die Steuervergünstigung wird nicht dadurch ausgeschlossen, dass

1.[5] eine Körperschaft einer anderen Körperschaft oder einer juristischen Person des öffentlichen Rechts Mittel für die Verwirklichung steuerbegünstigter Zwecke zuwendet. [2]Mittel sind sämtliche Vermögenswerte der Körperschaft. [3]Die Zuwendung von Mitteln an eine beschränkt oder unbeschränkt steuerpflichtige Körperschaft des privaten Rechts setzt voraus, dass diese selbst steuerbegünstigt ist. [4]Beabsichtigt die Körperschaft, als einzige Art der Zweckverwirklichung Mittel anderen Körperschaften oder juristischen Personen des öffentlichen Rechts zuzuwenden, ist die

---

[1] § 55 Abs. 3 geänd. durch G v. 19.7.2006 (BGBl. I S. 1652); geänd. durch G v. 20.4.2009 (BGBl. I S. 774); geänd. durch G v. 8.12.2010 (BGBl. I S. 1768); zur Anwendung siehe Art. 97 § 1d Abs. 3 EGAO (Nr. **1.1**).
[2] **dtv 5785 ESt/LSt Nr. 1.**
[3] § 57 Abs. 3 angef. mWv 29.12.2020 durch G v. 21.12.2020 (BGBl. I S. 3096).
[4] § 57 Abs. 4 angef. mWv 29.12.2020 durch G v. 21.12.2020 (BGBl. I S. 3096).
[5] § 58 Nr. 1 neu gef. mWv 29.12.2020 durch G v. 21.12.2020 (BGBl. I S. 3096).

Mittelweitergabe als Art der Zweckverwirklichung in der Satzung zu benennen,

2.[1] *(aufgehoben)*

3.[2] eine Körperschaft ihre Überschüsse der Einnahmen über die Ausgaben aus der Vermögensverwaltung, ihre Gewinne aus den wirtschaftlichen Geschäftsbetrieben ganz oder teilweise und darüber hinaus höchstens 15 Prozent ihrer sonstigen nach § 55 Absatz 1 Nummer 5 zeitnah zu verwendenden Mittel einer anderen steuerbegünstigten Körperschaft oder einer juristischen Person des öffentlichen Rechts zur Vermögensausstattung zuwendet. [2]Die aus den Vermögenserträgen zu verwirklichenden steuerbegünstigten Zwecke müssen den steuerbegünstigten satzungsmäßigen Zwecken der zuwendenden Körperschaft entsprechen. [3]Die nach dieser Nummer zugewandten Mittel und deren Erträge dürfen nicht für weitere Mittelweitergaben im Sinne des ersten Satzes verwendet werden,

4.[3] eine Körperschaft ihre Arbeitskräfte anderen Personen, Unternehmen, Einrichtungen oder einer juristischen Person des öffentlichen Rechts für steuerbegünstigte Zwecke zur Verfügung stellt,

5.[3] eine Körperschaft ihr gehörende Räume einer anderen, ebenfalls steuerbegünstigten Körperschaft oder einer juristischen Person des öffentlichen Rechts zur Nutzung zu steuerbegünstigten Zwecken überlässt,

6.[2] eine Stiftung einen Teil, jedoch höchstens ein Drittel ihres Einkommens dazu verwendet, um in angemessener Weise den Stifter und seine nächsten Angehörigen zu unterhalten, ihre Gräber zu pflegen und ihr Andenken zu ehren,

7.[2] eine Körperschaft gesellige Zusammenkünfte veranstaltet, die im Vergleich zu ihrer steuerbegünstigten Tätigkeit von untergeordneter Bedeutung sind,

8.[2] ein Sportverein neben dem unbezahlten auch den bezahlten Sport fördert,

9.[2] eine von einer Gebietskörperschaft errichtete Stiftung zur Erfüllung ihrer steuerbegünstigten Zwecke Zuschüsse an Wirtschaftsunternehmen vergibt,

10.[2] eine Körperschaft Mittel zum Erwerb von Gesellschaftsrechten zur Erhaltung der prozentualen Beteiligung an Kapitalgesellschaften im Jahr des Zuflusses verwendet. [2]Dieser Erwerb mindert die Höhe der Rücklage nach § 62 Absatz 1 Nummer 3.

§ 58a[4] **Vertrauensschutz bei Mittelweitergaben.** (1) Wendet eine steuerbegünstigte Körperschaft Mittel einer anderen Körperschaft zu, darf sie unter

---

[1] § 58 Nr. 2 aufgeh. mWv 29.12.2020 durch G v. 21.12.2020 (BGBl. I S. 3096).

[2] § 58 Nr. 3 eingef., bish. Nr. 3 bis 5 werden Nr. 4 bis 6, Nr. 6 und 7 aufgeh., bish. Nr. 8 bis 10 werden Nr. 7 bis 9, Nr. 10 neu gef., Nr. 11 und 12 aufgeh. mWv 1.1.2014 durch G v. 21.3.2013 (BGBl. I S. 556).

[3] § 58 Nr. 3 und 4 geänd. durch G v. 10.10.2007 (BGBl. I S. 2332); geänd. durch G v. 8.12.2010 (BGBl. I S. 1768); Nr. 3 eingef., bish. Nr. 3 bis 5 werden Nr. 4 bis 6, Nr. 6 und 7 aufgeh. mWv 1.1. 2014 durch G v. 21.3.2013 (BGBl. I S. 556).

[4] § 58a eingef. mWv 29.12.2020 durch G v. 21.12.2020 (BGBl. I S. 3096).

den Voraussetzungen des Absatzes 2 darauf vertrauen, dass die empfangende Körperschaft

1. nach § 5 Absatz 1 Nummer 9 des Körperschaftsteuergesetzes[1] im Zeitpunkt der Zuwendung steuerbegünstigt ist und

2. die Zuwendung für steuerbegünstigte Zwecke verwendet.

(2) Das Vertrauen der zuwendenden Körperschaft nach Absatz 1 ist nur schutzwürdig, wenn sich die zuwendende Körperschaft zum Zeitpunkt der Zuwendung die Steuerbegünstigung der empfangenden Körperschaft nach § 5 Absatz 1 Nummer 9 des Körperschaftsteuergesetzes hat nachweisen lassen durch eine Ausfertigung

1. der Anlage zum Körperschaftsteuerbescheid, deren Datum nicht länger als fünf Jahre zurückliegt oder

2. des Freistellungsbescheids, dessen Datum nicht länger als fünf Jahre zurückliegt oder

3. des Bescheids über die Feststellung der Einhaltung der satzungsmäßigen Voraussetzungen nach § 60a Absatz 1, dessen Datum nicht länger als drei Jahre zurückliegt, wenn der empfangenden Körperschaft bisher kein Freistellungsbescheid oder keine Anlage zum Körperschaftsteuerbescheid erteilt wurde.

(3) Absatz 1 ist nicht anzuwenden, wenn

1. der zuwendenden Körperschaft die Unrichtigkeit eines Verwaltungsakts nach Absatz 2 bekannt ist oder infolge grober Fahrlässigkeit nicht bekannt war oder

2. die zuwendende Körperschaft eine Verwendung für nicht steuerbegünstigte Zwecke durch die empfangende Körperschaft veranlasst hat.

§ 59 Voraussetzung der Steuervergünstigung. Die Steuervergünstigung wird gewährt, wenn sich aus der Satzung, dem Stiftungsgeschäft oder der sonstigen Verfassung (Satzung im Sinne dieser Vorschriften) ergibt, welchen Zweck die Körperschaft verfolgt, dass dieser Zweck den Anforderungen der §§ 52 bis 55 entspricht und dass er ausschließlich und unmittelbar verfolgt wird; die tatsächliche Geschäftsführung muss diesen Satzungsbestimmungen entsprechen.

§ 60 Anforderungen an die Satzung. (1)[2] [1]Die Satzungszwecke und die Art ihrer Verwirklichung müssen so genau bestimmt sein, dass auf Grund der Satzung geprüft werden kann, ob die satzungsmäßigen Voraussetzungen für Steuervergünstigungen gegeben sind. [2]Die Satzung muss die in der Anlage 1 bezeichneten Festlegungen enthalten.

(2) Die Satzung muss den vorgeschriebenen Erfordernissen bei der Körperschaftsteuer und bei der Gewerbesteuer während des ganzen Veranlagungs- oder Bemessungszeitraums, bei den anderen Steuern im Zeitpunkt der Entstehung der Steuer entsprechen.

---

[1] **dtv 5786 KSt/GewSt Nr. 1.**
[2] § 60 Abs. 1 Satz 2 angef. mWv 1.1.2009 durch G v. 19.12.2008 (BGBl. I S. 2794); zur Anwendung siehe Art. 97 § 1f Abs. 2 EGAO (Nr. **1.1**).

§ 60a[1]**) Feststellung der satzungsmäßigen Voraussetzungen.** (1) [1]Die Einhaltung der satzungsmäßigen Voraussetzungen nach den §§ 51, 59, 60 und 61 wird gesondert festgestellt. [2]Die Feststellung der Satzungsmäßigkeit ist für die Besteuerung der Körperschaft und der Steuerpflichtigen, die Zuwendungen in Form von Spenden und Mitgliedsbeiträgen an die Körperschaft erbringen, bindend.

(2) Die Feststellung der Satzungsmäßigkeit erfolgt

1. auf Antrag der Körperschaft oder

2. von Amts wegen bei der Veranlagung zur Körperschaftsteuer, wenn bisher noch keine Feststellung erfolgt ist.

(3) Die Bindungswirkung der Feststellung entfällt ab dem Zeitpunkt, in dem die Rechtsvorschriften, auf denen die Feststellung beruht, aufgehoben oder geändert werden.

(4) Tritt bei den für die Feststellung erheblichen Verhältnissen eine Änderung ein, ist die Feststellung mit Wirkung vom Zeitpunkt der Änderung der Verhältnisse aufzuheben.

(5) [1]Materielle Fehler im Feststellungsbescheid über die Satzungsmäßigkeit können mit Wirkung ab dem Kalenderjahr beseitigt werden, das auf die Bekanntgabe der Aufhebung der Feststellung folgt. [2]§ 176 gilt entsprechend, außer es sind Kalenderjahre zu ändern, die nach der Verkündung der maßgeblichen Entscheidung eines obersten Gerichtshofes des Bundes beginnen.

(6)[2]) [1]Liegen bis zum Zeitpunkt des Erlasses des erstmaligen Körperschaftsteuerbescheids oder Freistellungsbescheids bereits Erkenntnisse vor, dass die tatsächliche Geschäftsführung gegen die satzungsmäßigen Voraussetzungen verstößt, ist die Feststellung der Einhaltung der satzungsmäßigen Voraussetzungen nach Absatz 1 Satz 1 abzulehnen. [2]Satz 1 gilt entsprechend für die Aufhebung bestehender Feststellungen nach § 60a.

ab 1.1.2024:

§ 60b[3]**) Zuwendungsempfängerregister.** (1) Das Bundeszentralamt für Steuern führt ein Register, in dem Körperschaften geführt werden, die die Voraussetzungen der §§ 51 bis 68 oder des § 34g des Einkommensteuergesetzes[4]) erfüllen (Zuwendungsempfängerregister).

(2) Im Zuwendungsempfängerregister speichert das Bundeszentralamt für Steuern zu Zwecken des Sonderausgabenabzugs nach § 10b des Einkommensteuergesetzes zu Körperschaften, die die Voraussetzungen der §§ 51 bis 68 erfüllen, folgende Daten:

1. Wirtschafts-Identifikationsnummer der Körperschaft,

2. Name der Körperschaft,

3. Anschrift der Körperschaft,

4. steuerbegünstigte Zwecke der Körperschaft,

5. das für die Festsetzung der Körperschaftsteuer der Körperschaft zuständige Finanzamt,

---

[1]) § 60a eingef. durch G v. 21.3.2013 (BGBl. I S. 556).
[2]) § 60a Abs. 6 angef. mWv 29.12.2020 durch G v. 21.12.2020 (BGBl. I S. 3096).
[3]) § 60b eingef. **mWv 1.1.2024** durch G v. 21.12.2020 (BGBl. I S. 3096).
[4]) dtv 5785 ESt/LSt Nr. 1.

6. Datum der Erteilung des letzten Freistellungsbescheides oder Feststellungs-bescheides nach § 60a,

7. Bankverbindung der Körperschaft.

(3) Das für die Festsetzung der Körperschaftsteuer der Körperschaft zuständi-ge Finanzamt übermittelt dem Bundeszentralamt für Steuern die Daten nach Absatz 2 sowie unverzüglich jede Änderung dieser Daten.

(4) ¹Das Bundeszentralamt für Steuern ist befugt, die Daten nach Absatz 2 Dritten zu offenbaren. ² § 30 steht dem nicht entgegen.]

§ 61 Satzungsmäßige Vermögensbindung. (1) Eine steuerlich ausrei-chende Vermögensbindung (§ 55 Abs. 1 Nr. 4) liegt vor, wenn der Zweck, für den das Vermögen bei Auflösung oder Aufhebung der Körperschaft oder bei Wegfall ihres bisherigen Zwecks verwendet werden soll, in der Satzung so genau bestimmt ist, dass auf Grund der Satzung geprüft werden kann, ob der Verwendungszweck steuerbegünstigt ist.

(2)¹⁾ *(aufgehoben)*

(3) ¹Wird die Bestimmung über die Vermögensbindung nachträglich so geändert, dass sie den Anforderungen des § 55 Abs. 1 Nr. 4 nicht mehr entspricht, so gilt sie von Anfang an als steuerlich nicht ausreichend. ² § 175 Abs. 1 Satz 1 Nr. 2 ist mit der Maßgabe anzuwenden, dass Steuerbescheide erlassen, aufgehoben oder geändert werden können, soweit sie Steuern betref-fen, die innerhalb der letzten zehn Kalenderjahre vor der Änderung der Be-stimmung über die Vermögensbindung entstanden sind.

§ 62²⁾ Rücklagen und Vermögensbildung. (1) Körperschaften können ih-re Mittel ganz oder teilweise

1. einer Rücklage zuführen, soweit dies erforderlich ist, um ihre steuerbegüns-tigten, satzungsmäßigen Zwecke nachhaltig zu erfüllen;

2. einer Rücklage für die beabsichtigte Wiederbeschaffung von Wirtschafts-gütern zuführen, die zur Verwirklichung der steuerbegünstigten, satzungs-mäßigen Zwecke erforderlich sind (Rücklage für Wiederbeschaffung). ²Die Höhe der Zuführung bemisst sich nach der Höhe der regulären Absetzungen für Abnutzung eines zu ersetzenden Wirtschaftsguts. ³Die Voraussetzungen für eine höhere Zuführung sind nachzuweisen;

3. der freien Rücklage zuführen, jedoch höchstens ein Drittel des Überschusses aus der Vermögensverwaltung und darüber hinaus höchstens 10 Prozent der sonstigen nach § 55 Absatz 1 Nummer 5 zeitnah zu verwendenden Mittel. ²Ist der Höchstbetrag für die Bildung der freien Rücklage in einem Jahr nicht ausgeschöpft, kann diese unterbliebene Zuführung in den folgenden zwei Jahren nachgeholt werden;

4. einer Rücklage zum Erwerb von Gesellschaftsrechten zur Erhaltung der pro-zentualen Beteiligung an Kapitalgesellschaften zuführen, wobei die Höhe dieser Rücklage die Höhe der Rücklage nach Nummer 3 mindert.

---

¹⁾ § 61 Abs. 2 aufgeh. mWv 1.1.2007 durch G v. 10.10.2007 (BGBl. I S. 2332); siehe auch Art. 97 § 1d EGAO (Nr. **1.1**).
²⁾ § 62 neu gef. mWv 1.1.2014 durch G v. 21.3.2013 (BGBl. I S. 556).

(2) [1] Die Bildung von Rücklagen nach Absatz 1 hat innerhalb der Frist des § 55 Absatz 1 Nummer 5 Satz 3 zu erfolgen. [2] Rücklagen nach Absatz 1 Nummer 1, 2 und 4 sind unverzüglich aufzulösen, sobald der Grund für die Rücklagenbildung entfallen ist. [3] Die freigewordenen Mittel sind innerhalb der Frist nach § 55 Absatz 1 Nummer 5 Satz 3 zu verwenden.

(3) Die folgenden Mittelzuführungen unterliegen nicht der zeitnahen Mittelverwendung nach § 55 Absatz 1 Nummer 5:

1. Zuwendungen von Todes wegen, wenn der Erblasser keine Verwendung für den laufenden Aufwand der Körperschaft vorgeschrieben hat;

2. Zuwendungen, bei denen der Zuwendende ausdrücklich erklärt, dass diese zur Ausstattung der Körperschaft mit Vermögen oder zur Erhöhung des Vermögens bestimmt sind;

3. Zuwendungen auf Grund eines Spendenaufrufs der Körperschaft, wenn aus dem Spendenaufruf ersichtlich ist, dass Beträge zur Aufstockung des Vermögens erbeten werden;

4. Sachzuwendungen, die ihrer Natur nach zum Vermögen gehören.

(4) Eine Stiftung kann im Jahr ihrer Errichtung und in den drei folgenden Kalenderjahren Überschüsse aus der Vermögensverwaltung und die Gewinne aus wirtschaftlichen Geschäftsbetrieben nach § 14 ganz oder teilweise ihrem Vermögen zuführen.

§ 63 Anforderungen an die tatsächliche Geschäftsführung. (1) Die tatsächliche Geschäftsführung der Körperschaft muss auf die ausschließliche und unmittelbare Erfüllung der steuerbegünstigten Zwecke gerichtet sein und den Bestimmungen entsprechen, die die Satzung über die Voraussetzungen für Steuervergünstigungen enthält.

(2) Für die tatsächliche Geschäftsführung gilt sinngemäß § 60 Abs. 2, für eine Verletzung der Vorschrift über die Vermögensbindung § 61 Abs. 3.

(3) Die Körperschaft hat den Nachweis, dass ihre tatsächliche Geschäftsführung den Erfordernissen des Absatzes 1 entspricht, durch ordnungsmäßige Aufzeichnungen über ihre Einnahmen und Ausgaben zu führen.

(4)[1] [1] Hat die Körperschaft ohne Vorliegen der Voraussetzungen Mittel angesammelt, kann das Finanzamt ihr eine angemessene Frist für die Verwendung der Mittel setzen. [2] Die tatsächliche Geschäftsführung gilt als ordnungsgemäß im Sinne des Absatzes 1, wenn die Körperschaft die Mittel innerhalb der Frist für steuerbegünstigte Zwecke verwendet.

(5)[2] [1] Körperschaften im Sinne des § 10b Absatz 1 Satz 2 Nummer 2 des Einkommensteuergesetzes[3] dürfen Zuwendungsbestätigungen im Sinne des § 50 Absatz 1 der Einkommensteuer-Durchführungsverordnung[4] nur ausstellen, wenn

1. das Datum der Anlage zum Körperschaftsteuerbescheid oder des Freistellungsbescheids nicht länger als fünf Jahre zurückliegt oder

---

[1] § 63 Abs. 4 neu gef. durch G v. 21.3.2013 (BGBl. I S. 556); Satz 2 angef. durch G v. 25.7.2014 (BGBl. I S. 1266).
[2] § 63 Abs. 5 angef. durch G v. 21.3.2013 (BGBl. I S. 556).
[3] **dtv 5785 ESt/LSt Nr. 1.**
[4] **dtv 5785 ESt/LSt Nr. 2.**

2. die Feststellung der Satzungsmäßigkeit nach § 60a Absatz 1 nicht länger als drei Kalenderjahre zurückliegt und bisher kein Freistellungsbescheid oder keine Anlage zum Körperschaftsteuerbescheid erteilt wurde.

²Die Frist ist taggenau zu berechnen.

§ 64 Steuerpflichtige wirtschaftliche Geschäftsbetriebe. (1) Schließt das Gesetz die Steuervergünstigung insoweit aus, als ein wirtschaftlicher Geschäftsbetrieb (§ 14) unterhalten wird, so verliert die Körperschaft die Steuervergünstigung für die dem Geschäftsbetrieb zuzuordnenden Besteuerungsgrundlagen (Einkünfte, Umsätze, Vermögen), soweit der wirtschaftliche Geschäftsbetrieb kein Zweckbetrieb (§§ 65 bis 68) ist.

(2) Unterhält die Körperschaft mehrere wirtschaftliche Geschäftsbetriebe, die keine Zweckbetriebe (§§ 65 bis 68) sind, werden diese als ein wirtschaftlicher Geschäftsbetrieb behandelt.

(3)¹⁾ Übersteigen die Einnahmen einschließlich Umsatzsteuer aus wirtschaftlichen Geschäftsbetrieben, die keine Zweckbetriebe sind, insgesamt nicht 45 000 Euro im Jahr, so unterliegen die diesen Geschäftsbetrieben zuzuordnenden Besteuerungsgrundlagen nicht der Körperschaftsteuer und der Gewerbesteuer.

(4) Die Aufteilung einer Körperschaft in mehrere selbständige Körperschaften zum Zweck der mehrfachen Inanspruchnahme der Steuervergünstigung nach Absatz 3 gilt als Missbrauch von rechtlichen Gestaltungsmöglichkeiten im Sinne des § 42.

(5) Überschüsse aus der Verwertung unentgeltlich erworbenen Altmaterials außerhalb einer ständig dafür vorgehaltenen Verkaufsstelle, die der Körperschaftsteuer und der Gewerbesteuer unterliegen, können in Höhe des branchenüblichen Reingewinns geschätzt werden.

(6)²⁾ Bei den folgenden steuerpflichtigen wirtschaftlichen Geschäftsbetrieben kann der Besteuerung ein Gewinn von 15 Prozent der Einnahmen zugrunde gelegt werden:
1. Werbung für Unternehmen, die im Zusammenhang mit der steuerbegünstigten Tätigkeit einschließlich Zweckbetrieben stattfindet,
2. Totalisatorbetriebe,
3. Zweite Fraktionierungsstufe der Blutspendedienste.

§ 65 Zweckbetrieb. Ein Zweckbetrieb ist gegeben, wenn
1. der wirtschaftliche Geschäftsbetrieb in seiner Gesamtrichtung dazu dient, die steuerbegünstigten satzungsmäßigen Zwecke der Körperschaft zu verwirklichen,
2. die Zwecke nur durch einen solchen Geschäftsbetrieb erreicht werden können und
3. der wirtschaftliche Geschäftsbetrieb zu nicht begünstigten Betrieben derselben oder ähnlicher Art nicht in größerem Umfang in Wettbewerb tritt, als es bei Erfüllung der steuerbegünstigten Zwecke unvermeidbar ist.

---

¹⁾ § 64 Abs. 3 geänd. durch G v. 10.10.2007 (BGBl. I S. 2332); zur Anwendung siehe Art. 97 § 1d EGAO (Nr. **1.1**); geänd. mWv 29.12.2020 durch G v. 21.12.2020 (BGBl. I S. 3096).
²⁾ Zur Anwendung siehe Art. 97 § 1b EGAO (Nr. **1.1**); § 64 Abs. 6 geänd. durch G v. 13.12.2006 (BGBl. I S. 2878).

§ 66 Wohlfahrtspflege. (1) Eine Einrichtung der Wohlfahrtspflege ist ein Zweckbetrieb, wenn sie in besonderem Maß den in § 53 genannten Personen dient.

(2) [1] Wohlfahrtspflege ist die planmäßige, zum Wohle der Allgemeinheit und nicht des Erwerbs wegen ausgeübte Sorge für notleidende oder gefährdete Mitmenschen. [2] Die Sorge kann sich auf das gesundheitliche, sittliche, erzieherische oder wirtschaftliche Wohl erstrecken und Vorbeugung oder Abhilfe bezwecken.

(3) [1] Eine Einrichtung der Wohlfahrtspflege dient in besonderem Maße den in § 53 genannten Personen, wenn diesen mindestens zwei Drittel ihrer Leistungen zugute kommen. [2] Für Krankenhäuser gilt § 67.

§ 67[1] Krankenhäuser. (1) Ein Krankenhaus, das in den Anwendungsbereich des Krankenhausentgeltgesetzes oder der Bundespflegesatzverordnung fällt, ist ein Zweckbetrieb, wenn mindestens 40 Prozent der jährlichen Belegungstage oder Berechnungstage auf Patienten entfallen, bei denen nur Entgelte für allgemeine Krankenhausleistungen (§ 7 des Krankenhausentgeltgesetzes, § 10 der Bundespflegesatzverordnung) berechnet werden.

(2) Ein Krankenhaus, das nicht in den Anwendungsbereich des Krankenhausentgeltgesetzes oder der Bundespflegesatzverordnung fällt, ist ein Zweckbetrieb, wenn mindestens 40 Prozent der jährlichen Belegungstage oder Berechnungstage auf Patienten entfallen, bei denen für die Krankenhausleistungen kein höheres Entgelt als nach Absatz 1 berechnet wird.

§ 67a Sportliche Veranstaltungen. (1)[2] [1] Sportliche Veranstaltungen eines Sportvereins sind ein Zweckbetrieb, wenn die Einnahmen einschließlich Umsatzsteuer insgesamt 45 000 Euro im Jahr nicht übersteigen. [2] Der Verkauf von Speisen und Getränken sowie die Werbung gehören nicht zu den sportlichen Veranstaltungen.

(2) [1] Der Sportverein kann dem Finanzamt bis zur Unanfechtbarkeit des Körperschaftsteuerbescheids erklären, dass er auf die Anwendung des Absatzes 1 Satz 1 verzichtet. [2] Die Erklärung bindet den Sportverein für mindestens fünf Veranlagungszeiträume.

(3) [1] Wird auf die Anwendung des Absatzes 1 Satz 1 verzichtet, sind sportliche Veranstaltungen eines Sportvereins ein Zweckbetrieb, wenn

1. kein Sportler des Vereins teilnimmt, der für seine sportliche Betätigung oder für die Benutzung seiner Person, seines Namens, seines Bildes oder seiner sportlichen Betätigung zu Werbezwecken von dem Verein oder einem Dritten über eine Aufwandsentschädigung hinaus Vergütungen oder andere Vorteile erhält und

2. kein anderer Sportler teilnimmt, der für die Teilnahme an der Veranstaltung von dem Verein oder einem Dritten im Zusammenwirken mit dem Verein über eine Aufwandsentschädigung hinaus Vergütungen oder andere Vorteile erhält.

---

[1] § 67 Abs. 1 neu gef., Abs. 2 geänd. durch G v. 13.12.2006 (BGBl. I S. 2878); zur Anwendung siehe Art. 97 § 1c Abs. 3 EGAO (Nr. **1.1**).
[2] § 67a Abs. 1 Satz 1 geänd. durch G v. 10.10.2007 (BGBl. I S. 2332); zur Anwendung siehe Art. 97 § 1d EGAO (Nr. **1.1**); Satz 1 geänd. mWv 1.1.2013 durch G v. 21.3.2013 (BGBl. I S. 556).

[2] Andere sportliche Veranstaltungen sind ein steuerpflichtiger wirtschaftlicher Geschäftsbetrieb. [3] Dieser schließt die Steuervergünstigung nicht aus, wenn die Vergütungen oder andere Vorteile ausschließlich aus wirtschaftlichen Geschäftsbetrieben, die nicht Zweckbetriebe sind, oder von Dritten geleistet werden.

(4)[1] [1] Organisatorische Leistungen eines Sportdachverbandes zur Durchführung von sportlichen Veranstaltungen sind ein Zweckbetrieb, wenn an der sportlichen Veranstaltung überwiegend Sportler teilnehmen, die keine Lizenzsportler sind. [2] Alle sportlichen Veranstaltungen einer Saison einer Liga gelten als eine sportliche Veranstaltung im Sinne des Satzes 1. [3] Absatz 1 Satz 2 gilt entsprechend.

§ 68 Einzelne Zweckbetriebe. Zweckbetriebe sind auch:

1. a) Alten-, Altenwohn- und Pflegeheime, Erholungsheime, Mahlzeitendienste, wenn sie in besonderem Maß den in § 53 genannten Personen dienen (§ 66 Abs. 3),

   b) Kindergärten, Kinder-, Jugend- und Studentenheime, Schullandheime und Jugendherbergen,

   c)[2] Einrichtungen zur Versorgung, Verpflegung und Betreuung von Flüchtlingen. [2] Die Voraussetzungen des § 66 Absatz 2 sind zu berücksichtigen,

2.[3] a) landwirtschaftliche Betriebe und Gärtnereien, die der Selbstversorgung von Körperschaften dienen und dadurch die sachgemäße Ernährung und ausreichende Versorgung von Anstaltsangehörigen sichern,

   b) andere Einrichtungen, die für die Selbstversorgung von Körperschaften erforderlich sind, wie Tischlereien, Schlossereien,

   wenn die Lieferungen und sonstigen Leistungen dieser Einrichtungen an Außenstehende dem Wert nach 20 Prozent der gesamten Lieferungen und sonstigen Leistungen des Betriebs – einschließlich der an die Körperschaften selbst bewirkten – nicht übersteigen,

3.[4] a) Werkstätten für behinderte Menschen, die nach den Vorschriften des Dritten Buches Sozialgesetzbuch förderungsfähig sind und Personen Arbeitsplätze bieten, die wegen ihrer Behinderung nicht auf dem allgemeinen Arbeitsmarkt tätig sein können,

   b) Einrichtungen für Beschäftigungs- und Arbeitstherapie, in denen behinderte Menschen aufgrund ärztlicher Indikationen außerhalb eines Beschäftigungsverhältnisses zum Träger der Therapieeinrichtung mit dem Ziel behandelt werden, körperliche oder psychische Grundfunktionen zum Zwecke der Wiedereingliederung in das Alltagsleben wiederherzustellen oder die besonderen Fähigkeiten und Fertigkeiten auszubilden, zu fördern und zu trainieren, die für eine Teilnahme am Arbeitsleben erforderlich sind, und

---

[1] § 67a Abs. 4 angef. mWv 1.1.2021 durch G v. 11.12.2018 (BGBl. I S. 2338).
[2] § 68 Nr. 1 Buchst. c angef. mWv 29.12.2020 durch G v. 21.12.2020 (BGBl. I S. 3096).
[3] § 68 Nr. 2 abschl. Satzteil geänd. durch G v. 13.12.2006 (BGBl. I S. 2878).
[4] § 68 Nr. 3 neu gef. durch G v. 23.4.2004 (BGBl. I S. 606); zur Anwendung siehe Art. 97 § 1e Abs. 3 EGAO (Nr. 1.1).

c)[1] Inklusionsbetriebe im Sinne des § 215 Absatz 1 des Neunten Buches Sozialgesetzbuch, wenn mindestens 40 Prozent der Beschäftigten besonders betroffene schwerbehinderte Menschen im Sinne des § 215 Absatz 1 des Neunten Buches Sozialgesetzbuch sind; auf die Quote werden psychisch kranke Menschen im Sinne des § 215 Absatz 4 des Neunten Buches Sozialgesetzbuch angerechnet,

4.[2] Einrichtungen, die zur Durchführung der Fürsorge für blinde Menschen, zur Durchführung der Fürsorge für körperbehinderte Menschen und zur Durchführung der Fürsorge für psychische und seelische Erkrankungen beziehungsweise Behinderungen unterhalten werden,

5.[3] Einrichtungen über Tag und Nacht (Heimerziehung) oder sonstige betreute Wohnformen,

6.[4] von den zuständigen Behörden genehmigte Lotterien und Ausspielungen, wenn der Reinertrag unmittelbar und ausschließlich zur Förderung mildtätiger, kirchlicher oder gemeinnütziger Zwecke verwendet wird,

7. kulturelle Einrichtungen, wie Museen, Theater, und kulturelle Veranstaltungen, wie Konzerte, Kunstausstellungen; dazu gehört nicht der Verkauf von Speisen und Getränken,

8. Volkshochschulen und andere Einrichtungen, soweit sie selbst Vorträge, Kurse und andere Veranstaltungen wissenschaftlicher oder belehrender Art durchführen; dies gilt auch, soweit die Einrichtungen den Teilnehmern dieser Veranstaltungen selbst Beherbergung und Beköstigung gewähren,

9. Wissenschafts- und Forschungseinrichtungen, deren Träger sich überwiegend aus Zuwendungen der öffentlichen Hand oder Dritter oder aus der Vermögensverwaltung finanziert. [2]Der Wissenschaft und Forschung dient auch die Auftragsforschung. [3]Nicht zum Zweckbetrieb gehören Tätigkeiten, die sich auf die Anwendung gesicherter wissenschaftlicher Erkenntnisse beschränken, die Übernahme von Projektträgerschaften sowie wirtschaftliche Tätigkeiten ohne Forschungsbezug.

Vierter Abschnitt. Haftung

§ 69 Haftung der Vertreter. [1]Die in den §§ 34 und 35 bezeichneten Personen haften, soweit Ansprüche aus dem Steuerschuldverhältnis (§ 37) infolge vorsätzlicher oder grob fahrlässiger Verletzung der ihnen auferlegten Pflichten nicht oder nicht rechtzeitig festgesetzt oder erfüllt oder soweit infolgedessen Steuervergütungen oder Steuererstattungen ohne rechtlichen Grund gezahlt werden. [2]Die Haftung umfasst auch die infolge der Pflichtverletzung zu zahlenden Säumniszuschläge.

§ 70[5] Haftung des Vertretenen. (1) Wenn die in den §§ 34 und 35 bezeichneten Personen bei Ausübung ihrer Obliegenheiten eine Steuerhinterziehung oder eine leichtfertige Steuerverkürzung begehen oder an einer Steuerhinterziehung teilnehmen und hierdurch Steuerschuldner oder Haftende wer-

---

[1] § 68 Nr. 3 Buchst. c neu gef. mWv 1.1.2018 durch G v. 23.12.2016 (BGBl. I S. 3234).
[2] § 68 Nr. 4 geänd. mWv 1.1.2017 durch G v. 20.12.2016 (BGBl. I S. 3000); geänd. mWv 29.12.2020 durch G v. 21.12.2020 (BGBl. I S. 3096).
[3] § 68 Nr. 5 neu gef. mWv 1.1.2014 durch G v. 26.6.2013 (BGBl. I S. 1809).
[4] Zur Anwendung siehe Art. 97 § 1e Abs. 1 EGAO (Nr. **1.1**).
[5] Zu § 70 siehe Art. 97a § 3 Abs. 3 EGAO (Nr. **1.1**).

Abgabenordnung

den, so haften die Vertretenen, soweit sie nicht Steuerschuldner sind, für die durch die Tat verkürzten Steuern und die zu Unrecht gewährten Steuervorteile.

(2) ¹Absatz 1 ist nicht anzuwenden bei Taten gesetzlicher Vertreter natürlicher Personen, wenn diese aus der Tat des Vertreters keinen Vermögensvorteil erlangt haben. ²Das Gleiche gilt, wenn die Vertretenen denjenigen, der die Steuerhinterziehung oder die leichtfertige Steuerverkürzung begangen hat, sorgfältig ausgewählt und beaufsichtigt haben.

§ 71[1] **Haftung des Steuerhinterziehers und des Steuerhehlers.** Wer eine Steuerhinterziehung oder eine Steuerhehlerei begeht oder an einer solchen Tat teilnimmt, haftet für die verkürzten Steuern und die zu Unrecht gewährten Steuervorteile sowie für die Zinsen nach § 235 und die Zinsen nach § 233a, soweit diese nach § 235 Absatz 4 auf die Hinterziehungszinsen angerechnet werden.

§ 72 Haftung bei Verletzung der Pflicht zur Kontenwahrheit. Wer vorsätzlich oder grob fahrlässig der Vorschrift des § 154 Abs. 3 zuwiderhandelt, haftet, soweit dadurch die Verwirklichung von Ansprüchen aus dem Steuerschuldverhältnis beeinträchtigt wird.

§ 72a[2] **Haftung Dritter bei Datenübermittlungen an Finanzbehörden.** (1) ¹Der Hersteller von Programmen im Sinne des § 87c haftet, soweit die Daten infolge einer Verletzung seiner Pflichten nach § 87c unrichtig oder unvollständig verarbeitet und dadurch Steuern verkürzt oder zu Unrecht steuerliche Vorteile erlangt werden. ²Die Haftung entfällt, soweit der Hersteller nachweist, dass die Pflichtverletzung nicht auf grober Fahrlässigkeit oder Vorsatz beruht.

(2)[3] ¹Wer als Auftragnehmer (§ 87d) Programme zur Verarbeitung von Daten im Auftrag im Sinne des § 87c einsetzt, haftet, soweit

1. auf Grund unrichtiger oder unvollständiger Übermittlung Steuern verkürzt oder zu Unrecht steuerliche Vorteile erlangt werden oder

2. er seine Pflichten nach § 87d Absatz 2 verletzt hat und auf Grund der von ihm übermittelten Daten Steuern verkürzt oder zu Unrecht steuerliche Vorteile erlangt werden.

²Die Haftung entfällt, soweit der Auftragnehmer nachweist, dass die unrichtige oder unvollständige Übermittlung der Daten oder die Verletzung der Pflichten nach § 87d Absatz 2 nicht auf grober Fahrlässigkeit oder Vorsatz beruht.

(3) Die Absätze 1 und 2 gelten nicht für Zusammenfassende Meldungen im Sinne des § 18a Absatz 1 des Umsatzsteuergesetzes[4].

(4) Wer nach Maßgabe des § 93c Daten an die Finanzbehörden zu übermitteln hat und vorsätzlich oder grob fahrlässig

---

[1] Zu § 71 siehe Art. 97a § 3 Abs. 3 EGAO (Nr. **1.1**); § 71 geänd. mWv 1.1.2017 durch G v. 18.7. 2016 (BGBl. I S. 1679); zur Anwendung siehe Art. 97 § 11 Abs. 3 EGAO (Nr. **1.1**).
[2] § 72a eingef. mWv 1.1.2017 durch G v. 18.7.2016 (BGBl. I S. 1679); zur Anwendung siehe Art. 97 § 27 Abs. 1 und 2 EGAO (Nr. **1.1**).
[3] § 72a Abs. 2 Satz 1 einl. Satzteil geänd. mWv 25.5.2018 durch G v. 17.7.2017 (BGBl. I S. 2541).
[4] **dtv 5546 USt Nr. 1.**

1. unrichtige oder unvollständige Daten übermittelt oder

2. Daten pflichtwidrig nicht übermittelt,

haftet für die entgangene Steuer.

§ 73[1] Haftung bei Organschaft. [1]Eine Organgesellschaft haftet für solche Steuern des Organträgers, für welche die Organschaft zwischen ihnen steuerlich von Bedeutung ist. [2]Haftet eine Organgesellschaft, die selbst Organträger ist, nach Satz 1, haften ihre Organgesellschaften neben ihr ebenfalls nach Satz 1. [3]Den Steuern stehen die Ansprüche auf Erstattung von Steuervergütungen gleich.

§ 74 Haftung des Eigentümers von Gegenständen. (1) [1]Gehören Gegenstände, die einem Unternehmen dienen, nicht dem Unternehmer, sondern einer an dem Unternehmen wesentlich beteiligten Person, so haftet der Eigentümer der Gegenstände mit diesen für diejenigen Steuern des Unternehmens, bei denen sich die Steuerpflicht auf den Betrieb des Unternehmens gründet. [2]Die Haftung erstreckt sich jedoch nur auf die Steuern, die während des Bestehens der wesentlichen Beteiligung entstanden sind. [3]Den Steuern stehen die Ansprüche auf Erstattung von Steuervergütungen gleich.

(2) [1]Eine Person ist an dem Unternehmen wesentlich beteiligt, wenn sie unmittelbar oder mittelbar zu mehr als einem Viertel am Grund- oder Stammkapital oder am Vermögen des Unternehmens beteiligt ist. [2]Als wesentlich beteiligt gilt auch, wer auf das Unternehmen einen beherrschenden Einfluss ausübt und durch sein Verhalten dazu beiträgt, dass fällige Steuern im Sinne des Absatzes 1 Satz 1 nicht entrichtet werden.

§ 75 Haftung des Betriebsübernehmers. (1) [1]Wird ein Unternehmen oder ein in der Gliederung eines Unternehmens gesondert geführter Betrieb im Ganzen übereignet, so haftet der Erwerber für Steuern, bei denen sich die Steuerpflicht auf den Betrieb des Unternehmens gründet, und für Steuerabzugsbeträge, vorausgesetzt, dass die Steuern seit dem Beginn des letzten, vor der Übereignung liegenden Kalenderjahrs entstanden sind und bis zum Ablauf von einem Jahr nach Anmeldung des Betriebs durch den Erwerber festgesetzt oder angemeldet werden. [2]Die Haftung beschränkt sich auf den Bestand des übernommenen Vermögens. [3]Den Steuern stehen die Ansprüche auf Erstattung von Steuervergütungen gleich.

(2)[2] Absatz 1 gilt nicht für Erwerbe aus einer Insolvenzmasse und für Erwerbe im Vollstreckungsverfahren.

§ 76 Sachhaftung. (1) Verbrauchsteuerpflichtige Waren und einfuhr- und ausfuhrabgabenpflichtige Waren dienen ohne Rücksicht auf die Rechte Dritter als Sicherheit für die darauf ruhenden Steuern (Sachhaftung).

(2) Die Sachhaftung entsteht bei einfuhr- und ausfuhrabgaben- oder verbrauchsteuerpflichtigen Waren, wenn nichts anderes vorgeschrieben ist, mit ihrem Verbringen in den Geltungsbereich dieses Gesetzes, bei verbrauchsteuerpflichtigen Waren auch mit Beginn ihrer Gewinnung oder Herstellung.

---

[1] § 73 Satz 2 eingef., bish. Satz 2 wird Satz 3 mWv 18.12.2019 durch G v. 12.12.2019 (BGBl. I S. 2451); zur Anwendung siehe Art. 97 § 11 Abs. 4 EGAO (Nr. **1.1**).

[2] Zur Anwendung für nach dem 31.12.1998 beantragte Insolvenzverfahren siehe Art. 97 § 11a EGAO (Nr. **1.1**).

(3) [1]Solange die Steuer nicht entrichtet ist, kann die Finanzbehörde die Waren mit Beschlag belegen. [2]Als Beschlagnahme genügt das Verbot an den, der die Waren im Gewahrsam hat, über sie zu verfügen.

(4) [1]Die Sachhaftung erlischt mit der Steuerschuld. [2]Sie erlischt ferner mit der Aufhebung der Beschlagnahme oder dadurch, dass die Waren mit Zustimmung der Finanzbehörde in einen steuerlich nicht beschränkten Verkehr übergehen.

(5) Von der Geltendmachung der Sachhaftung wird abgesehen, wenn die Waren dem Verfügungsberechtigten abhanden gekommen sind und die verbrauchsteuerpflichtigen Waren in einen Herstellungsbetrieb aufgenommen oder die einfuhr- und ausfuhrabgabenpflichtigen Waren eine zollrechtliche Bestimmung erhalten.

§ 77 Duldungspflicht. (1) Wer kraft Gesetzes verpflichtet ist, eine Steuer aus Mitteln, die seiner Verwaltung unterliegen, zu entrichten, ist insoweit verpflichtet, die Vollstreckung in dieses Vermögen zu dulden.

(2) [1]Wegen einer Steuer, die als öffentliche Last auf Grundbesitz ruht, hat der Eigentümer die Zwangsvollstreckung in den Grundbesitz zu dulden. [2]Zugunsten der Finanzbehörde gilt als Eigentümer, wer als solcher im Grundbuch eingetragen ist. [3]Das Recht des nicht eingetragenen Eigentümers, die ihm gegen die öffentliche Last zustehenden Einwendungen geltend zu machen, bleibt unberührt.

Dritter Teil. Allgemeine Verfahrensvorschriften

Erster Abschnitt. Verfahrensgrundsätze

1. Unterabschnitt. Beteiligung am Verfahren

§ 78 Beteiligte. Beteiligte sind
1. Antragsteller und Antragsgegner,
2. diejenigen, an die die Finanzbehörde den Verwaltungsakt richten will oder gerichtet hat,
3. diejenigen, mit denen die Finanzbehörde einen öffentlich-rechtlichen Vertrag schließen will oder geschlossen hat.

§ 79 Handlungsfähigkeit. (1) Fähig zur Vornahme von Verfahrenshandlungen sind:
1. natürliche Personen, die nach bürgerlichem Recht geschäftsfähig sind,
2. natürliche Personen, die nach bürgerlichem Recht in der Geschäftsfähigkeit beschränkt sind, soweit sie für den Gegenstand des Verfahrens durch Vorschriften des bürgerlichen Rechts als geschäftsfähig oder durch Vorschriften des öffentlichen Rechts als handlungsfähig anerkannt sind,
3. juristische Personen, Vereinigungen oder Vermögensmassen durch ihre gesetzlichen Vertreter oder durch besonders Beauftragte,
4. Behörden durch ihre Leiter, deren Vertreter oder Beauftragte.

(2) Betrifft ein Einwilligungsvorbehalt nach § 1903 des Bürgerlichen Gesetzbuchs den Gegenstand des Verfahrens, so ist ein geschäftsfähiger Betreuter nur insoweit zur Vornahme von Verfahrenshandlungen fähig, als er nach den Vorschriften des bürgerlichen Rechts ohne Einwilligung des Betreuers handeln

kann oder durch Vorschriften des öffentlichen Rechts als handlungsfähig anerkannt ist.

(3) Die §§ 53 und 55 der Zivilprozessordnung gelten entsprechend.

§ 80[1] Bevollmächtigte und Beistände. (1) [1] Ein Beteiligter kann sich
durch einen Bevollmächtigten vertreten lassen. [2] Die Vollmacht ermächtigt zu
allen das Verwaltungsverfahren betreffenden Verfahrenshandlungen, sofern sich
aus ihrem Inhalt nicht etwas anderes ergibt; sie ermächtigt nicht zum Empfang
von Steuererstattungen und Steuervergütungen. [3] Ein Widerruf der Vollmacht
wird der Finanzbehörde gegenüber erst wirksam, wenn er ihr zugeht; Gleiches
gilt für eine Veränderung der Vollmacht.

(2) [1] Bei Personen und Vereinigungen im Sinne der §§ 3 und 4 Nummer 11
des Steuerberatungsgesetzes, die für den Steuerpflichtigen handeln, wird eine
ordnungsgemäße Bevollmächtigung vermutet. [2] Für den Abruf von bei den
Landesfinanzbehörden zum Vollmachtgeber gespeicherten Daten wird eine
ordnungsgemäße Bevollmächtigung nur nach Maßgabe des § 80a Absatz 2
und 3 vermutet.

(3) Die Finanzbehörde kann auch ohne Anlass den Nachweis der Vollmacht
verlangen.

(4) [1] Die Vollmacht wird weder durch den Tod des Vollmachtgebers noch
durch eine Veränderung in seiner Handlungsfähigkeit oder durch eine Veränderung seiner gesetzlichen Vertretung aufgehoben. [2] Der Bevollmächtigte hat
jedoch, wenn er für den Rechtsnachfolger im Verwaltungsverfahren auftritt,
dessen Vollmacht auf Verlangen nachzuweisen.

(5) [1] Ist für das Verfahren ein Bevollmächtigter bestellt, so soll sich die
Finanzbehörde an ihn wenden. [2] Sie kann sich an den Beteiligten selbst wenden, soweit er zur Mitwirkung verpflichtet ist. [3] Wendet sich die Finanzbehörde
an den Beteiligten, so soll der Bevollmächtigte verständigt werden. [4] Für die
Bekanntgabe von Verwaltungsakten an einen Bevollmächtigten gilt § 122 Absatz 1 Satz 3 und 4.

(6) [1] Ein Beteiligter kann zu Verhandlungen und Besprechungen mit einem
Beistand erscheinen. [2] Das von dem Beistand Vorgetragene gilt als von dem
Beteiligten vorgebracht, soweit dieser nicht unverzüglich widerspricht.

(7) [1] Soweit ein Bevollmächtigter geschäftsmäßig Hilfe in Steuersachen leistet, ohne dazu befugt zu sein, ist er mit Wirkung für alle anhängigen und
künftigen Verwaltungsverfahren des Vollmachtgebers im Zuständigkeitsbereich
der Finanzbehörde zurückzuweisen. [2] Die Zurückweisung ist dem Vollmachtgeber und dem Bevollmächtigten bekannt zu geben. [3] Die Finanzbehörde ist
befugt, andere Finanzbehörden über die Zurückweisung des Bevollmächtigten
zu unterrichten.

(8) [1] Ein Bevollmächtigter kann von einem schriftlichen, elektronischen oder
mündlichen Vortrag zurückgewiesen werden, soweit er hierzu ungeeignet ist.
[2] Dies gilt nicht für die in § 3 Nummer 1, § 4 Nummer 1 und 2 und § 23
Absatz 3 des Steuerberatungsgesetzes bezeichneten natürlichen Personen sowie
natürliche Personen, die für eine Landwirtschaftliche Buchstelle tätig und nach
§ 44 des Steuerberatungsgesetzes berechtigt sind, die Berufsbezeichnung

---

[1] § 80 neu gef. mWv 1.1.2017 durch G v. 18.7.2016 (BGBl. I S. 1679).

„Landwirtschaftliche Buchstelle" zu führen. [3] Die Zurückweisung ist dem Vollmachtgeber und dem Bevollmächtigten bekannt zu geben.

(9)[1] [1] Soweit ein Beistand geschäftsmäßig Hilfe in Steuersachen leistet, ohne dazu befugt zu sein, ist er mit Wirkung für alle anhängigen und künftigen Verwaltungsverfahren des Steuerpflichtigen im Zuständigkeitsbereich der Finanzbehörde zurückzuweisen; Absatz 7 Satz 2 und 3 gilt entsprechend. [2] Ferner kann er vom schriftlichen, elektronischen oder mündlichen Vortrag zurückgewiesen werden, falls er zu einem sachgemäßen Vortrag nicht fähig oder willens ist; Absatz 8 Satz 2 und 3 gilt entsprechend.

(10) Verfahrenshandlungen, die ein Bevollmächtigter oder ein Beistand vornimmt, nachdem ihm die Zurückweisung bekannt gegeben worden ist, sind unwirksam.

§ 80a[2] Elektronische Übermittlung von Vollmachtsdaten an Landesfinanzbehörden.

(1) [1] Daten aus einer Vollmacht zur Vertretung in steuerlichen Verfahren, die nach amtlich bestimmtem Formular erteilt worden sind, können den Landesfinanzbehörden nach amtlich vorgeschriebenem Datensatz über die amtlich bestimmten Schnittstellen übermittelt werden. [2] Im Datensatz ist auch anzugeben, ob der Vollmachtgeber den Bevollmächtigten zum Empfang von für ihn bestimmten Verwaltungsakten oder zum Abruf von bei den Finanzbehörden zu seiner Person gespeicherten Daten ermächtigt hat. [3] Die übermittelten Daten müssen der erteilten Vollmacht entsprechen. [4] Wird eine Vollmacht, die nach Satz 1 übermittelt worden ist, vom Vollmachtgeber gegenüber dem Bevollmächtigten widerrufen oder verändert, muss der Bevollmächtigte dies unverzüglich den Landesfinanzbehörden nach amtlich vorgeschriebenem Datensatz mitteilen.

(2) [1] Werden die Vollmachtsdaten von einem Bevollmächtigten, der nach § 3 des Steuerberatungsgesetzes zur geschäftsmäßigen Hilfeleistung in Steuersachen befugt ist, nach Maßgabe des Absatzes 1 übermittelt, so wird eine Bevollmächtigung im mitgeteilten Umfang vermutet, wenn die zuständige Kammer sicherstellt, dass Vollmachtsdaten nur von den Bevollmächtigten übermittelt werden, die zur geschäftsmäßigen Hilfeleistung in Steuersachen befugt sind. [2] Die für den Bevollmächtigten zuständige Kammer hat den Landesfinanzbehörden in diesem Fall auch den Wegfall einer Zulassung unverzüglich nach amtlich vorgeschriebenem Datensatz mitzuteilen.

(3) Absatz 2 gilt entsprechend für Vollmachtsdaten, die von einem anerkannten Lohnsteuerhilfeverein im Sinne des § 4 Nummer 11 des Steuerberatungsgesetzes übermittelt werden, sofern die für die Aufsicht zuständige Stelle in einem automatisierten Verfahren die Zulassung zur Hilfe in Steuersachen bestätigt.

§ 81 Bestellung eines Vertreters von Amts wegen.

(1)[3] Ist ein Vertreter nicht vorhanden, so hat das Betreuungsgericht, für einen minderjährigen Beteiligten das Familiengericht auf Ersuchen der Finanzbehörde einen geeigneten Vertreter zu bestellen

---

[1] § 80 Abs. 9 neu gef. mWv 18.12.2019 durch G v. 12.12.2019 (BGBl. I S. 2451); zur Anwendung siehe Art. 97 § 1 Abs. 13 EGAO (Nr. **1.1**).
[2] § 80a eingef. mWv 1.1.2017 durch G v. 18.7.2016 (BGBl. I S. 1679).
[3] § 81 Abs. 1 geänd. mWv 1.9.2009 durch G v. 17.12.2008 (BGBl. I S. 2586).

1. für einen Beteiligten, dessen Person unbekannt ist,

2. für einen abwesenden Beteiligten, dessen Aufenthalt unbekannt ist oder der an der Besorgung seiner Angelegenheiten verhindert ist,

3. [1] für einen Beteiligten ohne Aufenthalt

   a) im Inland,

   b) in einem anderen Mitgliedstaat der Europäischen Union oder

   c) in einem anderen Staat, auf den das Abkommen über den Europäischen Wirtschaftsraum anzuwenden ist,

   wenn er der Aufforderung der Finanzbehörde, einen Vertreter zu bestellen, innerhalb der ihm gesetzten Frist nicht nachgekommen ist,

4. für einen Beteiligten, der infolge einer psychischen Krankheit oder körperlichen, geistigen oder seelischen Behinderung nicht in der Lage ist, in dem Verwaltungsverfahren selbst tätig zu werden,

5. bei herrenlosen Sachen, auf die sich das Verfahren bezieht, zur Wahrung der sich in Bezug auf die Sache ergebenden Rechte und Pflichten.

(2)[2] Für die Bestellung des Vertreters ist in den Fällen des Absatzes 1 Nr. 4 das Betreuungsgericht, für einen minderjährigen Beteiligten das Familiengericht zuständig, in dessen Bezirk der Beteiligte seinen gewöhnlichen Aufenthalt (§ 272 Abs. 1 Nr. 2 des Gesetzes über das Verfahren in Familiensachen und in den Angelegenheiten der freiwilligen Gerichtsbarkeit) hat; im Übrigen ist das Gericht zuständig, in dessen Bezirk die ersuchende Finanzbehörde ihren Sitz hat.

(3) [1]Der Vertreter hat gegen den Rechtsträger der Finanzbehörde, die um seine Bestellung ersucht hat, Anspruch auf eine angemessene Vergütung und auf die Erstattung seiner baren Auslagen. [2]Die Finanzbehörde kann von dem Vertretenen Ersatz ihrer Aufwendungen verlangen. [3]Sie bestimmt die Vergütung und stellt die Auslagen und Aufwendungen fest.

(4) Im Übrigen gelten für die Bestellung und für das Amt des Vertreters in den Fällen des Absatzes 1 Nr. 4 die Vorschriften über die Betreuung, in den übrigen Fällen die Vorschriften über die Pflegschaft entsprechend.

2. Unterabschnitt. Ausschließung und Ablehnung von Amtsträgern und anderen Personen

§ 82 Ausgeschlossene Personen. (1) [1]In einem Verwaltungsverfahren darf für eine Finanzbehörde nicht tätig werden,

1. wer selbst Beteiligter ist,

2. wer Angehöriger (§ 15) eines Beteiligten ist,

3. wer einen Beteiligten kraft Gesetzes oder Vollmacht allgemein oder in diesem Verfahren vertritt,

4. wer Angehöriger (§ 15) einer Person ist, die für einen Beteiligten in diesem Verfahren Hilfe in Steuersachen leistet,

5. wer bei einem Beteiligten gegen Entgelt beschäftigt ist oder bei ihm als Mitglied des Vorstands, des Aufsichtsrats oder eines gleichartigen Organs tätig ist; dies gilt nicht für den, dessen Anstellungskörperschaft Beteiligte ist,

---

[1] § 81 Abs. 1 Nr. 3 neu gef. mWv 23.7.2016 durch G v. 18.7.2016 (BGBl. I S. 1679).
[2] § 81 Abs. 2 geänd. mWv 1.9.2009 durch G v. 17.12.2008 (BGBl. I S. 2586).

6. wer außerhalb seiner amtlichen Eigenschaft in der Angelegenheit ein Gutachten abgegeben hat oder sonst tätig geworden ist.

[2]Dem Beteiligten steht gleich, wer durch die Tätigkeit oder durch die Entscheidung einen unmittelbaren Vorteil oder Nachteil erlangen kann. [3]Dies gilt nicht, wenn der Vor- oder Nachteil nur darauf beruht, dass jemand einer Berufs- oder Bevölkerungsgruppe angehört, deren gemeinsame Interessen durch die Angelegenheit berührt werden.

(2) Wer nach Absatz 1 ausgeschlossen ist, darf bei Gefahr im Verzug unaufschiebbare Maßnahmen treffen.

(3)[1] [1]Hält sich ein Mitglied eines Ausschusses für ausgeschlossen oder bestehen Zweifel, ob die Voraussetzungen des Absatzes 1 gegeben sind, ist dies dem Vorsitzenden des Ausschusses mitzuteilen. [2]Der Ausschuss entscheidet über den Ausschluss. [3]Die betroffene Person darf an dieser Entscheidung nicht mitwirken. [4]Das ausgeschlossene Mitglied darf bei der weiteren Beratung und Beschlussfassung nicht zugegen sein.

§ 83 Besorgnis der Befangenheit.
(1) [1]Liegt ein Grund vor, der geeignet ist, Misstrauen gegen die Unparteilichkeit des Amtsträgers zu rechtfertigen oder wird von einem Beteiligten das Vorliegen eines solchen Grundes behauptet, so hat der Amtsträger den Leiter der Behörde oder den von ihm Beauftragten zu unterrichten und sich auf dessen Anordnung der Mitwirkung zu enthalten. [2]Betrifft die Besorgnis der Befangenheit den Leiter der Behörde, so trifft diese Anordnung die Aufsichtsbehörde, sofern sich der Behördenleiter nicht selbst einer Mitwirkung enthält.

(2) Bei Mitgliedern eines Ausschusses ist sinngemäß nach § 82 Abs. 3 zu verfahren.

§ 84 Ablehnung von Mitgliedern eines Ausschusses.
[1]Jeder Beteiligte kann ein Mitglied eines in einem Verwaltungsverfahren tätigen Ausschusses ablehnen, das in diesem Verwaltungsverfahren nicht tätig werden darf (§ 82) oder bei dem die Besorgnis der Befangenheit besteht (§ 83). [2]Eine Ablehnung vor einer mündlichen Verhandlung ist schriftlich oder zur Niederschrift zu erklären. [3]Die Erklärung ist unzulässig, wenn sich der Beteiligte, ohne den ihm bekannten Ablehnungsgrund geltend zu machen, in eine mündliche Verhandlung eingelassen hat. [4]Für die Entscheidung über die Ablehnung gilt § 82 Abs. 3 Sätze 2 bis 4. [5]Die Entscheidung über das Ablehnungsgesuch kann nur zusammen mit der Entscheidung angefochten werden, die das Verfahren vor dem Ausschuss abschließt.

3. Unterabschnitt. Besteuerungsgrundsätze[2], Beweismittel
I. Allgemeines

§ 85 Besteuerungsgrundsätze.
[1]Die Finanzbehörden haben die Steuern nach Maßgabe der Gesetze gleichmäßig festzusetzen und zu erheben. [2]Insbesondere haben sie sicherzustellen, dass Steuern nicht verkürzt, zu Unrecht

[1] § 82 Abs. 3 Satz 3 geänd. mWv 26.11.2019 durch G v. 20.11.2019 (BGBl. I S. 1626).
[2] Vgl. hierzu Erlass der obersten Finanzbehörden der Länder betr. Arbeitsweise in den Veranlagungsstellen v. 19.11.1996 (BStBl. I S. 1391).

erhoben oder Steuererstattungen und Steuervergütungen nicht zu Unrecht gewährt oder versagt werden.

§ 86 Beginn des Verfahrens. [1] Die Finanzbehörde entscheidet nach pflichtgemäßem Ermessen, ob und wann sie ein Verwaltungsverfahren durchführt. [2] Dies gilt nicht, wenn die Finanzbehörde auf Grund von Rechtsvorschriften

1. von Amts wegen oder auf Antrag tätig werden muss,
2. nur auf Antrag tätig werden darf und ein Antrag nicht vorliegt.

§ 87 Amtssprache. (1) Die Amtssprache ist deutsch.

(2)[1] [1] Werden bei einer Finanzbehörde in einer fremden Sprache Anträge gestellt oder Eingaben, Belege, Urkunden oder sonstige Dokumente vorgelegt, kann die Finanzbehörde verlangen, dass unverzüglich eine Übersetzung vorgelegt wird. [2] In begründeten Fällen kann die Vorlage einer beglaubigten oder von einem öffentlich bestellten oder beeidigten Dolmetscher oder Übersetzer angefertigten Übersetzung verlangt werden. [3] Wird die verlangte Übersetzung nicht unverzüglich vorgelegt, so kann die Finanzbehörde auf Kosten des Beteiligten selbst eine Übersetzung beschaffen. [4] Hat die Finanzbehörde Dolmetscher oder Übersetzer herangezogen, erhalten diese eine Vergütung in entsprechender Anwendung des Justizvergütungs- und -entschädigungsgesetzes.

(3) Soll durch eine Anzeige, einen Antrag oder die Abgabe einer Willenserklärung eine Frist in Lauf gesetzt werden, innerhalb deren die Finanzbehörde in einer bestimmten Weise tätig werden muss, und gehen diese in einer fremden Sprache ein, so beginnt der Lauf der Frist erst mit dem Zeitpunkt, in dem der Finanzbehörde eine Übersetzung vorliegt.

(4) [1] Soll durch eine Anzeige, einen Antrag oder eine Willenserklärung, die in fremder Sprache eingehen, zugunsten eines Beteiligten eine Frist gegenüber der Finanzbehörde gewahrt, ein öffentlich-rechtlicher Anspruch geltend gemacht oder eine Leistung begehrt werden, so gelten die Anzeige, der Antrag oder die Willenserklärung als zum Zeitpunkt des Eingangs bei der Finanzbehörde abgegeben, wenn auf Verlangen der Finanzbehörde innerhalb einer von dieser zu setzenden angemessenen Frist eine Übersetzung vorgelegt wird. [2] Andernfalls ist der Zeitpunkt des Eingangs der Übersetzung maßgebend, soweit sich nicht aus zwischenstaatlichen Vereinbarungen etwas anderes ergibt. [3] Auf diese Rechtsfolge ist bei der Fristsetzung hinzuweisen.

§ 87a Elektronische Kommunikation. (1)[2] [1] Die Übermittlung elektronischer Dokumente ist zulässig, soweit der Empfänger hierfür einen Zugang eröffnet. [2] Ein elektronisches Dokument ist zugegangen, sobald die für den Empfang bestimmte Einrichtung es in für den Empfänger bearbeitbarer Weise aufgezeichnet hat; § 122 Absatz 2a sowie die §§ 122a und 123 Satz 2 und 3 bleiben unberührt. [3] Übermittelt die Finanzbehörde Daten, die dem Steuergeheimnis unterliegen, sind diese Daten mit einem geeigneten Verfahren zu verschlüsseln; soweit alle betroffenen Personen schriftlich eingewilligt haben, kann auf eine Verschlüsselung verzichtet werden. [4] Die kurzzeitige automati-

---

[1] § 87 Abs. 2 Satz 4 geänd. durch G v. 5.5.2004 (BGBl. I S. 718).
[2] § 87a Abs. 1 Satz 4 angef. mWv 1.8.2013 durch G v. 25.7.2013 (BGBl. I S. 2749); Satz 2 geänd., Satz 5 angef. mWv 1.1.2017 durch G v. 18.7.2016 (BGBl. I S. 1679); Satz 3 neu gef. mWv 18.12. 2019 durch G v. 12.12.2019 (BGBl. I S. 2451); zur Anwendung siehe Art. 97 § 1 Abs. 13 EGAO (Nr. **1.1**).

sierte Entschlüsselung, die beim Versenden einer De-Mail-Nachricht durch den akkreditierten Diensteanbieter zum Zweck der Überprüfung auf Schadsoftware und zum Zweck der Weiterleitung an den Adressaten der De-Mail-Nachricht erfolgt, verstößt nicht gegen das Verschlüsselungsgebot des Satzes 3. [5] Eine elektronische Benachrichtigung über die Bereitstellung von Daten zum Abruf oder über den Zugang elektronisch an die Finanzbehörden übermittelter Daten darf auch ohne Verschlüsselung übermittelt werden.

(2) [1] Ist ein der Finanzbehörde übermitteltes elektronisches Dokument für sie zur Bearbeitung nicht geeignet, hat sie dies dem Absender unter Angabe der für sie geltenden technischen Rahmenbedingungen unverzüglich mitzuteilen. [2] Macht ein Empfänger geltend, er könne das von der Finanzbehörde übermittelte elektronische Dokument nicht bearbeiten, hat sie es ihm erneut in einem geeigneten elektronischen Format oder als Schriftstück zu übermitteln.

(3)[1)] [1] Eine durch Gesetz für Anträge, Erklärungen oder Mitteilungen an die Finanzbehörden angeordnete Schriftform kann, soweit nicht durch Gesetz etwas anderes bestimmt ist, durch die elektronische Form ersetzt werden. [2] Der elektronischen Form genügt ein elektronisches Dokument, das mit einer qualifizierten elektronischen Signatur versehen ist. [3] Bei der Signierung darf eine Person ein Pseudonym nur verwenden, wenn sie ihre Identität der Finanzbehörde nachweist. [4] Die Schriftform kann auch ersetzt werden

1. durch unmittelbare Abgabe der Erklärung in einem elektronischen Formular, das von der Behörde in einem Eingabegerät oder über öffentlich zugängliche Netze zur Verfügung gestellt wird;

2. durch Versendung eines elektronischen Dokuments an die Behörde mit der Versandart nach § 5 Absatz 5 des De-Mail-Gesetzes.

[5] In den Fällen des Satzes 4 Nummer 1 muss bei einer Eingabe über öffentlich zugängliche Netze ein elektronischer Identitätsnachweis nach § 18 des Personalausweisgesetzes, nach § 12 des eID-Karte-Gesetzes oder nach § 78 Absatz 5 des Aufenthaltsgesetzes erfolgen.

(4)[2)] [1] Eine durch Gesetz für Verwaltungsakte oder sonstige Maßnahmen der Finanzbehörden angeordnete Schriftform kann, soweit nicht durch Gesetz etwas anderes bestimmt ist, durch die elektronische Form ersetzt werden. [2] Der elektronischen Form genügt ein elektronisches Dokument, das mit einer qualifizierten elektronischen Signatur versehen ist. [3] Die Schriftform kann auch ersetzt werden durch Versendung einer De-Mail-Nachricht nach § 5 Absatz 5 des De-Mail-Gesetzes, bei der die Bestätigung des akkreditierten Diensteanbieters die erlassende Finanzbehörde als Nutzer des De-Mail-Kontos erkennen lässt. [4] Für von der Finanzbehörde aufzunehmende Niederschriften gelten die Sätze 1 und 3 nur, wenn dies durch Gesetz ausdrücklich zugelassen ist.

(5)[3)] [1] Ist ein elektronisches Dokument Gegenstand eines Beweises, wird der Beweis durch Vorlegung oder Übermittlung der Datei angetreten; befindet

---

[1)] § 87a Abs. 3 Satz 2 neu gef., Satz 4 Nr. 1 und Satz 5 angef. mWv 1.8.2013, Satz 4 Nr. 2 neu gef. mWv 1.7.2014 durch G v. 25.7.2013 (BGBl. I S. 2749); Satz 2 geänd., Satz 3 neu gef. mWv 29.7. 2017 durch G v. 18.7.2017 (BGBl. I S. 2745); Satz 5 neu gef. mWv 12.12.2020 durch G v. 3.12.2020 (BGBl. I S. 2744).

[2)] § 87a Abs. 4 Sätze 2 und 3 neu gef., Satz 4 angef. mWv 1.7.2014 durch G v. 25.7.2013 (BGBl. I S. 2749); Satz 2 geänd. mWv 29.7.2017 durch G v. 18.7.2017 (BGBl. I S. 2745).

[3)] § 87a Abs. 5 Satz 1 geänd. mWv 30.6.2013 durch G v. 26.6.2013 (BGBl. I S. 1809); Satz 2 neu gef. mWv 29.7.2017 durch G v. 18.7.2017 (BGBl. I S. 2745).

diese sich nicht im Besitz des Steuerpflichtigen oder der Finanzbehörde, gilt § 97 entsprechend. [2] Für die Beweiskraft elektronischer Dokumente gilt § 371a der Zivilprozessordnung entsprechend.

(6)[1] [1] Soweit nichts anderes bestimmt ist, ist bei der elektronischen Übermittlung von amtlich vorgeschriebenen Datensätzen an Finanzbehörden ein sicheres Verfahren zu verwenden, das den Datenübermittler authentifiziert und die Vertraulichkeit und Integrität des Datensatzes gewährleistet. [2] Nutzt der Datenübermittler zur Authentisierung seinen elektronischen Identitätsnachweis nach § 18 des Personalausweisgesetzes, nach § 12 des eID-Karte-Gesetzes oder nach § 78 Absatz 5 des Aufenthaltsgesetzes, so dürfen die dazu erforderlichen Daten zusammen mit den übrigen übermittelten Daten gespeichert und verwendet werden.

(7)[2] [1] Wird ein elektronisch erlassener Verwaltungsakt durch Übermittlung nach § 122 Absatz 2a bekannt gegeben, ist ein sicheres Verfahren zu verwenden, das die übermittelnde Stelle oder Einrichtung der Finanzverwaltung authentifiziert und die Vertraulichkeit und Integrität des Datensatzes gewährleistet. [2] Ein sicheres Verfahren liegt insbesondere vor, wenn der Verwaltungsakt

1. mit einer qualifizierten elektronischen Signatur versehen und mit einem geeigneten Verfahren verschlüsselt ist oder

2. mit einer De-Mail-Nachricht nach § 5 Absatz 5 des De-Mail-Gesetzes versandt wird, bei der die Bestätigung des akkreditierten Diensteanbieters die erlassende Finanzbehörde als Nutzer des De-Mail-Kontos erkennen lässt.

(8)[3] [1] Wird ein elektronisch erlassener Verwaltungsakt durch Bereitstellung zum Abruf nach § 122a bekannt gegeben, ist ein sicheres Verfahren zu verwenden, das die für die Datenbereitstellung verantwortliche Stelle oder Einrichtung der Finanzverwaltung authentifiziert und die Vertraulichkeit und Integrität des Datensatzes gewährleistet. [2] Die abrufberechtigte Person hat sich zu authentisieren. [3] Absatz 6 Satz 2 gilt entsprechend.

§ 87b[4] Bedingungen für die elektronische Übermittlung von Daten an Finanzbehörden.

(1) [1] Das Bundesministerium der Finanzen kann in Abstimmung mit den obersten Finanzbehörden der Länder die Datensätze und weitere technische Einzelheiten der elektronischen Übermittlung von Steuererklärungen, Unterlagen zur Steuererklärung, Daten über Vollmachten nach § 80a, Daten im Sinne des § 93c und anderer für das Besteuerungsverfahren erforderlicher Daten mittels amtlich vorgeschriebener Datensätze bestimmen. [2] Einer Abstimmung mit den obersten Finanzbehörden der Länder bedarf es nicht, soweit die Daten ausschließlich an Bundesfinanzbehörden übermittelt werden.

(2) [1] Bei der elektronischen Übermittlung von amtlich vorgeschriebenen Datensätzen an Finanzbehörden hat der Datenübermittler die hierfür nach

---

[1] § 87a Abs. 6 neu gef. mWv 1.1.2017 durch G v. 18.7.2016 (BGBl. I S. 1679); zur Anwendung siehe Art. 97 § 27 Abs. 1 EGAO (Nr. **1.1**); Satz 2 geänd. mWv 12.12.2020 durch G v. 3.12.2020 (BGBl. I S. 2744).

[2] § 87a Abs. 7 angef. mWv 1.1.2017 durch G v. 18.7.2016 (BGBl. I S. 1679); zur Anwendung siehe Art. 97 § 28 EGAO (Nr. **1.1**).

[3] § 87a Abs. 8 angef. mWv 1.1.2017 durch G v. 18.7.2016 (BGBl. I S. 1679); zur Anwendung siehe Art. 97 § 28 EGAO (Nr. **1.1**).

[4] § 87b eingef. mWv 1.1.2017 durch G v. 18.7.2016 (BGBl. I S. 1679); zur Anwendung siehe Art. 97 § 27 Abs. 1 EGAO (Nr. **1.1**).

Absatz 1 für den jeweiligen Besteuerungszeitraum oder -zeitpunkt amtlich bestimmten Schnittstellen ordnungsgemäß zu bedienen. [2] Die amtlich bestimmten Schnittstellen werden über das Internet zur Verfügung gestellt.

(3) [1] Für die Verfahren, die über die zentrale Stelle im Sinne des § 81 des Einkommensteuergesetzes[1] durchgeführt werden, kann das Bundesministerium der Finanzen durch Rechtsverordnung mit Zustimmung des Bundesrates die Grundsätze der Datenübermittlung sowie die Zuständigkeit für die Vollstreckung von Bescheiden über Forderungen der zentralen Stelle bestimmen. [2] Dabei können insbesondere geregelt werden:

1. das Verfahren zur Identifikation der am Verfahren Beteiligten,

2. das Nähere über Form, Inhalt, Verarbeitung und Sicherung der zu übermittelnden Daten,

3. die Art und Weise der Übermittlung der Daten,

4. die Mitwirkungspflichten Dritter und

5. die Erprobung der Verfahren.

[3] Zur Regelung der Datenübermittlung kann in der Rechtsverordnung auf Veröffentlichungen sachverständiger Stellen verwiesen werden. [4] Hierbei sind das Datum der Veröffentlichung, die Bezugsquelle und eine Stelle zu bezeichnen, bei der die Veröffentlichung archivmäßig gesichert niedergelegt ist.

§ 87c[2] Nicht amtliche Datenverarbeitungsprogramme für das Besteuerungsverfahren.

(1)[3] Sind nicht amtliche Programme dazu bestimmt, für das Besteuerungsverfahren erforderliche Daten zu verarbeiten, so müssen sie im Rahmen des in der Programmbeschreibung angegebenen Programmumfangs die richtige und vollständige Verarbeitung dieser Daten gewährleisten.

(2)[4] Auf den Programmumfang sowie auf Fallgestaltungen, in denen eine richtige und vollständige Verarbeitung ausnahmsweise nicht möglich ist, ist in der Programmbeschreibung an hervorgehobener Stelle hinzuweisen.

(3) [1] Die Programme sind vom Hersteller vor der Freigabe für den produktiven Einsatz und nach jeder für den produktiven Einsatz freigegebenen Änderung daraufhin zu prüfen, ob sie die Anforderungen nach Absatz 1 erfüllen. [2] Hierbei sind ein Protokoll über den letzten durchgeführten Testlauf und eine Programmauflistung zu erstellen, die fünf Jahre aufzubewahren sind. [3] Die Aufbewahrungsfrist nach Satz 2 beginnt mit Ablauf des Kalenderjahres der erstmaligen Freigabe für den produktiven Einsatz; im Fall einer Änderung eines bereits für den produktiven Einsatz freigegebenen Programms beginnt die Aufbewahrungsfrist nicht vor Ablauf des Kalenderjahres der erstmaligen Freigabe der Änderung für den produktiven Einsatz. [4] Elektronische, magnetische und optische Speicherverfahren, die eine jederzeitige Wiederherstellung der eingesetzten Programmversion in Papierform ermöglichen, sind der Programmauflistung gleichgestellt.

(4) [1] Die Finanzbehörden sind berechtigt, die Programme und Dokumentationen zu überprüfen. [2] Die Mitwirkungspflichten des Steuerpflichtigen nach

---

[1] dtv 5785 ESt/LSt Nr. 1.
[2] § 87c eingef. mWv 1.1.2017 durch G v. 18.7.2016 (BGBl. I S. 1679); zur Anwendung siehe Art. 97 § 27 Abs. 1 Satz 1 EGAO (Nr. 1.1).
[3] § 87c Abs. 1 geänd. mWv 25.5.2018 durch G v. 17.7.2017 (BGBl. I S. 2541).
[4] § 87c Abs. 2 geänd. mWv 25.5.2018 durch G v. 17.7.2017 (BGBl. I S. 2541).

§ 200 gelten entsprechend. [3]Die Finanzbehörden haben die Hersteller oder Vertreiber eines fehlerhaften Programms unverzüglich zur Nachbesserung oder Ablösung aufzufordern. [4]Soweit eine Nachbesserung oder Ablösung nicht unverzüglich erfolgt, sind die Finanzbehörden berechtigt, die Programme des Herstellers von der elektronischen Übermittlung an Finanzbehörden auszuschließen. [5]Die Finanzbehörden sind nicht verpflichtet, die Programme zu prüfen. [6]§ 30 gilt entsprechend.

(5) Sind die Programme zum allgemeinen Vertrieb vorgesehen, hat der Hersteller den Finanzbehörden auf Verlangen Muster zum Zwecke der Prüfung nach Absatz 4 kostenfrei zur Verfügung zu stellen.

(6) Die Pflichten der Programmhersteller gemäß den vorstehenden Bestimmungen sind ausschließlich öffentlich-rechtlicher Art.

§ 87d[1]) Datenübermittlungen an Finanzbehörden im Auftrag.

(1) Mit der Übermittlung von Daten, die nach amtlich vorgeschriebenem Datensatz durch Datenfernübertragung über die amtlich bestimmten Schnittstellen für steuerliche Zwecke an die Finanzverwaltung zu übermitteln sind oder freiwillig übermittelt werden, können Dritte (Auftragnehmer) beauftragt werden.

(2) [1]Der Auftragnehmer muss sich vor Übermittlung der Daten Gewissheit über die Person und die Anschrift seines Auftraggebers verschaffen (Identifizierung) und die entsprechenden Angaben in geeigneter Form festhalten. [2]Von einer Identifizierung kann abgesehen werden, wenn der Auftragnehmer den Auftraggeber bereits bei früherer Gelegenheit identifiziert und die dabei erhobenen Angaben aufgezeichnet hat, es sei denn, der Auftragnehmer muss auf Grund der äußeren Umstände bezweifeln, dass die bei der früheren Identifizierung erhobenen Angaben weiterhin zutreffend sind. [3]Der Auftragnehmer hat sicherzustellen, dass er jederzeit Auskunft darüber geben kann, wer Auftraggeber der Datenübermittlung war. [4]Die Aufzeichnungen nach Satz 1 sind fünf Jahre aufzubewahren; die Aufbewahrungsfrist beginnt nach Ablauf des Jahres der letzten Datenübermittlung. [5]Die Pflicht zur Herstellung der Auskunftsbereitschaft nach Satz 3 endet mit Ablauf der Aufbewahrungsfrist nach Satz 4.

(3) [1]Der Auftragnehmer hat dem Auftraggeber die Daten in leicht nachprüfbarer Form zur Zustimmung zur Verfügung zu stellen. [2]Der Auftraggeber hat die ihm zur Verfügung gestellten Daten unverzüglich auf Vollständigkeit und Richtigkeit zu überprüfen.

§ 87e[2]) Ausnahmeregelung für Einfuhr- und Ausfuhrabgaben, Verbrauchsteuern und die Luftverkehrsteuer. Die §§ 72a und 87b bis 87d gelten nicht für Einfuhr- und Ausfuhrabgaben, Verbrauchsteuern und die Luftverkehrsteuer, soweit nichts anderes bestimmt ist.

§ 88[3]) Untersuchungsgrundsatz. (1) [1]Die Finanzbehörde ermittelt den Sachverhalt von Amts wegen. [2]Dabei hat sie alle für den Einzelfall bedeutsamen, auch die für die Beteiligten günstigen Umstände zu berücksichtigen.

---

[1]) § 87d eingef. mWv 1.1.2017 durch G v. 18.7.2016 (BGBl. I S. 1679); zur Anwendung siehe Art. 97 § 27 Abs. 1 EGAO (Nr. **1.1**).
[2]) § 87e eingef. mWv 1.1.2017 durch G v. 18.7.2016 (BGBl. I S. 1679); zur Anwendung siehe Art. 97 § 27 Abs. 1 EGAO (Nr. **1.1**).
[3]) § 88 neu gef. mWv 1.1.2017 durch G v. 18.7.2016 (BGBl. I S. 1679).

(2) [1] Die Finanzbehörde bestimmt Art und Umfang der Ermittlungen nach den Umständen des Einzelfalls sowie nach den Grundsätzen der Gleichmäßigkeit, Gesetzmäßigkeit und Verhältnismäßigkeit; an das Vorbringen und an die Beweisanträge der Beteiligten ist sie nicht gebunden. [2] Bei der Entscheidung über Art und Umfang der Ermittlungen können allgemeine Erfahrungen der Finanzbehörden sowie Wirtschaftlichkeit und Zweckmäßigkeit berücksichtigt werden.

(3)[1] [1] Zur Gewährleistung eines zeitnahen und gleichmäßigen Vollzugs der Steuergesetze können die obersten Finanzbehörden für bestimmte oder bestimmbare Fallgruppen Weisungen über Art und Umfang der Ermittlungen und der Verarbeitung von erhobenen oder erfassten Daten erteilen, soweit gesetzlich nicht etwas anderes bestimmt ist. [2] Bei diesen Weisungen können allgemeine Erfahrungen der Finanzbehörden sowie Wirtschaftlichkeit und Zweckmäßigkeit berücksichtigt werden. [3] Die Weisungen dürfen nicht veröffentlicht werden, soweit dies die Gleichmäßigkeit und Gesetzmäßigkeit der Besteuerung gefährden könnte. [4] Weisungen der obersten Finanzbehörden der Länder nach Satz 1 bedürfen des Einvernehmens mit dem Bundesministerium der Finanzen, soweit die Landesfinanzbehörden Steuern im Auftrag des Bundes verwalten.

(4) [1] Das Bundeszentralamt für Steuern und die zentrale Stelle im Sinne des § 81 des Einkommensteuergesetzes[2] können auf eine Weiterleitung ihnen zugegangener und zur Weiterleitung an die Landesfinanzbehörden bestimmter Daten an die Landesfinanzbehörden verzichten, soweit sie die Daten nicht oder nur mit unverhältnismäßigem Aufwand einem bestimmten Steuerpflichtigen oder einem bestimmten Finanzamt zuordnen können. [2] Nach Satz 1 einem bestimmten Steuerpflichtigen oder einem bestimmten Finanzamt zugeordnete Daten sind unter Beachtung von Weisungen gemäß Absatz 3 des Bundesministeriums der Finanzen weiterzuleiten. [3] Nicht an die Landesfinanzbehörden weitergeleitete Daten sind vom Bundeszentralamt für Steuern für Zwecke von Verfahren im Sinne des § 30 Absatz 2 Nummer 1 Buchstabe a und b bis zum Ablauf des 15. Jahres nach dem Jahr des Datenzugangs zu speichern. [4] Nach Satz 3 gespeicherte Daten dürfen nur für Verfahren im Sinne des § 30 Absatz 2 Nummer 1 Buchstabe a und b sowie zur Datenschutzkontrolle verarbeitet werden.

(5) [1] Die Finanzbehörden können zur Beurteilung der Notwendigkeit weiterer Ermittlungen und Prüfungen für eine gleichmäßige und gesetzmäßige Festsetzung von Steuern und Steuervergütungen sowie Anrechnung von Steuerabzugsbeträgen und Vorauszahlungen automationsgestützte Systeme einsetzen (Risikomanagementsysteme). [2] Dabei soll auch der Grundsatz der Wirtschaftlichkeit der Verwaltung berücksichtigt werden. [3] Das Risikomanagementsystem muss mindestens folgende Anforderungen erfüllen:

1. die Gewährleistung, dass durch Zufallsauswahl eine hinreichende Anzahl von Fällen zur umfassenden Prüfung durch Amtsträger ausgewählt wird,

2. die Prüfung der als prüfungsbedürftig ausgesteuerten Sachverhalte durch Amtsträger,

---

[1] § 88 Abs. 3 Satz 1 geänd. mWv 25.5.2018 durch G v. 17.7.2017 (BGBl. I S. 2541).
[2] dtv 5785 ESt/LSt Nr. 1.

3. die Gewährleistung, dass Amtsträger Fälle für eine umfassende Prüfung auswählen können,

4. die regelmäßige Überprüfung der Risikomanagementsysteme auf ihre Zielerfüllung.

[4] Einzelheiten der Risikomanagementsysteme dürfen nicht veröffentlicht werden, soweit dies die Gleichmäßigkeit und Gesetzmäßigkeit der Besteuerung gefährden könnte. [5] Auf dem Gebiet der von den Landesfinanzbehörden im Auftrag des Bundes verwalteten Steuern legen die obersten Finanzbehörden der Länder die Einzelheiten der Risikomanagementsysteme zur Gewährleistung eines bundeseinheitlichen Vollzugs der Steuergesetze im Einvernehmen mit dem Bundesministerium der Finanzen fest.

§ 88a[1]) **Sammlung von geschützten Daten.** [1] Soweit es zur Sicherstellung einer gleichmäßigen Festsetzung und Erhebung der Steuern erforderlich ist, dürfen die Finanzbehörden nach § 30 geschützte Daten auch für Zwecke künftiger Verfahren im Sinne des § 30 Abs. 2 Nr. 1 Buchstabe a und b, insbesondere zur Gewinnung von Vergleichswerten, in Dateisystemen verarbeiten. [2] Eine Verarbeitung ist nur für Verfahren im Sinne des § 30 Abs. 2 Nr. 1 Buchstabe a und b zulässig.

§ 88b[2]) **Länderübergreifender Abruf und Verwendung von Daten zur Verhütung, Ermittlung und Verfolgung von Steuerverkürzungen.**

(1) Für Zwecke eines Verwaltungsverfahrens in Steuersachen, eines Strafverfahrens wegen einer Steuerstraftat oder eines Bußgeldverfahrens wegen einer Steuerordnungswidrigkeit von Finanzbehörden gespeicherte Daten dürfen zum gegenseitigen Datenabruf bereitgestellt und dann von den zuständigen Finanzbehörden zur Verhütung, Ermittlung oder Verfolgung von

1. länderübergreifenden Steuerverkürzungen,

2. Steuerverkürzungen von internationaler Bedeutung oder

3. Steuerverkürzungen von erheblicher Bedeutung

untereinander abgerufen, im Wege des automatisierten Datenabgleichs überprüft, verwendet und gespeichert werden, auch soweit sie durch § 30 geschützt sind.

(2) Auswertungsergebnisse nach Absatz 1 sind den jeweils betroffenen zuständigen Finanzbehörden elektronisch zur Verfügung zu stellen.

(3) [1] Durch Rechtsverordnung der jeweils zuständigen Landesregierung wird bestimmt, welche Finanzbehörden auf Landesebene für die in den Absätzen 1 und 2 genannten Tätigkeiten zuständig sind. [2] Die Landesregierung kann diese Verpflichtung durch Rechtsverordnung auf die für die Finanzverwaltung zuständige oberste Landesbehörde übertragen.

§ 89 Beratung, Auskunft. (1) [1] Die Finanzbehörde soll die Abgabe von Erklärungen, die Stellung von Anträgen oder die Berichtigung von Erklärungen oder Anträgen anregen, wenn diese offensichtlich nur versehentlich oder aus Unkenntnis unterblieben oder unrichtig abgegeben oder gestellt worden sind. [2] Sie erteilt, soweit erforderlich, Auskunft über die den Beteiligten im

---

[1]) § 88a Sätze 1 und 2 geänd. mWv 25.5.2018 durch G v. 17.7.2017 (BGBl. I S. 2541).
[2]) § 88b eingef. mWv 23.7.2016 durch G v. 18.7.2016 (BGBl. I S. 1679).

Verwaltungsverfahren zustehenden Rechte und die ihnen obliegenden Pflichten.

(2)[1] [1] Die Finanzämter und das Bundeszentralamt für Steuern können auf Antrag verbindliche Auskünfte über die steuerliche Beurteilung von genau bestimmten, noch nicht verwirklichten Sachverhalten erteilen, wenn daran im Hinblick auf die erheblichen steuerlichen Auswirkungen ein besonderes Interesse besteht. [2] Zuständig für die Erteilung einer verbindlichen Auskunft ist die Finanzbehörde, die bei Verwirklichung des dem Antrag zugrunde liegenden Sachverhalts örtlich zuständig sein würde. [3] Bei Antragstellern, für die im Zeitpunkt der Antragstellung nach den §§ 18 bis 21 keine Finanzbehörde zuständig ist, ist auf dem Gebiet der Steuern, die von den Landesfinanzbehörden im Auftrag des Bundes verwaltet werden, abweichend von Satz 2 das Bundeszentralamt für Steuern zuständig; in diesem Fall bindet die verbindliche Auskunft auch die Finanzbehörde, die bei der Verwirklichung des der Auskunft zugrunde liegenden Sachverhalts zuständig ist. [4] Über den Antrag auf Erteilung einer verbindlichen Auskunft soll innerhalb von sechs Monaten ab Eingang des Antrags bei der zuständigen Finanzbehörde entschieden werden; kann die Finanzbehörde nicht innerhalb dieser Frist über den Antrag entscheiden, ist dies dem Antragsteller unter Angabe der Gründe mitzuteilen. [5] Das Bundesministerium der Finanzen wird ermächtigt, mit Zustimmung des Bundesrates durch Rechtsverordnung[2] nähere Bestimmungen zu Form, Inhalt und Voraussetzungen des Antrages auf Erteilung einer verbindlichen Auskunft und zur Reichweite der Bindungswirkung zu treffen. [6] In der Rechtsverordnung kann auch bestimmt werden, unter welchen Voraussetzungen eine verbindliche Auskunft gegenüber mehreren Beteiligten einheitlich zu erteilen ist und welche Finanzbehörde in diesem Fall für die Erteilung der verbindlichen Auskunft zuständig ist. [7] Die Rechtsverordnung bedarf nicht der Zustimmung des Bundesrates, soweit sie die Versicherungsteuer betrifft.

(3)[3] [1] Für die Bearbeitung eines Antrags auf Erteilung einer verbindlichen Auskunft nach Absatz 2 wird eine Gebühr erhoben. [2] Wird eine verbindliche Auskunft gegenüber mehreren Antragstellern einheitlich erteilt, ist nur eine Gebühr zu erheben; in diesem Fall sind alle Antragsteller Gesamtschuldner der Gebühr. [3] Die Gebühr ist vom Antragsteller innerhalb eines Monats nach Bekanntgabe ihrer Festsetzung zu entrichten. [4] Die Finanzbehörde kann die Entscheidung über den Antrag bis zur Entrichtung der Gebühr zurückstellen.

(4)[4] [1] Die Gebühr wird nach dem Wert berechnet, den die verbindliche Auskunft für den Antragsteller hat (Gegenstandswert). [2] Der Antragsteller soll den Gegenstandswert und die für seine Bestimmung erheblichen Umstände in

---

[1] § 89 Abs. 2 angef. durch G v. 5.9.2006 (BGBl. I S. 2098); Satz 3 geänd. durch G v. 13.12.2006 (BGBl. I S. 2878); Satz 5 angef. mWv 30.6.2013 durch G v. 26.6.2013 (BGBl. I S. 1809); Satz 5 eingef., bish. Satz 5 wird Satz 6 mWv 23.7.2016, Satz 4 eingef., bish. Satz 4 und neue Sätze 5 und 6 werden Sätze 5 bis 7 mWv 1.1.2017 durch G v. 18.7.2016 (BGBl. I S. 1679); zur Anwendung siehe Art. 97 § 25 Abs. 2 Satz 1 EGAO (Nr. **1.1**).

[2] Siehe Steuer-Auskunftsverordnung v. 30.11.2007 (BGBl. I S. 2783), zuletzt geänd. durch VO v. 12.7.2017 (BGBl. I S. 2360).

[3] § 89 Abs. 3 angef. durch G v. 13.12.2006 (BGBl. I S. 2878); neu gef. durch G v. 1.11.2011 (BGBl. I S. 2131); zur Anwendung siehe Art. 97 § 25 Abs. 1 EGAO (Nr. **1.1**); Satz 2 eingef., bish. Sätze 2 und 3 werden Sätze 3 und 4 durch G v. 18.7.2016 (BGBl. I S. 1679); zur Anwendung siehe Art. 97 § 25 Abs. 2 Satz 2 EGAO (Nr. **1.1**).

[4] § 89 Abs. 4 angef. durch G v. 13.12.2006 (BGBl. I S. 2878); neu gef. durch G v. 1.11.2011 (BGBl. I S. 2131); zur Anwendung siehe Art. 97 § 25 Abs. 1 EGAO (Nr. **1.1**).

seinem Antrag auf Erteilung einer verbindlichen Auskunft darlegen. [3] Die Finanzbehörde soll der Gebührenfestsetzung den vom Antragsteller erklärten Gegenstandswert zugrunde legen, soweit dies nicht zu einem offensichtlich unzutreffenden Ergebnis führt.

(5)[1] [1] Die Gebühr wird in entsprechender Anwendung des § 34 des Gerichtskostengesetzes[2] mit einem Gebührensatz von 1,0 erhoben. [2] § 39 Absatz 2 des Gerichtskostengesetzes ist entsprechend anzuwenden. [3] Beträgt der Gegenstandswert weniger als 10 000 Euro, wird keine Gebühr erhoben.

(6)[3] [1] Ist ein Gegenstandswert nicht bestimmbar und kann er auch nicht durch Schätzung bestimmt werden, ist eine Zeitgebühr zu berechnen; sie beträgt 50 Euro je angefangene halbe Stunde Bearbeitungszeit. [2] Beträgt die Bearbeitungszeit weniger als zwei Stunden, wird keine Gebühr erhoben.

(7)[4] [1] Auf die Gebühr kann ganz oder teilweise verzichtet werden, wenn ihre Erhebung nach Lage des einzelnen Falls unbillig wäre. [2] Die Gebühr kann insbesondere ermäßigt werden, wenn ein Antrag auf Erteilung einer verbindlichen Auskunft vor Bekanntgabe der Entscheidung der Finanzbehörde zurückgenommen wird.

§ 90 Mitwirkungspflichten der Beteiligten. (1) [1] Die Beteiligten sind zur Mitwirkung bei der Ermittlung des Sachverhalts verpflichtet. [2] Sie kommen der Mitwirkungspflicht insbesondere dadurch nach, dass sie die für die Besteuerung erheblichen Tatsachen vollständig und wahrheitsgemäß offen legen und die ihnen bekannten Beweismittel angeben. [3] Der Umfang dieser Pflichten richtet sich nach den Umständen des Einzelfalls.

(2)[5] [1] Ist ein Sachverhalt zu ermitteln und steuerrechtlich zu beurteilen, der sich auf Vorgänge außerhalb des Geltungsbereichs dieses Gesetzes bezieht, so haben die Beteiligten diesen Sachverhalt aufzuklären und die erforderlichen Beweismittel zu beschaffen. [2] Sie haben dabei alle für sie bestehenden rechtlichen und tatsächlichen Möglichkeiten auszuschöpfen. [3] Bestehen objektiv erkennbare Anhaltspunkte für die Annahme, dass der Steuerpflichtige über Geschäftsbeziehungen zu Finanzinstituten in einem Staat oder Gebiet verfügt, mit dem kein Abkommen besteht, das die Erteilung von Auskünften entsprechend Artikel 26 des Musterabkommens der OECD zur Vermeidung der Doppelbesteuerung auf dem Gebiet der Steuern vom Einkommen und vom Vermögen in der Fassung von 2005 vorsieht, oder der Staat oder das Gebiet keine Auskünfte in einem vergleichbaren Umfang erteilt oder keine Bereitschaft zu einer entsprechenden Auskunftserteilung besteht, hat der Steuerpflichtige nach Aufforderung der Finanzbehörde die Richtigkeit und Vollständigkeit seiner Angaben an Eides statt zu versichern und die Finanzbehörde zu bevollmächtigen, in seinem Namen mögliche Auskunftsansprüche gegenüber den von der Finanzbehörde benannten Kreditinstituten außergerichtlich und

---

[1] § 89 Abs. 5 angef. durch G v. 13.12.2006 (BGBl. I S. 2878); neu gef. durch G v. 1.11.2011 (BGBl. I S. 2131); zur Anwendung siehe Art. 97 § 25 Abs. 1 EGAO (Nr. **1.1**).

[2] Anhang zu Nr. **2**.

[3] § 89 Abs. 6 angef. durch G v. 1.11.2011 (BGBl. I S. 2131); zur Anwendung siehe Art. 97 § 25 Abs. 1 EGAO (Nr. **1.1**).

[4] § 89 Abs. 7 angef. durch G v. 1.11.2011 (BGBl. I S. 2131); zur Anwendung siehe Art. 97 § 25 Abs. 1 EGAO (Nr. **1.1**).

[5] § 90 Abs. 2 Satz 3 eingef., bish. Satz 3 wird Satz 4 durch G v. 29.7.2009 (BGBl. I S. 2302); zur erstmaligen Anwendung siehe Art. 97 § 22 Abs. 2 EGAO (Nr. **1.1**).

gerichtlich geltend zu machen; die Versicherung an Eides statt kann nicht nach § 328 erzwungen werden. [4] Ein Beteiligter kann sich nicht darauf berufen, dass er Sachverhalte nicht aufklären oder Beweismittel nicht beschaffen kann, wenn er sich nach Lage des Falls bei der Gestaltung seiner Verhältnisse die Möglichkeit dazu hätte beschaffen oder einräumen lassen können.

(3)[1] [1] Ein Steuerpflichtiger hat über die Art und den Inhalt seiner Geschäftsbeziehungen im Sinne des § 1 Absatz 4 des Außensteuergesetzes[2] Aufzeichnungen zu erstellen. [2] Die Aufzeichnungspflicht umfasst neben der Darstellung der Geschäftsvorfälle (Sachverhaltsdokumentation) auch die wirtschaftlichen und rechtlichen Grundlagen für eine den Fremdvergleichsgrundsatz beachtende Vereinbarung von Bedingungen, insbesondere Preisen (Verrechnungspreisen), sowie insbesondere Informationen zum Zeitpunkt der Verrechnungspreisbestimmung, zur verwendeten Verrechnungspreismethode und zu den verwendeten Fremdvergleichsdaten (Angemessenheitsdokumentation). [3] Hat ein Steuerpflichtiger Aufzeichnungen im Sinne des Satzes 1 für ein Unternehmen zu erstellen, das Teil einer multinationalen Unternehmensgruppe ist, so gehört zu den Aufzeichnungen auch ein Überblick über die Art der weltweiten Geschäftstätigkeit der Unternehmensgruppe und über die von ihr angewandte Systematik der Verrechnungspreisbestimmung, es sei denn, der Umsatz des Unternehmens hat im vorangegangenen Wirtschaftsjahr weniger als 100 Millionen Euro betragen. [4] Eine multinationale Unternehmensgruppe besteht aus mindestens zwei in verschiedenen Staaten ansässigen, im Sinne des § 1 Absatz 2 des Außensteuergesetzes einander nahestehenden Unternehmen oder aus mindestens einem Unternehmen mit mindestens einer Betriebsstätte in einem anderen Staat. [5] Die Finanzbehörde soll die Vorlage von Aufzeichnungen im Regelfall nur für die Durchführung einer Außenprüfung verlangen. [6] Die Vorlage richtet sich nach § 97. [7] Sie hat jeweils auf Anforderung innerhalb einer Frist von 60 Tagen zu erfolgen. [8] Aufzeichnungen über außergewöhnliche Geschäftsvorfälle sind zeitnah zu erstellen und innerhalb einer Frist von 30 Tagen nach Anforderung durch die Finanzbehörde vorzulegen. [9] In begründeten Einzelfällen kann die Vorlagefrist nach den Sätzen 7 und 8 verlängert werden. [10] Die Aufzeichnungen sind auf Anforderung der Finanzbehörde zu ergänzen. [11] Um eine einheitliche Rechtsanwendung sicherzustellen, wird das Bundesministerium der Finanzen ermächtigt, mit Zustimmung des Bundesrates durch Rechtsverordnung Art, Inhalt und Umfang der zu erstellenden Aufzeichnungen zu bestimmen.

§ 91 Anhörung Beteiligter. (1) [1] Bevor ein Verwaltungsakt erlassen wird, der in Rechte eines Beteiligten eingreift, soll diesem Gelegenheit gegeben werden, sich zu den für die Entscheidung erheblichen Tatsachen zu äußern. [2] Dies gilt insbesondere, wenn von dem in der Steuererklärung erklärten Sachverhalt zuungunsten des Steuerpflichtigen wesentlich abgewichen werden soll.

(2) Von der Anhörung kann abgesehen werden, wenn sie nach den Umständen des Einzelfalls nicht geboten ist, insbesondere wenn

1. eine sofortige Entscheidung wegen Gefahr im Verzug oder im öffentlichen Interesse notwendig erscheint,

---

[1] § 90 Abs. 3 neu gef. durch G v. 20.12.2016 (BGBl. I S. 3000); zur Anwendung siehe Art. 97 § 22 Abs. 1 Satz 4 EGAO (Nr. **1.1**).
[2] dtv 5765 Steuergesetze Nr. **2**.

2. durch die Anhörung die Einhaltung einer für die Entscheidung maßgeblichen Frist in Frage gestellt würde,

3. von den tatsächlichen Angaben eines Beteiligten, die dieser in einem Antrag oder einer Erklärung gemacht hat, nicht zu seinen Ungunsten abgewichen werden soll,

4. die Finanzbehörde eine Allgemeinverfügung oder gleichartige Verwaltungsakte in größerer Zahl oder Verwaltungsakte mit Hilfe automatischer Einrichtungen erlassen will,

5. Maßnahmen in der Vollstreckung getroffen werden sollen.

(3) Eine Anhörung unterbleibt, wenn ihr ein zwingendes öffentliches Interesse entgegensteht.

§ 92 Beweismittel. [1]Die Finanzbehörde bedient sich der Beweismittel, die sie nach pflichtgemäßem Ermessen zur Ermittlung des Sachverhalts für erforderlich hält. [2]Sie kann insbesondere

1. Auskünfte jeder Art von den Beteiligten und anderen Personen einholen,

2. Sachverständige zuziehen,

3. Urkunden und Akten beiziehen,

4. den Augenschein einnehmen.

II. Beweis durch Auskünfte und Sachverständigengutachten

§ 93 Auskunftspflicht der Beteiligten und anderer Personen. (1) [1]Die Beteiligten und andere Personen haben der Finanzbehörde die zur Feststellung eines für die Besteuerung erheblichen Sachverhalts erforderlichen Auskünfte zu erteilen. [2]Dies gilt auch für nicht rechtsfähige Vereinigungen, Vermögensmassen, Behörden und Betriebe gewerblicher Art der Körperschaften des öffentlichen Rechts. [3]Andere Personen als die Beteiligten sollen erst dann zur Auskunft angehalten werden, wenn die Sachverhaltsaufklärung durch die Beteiligten nicht zum Ziel führt oder keinen Erfolg verspricht.

(1a)[1] [1]Die Finanzbehörde darf an andere Personen als die Beteiligten Auskunftsersuchen über eine ihr noch unbekannte Anzahl von Sachverhalten mit dem Grunde nach bestimmbaren, ihr noch nicht bekannten Personen stellen (Sammelauskunftsersuchen). [2]Voraussetzung für ein Sammelauskunftsersuchen ist, dass ein hinreichender Anlass für die Ermittlungen besteht und andere zumutbare Maßnahmen zur Sachverhaltsaufklärung keinen Erfolg versprechen. [3]Absatz 1 Satz 3 ist nicht anzuwenden.

(2) [1]In dem Auskunftsersuchen ist anzugeben, worüber Auskünfte erteilt werden sollen und ob die Auskunft für die Besteuerung des Auskunftspflichtigen oder für die Besteuerung anderer Personen angefordert wird. [2]Auskunftsersuchen haben auf Verlangen des Auskunftspflichtigen schriftlich zu ergehen.

(3) [1]Die Auskünfte sind wahrheitsgemäß nach bestem Wissen und Gewissen zu erteilen. [2]Auskunftspflichtige, die nicht aus dem Gedächtnis Auskunft geben können, haben Bücher, Aufzeichnungen, Geschäftspapiere und andere Urkun-

---

[1] § 93 Abs. 1a eingef. mWv 25.6.2017 durch G v. 23.6.2017 (BGBl. I S. 1682); zur Anwendung siehe Art. 97 § 1 Abs. 12 Satz 1 EGAO (Nr. **1.1**).

den, die ihnen zur Verfügung stehen, einzusehen und, soweit nötig, Aufzeichnungen daraus zu entnehmen.

(4) [1] Der Auskunftspflichtige kann die Auskunft schriftlich, elektronisch, mündlich oder fernmündlich erteilen. [2] Die Finanzbehörde kann verlangen, dass der Auskunftspflichtige schriftlich Auskunft erteilt, wenn dies sachdienlich ist.

(5) [1] Die Finanzbehörde kann anordnen, dass der Auskunftspflichtige eine mündliche Auskunft an Amtsstelle erteilt. [2] Hierzu ist sie insbesondere dann befugt, wenn trotz Aufforderung eine schriftliche Auskunft nicht erteilt worden ist oder eine schriftliche Auskunft nicht zu einer Klärung des Sachverhalts geführt hat. [3] Absatz 2 Satz 1 gilt entsprechend.

(6) [1] Auf Antrag des Auskunftspflichtigen ist über die mündliche Auskunft an Amtsstelle eine Niederschrift aufzunehmen. [2] Die Niederschrift soll den Namen der anwesenden Personen, den Ort, den Tag und den wesentlichen Inhalt der Auskunft enthalten. [3] Sie soll von dem Amtsträger, dem die mündliche Auskunft erteilt wird, und dem Auskunftspflichtigen unterschrieben werden. [4] Den Beteiligten ist eine Abschrift der Niederschrift zu überlassen.

(7)[1]) [1] Ein automatisierter Abruf von Kontoinformationen nach § 93b ist nur zulässig, soweit

1. der Steuerpflichtige eine Steuerfestsetzung nach § 32d Abs. 6 des Einkommensteuergesetzes[2]) beantragt oder

2.[3]) *(aufgehoben)*

und der Abruf in diesen Fällen zur Festsetzung der Einkommensteuer erforderlich ist oder er erforderlich ist

3. zur Feststellung von Einkünften nach den §§ 20 und 23 Abs. 1 des Einkommensteuergesetzes in Veranlagungszeiträumen bis einschließlich des Jahres 2008 oder

4.[4]) zur Erhebung von bundesgesetzlich geregelten Steuern oder Rückforderungsansprüchen bundesgesetzlich geregelter Steuererstattungen und Steuervergütungen oder

4a.[5]) zur Ermittlung, in welchen Fällen ein inländischer Steuerpflichtiger im Sinne des § 138 Absatz 2 Satz 1 Verfügungsberechtigter oder wirtschaftlich Berechtigter im Sinne des Geldwäschegesetzes eines Kontos oder Depots einer natürlichen Person, Personengesellschaft, Körperschaft, Personenvereinigung oder Vermögensmasse mit Wohnsitz, gewöhnlichem Aufenthalt, Sitz, Hauptniederlassung oder Geschäftsleitung außerhalb des Geltungsbereichs dieses Gesetzes ist, oder

---

[1]) § 93 Abs. 7 neu gef. mWv 1.1.2009 durch G v. 14.8.2007 (BGBl. I S. 1912); Satz 2 geänd. durch G v. 23.6.2017 (BGBl. I S. 1682); zur Anwendung von Satz 2 1. HS ab 1.1.2020 siehe Art. 97 § 26 Abs. 3 EGAO (Nr. **1.1**), zur Anwendung von Satz 2 2. HS ab 1.1.2018 siehe Art. 97 § 26 Abs. 2 EGAO; Satz 2 geänd. mWv 25.5.2018 durch G v. 17.7.2017 (BGBl. I S. 2541).
[2]) dtv **5785** ESt/LSt Nr. **1**.
[3]) § 93 Abs. 7 Satz 1 Nr. 2 aufgeh. durch G v. 1.11.2011 (BGBl. I S. 2131); zur Anwendung siehe Art. 97 § 26 EGAO (Nr. **1.1**).
[4]) § 93 Abs. 7 Satz 1 Nr. 4 neu gef. durch G v. 23.6.2017 (BGBl. I S. 1682); zur Anwendung siehe Art. 97 § 26 Abs. 2 EGAO (Nr. **1.1**).
[5]) § 93 Abs. 7 Satz 1 Nr. 4a eingef. durch G v. 23.6.2017 (BGBl. I S. 1682); zur Anwendung siehe Art. 97 § 26 Abs. 2 EGAO (Nr. **1.1**); geänd. mWv 26.6.2017 durch G v. 23.6.2017 (BGBl. I S. 1822).

4b.[1] zur Ermittlung der Besteuerungsgrundlagen in den Fällen des § 208 Absatz 1 Satz 1 Nummer 3

oder

5. der Steuerpflichtige zustimmt.

[2] In diesen Fällen darf die Finanzbehörde oder in den Fällen des § 1 Abs. 2 die Gemeinde das Bundeszentralamt für Steuern ersuchen, bei den Kreditinstituten einzelne Daten aus den nach § 93b Absatz 1 und 1a zu führenden Dateisystemen abzurufen; in den Fällen des Satzes 1 Nummer 1 bis 4b darf ein Abrufersuchen nur dann erfolgen, wenn ein Auskunftsersuchen an den Steuerpflichtigen nicht zum Ziel geführt hat oder keinen Erfolg verspricht.

(8)[2] [1] Das Bundeszentralamt für Steuern erteilt auf Ersuchen Auskunft über die in § 93b Absatz 1 und 1a bezeichneten Daten, ausgenommen die Identifikationsnummer nach § 139b,

1. den für die Verwaltung

a) der Grundsicherung für Arbeitsuchende nach dem Zweiten Buch Sozialgesetzbuch,

b) der Sozialhilfe nach dem Zwölften Buch Sozialgesetzbuch,

c) der Ausbildungsförderung nach dem Bundesausbildungsförderungsgesetz,

d) der Aufstiegsfortbildungsförderung nach dem Aufstiegsfortbildungsförderungsgesetz,

e) des Wohngeldes nach dem Wohngeldgesetz,

f)[3] der Leistungen nach dem Asylbewerberleistungsgesetz und

g)[4] des Zuschlags an Entgeltpunkten für langjährige Versicherung nach dem Sechsten Buch Sozialgesetzbuch

zuständigen Behörden, soweit dies zur Überprüfung des Vorliegens der Anspruchsvoraussetzungen erforderlich ist und ein vorheriges Auskunftsersuchen an die betroffene Person nicht zum Ziel geführt hat oder keinen Erfolg verspricht;

2. den Polizeivollzugsbehörden des Bundes und der Länder, soweit dies zur Abwehr einer erheblichen Gefahr für die öffentliche Sicherheit erforderlich ist, und

3. den Verfassungsschutzbehörden der Länder, soweit dies für ihre Aufgabenerfüllung erforderlich ist und durch Landesgesetz ausdrücklich zugelassen ist.

[2] Die für die Vollstreckung nach dem Verwaltungs-Vollstreckungsgesetz und nach den Verwaltungsvollstreckungsgesetzen der Länder zuständigen Behörden dürfen zur Durchführung der Vollstreckung das Bundeszentralamt für Steuern

---

[1] § 93 Abs. 7 Satz 1 Nr. 4b eingef. durch G v. 23.6.2017 (BGBl. I S. 1682); zur Anwendung siehe Art. 97 § 26 Abs. 2 EGAO (Nr. **1.1**).

[2] § 93 Abs. 8 neu gef. mWv 18.8.2007 durch G v. 14.8.2007 (BGBl. I S. 1912); Satz 1 abschl. Satzteil und Satz 2 geänd. durch G v. 23.6.2017 (BGBl. I S. 1682); Satz 1 neu gef. mWv 26.6.2017 durch G v. 23.6.2017 (BGBl. I S. 1822); Satz 2 eingef., bish. Satz 2 wird Satz 3 mWv 6.7.2017 durch G v. 30.6.2017 (BGBl. I S. 2094); Satz 1 Nr. 1 abschl. Satzteil und Satz 3 geänd. mWv 26.11.2019, Sätze 1 und 2 jeweils einl. Satzteil und Satz 3 geänd. mWv 1.1.2020 durch G v. 20.11.2019 (BGBl. I S. 1626).

[3] § 93 Abs. 8 Satz 1 Nr. 1 Buchst. f angef. mWv 18.7.2019 durch G v. 11.7.2019 (BGBl. I S. 1066).

[4] § 93 Abs. 8 Satz 1 Nr. 1 Buchst. g angef. mWv 1.1.2021 durch G v. 12.8.2020 (BGBl. I S. 1879).

ersuchen, bei den Kreditinstituten die in § 93b Absatz 1 und 1a bezeichneten Daten, ausgenommen die Identifikationsnummer nach § 139b, abzurufen, wenn

1. der Vollstreckungsschuldner seiner Pflicht, eine Vermögensauskunft zu erteilen, nicht nachkommt oder

2. bei einer Vollstreckung in die Vermögensgegenstände, die in der Vermögensauskunft angegeben sind, eine vollständige Befriedigung der Forderung, wegen der die Vermögensauskunft verlangt wird, voraussichtlich nicht zu erwarten ist.

³ Für andere Zwecke ist ein Abrufersuchen an das Bundeszentralamt für Steuern hinsichtlich der in § 93b Absatz 1 und 1a bezeichneten Daten, ausgenommen die Identifikationsnummer nach § 139b, nur zulässig, soweit dies durch ein Bundesgesetz ausdrücklich zugelassen ist.

(8a)¹⁾ ¹ Kontenabrufersuchen an das Bundeszentralamt für Steuern sind nach amtlich vorgeschriebenem Datensatz über die amtlich bestimmten Schnittstellen zu übermitteln; § 87a Absatz 6 und § 87b Absatz 1 und 2 gelten entsprechend. ² Das Bundeszentralamt für Steuern kann Ausnahmen von der elektronischen Übermittlung zulassen. ³ Das Bundeszentralamt für Steuern soll der ersuchenden Stelle das Ergebnis des Kontenabrufs elektronisch übermitteln; § 87a Absatz 7 und 8 gilt entsprechend.

(9)²⁾ ¹ Vor einem Abrufersuchen nach Absatz 7 oder Absatz 8 ist die betroffene Person auf die Möglichkeit eines Kontenabrufs hinzuweisen; dies kann auch durch ausdrücklichen Hinweis in amtlichen Vordrucken und Merkblättern geschehen. ² Nach Durchführung eines Kontenabrufs ist die betroffene Person vom Ersuchenden über die Durchführung zu benachrichtigen. ³ Ein Hinweis nach Satz 1 erster Halbsatz und eine Benachrichtigung nach Satz 2 unterbleiben, soweit die Voraussetzungen des § 32b Absatz 1 vorliegen oder die Information der betroffenen Person gesetzlich ausgeschlossen ist. ⁴ § 32c Absatz 5 ist entsprechend anzuwenden. ⁵ In den Fällen des Absatzes 8 gilt Satz 4 entsprechend, soweit gesetzlich nichts anderes bestimmt ist. ⁶ Die Sätze 1 und 2 sind nicht anzuwenden in den Fällen des Absatzes 8 Satz 1 Nummer 2 oder 3 oder soweit dies bundesgesetzlich ausdrücklich bestimmt ist.

(10)³⁾ Ein Abrufersuchen nach Absatz 7 oder Absatz 8 und dessen Ergebnis sind vom Ersuchenden zu dokumentieren.

§ 93a Allgemeine Mitteilungspflichten. (1)⁴⁾ ¹ Zur Sicherung der Besteuerung nach § 85 kann die Bundesregierung durch Rechtsverordnung mit Zustimmung des Bundesrates Behörden und andere öffentliche Stellen einschließlich öffentlich-rechtlicher Rundfunkanstalten (§ 6 Absatz 1 bis 1c) verpflichten,

---

¹⁾ § 93 Abs. 8a eingef. mWv 18.7.2019 durch G v. 11.7.2019 (BGBl. I S. 1066).
²⁾ § 93 Abs. 9 angef. mWv 18.8.2007 durch G v. 14.8.2007 (BGBl. I S. 1912); Satz 4 angef. mWv 26.6.2017 durch G v. 23.6.2017 (BGBl. I S. 1822); Satz 3 neu gef., Sätze 4 und 5 eingef., bish. Satz 4 wird Satz 6 mWv 25.5.2018 durch G v. 17.7.2017 (BGBl. I S. 2541); Satz 1 geänd. mWv 26.11.2019 durch G v. 20.11.2019 (BGBl. I S. 1626); Satz 2 geänd. mWv 29.12.2020 durch G v. 21.12.2020 (BGBl. I S. 3096).
³⁾ § 93 Abs. 10 angef. mWv 18.8.2007 durch G v. 14.8.2007 (BGBl. I S. 1912).
⁴⁾ § 93a Abs. 1 neu gef. mWv 1.1.2017 durch G v. 18.7.2016 (BGBl. I S. 1679); Satz 1 einl. Satzteil geänd. mWv 29.12.2020 durch G v. 21.12.2020 (BGBl. I S. 3096).

1. den Finanzbehörden Folgendes mitzuteilen:

a)[1] den Empfänger gewährter Leistungen sowie den Rechtsgrund, die Höhe, den Zeitpunkt dieser Leistungen und bei unbarer Auszahlung die Bankverbindung, auf die die Leistung erbracht wurde,

b)[2] Verwaltungsakte, die für die betroffene Person die Versagung oder Einschränkung einer steuerlichen Vergünstigung zur Folge haben oder die der betroffenen Person steuerpflichtige Einnahmen ermöglichen,

c) vergebene Subventionen und ähnliche Förderungsmaßnahmen sowie

d) Anhaltspunkte für Schwarzarbeit, unerlaubte Arbeitnehmerüberlassung oder unerlaubte Ausländerbeschäftigung,

e)[3] die Adressaten und die Höhe von im Verfahren nach § 335 des Handelsgesetzbuchs festgesetzten Ordnungsgeldern;

2. den Empfänger im Sinne der Nummer 1 Buchstabe a über die Summe der jährlichen Leistungen sowie über die Auffassung der Finanzbehörden zu den daraus entstehenden Steuerpflichten zu unterrichten.

²In der Rechtsverordnung kann auch bestimmt werden, inwieweit die Mitteilungen nach Maßgabe des § 93c zu übermitteln sind oder übermittelt werden können; in diesem Fall ist § 72a Absatz 4 nicht anzuwenden. ³Die Verpflichtung der Behörden, anderer öffentlicher Stellen und der öffentlich-rechtlichen Rundfunkanstalten zu Mitteilungen, Auskünften, Anzeigen und zur Amtshilfe auf Grund anderer Vorschriften bleibt unberührt.

(2)[4] ¹Schuldenverwaltungen, Kreditinstitute, Betriebe gewerblicher Art von juristischen Personen des öffentlichen Rechts im Sinne des Körperschaftsteuergesetzes[5], öffentliche Beteiligungsunternehmen ohne Hoheitsbefugnisse, Berufskammern und Versicherungsunternehmen sind von der Mitteilungspflicht ausgenommen. ²Dies gilt nicht, soweit die in Satz 1 genannten Stellen Aufgaben der öffentlichen Verwaltung wahrnehmen.

(3)[6] ¹In der Rechtsverordnung sind die mitteilenden Stellen, die Verpflichtung zur Unterrichtung der betroffenen Personen, die mitzuteilenden Angaben und die für die Entgegennahme der Mitteilungen zuständigen Finanzbehörden näher zu bestimmen sowie der Umfang, der Zeitpunkt und das Verfahren der Mitteilung zu regeln. ²In der Rechtsverordnung können Ausnahmen von der Mitteilungspflicht, insbesondere für Fälle geringer steuerlicher Bedeutung, zugelassen werden.

(4)[7] ¹Ist die mitteilungspflichtige Stelle nach der Mitteilungsverordnung verpflichtet, in der Mitteilung die Identifikationsnummer nach § 139b oder ein anderes steuerliches Ordnungsmerkmal

---

[1] § 93a Abs. 1 Satz 1 Nr. 1 Buchst. a geänd. durch G v. 21.12.2020 (BGBl. I S. 3096); zur Anwendung siehe Art. 97 § 1 Abs. 14 Sätze 1 und 2 EGAO (Nr. **1.1**).

[2] § 93a Abs. 1 Satz 1 Nr. 1 Buchst. b geänd. mWv 26.11.2019 durch G v. 20.11.2019 (BGBl. I S. 1626).

[3] § 93a Abs. 1 Satz 1 Nr. 1 Buchst. e angef. durch G v. 21.12.2020 (BGBl. I S. 3096); zur Anwendung siehe Art. 97 § 1 Abs. 14 Satz 3 EGAO (Nr. **1.1**).

[4] § 93a Abs. 2 geänd. durch G v. 19.12.2008 (BGBl. I S. 2794); Satz 2 angef. durch G v. 21.12.2020 (BGBl. I S. 3096); zur Anwendung siehe Art. 97 § 1 Abs. 14 Sätze 1 und 2 EGAO (Nr. **1.1**).

[5] dtv 5786 KSt/GewSt Nr. 1.

[6] § 93a Abs. 3 Satz 1 geänd. mWv 26.11.2019 durch G v. 20.11.2019 (BGBl. I S. 1626).

[7] § 93a Abs. 4 angef. durch G v. 21.12.2020 (BGBl. I S. 3096); zur Anwendung siehe Art. 97 § 1 Abs. 14 Sätze 1 und 2 EGAO (Nr. **1.1**).

1. des Empfängers der gewährten Leistung im Sinne des Absatzes 1 Satz 1 Nummer 1 Buchstabe a,

2. des Inhaltsadressaten des Verwaltungsakts im Sinne des Absatzes 1 Satz 1 Nummer 1 Buchstabe b oder e,

3. des Empfängers der vergebenen Subvention im Sinne des Absatzes 1 Satz 1 Nummer 1 Buchstabe c oder

4. der betroffenen Personen im Sinne des Absatzes 1 Satz 1 Nummer 1 Buchstabe d

anzugeben, haben die Mitwirkungspflichtigen (§ 90) nach den Nummern 1 bis 4 der mitteilungspflichtigen Stelle diese Daten zu übermitteln. ²Wird der Mitwirkungspflicht nach Satz 1 nicht innerhalb von zwei Wochen nach Aufforderung durch die mitteilungspflichtige Stelle entsprochen und weder die Identifikationsnummer noch ein anderes steuerliches Ordnungsmerkmal übermittelt, hat die mitteilungspflichtige Stelle die Möglichkeit, die Identifikationsnummer der betroffenen Mitwirkungspflichtigen nach Satz 1 Nummer 1 bis 4 nach amtlich vorgeschriebenem Datensatz beim Bundeszentralamt für Steuern abzufragen. ³Die Abfrage ist mindestens zwei Wochen vor dem Zeitpunkt zu stellen, zu dem die Mitteilung nach der Mitteilungsverordnung zu übermitteln ist. ⁴In der Abfrage dürfen nur die in § 139b Absatz 3 genannten Daten der betroffenen Mitwirkungspflichtigen nach Satz 1 Nummer 1 bis 4 angegeben werden. ⁵Das Bundeszentralamt für Steuern entspricht dem Ersuchen, wenn die übermittelten Daten den beim Bundeszentralamt für Steuern hinterlegten Daten entsprechen.

§ 93b[1] **Automatisierter Abruf von Kontoinformationen.** (1)[2] Kreditinstitute haben das nach § 24c Absatz 1 des Kreditwesengesetzes zu führende Dateisystem auch für Abrufe nach § 93 Absatz 7 und 8 zu führen.

(1a)[3] ¹Kreditinstitute haben für Kontenabrufersuchen nach § 93 Absatz 7 oder 8 zusätzlich zu den in § 24c Absatz 1 des Kreditwesengesetzes bezeichneten Daten für jeden Verfügungsberechtigten und jeden wirtschaftlich Berechtigten im Sinne des Geldwäschegesetzes auch die Adressen sowie die in § 154 Absatz 2a bezeichneten Daten zu speichern. ²§ 154 Absatz 2d und Artikel 97 § 26 Absatz 5 Nummer 3 und 4 des Einführungsgesetzes zur Abgabenordnung[4] bleiben unberührt.

(2)[5] ¹Das Bundeszentralamt für Steuern darf in den Fällen des § 93 Absatz 7 und 8 auf Ersuchen bei den Kreditinstituten einzelne Daten aus den nach den Absätzen 1 und 1a zu führenden Dateisystemen im automatisierten Verfahren abrufen und sie an den Ersuchenden übermitteln. ²Die Identifikationsnummer nach § 139b eines Verfügungsberechtigten oder eines wirtschaftlich Berechtigten darf das Bundeszentralamt für Steuern nur Finanzbehörden mitteilen.

(3) Die Verantwortung für die Zulässigkeit des Datenabrufs und der Datenübermittlung trägt der Ersuchende.

---

[1] § 93b neu gef. durch G v. 14.8.2007 (BGBl. I S. 1912).
[2] § 93b Abs. 1 neu gef. mWv 25.5.2018 durch G v. 17.7.2017 (BGBl. I S. 2541).
[3] § 93b Abs. 1a eingef. durch G v. 23.6.2017 (BGBl. I S. 1682); zur Anwendung ab 1.1.2020 siehe Art. 97 § 26 Abs. 3 EGAO (Nr. **1.1**).
[4] Nr. **1.1**.
[5] § 93b Abs. 2 neu gef. durch G v. 23.6.2017 (BGBl. I S. 1682); zur Anwendung ab 1.1.2020 siehe Art. 97 § 26 Abs. 3 EGAO (Nr. **1.1**).

(4) § 24c Abs. 1 Satz 2 bis 6, Abs. 4 bis 8 des Kreditwesengesetzes gilt entsprechend.

§ 93c[1] **Datenübermittlung durch Dritte.** (1) Sind steuerliche Daten eines Steuerpflichtigen auf Grund gesetzlicher Vorschriften von einem Dritten (mitteilungspflichtige Stelle) an Finanzbehörden elektronisch zu übermitteln, so gilt vorbehaltlich abweichender Bestimmungen in den Steuergesetzen Folgendes:

1. Die mitteilungspflichtige Stelle muss die Daten nach Ablauf des Besteuerungszeitraums bis zum letzten Tag des Monats Februar des folgenden Jahres nach amtlich vorgeschriebenem Datensatz durch Datenfernübertragung über die amtlich bestimmte Schnittstelle übermitteln; bezieht sich die Übermittlungspflicht auf einen Besteuerungszeitpunkt, sind die Daten bis zum Ablauf des zweiten Kalendermonats nach Ablauf des Monats zu übermitteln, in dem der Besteuerungszeitpunkt liegt.

2. Der Datensatz muss folgende Angaben enthalten:

   a) den Namen, die Anschrift, das Ordnungsmerkmal und die Kontaktdaten der mitteilungspflichtigen Stelle sowie ihr Identifikationsmerkmal nach den §§ 139a bis 139c oder, soweit dieses nicht vergeben wurde, ihre Steuernummer;

   b) hat die mitteilungspflichtige Stelle einen Auftragnehmer im Sinne des § 87d mit der Datenübermittlung beauftragt, so sind zusätzlich zu den Angaben nach Buchstabe a der Name, die Anschrift und die Kontaktdaten des Auftragnehmers sowie dessen Identifikationsmerkmal nach den §§ 139a bis 139c oder, wenn dieses nicht vergeben wurde, dessen Steuernummer anzugeben;

   c) den Familiennamen, den Vornamen, den Tag der Geburt, die Anschrift des Steuerpflichtigen und dessen Identifikationsnummer nach § 139b;

   d) handelt es sich bei dem Steuerpflichtigen nicht um eine natürliche Person, so sind dessen Firma oder Name, Anschrift und Wirtschafts-Identifikationsnummer nach § 139c oder, wenn diese noch nicht vergeben wurde, dessen Steuernummer anzugeben;

   e) den Zeitpunkt der Erstellung des Datensatzes oder eines anderen Ereignisses, anhand dessen die Daten in der zeitlichen Reihenfolge geordnet werden können, die Art der Mitteilung, den betroffenen Besteuerungszeitraum oder Besteuerungszeitpunkt und die Angabe, ob es sich um eine erstmalige, korrigierte oder stornierende Mitteilung handelt.

3. [1]Die mitteilungspflichtige Stelle hat den Steuerpflichtigen darüber zu informieren, welche für seine Besteuerung relevanten Daten sie an die Finanzbehörden übermittelt hat oder übermitteln wird. [2]Diese Information hat in geeigneter Weise, mit Zustimmung des Steuerpflichtigen elektronisch, und binnen angemessener Frist zu erfolgen. [3]Auskunftspflichten nach anderen Gesetzen bleiben unberührt.

4. Die mitteilungspflichtige Stelle hat die übermittelten Daten aufzuzeichnen und diese Aufzeichnungen sowie die der Mitteilung zugrunde liegenden Unterlagen bis zum Ablauf des siebten auf den Besteuerungszeitraum oder

---

[1] § 93c eingef. mWv 1.1.2017 durch G v. 18.7.2016 (BGBl. I S. 1679); zur Anwendung siehe Art. 97 § 27 Abs. 2 EGAO (Nr. **1.1**).

Besteuerungszeitpunkt folgenden Kalenderjahres aufzubewahren; die §§ 146 und 147 Absatz 2, 5 und 6 gelten entsprechend.

(2) Die mitteilungspflichtige Stelle soll Daten nicht übermitteln, wenn sie erst nach Ablauf des siebten auf den Besteuerungszeitraum oder Besteuerungszeitpunkt folgenden Kalenderjahres erkennt, dass sie zur Datenübermittlung verpflichtet war.

(3) [1] Stellt die mitteilungspflichtige Stelle bis zum Ablauf des siebten auf den Besteuerungszeitraum oder Besteuerungszeitpunkt folgenden Kalenderjahres fest, dass

1. die nach Maßgabe des Absatzes 1 übermittelten Daten unzutreffend waren oder

2. ein Datensatz übermittelt wurde, obwohl die Voraussetzungen hierfür nicht vorlagen,

so hat die mitteilungspflichtige Stelle dies vorbehaltlich abweichender Bestimmungen in den Steuergesetzen unverzüglich durch Übermittlung eines weiteren Datensatzes zu korrigieren oder zu stornieren. [2] Absatz 1 Nummer 2 bis 4 gilt entsprechend.

(4) [1] Die nach den Steuergesetzen zuständige Finanzbehörde kann ermitteln, ob die mitteilungspflichtige Stelle

1. ihre Pflichten nach Absatz 1 Nummer 1, 2 und 4 und Absatz 3 erfüllt und

2. den Inhalt des Datensatzes nach den Vorgaben des jeweiligen Steuergesetzes bestimmt hat.

[2] Die Rechte und Pflichten der für die Besteuerung des Steuerpflichtigen zuständigen Finanzbehörde hinsichtlich der Ermittlung des Sachverhalts bleiben unberührt.

(5) Soweit gesetzlich nichts anderes bestimmt ist, ist die nach den Steuergesetzen für die Entgegennahme der Daten zuständige Finanzbehörde auch für die Anwendung des Absatzes 4 und des § 72a Absatz 4 zuständig.

(6)[1]) Die Finanzbehörden dürfen von den mitteilungspflichtigen Stellen mitgeteilte Daten im Sinne der Absätze 1 und 3 verarbeiten, wenn dies zur Erfüllung der ihnen obliegenden Aufgaben oder in Ausübung öffentlicher Gewalt, die ihnen übertragen wurde, erforderlich ist.

(7) Soweit gesetzlich nichts anderes bestimmt ist, darf die mitteilungspflichtige Stelle die ausschließlich zum Zweck der Übermittlung erhobenen und gespeicherten Daten des Steuerpflichtigen nur für diesen Zweck verwenden.

(8) Die Absätze 1 bis 7 sind nicht anzuwenden auf

1. Datenübermittlungspflichten nach § 51a Absatz 2c oder Abschnitt XI des Einkommensteuergesetzes[2]),

2. Datenübermittlungspflichten gegenüber den Zollbehörden,

3. Datenübermittlungen zwischen Finanzbehörden und

4. Datenübermittlungspflichten ausländischer öffentlicher Stellen.

---

[1]) § 93c Abs. 6 neu gef. mWv 25.5.2018 durch G v. 17.7.2017 (BGBl. I S. 2541).
[2]) **dtv 5785 ESt/LSt Nr. 1.**

§ 93d[1) Verordnungsermächtigung. [1]Das Bundesministerium der Finanzen kann durch Rechtsverordnung mit Zustimmung des Bundesrates bestimmen, dass Daten im Sinne des § 93c vor der erstmaligen Übermittlung für Zwecke der Erprobung erhoben werden, soweit dies zur Entwicklung, Überprüfung oder Änderung von automatisierten Verfahren erforderlich ist. [2]Die Daten dürfen in diesem Fall ausschließlich für Zwecke der Erprobung verarbeitet und müssen innerhalb eines Jahres nach Beendigung der Erprobung gelöscht werden.

§ 94 Eidliche Vernehmung. (1) [1]Hält die Finanzbehörde mit Rücksicht auf die Bedeutung der Auskunft oder zur Herbeiführung einer wahrheitsgemäßen Auskunft die Beeidigung einer anderen Person als eines Beteiligten für geboten, so kann sie das für den Wohnsitz oder den Aufenthaltsort der zu beeidigenden Person zuständige Finanzgericht um die eidliche Vernehmung ersuchen. [2]Befindet sich der Wohnsitz oder der Aufenthaltsort der zu beeidigenden Person nicht am Sitz eines Finanzgerichts oder eines besonders errichteten Senats, so kann auch das zuständige Amtsgericht um die eidliche Vernehmung ersucht werden.

(2) [1]In dem Ersuchen hat die Finanzbehörde den Gegenstand der Vernehmung sowie die Namen und Anschriften der Beteiligten anzugeben. [2]Das Gericht hat die Beteiligten und die ersuchende Finanzbehörde von den Terminen zu benachrichtigen. [3]Die Beteiligten und die ersuchende Finanzbehörde sind berechtigt, während der Vernehmung Fragen zu stellen.

(3) Das Gericht entscheidet über die Rechtmäßigkeit der Verweigerung des Zeugnisses oder der Eidesleistung.

§ 95 Versicherung an Eides statt. (1) [1]Die Finanzbehörde kann den Beteiligten auffordern, dass er die Richtigkeit von Tatsachen, die er behauptet, an Eides statt versichert. [2]Eine Versicherung an Eides statt soll nur gefordert werden, wenn andere Mittel zur Erforschung der Wahrheit nicht vorhanden sind, zu keinem Ergebnis geführt haben oder einen unverhältnismäßigen Aufwand erfordern. [3]Von eidesunfähigen Personen im Sinne des § 393 der Zivilprozessordnung darf eine eidesstattliche Versicherung nicht verlangt werden.

(2) [1]Die Versicherung an Eides statt wird von der Finanzbehörde zur Niederschrift aufgenommen. [2]Zur Aufnahme sind der Behördenleiter, sein ständiger Vertreter sowie Angehörige des öffentlichen Dienstes befugt, welche die Befähigung zum Richteramt haben oder die Voraussetzungen des § 110 Satz 1 des Deutschen Richtergesetzes erfüllen. [3]Andere Angehörige des öffentlichen Dienstes kann der Behördenleiter oder sein ständiger Vertreter hierzu allgemein oder im Einzelfall schriftlich ermächtigen.

(3) [1]Die Angaben, deren Richtigkeit versichert werden soll, sind schriftlich festzustellen und dem Beteiligten mindestens eine Woche vor Aufnahme der Versicherung mitzuteilen. [2]Die Versicherung besteht darin, dass der Beteiligte unter Wiederholung der behaupteten Tatsachen erklärt: „Ich versichere an Eides statt, dass ich nach bestem Wissen die reine Wahrheit gesagt und nichts verschwiegen habe". [3]Bevollmächtigte und Beistände des Beteiligten sind berechtigt, an der Aufnahme der Versicherung an Eides statt teilzunehmen.

[1) § 93d eingef. mWv 1.1.2017 durch G v. 18.7.2016 (BGBl. I S. 1679); zur Anwendung siehe Art. 97 § 27 Abs. 2 EGAO (Nr. **1.1**).

(4) [1] Vor der Aufnahme der Versicherung an Eides statt ist der Beteiligte über die Bedeutung der eidesstattlichen Versicherung und die strafrechtlichen Folgen einer unrichtigen oder unvollständigen eidesstattlichen Versicherung zu belehren. [2] Die Belehrung ist in der Niederschrift zu vermerken.

(5) [1] Die Niederschrift hat ferner die Namen der anwesenden Personen sowie den Ort und den Tag der Niederschrift zu enthalten. [2] Die Niederschrift ist dem Beteiligten, der die eidesstattliche Versicherung abgibt, zur Genehmigung vorzulesen oder auf Verlangen zur Durchsicht vorzulegen. [3] Die erteilte Genehmigung ist zu vermerken und von dem Beteiligten zu unterschreiben. [4] Die Niederschrift ist sodann von dem Amtsträger, der die Versicherung an Eides statt aufgenommen hat, sowie von dem Schriftführer zu unterschreiben.

(6) Die Versicherung an Eides statt kann nicht nach § 328 erzwungen werden.

§ 96 Hinzuziehung von Sachverständigen.

(1) [1] Die Finanzbehörde bestimmt, ob ein Sachverständiger zuzuziehen ist. [2] Soweit nicht Gefahr im Verzug vorliegt, hat sie die Person, die sie zum Sachverständigen ernennen will, den Beteiligten vorher bekannt zu geben.

(2) [1] Die Beteiligten können einen Sachverständigen wegen Besorgnis der Befangenheit ablehnen, wenn ein Grund vorliegt, der geeignet ist, Zweifel an seiner Unparteilichkeit zu rechtfertigen oder wenn von seiner Tätigkeit die Verletzung eines Geschäfts- oder Betriebsgeheimnisses oder Schaden für die geschäftliche Tätigkeit eines Beteiligten zu befürchten ist. [2] Die Ablehnung ist der Finanzbehörde gegenüber unverzüglich nach Bekanntgabe der Person des Sachverständigen, jedoch spätestens innerhalb von zwei Wochen unter Glaubhaftmachung der Ablehnungsgründe geltend zu machen. [3] Nach diesem Zeitpunkt ist die Ablehnung nur zulässig, wenn glaubhaft gemacht wird, dass ein Ablehnungsgrund vorher nicht geltend gemacht werden konnte. [4] Über die Ablehnung entscheidet die Finanzbehörde, die den Sachverständigen ernannt hat oder ernennen will. [5] Das Ablehnungsgesuch hat keine aufschiebende Wirkung.

(3) [1] Der zum Sachverständigen Ernannte hat der Ernennung Folge zu leisten, wenn er zur Erstattung von Gutachten der erforderlichen Art öffentlich bestellt ist oder wenn er die Wissenschaft, die Kunst oder das Gewerbe, deren Kenntnis Voraussetzung der Begutachtung ist, öffentlich zum Erwerb ausübt oder wenn er zur Ausübung derselben öffentlich bestellt oder ermächtigt ist. [2] Zur Erstattung des Gutachtens ist auch derjenige verpflichtet, der sich hierzu der Finanzbehörde gegenüber bereit erklärt hat.

(4) Der Sachverständige kann die Erstattung des Gutachtens unter Angabe der Gründe wegen Besorgnis der Befangenheit ablehnen.

(5) Angehörige des öffentlichen Dienstes sind als Sachverständige nur dann zuzuziehen, wenn sie die nach dem Dienstrecht erforderliche Genehmigung erhalten.

(6) Die Sachverständigen sind auf die Vorschriften über die Wahrung des Steuergeheimnisses hinzuweisen.

(7) [1] Das Gutachten ist regelmäßig schriftlich zu erstatten. [2] Die mündliche Erstattung des Gutachtens kann zugelassen werden. [3] Die Beeidigung des Gutachtens darf nur gefordert werden, wenn die Finanzbehörde dies mit Rücksicht auf die Bedeutung des Gutachtens für geboten hält. [4] Ist der Sachverständige für

die Erstattung von Gutachten der betreffenden Art im Allgemeinen beeidigt, so genügt die Berufung auf den geleisteten Eid; sie kann auch in einem schriftlichen Gutachten erklärt werden. [5] Anderenfalls gilt für die Beeidigung § 94 sinngemäß.

III. Beweis durch Urkunden und Augenschein

§ 97[1)] **Vorlage von Urkunden.** (1) [1] Die Beteiligten und andere Personen haben der Finanzbehörde auf Verlangen Bücher, Aufzeichnungen, Geschäftspapiere und andere Urkunden zur Einsicht und Prüfung vorzulegen. [2] Im Vorlageverlangen ist anzugeben, ob die Urkunden für die Besteuerung des zur Vorlage Aufgeforderten oder für die Besteuerung anderer Personen benötigt werden. [3] § 93 Absatz 1 Satz 2 und 3 gilt entsprechend.

(2) [1] Die Finanzbehörde kann die Vorlage der in Absatz 1 genannten Urkunden an Amtsstelle verlangen oder sie bei dem Vorlagepflichtigen einsehen, wenn dieser einverstanden ist oder die Urkunden für eine Vorlage an Amtsstelle ungeeignet sind. [2] § 147 Abs. 5 gilt entsprechend.

§ 98 Einnahme des Augenscheins. (1) Führt die Finanzbehörde einen Augenschein durch, so ist das Ergebnis aktenkundig zu machen.

(2) Bei der Einnahme des Augenscheins können Sachverständige zugezogen werden.

§ 99 Betreten von Grundstücken und Räumen. (1) [1] Die von der Finanzbehörde mit der Einnahme des Augenscheins betrauten Amtsträger und die nach den §§ 96 und 98 zugezogenen Sachverständigen sind berechtigt, Grundstücke, Räume, Schiffe, umschlossene Betriebsvorrichtungen und ähnliche Einrichtungen während der üblichen Geschäfts- und Arbeitszeit zu betreten, soweit dies erforderlich ist, um im Besteuerungsinteresse Feststellungen zu treffen. [2] Die betroffenen Personen sollen angemessene Zeit vorher benachrichtigt werden. [3] Wohnräume dürfen gegen den Willen des Inhabers nur zur Verhütung dringender Gefahren für die öffentliche Sicherheit und Ordnung betreten werden.

(2) Maßnahmen nach Absatz 1 dürfen nicht zu dem Zweck angeordnet werden, nach unbekannten Gegenständen zu forschen.

§ 100 Vorlage von Wertsachen. (1) [1] Der Beteiligte und andere Personen haben der Finanzbehörde auf Verlangen Wertsachen (Geld, Wertpapiere, Kostbarkeiten) vorzulegen, soweit dies erforderlich ist, um im Besteuerungsinteresse Feststellungen über ihre Beschaffenheit und ihren Wert zu treffen. [2] § 98 Abs. 2 ist anzuwenden.

(2) Die Vorlage von Wertsachen darf nicht angeordnet werden, um nach unbekannten Gegenständen zu forschen.

IV. Auskunfts- und Vorlageverweigerungsrechte

§ 101 Auskunfts- und Eidesverweigerungsrecht der Angehörigen.

(1) [1] Die Angehörigen (§ 15) eines Beteiligten können die Auskunft verweigern, soweit sie nicht selbst als Beteiligte über ihre eigenen steuerlichen

---

[1)] § 97 Abs. 1 neu gef., Abs. 2 aufgeh., bish. Abs. 3 wird Abs. 2 mWv 30.6.2013 durch G v. 26.6. 2013 (BGBl. I S. 1809).

Verhältnisse auskunftspflichtig sind oder die Auskunftspflicht für einen Beteiligten zu erfüllen haben. [2] Die Angehörigen sind über das Auskunftsverweigerungsrecht zu belehren. [3] Die Belehrung ist aktenkundig zu machen.

(2) [1] Die in Absatz 1 genannten Personen haben ferner das Recht, die Beeidigung ihrer Auskunft zu verweigern. [2] Absatz 1 Sätze 2 und 3 gelten entsprechend.

§ 102 Auskunftsverweigerungsrecht zum Schutz bestimmter Berufsgeheimnisse. (1) Die Auskunft können ferner verweigern:

1. Geistliche über das, was ihnen in ihrer Eigenschaft als Seelsorger anvertraut worden oder bekannt geworden ist,

2. Mitglieder des Bundestages, eines Landtages oder einer zweiten Kammer über Personen, die ihnen in ihrer Eigenschaft als Mitglieder dieser Organe oder denen sie in dieser Eigenschaft Tatsachen anvertraut haben, sowie über diese Tatsachen selbst,

3. a) Verteidiger,

   b) Rechtsanwälte, Patentanwälte, Notare, Steuerberater, Wirtschaftsprüfer, Steuerbevollmächtigte, vereidigte Buchprüfer,

   c)[1] Ärzte, Zahnärzte, Psychotherapeuten, Psychologische Psychotherapeuten, Kinder- und Jugendlichenpsychotherapeuten, Apotheker und Hebammen,

   über das, was ihnen in dieser Eigenschaft anvertraut worden oder bekannt geworden ist,

4. Personen, die bei der Vorbereitung, Herstellung oder Verbreitung von periodischen Druckwerken oder Rundfunksendungen berufsmäßig mitwirken oder mitgewirkt haben, über die Person des Verfassers, Einsenders oder Gewährsmanns von Beiträgen und Unterlagen sowie über die ihnen im Hinblick auf ihre Tätigkeit gemachten Mitteilungen, soweit es sich um Beiträge, Unterlagen und Mitteilungen für den redaktionellen Teil handelt; § 160 bleibt unberührt.

(2) [1] Den im Absatz 1 Nr. 1 bis 3 genannten Personen stehen ihre Gehilfen und die Personen gleich, die zur Vorbereitung auf den Beruf an der berufsmäßigen Tätigkeit teilnehmen. [2] Über die Ausübung des Rechts dieser Hilfspersonen, die Auskunft zu verweigern, entscheiden die im Absatz 1 Nr. 1 bis 3 genannten Personen, es sei denn, dass diese Entscheidung in absehbarer Zeit nicht herbeigeführt werden kann.

(3) [1] Die in Absatz 1 Nr. 3 genannten Personen dürfen die Auskunft nicht verweigern, wenn sie von der Verpflichtung zur Verschwiegenheit entbunden sind. [2] Die Entbindung von der Verpflichtung zur Verschwiegenheit gilt auch für die Hilfspersonen.

(4)[2] [1] Die gesetzlichen Anzeigepflichten der Notare und die Mitteilungspflichten der in Absatz 1 Nr. 3 Buchstabe b bezeichneten Personen nach der Zinsinformationsverordnung vom 26. Januar 2004 (BGBl. I S. 128), die zuletzt durch Artikel 4 Abs. 28 des Gesetzes vom 22. September 2005 (BGBl. I S. 2809) geändert worden ist, in der jeweils geltenden Fassung bleiben unberührt. [2] So-

---

[1] § 102 Abs. 1 Nr. 3 Buchst. c geänd. mWv 1.9.2020 durch G v. 15.11.2019 (BGBl. I S. 1604).
[2] § 102 Abs. 4 Satz 1 neu gef. durch G v. 14.8.2007 (BGBl. I S. 1912); Satz 3 angef. durch G v. 21.12.2019 (BGBl. I S. 2875); zur Anwendung siehe Art. 97 § 33 Abs. 1 und 2 EGAO (Nr. 1.1).

weit die Anzeigepflichten bestehen, sind die Notare auch zur Vorlage von Urkunden und zur Erteilung weiterer Auskünfte verpflichtet. [3] Die Mitteilungspflichten der in Absatz 1 Nummer 3 Buchstabe b bezeichneten Personen hinsichtlich der in § 138f Absatz 3 Satz 1 Nummer 1 und 4 bis 9 bezeichneten Angaben bestehen auch dann, wenn mit diesen Angaben betroffene Nutzer identifizierbar sein sollten.

§ 103[1] Auskunftsverweigerungsrecht bei Gefahr der Verfolgung wegen einer Straftat oder einer Ordnungswidrigkeit. [1] Personen, die nicht Beteiligte und nicht für einen Beteiligten auskunftspflichtig sind, können die Auskunft auf solche Fragen verweigern, deren Beantwortung sie selbst oder einen ihrer Angehörigen (§ 15) der Gefahr aussetzen würde, wegen einer Straftat oder einer Ordnungswidrigkeit verfolgt zu werden. [2] Über das Recht, die Auskunft zu verweigern, sind sie zu belehren. [3] Die Belehrung ist aktenkundig zu machen.

§ 104 Verweigerung der Erstattung eines Gutachtens und der Vorlage von Urkunden. (1) [1] Soweit die Auskunft verweigert werden darf, kann auch die Erstattung eines Gutachtens und die Vorlage von Urkunden oder Wertsachen verweigert werden. [2] § 102 Abs. 4 Satz 2 bleibt unberührt.

(2) [1] Nicht verweigert werden kann die Vorlage von Urkunden und Wertsachen, die für den Beteiligten aufbewahrt werden, soweit der Beteiligte bei eigenem Gewahrsam zur Vorlage verpflichtet wäre. [2] Für den Beteiligten aufbewahrt werden auch die für ihn geführten Geschäftsbücher und sonstigen Aufzeichnungen.

§ 105 Verhältnis der Auskunfts- und Vorlagepflicht zur Schweigepflicht öffentlicher Stellen. (1) Die Verpflichtung der Behörden oder sonstiger öffentlicher Stellen einschließlich der Deutschen Bundesbank, der Staatsbanken und der Schuldenverwaltungen sowie der Organe und Bediensteten dieser Stellen zur Verschwiegenheit gilt nicht für ihre Auskunfts- und Vorlagepflicht gegenüber den Finanzbehörden.

(2) Absatz 1 gilt nicht, soweit die Behörden und die mit postdienstlichen Verrichtungen betrauten Personen gesetzlich verpflichtet sind, das Brief-, Post- und Fernmeldegeheimnis zu wahren.

§ 106 Beschränkung der Auskunfts- und Vorlagepflicht bei Beeinträchtigung des staatlichen Wohls. Eine Auskunft oder die Vorlage von Urkunden darf nicht gefordert werden, wenn die zuständige oberste Bundes- oder Landesbehörde erklärt, dass die Auskunft oder Vorlage dem Wohl des Bundes oder eines Landes erhebliche Nachteile bereiten würde.

V. Entschädigung der Auskunftspflichtigen und der Sachverständigen

§ 107[2] Entschädigung der Auskunftspflichtigen und der Sachverständigen. [1] Auskunftspflichtige, Vorlagepflichtige und Sachverständige, die die Finanzbehörde zu Beweiszwecken herangezogen hat, erhalten auf Antrag eine Entschädigung oder Vergütung in entsprechender Anwendung des Justizver-

---

[1] § 103 Satz 1 neu gef. mWv 25.5.2018 durch G v. 17.7.2017 (BGBl. I S. 2541).
[2] § 107 Satz 1 geänd. durch G v. 5.5.2004 (BGBl. I S. 718); Sätze 1 und 2 geänd. mWv 30.6.2013 durch G v. 26.6.2013 (BGBl. I S. 1809).

gütungs- und -entschädigungsgesetzes. [2] Dies gilt nicht für die Beteiligten und für die Personen, die für die Beteiligten die Auskunfts- oder Vorlagepflicht zu erfüllen haben.

4. Unterabschnitt. Fristen, Termine, Wiedereinsetzung

§ 108 Fristen und Termine. (1) Für die Berechnung von Fristen und für die Bestimmung von Terminen gelten die §§ 187 bis 193 des Bürgerlichen Gesetzbuchs entsprechend, soweit nicht durch die Absätze 2 bis 5 etwas anderes bestimmt ist.

(2)[1] Der Lauf einer Frist, die von einer Behörde gesetzt wird, beginnt mit dem Tag, der auf die Bekanntgabe der Frist folgt, außer wenn der betroffenen Person etwas anderes mitgeteilt wird.

(3) Fällt das Ende einer Frist auf einen Sonntag, einen gesetzlichen Feiertag oder einen Sonnabend, so endet die Frist mit dem Ablauf des nächstfolgenden Werktags.

(4) Hat eine Behörde Leistungen nur für einen bestimmten Zeitraum zu erbringen, so endet dieser Zeitraum auch dann mit dem Ablauf seines letzten Tages, wenn dieser auf einen Sonntag, einen gesetzlichen Feiertag oder einen Sonnabend fällt.

(5) Der von einer Behörde gesetzte Termin ist auch dann einzuhalten, wenn er auf einen Sonntag, gesetzlichen Feiertag oder Sonnabend fällt.

(6) Ist eine Frist nach Stunden bestimmt, so werden Sonntage, gesetzliche Feiertage oder Sonnabende mitgerechnet.

§ 109[2] Verlängerung von Fristen. (1) [1] Fristen zur Einreichung von Steuererklärungen und Fristen, die von einer Finanzbehörde gesetzt sind, können vorbehaltlich des Absatzes 2 verlängert werden. [2] Sind solche Fristen bereits abgelaufen, können sie vorbehaltlich des Absatzes 2 rückwirkend verlängert werden, insbesondere wenn es unbillig wäre, die durch den Fristablauf eingetretenen Rechtsfolgen bestehen zu lassen.

(2) [1] Absatz 1 ist

1. in den Fällen des § 149 Absatz 3 auf Zeiträume nach dem letzten Tag des Monats Februar des zweiten auf den Besteuerungszeitraum folgenden Kalenderjahres und

2. in den Fällen des § 149 Absatz 4 auf Zeiträume nach dem in der Anordnung bestimmten Zeitpunkt

nur anzuwenden, falls der Steuerpflichtige ohne Verschulden verhindert ist oder war, die Steuererklärungsfrist einzuhalten. [2] Bei Steuerpflichtigen, die ihren Gewinn aus Land- und Forstwirtschaft nach einem vom Kalenderjahr abweichenden Wirtschaftsjahr ermitteln, tritt an die Stelle des letzten Tages des Monats Februar der 31. Juli des zweiten auf den Besteuerungszeitraum folgenden Kalenderjahres. [3] Das Verschulden eines Vertreters oder eines Erfüllungsgehilfen ist dem Steuerpflichtigen zuzurechnen.

---

[1] § 108 Abs. 2 geänd. mWv 26.11.2019 durch G v. 20.11.2019 (BGBl. I S. 1626).
[2] § 109 neu gef. durch G v. 18.7.2016 (BGBl. I S. 1679); zur Anwendung siehe Art. 97 § 10a Abs. 4 Sätze 1 und 3 EGAO (Nr. **1.1**).

(3) Die Finanzbehörde kann die Verlängerung der Frist mit einer Nebenbestimmung versehen, insbesondere von einer Sicherheitsleistung abhängig machen.

(4)[1] Fristen zur Einreichung von Steuererklärungen und Fristen, die von einer Finanzbehörde gesetzt sind, können ausschließlich automationsgestützt verlängert werden, sofern zur Prüfung der Fristverlängerung ein automationsgestütztes Risikomanagementsystem nach § 88 Absatz 5 eingesetzt wird und kein Anlass dazu besteht, den Einzelfall durch Amtsträger zu bearbeiten.

§ 110 Wiedereinsetzung in den vorigen Stand. (1) [1] War jemand ohne Verschulden verhindert, eine gesetzliche Frist einzuhalten, so ist ihm auf Antrag Wiedereinsetzung in den vorigen Stand zu gewähren. [2] Das Verschulden eines Vertreters ist dem Vertretenen zuzurechnen.

(2) [1] Der Antrag ist innerhalb eines Monats nach Wegfall des Hindernisses zu stellen. [2] Die Tatsachen zur Begründung des Antrags sind bei der Antragstellung oder im Verfahren über den Antrag glaubhaft zu machen. [3] Innerhalb der Antragsfrist ist die versäumte Handlung nachzuholen. [4] Ist dies geschehen, so kann Wiedereinsetzung auch ohne Antrag gewährt werden.

(3) Nach einem Jahr seit dem Ende der versäumten Frist kann die Wiedereinsetzung nicht mehr beantragt oder die versäumte Handlung nicht mehr nachgeholt werden, außer wenn dies vor Ablauf der Jahresfrist infolge höherer Gewalt unmöglich war.

(4) Über den Antrag auf Wiedereinsetzung entscheidet die Finanzbehörde, die über die versäumte Handlung zu befinden hat.

5. Unterabschnitt. Rechts- und Amtshilfe

§ 111 Amtshilfepflicht. (1) [1] Alle Gerichte und Behörden haben die zur Durchführung der Besteuerung erforderliche Amtshilfe zu leisten. [2] § 102 bleibt unberührt.

(2) Amtshilfe liegt nicht vor, wenn

1. Behörden einander innerhalb eines bestehenden Weisungsverhältnisses Hilfe leisten,
2. die Hilfeleistung in Handlungen besteht, die der ersuchten Behörde als eigene Aufgabe obliegen.

(3) Schuldenverwaltungen, Kreditinstitute sowie Betriebe gewerblicher Art der Körperschaften des öffentlichen Rechts fallen nicht unter diese Vorschrift.

(4) Auf dem Gebiet der Zollverwaltung erstreckt sich die Amtshilfepflicht auch auf diejenigen dem öffentlichen Verkehr oder dem öffentlichen Warenumschlag dienenden Unternehmen, die das Bundesministerium der Finanzen als Zollhilfsorgane besonders bestellt hat, und auf die Bediensteten dieser Unternehmen.

(5) Die §§ 105 und 106 sind entsprechend anzuwenden.

§ 112 Voraussetzungen und Grenzen der Amtshilfe. (1) Eine Finanzbehörde kann um Amtshilfe insbesondere dann ersuchen, wenn sie

---

[1] § 109 Abs. 4 angef. mWv 18.12.2019 durch G v. 12.12.2019 (BGBl. I S. 2451); zur Anwendung siehe Art. 97 § 1 Abs. 13 EGAO (Nr. **1.1**).

1. aus rechtlichen Gründen die Amtshandlung nicht selbst vornehmen kann,
2. aus tatsächlichen Gründen, besonders weil die zur Vornahme der Amtshandlung erforderlichen Dienstkräfte oder Einrichtungen fehlen, die Amtshandlung nicht selbst vornehmen kann,
3. zur Durchführung ihrer Aufgaben auf die Kenntnis von Tatsachen angewiesen ist, die ihr unbekannt sind und die sie selbst nicht ermitteln kann,
4. zur Durchführung ihrer Aufgaben Urkunden oder sonstige Beweismittel benötigt, die sich im Besitz der ersuchten Behörde befinden,
5. die Amtshandlung nur mit wesentlich größerem Aufwand vornehmen könnte als die ersuchte Behörde.

(2) Die ersuchte Behörde darf Hilfe nicht leisten, wenn sie hierzu aus rechtlichen Gründen nicht in der Lage ist.

(3) Die ersuchte Behörde braucht Hilfe nicht zu leisten, wenn

1. eine andere Behörde die Hilfe wesentlich einfacher oder mit wesentlich geringerem Aufwand leisten kann,
2. sie die Hilfe nur mit unverhältnismäßig großem Aufwand leisten könnte,
3. sie unter Berücksichtigung der Aufgaben der ersuchenden Finanzbehörde durch den Umfang der Hilfeleistung die Erfüllung ihrer eigenen Aufgaben ernstlich gefährden würde.

(4) Die ersuchte Behörde darf die Hilfe nicht deshalb verweigern, weil sie das Ersuchen aus anderen als den in Absatz 3 genannten Gründen oder weil sie die mit der Amtshilfe zu verwirklichende Maßnahme für unzweckmäßig hält.

(5) [1] Hält die ersuchte Behörde sich zur Hilfe nicht für verpflichtet, so teilt sie der ersuchenden Finanzbehörde ihre Auffassung mit. [2] Besteht diese auf der Amtshilfe, so entscheidet über die Verpflichtung zur Amtshilfe die gemeinsame fachlich zuständige Aufsichtsbehörde oder, sofern eine solche nicht besteht, die für die ersuchte Behörde fachlich zuständige Aufsichtsbehörde.

§ 113 Auswahl der Behörde. Kommen für die Amtshilfe mehrere Behörden in Betracht, so soll nach Möglichkeit eine Behörde der untersten Verwaltungsstufe des Verwaltungszweigs ersucht werden, dem die ersuchende Finanzbehörde angehört.

§ 114 Durchführung der Amtshilfe. (1) Die Zulässigkeit der Maßnahme, die durch die Amtshilfe verwirklicht werden soll, richtet sich nach dem für die ersuchende Finanzbehörde, die Durchführung der Amtshilfe nach dem für die ersuchte Behörde geltenden Recht.

(2) [1] Die ersuchende Finanzbehörde trägt gegenüber der ersuchten Behörde die Verantwortung für die Rechtmäßigkeit der zu treffenden Maßnahme. [2] Die ersuchte Behörde ist für die Durchführung der Amtshilfe verantwortlich.

§ 115 Kosten der Amtshilfe. (1) [1] Die ersuchende Finanzbehörde hat der ersuchten Behörde für die Amtshilfe keine Verwaltungsgebühr zu entrichten. [2] Auslagen hat sie der ersuchten Behörde auf Anforderung zu erstatten, wenn sie im Einzelfall 25 Euro übersteigen. [3] Leisten Behörden desselben Rechtsträgers einander Amtshilfe, so werden die Auslagen nicht erstattet.

(2) Nimmt die ersuchte Behörde zur Durchführung der Amtshilfe eine kostenpflichtige Amtshandlung vor, so stehen ihr die von einem Dritten hierfür

geschuldeten Kosten (Verwaltungsgebühren, Benutzungsgebühren und Auslagen) zu.

§ 116 Anzeige von Steuerstraftaten. (1)[1] [1]Gerichte und die Behörden von Bund, Ländern und kommunalen Trägern der öffentlichen Verwaltung, die nicht Finanzbehörden sind, haben Tatsachen, die sie dienstlich erfahren und die auf eine Steuerstraftat schließen lassen, dem Bundeszentralamt für Steuern oder, soweit bekannt, den für das Steuerstrafverfahren zuständigen Finanzbehörden mitzuteilen. [2]Soweit die für das Steuerstrafverfahren zuständigen Finanzbehörden nicht bereits erkennbar unmittelbar informiert worden sind, teilt das Bundeszentralamt für Steuern ihnen diese Tatsachen mit. [3]Die für das Steuerstrafverfahren zuständigen Finanzbehörden, ausgenommen die Behörden der Bundeszollverwaltung, übermitteln die Mitteilung an das Bundeszentralamt für Steuern, soweit dieses nicht bereits erkennbar unmittelbar in Kenntnis gesetzt worden ist.

(2) § 105 Abs. 2 gilt entsprechend.

§ 117 Zwischenstaatliche Rechts- und Amtshilfe in Steuersachen.

(1) Die Finanzbehörden können zwischenstaatliche Rechts- und Amtshilfe nach Maßgabe des deutschen Rechts in Anspruch nehmen.

(2)[2] Die Finanzbehörden können zwischenstaatliche Rechts- und Amtshilfe auf Grund innerstaatlich anwendbarer völkerrechtlicher Vereinbarungen, innerstaatlich anwendbarer Rechtsakte der Europäischen Union sowie des EU-Amtshilfegesetzes[3] leisten.

(3) [1]Die Finanzbehörden können nach pflichtgemäßem Ermessen zwischenstaatliche Rechts- und Amtshilfe auf Ersuchen auch in anderen Fällen leisten, wenn

1. die Gegenseitigkeit verbürgt ist,
2. der ersuchende Staat gewährleistet, dass die übermittelten Auskünfte und Unterlagen nur für Zwecke seines Besteuerungs- oder Steuerstrafverfahrens (einschließlich Ordnungswidrigkeitenverfahren) verwendet werden, und dass die übermittelten Auskünfte und Unterlagen nur solchen Personen, Behörden oder Gerichten zugänglich gemacht werden, die mit der Bearbeitung der Steuersache oder Verfolgung der Steuerstraftat befasst sind,
3. der ersuchende Staat zusichert, dass er bereit ist, bei den Steuern vom Einkommen, Ertrag und Vermögen eine mögliche Doppelbesteuerung im Verständigungswege durch eine sachgerechte Abgrenzung der Besteuerungsgrundlagen zu vermeiden und
4. die Erledigung des Ersuchens die Souveränität, die Sicherheit, die öffentliche Ordnung oder andere wesentliche Interessen des Bundes oder seiner Gebietskörperschaften nicht beeinträchtigt und keine Gefahr besteht, dass dem inländischen Beteiligten ein mit dem Zweck der Rechts- und Amtshilfe

---

[1] § 116 Abs. 1 neu gef. durch G v. 5.9.2006 (BGBl. I S. 2098); Sätze 1 und 2 geänd., Satz 3 angef. durch G v. 20.12.2007 (BGBl. I S. 3150).
[2] § 117 Abs. 2 geänd. mWv 1.1.2013 durch G v. 26.6.2013 (BGBl. I S. 1809).
[3] Das EUAHiG v. 26.6.2013 (BGBl. I S. 1809), zuletzt geänd. durch G v. 21.12.2019 (BGBl. I S. 2875) dient der Umsetzung der Richtlinie 2011/16/EU des Rates v. 15.2.2011 über die Zusammenarbeit der Verwaltungsbehörden im Bereich der Besteuerung und zur Aufhebung der Richtlinie 77/799/EWG.

nicht zu vereinbarender Schaden entsteht, falls ein Handels-, Industrie-, Gewerbe- oder Berufsgeheimnis oder ein Geschäftsverfahren, das auf Grund des Ersuchens offenbart werden soll, preisgegeben wird.

[2]Soweit die zwischenstaatliche Rechts- und Amtshilfe Steuern betrifft, die von den Landesfinanzbehörden verwaltet werden, entscheidet das Bundesministerium der Finanzen im Einvernehmen mit der zuständigen obersten Landesbehörde.

(4)[1] [1]Bei der Durchführung der Rechts- und Amtshilfe richten sich die Befugnisse der Finanzbehörden sowie die Rechte und Pflichten der Beteiligten und anderer Personen nach den für Steuern im Sinne von § 1 Abs. 1 geltenden Vorschriften. [2]§ 114 findet entsprechende Anwendung. [3]Bei der Übermittlung von Auskünften und Unterlagen gilt für inländische Beteiligte § 91 entsprechend; soweit die Rechts- und Amtshilfe Steuern betrifft, die von den Landesfinanzbehörden verwaltet werden, hat eine Anhörung des inländischen Beteiligten abweichend von § 91 Abs. 1 stets stattzufinden, es sei denn, die Umsatzsteuer ist betroffen, es findet ein Informationsaustausch auf Grund des EU-Amtshilfegesetzes statt oder es liegt eine Ausnahme nach § 91 Abs. 2 oder 3 vor.

(5) Das Bundesministerium der Finanzen wird ermächtigt, zur Förderung der zwischenstaatlichen Zusammenarbeit durch Rechtsverordnung mit Zustimmung des Bundesrates völkerrechtliche Vereinbarungen über die gegenseitige Rechts- und Amtshilfe auf dem Gebiete des Zollwesens in Kraft zu setzen, wenn sich die darin übernommenen Verpflichtungen im Rahmen der nach diesem Gesetz zulässigen zwischenstaatlichen Rechts- und Amtshilfe halten.

§ 117a[2] Übermittlung personenbezogener Daten an Mitgliedstaaten der Europäischen Union. (1) [1]Auf ein Ersuchen einer für die Verhütung und Verfolgung von Straftaten zuständigen öffentlichen Stelle eines Mitgliedstaates der Europäischen Union können die mit der Steuerfahndung betrauten Dienststellen der Finanzbehörden personenbezogene Daten, die in Zusammenhang mit dem in § 208 bestimmten Aufgabenbereich stehen, zum Zweck der Verhütung von Straftaten übermitteln. [2]Für die Übermittlung dieser Daten gelten die Vorschriften über die Datenübermittlung im innerstaatlichen Bereich entsprechend.

(2) Die Übermittlung personenbezogener Daten nach Absatz 1 ist nur zulässig, wenn das Ersuchen mindestens folgende Angaben enthält:

1. die Bezeichnung und die Anschrift der ersuchenden Behörde,

2. die Bezeichnung der Straftat, zu deren Verhütung die Daten benötigt werden,

3. die Beschreibung des Sachverhalts, der dem Ersuchen zugrunde liegt,

4. die Benennung des Zwecks, zu dem die Daten erbeten werden,

5. den Zusammenhang zwischen dem Zweck, zu dem die Informationen oder Erkenntnisse erbeten werden, und der Person, auf die sich diese Informationen beziehen,

---

[1] § 117 Abs. 4 Satz 3 geänd. mWv 1.1.2013 durch G v. 26.6.2013 (BGBl. I S. 1809).
[2] § 117a eingef. mWv 26.7.2012 durch G v. 21.7.2012 (BGBl. I S. 1566).

6. Einzelheiten zur Identität der betroffenen Person, sofern sich das Ersuchen auf eine bekannte Person bezieht, und

7. Gründe für die Annahme, dass sachdienliche Informationen und Erkenntnisse im Inland vorliegen.

(3) Die mit der Steuerfahndung betrauten Dienststellen der Finanzbehörden können auch ohne Ersuchen personenbezogene Daten im Sinne von Absatz 1 an eine für die Verhütung und Verfolgung von Straftaten zuständige öffentliche Stelle eines Mitgliedstaates der Europäischen Union übermitteln, wenn im Einzelfall die Gefahr der Begehung einer Straftat im Sinne des Artikels 2 Absatz 2 des Rahmenbeschlusses 2002/584/JI des Rates vom 13. Juni 2002 über den Europäischen Haftbefehl und die Übergabeverfahren zwischen den Mitgliedstaaten (ABl. L 190 vom 18.7.2002, S. 1), der zuletzt durch den Rahmenbeschluss 2009/299/JI (ABl. L 81 vom 27.3.2009, S. 24) geändert worden ist, besteht und konkrete Anhaltspunkte dafür vorliegen, dass die Übermittlung dieser personenbezogenen Daten dazu beitragen könnte, eine solche Straftat zu verhindern.

(4) [1] Für die Übermittlung der Daten nach Absatz 3 gelten die Vorschriften über die Datenübermittlung im innerstaatlichen Bereich entsprechend. [2] Die Datenübermittlung unterbleibt, soweit, auch unter Berücksichtigung des besonderen öffentlichen Interesses an der Datenübermittlung, im Einzelfall schutzwürdige Interessen der betroffenen Person überwiegen. [3] Zu den schutzwürdigen Interessen gehört auch das Vorhandensein eines angemessenen Datenschutzniveaus im Empfängerstaat. [4] Die schutzwürdigen Interessen der betroffenen Personen können auch dadurch gewahrt werden, dass der Empfängerstaat oder die empfangende zwischen- oder überstaatliche Stelle im Einzelfall einen Schutz der übermittelten Daten garantiert.

(5) Die Datenübermittlung nach den Absätzen 1 und 3 unterbleibt, wenn

1. hierdurch wesentliche Sicherheitsinteressen des Bundes oder der Länder beeinträchtigt würden,

2. die Übermittlung der Daten zu den in Artikel 6 des Vertrages über die Europäische Union enthaltenen Grundsätzen in Widerspruch stünde,

3. die zu übermittelnden Daten bei der ersuchten Behörde nicht vorhanden sind und nur durch das Ergreifen von Zwangsmaßnahmen erlangt werden können oder

4. die Übermittlung der Daten unverhältnismäßig wäre oder die Daten für die Zwecke, für die sie übermittelt werden sollen, nicht erforderlich sind.

(6) Die Datenübermittlung nach den Absätzen 1 und 3 kann unterbleiben, wenn

1. die zu übermittelnden Daten bei den mit der Steuerfahndung betrauten Dienststellen der Finanzbehörden nicht vorhanden sind, jedoch ohne das Ergreifen von Zwangsmaßnahmen erlangt werden können,

2. hierdurch der Erfolg laufender Ermittlungen oder Leib, Leben oder Freiheit einer Person gefährdet würde oder

3. die Tat, zu deren Verhütung die Daten übermittelt werden sollen, nach deutschem Recht mit einer Freiheitsstrafe von im Höchstmaß einem Jahr oder weniger bedroht ist.

(7) Als für die Verhütung und Verfolgung von Straftaten zuständige öffentliche Stelle eines Mitgliedstaates der Europäischen Union im Sinne der Absätze 1 und 3 gilt jede Stelle, die von diesem Staat gemäß Artikel 2 Buchstabe a des Rahmenbeschlusses 2006/960/JI des Rates vom 18. Dezember 2006 über die Vereinfachung des Austauschs von Informationen und Erkenntnissen zwischen den Strafverfolgungsbehörden der Mitgliedstaaten der Europäischen Union (ABl. L 386 vom 29.12.2006, S. 89, L 75 vom 15.3.2007, S. 26) benannt wurde.

(8) Die Absätze 1 bis 7 sind auch anzuwenden auf die Übermittlung von personenbezogenen Daten an für die Verhütung und Verfolgung von Straftaten zuständige öffentliche Stellen eines Schengen-assoziierten Staates im Sinne von § 91 Absatz 3 des Gesetzes über die internationale Rechtshilfe in Strafsachen.

§ 117b[1]) **Verwendung von den nach dem Rahmenbeschluss 2006/960/JI des Rates übermittelten Daten.** (1) [1]Daten, die nach dem Rahmenbeschluss 2006/960/JI an die mit der Steuerfahndung betrauten Dienststellen der Finanzbehörden übermittelt worden sind, dürfen nur für die Zwecke, für die sie übermittelt wurden, oder zur Abwehr einer gegenwärtigen und erheblichen Gefahr für die öffentliche Sicherheit verwendet werden. [2]Für einen anderen Zweck oder als Beweismittel in einem gerichtlichen Verfahren dürfen sie nur verwendet werden, wenn der übermittelnde Staat zugestimmt hat. [3]Von dem übermittelnden Staat für die Verwendung der Daten gestellte Bedingungen sind zu beachten.

(2) Die mit der Steuerfahndung betrauten Dienststellen der Finanzbehörden erteilen dem übermittelnden Staat auf dessen Ersuchen zu Zwecken der Datenschutzkontrolle Auskunft darüber, wie die übermittelten Daten verwendet wurden.

§ 117c[2]) **Umsetzung innerstaatlich anwendbarer völkerrechtlicher Vereinbarungen zur Förderung der Steuerehrlichkeit bei internationalen Sachverhalten.** (1)[3] [1]Das Bundesministerium der Finanzen wird ermächtigt, zur Erfüllung von Verpflichtungen aus innerstaatlich anwendbaren völkerrechtlichen Vereinbarungen, die der Förderung der Steuerehrlichkeit durch systematische Erhebung und Übermittlung steuerlich relevanter Daten dienen, durch Rechtsverordnungen mit Zustimmung des Bundesrates Regelungen zu treffen über

1. die Erhebung der nach diesen Vereinbarungen erforderlichen Daten durch in diesen Vereinbarungen dem Grunde nach bestimmte Dritte,
2. die Übermittlung dieser Daten nach amtlich vorgeschriebenem Datensatz im Wege der Datenfernübertragung an das Bundeszentralamt für Steuern,
3. die Weiterleitung dieser Daten an die zuständige Behörde des anderen Vertragsstaates sowie
4. die Entgegennahme entsprechender Daten von dem anderen Vertragsstaat und deren Weiterleitung nach Maßgabe des § 88 Absatz 3 und 4 an die zuständige Landesfinanzbehörde.

---

[1]) § 117b eingef. mWv 26.7.2012 durch G v. 21.7.2012 (BGBl. I S. 1566).
[2]) § 117c eingef. mWv 24.12.2013 durch G v. 18.12.2013 (BGBl. I S. 4318).
[3]) § 117c Abs. 1 Satz 2 aufgeh. mWv 1.1.2017 durch G v. 18.7.2016 (BGBl. I S. 1679); Satz 1 neu gef., Sätze 2 und 3 angef. mWv 1.1.2017 durch G v. 20.12.2016 (BGBl. I S. 3000).

[2]In einer Rechtsverordnung nach Satz 1 kann dem Bundeszentralamt für Steuern das Recht eingeräumt werden, die Daten und Meldungen nach § 9 Absatz 1 und 2 der FATCA-USA-Umsetzungsverordnung zur Erfüllung der dem Bundeszentralamt für Steuern gesetzlich übertragenen Aufgaben auszuwerten. [3]Auswertungen der Meldungen nach § 9 Absatz 2 der FATCA-USA-Umsetzungsverordnung durch die jeweils zuständige Landesfinanzbehörde bleiben hiervon unberührt.

(2)[1)] Bei der Übermittlung von Daten durch das Bundeszentralamt für Steuern an die zuständige Finanzbehörde des anderen Vertragsstaates nach einer auf Grund des Absatzes 1 Satz 1 erlassenen Rechtsverordnung findet eine Anhörung der Beteiligten nicht statt.

(3) [1]Das Bundeszentralamt für Steuern ist berechtigt, Verhältnisse, die für die Erfüllung der Pflichten zur Erhebung und Übermittlung von Daten nach einer auf Grund des Absatzes 1 erlassenen Rechtsverordnung von Bedeutung sind oder der Aufklärung bedürfen, bei den zur Erhebung dieser Daten und deren Übermittlung an das Bundeszentralamt für Steuern Verpflichteten zu prüfen. [2]Die §§ 193 bis 203 gelten sinngemäß.

(4)[2)] [1]Die auf Grund einer Rechtsverordnung nach Absatz 1 oder im Rahmen einer Prüfung nach Absatz 3 vom Bundeszentralamt für Steuern erhobenen Daten dürfen nur für die in den zugrunde liegenden völkerrechtlichen Vereinbarungen festgelegten Zwecke verwendet werden. [2]Bei der Übermittlung der länderbezogenen Berichte durch das Bundeszentralamt für Steuern gemäß § 138a Absatz 7 Satz 1 bis 3 findet keine Anhörung der Beteiligten statt.

§ 117d[3)] Statistiken über die zwischenstaatliche Amts- und Rechtshilfe. [1]Informationen, die im Zuge der zwischenstaatlichen Amts- und Rechtshilfe verarbeitet werden, dürfen statistisch pseudonymisiert oder anonymisiert aufbereitet werden. [2]Diese statistischen Daten dürfen öffentlich zugänglich gemacht werden.

Zweiter Abschnitt. Verwaltungsakte

§ 118 Begriff des Verwaltungsakts. [1]Verwaltungsakt ist jede Verfügung, Entscheidung oder andere hoheitliche Maßnahme, die eine Behörde zur Regelung eines Einzelfalls auf dem Gebiet des öffentlichen Rechts trifft und die auf unmittelbare Rechtswirkung nach außen gerichtet ist. [2]Allgemeinverfügung ist ein Verwaltungsakt, der sich an einen nach allgemeinen Merkmalen bestimmten oder bestimmbaren Personenkreis richtet oder die öffentlich-rechtliche Eigenschaft einer Sache oder ihre Benutzung durch die Allgemeinheit betrifft.

§ 119 Bestimmtheit und Form des Verwaltungsakts. (1) Ein Verwaltungsakt muss inhaltlich hinreichend bestimmt sein.

[1)] § 117c Abs. 2 Satz 2 aufgeh. mWv 25.6.2017 durch G v. 23.6.2017 (BGBl. I S. 1682); zur Anwendung siehe Art. 97 § 1 Abs. 12 Satz 1 EGAO (Nr. **1.1**).

[2)] § 117c Abs. 4 Satz 2 angef. mWv 24.12.2016 durch G v. 20.12.2016 (BGBl. I S. 3000); Satz 2 geänd. mWv 25.6.2017 durch G v. 23.6.2017 (BGBl. I S. 1682); zur Anwendung siehe Art. 97 § 1 Abs. 12 Satz 1 EGAO (Nr. **1.1**).

[3)] § 117d eingef. mWv 18.12.2019 durch G v. 12.12.2019 (BGBl. I S. 2451); zur Anwendung siehe Art. 97 § 1 Abs. 13 EGAO (Nr. **1.1**).

(2)[1]) [1] Ein Verwaltungsakt kann schriftlich, elektronisch, mündlich oder in anderer Weise erlassen werden. [2] Ein mündlicher Verwaltungsakt ist schriftlich zu bestätigen, wenn hieran ein berechtigtes Interesse besteht und die betroffene Person dies unverzüglich verlangt.

(3)[2]) [1] Ein schriftlich oder elektronisch erlassener Verwaltungsakt muss die erlassende Behörde erkennen lassen. [2] Ferner muss er die Unterschrift oder die Namenswiedergabe des Behördenleiters, seines Vertreters oder seines Beauftragten enthalten; dies gilt nicht für einen Verwaltungsakt, der formularmäßig oder mit Hilfe automatischer Einrichtungen erlassen wird. [3] Ist für einen Verwaltungsakt durch Gesetz eine Schriftform angeordnet, so muss bei einem elektronischen Verwaltungsakt auch das der Signatur zugrunde liegende qualifizierte Zertifikat oder ein zugehöriges qualifiziertes Attributzertifikat die erlassende Behörde erkennen lassen. [4] Im Falle des § 87a Absatz 4 Satz 3 muss die Bestätigung nach § 5 Absatz 5 des De-Mail-Gesetzes die erlassende Finanzbehörde als Nutzer des De-Mail-Kontos erkennen lassen.

§ 120 Nebenbestimmungen zum Verwaltungsakt.

(1) Ein Verwaltungsakt, auf den ein Anspruch besteht, darf mit einer Nebenbestimmung nur versehen werden, wenn sie durch Rechtsvorschrift zugelassen ist oder wenn sie sicherstellen soll, dass die gesetzlichen Voraussetzungen des Verwaltungsakts erfüllt werden.

(2) Unbeschadet des Absatzes 1 darf ein Verwaltungsakt nach pflichtgemäßem Ermessen erlassen werden mit

1. einer Bestimmung, nach der eine Vergünstigung oder Belastung zu einem bestimmten Zeitpunkt beginnt, endet oder für einen bestimmten Zeitraum gilt (Befristung),

2. einer Bestimmung, nach der der Eintritt oder der Wegfall einer Vergünstigung oder einer Belastung von dem ungewissen Eintritt eines zukünftigen Ereignisses abhängt (Bedingung),

3. einem Vorbehalt des Widerrufs

oder verbunden werden mit

4. einer Bestimmung, durch die dem Begünstigten ein Tun, Dulden oder Unterlassen vorgeschrieben wird (Auflage),

5. einem Vorbehalt der nachträglichen Aufnahme, Änderung oder Ergänzung einer Auflage.

(3) Eine Nebenbestimmung darf dem Zweck des Verwaltungsakts nicht zuwiderlaufen.

§ 121 Begründung des Verwaltungsakts.

(1) Ein schriftlicher, elektronischer sowie ein schriftlich oder elektronisch bestätigter Verwaltungsakt ist mit einer Begründung zu versehen, soweit dies zu seinem Verständnis erforderlich ist.

(2) Einer Begründung bedarf es nicht,

1. soweit die Finanzbehörde einem Antrag entspricht oder einer Erklärung folgt und der Verwaltungsakt nicht in Rechte eines anderen eingreift,

---

[1]) § 119 Abs. 2 Satz 2 geänd. mWv 26.11.2019 durch G v. 20.11.2019 (BGBl. I S. 1626).
[2]) § 119 Abs. 3 Satz 4 angef. mWv 1.8.2013 durch G v. 25.7.2013 (BGBl. I S. 2749).

2. soweit demjenigen, für den der Verwaltungsakt bestimmt ist oder der von ihm betroffen wird, die Auffassung der Finanzbehörde über die Sach- und Rechtslage bereits bekannt oder auch ohne Begründung für ihn ohne weiteres erkennbar ist,

3. wenn die Finanzbehörde gleichartige Verwaltungsakte in größerer Zahl oder Verwaltungsakte mit Hilfe automatischer Einrichtungen erlässt und die Begründung nach den Umständen des Einzelfalls nicht geboten ist,

4. wenn sich dies aus einer Rechtsvorschrift ergibt,

5. wenn eine Allgemeinverfügung öffentlich bekannt gegeben wird.

§ 122 Bekanntgabe des Verwaltungsakts. (1)[1] [1]Ein Verwaltungsakt ist demjenigen Beteiligten bekannt zu geben, für den er bestimmt ist oder der von ihm betroffen wird. [2]§ 34 Abs. 2 ist entsprechend anzuwenden. [3]Der Verwaltungsakt kann auch gegenüber einem Bevollmächtigten bekannt gegeben werden. [4]Er soll dem Bevollmächtigten bekannt gegeben werden, wenn der Finanzbehörde eine schriftliche oder eine nach amtlich vorgeschriebenem Datensatz elektronisch übermittelte Empfangsvollmacht vorliegt, solange dem Bevollmächtigten nicht eine Zurückweisung nach § 80 Absatz 7 bekannt gegeben worden ist.

(2) Ein schriftlicher Verwaltungsakt, der durch die Post übermittelt wird, gilt als bekannt gegeben

1. bei einer Übermittlung im Inland am dritten Tage nach der Aufgabe zur Post,[2]

2. bei einer Übermittlung im Ausland einen Monat nach der Aufgabe zur Post,

außer wenn er nicht oder zu einem späteren Zeitpunkt zugegangen ist; im Zweifel hat die Behörde den Zugang des Verwaltungsakts und den Zeitpunkt des Zugangs nachzuweisen.

(2a) Ein elektronisch übermittelter Verwaltungsakt gilt am dritten Tage nach der Absendung als bekannt gegeben, außer wenn er nicht oder zu einem späteren Zeitpunkt zugegangen ist; im Zweifel hat die Behörde den Zugang des Verwaltungsakts und den Zeitpunkt des Zugangs nachzuweisen.

(3) [1]Ein Verwaltungsakt darf öffentlich bekannt gegeben werden, wenn dies durch Rechtsvorschrift zugelassen ist. [2]Eine Allgemeinverfügung darf auch dann öffentlich bekannt gegeben werden, wenn eine Bekanntgabe an die Beteiligten untunlich ist.

(4) [1]Die öffentliche Bekanntgabe eines Verwaltungsakts wird dadurch bewirkt, dass sein verfügender Teil ortsüblich bekannt gemacht wird. [2]In der ortsüblichen Bekanntmachung ist anzugeben, wo der Verwaltungsakt und seine Begründung eingesehen werden können. [3]Der Verwaltungsakt gilt zwei Wochen nach dem Tag der ortsüblichen Bekanntmachung als bekannt gegeben. [4]In einer Allgemeinverfügung kann ein hiervon abweichender Tag, jedoch frühestens der auf die Bekanntmachung folgende Tag bestimmt werden.

(5)[3] [1]Ein Verwaltungsakt wird zugestellt, wenn dies gesetzlich vorgeschrieben ist oder behördlich angeordnet wird. [2]Die Zustellung richtet sich vor-

---

[1] § 122 Abs. 1 Satz 4 angef. mWv 1.1.2017 durch G v. 18.7.2016 (BGBl. I S. 1679).
[2] Für den Fall, dass das Fristende auf einen Sonntag, ges. Feiertag oder Sonnabend fällt, vgl. BFH v. 14.10.2003 (BStBl. II S. 898).
[3] § 122 Abs. 5 neu gef. mWv 1.1.2017 durch G v. 18.7.2016 (BGBl. I S. 1679).

behaltlich des Satzes 3 nach den Vorschriften des Verwaltungszustellungsgesetzes. ³Für die Zustellung an einen Bevollmächtigten gilt abweichend von § 7 Absatz 1 Satz 2 des Verwaltungszustellungsgesetzes Absatz 1 Satz 4 entsprechend.

(6) Die Bekanntgabe eines Verwaltungsakts an einen Beteiligten zugleich mit Wirkung für und gegen andere Beteiligte ist zulässig, soweit die Beteiligten einverstanden sind; diese Beteiligten können nachträglich eine Abschrift des Verwaltungsakts verlangen.

(7)¹⁾ ¹Betreffen Verwaltungsakte

1. Ehegatten oder Lebenspartner oder

2. Ehegatten mit ihren Kindern, Lebenspartner mit ihren Kindern oder Alleinstehende mit ihren Kindern,

so reicht es für die Bekanntgabe an alle Beteiligten aus, wenn ihnen eine Ausfertigung unter ihrer gemeinsamen Anschrift übermittelt wird. ²Die Verwaltungsakte sind den Beteiligten einzeln bekannt zu geben, soweit sie dies beantragt haben oder soweit der Finanzbehörde bekannt ist, dass zwischen ihnen ernstliche Meinungsverschiedenheiten bestehen.

§ 122a²⁾ Bekanntgabe von Verwaltungsakten durch Bereitstellung zum Datenabruf. (1) Verwaltungsakte können mit Einwilligung des Beteiligten oder der von ihm bevollmächtigten Person bekannt gegeben werden, indem sie zum Datenabruf durch Datenfernübertragung bereitgestellt werden.

(2) ¹Die Einwilligung kann jederzeit mit Wirkung für die Zukunft widerrufen werden. ²Der Widerruf wird der Finanzbehörde gegenüber erst wirksam, wenn er ihr zugeht.

(3) Für den Datenabruf hat sich die abrufberechtigte Person nach Maßgabe des § 87a Absatz 8 zu authentisieren.

(4) ¹Ein zum Abruf bereitgestellter Verwaltungsakt gilt am dritten Tag nach Absendung der elektronischen Benachrichtigung über die Bereitstellung der Daten an die abrufberechtigte Person als bekannt gegeben. ²Im Zweifel hat die Behörde den Zugang der Benachrichtigung nachzuweisen. ³Kann die Finanzbehörde den von der abrufberechtigten Person bestrittenen Zugang der Benachrichtigung nicht nachweisen, gilt der Verwaltungsakt an dem Tag als bekannt gegeben, an dem die abrufberechtigte Person den Datenabruf durchgeführt hat. ⁴Das Gleiche gilt, wenn die abrufberechtigte Person unwiderlegbar vorträgt, die Benachrichtigung nicht innerhalb von drei Tagen nach der Absendung erhalten zu haben.

(5)³⁾ Entscheidet sich die Finanzbehörde, den Verwaltungsakt im Postfach des Nutzerkontos nach dem Onlinezugangsgesetz zum Datenabruf bereitzustellen, gelten abweichend von § 9 Absatz 1 Satz 3 bis 6 des Onlinezugangsgesetzes die Regelungen des Absatzes 4.

---

¹⁾ § 122 Abs. 7 Satz 1 neu gef. durch G v. 18.7.2014 (BGBl. I S. 1042); zur Anwendung siehe Art. 97 § 1 Abs. 10 Satz 2 EGAO (Nr. **1.1**).
²⁾ § 122a eingef. mWv 1.1.2017 durch G v. 18.7.2016 (BGBl. I S. 1679); zur Anwendung siehe Art. 97 § 28 EGAO (Nr. **1.1**).
³⁾ § 122a Abs. 5 angef. mWv 10.12.2020 durch G v. 3.12.2020 (BGBl. I S. 2668).

§ 123[1] Bestellung eines Empfangsbevollmächtigten. [1]Ein Beteiligter ohne Wohnsitz oder gewöhnlichen Aufenthalt, Sitz oder Geschäftsleitung im Inland, in einem anderen Mitgliedstaat der Europäischen Union oder in einem Staat, auf den das Abkommen über den Europäischen Wirtschaftsraum anwendbar ist, hat der Finanzbehörde auf Verlangen innerhalb einer angemessenen Frist einen Empfangsbevollmächtigten im Inland zu benennen. [2]Unterlässt er dies, so gilt ein an ihn gerichtetes Schriftstück einen Monat nach der Aufgabe zur Post und ein elektronisch übermitteltes Dokument am dritten Tage nach der Absendung als zugegangen. [3]Dies gilt nicht, wenn feststeht, dass das Schriftstück oder das elektronische Dokument den Empfänger nicht oder zu einem späteren Zeitpunkt erreicht hat. [4]Auf die Rechtsfolgen der Unterlassung ist der Beteiligte hinzuweisen.

§ 124 Wirksamkeit des Verwaltungsakts. (1) [1]Ein Verwaltungsakt wird gegenüber demjenigen, für den er bestimmt ist oder der von ihm betroffen wird, in dem Zeitpunkt wirksam, in dem er ihm bekannt gegeben wird. [2]Der Verwaltungsakt wird mit dem Inhalt wirksam, mit dem er bekannt gegeben wird.

(2) Ein Verwaltungsakt bleibt wirksam, solange und soweit er nicht zurückgenommen, widerrufen, anderweitig aufgehoben oder durch Zeitablauf oder auf andere Weise erledigt ist.

(3) Ein nichtiger Verwaltungsakt ist unwirksam.

§ 125 Nichtigkeit des Verwaltungsakts. (1) Ein Verwaltungsakt ist nichtig, soweit er an einem besonders schwerwiegenden Fehler leidet und dies bei verständiger Würdigung aller in Betracht kommenden Umstände offenkundig ist.

(2) Ohne Rücksicht auf das Vorliegen der Voraussetzungen des Absatzes 1 ist ein Verwaltungsakt nichtig,

1. der schriftlich oder elektronisch erlassen worden ist, die erlassende Finanzbehörde aber nicht erkennen lässt,

2. den aus tatsächlichen Gründen niemand befolgen kann,

3. der die Begehung einer rechtswidrigen Tat verlangt, die einen Straf- oder Bußgeldtatbestand verwirklicht,

4. der gegen die guten Sitten verstößt.

(3) Ein Verwaltungsakt ist nicht schon deshalb nichtig, weil

1. Vorschriften über die örtliche Zuständigkeit nicht eingehalten worden sind,

2. eine nach § 82 Abs. 1 Satz 1 Nr. 2 bis 6 und Satz 2 ausgeschlossene Person mitgewirkt hat,

3. ein durch Rechtsvorschrift zur Mitwirkung berufener Ausschuss den für den Erlass des Verwaltungsakts vorgeschriebenen Beschluss nicht gefasst hat oder nicht beschlussfähig war,

4. die nach einer Rechtsvorschrift erforderliche Mitwirkung einer anderen Behörde unterblieben ist.

---

[1] § 123 Satz 1 neu gef. mWv 6.11.2015 durch G v. 2.11.2015 (BGBl. I S. 1834).

(4) Betrifft die Nichtigkeit nur einen Teil des Verwaltungsakts, so ist er im Ganzen nichtig, wenn der nichtige Teil so wesentlich ist, dass die Finanzbehörde den Verwaltungsakt ohne den nichtigen Teil nicht erlassen hätte.

(5) Die Finanzbehörde kann die Nichtigkeit jederzeit von Amts wegen feststellen; auf Antrag ist sie festzustellen, wenn der Antragsteller hieran ein berechtigtes Interesse hat.

§ 126 Heilung von Verfahrens- und Formfehlern. (1) Eine Verletzung von Verfahrens- oder Formvorschriften, die nicht den Verwaltungsakt nach § 125 nichtig macht, ist unbeachtlich, wenn

1. der für den Verwaltungsakt erforderliche Antrag nachträglich gestellt wird,

2. die erforderliche Begründung nachträglich gegeben wird,

3. die erforderliche Anhörung eines Beteiligten nachgeholt wird,

4. der Beschluss eines Ausschusses, dessen Mitwirkung für den Erlass des Verwaltungsakts erforderlich ist, nachträglich gefasst wird,

5. die erforderliche Mitwirkung einer anderen Behörde nachgeholt wird.

(2) Handlungen nach Absatz 1 Nr. 2 bis 5 können bis zum Abschluss der Tatsacheninstanz eines finanzgerichtlichen Verfahrens nachgeholt werden.

(3) [1] Fehlt einem Verwaltungsakt die erforderliche Begründung oder ist die erforderliche Anhörung eines Beteiligten vor Erlass des Verwaltungsakts unterblieben und ist dadurch die rechtzeitige Anfechtung des Verwaltungsakts versäumt worden, so gilt die Versäumung der Einspruchsfrist als nicht verschuldet. [2] Das für die Wiedereinsetzungsfrist nach § 110 Abs. 2 maßgebende Ereignis tritt im Zeitpunkt der Nachholung der unterlassenen Verfahrenshandlung ein.

§ 127 Folgen von Verfahrens- und Formfehlern. Die Aufhebung eines Verwaltungsakts, der nicht nach § 125 nichtig ist, kann nicht allein deshalb beansprucht werden, weil er unter Verletzung von Vorschriften über das Verfahren, die Form oder die örtliche Zuständigkeit zustande gekommen ist, wenn keine andere Entscheidung in der Sache hätte getroffen werden können.

§ 128 Umdeutung eines fehlerhaften Verwaltungsakts. (1) Ein fehlerhafter Verwaltungsakt kann in einen anderen Verwaltungsakt umgedeutet werden, wenn er auf das gleiche Ziel gerichtet ist, von der erlassenden Finanzbehörde in der geschehenen Verfahrensweise und Form rechtmäßig hätte erlassen werden können und wenn die Voraussetzungen für dessen Erlass erfüllt sind.

(2)[1] [1] Absatz 1 gilt nicht, wenn der Verwaltungsakt, in den der fehlerhafte Verwaltungsakt umzudeuten wäre, der erkennbaren Absicht der erlassenden Finanzbehörde widerspräche oder seine Rechtsfolgen für die betroffene Person ungünstiger wären als die des fehlerhaften Verwaltungsakts. [2] Eine Umdeutung ist ferner unzulässig, wenn der fehlerhafte Verwaltungsakt nicht zurückgenommen werden dürfte.

(3) Eine Entscheidung, die nur als gesetzlich gebundene Entscheidung ergehen kann, kann nicht in eine Ermessensentscheidung umgedeutet werden.

(4) § 91 ist entsprechend anzuwenden.

---

[1] § 128 Abs. 2 Satz 1 geänd. mWv 26.11.2019 durch G v. 20.11.2019 (BGBl. I S. 1626).

§ 129 Offenbare Unrichtigkeiten beim Erlass eines Verwaltungsakts.
[1] Die Finanzbehörde kann Schreibfehler, Rechenfehler und ähnliche offenbare Unrichtigkeiten, die beim Erlass eines Verwaltungsakts unterlaufen sind, jederzeit berichtigen. [2] Bei berechtigtem Interesse des Beteiligten ist zu berichtigen. [3] Wird zu einem schriftlich ergangenen Verwaltungsakt die Berichtigung begehrt, ist die Finanzbehörde berechtigt, die Vorlage des Schriftstücks zu verlangen, das berichtigt werden soll.

§ 130 Rücknahme eines rechtswidrigen Verwaltungsakts. (1) Ein rechtswidriger Verwaltungsakt kann, auch nachdem er unanfechtbar geworden ist, ganz oder teilweise mit Wirkung für die Zukunft oder für die Vergangenheit zurückgenommen werden.

(2) Ein Verwaltungsakt, der ein Recht oder einen rechtlich erheblichen Vorteil begründet oder bestätigt hat (begünstigender Verwaltungsakt), darf nur dann zurückgenommen werden, wenn

1. er von einer sachlich unzuständigen Behörde erlassen worden ist,
2. er durch unlautere Mittel wie arglistige Täuschung, Drohung oder Bestechung erwirkt worden ist,
3. ihn der Begünstigte durch Angaben erwirkt hat, die in wesentlicher Beziehung unrichtig oder unvollständig waren,
4. seine Rechtswidrigkeit dem Begünstigten bekannt oder infolge grober Fahrlässigkeit nicht bekannt war.

(3) [1] Erhält die Finanzbehörde von Tatsachen Kenntnis, welche die Rücknahme eines rechtswidrigen begünstigenden Verwaltungsakts rechtfertigen, so ist die Rücknahme nur innerhalb eines Jahres seit dem Zeitpunkt der Kenntnisnahme zulässig. [2] Dies gilt nicht im Fall des Absatzes 2 Nr. 2.

(4) Über die Rücknahme entscheidet nach Unanfechtbarkeit des Verwaltungsakts die nach den Vorschriften über die örtliche Zuständigkeit zuständige Finanzbehörde; dies gilt auch dann, wenn der zurückzunehmende Verwaltungsakt von einer anderen Finanzbehörde erlassen worden ist; § 26 Satz 2 bleibt unberührt.

§ 131 Widerruf eines rechtmäßigen Verwaltungsakts. (1) Ein rechtmäßiger nicht begünstigender Verwaltungsakt kann, auch nachdem er unanfechtbar geworden ist, ganz oder teilweise mit Wirkung für die Zukunft widerrufen werden, außer wenn ein Verwaltungsakt gleichen Inhalts erneut erlassen werden müsste oder aus anderen Gründen ein Widerruf unzulässig ist.

(2) [1] Ein rechtmäßiger begünstigender Verwaltungsakt darf, auch nachdem er unanfechtbar geworden ist, ganz oder teilweise mit Wirkung für die Zukunft nur widerrufen werden,

1. wenn der Widerruf durch Rechtsvorschrift zugelassen oder im Verwaltungsakt vorbehalten ist,
2. wenn mit dem Verwaltungsakt eine Auflage verbunden ist und der Begünstigte diese nicht oder nicht innerhalb einer ihm gesetzten Frist erfüllt hat,
3. wenn die Finanzbehörde auf Grund nachträglich eingetretener Tatsachen berechtigt wäre, den Verwaltungsakt nicht zu erlassen, und wenn ohne den Widerruf das öffentliche Interesse gefährdet würde.

[2] § 130 Abs. 3 gilt entsprechend.

(3) Der widerrufene Verwaltungsakt wird mit dem Wirksamwerden des Widerrufs unwirksam, wenn die Finanzbehörde keinen späteren Zeitpunkt bestimmt.

(4) Über den Widerruf entscheidet nach Unanfechtbarkeit des Verwaltungsakts die nach den Vorschriften über die örtliche Zuständigkeit zuständige Finanzbehörde; dies gilt auch dann, wenn der zu widerrufende Verwaltungsakt von einer anderen Finanzbehörde erlassen worden ist.

§ 132 Rücknahme, Widerruf, Aufhebung und Änderung im Rechtsbehelfsverfahren. [1] Die Vorschriften über Rücknahme, Widerruf, Aufhebung und Änderung von Verwaltungsakten gelten auch während eines Einspruchsverfahrens und während eines finanzgerichtlichen Verfahrens. [2] § 130 Abs. 2 und 3 und § 131 Abs. 2 und 3 stehen der Rücknahme und dem Widerruf eines von einem Dritten angefochtenen begünstigenden Verwaltungsakts während des Einspruchsverfahrens oder des finanzgerichtlichen Verfahrens nicht entgegen, soweit dadurch dem Einspruch oder der Klage abgeholfen wird.

§ 133 Rückgabe von Urkunden und Sachen. [1] Ist ein Verwaltungsakt unanfechtbar widerrufen oder zurückgenommen oder ist seine Wirksamkeit aus einem anderen Grund nicht oder nicht mehr gegeben, so kann die Finanzbehörde die auf Grund dieses Verwaltungsakts erteilten Urkunden oder Sachen, die zum Nachweis der Rechte aus dem Verwaltungsakt oder zu deren Ausübung bestimmt sind, zurückfordern. [2] Der Inhaber und, sofern er nicht der Besitzer ist, auch der Besitzer dieser Urkunden oder Sachen sind zu ihrer Herausgabe verpflichtet. [3] Der Inhaber oder der Besitzer kann jedoch verlangen, dass ihm die Urkunden oder Sachen wieder ausgehändigt werden, nachdem sie von der Finanzbehörde als ungültig gekennzeichnet sind; dies gilt nicht bei Sachen, bei denen eine solche Kennzeichnung nicht oder nicht mit der erforderlichen Offensichtlichkeit oder Dauerhaftigkeit möglich ist.

Vierter Teil. Durchführung der Besteuerung

Erster Abschnitt. Erfassung der Steuerpflichtigen

1. Unterabschnitt. Personenstands- und Betriebsaufnahme

§§ 134–136[1]) *(aufgehoben)*

2. Unterabschnitt. Anzeigepflichten

§ 137 Steuerliche Erfassung von Körperschaften, Vereinigungen und Vermögensmassen. (1) Steuerpflichtige, die nicht natürliche Personen sind, haben dem nach § 20 zuständigen Finanzamt und den für die Erhebung der Realsteuern zuständigen Gemeinden die Umstände anzuzeigen, die für die steuerliche Erfassung von Bedeutung sind, insbesondere die Gründung, den Erwerb der Rechtsfähigkeit, die Änderung der Rechtsform, die Verlegung der Geschäftsleitung oder des Sitzes und die Auflösung.

---

[1]) §§ 134 bis 136 aufgeh. mWv 1.1.2017 durch G v. 18.7.2016 (BGBl. I S. 1679).

(2) Die Mitteilungen sind innerhalb eines Monats seit dem meldepflichtigen Ereignis zu erstatten.

§ 138 Anzeigen über die Erwerbstätigkeit. (1)[1] [1]Wer einen Betrieb der Land- und Forstwirtschaft, einen gewerblichen Betrieb oder eine Betriebstätte eröffnet, hat dies nach amtlich vorgeschriebenem Vordruck der Gemeinde mitzuteilen, in der der Betrieb oder die Betriebstätte eröffnet wird; die Gemeinde unterrichtet unverzüglich das nach § 22 Abs. 1 zuständige Finanzamt von dem Inhalt der Mitteilung. [2]Ist die Festsetzung der Realsteuern den Gemeinden nicht übertragen worden, so tritt an die Stelle der Gemeinde das nach § 22 Abs. 2 zuständige Finanzamt. [3]Wer eine freiberufliche Tätigkeit aufnimmt, hat dies dem nach § 19 zuständigen Finanzamt mitzuteilen. [4]Das Gleiche gilt für die Verlegung und die Aufgabe eines Betriebs, einer Betriebstätte oder einer freiberuflichen Tätigkeit.

(1a)[2] Unternehmer im Sinne des § 2 des Umsatzsteuergesetzes[3] können ihre Anzeigepflichten nach Absatz 1 zusätzlich bei der für die Umsatzbesteuerung zuständigen Finanzbehörde elektronisch erfüllen.

(1b)[4] [1]Sofern Steuerpflichtige gemäß Absatz 1 Satz 1 bis 3 verpflichtet sind, eine Betriebseröffnung oder Aufnahme einer freiberuflichen Tätigkeit mitzuteilen, haben sie dem in Absatz 1 bezeichneten Finanzamt weitere Auskünfte über die für die Besteuerung erheblichen rechtlichen und tatsächlichen Verhältnisse zu erteilen. [2]Die Auskünfte im Sinne des Satzes 1 sind nach amtlich vorgeschriebenem Datensatz über die amtlich bestimmte Schnittstelle zu übermitteln. [3]Auf Antrag kann das Finanzamt zur Vermeidung unbilliger Härten auf eine Übermittlung gemäß Satz 2 verzichten; in diesem Fall sind die Auskünfte im Sinne des Satzes 1 nach amtlich vorgeschriebenem Vordruck zu erteilen.

(2)[5] [1]Steuerpflichtige mit Wohnsitz, gewöhnlichem Aufenthalt, Geschäftsleitung oder Sitz im Geltungsbereich dieses Gesetzes (inländische Steuerpflichtige) haben dem für sie nach den §§ 18 bis 20 zuständigen Finanzamt mitzuteilen:

1. die Gründung und den Erwerb von Betrieben und Betriebstätten im Ausland;

2. den Erwerb, die Aufgabe oder die Veränderung einer Beteiligung an ausländischen Personengesellschaften;

3. den Erwerb oder die Veräußerung von Beteiligungen an einer Körperschaft, Personenvereinigung oder Vermögensmasse mit Sitz und Geschäftsleitung außerhalb des Geltungsbereichs dieses Gesetzes, wenn

    a) damit eine Beteiligung von mindestens 10 Prozent am Kapital oder am Vermögen der Körperschaft, Personenvereinigung oder Vermögensmasse erreicht wird oder

---

[1] § 138 Abs. 1 Satz 1 geänd. durch G v. 16.5.2003 (BGBl. I S. 660); Satz 1 redaktionell berichtigt durch G v. 15.12.2003 (BGBl. I S. 2645).

[2] § 138 Abs. 1a eingef. durch G v. 16.5.2003 (BGBl. I S. 660).

[3] **dtv 5546 USt Nr. 1.**

[4] § 138 Abs. 1b neu gef. mWv 1.1.2020 durch G v. 22.11.2019 (BGBl. I S. 1746); zur erstmaligen Anwendung von § 138 Abs. 1b Satz 2 ab 1.1.2021 siehe Art. 97 § 27 Abs. 4 EGAO (Nr. **1.1**) iVm BMF v. 4.12.2020 (BStBl. I S. 1209).

[5] § 138 Abs. 2 neu gef. durch G v. 23.6.2017 (BGBl. I S. 1682); zur Anwendung siehe Art. 97 § 32 Abs. 1 und 2 EGAO (Nr. **1.1**).

b)[1] die Summe der Anschaffungskosten aller Beteiligungen mehr als 150 000 Euro beträgt; [2] Dies gilt nicht für den Erwerb und die Veräußerung von Beteiligungen von weniger als 1 Prozent am Kapital oder am Vermögen der Körperschaft, Personenvereinigung oder Vermögensmasse, wenn mit der Hauptgattung der Aktien der ausländischen Gesellschaft ein wesentlicher und regelmäßiger Handel an einer Börse in einem Mitgliedstaat der Europäischen Union oder in einem Vertragsstaat des EWR-Abkommens stattfindet oder an einer Börse, die in einem anderen Staat nach § 193 Absatz 1 Satz 1 Nummer 2 und 4 des Kapitalanlagegesetzbuchs von der Bundesanstalt für Finanzdienstleistungsaufsicht zugelassen ist. [3] Für die Ermittlung der Beteiligungshöhe im Sinne des Satzes 2 sind alle gehaltenen Beteiligungen zu berücksichtigen. [4] Nicht mitteilungspflichtige Erwerbe und nicht mitteilungspflichtige Veräußerungen im Sinne des Satzes 2 sind bei der Ermittlung der Summe der Anschaffungskosten im Sinne des Satzes 1 außer Betracht zu lassen;

4. die Tatsache, dass sie allein oder zusammen mit nahestehenden Personen im Sinne des § 1 Absatz 2 des Außensteuergesetzes[2] erstmals unmittelbar oder mittelbar einen beherrschenden oder bestimmenden Einfluss auf die gesellschaftsrechtlichen, finanziellen oder geschäftlichen Angelegenheiten einer Drittstaat-Gesellschaft ausüben können;

5. die Art der wirtschaftlichen Tätigkeit des Betriebs, der Betriebstätte, der Personengesellschaft, Körperschaft, Personenvereinigung, Vermögensmasse oder der Drittstaat-Gesellschaft.

[2] In den Fällen des Satzes 1 Nummer 3 sind unmittelbare und mittelbare Beteiligungen zusammenzurechnen.

(3)[3] Drittstaat-Gesellschaft ist eine Personengesellschaft, Körperschaft, Personenvereinigung oder Vermögensmasse mit Sitz oder Geschäftsleitung in Staaten oder Territorien, die nicht Mitglieder der Europäischen Union oder der Europäischen Freihandelsassoziation sind.

(4)[4] Mitteilungen nach den Absätzen 1, 1a und 1b sind innerhalb eines Monats nach dem meldepflichtigen Ereignis zu erstatten.

(5)[5] [1] Mitteilungen nach Absatz 2 sind zusammen mit der Einkommensteuer-, Körperschaftsteuer- oder Feststellungserklärung für den Besteuerungszeitraum, in dem der mitzuteilende Sachverhalt verwirklicht wurde, spätestens jedoch bis zum Ablauf von 14 Monaten nach Ablauf dieses Besteuerungszeitraums, nach amtlich vorgeschriebenem Datensatz über die amtlich bestimmten Schnittstellen zu erstatten. [2] Inländische Steuerpflichtige, die nicht dazu verpflichtet sind, ihre Einkommensteuer-, Körperschaftsteuer- oder Feststellungserklärung nach amtlich vorgeschriebenem Datensatz über die amtlich bestimmte Schnittstelle abzugeben, haben die Mitteilungen nach amtlich vor-

---

[1] § 138 Abs. 2 Satz 1 Nr. 3 Buchst. b Sätze 2 bis 4 angef. durch G v. 21.12.2020 (BGBl. I S. 3096); zur Anwendung siehe Art. 97 § 32 Abs. 3 EGAO (Nr. **1.1**).
[2] **dtv 5765 Steuergesetze Nr. 2.**
[3] § 138 Abs. 3 neu gef. durch G v. 23.6.2017 (BGBl. I S. 1682); zur Anwendung siehe Art. 97 § 32 Abs. 1 und 2 EGAO (Nr. **1.1**).
[4] § 138 Abs. 4 neu gef. mWv 1.1.2020 durch G v. 22.11.2019 (BGBl. I S. 1746):
[5] § 138 Abs. 5 angef. durch G v. 23.6.2017 (BGBl. I S. 1682); zur Anwendung siehe Art. 97 § 32 Abs. 1 Satz 1 und Abs. 2 EGAO (Nr. **1.1**); Abs. 5 Sätze 1 bis 3 geänd. durch G v. 21.12.2020 (BGBl. I S. 3096); zur Anwendung siehe Art. 97 § 32 Abs. 3 EGAO (Nr. **1.1**).

geschriebenem Vordruck zu erstatten, es sei denn, sie geben ihre Einkommen-steuer-, Körperschaftsteuer- oder Feststellungserklärung freiwillig nach amtlich vorgeschriebenem Datensatz über die amtlich bestimmte Schnittstelle ab. [3] Inländische Steuerpflichtige, die nicht dazu verpflichtet sind, eine Einkommen-steuer-, Körperschaftsteuer- oder Feststellungserklärung abzugeben, haben die Mitteilungen nach amtlich vorgeschriebenem Vordruck bis zum Ablauf von 14 Monaten nach Ablauf des Kalenderjahrs zu erstatten, in dem der mitzuteilende Sachverhalt verwirklicht worden ist.

§ 138a[1]) **Länderbezogener Bericht multinationaler Unternehmens-gruppen.** (1) [1] Ein Unternehmen mit Sitz oder Geschäftsleitung im Inland (inländisches Unternehmen), das einen Konzernabschluss aufstellt oder nach anderen Regelungen als den Steuergesetzen aufzustellen hat (inländische Konzernobergesellschaft), hat nach Ablauf eines Wirtschaftsjahres für dieses Wirtschaftsjahr einen länderbezogenen Bericht dieses Konzerns zu erstellen und dem Bundeszentralamt für Steuern zu übermitteln, wenn

1. der Konzernabschluss mindestens ein Unternehmen mit Sitz und Geschäfts-leitung im Ausland (ausländisches Unternehmen) oder eine ausländische Betriebsstätte umfasst und

2. die im Konzernabschluss ausgewiesenen, konsolidierten Umsatzerlöse im vorangegangenen Wirtschaftsjahr mindestens 750 Millionen Euro betragen.

[2] Die Verpflichtung nach Satz 1 besteht vorbehaltlich der Absätze 3 und 4 nicht, wenn das inländische Unternehmen im Sinne des Satzes 1 in den Konzern-abschluss eines anderen Unternehmens einbezogen wird.

(2) Der länderbezogene Bericht im Sinne von Absatz 1 enthält

1.[2]) eine nach Steuerhoheitsgebieten gegliederte Übersicht, wie sich die Ge-schäftstätigkeit des Konzerns auf die Steuerhoheitsgebiete verteilt, in denen der Konzern durch Unternehmen oder Betriebsstätten tätig ist; zu diesem Zweck sind in der Übersicht folgende Positionen auszuweisen:

   a) die Umsatzerlöse und sonstigen Erträge aus Geschäftsvorfällen mit nahe-stehenden Unternehmen,

   b) die Umsatzerlöse und sonstigen Erträge aus Geschäftsvorfällen mit frem-den Unternehmen,

   c) die Summe aus den Umsatzerlösen und sonstigen Erträgen gemäß den Buchstaben a und b,

   d) die im Wirtschaftsjahr gezahlten Ertragsteuern,

   e) die im Wirtschaftsjahr für dieses Wirtschaftsjahr gezahlten und zurück-gestellten Ertragsteuern,

   f) das Jahresergebnis vor Ertragsteuern,

   g) das Eigenkapital,

   h) der einbehaltene Gewinn,

   i) die Zahl der Beschäftigten und

   j) die materiellen Vermögenswerte;

---

[1]) § 138a eingef. durch G v. 20.12.2016 (BGBl. I S. 3000); zur Anwendung siehe Art. 97 § 31 EGAO (Nr. **1.1**).
[2]) § 138a Abs. 2 Nr. 1 einl. Satzteil geänd. durch G v. 21.12.2020 (BGBl. I S. 3096); zur Anwendung siehe Art. 97 § 31 Satz 3 EGAO (Nr. **1.1**).

2. eine nach Steuerhoheitsgebieten gegliederte Auflistung aller Unternehmen und Betriebsstätten, zu denen Angaben in der Übersicht nach Nummer 1 erfasst sind, jeweils unter Angabe deren wichtigster Geschäftstätigkeiten sowie

3. zusätzliche Informationen, die nach Ansicht der inländischen Konzernobergesellschaft zum Verständnis der Übersicht nach Nummer 1 und der Auflistung nach Nummer 2 erforderlich sind.

(3) Umfasst der Konzernabschluss eines ausländischen Unternehmens, das nach Absatz 1 zur Abgabe des länderbezogenen Berichts verpflichtet wäre, wenn es Sitz oder Geschäftsleitung im Inland hätte (ausländische Konzernobergesellschaft), ein inländisches Unternehmen (einbezogene inländische Konzerngesellschaft) und beauftragt die ausländische Konzernobergesellschaft die einbezogene inländische Konzerngesellschaft damit, einen länderbezogenen Bericht für den Konzern abzugeben (beauftragte Gesellschaft), so hat die beauftragte Gesellschaft den länderbezogenen Bericht dem Bundeszentralamt für Steuern zu übermitteln.

(4)[1] [1] Eine einbezogene inländische Konzerngesellschaft ist im Regelfall verpflichtet, den länderbezogenen Bericht für einen Konzern mit einer ausländischen Konzernobergesellschaft, die nach Absatz 1 zur Übermittlung des länderbezogenen Berichts verpflichtet wäre, wenn sie Sitz oder Geschäftsleitung im Inland hätte, dem Bundeszentralamt für Steuern zu übermitteln, wenn das Bundeszentralamt für Steuern keinen länderbezogenen Bericht erhalten hat. [2] Übermittelt eine einbezogene inländische Konzerngesellschaft den länderbezogenen Bericht, entfällt die Verpflichtung für alle anderen einbezogenen inländischen Konzerngesellschaften dieses Konzerns. [3] Kann eine einbezogene inländische Konzerngesellschaft die Übermittlung innerhalb der Frist des Absatzes 6 Satz 1 nicht sicherstellen, insbesondere weil sie den länderbezogenen Bericht weder beschaffen noch erstellen kann, so hat sie dies innerhalb der Frist des Absatzes 6 Satz 1 dem Bundeszentralamt für Steuern mitzuteilen und dabei alle Angaben im Sinne von Absatz 2 zu machen, über die sie verfügt oder die sie beschaffen kann. [4] Konnte eine einbezogene inländische Konzerngesellschaft davon ausgehen, dass der länderbezogene Bericht fristgerecht übermittelt wird, und stellt sich nachträglich heraus, dass dies ohne Verschulden der einbezogenen inländischen Konzerngesellschaft nicht geschehen ist, so hat diese ihre Pflichten nach Satz 1 oder Satz 3 innerhalb eines Monats nach Bekanntwerden der Nichtübermittlung zu erfüllen. [5] Die Sätze 1 bis 4 gelten entsprechend für die inländische Betriebsstätte eines ausländischen Unternehmens, das als ausländische Konzernobergesellschaft oder als einbezogene ausländische Konzerngesellschaft in einen Konzernabschluss einbezogen wird.

(5) [1] Ein inländisches Unternehmen hat in der Steuererklärung anzugeben, ob es

1. eine inländische Konzernobergesellschaft im Sinne von Absatz 1 ist,

2. eine beauftragte Gesellschaft ist oder

3. eine einbezogene inländische Konzerngesellschaft eines Konzerns mit ausländischer Konzernobergesellschaft ist.

---

[1] § 138a Abs. 4 Satz 1 geänd. mWv 18.12.2019 durch G v. 12.12.2019 (BGBl. I S. 2451); zur Anwendung siehe Art. 97 § 1 Abs. 13 EGAO (Nr. **1.1**).

² In den Fällen von Satz 1 Nummer 3 ist auch anzugeben, bei welcher Finanzbehörde und von welchem Unternehmen der länderbezogene Bericht des Konzerns abgegeben wird. ³ Fehlt diese Angabe, ist die einbezogene inländische Konzerngesellschaft selbst zur fristgerechten Übermittlung des länderbezogenen Berichts verpflichtet. ⁴ Die Sätze 1 bis 3 gelten entsprechend für die inländische Betriebsstätte eines ausländischen Unternehmens, das als ausländische Konzernobergesellschaft oder als einbezogene ausländische Konzerngesellschaft in einen Konzernabschluss einbezogen wird.

(6) ¹ Die Übermittlung des länderbezogenen Berichts an das Bundeszentralamt für Steuern hat spätestens ein Jahr nach Ablauf des Wirtschaftsjahres zu erfolgen, für das der länderbezogene Bericht zu erstellen ist. ² Abweichend von Satz 1 gilt in den Fällen von Absatz 4 Satz 4 die dort genannte Frist für die Übermittlung des länderbezogenen Berichts. ³ Die Übermittlung hat nach amtlich vorgeschriebenem Datensatz durch Datenfernübertragung zu erfolgen.

(7) ¹ Das Bundeszentralamt für Steuern übermittelt alle ihm zugegangenen länderbezogenen Berichte an die jeweils zuständige Finanzbehörde. ² Enthält ein länderbezogener Bericht Angaben im Sinne von Absatz 2 für einen Vertragsstaat der völkerrechtlichen Vereinbarungen, übermittelt das Bundeszentralamt für Steuern auf Grundlage dieser völkerrechtlichen Vereinbarungen den ihm zugegangenen länderbezogenen Bericht an die zuständige Behörde des jeweiligen Vertragsstaates. ³ Das Bundeszentralamt für Steuern nimmt die länderbezogenen Berichte entgegen, die ihm von den zuständigen Behörden der in Satz 2 genannten Vertragsstaaten übermittelt worden sind, und übermittelt diese an die jeweils zuständige Finanzbehörde. ⁴ Das Bundeszentralamt für Steuern kann länderbezogene Berichte im Rahmen der ihm gesetzlich übertragenen Aufgaben auswerten. ⁵ Das Bundeszentralamt für Steuern speichert die länderbezogenen Berichte und löscht sie mit Ablauf des 15. Jahres, das dem Jahr der Übermittlung folgt.

§ 138b¹⁾ **Mitteilungspflicht Dritter über Beziehungen inländischer Steuerpflichtiger zu Drittstaat-Gesellschaften.** (1)²⁾ ¹ Verpflichtete im Sinne des § 2 Absatz 1 Nummer 1 bis 3 und 6 des Geldwäschegesetzes (mitteilungspflichtige Stelle) haben dem für sie nach den §§ 18 bis 20 zuständigen Finanzamt von ihnen hergestellte oder vermittelte Beziehungen von inländischen Steuerpflichtigen im Sinne des § 138 Absatz 2 Satz 1 zu Drittstaat-Gesellschaften im Sinne des § 138 Absatz 3 mitzuteilen. ² Dies gilt für die Fälle, in denen

1. der mitteilungspflichtigen Stelle bekannt ist, dass der inländische Steuerpflichtige auf Grund der von ihr hergestellten oder vermittelten Beziehung allein oder zusammen mit nahestehenden Personen im Sinne des § 1 Absatz 2 des Außensteuergesetzes³⁾ erstmals unmittelbar oder mittelbar einen beherrschenden oder bestimmenden Einfluss auf die gesellschaftsrechtlichen, finanziellen oder geschäftlichen Angelegenheiten einer Drittstaat-Gesellschaft ausüben kann, oder

---

¹⁾ § 138b eingef. durch G v. 23.6.2017 (BGBl. I S. 1682); zur Anwendung siehe Art. 97 § 32 Abs. 1 Satz 1 EGAO (Nr. **1.1**).
²⁾ § 138b Abs. 1 Satz 1 geänd. mWv 26.6.2017 durch G v. 23.6.2017 (BGBl. I S. 1822).
³⁾ **dtv 5765 Steuergesetze Nr. 2.**

2. der inländische Steuerpflichtige eine von der mitteilungspflichtigen Stelle hergestellte oder vermittelte Beziehung zu einer Drittstaat-Gesellschaft erlangt, wodurch eine unmittelbare Beteiligung von insgesamt mindestens 30 Prozent am Kapital oder am Vermögen der Drittstaat-Gesellschaft erreicht wird; anderweitige Erwerbe hinsichtlich der gleichen Drittstaat-Gesellschaft sind miteinzubeziehen, soweit sie der mitteilungspflichtigen Stelle bekannt sind oder bekannt sein mussten.

(2) Die Mitteilungen sind für jeden inländischen Steuerpflichtigen und jeden mitteilungspflichtigen Sachverhalt gesondert zu erstatten.

(3) ¹Zu jedem inländischen Steuerpflichtigen ist anzugeben:

1. die Identifikationsnummer nach § 139b und

2. die Wirtschafts-Identifikationsnummer nach § 139c oder, wenn noch keine Wirtschafts-Identifikationsnummer vergeben wurde und es sich nicht um eine natürliche Person handelt, die für die Besteuerung nach dem Einkommen geltende Steuernummer.

²Kann die mitteilungspflichtige Stelle die Identifikationsnummer und die Wirtschafts-Identifikationsnummer oder die Steuernummer nicht in Erfahrung bringen, so hat sie stattdessen ein Ersatzmerkmal anzugeben, das vom Bundesministerium der Finanzen im Einvernehmen mit den obersten Finanzbehörden der Länder bestimmt worden ist.

(4) ¹Die Mitteilungen sind dem Finanzamt nach amtlich vorgeschriebenem Vordruck zu erstatten, und zwar bis zum Ablauf des Monats Februar des Jahres, das auf das Kalenderjahr folgt, in dem der mitzuteilende Sachverhalt verwirklicht wurde. ²§ 72a Absatz 4, § 93c Absatz 1 Nummer 3 und Absatz 4 bis 7, § 171 Absatz 10a, § 175b Absatz 1 und § 203a gelten entsprechend.

(5) ¹Das für die mitteilungspflichtige Stelle zuständige Finanzamt hat die Mitteilungen an das für den inländischen Steuerpflichtigen nach den §§ 18 bis 20 zuständige Finanzamt weiterzuleiten. ²§ 31b bleibt unberührt.

(6) Der inländische Steuerpflichtige hat der mitteilungspflichtigen Stelle

1. seine Identifikationsnummer nach § 139b mitzuteilen und

2. seine Wirtschafts-Identifikationsnummer nach § 139c oder, wenn diese noch nicht vergeben wurde und er keine natürliche Person ist, seine für die Besteuerung nach dem Einkommen geltende Steuernummer mitzuteilen.

§ 138c¹⁾ Verordnungsermächtigung. (1) ¹Das Bundesministerium der Finanzen kann durch Rechtsverordnung mit Zustimmung des Bundesrates bestimmen, dass Mitteilungen gemäß § 138b nach amtlich vorgeschriebenem Datensatz über amtlich bestimmte Schnittstellen zu erstatten sind. ²In der Rechtsverordnung nach Satz 1 kann auch bestimmt werden, dass die Mitteilungen abweichend von § 138b Absatz 1 Satz 1 an eine andere Finanzbehörde zu übermitteln und von dieser Finanzbehörde an das für den inländischen Steuerpflichtigen nach den §§ 18 bis 20 zuständige Finanzamt weiterzuleiten sind.

---

¹⁾ § 138c eingef. mWv 25.6.2017 durch G v. 23.6.2017 (BGBl. I S. 1682); zur Anwendung siehe Art. 97 § 1 Abs. 12 Satz 1 EGAO (Nr. **1.1**).

(2) [1] Hat das Bundesministerium der Finanzen eine Rechtsverordnung nach Absatz 1 erlassen, dürfen die mitteilungspflichtigen Stellen beim Bundeszentralamt für Steuern die Identifikationsnummer des Steuerpflichtigen nach § 139b oder seine Wirtschafts-Identifikationsnummer nach § 139c erfragen. [2] In der Anfrage dürfen nur die in § 139b Absatz 3 oder § 139c Absatz 3 bis 5a genannten Daten des inländischen Steuerpflichtigen angegeben werden, soweit sie der mitteilungspflichtigen Stelle bekannt sind. [3] Das Bundeszentralamt für Steuern teilt der mitteilungspflichtigen Stelle die Identifikationsnummer oder die Wirtschafts-Identifikationsnummer mit, sofern die übermittelten Daten mit den nach § 139b Absatz 3 oder § 139c Absatz 3 bis 5a bei ihm gespeicherten Daten übereinstimmen. [4] Die mitteilungspflichtige Stelle darf die Identifikationsmerkmale nur verwenden, soweit dies zur Erfüllung von steuerlichen Pflichten erforderlich ist. [5] Weitere Einzelheiten dieses Verfahrens kann das Bundesministerium der Finanzen durch Rechtsverordnung mit Zustimmung des Bundesrates bestimmen.

§ 138d[1]) **Pflicht zur Mitteilung grenzüberschreitender Steuergestaltungen.** (1) Wer eine grenzüberschreitende Steuergestaltung im Sinne des Absatzes 2 vermarktet, für Dritte konzipiert, organisiert oder zur Nutzung bereitstellt oder ihre Umsetzung durch Dritte verwaltet (Intermediär), hat die grenzüberschreitende Steuergestaltung dem Bundeszentralamt für Steuern nach Maßgabe der §§ 138f und 138h mitzuteilen.

(2) [1] Eine grenzüberschreitende Steuergestaltung ist jede Gestaltung,

1. die eine oder mehrere Steuern zum Gegenstand hat, auf die das EU-Amtshilfegesetz anzuwenden ist,

2. die entweder mehr als einen Mitgliedstaat der Europäischen Union oder mindestens einen Mitgliedstaat der Europäischen Union und einen oder mehrere Drittstaaten betrifft, wobei mindestens eine der folgenden Bedingungen erfüllt ist:

   a) nicht alle an der Gestaltung Beteiligten sind im selben Steuerhoheitsgebiet ansässig;

   b) einer oder mehrere der an der Gestaltung Beteiligten sind gleichzeitig in mehreren Steuerhoheitsgebieten ansässig;

   c) einer oder mehrere der an der Gestaltung Beteiligten gehen in einem anderen Steuerhoheitsgebiet über eine dort gelegene Betriebstätte einer Geschäftstätigkeit nach und die Gestaltung ist Teil der Geschäftstätigkeit der Betriebstätte oder macht deren gesamte Geschäftstätigkeit aus;

   d) einer oder mehrere der an der Gestaltung Beteiligten gehen in einem anderen Steuerhoheitsgebiet einer Tätigkeit nach, ohne dort ansässig zu sein oder eine Betriebstätte zu begründen;

   e) die Gestaltung ist geeignet, Auswirkungen auf den automatischen Informationsaustausch oder die Identifizierung des wirtschaftlichen Eigentümers zu haben, und

3. die mindestens

   a) ein Kennzeichen im Sinne des § 138e Absatz 1 aufweist und von der ein verständiger Dritter unter Berücksichtigung aller wesentlichen Fakten und

---

[1]) § 138d eingef. durch G v. 21.12.2019 (BGBl. I S. 2875); zur Anwendung siehe Art. 97 § 33 Abs. 1 und 2 EGAO (Nr. **1.1**).

Umstände vernünftigerweise erwarten kann, dass der Hauptvorteil oder einer der Hauptvorteile die Erlangung eines steuerlichen Vorteils im Sinne des Absatzes 3 ist, oder

b) ein Kennzeichen im Sinne des § 138e Absatz 2 aufweist.

[2] Besteht eine Steuergestaltung aus einer Reihe von Gestaltungen, gilt sie als grenzüberschreitende Steuergestaltung, wenn mindestens ein Schritt oder Teilschritt der Reihe grenzüberschreitend im Sinne des Satzes 1 Nummer 2 ist; in diesem Fall hat die Mitteilung nach Absatz 1 die gesamte Steuergestaltung zu umfassen.

(3) [1] Ein steuerlicher Vorteil im Sinne des Absatzes 2 Satz 1 Nummer 3 Buchstabe a liegt vor, wenn

1. durch die Steuergestaltung Steuern erstattet, Steuervergütungen gewährt oder erhöht oder Steueransprüche entfallen oder verringert werden sollen,

2. die Entstehung von Steueransprüchen verhindert werden soll oder

3. die Entstehung von Steueransprüchen in andere Besteuerungszeiträume oder auf andere Besteuerungszeitpunkte verschoben werden soll.

[2] Ein steuerlicher Vorteil liegt auch dann vor, wenn er außerhalb des Geltungsbereichs dieses Gesetzes entstehen soll. [3] Das Bundesministerium der Finanzen kann im Einvernehmen mit den obersten Finanzbehörden der Länder in einem im Bundessteuerblatt zu veröffentlichenden Schreiben für bestimmte Fallgruppen bestimmen, dass kein steuerlicher Vorteil im Sinne der Sätze 1 und 2 anzunehmen ist, insbesondere weil sich der steuerliche Vorteil einer grenzüberschreitenden Steuergestaltung ausschließlich im Geltungsbereich dieses Gesetzes auswirkt und unter Berücksichtigung aller Umstände der Steuergestaltung gesetzlich vorgesehen ist.

(4) Betriebstätte im Sinne des Absatzes 2 Satz 1 Nummer 2 Buchstabe c und d ist sowohl eine Betriebstätte im Sinne des § 12 als auch eine Betriebstätte im Sinne eines im konkreten Fall anwendbaren Abkommens zur Vermeidung der Doppelbesteuerung.

(5) Nutzer einer grenzüberschreitenden Steuergestaltung ist jede natürliche oder juristische Person, Personengesellschaft, Gemeinschaft oder Vermögensmasse,

1. der die grenzüberschreitende Steuergestaltung zur Umsetzung bereitgestellt wird,

2. die bereit ist, die grenzüberschreitende Steuergestaltung umzusetzen, oder

3. die den ersten Schritt zur Umsetzung der grenzüberschreitenden Steuergestaltung gemacht hat.

(6) Hat ein Nutzer eine grenzüberschreitende Steuergestaltung für sich selbst konzipiert, so sind für ihn auch die für Intermediäre geltenden Regelungen entsprechend anzuwenden.

(7) Übt ein Intermediär im Zusammenhang mit der grenzüberschreitenden Steuergestaltung ausschließlich die in Absatz 1 aufgeführten Tätigkeiten aus, so gilt er nicht als an der Gestaltung Beteiligter.

§ 138e[1] Kennzeichen grenzüberschreitender Steuergestaltungen.

(1) Kennzeichen im Sinne des § 138d Absatz 2 Satz 1 Nummer 3 Buchstabe a sind:

1. die Vereinbarung

   a) einer Vertraulichkeitsklausel, die dem Nutzer oder einem anderen an der Steuergestaltung Beteiligten eine Offenlegung, auf welche Weise aufgrund der Gestaltung ein steuerlicher Vorteil erlangt wird, gegenüber anderen Intermediären oder den Finanzbehörden verbietet, oder

   b) einer Vergütung, die in Bezug auf den steuerlichen Vorteil der Steuergestaltung festgesetzt wird; dies gilt, wenn die Vergütung von der Höhe des steuerlichen Vorteils abhängt oder wenn die Vereinbarung die Abrede enthält, die Vergütung ganz oder teilweise zurückzuerstatten, falls der mit der Gestaltung zu erwartende steuerliche Vorteil ganz oder teilweise nicht erzielt wird,

2. eine standardisierte Dokumentation oder Struktur der Gestaltung, die für mehr als einen Nutzer verfügbar ist, ohne dass sie für die Nutzung wesentlich individuell angepasst werden muss,

3. Gestaltungen, die zum Gegenstand haben, dass

   a) ein an der Gestaltung Beteiligter unangemessene rechtliche Schritte unternimmt, um ein verlustbringendes Unternehmen unmittelbar oder mittelbar zu erwerben, die Haupttätigkeit dieses Unternehmens zu beenden und dessen Verluste dafür zu nutzen, seine Steuerbelastung zu verringern, einschließlich der Übertragung der Verluste in ein anderes Steuerhoheitsgebiet oder der zeitlich näheren Nutzung dieser Verluste,

   b) Einkünfte in Vermögen, Schenkungen oder andere nicht oder niedriger besteuerte Einnahmen oder nicht steuerbare Einkünfte umgewandelt werden,

   c) Transaktionen durch die Einbeziehung zwischengeschalteter Unternehmen, die keine wesentliche wirtschaftliche Tätigkeit ausüben, oder Transaktionen, die sich gegenseitig aufheben oder ausgleichen, für zirkuläre Vermögensverschiebungen genutzt werden,

   d) der Empfänger grenzüberschreitender, beim Zahlenden als Betriebsausgaben abzugsfähiger Zahlungen zwischen zwei oder mehr verbundenen Unternehmen in einem Steuerhoheitsgebiet ansässig ist, das keine Körperschaftsteuer erhebt oder einen Körperschaftsteuersatz von 0 Prozent oder nahe 0 Prozent hat, oder

   e) die grenzüberschreitende, beim Zahlenden als Betriebsausgaben abzugsfähige Zahlung zwischen zwei oder mehr verbundenen Unternehmen in ein Steuerhoheitsgebiet erfolgt, in dem der Empfänger ansässig ist, soweit dieses Steuerhoheitsgebiet die Zahlung

      aa) vollständig von der Steuer befreit oder

      bb) einer steuerlichen Präferenzregelung unterwirft.

(2) Kennzeichen im Sinne des § 138d Absatz 2 Satz 1 Nummer 3 Buchstabe b sind:

1. Gestaltungen, die zum Gegenstand haben, dass

---

[1] § 138e eingef. durch G v. 21.12.2019 (BGBl. I S. 2875); zur Anwendung siehe Art. 97 § 33 Abs. 1 und 2 EGAO (Nr. **1.1**).

a) der Empfänger grenzüberschreitender Zahlungen, die zwischen zwei oder mehr verbundenen Unternehmen erfolgen und beim Zahlenden als Betriebsausgabe abzugsfähig sind,

aa) in keinem Steuerhoheitsgebiet ansässig ist oder

bb) in einem Steuerhoheitsgebiet ansässig ist, das in der Liste der Drittstaaten aufgeführt wird, die von den Mitgliedstaaten der Europäischen Union oder von der Organisation für wirtschaftliche Zusammenarbeit und Entwicklung als nicht kooperierende Jurisdiktion eingestuft wurde,

b) in mehr als einem Steuerhoheitsgebiet

aa) Absetzungen für Abnutzung desselben Vermögenswertes in Anspruch genommen werden oder

bb) eine Befreiung von der Doppelbesteuerung für dieselben Einkünfte oder dasselbe Vermögen vorgenommen wird und die Einkünfte oder das Vermögen deshalb ganz oder teilweise unversteuert bleiben

oder

c) die Gestaltung eine Übertragung oder Überführung von Vermögensgegenständen vorsieht, soweit sich die steuerliche Bewertung des Vermögensgegenstandes in den beteiligten Steuerhoheitsgebieten wesentlich unterscheidet;

2. Gestaltungen, die zu einer Aushöhlung der Mitteilungspflicht gemäß den Rechtsvorschriften zur Umsetzung des Standards für den automatischen Austausch von Informationen über Finanzkonten in Steuersachen (gemeinsamer Meldestandard) führen können oder die sich das Fehlen derartiger Rechtsvorschriften zu Nutze machen; derartige Gestaltungen umfassen insbesondere

a) die Nutzung eines Kontos, eines Produkts oder einer Anlage, welches oder welche kein Finanzkonto im Sinne des § 19 Nummer 18 des Finanzkonten-Informationsaustauschgesetzes (Finanzkonto) ist oder vorgeblich kein Finanzkonto ist, jedoch Merkmale aufweist, die denen eines Finanzkontos entsprechen,

b) die Übertragung eines Finanzkontos oder von Vermögenswerten in ein Steuerhoheitsgebiet, das nicht an den automatischen Informationsaustausch nach dem gemeinsamen Meldestandard mit dem Steuerhoheitsgebiet, in dem der Nutzer ansässig ist, gebunden ist, oder die Einbeziehung solcher Steuerhoheitsgebiete,

c) die Neueinstufung von Einkünften und Vermögen als Produkte oder Zahlungen, die nicht dem automatischen Informationsaustausch über Finanzkonten nach dem gemeinsamen Meldestandard unterliegen,

d) die Übertragung oder Umwandlung eines Finanzinstituts im Sinne des § 19 Nummer 3 des Finanzkonten-Informationsaustauschgesetzes (Finanzinstitut) oder eines Finanzkontos oder der darin enthaltenen Vermögenswerte in Finanzinstitute, Finanzkonten oder Vermögenswerte, die nicht der Meldepflicht im Rahmen des automatischen Informationsaustauschs über Finanzkonten nach dem gemeinsamen Meldestandard unterliegen,

e) die Einbeziehung von Rechtsträgern, Steuergestaltungen oder Strukturen, die die Meldung eines Kontoinhabers im Sinne des § 20 Nummer 1 des Finanzkonten-Informationsaustauschgesetzes (Kontoinhaber) oder mehrerer Kontoinhaber oder einer beherrschenden Person im Sinne des § 19

Nummer 39 des Finanzkonten-Informationsaustauschgesetzes (beherrschende Person) oder mehrerer beherrschender Personen im Rahmen des automatischen Informationsaustauschs über Finanzkonten nach dem gemeinsamen Meldestandard ausschließen oder auszuschließen vorgeben, oder

f) die Aushöhlung von Verfahren zur Erfüllung der Sorgfaltspflichten, die Finanzinstitute zur Erfüllung ihrer Meldepflichten bezüglich Informationen zu Finanzkonten nach dem gemeinsamen Meldestandard anwenden, oder die Ausnutzung von Schwächen in diesen Verfahren, einschließlich der Einbeziehung von Staaten oder Territorien mit ungeeigneten oder schwachen Regelungen für die Durchsetzung von Vorschriften gegen Geldwäsche oder mit schwachen Transparenzanforderungen für juristische Personen oder Rechtsvereinbarungen;

3. Gestaltungen mit rechtlichen Eigentümern oder wirtschaftlich Berechtigten unter Einbeziehung von Personen, Rechtsvereinbarungen oder Strukturen,

a) die keine wesentliche wirtschaftliche Tätigkeit ausüben, die mit angemessener Ausstattung, angemessenen personellen Ressourcen, angemessenen Vermögenswerten und angemessenen Räumlichkeiten einhergeht, und

b) die in anderen Steuerhoheitsgebieten eingetragen, ansässig oder niedergelassen sind oder verwaltet oder kontrolliert werden als dem Steuerhoheitsgebiet, in dem ein oder mehrere der wirtschaftlichen Eigentümer der von diesen Personen, Rechtsvereinbarungen oder Strukturen gehaltenen Vermögenswerte ansässig sind,

sofern die wirtschaftlich Berechtigten dieser Personen, Rechtsvereinbarungen oder Strukturen im Sinne des § 3 des Geldwäschegesetzes nicht identifizierbar gemacht werden (intransparente Kette);

4. Verrechnungspreisgestaltungen, bei denen

a) eine unilaterale Regelung genutzt wird, die für eine festgelegte Kategorie von Nutzern oder Geschäftsvorfällen gilt und die dafür in Betracht kommende Nutzer von bestimmten Verpflichtungen befreit, die aufgrund der allgemeinen Verrechnungspreisvorschriften eines Steuerhoheitsgebiets sonst zu erfüllen wären,

b) immaterielle Werte oder Rechte an immateriellen Werten an ein verbundenes Unternehmen übertragen oder zwischen dem Unternehmen und seiner ausländischen Betriebstätte überführt werden, für die zum Zeitpunkt ihrer Übertragung oder Überführung keine ausreichenden Vergleichswerte vorliegen und zum Zeitpunkt der Transaktion die Prognosen voraussichtlicher Cashflows oder die vom übertragenen oder überführten immateriellen Wert erwarteten abzuleitenden Einkünfte oder die der Bewertung des immateriellen Wertes oder Rechts an immateriellen Werten zugrunde gelegten Annahmen höchst unsicher sind, weshalb der Totalerfolg zum Zeitpunkt der Übertragung oder Überführung nur schwer absehbar ist (schwer zu bewertende immaterielle Werte), oder

c) innerhalb von verbundenen Unternehmen eine grenzüberschreitende Übertragung oder Verlagerung von Funktionen, Risiken, Wirtschaftsgütern oder sonstigen Vorteilen stattfindet und der erwartete jährliche Gewinn vor Zinsen und Steuern des übertragenden Unternehmens über einen Zeitraum von drei Jahren nach der Übertragung weniger als 50 Prozent des jährlichen Gewinns vor Zinsen und Steuern des übertragenden Unternehmens beträgt, der erwartet worden wäre, wenn die Übertragung nicht stattgefunden hätte; bei dieser Erwartung ist davon auszugehen, dass die verbundenen Unternehmen nach den Grundsätzen ordentlicher und gewissenhafter Geschäftsleiter handeln; diese Regelungen gelten sinngemäß auch für Betriebstätten.

(3) [1] Ein verbundenes Unternehmen im Sinne der Absätze 1 und 2 ist eine Person, die mit einer anderen Person auf mindestens eine der folgenden Arten verbunden ist:

1. eine Person ist an der Geschäftsleitung einer anderen Person insofern beteiligt, als sie erheblichen Einfluss auf diese Person ausüben kann;

2. eine Person ist über eine Beteiligungsgesellschaft mit mehr als 25 Prozent der Stimmrechte an der Kontrolle einer anderen Person beteiligt;

3. eine Person ist über eine Inhaberschaft, die unmittelbar oder mittelbar mehr als 25 Prozent des Kapitals beträgt, am Kapital einer anderen Person beteiligt;

4. eine Person hat Anspruch auf mindestens 25 Prozent der Gewinne einer anderen Person.

[2] Falls mehr als eine Person gemäß Satz 1 an der Geschäftsleitung, der Kontrolle, dem Kapital oder den Gewinnen derselben Person beteiligt ist, gelten alle betroffenen Personen als untereinander verbundene Unternehmen. [3] Falls dieselben Personen gemäß Satz 1 an der Geschäftsleitung, der Kontrolle, dem Kapital oder den Gewinnen von mehr als einer Person beteiligt sind, gelten alle betroffenen Personen als verbundene Unternehmen. [4] Für die Zwecke dieses Absatzes wird eine Person, die in Bezug auf die Stimmrechte oder die Kapitalbeteiligung an einem Unternehmen gemeinsam mit einer anderen Person handelt, so behandelt, als würde sie eine Beteiligung an allen Stimmrechten oder dem gesamten Kapital dieses Unternehmens halten, die oder das von der anderen Person gehalten werden oder wird. [5] Bei mittelbaren Beteiligungen wird die Erfüllung der Anforderungen gemäß Satz 1 Nummer 3 durch Multiplikation der Beteiligungsquoten an den nachgeordneten Unternehmen ermittelt. [6] Eine natürliche Person, ihr Ehepartner und ihre Verwandten in aufsteigender oder absteigender gerader Linie werden als eine einzige Person behandelt, wenn gleichgerichtete wirtschaftliche Interessen bestehen. [7] Person im Sinne der Sätze 1 bis 6 ist jede natürliche oder juristische Person, Personengesellschaft, Gemeinschaft oder Vermögensmasse.

§ 138f[1]**) Verfahren zur Mitteilung grenzüberschreitender Steuergestaltungen durch Intermediäre.** (1) Die grenzüberschreitende Steuergestaltung im Sinne des § 138d Absatz 2 ist dem Bundeszentralamt für Steuern nach amtlich vorgeschriebenem Datensatz im Sinne des Absatzes 3 über die amtlich bestimmte Schnittstelle mitzuteilen.

(2) Die Angaben nach Absatz 3 sind innerhalb von 30 Tagen nach Ablauf des Tages zu übermitteln, an dem das erste der nachfolgenden Ereignisse eintritt:

1. die grenzüberschreitende Steuergestaltung wird zur Umsetzung bereitgestellt,

---

[1]) § 138f eingef. durch G v. 21.12.2019 (BGBl. I S. 2875); zur Anwendung siehe Art. 97 § 33 Abs. 1 und 2 EGAO (Nr. **1.1**).

2. der Nutzer der grenzüberschreitenden Steuergestaltung ist zu deren Umsetzung bereit oder

3. mindestens ein Nutzer der grenzüberschreitenden Steuergestaltung hat den ersten Schritt der Umsetzung dieser Steuergestaltung gemacht.

(3) [1] Der Datensatz muss folgende Angaben enthalten:

1. zum Intermediär:

   a) den Familiennamen und den Vornamen sowie den Tag und Ort der Geburt, wenn der Intermediär eine natürliche Person ist,

   b) die Firma oder den Namen, wenn der Intermediär keine natürliche Person ist,

   c) die Anschrift,

   d) den Staat, in dem der Intermediär ansässig ist, und

   e) das Steueridentifikationsmerkmal oder die Steuernummer,

2. zum Nutzer:

   a) den Familiennamen und den Vornamen sowie den Tag und Ort der Geburt, wenn der Nutzer eine natürliche Person ist,

   b) die Firma oder den Namen, wenn der Nutzer keine natürliche Person ist,

   c) die Anschrift,

   d) den Staat, in dem der Nutzer ansässig ist, und

   e) das Steueridentifikationsmerkmal oder die Steuernummer des Nutzers, soweit dem Intermediär dies bekannt ist,

3. wenn an der grenzüberschreitenden Steuergestaltung Personen beteiligt sind, die im Sinne des § 138e Absatz 3 als verbundene Unternehmen des Nutzers gelten, zu dem verbundenen Unternehmen:

   a) die Firma oder den Namen,

   b) die Anschrift,

   c) den Staat, in dem das Unternehmen ansässig ist, und

   d) das Steueridentifikationsmerkmal oder die Steuernummer, soweit dem Intermediär dies bekannt ist,

4. Einzelheiten zu den nach § 138e zur Mitteilung verpflichtenden Kennzeichen,

5. eine Zusammenfassung des Inhalts der grenzüberschreitenden Steuergestaltung einschließlich

   a) soweit vorhanden, eines Verweises auf die Bezeichnung, unter der die Steuergestaltung allgemein bekannt ist, und

   b) einer abstrakt gehaltenen Beschreibung der relevanten Geschäftstätigkeit oder Gestaltung des Nutzers, soweit dies nicht zur Offenlegung eines Handels-, Gewerbe- oder Berufsgeheimnisses oder eines Geschäftsverfahrens oder von Informationen führt, deren Offenlegung die öffentliche Ordnung verletzen würde,

6. das Datum des Tages, an dem der erste Schritt der Umsetzung der grenzüberschreitenden Steuergestaltung gemacht wurde oder voraussichtlich gemacht werden wird,

7. Einzelheiten zu den einschlägigen Rechtsvorschriften aller betroffenen Mitgliedstaaten der Europäischen Union, die unmittelbar die Grundlage der grenzüberschreitenden Steuergestaltung bilden,

8. den tatsächlichen oder voraussichtlichen wirtschaftlichen Wert der grenzüberschreitenden Steuergestaltung,

9. die Mitgliedstaaten der Europäischen Union, die wahrscheinlich von der grenzüberschreitenden Steuergestaltung betroffen sind, und

10. Angaben zu allen in einem Mitgliedstaat der Europäischen Union ansässigen Personen, die von der grenzüberschreitenden Steuergestaltung wahrscheinlich unmittelbar betroffen sind, einschließlich Angaben darüber, zu welchen Mitgliedstaaten der Europäischen Union sie in Beziehung stehen, soweit dem Intermediär dies bekannt ist.

[2] Soweit dem Intermediär bekannt ist, dass neben ihm mindestens ein weiterer Intermediär im Geltungsbereich dieses Gesetzes oder in einem anderen Mitgliedstaat der Europäischen Union zur Mitteilung derselben grenzüberschreitenden Steuergestaltung verpflichtet ist, so kann er im Datensatz nach Satz 1 die Angaben nach Satz 1 Nummer 1 auch hinsichtlich der anderen ihm bekannten Intermediäre machen.

(4) [1] Der mitteilende Intermediär hat den Nutzer darüber zu informieren, welche den Nutzer betreffenden Angaben er gemäß Absatz 3 an das Bundeszentralamt für Steuern übermittelt hat oder übermitteln wird. [2] Im Fall des Absatzes 3 Satz 2 hat der mitteilende Intermediär die anderen ihm bekannten Intermediäre unverzüglich darüber zu informieren, dass die Angaben gemäß Absatz 3 an das Bundeszentralamt für Steuern übermittelt wurden.

(5) [1] Das Bundeszentralamt für Steuern weist dem eingegangenen Datensatz im Sinne des Absatzes 3

1. eine Registriernummer für die mitgeteilte grenzüberschreitende Steuergestaltung und

2. eine Offenlegungsnummer für die eingegangene Mitteilung

zu und teilt diese dem mitteilenden Intermediär mit. [2] Hat das Bundeszentralamt für Steuern oder die zuständige Behörde eines anderen Mitgliedstaats der Europäischen Union im Einklang mit den dort geltenden Rechtsvorschriften der grenzüberschreitenden Steuergestaltung aufgrund der Mitteilung eines anderen Intermediärs bereits eine Registriernummer zugewiesen und ist diese dem mitteilenden Intermediär bekannt, hat er sie dem Bundeszentralamt für Steuern im Datensatz nach Absatz 3 Satz 1 mitzuteilen. [3] Satz 1 Nummer 1 ist nicht anzuwenden, wenn der Intermediär nach Satz 2 im Datensatz eine Registriernummer für die grenzüberschreitende Steuergestaltung angegeben hat. [4] Der mitteilende Intermediär hat die Registriernummer nach Satz 1 Nummer 1 und die Offenlegungsnummer nach Satz 1 Nummer 2 unverzüglich dem Nutzer der grenzüberschreitenden Steuergestaltung mitzuteilen. [5] Hat der Intermediär nach Absatz 3 Satz 2 auch andere Intermediäre derselben grenzüberschreitenden Steuergestaltung benannt, so hat er diesen die Registriernummer nach Satz 1 Nummer 1 mitzuteilen.

(6) [1] Unterliegt ein Intermediär einer gesetzlichen Pflicht zur Verschwiegenheit und hat der Nutzer ihn von dieser Pflicht nicht entbunden, so geht die Pflicht zur Übermittlung der Angaben nach Absatz 3 Satz 1 Nummer 2, 3 und 10 auf den Nutzer über, sobald der Intermediär

1. den Nutzer über die Mitteilungspflicht, die Möglichkeit der Entbindung von der Verschwiegenheitspflicht und den anderenfalls erfolgenden Übergang der Mitteilungspflicht informiert hat und

2. dem Nutzer die nach Absatz 3 Satz 1 Nummer 2, 3 und 10 erforderlichen Angaben, soweit sie dem Nutzer nicht bereits bekannt sind, sowie die Registriernummer und die Offenlegungsnummer zur Verfügung gestellt hat.

[2] Ist die Mitteilungspflicht hinsichtlich der in Absatz 3 Satz 1 Nummer 2, 3 und 10 bezeichneten Angaben auf den Nutzer übergegangen, so hat dieser in seiner Mitteilung die Registriernummer und die Offenlegungsnummer anzugeben; die Absätze 1 und 2 gelten in diesem Fall entsprechend. [3] Die Information des Nutzers nach Satz 1 Nummer 2 ist vom Intermediär nach Zugang der Mitteilung der Offenlegungsnummer unverzüglich zu veranlassen. [4] Erlangt der Nutzer die in Satz 1 Nummer 2 bezeichneten Informationen erst nach Eintritt des nach Absatz 2 maßgebenden Ereignisses, so beginnt die Frist zur Übermittlung der in Absatz 3 Satz 1 Nummer 2, 3 und 10 bezeichneten Angaben abweichend von Absatz 2 erst mit Ablauf des Tages, an dem der Nutzer die Informationen erlangt hat. [5] Hat der Nutzer einer grenzüberschreitenden Steuergestaltung einen Intermediär, der einer gesetzlichen Pflicht zur Verschwiegenheit unterliegt, nicht von seiner Verschwiegenheitspflicht entbunden, kann die Pflicht des Intermediärs zur Mitteilung der Angaben nach Absatz 3 Satz 1 Nummer 1 und 4 bis 9 dadurch erfüllt werden, dass der Nutzer diese Angaben im Auftrag des Intermediärs übermittelt.

(7) [1] Ein Intermediär ist nur dann zur Mitteilung der grenzüberschreitenden Steuergestaltung gegenüber dem Bundeszentralamt für Steuern verpflichtet, wenn er seinen Wohnsitz, seinen gewöhnlichen Aufenthalt, seine Geschäftsleitung oder seinen Sitz

1. im Geltungsbereich dieses Gesetzes hat oder

2. nicht in einem Mitgliedstaat der Europäischen Union hat, er aber im Geltungsbereich dieses Gesetzes

   a) eine Betriebsstätte hat, durch die die Dienstleistungen im Zusammenhang mit der grenzüberschreitenden Steuergestaltung erbracht werden,

   b) in das Handelsregister oder in ein öffentliches berufsrechtliches Register eingetragen ist oder

   c) bei einem Berufsverband für juristische, steuerliche oder beratende Dienstleistungen registriert ist.

[2] Bei Anwendung von Satz 1 Nummer 2 Buchstabe a gilt § 138d Absatz 4 entsprechend.

(8) Ist ein Intermediär hinsichtlich derselben grenzüberschreitenden Steuergestaltung zur Mitteilung im Geltungsbereich dieses Gesetzes und zugleich in mindestens einem anderen Mitgliedstaat der Europäischen Union verpflichtet, so ist er von der Mitteilungspflicht nach diesem Gesetz nur dann befreit, wenn er nachweisen kann, dass er die grenzüberschreitende Steuergestaltung bereits in einem anderen Mitgliedstaat der Europäischen Union im Einklang mit den dort geltenden Rechtsvorschriften der zuständigen Behörde mitgeteilt hat.

(9) [1] Mehrere Intermediäre derselben grenzüberschreitenden Steuergestaltung sind nebeneinander zur Mitteilung verpflichtet. [2] Ein Intermediär ist in diesem Fall von der Mitteilungspflicht gegenüber dem Bundeszentralamt für Steuern befreit, soweit er nachweisen kann, dass die in Absatz 3 bezeichneten Informationen zu derselben grenzüberschreitenden Steuergestaltung bereits durch einen anderen Intermediär dem Bundeszentralamt für Steuern oder der

zuständigen Behörde eines anderen Mitgliedstaats der Europäischen Union im Einklang mit den dort geltenden Rechtsvorschriften mitgeteilt wurden.

§ 138g[1] **Verfahren zur Mitteilung grenzüberschreitender Steuergestaltungen durch Nutzer.** (1) [1] Erfüllt bei einer grenzüberschreitenden Steuergestaltung im Sinne des § 138d Absatz 2 kein Intermediär die Voraussetzungen des § 138f Absatz 7, so obliegt die Mitteilung der in § 138f Absatz 3 bezeichneten Angaben dem Nutzer; in diesem Fall gilt § 138f Absatz 1 und 2 entsprechend. [2] Die Mitteilungspflicht des Nutzers nach Satz 1 besteht nicht, soweit der Nutzer nachweisen kann, dass er selbst, ein Intermediär oder ein anderer Nutzer dieselbe grenzüberschreitende Steuergestaltung bereits in einem anderen Mitgliedstaat der Europäischen Union im Einklang mit den dort geltenden Rechtsvorschriften mitgeteilt hat.

(2) [1] Obliegt die Mitteilung der in § 138f Absatz 3 bezeichneten Angaben im Fall des Absatzes 1 mehreren Nutzern derselben grenzüberschreitenden Steuergestaltung, so gilt Folgendes:

1. hinsichtlich der in § 138f Absatz 3 Satz 1 Nummer 1 und 4 bis 9 bezeichneten Angaben ist vorrangig der Nutzer zur Mitteilung verpflichtet, der die grenzüberschreitende Steuergestaltung mit dem Intermediär oder den Intermediären vereinbart hat; nachrangig ist der Nutzer mitteilungspflichtig, der die Umsetzung der grenzüberschreitenden Steuergestaltung verwaltet;

2. alle Nutzer derselben grenzüberschreitenden Steuergestaltung sind zur Mitteilung der in § 138f Absatz 3 Satz 1 Nummer 2, 3 und 10 bezeichneten Angaben verpflichtet;

3. soweit der in Nummer 1 bezeichnete Nutzer auch die in § 138f Absatz 3 Satz 1 Nummer 2, 3 und 10 bezeichneten Angaben zu den übrigen Nutzern derselben Steuergestaltung mitgeteilt hat, sind die übrigen Nutzer von der Mitteilungspflicht nach Nummer 2 befreit.

[2] Bei Anwendung von Satz 1 Nummer 1 gilt § 138f Absatz 5 Satz 1 und 4 entsprechend.

(3) Die Absätze 1 und 2 gelten nur für Nutzer, die ihren Wohnsitz, ihren gewöhnlichen Aufenthalt, ihre Geschäftsleitung oder ihren Sitz

1. im Geltungsbereich dieses Gesetzes haben oder

2. nicht in einem Mitgliedstaat der Europäischen Union haben, aber im Geltungsbereich dieses Gesetzes

   a) eine Betriebstätte im Sinne des § 138d Absatz 4 haben, in der durch die grenzüberschreitende Steuergestaltung ein steuerlicher Vorteil entsteht,

   b) Einkünfte erzielen oder eine wirtschaftliche Tätigkeit ausüben, sofern diese für eine Steuer von Bedeutung sind, auf die das EU-Amtshilfegesetz anzuwenden ist.

§ 138h[2] **Mitteilungen bei marktfähigen grenzüberschreitenden Steuergestaltungen.** (1) Eine grenzüberschreitende Steuergestaltung ist markt-

---

[1] § 138g eingef. durch G v. 21.12.2019 (BGBl. I S. 2875); zur Anwendung siehe Art. 97 § 33 Abs. 1 und 2 EGAO (Nr. **1.1**).
[2] § 138h eingef. durch G v. 21.12.2019 (BGBl. I S. 2875); zur Anwendung siehe Art. 97 § 33 Abs. 1 und 2 EGAO (Nr. **1.1**).

fähig, wenn sie konzipiert wird, vermarktet wird, umsetzungsbereit ist oder zur Umsetzung bereitgestellt wird, ohne dass sie individuell angepasst werden muss.

(2) [1] Bei marktfähigen grenzüberschreitenden Steuergestaltungen sind Änderungen und Ergänzungen hinsichtlich der in § 138f Absatz 3 Satz 1 Nummer 1, 2, 6, 9 und 10 bezeichneten Angaben, die nach Übermittlung des Datensatzes nach § 138f Absatz 3 eingetreten sind, innerhalb von zehn Tagen nach Ablauf des Kalendervierteljahres mitzuteilen, in dem die jeweils mitteilungspflichtigen Umstände eingetreten sind. [2] Dabei sind die Registriernummer und die Offenlegungsnummer anzugeben. [3] Die Angaben sind dem Bundeszentralamt für Steuern nach amtlich vorgeschriebenem Datensatz über die amtlich bestimmte Schnittstelle mitzuteilen. [4] Die Sätze 1 bis 3 gelten in den Fällen des § 138g entsprechend.

§ 138i[1] **Information der Landesfinanzbehörden.** Soweit von nach den §§ 138f bis 138h mitgeteilten grenzüberschreitenden Steuergestaltungen im Sinne des § 138d Absatz 2 Steuern betroffen sind, die von Landesfinanzbehörden oder Gemeinden verwaltet werden, teilt das Bundeszentralamt für Steuern den für die Nutzer zuständigen Finanzbehörden der Länder im automatisierten Verfahren unter Angabe der Registriernummer und der Offenlegungsnummer mit, dass ihm Angaben über mitgeteilte grenzüberschreitende Steuergestaltungen vorliegen.

§ 138j[2] **Auswertung der Mitteilungen grenzüberschreitender Steuergestaltungen.** (1) [1] Das Bundeszentralamt für Steuern wertet die ihm nach den §§ 138f bis 138h zugegangenen Mitteilungen aus. [2] Soweit von mitgeteilten grenzüberschreitenden Steuergestaltungen im Sinne des § 138d Absatz 2 Steuern betroffen sind, die von Zollbehörden verwaltet werden, übermittelt das Bundeszentralamt für Steuern die ihm zugegangenen Mitteilungen zusammen mit der jeweils zugewiesenen Registriernummer an die Generalzolldirektion. [3] Die Auswertung der Daten erfolgt in diesem Fall durch die Generalzolldirektion. [4] Die Ergebnisse der Auswertung teilen das Bundeszentralamt für Steuern und die Generalzolldirektion dem Bundesministerium der Finanzen mit.

(2) Soweit von nach den §§ 138f bis 138h mitgeteilten grenzüberschreitenden Steuergestaltungen Steuern betroffen sind, die ganz oder teilweise den Ländern oder Gemeinden zustehen, unterrichtet das Bundesministerium der Finanzen die obersten Finanzbehörden der Länder über die Ergebnisse der Auswertung.

(3) Soweit von nach den §§ 138f bis 138h mitgeteilten grenzüberschreitenden Steuergestaltungen Steuern betroffen sind, die von Finanzbehörden der Länder oder von Gemeinden verwaltet werden, stellt das Bundeszentralamt für Steuern den für die Nutzer zuständigen Finanzbehörden der Länder ergänzend zu den Angaben nach § 138i auch die Angaben nach § 138f Absatz 3 sowie eigene Ermittlungsergebnisse und die Ergebnisse der Auswertung zum Abruf bereit.

(4) [1] Das Ausbleiben einer Reaktion des Bundeszentralamts für Steuern, der Generalzolldirektion, des Bundesministeriums der Finanzen oder des Gesetz-

---

[1] § 138i eingef. durch G v. 21.12.2019 (BGBl. I S. 2875); zur Anwendung siehe Art. 97 § 33 Abs. 1 und 2 EGAO (Nr. **1.1**).
[2] § 138j eingef. durch G v. 21.12.2019 (BGBl. I S. 2875); zur Anwendung siehe Art. 97 § 33 Abs. 1 und 2 EGAO (Nr. **1.1**).

gebers auf die Mitteilung einer grenzüberschreitenden Steuergestaltung nach den §§ 138f bis 138h bedeutet nicht deren rechtliche Anerkennung. [2]§ 89 Absatz 2 bis 7 bleibt unberührt.

(5) Die Verarbeitung personenbezogener Daten aufgrund von Mitteilungen über grenzüberschreitende Steuergestaltungen durch Finanzbehörden ist ein Verwaltungsverfahren in Steuersachen im Sinne des Gesetzes.

§ 138k[1] **Angabe der grenzüberschreitenden Steuergestaltung in der Steuererklärung.** [1]Hat ein Nutzer eine grenzüberschreitende Steuergestaltung im Sinne des § 138d Absatz 2 oder der entsprechenden Regelung eines anderen Mitgliedstaats der Europäischen Union verwirklicht, so hat er diese in der Steuererklärung für die Steuerart und den Besteuerungszeitraum oder den Besteuerungszeitpunkt, in der sich der steuerliche Vorteil der grenzüberschreitenden Steuergestaltung erstmals auswirken soll, anzugeben. [2]Hierzu genügt die Angabe

1. der vom Bundeszentralamt für Steuern zugeteilten Registriernummer und Offenlegungsnummer oder

2. der von der zuständigen Behörde eines anderen Mitgliedstaats der Europäischen Union zugeteilten Registriernummer und Offenlegungsnummer.

§ 139 Anmeldung von Betrieben in besonderen Fällen. (1) [1]Wer Waren gewinnen oder herstellen will, an deren Gewinnung, Herstellung, Entfernung aus dem Herstellungsbetrieb oder Verbrauch innerhalb des Herstellungsbetriebs eine Verbrauchsteuerpflicht geknüpft ist, hat dies der zuständigen Finanzbehörde vor Eröffnung des Betriebs anzumelden. [2]Das Gleiche gilt für den, der ein Unternehmen betreiben will, bei dem besondere Verkehrsteuern anfallen.

(2)[2] [1]Durch Rechtsverordnung können Bestimmungen über den Zeitpunkt, die Form und den Inhalt der Anmeldung getroffen werden. [2]Die Rechtsverordnung erlässt die Bundesregierung, soweit es sich um Verkehrsteuern mit Ausnahme der Luftverkehrsteuer handelt, im Übrigen das Bundesministerium der Finanzen. [3]Die Rechtsverordnung des Bundesministeriums der Finanzen bedarf der Zustimmung des Bundesrates nur, soweit sie die Biersteuer betrifft.

3. Unterabschnitt.[3] Identifikationsmerkmal

§ 139a Identifikationsmerkmal. (1)[4] [1]Das Bundeszentralamt für Steuern teilt jedem Steuerpflichtigen zum Zwecke der eindeutigen Identifizierung in Besteuerungsverfahren ein einheitliches und dauerhaftes Merkmal (Identifikationsmerkmal) zu; das Identifikationsmerkmal ist vom Steuerpflichtigen oder von einem Dritten, der Daten dieses Steuerpflichtigen an die Finanzbehörden zu übermitteln hat, bei Anträgen, Erklärungen oder Mitteilungen gegenüber Finanzbehörden anzugeben. [2]Es besteht aus einer Ziffernfolge, die nicht aus anderen Daten über den Steuerpflichtigen gebildet oder abgeleitet werden darf; die letzte Stelle ist eine Prüfziffer. [3]Natürliche Personen erhalten eine Identifi-

---

[1] § 138k eingef. durch G v. 21.12.2019 (BGBl. I S. 2875); zur Anwendung siehe Art. 97 § 33 Abs. 1 und 2 EGAO (Nr. **1.1**).
[2] § 139 Abs. 2 Satz 2 geänd. mWv 30.6.2013 durch G v. 26.6.2013 (BGBl. I S. 1809).
[3] Dritter Unterabschnitt eingef. durch G v. 15.12.2003 (BGBl. I S. 2645); zur Anwendung siehe Art. 97 § 5 EGAO (Nr. **1.1**).
[4] § 139a Abs. 1 Satz 1 neu gef. mWv 31.12.2014 durch G v. 22.12.2014 (BGBl. I S. 2417).

kationsnummer, wirtschaftlich Tätige eine Wirtschafts-Identifikationsnummer. [4]Der Steuerpflichtige ist über die Zuteilung eines Identifikationsmerkmals unverzüglich zu unterrichten.

(2) Steuerpflichtiger im Sinne dieses Unterabschnitts ist jeder, der nach einem Steuergesetz steuerpflichtig ist.

(3) Wirtschaftlich Tätige im Sinne dieses Unterabschnitts sind:

1. natürliche Personen, die wirtschaftlich tätig sind,

2. juristische Personen,

3. Personenvereinigungen.

§ 139b Identifikationsnummer. (1) [1]Eine natürliche Person darf nicht mehr als eine Identifikationsnummer erhalten. [2]Jede Identifikationsnummer darf nur einmal vergeben werden.

(2)[1] [1]Die Finanzbehörden dürfen die Identifikationsnummer verarbeiten, wenn die Verarbeitung zur Erfüllung der ihnen obliegenden Aufgaben erforderlich ist oder eine Rechtsvorschrift die Verarbeitung der Identifikationsnummer ausdrücklich erlaubt oder anordnet. [2]Andere öffentliche oder nicht-öffentliche Stellen dürfen ohne Einwilligung der betroffenen Person

1. die Identifikationsnummer nur verarbeiten, soweit dies für Datenübermittlungen zwischen ihnen und den Finanzbehörden erforderlich ist oder eine Rechtsvorschrift die Verarbeitung der Identifikationsnummer ausdrücklich erlaubt oder anordnet,

2. ihre Dateisysteme nur insoweit nach der Identifikationsnummer ordnen oder für den Zugriff erschließen, als dies für regelmäßige Datenübermittlungen zwischen ihnen und den Finanzbehörden erforderlich ist,

3. eine rechtmäßig erhobene Identifikationsnummer eines Steuerpflichtigen zur Erfüllung aller Mitteilungspflichten gegenüber Finanzbehörden verwenden, soweit die Mitteilungspflicht denselben Steuerpflichtigen betrifft und die Verarbeitung nach Nummer 1 zulässig wäre,

4. eine durch ein verbundenes Unternehmen im Sinne des § 15 des Aktiengesetzes oder ein Unternehmen einer kreditwirtschaftlichen Verbundgruppe rechtmäßig erhobene Identifikationsnummer eines Steuerpflichtigen zur Erfüllung aller steuerlichen Mitwirkungspflichten verwenden, soweit die Mitwirkungspflicht denselben Steuerpflichtigen betrifft und die verwendende Stelle zum selben Unternehmensverbund wie die Stelle gehört, die die Identifikationsnummer erhoben hat und die Verarbeitung nach Nummer 1 zulässig wäre.

(3)[2] Das Bundeszentralamt für Steuern speichert zu natürlichen Personen folgende Daten:

1. Identifikationsnummer,

2. Wirtschafts-Identifikationsnummern,

3. Familienname,

4. frühere Namen,

---

[1] § 139b Abs. 2 neu gef. mWv 25.5.2018 durch G v. 17.7.2017 (BGBl. I S. 2541).
[2] § 139b Abs. 3 einl. Satzteil geänd. mWv 1.1.2006 durch G v. 22.9.2005 (BGBl. I S. 2809).

5. Vornamen,

6. Doktorgrad,

7.[1] *(aufgehoben)*

8. Tag und Ort der Geburt,

9. Geschlecht,

10. gegenwärtige oder letzte bekannte Anschrift,

11.[2] zuständige Finanzbehörden,

12.[3] Auskunftssperren nach dem Bundesmeldegesetz,

13.[4] Sterbetag,

14.[5] Tag des Ein- und Auszugs.

(4)[6] ¹Die in Absatz 3 aufgeführten Daten werden gespeichert, um

1. sicherzustellen, dass eine Person nur eine Identifikationsnummer erhält und eine Identifikationsnummer nicht mehrfach vergeben wird,

2. die Identifikationsnummer eines Steuerpflichtigen festzustellen,

3.[7] zu erkennen, welche Finanzbehörden für einen Steuerpflichtigen zuständig sind,

4. Daten, die auf Grund eines Gesetzes oder nach über- und zwischenstaatlichem Recht entgegenzunehmen sind, an die zuständigen Stellen weiterleiten zu können,

5. den Finanzbehörden die Erfüllung der ihnen durch Rechtsvorschrift zugewiesenen Aufgaben zu ermöglichen.

²Die in Absatz 3 Nummer 1 und 8 aufgeführten Daten werden auch zur Ermittlung des Einkommens nach § 97a des Sechsten Buches Sozialgesetzbuch gespeichert und können von den Trägern der gesetzlichen Rentenversicherung zu diesem Zweck verarbeitet werden.

(4a)[8] Die in Absatz 3 Nummer 3 bis 6, 8 und 10 aufgeführten Daten werden bei einer natürlichen Person, die ein Nutzerkonto im Sinne des § 2 Absatz 5 des Onlinezugangsgesetzes nutzt, auch zum Nachweis der Identität als Nutzer dieses Nutzerkontos gespeichert; diese Daten dürfen elektronisch an das Nutzerkonto übermittelt werden, wenn der Nutzer zuvor in die Übermittlung eingewilligt hat.

(4b)[9] Die in Absatz 3 Nummer 1 und 8 aufgeführten Daten werden bei einer natürlichen Person auch für Zwecke der Digitalen Rentenübersicht gespeichert.

---

[1] § 139b Abs. 3 Nr. 7 aufgeh. mWv 1.11.2007 durch G v. 20.7.2007 (BGBl. I S. 1566).
[2] § 139b Abs. 3 Nr. 11 geänd. durch G v. 9.12.2004 (BGBl. I S. 3310).
[3] § 139b Abs. 3 Nr. 12 eingef., bish. Nr. 12 wird Nr. 13 durch G v. 20.12.2007 (BGBl. I S. 3150); Nr. 12 geänd. mWv 1.11.2015 durch G v. 3.5.2013 (BGBl. I S. 1084, geänd. durch G v. 20.11.2014, BGBl. I S. 1738).
[4] § 139b Abs. 3 Nr. 12 eingef., bish. Nr. 12 wird Nr. 13 durch G v. 20.12.2007 (BGBl. I S. 3150).
[5] § 139b Abs. 3 Nr. 14 angef. mWv 31.12.2014 durch G v. 22.12.2014 (BGBl. I S. 2417).
[6] § 139b Abs. 4 Satz 2 angef. mWv 1.1.2021 durch G v. 12.8.2020 (BGBl. I S. 1879).
[7] § 139b Abs. 4 Nr. 3 geänd. durch G v. 9.12.2004 (BGBl. I S. 3310).
[8] § 139b Abs. 4a eingef. mWv 10.12.2020 durch G v. 3.12.2020 (BGBl. I S. 2668).
[9] § 139b Abs. 4b eingef. mWv 18.2.2021 durch G v. 11.2.2021 (BGBl. I S. 154).

(5)[1] [1]Die in Absatz 3 aufgeführten Daten dürfen nur für die in den Absätzen 4 bis 4b genannten Zwecke verarbeitet werden. [2]Auskunftssperren nach dem Bundesmeldegesetz sind zu beachten und im Fall einer zulässigen Datenübermittlung ebenfalls zu übermitteln. [3]Der Dritte, an den die Daten übermittelt werden, hat die Übermittlungssperren ebenfalls zu beachten.

(6)[2] [1]Zum Zwecke der erstmaligen Zuteilung der Identifikationsnummer übermitteln die Meldebehörden dem Bundeszentralamt für Steuern für jeden in ihrem Zuständigkeitsbereich mit alleiniger Wohnung oder Hauptwohnung im Melderegister registrierten Einwohner folgende Daten:

1. Familienname,
2. frühere Namen,
3. Vornamen,
4. Doktorgrad,
5.[3] *(aufgehoben)*
6. Tag und Ort der Geburt,
7. Geschlecht,
8. gegenwärtige Anschrift der alleinigen Wohnung oder der Hauptwohnung,
9.[4] Tag des Ein- und Auszugs,
10.[5] Auskunftssperren nach dem Bundesmeldegesetz.

[2]Hierzu haben die Meldebehörden jedem in ihrem Zuständigkeitsbereich mit alleiniger Wohnung oder Hauptwohnung registrierten Einwohner ein Vorläufiges Bearbeitungsmerkmal zu vergeben. [3]Dieses übermitteln sie zusammen mit den Daten nach Satz 1 an das Bundeszentralamt für Steuern. [4]Das Bundeszentralamt für Steuern teilt der zuständigen Meldebehörde die dem Steuerpflichtigen zugeteilte Identifikationsnummer zur Speicherung im Melderegister unter Angabe des Vorläufigen Bearbeitungsmerkmals mit und löscht das Vorläufige Bearbeitungsmerkmal anschließend.

(7)[6] [1]Die Meldebehörden haben im Falle der Speicherung einer Geburt im Melderegister sowie im Falle der Speicherung einer Person, für die bisher keine Identifikationsnummer zugeteilt worden ist, dem Bundeszentralamt für Steuern die Daten nach Absatz 6 Satz 1 zum Zwecke der Zuteilung der Identifikationsnummer zu übermitteln. [2]Absatz 6 Satz 2 bis 5 gilt entsprechend.

[1]) § 139b Abs. 5 Sätze 2 und 3 angef. durch G v. 20.12.2007 (BGBl. I S. 3150); Satz 2 geänd. mWv 1.11.2015 durch G v. 3.5.2013 (BGBl. I S. 1084, geänd. durch G v. 20.11.2014, BGBl. I S. 1738); Satz 1 geänd. mWv 25.5.2018 durch G v. 17.7.2017 (BGBl. I S. 2541); Satz 1 neu gef. mWv 10.12.2020 durch G v. 3.12.2020 (BGBl. I S. 2668); Satz 1 neu gef. mWv 18.2.2021 durch G v. 11.2.2021 (BGBl. I S. 154).
[2]) § 139b Abs. 6 Satz 1 geänd. mWv 1.1.2006 durch G v. 22.9.2005 (BGBl. I S. 2809); Sätze 2 und 3 ersetzt durch Sätze 2 bis 5 durch G v. 13.12.2006 (BGBl. I S. 2878); Satz 6 angef. durch G v. 20.12.2007 (BGBl. I S. 3150); Satz 6 aufgeh. mWv 31.12.2014 durch G v. 22.12.2014 (BGBl. I S. 2417); Satz 4 aufgeh., bish. Satz 5 wird Satz 4 mWv 25.5.2018 durch G v. 17.7.2017 (BGBl. I S. 2541).
[3]) § 139b Abs. 6 Satz 1 Nr. 5 aufgeh. mWv 1.11.2007 durch G v. 20.7.2007 (BGBl. I S. 1566).
[4]) § 139b Abs. 6 Satz 1 Nr. 9 eingef. durch G v. 20.12.2007 (BGBl. I S. 3150).
[5]) § 139b Abs. 6 Satz 1 Nr. 10 eingef. durch G v. 20.12.2007 (BGBl. I S. 3150); geänd. mWv 1.11.2015 durch G v. 3.5.2013 (BGBl. I S. 1084, geänd. durch G v. 20.11.2014, BGBl. I S. 1738).
[6]) § 139b Abs. 7 Satz 1 geänd. mWv 1.1.2006 durch G v. 22.9.2005 (BGBl. I S. 2809); Satz 2 geänd. durch G v. 13.12.2006 (BGBl. I S. 2878); Satz 2 geänd. durch G v. 20.12.2007 (BGBl. I S. 3150); Satz 2 geänd. mWv 31.12.2014 durch G v. 22.12.2014 (BGBl. I S. 2417).

(8)[1] Die Meldebehörde teilt dem Bundeszentralamt für Steuern Änderungen der in Absatz 6 Satz 1 Nr. 1 bis 10 bezeichneten Daten sowie bei Sterbefällen den Sterbetag unter Angabe der Identifikationsnummer oder, sofern diese noch nicht zugeteilt wurde, unter Angabe des Vorläufigen Bearbeitungsmerkmals mit.

(9)[2] Das Bundeszentralamt für Steuern unterrichtet die Meldebehörden, wenn ihm konkrete Anhaltspunkte für die Unrichtigkeit der ihm von den Meldebehörden übermittelten Daten vorliegen.

§ 139c Wirtschafts-Identifikationsnummer. (1)[3] ¹Die Wirtschafts-Identifikationsnummer wird auf Anforderung der zuständigen Finanzbehörde vergeben. ²Sie beginnt mit den Buchstaben „DE". ³Jede Wirtschafts-Identifikationsnummer darf nur einmal vergeben werden.

(2)[4] ¹Die Finanzbehörden dürfen die Wirtschafts-Identifikationsnummer verarbeiten, wenn die Verarbeitung zur Erfüllung der ihnen obliegenden Aufgaben erforderlich ist oder eine Rechtsvorschrift dies erlaubt oder anordnet. ²Andere öffentliche oder nicht-öffentliche Stellen dürfen die Wirtschafts-Identifikationsnummer nur verarbeiten, soweit dies zur Erfüllung ihrer Aufgaben oder Geschäftszwecke oder für Datenübermittlungen zwischen ihnen und den Finanzbehörden erforderlich ist. ³Soweit die Wirtschafts-Identifikationsnummer andere Nummern ersetzt, bleiben Rechtsvorschriften, die eine Übermittlung durch die Finanzbehörden an andere Behörden regeln, unberührt.

(3)[5] Das Bundeszentralamt für Steuern speichert zu natürlichen Personen, die wirtschaftlich tätig sind, folgende Daten:

1. Wirtschafts-Identifikationsnummer,
2. Identifikationsnummer,
3. Firma (§§ 17 ff. des Handelsgesetzbuchs) oder Name des Unternehmens,
4. frühere Firmennamen oder Namen des Unternehmens,
5. Rechtsform,
6. Wirtschaftszweignummer,
7. amtlicher Gemeindeschlüssel,
8. Anschrift des Unternehmens, Firmensitz,
9. Handelsregistereintrag (Registergericht, Datum und Nummer der Eintragung),
10. Datum der Betriebseröffnung oder Zeitpunkt der Aufnahme der Tätigkeit,
11. Datum der Betriebseinstellung oder Zeitpunkt der Beendigung der Tätigkeit,
12.[6] zuständige Finanzbehörden,

---

[1] § 139b Abs. 8 geänd. mWv 1.1.2006 durch G v. 22.9.2005 (BGBl. I S. 2809); geänd. durch G v. 13.12.2006 (BGBl. I S. 2878); geänd. durch G v. 20.12.2007 (BGBl. I S. 3150).
[2] § 139b Abs. 9 angef. durch G v. 9.12.2004 (BGBl. I S. 3310); geänd. mWv 1.1.2006 durch G v. 22.9.2005 (BGBl. I S. 2809).
[3] § 139c Abs. 1 Satz 1 geänd. durch G v. 9.12.2004 (BGBl. I S. 3310).
[4] § 139c Abs. 2 Sätze 1 und 2 neu gef. mWv 25.5.2018 durch G v. 17.7.2017 (BGBl. I S. 2541).
[5] § 139c Abs. 3 einl. Satzteil geänd. mWv 1.1.2006 durch G v. 22.9.2005 (BGBl. I S. 2809).
[6] § 139c Abs. 3 Nr. 12 geänd. durch G v. 9.12.2004 (BGBl. I S. 3310).

13.[1] Unterscheidungsmerkmale nach Absatz 5a,

14.[2] Angaben zu verbundenen Unternehmen.

(4)[3] Das Bundeszentralamt für Steuern speichert zu juristischen Personen folgende Daten:

1. Wirtschafts-Identifikationsnummer,
2. Identifikationsmerkmale der gesetzlichen Vertreter,
3. Firma (§§ 17 ff. des Handelsgesetzbuchs),
4. frühere Firmennamen,
5. Rechtsform,
6. Wirtschaftszweignummer,
7. amtlicher Gemeindeschlüssel,
8. Sitz gemäß § 11, insbesondere Ort der Geschäftsleitung,
9. Datum des Gründungsaktes,
10. Handels-, Genossenschafts- oder Vereinsregistereintrag (Registergericht, Datum und Nummer der Eintragung),
11. Datum der Betriebseröffnung oder Zeitpunkt der Aufnahme der Tätigkeit,
12. Datum der Betriebseinstellung oder Zeitpunkt der Beendigung der Tätigkeit,
13. Zeitpunkt der Auflösung,
14. Datum der Löschung im Register,
15. verbundene Unternehmen,
16.[4] zuständige Finanzbehörden,
17.[5] Unterscheidungsmerkmale nach Absatz 5a.

(5)[6] Das Bundeszentralamt für Steuern speichert zu Personenvereinigungen folgende Daten:

1. Wirtschafts-Identifikationsnummer,
2. Identifikationsmerkmale der gesetzlichen Vertreter,
3. Identifikationsmerkmale der Beteiligten,
4. Firma (§§ 17 ff. des Handelsgesetzbuchs) oder Name der Personenvereinigung,
5. frühere Firmennamen oder Namen der Personenvereinigung,
6. Rechtsform,
7. Wirtschaftszweignummer,
8. amtlicher Gemeindeschlüssel,
9. Sitz gemäß § 11, insbesondere Ort der Geschäftsleitung,
10. Datum des Gesellschaftsvertrags,

---

[1] § 139c Abs. 3 Nr. 13 angef. mWv 31.12.2014 durch G v. 22.12.2014 (BGBl. I S. 2417).
[2] § 139c Abs. 3 Nr. 14 angef. mWv 31.12.2014 durch G v. 22.12.2014 (BGBl. I S. 2417).
[3] § 139c Abs. 4 einl. Satzteil geänd. mWv 1.1.2006 durch G v. 22.9.2005 (BGBl. I S. 2809).
[4] § 139c Abs. 4 Nr. 16 geänd. durch G v. 9.12.2004 (BGBl. I S. 3310).
[5] § 139c Abs. 4 Nr. 17 angef. mWv 31.12.2014 durch G v. 22.12.2014 (BGBl. I S. 2417).
[6] § 139c Abs. 5 einl. Satzteil geänd. mWv 1.1.2006 durch G v. 22.9.2005 (BGBl. I S. 2809).

11. Handels- oder Partnerschaftsregistereintrag (Registergericht, Datum und Nummer der Eintragung),

12. Datum der Betriebseröffnung oder Zeitpunkt der Aufnahme der Tätigkeit,

13. Datum der Betriebseinstellung oder Zeitpunkt der Beendigung der Tätigkeit,

14. Zeitpunkt der Auflösung,

15. Zeitpunkt der Beendigung,

16. Datum der Löschung im Register,

17. verbundene Unternehmen,

18.[1] zuständige Finanzbehörden,

19.[2] Unterscheidungsmerkmale nach Absatz 5a.

(5a)[3] [1] Bei jedem wirtschaftlich Tätigen (§ 139a Absatz 3) wird die Wirtschafts-Identifikationsnummer für jede einzelne seiner wirtschaftlichen Tätigkeiten, jeden seiner Betriebe sowie für jede seiner Betriebstätten um ein fünfstelliges Unterscheidungsmerkmal ergänzt, so dass die Tätigkeiten, Betriebe und Betriebstätten des wirtschaftlich Tätigen in Besteuerungsverfahren eindeutig identifiziert werden können. [2] Der ersten wirtschaftlichen Tätigkeit des wirtschaftlich Tätigen, seinem ersten Betrieb oder seiner ersten Betriebstätte wird vom Bundeszentralamt für Steuern hierbei das Unterscheidungsmerkmal 00001 zugeordnet. [3] Jeder weiteren wirtschaftlichen Tätigkeit, jedem weiteren Betrieb sowie jeder weiteren Betriebstätte des wirtschaftlich Tätigen ordnet das Bundeszentralamt für Steuern auf Anforderung der zuständigen Finanzbehörde fortlaufend ein eigenes Unterscheidungsmerkmal zu. [4] Das Bundeszentralamt für Steuern speichert zu den einzelnen wirtschaftlichen Tätigkeiten, den einzelnen Betrieben sowie den einzelnen Betriebstätten des wirtschaftlich Tätigen folgende Daten:

1. Unterscheidungsmerkmal,

2. Wirtschafts-Identifikationsnummer des wirtschaftlich Tätigen,

3. Firma (§§ 17 ff. des Handelsgesetzbuchs) oder Name der wirtschaftlichen Tätigkeit, des Betriebes oder der Betriebstätte,

4. frühere Firmennamen oder Namen der wirtschaftlichen Tätigkeit, des Betriebes oder der Betriebstätte,

5. Rechtsform,

6. Wirtschaftszweignummer,

7. amtlicher Gemeindeschlüssel,

8.[4] Anschrift der wirtschaftlichen Tätigkeit, des Betriebes oder der Betriebstätte,

9. Registereintrag (Registergericht, Datum und Nummer der Eintragung),

10.[5] Datum der Eröffnung des Betriebes oder der Betriebstätte oder Zeitpunkt der Aufnahme der wirtschaftlichen Tätigkeit,

---

[1] § 139c Abs. 5 Nr. 18 geänd. durch G v. 9.12.2004 (BGBl. I S. 3310).
[2] § 139c Abs. 5 Nr. 19 angef. mWv 31.12.2014 durch G v. 22.12.2014 (BGBl. I S. 2417).
[3] § 139c Abs. 5a angef. mWv 31.12.2014 durch G v. 22.12.2014 (BGBl. I S. 2417).
[4] § 139c Abs. 5a Satz 4 Nr. 8 geänd. mWv 6.11.2015 durch G v. 2.11.2015 (BGBl. I S. 1834).
[5] § 139c Abs. 5a Satz 4 Nr. 10 neu gef. mWv 6.11.2015 durch G v. 2.11.2015 (BGBl. I S. 1834).

11.[1] Datum der Einstellung des Betriebes oder der Betriebstätte oder Zeitpunkt der Beendigung der wirtschaftlichen Tätigkeit,

12. Datum der Löschung im Register,

13. zuständige Finanzbehörden.

(6)[2] Die Speicherung der in den Absätzen 3 bis 5a aufgeführten Daten erfolgt, um

1. sicherzustellen, dass eine vergebene Wirtschafts-Identifikationsnummer nicht noch einmal für einen anderen wirtschaftlich Tätigen verwendet wird,

2. für einen wirtschaftlich Tätigen die vergebene Wirtschafts-Identifikationsnummer festzustellen,

3.[3] zu erkennen, welche Finanzbehörden zuständig sind,

4. Daten, die auf Grund eines Gesetzes oder nach über- und zwischenstaatlichem Recht entgegenzunehmen sind, an die zuständigen Stellen weiterleiten zu können,

5. den Finanzbehörden die Erfüllung der ihnen durch Rechtsvorschrift zugewiesenen Aufgaben zu ermöglichen.

(6a)[4] Die in Absatz 4 Nummer 3, 5, 8 und 10 aufgeführten Daten und die in Absatz 5 Nummer 4, 6, 9 und 11 aufgeführten Daten werden bei einer juristischen Person oder bei einer Personengesellschaft, die ein Nutzerkonto im Sinne des § 2 Absatz 5 des Onlinezugangsgesetzes nutzt, auch zum Nachweis der Identität als Nutzer dieses Nutzerkontos gespeichert; diese Daten dürfen elektronisch an das Nutzerkonto übermittelt werden, wenn der Nutzer zuvor in die Übermittlung eingewilligt hat.

(7)[5] Die in Absatz 3 aufgeführten Daten dürfen nur für die in Absatz 6 genannten Zwecke verarbeitet werden, es sei denn, eine Rechtsvorschrift sieht eine andere Verarbeitung ausdrücklich vor.

§ 139d Verordnungsermächtigung. Die Bundesregierung bestimmt durch Rechtsverordnung mit Zustimmung des Bundesrates:

1. organisatorische und technische Maßnahmen zur Wahrung des Steuergeheimnisses, insbesondere zur Verhinderung eines unbefugten Zugangs zu Daten, die durch § 30 geschützt sind,

2. Richtlinien zur Vergabe der Identifikationsnummer nach § 139b und der Wirtschafts-Identifikationsnummer nach § 139c,

3. Fristen, nach deren Ablauf die nach §§ 139b und 139c gespeicherten Daten zu löschen sind, sowie

4.[6] die Form und das Verfahren der Datenübermittlungen nach § 139b Abs. 6 bis 9.

---

[1] § 139c Abs. 5a Satz 4 Nr. 11 neu gef. mWv 6.11.2015 durch G v. 2.11.2015 (BGBl. I S. 1834).
[2] § 139c Abs. 6 einl. Satzteil geänd. durch G v. 22.12.2014 (BGBl. I S. 2417).
[3] § 139c Abs. 6 Nr. 3 geänd. durch G v. 9.12.2004 (BGBl. I S. 3310).
[4] § 139c Abs. 6a eingef. mWv 10.12.2020 durch G v. 3.12.2020 (BGBl. I S. 2668).
[5] § 139c Abs. 7 neu gef. mWv 25.5.2018 durch G v. 17.7.2017 (BGBl. I S. 2541).
[6] § 139d Nr. 4 geänd. durch G v. 13.12.2006 (BGBl. I S. 2878).

Zweiter Abschnitt. Mitwirkungspflichten

1. Unterabschnitt. Führung von Büchern und Aufzeichnungen

§ 140 Buchführungs- und Aufzeichnungspflichten nach anderen Gesetzen. Wer nach anderen Gesetzen als den Steuergesetzen Bücher und Aufzeichnungen zu führen hat, die für die Besteuerung von Bedeutung sind, hat die Verpflichtungen, die ihm nach den anderen Gesetzen obliegen, auch für die Besteuerung zu erfüllen.

§ 141 Buchführungspflicht bestimmter Steuerpflichtiger. (1)[1] [1] Gewerbliche Unternehmer sowie Land- und Forstwirte, die nach den Feststellungen der Finanzbehörde für den einzelnen Betrieb

1.[2] Umsätze einschließlich der steuerfreien Umsätze, ausgenommen die Umsätze nach § 4 Nr. 8 bis 10 des Umsatzsteuergesetzes[3], von mehr als 600 000 Euro im Kalenderjahr oder

2. (weggefallen)

3.[4] selbstbewirtschaftete land- und forstwirtschaftliche Flächen mit einem Wirtschaftswert (§ 46 des Bewertungsgesetzes[5]) von mehr als 25 000 Euro oder

4.[6] einen Gewinn aus Gewerbebetrieb von mehr als 60 000 Euro im Wirtschaftsjahr oder

5.[7] einen Gewinn aus Land- und Forstwirtschaft von mehr als 60 000 Euro im Kalenderjahr

gehabt haben, sind auch dann verpflichtet, für diesen Betrieb Bücher zu führen und auf Grund jährlicher Bestandsaufnahmen Abschlüsse zu machen, wenn sich eine Buchführungspflicht nicht aus § 140 ergibt. [2] Die §§ 238, 240, 241, 242 Abs. 1 und die §§ 243 bis 256 des Handelsgesetzbuchs[8] gelten sinngemäß, sofern sich nicht aus den Steuergesetzen etwas anderes ergibt. *[3] Bei der Anwendung der Nummer 3 ist der Wirtschaftswert aller vom Land- und Forstwirt selbstbewirtschafteten Flächen maßgebend, unabhängig davon, ob sie in seinem Eigentum stehen oder nicht.*

(2) [1] Die Verpflichtung nach Absatz 1 ist vom Beginn des Wirtschaftsjahrs an zu erfüllen, das auf die Bekanntgabe der Mitteilung folgt, durch die die

---

[1] § 141 Abs. 1 Satz 2 geänd. durch G v. 25.5.2009 (BGBl. I S. 1102); Satz 4 aufgeh. mWv 30.6.2013 durch G v. 26.6.2013 (BGBl. I S. 1809); Satz 3 aufgeh. **mWv 1.1.2025** durch G v. 26.11.2019 (BGBl. I S. 1794).

[2] § 141 Abs. 1 Satz 1 Nr. 1 geänd. durch G v. 22.8.2006 (BGBl. I S. 1970); zur Anwendung siehe Art. 97 § 19 Abs. 6 EGAO (Nr. **1.1**); geänd. durch G v. 28.7.2015 (BGBl. I S. 1400); zur Anwendung siehe Art. 97 § 19 Abs. 8 EGAO (Nr. **1.1**).

[3] **dtv 5546 USt Nr. 1.**

[4] § 141 Abs. 1 Satz 1 Nr. 3 geänd. durch G v. 31.7.2003 (BGBl. I S. 1550); zur Anwendung siehe Art. 97 § 19 Abs. 2 EGAO (Nr. **1.1**); aufgeh. **mWv 1.1.2025** durch G v. 26.11.2019 (BGBl. I S. 1794).

[5] **dtv 5547 ErbSt/BewG/GrSt Nr. 1.**

[6] § 141 Abs. 1 Satz 1 Nr. 4 geänd. durch G v. 31.7.2003 (BGBl. I S. 1550) und durch G v. 7.9.2007 (BGBl. I S. 2246); zur Anwendung siehe Art. 97 § 19 Abs. 3 Satz 2 und Abs. 7 EGAO (Nr. **1.1**); geänd. durch G v. 28.7.2015 (BGBl. I S. 1400); zur Anwendung siehe Art. 97 § 19 Abs. 3 Satz 3 und Abs. 9 EGAO (Nr. **1.1**).

[7] § 141 Abs. 1 Satz 1 Nr. 5 geänd. durch G v. 31.7.2003 (BGBl. I S. 1550) und durch G v. 7.9.2007 (BGBl. I S. 2246); zur Anwendung siehe Art. 97 § 19 Abs. 4 Satz 2 und Abs. 7 EGAO (Nr. **1.1**); geänd. durch G v. 28.7.2015 (BGBl. I S. 1400); zur Anwendung siehe Art. 97 § 19 Abs. 4 Satz 3 und Abs. 9 EGAO (Nr. **1.1**).

[8] **dtv 5765 Steuergesetze Nr. 34.**

Finanzbehörde auf den Beginn dieser Verpflichtung hingewiesen hat. ²Die Verpflichtung endet mit dem Ablauf des Wirtschaftsjahrs, das auf das Wirtschaftsjahr folgt, in dem die Finanzbehörde feststellt, dass die Voraussetzungen nach Absatz 1 nicht mehr vorliegen.

(3) ¹Die Buchführungspflicht geht auf denjenigen über, der den Betrieb im Ganzen zur Bewirtschaftung als Eigentümer oder Nutzungsberechtigter übernimmt. ²Ein Hinweis nach Absatz 2 auf den Beginn der Buchführungspflicht ist nicht erforderlich.

(4)[1] *(aufgehoben)*

§ 142 Ergänzende Vorschriften für Land- und Forstwirte. ¹Land- und Forstwirte, die nach § 141 Abs. 1 Nr. 1, 3 oder 5 zur Buchführung verpflichtet sind, haben neben den jährlichen Bestandsaufnahmen und den jährlichen Abschlüssen ein Anbauverzeichnis zu führen. ²In dem Anbauverzeichnis ist nachzuweisen, mit welchen Fruchtarten die selbstbewirtschafteten Flächen im abgelaufenen Wirtschaftsjahr bestellt waren.

§ 143 Aufzeichnung des Wareneingangs. (1) Gewerbliche Unternehmer müssen den Wareneingang gesondert aufzeichnen.

(2) ¹Aufzuzeichnen sind alle Waren einschließlich der Rohstoffe, unfertigen Erzeugnisse, Hilfsstoffe und Zutaten, die der Unternehmer im Rahmen seines Gewerbebetriebs zur Weiterveräußerung oder zum Verbrauch entgeltlich oder unentgeltlich, für eigene oder für fremde Rechnung, erwirbt; dies gilt auch dann, wenn die Waren vor der Weiterveräußerung oder dem Verbrauch be- oder verarbeitet werden sollen. ²Waren, die nach Art des Betriebs üblicherweise für den Betrieb zur Weiterveräußerung oder zum Verbrauch erworben werden, sind auch dann aufzuzeichnen, wenn sie für betriebsfremde Zwecke verwendet werden.

(3) Die Aufzeichnungen müssen die folgenden Angaben enthalten:

1. den Tag des Wareneingangs oder das Datum der Rechnung,
2. den Namen oder die Firma und die Anschrift des Lieferers,
3. die handelsübliche Bezeichnung der Ware,
4. den Preis der Ware,
5. einen Hinweis auf den Beleg.

§ 144 Aufzeichnung des Warenausgangs. (1) Gewerbliche Unternehmer, die nach der Art ihres Geschäftsbetriebs Waren regelmäßig an andere gewerbliche Unternehmer zur Weiterveräußerung oder zum Verbrauch als Hilfsstoffe liefern, müssen den erkennbar für diese Zwecke bestimmten Warenausgang gesondert aufzeichnen.

(2) ¹Aufzuzeichnen sind auch alle Waren, die der Unternehmer

1. auf Rechnung (auf Ziel, Kredit, Abrechnung oder Gegenrechnung), durch Tausch oder unentgeltlich liefert, oder
2. gegen Barzahlung liefert, wenn die Ware wegen der abgenommenen Menge zu einem Preis veräußert wird, der niedriger ist als der übliche Preis für Verbraucher.

---

[1] § 141 Abs. 4 aufgeh. mWv 18.12.2019 durch G v. 12.12.2019 (BGBl. I S. 2451); zur Anwendung siehe Art. 97 § 1 Abs. 13 EGAO (Nr. **1.1**).

[2] Dies gilt nicht, wenn die Ware erkennbar nicht zur gewerblichen Weiterverwendung bestimmt ist.

(3) Die Aufzeichnungen müssen die folgenden Angaben enthalten:

1. den Tag des Warenausgangs oder das Datum der Rechnung,

2. den Namen oder die Firma und die Anschrift des Abnehmers,

3. die handelsübliche Bezeichnung der Ware,

4. den Preis der Ware,

5. einen Hinweis auf den Beleg.

(4)[1] [1] Der Unternehmer muss über jeden Ausgang der in den Absätzen 1 und 2 genannten Waren einen Beleg erteilen, der die in Absatz 3 bezeichneten Angaben sowie seinen Namen und seine Anschrift enthält. [2] Dies gilt insoweit nicht, als nach § 14 Abs. 2 des Umsatzsteuergesetzes durch die dort bezeichneten Leistungsempfänger eine Gutschrift erteilt wird oder auf Grund des § 14 Abs. 6 des Umsatzsteuergesetzes Erleichterungen gewährt werden.

(5) Die Absätze 1 bis 4 gelten auch für Land- und Forstwirte, die nach § 141 buchführungspflichtig sind.

§ 145 Allgemeine Anforderungen an Buchführung und Aufzeichnungen. (1) [1] Die Buchführung muss so beschaffen sein, dass sie einem sachverständigen Dritten innerhalb angemessener Zeit einen Überblick über die Geschäftsvorfälle und über die Lage des Unternehmens vermitteln kann. [2] Die Geschäftsvorfälle müssen sich in ihrer Entstehung und Abwicklung verfolgen lassen.

(2) Aufzeichnungen sind so vorzunehmen, dass der Zweck, den sie für die Besteuerung erfüllen sollen, erreicht wird.

§ 146 Ordnungsvorschriften für die Buchführung und für Aufzeichnungen. (1)[2] [1] Die Buchungen und die sonst erforderlichen Aufzeichnungen sind einzeln, vollständig, richtig, zeitgerecht und geordnet vorzunehmen. [2] Kaseneinnahmen und Kassenausgaben sind täglich festzuhalten. [3] Die Pflicht zur Einzelaufzeichnung nach Satz 1 besteht aus Zumutbarkeitsgründen bei Verkauf von Waren an eine Vielzahl von nicht bekannten Personen gegen Barzahlung nicht. [4] Das gilt nicht, wenn der Steuerpflichtige ein elektronisches Aufzeichnungssystem im Sinne des § 146a verwendet.

(2) [1] Bücher und die sonst erforderlichen Aufzeichnungen sind im Geltungsbereich dieses Gesetzes zu führen und aufzubewahren. [2] Dies gilt nicht, soweit für Betriebstätten außerhalb des Geltungsbereichs dieses Gesetzes nach dortigem Recht eine Verpflichtung besteht, Bücher und Aufzeichnungen zu führen, und diese Verpflichtung erfüllt wird. [3] In diesem Fall sowie bei Organgesellschaften außerhalb des Geltungsbereichs dieses Gesetzes müssen die Ergebnisse der dortigen Buchführung in die Buchführung des hiesigen Unternehmens übernommen werden, soweit sie für die Besteuerung von Bedeutung sind. [4] Dabei sind die erforderlichen Anpassungen an die steuerrechtlichen Vorschrif-

---

[1] § 144 Abs. 4 Satz 2 neu gef. durch G v. 15.12.2003 (BGBl. I S. 2645); Satz 2 geänd. mWv 18.12. 2019 durch G v. 12.12.2019 (BGBl. I S. 2451).
[2] § 146 Abs. 1 neu gef. mWv 29.12.2016 durch G v. 22.12.2016 (BGBl. I S. 3152).

ten im Geltungsbereich dieses Gesetzes vorzunehmen und kenntlich zu machen.

(2a)[1] [1]Abweichend von Absatz 2 Satz 1 kann der Steuerpflichtige elektronische Bücher und sonstige erforderliche elektronische Aufzeichnungen oder Teile davon in einem anderen Mitgliedstaat der Europäischen Union führen und aufbewahren. [2]Macht der Steuerpflichtige von dieser Befugnis Gebrauch, hat er sicherzustellen, dass der Datenzugriff nach § 146b Absatz 2 Satz 2, § 147 Absatz 6 und § 27b Absatz 2 Satz 2 und 3 des Umsatzsteuergesetzes[2] in vollem Umfang möglich ist.

(2b)[3] [1]Abweichend von Absatz 2 Satz 1 kann die zuständige Finanzbehörde auf schriftlichen oder elektronischen Antrag des Steuerpflichtigen bewilligen, dass elektronische Bücher und sonstige erforderliche elektronische Aufzeichnungen oder Teile davon in einem Drittstaat geführt und aufbewahrt werden können. [2]Voraussetzung ist, dass

1. der Steuerpflichtige der zuständigen Finanzbehörde den Standort des Datenverarbeitungssystems und bei Beauftragung eines Dritten dessen Namen und Anschrift mitteilt,

2. der Steuerpflichtige seinen sich aus den §§ 90, 93, 97, 140 bis 147 und 200 Absatz 1 und 2 ergebenden Pflichten ordnungsgemäß nachgekommen ist,

3.[4] der Datenzugriff nach § 146b Absatz 2 Satz 2, § 147 Absatz 6 und § 27b Absatz 2 Satz 2 und 3 des Umsatzsteuergesetzes in vollem Umfang möglich ist und

4. die Besteuerung hierdurch nicht beeinträchtigt wird.

[3]Werden der Finanzbehörde Umstände bekannt, die zu einer Beeinträchtigung der Besteuerung führen, hat sie die Bewilligung zu widerrufen und die unverzügliche Rückverlagerung der elektronischen Bücher und sonstigen erforderlichen elektronischen Aufzeichnungen in den Geltungsbereich dieses Gesetzes zu verlangen. [4]Eine Änderung der unter Satz 2 Nummer 1 benannten Umstände ist der zuständigen Finanzbehörde unverzüglich mitzuteilen.

(2c)[5] Kommt der Steuerpflichtige der Aufforderung zur Rückverlagerung seiner elektronischen Buchführung oder seinen Pflichten nach Absatz 2b Satz 4, zur Einräumung des Datenzugriffs nach § 147 Abs. 6, zur Erteilung von Auskünften oder zur Vorlage angeforderter Unterlagen im Sinne des § 200 Abs. 1 im Rahmen einer Außenprüfung innerhalb einer ihm bestimmten angemessenen Frist nach Bekanntgabe durch die zuständige Finanzbehörde nicht nach oder hat er seine elektronische Buchführung ohne Bewilligung der zuständigen Finanzbehörde in einen Drittstaat verlagert, kann ein Verzögerungsgeld von 2 500 Euro bis 250 000 Euro festgesetzt werden.

(3) [1]Die Buchungen und die sonst erforderlichen Aufzeichnungen sind in einer lebenden Sprache vorzunehmen. [2]Wird eine andere als die deutsche Sprache verwendet, so kann die Finanzbehörde Übersetzungen verlangen.

---

[1] § 146 Abs. 2a eingef. mWv 29.12.2020 durch G v. 21.12.2020 (BGBl. I S. 3096).

[2] dtv 5546 USt Nr. 1.

[3] § 146 früherer Abs. 2a eingef. durch G v. 19.12.2008 (BGBl. I S. 2794); neu gef. mWv 14.12.2010 durch G v. 8.12.2010 (BGBl. I S. 1768); bish. Abs. 2a wird Abs. 2b und Satz 1 geänd. mWv 29.12.2020 durch G v. 21.12.2020 (BGBl. I S. 3096).

[4] § 146 Abs. 2b Satz 2 Nr. 3 neu gef. mWv 29.12.2020 durch G v. 21.12.2020 (BGBl. I S. 3096).

[5] § 146 früherer Abs. 2b eingef. durch G v. 19.12.2008 (BGBl. I S. 2794); bish. Abs. 2b wird Abs. 2c und geänd. mWv 29.12.2020 durch G v. 21.12.2020 (BGBl. I S. 3096).

[3] Werden Abkürzungen, Ziffern, Buchstaben oder Symbole verwendet, muss im Einzelfall deren Bedeutung eindeutig festliegen.

(4) [1] Eine Buchung oder eine Aufzeichnung darf nicht in einer Weise verändert werden, dass der ursprüngliche Inhalt nicht mehr feststellbar ist. [2] Auch solche Veränderungen dürfen nicht vorgenommen werden, deren Beschaffenheit es ungewiss lässt, ob sie ursprünglich oder erst später gemacht worden sind.

(5)[1)] [1] Die Bücher und die sonst erforderlichen Aufzeichnungen können auch in der geordneten Ablage von Belegen bestehen oder auf Datenträgern geführt werden, soweit diese Formen der Buchführung einschließlich des dabei angewandten Verfahrens den Grundsätzen ordnungsmäßiger Buchführung entsprechen; bei Aufzeichnungen, die allein nach den Steuergesetzen vorzunehmen sind, bestimmt sich die Zulässigkeit des angewendeten Verfahrens nach dem Zweck, den die Aufzeichnungen für die Besteuerung erfüllen sollen. [2] Bei der Führung der Bücher und der sonst erforderlichen Aufzeichnungen auf Datenträgern muss insbesondere sichergestellt sein, dass während der Dauer der Aufbewahrungsfrist die Daten jederzeit verfügbar sind und unverzüglich lesbar gemacht werden können. [3] Dies gilt auch für die Befugnisse der Finanzbehörde nach § 146b Absatz 2 Satz 2, § 147 Absatz 6 und § 27b Absatz 2 Satz 2 und 3 des Umsatzsteuergesetzes. [4] Absätze 1 bis 4 gelten sinngemäß.

(6) Die Ordnungsvorschriften gelten auch dann, wenn der Unternehmer Bücher und Aufzeichnungen, die für die Besteuerung von Bedeutung sind, führt, ohne hierzu verpflichtet zu sein.

§ 146a[2)] **Ordnungsvorschrift für die Buchführung und für Aufzeichnungen mittels elektronischer Aufzeichnungssysteme; Verordnungsermächtigung.** (1) [1] Wer aufzeichnungspflichtige Geschäftsvorfälle oder andere Vorgänge mit Hilfe eines elektronischen Aufzeichnungssystems erfasst, hat ein elektronisches Aufzeichnungssystem zu verwenden, das jeden aufzeichnungspflichtigen Geschäftsvorfall und anderen Vorgang einzeln, vollständig, richtig, zeitgerecht und geordnet aufzeichnet. [2] Das elektronische Aufzeichnungssystem und die digitalen Aufzeichnungen nach Satz 1 sind durch eine zertifizierte technische Sicherheitseinrichtung zu schützen. [3] Diese zertifizierte technische Sicherheitseinrichtung muss aus einem Sicherheitsmodul, einem Speichermedium und einer einheitlichen digitalen Schnittstelle bestehen. [4] Die digitalen Aufzeichnungen sind auf dem Speichermedium zu sichern und für Nachschauen sowie Außenprüfungen durch elektronische Aufbewahrung verfügbar zu halten. [5] Es ist verboten, innerhalb des Geltungsbereichs dieses Gesetzes solche elektronischen Aufzeichnungssysteme, Software für elektronische Aufzeichnungssysteme und zertifizierte technische Sicherheitseinrichtungen, die den in den Sätzen 1 bis 3 beschriebenen Anforderungen nicht entsprechen, zur Verwendung im Sinne der Sätze 1 bis 3 gewerbsmäßig zu bewerben oder gewerbsmäßig in den Verkehr zu bringen.

(2) [1] Wer aufzeichnungspflichtige Geschäftsvorfälle im Sinne des Absatzes 1 Satz 1 erfasst, hat dem an diesem Geschäftsvorfall Beteiligten in unmittelbarem zeitlichem Zusammenhang mit dem Geschäftsvorfall unbeschadet anderer gesetzlicher Vorschriften einen Beleg über den Geschäftsvorfall auszustellen und

[1)] Zur Anwendung von § 146 Abs. 5 siehe Art. 97 § 19b EGAO (Nr. **1.1**) Abs. 1; Abs. 5 Satz 3 geänd. mWv 29.12.2020 durch G v. 21.12.2020 (BGBl. I S. 3096).
[2)] § 146a eingef. durch G v. 22.12.2016 (BGBl. I S. 3152); zur Anwendung ab 1.1.2020 siehe Art. 97 § 30 Abs. 1 und 3 EGAO (Nr. **1.1**).

dem an diesem Geschäftsvorfall Beteiligten zur Verfügung zu stellen (Belegausgabepflicht). [2] Bei Verkauf von Waren an eine Vielzahl von nicht bekannten Personen können die Finanzbehörden nach § 148 aus Zumutbarkeitsgründen nach pflichtgemäßem Ermessen von einer Belegausgabepflicht nach Satz 1 befreien. [3] Die Befreiung kann widerrufen werden.

(3)[1] [1] Das Bundesministerium der Finanzen wird ermächtigt, durch Rechtsverordnung mit Zustimmung des Bundestages und des Bundesrates und im Einvernehmen mit dem Bundesministerium des Innern, für Bau und Heimat und dem Bundesministerium für Wirtschaft und Energie Folgendes zu bestimmen:

1. die elektronischen Aufzeichnungssysteme, die über eine zertifizierte technische Sicherheitseinrichtung verfügen müssen, und

2. die Anforderungen an

   a) das Sicherheitsmodul,

   b) das Speichermedium,

   c) die einheitliche digitale Schnittstelle,

   d) die elektronische Aufbewahrung der Aufzeichnungen,

   e) die Protokollierung von digitalen Grundaufzeichnungen zur Sicherstellung der Integrität und Authentizität sowie der Vollständigkeit der elektronischen Aufzeichnung,

   f) den Beleg und

   g) die Zertifizierung der technischen Sicherheitseinrichtung.

[2] Die Erfüllung der Anforderungen nach Satz 1 Nummer 2 Buchstabe a bis c ist durch eine Zertifizierung des Bundesamts für Sicherheit in der Informationstechnik nachzuweisen, die fortlaufend aufrechtzuerhalten ist. [3] Das Bundesamt für Sicherheit in der Informationstechnik kann mit der Festlegung von Anforderungen an die technische Sicherheitseinrichtung im Sinne des Satzes 1 Nummer 2 Buchstabe a bis c beauftragt werden. [4] Die Rechtsverordnung nach Satz 1 ist dem Bundestag zuzuleiten. [5] Die Zuleitung erfolgt vor der Zuleitung an den Bundesrat. [6] Der Bundestag kann der Rechtsverordnung durch Beschluss zustimmen oder sie durch Beschluss ablehnen. [7] Der Beschluss des Bundestages wird dem Bundesministerium der Finanzen zugeleitet. [8] Hat sich der Bundestag nach Ablauf von drei Sitzungswochen seit Eingang der Rechtsverordnung nicht mit ihr befasst, so gilt die Zustimmung nach Satz 1 als erteilt und die Rechtsverordnung wird dem Bundesrat zugeleitet.

(4) [1] Wer aufzeichnungspflichtige Geschäftsvorfälle oder andere Vorgänge mit Hilfe eines elektronischen Aufzeichnungssystems im Sinne des Absatzes 1 erfasst, hat dem nach den §§ 18 bis 20 zuständigen Finanzamt nach amtlich vorgeschriebenem Vordruck mitzuteilen:

1. Name des Steuerpflichtigen,

2. Steuernummer des Steuerpflichtigen,

3. Art der zertifizierten technischen Sicherheitseinrichtung,

4. Art des verwendeten elektronischen Aufzeichnungssystems,

5. Anzahl der verwendeten elektronischen Aufzeichnungssysteme,

6. Seriennummer des verwendeten elektronischen Aufzeichnungssystems,

---

[1] § 146a Abs. 3 Satz 1 geänd. mWv 27.6.2020 durch VO v. 19.6.2020 (BGBl. I S. 1328).

7. Datum der Anschaffung des verwendeten elektronischen Aufzeichnungssystems,

8. Datum der Außerbetriebnahme des verwendeten elektronischen Aufzeichnungssystems.

[2] Die Mitteilung nach Satz 1 ist innerhalb eines Monats nach Anschaffung oder Außerbetriebnahme des elektronischen Aufzeichnungssystems zu erstatten.

§ 146b[1] Kassen-Nachschau. (1) [1] Zur Prüfung der Ordnungsmäßigkeit der Aufzeichnungen und Buchungen von Kasseneinnahmen und Kassenausgaben können die damit betrauten Amtsträger der Finanzbehörde ohne vorherige Ankündigung und außerhalb einer Außenprüfung, während der üblichen Geschäfts- und Arbeitszeiten Geschäftsgrundstücke oder Geschäftsräume von Steuerpflichtigen betreten, um Sachverhalte festzustellen, die für die Besteuerung erheblich sein können (Kassen-Nachschau). [2] Der Kassen-Nachschau unterliegt auch die Prüfung des ordnungsgemäßen Einsatzes des elektronischen Aufzeichnungssystems nach § 146a Absatz 1.[2] [3] Wohnräume dürfen gegen den Willen des Inhabers nur zur Verhütung dringender Gefahren für die öffentliche Sicherheit und Ordnung betreten werden. [4] Das Grundrecht der Unverletzlichkeit der Wohnung (Artikel 13 des Grundgesetzes) wird insoweit eingeschränkt.

(2) [1] Die von der Kassen-Nachschau betroffenen Steuerpflichtigen haben dem mit der Kassen-Nachschau betrauten Amtsträger auf Verlangen Aufzeichnungen, Bücher sowie die für die Kassenführung erheblichen sonstigen Organisationsunterlagen über die der Kassen-Nachschau unterliegenden Sachverhalte und Zeiträume vorzulegen und Auskünfte zu erteilen, soweit dies zur Feststellung der Erheblichkeit nach Absatz 1 geboten ist. [2] Liegen die in Satz 1 genannten Aufzeichnungen oder Bücher in elektronischer Form vor, ist der Amtsträger berechtigt, diese einzusehen, die Übermittlung von Daten über die einheitliche digitale Schnittstelle zu verlangen oder zu verlangen, dass Buchungen und Aufzeichnungen auf einem maschinell auswertbaren Datenträger nach den Vorgaben der einheitlichen digitalen Schnittstelle zur Verfügung gestellt werden.[3] [3] Die Kosten trägt der Steuerpflichtige.

(3) [1] Wenn die bei der Kassen-Nachschau getroffenen Feststellungen hierzu Anlass geben, kann ohne vorherige Prüfungsanordnung zu einer Außenprüfung nach § 193 übergegangen werden. [2] Auf den Übergang zur Außenprüfung wird schriftlich hingewiesen.

§ 147[4] Ordnungsvorschriften für die Aufbewahrung von Unterlagen.

(1) Die folgenden Unterlagen sind geordnet aufzubewahren:

1. Bücher und Aufzeichnungen, Inventare, Jahresabschlüsse, Lageberichte, die Eröffnungsbilanz sowie die zu ihrem Verständnis erforderlichen Arbeitsanweisungen und sonstigen Organisationsunterlagen,

2. die empfangenen Handels- oder Geschäftsbriefe,

3. Wiedergaben der abgesandten Handels- oder Geschäftsbriefe,

---

[1] § 146b eingef. durch G v. 22.12.2016 (BGBl. I S. 3152); zur Anwendung siehe Art. 97 § 30 Abs. 2 EGAO (Nr. **1.1**).
[2] Zur Anwendung von § 146b Abs. 1 Satz 2 ab 1.1.2020 siehe Art. 97 § 30 Abs. 2 Satz 3 EGAO (Nr. **1.1**).
[3] Vgl. hierzu Art. 97 § 30 Abs. 2 Satz 2 EGAO (Nr. **1.1**).
[4] Zur erstmaligen Anwendung von § 147 siehe Art. 97 § 19a und § 19b Abs. 1 EGAO (Nr. **1.1**).

4. Buchungsbelege,

4a.[1] Unterlagen nach Artikel 15 Absatz 1 und Artikel 163 des Zollkodex der Union,

5. sonstige Unterlagen, soweit sie für die Besteuerung von Bedeutung sind.

(2)[2] Mit Ausnahme der Jahresabschlüsse, der Eröffnungsbilanz und der Unterlagen nach Absatz 1 Nummer 4a, sofern es sich bei letztgenannten Unterlagen um amtliche Urkunden oder handschriftlich zu unterschreibende nicht förmliche Präferenznachweise handelt, können die in Absatz 1 aufgeführten Unterlagen auch als Wiedergabe auf einem Bildträger oder auf anderen Datenträgern aufbewahrt werden, wenn dies den Grundsätzen ordnungsmäßiger Buchführung entspricht und sichergestellt ist, dass die Wiedergabe oder die Daten

1. mit den empfangenen Handels- oder Geschäftsbriefen und den Buchungsbelegen bildlich und mit den anderen Unterlagen inhaltlich übereinstimmen, wenn sie lesbar gemacht werden,

2. während der Dauer der Aufbewahrungsfrist jederzeit verfügbar sind, unverzüglich lesbar gemacht und maschinell ausgewertet werden können.

(3)[3] ¹Die in Absatz 1 Nr. 1, 4 und 4a aufgeführten Unterlagen sind zehn Jahre, die sonstigen in Absatz 1 aufgeführten Unterlagen sechs Jahre aufzubewahren, sofern nicht in anderen Steuergesetzen kürzere Aufbewahrungsfristen zugelassen sind. ²Kürzere Aufbewahrungsfristen nach außersteuerlichen Gesetzen lassen die in Satz 1 bestimmte Frist unberührt. ³Bei empfangenen Lieferscheinen, die keine Buchungsbelege nach Absatz 1 Nummer 4 sind, endet die Aufbewahrungsfrist mit dem Erhalt der Rechnung. ⁴Für abgesandte Lieferscheine, die keine Buchungsbelege nach Absatz 1 Nummer 4 sind, endet die Aufbewahrungsfrist mit dem Versand der Rechnung. ⁵Die Aufbewahrungsfrist läuft jedoch nicht ab, soweit und solange die Unterlagen für Steuern von Bedeutung sind, für welche die Festsetzungsfrist noch nicht abgelaufen ist; § 169 Abs. 2 Satz 2 gilt hier.

(4) Die Aufbewahrungsfrist beginnt mit dem Schluss des Kalenderjahrs, in dem die letzte Eintragung in das Buch gemacht, das Inventar, die Eröffnungsbilanz, der Jahresabschluss oder der Lagebericht aufgestellt, der Handels- oder Geschäftsbrief empfangen oder abgesandt worden oder der Buchungsbeleg entstanden ist, ferner die Aufzeichnung vorgenommen worden ist oder die sonstigen Unterlagen entstanden sind.

(5) Wer aufzubewahrende Unterlagen in der Form einer Wiedergabe auf einem Bildträger oder auf anderen Datenträgern vorlegt, ist verpflichtet, auf seine Kosten diejenigen Hilfsmittel zur Verfügung zu stellen, die erforderlich sind, um die Unterlagen lesbar zu machen; auf Verlangen der Finanzbehörde hat er auf seine Kosten die Unterlagen unverzüglich ganz oder teilweise auszudrucken oder ohne Hilfsmittel lesbare Reproduktionen beizubringen.

---

[1] § 147 Abs. 1 Nr. 4a neu gef. mWv 1.5.2016 durch G v. 22.12.2014 (BGBl. I S. 2417).

[2] § 147 Abs. 2 geänd. durch G v. 15.12.2003 (BGBl. I S. 2645); geänd. mWv 1.5.2016 durch G v. 22.12.2014 (BGBl. I S. 2417).

[3] § 147 Abs. 3 Satz 1 geänd. durch G v. 15.12.2003 (BGBl. I S. 2645); Sätze 3 und 4 eingef., bish. Satz 3 wird Satz 5 mWv 1.1.2017 durch G v. 30.6.2017 (BGBl. I S. 2143); zur Anwendung siehe Art. 97 § 19a Satz 2 EGAO (Nr. 1.1).

(6)[1] [1] Sind die Unterlagen nach Absatz 1 mit Hilfe eines Datenverarbeitungssystems erstellt worden, hat die Finanzbehörde im Rahmen einer Außenprüfung das Recht, Einsicht in die gespeicherten Daten zu nehmen und das Datenverarbeitungssystem zur Prüfung dieser Unterlagen zu nutzen. [2] Sie kann im Rahmen einer Außenprüfung auch verlangen, dass die Daten nach ihren Vorgaben maschinell ausgewertet oder ihr die gespeicherten Unterlagen und Aufzeichnungen auf einem maschinell verwertbaren Datenträger zur Verfügung gestellt werden. [3] Teilt der Steuerpflichtige der Finanzbehörde mit, dass sich seine Daten nach Absatz 1 bei einem Dritten befinden, so hat der Dritte

1. der Finanzbehörde Einsicht in die für den Steuerpflichtigen gespeicherten Daten zu gewähren oder

2. diese Daten nach den Vorgaben der Finanzbehörde maschinell auszuwerten oder

3. ihr die für den Steuerpflichtigen gespeicherten Unterlagen und Aufzeichnungen auf einem maschinell verwertbaren Datenträger zur Verfügung zu stellen.

[4] Die Kosten trägt der Steuerpflichtige. [5] In Fällen des Satzes 3 hat der mit der Außenprüfung betraute Amtsträger den in § 3 und § 4 Nummer 1 und 2 des Steuerberatungsgesetzes bezeichneten Personen sein Erscheinen in angemessener Frist anzukündigen. [6] Sofern noch nicht mit einer Außenprüfung begonnen wurde, ist es im Fall eines Wechsels des Datenverarbeitungssystems oder im Fall der Auslagerung von aufzeichnungs- und aufbewahrungspflichtigen Daten aus dem Produktivsystem in ein anderes Datenverarbeitungssystem ausreichend, wenn der Steuerpflichtige nach Ablauf des fünften Kalenderjahres, das auf die Umstellung oder Auslagerung folgt, diese Daten ausschließlich auf einem maschinell lesbaren und maschinell auswertbaren Datenträger vorhält.

§ 147a[2] Vorschriften für die Aufbewahrung von Aufzeichnungen und Unterlagen bestimmter Steuerpflichtiger. (1) [1] Steuerpflichtige, bei denen die Summe der positiven Einkünfte nach § 2 Absatz 1 Nummer 4 bis 7 des Einkommensteuergesetzes[3] (Überschusseinkünfte) mehr als 500 000 Euro im Kalenderjahr beträgt, haben die Aufzeichnungen und Unterlagen über die den Überschusseinkünften zu Grunde liegenden Einnahmen und Werbungskosten sechs Jahre aufzubewahren. [2] Im Falle der Zusammenveranlagung sind für die Feststellung des Überschreitens des Betrags von 500 000 Euro die Summe der positiven Einkünfte nach Satz 1 eines jeden Ehegatten oder Lebenspartners maßgebend. [3] Die Verpflichtung nach Satz 1 ist vom Beginn des Kalenderjahrs an zu erfüllen, das auf das Kalenderjahr folgt, in dem die Summe der positiven Einkünfte im Sinne des Satzes 1 mehr als 500 000 Euro beträgt. [4] Die Verpflichtung nach Satz 1 endet mit Ablauf des fünften aufeinanderfolgenden Kalenderjahrs, in dem die Voraussetzungen des Satzes 1 nicht erfüllt sind. [5] § 147 Absatz 2, Absatz 3 Satz 3 und die Absätze 4 bis 6 gelten entsprechend. [6] Die Sätze 1 bis 3 und 5 gelten entsprechend in den Fällen, in denen die zuständige

---

[1] § 147 Abs. 6 Satz 3 eingef., bish. Satz 3 wird Satz 4, Satz 5 angef. mWv 29.12.2016 durch G v. 22.12.2016 (BGBl. I S. 3152); Satz 6 angef. mWv 1.1.2020 durch G v. 22.11.2019 (BGBl. I S. 1746); zur Anwendung siehe Art. 97 § 19b Abs. 2 EGAO (Nr. **1.1**).

[2] § 147a eingef. durch G v. 29.7.2009 (BGBl. I S. 2302); zur erstmaligen Anwendung siehe Art. 97 § 22 Abs. 2 EGAO (Nr. **1.1**); Satz 2 geänd. durch G v. 18.7.2014 (BGBl. I S. 1042); zur Anwendung siehe Art. 97 § 1 Abs. 10 Satz 1 EGAO (Nr. **1.1**).

[3] dtv 5785 ESt/LSt Nr. **1**.

Finanzbehörde den Steuerpflichtigen für die Zukunft zur Aufbewahrung der in Satz 1 genannten Aufzeichnungen und Unterlagen verpflichtet, weil er seinen Mitwirkungspflichten nach § 90 Absatz 2 Satz 3 nicht nachgekommen ist.

(2)[1] [1] Steuerpflichtige, die allein oder zusammen mit nahestehenden Personen im Sinne des § 1 Absatz 2 des Außensteuergesetzes[2] unmittelbar oder mittelbar einen beherrschenden oder bestimmenden Einfluss auf die gesellschaftsrechtlichen, finanziellen oder geschäftlichen Angelegenheiten einer Drittstaat-Gesellschaft im Sinne des § 138 Absatz 3 ausüben können, haben die Aufzeichnungen und Unterlagen über diese Beziehung und alle damit verbundenen Einnahmen und Ausgaben sechs Jahre aufzubewahren. [2] Diese Aufbewahrungspflicht ist von dem Zeitpunkt an zu erfüllen, in dem der Sachverhalt erstmals verwirklicht worden ist, der den Tatbestand des Satzes 1 erfüllt. [3] Absatz 1 Satz 4 sowie § 147 Absatz 2, 3 Satz 3 und Absatz 5 und 6 gelten entsprechend.

§ 148 Bewilligung von Erleichterungen. [1] Die Finanzbehörden können für einzelne Fälle oder für bestimmte Gruppen von Fällen Erleichterungen bewilligen, wenn die Einhaltung der durch die Steuergesetze begründeten Buchführungs-, Aufzeichnungs- und Aufbewahrungspflichten Härten mit sich bringt und die Besteuerung durch die Erleichterung nicht beeinträchtigt wird. [2] Erleichterungen nach Satz 1 können rückwirkend bewilligt werden. [3] Die Bewilligung kann widerrufen werden.

2. Unterabschnitt. Steuererklärungen

§ 149[3] Abgabe der Steuererklärungen. (1) [1] Die Steuergesetze bestimmen, wer zur Abgabe einer Steuererklärung verpflichtet ist. [2] Zur Abgabe einer Steuererklärung ist auch verpflichtet, wer hierzu von der Finanzbehörde aufgefordert wird. [3] Die Aufforderung kann durch öffentliche Bekanntmachung erfolgen. [4] Die Verpflichtung zur Abgabe einer Steuererklärung bleibt auch dann bestehen, wenn die Finanzbehörde die Besteuerungsgrundlagen nach § 162 geschätzt hat.

(2) [1] Soweit die Steuergesetze nichts anderes bestimmen, sind Steuererklärungen, die sich auf ein Kalenderjahr oder auf einen gesetzlich bestimmten Zeitpunkt beziehen, spätestens sieben Monate nach Ablauf des Kalenderjahres oder sieben Monate nach dem gesetzlich bestimmten Zeitpunkt abzugeben. [2] Bei Steuerpflichtigen, die den Gewinn aus Land- und Forstwirtschaft nach einem vom Kalenderjahr abweichenden Wirtschaftsjahr ermitteln, endet die Frist nicht vor Ablauf des siebten Monats, der auf den Schluss des in dem Kalenderjahr begonnenen Wirtschaftsjahres folgt.

(3) Sofern Personen, Gesellschaften, Verbände, Vereinigungen, Behörden oder Körperschaften im Sinne der §§ 3 und 4 des Steuerberatungsgesetzes beauftragt sind mit der Erstellung von

---

[1] § 147a Abs. 2 angef. durch G v. 23.6.2017 (BGBl. I S. 1682); zur Anwendung siehe Art. 97 § 22 Abs. 3 EGAO (Nr. **1.1**).
[2] dtv 5765 **Steuergesetze Nr. 2.**
[3] § 149 neu gef. durch G v. 18.7.2016 (BGBl. I S. 1679); zur Anwendung siehe Art. 97 § 10a Abs. 4 Sätze 1 und 3 EGAO (Nr. **1.1**).

1. Einkommensteuererklärungen nach § 25 Absatz 3 des Einkommensteuergesetzes[1] mit Ausnahme der Einkommensteuererklärungen im Sinne des § 46 Absatz 2 Nummer 8 des Einkommensteuergesetzes,

2. Körperschaftsteuererklärungen nach § 31 Absatz 1 und 1a des Körperschaftsteuergesetzes[2], Feststellungserklärungen im Sinne des § 14 Absatz 5, § 27 Absatz 2 Satz 4, § 28 Absatz 1 Satz 4 oder § 38 Absatz 1 Satz 2 des Körperschaftsteuergesetzes oder Erklärungen zur Zerlegung der Körperschaftsteuer nach § 6 Absatz 7 des Zerlegungsgesetzes,

3. Erklärungen zur Festsetzung des Gewerbesteuermessbetrags oder Zerlegungserklärungen nach § 14a des Gewerbesteuergesetzes[3],

4. Umsatzsteuererklärungen für das Kalenderjahr nach § 18 Absatz 3 des Umsatzsteuergesetzes[4],

5. Erklärungen zur gesonderten sowie zur gesonderten und einheitlichen Feststellung einkommensteuerpflichtiger oder körperschaftsteuerpflichtiger Einkünfte nach § 180 Absatz 1 Satz 1 Nummer 2 in Verbindung mit § 181 Absatz 1 und 2,

6. Erklärungen zur gesonderten Feststellung von Besteuerungsgrundlagen nach der Verordnung über die gesonderte Feststellung von Besteuerungsgrundlagen nach § 180 Abs. 2 der Abgabenordnung oder

7. Erklärungen zur gesonderten Feststellung von Besteuerungsgrundlagen nach § 18 des Außensteuergesetzes[5],

so sind diese Erklärungen vorbehaltlich des Absatzes 4 spätestens bis zum *letzten Tag des Monats Februar*[6] und in den Fällen des Absatzes 2 Satz 2 bis zum *31. Juli des zweiten auf den Besteuerungszeitraum folgenden Kalenderjahres*[7] abzugeben.

(4) [1] Das Finanzamt kann anordnen, dass Erklärungen im Sinne des Absatzes 3 vor dem letzten Tag des Monats Februar des zweiten auf den Besteuerungszeitraum folgenden Kalenderjahres abzugeben sind, wenn

1. für den betroffenen Steuerpflichtigen

   a) für den vorangegangenen Besteuerungszeitraum Erklärungen nicht oder verspätet abgegeben wurden,

   b)[8] für den vorangegangenen Besteuerungszeitraum innerhalb von drei Monaten vor Abgabe der Steuererklärung oder innerhalb von drei Monaten vor dem Beginn des Zinslaufs im Sinne des § 233a Absatz 2 Satz 1 und 2 nachträgliche Vorauszahlungen festgesetzt wurden,

   c) Vorauszahlungen für den Besteuerungszeitraum außerhalb einer Veranlagung herabgesetzt wurden,

---

[1] **dtv 5785 ESt/LSt Nr. 1.**
[2] **dtv 5786 KSt/GewSt Nr. 1.**
[3] **dtv 5786 KSt/GewSt Nr. 4.**
[4] **dtv 5546 USt Nr. 1.**
[5] **dtv 5765 Steuergesetze Nr. 2.**
[6] Für den Besteuerungszeitraum 2019: 31. August 2021; siehe Art. 97 § 36 Abs. 1 EGAO (Nr. **1.1**).
[7] Für den Besteuerungszeitraum 2019: 31. Dezember 2021; siehe Art. 97 § 36 Abs. 1 EGAO (Nr. **1.1**).
[8] § 149 Abs. 4 Satz 1 Nr. 1 Buchst. b geänd. mWv 18.12.2019 durch G v. 12.12.2019 (BGBl. I S. 2451); zur Anwendung siehe Art. 97 § 1 Abs. 13 EGAO (Nr. **1.1**).

d) die Veranlagung für den vorangegangenen Veranlagungszeitraum zu einer Abschlusszahlung von mindestens 25 Prozent der festgesetzten Steuer oder mehr als 10 000 Euro geführt hat,

e) die Steuerfestsetzung auf Grund einer Steuererklärung im Sinne des Absatzes 3 Nummer 1, 2 oder 4 voraussichtlich zu einer Abschlusszahlung von mehr als 10 000 Euro führen wird oder

f) eine Außenprüfung vorgesehen ist,

2. der betroffene Steuerpflichtige im Besteuerungszeitraum einen Betrieb eröffnet oder eingestellt hat oder

3. für Beteiligte an Gesellschaften oder Gemeinschaften Verluste festzustellen sind.

²Für das Befolgen der Anordnung ist eine Frist von vier Monaten nach Bekanntgabe der Anordnung zu setzen. ³Ferner dürfen die Finanzämter nach dem Ergebnis einer automationsgestützten Zufallsauswahl anordnen, dass Erklärungen im Sinne des Absatzes 3 vor dem letzten Tag des Monats Februar des zweiten auf den Besteuerungszeitraum folgenden Kalenderjahres mit einer Frist von vier Monaten nach Bekanntgabe der Anordnung abzugeben sind. ⁴In der Aufforderung nach Satz 3 ist darauf hinzuweisen, dass sie auf einer automationsgestützten Zufallsauswahl beruht; eine weitere Begründung ist nicht erforderlich. ⁵In den Fällen des Absatzes 2 Satz 2 tritt an die Stelle des letzten Tages des Monats Februar der 31. Juli des zweiten auf den Besteuerungszeitraum folgenden Kalenderjahres. ⁶Eine Anordnung nach Satz 1 oder Satz 3 darf für die Abgabe der Erklärung keine kürzere als die in Absatz 2 bestimmte Frist setzen. ⁷In den Fällen der Sätze 1 und 3 erstreckt sich eine Anordnung auf alle Erklärungen im Sinne des Absatzes 3, die vom betroffenen Steuerpflichtigen für den gleichen Besteuerungszeitraum oder Besteuerungszeitpunkt abzugeben sind.

(5) Absatz 3 gilt nicht für Umsatzsteuererklärungen für das Kalenderjahr, wenn die gewerbliche oder berufliche Tätigkeit vor oder mit dem Ablauf des Besteuerungszeitraums endete.

(6) ¹Die oberste Landesfinanzbehörde oder eine von ihr bestimmte Landesfinanzbehörde kann zulassen, dass Personen, Gesellschaften, Verbände, Vereinigungen, Behörden und Körperschaften im Sinne der §§ 3 und 4 des Steuerberatungsgesetzes bis zu bestimmten Stichtagen einen bestimmten prozentualen Anteil der Erklärungen im Sinne des Absatzes 3 einreichen. ²Soweit Erklärungen im Sinne des Absatzes 3 in ein Verfahren nach Satz 1 einbezogen werden, ist Absatz 4 Satz 3 nicht anzuwenden. ³Die Einrichtung eines Verfahrens nach Satz 1 steht im Ermessen der obersten Landesfinanzbehörden und ist nicht einklagbar.

§ 150 Form und Inhalt der Steuererklärungen. (1)¹⁾ ¹Eine Steuererklärung ist nach amtlich vorgeschriebenem Vordruck abzugeben, wenn

1. keine elektronische Steuererklärung vorgeschrieben ist,

2. nicht freiwillig eine gesetzlich oder amtlich zugelassene elektronische Steuererklärung abgegeben wird,

3. keine mündliche oder konkludente Steuererklärung zugelassen ist und

---

¹⁾ § 150 Abs. 1 neu gef. mWv 1.1.2017 durch G v. 18.7.2016 (BGBl. I S. 1679).

4. eine Aufnahme der Steuererklärung an Amtsstelle nach § 151 nicht in Betracht kommt.

[2] § 87a Absatz 1 Satz 1 ist nur anzuwenden, soweit eine elektronische Steuererklärung vorgeschrieben oder zugelassen ist. [3] Der Steuerpflichtige hat in der Steuererklärung die Steuer selbst zu berechnen, soweit dies gesetzlich vorgeschrieben ist (Steueranmeldung).

(2)[1] Die Angaben in den Steuererklärungen sind wahrheitsgemäß nach bestem Wissen und Gewissen zu machen.

(3) [1] Ordnen die Steuergesetze an, dass der Steuerpflichtige die Steuererklärung eigenhändig zu unterschreiben hat, so ist die Unterzeichnung durch einen Bevollmächtigten nur dann zulässig, wenn der Steuerpflichtige infolge seines körperlichen oder geistigen Zustands oder durch längere Abwesenheit an der Unterschrift gehindert ist. [2] Die eigenhändige Unterschrift kann nachträglich verlangt werden, wenn der Hinderungsgrund weggefallen ist.

(4) [1] Den Steuererklärungen müssen die Unterlagen beigefügt werden, die nach den Steuergesetzen vorzulegen sind. [2] Dritte Personen sind verpflichtet, hierfür erforderliche Bescheinigungen auszustellen.

(5)[2] [1] In die Steuererklärungsformulare können auch Fragen aufgenommen werden, die zur Ergänzung der Besteuerungsunterlagen für Zwecke einer Statistik nach dem Gesetz über Steuerstatistiken erforderlich sind. [2] Die Finanzbehörden können ferner von Steuerpflichtigen Auskünfte verlangen, die für die Durchführung des Bundesausbildungsförderungsgesetzes erforderlich sind. [3] Die Finanzbehörden haben bei der Überprüfung der Angaben dieselben Befugnisse wie bei der Aufklärung der für die Besteuerung erheblichen Verhältnisse.

(6)[3] [1] Zur Erleichterung und Vereinfachung des automatisierten Besteuerungsverfahrens kann das Bundesministerium der Finanzen durch Rechtsverordnung mit Zustimmung des Bundesrates bestimmen, dass und unter welchen Voraussetzungen Steuererklärungen oder sonstige für das Besteuerungsverfahren erforderliche Daten ganz oder teilweise durch Datenfernübertragung oder auf maschinell verwertbaren Datenträgern übermittelt werden können. [2] In der Rechtsverordnung können von den §§ 72a und 87b bis 87d abweichende Regelungen getroffen werden. [3] Die Rechtsverordnung bedarf nicht der Zustimmung des Bundesrates, soweit die Kraftfahrzeugsteuer, die Luftverkehrsteuer, die Versicherungsteuer und Verbrauchsteuern, mit Ausnahme der Biersteuer, betroffen sind.

(7)[4] [1] Können Steuererklärungen, die nach amtlich vorgeschriebenem Vordruck abgegeben oder nach amtlich vorgeschriebenem Datensatz durch Datenfernübertragung übermittelt werden, nach § 155 Absatz 4 Satz 1 zu einer ausschließlich automationsgestützten Steuerfestsetzung führen, ist es dem Steuerpflichtigen zu ermöglichen, Angaben, die nach seiner Auffassung Anlass für eine Bearbeitung durch Amtsträger sind, in einem dafür vorgesehenen Ab-

---

[1] § 150 Abs. 2 Satz 2 aufgeh. mWv 1.1.2017 durch G v. 18.7.2016 (BGBl. I S. 1679).
[2] § 150 Abs. 5 Satz 1 neu gef. mWv 1.1.2017 durch G v. 18.7.2016 (BGBl. I S. 1679).
[3] § 150 Abs. 6 neu gef. durch G v. 1.11.2011 (BGBl. I S. 2131); Satz 7 neu gef. mWv 30.6.2013 durch G v. 26.6.2013 (BGBl. I S. 1809); Sätze 2 und 3 neu gef., Sätze 4 bis 10 aufgeh. durch G v. 18.7.2016 (BGBl. I S. 1679); zur Anwendung siehe Art. 97 § 27 Abs. 1 EGAO (Nr. **1.1**).
[4] § 150 Abs. 7 neu gef. durch G v. 18.7.2016 (BGBl. I S. 1679); zur Anwendung siehe Art. 97 § 10a Abs. 4 Sätze 2 und 3 und § 27 Abs. 1 EGAO (Nr. **1.1**).

schnitt oder Datenfeld der Steuererklärung zu machen. [2] Daten, die von mitteilungspflichtigen Stellen nach Maßgabe des § 93c an die Finanzverwaltung übermittelt wurden, gelten als Angaben des Steuerpflichtigen, soweit er nicht in einem dafür vorzusehenden Abschnitt oder Datenfeld der Steuererklärung abweichende Angaben macht.

(8)[1] [1] Ordnen die Steuergesetze an, dass die Finanzbehörde auf Antrag zur Vermeidung unbilliger Härten auf eine Übermittlung der Steuererklärung nach amtlich vorgeschriebenem Datensatz durch Datenfernübertragung verzichten kann, ist einem solchen Antrag zu entsprechen, wenn eine Erklärungsabgabe nach amtlich vorgeschriebenem Datensatz durch Datenfernübertragung für den Steuerpflichtigen wirtschaftlich oder persönlich unzumutbar ist. [2] Dies ist insbesondere der Fall, wenn die Schaffung der technischen Möglichkeiten für eine Datenfernübertragung des amtlich vorgeschriebenen Datensatzes nur mit einem nicht unerheblichen finanziellen Aufwand möglich wäre oder wenn der Steuerpflichtige nach seinen individuellen Kenntnissen und Fähigkeiten nicht oder nur eingeschränkt in der Lage ist, die Möglichkeiten der Datenfernübertragung zu nutzen.

§ 151[2] Aufnahme der Steuererklärung an Amtsstelle. Eine Steuererklärung, die schriftlich oder elektronisch abzugeben ist, kann bei der zuständigen Finanzbehörde zur Niederschrift erklärt werden, wenn dem Steuerpflichtigen nach seinen persönlichen Verhältnissen weder die elektronische Übermittlung noch die Schriftform zuzumuten ist, insbesondere, wenn er nicht in der Lage ist, eine gesetzlich vorgeschriebene Selbstberechnung der Steuer vorzunehmen oder durch einen Dritten vornehmen zu lassen.

§ 152[3] Verspätungszuschlag. (1) [1] Gegen denjenigen, der seiner Verpflichtung zur Abgabe einer Steuererklärung nicht oder nicht fristgemäß nachkommt, kann ein Verspätungszuschlag festgesetzt werden. [2] Von der Festsetzung eines Verspätungszuschlags ist abzusehen, wenn der Erklärungspflichtige glaubhaft macht, dass die Verspätung entschuldbar ist; das Verschulden eines Vertreters oder eines Erfüllungsgehilfen ist dem Erklärungspflichtigen zuzurechnen.

(2)[4] Abweichend von Absatz 1 ist ein Verspätungszuschlag festzusetzen, wenn eine Steuererklärung, die sich auf ein Kalenderjahr oder auf einen gesetzlich bestimmten Zeitpunkt bezieht,

1. nicht binnen 14 Monaten nach Ablauf des Kalenderjahrs oder nicht binnen 14 Monaten nach dem Besteuerungszeitpunkt,

2. in den Fällen des § 149 Absatz 2 Satz 2 nicht binnen 19 Monaten nach Ablauf des Kalenderjahrs oder nicht binnen 19 Monaten nach dem Besteuerungszeitpunkt oder

3. in den Fällen des § 149 Absatz 4 nicht bis zu dem in der Anordnung bestimmten Zeitpunkt

abgegeben wurde.

---

[1] § 150 Abs. 8 angef. mWv 1.1.2009 durch G v. 20.12.2008 (BGBl. I S. 2850).
[2] § 151 neu gef. mWv 1.1.2017 durch G v. 18.7.2016 (BGBl. I S. 1679).
[3] § 152 neu gef. durch G v. 18.7.2016 (BGBl. I S. 1679); zur Anwendung siehe Art. 97 § 8 Abs. 4 EGAO (Nr. **1.1**).
[4] Zur Anwendung siehe Art. 97 § 8 Abs. 5 EGAO (Nr. **1.1**).

(3) Absatz 2 gilt nicht,

1. wenn die Finanzbehörde die Frist für die Abgabe der Steuererklärung nach § 109 verlängert hat oder diese Frist rückwirkend verlängert,

2. wenn die Steuer auf null Euro oder auf einen negativen Betrag festgesetzt wird,

3. wenn die festgesetzte Steuer die Summe der festgesetzten Vorauszahlungen und der anzurechnenden Steuerabzugsbeträge nicht übersteigt oder

4.[1]) bei jährlich abzugebenden Lohnsteueranmeldungen sowie bei jährlich abzugebenden Versicherungsteuer- und Feuerschutzsteueranmeldungen.

(4) [1]Sind mehrere Personen zur Abgabe einer Steuererklärung verpflichtet, kann die Finanzbehörde nach ihrem Ermessen entscheiden, ob sie den Verspätungszuschlag gegen eine der erklärungspflichtigen Personen, gegen mehrere der erklärungspflichtigen Personen oder gegen alle erklärungspflichtigen Personen festsetzt. [2]Wird der Verspätungszuschlag gegen mehrere oder gegen alle erklärungspflichtigen Personen festgesetzt, sind diese Personen Gesamtschuldner des Verspätungszuschlags. [3]In Fällen des § 180 Absatz 1 Satz 1 Nummer 2 Buchstabe a ist der Verspätungszuschlag vorrangig gegen die nach § 181 Absatz 2 Satz 2 Nummer 4 erklärungspflichtigen Personen festzusetzen.

(5) [1]Der Verspätungszuschlag beträgt vorbehaltlich des Satzes 2, der Absätze 8 und 13 Satz 2 für jeden angefangenen Monat der eingetretenen Verspätung 0,25 Prozent der festgesetzten Steuer, mindestens jedoch 10 Euro für jeden angefangenen Monat der eingetretenen Verspätung. [2]Für Steuererklärungen, die sich auf ein Kalenderjahr oder auf einen gesetzlich bestimmten Zeitpunkt beziehen, beträgt der Verspätungszuschlag für jeden angefangenen Monat der eingetretenen Verspätung 0,25 Prozent der um die festgesetzten Vorauszahlungen und die anzurechnenden Steuerabzugsbeträge verminderten festgesetzten Steuer, mindestens jedoch 25 Euro für jeden angefangenen Monat der eingetretenen Verspätung. [3]Wurde ein Erklärungspflichtiger von der Finanzbehörde erstmals nach Ablauf der gesetzlichen Erklärungsfrist zur Abgabe einer Steuererklärung innerhalb einer dort bezeichneten Frist aufgefordert und konnte er bis zum Zugang dieser Aufforderung davon ausgehen, keine Steuererklärung abgeben zu müssen, so ist der Verspätungszuschlag nur für die Monate zu berechnen, die nach dem Ablauf der in der Aufforderung bezeichneten Erklärungsfrist begonnen haben.

(6) [1]Für Erklärungen zur gesonderten Feststellung von Besteuerungsgrundlagen, für Erklärungen zur Festsetzung des Gewerbesteuermessbetrags und für Zerlegungserklärungen gelten vorbehaltlich des Absatzes 7 die Absätze 1 bis 3 und Absatz 4 Satz 1 und 2 entsprechend. [2]Der Verspätungszuschlag beträgt für jeden angefangenen Monat der eingetretenen Verspätung 25 Euro.

(7) Für Erklärungen zu gesondert festzustellenden einkommensteuerpflichtigen oder körperschaftsteuerpflichtigen Einkünften beträgt der Verspätungszuschlag für jeden angefangenen Monat der eingetretenen Verspätung 0,0625 Prozent der positiven Summe der festgestellten Einkünfte, mindestens jedoch 25 Euro für jeden angefangenen Monat der eingetretenen Verspätung.

---

[1]) § 152 Abs. 3 Nr. 4 geänd. mWv 29.12.2020 durch G v. 21.12.2020 (BGBl. I S. 3096); zur Anwendung siehe Art. 97 § 8 Abs. 5 EGAO (Nr. **1.1**).

(8)[1] [1]Absatz 5 gilt nicht für

1. vierteljährlich oder monatlich abzugebende Steueranmeldungen,

2. nach § 41a Absatz 2 Satz 2 zweiter Halbsatz des Einkommensteuergesetzes[2] jährlich abzugebende Lohnsteueranmeldungen,

3. nach § 8 Absatz 2 Satz 3 des Versicherungsteuergesetzes jährlich abzugebende Versicherungsteueranmeldungen und

4. nach § 8 Absatz 2 Satz 3 des Feuerschutzsteuergesetzes jährlich abzugebende Feuerschutzsteueranmeldungen.

[2]In diesen Fällen sind bei der Bemessung des Verspätungszuschlags die Dauer und Häufigkeit der Fristüberschreitung sowie die Höhe der Steuer zu berücksichtigen.

(9) [1]Bei Nichtabgabe der Steuererklärung ist der Verspätungszuschlag für einen Zeitraum bis zum Ablauf desjenigen Tages zu berechnen, an dem die erstmalige Festsetzung der Steuer wirksam wird. [2]Gleiches gilt für die Nichtabgabe der Erklärung zur Festsetzung des Gewerbesteuermessbetrags, der Zerlegungserklärung oder der Erklärung zur gesonderten Feststellung von Besteuerungsgrundlagen.

(10) Der Verspätungszuschlag ist auf volle Euro abzurunden und darf höchstens 25 000 Euro betragen.

(11)[3] [1]Die Festsetzung des Verspätungszuschlags soll mit dem Steuerbescheid, dem Gewerbesteuermessbescheid oder dem Zerlegungsbescheid verbunden werden; in den Fällen des Absatzes 4 kann sie mit dem Feststellungsbescheid verbunden werden. [2]In den Fällen des Absatzes 2 kann die Festsetzung des Verspätungszuschlags ausschließlich automationsgestützt erfolgen.

(12) [1]Wird die Festsetzung der Steuer oder des Gewerbesteuermessbetrags oder der Zerlegungsbescheid oder die gesonderte Feststellung von Besteuerungsgrundlagen aufgehoben, so ist auch die Festsetzung eines Verspätungszuschlags aufzuheben. [2]Wird die Festsetzung der Steuer, die Anrechnung von Vorauszahlungen oder Steuerabzugsbeträgen auf die festgesetzte Steuer oder in den Fällen des Absatzes 7 die gesonderte Feststellung einkommensteuerpflichtiger oder körperschaftsteuerpflichtiger Einkünfte geändert, zurückgenommen, widerrufen oder nach § 129 berichtigt, so ist ein festgesetzter Verspätungszuschlag entsprechend zu ermäßigen oder zu erhöhen, soweit nicht auch nach der Änderung oder Berichtigung die Mindestbeträge anzusetzen sind. [3]Ein Verlustrücktrag nach § 10d Absatz 1 des Einkommensteuergesetzes oder ein rückwirkendes Ereignis im Sinne des § 175 Absatz 1 Satz 1 Nummer 2 oder Absatz 2 sind hierbei nicht zu berücksichtigen.

(13) [1]Die Absätze 2, 4 Satz 2, Absatz 5 Satz 2 sowie Absatz 8 gelten vorbehaltlich des Satzes 2 nicht für Steuererklärungen, die gegenüber den Hauptzollämtern abzugeben sind. [2]Für die Bemessung des Verspätungszuschlags zu Steuererklärungen zur Luftverkehrsteuer gilt Absatz 8 Satz 2 entsprechend.

---

[1] § 152 Abs. 8 Satz 1 neu gef. durch G v. 21.12.2020 (BGBl. I S. 3096); zur Anwendung siehe Art. 97 § 8 Abs. 5 EGAO (Nr. **1.1**).
[2] dtv 5785 ESt/LSt Nr. 1.
[3] § 152 Abs. 11 Satz 2 angef. mWv 18.12.2019 durch G v. 12.12.2019 (BGBl. I S. 2451); zur Anwendung siehe Art. 97 § 1 Abs. 13 EGAO (Nr. **1.1**).

§ 153 Berichtigung von Erklärungen. (1) [1]Erkennt ein Steuerpflichtiger nachträglich vor Ablauf der Festsetzungsfrist,

1. dass eine von ihm oder für ihn abgegebene Erklärung unrichtig oder unvollständig ist und dass es dadurch zu einer Verkürzung von Steuern kommen kann oder bereits gekommen ist oder

2. dass eine durch Verwendung von Steuerzeichen oder Steuerstemplern zu entrichtende Steuer nicht in der richtigen Höhe entrichtet worden ist,

so ist er verpflichtet, dies unverzüglich anzuzeigen und die erforderliche Richtigstellung vorzunehmen. [2]Die Verpflichtung trifft auch den Gesamtrechtsnachfolger eines Steuerpflichtigen und die nach den §§ 34 und 35 für den Gesamtrechtsnachfolger oder den Steuerpflichtigen handelnden Personen.

(2) Die Anzeigepflicht besteht ferner, wenn die Voraussetzungen für eine Steuerbefreiung, Steuerermäßigung oder sonstige Steuervergünstigung nachträglich ganz oder teilweise wegfallen.

(3) Wer Waren, für die eine Steuervergünstigung unter einer Bedingung gewährt worden ist, in einer Weise verwenden will, die der Bedingung nicht entspricht, hat dies vorher der Finanzbehörde anzuzeigen.

3. Unterabschnitt. Kontenwahrheit

§ 154 Kontenwahrheit. (1) Niemand darf auf einen falschen oder erdichteten Namen für sich oder einen Dritten ein Konto errichten oder Buchungen vornehmen lassen, Wertsachen (Geld, Wertpapiere, Kostbarkeiten) in Verwahrung geben oder verpfänden oder sich ein Schließfach geben lassen.

(2) [1)2)] [1]Wer ein Konto führt, Wertsachen verwahrt oder als Pfand nimmt oder ein Schließfach überlässt (Verpflichteter), hat

1. sich zuvor Gewissheit über die Person und Anschrift jedes Verfügungsberechtigten und jedes wirtschaftlich Berechtigten im Sinne des Geldwäschegesetzes zu verschaffen und

2. die entsprechenden Angaben in geeigneter Form, bei Konten auf dem Konto, festzuhalten.

[2]Für Verfügungsberechtigte sind § 11 Absatz 4 und 6, § 12 Absatz 1 und 2 und § 13 Absatz 1 des Geldwäschegesetzes sowie zu § 12 Absatz 3 und § 13 Absatz 2 des Geldwäschegesetzes ergangene Rechtsverordnungen, für wirtschaftlich Berechtigte der § 13 Absatz 1 des Geldwäschegesetzes sowie zu § 13 Absatz 2 des Geldwäschegesetzes ergangene Rechtsverordnungen entsprechend anzuwenden. [3]Der Verpflichtete hat sicherzustellen, dass er den Finanzbehörden jederzeit Auskunft darüber geben kann, über welche Konten oder Schließfächer eine Person verfügungsberechtigt ist oder welche Wertsachen eine Person zur Verwahrung gegeben oder als Pfand überlassen hat. [4]Die Geschäftsbeziehung ist kontinuierlich zu überwachen und die nach Satz 1 zu erhebenden Daten sind in angemessenem zeitlichen Abstand zu aktualisieren.

[1)] § 154 Abs. 2 neu gef. durch G v. 23.6.2017 (BGBl. I S. 1682); zur Anwendung siehe Art. 97 § 26 Abs. 4 EGAO (Nr. **1.1**); Satz 2 geänd. mWv 26.6.2017 durch G v. 23.6.2017 (BGBl. I S. 1822); Satz 2 neu gef. mWv 1.1.2020 durch G v. 12.12.2019 (BGBl. I S. 2602).
[2)] Für Geschäftsbeziehungen zu Kreditinstituten iSd § 154 Abs. 2 Satz 1 idF des G v. 23.6.2017 (BGBl. I S. 1682), die vor dem 1.1.2018 begründet worden sind und am 1.1.2018 noch bestehen, siehe Art. 97 § 26 Abs. 5 EGAO (Nr. **1.1**).

(2a)[1] [1]Kreditinstitute haben für jeden Kontoinhaber, jeden anderen Verfügungsberechtigten und jeden wirtschaftlich Berechtigten im Sinne des Geldwäschegesetzes außerdem folgende Daten zu erheben und aufzuzeichnen:

1. die Identifikationsnummer nach § 139b und

2. die Wirtschafts-Identifikationsnummer nach § 139c oder, wenn noch keine Wirtschafts-Identifikationsnummer vergeben wurde und es sich nicht um eine natürliche Person handelt, die für die Besteuerung nach dem Einkommen geltende Steuernummer.

[2]Der Vertragspartner sowie gegebenenfalls für ihn handelnde Personen haben dem Kreditinstitut die nach Satz 1 zu erhebenden Daten mitzuteilen und sich im Laufe der Geschäftsbeziehung ergebende Änderungen unverzüglich anzuzeigen. [3]Die Sätze 1 und 2 sind nicht anzuwenden bei Kreditkonten, wenn der Kredit ausschließlich der Finanzierung privater Konsumgüter dient und der Kreditrahmen einen Betrag von 12 000 Euro nicht übersteigt.

(2b)[1] [1]Teilen der Vertragspartner oder gegebenenfalls für ihn handelnde Personen dem Kreditinstitut die nach Absatz 2a Satz 1 Nummer 1 zu erfassende Identifikationsnummer einer betroffenen Person bis zur Begründung der Geschäftsbeziehung nicht mit und hat das Kreditinstitut die Identifikationsnummer dieser Person auch nicht aus anderem Anlass rechtmäßig erfasst, hat es sie bis zum Ablauf des dritten Monats nach Begründung der Geschäftsbeziehung in einem maschinellen Verfahren beim Bundeszentralamt für Steuern zu erfragen. [2]In der Anfrage dürfen nur die in § 139b Absatz 3 genannten Daten der betroffenen Person angegeben werden. [3]Das Bundeszentralamt für Steuern teilt dem Kreditinstitut die Identifikationsnummer der betroffenen Person mit, sofern die übermittelten Daten mit den bei ihm nach § 139b Absatz 3 gespeicherten Daten übereinstimmen.

(2c)[1] [1]Soweit das Kreditinstitut die nach Absatz 2a Satz 1 zu erhebenden Daten auf Grund unzureichender Mitwirkung des Vertragspartners und gegebenenfalls für ihn handelnder Personen nicht ermitteln kann, hat es dies auf dem Konto festzuhalten. [2]In diesem Fall hat das Kreditinstitut dem Bundeszentralamt für Steuern die betroffenen Konten sowie die hierzu nach Absatz 2 erhobenen Daten mitzuteilen; diese Daten sind für alle in einem Kalenderjahr eröffneten Konten bis Ende Februar des Folgejahrs zu übermitteln.

(2d)[2] Die Finanzbehörden können für einzelne Fälle oder für bestimmte Fallgruppen Erleichterungen zulassen, wenn die Einhaltung der Pflichten nach den Absätzen 2 bis 2c unverhältnismäßige Härten mit sich bringt und die Besteuerung durch die Erleichterung nicht beeinträchtigt wird.

(3) Ist gegen Absatz 1 verstoßen worden, so dürfen Guthaben, Wertsachen und der Inhalt eines Schließfachs nur mit Zustimmung des für die Einkommen- und Körperschaftsteuer des Verfügungsberechtigten zuständigen Finanzamts herausgegeben werden.

---

[1] § 154 Abs. 2a bis 2c eingef. durch G v. 23.6.2017 (BGBl. I S. 1682); zur Anwendung siehe Art. 97 § 26 Abs. 4 EGAO (Nr. **1.1**).
[2] § 154 Abs. 2d eingef. mWv 25.6.2017 durch G v. 23.6.2017 (BGBl. I S. 1682); zur Anwendung siehe Art. 97 § 1 Abs. 12 Satz 1 EGAO (Nr. **1.1**).

Dritter Abschnitt. Festsetzungs- und Feststellungsverfahren

1. Unterabschnitt. Steuerfestsetzung

I. Allgemeine Vorschriften

§ 155 Steuerfestsetzung. (1) ¹Die Steuern werden, soweit nichts anderes vorgeschrieben ist, von der Finanzbehörde durch Steuerbescheid festgesetzt. ²Steuerbescheid ist der nach § 122 Abs. 1 bekannt gegebene Verwaltungsakt. ³Dies gilt auch für die volle oder teilweise Freistellung von einer Steuer und für die Ablehnung eines Antrags auf Steuerfestsetzung.

(2) Ein Steuerbescheid kann erteilt werden, auch wenn ein Grundlagenbescheid noch nicht erlassen wurde.

(3) ¹Schulden mehrere Steuerpflichtige eine Steuer als Gesamtschuldner, so können gegen sie zusammengefasste Steuerbescheide ergehen. ²Mit zusammengefassten Steuerbescheiden können Verwaltungsakte über steuerliche Nebenleistungen oder sonstige Ansprüche, auf die dieses Gesetz anzuwenden ist, gegen einen oder mehrere der Steuerpflichtigen verbunden werden. ³Das gilt auch dann, wenn festgesetzte Steuern, steuerliche Nebenleistungen oder sonstige Ansprüche nach dem zwischen den Steuerpflichtigen bestehenden Rechtsverhältnis nicht von allen Beteiligten zu tragen sind.

(4)[1] ¹Die Finanzbehörden können Steuerfestsetzungen sowie Anrechnungen von Steuerabzugsbeträgen und Vorauszahlungen auf der Grundlage der ihnen vorliegenden Informationen und der Angaben des Steuerpflichtigen ausschließlich automationsgestützt vornehmen, berichtigen, zurücknehmen, widerrufen, aufheben oder ändern, soweit kein Anlass dazu besteht, den Einzelfall durch Amtsträger zu bearbeiten. ²Das gilt auch

1. für den Erlass, die Berichtigung, die Rücknahme, den Widerruf, die Aufhebung und die Änderung von mit den Steuerfestsetzungen sowie Anrechnungen von Steuerabzugsbeträgen und Vorauszahlungen verbundenen Verwaltungsakten sowie,

2. wenn die Steuerfestsetzungen sowie Anrechnungen von Steuerabzugsbeträgen und Vorauszahlungen mit Nebenbestimmungen nach § 120 versehen oder verbunden werden, soweit dies durch eine Verwaltungsanweisung des Bundesministeriums der Finanzen oder der obersten Landesfinanzbehörden allgemein angeordnet ist.

³Ein Anlass zur Bearbeitung durch Amtsträger liegt insbesondere vor, soweit der Steuerpflichtige in einem dafür vorgesehenen Abschnitt oder Datenfeld der Steuererklärung Angaben im Sinne des § 150 Absatz 7 gemacht hat. ⁴Bei vollständig automationsgestütztem Erlass eines Verwaltungsakts gilt die Willensbildung über seinen Erlass und über seine Bekanntgabe im Zeitpunkt des Abschlusses der maschinellen Verarbeitung als abgeschlossen.

(5)[2] Die für die Steuerfestsetzung geltenden Vorschriften sind auf die Festsetzung einer Steuervergütung sinngemäß anzuwenden.

§ 156[3] Absehen von der Steuerfestsetzung. (1) ¹Das Bundesministerium der Finanzen kann zur Vereinfachung der Verwaltung durch Rechtsverord-

[1] § 155 Abs. 4 neu gef. mWv 1.1.2017 durch G v. 18.7.2016 (BGBl. I S. 1679).
[2] § 155 Abs. 5 angef. mWv 1.1.2017 durch G v. 18.7.2016 (BGBl. I S. 1679).
[3] § 156 neu gef. mWv 1.1.2017 durch G v. 18.7.2016 (BGBl. I S. 1679).

147

nung[1] bestimmen, dass eine Steuer nicht festgesetzt wird, wenn der eigentlich festzusetzende Betrag den durch diese Rechtsverordnung zu bestimmenden Betrag voraussichtlich nicht übersteigt. [2] Der nach Satz 1 zu bestimmende Betrag darf 25 Euro nicht übersteigen. [3] Das Gleiche gilt für die Änderung einer Steuerfestsetzung, wenn der Betrag, der sich als Differenz zwischen der geänderten und der bisherigen Steuerfestsetzung ergeben würde, den in der Rechtsverordnung genannten Betrag nicht übersteigt. [4] Die Rechtsverordnung bedarf nicht der Zustimmung des Bundesrates, soweit sie die Kraftfahrzeugsteuer, die Luftverkehrsteuer, die Versicherungsteuer, Einfuhr- und Ausfuhrabgaben oder Verbrauchsteuern, mit Ausnahme der Biersteuer, betrifft.

(2) [1] Die Festsetzung einer Steuer und einer steuerlichen Nebenleistung sowie deren Änderung kann, auch über einen Betrag von 25 Euro hinausgehend, unterbleiben, wenn zu erwarten ist, dass

1. die Erhebung keinen Erfolg haben wird oder
2. die Kosten der Festsetzung und die Kosten der Erhebung außer Verhältnis zu dem Betrag stehen werden.

[2] Für bestimmte oder bestimmbare Fallgruppen können die obersten Finanzbehörden bundeseinheitliche Weisungen zur Anwendung von Satz 1 Nummer 2 erteilen. [3] Diese Weisungen dürfen nicht veröffentlicht werden, soweit dies die Gleichmäßigkeit und Gesetzmäßigkeit der Besteuerung gefährden könnte. [4] Auf dem Gebiet der von den Landesfinanzbehörden im Auftrag des Bundes verwalteten Steuern legen die obersten Finanzbehörden der Länder diese Weisungen zur Gewährleistung eines bundeseinheitlichen Vollzugs der Steuergesetze im Einvernehmen mit dem Bundesministerium der Finanzen fest.

§ 157 Form und Inhalt der Steuerbescheide. (1)[2] [1] Steuerbescheide sind schriftlich oder elektronisch zu erteilen, soweit nichts anderes bestimmt ist. [2] Sie müssen die festgesetzte Steuer nach Art und Betrag bezeichnen und angeben, wer die Steuer schuldet. [3] Ihnen ist außerdem eine Belehrung darüber beizufügen, welcher Rechtsbehelf zulässig ist und binnen welcher Frist und bei welcher Behörde er einzulegen ist.

(2) Die Feststellung der Besteuerungsgrundlagen bildet einen mit Rechtsbehelfen nicht selbständig anfechtbaren Teil des Steuerbescheids, soweit die Besteuerungsgrundlagen nicht gesondert festgestellt werden.

§ 158 Beweiskraft der Buchführung. Die Buchführung und die Aufzeichnungen des Steuerpflichtigen, die den Vorschriften der §§ 140 bis 148 entsprechen, sind der Besteuerung zugrunde zu legen, soweit nach den Umständen des Einzelfalls kein Anlass ist, ihre sachliche Richtigkeit zu beanstanden.

§ 159 Nachweis der Treuhänderschaft. (1) [1] Wer behauptet, dass er Rechte, die auf seinen Namen lauten, oder Sachen, die er besitzt, nur als Treuhänder, Vertreter eines anderen oder Pfandgläubiger innehabe oder besitze, hat auf Verlangen nachzuweisen, wem die Rechte oder Sachen gehören; anderenfalls sind sie ihm regelmäßig zuzurechnen. [2] Das Recht der Finanzbehörde, den Sachverhalt zu ermitteln, wird dadurch nicht eingeschränkt.

---

[1] Siehe Kleinbetragsverordnung v. 19.12.2000 (BGBl. I S. 1790, 1805), geänd. durch G v. 18.7.2016 (BGBl. I S. 1679).
[2] § 157 Abs. 1 neu gef. mWv 1.1.2017 durch G v. 18.7.2016 (BGBl. I S. 1679).

(2) § 102 bleibt unberührt.

§ 160 Benennung von Gläubigern und Zahlungsempfängern.

(1) [1] Schulden und andere Lasten, Betriebsausgaben, Werbungskosten und andere Ausgaben sind steuerlich regelmäßig nicht zu berücksichtigen, wenn der Steuerpflichtige dem Verlangen der Finanzbehörde nicht nachkommt, die Gläubiger oder die Empfänger genau zu benennen. [2] Das Recht der Finanzbehörde, den Sachverhalt zu ermitteln, bleibt unberührt.

(2) § 102 bleibt unberührt.

§ 161 Fehlmengen bei Bestandsaufnahmen. [1] Ergeben sich bei einer vorgeschriebenen oder amtlich durchgeführten Bestandsaufnahme Fehlmengen an verbrauchsteuerpflichtigen Waren, so wird vermutet, dass hinsichtlich der Fehlmengen eine Verbrauchsteuer entstanden oder eine bedingt entstandene Verbrauchsteuer unbedingt geworden ist, soweit nicht glaubhaft gemacht wird, dass die Fehlmengen auf Umstände zurückzuführen sind, die eine Steuer nicht begründen oder eine bedingte Steuer nicht unbedingt werden lassen. [2] Die Steuer gilt im Zweifel im Zeitpunkt der Bestandsaufnahme als entstanden oder unbedingt geworden.

§ 162 Schätzung von Besteuerungsgrundlagen. (1) [1] Soweit die Finanzbehörde die Besteuerungsgrundlagen nicht ermitteln oder berechnen kann, hat sie sie zu schätzen. [2] Dabei sind alle Umstände zu berücksichtigen, die für die Schätzung von Bedeutung sind.

(2)[1)] [1] Zu schätzen ist insbesondere dann, wenn der Steuerpflichtige über seine Angaben keine ausreichenden Aufklärungen zu geben vermag oder weitere Auskunft oder eine Versicherung an Eides statt verweigert oder seine Mitwirkungspflicht nach § 90 Abs. 2 verletzt. [2] Das Gleiche gilt, wenn der Steuerpflichtige Bücher oder Aufzeichnungen, die er nach den Steuergesetzen zu führen hat, nicht vorlegen kann, wenn die Buchführung oder die Aufzeichnungen der Besteuerung nicht nach § 158 zugrunde gelegt werden oder wenn tatsächliche Anhaltspunkte für die Unrichtigkeit oder Unvollständigkeit der vom Steuerpflichtigen gemachten Angaben zu steuerpflichtigen Einnahmen oder Betriebsvermögensmehrungen bestehen und der Steuerpflichtige die Zustimmung nach § 93 Abs. 7 Satz 1 Nr. 5 nicht erteilt. [3] Hat der Steuerpflichtige seine Mitwirkungspflichten nach § 90 Absatz 2 Satz 3 verletzt, so wird widerlegbar vermutet, dass steuerpflichtige Einkünfte in Staaten oder Gebieten im Sinne des § 90 Absatz 2 Satz 3 vorhanden oder höher als die erklärten Einkünfte sind.

(3)[2)] [1] Verletzt ein Steuerpflichtiger seine Mitwirkungspflichten nach § 90 Absatz 3 dadurch, dass er keine Aufzeichnungen über einen Geschäftsvorfall vorlegt, oder sind die über einen Geschäftsvorfall vorgelegten Aufzeichnungen im Wesentlichen unverwertbar oder wird festgestellt, dass der Steuerpflichtige Aufzeichnungen im Sinne des § 90 Absatz 3 Satz 8 nicht zeitnah erstellt hat, so

---

[1)] § 162 Abs. 2 Satz 2 neu gef. mWv 1.1.2009 durch G v. 14.8.2007 (BGBl. I S. 1912); Satz 3 angef. durch G v. 29.7.2009 (BGBl. I S. 2302); zur erstmaligen Anwendung von Satz 3 siehe Art. 97 § 22 Abs. 2 EGAO (Nr. **1.1**).

[2)] § 162 Abs. 3 eingef. durch G v. 16.5.2003 (BGBl. I S. 660); zur Anwendung siehe Art. 97 § 22 Abs. 1 Satz 2 EGAO (Nr. **1.1**); Satz 3 angef. durch G v. 14.8.2007 (BGBl. I S. 1912); Satz 1 neu gef. mWv 24.12.2016 durch G v. 20.12.2016 (BGBl. I S. 3000).

wird widerlegbar vermutet, dass seine im Inland steuerpflichtigen Einkünfte, zu deren Ermittlung die Aufzeichnungen im Sinne des § 90 Absatz 3 dienen, höher als die von ihm erklärten Einkünfte sind. [2]Hat in solchen Fällen die Finanzbehörde eine Schätzung vorzunehmen und können diese Einkünfte nur innerhalb eines bestimmten Rahmens, insbesondere nur auf Grund von Preisspannen bestimmt werden, kann dieser Rahmen zu Lasten des Steuerpflichtigen ausgeschöpft werden. [3]Bestehen trotz Vorlage verwertbarer Aufzeichnungen durch den Steuerpflichtigen Anhaltspunkte dafür, dass seine Einkünfte bei Beachtung des Fremdvergleichsgrundsatzes höher wären als die auf Grund der Aufzeichnungen erklärten Einkünfte, und können entsprechende Zweifel deswegen nicht aufgeklärt werden, weil eine ausländische, nahe stehende Person ihre Mitwirkungspflichten nach § 90 Abs. 2 oder ihre Auskunftspflichten nach § 93 Abs. 1 nicht erfüllt, ist Satz 2 entsprechend anzuwenden.

(4)[1]) [1]Legt ein Steuerpflichtiger über einen Geschäftsvorfall keine Aufzeichnungen im Sinne des § 90 Absatz 3 vor oder sind die über einen Geschäftsvorfall vorgelegten Aufzeichnungen im Wesentlichen unverwertbar, ist ein Zuschlag von 5 000 Euro festzusetzen. [2]Der Zuschlag beträgt mindestens 5 Prozent und höchstens 10 Prozent des Mehrbetrags der Einkünfte, der sich nach einer Berichtigung auf Grund der Anwendung des Absatzes 3 ergibt, wenn sich danach ein Zuschlag von mehr als 5 000 Euro ergibt. [3]Bei verspäteter Vorlage von verwertbaren Aufzeichnungen beträgt der Zuschlag bis zu 1 000 000 Euro, mindestens jedoch 100 Euro für jeden vollen Tag der Fristüberschreitung. [4]Soweit den Finanzbehörden Ermessen hinsichtlich der Höhe des Zuschlags eingeräumt ist, sind neben dessen Zweck, den Steuerpflichtigen zur Erstellung und fristgerechten Vorlage der Aufzeichnungen im Sinne des § 90 Abs. 3 anzuhalten, insbesondere die von ihm gezogenen Vorteile und bei verspäteter Vorlage auch die Dauer der Fristüberschreitung zu berücksichtigen. [5]Von der Festsetzung eines Zuschlags ist abzusehen, wenn die Nichterfüllung der Pflichten nach § 90 Abs. 3 entschuldbar erscheint oder ein Verschulden nur geringfügig ist. [6]Das Verschulden eines gesetzlichen Vertreters oder eines Erfüllungsgehilfen steht dem eigenen Verschulden gleich. [7]Der Zuschlag ist regelmäßig nach Abschluss der Außenprüfung festzusetzen.

(5)[2]) In den Fällen des § 155 Abs. 2 können die in einem Grundlagenbescheid festzustellenden Besteuerungsgrundlagen geschätzt werden.

§ 163[3]) Abweichende Festsetzung von Steuern aus Billigkeitsgründen.

(1) [1]Steuern können niedriger festgesetzt werden und einzelne Besteuerungsgrundlagen, die die Steuern erhöhen, können bei der Festsetzung der Steuer unberücksichtigt bleiben, wenn die Erhebung der Steuer nach Lage des einzelnen Falls unbillig wäre. [2]Mit Zustimmung des Steuerpflichtigen kann bei Steuern vom Einkommen zugelassen werden, dass einzelne Besteuerungsgrundlagen, soweit sie die Steuer erhöhen, bei der Steuerfestsetzung erst zu

---

[1]) § 162 Abs. 4 eingef. durch G v. 16.5.2003 (BGBl. I S. 660); zur Anwendung siehe Art. 97 § 22 Abs. 1 Satz 2 EGAO (Nr. **1.1**); Sätze 1 und 2 geänd. durch G v. 13.12.2006 (BGBl. I S. 2878); Satz 1 neu gef. mWv 24.12.2016 durch G v. 20.12.2016 (BGBl. I S. 3000).

[2]) § 162 Abs. 3 und 4 eingef., bish. Abs. 3 wird Abs. 5 durch G v. 16.5.2003 (BGBl. I S. 660); zur Anwendung siehe Art. 97 § 22 Abs. 1 Satz 2 EGAO (Nr. **1.1**).

[3]) § 163 neu gef. durch G v. 18.7.2016 (BGBl. I S. 1679); zur Anwendung siehe Art. 97 § 29 EGAO (Nr. **1.1**).

einer späteren Zeit und, soweit sie die Steuer mindern, schon zu einer früheren Zeit berücksichtigt werden.

(2) Eine Billigkeitsmaßnahme nach Absatz 1 kann mit der Steuerfestsetzung verbunden werden, für die sie von Bedeutung ist.

(3) ¹Eine Billigkeitsmaßnahme nach Absatz 1 steht in den Fällen des Absatzes 2 stets unter Vorbehalt des Widerrufs, wenn sie

1. von der Finanzbehörde nicht ausdrücklich als eigenständige Billigkeitsentscheidung ausgesprochen worden ist,

2. mit einer Steuerfestsetzung unter Vorbehalt der Nachprüfung nach § 164 verbunden ist oder

3. mit einer vorläufigen Steuerfestsetzung nach § 165 verbunden ist und der Grund der Vorläufigkeit auch für die Entscheidung nach Absatz 1 von Bedeutung ist.

²In den Fällen von Satz 1 Nummer 1 entfällt der Vorbehalt des Widerrufs, wenn die Festsetzungsfrist für die Steuerfestsetzung abläuft, für die die Billigkeitsmaßnahme Grundlagenbescheid ist. ³In den Fällen von Satz 1 Nummer 2 entfällt der Vorbehalt des Widerrufs mit Aufhebung oder Entfallen des Vorbehalts der Nachprüfung der Steuerfestsetzung, für die die Billigkeitsmaßnahme Grundlagenbescheid ist. ⁴In den Fällen von Satz 1 Nummer 3 entfällt der Vorbehalt des Widerrufs mit Eintritt der Endgültigkeit der Steuerfestsetzung, für die die Billigkeitsmaßnahme Grundlagenbescheid ist.

(4) ¹Ist eine Billigkeitsmaßnahme nach Absatz 1, die nach Absatz 3 unter Vorbehalt des Widerrufs steht, rechtswidrig, ist sie mit Wirkung für die Vergangenheit zurückzunehmen. ²§ 130 Absatz 3 Satz 1 gilt in diesem Fall nicht.

§ 164 Steuerfestsetzung unter Vorbehalt der Nachprüfung. (1) ¹Die Steuern können, solange der Steuerfall nicht abschließend geprüft ist, allgemein oder im Einzelfall unter dem Vorbehalt der Nachprüfung festgesetzt werden, ohne dass dies einer Begründung bedarf. ²Die Festsetzung einer Vorauszahlung ist stets eine Steuerfestsetzung unter Vorbehalt der Nachprüfung.

(2) ¹Solange der Vorbehalt wirksam ist, kann die Steuerfestsetzung aufgehoben oder geändert werden. ²Der Steuerpflichtige kann die Aufhebung oder Änderung der Steuerfestsetzung jederzeit beantragen. ³Die Entscheidung hierüber kann jedoch bis zur abschließenden Prüfung des Steuerfalls, die innerhalb angemessener Frist vorzunehmen ist, hinausgeschoben werden.

(3) ¹Der Vorbehalt der Nachprüfung kann jederzeit aufgehoben werden. ²Die Aufhebung steht einer Steuerfestsetzung ohne Vorbehalt der Nachprüfung gleich; § 157 Abs. 1 Satz 1 und 3 gilt sinngemäß. ³Nach einer Außenprüfung ist der Vorbehalt aufzuheben, wenn sich Änderungen gegenüber der Steuerfestsetzung unter Vorbehalt der Nachprüfung nicht ergeben.

(4)¹⁾ ¹Der Vorbehalt der Nachprüfung entfällt, wenn die Festsetzungsfrist abläuft. ²§ 169 Absatz 2 Satz 2, § 170 Absatz 6 und § 171 Absatz 7, 8 und 10 sind nicht anzuwenden.

---

¹⁾ § 164 Abs. 4 Satz 2 neu gef. mWv 1.1.2015 durch G v. 22.12.2014 (BGBl. I S. 2415).

§ 165 Vorläufige Steuerfestsetzung, Aussetzung der Steuerfestsetzung. (1)[1] [1] Soweit ungewiss ist, ob die Voraussetzungen für die Entstehung einer Steuer eingetreten sind, kann sie vorläufig festgesetzt werden. [2] Diese Regelung ist auch anzuwenden, wenn

1. ungewiss ist, ob und wann Verträge mit anderen Staaten über die Besteuerung (§ 2), die sich zugunsten des Steuerpflichtigen auswirken, für die Steuerfestsetzung wirksam werden,
2. das Bundesverfassungsgericht die Unvereinbarkeit eines Steuergesetzes mit dem Grundgesetz festgestellt hat und der Gesetzgeber zu einer Neuregelung verpflichtet ist,
2a. sich auf Grund einer Entscheidung des Gerichtshofes der Europäischen Union ein Bedarf für eine gesetzliche Neuregelung ergeben kann,
3. die Vereinbarkeit eines Steuergesetzes mit höherrangigem Recht Gegenstand eines Verfahrens bei dem Gerichtshof der Europäischen Union, dem Bundesverfassungsgericht oder einem obersten Bundesgericht ist oder
4. die Auslegung eines Steuergesetzes Gegenstand eines Verfahrens bei dem Bundesfinanzhof ist.

[3] Umfang und Grund der Vorläufigkeit sind anzugeben. [4] Unter den Voraussetzungen der Sätze 1 oder 2 kann die Steuerfestsetzung auch gegen oder ohne Sicherheitsleistung ausgesetzt werden.

(2)[2] [1] Soweit die Finanzbehörde eine Steuer vorläufig festgesetzt hat, kann sie die Festsetzung aufheben oder ändern. [2] Wenn die Ungewissheit beseitigt ist, ist eine vorläufige Steuerfestsetzung aufzuheben, zu ändern oder für endgültig zu erklären; eine ausgesetzte Steuerfestsetzung ist nachzuholen. [3] In den Fällen des Absatzes 1 Satz 2 Nr. 4 endet die Ungewissheit, sobald feststeht, dass die Grundsätze der Entscheidung des Bundesfinanzhofs über den entschiedenen Einzelfall hinaus allgemein anzuwenden sind. [4] In den Fällen des Absatzes 1 Satz 2 muss eine vorläufige Steuerfestsetzung nach Satz 2 nur auf Antrag des Steuerpflichtigen für endgültig erklärt werden, wenn sie nicht aufzuheben oder zu ändern ist.

(3) Die vorläufige Steuerfestsetzung kann mit einer Steuerfestsetzung unter Vorbehalt der Nachprüfung verbunden werden.

§ 166 Drittwirkung der Steuerfestsetzung. Ist die Steuer dem Steuerpflichtigen gegenüber unanfechtbar festgesetzt, so hat dies neben einem Gesamtrechtsnachfolger auch gegen sich gelten zu lassen, wer in der Lage gewesen wäre, den gegen den Steuerpflichtigen erlassenen Bescheid als dessen Vertreter, Bevollmächtigter oder kraft eigenen Rechts anzufechten.

§ 167 Steueranmeldung, Verwendung von Steuerzeichen oder Steuerstemplern. (1)[3] [1] Ist eine Steuer auf Grund gesetzlicher Verpflichtung anzumelden (§ 150 Abs. 1 Satz 3), so ist eine Festsetzung der Steuer nach § 155 nur erforderlich, wenn die Festsetzung zu einer abweichenden Steuer führt

---

[1] § 165 Abs. 1 Satz 2 Nr. 4 angef. mWv 1.1.2009 durch G v. 20.12.2008 (BGBl. I S. 2850); Satz 2 Nr. 3 geänd. mWv 30.6.2013 durch G v. 26.6.2013 (BGBl. I S. 1809); Satz 2 Nr. 2a eingef. mWv 1.1. 2017 durch G v. 18.7.2016 (BGBl. I S. 1679).
[2] § 165 Abs. 2 Satz 3 eingef., bish. Satz 3 wird Satz 4 mWv 1.1.2009 durch G v. 20.12.2008 (BGBl. I S. 2850).
[3] § 167 Abs. 1 Satz 1 geänd. durch G v. 15.12.2003 (BGBl. I S. 2645).

oder der Steuer- oder Haftungsschuldner die Steueranmeldung nicht abgibt.
²Satz 1 gilt sinngemäß, wenn die Steuer auf Grund gesetzlicher Verpflichtung
durch Verwendung von Steuerzeichen oder Steuerstemplern zu entrichten ist.
³Erkennt der Steuer- oder Haftungsschuldner nach Abschluss einer Außenprüfung im Sinne des § 193 Abs. 2 Nr. 1 seine Zahlungsverpflichtung schriftlich an, steht das Anerkenntnis einer Steueranmeldung gleich.

(2) ¹Steueranmeldungen gelten auch dann als rechtzeitig abgegeben, wenn
sie fristgerecht bei der zuständigen Kasse eingehen. ²Dies gilt nicht für Einfuhr-
und Ausfuhrabgaben und Verbrauchsteuern.

§ 168[1] **Wirkung einer Steueranmeldung.** ¹Eine Steueranmeldung steht
einer Steuerfestsetzung unter Vorbehalt der Nachprüfung gleich. ²Führt die
Steueranmeldung zu einer Herabsetzung der bisher zu entrichtenden Steuer
oder zu einer Steuervergütung, so gilt Satz 1 erst, wenn die Finanzbehörde
zustimmt. ³Die Zustimmung bedarf keiner Form.

II. Festsetzungsverjährung[2]

§ 169 Festsetzungsfrist. (1)[3] ¹Eine Steuerfestsetzung sowie ihre Aufhebung oder Änderung sind nicht mehr zulässig, wenn die Festsetzungsfrist
abgelaufen ist. ²Dies gilt auch für die Berichtigung wegen offenbarer Unrichtigkeit nach § 129. ³Die Frist ist gewahrt, wenn vor Ablauf der Festsetzungsfrist

1. der Steuerbescheid oder im Fall des § 122a die elektronische Benachrichtigung den Bereich der für die Steuerfestsetzung zuständigen Finanzbehörde
verlassen hat oder

2. bei öffentlicher Zustellung nach § 10 des Verwaltungszustellungsgesetzes die
Benachrichtigung bekannt gemacht oder veröffentlicht wird.

(2)[4] ¹Die Festsetzungsfrist beträgt:

1. ein Jahr
für Verbrauchsteuern und Verbrauchsteuervergütungen,

2. vier Jahre
für Steuern und Steuervergütungen, die keine Steuern oder Steuervergütungen im Sinne der Nummer 1 oder Einfuhr- und Ausfuhrabgaben nach
Artikel 5 Nummer 20 und 21 des Zollkodex der Union sind.

²Die Festsetzungsfrist beträgt zehn Jahre, soweit eine Steuer hinterzogen, und
fünf Jahre, soweit sie leichtfertig verkürzt worden ist. ³Dies gilt auch dann,
wenn die Steuerhinterziehung oder leichtfertige Steuerverkürzung nicht durch
den Steuerschuldner oder eine Person begangen worden ist, deren er sich zur
Erfüllung seiner steuerlichen Pflichten bedient, es sei denn, der Steuerschuldner
weist nach, dass er durch die Tat keinen Vermögensvorteil erlangt hat und dass
sie auch nicht darauf beruht, dass er die im Verkehr erforderlichen Vorkehrungen zur Verhinderung von Steuerverkürzungen unterlassen hat.

---

[1] Zur Steueranmeldung in Euro siehe Art. 97 § 21 EGAO (Nr. **1.1**).
[2] Zur Anwendung siehe Art. 97 § 10 EGAO (Nr. **1.1**).
[3] § 169 Abs. 1 Satz 3 neu gef. mWv 1.1.2017 durch G v. 18.7.2016 (BGBl. I S. 1679); zur
Anwendung siehe Art. 97 § 28 EGAO (Nr. **1.1**).
[4] § 169 Abs. 2 Satz 1 Nr. 2 geänd. mWv 1.5.2016 durch G v. 22.12.2014 (BGBl. I S. 2417).

§ 170 Beginn der Festsetzungsfrist. (1) Die Festsetzungsfrist beginnt mit Ablauf des Kalenderjahrs, in dem die Steuer entstanden ist oder eine bedingt entstandene Steuer unbedingt geworden ist.

(2)[1] ¹Abweichend von Absatz 1 beginnt die Festsetzungsfrist, wenn

1. eine Steuererklärung oder eine Steueranmeldung einzureichen oder eine Anzeige zu erstatten ist, mit Ablauf des Kalenderjahrs, in dem die Steuererklärung, die Steueranmeldung oder die Anzeige eingereicht wird, spätestens jedoch mit Ablauf des dritten Kalenderjahrs, das auf das Kalenderjahr folgt, in dem die Steuer entstanden ist, es sei denn, dass die Festsetzungsfrist nach Absatz 1 später beginnt,
2. eine Steuer durch Verwendung von Steuerzeichen oder Steuerstemplern zu zahlen ist, mit Ablauf des Kalenderjahrs, in dem für den Steuerfall Steuerzeichen oder Steuerstempler verwendet worden sind, spätestens jedoch mit Ablauf des dritten Kalenderjahrs, das auf das Kalenderjahr folgt, in dem die Steuerzeichen oder Steuerstempler hätten verwendet werden müssen.

²Dies gilt nicht für Verbrauchsteuern, ausgenommen die Energiesteuer auf Erdgas und die Stromsteuer.

(3) Wird eine Steuer oder eine Steuervergütung nur auf Antrag festgesetzt, so beginnt die Frist für die Aufhebung oder Änderung dieser Festsetzung oder ihrer Berichtigung nach § 129 nicht vor Ablauf des Kalenderjahrs, in dem der Antrag gestellt wird.

(4) Wird durch Anwendung des Absatzes 2 Nr. 1 auf die Vermögensteuer oder die Grundsteuer der Beginn der Festsetzungsfrist hinausgeschoben, so wird der Beginn der Festsetzungsfrist für die folgenden Kalenderjahre des Hauptveranlagungszeitraums jeweils um die gleiche Zeit hinausgeschoben.

(5) Für die Erbschaftsteuer (Schenkungsteuer) beginnt die Festsetzungsfrist nach den Absätzen 1 oder 2

1. bei einem Erwerb von Todes wegen nicht vor Ablauf des Kalenderjahrs, in dem der Erwerber Kenntnis von dem Erwerb erlangt hat,
2. bei einer Schenkung nicht vor Ablauf des Kalenderjahrs, in dem der Schenker gestorben ist oder die Finanzbehörde von der vollzogenen Schenkung Kenntnis erlangt hat,
3. bei einer Zweckzuwendung unter Lebenden nicht vor Ablauf des Kalenderjahrs, in dem die Verpflichtung erfüllt worden ist.

(6)[2] Für die Steuer, die auf Kapitalerträge entfällt, die

1. aus Staaten oder Territorien stammen, die nicht Mitglieder der Europäischen Union oder der Europäischen Freihandelsassoziation sind, und
2. nicht nach Verträgen im Sinne des § 2 Absatz 1 oder hierauf beruhenden Vereinbarungen automatisch mitgeteilt werden,

beginnt die Festsetzungsfrist frühestens mit Ablauf des Kalenderjahres, in dem diese Kapitalerträge der Finanzbehörde durch Erklärung des Steuerpflichtigen oder in sonstiger Weise bekannt geworden sind, spätestens jedoch zehn Jahre nach Ablauf des Kalenderjahres, in dem die Steuer entstanden ist.

---

[1] § 170 Abs. 2 Satz 2 geänd. durch G v. 8.12.2010 (BGBl. I S. 1768); zur Anwendung siehe Art. 97 § 10 Abs. 10 EGAO (Nr. **1.1**).
[2] § 170 Abs. 6 neu gef. durch G v. 22.12.2014 (BGBl. I S. 2415); zur Anwendung siehe Art. 97 § 10 Abs. 13 EGAO (Nr. **1.1**).

(7)[1] Für Steuern auf Einkünfte oder Erträge, die in Zusammenhang stehen mit Beziehungen zu einer Drittstaat-Gesellschaft im Sinne des § 138 Absatz 3, auf die der Steuerpflichtige allein oder zusammen mit nahestehenden Personen im Sinne des § 1 Absatz 2 des Außensteuergesetzes[2] unmittelbar oder mittelbar einen beherrschenden oder bestimmenden Einfluss ausüben kann, beginnt die Festsetzungsfrist frühestens mit Ablauf des Kalenderjahres, in dem diese Beziehungen durch Mitteilung des Steuerpflichtigen oder auf andere Weise bekannt geworden sind, spätestens jedoch zehn Jahre nach Ablauf des Kalenderjahres, in dem die Steuer entstanden ist.

§ 171 Ablaufhemmung. (1) Die Festsetzungsfrist läuft nicht ab, solange die Steuerfestsetzung wegen höherer Gewalt innerhalb der letzten sechs Monate des Fristlaufs nicht erfolgen kann.

(2)[3] [1]Ist beim Erlass eines Steuerbescheids eine offenbare Unrichtigkeit unterlaufen, so endet die Festsetzungsfrist insoweit nicht vor Ablauf eines Jahres nach Bekanntgabe dieses Steuerbescheids. [2]Das Gleiche gilt in den Fällen des § 173a.

(3) Wird vor Ablauf der Festsetzungsfrist außerhalb eines Einspruchs- oder Klageverfahrens ein Antrag auf Steuerfestsetzung oder auf Aufhebung oder Änderung einer Steuerfestsetzung oder ihrer Berichtigung nach § 129 gestellt, so läuft die Festsetzungsfrist insoweit nicht ab, bevor über den Antrag unanfechtbar entschieden worden ist.

(3a) [1]Wird ein Steuerbescheid mit einem Einspruch oder einer Klage angefochten, so läuft die Festsetzungsfrist nicht ab, bevor über den Rechtsbehelf unanfechtbar entschieden ist; dies gilt auch, wenn der Rechtsbehelf erst nach Ablauf der Festsetzungsfrist eingelegt wird. [2]Der Ablauf der Festsetzungsfrist ist hinsichtlich des gesamten Steueranspruchs gehemmt; dies gilt nicht, soweit der Rechtsbehelf unzulässig ist. [3]In den Fällen des § 100 Abs. 1 Satz 1, Abs. 2 Satz 2, Abs. 3 Satz 1, § 101 der Finanzgerichtsordnung[4] ist über den Rechtsbehelf erst dann unanfechtbar entschieden, wenn ein auf Grund der genannten Vorschriften erlassener Steuerbescheid unanfechtbar geworden ist.

(4) [1]Wird vor Ablauf der Festsetzungsfrist mit einer Außenprüfung begonnen oder wird deren Beginn auf Antrag des Steuerpflichtigen hinausgeschoben, so läuft die Festsetzungsfrist für die Steuern, auf die sich die Außenprüfung erstreckt oder im Fall der Hinausschiebung der Außenprüfung erstrecken sollte, nicht ab, bevor die auf Grund der Außenprüfung zu erlassenden Steuerbescheide unanfechtbar geworden sind oder nach Bekanntgabe der Mitteilung nach § 202 Abs. 1 Satz 3 drei Monate verstrichen sind. [2]Dies gilt nicht, wenn eine Außenprüfung unmittelbar nach ihrem Beginn für die Dauer von mehr als sechs Monaten aus Gründen unterbrochen wird, die die Finanzbehörde zu vertreten hat. [3]Die Festsetzungsfrist endet spätestens, wenn seit Ablauf des Kalenderjahrs, in dem die Schlussbesprechung stattgefunden hat, oder, wenn sie unterblieben ist, seit Ablauf des Kalenderjahrs, in dem die letzten Ermittlungen im Rahmen der Außenprüfung stattgefunden haben, die in § 169 Abs. 2

---

[1] § 170 Abs. 7 angef. durch G v. 23.6.2017 (BGBl. I S. 1682); zur Anwendung siehe Art. 97 § 10 Abs. 15 EGAO (Nr. **1.1**).
[2] **dtv 5765 Steuergesetze Nr. 2.**
[3] § 171 Abs. 2 Satz 2 angef. durch G v. 18.7.2016 (BGBl. I S. 1679); zur Anwendung siehe Art. 97 § 10 Abs. 14 EGAO (Nr. **1.1**).
[4] Nr. **2.**

genannten Fristen verstrichen sind; eine Ablaufhemmung nach anderen Vorschriften bleibt unberührt.

(5)[1] [1] Beginnen die Behörden des Zollfahndungsdienstes oder die mit der Steuerfahndung betrauten Dienststellen der Landesfinanzbehörden vor Ablauf der Festsetzungsfrist beim Steuerpflichtigen mit Ermittlungen der Besteuerungsgrundlagen, so läuft die Festsetzungsfrist insoweit nicht ab, bevor die auf Grund der Ermittlungen zu erlassenden Steuerbescheide unanfechtbar geworden sind; Absatz 4 Satz 2 gilt sinngemäß. [2] Das Gleiche gilt, wenn dem Steuerpflichtigen vor Ablauf der Festsetzungsfrist die Einleitung des Steuerstrafverfahrens oder des Bußgeldverfahrens wegen einer Steuerordnungswidrigkeit bekannt gegeben worden ist; § 169 Abs. 1 Satz 3 gilt sinngemäß.

(6) [1] Ist bei Steuerpflichtigen eine Außenprüfung im Geltungsbereich dieses Gesetzes nicht durchführbar, wird der Ablauf der Festsetzungsfrist auch durch sonstige Ermittlungshandlungen im Sinne des § 92 gehemmt, bis die auf Grund dieser Ermittlungen erlassenen Steuerbescheide unanfechtbar geworden sind. [2] Die Ablaufhemmung tritt jedoch nur dann ein, wenn der Steuerpflichtige vor Ablauf der Festsetzungsfrist auf den Beginn der Ermittlungen nach Satz 1 hingewiesen worden ist; § 169 Abs. 1 Satz 3 gilt sinngemäß.

(7) In den Fällen des § 169 Abs. 2 Satz 2 endet die Festsetzungsfrist nicht, bevor die Verfolgung der Steuerstraftat oder der Steuerordnungswidrigkeit verjährt ist.

(8) [1] Ist die Festsetzung einer Steuer nach § 165 ausgesetzt oder die Steuer vorläufig festgesetzt worden, so endet die Festsetzungsfrist nicht vor dem Ablauf eines Jahres, nachdem die Ungewissheit beseitigt ist und die Finanzbehörde hiervon Kenntnis erhalten hat. [2] In den Fällen des § 165 Abs. 1 Satz 2 endet die Festsetzungsfrist nicht vor Ablauf von zwei Jahren, nachdem die Ungewissheit beseitigt ist und die Finanzbehörde hiervon Kenntnis erlangt hat.

(9) Erstattet der Steuerpflichtige vor Ablauf der Festsetzungsfrist eine Anzeige nach den §§ 153, 371 und 378 Abs. 3, so endet die Festsetzungsfrist nicht vor Ablauf eines Jahres nach Eingang der Anzeige.

(10)[2] [1] Soweit für die Festsetzung einer Steuer ein Feststellungsbescheid, ein Steuermessbescheid oder ein anderer Verwaltungsakt bindend ist (Grundlagenbescheid), endet die Festsetzungsfrist nicht vor Ablauf von zwei Jahren nach Bekanntgabe des Grundlagenbescheids. [2] Ist für den Erlass des Grundlagenbescheids eine Stelle zuständig, die keine Finanzbehörde im Sinne des § 6 Absatz 2 ist, endet die Festsetzungsfrist nicht vor Ablauf von zwei Jahren nach dem Zeitpunkt, in dem die für den Folgebescheid zuständige Finanzbehörde Kenntnis von der Entscheidung über den Erlass des Grundlagenbescheids erlangt hat. [3] Die Sätze 1 und 2 gelten für einen Grundlagenbescheid, auf den § 181 nicht anzuwenden ist, nur, sofern dieser Grundlagenbescheid vor Ablauf der für den Folgebescheid geltenden Festsetzungsfrist bei der zuständigen Behörde beantragt worden ist. [4] Ist der Ablauf der Festsetzungsfrist hinsichtlich

---

[1] § 171 Abs. 5 Satz 1 neu gef. mWv 18.12.2019 durch G v. 12.12.2019 (BGBl. I S. 2451); zur Anwendung siehe Art. 97 § 1 Abs. 13 EGAO (Nr. **1.1**); Satz 1 geänd. mWv 29.12.2020 durch G v. 21.12.2020 (BGBl. I S. 3096).
[2] § 171 Abs. 10 Satz 2 eingef., bish. Satz 2 wird Satz 3 durch G v. 22.12.2014 (BGBl. I S. 2417); zur Anwendung siehe Art. 97 § 10 Abs. 12 EGAO (Nr. **1.1**); Sätze 1 und 2 neu gef., Satz 3 eingef., bish. Satz 3 wird Satz 4 durch G v. 18.7.2016 (BGBl. I S. 1679); zur Anwendung siehe Art. 97 § 10 Abs. 14 EGAO (Nr. **1.1**).

des Teils der Steuer, für den der Grundlagenbescheid nicht bindend ist, nach Absatz 4 gehemmt, endet die Festsetzungsfrist für den Teil der Steuer, für den der Grundlagenbescheid bindend ist, nicht vor Ablauf der nach Absatz 4 gehemmten Frist.

(10a)[1] Soweit Daten eines Steuerpflichtigen im Sinne des § 93c innerhalb von sieben Kalenderjahren nach dem Besteuerungszeitraum oder dem Besteuerungszeitpunkt den Finanzbehörden zugegangen sind, endet die Festsetzungsfrist nicht vor Ablauf von zwei Jahren nach Zugang dieser Daten.

(11) ¹Ist eine geschäftsunfähige oder in der Geschäftsfähigkeit beschränkte Person ohne gesetzlichen Vertreter, so endet die Festsetzungsfrist nicht vor Ablauf von sechs Monaten nach dem Zeitpunkt, in dem die Person unbeschränkt geschäftsfähig wird oder der Mangel der Vertretung aufhört. ²Dies gilt auch, soweit für eine Person ein Betreuer bestellt und ein Einwilligungsvorbehalt nach § 1903 des Bürgerlichen Gesetzbuchs angeordnet ist, der Betreuer jedoch verstorben oder auf andere Weise weggefallen oder aus rechtlichen Gründen an der Vertretung des Betreuten verhindert ist.

(12) Richtet sich die Steuer gegen einen Nachlass, so endet die Festsetzungsfrist nicht vor dem Ablauf von sechs Monaten nach dem Zeitpunkt, in dem die Erbschaft von dem Erben angenommen oder das Insolvenzverfahren über den Nachlass eröffnet wird oder von dem an die Steuer gegen einen Vertreter festgesetzt werden kann.

(13) Wird vor Ablauf der Festsetzungsfrist eine noch nicht festgesetzte Steuer im Insolvenzverfahren angemeldet, so läuft die Festsetzungsfrist insoweit nicht vor Ablauf von drei Monaten nach Beendigung des Insolvenzverfahrens ab.

(14) Die Festsetzungsfrist für einen Steueranspruch endet nicht, soweit ein damit zusammenhängender Erstattungsanspruch nach § 37 Abs. 2 noch nicht verjährt ist (§ 228).

(15)[2] Soweit ein Dritter Steuern für Rechnung des Steuerschuldners einzubehalten und abzuführen oder für Rechnung des Steuerschuldners zu entrichten hat, endet die Festsetzungsfrist gegenüber dem Steuerschuldner nicht vor Ablauf der gegenüber dem Steuerentrichtungspflichtigen geltenden Festsetzungsfrist.

III. Bestandskraft

§ 172 Aufhebung und Änderung von Steuerbescheiden. (1) ¹Ein Steuerbescheid darf, soweit er nicht vorläufig oder unter dem Vorbehalt der Nachprüfung ergangen ist, nur aufgehoben oder geändert werden,

1. wenn er Verbrauchsteuern betrifft,

2.[3] wenn er andere Steuern als Einfuhr- oder Ausfuhrabgaben nach Artikel 5 Nummer 20 und 21 des Zollkodex der Union oder Verbrauchsteuern betrifft,

---

[1] § 171 Abs. 10a eingef. mWv 1.1.2017 durch G v. 18.7.2016 (BGBl. I S. 1679); zur Anwendung siehe Art. 97 § 27 Abs. 2 EGAO (Nr. **1.1**).

[2] § 171 Abs. 15 angef. mWv 30.6.2013 durch G v. 26.6.2013 (BGBl. I S. 1809); zur Anwendung siehe Art. 97 § 10 Abs. 11 EGAO (Nr. **1.1**).

[3] § 172 Abs. 1 Satz 1 Nr. 2 einl. Satzteil geänd. mWv 1.5.2016 durch G v. 22.12.2014 (BGBl. I S. 2417).

a) soweit der Steuerpflichtige zustimmt oder seinem Antrag der Sache nach entsprochen wird; dies gilt jedoch zugunsten des Steuerpflichtigen nur, soweit er vor Ablauf der Einspruchsfrist zugestimmt oder den Antrag gestellt hat oder soweit die Finanzbehörde einem Einspruch oder einer Klage abhilft,

b) soweit er von einer sachlich unzuständigen Behörde erlassen worden ist,

c) soweit er durch unlautere Mittel wie arglistige Täuschung, Drohung oder Bestechung erwirkt worden ist,

d) soweit dies sonst gesetzlich zugelassen ist; die §§ 130 und 131 gelten nicht.

²Dies gilt auch dann, wenn der Steuerbescheid durch Einspruchsentscheidung bestätigt oder geändert worden ist. ³In den Fällen des Satzes 2 ist Satz 1 Nr. 2 Buchstabe a ebenfalls anzuwenden, wenn der Steuerpflichtige vor Ablauf der Klagefrist zugestimmt oder den Antrag gestellt hat; Erklärungen und Beweismittel, die nach § 364b Abs. 2 in der Einspruchsentscheidung nicht berücksichtigt wurden, dürfen hierbei nicht berücksichtigt werden.

(2) Absatz 1 gilt auch für einen Verwaltungsakt, durch den ein Antrag auf Erlass, Aufhebung oder Änderung eines Steuerbescheids ganz oder teilweise abgelehnt wird.

(3)¹⁾ ¹Anhängige, außerhalb eines Einspruchs- oder Klageverfahrens gestellte Anträge auf Aufhebung oder Änderung einer Steuerfestsetzung, die eine vom Gerichtshof der Europäischen Union, vom Bundesverfassungsgericht oder vom Bundesfinanzhof entschiedene Rechtsfrage betreffen und denen nach dem Ausgang des Verfahrens vor diesen Gerichten nicht entsprochen werden kann, können durch Allgemeinverfügung insoweit zurückgewiesen werden. ²§ 367 Abs. 2b Satz 2 bis 6 gilt entsprechend.

§ 173 Aufhebung oder Änderung von Steuerbescheiden wegen neuer Tatsachen oder Beweismittel. (1) Steuerbescheide sind aufzuheben oder zu ändern,

1. soweit Tatsachen oder Beweismittel nachträglich bekannt werden, die zu einer höheren Steuer führen,

2. soweit Tatsachen oder Beweismittel nachträglich bekannt werden, die zu einer niedrigeren Steuer führen und den Steuerpflichtigen kein grobes Verschulden daran trifft, dass die Tatsachen oder Beweismittel erst nachträglich bekannt werden. ²Das Verschulden ist unbeachtlich, wenn die Tatsachen oder Beweismittel in einem unmittelbaren oder mittelbaren Zusammenhang mit Tatsachen oder Beweismitteln im Sinne der Nummer 1 stehen.

(2) ¹Abweichend von Absatz 1 können Steuerbescheide, soweit sie auf Grund einer Außenprüfung ergangen sind, nur aufgehoben oder geändert werden, wenn eine Steuerhinterziehung oder eine leichtfertige Steuerverkürzung vorliegt. ²Dies gilt auch in den Fällen, in denen eine Mitteilung nach § 202 Abs. 1 Satz 3 ergangen ist.

---

¹⁾ § 172 Abs. 3 angef. durch G v. 13.12.2006 (BGBl. S. 2878); zur Anwendung siehe Art. 97 § 18a Abs. 12 EGAO (Nr. **1.1**); Satz 1 geänd. mWv 30.6.2013 durch G v. 26.6.2013 (BGBl. I S. 1809).

§ 173a[1] **Schreib- oder Rechenfehler bei Erstellung einer Steuererklärung.** Steuerbescheide sind aufzuheben oder zu ändern, soweit dem Steuerpflichtigen bei Erstellung seiner Steuererklärung Schreib- oder Rechenfehler unterlaufen sind und er deshalb der Finanzbehörde bestimmte, nach den Verhältnissen zum Zeitpunkt des Erlasses des Steuerbescheids rechtserhebliche Tatsachen unzutreffend mitgeteilt hat.

§ 174 Widerstreitende Steuerfestsetzungen. (1) [1]Ist ein bestimmter Sachverhalt in mehreren Steuerbescheiden zuungunsten eines oder mehrerer Steuerpflichtiger berücksichtigt worden, obwohl er nur einmal hätte berücksichtigt werden dürfen, so ist der fehlerhafte Steuerbescheid auf Antrag aufzuheben oder zu ändern. [2]Ist die Festsetzungsfrist für diese Steuerfestsetzung bereits abgelaufen, so kann der Antrag noch bis zum Ablauf eines Jahres gestellt werden, nachdem der letzte der betroffenen Steuerbescheide unanfechtbar geworden ist. [3]Wird der Antrag rechtzeitig gestellt, steht der Aufhebung oder Änderung des Steuerbescheids insoweit keine Frist entgegen.

(2) [1]Absatz 1 gilt sinngemäß, wenn ein bestimmter Sachverhalt in unvereinbarer Weise mehrfach zugunsten eines oder mehrerer Steuerpflichtiger berücksichtigt worden ist; ein Antrag ist nicht erforderlich. [2]Der fehlerhafte Steuerbescheid darf jedoch nur dann geändert werden, wenn die Berücksichtigung des Sachverhalts auf einen Antrag oder eine Erklärung des Steuerpflichtigen zurückzuführen ist.

(3) [1]Ist ein bestimmter Sachverhalt in einem Steuerbescheid erkennbar in der Annahme nicht berücksichtigt worden, dass er in einem anderen Steuerbescheid zu berücksichtigen sei, und stellt sich diese Annahme als unrichtig heraus, so kann die Steuerfestsetzung, bei der die Berücksichtigung des Sachverhalts unterblieben ist, insoweit nachgeholt, aufgehoben oder geändert werden. [2]Die Nachholung, Aufhebung oder Änderung ist nur zulässig bis zum Ablauf der für die andere Steuerfestsetzung geltenden Festsetzungsfrist.

(4) [1]Ist auf Grund irriger Beurteilung eines bestimmten Sachverhalts ein Steuerbescheid ergangen, der auf Grund eines Rechtsbehelfs oder sonst auf Antrag des Steuerpflichtigen durch die Finanzbehörde zu seinen Gunsten aufgehoben oder geändert wird, so können aus dem Sachverhalt nachträglich durch Erlass oder Änderung eines Steuerbescheids die richtigen steuerlichen Folgerungen gezogen werden. [2]Dies gilt auch dann, wenn der Steuerbescheid durch das Gericht aufgehoben oder geändert wird. [3]Der Ablauf der Festsetzungsfrist ist unbeachtlich, wenn die steuerlichen Folgerungen innerhalb eines Jahres nach Aufhebung oder Änderung des fehlerhaften Steuerbescheids gezogen werden. [4]War die Festsetzungsfrist bereits abgelaufen, als der später aufgehobene oder geänderte Steuerbescheid erlassen wurde, gilt dies nur unter den Voraussetzungen des Absatzes 3 Satz 1.

(5) [1]Gegenüber Dritten gilt Absatz 4, wenn sie an dem Verfahren, das zur Aufhebung oder Änderung des fehlerhaften Steuerbescheids geführt hat, beteiligt waren. [2]Ihre Hinzuziehung oder Beiladung zu diesem Verfahren ist zulässig.

---

[1] § 173a eingef. mWv 1.1.2017 durch G v. 18.7.2016 (BGBl. I S. 1679); zur Anwendung siehe Art. 97 § 9 Abs. 4 EGAO (Nr. **1.1**).

§ 175[1]) Änderung von Steuerbescheiden auf Grund von Grundlagenbescheiden und bei rückwirkenden Ereignissen. (1) [1]Ein Steuerbescheid ist zu erlassen, aufzuheben oder zu ändern,

1. soweit ein Grundlagenbescheid (§ 171 Abs. 10), dem Bindungswirkung für diesen Steuerbescheid zukommt, erlassen, aufgehoben oder geändert wird,

2.[2]) soweit ein Ereignis eintritt, das steuerliche Wirkung für die Vergangenheit hat (rückwirkendes Ereignis).

[2]In den Fällen des Satzes 1 Nr. 2 beginnt die Festsetzungsfrist mit Ablauf des Kalenderjahrs, in dem das Ereignis eintritt.

(2)[3]) [1]Als rückwirkendes Ereignis gilt auch der Wegfall einer Voraussetzung für eine Steuervergünstigung, wenn gesetzlich bestimmt ist, dass diese Voraussetzung für eine bestimmte Zeit gegeben sein muss, oder wenn durch Verwaltungsakt festgestellt worden ist, dass sie die Grundlage für die Gewährung der Steuervergünstigung bildet. [2]Die nachträgliche Erteilung oder Vorlage einer Bescheinigung oder Bestätigung gilt nicht als rückwirkendes Ereignis.

§ 175a Umsetzung von Verständigungsvereinbarungen. [1]Ein Steuerbescheid ist zu erlassen, aufzuheben oder zu ändern, soweit dies zur Umsetzung einer Verständigungsvereinbarung oder eines Schiedsspruchs nach einem Vertrag im Sinne des § 2 geboten ist. [2]Die Festsetzungsfrist endet insoweit nicht vor Ablauf eines Jahres nach dem Wirksamwerden der Verständigungsvereinbarung oder des Schiedsspruchs.

§ 175b[4]) Änderung von Steuerbescheiden bei Datenübermittlung durch Dritte. (1) Ein Steuerbescheid ist aufzuheben oder zu ändern, soweit von der mitteilungspflichtigen Stelle an die Finanzbehörden übermittelte Daten im Sinne des § 93c bei der Steuerfestsetzung nicht oder nicht zutreffend berücksichtigt wurden.

(2) Gelten Daten, die von mitteilungspflichtigen Stellen nach Maßgabe des § 93c an die Finanzverwaltung übermittelt wurden, nach § 150 Absatz 7 Satz 2 als Angaben des Steuerpflichtigen, ist der Steuerbescheid aufzuheben oder zu ändern, soweit diese Daten zu Ungunsten des Steuerpflichtigen unrichtig sind.

(3) Ist eine Einwilligung des Steuerpflichtigen in die Übermittlung von Daten im Sinne des § 93c an die Finanzbehörden Voraussetzung für die steuerliche Berücksichtigung der Daten, so ist ein Steuerbescheid aufzuheben oder zu ändern, soweit die Einwilligung nicht vorliegt.

(4)[5]) Die Absätze 1 und 2 gelten nicht, wenn nachträglich übermittelte Daten im Sinne des § 93c Absatz 1 oder 3 nicht rechtserheblich sind.

§ 176 Vertrauensschutz bei der Aufhebung und Änderung von Steuerbescheiden. (1) [1]Bei der Aufhebung oder Änderung eines Steuerbescheids darf nicht zuungunsten des Steuerpflichtigen berücksichtigt werden, dass

---

[1]) § 175 Überschrift neu gef. mWv 1.1.2017 durch G v. 18.7.2016 (BGBl. I S. 1679).
[2]) Zur Anwendung siehe Art. 97 § 9 Abs. 5 EGAO (Nr. **1.1**).
[3]) § 175 Abs. 2 Satz 2 angef. durch G v. 9.12.2004 (BGBl. I S. 3310); zur erstmaligen Anwendung siehe Art. 97 § 9 Abs. 3 EGAO (Nr. **1.1**).
[4]) § 175b eingef. mWv 1.1.2017 durch G v. 18.7.2016 (BGBl. I S. 1679); zur Anwendung siehe Art. 97 § 27 Abs. 2 EGAO (Nr. **1.1**).
[5]) § 175b Abs. 4 angef. mWv 25.6.2017 durch G v. 23.6.2017 (BGBl. I S. 1682); zur Anwendung siehe Art. 97 § 27 Abs. 3 EGAO (Nr. **1.1**).

1. das Bundesverfassungsgericht die Nichtigkeit eines Gesetzes feststellt, auf dem die bisherige Steuerfestsetzung beruht,
2. ein oberster Gerichtshof des Bundes eine Norm, auf der die bisherige Steuerfestsetzung beruht, nicht anwendet, weil er sie für verfassungswidrig hält,
3. sich die Rechtsprechung eines obersten Gerichtshofes des Bundes geändert hat, die bei der bisherigen Steuerfestsetzung von der Finanzbehörde angewandt worden ist.

[2] Ist die bisherige Rechtsprechung bereits in einer Steuererklärung oder einer Steueranmeldung berücksichtigt worden, ohne dass das für die Finanzbehörde erkennbar war, so gilt Nummer 3 nur, wenn anzunehmen ist, dass die Finanzbehörde bei Kenntnis der Umstände die bisherige Rechtsprechung angewandt hätte.

(2) Bei der Aufhebung oder Änderung eines Steuerbescheids darf nicht zuungunsten des Steuerpflichtigen berücksichtigt werden, dass eine allgemeine Verwaltungsvorschrift der Bundesregierung, einer obersten Bundes- oder Landesbehörde von einem obersten Gerichtshof des Bundes als nicht mit dem geltenden Recht in Einklang stehend bezeichnet worden ist.

§ 177 Berichtigung von materiellen Fehlern.

(1) Liegen die Voraussetzungen für die Aufhebung oder Änderung eines Steuerbescheids zuungunsten des Steuerpflichtigen vor, so sind, soweit die Änderung reicht, zugunsten und zuungunsten des Steuerpflichtigen solche materiellen Fehler zu berichtigen, die nicht Anlass der Aufhebung oder Änderung sind.

(2) Liegen die Voraussetzungen für die Aufhebung oder Änderung eines Steuerbescheids zugunsten des Steuerpflichtigen vor, so sind, soweit die Änderung reicht, zuungunsten und zugunsten des Steuerpflichtigen solche materiellen Fehler zu berichtigen, die nicht Anlass der Aufhebung oder Änderung sind.

(3) Materielle Fehler im Sinne der Absätze 1 und 2 sind alle Fehler einschließlich offenbarer Unrichtigkeiten im Sinne des § 129, die zur Festsetzung einer Steuer führen, die von der kraft Gesetzes entstandenen Steuer abweicht.

(4) § 164 Abs. 2, § 165 Abs. 2 und § 176 bleiben unberührt.

IV. Kosten

§ 178 Kosten bei besonderer Inanspruchnahme der Zollbehörden.

(1) Die Behörden der Bundeszollverwaltung sowie die Behörden, denen die Wahrnehmung von Aufgaben der Bundeszollverwaltung übertragen worden ist, können für eine besondere Inanspruchnahme oder Leistung (kostenpflichtige Amtshandlung) Gebühren erheben und die Erstattung von Auslagen verlangen.

(2) Eine besondere Inanspruchnahme oder Leistung im Sinne des Absatzes 1 liegt insbesondere vor bei

1. Amtshandlungen außerhalb des Amtsplatzes und außerhalb der Öffnungszeiten, soweit es sich nicht um Maßnahmen der Steueraufsicht handelt,
2. Amtshandlungen, die zu einer Diensterschwernis führen, weil sie antragsgemäß zu einer bestimmten Zeit vorgenommen werden sollen,

3. Untersuchungen von Waren, wenn

a) sie durch einen Antrag auf Erteilung einer verbindlichen Zolltarifauskunft, Gewährung einer Steuervergütung oder sonstigen Vergünstigungen veranlasst sind oder

b) bei Untersuchungen von Amts wegen Angaben oder Einwendungen des Verfügungsberechtigten sich als unrichtig oder unbegründet erweisen oder

c) die untersuchten Waren den an sie gestellten Anforderungen nicht entsprechen,

4. Überwachungsmaßnahmen in Betrieben und bei Betriebsvorgängen, wenn sie durch Zuwiderhandlungen gegen die zur Sicherung des Steueraufkommens erlassenen Rechtsvorschriften veranlasst sind,

5. amtlichen Bewachungen und Begleitungen von Beförderungsmitteln oder Waren,

6.[1] Verwahrung von Nichtgemeinschaftswaren,

7.[2] Fertigung von Schriftstücken, elektronischen Dokumenten, Abschriften und Ablichtungen sowie bei der elektronischen Übersendung oder dem Ausdruck von elektronischen Dokumenten und anderen Dateien, wenn diese Arbeiten auf Antrag erfolgen,

8.[3] Vernichtung oder Zerstörung von Waren, die von Amts wegen oder auf Antrag vorgenommen wird.

(3) Das Bundesministerium der Finanzen wird ermächtigt, durch Rechtsverordnung, die der Zustimmung des Bundesrates nicht bedarf, die kostenpflichtigen Amtshandlungen näher festzulegen, die für sie zu erhebenden Kosten nach dem auf sie entfallenden durchschnittlichen Verwaltungsaufwand zu bemessen und zu pauschalieren sowie die Voraussetzungen zu bestimmen, unter denen von ihrer Erhebung wegen Geringfügigkeit, zur Vermeidung von Härten oder aus ähnlichen Gründen ganz oder teilweise abgesehen werden kann.

(4)[4] ¹Auf die Festsetzung der Kosten sind die für Verbrauchssteuern geltenden Vorschriften entsprechend anzuwenden. ²Im Übrigen gilt für diese Kosten das Verwaltungskostengesetz in der bis zum 14. August 2013 geltenden Fassung. ³Die §§ 18 bis 22 des Verwaltungskostengesetzes in der bis zum 14. August 2013 geltenden Fassung finden keine Anwendung.

§ 178a[5] Kosten bei besonderer Inanspruchnahme der Finanzbehörden. (1) ¹Das Bundeszentralamt für Steuern erhebt für die Bearbeitung eines Antrags auf Durchführung eines Verständigungsverfahrens nach einem Vertrag im Sinne des § 2 zur einvernehmlichen Besteuerung von noch nicht verwirklichten Geschäften eines Steuerpflichtigen mit nahe stehenden Personen im Sinne des § 1 des Außensteuergesetzes[6] oder zur zukünftigen einvernehmlichen Gewinnaufteilung zwischen einem inländischen Unternehmen und seiner ausländischen Betriebsstätte oder zur zukünftigen einvernehmlichen Gewinnermittlung einer inländischen Betriebsstätte eines ausländischen Unternehmens

---

[1] § 178 Abs. 2 Nr. 6 neu gef. durch G v. 15.12.2003 (BGBl. I S. 2645).
[2] § 178 Abs. 2 Nr. 7 neu gef. mWv 31.12.2014 durch G v. 22.12.2014 (BGBl. I S. 2417).
[3] § 178 Abs. 2 Nr. 8 angef. durch G v. 15.12.2003 (BGBl. I S. 2645).
[4] § 178 Abs. 4 neu gef. mWv 15.8.2013 durch G v. 7.8.2013 (BGBl. I S. 3154).
[5] § 178a eingef. durch G v. 13.12.2006 (BGBl. I S. 2878).
[6] dtv 5765 **Steuergesetze Nr. 2.**

(Vorabverständigungsverfahren) Gebühren, die vor Eröffnung des Vorabverständigungsverfahrens durch das Bundeszentralamt für Steuern festzusetzen sind. [2]Diese Eröffnung geschieht durch die Versendung des ersten Schriftsatzes an den anderen Staat. [3]Hat ein Antrag Vorabverständigungsverfahren mit mehreren Staaten zum Ziel, ist für jedes Verfahren eine Gebühr festzusetzen und zu entrichten. [4]Das Vorabverständigungsverfahren wird erst eröffnet, wenn die Gebührenfestsetzung unanfechtbar geworden und die Gebühr entrichtet ist; wird ein Herabsetzungsantrag nach Absatz 4 gestellt, muss auch darüber unanfechtbar entschieden sein.

(2) [1]Die Gebühr beträgt 20 000 Euro (Grundgebühr) für jeden Antrag im Sinne des Absatzes 1; der Antrag eines Organträgers im Sinne des § 14 Abs. 1 des Körperschaftsteuergesetzes[1]), der entsprechende Geschäfte seiner Organgesellschaften mit umfasst, gilt als ein Antrag. [2]Stellt der Antragsteller einer bereits abgeschlossenen Verständigungsvereinbarung einen Antrag auf Verlängerung der Geltungsdauer, beträgt die Gebühr 15 000 Euro (Verlängerungsgebühr). [3]Ändert der Antragsteller seinen Antrag vor der Entscheidung über den ursprünglichen Antrag oder stellt er während der Laufzeit der Verständigungsvereinbarung einen Antrag auf Änderung der Verständigungsvereinbarung, wird eine zusätzliche Gebühr von 10 000 Euro für jeden Änderungsantrag erhoben (Änderungsgebühr); dies gilt nicht, wenn die Änderung vom Bundeszentralamt für Steuern oder vom anderen Staat veranlasst worden ist.

(3) Sofern die Summe der von dem Vorabverständigungsverfahren erfassten Geschäftsvorfälle die Beträge des § 6 Abs. 2 Satz 1 der Gewinnabgrenzungsaufzeichnungsverordnung vom 13. November 2003 (BGBl. I S. 2296) voraussichtlich nicht überschreitet, beträgt die Grundgebühr 10 000 Euro, die Verlängerungsgebühr 7 500 Euro und die Änderungsgebühr 5 000 Euro.

(4) [1]Das Bundeszentralamt für Steuern kann die Gebühr nach Absatz 2 oder 3 auf Antrag herabsetzen, wenn deren Entrichtung für den Steuerpflichtigen eine unbillige Härte bedeutet und das Bundeszentralamt für Steuern ein besonderes Interesse der Finanzbehörden an der Durchführung des Vorabverständigungsverfahrens feststellt. [2]Der Antrag ist vor Eröffnung des Vorabverständigungsverfahrens zu stellen; ein später gestellter Antrag ist unzulässig.

(5) Im Fall der Rücknahme oder Ablehnung des Antrags, oder wenn das Vorabverständigungsverfahren scheitert, wird die unanfechtbar festgesetzte Gebühr nicht erstattet.

2. Unterabschnitt. Gesonderte Feststellung von Besteuerungsgrundlagen, Festsetzung von Steuermessbeträgen

I. Gesonderte Feststellungen

§ 179 Feststellung von Besteuerungsgrundlagen. (1) Abweichend von § 157 Abs. 2 werden die Besteuerungsgrundlagen durch Feststellungsbescheid gesondert festgestellt, soweit dies in diesem Gesetz oder sonst in den Steuergesetzen bestimmt ist.

(2) [1]Ein Feststellungsbescheid richtet sich gegen den Steuerpflichtigen, dem der Gegenstand der Feststellung bei der Besteuerung zuzurechnen ist. [2]Die gesonderte Feststellung wird gegenüber mehreren Beteiligten einheitlich vorgenommen, wenn dies gesetzlich bestimmt ist oder der Gegenstand der Fest-

---

[1]) dtv 5786 KSt/GewSt Nr. 1.

stellung mehreren Personen zuzurechnen ist. [3] Ist eine dieser Personen an dem Gegenstand der Feststellung nur über eine andere Person beteiligt, so kann insoweit eine besondere gesonderte Feststellung vorgenommen werden.

(3) Soweit in einem Feststellungsbescheid eine notwendige Feststellung unterblieben ist, ist sie in einem Ergänzungsbescheid nachzuholen.

§ 180 Gesonderte Feststellung von Besteuerungsgrundlagen.

(1)[1)] [1] Gesondert festgestellt werden insbesondere:

1.[2)] *die Einheitswerte* [*ab 1.1.2022:* die Einheitswerte und die Grundsteuerwerte] [*ab 1.1.2025:* die Grundsteuerwerte] nach Maßgabe des Bewertungsgesetzes[3)],

2. a) die einkommensteuerpflichtigen und körperschaftsteuerpflichtigen Einkünfte und mit ihnen im Zusammenhang stehende andere Besteuerungsgrundlagen, wenn an den Einkünften mehrere Personen beteiligt sind und die Einkünfte diesen Personen steuerlich zuzurechnen sind,

   b) in anderen als den in Buchstabe a genannten Fällen die Einkünfte aus Land- und Forstwirtschaft, Gewerbebetrieb oder einer freiberuflichen Tätigkeit, wenn nach den Verhältnissen zum Schluss des Gewinnermittlungszeitraums das für die gesonderte Feststellung zuständige Finanzamt nicht auch für die Steuern vom Einkommen zuständig ist,

3. der Wert der vermögensteuerpflichtigen Wirtschaftsgüter *(§§ 114 bis 117a des Bewertungsgesetzes)*[4)] und der Wert der Schulden und sonstigen Abzüge *(§ 118 des Bewertungsgesetzes)*[4)], wenn die Wirtschaftsgüter, Schulden und sonstigen Abzüge mehreren Personen zuzurechnen sind und die Feststellungen für die Besteuerung von Bedeutung sind.

[2] Wenn sich in den Fällen von Satz 1 Nummer 2 Buchstabe b die für die örtliche Zuständigkeit maßgeblichen Verhältnisse nach Schluss des Gewinnermittlungszeitraums geändert haben, so richtet sich die örtliche Zuständigkeit auch für Feststellungszeiträume, die vor der Änderung der maßgeblichen Verhältnisse liegen, nach § 18 Absatz 1 Nummer 1 bis 3 in Verbindung mit § 26.

(2) [1] Zur Sicherstellung einer einheitlichen Rechtsanwendung bei gleichen Sachverhalten und zur Erleichterung des Besteuerungsverfahrens kann das Bundesministerium der Finanzen durch Rechtsverordnung[5)] mit Zustimmung des Bundesrates bestimmen, dass in anderen als den in Absatz 1 genannten Fällen Besteuerungsgrundlagen gesondert und für mehrere Personen einheitlich festgestellt werden. [2] Dabei können insbesondere geregelt werden

1. der Gegenstand und der Umfang der gesonderten Feststellung,

2. die Voraussetzungen für das Feststellungsverfahren,

3. die örtliche Zuständigkeit der Finanzbehörden,

[1)] § 180 Abs. 1 Satz 2 angef. durch G v. 22.12.2014 (BGBl. I S. 2417); zur Anwendung siehe Art. 97 § 10b Satz 2 EGAO (Nr. **1.1**).

[2)] § 180 Abs. 1 Satz 1 Nr. 1 geänd. **mWv 1.1.2022** und **mWv 1.1.2025** durch G v. 26.11.2019 (BGBl. I S. 1794); zur Anwendung siehe Art. 97 § 10b Satz 3 EGAO (Nr. **1.1**).

[3)] **dtv 5547 ErbSt/BewG/GrSt Nr. 1.**

[4)] §§ 114–117a, 118 BewG aufgeh. durch G v. 20.12.1996 (BGBl. I S. 2049) und v. 29.10.1997 (BGBl. I S. 2590).

[5)] Siehe VO über die gesonderte Feststellung von Besteuerungsgrundlagen nach § 180 Abs. 2 AO.

4. die Bestimmung der am Feststellungsverfahren beteiligten Personen (Verfahrensbeteiligte) und der Umfang ihrer steuerlichen Pflichten und Rechte einschließlich der Vertretung Beteiligter durch andere Beteiligte,

5. die Bekanntgabe von Verwaltungsakten an die Verfahrensbeteiligten und Empfangsbevollmächtigte,

6. die Zulässigkeit, der Umfang und die Durchführung von Außenprüfungen zur Ermittlung der Besteuerungsgrundlagen.

³Durch Rechtsverordnung kann das Bundesministerium der Finanzen mit Zustimmung des Bundesrates bestimmen, dass Besteuerungsgrundlagen, die sich erst später auswirken, zur Sicherung der späteren zutreffenden Besteuerung gesondert und für mehrere Personen einheitlich festgestellt werden; Satz 2 gilt entsprechend. ⁴Die Rechtsverordnungen bedürfen nicht der Zustimmung des Bundesrates, soweit sie Einfuhr- und Ausfuhrabgaben und Verbrauchsteuern, mit Ausnahme der Biersteuer, betreffen.

(3)¹⁾ ¹Absatz 1 Satz 1 Nummer 2 Buchstabe a gilt nicht, wenn

1. nur eine der an den Einkünften beteiligten Personen mit ihren Einkünften im Geltungsbereich dieses Gesetzes einkommensteuerpflichtig oder körperschaftsteuerpflichtig ist oder

2. es sich um einen Fall von geringer Bedeutung handelt, insbesondere weil die Höhe des festgestellten Betrags und die Aufteilung feststehen; dies gilt sinngemäß auch für die Fälle des Absatzes 1 Satz 1 Nummer 2 Buchstabe b und Nummer 3.

²Das nach § 18 Absatz 1 Nummer 4 zuständige Finanzamt kann durch Bescheid feststellen, dass eine gesonderte Feststellung nicht durchzuführen ist. ³Der Bescheid gilt als Steuerbescheid.

(4)¹⁾ Absatz 1 Satz 1 Nummer 2 Buchstabe a gilt ferner nicht für Arbeitsgemeinschaften, deren alleiniger Zweck in der Erfüllung eines einzigen Werkvertrages oder Werklieferungsvertrages besteht.

(5)¹⁾ Absatz 1 Satz 1 Nummer 2 sowie die Absätze 2 und 3 sind entsprechend anzuwenden, soweit

1. die nach einem Abkommen zur Vermeidung der Doppelbesteuerung von der Bemessungsgrundlage ausgenommenen Einkünfte bei der Festsetzung der Steuern der beteiligten Personen von Bedeutung sind oder

2. Steuerabzugsbeträge und Körperschaftsteuer auf die festgesetzte Steuer anzurechnen sind.

§ 181 Verfahrensvorschriften für die gesonderte Feststellung, Feststellungsfrist, Erklärungspflicht. (1)²⁾ ¹Für die gesonderte Feststellung gelten die Vorschriften über die Durchführung der Besteuerung sinngemäß. ²Steuererklärung im Sinne des § 170 Absatz 2 Satz 1 Nummer 1 ist die Erklärung zur gesonderten Feststellung. ³Wird eine Erklärung zur gesonderten Feststellung nach § 180 Absatz 2 ohne Aufforderung durch die Finanzbehörde abgegeben, gilt § 170 Absatz 3 sinngemäß.

---

¹⁾ § 180 Abs. 3 bis 5 neu gef. mWv 1.1.2017 durch G v. 18.7.2016 (BGBl. I S. 1679).
²⁾ § 181 Abs. 1 neu gef. mWv 1.1.2017 durch G v. 18.7.2016 (BGBl. I S. 1679).

(2)[1] [1]Eine Erklärung zur gesonderten Feststellung hat derjenige abzugeben, dem der Gegenstand der Feststellung ganz oder teilweise zuzurechnen ist. [2]Erklärungspflichtig sind insbesondere

1. in den Fällen des § 180 Absatz 1 Satz 1 Nummer 2 Buchstabe a jeder Feststellungsbeteiligte, dem ein Anteil an den einkommensteuerpflichtigen oder körperschaftsteuerpflichtigen Einkünften zuzurechnen ist;

2. in den Fällen des § 180 Absatz 1 Satz 1 Nummer 2 Buchstabe b der Unternehmer;

3. in den Fällen des § 180 Absatz 1 Satz 1 Nummer 3 jeder Feststellungsbeteiligte, dem ein Anteil an den Wirtschaftsgütern, Schulden oder sonstigen Abzügen zuzurechnen ist;

4. in den Fällen des § 180 Absatz 1 Satz 1 Nummer 2 Buchstabe a und Nummer 3 auch die in § 34 bezeichneten Personen.

[3]Hat ein Erklärungspflichtiger eine Erklärung zur gesonderten Feststellung abgegeben, sind andere Beteiligte insoweit von der Erklärungspflicht befreit.

(2a)[2] [1]Die Erklärung zur gesonderten Feststellung nach § 180 Absatz 1 Satz 1 Nummer 2 ist nach amtlich vorgeschriebenem Datensatz durch Datenfernübertragung zu übermitteln. [2]Auf Antrag kann die Finanzbehörde zur Vermeidung unbilliger Härten auf eine elektronische Übermittlung verzichten; in diesem Fall ist die Erklärung zur gesonderten Feststellung nach amtlich vorgeschriebenem Vordruck abzugeben und vom Erklärungspflichtigen eigenhändig zu unterschreiben.

[Fassung bis 31.12.2024:[3]]

(3) [1]Die Frist für die gesonderte Feststellung von Einheitswerten [*ab 1.1.2022:* oder von Grundsteuerwerten] (Feststellungsfrist) beginnt mit Ablauf des *Kalenderjahrs* [*ab 1.1.2022:* Kalenderjahres], auf dessen Beginn die Hauptfeststellung, die Fortschreibung, die Nachfeststellung oder die Aufhebung eines Einheitswerts [*ab 1.1.2022:* oder eines Grundsteuerwerts] vorzunehmen ist. [2]Ist eine Erklärung zur gesonderten Feststellung des Einheitswerts [*ab 1.1.2022:* oder des Grundsteuerwerts] abzugeben, beginnt die Feststellungsfrist mit Ablauf des *Kalenderjahrs* [*ab 1.1.2022:* Kalenderjahres], in dem die Erklärung eingereicht wird, spätestens jedoch mit Ablauf des dritten *Kalenderjahrs* [*ab 1.1.2022:* Kalenderjahres], das auf

[Fassung ab 1.1.2025:[4]]

(3) [1]Die Frist für die gesonderte Feststellung von Grundsteuerwerten (Feststellungsfrist) beginnt mit Ablauf des Kalenderjahres, auf dessen Beginn die Hauptfeststellung, die Fortschreibung, die Nachfeststellung oder die Aufhebung eines Grundsteuerwerts vorzunehmen ist. [2]Ist eine Erklärung zur gesonderten Feststellung des Grundsteuerwerts abzugeben, beginnt die Feststellungsfrist mit Ablauf des Kalenderjahres, in dem die Erklärung eingereicht wird, spätestens jedoch mit Ablauf des dritten Kalenderjahres, das auf das Kalenderjahr folgt, auf dessen Beginn die Grundsteuerwertfeststellung vorzunehmen oder aufzuheben ist.

---

[1] § 181 Abs. 2 neu gef. mWv 1.1.2017 durch G v. 18.7.2016 (BGBl. I S. 1679).
[2] § 181 Abs. 2a neu gef. mWv 1.1.2017 durch G v. 18.7.2016 (BGBl. I S. 1679).
[3] § 181 Abs. 3 Sätze 1 und 2 neu gef. **mWv 1.1.2022** durch G v. 26.11.2019 (BGBl. I S. 1794).
[4] § 181 Abs. 3 Sätze 1 und 2 neu gef. **mWv 1.1.2025** durch G v. 26.11.2019 (BGBl. I S. 1794); zur Anwendung siehe **wohl** Art. 97 § 10b Satz 3 EGAO (Nr. **1.1**).

[Fassung bis 31.12.2024:]   *[Fassung ab 1.1.2025:]*

das Kalenderjahr folgt, auf dessen Beginn die Einheitswertfeststellung [*ab 1.1.2022:* oder die Grundsteuerwertfeststellung] vorzunehmen oder aufzuheben ist.

[3] Wird der Beginn der Feststellungsfrist nach Satz 2 hinausgeschoben, wird der Beginn der Feststellungsfrist für die weiteren Feststellungszeitpunkte des Hauptfeststellungszeitraums jeweils um die gleiche Zeit hinausgeschoben.

(4)[1] In den Fällen des Absatzes 3 beginnt die Feststellungsfrist nicht vor Ablauf des Kalenderjahrs, auf dessen Beginn *der Einheitswert* [*ab 1.1.2022:* der Einheitswert oder der Grundsteuerwert] [*ab 1.1.2025:* der Grundsteuerwert] erstmals steuerlich anzuwenden ist.

(5) [1] Eine gesonderte Feststellung kann auch nach Ablauf der für sie geltenden Feststellungsfrist insoweit erfolgen, als die gesonderte Feststellung für eine Steuerfestsetzung von Bedeutung ist, für die die Festsetzungsfrist im Zeitpunkt der gesonderten Feststellung noch nicht abgelaufen ist; hierbei bleibt § 171 Abs. 10 außer Betracht. [2] Hierauf ist im Feststellungsbescheid hinzuweisen. [3] § 169 Abs. 1 Satz 3 gilt sinngemäß.

§ 182[2] **Wirkungen der gesonderten Feststellung.** (1) [1] Feststellungsbescheide sind, auch wenn sie noch nicht unanfechtbar sind, für andere Feststellungsbescheide, für Steuermessbescheide, für Steuerbescheide und für Steueranmeldungen (Folgebescheide) bindend, soweit die in den Feststellungsbescheiden getroffenen Feststellungen für diese Folgebescheide von Bedeutung sind. [2] Dies gilt entsprechend bei Feststellungen nach § 180 Absatz 5 Nummer 2 für Verwaltungsakte, die die Verwirklichung der Ansprüche aus dem Steuerschuldverhältnis betreffen. [3] Wird ein Feststellungsbescheid nach § 180 Absatz 5 Nummer 2 erlassen, aufgehoben oder geändert, ist ein Verwaltungsakt, für den dieser Feststellungsbescheid Bindungswirkung entfaltet, in entsprechender Anwendung des § 175 Absatz 1 Satz 1 Nummer 1 zu korrigieren.

(2)[3] [1] Ein Feststellungsbescheid über *einen Einheitswert* [*ab 1.1.2022:* einen Einheitswert oder einen Grundsteuerwert] [*ab 1.1.2025:* einen Grundsteuerwert] nach § 180 Absatz 1 Satz 1 Nummer 1 wirkt auch gegenüber dem Rechtsnachfolger, auf den der Gegenstand der Feststellung nach dem Feststellungszeitpunkt mit steuerlicher Wirkung übergeht. [2] Tritt die Rechtsnachfolge jedoch ein, bevor der Feststellungsbescheid ergangen ist, so wirkt er gegen den Rechtsnachfolger nur dann, wenn er ihm bekannt gegeben wird. [3] Die Sätze 1 und 2 gelten für gesonderte sowie gesonderte und einheitliche Feststellungen von Besteuerungsgrundlagen, die sich erst später auswirken, nach der Verordnung über die gesonderte Feststellung von Besteuerungsgrundlagen nach § 180 Abs. 2 der Abgabenordnung entsprechend.

---

[1] § 181 Abs. 4 geänd. **mWv 1.1.2022** und **mWv 1.1.2025** durch G v. 26.11.2019 (BGBl. I S. 1794); zur Anwendung siehe Art. 97 § 10b Satz 3 EGAO (Nr. **1.1**).
[2] § 182 neu gef. mWv 1.1.2017 durch G v. 18.7.2016 (BGBl. I S. 1679).
[3] § 182 Abs. 2 Satz 1 geänd. **mWv 1.1.2022** und **mWv 1.1.2025** durch G v. 26.11.2019 (BGBl. I S. 1794); zur Anwendung siehe Art. 97 § 10b Satz 3 EGAO (Nr. **1.1**).

(3) Erfolgt eine gesonderte Feststellung gegenüber mehreren Beteiligten nach § 179 Absatz 2 Satz 2 einheitlich und ist ein Beteiligter im Feststellungsbescheid unrichtig bezeichnet worden, weil Rechtsnachfolge eingetreten ist, kann dies durch besonderen Bescheid gegenüber dem Rechtsnachfolger berichtigt werden.

§ 183 Empfangsbevollmächtigte bei der einheitlichen Feststellung.

(1) [1] Richtet sich ein Feststellungsbescheid gegen mehrere Personen, die an dem Gegenstand der Feststellung als Gesellschafter oder Gemeinschafter beteiligt sind (Feststellungsbeteiligte), so sollen sie einen gemeinsamen Empfangsbevollmächtigten bestellen, der ermächtigt ist, für sie alle Verwaltungsakte und Mitteilungen in Empfang zu nehmen, die mit dem Feststellungsverfahren und dem anschließenden Verfahren über einen Einspruch zusammenhängen. [2] Ist ein gemeinsamer Empfangsbevollmächtigter nicht vorhanden, so gilt ein zur Vertretung der Gesellschaft oder der Feststellungsbeteiligten oder ein zur Verwaltung des Gegenstands der Feststellung Berechtigter als Empfangsbevollmächtigter. [3] Anderenfalls kann die Finanzbehörde die Beteiligten auffordern, innerhalb einer bestimmten angemessenen Frist einen Empfangsbevollmächtigten zu benennen. [4] Hierbei ist ein Beteiligter vorzuschlagen und darauf hinzuweisen, dass diesem die in Satz 1 genannten Verwaltungsakte und Mitteilungen mit Wirkung für und gegen alle Beteiligten bekannt gegeben werden, soweit nicht ein anderer Empfangsbevollmächtigter benannt wird. [5] Bei der Bekanntgabe an den Empfangsbevollmächtigten ist darauf hinzuweisen, dass die Bekanntgabe mit Wirkung für und gegen alle Feststellungsbeteiligten erfolgt.

(2) [1] Absatz 1 ist insoweit nicht anzuwenden, als der Finanzbehörde bekannt ist, dass die Gesellschaft oder Gemeinschaft nicht mehr besteht, dass ein Beteiligter aus der Gesellschaft oder der Gemeinschaft ausgeschieden ist oder dass zwischen den Beteiligten ernstliche Meinungsverschiedenheiten bestehen. [2] Ist nach Satz 1 Einzelbekanntgabe erforderlich, so sind dem Beteiligten der Gegenstand der Feststellung, die alle Beteiligten betreffenden Besteuerungsgrundlagen, sein Anteil, die Zahl der Beteiligten und die ihn persönlich betreffenden Besteuerungsgrundlagen bekannt zu geben. [3] Bei berechtigtem Interesse ist dem Beteiligten der gesamte Inhalt des Feststellungsbescheids mitzuteilen.

(3) [1] Ist ein Empfangsbevollmächtigter nach Absatz 1 Satz 1 vorhanden, können Feststellungsbescheide ihm gegenüber auch mit Wirkung für einen in Absatz 2 Satz 1 genannten Beteiligten bekannt gegeben werden, soweit und solange dieser Beteiligte oder der Empfangsbevollmächtigte nicht widersprochen hat. [2] Der Widerruf der Vollmacht wird der Finanzbehörde gegenüber erst wirksam, wenn er ihr zugeht.

(4)[1] Wird eine wirtschaftliche Einheit

1. Ehegatten oder Lebenspartnern oder

2. Ehegatten mit ihren Kindern, Lebenspartnern mit ihren Kindern oder Alleinstehenden mit ihren Kindern

---

[1] § 183 Abs. 4 neu gef. durch G v. 18.7.2014 (BGBl. I S. 1042); zur Anwendung siehe Art. 97 § 1 Abs. 10 Satz 2 EGAO (Nr. **1.1**); abschl. Satzteil geänd. **mWv 1.1.2022** und **mWv 1.1.2025** durch G v. 26.11.2019 (BGBl. I S. 1794); zur Anwendung siehe Art. 97 § 10b Satz 3 EGAO (Nr. **1.1**).

zugerechnet und haben die Beteiligten keinen gemeinsamen Empfangsbevollmächtigten bestellt, so gelten für die Bekanntgabe von Feststellungsbescheiden über *den Einheitswert [ab 1.1.2022:* den Einheitswert oder den Grundsteuerwert] [*ab 1.1.2025:* den Grundsteuerwert] die Regelungen über zusammengefasste Bescheide in § 122 Absatz 7 entsprechend.

II. Festsetzung von Steuermessbeträgen

§ 184 Festsetzung von Steuermessbeträgen. (1) [1]Steuermessbeträge, die nach den Steuergesetzen zu ermitteln sind, werden durch Steuermessbescheid festgesetzt. [2]Mit der Festsetzung der Steuermessbeträge wird auch über die persönliche und sachliche Steuerpflicht entschieden. [3]Die Vorschriften über die Durchführung der Besteuerung sind sinngemäß anzuwenden. [4]Ferner sind § 182 Abs. 1 und für Grundsteuermessbescheide auch Abs. 2 und § 183 sinngemäß anzuwenden.

(2)[1)] [1]Die Befugnis, Realsteuermessbeträge festzusetzen, schließt auch die Befugnis zu Maßnahmen nach § 163 Absatz 1 Satz 1 ein, soweit für solche Maßnahmen in einer allgemeinen Verwaltungsvorschrift der Bundesregierung, der obersten Bundesfinanzbehörde oder einer obersten Landesfinanzbehörde Richtlinien aufgestellt worden sind. [2]Eine Maßnahme nach § 163 Absatz 1 Satz 2 wirkt, soweit sie die gewerblichen Einkünfte als Grundlage für die Festsetzung der Steuer vom Einkommen beeinflusst, auch für den Gewerbeertrag als Grundlage für die Festsetzung des Gewerbesteuermessbetrags.

(3)[2)] [1]Die Finanzbehörden teilen den Inhalt des Steuermessbescheids sowie die nach Absatz 2 getroffenen Maßnahmen den Gemeinden mit, denen die Steuerfestsetzung (der Erlass des Realsteuerbescheids) obliegt. [2]Die Mitteilungen an die Gemeinden erfolgen durch Bereitstellung zum Abruf; § 87a Absatz 8 und § 87b Absatz 1 gelten dabei entsprechend.

3. Unterabschnitt. Zerlegung und Zuteilung

§ 185 Geltung der allgemeinen Vorschriften. Auf die in den Steuergesetzen vorgesehene Zerlegung von Steuermessbeträgen sind die für die Steuermessbeträge geltenden Vorschriften entsprechend anzuwenden, soweit im Folgenden nichts anderes bestimmt ist.

§ 186 Beteiligte. Am Zerlegungsverfahren sind beteiligt:
1. der Steuerpflichtige,
2. die Steuerberechtigten, denen ein Anteil an dem Steuermessbetrag zugeteilt worden ist oder die einen Anteil beanspruchen. [2]Soweit die Festsetzung der Steuer dem Steuerberechtigten nicht obliegt, tritt an seine Stelle die für die Festsetzung der Steuer zuständige Behörde.

§ 187 Akteneinsicht. Die beteiligten Steuerberechtigten können von der zuständigen Finanzbehörde Auskunft über die Zerlegungsgrundlagen verlangen und durch ihre Amtsträger Einsicht in die Zerlegungsunterlagen nehmen.

[1)] § 184 Abs. 2 Satz 1 neu gef. durch G v. 22.12.2014 (BGBl. I S. 2417); zur Anwendung siehe Art. 97 § 10c EGAO (Nr. **1.1**); Sätze 1 und 2 geänd. mWv 1.1.2017 durch G v. 18.7.2016 (BGBl. I S. 1679).
[2)] § 184 Abs. 3 Satz 2 angef. durch G v. 21.12.2020 (BGBl. I S. 3096); zur Anwendung siehe Art. 97 § 35 EGAO (Nr. **1.1**).

§ 188 Zerlegungsbescheid. (1) Über die Zerlegung ergeht ein schriftlicher Bescheid (Zerlegungsbescheid), der den Beteiligten bekannt zu geben ist, soweit sie betroffen sind.

(2) [1] Der Zerlegungsbescheid muss die Höhe des zu zerlegenden Steuermessbetrags angeben und bestimmen, welche Anteile den beteiligten Steuerberechtigten zugeteilt werden. [2] Er muss ferner die Zerlegungsgrundlagen angeben.

§ 189 Änderung der Zerlegung. [1] Ist der Anspruch eines Steuerberechtigten auf einen Anteil am Steuermessbetrag nicht berücksichtigt und auch nicht zurückgewiesen worden, so wird die Zerlegung von Amts wegen oder auf Antrag geändert oder nachgeholt. [2] Ist der bisherige Zerlegungsbescheid gegenüber denjenigen Steuerberechtigten, die an dem Zerlegungsverfahren bereits beteiligt waren, unanfechtbar geworden, so dürfen bei der Änderung der Zerlegung nur solche Änderungen vorgenommen werden, die sich aus der nachträglichen Berücksichtigung der bisher übergangenen Steuerberechtigten ergeben. [3] Eine Änderung oder Nachholung der Zerlegung unterbleibt, wenn ein Jahr vergangen ist, seitdem der Steuermessbescheid unanfechtbar geworden ist, es sei denn, dass der übergangene Steuerberechtigte die Änderung oder Nachholung der Zerlegung vor Ablauf des Jahres beantragt hatte.

§ 190 Zuteilungsverfahren. [1] Ist ein Steuermessbetrag in voller Höhe einem Steuerberechtigten zuzuteilen, besteht aber Streit darüber, welchem Steuerberechtigten der Steuermessbetrag zusteht, so entscheidet die Finanzbehörde auf Antrag eines Beteiligten durch Zuteilungsbescheid. [2] Die für das Zerlegungsverfahren geltenden Vorschriften sind entsprechend anzuwenden.

4. Unterabschnitt. Haftung

§ 191 Haftungsbescheide, Duldungsbescheide. (1)[1] [1] Wer kraft Gesetzes für eine Steuer haftet (Haftungsschuldner), kann durch Haftungsbescheid, wer kraft Gesetzes verpflichtet ist, die Vollstreckung zu dulden, kann durch Duldungsbescheid in Anspruch genommen werden. [2] Die Anfechtung wegen Ansprüchen aus dem Steuerschuldverhältnis außerhalb des Insolvenzverfahrens erfolgt durch Duldungsbescheid, soweit sie nicht im Wege der Einrede nach § 9 des Anfechtungsgesetzes geltend zu machen ist; bei der Berechnung von Fristen nach den §§ 3 und 4 des Anfechtungsgesetzes steht der Erlass eines Duldungsbescheids der gerichtlichen Geltendmachung der Anfechtung nach § 7 Abs. 1 des Anfechtungsgesetzes gleich. [3] Die Bescheide sind schriftlich zu erteilen.

(2) Bevor gegen einen Rechtsanwalt, Patentanwalt, Notar, Steuerberater, Steuerbevollmächtigten, Wirtschaftsprüfer oder vereidigten Buchprüfer wegen einer Handlung im Sinne des § 69, die er in Ausübung seines Berufs vorgenommen hat, ein Haftungsbescheid erlassen wird, gibt die Finanzbehörde der zuständigen Berufskammer Gelegenheit, die Gesichtspunkte vorzubringen, die von ihrem Standpunkt für die Entscheidung von Bedeutung sind.

(3) [1] Die Vorschriften über die Festsetzungsfrist sind auf den Erlass von Haftungsbescheiden entsprechend anzuwenden. [2] Die Festsetzungsfrist beträgt vier Jahre, in den Fällen des § 70 bei Steuerhinterziehung zehn Jahre, bei

---

[1] Zur erstmaligen Anwendung von § 191 Abs. 1 Satz 2 siehe Art. 97 § 11b EGAO (Nr. **1.1**); § 191 Abs. 1 Satz 2 geänd. durch G v. 23.10.2008 (BGBl. I S. 2026).

leichtfertiger Steuerverkürzung fünf Jahre, in den Fällen des § 71 zehn Jahre. [3] Die Festsetzungsfrist beginnt mit Ablauf des Kalenderjahrs, in dem der Tatbestand verwirklicht worden ist, an den das Gesetz die Haftungsfolge knüpft. [4] Ist die Steuer, für die gehaftet wird, noch nicht festgesetzt worden, so endet die Festsetzungsfrist für den Haftungsbescheid nicht vor Ablauf der für die Steuerfestsetzung geltenden Festsetzungsfrist; andernfalls gilt § 171 Abs. 10 sinngemäß. [5] In den Fällen der §§ 73 und 74 endet die Festsetzungsfrist nicht, bevor die gegen den Steuerschuldner festgesetzte Steuer verjährt (§ 228) ist.

(4) Ergibt sich die Haftung nicht aus den Steuergesetzen, so kann ein Haftungsbescheid ergehen, solange die Haftungsansprüche nach dem für sie maßgebenden Recht noch nicht verjährt sind.

(5) [1] Ein Haftungsbescheid kann nicht mehr ergehen,

1. soweit die Steuer gegen den Steuerschuldner nicht festgesetzt worden ist und wegen Ablaufs der Festsetzungsfrist auch nicht mehr festgesetzt werden kann,
2. soweit die gegen den Steuerschuldner festgesetzte Steuer verjährt ist oder die Steuer erlassen worden ist.

[2] Dies gilt nicht, wenn die Haftung darauf beruht, dass der Haftungsschuldner Steuerhinterziehung oder Steuerhehlerei begangen hat.

§ 192 Vertragliche Haftung. Wer sich auf Grund eines Vertrags verpflichtet hat, für die Steuer eines anderen einzustehen, kann nur nach den Vorschriften des bürgerlichen Rechts in Anspruch genommen werden.

Vierter Abschnitt. Außenprüfung

1. Unterabschnitt. Allgemeine Vorschriften

§ 193[1] Zulässigkeit einer Außenprüfung. (1) Eine Außenprüfung ist zulässig bei Steuerpflichtigen, die einen gewerblichen oder land- und forstwirtschaftlichen Betrieb unterhalten, die freiberuflich tätig sind und bei Steuerpflichtigen im Sinne des § 147a.

(2) Bei anderen als den in Absatz 1 bezeichneten Steuerpflichtigen ist eine Außenprüfung zulässig,

1. soweit sie die Verpflichtung dieser Steuerpflichtigen betrifft, für Rechnung eines anderen Steuern zu entrichten oder Steuern einzubehalten und abzuführen,
2. wenn die für die Besteuerung erheblichen Verhältnisse der Aufklärung bedürfen und eine Prüfung an Amtsstelle nach Art und Umfang des zu prüfenden Sachverhalts nicht zweckmäßig ist oder
3. wenn ein Steuerpflichtiger seinen Mitwirkungspflichten nach § 90 Absatz 2 Satz 3 nicht nachkommt.

§ 194 Sachlicher Umfang einer Außenprüfung. (1) [1] Die Außenprüfung dient der Ermittlung der steuerlichen Verhältnisse des Steuerpflichtigen. [2] Sie kann eine oder mehrere Steuerarten, einen oder mehrere Besteuerungszeiträume umfassen oder sich auf bestimmte Sachverhalte beschränken. [3] Die Außenprüfung bei einer Personengesellschaft umfasst die steuerlichen Verhältnisse der

---

[1] § 193 Abs. 1 geänd. und Abs. 2 Nr. 3 angef. durch G v. 29.7.2009 (BGBl. I S. 2302); zur erstmaligen Anwendung siehe Art. 97 § 22 Abs. 2 EGAO (Nr. **1.1**).

Gesellschafter insoweit, als diese Verhältnisse für die zu überprüfenden einheitlichen Feststellungen von Bedeutung sind. [4] Die steuerlichen Verhältnisse anderer Personen können insoweit geprüft werden, als der Steuerpflichtige verpflichtet war oder verpflichtet ist, für Rechnung dieser Personen Steuern zu entrichten oder Steuern einzubehalten und abzuführen; dies gilt auch dann, wenn etwaige Steuernachforderungen den anderen Personen gegenüber geltend zu machen sind.

(2) Die steuerlichen Verhältnisse von Gesellschaftern und Mitgliedern sowie von Mitgliedern der Überwachungsorgane können über die in Absatz 1 geregelten Fälle hinaus in die bei einer Gesellschaft durchzuführende Außenprüfung einbezogen werden, wenn dies im Einzelfall zweckmäßig ist.

(3) Werden anlässlich einer Außenprüfung Verhältnisse anderer als der in Absatz 1 genannten Personen festgestellt, so ist die Auswertung der Feststellungen insoweit zulässig, als ihre Kenntnis für die Besteuerung dieser anderen Personen von Bedeutung ist oder die Feststellungen eine unerlaubte Hilfeleistung in Steuersachen betreffen.

§ 195 Zuständigkeit. [1] Außenprüfungen werden von den für die Besteuerung zuständigen Finanzbehörden durchgeführt. [2] Sie können andere Finanzbehörden mit der Außenprüfung beauftragen. [3] Die beauftragte Finanzbehörde kann im Namen der zuständigen Finanzbehörde die Steuerfestsetzung vornehmen und verbindliche Zusagen (§§ 204 bis 207) erteilen.

§ 196[1] Prüfungsanordnung. Die Finanzbehörde bestimmt den Umfang der Außenprüfung in einer schriftlich oder elektronisch zu erteilenden Prüfungsanordnung mit Rechtsbehelfsbelehrung nach § 356.

§ 197 Bekanntgabe der Prüfungsanordnung. (1) [1] Die Prüfungsanordnung sowie der voraussichtliche Prüfungsbeginn und die Namen der Prüfer sind dem Steuerpflichtigen, bei dem die Außenprüfung durchgeführt werden soll, angemessene Zeit vor Beginn der Prüfung bekannt zu geben, wenn der Prüfungszweck dadurch nicht gefährdet wird. [2] Der Steuerpflichtige kann auf die Einhaltung der Frist verzichten. [3] Soll die Prüfung nach § 194 Abs. 2 auf die steuerlichen Verhältnisse von Gesellschaftern und Mitgliedern sowie von Mitgliedern der Überwachungsorgane erstreckt werden, so ist die Prüfungsanordnung insoweit auch diesen Personen bekannt zu geben.

(2) Auf Antrag der Steuerpflichtigen soll der Beginn der Außenprüfung auf einen anderen Zeitpunkt verlegt werden, wenn dafür wichtige Gründe glaubhaft gemacht werden.

§ 198 Ausweispflicht, Beginn der Außenprüfung. [1] Die Prüfer haben sich bei Erscheinen unverzüglich auszuweisen. [2] Der Beginn der Außenprüfung ist unter Angabe von Datum und Uhrzeit aktenkundig zu machen.

§ 199 Prüfungsgrundsätze. (1) Der Außenprüfer hat die tatsächlichen und rechtlichen Verhältnisse, die für die Steuerpflicht und für die Bemessung der Steuer maßgebend sind (Besteuerungsgrundlagen), zugunsten wie zuungunsten des Steuerpflichtigen zu prüfen.

---

[1] § 196 neu gef. mWv 1.1.2017 durch G v. 18.7.2016 (BGBl. I S. 1679).

(2) Der Steuerpflichtige ist während der Außenprüfung über die festgestellten Sachverhalte und die möglichen steuerlichen Auswirkungen zu unterrichten, wenn dadurch Zweck und Ablauf der Prüfung nicht beeinträchtigt werden.

§ 200 Mitwirkungspflichten des Steuerpflichtigen. (1)[1)2)] [1]Der Steuerpflichtige hat bei der Feststellung der Sachverhalte, die für die Besteuerung erheblich sein können, mitzuwirken. [2]Er hat insbesondere Auskünfte zu erteilen, Aufzeichnungen, Bücher, Geschäftspapiere und andere Urkunden zur Einsicht und Prüfung vorzulegen, die zum Verständnis der Aufzeichnungen erforderlichen Erläuterungen zu geben und die Finanzbehörde bei Ausübung ihrer Befugnisse nach § 147 Abs. 6 zu unterstützen. [3]Sind der Steuerpflichtige oder die von ihm benannten Personen nicht in der Lage, Auskünfte zu erteilen, oder sind die Auskünfte zur Klärung des Sachverhalts unzureichend oder versprechen Auskünfte des Steuerpflichtigen keinen Erfolg, so kann der Außenprüfer auch andere Betriebsangehörige um Auskunft ersuchen. [4]§ 93 Absatz 2 Satz 2 gilt nicht.

(2) [1]Die in Absatz 1 genannten Unterlagen hat der Steuerpflichtige in seinen Geschäftsräumen oder, soweit ein zur Durchführung der Außenprüfung geeigneter Geschäftsraum nicht vorhanden ist, in seinen Wohnräumen oder an Amtsstelle vorzulegen. [2]Ein zur Durchführung der Außenprüfung geeigneter Raum oder Arbeitsplatz sowie die erforderlichen Hilfsmittel sind unentgeltlich zur Verfügung zu stellen.

(3) [1]Die Außenprüfung findet während der üblichen Geschäfts- oder Arbeitszeit statt. [2]Die Prüfer sind berechtigt, Grundstücke und Betriebsräume zu betreten und zu besichtigen. [3]Bei der Betriebsbesichtigung soll der Betriebsinhaber oder sein Beauftragter hinzugezogen werden.

§ 201 Schlussbesprechung. (1) [1]Über das Ergebnis der Außenprüfung ist eine Besprechung abzuhalten (Schlussbesprechung), es sei denn, dass sich nach dem Ergebnis der Außenprüfung keine Änderung der Besteuerungsgrundlagen ergibt oder dass der Steuerpflichtige auf die Besprechung verzichtet. [2]Bei der Schlussbesprechung sind insbesondere strittige Sachverhalte sowie die rechtliche Beurteilung der Prüfungsfeststellungen und ihre steuerlichen Auswirkungen zu erörtern.

(2) Besteht die Möglichkeit, dass auf Grund der Prüfungsfeststellungen ein Straf- oder Bußgeldverfahren durchgeführt werden muss, soll der Steuerpflichtige darauf hingewiesen werden, dass die straf- oder bußgeldrechtliche Würdigung einem besonderen Verfahren vorbehalten bleibt.

§ 202 Inhalt und Bekanntgabe des Prüfungsberichts. (1) [1]Über das Ergebnis der Außenprüfung ergeht ein schriftlicher Bericht (Prüfungsbericht). [2]Im Prüfungsbericht sind die für die Besteuerung erheblichen Prüfungsfeststellungen in tatsächlicher und rechtlicher Hinsicht sowie die Änderungen der Besteuerungsgrundlagen darzustellen. [3]Führt die Außenprüfung zu keiner Änderung der Besteuerungsgrundlagen, so genügt es, wenn dies dem Steuerpflichtigen schriftlich mitgeteilt wird.

[1)] Zur Anwendung siehe Art. 97 § 19b Abs. 1 EGAO (Nr. **1.1**).
[2)] § 200 Abs. 1 Satz 4 neu gef. mWv 30.6.2013 durch G v. 26.6.2013 (BGBl. I S. 1809).

(2) Die Finanzbehörde hat dem Steuerpflichtigen auf Antrag den Prüfungsbericht vor seiner Auswertung zu übersenden und ihm Gelegenheit zu geben, in angemessener Zeit dazu Stellung zu nehmen.

§ 203 Abgekürzte Außenprüfung. (1) ¹Bei Steuerpflichtigen, bei denen die Finanzbehörde eine Außenprüfung in regelmäßigen Zeitabständen nach den Umständen des Falls nicht für erforderlich hält, kann sie eine abgekürzte Außenprüfung durchführen. ²Die Prüfung hat sich auf die wesentlichen Besteuerungsgrundlagen zu beschränken.

(2) ¹Der Steuerpflichtige ist vor Abschluss der Prüfung darauf hinzuweisen, inwieweit von den Steuererklärungen oder den Steuerfestsetzungen abgewichen werden soll. ²Die steuerlich erheblichen Prüfungsfeststellungen sind dem Steuerpflichtigen spätestens mit den Steuerbescheiden schriftlich mitzuteilen. ³§ 201 Abs. 1 und § 202 Abs. 2 gelten nicht.

§ 203a[1]) **Außenprüfung bei Datenübermittlung durch Dritte.**

(1) Bei einer mitteilungspflichtigen Stelle im Sinne des § 93c Absatz 1 ist eine Außenprüfung zulässig, um zu ermitteln, ob die mitteilungspflichtige Stelle

1. ihre Verpflichtung nach § 93c Absatz 1 Nummer 1, 2 und 4, Absatz 2 und 3 erfüllt und

2. den Inhalt des Datensatzes nach den Vorgaben des jeweiligen Steuergesetzes bestimmt hat.

(2) Die Außenprüfung wird von der für Ermittlungen nach § 93c Absatz 4 Satz 1 zuständigen Finanzbehörde durchgeführt.

(3) § 195 Satz 2 sowie die §§ 196 bis 203 gelten entsprechend.

2. Unterabschnitt. Verbindliche Zusagen auf Grund einer Außenprüfung[2])

§ 204 Voraussetzung der verbindlichen Zusage. Im Anschluss an eine Außenprüfung soll die Finanzbehörde dem Steuerpflichtigen auf Antrag verbindlich zusagen, wie ein für die Vergangenheit geprüfter und im Prüfungsbericht dargestellter Sachverhalt in Zukunft steuerrechtlich behandelt wird, wenn die Kenntnis der künftigen steuerrechtlichen Behandlung für die geschäftlichen Maßnahmen des Steuerpflichtigen von Bedeutung ist.

§ 205 Form der verbindlichen Zusage. (1) Die verbindliche Zusage wird schriftlich erteilt und als verbindlich gekennzeichnet.

(2) Die verbindliche Zusage muss enthalten:

1. den ihr zugrunde gelegten Sachverhalt; dabei kann auf den im Prüfungsbericht dargestellten Sachverhalt Bezug genommen werden,

2. die Entscheidung über den Antrag und die dafür maßgebenden Gründe,

3. eine Angabe darüber, für welche Steuern und für welchen Zeitraum die verbindliche Zusage gilt.

---

[1]) § 203a eingef. mWv 1.1.2017 durch G v. 18.7.2016 (BGBl. I S. 1679); zur Anwendung siehe Art. 97 § 27 Abs. 2 EGAO (Nr. **1.1**).
[2]) Vgl. Art. 97 § 12 EGAO (Nr. **1.1**).

§ 206 Bindungswirkung. (1) Die verbindliche Zusage ist für die Besteuerung bindend, wenn sich der später verwirklichte Sachverhalt mit dem der verbindlichen Zusage zugrunde gelegten Sachverhalt deckt.

(2) Absatz 1 gilt nicht, wenn die verbindliche Zusage zuungunsten des Antragstellers dem geltenden Recht widerspricht.

§ 207 Außerkrafttreten, Aufhebung und Änderung der verbindlichen Zusage. (1) Die verbindliche Zusage tritt außer Kraft, wenn die Rechtsvorschriften, auf denen die Entscheidung beruht, geändert werden.

(2) Die Finanzbehörde kann die verbindliche Zusage mit Wirkung für die Zukunft aufheben oder ändern.

(3) Eine rückwirkende Aufhebung oder Änderung der verbindlichen Zusage ist nur zulässig, falls der Steuerpflichtige zustimmt oder wenn die Voraussetzungen des § 130 Abs. 2 Nr. 1 oder 2 vorliegen.

Fünfter Abschnitt. Steuerfahndung (Zollfahndung)

§ 208 Steuerfahndung (Zollfahndung) (1)[1] [1] Aufgabe der Steuerfahndung (Zollfahndung) ist

1. die Erforschung von Steuerstraftaten und Steuerordnungswidrigkeiten,
2. die Ermittlung der Besteuerungsgrundlagen in den in Nummer 1 bezeichneten Fällen,
3. die Aufdeckung und Ermittlung unbekannter Steuerfälle.

[2] Die mit der Steuerfahndung betrauten Dienststellen der Landesfinanzbehörden und die Behörden des Zollfahndungsdienstes haben außer den Befugnissen nach § 404 Satz 2 erster Halbsatz auch die Ermittlungsbefugnisse, die den Finanzämtern (Hauptzollämtern) zustehen. [3] In den Fällen der Nummern 2 und 3 gelten die Einschränkungen des § 93 Abs. 1 Satz 3, Abs. 2 Satz 2 und des § 97 Absatz 2 nicht; § 200 Abs. 1 Satz 1 und 2, Abs. 2, Abs. 3 Satz 1 und 2 gilt sinngemäß, § 393 Abs. 1 bleibt unberührt.

(2)[2] Unabhängig von Absatz 1 sind die mit der Steuerfahndung betrauten Dienststellen der Landesfinanzbehörden und die Behörden des Zollfahndungsdienstes zuständig

1. für steuerliche Ermittlungen einschließlich der Außenprüfung auf Ersuchen der zuständigen Finanzbehörde,
2. für die ihnen sonst im Rahmen der Zuständigkeit der Finanzbehörden übertragenen Aufgaben.

(3) Die Aufgaben und Befugnisse der Finanzämter (Hauptzollämter) bleiben unberührt.

§ 208a[3] **Steuerfahndung des Bundeszentralamts für Steuern.**

(1) Dem Bundeszentralamt für Steuern obliegt, soweit Aufgaben der Steuerverwaltung übertragen wurden, die Aufgabe nach § 208 Absatz 1 Satz 1 Nummer 3.

---

[1] § 208 Abs. 1 Satz 3 1. HS geänd. mWv 30.6.2013 durch G v. 26.6.2013 (BGBl. I S. 1809); Satz 2 geänd. mWv 18.12.2019 durch G v. 12.12.2019 (BGBl. I S. 2451).
[2] § 208 Abs. 2 geänd. mWv 18.12.2019 durch G v. 12.12.2019 (BGBl. I S. 2451).
[3] § 208a eingef. mWv 29.12.2020 durch G v. 21.12.2020 (BGBl. I S. 3096).

(2) [1] Hierzu hat es die Ermittlungsbefugnisse, die den Finanzämtern (Hauptzollämtern) zustehen. [2] Die Einschränkungen des § 93 Absatz 1 Satz 3, Absatz 2 Satz 2 und des § 97 Absatz 2 gelten nicht; § 200 Absatz 1 Satz 1 und 2, Absatz 2 und 3 Satz 1 und 2 gilt sinngemäß, § 393 Absatz 1 bleibt unberührt.

(3) Die Aufgaben und Befugnisse des Bundeszentralamts für Steuern im Übrigen bleiben unberührt.

Sechster Abschnitt. Steueraufsicht in besonderen Fällen

§ 209 Gegenstand der Steueraufsicht. (1) Der Warenverkehr über die Grenze und in den Freizonen und Freilagern sowie die Gewinnung und Herstellung, Lagerung, Beförderung und gewerbliche Verwendung verbrauchsteuerpflichtiger Waren und der Handel mit verbrauchsteuerpflichtigen Waren unterliegen der zollamtlichen Überwachung (Steueraufsicht).

(2) Der Steueraufsicht unterliegen ferner:

1. der Versand, die Ausfuhr, Lagerung, Verwendung, Vernichtung, Veredelung, Umwandlung und sonstige Bearbeitung oder Verarbeitung von Waren in einem Verbrauchsteuerverfahren,

2. die Herstellung und Ausfuhr von Waren, für die ein Erlass, eine Erstattung oder Vergütung von Verbrauchsteuer beansprucht wird.

(3) Andere Sachverhalte unterliegen der Steueraufsicht, wenn es gesetzlich bestimmt ist.

§ 210 Befugnisse der Finanzbehörde. (1) Die von der Finanzbehörde mit der Steueraufsicht betrauten Amtsträger sind berechtigt, Grundstücke und Räume von Personen, die eine gewerbliche oder berufliche Tätigkeit selbständig ausüben und denen ein der Steueraufsicht unterliegender Sachverhalt zuzurechnen ist, während der Geschäfts- und Arbeitszeiten zu betreten, um Prüfungen vorzunehmen oder sonst Feststellungen zu treffen, die für die Besteuerung erheblich sein können (Nachschau).

(2) [1] Der Nachschau unterliegen ferner Grundstücke und Räume von Personen, denen ein der Steueraufsicht unterliegender Sachverhalt zuzurechnen ist ohne zeitliche Einschränkung, wenn Tatsachen die Annahme rechtfertigen, dass sich dort Schmuggelwaren oder nicht ordnungsgemäß versteuerte verbrauchsteuerpflichtige Waren befinden oder dort sonst gegen Vorschriften oder Anordnungen verstoßen wird, deren Einhaltung durch die Steueraufsicht gesichert werden soll. [2] Bei Gefahr im Verzug ist eine Durchsuchung von Wohn- und Geschäftsräumen auch ohne richterliche Anordnung zulässig.

(3)[1] [1] Die von der Finanzbehörde mit der Steueraufsicht betrauten Amtsträger sind ferner berechtigt, im Rahmen von zeitlich und örtlich begrenzten Kontrollen, Schiffe und andere Fahrzeuge, die nach ihrer äußeren Erscheinung gewerblichen Zwecken dienen, anzuhalten. [2] Die betroffenen Personen haben sich auszuweisen und Auskunft über die mitgeführten Waren zu geben; sie haben insbesondere Frachtbriefe und sonstige Beförderungspapiere, auch nicht steuerlicher Art, vorzulegen. [3] Ergeben sich dadurch oder auf Grund sonstiger Tatsachen Anhaltspunkte, dass verbrauchsteuerpflichtige Waren mitgeführt werden, können die Amtsträger die mitgeführten Waren überprüfen und alle

---

[1] § 210 Abs. 3 Sätze 2 und 4 geänd. mWv 26.11.2019 durch G v. 20.11.2019 (BGBl. I S. 1626).

Feststellungen treffen, die für eine Besteuerung dieser Waren erheblich sein können. [4] Die betroffenen Personen haben die Herkunft der verbrauchsteuerpflichtigen Waren anzugeben, die Entnahme von unentgeltlichen Proben zu dulden und die erforderliche Hilfe zu leisten.

(4) [1] Wenn Feststellungen bei Ausübung der Steueraufsicht hierzu Anlass geben, kann ohne vorherige Prüfungsanordnung (§ 196) zu einer Außenprüfung nach § 193 übergegangen werden. [2] Auf den Übergang zur Außenprüfung wird schriftlich hingewiesen.

(5) [1] Wird eine Nachschau in einem Dienstgebäude oder einer nicht allgemein zugänglichen Einrichtung oder Anlage der Bundeswehr erforderlich, so wird die vorgesetzte Dienststelle der Bundeswehr um ihre Durchführung ersucht. [2] Die Finanzbehörde ist zur Mitwirkung berechtigt. [3] Ein Ersuchen ist nicht erforderlich, wenn die Nachschau in Räumen vorzunehmen ist, die ausschließlich von anderen Personen als Soldaten bewohnt werden.

§ 211[1)] **Pflichten der betroffenen Person.** (1) [1] Wer von einer Maßnahme der Steueraufsicht betroffen wird, hat den Amtsträgern auf Verlangen Aufzeichnungen, Bücher, Geschäftspapiere und andere Urkunden über die der Steueraufsicht unterliegenden Sachverhalte und über den Bezug und den Absatz verbrauchsteuerpflichtiger Waren vorzulegen, Auskünfte zu erteilen und die zur Durchführung der Steueraufsicht sonst erforderlichen Hilfsdienste zu leisten. [2] § 200 Abs. 2 Satz 2 gilt sinngemäß.

(2) Die Pflichten nach Absatz 1 gelten auch dann, wenn bei einer gesetzlich vorgeschriebenen Nachversteuerung verbrauchsteuerpflichtiger Waren in einem der Steueraufsicht unterliegenden Betrieb oder Unternehmen festgestellt werden soll, an welche Empfänger und in welcher Menge nachsteuerpflichtige Waren geliefert worden sind.

(3) Vorkehrungen, die die Ausübung der Steueraufsicht hindern oder erschweren, sind unzulässig.

§ 212 Durchführungsvorschriften. (1) Das Bundesministerium der Finanzen kann durch Rechtsverordnung zur näheren Bestimmung der im Rahmen der Steueraufsicht zu erfüllenden Pflichten anordnen, dass

1. bestimmte Handlungen nur in Räumen vorgenommen werden dürfen, die der Finanzbehörde angemeldet sind oder deren Benutzung für diesen Zweck von der Finanzbehörde besonders genehmigt ist,

2. Räume, Fahrzeuge, Geräte, Gefäße und Leitungen, die der Herstellung, Bearbeitung, Verarbeitung, Lagerung, Beförderung oder Messung steuerpflichtiger Waren dienen oder dienen können, auf Kosten des Betriebsinhabers in bestimmter Weise einzurichten, herzurichten, zu kennzeichnen oder amtlich zu verschließen sind,

3. der Überwachung unterliegende Waren in bestimmter Weise behandelt, bezeichnet, gelagert, verpackt, versandt oder verwendet werden müssen,

4. der Handel mit steuerpflichtigen Waren besonders überwacht wird, wenn der Händler zugleich Hersteller der Waren ist,

5. über die Betriebsvorgänge und über die steuerpflichtigen Waren sowie über die zu ihrer Herstellung verwendeten Einsatzstoffe, Fertigungsstoffe, Hilfs-

---

[1)] § 211 Überschrift neu gef. durch G v. 20.11.2019 (BGBl. I S. 1626).

stoffe und Zwischenerzeugnisse in bestimmter Weise Anschreibungen zu führen und die Bestände festzustellen sind,

6. Bücher, Aufzeichnungen und sonstige Unterlagen in bestimmter Weise aufzubewahren sind,

7. Vorgänge und Maßnahmen in Betrieben oder Unternehmen, die für die Besteuerung von Bedeutung sind, der Finanzbehörde anzumelden sind,

8. von steuerpflichtigen Waren, von Waren, für die ein Erlass, eine Erstattung oder Vergütung von Verbrauchsteuern beansprucht wird, von Stoffen, die zur Herstellung dieser Waren bestimmt sind, sowie von Umschließungen dieser Waren unentgeltlich Proben entnommen werden dürfen oder unentgeltlich Muster zu hinterlegen sind.

(2) Die Rechtsverordnung bedarf, außer wenn sie die Biersteuer betrifft, nicht der Zustimmung des Bundesrates.

§ 213 Besondere Aufsichtsmaßnahmen. [1]Betriebe oder Unternehmen, deren Inhaber oder deren leitende Angehörige wegen Steuerhinterziehung, versuchter Steuerhinterziehung oder wegen der Teilnahme an einer solchen Tat rechtskräftig bestraft worden sind, dürfen auf ihre Kosten besonderen Aufsichtsmaßnahmen unterworfen werden, wenn dies zur Gewährleistung einer wirksamen Steueraufsicht erforderlich ist. [2]Insbesondere dürfen zusätzliche Anschreibungen und Meldepflichten, der sichere Verschluss von Räumen, Behältnissen und Geräten sowie ähnliche Maßnahmen vorgeschrieben werden.

§ 214[1]) Beauftragte. Wer sich zur Erfüllung steuerlicher Pflichten, die ihm auf Grund eines der Steueraufsicht unterliegenden Sachverhalts obliegen, durch einen mit der Wahrnehmung dieser Pflichten beauftragten Angehörigen seines Betriebs oder Unternehmens vertreten lässt, bedarf der Zustimmung der Finanzbehörde.

§ 215 Sicherstellung im Aufsichtsweg. (1) [1]Die Finanzbehörde kann durch Wegnahme, Anbringen von Siegeln oder durch Verfügungsverbot sicherstellen:

1. verbrauchsteuerpflichtige Waren, die ein Amtsträger vorfindet

   a) in Herstellungsbetrieben oder anderen anmeldepflichtigen Räumen, die der Finanzbehörde nicht angemeldet sind,

   b) im Handel ohne eine den Steuergesetzen entsprechende Verpackung, Bezeichnung, Kennzeichnung oder ohne vorschriftsmäßige Steuerzeichen,

2. Waren, die im grenznahen Raum oder in Gebieten, die der Grenzaufsicht unterliegen, aufgefunden werden, wenn sie weder offenbar Gemeinschaftswaren noch den Umständen nach in den zollrechtlich freien Verkehr überführt worden sind,

3. die Umschließungen der in den Nummern 1 und 2 genannten Waren,

4. Geräte, die zur Herstellung von verbrauchsteuerpflichtigen Waren bestimmt sind und die sich in einem der Finanzbehörde nicht angemeldeten Herstellungsbetrieb befinden.

---

[1]) § 214 Satz 2 aufgeh. mWv 1.5.2016 durch G v. 22.12.2014 (BGBl. I S. 2417).

[2]Die Sicherstellung ist auch zulässig, wenn die Sachen zunächst in einem Strafverfahren beschlagnahmt und dann der Finanzbehörde zur Verfügung gestellt worden sind.

(2) [1]Über die Sicherstellung ist eine Niederschrift aufzunehmen. [2]Die Sicherstellung ist den betroffenen Personen (Eigentümer, Besitzer) mitzuteilen, soweit sie bekannt sind.

§ 216 Überführung in das Eigentum des Bundes. (1) [1]Nach § 215 sichergestellte Sachen sind in das Eigentum des Bundes überzuführen, sofern sie nicht nach § 375 Abs. 2 eingezogen werden. [2]Für Fundgut gilt dies nur, wenn kein Eigentumsanspruch geltend gemacht wird.

(2)[1)] [1]Die Überführung sichergestellter Sachen in das Eigentum des Bundes ist den betroffenen Personen mitzuteilen. [2]Ist eine betroffene Person nicht bekannt, so gilt § 10 Abs. 2 des Verwaltungszustellungsgesetzes sinngemäß.

(3) [1]Der Eigentumsübergang wird wirksam, sobald der von der Finanzbehörde erlassene Verwaltungsakt unanfechtbar ist. [2]Bei Sachen, die mit dem Grund und Boden verbunden sind, geht das Eigentum unter der Voraussetzung des Satzes 1 mit der Trennung über. [3]Rechte Dritter an einer sichergestellten Sache bleiben bestehen. [4]Das Erlöschen dieser Rechte kann jedoch angeordnet werden, wenn der Dritte leichtfertig dazu beigetragen hat, dass die in das Eigentum des Bundes überführte Sache der Sicherstellung unterlag oder er sein Recht an der Sache in Kenntnis der Umstände erwarb, welche die Sicherstellung veranlasst haben.

(4) [1]Sichergestellte Sachen können schon vor der Überführung in das Eigentum des Bundes veräußert werden, wenn ihr Verderb oder eine wesentliche Minderung ihres Werts droht oder ihre Aufbewahrung, Pflege und Erhaltung mit unverhältnismäßig großen Kosten oder Schwierigkeiten verbunden ist; zu diesem Zweck dürfen auch Sachen, die mit dem Grund und Boden verbunden sind, von diesem getrennt werden. [2]Der Erlös tritt an die Stelle der Sachen. [3]Die Notveräußerung wird nach den Vorschriften dieses Gesetzes über die Verwertung gepfändeter Sachen durchgeführt. [4]Die betroffenen Personen sollen vor der Anordnung der Veräußerung gehört werden. [5]Die Anordnung sowie Zeit und Ort der Veräußerung sind ihnen, soweit tunlich, mitzuteilen.

(5)[2)] [1]Sichergestellte oder bereits in das Eigentum des Bundes überführte Sachen werden zurückgegeben, wenn die Umstände, die die Sicherstellung veranlasst haben, dem Eigentümer nicht zuzurechnen sind oder wenn die Überführung in das Eigentum des Bundes als eine unbillige Härte für die betroffenen Personen erscheint. [2]Gutgläubige Dritte, deren Rechte durch die Überführung in das Eigentum des Bundes erloschen oder beeinträchtigt sind, werden aus dem Erlös der Sachen angemessen entschädigt. [3]Im Übrigen kann eine Entschädigung gewährt werden, soweit es eine unbillige Härte wäre, sie zu versagen.

§ 217 Steuerhilfspersonen. Zur Feststellung von Tatsachen, die zoll- oder verbrauchsteuerrechtlich erheblich sind, kann die Finanzbehörde Personen, die vom Ergebnis der Feststellung nicht selbst betroffen werden, als Steuerhilfspersonen bestellen.

[1)] § 216 Abs. 2 Satz 2 geänd. durch G v. 12.8.2005 (BGBl. I S. 2354).
[2)] § 216 Abs. 5 Satz 1 geänd. mWv 26.11.2019 durch G v. 20.11.2019 (BGBl. I S. 1626).

Fünfter Teil. Erhebungsverfahren

Erster Abschnitt. Verwirklichung, Fälligkeit und Erlöschen von Ansprüchen aus dem Steuerschuldverhältnis

1. Unterabschnitt. Verwirklichung und Fälligkeit von Ansprüchen aus dem Steuerschuldverhältnis

§ 218 Verwirklichung von Ansprüchen aus dem Steuerschuldverhältnis. (1) [1] Grundlage für die Verwirklichung von Ansprüchen aus dem Steuerschuldverhältnis (§ 37) sind die Steuerbescheide, die Steuervergütungsbescheide, die Haftungsbescheide und die Verwaltungsakte, durch die steuerliche Nebenleistungen festgesetzt werden; bei den Säumniszuschlägen genügt die Verwirklichung des gesetzlichen Tatbestands (§ 240). [2] Die Steueranmeldungen (§ 168) stehen den Steuerbescheiden gleich.

(2)[1] [1] Über Streitigkeiten, die die Verwirklichung der Ansprüche im Sinne des Absatzes 1 betreffen, entscheidet die Finanzbehörde durch Abrechnungsbescheid. [2] Dies gilt auch, wenn die Streitigkeit einen Erstattungsanspruch (§ 37 Abs. 2) betrifft.

(3)[2] [1] Wird eine Anrechnungsverfügung oder ein Abrechnungsbescheid auf Grund eines Rechtsbehelfs oder auf Antrag des Steuerpflichtigen oder eines Dritten zurückgenommen und in dessen Folge ein für ihn günstigerer Verwaltungsakt erlassen, können nachträglich gegenüber dem Steuerpflichtigen oder einer anderen Person die entsprechenden steuerlichen Folgerungen gezogen werden. [2] § 174 Absatz 4 und 5 gilt entsprechend.

§ 219 Zahlungsaufforderung bei Haftungsbescheiden. [1] Wenn nichts anderes bestimmt ist, darf ein Haftungsschuldner auf Zahlung nur in Anspruch genommen werden, soweit die Vollstreckung in das bewegliche Vermögen des Steuerschuldners ohne Erfolg geblieben oder anzunehmen ist, dass die Vollstreckung aussichtslos sein würde. [2] Diese Einschränkung gilt nicht, wenn die Haftung darauf beruht, dass der Haftungsschuldner Steuerhinterziehung oder Steuerhehlerei begangen hat oder gesetzlich verpflichtet war, Steuern einzubehalten und abzuführen oder zu Lasten eines anderen zu entrichten.

§ 220 Fälligkeit. (1) Die Fälligkeit von Ansprüchen aus dem Steuerschuldverhältnis richtet sich nach den Vorschriften der Steuergesetze.

(2) [1] Fehlt es an einer besonderen gesetzlichen Regelung über die Fälligkeit, so wird der Anspruch mit seiner Entstehung fällig, es sei denn, dass in einem nach § 254 erforderlichen Leistungsgebot eine Zahlungsfrist eingeräumt worden ist. [2] Ergibt sich der Anspruch in den Fällen des Satzes 1 aus der Festsetzung von Ansprüchen aus dem Steuerschuldverhältnis, so tritt die Fälligkeit nicht vor Bekanntgabe der Festsetzung ein.

§ 221 Abweichende Fälligkeitsbestimmung. [1] Hat ein Steuerpflichtiger eine Verbrauchsteuer oder die Umsatzsteuer mehrfach nicht rechtzeitig entrichtet, so kann die Finanzbehörde verlangen, dass die Steuer jeweils zu einem

---

[1] § 218 Abs. 2 Satz 1 geänd. mWv 31.12.2014 durch G v. 22.12.2014 (BGBl. I S. 2417).
[2] § 218 Abs. 3 angef. durch G v. 22.12.2014 (BGBl. I S. 2417); zur Anwendung siehe Art. 97 § 13a EGAO (Nr. **1.1**).

von der Finanzbehörde zu bestimmenden, vor der gesetzlichen Fälligkeit aber nach Entstehung der Steuer liegenden Zeitpunkt entrichtet wird. [2]Das Gleiche gilt, wenn die Annahme begründet ist, dass der Eingang einer Verbrauchsteuer oder der Umsatzsteuer gefährdet ist; an Stelle der Vorverlegung der Fälligkeit kann auch Sicherheitsleistung verlangt werden. [3]In den Fällen des Satzes 1 ist die Vorverlegung der Fälligkeit nur zulässig, wenn sie dem Steuerpflichtigen für den Fall erneuter nicht rechtzeitiger Entrichtung angekündigt worden ist.

§ 222 Stundung. [1]Die Finanzbehörden können Ansprüche aus dem Steuerschuldverhältnis ganz oder teilweise stunden, wenn die Einziehung bei Fälligkeit eine erhebliche Härte für den Schuldner bedeuten würde und der Anspruch durch die Stundung nicht gefährdet erscheint. [2]Die Stundung soll in der Regel nur auf Antrag und gegen Sicherheitsleistung gewährt werden. [3]Steueransprüche gegen den Steuerschuldner können nicht gestundet werden, soweit ein Dritter (Entrichtungspflichtiger) die Steuer für Rechnung des Steuerschuldners zu entrichten, insbesondere einzubehalten und abzuführen hat. [4]Die Stundung des Haftungsanspruchs gegen den Entrichtungspflichtigen ist ausgeschlossen, soweit er Steuerabzugsbeträge einbehalten oder Beträge, die eine Steuer enthalten, eingenommen hat.

§ 223[1)] *(aufgehoben)*

2. Unterabschnitt. Zahlung, Aufrechnung, Erlass

§ 224 Leistungsort, Tag der Zahlung. (1) [1]Zahlungen an Finanzbehörden sind an die zuständige Kasse zu entrichten. [2]Außerhalb des Kassenraums können Zahlungsmittel nur einem Amtsträger übergeben werden, der zur Annahme von Zahlungsmitteln außerhalb des Kassenraums besonders ermächtigt worden ist und sich hierüber ausweisen kann.

(2) Eine wirksam geleistete Zahlung gilt als entrichtet:

1.[2)] bei Übergabe oder Übersendung von Zahlungsmitteln am Tag des Eingangs, bei Hingabe oder Übersendung von Schecks jedoch drei Tage nach dem Tag des Eingangs,
2.[3)] bei Überweisung oder Einzahlung auf ein Konto der Finanzbehörde und bei Einzahlung mit Zahlschein an dem Tag, an dem der Betrag der Finanzbehörde gutgeschrieben wird,
3. bei Vorliegen einer Einzugsermächtigung am Fälligkeitstag.

(3) [1]Zahlungen der Finanzbehörden sind unbar zu leisten. [2]Das Bundesministerium der Finanzen und die für die Finanzverwaltung zuständigen obersten Landesbehörden können für ihre Geschäftsbereiche Ausnahmen zulassen. [3]Als Tag der Zahlung gilt bei Überweisung oder Zahlungsanweisung der dritte Tag nach der Hingabe oder Absendung des Auftrags an das Kreditinstitut oder, wenn der Betrag nicht sofort abgebucht werden soll, der dritte Tag nach der Abbuchung.

(4) [1]Die zuständige Kasse kann für die Übergabe von Zahlungsmitteln gegen Quittung geschlossen werden. [2]Absatz 2 Nr. 1 gilt entsprechend, wenn bei der

---

[1)] § 223 aufgeh. mWv 31.12.2014 durch G v. 22.12.2014 (BGBl. I S. 2417).
[2)] § 224 Abs. 2 Nr. 1 2. HS angef. durch G v. 13.12.2006 (BGBl. I S. 2878); zur Anwendung siehe Art. 97 § 6 EGAO (Nr. **1.1**).
[3)] § 224 Abs. 2 Nr. 2 geänd. mWv 30.6.2013 durch G v. 26.6.2013 (BGBl. I S. 1809).

Schließung von Kassen nach Satz 1 am Ort der Kasse eine oder mehrere Zweiganstalten der Deutschen Bundesbank oder, falls solche am Ort der Kasse nicht bestehen, ein oder mehrere Kreditinstitute ermächtigt werden, für die Kasse Zahlungsmittel gegen Quittung anzunehmen.

§ 224a Hingabe von Kunstgegenständen an Zahlungs statt. (1) [1]Schuldet ein Steuerpflichtiger Erbschaft- oder Vermögensteuer, kann durch öffentlich-rechtlichen Vertrag zugelassen werden, dass an Zahlungs statt das Eigentum an Kunstgegenständen, Kunstsammlungen, wissenschaftlichen Sammlungen, Bibliotheken, Handschriften und Archiven dem Land, dem das Steueraufkommen zusteht, übertragen wird, wenn an deren Erwerb wegen ihrer Bedeutung für Kunst, Geschichte oder Wissenschaft ein öffentliches Interesse besteht. [2]Die Übertragung des Eigentums nach Satz 1 gilt nicht als Veräußerung im Sinne des § 13 Abs. 1 Nr. 2 Satz 2 des Erbschaftsteuergesetzes[1]).

(2) [1]Der Vertrag nach Absatz 1 bedarf der Schriftform; die elektronische Form ist ausgeschlossen. [2]Der Steuerpflichtige hat das Vertragsangebot an die örtlich zuständige Finanzbehörde zu richten. [3]Zuständig für den Vertragsabschluss ist die oberste Finanzbehörde des Landes, dem das Steueraufkommen zusteht. [4]Der Vertrag wird erst mit der Zustimmung der für kulturelle Angelegenheiten zuständigen obersten Landesbehörde wirksam; diese Zustimmung wird von der obersten Finanzbehörde eingeholt.

(3) Kommt ein Vertrag zustande, erlischt die Steuerschuld in der im Vertrag vereinbarten Höhe am Tag der Übertragung des Eigentums an das Land, dem das Steueraufkommen zusteht.

(4) [1]Solange nicht feststeht, ob ein Vertrag zustande kommt, kann der Steueranspruch nach § 222 gestundet werden. [2]Kommt ein Vertrag zustande, ist für die Dauer der Stundung auf die Erhebung von Stundungszinsen zu verzichten.

§ 225 Reihenfolge der Tilgung. (1) Schuldet ein Steuerpflichtiger mehrere Beträge und reicht bei freiwilliger Zahlung der gezahlte Betrag nicht zur Tilgung sämtlicher Schulden aus, so wird die Schuld getilgt, die der Steuerpflichtige bei der Zahlung bestimmt.

(2) [1]Trifft der Steuerpflichtige keine Bestimmung, so werden mit einer freiwilligen Zahlung, die nicht sämtliche Schulden deckt, zunächst die Geldbußen, sodann nacheinander die Zwangsgelder, die Steuerabzugsbeträge, die übrigen Steuern, die Kosten, die Verspätungszuschläge, die Zinsen und die Säumniszuschläge getilgt. [2]Innerhalb dieser Reihenfolge sind die einzelnen Schulden nach ihrer Fälligkeit zu ordnen; bei gleichzeitig fällig gewordenen Beträgen und bei den Säumniszuschlägen bestimmt die Finanzbehörde die Reihenfolge der Tilgung.

(3) Wird die Zahlung im Verwaltungsweg erzwungen (§ 249) und reicht der verfügbare Betrag nicht zur Tilgung aller Schulden aus, derentwegen die Vollstreckung oder die Verwertung der Sicherheiten erfolgt ist, so bestimmt die Finanzbehörde die Reihenfolge der Tilgung.

§ 226 Aufrechnung. (1) Für die Aufrechnung mit Ansprüchen aus dem Steuerschuldverhältnis sowie für die Aufrechnung gegen diese Ansprüche gel-

---

[1]) dtv 5547 ErbSt/BewG/GrSt Nr. 2.

ten sinngemäß die Vorschriften des bürgerlichen Rechts, soweit nichts anderes bestimmt ist.

(2) Mit Ansprüchen aus dem Steuerschuldverhältnis kann nicht aufgerechnet werden, wenn sie durch Verjährung oder Ablauf einer Ausschlussfrist erloschen sind.

(3) Die Steuerpflichtigen können gegen Ansprüche aus dem Steuerschuldverhältnis nur mit unbestrittenen oder rechtskräftig festgestellten Gegenansprüchen aufrechnen.

(4) Für die Aufrechnung gilt als Gläubiger oder Schuldner eines Anspruchs aus dem Steuerschuldverhältnis auch die Körperschaft, die die Steuer verwaltet.

§ 227 Erlass. Die Finanzbehörden können Ansprüche aus dem Steuerschuldverhältnis ganz oder zum Teil erlassen, wenn deren Einziehung nach Lage des einzelnen Falls unbillig wäre; unter den gleichen Voraussetzungen können bereits entrichtete Beträge erstattet oder angerechnet werden.

3. Unterabschnitt. Zahlungsverjährung

§ 228[1] Gegenstand der Verjährung, Verjährungsfrist. [1] Ansprüche aus dem Steuerschuldverhältnis unterliegen einer besonderen Zahlungsverjährung. [2] Die Verjährungsfrist beträgt fünf Jahre, in Fällen der §§ 370, 373 oder 374 zehn Jahre.

§ 229 Beginn der Verjährung. (1) [1] Die Verjährung beginnt mit Ablauf des Kalenderjahrs, in dem der Anspruch erstmals fällig geworden ist. [2] Sie beginnt jedoch nicht vor Ablauf des Kalenderjahrs, in dem die Festsetzung eines Anspruchs aus dem Steuerschuldverhältnis, ihre Aufhebung, Änderung oder Berichtigung nach § 129 wirksam geworden ist, aus der sich der Anspruch ergibt; eine Steueranmeldung steht einer Steuerfestsetzung gleich.

(2) Ist ein Haftungsbescheid ohne Zahlungsaufforderung ergangen, so beginnt die Verjährung mit Ablauf des Kalenderjahrs, in dem der Haftungsbescheid wirksam geworden ist.

§ 230 Hemmung der Verjährung. Die Verjährung ist gehemmt, solange der Anspruch wegen höherer Gewalt innerhalb der letzten sechs Monate der Verjährungsfrist nicht verfolgt werden kann.

§ 231 Unterbrechung der Verjährung. (1)[2] [1] Die Verjährung eines Anspruchs wird unterbrochen durch

1. Zahlungsaufschub, Stundung, Aussetzung der Vollziehung, Aussetzung der Verpflichtung des Zollschuldners zur Abgabenentrichtung oder Vollstreckungsaufschub,

2. Sicherheitsleistung,

3. eine Vollstreckungsmaßnahme,

4. Anmeldung im Insolvenzverfahren,

---

[1] § 228 Satz 2 neu gef. durch G v. 23.6.2017 (BGBl. I S. 1682); zur Anwendung siehe Art. 97 § 14 Abs. 5 EGAO (Nr. **1.1**).

[2] § 231 Abs. 1 Satz 1 geänd. durch G v. 15.12.2003 (BGBl. I S. 2645); Satz 1 neu gef. durch G v. 23.6.2017 (BGBl. I S. 1682); zur Anwendung siehe Art. 97 § 14 Abs. 5 EGAO (Nr. **1.1**).

5.[1] Eintritt des Vollstreckungsverbots nach § 210 oder § 294 Absatz 1 der Insolvenzordnung,

6. Aufnahme in einen Insolvenzplan oder einen gerichtlichen Schuldenbereinigungsplan,

7. Ermittlungen der Finanzbehörde nach dem Wohnsitz oder dem Aufenthaltsort des Zahlungspflichtigen und

8. schriftliche Geltendmachung des Anspruchs.

[2] § 169 Abs. 1 Satz 3 gilt sinngemäß.

(2)[2] [1] Die Unterbrechung der Verjährung dauert fort

1. in den Fällen des Absatzes 1 Satz 1 Nummer 1 bis zum Ablauf der Maßnahme,

2. im Fall des Absatzes 1 Satz 1 Nummer 2 bis zum Erlöschen der Sicherheit,

3. im Fall des Absatzes 1 Satz 1 Nummer 3 bis zum Erlöschen des Pfändungspfandrechts, der Zwangshypothek oder des sonstigen Vorzugsrechts auf Befriedigung,

4. im Fall des Absatzes 1 Satz 1 Nummer 4 bis zur Beendigung des Insolvenzverfahrens,

5.[3] im Fall des Absatzes 1 Satz 1 Nummer 5 bis zum Wegfall des Vollstreckungsverbots nach § 210 oder § 294 Absatz 1 der Insolvenzordnung,

6. in den Fällen des Absatzes 1 Satz 1 Nummer 6, bis der Insolvenzplan oder der gerichtliche Schuldenbereinigungsplan erfüllt oder hinfällig wird.

[2] Wird gegen die Finanzbehörde ein Anspruch geltend gemacht, so endet die hierdurch eingetretene Unterbrechung der Verjährung nicht, bevor über den Anspruch rechtskräftig entschieden worden ist.

(3) Mit Ablauf des Kalenderjahrs, in dem die Unterbrechung geendet hat, beginnt eine neue Verjährungsfrist.

(4) Die Verjährung wird nur in Höhe des Betrags unterbrochen, auf den sich die Unterbrechungshandlung bezieht.

§ 232 Wirkung der Verjährung. Durch die Verjährung erlöschen der Anspruch aus dem Steuerschuldverhältnis und die von ihm abhängenden Zinsen.

Zweiter Abschnitt. Verzinsung, Säumniszuschläge

1. Unterabschnitt. Verzinsung

§ 233 Grundsatz. [1] Ansprüche aus dem Steuerschuldverhältnis (§ 37) werden nur verzinst, soweit dies gesetzlich vorgeschrieben ist. [2] Ansprüche auf steuerliche Nebenleistungen (§ 3 Abs. 4) und die entsprechenden Erstattungsansprüche werden nicht verzinst.

§ 233a Verzinsung von Steuernachforderungen und Steuererstattungen. (1) [1] Führt die Festsetzung der Einkommen-, Körperschaft-, Vermögen-, Umsatz- oder Gewerbesteuer zu einem Unterschiedsbetrag im Sinne des Ab-

---

[1] § 231 Abs. 1 Satz 1 Nr. 5 geänd. mWv 29.12.2020 durch G v. 21.12.2020 (BGBl. I S. 3096).
[2] § 231 Abs. 2 Satz 1 neu gef. durch G v. 15.12.2003 (BGBl. I S. 2645); Satz 1 neu gef. durch G v. 23.6.2017 (BGBl. I S. 1682); zur Anwendung siehe Art. 97 § 14 Abs. 5 EGAO (Nr. **1.1**).
[3] § 231 Abs. 2 Satz 1 Nr. 5 geänd. mWv 29.12.2020 durch G v. 21.12.2020 (BGBl. I S. 3096).

satzes 3, ist dieser zu verzinsen. [2]Dies gilt nicht für die Festsetzung von Vorauszahlungen und Steuerabzugsbeträgen.

(2)[1)] [1]Der Zinslauf beginnt *15 Monate nach Ablauf des Kalenderjahrs, in dem die Steuer entstanden ist.*[2)] [2]Er beginnt für die Einkommen- und Körperschaftsteuer *23 Monate nach diesem Zeitpunkt,*[3)] wenn die Einkünfte aus Land- und Forstwirtschaft bei der erstmaligen Steuerfestsetzung die anderen Einkünfte überwiegen. [3]Er endet mit Ablauf des Tages, an dem die Steuerfestsetzung wirksam wird.

(2a)[4)] Soweit die Steuerfestsetzung auf der Berücksichtigung eines rückwirkenden Ereignisses (§ 175 Abs. 1 Satz 1 Nr. 2 und Abs. 2) oder auf einem Verlustabzug nach § 10d Abs. 1 des Einkommensteuergesetzes[5)] beruht, beginnt der Zinslauf abweichend von Absatz 2 Satz 1 und 2 15 Monate nach Ablauf des Kalenderjahres, in dem das rückwirkende Ereignis eingetreten oder der Verlust entstanden ist.

(3) [1]Maßgebend für die Zinsberechnung ist die festgesetzte Steuer, vermindert um die anzurechnenden Steuerabzugsbeträge, um die anzurechnende Körperschaftsteuer und um die bis zum Beginn des Zinslaufs festgesetzten Vorauszahlungen (Unterschiedsbetrag). [2]Bei der Vermögensteuer ist als Unterschiedsbetrag für die Zinsberechnung die festgesetzte Steuer, vermindert um die festgesetzten Vorauszahlungen oder die bisher festgesetzte Jahressteuer, maßgebend. [3]Ein Unterschiedsbetrag zugunsten des Steuerpflichtigen ist nur bis zur Höhe des zu erstattenden Betrags zu verzinsen; die Verzinsung beginnt frühestens mit dem Tag der Zahlung.

(4) Die Festsetzung der Zinsen soll mit der Steuerfestsetzung verbunden werden.

(5) [1]Wird die Steuerfestsetzung aufgehoben, geändert oder nach § 129 berichtigt, ist eine bisherige Zinsfestsetzung zu ändern; Gleiches gilt, wenn die Anrechnung von Steuerbeträgen zurückgenommen, widerrufen oder nach § 129 berichtigt wird. [2]Maßgebend für die Zinsberechnung ist der Unterschiedsbetrag zwischen der festgesetzten Steuer und der vorher festgesetzten Steuer, jeweils vermindert um die anzurechnenden Steuerabzugsbeträge und um die anzurechnende Körperschaftsteuer. [3]Dem sich hiernach ergebenden Zinsbetrag sind bisher festzusetzende Zinsen hinzuzurechnen; bei einem Unterschiedsbetrag zugunsten des Steuerpflichtigen entfallen darauf festgesetzte Zinsen. [4]Im Übrigen gilt Absatz 3 Satz 3 entsprechend.

(6) Die Absätze 1 bis 5 gelten bei der Durchführung des Lohnsteuer-Jahresausgleichs entsprechend.

(7) [1]Bei Anwendung des Absatzes 2a gelten die Absätze 3 und 5 mit der Maßgabe, dass der Unterschiedsbetrag in Teil-Unterschiedsbeträge mit jeweils gleichem Zinslaufbeginn aufzuteilen ist; für jeden Teil-Unterschiedsbetrag sind Zinsen gesondert und in der zeitlichen Reihenfolge der Teil-Unterschieds-

---

[1)] § 233a Abs. 2 Satz 2 geänd. durch G v. 1.11.2011 (BGBl. I S. 2131); zur Anwendung siehe Art. 97 § 15 Abs. 11 EGAO (Nr. **1.1**).
[2)] Für den Besteuerungszeitraum 2019: 1. Oktober 2021; siehe Art. 97 § 36 Abs. 2 Satz 1 EGAO (Nr. **1.1**).
[3)] Für den Besteuerungszeitraum 2019: 1. Mai 2022; siehe Art. 97 § 36 Abs. 2 Satz 2 EGAO (Nr. **1.1**).
[4)] Zur Anwendung siehe Art. 97 § 9 Abs. 5 EGAO (Nr. **1.1**).
[5)] **dtv 5785 ESt/LSt Nr. 1.**

beträge zu berechnen, beginnend mit den Zinsen auf den Teil-Unterschiedsbetrag mit dem ältesten Zinslaufbeginn. [2] Ergibt sich ein Teil-Unterschiedsbetrag zugunsten des Steuerpflichtigen, entfallen auf diesen Betrag festgesetzte Zinsen frühestens ab Beginn des für diesen Teil-Unterschiedsbetrag maßgebenden Zinslaufs; Zinsen für den Zeitraum bis zum Beginn des Zinslaufs dieses Teil-Unterschiedsbetrags bleiben endgültig bestehen. [3] Dies gilt auch, wenn zuvor innerhalb derselben Zinsberechnung Zinsen auf einen Teil-Unterschiedsbetrag zuungunsten des Steuerpflichtigen berechnet worden sind.

§ 234 Stundungszinsen. (1) [1] Für die Dauer einer gewährten Stundung von Ansprüchen aus dem Steuerschuldverhältnis werden Zinsen erhoben. [2] Wird der Steuerbescheid nach Ablauf der Stundung aufgehoben, geändert oder nach § 129 berichtigt, so bleiben die bis dahin entstandenen Zinsen unberührt.

(2) Auf die Zinsen kann ganz oder teilweise verzichtet werden, wenn ihre Erhebung nach Lage des einzelnen Falls unbillig wäre.

(3) Zinsen nach § 233a, die für denselben Zeitraum festgesetzt wurden, sind anzurechnen.

§ 235 Verzinsung von hinterzogenen Steuern. (1) [1] Hinterzogene Steuern sind zu verzinsen. [2] Zinsschuldner ist derjenige, zu dessen Vorteil die Steuern hinterzogen worden sind. [3] Wird die Steuerhinterziehung dadurch begangen, dass ein anderer als der Steuerschuldner seine Verpflichtung, einbehaltene Steuern an die Finanzbehörde abzuführen oder Steuern zu Lasten eines anderen zu entrichten, nicht erfüllt, so ist dieser Zinsschuldner.

(2) [1] Der Zinslauf beginnt mit dem Eintritt der Verkürzung oder der Erlangung des Steuervorteils, es sei denn, dass die hinterzogenen Beträge ohne die Steuerhinterziehung erst später fällig geworden wären. [2] In diesem Fall ist der spätere Zeitpunkt maßgebend.

(3) [1] Der Zinslauf endet mit der Zahlung der hinterzogenen Steuern. [2] Für eine Zeit, für die ein Säumniszuschlag verwirkt, die Zahlung gestundet oder die Vollziehung ausgesetzt ist, werden Zinsen nach dieser Vorschrift nicht erhoben. [3] Wird der Steuerbescheid nach Ende des Zinslaufs aufgehoben, geändert oder nach § 129 berichtigt, so bleiben die bis dahin entstandenen Zinsen unberührt.

(4) Zinsen nach § 233a, die für denselben Zeitraum festgesetzt wurden, sind anzurechnen.

§ 236 Prozesszinsen auf Erstattungsbeträge. (1) [1] Wird durch eine rechtskräftige gerichtliche Entscheidung oder auf Grund einer solchen Entscheidung eine festgesetzte Steuer herabgesetzt oder eine Steuervergütung gewährt, so ist der zu erstattende oder zu vergütende Betrag vorbehaltlich des Absatzes 3 vom Tag der Rechtshängigkeit an bis zum Auszahlungstag zu verzinsen. [2] Ist der zu erstattende Betrag erst nach Eintritt der Rechtshängigkeit entrichtet worden, so beginnt die Verzinsung mit dem Tag der Zahlung.

(2) Absatz 1 ist entsprechend anzuwenden, wenn

1. sich der Rechtsstreit durch Aufhebung oder Änderung des angefochtenen Verwaltungsakts oder durch Erlass des beantragten Verwaltungsakts erledigt oder

2. eine rechtskräftige gerichtliche Entscheidung oder ein unanfechtbarer Verwaltungsakt, durch den sich der Rechtsstreit erledigt hat,

a) zur Herabsetzung der in einem Folgebescheid festgesetzten Steuer,

b) zur Herabsetzung der Gewerbesteuer nach Änderung des Gewerbesteuermessbetrags

führt.

(3) Ein zu erstattender oder zu vergütender Betrag wird nicht verzinst, soweit dem Beteiligten die Kosten des Rechtsbehelfs nach § 137 Satz 1 der Finanzgerichtsordnung[1] auferlegt worden sind.

(4) Zinsen nach § 233a, die für denselben Zeitraum festgesetzt wurden, sind anzurechnen.

(5) Ein Zinsbescheid ist nicht aufzuheben oder zu ändern, wenn der Steuerbescheid nach Abschluss des Rechtsbehelfsverfahrens aufgehoben, geändert oder nach § 129 berichtigt wird.

§ 237 Zinsen bei Aussetzung der Vollziehung. (1) [1] Soweit ein Einspruch oder eine Anfechtungsklage gegen einen Steuerbescheid, eine Steueranmeldung oder einen Verwaltungsakt, der einen Steuervergütungsbescheid aufhebt oder ändert, oder gegen eine Einspruchsentscheidung über einen dieser Verwaltungsakte endgültig keinen Erfolg gehabt hat, ist der geschuldete Betrag, hinsichtlich dessen die Vollziehung des angefochtenen Verwaltungsakts ausgesetzt wurde, zu verzinsen. [2] Satz 1 gilt entsprechend, wenn nach Einlegung eines förmlichen außergerichtlichen oder gerichtlichen Rechtsbehelfs gegen einen Grundlagenbescheid (§ 171 Abs. 10) oder eine Rechtsbehelfsentscheidung über einen Grundlagenbescheid die Vollziehung eines Folgebescheids ausgesetzt wurde.

(2) [1] Zinsen werden erhoben vom Tag des Eingangs des außergerichtlichen Rechtsbehelfs bei der Behörde, deren Verwaltungsakt angefochten wird, oder vom Tag der Rechtshängigkeit beim Gericht an bis zum Tag, an dem die Aussetzung der Vollziehung endet. [2] Ist die Vollziehung erst nach dem Eingang des außergerichtlichen Rechtsbehelfs oder erst nach der Rechtshängigkeit ausgesetzt worden, so beginnt die Verzinsung mit dem Tag, an dem die Wirkung der Aussetzung der Vollziehung beginnt.

(3) Absätze 1 und 2 sind entsprechend anzuwenden, wenn nach Aussetzung der Vollziehung des Einkommensteuerbescheids, des Körperschaftsteuerbescheids oder eines Feststellungsbescheids die Vollziehung eines Gewerbesteuermessbescheids oder Gewerbesteuerbescheids ausgesetzt wird.

(4) § 234 Abs. 2 und 3 gelten entsprechend.

(5) Ein Zinsbescheid ist nicht aufzuheben oder zu ändern, wenn der Steuerbescheid nach Abschluss des Rechtsbehelfsverfahrens aufgehoben, geändert oder nach § 129 berichtigt wird.

§ 238 Höhe und Berechnung der Zinsen. (1)[2] [1] Die Zinsen betragen für jeden Monat einhalb Prozent. [2] Sie sind von dem Tag an, an dem der Zinslauf beginnt, nur für volle Monate zu zahlen; angefangene Monate bleiben außer Ansatz. [3] Erlischt der zu verzinsende Anspruch durch Aufrechnung, gilt der Tag, an dem die Schuld des Aufrechnenden fällig wird, als Tag der Zahlung.

---

[1] Nr. **2**.

[2] § 238 Abs. 1 Satz 1 geänd. durch G v. 13.12.2006 (BGBl. I S. 2878).

(2)[1] Für die Berechnung der Zinsen wird der zu verzinsende Betrag jeder Steuerart auf den nächsten durch 50 Euro teilbaren Betrag abgerundet.

§ 239 Festsetzung der Zinsen. (1) [1] Auf die Zinsen sind die für die Steuern geltenden Vorschriften entsprechend anzuwenden, jedoch beträgt die Festsetzungsfrist ein Jahr. [2] Die Festsetzungsfrist beginnt:

1. in den Fällen des § 233a mit Ablauf des Kalenderjahrs, in dem die Steuer festgesetzt, aufgehoben, geändert oder nach § 129 berichtigt worden ist,
2. in den Fällen des § 234 mit Ablauf des Kalenderjahrs, in dem die Stundung geendet hat,
3. in den Fällen des § 235 mit Ablauf des Kalenderjahrs, in dem die Festsetzung der hinterzogenen Steuern unanfechtbar geworden ist, jedoch nicht vor Ablauf des Kalenderjahrs, in dem ein eingeleitetes Strafverfahren rechtskräftig abgeschlossen worden ist,
4. in den Fällen des § 236 mit Ablauf des Kalenderjahrs, in dem die Steuer erstattet oder die Steuervergütung ausgezahlt worden ist,
5. in den Fällen des § 237 mit Ablauf des Kalenderjahrs, in dem ein Einspruch oder eine Anfechtungsklage endgültig erfolglos geblieben ist.

[3] Die Festsetzungsfrist läuft in den Fällen des § 233a nicht ab, solange die Steuerfestsetzung, ihre Aufhebung, ihre Änderung oder ihre Berichtigung nach § 129 noch zulässig ist.

(2) [1] Zinsen sind auf volle Euro zum Vorteil des Steuerpflichtigen gerundet festzusetzen. [2] Sie werden nur dann festgesetzt, wenn sie mindestens 10 Euro betragen.

(3)[2] Werden Besteuerungsgrundlagen gesondert festgestellt oder wird ein Steuermessbetrag festgesetzt, sind die Grundlagen für eine Festsetzung von Zinsen

1. nach § 233a in den Fällen des § 233a Absatz 2a oder
2. nach § 235

gesondert festzustellen, soweit diese an Sachverhalte anknüpfen, die Gegenstand des Grundlagenbescheids sind.

(4)[3] Werden wegen einer Steueranmeldung, die nach § 168 Satz 1 einer Steuerfestsetzung unter Vorbehalt der Nachprüfung gleichsteht, Zinsen nach § 233a festgesetzt, so steht diese Zinsfestsetzung ebenfalls unter dem Vorbehalt der Nachprüfung.

2. Unterabschnitt. Säumniszuschläge

§ 240[4] Säumniszuschläge. (1)[5] [1] Wird eine Steuer nicht bis zum Ablauf des Fälligkeitstages entrichtet, so ist für jeden angefangenen Monat der Säumnis ein Säumniszuschlag von 1 Prozent des abgerundeten rückständigen Steuerbetrags zu entrichten; abzurunden ist auf den nächsten durch 50 Euro teilbaren

---

[1] Zur erstmaligen Anwendung siehe Art. 97 § 15 Abs. 10 EGAO (Nr. **1.1**).
[2] § 239 Abs. 3 angef. mWv 1.1.2017 durch G v. 18.7.2016 (BGBl. I S. 1679); zur Anwendung siehe Art. 97 § 15 Abs. 12 Satz 1 EGAO (Nr. **1.1**).
[3] § 239 Abs. 4 angef. mWv 1.1.2017 durch G v. 18.7.2016 (BGBl. I S. 1679); zur Anwendung siehe Art. 97 § 15 Abs. 12 Satz 2 EGAO (Nr. **1.1**).
[4] Zur Anwendung siehe Art. 97 § 16 EGAO (Nr. **1.1**).
[5] § 240 Abs. 1 Satz 1 geänd. durch G v. 13.12.2006 (BGBl. I S. 2878).

Betrag. [2]Das Gleiche gilt für zurückzuzahlende Steuervergütungen und Haftungsschulden, soweit sich die Haftung auf Steuern und zurückzuzahlende Steuervergütungen erstreckt. [3]Die Säumnis nach Satz 1 tritt nicht ein, bevor die Steuer festgesetzt oder angemeldet worden ist. [4]Wird die Festsetzung einer Steuer oder Steuervergütung aufgehoben, geändert oder nach § 129 berichtigt, so bleiben die bis dahin verwirkten Säumniszuschläge unberührt; das Gleiche gilt, wenn ein Haftungsbescheid zurückgenommen, widerrufen oder nach § 129 berichtigt wird. [5]Erlischt der Anspruch durch Aufrechnung, bleiben Säumniszuschläge unberührt, die bis zur Fälligkeit der Schuld des Aufrechnenden entstanden sind.

(2) Säumniszuschläge entstehen nicht bei steuerlichen Nebenleistungen.

(3)[1)] [1]Ein Säumniszuschlag wird bei einer Säumnis bis zu drei Tagen nicht erhoben. [2]Dies gilt nicht bei Zahlung nach § 224 Abs. 2 Nr. 1.

(4) [1]In den Fällen der Gesamtschuld entstehen Säumniszuschläge gegenüber jedem säumigen Gesamtschuldner. [2]Insgesamt ist jedoch kein höherer Säumniszuschlag zu entrichten als verwirkt worden wäre, wenn die Säumnis nur bei einem Gesamtschuldner eingetreten wäre.

Dritter Abschnitt. Sicherheitsleistung

§ **241 Art der Sicherheitsleistung.** (1) Wer nach den Steuergesetzen Sicherheit zu leisten hat, kann diese erbringen

1. durch Hinterlegung von im Geltungsbereich dieses Gesetzes umlaufenden Zahlungsmitteln bei der zuständigen Finanzbehörde,

2. durch Verpfändung der in Absatz 2 genannten Wertpapiere, die von dem zur Sicherheitsleistung Verpflichteten der Deutschen Bundesbank oder einem Kreditinstitut zur Verwahrung anvertraut worden sind, das zum Depotgeschäft zugelassen ist, wenn dem Pfandrecht keine anderen Rechte vorgehen. [2]Die Haftung der Wertpapiere für Forderungen des Verwahrers für ihre Verwahrung und Verwaltung bleibt unberührt. [3]Der Verpfändung von Wertpapieren steht die Verpfändung von Anteilen an einem Sammelbestand nach § 6 des Depotgesetzes in der im Bundesgesetzblatt Teil III, Gliederungsnummer 4130-1, veröffentlichten bereinigten Fassung, zuletzt geändert durch Artikel 1 des Gesetzes vom 17. Juli 1985 (BGBl. I S. 1507), gleich,

3. durch eine mit der Übergabe des Sparbuchs verbundene Verpfändung von Spareinlagen bei einem Kreditinstitut, das im Geltungsbereich dieses Gesetzes zum Einlagengeschäft zugelassen ist, wenn dem Pfandrecht keine anderen Rechte vorgehen,

4. durch Verpfändung von Forderungen, die in einem Schuldbuch des Bundes, eines Sondervermögens des Bundes oder eines Landes eingetragen sind, wenn dem Pfandrecht keine anderen Rechte vorgehen,

5. durch Bestellung von

a) erstrangigen Hypotheken, Grund- oder Rentenschulden an Grundstücken oder Erbbaurechten, die im Geltungsbereich dieses Gesetzes belegen sind,

---

[1)] § 240 Abs. 3 Satz 1 geänd. durch G v. 15.12.2003 (BGBl. I S. 2645); zur erstmaligen Anwendung siehe Art. 97 § 16 Abs. 6 EGAO (Nr. **1.1**).

b) erstrangigen Schiffshypotheken an Schiffen, Schiffsbauwerken oder Schwimmdocks, die in einem im Geltungsbereich dieses Gesetzes geführten Schiffsregister oder Schiffsbauregister eingetragen sind,

6. durch Verpfändung von Forderungen, für die eine erstrangige Verkehrshypothek an einem im Geltungsbereich dieses Gesetzes belegenen Grundstück oder Erbbaurecht besteht, oder durch Verpfändung von erstrangigen Grundschulden oder Rentenschulden an im Geltungsbereich dieses Gesetzes belegenen Grundstücken oder Erbbaurechten, wenn an den Forderungen, Grundschulden oder Rentenschulden keine vorgehenden Rechte bestehen,

7. durch Schuldversprechen, Bürgschaft oder Wechselverpflichtungen eines tauglichen Steuerbürgen (§ 244).

(2) Wertpapiere im Sinne von Absatz 1 Nr. 2 sind

1. Schuldverschreibungen des Bundes, eines Sondervermögens des Bundes, eines Landes, einer Gemeinde oder eines Gemeindeverbands,

2. Schuldverschreibungen zwischenstaatlicher Einrichtungen, denen der Bund Hoheitsrechte übertragen hat, wenn sie im Geltungsbereich dieses Gesetzes zum amtlichen Börsenhandel zugelassen sind,

3. Schuldverschreibungen der Deutschen Genossenschaftsbank, der Deutschen Siedlungs- und Landesrentenbank, der Deutschen Ausgleichsbank, der Kreditanstalt für Wiederaufbau und der Landwirtschaftlichen Rentenbank,

4. Pfandbriefe, Kommunalobligationen und verwandte Schuldverschreibungen,

5. Schuldverschreibungen, deren Verzinsung und Rückzahlung vom Bund oder von einem Land gewährleistet werden.

(3) Ein unter Steuerverschluss befindliches Lager steuerpflichtiger Waren gilt als ausreichende Sicherheit für die darauf lastende Steuer.

§ 242 Wirkung der Hinterlegung von Zahlungsmitteln. [1] Zahlungsmittel, die nach § 241 Abs. 1 Nr. 1 hinterlegt werden, gehen in das Eigentum der Körperschaft über, der die Finanzbehörde angehört, bei der sie hinterlegt worden sind. [2] Die Forderung auf Rückzahlung ist nicht zu verzinsen. [3] Mit der Hinterlegung erwirbt die Körperschaft, deren Forderung durch die Hinterlegung gesichert werden soll, ein Pfandrecht an der Forderung auf Rückerstattung der hinterlegten Zahlungsmittel.

§ 243 Verpfändung von Wertpapieren. [1] Die Sicherheitsleistung durch Verpfändung von Wertpapieren nach § 241 Abs. 1 Nr. 2 ist nur zulässig, wenn der Verwahrer die Gewähr für die Umlauffähigkeit übernimmt. [2] Die Übernahme dieser Gewähr umfasst die Haftung dafür,

1. dass das Rückforderungsrecht des Hinterlegers durch gerichtliche Sperre und Beschlagnahme nicht beschränkt ist,

2. dass die anvertrauten Wertpapiere in den Sammellisten aufgerufener Wertpapiere nicht als gestohlen oder als verloren gemeldet und weder mit Zahlungssperre belegt noch zur Kraftloserklärung aufgeboten oder für kraftlos erklärt worden sind,

3. dass die Wertpapiere auf den Inhaber lauten, oder, falls sie auf den Namen ausgestellt sind, mit Blankoindossament versehen und auch sonst nicht gesperrt sind, und dass die Zinsscheine und die Erneuerungsscheine bei den Stücken sind.

§ 244 Taugliche Steuerbürgen. (1)[1] [1]Schuldversprechen und Bürgschaften nach dem Bürgerlichen Gesetzbuch sowie Wechselverpflichtungen aus Artikel 28 oder 78 des Wechselgesetzes sind als Sicherheit nur geeignet, wenn sie von Personen abgegeben oder eingegangen worden sind, die

1. ein der Höhe der zu leistenden Sicherheit angemessenes Vermögen besitzen und

2. ihren allgemeinen oder einen vereinbarten Gerichtsstand im Geltungsbereich dieses Gesetzes haben.

[2]Bürgschaften müssen den Verzicht auf die Einrede der Vorausklage nach § 771 des Bürgerlichen Gesetzbuchs enthalten. [3]Schuldversprechen und Bürgschaftserklärungen sind schriftlich zu erteilen; die elektronische Form ist ausgeschlossen. [4]Sicherungsgeber und Sicherungsnehmer dürfen nicht wechselseitig füreinander Sicherheit leisten und auch nicht wirtschaftlich miteinander verflochten sein. [5]Über die Annahme von Bürgschaftserklärungen in den Verfahren nach dem A.T.A.-Übereinkommen vom 6. Dezember 1961 (BGBl. 1965 II S. 948) und dem TIR-Übereinkommen vom 14. November 1975 (BGBl. 1979 II S. 445) in ihren jeweils gültigen Fassungen entscheidet die Generalzolldirektion. [6]Über die Annahme von Bürgschaftserklärungen über Einzelsicherheiten in Form von Sicherheitstiteln nach dem Zollkodex der Union mit der Delegierten Verordnung (EU) 2015/2446 der Kommission vom 28. Juli 2015 zur Ergänzung der Verordnung (EU) Nr. 952/2013 des Europäischen Parlaments und des Rates mit Einzelheiten zur Präzisierung von Bestimmungen des Zollkodex der Union (ABl. L 343 vom 29.12.2015, S. 1) sowie nach der Durchführungsverordnung (EU) 2015/2447 der Kommission vom 24. November 2015 mit Einzelheiten zur Umsetzung von Bestimmungen der Verordnung (EU) Nr. 952/2013 des Europäischen Parlaments und des Rates zur Festlegung des Zollkodex der Union (ABl. L 343 vom 29.12.2015, S. 558) und nach dem Übereinkommen vom 20. Mai 1987 über ein gemeinsames Versandverfahren (ABl. EG Nr. L 226 S. 2) in ihren jeweils gültigen Fassungen entscheidet die Generalzolldirektion.

(2)[2] [1]Die Generalzolldirektion kann Kreditinstitute und geschäftsmäßig für andere Sicherheit leistende Versicherungsunternehmen allgemein als Steuerbürge zulassen, wenn sie im Geltungsbereich dieses Gesetzes zum Geschäftsbetrieb befugt sind. [2]Bei der Zulassung ist ein Höchstbetrag festzusetzen (Bürgschaftssumme). [3]Die gesamten Verbindlichkeiten aus Schuldversprechen, Bürgschaften und Wechselverpflichtungen, die der Steuerbürge gegenüber der Finanzverwaltung übernommen hat, dürfen nicht über die Bürgschaftssumme hinausgehen.

(3)[3] Das Bundesministerium der Finanzen wird ermächtigt, durch Rechtsverordnung mit Zustimmung des Bundesrates die Befugnisse nach Absatz 1 Satz 6 und Absatz 2 auf ein Hauptzollamt oder mehrere Hauptzollämter zu übertragen.

---

[1] § 244 Abs. 1 Satz 6 geänd. durch G v. 13.12.2007 (BGBl. I S. 2897); Sätze 5 und 6 geänd. mWv 1.1.2016 durch G v. 3.12.2015 (BGBl. I S. 2178); Satz 6 neu gef. mWv 18.12.2019 durch G v. 12.12. 2019 (BGBl. I S. 2451); zur Anwendung siehe Art. 97 § 1 Abs. 13 EGAO (Nr. **1.1**).
[2] § 244 Abs. 2 Sätze 1 bis 3 geänd. durch G v. 13.12.2007 (BGBl. I S. 2897); Satz 1 geänd., Sätze 2 und 3 aufgeh., bish. Sätze 4 und 5 werden Sätze 2 und 3 mWv 1.1.2016 durch G v. 3.12.2015 (BGBl. I S. 2178).
[3] § 244 Abs. 3 angef. mWv 1.1.2016 durch G v. 3.12.2015 (BGBl. I S. 2178).

§ 245 Sicherheitsleistung durch andere Werte. [1] Andere als die in § 241 bezeichneten Sicherheiten kann die Finanzbehörde nach ihrem Ermessen annehmen. [2] Vorzuziehen sind Vermögensgegenstände, die größere Sicherheit bieten oder bei Eintritt auch außerordentlicher Verhältnisse ohne erhebliche Schwierigkeit und innerhalb angemessener Frist verwertet werden können.

§ 246 Annahmewerte. [1] Die Finanzbehörde bestimmt nach ihrem Ermessen, zu welchen Werten Gegenstände als Sicherheit anzunehmen sind. [2] Der Annahmewert darf jedoch den bei einer Verwertung zu erwartenden Erlös abzüglich der Kosten der Verwertung nicht übersteigen. [3] Er darf bei den in § 241 Abs. 1 Nr. 2 und 4 aufgeführten Gegenständen und bei beweglichen Sachen, die nach § 245 als Sicherheit angenommen werden, nicht unter den in § 234 Abs. 3, § 236 und § 237 Satz 1 des Bürgerlichen Gesetzbuchs genannten Werten liegen.

§ 247 Austausch von Sicherheiten. Wer nach den §§ 241 bis 245 Sicherheit geleistet hat, ist berechtigt, die Sicherheit oder einen Teil davon durch eine andere nach den §§ 241 bis 244 geeignete Sicherheit zu ersetzen.

§ 248 Nachschusspflicht. Wird eine Sicherheit unzureichend, so ist sie zu ergänzen oder es ist anderweitige Sicherheit zu leisten.

Sechster Teil. Vollstreckung

Erster Abschnitt. Allgemeine Vorschriften

§ 249 Vollstreckungsbehörden. (1)[1] [1] Die Finanzbehörden können Verwaltungsakte, mit denen eine Geldleistung, eine sonstige Handlung, eine Duldung oder Unterlassung gefordert wird, im Verwaltungsweg vollstrecken. [2] Dies gilt auch für Steueranmeldungen (§ 168). [3] Vollstreckungsbehörden sind die Finanzämter und die Hauptzollämter sowie die Landesfinanzbehörden, denen durch eine Rechtsverordnung nach § 17 Absatz 2 Satz 3 Nummer 3 des Finanzverwaltungsgesetzes[2] die landesweite Zuständigkeit für Kassengeschäfte und das Erhebungsverfahren einschließlich der Vollstreckung übertragen worden ist; § 328 Absatz 1 Satz 3 bleibt unberührt.

(2) [1] Zur Vorbereitung der Vollstreckung können die Finanzbehörden die Vermögens- und Einkommensverhältnisse des Vollstreckungsschuldners ermitteln. [2] Die Finanzbehörde darf ihr bekannte, nach § 30 geschützte Daten, die sie bei der Vollstreckung wegen Steuern und steuerlicher Nebenleistungen verwenden darf, auch bei der Vollstreckung wegen anderer Geldleistungen als Steuern und steuerlicher Nebenleistungen verwenden.

§ 250 Vollstreckungsersuchen. (1) [1] Soweit eine Vollstreckungsbehörde auf Ersuchen einer anderen Vollstreckungsbehörde Vollstreckungsmaßnahmen ausführt, tritt sie an die Stelle der anderen Vollstreckungsbehörde. [2] Für die Vollstreckbarkeit des Anspruchs bleibt die ersuchende Vollstreckungsbehörde verantwortlich.

(2) [1] Hält sich die ersuchte Vollstreckungsbehörde für unzuständig oder hält sie die Handlung, um die sie ersucht worden ist, für unzulässig, so teilt sie ihre

---

[1] § 249 Abs. 1 Satz 3 neu gef. mWv 6.11.2015 durch G v. 2.11.2015 (BGBl. I S. 1834).
[2] dtv 5765 Steuergesetze Nr. 31.

Bedenken der ersuchenden Vollstreckungsbehörde mit. [2]Besteht diese auf der Ausführung des Ersuchens und lehnt die ersuchte Vollstreckungsbehörde die Ausführung ab, so entscheidet die Aufsichtsbehörde der ersuchten Vollstreckungsbehörde.

§ 251 Vollstreckbare Verwaltungsakte. (1)[1] [1]Verwaltungsakte können vollstreckt werden, soweit nicht ihre Vollziehung ausgesetzt oder die Vollziehung durch Einlegung eines Rechtsbehelfs gehemmt ist (§ 361; § 69 der Finanzgerichtsordnung[2]). [2]Einfuhr- und Ausfuhrabgabenbescheide können außerdem nur vollstreckt werden, soweit die Verpflichtung des Zollschuldners zur Abgabenentrichtung nicht ausgesetzt ist (Artikel 108 Absatz 3 des Zollkodex der Union).

(2) [1]Unberührt bleiben die Vorschriften der Insolvenzordnung sowie § 79 Abs. 2 des Bundesverfassungsgerichtsgesetzes. [2]Die Finanzbehörde ist berechtigt, in den Fällen des § 201 Abs. 2, §§ 257 und 308 Abs. 1 der Insolvenzordnung gegen den Schuldner im Verwaltungsweg zu vollstrecken.

(3) Macht die Finanzbehörde im Insolvenzverfahren einen Anspruch aus dem Steuerschuldverhältnis als Insolvenzforderung geltend, so stellt sie erforderlichenfalls die Insolvenzforderung durch schriftlichen Verwaltungsakt fest.

§ 252 Vollstreckungsgläubiger. Im Vollstreckungsverfahren gilt die Körperschaft als Gläubigerin der zu vollstreckenden Ansprüche, der die Vollstreckungsbehörde angehört.

§ 253 Vollstreckungsschuldner. Vollstreckungsschuldner ist derjenige, gegen den sich ein Vollstreckungsverfahren nach § 249 richtet.

§ 254 Voraussetzungen für den Beginn der Vollstreckung. (1) [1]Soweit nichts anderes bestimmt ist, darf die Vollstreckung erst beginnen, wenn die Leistung fällig ist und der Vollstreckungsschuldner zur Leistung oder Duldung oder Unterlassung aufgefordert worden ist (Leistungsgebot) und seit der Aufforderung mindestens eine Woche verstrichen ist. [2]Das Leistungsgebot kann mit dem zu vollstreckenden Verwaltungsakt verbunden werden. [3]Ein Leistungsgebot ist auch dann erforderlich, wenn der Verwaltungsakt gegen den Vollstreckungsschuldner wirkt, ohne ihm bekannt gegeben zu sein. [4]Soweit der Vollstreckungsschuldner eine von ihm auf Grund einer Steueranmeldung geschuldete Leistung nicht erbracht hat, bedarf es eines Leistungsgebots nicht.

(2)[3] [1]Eines Leistungsgebots wegen der Säumniszuschläge und Zinsen bedarf es nicht, wenn sie zusammen mit der Steuer beigetrieben werden. [2]Dies gilt sinngemäß für die Vollstreckungskosten, wenn sie zusammen mit dem Hauptanspruch beigetrieben werden. [3]Die gesonderte Anforderung von Säumniszuschlägen kann ausschließlich automationsgestützt erfolgen.

§ 255 Vollstreckung gegen juristische Personen des öffentlichen Rechts. (1) [1]Gegen den Bund oder ein Land ist die Vollstreckung nicht zulässig. [2]Im Übrigen ist die Vollstreckung gegen juristische Personen des

---

[1] § 251 Abs. 1 Satz 2 angef. durch G v. 15.12.2003 (BGBl. I S. 2645); Satz 2 geänd. mWv 1.5.2016 durch G v. 22.12.2014 (BGBl. I S. 2417).
[2] Nr. 2.
[3] § 254 Abs. 2 Satz 3 angef. mWv 18.12.2019 durch G v. 12.12.2019 (BGBl. I S. 2451); zur Anwendung siehe Art. 97 § 1 Abs. 13 EGAO (Nr. 1.1).

öffentlichen Rechts, die der Staatsaufsicht unterliegen, nur mit Zustimmung der betreffenden Aufsichtsbehörde zulässig. [3] Die Aufsichtsbehörde bestimmt den Zeitpunkt der Vollstreckung und die Vermögensgegenstände, in die vollstreckt werden kann.

(2) Gegenüber öffentlich-rechtlichen Kreditinstituten gelten die Beschränkungen des Absatzes 1 nicht.

§ 256 Einwendungen gegen die Vollstreckung. Einwendungen gegen den zu vollstreckenden Verwaltungsakt sind außerhalb des Vollstreckungsverfahrens mit den hierfür zugelassenen Rechtsbehelfen zu verfolgen.

§ 257 Einstellung und Beschränkung der Vollstreckung. (1) Die Vollstreckung ist einzustellen oder zu beschränken, sobald

1. die Vollstreckbarkeitsvoraussetzungen des § 251 Abs. 1 weggefallen sind,

2. der Verwaltungsakt, aus dem vollstreckt wird, aufgehoben wird,

3. der Anspruch auf die Leistung erloschen ist,

4. die Leistung gestundet worden ist.

(2) [1] In den Fällen des Absatzes 1 Nr. 2 und 3 sind bereits getroffene Vollstreckungsmaßnahmen aufzuheben. [2] Ist der Verwaltungsakt durch eine gerichtliche Entscheidung aufgehoben worden, so gilt dies nur, soweit die Entscheidung unanfechtbar geworden ist und nicht auf Grund der Entscheidung ein neuer Verwaltungsakt zu erlassen ist. [3] Im Übrigen bleiben die Vollstreckungsmaßnahmen bestehen, soweit nicht ihre Aufhebung ausdrücklich angeordnet worden ist.

§ 258 Einstweilige Einstellung oder Beschränkung der Vollstreckung.
Soweit im Einzelfall die Vollstreckung unbillig ist, kann die Vollstreckungsbehörde sie einstweilen einstellen oder beschränken oder eine Vollstreckungsmaßnahme aufheben.

Zweiter Abschnitt. Vollstreckung wegen Geldforderungen

1. Unterabschnitt. Allgemeine Vorschriften

§ 259[1] Mahnung. [1] Der Vollstreckungsschuldner soll in der Regel vor Beginn der Vollstreckung mit einer Zahlungsfrist von einer Woche gemahnt werden. [2] Einer Mahnung bedarf es nicht, wenn der Vollstreckungsschuldner vor Eintritt der Fälligkeit an die Zahlung erinnert wird. [3] An die Zahlung kann auch durch öffentliche Bekanntmachung allgemein erinnert werden.

§ 260[2] Angabe des Schuldgrundes. Im Vollstreckungsauftrag oder in der Pfändungsverfügung ist für die beizutreibenden Geldbeträge der Schuldgrund anzugeben.

§ 261[3] Niederschlagung. Ansprüche aus dem Steuerschuldverhältnis dürfen niedergeschlagen werden, wenn zu erwarten ist, dass

---

[1] § 259 Satz 2 aufgeh., bish. Sätze 3 und 4 werden Sätze 2 und 3 mWv 30.6.2013 durch G v. 26.6. 2013 (BGBl. I S. 1809).
[2] Vgl. Art. 97 § 17 EGAO (Nr. **1.1**).
[3] § 261 neu gef. mWv 1.1.2017 durch G v. 18.7.2016 (BGBl. I S. 1679).

1. die Erhebung keinen Erfolg haben wird oder
2. die Kosten der Erhebung außer Verhältnis zu dem zu erhebenden Betrag stehen werden.

§ 262 Rechte Dritter. (1) [1]Behauptet ein Dritter, dass ihm am Gegenstand der Vollstreckung ein die Veräußerung hinderndes Recht zustehe, oder werden Einwendungen nach den §§ 772 bis 774 der Zivilprozessordnung erhoben, so ist der Widerspruch gegen die Vollstreckung erforderlichenfalls durch Klage vor den ordentlichen Gerichten geltend zu machen. [2]Als Dritter gilt auch, wer zur Duldung der Vollstreckung in ein Vermögen, das von ihm verwaltet wird, verpflichtet ist, wenn er geltend macht, dass ihm gehörende Gegenstände von der Vollstreckung betroffen seien. [3]Welche Rechte die Veräußerung hindern, bestimmt sich nach bürgerlichem Recht.

(2) Für die Einstellung der Vollstreckung und die Aufhebung von Vollstreckungsmaßnahmen gelten die §§ 769 und 770 der Zivilprozessordnung.

(3) [1]Die Klage ist ausschließlich bei dem Gericht zu erheben, in dessen Bezirk die Vollstreckung erfolgt. [2]Wird die Klage gegen die Körperschaft, der die Vollstreckungsbehörde angehört, und gegen den Vollstreckungsschuldner gerichtet, so sind sie Streitgenossen.

§ 263[1]) Vollstreckung gegen Ehegatten oder Lebenspartner. Für die Vollstreckung gegen Ehegatten oder Lebenspartner sind die Vorschriften der §§ 739, 740, 741, 743, 744a und 745 der Zivilprozessordnung entsprechend anzuwenden.

§ 264 Vollstreckung gegen Nießbraucher. Für die Vollstreckung in Gegenstände, die dem Nießbrauch an einem Vermögen unterliegen, ist die Vorschrift des § 737 der Zivilprozessordnung entsprechend anzuwenden.

§ 265 Vollstreckung gegen Erben. Für die Vollstreckung gegen Erben sind die Vorschriften der §§ 1958, 1960 Abs. 3, § 1961 des Bürgerlichen Gesetzbuchs sowie der §§ 747, 748, 778, 779, 781 bis 784 der Zivilprozessordnung entsprechend anzuwenden.

§ 266[2]) Sonstige Fälle beschränkter Haftung. Die Vorschriften der §§ 781 bis 784 der Zivilprozessordnung sind auf die nach § 1489 des Bürgerlichen Gesetzbuchs eintretende beschränkte Haftung, die Vorschrift des § 781 der Zivilprozessordnung ist auf die nach den §§ 1480, 1504 und 2187 des Bürgerlichen Gesetzbuchs eintretende beschränkte Haftung entsprechend anzuwenden.

§ 267 Vollstreckungsverfahren gegen nicht rechtsfähige Personenvereinigungen. [1]Bei nicht rechtsfähigen Personenvereinigungen, die als solche steuerpflichtig sind, genügt für die Vollstreckung in deren Vermögen ein vollstreckbarer Verwaltungsakt gegen die Personenvereinigung. [2]Dies gilt entsprechend für Zweckvermögen und sonstige einer juristischen Person ähnliche steuerpflichtige Gebilde.

---

[1]) § 263 Überschrift neu gef. und Wortlaut geänd. durch G v. 18.7.2014 (BGBl. I S. 1042); zur Anwendung siehe Art. 97 § 1 Abs. 10 Satz 3 EGAO (Nr. **1.1**).
[2]) Zur Anwendung für nach dem 31.12.1998 beantragte Insolvenzverfahren siehe Art. 97 § 11a EGAO (Nr. **1.1**).

2. Unterabschnitt. Aufteilung einer Gesamtschuld

§ 268 Grundsatz. Sind Personen Gesamtschuldner, weil sie zusammen zu einer Steuer vom Einkommen oder zur Vermögensteuer veranlagt worden sind, so kann jeder von ihnen beantragen, dass die Vollstreckung wegen dieser Steuern jeweils auf den Betrag beschränkt wird, der sich nach Maßgabe der §§ 269 bis 278 bei einer Aufteilung der Steuern ergibt.

§ 269 Antrag. (1)[1] Der Antrag ist bei dem im Zeitpunkt der Antragstellung für die Besteuerung nach dem Einkommen oder dem Vermögen zuständigen Finanzamt schriftlich oder elektronisch zu stellen oder zur Niederschrift zu erklären.

(2) [1] Der Antrag kann frühestens nach Bekanntgabe des Leistungsgebots gestellt werden. [2] Nach vollständiger Tilgung der rückständigen Steuer ist der Antrag nicht mehr zulässig. [3] Der Antrag muss alle Angaben enthalten, die zur Aufteilung der Steuer erforderlich sind, soweit sich diese Angaben nicht aus der Steuererklärung ergeben.

§ 270[2] Allgemeiner Aufteilungsmaßstab. [1] Die rückständige Steuer ist nach dem Verhältnis der Beträge aufzuteilen, die sich bei Einzelveranlagung nach Maßgabe des § 26a des Einkommensteuergesetzes[3] und der §§ 271 bis 276 ergeben würden. [2] Dabei sind die tatsächlichen und rechtlichen Feststellungen maßgebend, die der Steuerfestsetzung bei der Zusammenveranlagung zugrunde gelegt worden sind, soweit nicht die Anwendung der Vorschriften über die Einzelveranlagung zu Abweichungen führt.

§ 271 Aufteilungsmaßstab für die Vermögensteuer. Die Vermögensteuer ist wie folgt aufzuteilen:

1. Für die Berechnung des Vermögens und der Vermögensteuer der einzelnen Gesamtschuldner ist vorbehaltlich der Abweichungen in den Nummern 2 und 3 von den Vorschriften des Bewertungsgesetzes[4] und des Vermögensteuergesetzes in der Fassung auszugehen, die der Zusammenveranlagung zugrunde gelegen hat.

2.[5] Wirtschaftsgüter eines Ehegatten oder Lebenspartners, die bei der Zusammenveranlagung als land- und forstwirtschaftliches Vermögen oder als Betriebsvermögen dem anderen Ehegatten oder Lebenspartner zugerechnet worden sind, werden als eigenes land- und forstwirtschaftliches Vermögen oder als eigenes Betriebsvermögen behandelt.

3. Schulden, die nicht mit bestimmten, einem Gesamtschuldner zugerechneten Wirtschaftsgütern in wirtschaftlichem Zusammenhang stehen, werden bei den einzelnen Gesamtschuldnern nach gleichen Teilen abgesetzt, soweit sich ein bestimmter Schuldner nicht feststellen lässt.

---

[1] § 269 Abs. 1 geänd. mWv 1.1.2017 durch G v. 18.7.2016 (BGBl. I S. 1679); zur Anwendung siehe Art. 97 § 17e Abs. 2 EGAO (Nr. **1.1**).
[2] § 270 Sätze 1 und 2 geänd. durch G v. 1.11.2011 (BGBl. I S. 2131); zur Anwendung siehe Art. 97 § 17e Abs. 1 EGAO (Nr. **1.1**).
[3] dtv 5785 ESt/LSt Nr. 1.
[4] dtv 5547 ErbSt/BewG/GrSt Nr. 1.
[5] § 271 Nr. 2 geänd. durch G v. 18.7.2014 (BGBl. I S. 1042); zur Anwendung siehe Art. 97 § 1 Abs. 10 Satz 1 EGAO (Nr. **1.1**).

§ 272 Aufteilungsmaßstab für Vorauszahlungen. (1) [1] Die rückständigen Vorauszahlungen sind im Verhältnis der Beträge aufzuteilen, die sich bei einer getrennten Festsetzung der Vorauszahlungen ergeben würden. [2] Ein Antrag auf Aufteilung von Vorauszahlungen gilt zugleich als Antrag auf Aufteilung der weiteren im gleichen Veranlagungszeitraum fällig werdenden Vorauszahlungen und einer etwaigen Abschlusszahlung. [3] Nach Durchführung der Veranlagung ist eine abschließende Aufteilung vorzunehmen. [4] Aufzuteilen ist die gesamte Steuer abzüglich der Beträge, die nicht in die Aufteilung der Vorauszahlungen einbezogen worden sind. [5] Dabei sind jedem Gesamtschuldner die von ihm auf die aufgeteilten Vorauszahlungen entrichteten Beträge anzurechnen. [6] Ergibt sich eine Überzahlung gegenüber dem Aufteilungsbetrag, so ist der überzahlte Betrag zu erstatten.

(2) Werden die Vorauszahlungen erst nach der Veranlagung aufgeteilt, so wird der für die veranlagte Steuer geltende Aufteilungsmaßstab angewendet.

§ 273 Aufteilungsmaßstab für Steuernachforderungen. (1)[1)] Führt die Änderung einer Steuerfestsetzung oder ihre Berichtigung nach § 129 zu einer Steuernachforderung, so ist die aus der Nachforderung herrührende rückständige Steuer im Verhältnis der Mehrbeträge aufzuteilen, die sich bei einem Vergleich der berichtigten Einzelveranlagungen mit den früheren Einzelveranlagungen ergeben.

(2) Der in Absatz 1 genannte Aufteilungsmaßstab ist nicht anzuwenden, wenn die bisher festgesetzte Steuer noch nicht getilgt ist.

§ 274 Besonderer Aufteilungsmaßstab. [1] Abweichend von den §§ 270 bis 273 kann die rückständige Steuer nach einem von den Gesamtschuldnern gemeinschaftlich vorgeschlagenen Maßstab aufgeteilt werden, wenn die Tilgung sichergestellt ist. [2] Der gemeinschaftliche Vorschlag ist schriftlich einzureichen oder zur Niederschrift zu erklären; er ist von allen Gesamtschuldnern zu unterschreiben.

§ 275[2)] *(aufgehoben)*

§ 276 Rückständige Steuer, Einleitung der Vollstreckung. (1) Wird der Antrag vor Einleitung der Vollstreckung bei der Finanzbehörde gestellt, so ist die im Zeitpunkt des Eingangs des Aufteilungsantrags geschuldete Steuer aufzuteilen.

(2) Wird der Antrag nach Einleitung der Vollstreckung gestellt, so ist die im Zeitpunkt der Einleitung der Vollstreckung geschuldete Steuer, derentwegen vollstreckt wird, aufzuteilen.

(3) Steuerabzugsbeträge und getrennt festgesetzte Vorauszahlungen sind in die Aufteilung auch dann einzubeziehen, wenn sie vor der Stellung des Antrags entrichtet worden sind.

(4) Zur rückständigen Steuer gehören auch Säumniszuschläge, Zinsen und Verspätungszuschläge.

[1)] § 273 Abs. 1 geänd. durch G v. 1.11.2011 (BGBl. I S. 2131); zur Anwendung siehe Art. 97 § 17e Abs. 1 EGAO (Nr. **1.1**).
[2)] § 275 aufgeh. mWv 30.6.2013 durch G v. 26.6.2013 (BGBl. I S. 1809).

(5) Die Vollstreckung gilt mit der Ausfertigung der Rückstandsanzeige als eingeleitet.

(6) ¹ Zahlungen, die in den Fällen des Absatzes 1 nach Antragstellung, in den Fällen des Absatzes 2 nach Einleitung der Vollstreckung von einem Gesamtschuldner geleistet worden sind oder die nach Absatz 3 in die Aufteilung einzubeziehen sind, werden dem Schuldner angerechnet, der sie geleistet hat oder für den sie geleistet worden sind. ² Ergibt sich dabei eine Überzahlung gegenüber dem Aufteilungsbetrag, so ist der überzahlte Betrag zu erstatten.

§ 277 Vollstreckung. Solange nicht über den Antrag auf Beschränkung der Vollstreckung unanfechtbar entschieden ist, dürfen Vollstreckungsmaßnahmen nur soweit durchgeführt werden, als dies zur Sicherung des Anspruchs erforderlich ist.

§ 278 Beschränkung der Vollstreckung. (1) Nach der Aufteilung darf die Vollstreckung nur nach Maßgabe der auf die einzelnen Schuldner entfallenden Beträge durchgeführt werden.

(2)¹⁾ ¹ Werden einem Steuerschuldner von einer mit ihm zusammen veranlagten Person in oder nach dem Veranlagungszeitraum, für den noch Steuerrückstände bestehen, unentgeltlich Vermögensgegenstände zugewendet, so kann der Empfänger bis zum Ablauf des zehnten Kalenderjahres nach dem Zeitpunkt des Ergehens des Aufteilungsbescheids über den sich nach Absatz 1 ergebenden Betrag hinaus bis zur Höhe des gemeinen Werts dieser Zuwendung für die Steuer in Anspruch genommen werden. ² Dies gilt nicht für gebräuchliche Gelegenheitsgeschenke.

§ 279 Form und Inhalt des Aufteilungsbescheids. (1)²⁾ ¹ Über den Antrag auf Beschränkung der Vollstreckung ist nach Einleitung der Vollstreckung durch schriftlich oder elektronisch zu erteilenden Aufteilungsbescheid gegenüber den Beteiligten einheitlich zu entscheiden. ² Eine Entscheidung ist jedoch nicht erforderlich, wenn keine Vollstreckungsmaßnahmen ergriffen oder bereits ergriffene Vollstreckungsmaßnahmen wieder aufgehoben werden.

(2) ¹ Der Aufteilungsbescheid hat die Höhe der auf jeden Gesamtschuldner entfallenden anteiligen Steuer zu enthalten; ihm ist eine Belehrung beizufügen, welcher Rechtsbehelf zulässig ist und binnen welcher Frist und bei welcher Behörde er einzulegen ist. ² Er soll ferner enthalten:

1. die Höhe der aufzuteilenden Steuer,

2. den für die Berechnung der rückständigen Steuer maßgebenden Zeitpunkt,

3. die Höhe der Besteuerungsgrundlagen, die den einzelnen Gesamtschuldnern zugerechnet worden sind, wenn von den Angaben der Gesamtschuldner abgewichen ist,

4.³⁾ die Höhe der bei Einzelveranlagung (§ 270) auf den einzelnen Gesamtschuldner entfallenden Steuer,

---

¹⁾ § 278 Abs. 2 Satz 1 geänd. durch G v. 19.12.2008 (BGBl. I S. 2794).
²⁾ § 279 Abs. 1 Satz 1 neu gef. mWv 1.1.2017 durch G v. 18.7.2016 (BGBl. I S. 1679); zur Anwendung siehe Art. 97 § 17e Abs. 2 Satz 2 EGAO (Nr. **1.1**).
³⁾ § 279 Abs. 2 Nr. 4 geänd. durch G v. 1.11.2011 (BGBl. I S. 2131); zur Anwendung siehe Art. 97 § 17e Abs. 1 EGAO (Nr. **1.1**).

5. die Beträge, die auf die aufgeteilte Steuer des Gesamtschuldners anzurechnen sind.

§ 280 Änderung des Aufteilungsbescheids. (1) Der Aufteilungsbescheid kann außer in den Fällen des § 129 nur geändert werden, wenn

1. nachträglich bekannt wird, dass die Aufteilung auf unrichtigen Angaben beruht und die rückständige Steuer infolge falscher Aufteilung ganz oder teilweise nicht beigetrieben werden konnte,

2. sich die rückständige Steuer durch Aufhebung oder Änderung der Steuerfestsetzung oder ihre Berichtigung nach § 129 erhöht oder vermindert.

(2) Nach Beendigung der Vollstreckung ist eine Änderung des Aufteilungsbescheids oder seine Berichtigung nach § 129 nicht mehr zulässig.

3. Unterabschnitt. Vollstreckung in das bewegliche Vermögen

I. Allgemeines

§ 281 Pfändung. (1) Die Vollstreckung in das bewegliche Vermögen erfolgt durch Pfändung.

(2) Die Pfändung darf nicht weiter ausgedehnt werden, als es zur Deckung der beizutreibenden Geldbeträge und der Kosten der Vollstreckung erforderlich ist.

(3) Die Pfändung unterbleibt, wenn die Verwertung der pfändbaren Gegenstände einen Überschuss über die Kosten der Vollstreckung nicht erwarten lässt.

§ 282[1] Wirkung der Pfändung. (1) Durch die Pfändung erwirbt die Körperschaft, der die Vollstreckungsbehörde angehört, ein Pfandrecht an dem gepfändeten Gegenstand.

(2) Das Pfandrecht gewährt ihr im Verhältnis zu anderen Gläubigern dieselben Rechte wie ein Pfandrecht im Sinne des Bürgerlichen Gesetzbuchs; es geht Pfand- und Vorzugsrechten vor, die im Insolvenzverfahren diesem Pfandrecht nicht gleichgestellt sind.

(3) Das durch eine frühere Pfändung begründete Pfandrecht geht demjenigen vor, das durch eine spätere Pfändung begründet wird.

§ 283 Ausschluss von Gewährleistungsansprüchen. Wird ein Gegenstand auf Grund der Pfändung veräußert, so steht dem Erwerber wegen eines Mangels im Recht oder wegen eines Mangels der veräußerten Sache ein Anspruch auf Gewährleistung nicht zu.

§ 284[2] Vermögensauskunft des Vollstreckungsschuldners. (1) [1]Der Vollstreckungsschuldner muss der Vollstreckungsbehörde auf deren Verlangen für die Vollstreckung einer Forderung Auskunft über sein Vermögen nach Maßgabe der folgenden Vorschriften erteilen, wenn er die Forderung nicht binnen zwei Wochen begleicht, nachdem ihn die Vollstreckungsbehörde unter Hinweis auf die Verpflichtung zur Abgabe der Vermögensauskunft zur Zahlung aufgefordert hat. [2]Zusätzlich hat er seinen Geburtsnamen, sein Geburtsdatum

---

[1] Zur Anwendung für nach dem 31.12.1998 beantragte Insolvenzverfahren siehe Art. 97 § 11a EGAO (Nr. **1.1**).
[2] § 284 neu gef. mWv 1.1.2013 durch G v. 29.7.2009 (BGBl. I S. 2258).

und seinen Geburtsort anzugeben. ³ Handelt es sich bei dem Vollstreckungs-schuldner um eine juristische Person oder um eine Personenvereinigung, so hat er seine Firma, die Nummer des Registerblatts im Handelsregister und seinen Sitz anzugeben.

(2) ¹ Zur Auskunftserteilung hat der Vollstreckungsschuldner alle ihm gehö-renden Vermögensgegenstände anzugeben. ² Bei Forderungen sind Grund und Beweismittel zu bezeichnen. ³ Ferner sind anzugeben:

1. die entgeltlichen Veräußerungen des Vollstreckungsschuldners an eine nahe-stehende Person (§ 138 der Insolvenzordnung), die dieser in den letzten zwei Jahren vor dem Termin nach Absatz 7 und bis zur Abgabe der Vermögens-auskunft vorgenommen hat;

2. die unentgeltlichen Leistungen des Vollstreckungsschuldners, die dieser in den letzten vier Jahren vor dem Termin nach Absatz 7 und bis zur Abgabe der Vermögensauskunft vorgenommen hat, sofern sie sich nicht auf ge-bräuchliche Gelegenheitsgeschenke geringen Werts richteten.

⁴ Sachen, die nach § 811 Abs. 1 Nr. 1 und 2 der Zivilprozessordnung der Pfändung offensichtlich nicht unterworfen sind, brauchen nicht angegeben zu werden, es sei denn, dass eine Austauschpfändung in Betracht kommt.

(3)¹⁾ ¹ Der Vollstreckungsschuldner hat zu Protokoll an Eides statt zu ver-sichern, dass er die Angaben nach den Absätzen 1 und 2 nach bestem Wissen und Gewissen richtig und vollständig gemacht habe. ² Vor Abnahme der eides-stattlichen Versicherung ist der Vollstreckungsschuldner über die Bedeutung der eidesstattlichen Versicherung, insbesondere über die strafrechtlichen Folgen einer unrichtigen oder unvollständigen eidesstattlichen Versicherung, zu beleh-ren.

(4) ¹ Ein Vollstreckungsschuldner, der die in dieser Vorschrift oder die in § 802c der Zivilprozessordnung bezeichnete Vermögensauskunft innerhalb der letzten zwei Jahre abgegeben hat, ist zur erneuten Abgabe nur verpflichtet, wenn anzunehmen ist, dass sich seine Vermögensverhältnisse wesentlich geän-dert haben. ² Die Vollstreckungsbehörde hat von Amts wegen festzustellen, ob beim zentralen Vollstreckungsgericht nach § 802k Abs. 1 der Zivilprozess-ordnung in den letzten zwei Jahren ein auf Grund einer Vermögensauskunft des Schuldners erstelltes Vermögensverzeichnis hinterlegt wurde.

(5) ¹ Für die Abnahme der Vermögensauskunft ist die Vollstreckungsbehörde zuständig, in deren Bezirk sich der Wohnsitz oder der Aufenthaltsort des Voll-streckungsschuldners befindet. ² Liegen diese Voraussetzungen bei der Vollstre-ckungsbehörde, die die Vollstreckung betreibt, nicht vor, so kann sie die Ver-mögensauskunft abnehmen, wenn der Vollstreckungsschuldner zu ihrer Abgabe bereit ist.

(6) ¹ Die Ladung zu dem Termin zur Abgabe der Vermögensauskunft ist dem Vollstreckungsschuldner selbst zuzustellen; sie kann mit der Fristsetzung nach Absatz 1 Satz 1 verbunden werden. ² Der Termin zur Abgabe der Vermögens-auskunft soll nicht vor Ablauf eines Monats nach Zustellung der Ladung bestimmt werden. ³ Ein Rechtsbehelf gegen die Anordnung der Abgabe der Vermögensauskunft hat keine aufschiebende Wirkung. ⁴ Der Vollstreckungs-schuldner hat die zur Vermögensauskunft erforderlichen Unterlagen im Termin

---

¹⁾ § 284 Abs. 3 Satz 1 geänd. mWv 1.1.2013 durch G v. 22.12.2011 (BGBl. I S. 3044).

vorzulegen. [5] Hierüber und über seine Rechte und Pflichten nach den Absätzen 2 und 3, über die Folgen einer unentschuldigten Terminssäumnis oder einer Verletzung seiner Auskunftspflichten sowie über die Möglichkeit der Eintragung in das Schuldnerverzeichnis bei Abgabe der Vermögensauskunft ist der Vollstreckungsschuldner bei der Ladung zu belehren.

(7)[1] [1] Im Termin zur Abgabe der Vermögensauskunft erstellt die Vollstreckungsbehörde ein elektronisches Dokument mit den nach den Absätzen 1 und 2 erforderlichen Angaben (Vermögensverzeichnis). [2] Diese Angaben sind dem Vollstreckungsschuldner vor Abgabe der Versicherung nach Absatz 3 vorzulesen oder zur Durchsicht auf einem Bildschirm wiederzugeben. [3] Ihm ist auf Verlangen ein Ausdruck zu erteilen. [4] Die Vollstreckungsbehörde hinterlegt das Vermögensverzeichnis bei dem zentralen Vollstreckungsgericht nach § 802k Abs. 1 der Zivilprozessordnung. [5] Form, Aufnahme und Übermittlung des Vermögensverzeichnisses haben den Vorgaben der Verordnung nach § 802k Abs. 4 der Zivilprozessordnung zu entsprechen.

(8) [1] Ist der Vollstreckungsschuldner ohne ausreichende Entschuldigung in dem zur Abgabe der Vermögensauskunft anberaumten Termin vor der in Absatz 5 Satz 1 bezeichneten Vollstreckungsbehörde nicht erschienen oder verweigert er ohne Grund die Abgabe der Vermögensauskunft, so kann die Vollstreckungsbehörde, die die Vollstreckung betreibt, die Anordnung der Haft zur Erzwingung der Abgabe beantragen. [2] Zuständig für die Anordnung der Haft ist das Amtsgericht, in dessen Bezirk der Vollstreckungsschuldner im Zeitpunkt der Fristsetzung nach Absatz 1 Satz 1 seinen Wohnsitz oder in Ermangelung eines solchen seinen Aufenthaltsort hat. [3] Die §§ 802g bis 802j der Zivilprozessordnung sind entsprechend anzuwenden. [4] Die Verhaftung des Vollstreckungsschuldners erfolgt durch einen Gerichtsvollzieher. [5] § 292 dieses Gesetzes gilt entsprechend. [6] Nach der Verhaftung des Vollstreckungsschuldners kann die Vermögensauskunft von dem nach § 802i der Zivilprozessordnung zuständigen Gerichtsvollzieher abgenommen werden, wenn sich der Sitz der in Absatz 5 bezeichneten Vollstreckungsbehörde nicht im Bezirk des für den Gerichtsvollzieher zuständigen Amtsgerichts befindet oder wenn die Abnahme der Vermögensauskunft durch die Vollstreckungsbehörde nicht möglich ist. [7] Der Beschluss des Amtsgerichts, mit dem der Antrag der Vollstreckungsbehörde auf Anordnung der Haft abgelehnt wird, unterliegt der Beschwerde nach den §§ 567 bis 577 der Zivilprozessordnung.

(9) [1] Die Vollstreckungsbehörde kann die Eintragung des Vollstreckungsschuldners in das Schuldnerverzeichnis nach § 882h Abs. 1 der Zivilprozessordnung anordnen, wenn

1. der Vollstreckungsschuldner seiner Pflicht zur Abgabe der Vermögensauskunft nicht nachgekommen ist,

2. eine Vollstreckung nach dem Inhalt des Vermögensverzeichnisses offensichtlich nicht geeignet wäre, zu einer vollständigen Befriedigung der Forderung zu führen, wegen der die Vermögensauskunft verlangt wurde oder wegen der die Vollstreckungsbehörde vorbehaltlich der Fristsetzung nach Absatz 1 Satz 1 und der Sperrwirkung nach Absatz 4 eine Vermögensauskunft verlangen könnte, oder

---

[1] § 284 Abs. 7 Satz 1 geänd. mWv 1.1.2013 durch G v. 22.12.2011 (BGBl. I S. 3044).

3. der Vollstreckungsschuldner nicht innerhalb eines Monats nach Abgabe der Vermögensauskunft die Forderung, wegen der die Vermögensauskunft verlangt wurde, vollständig befriedigt. [2] Gleiches gilt, wenn die Vollstreckungsbehörde vorbehaltlich der Fristsetzung nach Absatz 1 Satz 1 und der Sperrwirkung nach Absatz 4 eine Vermögensauskunft verlangen kann, sofern der Vollstreckungsschuldner die Forderung nicht innerhalb eines Monats befriedigt, nachdem er auf die Möglichkeit der Eintragung in das Schuldnerverzeichnis hingewiesen wurde.

[2] Die Eintragungsanordnung soll kurz begründet werden. [3] Sie ist dem Vollstreckungsschuldner zuzustellen. [4] § 882c Abs. 3 der Zivilprozessordnung gilt entsprechend.

(10) [1] Ein Rechtsbehelf gegen die Eintragungsanordnung nach Absatz 9 hat keine aufschiebende Wirkung. [2] Nach Ablauf eines Monats seit der Zustellung hat die Vollstreckungsbehörde die Eintragungsanordnung dem zentralen Vollstreckungsgericht nach § 882h Abs. 1 der Zivilprozessordnung mit den in § 882b Abs. 2 und 3 der Zivilprozessordnung genannten Daten elektronisch zu übermitteln. [3] Dies gilt nicht, wenn Anträge auf Gewährung einer Aussetzung der Vollziehung der Eintragungsanordnung nach § 361 dieses Gesetzes oder § 69 der Finanzgerichtsordnung[1]) anhängig sind, die Aussicht auf Erfolg haben.

(11) [1] Ist die Eintragung in das Schuldnerverzeichnis nach § 882h Abs. 1 der Zivilprozessordnung erfolgt, sind Entscheidungen über Rechtsbehelfe des Vollstreckungsschuldners gegen die Eintragungsanordnung durch die Vollstreckungsbehörde oder durch das Gericht dem zentralen Vollstreckungsgericht nach § 882h Abs. 1 der Zivilprozessordnung elektronisch zu übermitteln. [2] Form und Übermittlung der Eintragungsanordnung nach Absatz 10 Satz 1 und 2 sowie der Entscheidung nach Satz 1 haben den Vorgaben der Verordnung nach § 882h Abs. 3 der Zivilprozessordnung zu entsprechen.

II. Vollstreckung in Sachen

§ 285 Vollziehungsbeamte. (1) Die Vollstreckungsbehörde führt die Vollstreckung in bewegliche Sachen durch Vollziehungsbeamte aus.

(2)[2]) Dem Vollstreckungsschuldner und Dritten gegenüber wird der Vollziehungsbeamte zur Vollstreckung durch schriftlichen oder elektronischen Auftrag der Vollstreckungsbehörde ermächtigt; der Auftrag ist auf Verlangen vorzuzeigen.

§ 286 Vollstreckung in Sachen. (1) Sachen, die im Gewahrsam des Vollstreckungsschuldners sind, pfändet der Vollziehungsbeamte dadurch, dass er sie in Besitz nimmt.

(2) [1] Andere Sachen als Geld, Kostbarkeiten und Wertpapiere sind im Gewahrsam des Vollstreckungsschuldners zu lassen, wenn die Befriedigung hierdurch nicht gefährdet wird. [2] Bleiben die Sachen im Gewahrsam des Vollstreckungsschuldners, so ist die Pfändung nur wirksam, wenn sie durch Anlegung von Siegeln oder in sonstiger Weise ersichtlich gemacht ist.

(3) Der Vollziehungsbeamte hat dem Vollstreckungsschuldner die Pfändung mitzuteilen.

---

[1]) Nr. **2**.
[2]) § 285 Abs. 2 geänd. mWv 1.1.2009 durch G v. 19.12.2008 (BGBl. I S. 2794).

(4) Diese Vorschriften gelten auch für die Pfändung von Sachen im Gewahrsam eines Dritten, der zu ihrer Herausgabe bereit ist.

§ 287 Befugnisse des Vollziehungsbeamten. (1) Der Vollziehungsbeamte ist befugt, die Wohn- und Geschäftsräume sowie die Behältnisse des Vollstreckungsschuldners zu durchsuchen, soweit dies der Zweck der Vollstreckung erfordert.

(2) Er ist befugt, verschlossene Türen und Behältnisse öffnen zu lassen.

(3) Wenn er Widerstand findet, kann er Gewalt anwenden und hierzu um Unterstützung durch Polizeibeamte nachsuchen.

(4) ¹Die Wohn- und Geschäftsräume des Vollstreckungsschuldners dürfen ohne dessen Einwilligung nur auf Grund einer richterlichen Anordnung durchsucht werden. ²Dies gilt nicht, wenn die Einholung der Anordnung den Erfolg der Durchsuchung gefährden würde. ³Für die richterliche Anordnung einer Durchsuchung ist das Amtsgericht zuständig, in dessen Bezirk die Durchsuchung vorgenommen werden soll.

(5) ¹Willigt der Vollstreckungsschuldner in die Durchsuchung ein oder ist eine Anordnung gegen ihn nach Absatz 4 Satz 1 ergangen oder nach Absatz 4 Satz 2 entbehrlich, so haben Personen, die Mitgewahrsam an den Wohn- oder Geschäftsräumen des Vollstreckungsschuldners haben, die Durchsuchung zu dulden. ²Unbillige Härten gegenüber Mitgewahrsaminhabern sind zu vermeiden.

(6) Die Anordnung nach Absatz 4 ist bei der Vollstreckung vorzuzeigen.

§ 288[1]) **Zuziehung von Zeugen.** Wird bei einer Vollstreckungshandlung Widerstand geleistet oder ist bei einer Vollstreckungshandlung in den Wohn- oder Geschäftsräumen des Vollstreckungsschuldners weder der Vollstreckungsschuldner noch ein erwachsener Familienangehöriger, ein erwachsener ständiger Mitbewohner oder eine beim Vollstreckungsschuldner beschäftigte Person gegenwärtig, so hat der Vollziehungsbeamte zwei Erwachsene oder einen Gemeinde- oder Polizeibeamten als Zeugen zuzuziehen.

§ 289[2]) **Zeit der Vollstreckung.** (1) Zur Nachtzeit (§ 758a Absatz 4 Satz 2 der Zivilprozessordnung) sowie an Sonntagen und staatlich anerkannten allgemeinen Feiertagen darf eine Vollstreckungshandlung nur mit schriftlicher oder elektronischer Erlaubnis der Vollstreckungsbehörde vorgenommen werden.

(2) Die Erlaubnis ist auf Verlangen bei der Vollstreckungshandlung vorzuzeigen.

§ 290 Aufforderungen und Mitteilungen des Vollziehungsbeamten.
Die Aufforderungen und die sonstigen Mitteilungen, die zu den Vollstreckungshandlungen gehören, sind vom Vollziehungsbeamten mündlich zu erlassen und vollständig in die Niederschrift aufzunehmen; können sie mündlich nicht erlassen werden, so hat die Vollstreckungsbehörde demjenigen, an den die

---

[1]) § 288 geänd. mWv 30.6.2013 durch G v. 26.6.2013 (BGBl. I S. 1809).
[2]) § 289 Abs. 1 und 2 geänd. mWv 1.1.2009 durch G v. 19.12.2008 (BGBl. I S. 2794); Abs. 1 geänd. durch G v. 8.12.2010 (BGBl. I S. 1768).

Aufforderung oder Mitteilung zu richten ist, eine Abschrift der Niederschrift zu senden.

§ 291 Niederschrift. (1) Der Vollziehungsbeamte hat über jede Vollstreckungshandlung eine Niederschrift aufzunehmen.

(2) Die Niederschrift muss enthalten:

1. Ort und Zeit der Aufnahme,
2. den Gegenstand der Vollstreckungshandlung unter kurzer Erwähnung der Vorgänge,
3. die Namen der Personen, mit denen verhandelt worden ist,
4. die Unterschriften der Personen und die Bemerkung, dass nach Vorlesung oder Vorlegung zur Durchsicht und nach Genehmigung unterzeichnet sei,
5. die Unterschrift des Vollziehungsbeamten.

(3) Hat einem der Erfordernisse unter Absatz 2 Nr. 4 nicht genügt werden können, so ist der Grund anzugeben.

(4)[1] [1] Die Niederschrift kann auch elektronisch erstellt werden. [2] Absatz 2 Nr. 4 und 5 sowie § 87a Abs. 4 Satz 2 gelten nicht.

§ 292 Abwendung der Pfändung. (1) Der Vollstreckungsschuldner kann die Pfändung nur abwenden, wenn er den geschuldeten Betrag an den Vollziehungsbeamten zahlt oder nachweist, dass ihm eine Zahlungsfrist bewilligt worden ist oder dass die Schuld erloschen ist.

(2) Absatz 1 gilt entsprechend, wenn der Vollstreckungsschuldner eine Entscheidung vorlegt, aus der sich die Unzulässigkeit der vorzunehmenden Pfändung ergibt oder wenn er eine Post- oder Bankquittung vorlegt, aus der sich ergibt, dass er den geschuldeten Betrag eingezahlt hat.

§ 293 Pfand- und Vorzugsrechte Dritter. (1) [1] Der Pfändung einer Sache kann ein Dritter, der sich nicht im Besitz der Sache befindet, auf Grund eines Pfand- oder Vorzugsrechts nicht widersprechen. [2] Er kann jedoch vorzugsweise Befriedigung aus dem Erlös verlangen ohne Rücksicht darauf, ob seine Forderung fällig ist oder nicht.

(2) [1] Für eine Klage auf vorzugsweise Befriedigung ist ausschließlich zuständig das ordentliche Gericht, in dessen Bezirk gepfändet worden ist. [2] Wird die Klage gegen die Körperschaft, der die Vollstreckungsbehörde angehört, und gegen den Vollstreckungsschuldner gerichtet, so sind sie Streitgenossen.

§ 294 Ungetrennte Früchte. (1) [1] Früchte, die vom Boden noch nicht getrennt sind, können gepfändet werden, solange sie nicht durch Vollstreckung in das unbewegliche Vermögen in Beschlag genommen worden sind. [2] Sie dürfen nicht früher als einen Monat vor der gewöhnlichen Zeit der Reife gepfändet werden.

(2) Ein Gläubiger, der ein Recht auf Befriedigung aus dem Grundstück hat, kann der Pfändung nach § 262 widersprechen, wenn nicht für einen Anspruch gepfändet ist, der bei der Vollstreckung in das Grundstück vorgeht.

---

[1] § 291 Abs. 4 angef. mWv 1.1.2009 durch G v. 19.12.2008 (BGBl. I S. 2794).

§ 295¹⁾ Unpfändbarkeit von Sachen. ¹Die *§§ 811 bis 812 und 813 Abs. 1 bis 3 [ab 1.12.*2021: §§ 811 bis 812, 813 Absatz 1 bis 3 und § 882a Absatz 4] der Zivilprozessordnung sowie die Beschränkungen und Verbote, die nach anderen gesetzlichen Vorschriften für die Pfändung von Sachen bestehen, gelten entsprechend. ²An die Stelle des Vollstreckungsgerichts tritt die Vollstreckungsbehörde.

§ 296 Verwertung. (1)²⁾ ¹Die gepfändeten Sachen sind auf schriftliche Anordnung der Vollstreckungsbehörde öffentlich zu versteigern. ²Eine öffentliche Versteigerung ist

1. die Versteigerung vor Ort oder

2. die allgemein zugängliche Versteigerung im Internet über die Plattform www.zoll-auktion.de.

³Die Versteigerung erfolgt in der Regel durch den Vollziehungsbeamten. ⁴§ 292 gilt entsprechend.

(2) Bei Pfändung von Geld gilt die Wegnahme als Zahlung des Vollstreckungsschuldners.

§ 297 Aussetzung der Verwertung. Die Vollstreckungsbehörde kann die Verwertung gepfändeter Sachen unter Anordnung von Zahlungsfristen zeitweilig aussetzen, wenn die alsbaldige Verwertung unbillig wäre.

§ 298³⁾ Versteigerung. (1) Die gepfändeten Sachen dürfen nicht vor Ablauf einer Woche seit dem Tag der Pfändung versteigert werden, sofern sich nicht der Vollstreckungsschuldner mit einer früheren Versteigerung einverstanden erklärt oder diese erforderlich ist, um die Gefahr einer beträchtlichen Wertverringerung abzuwenden oder unverhältnismäßige Kosten längerer Aufbewahrung zu vermeiden.

(2) ¹Zeit und Ort der Versteigerung sind öffentlich bekannt zu machen; dabei sind die Sachen, die versteigert werden sollen, im Allgemeinen zu bezeichnen. ²Auf Ersuchen der Vollstreckungsbehörde hat ein Gemeindebediensteter oder ein Polizeibeamter der Versteigerung beizuwohnen. ³Die Sätze 1 und 2 gelten nicht für eine Versteigerung nach § 296 Absatz 1 Satz 2 Nummer 2.

(3) § 1239 Absatz 1 Satz 1 des Bürgerlichen Gesetzbuchs gilt entsprechend; bei der Versteigerung vor Ort (§ 296 Absatz 1 Satz 2 Nummer 1) ist auch § 1239 Absatz 2 des Bürgerlichen Gesetzbuchs entsprechend anzuwenden.

§ 299 Zuschlag. (1)⁴⁾ ¹Bei der Versteigerung vor Ort (§ 296 Absatz 1 Satz 2 Nummer 1) soll dem Zuschlag an den Meistbietenden ein dreimaliger Aufruf vorausgehen. ²Bei einer Versteigerung im Internet (§ 296 Absatz 1 Satz 2 Nummer 2) ist der Zuschlag der Person erteilt, die am Ende der Versteigerung das höchste Gebot abgegeben hat, es sei denn, die Versteigerung wird vorzeitig abgebrochen; sie ist von dem Zuschlag zu benachrichtigen. ³§ 156 des Bürgerlichen Gesetzbuchs gilt entsprechend.

---

¹⁾ § 295 Satz 1 geänd. **mWv 1.12.**2021 durch G v. 22.11.2020 (BGBl. I S. 2466).
²⁾ § 296 Abs. 1 neu gef. mWv 5.8.2009 durch G v. 30.7.2009 (BGBl. I S. 2474).
³⁾ § 298 Abs. 2 Satz 3 angef., Abs. 3 neu gef. mWv 5.8.2009 durch G v. 30.7.2009 (BGBl. I S. 2474).
⁴⁾ § 299 Abs. 1 neu gef. mWv 5.8.2009 durch G v. 30.7.2009 (BGBl. I S. 2474).

(2)[1] [1]Die Aushändigung einer zugeschlagenen Sache darf nur gegen bare Zahlung geschehen. [2]Bei einer Versteigerung im Internet darf die zugeschlagene Sache auch ausgehändigt werden, wenn die Zahlung auf dem Konto der Finanzbehörde gutgeschrieben ist. [3]Wird die zugeschlagene Sache übersandt, so gilt die Aushändigung mit der Übergabe an die zur Ausführung der Versendung bestimmte Person als bewirkt.

(3) [1]Hat der Meistbietende nicht zu der in den Versteigerungsbedingungen bestimmten Zeit oder in Ermangelung einer solchen Bestimmung nicht vor dem Schluss des Versteigerungstermins die Aushändigung gegen Zahlung des Kaufgeldes verlangt, so wird die Sache anderweitig versteigert. [2]Der Meistbietende wird zu einem weiteren Gebot nicht zugelassen; er haftet für den Ausfall, auf den Mehrerlös hat er keinen Anspruch.

(4) [1]Wird der Zuschlag dem Gläubiger erteilt, so ist dieser von der Verpflichtung zur baren Zahlung so weit befreit, als der Erlös nach Abzug der Kosten der Vollstreckung zu seiner Befriedigung zu verwenden ist. [2]Soweit der Gläubiger von der Verpflichtung zur baren Zahlung befreit ist, gilt der Betrag als von dem Schuldner an den Gläubiger gezahlt.

§ 300 Mindestgebot. (1) [1]Der Zuschlag darf nur auf ein Gebot erteilt werden, das mindestens die Hälfte des gewöhnlichen Verkaufswerts der Sache erreicht (Mindestgebot). [2]Der gewöhnliche Verkaufswert und das Mindestgebot sollen bei dem Ausbieten bekannt gegeben werden.

(2) [1]Wird der Zuschlag nicht erteilt, weil ein das Mindestgebot erreichendes Gebot nicht abgegeben worden ist, so bleibt das Pfandrecht bestehen. [2]Die Vollstreckungsbehörde kann jederzeit einen neuen Versteigerungstermin bestimmen oder eine anderweitige Verwertung der gepfändeten Sachen nach § 305 anordnen. [3]Wird die anderweitige Verwertung angeordnet, so gilt Absatz 1 entsprechend.

(3) [1]Gold- und Silbersachen dürfen auch nicht unter ihrem Gold- oder Silberwert zugeschlagen werden. [2]Wird ein den Zuschlag gestattendes Gebot nicht abgegeben, so können die Sachen auf Anordnung der Vollstreckungsbehörde aus freier Hand verkauft werden. [3]Der Verkaufspreis darf den Gold- oder Silberwert und die Hälfte des gewöhnlichen Verkaufswerts nicht unterschreiten.

§ 301 Einstellung der Versteigerung. (1) Die Versteigerung wird eingestellt, sobald der Erlös zur Deckung der beizutreibenden Beträge einschließlich der Kosten der Vollstreckung ausreicht.

(2)[2] [1]Die Empfangnahme des Erlöses durch den versteigernden Beamten gilt als Zahlung des Vollstreckungsschuldners, es sei denn, dass der Erlös hinterlegt wird (§ 308 Abs. 4). [2]Als Zahlung im Sinne von Satz 1 gilt bei einer Versteigerung im Internet auch der Eingang des Erlöses auf dem Konto der Finanzbehörde.

---

[1] § 299 Abs. 2 Sätze 2 bis 4 angef. mWv 5.8.2009 durch G v. 30.7.2009 (BGBl. I S. 2474); Satz 1 (vom Gesetzgeber versehentlich doppelt eingefügt) aufgeh., bish. Sätze 2 bis 4 werden Sätze 1 bis 3 mWv 14.12.2010 durch G v. 8.12.2010 (BGBl. I S. 1768).

[2] § 301 Abs. 2 Satz 2 angef. mWv 5.8.2009 durch G v. 30.7.2009 (BGBl. I S. 2474).

§ 302 Wertpapiere. Gepfändete Wertpapiere, die einen Börsen- oder Marktpreis haben, sind aus freier Hand zum Tageskurs zu verkaufen; andere Wertpapiere sind nach den allgemeinen Vorschriften zu versteigern.

§ 303 Namenspapiere. Lautet ein gepfändetes Wertpapier auf einen Namen, so ist die Vollstreckungsbehörde berechtigt, die Umschreibung auf den Namen des Käufers oder, wenn es sich um ein auf einen Namen umgeschriebenes Inhaberpapier handelt, die Rückverwandlung in ein Inhaberpapier zu erwirken und die hierzu erforderlichen Erklärungen an Stelle des Vollstreckungsschuldners abzugeben.

§ 304 Versteigerung ungetrennter Früchte. [1] Gepfändete Früchte, die vom Boden noch nicht getrennt sind, dürfen erst nach der Reife versteigert werden. [2] Der Vollziehungsbeamte hat sie abernten zu lassen, wenn er sie nicht vor der Trennung versteigert.

§ 305 Besondere Verwertung. Auf Antrag des Vollstreckungsschuldners oder aus besonderen Zweckmäßigkeitsgründen kann die Vollstreckungsbehörde anordnen, dass eine gepfändete Sache in anderer Weise oder an einem anderen Ort, als in den vorstehenden Paragraphen bestimmt ist, zu verwerten oder durch eine andere Person als den Vollziehungsbeamten zu versteigern sei.

§ 306 Vollstreckung in Ersatzteile von Luftfahrzeugen. (1) Für die Vollstreckung in Ersatzteile, auf die sich ein Registerpfandrecht an einem Luftfahrzeug nach § 71 des Gesetzes über Rechte an Luftfahrzeugen erstreckt, gilt § 100 des Gesetzes über Rechte an Luftfahrzeugen; an die Stelle des Gerichtsvollziehers tritt der Vollziehungsbeamte.

(2) Absatz 1 gilt für die Vollstreckung in Ersatzteile, auf die sich das Recht an einem ausländischen Luftfahrzeug erstreckt, mit der Maßgabe, dass die Vorschriften des § 106 Abs. 1 Nr. 2 und Abs. 4 des Gesetzes über Rechte an Luftfahrzeugen zu berücksichtigen sind.

§ 307 Anschlusspfändung. (1) [1] Zur Pfändung bereits gepfändeter Sachen genügt die in die Niederschrift aufzunehmende Erklärung des Vollziehungsbeamten, dass er die Sache für die zu bezeichnende Forderung pfändet. [2] Dem Vollstreckungsschuldner ist die weitere Pfändung mitzuteilen.

(2) [1] Ist die erste Pfändung für eine andere Vollstreckungsbehörde oder durch einen Gerichtsvollzieher erfolgt, so ist dieser Vollstreckungsbehörde oder dem Gerichtsvollzieher eine Abschrift der Niederschrift zu übersenden. [2] Die gleiche Pflicht hat ein Gerichtsvollzieher, der eine Sache pfändet, die bereits im Auftrag einer Vollstreckungsbehörde gepfändet ist.

§ 308 Verwertung bei mehrfacher Pfändung. (1) Wird dieselbe Sache mehrfach durch Vollziehungsbeamte oder durch Vollziehungsbeamte und Gerichtsvollzieher gepfändet, so begründet ausschließlich die erste Pfändung die Zuständigkeit zur Versteigerung.

(2) Betreibt ein Gläubiger die Versteigerung, so wird für alle beteiligten Gläubiger versteigert.

(3) Der Erlös wird nach der Reihenfolge der Pfändungen oder nach abweichender Vereinbarung der beteiligten Gläubiger verteilt.

(4) ¹Reicht der Erlös zur Deckung der Forderungen nicht aus und verlangt ein Gläubiger, für den die zweite oder eine spätere Pfändung erfolgt ist, ohne Zustimmung der übrigen beteiligten Gläubiger eine andere Verteilung als nach der Reihenfolge der Pfändungen, so ist die Sachlage unter Hinterlegung des Erlöses dem Amtsgericht, in dessen Bezirk gepfändet ist, anzuzeigen. ²Der Anzeige sind die Schriftstücke, die sich auf das Verfahren beziehen, beizufügen. ³Für das Verteilungsverfahren gelten die §§ 873 bis 882 der Zivilprozessordnung.

(5) Wird für verschiedene Gläubiger gleichzeitig gepfändet, so finden die Vorschriften der Absätze 2 bis 4 mit der Maßgabe Anwendung, dass der Erlös nach dem Verhältnis der Forderungen verteilt wird.

III. Vollstreckung in Forderungen und andere Vermögensrechte

§ 309 Pfändung einer Geldforderung. (1) ¹Soll eine Geldforderung gepfändet werden, so hat die Vollstreckungsbehörde dem Drittschuldner schriftlich zu verbieten, an den Vollstreckungsschuldner zu zahlen, und dem Vollstreckungsschuldner schriftlich zu gebieten, sich jeder Verfügung über die Forderung, insbesondere ihrer Einziehung, zu enthalten (Pfändungsverfügung). ²Die elektronische Form ist ausgeschlossen.

(2) ¹Die Pfändung ist bewirkt, wenn die Pfändungsverfügung dem Drittschuldner zugestellt ist. ²Die an den Drittschuldner zuzustellende Pfändungsverfügung soll den beizutreibenden Geldbetrag nur in einer Summe, ohne Angabe der Steuerarten und der Zeiträume, für die er geschuldet wird, bezeichnen. ³Die Zustellung ist dem Vollstreckungsschuldner mitzuteilen.

[Fassung bis 30.11.2021:¹⁾]

(3) ¹Bei Pfändung des Guthabens eines Kontos des Vollstreckungsschuldners bei einem Kreditinstitut gelten die §§ 833a und 850l der Zivilprozessordnung entsprechend. ²§ 850l der Zivilprozessordnung gilt mit der Maßgabe, dass Anträge bei dem nach § 828 Abs. 2 der Zivilprozessordnung zuständigen Vollstreckungsgericht zu stellen sind.

[Fassung ab 1.12.2021:²⁾]

(3) Bei Pfändung des Guthabens eines Kontos des Vollstreckungsschuldners bei einem Kreditinstitut gelten die §§ 833a und 907 der Zivilprozessordnung entsprechend.

§ 310 Pfändung einer durch Hypothek gesicherten Forderung.

(1) ¹Zur Pfändung einer Forderung, für die eine Hypothek besteht, ist außer der Pfändungsverfügung die Aushändigung des Hypothekenbriefs an die Vollstreckungsbehörde erforderlich. ²Die Übergabe gilt als erfolgt, wenn der Vollziehungsbeamte den Brief wegnimmt. ³Ist die Erteilung des Hypothekenbriefs ausgeschlossen, so muss die Pfändung in das Grundbuch eingetragen werden; die Eintragung erfolgt auf Grund der Pfändungsverfügung auf Ersuchen der Vollstreckungsbehörde.

---

¹⁾ § 309 Abs. 3 neu gef. mWv 1.1.2012 durch G v. 7.7.2009 (BGBl. I S. 1707).
²⁾ § 309 Abs. 3 neu gef. **mWv 1.12.2021** durch G v. 22.11.2020 (BGBl. I S. 2466).

(2) Wird die Pfändungsverfügung vor der Übergabe des Hypothekenbriefs oder der Eintragung der Pfändung dem Drittschuldner zugestellt, so gilt die Pfändung diesem gegenüber mit der Zustellung als bewirkt.

(3) [1] Diese Vorschriften gelten nicht, soweit Ansprüche auf die in § 1159 des Bürgerlichen Gesetzbuchs bezeichneten Leistungen gepfändet werden. [2] Das Gleiche gilt bei einer Sicherungshypothek im Fall des § 1187 des Bürgerlichen Gesetzbuchs von der Pfändung der Hauptforderung.

§ 311 Pfändung einer durch Schiffshypothek oder Registerpfandrecht an einem Luftfahrzeug gesicherten Forderung. (1) Die Pfändung einer Forderung, für die eine Schiffshypothek besteht, bedarf der Eintragung in das Schiffsregister oder das Schiffsbauregister.

(2) Die Pfändung einer Forderung, für die ein Registerpfandrecht an einem Luftfahrzeug besteht, bedarf der Eintragung in das Register für Pfandrechte an Luftfahrzeugen.

(3) [1] Die Pfändung nach den Absätzen 1 und 2 wird auf Grund der Pfändungsverfügung auf Ersuchen der Vollstreckungsbehörde eingetragen. [2] § 310 Abs. 2 gilt entsprechend.

(4) [1] Die Absätze 1 bis 3 sind nicht anzuwenden, soweit es sich um die Pfändung der Ansprüche auf die in § 53 des Gesetzes über Rechte an eingetragenen Schiffen und Schiffsbauwerken und auf die in § 53 des Gesetzes über Rechte an Luftfahrzeugen bezeichneten Leistungen handelt. [2] Das Gleiche gilt, wenn bei einer Schiffshypothek für eine Forderung aus einer Schuldverschreibung auf den Inhaber, aus einem Wechsel oder aus einem anderen durch Indossament übertragbaren Papier die Hauptforderung gepfändet ist.

(5) Für die Pfändung von Forderungen, für die ein Recht an einem ausländischen Luftfahrzeug besteht, gilt § 106 Abs. 1 Nr. 3 und Abs. 5 des Gesetzes über Rechte an Luftfahrzeugen.

§ 312 Pfändung einer Forderung aus indossablen Papieren. Forderungen aus Wechseln und anderen Papieren, die durch Indossament übertragen werden können, werden dadurch gepfändet, dass der Vollziehungsbeamte die Papiere in Besitz nimmt.

§ 313 Pfändung fortlaufender Bezüge. (1) Das Pfandrecht, das durch die Pfändung einer Gehaltsforderung oder einer ähnlichen in fortlaufenden Bezügen bestehenden Forderung erworben wird, erstreckt sich auch auf die Beträge, die später fällig werden.

(2) [1] Die Pfändung eines Diensteinkommens trifft auch das Einkommen, das der Vollstreckungsschuldner bei Versetzung in ein anderes Amt, Übertragung eines neuen Amts oder einer Gehaltserhöhung zu beziehen hat. [2] Dies gilt nicht bei Wechsel des Dienstherrn.

(3) Endet das Arbeits- oder Dienstverhältnis und begründen Vollstreckungsschuldner und Drittschuldner innerhalb von neun Monaten ein solches neu, so erstreckt sich die Pfändung auf die Forderung aus dem neuen Arbeits- oder Dienstverhältnis.

§ 314 Einziehungsverfügung. (1) [1] Die Vollstreckungsbehörde ordnet die Einziehung der gepfändeten Forderung an. [2] § 309 Abs. 2 gilt entsprechend.

(2) Die Einziehungsverfügung kann mit der Pfändungsverfügung verbunden werden.

(3)[1] Wird die Einziehung eines bei einem Geldinstitut gepfändeten Guthabens eines Vollstreckungsschuldners, der eine natürliche Person ist, angeordnet, so *gilt § 835 Absatz 3 Satz 2 und Absatz 4 [ab 1.12.2021:* gelten § 835 Absatz 3 Satz 2 und § 900 Absatz 1] der Zivilprozessordnung entsprechend.

(4)[2] Wird die Einziehung einer gepfändeten nicht wiederkehrend zahlbaren Vergütung eines Vollstreckungsschuldners, der eine natürliche Person ist, für persönlich geleistete Arbeiten oder Dienste oder sonstige Einkünfte, die kein Arbeitslohn sind, angeordnet, so gilt *§ 835 Absatz 5 [ab 1.12.2021:* § 835 Absatz 4] der Zivilprozessordnung entsprechend.

§ 315 Wirkung der Einziehungsverfügung. (1) [1]Die Einziehungsverfügung ersetzt die förmlichen Erklärungen des Vollstreckungsschuldners, von denen nach bürgerlichem Recht die Berechtigung zur Einziehung abhängt. [2]Sie genügt auch bei einer Forderung, für die eine Hypothek, Schiffshypothek oder ein Registerpfandrecht an einem Luftfahrzeug besteht. [3]Zugunsten des Drittschuldners gilt eine zu Unrecht ergangene Einziehungsverfügung dem Vollstreckungsschuldner gegenüber solange als rechtmäßig, bis sie aufgehoben ist und der Drittschuldner hiervon erfährt.

(2)[3] [1]Der Vollstreckungsschuldner ist verpflichtet, die zur Geltendmachung der Forderung nötige Auskunft zu erteilen und die über die Forderung vorhandenen Urkunden herauszugeben. [2]Erteilt der Vollstreckungsschuldner die Auskunft nicht, ist er auf Verlangen der Vollstreckungsbehörde verpflichtet, zu Protokoll zu geben und seine Angaben an Eides statt zu versichern. [3]Die Vollstreckungsbehörde kann die eidesstattliche Versicherung der Lage der Sache entsprechend ändern. [4]§ 284 Absatz 5, 6 und 8 gilt sinngemäß. [5]Die Vollstreckungsbehörde kann die Urkunden durch den Vollziehungsbeamten wegnehmen lassen oder ihre Herausgabe nach den §§ 328 bis 335 erzwingen.

(3) [1]Werden die Urkunden nicht vorgefunden, so hat der Vollstreckungsschuldner auf Verlangen der Vollstreckungsbehörde zu Protokoll an Eides statt zu versichern, dass er die Urkunden nicht besitze, auch nicht wisse, wo sie sich befinden. [2]Absatz 2 Satz 3 und 4 gilt entsprechend.

(4) Hat ein Dritter die Urkunde, so kann die Vollstreckungsbehörde auch den Anspruch des Vollstreckungsschuldners auf Herausgabe geltend machen.

§ 316 Erklärungspflicht des Drittschuldners. (1) [1]Auf Verlangen der Vollstreckungsbehörde hat ihr der Drittschuldner binnen zwei Wochen, von der Zustellung der Pfändungsverfügung an gerechnet, zu erklären:

1. ob und inwieweit er die Forderung als begründet anerkenne und bereit sei zu zahlen,
2. ob und welche Ansprüche andere Personen an die Forderung erheben,
3. ob und wegen welcher Ansprüche die Forderung bereits für andere Gläubiger gepfändet sei;

---

[1] § 314 Abs. 3 geänd. durch G v. 12.4.2011 (BGBl. I S. 615); geänd. **mWv 1.12.2021** durch G v. 22.11.2020 (BGBl. I S. 2466).
[2] § 314 Abs. 4 angef. mWv 1.7.2010 durch G v. 7.7.2009 (BGBl. I S. 1707); geänd. durch G v. 12.4.2011 (BGBl. I S. 615); geänd. **mWv 1.12.2021** durch G v. 22.11.2020 (BGBl. I S. 2466).
[3] § 315 Abs. 2 Satz 4 neu gef. mWv 31.12.2014 durch G v. 22.12.2014 (BGBl. I S. 2417).

4.[1] ob innerhalb der letzten zwölf Monate im Hinblick auf das Konto, dessen Guthaben gepfändet worden ist, nach *§ 850l [ab 1.12.2021: § 907]* der Zivilprozessordnung die Unpfändbarkeit des Guthabens *angeordnet [ab 1.12. 2021:* festgesetzt] worden ist, und

[Fassung bis 30.11.2021:[2]]	**[Fassung ab 1.12.2021:[3]]**
5. ob es sich bei dem Konto, dessen Guthaben gepfändet worden ist, um ein Pfändungsschutzkonto im Sinne von § 850k Abs. 7 der Zivilprozessordnung handelt.	5. ob es sich bei dem Konto, dessen Guthaben gepfändet worden ist, um ein Pfändungsschutzkonto im Sinne von § 850k der Zivilprozessordnung oder ein Gemeinschaftskonto im Sinne von § 850l der Zivilprozessordnung handelt; bei einem Gemeinschaftskonto ist zugleich anzugeben, ob der Schuldner nur gemeinsam mit einer anderen Person oder mehreren anderen Personen verfügungsbefugt ist.

[2]Die Erklärung des Drittschuldners zu Nummer 1 gilt nicht als Schuldanerkenntnis.

(2) [1]Die Aufforderung zur Abgabe dieser Erklärung kann in die Pfändungsverfügung aufgenommen werden. [2]Der Drittschuldner haftet der Vollstreckungsbehörde für den Schaden, der aus der Nichterfüllung seiner Verpflichtung entsteht. [3]Er kann zur Abgabe der Erklärung durch ein Zwangsgeld angehalten werden; § 334 ist nicht anzuwenden.

(3) Die §§ 841 bis 843 der Zivilprozessordnung sind anzuwenden.

§ 317 Andere Art der Verwertung. [1]Ist die gepfändete Forderung bedingt oder betagt oder ihre Einziehung schwierig, so kann die Vollstreckungsbehörde anordnen, dass sie in anderer Weise zu verwerten ist; § 315 Abs. 1 gilt entsprechend. [2]Der Vollstreckungsschuldner ist vorher zu hören, sofern nicht eine Bekanntgabe außerhalb des Geltungsbereichs des Gesetzes oder eine öffentliche Bekanntmachung erforderlich ist.

§ 318 Ansprüche auf Herausgabe oder Leistung von Sachen. (1) Für die Vollstreckung in Ansprüche auf Herausgabe oder Leistung von Sachen gelten außer den §§ 309 bis 317 die nachstehenden Vorschriften.

(2) [1]Bei der Pfändung eines Anspruchs, der eine bewegliche Sache betrifft, ordnet die Vollstreckungsbehörde an, dass die Sache an den Vollziehungsbeamten herauszugeben sei. [2]Die Sache wird wie eine gepfändete Sache verwertet.

(3) [1]Bei Pfändung eines Anspruchs, der eine unbewegliche Sache betrifft, ordnet die Vollstreckungsbehörde an, dass die Sache an einen Treuhänder herauszugeben sei, den das Amtsgericht der belegenen Sache auf Antrag der Vollstreckungsbehörde bestellt. [2]Ist der Anspruch auf Übertragung des Eigentums gerichtet, so ist dem Treuhänder als Vertreter des Vollstreckungsschuldners

---

[1] § 316 Abs. 1 Satz 1 Nr. 4 angef. mWv 1.7.2010 und geänd. mWv 1.1.2012 durch G v. 7.7.2009 (BGBl. I S. 1707); geänd. **mWv 1.12.2021** durch G v. 22.11.2020 (BGBl. I S. 2466).
[2] § 316 Abs. 1 Satz 1 Nr. 5 angef. mWv 1.7.2010 durch G v. 7.7.2009 (BGBl. I S. 1707).
[3] § 316 Abs. 1 Satz 1 Nr. 5 neu gef. **mWv 1.12.2021** durch G v. 22.11.2020 (BGBl. I S. 2466).

aufzulassen. [3] Mit dem Übergang des Eigentums auf den Vollstreckungsschuldner erlangt die Körperschaft, der die Vollstreckungsbehörde angehört, eine Sicherungshypothek für die Forderung. [4] Der Treuhänder hat die Eintragung der Sicherungshypothek zu bewilligen. [5] Die Vollstreckung in die herausgegebene Sache wird nach den Vorschriften über die Vollstreckung in unbewegliche Sachen bewirkt.

(4) Absatz 3 gilt entsprechend, wenn der Anspruch ein im Schiffsregister eingetragenes Schiff, ein Schiffsbauwerk oder Schwimmdock, das im Schiffsbauregister eingetragen ist oder in dieses Register eingetragen werden kann, oder ein Luftfahrzeug betrifft, das in der Luftfahrzeugrolle eingetragen ist oder nach Löschung in der Luftfahrzeugrolle noch in dem Register für Pfandrechte an Luftfahrzeugen eingetragen ist.

(5)[1)] [1] Dem Treuhänder ist auf Antrag eine Entschädigung zu gewähren. [2] Die Entschädigung darf die nach der *Zwangsverwalterordnung* [*ab 1.12.2021:* Zwangsverwalterverordnung] festzusetzende Vergütung nicht übersteigen.

§ 319[2)] **Unpfändbarkeit von Forderungen.** Beschränkungen und Verbote, die nach §§ *850 bis 852* [*ab 1.12.2021:* den §§ 850 bis 852 und 899 bis 907] der Zivilprozessordnung und anderen gesetzlichen Bestimmungen für die Pfändung von Forderungen und Ansprüchen bestehen, gelten sinngemäß.

§ 320 Mehrfache Pfändung einer Forderung. (1) Ist eine Forderung durch mehrere Vollstreckungsbehörden oder durch eine Vollstreckungsbehörde und ein Gericht gepfändet, so sind die §§ 853 bis 856 der Zivilprozessordnung und § 99 Abs. 1 Satz 1 des Gesetzes über Rechte an Luftfahrzeugen entsprechend anzuwenden.

(2) Fehlt es an einem Amtsgericht, das nach den §§ 853 und 854 der Zivilprozessordnung zuständig wäre, so ist bei dem Amtsgericht zu hinterlegen, in dessen Bezirk die Vollstreckungsbehörde ihren Sitz hat, deren Pfändungsverfügung dem Drittschuldner zuerst zugestellt worden ist.

§ 321 Vollstreckung in andere Vermögensrechte. (1) Für die Vollstreckung in andere Vermögensrechte, die nicht Gegenstand der Vollstreckung in das unbewegliche Vermögen sind, gelten die vorstehenden Vorschriften entsprechend.

(2) Ist kein Drittschuldner vorhanden, so ist die Pfändung bewirkt, wenn dem Vollstreckungsschuldner das Gebot, sich jeder Verfügung über das Recht zu enthalten, zugestellt ist.

(3) Ein unveräußerliches Recht ist, wenn nichts anderes bestimmt ist, insoweit pfändbar, als die Ausübung einem anderen überlassen werden kann.

(4) Die Vollstreckungsbehörde kann bei der Vollstreckung in unveräußerliche Rechte, deren Ausübung einem anderen überlassen werden kann, besondere Anordnungen erlassen, insbesondere bei der Vollstreckung in Nutzungsrechte eine Verwaltung anordnen; in diesem Fall wird die Pfändung durch Übergabe der zu benutzenden Sache an den Verwalter bewirkt, sofern sie nicht durch Zustellung der Pfändungsverfügung schon vorher bewirkt ist.

[1)] § 318 Abs. 5 Satz 2 neu gef. durch G v. 9.12.2004 (BGBl. I S. 3310); Satz 2 geänd. **mWv 1.12. 2021** durch G v. 22.11.2020 (BGBl. I S. 2466).
[2)] § 319 geänd. **mWv 1.12.2021** durch G v. 22.11.2020 (BGBl. I S. 2466).

(5) Ist die Veräußerung des Rechts zulässig, so kann die Vollstreckungsbehörde die Veräußerung anordnen.

(6) Für die Vollstreckung in eine Reallast, eine Grundschuld oder eine Rentenschuld gelten die Vorschriften über die Vollstreckung in eine Forderung, für die eine Hypothek besteht.

(7) Die §§ 858 bis 863 der Zivilprozessordnung gelten sinngemäß.

4. Unterabschnitt. Vollstreckung in das unbewegliche Vermögen

§ 322 Verfahren. (1) [1] Der Vollstreckung in das unbewegliche Vermögen unterliegen außer den Grundstücken die Berechtigungen, für welche die sich auf Grundstücke beziehenden Vorschriften gelten, die im Schiffsregister eingetragenen Schiffe, die Schiffsbauwerke und Schwimmdocks, die im Schiffsbauregister eingetragen sind oder in dieses Register eingetragen werden können, sowie die Luftfahrzeuge, die in der Luftfahrzeugrolle eingetragen sind oder nach Löschung in der Luftfahrzeugrolle noch in dem Register für Pfandrechte an Luftfahrzeugen eingetragen sind. [2] Auf die Vollstreckung sind die für die gerichtliche Zwangsvollstreckung geltenden Vorschriften, namentlich die §§ 864 bis 871 der Zivilprozessordnung und das Gesetz über die Zwangsversteigerung und die Zwangsverwaltung anzuwenden. [3] Bei Stundung und Aussetzung der Vollziehung geht eine im Wege der Vollstreckung eingetragene Sicherungshypothek jedoch nur dann nach § 868 der Zivilprozessordnung auf den Eigentümer über und erlischt eine Schiffshypothek oder ein Registerpfandrecht an einem Luftfahrzeug jedoch nur dann nach § 870a Abs. 3 der Zivilprozessordnung sowie § 99 Abs. 1 des Gesetzes über Rechte an Luftfahrzeugen, wenn zugleich die Aufhebung der Vollstreckungsmaßnahme angeordnet wird.

(2) Für die Vollstreckung in ausländische Schiffe gilt § 171 des Gesetzes über die Zwangsversteigerung und die Zwangsverwaltung, für die Vollstreckung in ausländische Luftfahrzeuge § 106 Abs. 1, 2 des Gesetzes über Rechte an Luftfahrzeugen sowie die §§ 171h bis 171n des Gesetzes über die Zwangsversteigerung und die Zwangsverwaltung.

(3) [1] Die für die Vollstreckung in das unbewegliche Vermögen erforderlichen Anträge des Gläubigers stellt die Vollstreckungsbehörde. [2] Sie hat hierbei zu bestätigen, dass die gesetzlichen Voraussetzungen für die Vollstreckung vorliegen. [3] Diese Fragen unterliegen nicht der Beurteilung des Vollstreckungsgerichts oder des Grundbuchamts. [4] Anträge auf Eintragung einer Sicherungshypothek, einer Schiffshypothek oder eines Registerpfandrechts an einem Luftfahrzeug sind Ersuchen im Sinne des § 38 der Grundbuchordnung und des § 45 der Schiffsregisterordnung.

(4) Zwangsversteigerung und Zwangsverwaltung soll die Vollstreckungsbehörde nur beantragen, wenn festgestellt ist, dass der Geldbetrag durch Vollstreckung in das bewegliche Vermögen nicht beigetrieben werden kann.

(5) Soweit der zu vollstreckende Anspruch gemäß § 10 Abs. 1 Nr. 3 des Gesetzes über die Zwangsversteigerung und die Zwangsverwaltung den Rechten am Grundstück im Rang vorgeht, kann eine Sicherungshypothek unter der aufschiebenden Bedingung in das Grundbuch eingetragen werden, dass das Vorrecht wegfällt.

§ 323 Vollstreckung gegen den Rechtsnachfolger. [1] Ist nach § 322 eine Sicherungshypothek, eine Schiffshypothek oder ein Registerpfandrecht an einem Luftfahrzeug eingetragen worden, so bedarf es zur Zwangsversteigerung aus diesem Recht nur dann eines Duldungsbescheids, wenn nach der Eintragung dieses Rechts ein Eigentumswechsel eingetreten ist. [2] Satz 1 gilt sinngemäß für die Zwangsverwaltung aus einer nach § 322 eingetragenen Sicherungshypothek.

5. Unterabschnitt. Arrest

§ 324 Dinglicher Arrest. (1) [1] Zur Sicherung der Vollstreckung von Geldforderungen nach den §§ 249 bis 323 kann die für die Steuerfestsetzung zuständige Finanzbehörde den Arrest in das bewegliche oder unbewegliche Vermögen anordnen, wenn zu befürchten ist, dass sonst die Beitreibung vereitelt oder wesentlich erschwert wird. [2] Sie kann den Arrest auch dann anordnen, wenn die Forderung noch nicht zahlenmäßig feststeht oder wenn sie bedingt oder betagt ist. [3] In der Arrestanordnung ist ein Geldbetrag zu bestimmen, bei dessen Hinterlegung die Vollziehung des Arrestes gehemmt und der vollzogene Arrest aufzuheben ist.

(2) [1] Die Arrestanordnung ist zuzustellen. [2] Sie muss begründet und von dem anordnenden Bediensteten unterschrieben sein. [3] Die elektronische Form ist ausgeschlossen.

(3) [1] Die Vollziehung der Arrestanordnung ist unzulässig, wenn seit dem Tag, an dem die Anordnung unterzeichnet worden ist, ein Monat verstrichen ist. [2] Die Vollziehung ist auch schon vor der Zustellung an den Arrestschuldner zulässig, sie ist jedoch ohne Wirkung, wenn die Zustellung nicht innerhalb einer Woche nach der Vollziehung und innerhalb eines Monats seit der Unterzeichnung erfolgt. [3] Bei Zustellung im Ausland und öffentlicher Zustellung gilt § 169 Abs. 1 Satz 3 entsprechend. [4] Auf die Vollziehung des Arrestes finden die §§ 930 bis 932 der Zivilprozessordnung sowie § 99 Abs. 2 und § 106 Abs. 1, 3 und 5 des Gesetzes über Rechte an Luftfahrzeugen entsprechende Anwendung; an die Stelle des Arrestgerichts und des Vollstreckungsgerichts tritt die Vollstreckungsbehörde, an die Stelle des Gerichtsvollziehers der Vollziehungsbeamte. [5] Soweit auf die Vorschriften über die Pfändung verwiesen wird, sind die entsprechenden Vorschriften dieses Gesetzes anzuwenden.

§ 325 Aufhebung des dinglichen Arrestes. Die Arrestanordnung ist aufzuheben, wenn nach ihrem Erlass Umstände bekannt werden, die die Arrestanordnung nicht mehr gerechtfertigt erscheinen lassen.

§ 326 Persönlicher Sicherheitsarrest. (1) [1] Auf Antrag der für die Steuerfestsetzung zuständigen Finanzbehörde kann das Amtsgericht einen persönlichen Sicherheitsarrest anordnen, wenn er erforderlich ist, um die gefährdete Vollstreckung in das Vermögen des Pflichtigen zu sichern. [2] Zuständig ist das Amtsgericht, in dessen Bezirk die Finanzbehörde ihren Sitz hat oder sich der Pflichtige befindet.

(2) In dem Antrag hat die für die Steuerfestsetzung zuständige Finanzbehörde den Anspruch nach Art und Höhe sowie die Tatsachen anzugeben, die den Arrestgrund ergeben.

(3)[1] [1] Für die Anordnung, Vollziehung und Aufhebung des persönlichen Sicherheitsarrestes gelten § 128 Abs. 4 und die §§ 922 bis 925, 927, 929, 933, 934 Abs. 1, 3 und 4 der Zivilprozessordnung sinngemäß. [2] § 802j Abs. 2 der Zivilprozessordnung ist nicht anzuwenden.
(4) Für Zustellungen gelten die Vorschriften der Zivilprozessordnung.

6. Unterabschnitt. Verwertung von Sicherheiten

§ 327 Verwertung von Sicherheiten. [1] Werden Geldforderungen, die im Verwaltungsverfahren vollstreckbar sind (§ 251), bei Fälligkeit nicht erfüllt, kann sich die Vollstreckungsbehörde aus den Sicherheiten befriedigen, die sie zur Sicherung dieser Ansprüche erlangt hat. [2] Die Sicherheiten werden nach den Vorschriften dieses Abschnitts verwertet. [3] Die Verwertung darf erst erfolgen, wenn dem Vollstreckungsschuldner die Verwertungsabsicht bekannt gegeben und seit der Bekanntgabe mindestens eine Woche verstrichen ist.

Dritter Abschnitt. Vollstreckung wegen anderer Leistungen als Geldforderungen

1. Unterabschnitt. Vollstreckung wegen Handlungen, Duldungen oder Unterlassungen

§ 328 Zwangsmittel. (1) [1] Ein Verwaltungsakt, der auf Vornahme einer Handlung oder auf Duldung oder Unterlassung gerichtet ist, kann mit Zwangsmitteln (Zwangsgeld, Ersatzvornahme, unmittelbarer Zwang) durchgesetzt werden. [2] Für die Erzwingung von Sicherheiten gilt § 336. [3] Vollstreckungsbehörde ist die Behörde, die den Verwaltungsakt erlassen hat.

(2) [1] Es ist dasjenige Zwangsmittel zu bestimmen, durch das der Pflichtige und die Allgemeinheit am wenigsten beeinträchtigt werden. [2] Das Zwangsmittel muss in einem angemessenen Verhältnis zu seinem Zweck stehen.

§ 329 Zwangsgeld. Das einzelne Zwangsgeld darf 25 000 Euro nicht übersteigen.

§ 330 Ersatzvornahme. Wird die Verpflichtung, eine Handlung vorzunehmen, deren Vornahme durch einen anderen möglich ist (vertretbare Handlung), nicht erfüllt, so kann die Vollstreckungsbehörde einen anderen mit der Vornahme der Handlung auf Kosten des Pflichtigen beauftragen.

§ 331 Unmittelbarer Zwang. Führen das Zwangsgeld oder die Ersatzvornahme nicht zum Ziel oder sind sie untunlich, so kann die Finanzbehörde den Pflichtigen zur Handlung, Duldung oder Unterlassung zwingen oder die Handlung selbst vornehmen.

§ 332 Androhung der Zwangsmittel. (1) [1] Die Zwangsmittel müssen schriftlich angedroht werden. [2] Wenn zu besorgen ist, dass dadurch der Vollzug des durchzusetzenden Verwaltungsakts vereitelt wird, genügt es, die Zwangsmittel mündlich oder auf andere nach der Lage gebotene Weise anzudrohen. [3] Zur Erfüllung der Verpflichtung ist eine angemessene Frist zu bestimmen.

---

[1] § 326 Abs. 3 Satz 2 geänd. mWv 1.1.2013 durch G v. 29.7.2009 (BGBl. I S. 2258).

(2) [1]Die Androhung kann mit dem Verwaltungsakt verbunden werden, durch den die Handlung, Duldung oder Unterlassung aufgegeben wird. [2]Sie muss sich auf ein bestimmtes Zwangsmittel beziehen und für jede einzelne Verpflichtung getrennt ergehen. [3]Zwangsgeld ist in bestimmter Höhe anzudrohen.

(3) [1]Eine neue Androhung wegen derselben Verpflichtung ist erst dann zulässig, wenn das zunächst angedrohte Zwangsmittel erfolglos ist. [2]Wird vom Pflichtigen ein Dulden oder Unterlassen gefordert, so kann das Zwangsmittel für jeden Fall der Zuwiderhandlung angedroht werden.

(4) Soll die Handlung durch Ersatzvornahme ausgeführt werden, so ist in der Androhung der Kostenbetrag vorläufig zu veranschlagen.

§ 333 Festsetzung der Zwangsmittel. Wird die Verpflichtung innerhalb der Frist, die in der Androhung bestimmt ist, nicht erfüllt oder handelt der Pflichtige der Verpflichtung zuwider, so setzt die Finanzbehörde das Zwangsmittel fest.

§ 334 Ersatzzwangshaft. (1) [1]Ist ein gegen eine natürliche Person festgesetztes Zwangsgeld uneinbringlich, so kann das Amtsgericht auf Antrag der Finanzbehörde nach Anhörung des Pflichtigen Ersatzzwangshaft anordnen, wenn bei Androhung des Zwangsgelds hierauf hingewiesen worden ist. [2]Ordnet das Amtsgericht Ersatzzwangshaft an, so hat es einen Haftbefehl auszufertigen, in dem die antragstellende Behörde, der Pflichtige und der Grund der Verhaftung zu bezeichnen sind.

(2) [1]Das Amtsgericht entscheidet nach pflichtgemäßem Ermessen durch Beschluss. [2]Örtlich zuständig ist das Amtsgericht, in dessen Bezirk der Pflichtige seinen Wohnsitz oder in Ermangelung eines Wohnsitzes seinen gewöhnlichen Aufenthalt hat. [3]Der Beschluss des Amtsgerichts unterliegt der Beschwerde nach den §§ 567 bis 577 der Zivilprozessordnung.

(3)[1] [1]Die Ersatzzwangshaft beträgt mindestens einen Tag, höchstens zwei Wochen. [2]Die Vollziehung der Ersatzzwangshaft richtet sich nach *den*[2] § 802g Abs. 2 und § 802h der Zivilprozessordnung und den §§ 171 bis 175 und 179 bis 186 des Strafvollzugsgesetzes.

(4) Ist der Anspruch auf das Zwangsgeld verjährt, so darf die Haft nicht mehr vollstreckt werden.

§ 335 Beendigung des Zwangsverfahrens. Wird die Verpflichtung nach Festsetzung des Zwangsmittels erfüllt, so ist der Vollzug einzustellen.

2. Unterabschnitt. Erzwingung von Sicherheiten

§ 336 Erzwingung von Sicherheiten. (1) Wird die Verpflichtung zur Leistung von Sicherheiten nicht erfüllt, so kann die Finanzbehörde geeignete Sicherheiten pfänden.

---

[1] § 334 Abs. 3 Satz 2 geänd. mWv 1.1.2013 durch G v. 29.7.2009 (BGBl. I S. 2258); Satz 2 geänd. mWv 26.11.2019 durch G v. 20.11.2019 (BGBl. I S. 1724).
[2] Wortlaut amtlich.

(2) [1] Der Erzwingung der Sicherheit muss eine schriftliche Androhung vorausgehen. [2] Die §§ 262 bis 323 sind entsprechend anzuwenden.

Vierter Abschnitt. Kosten

§ 337 Kosten der Vollstreckung. (1)[1] [1] Im Vollstreckungsverfahren werden Kosten (Gebühren und Auslagen) erhoben. [2] Schuldner dieser Kosten ist der Vollstreckungsschuldner.

(2)[2] Für das Mahnverfahren werden keine Kosten erhoben.

§ 338 Gebührenarten. Im Vollstreckungsverfahren werden Pfändungsgebühren (§ 339), Wegnahmegebühren (§ 340) und Verwertungsgebühren (§ 341) erhoben.

§ 339[3] **Pfändungsgebühr.** (1) Die Pfändungsgebühr wird erhoben für die Pfändung von beweglichen Sachen, von Tieren, von Früchten, die vom Boden noch nicht getrennt sind, von Forderungen und von anderen Vermögensrechten.

(2) Die Gebühr entsteht:

1. sobald der Vollziehungsbeamte Schritte zur Ausführung des Vollstreckungsauftrags unternommen hat,
2. mit der Zustellung der Verfügung, durch die eine Forderung oder ein anderes Vermögensrecht gepfändet werden soll.

(3)[4] Die Gebühr beträgt 26 Euro.

(4) [1] Die Gebühr wird auch erhoben, wenn

1. die Pfändung durch Zahlung an den Vollziehungsbeamten abgewendet wird,
2. auf andere Weise Zahlung geleistet wird, nachdem sich der Vollziehungsbeamte an Ort und Stelle begeben hat,
3. ein Pfändungsversuch erfolglos geblieben ist, weil pfändbare Gegenstände nicht vorgefunden wurden, oder
4. die Pfändung in den Fällen des § 281 Abs. 3 dieses Gesetzes sowie der §§ 812 und 851b Abs. 1 der Zivilprozessordnung unterbleibt.

[2] Wird die Pfändung auf andere Weise abgewendet, wird keine Gebühr erhoben.

§ 340 Wegnahmegebühr. (1) [1] Die Wegnahmegebühr wird für die Wegnahme beweglicher Sachen einschließlich Urkunden in den Fällen der §§ 310, 315 Abs. 2 Satz 5, §§ 318, 321, 331 und 336 erhoben. [2] Dies gilt auch dann, wenn der Vollstreckungsschuldner an den zur Vollstreckung erschienenen Vollziehungsbeamten freiwillig leistet.

(2) § 339 Abs. 2 Nr. 1 ist entsprechend anzuwenden.

---

[1] § 337 Abs. 1 neu gef. durch G v. 9.12.2004 (BGBl. I S. 3310).
[2] § 337 Abs. 2 Satz 2 aufgeh. mWv 30.6.2013 durch G v. 26.6.2013 (BGBl. I S. 1809).
[3] § 339 neu gef. durch G v. 9.12.2004 (BGBl. I S. 3310); zur Anwendung siehe auch Art. 97 § 17a EGAO (Nr. **1.1**).
[4] § 339 Abs. 3 geänd. mWv 31.12.2014 durch G v. 22.12.2014 (BGBl. I S. 2417).

(3)[1] [1]Die Höhe der Wegnahmegebühr beträgt 26 Euro. [2]Die Gebühr wird auch erhoben, wenn die in Absatz 1 bezeichneten Sachen nicht aufzufinden sind.

(4)[2] *(aufgehoben)*

§ 341 Verwertungsgebühr. (1) Die Verwertungsgebühr wird für die Versteigerung und andere Verwertung von Gegenständen erhoben.

(2) Die Gebühr entsteht, sobald der Vollziehungsbeamte oder ein anderer Beauftragter Schritte zur Ausführung des Verwertungsauftrags unternommen hat.

(3)[3] Die Gebühr beträgt 52 Euro.

(4)[4] Wird die Verwertung abgewendet (§ 296 Abs. 1 Satz 4), ist eine Gebühr von 26 Euro zu erheben.

§ 342 Mehrheit von Schuldnern. (1) Wird gegen mehrere Schuldner vollstreckt, so sind die Gebühren, auch wenn der Vollziehungsbeamte bei derselben Gelegenheit mehrere Vollstreckungshandlungen vornimmt, von jedem Vollstreckungsschuldner zu erheben.

(2)[5] [1]Wird gegen Gesamtschuldner wegen der Gesamtschuld bei derselben Gelegenheit vollstreckt, so werden Pfändungs-, Wegnahme- und Verwertungsgebühren nur einmal erhoben. [2]Die in Satz 1 bezeichneten Personen schulden die Gebühren als Gesamtschuldner.

§ 343 (weggefallen)

§ 344[6] Auslagen. (1) Als Auslagen werden erhoben:

1.[7] Schreibauslagen für nicht von Amts wegen zu erteilende oder per Telefax übermittelte Abschriften; die Schreibauslagen betragen unabhängig von der Art der Herstellung

   a) für die ersten 50 Seiten je Seite 0,50 Euro,
   b) für jede weitere Seite 0,15 Euro,
   c) für die ersten 50 Seiten in Farbe je Seite 1,00 Euro,
   d) für jede weitere Seite in Farbe 0,30 Euro.

[2]Werden anstelle von Abschriften elektronisch gespeicherte Dateien überlassen, betragen die Auslagen 1,50 Euro je Datei. [3]Für die in einem Arbeitsgang überlassenen oder in einem Arbeitsgang auf einen Datenträger übertragenen Dokumente werden insgesamt höchstens 5 Euro erhoben. [4]Werden zum Zweck der Überlassung von elektronisch gespeicherten Dateien Dokumente zuvor auf Antrag von der Papierform in die elektronische

---

[1] § 340 Abs. 3 Satz 2 angef. durch G v. 9.12.2004 (BGBl. I S. 3310); Satz 1 geänd. mWv 31.12. 2014 durch G v. 22.12.2014 (BGBl. I S. 2417).

[2] § 340 Abs. 4 aufgeh. durch G v. 9.12.2004 (BGBl. I S. 3310).

[3] § 341 Abs. 3 neu gef. durch G v. 9.12.2004 (BGBl. I S. 3310); geänd. mWv 31.12.2014 durch G v. 22.12.2014 (BGBl. I S. 2417).

[4] § 341 Abs. 4 neu gef. durch G v. 9.12.2004 (BGBl. I S. 3310); geänd. mWv 5.8.2009 durch G v. 30.7.2009 (BGBl. I S. 2474); geänd. mWv 31.12.2014 durch G v. 22.12.2014 (BGBl. I S. 2417).

[5] § 342 Abs. 2 Satz 3 aufgeh. durch G v. 9.12.2004 (BGBl. I S. 3310).

[6] § 344 Abs. 1 Nr. 1 Satz 2 angef., Nr. 3, 5, 6 und 7 geänd., Nr. 7a und 7b eingef., Abs. 2 eingef., bish. Abs. 2 wird Abs. 3 durch G v. 9.12.2004 (BGBl. I S. 3310).

[7] § 344 Abs. 1 Nr. 1 neu gef. mWv 31.12.2014 durch G v. 22.12.2014 (BGBl. I S. 2417).

Form übertragen, beträgt die Pauschale für Schreibauslagen nach Satz 2 nicht weniger, als die Pauschale im Fall von Satz 1 betragen würde,

2. Entgelte für Post- und Telekommunikationsdienstleistungen, ausgenommen die Entgelte für Telefondienstleistungen im Orts- und Nahbereich,

3. Entgelte für Zustellungen durch die Post mit Zustellungsurkunde; wird durch die Behörde zugestellt (§ 5 des Verwaltungszustellungsgesetzes), so werden 7,50 Euro erhoben,

4. Kosten, die durch öffentliche Bekanntmachung entstehen,

5. an die zum Öffnen von Türen und Behältnissen sowie an die zur Durchsuchung von Vollstreckungsschuldnern zugezogenen Personen zu zahlende Beträge,

6. Kosten für die Beförderung, Verwahrung und Beaufsichtigung gepfändeter Sachen, Kosten für die Aberntung gepfändeter Früchte und Kosten für die Verwahrung, Fütterung, Pflege und Beförderung gepfändeter Tiere,

7. Beträge, die in entsprechender Anwendung des Justizvergütungs- und -entschädigungsgesetzes an Auskunftspersonen und Sachverständige (§ 107) sowie Beträge, die an Treuhänder (§ 318 Abs. 5) zu zahlen sind,

7a. Kosten, die von einem Kreditinstitut erhoben werden, weil ein Scheck des Vollstreckungsschuldners nicht eingelöst wurde,

7b. Kosten für die Umschreibung eines auf einen Namen lautenden Wertpapiers oder für die Wiederinkurssetzung eines Inhaberpapiers,

8. andere Beträge, die auf Grund von Vollstreckungsmaßnahmen an Dritte zu zahlen sind, insbesondere Beträge, die bei der Ersatzvornahme oder beim unmittelbaren Zwang an Beauftragte und an Hilfspersonen gezahlt werden, und sonstige durch Ausführung des unmittelbaren Zwanges oder Anwendung der Ersatzzwangshaft entstandene Kosten.

(2) Steuern, die die Finanzbehörde auf Grund von Vollstreckungsmaßnahmen schuldet, sind als Auslagen zu erheben.

(3) ^{1} Werden Sachen oder Tiere, die bei mehreren Vollstreckungsschuldnern gepfändet worden sind, in einem einheitlichen Verfahren abgeholt und verwertet, so werden die Auslagen, die in diesem Verfahren entstehen, auf die beteiligten Vollstreckungsschuldner verteilt. ^{2} Dabei sind die besonderen Umstände des einzelnen Falls, vor allem Wert, Umfang und Gewicht der Gegenstände, zu berücksichtigen.

§ 345 Reisekosten und Aufwandsentschädigungen. Im Vollstreckungsverfahren sind die Reisekosten des Vollziehungsbeamten und Auslagen, die durch Aufwandsentschädigungen abgegolten werden, von dem Vollstreckungsschuldner nicht zu erstatten.

§ 346 Unrichtige Sachbehandlung, Festsetzungsfrist. (1) Kosten, die bei richtiger Behandlung der Sache nicht entstanden wären, sind nicht zu erheben.

(2) ^{1} Die Frist für den Ansatz der Kosten und für die Aufhebung und Änderung des Kostenansatzes beträgt ein Jahr. ^{2} Sie beginnt mit Ablauf des Kalenderjahrs, in dem die Kosten entstanden sind. ^{3} Einem vor Ablauf der Frist gestellten Antrag auf Aufhebung oder Änderung kann auch nach Ablauf der Frist entsprochen werden.

Siebenter Teil. Außergerichtliches Rechtsbehelfsverfahren[1]

Erster Abschnitt. Zulässigkeit

§ 347 Statthaftigkeit des Einspruchs. (1) [1] Gegen Verwaltungsakte

1. in Abgabenangelegenheiten, auf die dieses Gesetz Anwendung findet,
2. in Verfahren zur Vollstreckung von Verwaltungsakten in anderen als den in Nummer 1 bezeichneten Angelegenheiten, soweit die Verwaltungsakte durch Bundesfinanzbehörden oder Landesfinanzbehörden nach den Vorschriften dieses Gesetzes zu vollstrecken sind,
3. in öffentlich-rechtlichen und berufsrechtlichen Angelegenheiten, auf die dieses Gesetz nach § 164a des Steuerberatungsgesetzes Anwendung findet,
4. in anderen durch die Finanzbehörden verwalteten Angelegenheiten, soweit die Vorschriften über die außergerichtlichen Rechtsbehelfe durch Gesetz für anwendbar erklärt worden sind oder erklärt werden,

ist als Rechtsbehelf der Einspruch statthaft. [2] Der Einspruch ist außerdem statthaft, wenn geltend gemacht wird, dass in den in Satz 1 bezeichneten Angelegenheiten über einen vom Einspruchsführer gestellten Antrag auf Erlass eines Verwaltungsakts ohne Mitteilung eines zureichenden Grundes binnen angemessener Frist sachlich nicht entschieden worden ist.

(2) Abgabenangelegenheiten sind alle mit der Verwaltung der Abgaben einschließlich der Abgabenvergütungen oder sonst mit der Anwendung der abgabenrechtlichen Vorschriften durch die Finanzbehörden zusammenhängenden Angelegenheiten einschließlich der Maßnahmen der Bundesfinanzbehörden zur Beachtung der Verbote und Beschränkungen für den Warenverkehr über die Grenze; den Abgabenangelegenheiten stehen die Angelegenheiten der Verwaltung der Finanzmonopole gleich.

(3) Die Vorschriften des Siebenten Teils finden auf das Straf- und Bußgeldverfahren keine Anwendung.

§ 348 Ausschluss des Einspruchs. Der Einspruch ist nicht statthaft

1. gegen Einspruchsentscheidungen (§ 367),
2. bei Nichtentscheidung über einen Einspruch,
3. gegen Verwaltungsakte der obersten Finanzbehörden des Bundes und der Länder, außer wenn ein Gesetz das Einspruchsverfahren vorschreibt,
4.[2] gegen Entscheidungen in Angelegenheiten des Zweiten und Sechsten Abschnitts des Zweiten Teils des Steuerberatungsgesetzes,
5.[2] *(aufgehoben)*
6.[3] in den Fällen des § 172 Abs. 3.

§ 349 (weggefallen)

§ 350 Beschwer. Befugt, Einspruch einzulegen, ist nur, wer geltend macht, durch einen Verwaltungsakt oder dessen Unterlassung beschwert zu sein.

---

[1] Zu §§ 347 ff. siehe Übergangsvorschriften in Art. 97 § 18 Abs. 3 EGAO (Nr. **1.1**).
[2] § 348 Nr. 4 geänd., Nr. 5 aufgeh. durch G v. 8.4.2008 (BGBl. I S. 666).
[3] § 348 Nr. 6 angef. durch G v. 13.12.2006 (BGBl. I S. 2878).

§ 351 Bindungswirkung anderer Verwaltungsakte. (1) Verwaltungsakte, die unanfechtbare Verwaltungsakte ändern, können nur insoweit angegriffen werden, als die Änderung reicht, es sei denn, dass sich aus den Vorschriften über die Aufhebung und Änderung von Verwaltungsakten etwas anderes ergibt.

(2) Entscheidungen in einem Grundlagenbescheid (§ 171 Abs. 10) können nur durch Anfechtung dieses Bescheids, nicht auch durch Anfechtung des Folgebescheids, angegriffen werden.

§ 352 Einspruchsbefugnis bei der einheitlichen Feststellung. (1) Gegen Bescheide über die einheitliche und gesonderte Feststellung von Besteuerungsgrundlagen können Einspruch einlegen:

1. zur Vertretung berufene Geschäftsführer oder, wenn solche nicht vorhanden sind, der Einspruchsbevollmächtigte im Sinne des Absatzes 2;

2. wenn Personen nach Nummer 1 nicht vorhanden sind, jeder Gesellschafter, Gemeinschafter oder Mitberechtigte, gegen den der Feststellungsbescheid ergangen ist oder zu ergehen hätte;

3. auch wenn Personen nach Nummer 1 vorhanden sind, ausgeschiedene Gesellschafter, Gemeinschafter oder Mitberechtigte, gegen die der Feststellungsbescheid ergangen ist oder zu ergehen hätte;

4. soweit es sich darum handelt, wer an dem festgestellten Betrag beteiligt ist und wie dieser sich auf die einzelnen Beteiligten verteilt, jeder, der durch die Feststellungen hierzu berührt wird;

5. soweit es sich um eine Frage handelt, die einen Beteiligten persönlich angeht, jeder, der durch die Feststellungen über die Frage berührt wird.

(2) [1]Einspruchsbefugt im Sinne des Absatzes 1 Nr. 1 ist der gemeinsame Empfangsbevollmächtigte im Sinne des § 183 Abs. 1 Satz 1 oder des § 6 Abs. 1 Satz 1 der Verordnung über die gesonderte Feststellung von Besteuerungsgrundlagen nach § 180 Abs. 2 der Abgabenordnung vom 19. Dezember 1986 (BGBl. I S. 2663). [2]Haben die Feststellungsbeteiligten keinen gemeinsamen Empfangsbevollmächtigten bestellt, ist einspruchsbefugt im Sinne des Absatzes 1 Nr. 1 der nach § 183 Abs. 1 Satz 2 fingierte oder der nach § 183 Abs. 1 Satz 3 bis 5 oder nach § 6 Abs. 1 Satz 3 bis 5 der Verordnung über die gesonderte Feststellung von Besteuerungsgrundlagen nach § 180 Abs. 2 der Abgabenordnung von der Finanzbehörde bestimmte Empfangsbevollmächtigte; dies gilt nicht für Feststellungsbeteiligte, die gegenüber der Finanzbehörde der Einspruchsbefugnis des Empfangsbevollmächtigten widersprechen. [3]Die Sätze 1 und 2 sind nur anwendbar, wenn die Beteiligten in der Feststellungserklärung oder in der Aufforderung zur Benennung eines Empfangsbevollmächtigten über die Einspruchsbefugnis des Empfangsbevollmächtigten belehrt worden sind.

§ 353 Einspruchsbefugnis des Rechtsnachfolgers. Wirkt ein Feststellungsbescheid, ein Grundsteuermessbescheid oder ein Zerlegungs- oder Zuteilungsbescheid über einen Grundsteuermessbetrag gegenüber dem Rechtsnachfolger, ohne dass er diesem bekannt gegeben worden ist (§ 182 Abs. 2, § 184 Abs. 1 Satz 4, §§ 185 und 190), so kann der Rechtsnachfolger nur innerhalb der für den Rechtsvorgänger maßgebenden Einspruchsfrist Einspruch einlegen.

§ 354 Einspruchsverzicht. (1) [1]Auf Einlegung eines Einspruchs kann nach Erlass des Verwaltungsakts verzichtet werden. [2]Der Verzicht kann auch bei

Abgabe einer Steueranmeldung für den Fall ausgesprochen werden, dass die Steuer nicht abweichend von der Steueranmeldung festgesetzt wird. ³Durch den Verzicht wird der Einspruch unzulässig.

(1a) ¹Soweit Besteuerungsgrundlagen für ein Verständigungs- oder ein Schiedsverfahren nach einem Vertrag im Sinne des § 2 von Bedeutung sein können, kann auf die Einlegung eines Einspruchs insoweit verzichtet werden. ²Die Besteuerungsgrundlage, auf die sich der Verzicht beziehen soll, ist genau zu bezeichnen.

(2) ¹Der Verzicht ist gegenüber der zuständigen Finanzbehörde schriftlich oder zur Niederschrift zu erklären; er darf keine weiteren Erklärungen enthalten. ²Wird nachträglich die Unwirksamkeit des Verzichts geltend gemacht, so gilt § 110 Abs. 3 sinngemäß.

Zweiter Abschnitt. Verfahrensvorschriften

§ 355 Einspruchsfrist. (1) ¹Der Einspruch nach § 347 Abs. 1 Satz 1 ist innerhalb eines Monats nach Bekanntgabe des Verwaltungsakts einzulegen. ²Ein Einspruch gegen eine Steueranmeldung ist innerhalb eines Monats nach Eingang der Steueranmeldung bei der Finanzbehörde, in den Fällen des § 168 Satz 2 innerhalb eines Monats nach Bekanntwerden der Zustimmung, einzulegen.

(2) Der Einspruch nach § 347 Abs. 1 Satz 2 ist unbefristet.

§ 356 Rechtsbehelfsbelehrung. (1) Ergeht ein Verwaltungsakt schriftlich oder elektronisch, so beginnt die Frist für die Einlegung des Einspruchs nur, wenn der Beteiligte über den Einspruch und die Finanzbehörde, bei der er einzulegen ist, deren Sitz und die einzuhaltende Frist in der für den Verwaltungsakt verwendeten Form belehrt worden ist.

(2) ¹Ist die Belehrung unterblieben oder unrichtig erteilt, so ist die Einlegung des Einspruchs nur binnen eines Jahres seit Bekanntgabe des Verwaltungsakts zulässig, es sei denn, dass die Einlegung vor Ablauf der Jahresfrist infolge höherer Gewalt unmöglich war oder schriftlich oder elektronisch darüber belehrt wurde, dass ein Einspruch nicht gegeben sei. ²§ 110 Abs. 2 gilt für den Fall höherer Gewalt sinngemäß.

§ 357 Einlegung des Einspruchs. (1)¹⁾ ¹Der Einspruch ist schriftlich oder elektronisch einzureichen oder zur Niederschrift zu erklären. ²Es genügt, wenn aus dem Einspruch hervorgeht, wer ihn eingelegt hat. ³Unrichtige Bezeichnung des Einspruchs schadet nicht.

(2)²⁾ ¹Der Einspruch ist bei der Behörde anzubringen, deren Verwaltungsakt angefochten wird oder bei der ein Antrag auf Erlass eines Verwaltungsakts gestellt worden ist. ²Ein Einspruch, der sich gegen die Feststellung von Besteuerungsgrundlagen oder gegen die Festsetzung eines Steuermessbetrags richtet, kann auch bei der zur Erteilung des Steuerbescheids zuständigen Behörde angebracht werden. ³Ein Einspruch, der sich gegen einen Verwaltungsakt richtet, den eine Behörde auf Grund gesetzlicher Vorschrift für die zuständige Finanzbehörde erlassen hat, kann auch bei der zuständigen Finanzbehörde

---

¹⁾ § 357 Abs. 1 Satz 1 geänd., Satz 2 neu gef. mWv 1.8.2013 durch G v. 25.7.2013 (BGBl. I S. 2749); Satz 3 aufgeh., bish. Satz 4 wird Satz 3 mWv 1.1.2017 durch G v. 18.7.2016 (BGBl. I S. 1679).
²⁾ § 357 Abs. 2 Satz 4 geänd. mWv 1.8.2013 durch G v. 25.7.2013 (BGBl. I S. 2749).

angebracht werden. [4] Die schriftliche oder elektronische Anbringung bei einer anderen Behörde ist unschädlich, wenn der Einspruch vor Ablauf der Einspruchsfrist einer der Behörden übermittelt wird, bei der er nach den Sätzen 1 bis 3 angebracht werden kann.

(3) [1] Bei der Einlegung soll der Verwaltungsakt bezeichnet werden, gegen den der Einspruch gerichtet ist. [2] Es soll angegeben werden, inwieweit der Verwaltungsakt angefochten und seine Aufhebung beantragt wird. [3] Ferner sollen die Tatsachen, die zur Begründung dienen, und die Beweismittel angeführt werden.

§ 358 Prüfung der Zulässigkeitsvoraussetzungen. [1] Die zur Entscheidung über den Einspruch berufene Finanzbehörde hat zu prüfen, ob der Einspruch zulässig, insbesondere in der vorgeschriebenen Form und Frist eingelegt ist. [2] Mangelt es an einem dieser Erfordernisse, so ist der Einspruch als unzulässig zu verwerfen.

§ 359 Beteiligte. Beteiligte am Verfahren sind:
1. wer den Einspruch eingelegt hat (Einspruchsführer),
2. wer zum Verfahren hinzugezogen worden ist.

§ 360 Hinzuziehung zum Verfahren. (1) [1] Die zur Entscheidung über den Einspruch berufene Finanzbehörde kann von Amts wegen oder auf Antrag andere hinzuziehen, deren rechtliche Interessen nach den Steuergesetzen durch die Entscheidung berührt werden, insbesondere solche, die nach den Steuergesetzen neben dem Steuerpflichtigen haften. [2] Vor der Hinzuziehung ist derjenige zu hören, der den Einspruch eingelegt hat.

(2) Wird eine Abgabe für einen anderen Abgabenberechtigten verwaltet, so kann dieser nicht deshalb hinzugezogen werden, weil seine Interessen als Abgabenberechtigter durch die Entscheidung berührt werden.

(3) [1] Sind an dem streitigen Rechtsverhältnis Dritte derart beteiligt, dass die Entscheidung auch ihnen gegenüber nur einheitlich ergehen kann, so sind sie hinzuzuziehen. [2] Dies gilt nicht für Mitberechtigte, die nach § 352 nicht befugt sind, Einspruch einzulegen.

(4) Wer zum Verfahren hinzugezogen worden ist, kann dieselben Rechte geltend machen, wie derjenige, der den Einspruch eingelegt hat.

(5)[1)] [1] Kommt nach Absatz 3 die Hinzuziehung von mehr als 50 Personen in Betracht, kann die Finanzbehörde anordnen, dass nur solche Personen hinzugezogen werden, die dies innerhalb einer bestimmten Frist beantragen. [2] Von einer Einzelbekanntgabe der Anordnung kann abgesehen werden, wenn die Anordnung im Bundesanzeiger bekannt gemacht und außerdem in Tageszeitungen veröffentlicht wird, die in dem Bereich verbreitet sind, in dem sich die Entscheidung voraussichtlich auswirken wird. [3] Die Frist muss mindestens drei Monate seit Veröffentlichung im Bundesanzeiger betragen. [4] In der Veröffentlichung in Tageszeitungen ist mitzuteilen, an welchem Tage die Frist abläuft. [5] Für die Wiedereinsetzung in den vorigen Stand wegen Versäumung der Frist gilt § 110 entsprechend. [6] Die Finanzbehörde soll Personen, die von der Ent-

---

[1)] § 360 Abs. 5 Satz 2 und 3 geänd. durch G v. 22.3.2005 (BGBl. I S. 837); Satz 2 und 3 geänd. mWv 1.4.2012 durch G v. 22.12.2011 (BGBl. I S. 3044).

scheidung erkennbar in besonderem Maße betroffen werden, auch ohne Antrag hinzuziehen.

§ 361 Aussetzung der Vollziehung. (1) [1] Durch Einlegung des Einspruchs wird die Vollziehung des angefochtenen Verwaltungsakts vorbehaltlich des Absatzes 4 nicht gehemmt, insbesondere die Erhebung einer Abgabe nicht aufgehalten. [2] Entsprechendes gilt bei Anfechtung von Grundlagenbescheiden für die darauf beruhenden Folgebescheide.

(2)[1] [1] Die Finanzbehörde, die den angefochtenen Verwaltungsakt erlassen hat, kann die Vollziehung ganz oder teilweise aussetzen; § 367 Abs. 1 Satz 2 gilt sinngemäß. [2] Auf Antrag soll die Aussetzung erfolgen, wenn ernstliche Zweifel an der Rechtmäßigkeit des angefochtenen Verwaltungsakts bestehen oder wenn die Vollziehung für die betroffene Person eine unbillige, nicht durch überwiegende öffentliche Interessen gebotene Härte zur Folge hätte. [3] Ist der Verwaltungsakt schon vollzogen, tritt an die Stelle der Aussetzung der Vollziehung die Aufhebung der Vollziehung. [4] Bei Steuerbescheiden sind die Aussetzung und die Aufhebung der Vollziehung auf die festgesetzte Steuer, vermindert um die anzurechnenden Steuerabzugsbeträge, um die anzurechnende Körperschaftsteuer und um die festgesetzten Vorauszahlungen, beschränkt; dies gilt nicht, wenn die Aussetzung oder Aufhebung der Vollziehung zur Abwendung wesentlicher Nachteile nötig erscheint. [5] Die Aussetzung kann von einer Sicherheitsleistung abhängig gemacht werden.

(3) [1] Soweit die Vollziehung eines Grundlagenbescheids ausgesetzt wird, ist auch die Vollziehung eines Folgebescheids auszusetzen. [2] Der Erlass eines Folgebescheids bleibt zulässig. [3] Über eine Sicherheitsleistung ist bei der Aussetzung eines Folgebescheids zu entscheiden, es sei denn, dass bei der Aussetzung der Vollziehung des Grundlagenbescheids die Sicherheitsleistung ausdrücklich ausgeschlossen worden ist.

(4) [1] Durch Einlegung eines Einspruchs gegen die Untersagung des Gewerbebetriebs oder der Berufsausübung wird die Vollziehung des angefochtenen Verwaltungsakts gehemmt. [2] Die Finanzbehörde, die den Verwaltungsakt erlassen hat, kann die hemmende Wirkung durch besondere Anordnung ganz oder zum Teil beseitigen, wenn sie es im öffentlichen Interesse für geboten hält; sie hat das öffentliche Interesse schriftlich zu begründen. [3] § 367 Abs. 1 Satz 2 gilt sinngemäß.

(5) Gegen die Ablehnung der Aussetzung der Vollziehung kann das Gericht nur nach § 69 Abs. 3 und 5 Satz 3 der Finanzgerichtsordnung[2] angerufen werden.

§ 362 Rücknahme des Einspruchs. (1) [1] Der Einspruch kann bis zur Bekanntgabe der Entscheidung über den Einspruch zurückgenommen werden. [2] § 357 Abs. 1 und 2 gilt sinngemäß.

(1a) [1] Soweit Besteuerungsgrundlagen für ein Verständigungs- oder ein Schiedsverfahren nach einem Vertrag im Sinne des § 2 von Bedeutung sein können, kann der Einspruch hierauf begrenzt zurückgenommen werden. [2] § 354 Abs. 1a Satz 2 gilt entsprechend.

---

[1] § 361 Abs. 2 Satz 2 geänd. mWv 26.11.2019 durch G v. 20.11.2019 (BGBl. I S. 1626).
[2] Nr. 2.

(2) [1] Die Rücknahme hat den Verlust des eingelegten Einspruchs zur Folge. [2] Wird nachträglich die Unwirksamkeit der Rücknahme geltend gemacht, so gilt § 110 Abs. 3 sinngemäß.

§ 363 Aussetzung und Ruhen des Verfahrens. (1) Hängt die Entscheidung ganz oder zum Teil von dem Bestehen oder Nichtbestehen eines Rechtsverhältnisses ab, das den Gegenstand eines anhängigen Rechtsstreits bildet oder von einem Gericht oder einer Verwaltungsbehörde festzustellen ist, kann die Finanzbehörde die Entscheidung bis zur Erledigung des anderen Rechtsstreits oder bis zur Entscheidung des Gerichts oder der Verwaltungsbehörde aussetzen.

(2)[1] [1] Die Finanzbehörde kann das Verfahren mit Zustimmung des Einspruchsführers ruhen lassen, wenn das aus wichtigen Gründen zweckmäßig erscheint. [2] Ist wegen der Verfassungsmäßigkeit einer Rechtsnorm oder wegen einer Rechtsfrage ein Verfahren bei dem Gerichtshof der Europäischen Union, dem Bundesverfassungsgericht oder einem obersten Bundesgericht anhängig und wird der Einspruch hierauf gestützt, ruht das Einspruchsverfahren insoweit; dies gilt nicht, soweit nach § 165 Abs. 1 Satz 2 Nr. 3 oder Nr. 4 die Steuer vorläufig festgesetzt wurde. [3] Mit Zustimmung der obersten Finanzbehörde kann durch öffentlich bekannt zu gebende Allgemeinverfügung für bestimmte Gruppen gleichgelagerter Fälle angeordnet werden, dass Einspruchsverfahren insoweit auch in anderen als den in den Sätzen 1 und 2 genannten Fällen ruhen. [4] Das Einspruchsverfahren ist fortzusetzen, wenn der Einspruchsführer dies beantragt oder die Finanzbehörde dies dem Einspruchsführer mitteilt.

(3) Wird ein Antrag auf Aussetzung oder Ruhen des Verfahrens abgelehnt oder die Aussetzung oder das Ruhen des Verfahrens widerrufen, kann die Rechtswidrigkeit der Ablehnung oder des Widerrufs nur durch Klage gegen die Einspruchsentscheidung geltend gemacht werden.

§ 364[2] **Offenlegung der Besteuerungsunterlagen.** Den Beteiligten sind, soweit es noch nicht geschehen ist, die Unterlagen der Besteuerung auf Antrag oder, wenn die Begründung des Einspruchs dazu Anlass gibt, von Amts wegen offenzulegen.

§ 364a Erörterung des Sach- und Rechtsstands. (1) [1] Auf Antrag eines Einspruchsführers soll die Finanzbehörde vor Erlass einer Einspruchsentscheidung den Sach- und Rechtsstand erörtern. [2] Weitere Beteiligte können hierzu geladen werden, wenn die Finanzbehörde dies für sachdienlich hält. [3] Die Finanzbehörde kann auch ohne Antrag eines Einspruchsführers diesen und weitere Beteiligte zu einer Erörterung laden.

(2) [1] Von einer Erörterung mit mehr als zehn Beteiligten kann die Finanzbehörde absehen. [2] Bestellen die Beteiligten innerhalb einer von der Finanzbehörde bestimmten angemessenen Frist einen gemeinsamen Vertreter, soll der Sach- und Rechtsstand mit diesem erörtert werden.

(3) [1] Die Beteiligten können sich durch einen Bevollmächtigten vertreten lassen. [2] Sie können auch persönlich zur Erörterung geladen werden, wenn die Finanzbehörde dies für sachdienlich hält.

---

[1] § 363 Abs. 2 Satz 2 geänd. mWv 1.1.2009 durch G v. 20.12.2008 (BGBl. I S. 2850); Satz 2 1. HS geänd. mWv 30.6.2013 durch G v. 26.6.2013 (BGBl. I S. 1809).
[2] § 364 Überschrift und Wortlaut geänd. mWv 26.11.2019 durch G v. 20.11.2019 (BGBl. I S. 1626).

(4) Das Erscheinen kann nicht nach § 328 erzwungen werden.

§ 364b Fristsetzung. (1) Die Finanzbehörde kann dem Einspruchsführer eine Frist setzen

1. zur Angabe der Tatsachen, durch deren Berücksichtigung oder Nichtberücksichtigung er sich beschwert fühlt,
2. zur Erklärung über bestimmte klärungsbedürftige Punkte,
3. zur Bezeichnung von Beweismitteln oder zur Vorlage von Urkunden, soweit er dazu verpflichtet ist.

(2) [1] Erklärungen und Beweismittel, die erst nach Ablauf der nach Absatz 1 gesetzten Frist vorgebracht werden, sind nicht zu berücksichtigen. [2] § 367 Abs. 2 Satz 2 bleibt unberührt. [3] Bei Überschreitung der Frist gilt § 110 entsprechend.

(3) Der Einspruchsführer ist mit der Fristsetzung über die Rechtsfolgen nach Absatz 2 zu belehren.

§ 365 Anwendung von Verfahrensvorschriften. (1) Für das Verfahren über den Einspruch gelten im Übrigen die Vorschriften sinngemäß, die für den Erlass des angefochtenen oder des begehrten Verwaltungsakts gelten.

(2) In den Fällen des § 93 Abs. 5, des § 96 Abs. 7 Satz 2 und der §§ 98 bis 100 ist den Beteiligten und ihren Bevollmächtigten und Beiständen (§ 80) Gelegenheit zu geben, an der Beweisaufnahme teilzunehmen.

(3) [1] Wird der angefochtene Verwaltungsakt geändert oder ersetzt, so wird der neue Verwaltungsakt Gegenstand des Einspruchsverfahrens. [2] Satz 1 gilt entsprechend, wenn

1. ein Verwaltungsakt nach § 129 berichtigt wird oder
2. ein Verwaltungsakt an die Stelle eines angefochtenen unwirksamen Verwaltungsakts tritt.

§ 366[1]) Form, Inhalt und Erteilung der Einspruchsentscheidung.
[1] Die Einspruchsentscheidung ist zu begründen, mit einer Rechtsbehelfsbelehrung zu versehen und den Beteiligten schriftlich oder elektronisch zu erteilen. [2] Betrifft die Einspruchsentscheidung eine gesonderte und einheitliche Feststellung im Sinne des § 180 Absatz 1 Satz 1 Nummer 2 Buchstabe a und sind mehr als 50 Personen gemäß § 359 am Verfahren beteiligt, so kann auf die Nennung sämtlicher Einspruchsführer und Hinzugezogenen im Rubrum der Einspruchsentscheidung verzichtet werden, wenn dort die Person, der diese Einspruchsentscheidung jeweils bekannt gegeben wird, und die Anzahl der übrigen nicht namentlich bezeichneten Beteiligten angegeben wird.

§ 367 Entscheidung über den Einspruch. (1) [1] Über den Einspruch entscheidet die Finanzbehörde, die den Verwaltungsakt erlassen hat, durch Einspruchsentscheidung. [2] Ist für den Steuerfall nachträglich eine andere Finanzbehörde zuständig geworden, so entscheidet diese Finanzbehörde; § 26 Satz 2 bleibt unberührt.

(2) [1] Die Finanzbehörde, die über den Einspruch entscheidet, hat die Sache in vollem Umfang erneut zu prüfen. [2] Der Verwaltungsakt kann auch zum

---

[1]) § 366 neu gef. mWv 1.1.2017 durch G v. 18.7.2016 (BGBl. I S. 1679); Satz 2 angef. mWv 29.12.2020 durch G v. 21.12.2020 (BGBl. I S. 3096).

Nachteil des Einspruchsführers geändert werden, wenn dieser auf die Möglichkeit einer verbösernden Entscheidung unter Angabe von Gründen hingewiesen und ihm Gelegenheit gegeben worden ist, sich hierzu zu äußern. [3] Einer Einspruchsentscheidung bedarf es nur insoweit, als die Finanzbehörde dem Einspruch nicht abhilft.

(2a)[1] [1] Die Finanzbehörde kann vorab über Teile des Einspruchs entscheiden, wenn dies sachdienlich ist. [2] Sie hat in dieser Entscheidung zu bestimmen, hinsichtlich welcher Teile Bestandskraft nicht eintreten soll.

(2b)[2] [1] Anhängige Einsprüche, die eine vom Gerichtshof der Europäischen Union, vom Bundesverfassungsgericht oder vom Bundesfinanzhof entschiedene Rechtsfrage betreffen und denen nach dem Ausgang des Verfahrens vor diesen Gerichten nicht abgeholfen werden kann, können durch Allgemeinverfügung insoweit zurückgewiesen werden. [2] Sachlich zuständig für den Erlass der Allgemeinverfügung ist die oberste Finanzbehörde. [3] Die Allgemeinverfügung ist im Bundessteuerblatt und auf den Internetseiten des Bundesministeriums der Finanzen zu veröffentlichen. [4] Sie gilt am Tag nach der Herausgabe des Bundessteuerblattes, in dem sie veröffentlicht wird, als bekannt gegeben. [5] Abweichend von § 47 Abs. 1 der Finanzgerichtsordnung[3] endet die Klagefrist mit Ablauf eines Jahres nach dem Tag der Bekanntgabe. [6] § 63 Abs. 1 Nr. 1 der Finanzgerichtsordnung gilt auch, soweit ein Einspruch durch eine Allgemeinverfügung nach Satz 1 zurückgewiesen wurde.

(3) [1] Richtet sich der Einspruch gegen einen Verwaltungsakt, den eine Behörde auf Grund gesetzlicher Vorschrift für die zuständige Finanzbehörde erlassen hat, so entscheidet die zuständige Finanzbehörde über den Einspruch. [2] Auch die für die zuständige Finanzbehörde handelnde Behörde ist berechtigt, dem Einspruch abzuhelfen.

§ 368 (weggefallen)

Achter Teil. Straf- und Bußgeldvorschriften, Straf- und Bußgeldverfahren

Erster Abschnitt. Strafvorschriften

§ 369 Steuerstraftaten. (1) Steuerstraftaten (Zollstraftaten) sind:

1. Taten, die nach den Steuergesetzen strafbar sind,

2. der Bannbruch,

3. die Wertzeichenfälschung und deren Vorbereitung, soweit die Tat Steuerzeichen betrifft,

4. die Begünstigung einer Person, die eine Tat nach den Nummern 1 bis 3 begangen hat.

(2) Für Steuerstraftaten gelten die allgemeinen Gesetze über das Strafrecht, soweit die Strafvorschriften der Steuergesetze nichts anderes bestimmen.

---

[1] § 367 Abs. 2a eingef. durch G v. 13.12.2006 (BGBl. I S. 2878).
[2] § 367 Abs. 2b eingef. durch G v. 13.12.2006 (BGBl. I S. 2878); zur Anwendung siehe Art. 97 § 18a Abs. 12 EGAO (Nr. **1.1**); Satz 1 geänd. mWv 30.6.2013 durch G v. 26.6.2013 (BGBl. I S. 1809).
[3] Nr. **2**.

§ 370 Steuerhinterziehung. (1) Mit Freiheitsstrafe bis zu fünf Jahren oder mit Geldstrafe wird bestraft, wer

1. den Finanzbehörden oder anderen Behörden über steuerlich erhebliche Tatsachen unrichtige oder unvollständige Angaben macht,

2. die Finanzbehörden pflichtwidrig über steuerlich erhebliche Tatsachen in Unkenntnis lässt oder

3. pflichtwidrig die Verwendung von Steuerzeichen oder Steuerstemplern unterlässt

und dadurch Steuern verkürzt oder für sich oder einen anderen nicht gerechtfertigte Steuervorteile erlangt.

(2) Der Versuch ist strafbar.

(3) [1] In besonders schweren Fällen ist die Strafe Freiheitsstrafe von sechs Monaten bis zu zehn Jahren. [2] Ein besonders schwerer Fall liegt in der Regel vor, wenn der Täter

1.[1)] in großem Ausmaß Steuern verkürzt oder nicht gerechtfertigte Steuervorteile erlangt,

2.[2)] seine Befugnisse oder seine Stellung als Amtsträger oder Europäischer Amtsträger (§ 11 Absatz 1 Nummer 2a des Strafgesetzbuchs) missbraucht,

3.[3)] die Mithilfe eines Amtsträgers oder Europäischer Amtsträgers (§ 11 Absatz 1 Nummer 2a des Strafgesetzbuchs) ausnutzt, der seine Befugnisse oder seine Stellung missbraucht,

4.[4)] unter Verwendung nachgemachter oder verfälschter Belege fortgesetzt Steuern verkürzt oder nicht gerechtfertigte Steuervorteile erlangt,

5.[5)] als Mitglied einer Bande, die sich zur fortgesetzten Begehung von Taten nach Absatz 1 verbunden hat, Umsatz- oder Verbrauchssteuern verkürzt oder nicht gerechtfertigte Umsatz- oder Verbrauchssteuervorteile erlangt oder

6.[6)] eine Drittstaat-Gesellschaft im Sinne des § 138 Absatz 3, auf die er alleine oder zusammen mit nahestehenden Personen im Sinne des § 1 Absatz 2 des Außensteuergesetzes[7)] unmittelbar oder mittelbar einen beherrschenden oder bestimmenden Einfluss ausüben kann, zur Verschleierung steuerlich erheblicher Tatsachen nutzt und auf diese Weise fortgesetzt Steuern verkürzt oder nicht gerechtfertigte Steuervorteile erlangt.

(4) [1] Steuern sind namentlich dann verkürzt, wenn sie nicht, nicht in voller Höhe oder nicht rechtzeitig festgesetzt werden; dies gilt auch dann, wenn die Steuer vorläufig oder unter Vorbehalt der Nachprüfung festgesetzt wird oder

---

[1)] § 370 Abs. 3 Satz 2 Nr. 1 geänd. durch G v. 21.12.2007 (BGBl. I S. 3198).
[2)] § 370 Abs. 3 Satz 2 Nr. 2 geänd. mWv 26.11.2015 durch G v. 20.11.2015 (BGBl. I S. 2025).
[3)] § 370 Abs. 3 Satz 2 Nr. 3 geänd. durch G v. 21.12.2007 (BGBl. I S. 3198); geänd. mWv 26.11. 2015 durch G v. 20.11.2015 (BGBl. I S. 2025).
[4)] § 370 Abs. 3 Satz 2 Nr. 4 geänd. durch G v. 21.12.2007 (BGBl. I S. 3198); geänd. mWv 25.6. 2017 durch G v. 23.6.2017 (BGBl. I S. 1682); zur Anwendung siehe Art. 97 § 1 Abs. 12 Satz 1 EGAO (Nr. **1.1**).
[5)] § 370 Abs. 3 Satz 2 Nr. 5 angef. durch G v. 21.12.2007 (BGBl. I S. 3198); geänd. mWv 25.6. 2017 durch G v. 23.6.2017 (BGBl. I S. 1682); zur Anwendung siehe Art. 97 § 1 Abs. 12 Satz 1 EGAO (Nr. **1.1**).
[6)] § 370 Abs. 3 Satz 2 Nr. 6 angef. mWv 25.6.2017 durch G v. 23.6.2017 (BGBl. I S. 1682); zur Anwendung siehe Art. 97 § 1 Abs. 12 Satz 1 EGAO (Nr. **1.1**).
[7)] **dtv 5765 Steuergesetze Nr. 2.**

eine Steueranmeldung einer Steuerfestsetzung unter Vorbehalt der Nachprüfung gleichsteht. ² Steuervorteile sind auch Steuervergütungen; nicht gerechtfertigte Steuervorteile sind erlangt, soweit sie zu Unrecht gewährt oder belassen werden. ³ Die Voraussetzungen der Sätze 1 und 2 sind auch dann erfüllt, wenn die Steuer, auf die sich die Tat bezieht, aus anderen Gründen hätte ermäßigt oder der Steuervorteil aus anderen Gründen hätte beansprucht werden können.

(5) Die Tat kann auch hinsichtlich solcher Waren begangen werden, deren Einfuhr, Ausfuhr oder Durchfuhr verboten ist.

(6)¹⁾ ¹ Die Absätze 1 bis 5 gelten auch dann, wenn sich die Tat auf Einfuhr- oder Ausfuhrabgaben bezieht, die von einem anderen Mitgliedstaat der Europäischen Union verwaltet werden oder die einem Mitgliedstaat der Europäischen Freihandelsassoziation oder einem mit dieser assoziierten Staat zustehen. ² Das Gleiche gilt, wenn sich die Tat auf Umsatzsteuern oder auf die in Artikel 1 Absatz 1 der Richtlinie 2008/118/EG des Rates vom 16. Dezember 2008 über das allgemeine Verbrauchsteuersystem und zur Aufhebung der Richtlinie 92/12/EWG (ABl. L 9 vom 14.1.2009, S. 12) genannten harmonisierten Verbrauchsteuern bezieht, die von einem anderen Mitgliedstaat der Europäischen Union verwaltet werden.

(7) Die Absätze 1 bis 6 gelten unabhängig von dem Recht des Tatortes auch für Taten, die außerhalb des Geltungsbereiches dieses Gesetzes begangen werden.

§ 370a²⁾ *(aufgehoben)*

§ 371 Selbstanzeige bei Steuerhinterziehung. (1)³⁾ ¹ Wer gegenüber der Finanzbehörde zu allen Steuerstraftaten einer Steuerart in vollem Umfang die unrichtigen Angaben berichtigt, die unvollständigen Angaben ergänzt oder die unterlassenen Angaben nachholt, wird wegen dieser Steuerstraftaten nicht nach § 370 bestraft. ² Die Angaben müssen zu allen unverjährten Steuerstraftaten einer Steuerart, mindestens aber zu allen Steuerstraftaten einer Steuerart innerhalb der letzten zehn Kalenderjahre erfolgen.

(2)⁴⁾ ¹ Straffreiheit tritt nicht ein, wenn

1. bei einer der zur Selbstanzeige gebrachten unverjährten Steuerstraftaten vor der Berichtigung, Ergänzung oder Nachholung

   a) dem an der Tat Beteiligten, seinem Vertreter, dem Begünstigten im Sinne des § 370 Absatz 1 oder dessen Vertreter eine Prüfungsanordnung nach § 196 bekannt gegeben worden ist, beschränkt auf den sachlichen und zeitlichen Umfang der angekündigten Außenprüfung, oder

   b) dem an der Tat Beteiligten oder seinem Vertreter die Einleitung des Straf- oder Bußgeldverfahrens bekannt gegeben worden ist oder

   c) ein Amtsträger der Finanzbehörde zur steuerlichen Prüfung erschienen ist, beschränkt auf den sachlichen und zeitlichen Umfang der Außenprüfung, oder

   d) ein Amtsträger zur Ermittlung einer Steuerstraftat oder einer Steuerordnungswidrigkeit erschienen ist oder

---

¹⁾ § 370 Abs. 6 neu gef. durch G v. 7.12.2011 (BGBl. I S. 2592).
²⁾ § 370a aufgeh. mWv 1.1.2008 durch G v. 21.12.2007 (BGBl. I S. 3198).
³⁾ § 371 Abs. 1 neu gef. mWv 1.1.2015 durch G v. 22.12.2014 (BGBl. I S. 2415).
⁴⁾ § 371 Abs. 2 neu gef. mWv 1.1.2015 durch G v. 22.12.2014 (BGBl. I S. 2415).

229

e) ein Amtsträger der Finanzbehörde zu einer Umsatzsteuer-Nachschau nach § 27b des Umsatzsteuergesetzes[1], einer Lohnsteuer-Nachschau nach § 42g des Einkommensteuergesetzes[2] oder einer Nachschau nach anderen steuerrechtlichen Vorschriften erschienen ist und sich ausgewiesen hat oder

2. eine der Steuerstraftaten im Zeitpunkt der Berichtigung, Ergänzung oder Nachholung ganz oder zum Teil bereits entdeckt war und der Täter dies wusste oder bei verständiger Würdigung der Sachlage damit rechnen musste,

3. die nach § 370 Absatz 1 verkürzte Steuer oder der für sich oder einen anderen erlangte nicht gerechtfertigte Steuervorteil einen Betrag von 25 000 Euro je Tat übersteigt, oder

4.[3] ein in § 370 Absatz 3 Satz 2 Nummer 2 bis 6 genannter besonders schwerer Fall vorliegt.

[2] Der Ausschluss der Straffreiheit nach Satz 1 Nummer 1 Buchstabe a und c hindert nicht die Abgabe einer Berichtigung nach Absatz 1 für die nicht unter Satz 1 Nummer 1 Buchstabe a und c fallenden Steuerstraftaten einer Steuerart.

(2a)[4] [1] Soweit die Steuerhinterziehung durch Verletzung der Pflicht zur rechtzeitigen Abgabe einer vollständigen und richtigen Umsatzsteuervoranmeldung oder Lohnsteueranmeldung begangen worden ist, tritt Straffreiheit abweichend von den Absätzen 1 und 2 Satz 1 Nummer 3 bei Selbstanzeigen in dem Umfang ein, in dem der Täter gegenüber der zuständigen Finanzbehörde die unrichtigen Angaben berichtigt, die unvollständigen Angaben ergänzt oder die unterlassenen Angaben nachholt. [2] Absatz 2 Satz 1 Nummer 2 gilt nicht, wenn die Entdeckung der Tat darauf beruht, dass eine Umsatzsteuervoranmeldung oder Lohnsteueranmeldung nachgeholt oder berichtigt wurde. [3] Die Sätze 1 und 2 gelten nicht für Steueranmeldungen, die sich auf das Kalenderjahr beziehen. [4] Für die Vollständigkeit der Selbstanzeige hinsichtlich einer auf das Kalenderjahr bezogenen Steueranmeldung ist die Berichtigung, Ergänzung oder Nachholung der Voranmeldungen, die dem Kalenderjahr nachfolgende Zeiträume betreffen, nicht erforderlich.

(3)[5] [1] Sind Steuerverkürzungen bereits eingetreten oder Steuervorteile erlangt, so tritt für den an der Tat Beteiligten Straffreiheit nur ein, wenn er die aus der Tat zu seinen Gunsten hinterzogenen Steuern, die Hinterziehungszinsen nach § 235 und die Zinsen nach § 233a, soweit sie auf die Hinterziehungszinsen nach § 235 Absatz 4 angerechnet werden, innerhalb der ihm bestimmten angemessenen Frist entrichtet. [2] In den Fällen des Absatzes 2a Satz 1 gilt Satz 1 mit der Maßgabe, dass die fristgerechte Entrichtung von Zinsen nach § 233a oder § 235 unerheblich ist.

(4) [1] Wird die in § 153 vorgesehene Anzeige rechtzeitig und ordnungsmäßig erstattet, so wird ein Dritter, der die in § 153 bezeichneten Erklärungen

---

[1] dtv 5546 USt Nr. 1.

[2] dtv 5785 ESt/LSt Nr. 1.

[3] § 371 Abs. 2 Satz 1 Nr. 4 geänd. mWv 25.6.2017 durch G v. 23.6.2017 (BGBl. I S. 1682); zur Anwendung siehe Art. 97 § 1 Abs. 12 Satz 1 EGAO (Nr. **1.1**).

[4] § 371 Abs. 2a eingef. mWv 1.1.2015 durch G v. 22.12.2014 (BGBl. I S. 2415).

[5] § 371 Abs. 3 neu gef. durch G v. 28.4.2011 (BGBl. I S. 676); zur Anwendung siehe Art. 97 § 24 EGAO (Nr. **1.1**); Satz 1 geänd., Satz 2 angef. mWv 1.1.2015 durch G v. 22.12.2014 (BGBl. I S. 2415).

abzugeben unterlassen oder unrichtig oder unvollständig abgegeben hat, strafrechtlich nicht verfolgt, es sei denn, dass ihm oder seinem Vertreter vorher die Einleitung eines Straf- oder Bußgeldverfahrens wegen der Tat bekannt gegeben worden ist. [2] Hat der Dritte zum eigenen Vorteil gehandelt, so gilt Absatz 3 entsprechend.

§ 372 Bannbruch. (1) Bannbruch begeht, wer Gegenstände entgegen einem Verbot einführt, ausführt oder durchführt.

(2) Der Täter wird nach § 370 Abs. 1, 2 bestraft, wenn die Tat nicht in anderen Vorschriften als Zuwiderhandlung gegen ein Einfuhr-, Ausfuhr- oder Durchfuhrverbot mit Strafe oder mit Geldbuße bedroht ist.

§ 373 Gewerbsmäßiger, gewaltsamer und bandenmäßiger Schmuggel. (1)[1] [1] Wer gewerbsmäßig Einfuhr- oder Ausfuhrabgaben hinterzieht oder gewerbsmäßig durch Zuwiderhandlungen gegen Monopolvorschriften Bannbruch begeht, wird mit Freiheitsstrafe von sechs Monaten bis zu zehn Jahren bestraft. [2] In minder schweren Fällen ist die Strafe Freiheitsstrafe bis zu fünf Jahren oder Geldstrafe.

(2) Ebenso wird bestraft, wer

1. eine Hinterziehung von Einfuhr- oder Ausfuhrabgaben oder einen Bannbruch begeht, bei denen er oder ein anderer Beteiligter eine Schusswaffe bei sich führt,

2. eine Hinterziehung von Einfuhr- oder Ausfuhrabgaben oder einen Bannbruch begeht, bei denen er oder ein anderer Beteiligter eine Waffe oder sonst ein Werkzeug oder Mittel bei sich führt, um den Widerstand eines anderen durch Gewalt oder Drohung mit Gewalt zu verhindern oder zu überwinden, oder

3.[2] als Mitglied einer Bande, die sich zur fortgesetzten Begehung der Hinterziehung von Einfuhr- oder Ausfuhrabgaben oder des Bannbruchs verbunden hat, eine solche Tat begeht.

(3)[3] Der Versuch ist strafbar.

(4)[4] § 370 Abs. 6 Satz 1 und Abs. 7 gilt entsprechend.

§ 374 Steuerhehlerei. (1)[5] Wer Erzeugnisse oder Waren, hinsichtlich deren Verbrauchsteuern oder Einfuhr- und Ausfuhrabgaben nach Artikel 5 Nummer 20 und 21 des Zollkodex der Union hinterzogen oder Bannbruch nach § 372 Abs. 2, § 373 begangen worden ist, ankauft oder sonst sich oder einem Dritten verschafft, sie absetzt oder abzusetzen hilft, um sich oder einen Dritten zu bereichern, wird mit Freiheitsstrafe bis zu fünf Jahren oder mit Geldstrafe bestraft.

(2)[6] [1] Handelt der Täter gewerbsmäßig oder als Mitglied einer Bande, die sich zur fortgesetzten Begehung von Straftaten nach Absatz 1 verbunden hat, so

---

[1] § 373 Abs. 1 Satz 1 geänd., Satz 2 angef. mWv 1.1.2008 durch G v. 21.12.2007 (BGBl. I S. 3198).

[2] § 373 Abs. 2 Nr. 3 geänd. mWv 1.1.2008 durch G v. 21.12.2007 (BGBl. I S. 3198).

[3] § 373 Abs. 3 angef. mWv 1.1.2008 durch G v. 21.12.2007 (BGBl. I S. 3198).

[4] § 373 Abs. 4 angef. mWv 1.1.2008 durch G v. 21.12.2007 (BGBl. I S. 3198).

[5] § 374 Abs. 1 geänd. mWv 1.1.2008 durch G v. 21.12.2007 (BGBl. I S. 3198); geänd. mWv 1.5. 2016 durch G v. 22.12.2014 (BGBl. I S. 2417).

[6] § 374 Abs. 2 eingef. mWv 1.1.2008 durch G v. 21.12.2007 (BGBl. I S. 3198).

ist die Strafe Freiheitsstrafe von sechs Monaten bis zu zehn Jahren. [2] In minder schweren Fällen ist die Strafe Freiheitsstrafe bis zu fünf Jahren oder Geldstrafe.

(3)[1] Der Versuch ist strafbar.

(4)[2] § 370 Absatz 6 und 7 gilt entsprechend.

§ 375 Nebenfolgen. (1) Neben einer Freiheitsstrafe von mindestens einem Jahr wegen

1. Steuerhinterziehung,

2. Bannbruchs nach § 372 Abs. 2, § 373,

3. Steuerhehlerei oder

4. Begünstigung einer Person, die eine Tat nach den Nummern 1 bis 3 begangen hat,

kann das Gericht die Fähigkeit, öffentliche Ämter zu bekleiden, und die Fähigkeit, Rechte aus öffentlichen Wahlen zu erlangen, aberkennen (§ 45 Abs. 2 des Strafgesetzbuchs).

(2) [1] Ist eine Steuerhinterziehung, ein Bannbruch nach § 372 Abs. 2, § 373 oder eine Steuerhehlerei begangen worden, so können

1.[3] die Erzeugnisse, Waren und andere Sachen, auf die sich die Hinterziehung von Verbrauchsteuer oder Einfuhr- und Ausfuhrabgaben nach Artikel 5 Nummer 20 und 21 des Zollkodex der Union, der Bannbruch oder die Steuerhehlerei bezieht, und

2. die Beförderungsmittel, die zur Tat benutzt worden sind,

eingezogen werden. [2] § 74a des Strafgesetzbuchs ist anzuwenden.

§ 375a[4] *(aufgehoben)*

§ 376[5] **Verfolgungsverjährung.** (1)[6] In den in § 370 Absatz 3 Satz 2 Nummer 1 bis 6 genannten Fällen besonders schwerer Steuerhinterziehung beträgt die Verjährungsfrist 15 Jahre; § 78b Absatz 4 des Strafgesetzbuches gilt entsprechend.

(2) Die Verjährung der Verfolgung einer Steuerstraftat wird auch dadurch unterbrochen, dass dem Beschuldigten die Einleitung des Bußgeldverfahrens bekannt gegeben oder diese Bekanntgabe angeordnet wird.

(3)[7] Abweichend von § 78c Absatz 3 Satz 2 des Strafgesetzbuches verjährt in den in § 370 Absatz 3 Satz 2 Nummer 1 bis 6 genannten Fällen besonders schwerer Steuerhinterziehung die Verfolgung spätestens, wenn seit dem in § 78a des Strafgesetzbuches bezeichneten Zeitpunkt das Zweieinhalbfache der gesetzlichen Verjährungsfrist verstrichen ist.

---

[1] § 374 Abs. 3 eingef. mWv 1.1.2008 durch G v. 21.12.2007 (BGBl. I S. 3198).
[2] § 374 bish. Abs. 2 wird Abs. 4 und neu gef. mWv 1.1.2008 durch G v. 21.12.2007 (BGBl. I S. 3198); geänd. durch G v. 22.12.2014 (BGBl. I S. 2415).
[3] § 375 Abs. 2 Satz 1 Nr. 1 geänd. mWv 1.5.2016 durch G v. 22.12.2014 (BGBl. I S. 2417).
[4] § 375a aufgeh. mWv 29.12.2020 durch G v. 21.12.2020 (BGBl. I S. 3096).
[5] § 376 neu gef. durch G v. 19.12.2008 (BGBl. I S. 2794); zur Anwendung siehe Art. 97 § 23 EGAO (Nr. **1.1**).
[6] § 376 Abs. 1 geänd. mWv 25.6.2017 durch G v. 23.6.2017 (BGBl. I S. 1682); zur Anwendung siehe Art. 97 § 1 Abs. 12 Satz 1 EGAO (Nr. **1.1**); 2. HS angef. mWv 1.7.2020 durch G v. 29.6.2020 (BGBl. I S. 1512); 1. HS geänd. mWv 29.12.2020 durch G v. 21.12.2020 (BGBl. I S. 3096).
[7] § 376 Abs. 3 angef. mWv 1.7.2020 durch G v. 29.6.2020 (BGBl. I S. 1512).

Zweiter Abschnitt. Bußgeldvorschriften

§ 377 Steuerordnungswidrigkeiten. (1)[1] Steuerordnungswidrigkeiten (Zollordnungswidrigkeiten) sind Zuwiderhandlungen, die nach diesem Gesetz oder den Steuergesetzen mit Geldbuße geahndet werden können.

(2)[2] Für Steuerordnungswidrigkeiten gelten die Vorschriften des Ersten Teils des Gesetzes über Ordnungswidrigkeiten, soweit die Bußgeldvorschriften dieses Gesetzes oder der Steuergesetze nichts anderes bestimmen.

§ 378 Leichtfertige Steuerverkürzung. (1) [1] Ordnungswidrig handelt, wer als Steuerpflichtiger oder bei Wahrnehmung der Angelegenheiten eines Steuerpflichtigen eine der in § 370 Abs. 1 bezeichneten Taten leichtfertig begeht. [2] § 370 Abs. 4 bis 7 gilt entsprechend.

(2) Die Ordnungswidrigkeit kann mit einer Geldbuße bis zu fünfzigtausend Euro geahndet werden.

(3)[3] [1] Eine Geldbuße wird nicht festgesetzt, soweit der Täter gegenüber der Finanzbehörde die unrichtigen Angaben berichtigt, die unvollständigen Angaben ergänzt oder die unterlassenen Angaben nachholt, bevor ihm oder seinem Vertreter die Einleitung eines Straf- oder Bußgeldverfahrens wegen der Tat bekannt gegeben worden ist. [2] Sind Steuerverkürzungen bereits eingetreten oder Steuervorteile erlangt, so wird eine Geldbuße nicht festgesetzt, wenn der Täter die aus der Tat zu seinen Gunsten verkürzten Steuern innerhalb der ihm bestimmten angemessenen Frist entrichtet. [3] § 371 Absatz 4 gilt entsprechend.

§ 379 Steuergefährdung. (1)[4] [1] Ordnungswidrig handelt, wer vorsätzlich oder leichtfertig

1. Belege ausstellt, die in tatsächlicher Hinsicht unrichtig sind,

2. Belege gegen Entgelt in den Verkehr bringt,

3. nach Gesetz buchungs- oder aufzeichnungspflichtige Geschäftsvorfälle oder Betriebsvorgänge nicht oder in tatsächlicher Hinsicht unrichtig aufzeichnet oder aufzeichnen lässt, verbucht oder verbuchen lässt,

4. entgegen § 146a Absatz 1 Satz 1 ein dort genanntes System nicht oder nicht richtig verwendet,

5. entgegen § 146a Absatz 1 Satz 2 ein dort genanntes System nicht oder nicht richtig schützt oder

6. entgegen § 146a Absatz 1 Satz 5 gewerbsmäßig ein dort genanntes System oder eine dort genannte Software bewirbt oder in den Verkehr bringt

und dadurch ermöglicht, Steuern zu verkürzen oder nicht gerechtfertigte Steuervorteile zu erlangen. [2] Satz 1 Nr. 1 gilt auch dann, wenn Einfuhr- und Ausfuhrabgaben verkürzt werden können, die von einem anderen Mitgliedstaat der Europäischen Union verwaltet werden oder die einem Staat zustehen, der

---

[1] § 377 Abs. 1 geänd. mWv 25.5.2018 durch G v. 17.7.2017 (BGBl. I S. 2541).
[2] § 377 Abs. 2 geänd. mWv 25.5.2018 durch G v. 17.7.2017 (BGBl. I S. 2541).
[3] § 378 Abs. 3 neu gef. durch G v. 28.4.2011 (BGBl. I S. 676); zur Anwendung siehe Art. 97 § 24 EGAO (Nr. **1.1**); Satz 2 eingef., bish. Satz 2 wird Satz 3 und neu gef. mWv 1.1.2015 durch G v. 22.12.2014 (BGBl. I S. 2415).
[4] § 379 Abs. 1 Satz 1 neu gef. durch G v. 28.4.2006 (BGBl. I S. 1095); Sätze 2 und 3 geänd. mWv 30.6.2013 durch G v. 26.6.2013 (BGBl. I S. 1809); Satz 2 geänd. durch G v. 25.7.2014 (BGBl. I S. 1266); Satz 1 neu gef. durch G v. 22.12.2016 (BGBl. I S. 3152); zur Anwendung ab 1.1.2020 siehe Art. 97 § 30 Abs. 1 und 3 EGAO (Nr. **1.1**).

für Waren aus der Europäischen Union auf Grund eines Assoziations- oder Präferenzabkommens eine Vorzugsbehandlung gewährt; § 370 Abs. 7 gilt entsprechend. [3]Das Gleiche gilt, wenn sich die Tat auf Umsatzsteuern bezieht, die von einem anderen Mitgliedstaat der Europäischen Union verwaltet werden.

(2) Ordnungswidrig handelt, wer vorsätzlich oder leichtfertig

1.[1] der Mitteilungspflicht nach § 138 Absatz 2 Satz 1 nicht, nicht vollständig oder nicht rechtzeitig nachkommt,

1a.[2] entgegen § 144 Absatz 1 oder Absatz 2 Satz 1, jeweils auch in Verbindung mit Absatz 5, eine Aufzeichnung nicht, nicht richtig oder nicht vollständig erstellt,

1b.[3] einer Rechtsverordnung nach § 117c Absatz 1 oder einer vollziehbaren Anordnung auf Grund einer solchen Rechtsverordnung zuwiderhandelt, soweit die Rechtsverordnung für einen bestimmten Tatbestand auf diese Bußgeldvorschrift verweist,

1c.[4] entgegen § 138a Absatz 1, 3 oder 4 eine Übermittlung des länderbezogenen Berichts oder entgegen § 138a Absatz 4 Satz 3 eine Mitteilung nicht, nicht vollständig oder nicht rechtzeitig (§ 138a Absatz 6) macht,

1d.[5] der Mitteilungspflicht nach § 138b Absatz 1 bis 3 nicht, nicht vollständig oder nicht rechtzeitig nachkommt,

1e.[6] entgegen § 138d Absatz 1, entgegen § 138f Absatz 1, 2, 3 Satz 1 Nummer 1 bis 7 sowie 9 und 10 oder entgegen § 138h Absatz 2 eine Mitteilung über eine grenzüberschreitende Steuergestaltung nicht oder nicht rechtzeitig macht oder zur Verfügung stehende Angaben nicht vollständig mitteilt,

1f.[6] entgegen § 138g Absatz 1 Satz 1 oder entgegen § 138h Absatz 2 die Angaben nicht, nicht richtig, nicht vollständig oder nicht rechtzeitig mitteilt,

1g.[6] entgegen § 138k Satz 1 in der Steuererklärung die Angabe der von ihm verwirklichten grenzüberschreitenden Steuergestaltung nicht, nicht richtig, nicht vollständig oder nicht rechtzeitig macht,

2.[7] die Pflichten nach § 154 Absatz 1 bis 2c verletzt.

(3) Ordnungswidrig handelt, wer vorsätzlich oder fahrlässig einer Auflage nach § 120 Abs. 2 Nr. 4 zuwiderhandelt, die einem Verwaltungsakt für Zwecke der besonderen Steueraufsicht (§§ 209 bis 217) beigefügt worden ist.

(4)[8] Die Ordnungswidrigkeit nach Absatz 1 Satz 1 Nummer 1 und 2, Absatz 2 Nummer 1a, 1b und 2 sowie Absatz 3 kann mit einer Geldbuße bis zu

---

[1] § 379 Abs. 2 Nr. 1 geänd. mWv 25.6.2017 durch G v. 23.6.2017 (BGBl. I S. 1682); zur Anwendung siehe Art. 97 § 1 Abs. 12 Satz 1 EGAO (Nr. **1.1**).

[2] § 379 Abs. 2 Nr. 1a eingef. mWv 14.12.2010 durch G v. 8.12.2010 (BGBl. I S. 1768).

[3] § 379 Abs. 2 Nr. 1b eingef. mWv 24.12.2013 durch G v. 18.12.2013 (BGBl. I S. 4318).

[4] § 379 Abs. 2 Nr. 1c eingef. mWv 24.12.2016 durch G v. 20.12.2016 (BGBl. I S. 3000).

[5] § 379 Abs. 2 Nr. 1d eingef. durch G v. 23.6.2017 (BGBl. I S. 1682); zur Anwendung siehe Art. 97 § 32 Abs. 1 Satz 1 EGAO (Nr. **1.1**).

[6] § 379 Abs. 2 Nr. 1e bis 1g eingef. durch G v. 21.12.2019 (BGBl. I S. 2875); zur Anwendung siehe Art. 97 § 33 Abs. 3 EGAO (Nr. **1.1**).

[7] § 379 Abs. 2 Nr. 2 geänd. mWv 25.6.2017 durch G v. 23.6.2017 (BGBl. I S. 1682); zur Anwendung siehe Art. 97 § 1 Abs. 12 Satz 1 EGAO (Nr. **1.1**).

[8] § 379 Abs. 4 neu gef. mWv 25.6.2017 durch G v. 23.6.2017 (BGBl. I S. 1682); zur Anwendung siehe Art. 97 § 1 Abs. 12 Satz 1 EGAO (Nr. **1.1**).

5 000 Euro geahndet werden, wenn die Handlung nicht nach § 378 geahndet werden kann.

(5)[1] Die Ordnungswidrigkeit nach Absatz 2 Nummer 1c kann mit einer Geldbuße bis zu 10 000 Euro geahndet werden, wenn die Handlung nicht nach § 378 geahndet werden kann.

(6)[2] Die Ordnungswidrigkeit nach Absatz 1 Satz 1 Nummer 3 bis 6 kann mit einer Geldbuße bis zu 25 000 Euro geahndet werden, wenn die Handlung nicht nach § 378 geahndet werden kann.

(7)[3] Die Ordnungswidrigkeit nach Absatz 2 Nummer 1 und 1d bis 1g kann mit einer Geldbuße bis zu 25 000 Euro geahndet werden, wenn die Handlung nicht nach § 378 geahndet werden kann.

§ 380 Gefährdung der Abzugsteuern. (1) Ordnungswidrig handelt, wer vorsätzlich oder leichtfertig seiner Verpflichtung, Steuerabzugsbeträge einzubehalten und abzuführen, nicht, nicht vollständig oder nicht rechtzeitig nachkommt.

(2) Die Ordnungswidrigkeit kann mit einer Geldbuße bis zu fünfundzwanzigtausend Euro geahndet werden, wenn die Handlung nicht nach § 378 geahndet werden kann.

§ 381 Verbrauchsteuergefährdung. (1) Ordnungswidrig handelt, wer vorsätzlich oder leichtfertig Vorschriften der Verbrauchsteuergesetze oder der dazu erlassenen Rechtsverordnungen

1. über die zur Vorbereitung, Sicherung oder Nachprüfung der Besteuerung auferlegten Pflichten,
2. über Verpackung und Kennzeichnung verbrauchsteuerpflichtiger Erzeugnisse oder Waren, die solche Erzeugnisse enthalten, oder über Verkehrs- oder Verwendungsbeschränkungen für solche Erzeugnisse oder Waren oder
3. über den Verbrauch unversteuerter Waren in den Freihäfen

zuwiderhandelt, soweit die Verbrauchsteuergesetze oder die dazu erlassenen Rechtsverordnungen für einen bestimmten Tatbestand auf diese Bußgeldvorschrift verweisen.

(2) Die Ordnungswidrigkeit kann mit einer Geldbuße bis zu fünftausend Euro geahndet werden, wenn die Handlung nicht nach § 378 geahndet werden kann.

§ 382 Gefährdung der Einfuhr- und Ausfuhrabgaben. (1)[4] Ordnungswidrig handelt, wer als Pflichtiger oder bei der Wahrnehmung der Angelegenheiten eines Pflichtigen vorsätzlich oder fahrlässig Zollvorschriften, den dazu erlassenen Rechtsverordnungen oder den Verordnungen des Rates der Europäischen Union oder der Europäischen Kommission zuwiderhandelt, die

---

[1] § 379 Abs. 5 angef. durch G v. 23.6.2017 (BGBl. I S. 1682); zur Anwendung ab 1.1.2020 siehe Art. 97 § 30 Abs. 1 EGAO (Nr. **1.1**).
[2] § 379 Abs. 6 angef. durch G v. 23.6.2017 (BGBl. I S. 1682); zur Anwendung ab 1.1.2020 siehe Art. 97 § 30 Abs. 1 EGAO (Nr. **1.1**).
[3] § 379 Abs. 7 angef. mWv 25.6.2017 durch G v. 23.6.2017 (BGBl. I S. 1682); zur Anwendung siehe Art. 97 § 1 Abs. 12 Satz 1 EGAO (Nr. **1.1**); geänd. durch G v. 21.12.2019 (BGBl. I S. 2875); zur Anwendung siehe Art. 97 § 33 Abs. 3 EGAO (Nr. **1.1**).
[4] § 382 Abs. 1 einl. Satzteil und Nr. 1 geänd. mWv 30.6.2013 durch G v. 26.6.2013 (BGBl. I S. 1809); Nr. 1 geänd. durch G v. 25.7.2014 (BGBl. I S. 1266).

1. für die zollamtliche Erfassung des Warenverkehrs über die Grenze des Zollgebiets der Europäischen Union sowie über die Freizonengrenzen,

2. für die Überführung von Waren in ein Zollverfahren und dessen Durchführung oder für die Erlangung einer sonstigen zollrechtlichen Bestimmung von Waren,

3. für die Freizonen, den grenznahen Raum sowie die darüber hinaus der Grenzaufsicht unterworfenen Gebiete

gelten, soweit die Zollvorschriften, die dazu oder die auf Grund von Absatz 4 erlassenen Rechtsverordnungen für einen bestimmten Tatbestand auf diese Bußgeldvorschrift verweisen.

(2) Absatz 1 ist auch anzuwenden, soweit die Zollvorschriften und die dazu erlassenen Rechtsverordnungen für Verbrauchsteuern sinngemäß gelten.

(3) Die Ordnungswidrigkeit kann mit einer Geldbuße bis zu fünftausend Euro geahndet werden, wenn die Handlung nicht nach § 378 geahndet werden kann.

(4)[1] Das Bundesministerium der Finanzen kann durch Rechtsverordnungen die Tatbestände der Verordnungen des Rates der Europäischen Union oder der Europäischen Kommission, die nach den Absätzen 1 bis 3 als Ordnungswidrigkeiten mit Geldbuße geahndet werden können, bezeichnen, soweit dies zur Durchführung dieser Rechtsvorschriften erforderlich ist und die Tatbestände Pflichten zur Gestellung, Vorführung, Lagerung oder Behandlung von Waren, zur Abgabe von Erklärungen oder Anzeigen, zur Aufnahme von Niederschriften sowie zur Ausfüllung oder Vorlage von Zolldokumenten oder zur Aufnahme von Vermerken in solchen Dokumenten betreffen.

§ 383 Unzulässiger Erwerb von Steuererstattungs- und Vergütungsansprüchen. (1) Ordnungswidrig handelt, wer entgegen § 46 Abs. 4 Satz 1 Erstattungs- oder Vergütungsansprüche erwirbt.

(2) Die Ordnungswidrigkeit kann mit einer Geldbuße bis zu fünfzigtausend Euro geahndet werden.

§ 383a[2] *(aufgehoben)*

§ 383b[3] **Pflichtverletzung bei Übermittlung von Vollmachtsdaten.**

(1) Ordnungswidrig handelt, wer den Finanzbehörden vorsätzlich oder leichtfertig

1. entgegen § 80a Absatz 1 Satz 3 unzutreffende Vollmachtsdaten übermittelt oder

2. entgegen § 80a Absatz 1 Satz 4 den Widerruf oder die Veränderung einer nach § 80a Absatz 1 übermittelten Vollmacht durch den Vollmachtgeber nicht unverzüglich mitteilt.

(2) Die Ordnungswidrigkeit kann mit einer Geldbuße bis zu zehntausend Euro geahndet werden.

---

[1] § 382 Abs. 4 geänd. mWv 30.6.2013 durch G v. 26.6.2013 (BGBl. I S. 1809).
[2] § 383a aufgeh. mWv 25.5.2018 durch G v. 17.7.2017 (BGBl. I S. 2541).
[3] § 383b eingef. mWv 1.1.2017 durch G v. 18.7.2016 (BGBl. I S. 1679).

§ 384 Verfolgungsverjährung. Die Verfolgung von Steuerordnungswidrigkeiten nach den §§ 378 bis 380 verjährt in fünf Jahren.

§ 384a[1]) Verstöße nach Artikel 83 Absatz 4 bis 6 der Verordnung (EU) 2016/679. (1) Vorschriften dieses Gesetzes und der Steuergesetze über Steuerordnungswidrigkeiten finden keine Anwendung, soweit für eine Zuwiderhandlung zugleich Artikel 83 der Verordnung (EU) 2016/679 unmittelbar oder nach § 2a Absatz 5 entsprechend gilt.

(2) Für Verstöße nach Artikel 83 Absatz 4 bis 6 der Verordnung (EU) 2016/679 im Anwendungsbereich dieses Gesetzes gilt § 41 des Bundesdatenschutzgesetzes entsprechend.

(3) Eine Meldung nach Artikel 33 der Verordnung (EU) 2016/679 und eine Benachrichtigung nach Artikel 34 Absatz 1 der Verordnung (EU) 2016/679 dürfen in einem Straf- oder Bußgeldverfahren gegen die meldepflichtige Person oder einen ihrer in § 52 Absatz 1 der Strafprozessordnung bezeichneten Angehörigen nur mit Zustimmung der meldepflichtigen Person verwertet werden.

(4) Gegen Finanzbehörden und andere öffentliche Stellen werden im Anwendungsbereich dieses Gesetzes keine Geldbußen nach Artikel 83 Absatz 4 bis 6 der Verordnung (EU) 2016/679 verhängt.

Dritter Abschnitt. Strafverfahren

1. Unterabschnitt. Allgemeine Vorschriften

§ 385 Geltung von Verfahrensvorschriften. (1) Für das Strafverfahren wegen Steuerstraftaten gelten, soweit die folgenden Vorschriften nichts anderes bestimmen, die allgemeinen Gesetze über das Strafverfahren, namentlich die Strafprozessordnung, das Gerichtsverfassungsgesetz und das Jugendgerichtsgesetz.

(2) Die für Steuerstraftaten geltenden Vorschriften dieses Abschnitts, mit Ausnahme des § 386 Abs. 2 sowie der §§ 399 bis 401, sind bei dem Verdacht einer Straftat, die unter Vorspiegelung eines steuerlich erheblichen Sachverhalts gegenüber der Finanzbehörde oder einer anderen Behörde auf die Erlangung von Vermögensvorteilen gerichtet ist und kein Steuerstrafgesetz verletzt, entsprechend anzuwenden.

§ 386 Zuständigkeit der Finanzbehörde bei Steuerstraftaten.

(1)[2]) [1] Bei dem Verdacht einer Steuerstraftat ermittelt die Finanzbehörde den Sachverhalt. [2] Finanzbehörde im Sinne dieses Abschnitts sind das Hauptzollamt, das Finanzamt, das Bundeszentralamt für Steuern und die Familienkasse.

(2) Die Finanzbehörde führt das Ermittlungsverfahren in den Grenzen des § 399 Abs. 1 und der §§ 400, 401 selbständig durch, wenn die Tat

1. ausschließlich eine Steuerstraftat darstellt oder
2. zugleich andere Strafgesetze verletzt und deren Verletzung Kirchensteuern oder andere öffentlich-rechtliche Abgaben betrifft, die an Besteuerungsgrundlagen, Steuermessbeträge oder Steuerbeträge anknüpfen.

---

[1]) § 384a eingef. mWv 25.5.2018 durch G v. 17.7.2017 (BGBl. I S. 2541).
[2]) § 386 Abs. 1 Satz 2 geänd. mWv 1.1.2006 durch G v. 22.9.2005 (BGBl. I S. 2809).

(3) Absatz 2 gilt nicht, sobald gegen einen Beschuldigten wegen der Tat ein Haftbefehl oder ein Unterbringungsbefehl erlassen ist.

(4) [1] Die Finanzbehörde kann die Strafsache jederzeit an die Staatsanwaltschaft abgeben. [2] Die Staatsanwaltschaft kann die Strafsache jederzeit an sich ziehen. [3] In beiden Fällen kann die Staatsanwaltschaft im Einvernehmen mit der Finanzbehörde die Strafsache wieder an die Finanzbehörde abgeben.

§ 387 Sachlich zuständige Finanzbehörde. (1) Sachlich zuständig ist die Finanzbehörde, welche die betroffene Steuer verwaltet.

(2)[1] [1] Die Zuständigkeit nach Absatz 1 kann durch Rechtsverordnung einer Finanzbehörde für den Bereich mehrerer Finanzbehörden übertragen werden, soweit dies mit Rücksicht auf die Wirtschafts- oder Verkehrsverhältnisse, den Aufbau der Verwaltungsbehörden oder andere örtliche Bedürfnisse zweckmäßig erscheint. [2] Die Rechtsverordnung erlässt, soweit die Finanzbehörde eine Landesbehörde ist, die Landesregierung, im Übrigen das Bundesministerium der Finanzen. [3] Die Rechtsverordnung des Bundesministeriums der Finanzen bedarf nicht der Zustimmung des Bundesrates. [4] Das Bundesministerium der Finanzen kann die Ermächtigung nach Satz 1 durch Rechtsverordnung, die nicht der Zustimmung des Bundesrates bedarf, auf eine Bundesoberbehörde übertragen. [5] Die Landesregierung kann die Ermächtigung auf die für die Finanzverwaltung zuständige oberste Landesbehörde übertragen.

§ 388 Örtlich zuständige Finanzbehörde. (1) Örtlich zuständig ist die Finanzbehörde,

1. in deren Bezirk die Steuerstraftat begangen oder entdeckt worden ist,
2. die zur Zeit der Einleitung des Strafverfahrens für die Abgabenangelegenheiten zuständig ist oder
3. in deren Bezirk der Beschuldigte zur Zeit der Einleitung des Strafverfahrens seinen Wohnsitz hat.

(2) [1] Ändert sich der Wohnsitz des Beschuldigten nach Einleitung des Strafverfahrens, so ist auch die Finanzbehörde örtlich zuständig, in deren Bezirk der neue Wohnsitz liegt. [2] Entsprechendes gilt, wenn sich die Zuständigkeit der Finanzbehörde für die Abgabenangelegenheit ändert.

(3) Hat der Beschuldigte im räumlichen Geltungsbereich dieses Gesetzes keinen Wohnsitz, so wird die Zuständigkeit auch durch den gewöhnlichen Aufenthaltsort bestimmt.

§ 389 Zusammenhängende Strafsachen. [1] Für zusammenhängende Strafsachen, die einzeln nach § 388 zur Zuständigkeit verschiedener Finanzbehörden gehören würden, ist jede dieser Finanzbehörden zuständig. [2] § 3 der Strafprozessordnung gilt entsprechend.

§ 390 Mehrfache Zuständigkeit. (1) Sind nach den §§ 387 bis 389 mehrere Finanzbehörden zuständig, so gebührt der Vorzug der Finanzbehörde, die wegen der Tat zuerst ein Strafverfahren eingeleitet hat.

(2) [1] Auf Ersuchen dieser Finanzbehörde hat eine andere zuständige Finanzbehörde die Strafsache zu übernehmen, wenn dies für die Ermittlungen sach-

---

[1] § 387 Abs. 2 Satz 4 eingef., bish. Satz 4 wird Satz 5 mWv 1.1.2016 durch G v. 3.12.2015 (BGBl. I S. 2178).

dienlich erscheint. ²In Zweifelsfällen entscheidet die Behörde, der die ersuchte Finanzbehörde untersteht.

§ 391 Zuständiges Gericht. (1) ¹Ist das Amtsgericht sachlich zuständig, so ist örtlich zuständig das Amtsgericht, in dessen Bezirk das Landgericht seinen Sitz hat. ²Im vorbereitenden Verfahren gilt dies, unbeschadet einer weitergehenden Regelung nach § 58 Abs. 1 des Gerichtsverfassungsgesetzes, nur für die Zustimmung des Gerichts nach § 153 Abs. 1 und § 153a Abs. 1 der Strafprozessordnung.

(2) ¹Die Landesregierung kann durch Rechtsverordnung die Zuständigkeit abweichend von Absatz 1 Satz 1 regeln, soweit dies mit Rücksicht auf die Wirtschafts- oder Verkehrsverhältnisse, den Aufbau der Verwaltungsbehörden oder andere örtliche Bedürfnisse zweckmäßig erscheint. ²Die Landesregierung kann diese Ermächtigung auf die Landesjustizverwaltung übertragen.

(3) Strafsachen wegen Steuerstraftaten sollen beim Amtsgericht einer bestimmten Abteilung zugewiesen werden.

(4) Die Absätze 1 bis 3 gelten auch, wenn das Verfahren nicht nur Steuerstraftaten zum Gegenstand hat; sie gelten jedoch nicht, wenn dieselbe Handlung eine Straftat nach dem Betäubungsmittelgesetz darstellt, und nicht für Steuerstraftaten, welche die Kraftfahrzeugsteuer betreffen.

§ 392 Verteidigung. (1)[1] Abweichend von § 138 Abs. 1 der Strafprozessordnung können auch Steuerberater, Steuerbevollmächtigte, Wirtschaftsprüfer und vereidigte Buchprüfer zu Verteidigern gewählt werden, soweit die Finanzbehörde das Strafverfahren selbständig durchführt; im Übrigen können sie die Verteidigung nur in Gemeinschaft mit einem Rechtsanwalt oder einem Rechtslehrer an einer deutschen Hochschule im Sinne des Hochschulrahmengesetzes mit Befähigung zum Richteramt führen.

(2) § 138 Abs. 2 der Strafprozessordnung bleibt unberührt.

§ 393 Verhältnis des Strafverfahrens zum Besteuerungsverfahren.

(1) ¹Die Rechte und Pflichten der Steuerpflichtigen und der Finanzbehörde im Besteuerungsverfahren und im Strafverfahren richten sich nach den für das jeweilige Verfahren geltenden Vorschriften. ²Im Besteuerungsverfahren sind jedoch Zwangsmittel (§ 328) gegen den Steuerpflichtigen unzulässig, wenn er dadurch gezwungen würde, sich selbst wegen einer von ihm begangenen Steuerstraftat oder Steuerordnungswidrigkeit zu belasten. ³Dies gilt stets, soweit gegen ihn wegen einer solchen Tat das Strafverfahren eingeleitet worden ist. ⁴Der Steuerpflichtige ist hierüber zu belehren, soweit dazu Anlass besteht.

(2) ¹Soweit der Staatsanwaltschaft oder dem Gericht in einem Strafverfahren aus den Steuerakten Tatsachen oder Beweismittel bekannt werden, die der Steuerpflichtige der Finanzbehörde vor Einleitung des Strafverfahrens oder in Unkenntnis der Einleitung des Strafverfahrens in Erfüllung steuerrechtlicher Pflichten offenbart hat, dürfen diese Kenntnisse gegen ihn nicht für die Verfolgung einer Tat verwendet werden, die keine Steuerstraftat ist. ²Dies gilt nicht für Straftaten, an deren Verfolgung ein zwingendes öffentliches Interesse (§ 30 Abs. 4 Nr. 5) besteht.

---

[1] § 392 Abs. 1 2. HS geänd. durch G v. 24.8.2004 (BGBl. I S. 2198).

(3)[1] [1] Erkenntnisse, die die Finanzbehörde oder die Staatsanwaltschaft rechtmäßig im Rahmen strafrechtlicher Ermittlungen gewonnen hat, dürfen im Besteuerungsverfahren verwendet werden. [2] Dies gilt auch für Erkenntnisse, die dem Brief-, Post- und Fernmeldegeheimnis unterliegen, soweit die Finanzbehörde diese rechtmäßig im Rahmen eigener strafrechtlicher Ermittlungen gewonnen hat oder soweit nach den Vorschriften der Strafprozessordnung Auskunft an die Finanzbehörden erteilt werden darf.

§ 394[2] **Übergang des Eigentums.** [1] Hat ein Unbekannter, der bei einer Steuerstraftat auf frischer Tat betroffen wurde, aber entkommen ist, Sachen zurückgelassen und sind diese Sachen beschlagnahmt oder sonst sichergestellt worden, weil sie eingezogen werden können, so gehen sie nach Ablauf eines Jahres in das Eigentum des Staates über, wenn der Eigentümer der Sachen unbekannt ist und die Finanzbehörde durch eine öffentliche Bekanntmachung auf den drohenden Verlust des Eigentums hingewiesen hat. [2] § 10 Abs. 2 Satz 1 des Verwaltungszustellungsgesetzes ist mit der Maßgabe anzuwenden, dass anstelle der Benachrichtigung der Hinweis nach Satz 1 bekannt gemacht oder veröffentlicht wird. [3] Die Frist beginnt mit dem Aushang der Bekanntmachung.

§ 395 Akteneinsicht der Finanzbehörde. [1] Die Finanzbehörde ist befugt, die Akten, die dem Gericht vorliegen oder im Fall der Erhebung der Anklage vorzulegen wären, einzusehen sowie beschlagnahmte oder sonst sichergestellte Gegenstände zu besichtigen. [2] Die Akten werden der Finanzbehörde auf Antrag zur Einsichtnahme übersandt.

§ 396 Aussetzung des Verfahrens. (1) Hängt die Beurteilung der Tat als Steuerhinterziehung davon ab, ob ein Steueranspruch besteht, ob Steuern verkürzt oder ob nicht gerechtfertigte Steuervorteile erlangt sind, so kann das Strafverfahren ausgesetzt werden, bis das Besteuerungsverfahren rechtskräftig abgeschlossen ist.

(2) Über die Aussetzung entscheidet im Ermittlungsverfahren die Staatsanwaltschaft, im Verfahren nach Erhebung der öffentlichen Klage das Gericht, das mit der Sache befasst ist.

(3) Während der Aussetzung des Verfahrens ruht die Verjährung.

2. Unterabschnitt. Ermittlungsverfahren

I. Allgemeines

§ 397 Einleitung des Strafverfahrens. (1)[3] Das Strafverfahren ist eingeleitet, sobald die Finanzbehörde, die Polizei, die Staatsanwaltschaft, eine ihrer Ermittlungspersonen oder der Strafrichter eine Maßnahme trifft, die erkennbar darauf abzielt, gegen jemanden wegen einer Steuerstraftat strafrechtlich vorzugehen.

(2) Die Maßnahme ist unter Angabe des Zeitpunkts unverzüglich in den Akten zu vermerken.

(3) Die Einleitung des Strafverfahrens ist dem Beschuldigten spätestens mitzuteilen, wenn er dazu aufgefordert wird, Tatsachen darzulegen oder Unterla-

---

[1] § 393 Abs. 3 angef. durch G v. 20.12.2007 (BGBl. I S. 3150).
[2] § 394 Satz 2 neu gef. durch G v. 12.8.2005 (BGBl. I S. 2354).
[3] § 397 Abs. 1 geänd. durch G v. 24.8.2004 (BGBl. I S. 2198).

gen vorzulegen, die im Zusammenhang mit der Straftat stehen, derer er verdächtig ist.

§ 398 Einstellung wegen Geringfügigkeit. [1]Die Staatsanwaltschaft kann von der Verfolgung einer Steuerhinterziehung, bei der nur eine geringwertige Steuerverkürzung eingetreten ist oder nur geringwertige Steuervorteile erlangt sind, auch ohne Zustimmung des für die Eröffnung des Hauptverfahrens zuständigen Gerichts absehen, wenn die Schuld des Täters als gering anzusehen wäre und kein öffentliches Interesse an der Verfolgung besteht. [2]Dies gilt für das Verfahren wegen einer Steuerhehlerei nach § 374 und einer Begünstigung einer Person, die eine der in § 375 Abs. 1 Nr. 1 bis 3 genannten Taten begangen hat, entsprechend.

§ 398a[1]) **Absehen von Verfolgung in besonderen Fällen.** (1) In Fällen, in denen Straffreiheit nur wegen § 371 Absatz 2 Satz 1 Nummer 3 oder 4 nicht eintritt, wird von der Verfolgung einer Steuerstraftat abgesehen, wenn der an der Tat Beteiligte innerhalb einer ihm bestimmten angemessenen Frist

1. die aus der Tat zu seinen Gunsten hinterzogenen Steuern, die Hinterziehungszinsen nach § 235 und die Zinsen nach § 233a, soweit sie auf die Hinterziehungszinsen nach § 235 Absatz 4 angerechnet werden, entrichtet und

2. einen Geldbetrag in folgender Höhe zugunsten der Staatskasse zahlt:

   a) 10 Prozent der hinterzogenen Steuer, wenn der Hinterziehungsbetrag 100 000 Euro nicht übersteigt,

   b) 15 Prozent der hinterzogenen Steuer, wenn der Hinterziehungsbetrag 100 000 Euro übersteigt und 1 000 000 Euro nicht übersteigt,

   c) 20 Prozent der hinterzogenen Steuer, wenn der Hinterziehungsbetrag 1 000 000 Euro übersteigt.

(2) Die Bemessung des Hinterziehungsbetrags richtet sich nach den Grundsätzen in § 370 Absatz 4.

(3) Die Wiederaufnahme eines nach Absatz 1 abgeschlossenen Verfahrens ist zulässig, wenn die Finanzbehörde erkennt, dass die Angaben im Rahmen einer Selbstanzeige unvollständig oder unrichtig waren.

(4) [1]Der nach Absatz 1 Nummer 2 gezahlte Geldbetrag wird nicht erstattet, wenn die Rechtsfolge des Absatzes 1 nicht eintritt. [2]Das Gericht kann diesen Betrag jedoch auf eine wegen Steuerhinterziehung verhängte Geldstrafe anrechnen.

II. Verfahren der Finanzbehörde bei Steuerstraftaten

§ 399 Rechte und Pflichten der Finanzbehörde. (1) Führt die Finanzbehörde das Ermittlungsverfahren auf Grund des § 386 Abs. 2 selbständig durch, so nimmt sie die Rechte und Pflichten wahr, die der Staatsanwaltschaft im Ermittlungsverfahren zustehen.

(2)[2]) [1]Ist einer Finanzbehörde nach § 387 Abs. 2 die Zuständigkeit für den Bereich mehrerer Finanzbehörden übertragen, so bleiben das Recht und die Pflicht dieser Finanzbehörden unberührt, bei dem Verdacht einer Steuerstraftat

---

[1]) § 398a neu gef. mWv 1.1.2015 durch G v. 22.12.2014 (BGBl. I S. 2415).
[2]) § 399 Abs. 2 Satz 2 geänd. durch G v. 24.8.2004 (BGBl. I S. 2198).

den Sachverhalt zu erforschen und alle unaufschiebbaren Anordnungen zu treffen, um die Verdunkelung der Sache zu verhüten. [2] Sie können Beschlagnahmen, Notveräußerungen, Durchsuchungen, Untersuchungen und sonstige Maßnahmen nach den für Ermittlungspersonen der Staatsanwaltschaft geltenden Vorschriften der Strafprozessordnung anordnen.

§ 400 Antrag auf Erlass eines Strafbefehls. Bieten die Ermittlungen genügenden Anlass zur Erhebung der öffentlichen Klage, so beantragt die Finanzbehörde beim Richter den Erlass eines Strafbefehls, wenn die Strafsache zur Behandlung im Strafbefehlsverfahren geeignet erscheint; ist dies nicht der Fall, so legt die Finanzbehörde die Akten der Staatsanwaltschaft vor.

§ 401[1] Antrag auf Anordnung von Nebenfolgen im selbständigen Verfahren. Die Finanzbehörde kann den Antrag stellen, die Einziehung selbständig anzuordnen oder eine Geldbuße gegen eine juristische Person oder eine Personenvereinigung selbständig festzusetzen (§§ 435, 444 Abs. 3 der Strafprozessordnung).

III. Stellung der Finanzbehörde im Verfahren der Staatsanwaltschaft

§ 402 Allgemeine Rechte und Pflichten der Finanzbehörde. (1) Führt die Staatsanwaltschaft das Ermittlungsverfahren durch, so hat die sonst zuständige Finanzbehörde dieselben Rechte und Pflichten wie die Behörden des Polizeidienstes nach der Strafprozessordnung sowie die Befugnisse nach § 399 Abs. 2 Satz 2.

(2) Ist einer Finanzbehörde nach § 387 Abs. 2 die Zuständigkeit für den Bereich mehrerer Finanzbehörden übertragen, so gilt Absatz 1 für jede dieser Finanzbehörden.

§ 403 Beteiligung der Finanzbehörde. (1) [1] Führt die Staatsanwaltschaft oder die Polizei Ermittlungen durch, die Steuerstraftaten betreffen, so ist die sonst zuständige Finanzbehörde befugt, daran teilzunehmen. [2] Ort und Zeit der Ermittlungshandlungen sollen ihr rechtzeitig mitgeteilt werden. [3] Dem Vertreter der Finanzbehörde ist zu gestatten, Fragen an Beschuldigte, Zeugen und Sachverständige zu stellen.

(2) Absatz 1 gilt sinngemäß für solche richterlichen Verhandlungen, bei denen auch der Staatsanwaltschaft die Anwesenheit gestattet ist.

(3) Der sonst zuständigen Finanzbehörde sind die Anklageschrift und der Antrag auf Erlass eines Strafbefehls mitzuteilen.

(4) Erwägt die Staatsanwaltschaft, das Verfahren einzustellen, so hat sie die sonst zuständige Finanzbehörde zu hören.

IV. Steuer- und Zollfahndung

§ 404[2] Steuer- und Zollfahndung. [1] Die Behörden des Zollfahndungsdienstes und die mit der Steuerfahndung betrauten Dienststellen der Landesfinanzbehörden sowie ihre Beamten haben im Strafverfahren wegen Steuerstraftaten dieselben Rechte und Pflichten wie die Behörden und Beamten des

---

[1] § 401 geänd. mWv 1.7.2017 durch G v. 13.4.2017 (BGBl. I S. 872).
[2] § 404 Satz 2 2. HS geänd. durch G v. 24.8.2004 (BGBl. I S. 2198); Satz 1 geänd. mWv 18.12. 2019 durch G v. 12.12.2019 (BGBl. I S. 2451).

Polizeidienstes nach den Vorschriften der Strafprozessordnung. [2]Die in Satz 1 bezeichneten Stellen haben die Befugnisse nach § 399 Abs. 2 Satz 2 sowie die Befugnis zur Durchsicht der Papiere des von der Durchsuchung Betroffenen (§ 110 Abs. 1 der Strafprozessordnung); ihre Beamten sind Ermittlungspersonen der Staatsanwaltschaft.

V. Entschädigung der Zeugen und der Sachverständigen

§ 405[1]) **Entschädigung der Zeugen und der Sachverständigen.** [1]Werden Zeugen und Sachverständige von der Finanzbehörde zu Beweiszwecken herangezogen, so erhalten sie eine Entschädigung oder Vergütung nach dem Justizvergütungs- und -entschädigungsgesetz. [2]Dies gilt auch in den Fällen des § 404.

3. Unterabschnitt. Gerichtliches Verfahren

§ 406 Mitwirkung der Finanzbehörde im Strafbefehlsverfahren und im selbständigen Verfahren. (1) Hat die Finanzbehörde den Erlass eines Strafbefehls beantragt, so nimmt sie die Rechte und Pflichten der Staatsanwaltschaft wahr, solange nicht nach § 408 Abs. 3 Satz 2 der Strafprozessordnung Hauptverhandlung anberaumt oder Einspruch gegen den Strafbefehl erhoben wird.

(2)[2]) Hat die Finanzbehörde den Antrag gestellt, die Einziehung selbständig anzuordnen oder eine Geldbuße gegen eine juristische Person oder eine Personenvereinigung selbständig festzusetzen (§ 401), so nimmt sie die Rechte und Pflichten der Staatsanwaltschaft wahr, solange nicht mündliche Verhandlung beantragt oder vom Gericht angeordnet wird.

§ 407 Beteiligung der Finanzbehörde in sonstigen Fällen. (1) [1]Das Gericht gibt der Finanzbehörde Gelegenheit, die Gesichtspunkte vorzubringen, die von ihrem Standpunkt für die Entscheidung von Bedeutung sind. [2]Dies gilt auch, wenn das Gericht erwägt, das Verfahren einzustellen. [3]Der Termin zur Hauptverhandlung und der Termin zur Vernehmung durch einen beauftragten oder ersuchten Richter (§§ 223, 233 der Strafprozessordnung) werden der Finanzbehörde mitgeteilt. [4]Ihr Vertreter erhält in der Hauptverhandlung auf Verlangen das Wort. [5]Ihm ist zu gestatten, Fragen an Angeklagte, Zeugen und Sachverständige zu richten.

(2) Das Urteil und andere das Verfahren abschließende Entscheidungen sind der Finanzbehörde mitzuteilen.

4. Unterabschnitt. Kosten des Verfahrens

§ 408 Kosten des Verfahrens. [1]Notwendige Auslagen eines Beteiligten im Sinne des § 464a Abs. 2 Nr. 2 der Strafprozessordnung sind im Strafverfahren wegen einer Steuerstraftat auch die gesetzlichen Gebühren und Auslagen eines Steuerberaters, Steuerbevollmächtigten, Wirtschaftsprüfers oder vereidigten Buchprüfers. [2]Sind Gebühren und Auslagen gesetzlich nicht geregelt, so können sie bis zur Höhe der gesetzlichen Gebühren und Auslagen eines Rechtsanwalts erstattet werden.

---

[1]) § 405 Satz 1 geänd. durch G v. 5.5.2004 (BGBl. I S. 718).
[2]) § 406 Abs. 2 geänd. mWv 1.7.2017 durch G v. 13.4.2017 (BGBl. I S. 872).

Vierter Abschnitt. Bußgeldverfahren

§ 409 Zuständige Verwaltungsbehörde. [1]Bei Steuerordnungswidrigkeiten ist zuständige Verwaltungsbehörde im Sinne des § 36 Abs. 1 Nr. 1 des Gesetzes über Ordnungswidrigkeiten die nach § 387 Abs. 1 sachlich zuständige Finanzbehörde. [2]§ 387 Abs. 2 gilt entsprechend.

§ 410 Ergänzende Vorschriften für das Bußgeldverfahren. (1) Für das Bußgeldverfahren gelten außer den verfahrensrechtlichen Vorschriften des Gesetzes über Ordnungswidrigkeiten entsprechend:

1. die §§ 388 bis 390 über die Zuständigkeit der Finanzbehörde,
2. § 391 über die Zuständigkeit des Gerichts,
3. § 392 über die Verteidigung,
4. § 393 über das Verhältnis des Strafverfahrens zum Besteuerungsverfahren,
5. § 396 über die Aussetzung des Verfahrens,
6. § 397 über die Einleitung des Strafverfahrens,
7. § 399 Abs. 2 über die Rechte und Pflichten der Finanzbehörde,
8. die §§ 402, 403 Abs. 1, 3 und 4 über die Stellung der Finanzbehörde im Verfahren der Staatsanwaltschaft,
9. § 404 Satz 1 und Satz 2 erster Halbsatz über die Steuer- und Zollfahndung,
10. § 405 über die Entschädigung der Zeugen und der Sachverständigen,
11. § 407 über die Beteiligung der Finanzbehörde und
12. § 408 über die Kosten des Verfahrens.

(2) Verfolgt die Finanzbehörde eine Steuerstraftat, die mit einer Steuerordnungswidrigkeit zusammenhängt (§ 42 Abs. 1 Satz 2 des Gesetzes über Ordnungswidrigkeiten), so kann sie in den Fällen des § 400 beantragen, den Strafbefehl auf die Steuerordnungswidrigkeit zu erstrecken.

§ 411 Bußgeldverfahren gegen Rechtsanwälte, Steuerberater, Steuerbevollmächtigte, Wirtschaftsprüfer oder vereidigte Buchprüfer. Bevor gegen einen Rechtsanwalt, Steuerberater, Steuerbevollmächtigten, Wirtschaftsprüfer oder vereidigten Buchprüfer wegen einer Steuerordnungswidrigkeit, die er in Ausübung seines Berufs bei der Beratung in Steuersachen begangen hat, ein Bußgeldbescheid erlassen wird, gibt die Finanzbehörde der zuständigen Berufskammer Gelegenheit, die Gesichtspunkte vorzubringen, die von ihrem Standpunkt für die Entscheidung von Bedeutung sind.

§ 412 Zustellung, Vollstreckung, Kosten. (1) [1]Für das Zustellungsverfahren gelten abweichend von § 51 Abs. 1 Satz 1 des Gesetzes über Ordnungswidrigkeiten die Vorschriften des Verwaltungszustellungsgesetzes auch dann, wenn eine Landesfinanzbehörde den Bescheid erlassen hat. [2]§ 51 Abs. 1 Satz 2 und Absatz 2 bis 5 des Gesetzes über Ordnungswidrigkeiten bleibt unberührt.

(2) [1]Für die Vollstreckung von Bescheiden der Finanzbehörden in Bußgeldverfahren gelten abweichend von § 90 Abs. 1 und 4, § 108 Abs. 2 des Gesetzes über Ordnungswidrigkeiten die Vorschriften des Sechsten Teils dieses Gesetzes. [2]Die übrigen Vorschriften des Neunten Abschnitts des Zweiten Teils des Gesetzes über Ordnungswidrigkeiten bleiben unberührt.

(3)[1] Für die Kosten des Bußgeldverfahrens gilt § 107 Absatz 4 des Gesetzes über Ordnungswidrigkeiten auch dann, wenn eine Landesfinanzbehörde den Bußgeldbescheid erlassen hat; an Stelle des § 19 des Verwaltungskostengesetzes in der bis zum 14. August 2013 geltenden Fassung gelten § 227 und § 261 dieses Gesetzes.

Neunter Teil. Schlussvorschriften

§ 413 Einschränkung von Grundrechten. Die Grundrechte auf körperliche Unversehrtheit und Freiheit der Person (Artikel 2 Abs. 2 des Grundgesetzes[2]), des Briefgeheimnisses sowie des Post- und Fernmeldegeheimnisses (Artikel 10 des Grundgesetzes) und der Unverletzlichkeit der Wohnung (Artikel 13 des Grundgesetzes) werden nach Maßgabe dieses Gesetzes eingeschränkt.

§ 414 (gegenstandslos)

§ 415[3] (Inkrafttreten)

---

[1] § 412 Abs. 3 neu gef. mWv 15.8.2013 durch G v. 7.8.2013 (BGBl. I S. 3154).
[2] **dtv 5765 Steuergesetze Nr. 32.**
[3] Die AO in ihrer ursprünglichen Fassung ist am 1.1.1977 in Kraft getreten. Das Inkrafttreten der späteren Änderungen ergibt sich aus den jeweiligen Änderungsgesetzen.

Anlage 1[1)]
(zu § 60)

Mustersatzung für Vereine, Stiftungen, Betriebe gewerblicher Art von juristischen Personen des öffentlichen Rechts, geistliche Genossenschaften und Kapitalgesellschaften

(nur aus steuerlichen Gründen notwendige Bestimmungen)

§ 1

Der − Die − … (Körperschaft) mit Sitz in … verfolgt ausschließlich und unmittelbar − gemeinnützige − mildtätige − kirchliche − Zwecke (nicht verfolgte Zwecke streichen) im Sinne des Abschnitts „Steuerbegünstigte Zwecke" der Abgabenordnung.

Zweck der Körperschaft ist … (z.B. die Förderung von Wissenschaft und Forschung, Jugend- und Altenhilfe, Erziehung, Volks- und Berufsbildung, Kunst und Kultur, Landschaftspflege, Umweltschutz, des öffentlichen Gesundheitswesens, des Sports, Unterstützung hilfsbedürftiger Personen).

Der Satzungszweck wird verwirklicht insbesondere durch … (z.B. Durchführung wissenschaftlicher Veranstaltungen und Forschungsvorhaben, Vergabe von Forschungsaufträgen, Unterhaltung einer Schule, einer Erziehungsberatungsstelle, Pflege von Kunstsammlungen, Pflege des Liedgutes und des Chorgesanges, Errichtung von Naturschutzgebieten, Unterhaltung eines Kindergartens, Kinder-, Jugendheimes, Unterhaltung eines Altenheimes, eines Erholungsheimes, Bekämpfung des Drogenmissbrauchs, des Lärms, Förderung sportlicher Übungen und Leistungen).

§ 2

Die Körperschaft ist selbstlos tätig; sie verfolgt nicht in erster Linie eigenwirtschaftliche Zwecke.

§ 3

Mittel der Körperschaft dürfen nur für die satzungsmäßigen Zwecke verwendet werden. Die Mitglieder erhalten keine Zuwendungen aus Mitteln der Körperschaft.

§ 4

Es darf keine Person durch Ausgaben, die dem Zweck der Körperschaft fremd sind, oder durch unverhältnismäßig hohe Vergütungen begünstigt werden.

§ 5

Bei Auflösung oder Aufhebung der Körperschaft oder bei Wegfall steuerbegünstigter Zwecke fällt das Vermögen der Körperschaft

1. an − den − die − das − … (Bezeichnung einer juristischen Person des öffentlichen Rechts oder einer anderen steuerbegünstigten Körperschaft), − der − die − das − es unmittelbar und ausschließlich für gemeinnützige, mildtätige oder kirchliche Zwecke zu verwenden hat

---

[1)] Anl. 1 angef. mWv 1.1.2009 durch G v. 19.12.2008 (BGBl. I S. 2794).

oder

2. an eine juristische Person des öffentlichen Rechts oder eine andere steuerbegünstigte Körperschaft zwecks Verwendung für … (Angabe eines bestimmten gemeinnützigen, mildtätigen oder kirchlichen Zwecks, z.B. Förderung von Wissenschaft und Forschung, Erziehung, Volks- und Berufsbildung, der Unterstützung von Personen, die im Sinne von § 53 der Abgabenordnung wegen … bedürftig sind, Unterhaltung des Gotteshauses in …).

Weitere Hinweise

Bei **Betrieben gewerblicher Art von juristischen Personen des öffentlichen Rechts, bei den von einer juristischen Person des öffentlichen Rechts verwalteten unselbständigen Stiftungen und bei geistlichen Genossenschaften** (Orden, Kongregationen) ist folgende Bestimmung aufzunehmen:

§ 3 Abs. 2:

„Der – die – das … erhält bei Auflösung oder Aufhebung der Körperschaft oder bei Wegfall steuerbegünstigter Zwecke nicht mehr als – seine – ihre – eingezahlten Kapitalanteile und den gemeinen Wert seiner – ihrer – geleisteten Sacheinlagen zurück."

Bei **Stiftungen** ist diese Bestimmung nur erforderlich, wenn die Satzung dem Stifter einen Anspruch auf Rückgewähr von Vermögen einräumt. Fehlt die Regelung, wird das eingebrachte Vermögen wie das übrige Vermögen behandelt.

Bei **Kapitalgesellschaften** sind folgende ergänzende Bestimmungen in die Satzung aufzunehmen:

1. § 3 Abs. 1 Satz 2:
„Die Gesellschafter dürfen keine Gewinnanteile und auch keine sonstigen Zuwendungen aus Mitteln der Körperschaft erhalten."

2. § 3 Abs. 2:
„Sie erhalten bei ihrem Ausscheiden oder bei Auflösung der Körperschaft oder bei Wegfall steuerbegünstigter Zwecke nicht mehr als ihre eingezahlten Kapitalanteile und den gemeinen Wert ihrer geleisteten Sacheinlagen zurück."

3. § 5:
„Bei Auflösung der Körperschaft oder bei Wegfall steuerbegünstigter Zwecke fällt das Vermögen der Körperschaft, soweit es die eingezahlten Kapitalanteile der Gesellschafter und den gemeinen Wert der von den Gesellschaftern geleisteten Sacheinlagen übersteigt, …".

§ 3 Abs. 2 und der Satzteil „soweit es die eingezahlten Kapitalanteile der Gesellschafter und den gemeinen Wert der von den Gesellschaftern geleisteten Sacheinlagen übersteigt," in § 5 sind nur erforderlich, wenn die Satzung einen Anspruch auf Rückgewähr von Vermögen einräumt.

1.1. Einführungsgesetz zur Abgabenordnung (EGAO)

Vom 14. Dezember 1976

(BGBl. I S. 3341)

FNA 610-1-4

geänd. durch § 24 Grunderwerbsteuergesetz 1983 v. 17.12.1982 (BGBl. I S. 1777), Art. 3 Steuerbereinigungsgesetz 1986 v. 19.12.1985 (BGBl. I S. 2436), Art. 16 Steuerreformgesetz 1990 v. 25.7. 1988 (BGBl. I S. 1093), Art. 10 Haushaltsbegleitgesetz 1989 v. 20.12.1988 (BGBl. I S. 2262), Art. 2 Vereinsförderungsgesetz v. 18.12.1989 (BGBl. I S. 2212), Art. 10 Wohnungsbauförderungsgesetz v. 22.12.1989 (BGBl. I S. 2408), S. 968 Einigungsvertrag v. 31.8.1990 (BGBl. II S. 889, 968), Art. 17 Steueränderungsgesetz 1991 v. 24.6.1991 (BGBl. I S. 1322), Art. 38 Steueränderungsgesetz 1992 v. 25.2.1992 (BGBl. I S. 297), Art. 18 Gesetz zur Umsetzung des Föderalen Konsolidierungsprogramms v. 23.6.1993 (BGBl. I S. 944), Art. 14 Standortsicherungsgesetz v. 13.9.1993 (BGBl. I S. 1569), Art. 27 Mißbrauchsbekämpfungs- und Steuerbereinigungsgesetz v. 21.12.1993 (BGBl. I S. 2310), Art. 5 Grenzpendlergesetz v. 24.6.1994 (BGBl. I S. 1395), Art. 27 Jahressteuergesetz 1996 v. 11.10.1995 (BGBl. I S. 1250), Art. 15 Jahressteuer-Ergänzungsgesetz 1996 v. 18.12.1995 (BGBl. I S. 1959), Art. 20 Jahressteuergesetz 1997 v. 20.12.1996 (BGBl. I S. 2049), Art. 2 Zweites Gesetz zur Änderunmg zwangsvollstreckungsrechtlicher Vorschriften (2. Zwangsvollstreckungsnovelle) v. 17.12. 1997 (BGBl. I S. 3039), Art. 5 Gesetz zur Datenermittlung für den Verteilungsschlüssel des Gemeindeanteils am Umsatzsteueraufkommen und zur Änderung steuerlicher Vorschriften v. 23.6.1998 (BGBl. I S. 1496), Art. 3 Steueränderungsgesetz 1998 v. 19.12.1998 (BGBl. I S. 3816), Art. 9 Gesetz zur Änderung des Einführungsgesetzes zur Insolvenzordnung und anderer Gesetze (EGInsOÄndG) v. 19.12.1998 (BGBl. I S. 3836), Art. 5 Zweites Euro-Einführungsgesetz v. 24.3.1999 (BGBl. I S. 385), Art. 18 Steuerbereinigungsgesetz 1999 v. 22.12.1999 (BGBl. I S. 2601), Art. 2 Gesetz zur weiteren steuerlichen Förderung von Stiftungen v. 14.7.2000 (BGBl. I S. 1034), Art. 8 Gesetz zur Senkung der Steuersätze und zur Reform der Unternehmensbesteuerung (StSenkG) v. 23.10.2000 (BGBl. I S. 1433), Art. 24 Steuer-Euroglättungsgesetz (StEuglG) v. 19.12.2000 (BGBl. I S. 1790), Art. 6 Gesetz zur Änderung des Investitionszulagengesetzes 1999 v. 20.12.2000 (BGBl. I S. 1850), Art. 9 Steueränderungsgesetz 2001 (StÄndG 2001) v. 20.12.2001 (BGBl. I S. 3794), Art. 10 Steuervergünstigungsabbaugesetz (StVergAbG) v. 16.5.2003 (BGBl. I S. 660), Art. 7 Kleinunternehmerförderungsgesetz v. 31.7.2003 (BGBl. I S. 1550), Art. 9 Steueränderungsgesetz 2003 (StÄndG 2003) v. 15.12.2003 (BGBl. I S. 2645), Art. 1b Gesetz zur Förderung der Ausbildung und Beschäftigung schwerbehinderter Menschen v. 23.4.2004 (BGBl. I S. 606), Art. 4 Abs. 58 Kostenrechtsmodernisierungsgesetz (KostRMoG) v. 5.5.2004 (BGBl. I S. 718), Art. 2 Gesetz zur Änderung der Abgabenordnung und weiterer Gesetze v. 21.7.2004 (BGBl. I S. 1753), Art. 9 Richtlinien-Umsetzungsgesetz (EURLUmsG) v. 9.12.2004 (BGBl. I S. 3310, ber. S. 3843), Art. 7 Erstes Gesetz zum Abbau bürokratischer Hemmnisse insbesondere in der mittelständischen Wirtschaft v. 22.8.2006 (BGBl. I S. 1970), Art. 11 Jahressteuergesetz 2007 (JStG 2007) v. 13.12.2006 (BGBl. I S. 2878), Art. 6 Zweites Gesetz zum Abbau bürokratischer Hemmnisse insbesondere in der mittelständischen Wirtschaft v. 7.9.2007 (BGBl. I S. 2246), Art. 6 Gesetz zur weiteren Stärkung des bürgerschaftlichen Engagements v. 10.10.2007 (BGBl. I S. 2332), Art. 15 Jahressteuergesetz 2008 (JStG 2008) v. 20.12.2007 (BGBl. I S. 3150), Art. 11 Jahressteuergesetz 2009 (JStG 2009) v. 19.12.2008 (BGBl. I S. 2794), Art. 11 Gesetz zur Modernisierung und Entbürokratisierung des Steuerverfahrens (Steuerbürokratieabbaugesetz) v. 20.12.2008 (BGBl. I S. 2850), Art. 4 Gesetz zur Bekämpfung der Steuerhinterziehung (Steuerhinterziehungsbekämpfungsgesetz) v. 29.7.2009 (BGBl. I S. 2302), Art. 16 Jahressteuergesetz 2010 (JStG 2010) v. 8.12.2010 (BGBl. I S. 1768), Art. 3 Gesetz zur Verbesserung der Bekämpfung der Geldwäsche und Steuerhinterziehung (Schwarzgeldbekämpfungsgesetz) v. 28.4.2011 (BGBl. I S. 676), Art. 4 Steuervereinfachungsgesetz 2011 v. 1.11.2011 (BGBl. I S. 2131), Art. 12 Gesetz zur Umsetzung der Amtshilferichtlinie sowie zur Änderung steuerlicher Vorschriften (Amtshilferichtlinie-Umsetzungsgesetz – AmtshilfeRLUmsG) v. 26.6.2013 (BGBl. I S. 1809), Art. 4 Gesetz zur Anpassung steuerlicher Regelungen an die Rechtsprechung des Bundesverfassungsgerichts v. 18.7.2014 (BGBl. I S. 1042), Art. 2 Gesetz zur Änderung der Abgabenordnung und des Einführungsgesetzes zur Abgabenordnung v. 22.12.2014 (BGBl. I S. 2415), Art. 3 Gesetz zur Anpassung der Abgabenordnung an den Zollkodex der Union und zur Änderung weiterer steuerlicher Vorschriften v. 22.12.2014 (BGBl. I S. 2417), Art. 4 Gesetz zur Entlastung insbesondere der mittelständischen Wirtschaft von Bürokratie (Bürokratieentlastungsgesetz) v. 28.7.2015 (BGBl. I S. 1400), Art. 2 Gesetz zur Modernisierung des Besteuerungsverfahrens v. 18.7.2016 (BGBl. I S. 1679), Art. 3 Gesetz zur Umsetzung der Änderungen der EU-Amtshilferichtlinie und von weiteren Maßnahmen gegen Gewinnkürzungen und -verlagerungen v. 20.12.2016 (BGBl. I S. 3000), Art. 2 Gesetz zum Schutz vor Manipulationen an digitalen Grundaufzeichnungen v. 22.12.2016 (BGBl. I S. 3152), Art. 3 Gesetz zur Bekämpfung der Steuerumgehung und zur Änderung weiterer steuerlicher Vorschriften (Steuerumgehungsbekämpfungsgesetz – StUmgBG) v. 23.6.2017 (BGBl. I S. 1682), Art. 3 Zweites Gesetz zur Entlastung insbesondere der mittelständischen Wirtschaft von Bürokratie (Zweites Bürokratieentlastungsgesetz) v. 30.6.2017 (BGBl. I S. 2143), Art. 13 Gesetz zur Vermeidung von Umsatzsteuerausfällen beim Handel mit Waren im Internet und zur Änderung weiterer steuerlicher Vorschriften v. 11.12.2018 (BGBl. I S. 2338), Art. 71 Zweites Gesetz zur Anpassung des Datenschutzrechts an die Verordnung (EU) 2016/679 und zur Umsetzung der Richtlinie (EU) 2016/680 (Zweites Datenschutz-Anpassungs- und Umsetzungsgesetz EU – 2. DSAnpUG-EU) v. 20.11.2019 (BGBl. I S. 1626), Art. 4 Drittes Gesetz zur Entlastung insbesondere der mittelständischen Wirtschaft von Bürokratie (Drittes Bürokratieentlastungsgesetz) v. 22.11.2019 (BGBl. I S. 1746), Art. 6 und 7 Gesetz zur Reform des Grundsteuer- und Bewertungsrechts (Grundsteuer-Reformgesetz – GrStRefG) v. 26.11.2019 (BGBl. I S. 1794), Art. 2 Gesetz zur Einführung einer Pflicht zur Mitteilung grenzüberschreitender Steuergestaltungen v. 21.12.2019 (BGBl. I S. 2875), Art. 4 Gesetz zur Umsetzung steuerlicher Hilfsmaßnahmen zur Bewältigung der Corona-Krise (Corona-Steuerhilfegesetz) v. 19.6.2020 (BGBl. I S. 1385), Art. 7 Zweites Gesetz zur Umsetzung steuerlicher Hilfsmaßnahmen zur Bewältigung der Corona-Krise (Zweites Corona-Steuerhilfegesetz) v. 29.6.2020 (BGBl. I S. 1512), Art. 29 Jahressteuergesetz 2020 (JStG 2020) v. 21.12.2020 (BGBl. I S. 3096) und Art. 2 Gesetz zur Verlängerung der Aussetzung der Insolvenzantragspflicht und des Anfechtungsschutzes für pandemiebedingte Stundungen sowie zur Verlängerung der Steuererklärungsfrist in beratenen Fällen und der zinsfreien Karenzzeit für den Veranlagungszeitraum 2019 v. 15.2.2021 (BGBl. I S. 237)

– Auszug –

Der Bundestag hat mit Zustimmung des Bundesrates das folgende Gesetz beschlossen:

Erster Abschnitt. Änderung von Gesetzen auf dem Gebiet des Finanzwesens

Art. 1–6 …

Art. 7 Hauptfeststellung der Einheitswerte der Mineralgewinnungsrechte. (1) Für Mineralgewinnungsrechte findet die nächste Hauptfeststellung der Einheitswerte auf den 1. Januar 1977 statt (Hauptfeststellung 1977).

(2) Die Einheitswerte für Mineralgewinnungsrechte, denen die Wertverhältnisse vom 1. Januar 1977 zugrunde liegen, sind erstmals anzuwenden bei der Feststellung von Einheitswerten der gewerblichen Betriebe auf den 1. Januar 1977 und bei der Festsetzung von Steuern, bei denen die Steuer nach dem 31. Dezember 1976 entsteht.

(3)[1] Die Absätze 1 und 2 sind letztmals anzuwenden für gesonderte Feststellungen auf den 1. Januar 2024.

Art. 8–38 …

Zweiter Abschnitt. Anpassung weiterer Bundesgesetze

Erster Titel. Änderung von Gesetzen auf dem Gebiet des Rechts der Verwaltung

Art. 39–52 …

---

[1] Art. 7 Abs. 3 angef. durch G v. 26.11.2019 (BGBl. I S. 1794); in Kraft ab **1.1.2025**.

**Zweiter Titel. Änderung von Gesetzen auf dem Gebiet
der Rechtspflege, des Zivilrechts und des Strafrechts**

Art. 53–57 ...

**Dritter Titel. Änderung von Gesetzen auf dem Gebiet
des Verteidigungsrechts**

Art. 58 ...

**Vierter Titel. Änderung von Gesetzen auf dem Gebiet
des Wirtschaftsrechts**

Art. 59–81 ...

**Fünfter Titel. Änderung von Gesetzen auf dem Gebiet
des Arbeitsrechts, der Sozialversicherung und
der Kriegsopferversorgung**

Art. 82–90 ...

**Sechster Titel. Änderung von Gesetzen auf dem Gebiet des Post-
und Fernmeldewesens sowie des Verkehrswesens**

Art. 91–94 ...

Siebenter Titel. Änderung anderer Gesetze

Art. 95 ...

Achter Titel. Außerkrafttreten von Vorschriften

Art. 96 Außerkrafttreten. Mit Inkrafttreten der Abgabenordnung[1] treten
außer Kraft:

1. Die Reichsabgabenordnung vom 22. Mai 1931 (Reichsgesetzbl. I S. 161),
   zuletzt geändert durch das Gesetz über das Zeugnisverweigerungsrecht der
   Mitarbeiter von Presse und Rundfunk vom 25. Juli 1975 (Bundesgesetzbl. I
   S. 1973);

2. die Verordnung zur Durchführung des § 160 Abs. 2 der Reichsabgabenordnung vom 24. März 1932 (Reichsgesetzbl. I S. 165);

3. die Verordnung zur Durchführung von Buch- und Betriebsprüfungen vom
   9. November 1925 (Reichsministerialblatt S. 1337);

4. die Verordnung zur Durchführung der §§ 402 und 413 der Reichsabgabenordnung vom 17. August 1940 (Reichsministerialblatt S. 209);

---

[1] Nr. **1.**

5. das Steueranpassungsgesetz vom 16. Oktober 1934 (Reichsgesetzbl. I S. 925), zuletzt geändert durch das Einführungsgesetz zum Einkommensteuerreformgesetz vom 21. Dezember 1974 (Bundesgesetzbl. I S. 3656);

6. die Gemeinnützigkeitsverordnung vom 24. Dezember 1953 (Bundesgesetzbl. I S. 1592), zuletzt geändert durch das Steueränderungsgesetz 1969 vom 18. August 1969 (Bundesgesetzbl. I S. 1211);

7. die Aufteilungsverordnung vom 8. November 1963 (Bundesgesetzbl. I S. 785), geändert durch die Finanzgerichtsordnung vom 6. Oktober 1965 (Bundesgesetzbl. I S. 1477);

8. das Steuersäumnisgesetz vom 13. Juli 1961 (Bundesgesetzbl. I S. 981, 993), zuletzt geändert durch das Dritte Gesetz zur Änderung des Steuerberatungsgesetzes vom 24. Juni 1975 (Bundesgesetzbl. I S. 1509);

9. die Verordnung zum Steuersäumnisgesetz vom 15. August 1961 (Bundesgesetzbl. I S. 1299), geändert durch die Verordnung zur Änderung der Verordnung zum Steuersäumnisgesetz vom 9. Juni 1969 (Bundesgesetzbl. I S. 539);

10. die Beitreibungsordnung vom 23. Juni 1923 (Reichsministerialblatt S. 595);

11. die Verordnung zur Einführung der Beitreibungsordnung vom 5. Juli 1923 (Reichsministerialblatt S. 645);

12. die Verordnung über die Auswertung der Personenstands- und Betriebsaufnahme (Aufstellung von Urlisten) vom 16. Mai 1935 (Reichsministerialblatt S. 538);

13. die Verordnung über die Führung eines Wareneingangsbuchs vom 20. Juni 1935 (Reichsgesetzbl. I S. 752), zuletzt geändert durch das Gesetz zur Abkürzung handelsrechtlicher und steuerrechtlicher Aufbewahrungsfristen vom 2. März 1959 (Bundesgesetzbl. I S. 77);

14. die Verordnung über landwirtschaftliche Buchführung vom 5. Juli 1935 (Reichsgesetzbl. I S. 908);

15. die Warenausgangsverordnung vom 20. Juni 1936 (Reichsgesetzbl. I S. 507), geändert durch das Gesetz zur Änderung von Vorschriften des Dritten Teiles der Reichsabgabenordnung vom 11. Mai 1956 (Bundesgesetzbl. I S. 418);

16. die Verordnung über die Zuständigkeit im Besteuerungsverfahren vom 3. Januar 1944 (Reichsgesetzbl. I S. 11);

17. das Gesetz über die Kosten der Zwangsvollstreckung nach der Reichsabgabenordnung vom 12. April 1961 (Bundesgesetzbl. I S. 429), zuletzt geändert durch das Gesetz zur Änderung des Gesetzes über die Kosten der Zwangsvollstreckung nach der Reichsabgabenordnung vom 20. Mai 1975 (Bundesgesetzbl. I S. 1119);

18. § 6 Abs. 2 Satz 4 der Verordnung über die Offenlegung der Ergebnisse der Bodenschätzung vom 31. Januar 1936 (Reichsgesetzbl. I S. 120);

19. §§ 15 und 20 des Rennwett- und Lotteriegesetzes vom 8. April 1922 (Reichsgesetzbl. I S. 335, 393), zuletzt geändert durch das Gesetz zur Änderung des Rennwett- und Lotteriegesetzes vom 16. Dezember 1974 (Bundesgesetzbl. I S. 3561);

20. die Verordnung über die Zwangsvollstreckung im Erstattungsverfahren für den Dienstbereich der Reichsfinanzverwaltung vom 17. Dezember 1937 (Reichsgesetzbl. I S. 1388);

21. § 5 der Verordnung zur beschleunigten Förderung des Baues von Heuerlings- und Werkwohnungen sowie von Eigenheimen für ländliche Arbeiter und Handwerker vom 10. März 1937 (Reichsgesetzbl. I S. 292), zuletzt geändert durch das Beurkundungsgesetz vom 28. August 1969 (Bundesgesetzbl. I S. 1513);

22. § 2 Abs. 3 der Zweiten Durchführungsverordnung über die beschleunigte Förderung des Baues von Heuerlings- und Werkwohnungen sowie von Eigenheimen für ländliche Arbeiter und Handwerker vom 27. Januar 1938 (Reichsgesetzbl. I S. 107);

23. § 3 des Gesetzes über die Erhebung von Gebühren durch die Außenhandelsstelle des Bundesministeriums für Ernährung, Landwirtschaft und Forsten vom 17. Dezember 1951 (Bundesgesetzbl. I S. 969);

24. § 21 Abs. 3 des Vieh- und Fleischgesetzes vom 25. April 1951 (Bundesgesetzbl. I S. 272), zuletzt geändert durch das Gesetz über die Neuorganisation der Marktordnungsstellen vom 23. Juni 1976 (Bundesgesetzbl. I S. 1608);

25. § 11 Abs. 3 des Zuckergesetzes vom 5. Januar 1951 (Bundesgesetzbl. I S. 47), zuletzt geändert durch das Gesetz zur Gesamtreform des Lebensmittelrechts vom 15. August 1974 (Bundesgesetzbl. I S. 1945).

Dritter Abschnitt. Schlußvorschriften

Art. 97 Übergangsvorschriften

§ 1 Begonnene Verfahren. (1) Verfahren, die am 1. Januar 1977 anhängig sind, werden nach den Vorschriften der Abgabenordnung zu Ende geführt, soweit in den nachfolgenden Vorschriften nichts anderes bestimmt ist.

(2)[1] [1]Durch das Steuerbereinigungsgesetz 1986 vom 19. Dezember 1985 (BGBl. I S. 2436) geänderte oder eingefügte Vorschriften sowie die auf diesen Vorschriften beruhenden Rechtsverordnungen sind auf alle bei Inkrafttreten[2] dieser Vorschriften anhängigen Verfahren anzuwenden, soweit nichts anderes bestimmt ist. [2]Soweit die Vorschriften die Bekanntgabe von schriftlichen Verwaltungsakten regeln, gelten sie für alle nach dem Inkrafttreten der Vorschriften zur Post gegebenen Verwaltungsakte.

(3)[3] Die durch Artikel 15 des Steuerreformgesetzes 1990 vom 25. Juli 1988 (BGBl. I S. 1093) geänderten Vorschriften sind auf alle bei Inkrafttreten[4] dieser Vorschriften anhängigen Verfahren anzuwenden, soweit nichts anderes bestimmt ist.

(4)[5] Die durch Artikel 26 des Gesetzes vom 21. Dezember 1993 (BGBl. I S. 2310) geänderten Vorschriften sind auf alle bei Inkrafttreten[6] dieser Vorschriften anhängigen Verfahren anzuwenden, soweit nichts anderes bestimmt ist.

---

[1] Art. 97 § 1 Abs. 2 angef. durch G v. 19.12.1985 (BGBl. I S. 2436).
[2] In Kraft ab 25.12.1985.
[3] Art. 97 § 1 Abs. 3 angef. durch G v. 25.7.1988 (BGBl. I S. 1093).
[4] In Kraft ab 3.8.1988.
[5] Art. 97 § 1 Abs. 4 angef. durch G v. 21.12.1993 (BGBl. I S. 2310).
[6] In Kraft ab 30.12.1993.

(5)[1)] Die durch Artikel 26 des Gesetzes vom 11. Oktober 1995 (BGBl. I S. 1250) geänderten Vorschriften sind auf alle bei Inkrafttreten[2)] dieser Vorschriften anhängigen Verfahren anzuwenden, soweit nichts anderes bestimmt ist.

(6)[3)] Die durch Artikel 18 des Gesetzes vom 20. Dezember 1996 (BGBl. I S. 2049) geänderten Vorschriften sind auf alle bei Inkrafttreten[4)] dieser Vorschriften anhängigen Verfahren anzuwenden, soweit nichts anderes bestimmt ist.

(7)[5)] Die durch Artikel 17 des Gesetzes vom 22. Dezember 1999 (BGBl. I S. 2601) geänderten Vorschriften sind auf alle bei Inkrafttreten[6)] des Gesetzes anhängigen Verfahren anzuwenden, soweit nichts anderes bestimmt ist.

(8)[7)] Die durch Artikel 23 des Gesetzes vom 19. Dezember 2000 (BGBl. I S. 1790) geänderten Vorschriften sind auf alle bei Inkrafttreten[8)] des Gesetzes anhängigen Verfahren anzuwenden, soweit nichts anderes bestimmt ist.

(9)[9)] [1]Rechtsverordnungen auf Grund des § 2 Absatz 2 der Abgabenordnung in der Fassung des Artikels 9 des Gesetzes vom 8. Dezember 2010 (BGBl. I S. 1768) können mit Wirkung für den Veranlagungszeitraum 2010 erlassen werden, sofern die dem Bundesrat zugeleitete Rechtsverordnung vor dem 1. Januar 2011 als Bundesratsdrucksache veröffentlicht worden ist. [2]Rechtsverordnungen, die dem Bundesrat nach diesem Zeitpunkt zugeleitet werden, können bestimmen, dass sie ab dem Zeitpunkt der Bekanntgabe der in § 2 Absatz 2 der Abgabenordnung genannten und nach dem 31. Dezember 2010 geschlossenen Konsultationsvereinbarung im Bundessteuerblatt gelten.

(10)[10)] [1]Die durch Artikel 3 des Gesetzes vom 18. Juli 2014 (BGBl. I S. 1042) geänderten Vorschriften sind auf alle am 24. Juli 2014 anhängigen Verfahren anzuwenden, soweit nichts anderes bestimmt ist. [2]§ 122 Absatz 7 Satz 1 und § 183 Absatz 4 in der Fassung des Artikels 3 des Gesetzes vom 18. Juli 2014 (BGBl. I S. 1042) gelten für alle nach dem 23. Juli 2014 erlassenen Verwaltungsakte. [3]§ 15 und § 263 in der Fassung des Artikels 3 des Gesetzes vom 18. Juli 2014 (BGBl. I S. 1042) sind ab dem 24. Juli 2014 anzuwenden.

(11)[11)] Durch das Gesetz vom 18. Juli 2016 (BGBl. I S. 1679) geänderte oder eingefügte Vorschriften der Abgabenordnung sind auf alle bei Inkrafttreten[12)] dieser Vorschriften anhängigen Verfahren anzuwenden, soweit nichts anderes bestimmt ist.

(12)[13)] [1]Die durch das Gesetz vom 23. Juni 2017 (BGBl. I S. 1682) geänderten oder eingefügten Vorschriften der Abgabenordnung sind auf alle am 25. Juni 2017 anhängigen Verfahren anzuwenden, soweit nichts anderes bestimmt ist.

[1)] Art. 97 § 1 Abs. 5 angef. durch G v. 11.10.1995 (BGBl. I S. 1250).
[2)] In Kraft ab 21.10.1995.
[3)] Art. 97 § 1 Abs. 6 angef. durch G v. 20.12.1996 (BGBl. I S. 2049).
[4)] In Kraft ab 28.12.1996.
[5)] Art. 97 § 1 Abs. 7 angef. durch G v. 22.12.1999 (BGBl. I S. 2601).
[6)] In Kraft ab 30.12.1999.
[7)] Art. 97 § 1 Abs. 8 angef. durch G v. 19.12.2000 (BGBl. I S. 1790).
[8)] In Kraft ab 1.1.2002.
[9)] Art. 97 § 1 Abs. 9 angef. durch G v. 8.12.2010 (BGBl. I S. 1768).
[10)] Art. 97 § 1 Abs. 10 angef. durch G v. 18.7.2014 (BGBl. I S. 1042).
[11)] Art. 97 § 1 Abs. 11 angef. durch G v. 18.7.2016 (BGBl. I S. 1679).
[12)] In Kraft ab 23.7.2016 bzw. 1.1.2017.
[13)] Art. 97 § 1 Abs. 12 angef. durch G v. 23.6.2017 (BGBl. I S. 1682).

² § 30a der Abgabenordnung in der am 24. Juni 2017 geltenden Fassung ist ab dem 25. Juni 2017 auch auf Sachverhalte, die vor diesem Zeitpunkt verwirklicht worden sind, nicht mehr anzuwenden.

(13)¹⁾ Die durch Artikel 21 des Gesetzes vom 12. Dezember 2019 (BGBl. I S. 2451) geänderten Vorschriften der Abgabenordnung sind auf alle am 18. Dezember 2019 anhängigen Verfahren anzuwenden, soweit nichts anderes bestimmt ist.

(14)²⁾ ¹ § 93a Absatz 1 Satz 1 Nummer 1 Buchstabe a, Absatz 2 Satz 2 und Absatz 4 der Abgabenordnung in der Fassung des Artikels 27 des Gesetzes vom 21. Dezember 2020 (BGBl. I S. 3096) ist vorbehaltlich des Satzes 2 erstmals für nach dem 31. Dezember 2020 verwirklichte Sachverhalte anzuwenden. ² § 93a Absatz 1 Satz 1 Nummer 1 Buchstabe a, Absatz 2 Satz 2 und Absatz 4 der Abgabenordnung in der Fassung des Artikels 27 des Gesetzes vom 21. Dezember 2020 (BGBl. I S. 3096) ist für im Kalenderjahr 2020 verwirklichte Sachverhalte anzuwenden, soweit eine Mitteilungspflicht nach der Mitteilungsverordnung nach dem 1. Januar 2020 begründet wurde. ³ § 93a Absatz 1 Satz 1 Nummer 1 Buchstabe e der Abgabenordnung in der Fassung des Artikels 27 des Gesetzes vom 21. Dezember 2020 (BGBl. I S. 3096) ist ab dem 1. Januar 2021 anzuwenden.

§ 1a³⁾ Steuerlich unschädliche Betätigungen. (1)⁴⁾ § 58 Nr. 1 der Abgabenordnung in der Fassung des Artikels 1 des Gesetzes vom 21. Juli 2004 (BGBl. I S. 1753) ist ab dem 1. Januar 2001 anzuwenden.

(2)⁵⁾ Die Vorschrift des § 58 Nr. 10 der Abgabenordnung über steuerlich unschädliche Betätigungen in der Fassung des Artikels 26 des Gesetzes vom 21. Dezember 1993 (BGBl. I S. 2310) ist erstmals ab dem 1. Januar 1993 anzuwenden.

(3)⁶⁾ § 55 Abs. 1 Nr. 5, § 58 Nr. 7 Buchstabe a, Nr. 11 und 12 der Abgabenordnung in der Fassung des Gesetzes vom 14. Juli 2000 (BGBl. I S. 1034) sind ab dem 1. Januar 2000 anzuwenden.

§ 1b⁷⁾ Steuerpflichtige wirtschaftliche Geschäftsbetriebe. § 64 Abs. 6 der Abgabenordnung in der Fassung des Artikels 5 des Gesetzes vom 20. Dezember 2000 (BGBl. I S. 1850) ist ab dem 1. Januar 2000 anzuwenden.

§ 1c⁸⁾ Krankenhäuser. (1) § 67 Abs. 1 der Abgabenordnung in der Fassung des Steuerbereinigungsgesetzes 1986 ist ab dem 1. Januar 1986 anzuwenden.

(2)⁹⁾ ¹ § 67 Abs. 1 der Abgabenordnung in der Fassung des Gesetzes vom 20. Dezember 1996 (BGBl. I S. 2049) ist ab dem 1. Januar 1996 anzuwenden. ² Für Krankenhäuser, die mit Wirkung zum 1. Januar 1995 Fallpauschalen und Sonderentgelte nach § 11 Abs. 1 und 2 der Bundespflegesatzverordnung vom

---

¹⁾ Art. 97 § 1 Abs. 13 angef. durch G v. 12.12.2019 (BGBl. I S. 2451).
²⁾ Art. 97 § 1 Abs. 14 angef. durch G v. 21.12.2020 (BGBl. I S. 3096).
³⁾ Art. 97 § 1a eingef. durch G v. 19.12.1985 (BGBl. I S. 2436).
⁴⁾ Art. 97 § 1a Abs. 1 neu gef. durch G v. 20.12.2000 (BGBl. I S. 1850); geänd. durch G v. 21.7. 2004 (BGBl. I S. 1753).
⁵⁾ Art. 97 § 1a Abs. 2 angef. durch G v. 21.12.1993 (BGBl. I S. 2310).
⁶⁾ Art. 97 § 1a Abs. 3 angef. durch G v. 14.7.2000 (BGBl. I S. 1034).
⁷⁾ Art. 97 § 1b eingef. durch G v. 20.12.2000 (BGBl. I S. 1850).
⁸⁾ Art. 97 § 1c Abs. 2 Satz 2 geänd., Abs. 3 angef. durch G v. 13.12.2006 (BGBl. I S. 2878).
⁹⁾ Art. 97 § 1c Abs. 2 Satz 2 geänd. durch G v. 13.12.2006 (BGBl. I S. 2878).

26. September 1994 (BGBl. I S. 2750) angewandt haben, ist § 67 Abs. 1 der Abgabenordnung in der Fassung des in Satz 1 bezeichneten Gesetzes ab dem 1. Januar 1995 anzuwenden.

(3)[1] § 67 der Abgabenordnung in der Fassung des Artikels 10 des Gesetzes vom 13. Dezember 2006 (BGBl. I S. 2878) ist ab dem 1. Januar 2003 anzuwenden.

§ 1d[2] **Steuerbegünstigte Zwecke.** (1) Die §§ 52, 58, 61, 64 und 67a der Abgabenordnung in der Fassung des Artikels 5 des Gesetzes vom 10. Oktober 2007 (BGBl. I S. 2332) sind ab 1. Januar 2007 anzuwenden.

(2)[3] § 51 der Abgabenordnung in der Fassung des Artikels 10 des Gesetzes vom 19.12.2008 (BGBl. I S. 2794) ist ab dem 1. Januar 2009 anzuwenden.

(3)[4] [1] § 55 Absatz 3 der Abgabenordnung in der Fassung des Artikels 9 des Gesetzes vom 8. Dezember 2010 (BGBl. I S. 1768) ist ab dem 1. Januar 2011 anzuwenden. [2] § 55 Absatz 1 Nummer 4 Satz 2 und § 58 Nummer 1 bis 4 der Abgabenordnung in der Fassung des Artikels 9 des Gesetzes vom 8. Dezember 2010 (BGBl. I S. 1768) sind auch für vor diesem Zeitraum beginnende Veranlagungszeiträume anzuwenden, soweit Steuerfestsetzungen noch nicht bestandskräftig sind oder unter dem Vorbehalt der Nachprüfung stehen.

§ 1e[5] **Zweckbetriebe.** (1)[6] [1] § 68 *Abs. 6*[7] der Abgabenordnung in der Fassung des Artikels 5 des Gesetzes vom 20. Dezember 2000 (BGBl. I S. 1850) ist mit Wirkung vom 1. Januar 2000 anzuwenden. [2] Die Vorschrift ist auch für vor diesem Zeitraum beginnende Veranlagungszeiträume anzuwenden, soweit Steuerfestsetzungen noch nicht bestandskräftig sind oder unter dem Vorbehalt der Nachprüfung stehen.

(2)[6] [1] Die Vorschrift des § 68 Nr. 9 der Abgabenordnung über die Zweckbetriebseigenschaft von Forschungseinrichtungen ist ab dem 1. Januar 1997 anzuwenden. [2] Sie ist auch für vor diesem Zeitpunkt beginnende Kalenderjahre anzuwenden, soweit Steuerfestsetzungen noch nicht bestandskräftig sind oder unter dem Vorbehalt der Nachprüfung stehen.

(3)[8] [1] § 68 Nr. 3 der Abgabenordnung in der Fassung des Artikels 1a des Gesetzes vom 23. April 2004 (BGBl. I S. 606) ist ab dem 1. Januar 2003 anzuwenden. [2] § 68 Nr. 3 Buchstabe c der Abgabenordnung ist auch für vor diesem Zeitraum beginnende Veranlagungszeiträume anzuwenden, soweit Steuerfestsetzungen noch nicht bestandskräftig sind oder unter dem Vorbehalt der Nachprüfung stehen.

§ 1f[9] **Satzung.** (1) [1] § 62 der Abgabenordnung in der Fassung des Artikels 10 des Gesetzes vom 13. Dezember 2006 (BGBl. I S. 2878) gilt für alle staatlich beaufsichtigten Stiftungen, die nach dem Inkrafttreten dieses Gesetzes errichtet

[1] Art. 97 § 1c Abs. 3 angef. durch G v. 13.12.2006 (BGBl. I S. 2878).
[2] Art. 97 § 1d neu gef. durch G v. 10.10.2007 (BGBl. I S. 2332).
[3] Art. 97 § 1d Abs. 2 angef. durch G v. 19.12.2008 (BGBl. I S. 2794).
[4] Art. 97 § 1d Abs. 3 angef. durch G v. 8.12.2010 (BGBl. I S. 1768).
[5] Art. 97 § 1e eingef. durch G v. 20.12.1996 (BGBl. I S. 2049).
[6] Art. 97 § 1e Abs. 1 eingef., bish. Wortlaut wird Abs. 2 durch G v. 20.12.2000 (BGBl. I S. 1850).
[7] Richtig wohl: „Nr. 6".
[8] Art. 97 § 1e Abs. 3 angef. durch G v. 23.4.2004 (BGBl. I S. 606).
[9] Art. 97 § 1f neu gef. durch G v. 19.12.2008 (BGBl. I S. 2794).

werden. [2] § 62 der Abgabenordnung in der am 31. Dezember 2008 geltenden Fassung ist letztmals anzuwenden auf Betriebe gewerblicher Art von Körperschaften des öffentlichen Rechts, bei den von einer Körperschaft des öffentlichen Rechts verwalteten unselbständigen Stiftungen und bei geistlichen Genossenschaften (Orden, Kongregationen), die vor dem 1. Januar 2009 errichtet wurden.

(2) § 60 Abs. 1 Satz 2 der Abgabenordnung in der Fassung des Artikels 10 des Gesetzes vom 19. Dezember 2008 (BGBl. I S. 2794) ist auf Körperschaften, die nach dem 31. Dezember 2008 gegründet werden, sowie auf Satzungsänderungen bestehender Körperschaften, die nach dem 31. Dezember 2008 wirksam werden, anzuwenden.

§ 2 Fristen. [1] Fristen, deren Lauf vor dem 1. Januar 1977 begonnen hat, werden nach den bisherigen Vorschriften berechnet, soweit in den nachfolgenden Vorschriften nichts anderes bestimmt ist. [2] Dies gilt auch in den Fällen, in denen der Lauf einer Frist nur deshalb nicht vor dem 1. Januar 1977 begonnen hat, weil der Beginn der Frist nach § 84 der Reichsabgabenordnung hinausgeschoben worden ist.

§ 3 Grunderwerbsteuer, Feuerschutzsteuer. (1) [1] Die Abgabenordnung und die Übergangsvorschriften dieses Artikels gelten auch für die Grunderwerbsteuer und die Feuerschutzsteuer; abweichende landesrechtliche Vorschriften bleiben unberührt. [2] Soweit die Grunderwerbsteuer nicht von Landesfinanzbehörden verwaltet wird, gilt § 1 Abs. 2 der Abgabenordnung sinngemäß.

(2)[1] *(aufgehoben)*

§ 4[2] Mitteilungsverordnung. § 7 Abs. 2 Satz 1 der Mitteilungsverordnung vom 7. September 1993 (BGBl. I S. 1554) in der Fassung des Artikels 25 des Gesetzes vom 19. Dezember 2000 (BGBl. I S. 1790) ist erstmals auf im Kalenderjahr 2002 geleistete Zahlungen anzuwenden.

§ 5[3] Zeitpunkt der Einführung des steuerlichen Identifikationsmerkmals. [1] Das Bundesministerium der Finanzen bestimmt durch Rechtsverordnung mit Zustimmung des Bundesrates den Zeitpunkt der Einführung des Identifikationsmerkmals nach § 139a Abs. 1 der Abgabenordnung. [2] Die Festlegung der Zeitpunkte für die ausschließliche Verwendung des Identifikationsmerkmals im Bereich der Einfuhr- und Ausfuhrabgaben sowie der Verbrauchsteuern bedarf nicht der Zustimmung des Bundesrates.

§ 6[4] Zahlungszeitpunkt bei Scheckzahlung. § 224 Abs. 2 Nr. 1 der Abgabenordnung in der Fassung des Artikels 10 des Gesetzes vom 13. Dezember 2006 (BGBl. I S. 2878) gilt erstmals, wenn ein Scheck nach dem 31. Dezember 2006 bei der Finanzbehörde eingegangen ist.

---

[1] Art. 97 § 3 Abs. 2 aufgeh. durch G v. 17.12.1982 (BGBl. I S. 1777).
[2] Art. 97 § 4 eingef. durch G v. 19.12.2000 (BGBl. I S. 1790).
[3] Art. 97 § 5 eingef. durch G v. 15.12.2003 (BGBl. I S. 2645); Satz 1 geänd. durch G v. 13.12.2006 (BGBl. I S. 2878).
[4] Art. 97 § 6 eingef. durch G v. 13.12.2006 (BGBl. I S. 2878).

§ 7[1] **Missbrauch von rechtlichen Gestaltungsmöglichkeiten.** [1]§ 42 der Abgabenordnung in der Fassung des Artikels 14 des Gesetzes vom 20. Dezember 2007 (BGBl. I S. 3150) ist ab dem 1. Januar 2008 für Kalenderjahre, die nach dem 31. Dezember 2007 beginnen, anzuwenden. [2]Für Kalenderjahre, die vor dem 1. Januar 2008 liegen, ist § 42 der Abgabenordnung in der am 28. Dezember 2007 geltenden Fassung weiterhin anzuwenden.

§ 8 Verspätungszuschlag. (1) [1]Die Vorschriften des § 152 der Abgabenordnung über Verspätungszuschläge sind erstmals auf Steuererklärungen anzuwenden, die nach dem 31. Dezember 1976 einzureichen sind; eine Verlängerung der Steuererklärungsfrist ist hierbei nicht zu berücksichtigen. [2]Im übrigen gilt § 168 Abs. 2 der Reichsabgabenordnung mit der Maßgabe, daß ein nach dem 31. Dezember 1976 festgesetzter Verspätungszuschlag höchstens zehntausend Deutsche Mark betragen darf.

(2)[2] § 152 Abs. 2 Satz 1 der Abgabenordnung in der Fassung des Artikels 17 des Gesetzes vom 22. Dezember 1999 (BGBl. I S. 2601) ist erstmals auf Steuererklärungen anzuwenden, die nach dem 31. Dezember 1999 einzureichen sind; eine Verlängerung der Steuererklärungsfrist ist hierbei nicht zu berücksichtigen.

(3)[3] § 152 Abs. 2 Satz 1 der Abgabenordnung in der Fassung des Artikels 23 des Gesetzes vom 19. Dezember 2000 (BGBl. I S. 1790) ist erstmals auf Steuererklärungen anzuwenden, die Steuern betreffen, die nach dem 31. Dezember 2001 entstehen.

(4)[4] [1]§ 152 der Abgabenordnung in der am 1. Januar 2017 geltenden Fassung ist vorbehaltlich des Satzes 4 erstmals auf Steuererklärungen anzuwenden, die nach dem 31. Dezember 2018 einzureichen sind. [2]Eine Verlängerung der Steuererklärungsfrist ist hierbei nicht zu berücksichtigen. [3]§ 152 der Abgabenordnung in der am 31. Dezember 2016 geltenden Fassung ist weiterhin anzuwenden auf

1. Steuererklärungen, die vor dem 1. Januar 2019 einzureichen sind, und

2. Umsatzsteuererklärungen für den kürzeren Besteuerungszeitraum nach § 18 Absatz 3 Satz 1 und 2 des Umsatzsteuergesetzes[5], wenn die gewerbliche oder berufliche Tätigkeit im Laufe des Kalenderjahres 2018 endet.

[4]Das Bundesministerium der Finanzen wird ermächtigt, mit Zustimmung des Bundesrates durch Rechtsverordnung einen abweichenden erstmaligen Anwendungszeitpunkt zu bestimmen, wenn bis zum 30. Juni 2018 erkennbar ist, dass die technischen oder organisatorischen Voraussetzungen für eine Anwendung des § 152 der Abgabenordnung in der am 1. Januar 2017 geltenden Fassung noch nicht erfüllt sind.

(5)[6] § 152 Absatz 2 der Abgabenordnung ist nicht auf Steuererklärungen zur gesonderten Feststellung des Grundsteuerwerts auf den 1. Januar 2022 anzuwenden.

---

[1] Art. 97 § 7 eingef. durch G v. 20.12.2007 (BGBl. I S. 3150).

[2] Art. 97 § 8 Abs. 2 angef. durch G v. 22.12.1999 (BGBl. I S. 2601).

[3] Art. 97 § 8 Abs. 3 angef. durch G v. 19.12.2000 (BGBl. I S. 1790).

[4] Art. 97 § 8 Abs. 4 angef. durch G v. 18.7.2016 (BGBl. I S. 1679).

[5] dtv 5546 USt Nr. 1.

[6] Art. 97 § 8 Abs. 5 angef. durch G v. 26.11.2019 (BGBl. I S. 1794); in Kraft ab **1.1.2022**.

(5) [1)2)] [1] § 152 Absatz 3 Nummer 4 und Absatz 8 Satz 1 der Abgabenordnung in der am 29. Dezember 2020 geltenden Fassung ist auf Versicherung- und Feuerschutzsteuer erstmals anzuwenden, soweit diese nach dem 31. Dezember 2020 anzumelden ist. [2] Hinsichtlich anderer Steuern ist § 152 Absatz 3 Nummer 4 und Absatz 8 Satz 1 der Abgabenordnung in der am 29. Dezember 2020 geltenden Fassung in allen offenen Fällen anzuwenden.

§ 9 Aufhebung und Änderung von Verwaltungsakten. (1) [1] Die Vorschriften der Abgabenordnung über die Aufhebung und Änderung von Verwaltungsakten sind erstmals anzuwenden, wenn nach dem 31. Dezember 1976 ein Verwaltungsakt aufgehoben oder geändert wird. [2] Dies gilt auch dann, wenn der aufzuhebende oder zu ändernde Verwaltungsakt vor dem 1. Januar 1977 erlassen worden ist. [3] Auf vorläufige Steuerbescheide nach § 100 Abs. 1 der Reichsabgabenordnung ist § 165 Abs. 2 der Abgabenordnung, auf Steuerbescheide nach § 100 Abs. 2 der Reichsabgabenordnung und § 28 des Erbschaftsteuergesetzes in der vor dem 1. Januar 1974 geltenden Fassung ist § 164 Abs. 2 und 3 der Abgabenordnung anzuwenden.

(2)[3)] § 173 Abs. 1 der Abgabenordnung in der Fassung des Steuerbereinigungsgesetzes 1986 vom 19. Dezember 1985 (BGBl. I S. 2436) gilt weiter, soweit Tatsachen oder Beweismittel vor dem 1. Januar 1994 nachträglich bekannt geworden sind.

(3)[4)] [1] § 175 Abs. 2 Satz 2 der Abgabenordnung in der Fassung des Artikels 8 des Gesetzes vom 9. Dezember 2004 (BGBl. I S. 3310) ist erstmals anzuwenden, wenn die Bescheinigung oder Bestätigung nach dem 28. Oktober 2004 vorgelegt oder erteilt wird. [2] § 175 Abs. 2 Satz 2 der Abgabenordnung in der in Satz 1 genannten Fassung ist nicht für die Bescheinigung der anrechenbaren Körperschaftsteuer bei verdeckten Gewinnausschüttungen anzuwenden.

(4)[5)] § 173a der Abgabenordnung in der am 1. Januar 2017 geltenden Fassung ist erstmals auf Verwaltungsakte anzuwenden, die nach dem 31. Dezember 2016 erlassen worden sind.

(5)[6)] Wurde eine Lebenspartnerschaft bis zum 31. Dezember 2019 gemäß § 20a des Lebenspartnerschaftsgesetzes in eine Ehe umgewandelt, sind § 175 Absatz 1 Satz 1 Nummer 2 und Satz 2 sowie § 233a Absatz 2a der Abgabenordnung entsprechend anzuwenden, soweit die Ehegatten bis zum 31. Dezember 2020 den Erlass, die Aufhebung oder Änderung eines Steuerbescheids zur nachträglichen Berücksichtigung an eine Ehe anknüpfender und bislang nicht berücksichtigter Rechtsfolgen beantragt haben.

§ 9a[7)] Absehen von Steuerfestsetzung, Abrundung. (1) [1] Die Vorschriften der Kleinbetragsverordnung vom 10. Dezember 1980 (BGBl. I S. 2255) in der Fassung des Artikels 26 des Gesetzes vom 19. Dezember 2000 (BGBl. I S. 1790) sind auf Steuern anzuwenden, die nach dem 31. Dezember 2001 entstehen. [2] Im Übrigen bleiben die Vorschriften der Kleinbetragsverordnung

---

[1)] Art. 97 § 8 Abs. 5 angef. durch G v. 21.12.2020 (BGBl. I S. 3096).
[2)] Absatzzählung amtlich.
[3)] Art. 97 § 9 Abs. 2 angef. durch G v. 21.12.1993 (BGBl. I S. 2310).
[4)] Art. 97 § 9 Abs. 3 angef. durch G v. 9.12.2004 (BGBl. I S. 3310).
[5)] Art. 97 § 9 Abs. 4 angef. durch G v. 18.7.2016 (BGBl. I S. 1679).
[6)] Art. 97 § 9 Abs. 5 angef. durch G v. 11.12.2018 (BGBl. I S. 2338).
[7)] Art. 97 § 9a eingef. durch G v. 19.12.2000 (BGBl. I S. 1790).

in der bis zum 31. Dezember 2001 geltenden Fassung vorbehaltlich des Absatzes 2 weiter anwendbar.

(2) § 8 Abs. 1 Satz 1 der Kleinbetragsverordnung vom 10. Dezember 1980 (BGBl. S. 2255) in der bis zum 31. Dezember 2001 geltenden Fassung ist auf Zinsen letztmals anzuwenden, wenn die Zinsen vor dem 1. Januar 2002 festgesetzt werden.

(3)[1] [1]Die Vorschriften der Kleinbetragsverordnung vom 19. Dezember 2000 (BGBl. I S. 1790, 1805) in der am 1. Januar 2017 geltenden Fassung sind auf Steuern anzuwenden, die nach dem 31. Dezember 2016 entstehen. [2]Für Steuern, die vor dem 1. Januar 2017 entstehen, sind die Vorschriften der Kleinbetragsverordnung in der am 31. Dezember 2016 geltenden Fassung weiter anzuwenden.

§ 10 Festsetzungsverjährung. (1) [1]Die Vorschriften der Abgabenordnung über die Festsetzungsverjährung gelten erstmals für die Festsetzung sowie für die Aufhebung und Änderung der Festsetzung von Steuern, Steuervergütungen und – soweit für steuerliche Nebenleistungen eine Festsetzungsverjährung vorgesehen ist – von steuerlichen Nebenleistungen, die nach dem 31. Dezember 1976 entstehen. [2]Für vorher entstandene Ansprüche gelten die Vorschriften der Reichsabgabenordnung über die Verjährung und über die Ausschlußfristen weiter, soweit sie für die Festsetzung einer Steuer, Steuervergütung oder steuerlichen Nebenleistung, für die Aufhebung oder Änderung einer solchen Festsetzung oder für die Geltendmachung von Erstattungsansprüchen von Bedeutung sind; § 14 Abs. 2 dieses Artikels bleibt unberührt.

(2)[2] [1]Absatz 1 gilt sinngemäß für die gesonderte Feststellung von Besteuerungsgrundlagen sowie für die Festsetzung, Zerlegung und Zuteilung von Steuermeßbeträgen. [2]Bei der Einheitsbewertung tritt an die Stelle des Zeitpunkts der Entstehung des Steueranspruchs der Zeitpunkt, auf den die Hauptfeststellung, die Fortschreibung, die Nachfeststellung oder die Aufhebung eines Einheitswertes vorzunehmen ist. [3]Satz 2 ist letztmals anzuwenden für gesonderte Feststellungen auf den 1. Januar 2024.

(3)[3] Wenn die Schlußbesprechung oder die letzten Ermittlungen vor dem 1. Januar 1987 stattgefunden haben, beginnt der nach § 171 Abs. 4 Satz 3 der Abgabenordnung zu berechnende Zeitraum am 1. Januar 1987.

(4)[4] Die Vorschrift des § 171 Abs. 14 der Abgabenordnung gilt für alle bei Inkrafttreten[5] des Steuerbereinigungsgesetzes 1986 noch nicht abgelaufenen Festsetzungsfristen.

(5)[6] § 170 Abs. 2 Satz 1 Nr. 1, Abs. 3 und 4, § 171 Abs. 3 Satz 1 und Abs. 8 Satz 2, § 175a Satz 2, § 181 Abs. 1 Satz 3 und Abs. 3 sowie § 239 Abs. 1 der Abgabenordnung in der Fassung des Artikels 26 des Gesetzes vom 21. Dezember 1993 (BGBl. I S. 2310) gelten für alle bei Inkrafttreten[7] dieses Gesetzes noch nicht abgelaufenen Festsetzungsfristen.

---

[1] Art. 97 § 9a Abs. 3 angef. durch G v. 18.7.2016 (BGBl. I S. 1679).
[2] Art. 97 § 10 Abs. 2 Satz 3 angef. durch G v. 26.11.2019 (BGBl. I S. 1794); Satz 3 in Kraft ab **1.1. 2025**.
[3] Art. 97 § 10 Abs. 3 angef. durch G v. 19.12.1985 (BGBl. I S. 2436).
[4] Art. 97 § 10 Abs. 4 angef. durch G v. 19.12.1985 (BGBl. I S. 2436).
[5] In Kraft ab 25.12.1985.
[6] Art. 97 § 10 Abs. 5 angef. durch G v. 21.12.1993 (BGBl. I S. 2310).
[7] In Kraft ab 30.12.1993.

(6)[1] *(aufgehoben)*

(7)[2] § 171 Abs. 10 der Abgabenordnung in der Fassung des Gesetzes vom 20. Dezember 1996 (BGBl. I S. 2049) gilt für alle bei Inkrafttreten[3] dieses Gesetzes noch nicht abgelaufenen Festsetzungsfristen.

(8)[4] § 171 Abs. 10 Satz 2 der Abgabenordnung in der Fassung des Artikels 5 des Gesetzes vom 23. Juni 1998 (BGBl. I S. 1496) gilt für alle bei Inkrafttreten[5] dieses Gesetzes noch nicht abgelaufenen Festsetzungsfristen.

(9)[6] § 170 Abs. 2 Satz 2 und § 171 Abs. 3 und 3a der Abgabenordnung in der Fassung des Artikels 17 des Gesetzes vom 22. Dezember 1999 (BGBl. I S. 2601) gelten für alle bei Inkrafttreten[7] dieses Gesetzes noch nicht abgelaufenen Festsetzungsfristen.

(10)[8] § 170 Absatz 2 Satz 2 der Abgabenordnung in der Fassung des Artikels 9 des Gesetzes vom 8. Dezember 2010 (BGBl. I S. 1768) gilt für die Energiesteuer auf Erdgas für alle am 14. Dezember 2010 noch nicht abgelaufenen Festsetzungsfristen.

(11)[9] § 171 Absatz 15 der Abgabenordnung in der Fassung des Artikels 11 des Gesetzes vom 26. Juni 2013 (BGBl. I S. 1809) gilt für alle am 30. Juni 2013 noch nicht abgelaufenen Festsetzungsfristen.

(12)[10] § 171 Absatz 10 Satz 2 der Abgabenordnung in der Fassung des Artikels 1 des Gesetzes vom 22. Dezember 2014 (BGBl. I S. 2417) gilt für alle am 31. Dezember 2014 noch nicht abgelaufenen Festsetzungsfristen.

(13)[11] § 170 Absatz 6 der Abgabenordnung in der Fassung des Artikels 1 des Gesetzes vom 22. Dezember 2014 (BGBl. I S. 2415) gilt für alle nach dem 31. Dezember 2014 beginnenden Festsetzungsfristen.

(14)[12] § 171 Absatz 2 Satz 2 und Absatz 10 Satz 1 bis 3 der Abgabenordnung in der am 1. Januar 2017 geltenden Fassung gilt für alle am 31. Dezember 2016 noch nicht abgelaufenen Festsetzungsfristen.

(15)[13] § 170 Absatz 7 der Abgabenordnung in der am 25. Juni 2017 geltenden Fassung gilt für alle nach dem 31. Dezember 2017 beginnenden Festsetzungsfristen.

§ 10a[14] **Erklärungspflicht.** (1)[15] § 150 Abs. 7 der Abgabenordnung in der Fassung des Artikels 3 des Gesetzes vom 1. November 2011 (BGBl. I S. 2131) ist erstmals für Besteuerungszeiträume anzuwenden, die nach dem 31. Dezember 2010 beginnen.

---

[1] Art. 97 § 10 Abs. 6 aufgeh. durch G v. 22.12.1999 (BGBl. I S. 2601).
[2] Art. 97 § 10 Abs. 7 angef. durch G v. 20.12.1996 (BGBl. I S. 2049).
[3] In Kraft ab 28.12.1996.
[4] Art. 97 § 10 Abs. 8 angef. durch G v. 23.6.1998 (BGBl. I S. 1496).
[5] In Kraft ab 27.6.1998.
[6] Art. 97 § 10 Abs. 9 angef. durch G v. 22.12.1999 (BGBl. I S. 2601).
[7] In Kraft ab 30.12.1999.
[8] Art. 97 § 10 Abs. 10 angef. durch G v. 8.12.2010 (BGBl. I S. 1768).
[9] Art. 97 § 10 Abs. 11 angef. durch G v. 26.6.2013 (BGBl. I S. 1809).
[10] Art. 97 § 10 Abs. 12 angef. durch G v. 22.12.2014 (BGBl. I S. 2417).
[11] Art. 97 § 10 Abs. 13 angef. durch G v. 22.12.2014 (BGBl. I S. 2415).
[12] Art. 97 § 10 Abs. 14 angef. durch G v. 18.7.2016 (BGBl. I S. 1679).
[13] Art. 97 § 10 Abs. 15 angef. durch G v. 23.6.2017 (BGBl. I S. 1682).
[14] Art. 97 § 10a neu gef. durch G v. 20.12.2008 (BGBl. I S. 2850).
[15] Art. 97 § 10a Abs. 1 geänd. durch G v. 1.11.2011 (BGBl. I S. 2131).

(2) § 181 Abs. 2a der Abgabenordnung in der Fassung des Artikels 10 des Gesetzes vom 20. Dezember 2008 (BGBl. I S. 2850 ist erstmals für Feststellungszeiträume anzuwenden, die nach dem 31. Dezember 2010 beginnen.

(3)[1] § 149 Absatz 2 Satz 2 der Abgabenordnung in der Fassung des Artikels 3 des Gesetzes vom 1. November 2011 (BGBl. I S. 2131) ist erstmals für Besteuerungszeiträume anzuwenden, die nach dem 31. Dezember 2009 beginnen.

(4)[2] [1]Die §§ 109 und 149 der Abgabenordnung in der am 1. Januar 2017 geltenden Fassung sind erstmals anzuwenden für Besteuerungszeiträume, die nach dem 31. Dezember 2017 beginnen, und Besteuerungszeitpunkte, die nach dem 31. Dezember 2017 liegen. [2]§ 150 Absatz 7 der Abgabenordnung in der am 1. Januar 2017 geltenden Fassung ist erstmals anzuwenden für Besteuerungszeiträume, die nach dem 31. Dezember 2016 beginnen, und Besteuerungszeitpunkte, die nach dem 31. Dezember 2016 liegen. [3]§ 8 Absatz 4 Satz 3 und 4 ist entsprechend anzuwenden.

§ 10b[3] Gesonderte Feststellungen. [1]§ 180 Abs. 1 Nr. 2 Buchstabe a, Abs. 4 und Abs. 5 der Abgabenordnung in der Fassung des Artikels 26 des Gesetzes vom 21. Dezember 1993 (BGBl. I S. 2310) ist erstmals auf Feststellungszeiträume anzuwenden, die nach dem 31. Dezember 1994 beginnen. [2]§ 180 Absatz 1 Satz 2 der Abgabenordnung in der Fassung des Artikels 1 des Gesetzes vom 22. Dezember 2014 (BGBl. I S. 2417) ist erstmals auf Feststellungszeiträume anzuwenden, die nach dem 31. Dezember 2014 beginnen. [3]§ 180 Absatz 1 Satz 1 Nummer 1, *§ 183*[4] Absatz 3 Satz 1 und 2 und Absatz 4, § 182 Absatz 2 Satz 1 und § 183 Absatz 4 der Abgabenordnung in der am 1. Januar 2025 geltenden Fassung sind erstmals auf Feststellungszeitpunkte nach dem 31. Dezember 2024 anzuwenden.

§ 10c[5] Billigkeitsmaßnahmen bei der Festsetzung des Gewerbesteuermessbetrags. § 184 Absatz 2 der Abgabenordnung in der Fassung des Artikels 1 des Gesetzes vom 22. Dezember 2014 (BGBl. I S. 2417) ist auch für nach dem 31. Dezember 2014 getroffene Maßnahmen nach § 163 Absatz 1 Satz 1 der Abgabenordnung anzuwenden, die Besteuerungszeiträume betreffen, die vor dem 1. Januar 2015 abgelaufen sind.

§ 11 Haftung. (1) Die Vorschriften der §§ 69 bis 76 und 191 Abs. 3 bis 5 der Abgabenordnung sind anzuwenden, wenn der haftungsbegründende Tatbestand nach dem 31. Dezember 1976 verwirklicht worden ist.

(2)[6] Die Vorschriften der Abgabenordnung über die Haftung sind in der Fassung des Steuerbereinigungsgesetzes 1986 anzuwenden, wenn der haftungs-

---

[1] Art. 97 § 10a Abs. 3 angef. durch G v. 1.11.2011 (BGBl. I S. 2131).
[2] Art. 97 § 10a Abs. 4 angef. durch G v. 18.7.2016 (BGBl. I S. 1679); Satz 3 neu gef. durch G v. 23.6.2017 (BGBl. I S. 1682).
[3] Art. 97 § 10b eingef. durch G v. 21.12.1993 (BGBl. I S. 2310); Satz 2 angef. durch G v. 22.12. 2014 (BGBl. I S. 2417); Satz 3 angef. durch G v. 26.11.2019 (BGBl. I S. 1794); Satz 3 in Kraft ab **1.1. 2025**.
[4] Richtig wohl: „§ 181".
[5] Art. 97 § 10c eingef. durch G v. 22.12.2014 (BGBl. I S. 2417); geänd. durch G v. 18.7.2016 (BGBl. I S. 1679).
[6] Art. 97 § 11 Abs. 2 angef. durch G v. 19.12.1985 (BGBl. I S. 2436).

begründende Tatbestand nach dem 31. Dezember 1986 verwirklicht worden ist.

(3)[1] § 71 der Abgabenordnung in der am 1. Januar 2017 geltenden Fassung ist erstmals anzuwenden, wenn der haftungsbegründende Tatbestand nach dem 31. Dezember 2016 verwirklicht worden ist.

(4)[2] [1] § 73 der Abgabenordnung in der am 18. Dezember 2019 geltenden Fassung ist erstmals anzuwenden, wenn der haftungsbegründende Tatbestand nach dem 17. Dezember 2019 verwirklicht worden ist. [2] Haftungsbegründender Tatbestand im Sinne des Satzes 1 ist die Entstehung der Steuerschuld oder des Anspruchs auf Erstattung einer Steuervergütung.

§ 11a[3] Insolvenzverfahren.

[1] In einem Insolvenzverfahren, das nach dem 31. Dezember 1998 beantragt wird, gelten § 75 Abs. 2, § 171 Abs. 12 und 13, § 231 Abs. 1 Satz 1 und Abs. 2 Satz 1, § 251 Abs. 2 Satz 1 und Abs. 3, §§ 266, 282 Abs. 2 und § 284 Abs. 2 Satz 1 der Abgabenordnung in der Fassung des Artikels 9 des Gesetzes vom 19. Dezember 1998 (BGBl. I S. 3836) sowie § 251 Abs. 2 Satz 2 der Abgabenordnung in der Fassung des Artikels 17 des Gesetzes vom 22. Dezember 1999 (BGBl. I S. 2601) auch für Rechtsverhältnisse und Rechte, die vor dem 1. Januar 1999 begründet worden sind. [2] Auf Konkurs-, Vergleichs- und Gesamtvollstreckungsverfahren, die vor dem 1. Januar 1999 beantragt worden sind, und deren Wirkungen sind weiter die bisherigen gesetzlichen Vorschriften anzuwenden; gleiches gilt für Anschlußkonkursverfahren, bei denen der dem Verfahren vorausgehende Vergleichsantrag vor dem 1. Januar 1999 gestellt worden ist.

§ 11b[4] Anfechtung außerhalb des Insolvenzverfahrens.

[1] § 191 Abs. 1 Satz 2 der Abgabenordnung in der Fassung des Artikels 17 des Gesetzes vom 22. Dezember 1999 (BGBl. I S. 2601) ist mit Wirkung vom 1. Januar 1999 anzuwenden. [2] § 20 Abs. 2 Satz 2 des Anfechtungsgesetzes vom 5. Oktober 1994 (BGBl. I S. 2911) ist mit der Maßgabe anzuwenden, dass der Erlass eines Duldungsbescheides vor dem 1. Januar 1999 der gerichtlichen Geltendmachung vor dem 1. Januar 1999 gleichsteht.

§ 12 Verbindliche Zusagen auf Grund einer Außenprüfung.

Die Vorschriften der Abgabenordnung über verbindliche Zusagen auf Grund einer Außenprüfung (§§ 204 bis 207) sind anzuwenden, wenn die Schlußbesprechung nach dem 31. Dezember 1976 stattfindet oder, falls eine solche nicht erforderlich ist, wenn dem Steuerpflichtigen der Prüfungsbericht nach dem 31. Dezember 1976 zugegangen ist.

§ 13 Sicherungsgeld.

[1] Die Vorschriften des § 203 der Reichsabgabenordnung sind auch nach dem 31. Dezember 1976 anzuwenden, soweit die dort genannten besonderen Bedingungen vor dem 1. Januar 1977 nicht eingehalten

---

[1] Art. 97 § 11 Abs. 3 angef. durch G v. 18.7.2016 (BGBl. I S. 1679).
[2] Art. 97 § 11 Abs. 4 angef. durch G v. 12.12.2019 (BGBl. I S. 2451); Satz 2 angef. durch G v. 21.12.2020 (BGBl. I S. 3096).
[3] Art. 97 § 11a eingef. durch G v. 19.12.1998 (BGBl. I S. 3836); Satz 1 neu gef. durch G v. 22.12.1999 (BGBl. I S. 2601).
[4] Art. 97 § 11b eingef. durch G v. 22.12.1999 (BGBl. I S. 2601).

wurden. [2] Auf die Verwaltungsakte, die ein Sicherungsgeld festsetzen, ist § 100 Abs. 2 der Finanzgerichtsordnung[1] nicht anzuwenden.

§ 13a[2] Änderung widerstreitender Abrechnungsbescheide und Anrechnungsverfügungen. § 218 Absatz 3 der Abgabenordnung in der Fassung des Artikels 1 des Gesetzes vom 22. Dezember 2014 (BGBl. I S. 2417) gilt ab dem 31. Dezember 2014 auch für Abrechnungsbescheide und Anrechnungsverfügungen, die vor dem 31. Dezember 2014 erlassen worden sind.

§ 14 Zahlungsverjährung. (1) Die Vorschriften der Abgabenordnung über die Zahlungsverjährung gelten für alle Ansprüche im Sinne des § 228 Satz 1 der Abgabenordnung, deren Verjährung nach § 229 der Abgabenordnung nach dem 31. Dezember 1976 beginnt.

(2) [1] Liegen die Voraussetzungen des Absatzes 1 nicht vor, so gelten für die Ansprüche weiterhin die bisherigen Vorschriften über Verjährung und Ausschlußfristen. [2] Die Verjährung wird jedoch ab 1. Januar 1977 nur noch nach den §§ 230 und 231 der Abgabenordnung gehemmt und unterbrochen. [3] Auf die nach § 231 Abs. 3 der Abgabenordnung beginnende neue Verjährungsfrist sind die §§ 228 bis 232 der Abgabenordnung anzuwenden.

(3)[3] § 229 Abs. 1 Satz 2 der Abgabenordnung in der Fassung des Artikels 26 des Gesetzes vom 21. Dezember 1993 (BGBl. I S. 2310) gilt für alle bei Inkrafttreten[4] dieses Gesetzes noch nicht abgelaufenen Verjährungsfristen.

(4)[5] § 231 Abs. 1 Satz 1 und Abs. 2 Satz 1 der Abgabenordnung in der Fassung des Artikels 17 des Gesetzes vom 22. Dezember 1999 (BGBl. I S. 2601) gilt für alle bei Inkrafttreten[6] dieses Gesetzes noch nicht abgelaufenen Verjährungsfristen.

(5)[7] § 228 Satz 2 sowie § 231 Absatz 1 Satz 1 und Absatz 2 Satz 1 der Abgabenordnung in der am 25. Juni 2017 geltenden Fassung gelten für alle am 24. Juni 2017 noch nicht abgelaufenen Verjährungsfristen.

§ 15 Zinsen. (1)[8] [1] Zinsen entstehen für die Zeit nach dem 31. Dezember 1976 nach den Vorschriften der Abgabenordnung. [2] Aussetzungszinsen entstehen nach § 237 der Abgabenordnung in der Fassung des Steuerbereinigungsgesetzes 1986 auch, soweit der Zinslauf vor dem 1. Januar 1987 begonnen hat.

(2) Ist eine Steuer über den 31. Dezember 1976 hinaus zinslos gestundet worden, so gilt dies als Verzicht auf Zinsen im Sinne des § 234 Abs. 2 der Abgabenordnung.

(3) Die Vorschriften des § 239 Abs. 1 der Abgabenordnung über die Festsetzungsfrist gelten in allen Fällen, in denen die Festsetzungsfrist auf Grund dieser Vorschrift nach dem 31. Dezember 1977 beginnt.

---

[1] Nr. 2.
[2] Art. 97 § 13a eingef. durch G v. 22.12.2014 (BGBl. I S. 2417).
[3] Art. 97 § 14 Abs. 3 angef. durch G v. 21.12.1993 (BGBl. I S. 2310).
[4] In Kraft ab 30.12.1993.
[5] Art. 97 § 14 Abs. 4 angef. durch G v. 22.12.1999 (BGBl. I S. 2601).
[6] In Kraft ab 30.12.1999.
[7] Art. 97 § 14 Abs. 5 angef. durch G v. 23.6.2017 (BGBl. I S. 1682).
[8] Art. 97 § 15 Abs. 1 Satz 2 angef. durch G v. 19.12.1985 (BGBl. I S. 2436).

(4)[1] Die Vorschriften der §§ 233a, 235, 236 und 239 der Abgabenordnung in der Fassung von Artikel 15 Nr. 3 bis 5 und 7 des Steuerreformgesetzes 1990 vom 25. Juli 1988 (BGBl. I S. 1093) und Artikel 9 des Wohnungsbauförderungsgesetzes vom 22. Dezember 1989 (BGBl. I S. 2408) gelten für alle Steuern, die nach dem 31. Dezember 1988 entstehen.

(5)[2] § 233a Abs. 2 Satz 3 der Abgabenordnung in der Fassung des Artikels 4 Nr. 1 des Gesetzes vom 24. Juni 1994 (BGBl. I S. 1395) gilt in allen Fällen, in denen Zinsen nach dem 31. Dezember 1993 festgesetzt werden.

(6)[3] § 233a Abs. 5 und §§ 234 bis 237 der Abgabenordnung in der Fassung des Artikels 26 des Gesetzes vom 21. Dezember 1993 (BGBl. I S. 2310) gelten in allen Fällen, in denen die Steuerfestsetzung nach Inkrafttreten[4] dieses Gesetzes aufgehoben, geändert oder nach § 129 der Abgabenordnung berichtigt wird.

(7)[5] *(aufgehoben)*

(8)[6] § 233a Abs. 2a der Abgabenordnung in der Fassung des Gesetzes vom 20. Dezember 1996 (BGBl. I S. 2049) gilt in allen Fällen, in denen der Verlust nach dem 31. Dezember 1995 entstanden oder das rückwirkende Ereignis nach dem 31. Dezember 1995 eingetreten ist.

(9)[7] § 233a Abs. 2 Satz 3 der Abgabenordnung in der Fassung des Artikels 17 des Gesetzes vom 22. Dezember 1999 (BGBl. I S. 2601) gilt für alle Steuern, die nach dem 31. Dezember 1993 entstehen.

(10)[8] § 238 Abs. 2 und § 239 Abs. 2 der Abgabenordnung in der Fassung des Artikels 23 Nr. 7 und 8 des Gesetzes vom 19. Dezember 2000 (BGBl. I S. 1790) gilt in allen Fällen, in denen Zinsen nach dem 31. Dezember 2001 festgesetzt werden.

(11)[9] § 233a Absatz 2 Satz 2 der Abgabenordnung in der Fassung des Artikels 3 des Gesetzes vom 1. November 2011 (BGBl. I S. 2131) gilt für alle Steuern, die nach dem 31. Dezember 2009 entstehen.

(12)[10] ¹§ 239 Absatz 3 der Abgabenordnung in der am 1. Januar 2017 geltenden Fassung ist erstmals auf Feststellungszeiträume anzuwenden, die nach dem 31. Dezember 2016 beginnen. ²§ 239 Absatz 4 der Abgabenordnung in der am 1. Januar 2017 geltenden Fassung ist erstmals auf Zinsbescheide anzuwenden, die nach dem 31. Dezember 2016 erlassen worden sind.

§ 16 Säumniszuschläge. (1) Die Vorschriften des § 240 der Abgabenordnung über Säumniszuschläge sind erstmals auf Säumniszuschläge anzuwenden, die nach dem 31. Dezember 1976 verwirkt werden.

---

[1] Art. 97 § 15 Abs. 4 angef. durch G v. 25.7.1988 (BGBl. I S. 1093); geänd. durch G v. 20.12.1988 (BGBl. I S. 2262); geänd. durch G v. 22.12.1989 (BGBl. I S. 2408).
[2] Art. 97 § 15 Abs. 5 neu gef. durch G v. 24.6.1994 (BGBl. I S. 1395).
[3] Art. 97 § 15 Abs. 6 angef. durch G v. 21.12.1993 (BGBl. I S. 2310).
[4] In Kraft ab 30.12.1993.
[5] Art. 97 § 15 Abs. 7 aufgeh. durch G v. 22.12.1999 (BGBl. I S. 2601).
[6] Art. 97 § 15 Abs. 8 angef. durch G v. 20.12.1996 (BGBl. I S. 2049).
[7] Art. 97 § 15 Abs. 9 angef. durch G v. 22.12.1999 (BGBl. I S. 2601).
[8] Art. 97 § 15 Abs. 10 angef. durch G v. 19.12.2000 (BGBl. I S. 1790).
[9] Art. 97 § 15 Abs. 11 angef. durch G v. 1.11.2011 (BGBl. I S. 2131).
[10] Art. 97 § 15 Abs. 12 angef. durch G v. 18.7.2016 (BGBl. I S. 1679).

(2) Bis zum 31. Dezember 1980 gilt für die Anwendung des § 240 der Abgabenordnung bei den Finanzämtern, die von den obersten Finanzbehörden der Länder dazu bestimmt sind, Rationalisierungsversuche im Erhebungsverfahren durchzuführen, folgendes:

1. [1] Abweichend von § 240 Abs. 1 der Abgabenordnung tritt bei der Einkommensteuer, der Körperschaftsteuer, der Gewerbesteuer, der Vermögensteuer, der Grundsteuer, der Vermögensabgabe, der Kreditgewinnabgabe und der Umsatzsteuer für die Verwirkung des Säumniszuschlages an die Stelle des Fälligkeitstages jeweils der auf diesen folgende 20. eines Monats. [2] § 240 Abs. 3 der Abgabenordnung gilt nicht.

2. Werden bei derselben Steuerart innerhalb eines Jahres Zahlungen wiederholt nach Ablauf des Fälligkeitstages entrichtet, so kann der Säumniszuschlag vom Ablauf des Fälligkeitstages an erhoben werden; dabei bleibt § 240 Abs. 3 der Abgabenordnung unberührt.

3. Für die Berechnung des Säumniszuschlages wird der rückständige Betrag jeder Steuerart zusammengerechnet und auf volle hundert Deutsche Mark nach unten abgerundet.

(3)[1] Die Vorschrift des § 240 Abs. 3 der Abgabenordnung in der Fassung des Artikels 17 des Gesetzes vom 23. Juni 1993 (BGBl. I S. 944) ist erstmals auf Säumniszuschläge anzuwenden, die nach dem 31. Dezember 1993 verwirkt werden.

(4)[2] § 240 Abs. 1 der Abgabenordnung in der Fassung des Artikels 5 des Gesetzes vom 23. Juni 1998 (BGBl. I S. 1496) ist erstmals auf Säumniszuschläge anzuwenden, die nach dem 31. Juli 1998 entstehen.

(5)[3] § 240 Abs. 1 Satz 1 der Abgabenordnung in der Fassung von Artikel 23 Nr. 9 des Gesetzes vom 19. Dezember 2000 (BGBl. I S. 1790) gilt erstmals für Säumniszuschläge, die nach dem 31. Dezember 2001 entstehen.

(6)[4] § 240 Abs. 3 Satz 1 der Abgabenordnung in der Fassung des Artikels 8 des Gesetzes vom 15. Dezember 2003 (BGBl. I S. 2645) gilt erstmals, wenn die Steuer, die zurückzuzahlende Steuervergütung oder die Haftungsschuld nach dem 31. Dezember 2003 fällig geworden ist.

§ 17 Angabe des Schuldgrundes. [1] Für die Anwendung des § 260 der Abgabenordnung auf Ansprüche, die bis zum 31. Dezember 1980 entstanden sind, gilt folgendes:
[2] Hat die Vollstreckungsbehörde den Vollstreckungsschuldner durch Kontoauszüge über Entstehung, Fälligkeit und Tilgung seiner Schulden fortlaufend unterrichtet, so genügt es, wenn die Vollstreckungsbehörde die Art der Abgabe und die Höhe des beizutreibenden Betrages angibt und auf den Kontoauszug Bezug nimmt, der den Rückstand ausweist.

§ 17a[5] Kosten der Vollstreckung. Die Höhe der Gebühren und Auslagen im Vollstreckungsverfahren richtet sich nach dem Recht, das in dem Zeitpunkt

---

[1] Art. 97 § 16 Abs. 3 angef. durch G v. 23.6.1993 (BGBl. I S. 944).
[2] Art. 97 § 16 Abs. 4 angef. durch G v. 23.6.1998 (BGBl. I S. 1496).
[3] Art. 97 § 16 Abs. 5 angef. durch G v. 19.12.2000 (BGBl. I S. 1790).
[4] Art. 97 § 16 Abs. 6 angef. durch G v. 15.12.2003 (BGBl. I S. 2645).
[5] Art. 97 § 17a neu gef. durch G v. 22.12.2014 (BGBl. I S. 2417).

gilt, in dem der Tatbestand verwirklicht ist, an den die Abgabenordnung die Entstehung der Gebühr oder der Auslage knüpft.

§ 17b[1] **Eidesstattliche Versicherung.** § 284 Abs. 1 Nr. 3 und 4 der Abgabenordnung in der Fassung des Artikels 2 Abs. 11 Nr. 1 Buchstabe a des Zweiten Gesetzes zur Änderung zwangsvollstreckungsrechtlicher Vorschriften vom 17. Dezember 1997 (BGBl. I S. 3039) gelten nicht für Verfahren, in denen der Vollziehungsbeamte die Vollstreckung vor dem Inkrafttreten[2] dieses Gesetzes versucht hat.

§ 17c[3] **Pfändung fortlaufender Bezüge.** § 313 Abs. 3 der Abgabenordnung in der Fassung des Artikels 2 Abs. 11 Nr. 3 des Zweiten Gesetzes zur Änderung zwangsvollstreckungsrechtlicher Vorschriften vom 17. Dezember 1997 (BGBl. I S. 3039) gilt nicht für Arbeits- und Dienstverhältnisse, die vor Inkrafttreten[2] dieses Gesetzes beendet waren.

§ 17d[4] **Zwangsgeld.** § 329 der Abgabenordnung in der Fassung des Artikels 17 des Gesetzes vom 22. Dezember 1999 (BGBl. I S. 2601) gilt in allen Fällen, in denen ein Zwangsgeld nach dem 31. Dezember 1999 angedroht wird.

§ 17e[5] **Aufteilung einer Gesamtschuld bei Ehegatten oder Lebenspartnern.** (1) Die §§ 270, 273 Absatz 1 und § 279 Absatz 2 Nummer 4 der Abgabenordnung in der Fassung des Artikels 3 des Gesetzes vom 1. November 2011 (BGBl. I S. 2131) sind erstmals für den Veranlagungszeitraum 2013 anzuwenden.

(2)[6] [1] § 269 Absatz 1 der Abgabenordnung in der am 1. Januar 2017 geltenden Fassung ist ab dem 1. Januar 2017 anzuwenden. [2] § 279 Absatz 1 Satz 1 der Abgabenordnung in der am 1. Januar 2017 geltenden Fassung ist erstmals auf Aufteilungsbescheide anzuwenden, die nach dem 31. Dezember 2016 erlassen worden sind; § 8 Absatz 4 Satz 4 gilt entsprechend.

§ 18 Außergerichtliche Rechtsbehelfe. (1) Wird ein Verwaltungsakt angefochten, der vor dem 1. Januar 1977 wirksam geworden ist, bestimmt sich die Zulässigkeit des außergerichtlichen Rechtsbehelfs nach den bisherigen Vorschriften; ist über den Rechtsbehelf nach dem 31. Dezember 1976 zu entscheiden, richtet sich die Art des außergerichtlichen Rechtsbehelfs sowie das weitere Verfahren nach den neuen Vorschriften.

(2) Nach dem 31. Dezember 1976 ist eine Gebühr für einen außergerichtlichen Rechtsbehelf nur noch dann festzusetzen, wenn die Voraussetzungen für die Festsetzung einer Gebühr nach § 256 der Reichsabgabenordnung bereits vor dem 1. Januar 1977 eingetreten waren.

(3)[7] [1] Wird ein Verwaltungsakt angefochten, der vor dem 1. Januar 1996 wirksam geworden ist, bestimmt sich die Zulässigkeit des Rechtsbehelfs nach

---

[1] Art. 97 § 17b eingef. durch G v. 17.12.1997 (BGBl. I S. 3039).
[2] In Kraft ab 1.1.1999.
[3] Art. 97 § 17c eingef. durch G v. 17.12.1997 (BGBl. I S. 3039).
[4] Art. 97 § 17d eingef. durch G v. 22.12.1999 (BGBl. I S. 2601).
[5] Art. 97 § 17e eingef. durch G v. 1.11.2011 (BGBl. I S. 2131); Überschrift geänd. durch G v. 18.7. 2014 (BGBl. I S. 1042).
[6] Art. 97 § 17e Abs. 2 angef. durch G v. 18.7.2016 (BGBl. I S. 1679).
[7] Art. 97 § 18 Abs. 3 angef. durch G v. 24.6.1994 (BGBl. I S. 1395).

den bis zum 31. Dezember 1995 geltenden Vorschriften der Abgabenordnung. ²Ist über den Rechtsbehelf nach dem 31. Dezember 1995 zu entscheiden, richten sich die Art des außergerichtlichen Rechtsbehelfs sowie das weitere Verfahren nach den ab 1. Januar 1996 geltenden Vorschriften der Abgabenordnung.

(4)[1] § 365 Abs. 3 Satz 2 Nr. 1 der Abgabenordnung in der Fassung des Artikels 4 Nr. 11 Buchstabe b des Gesetzes vom 24. Juni 1994 (BGBl. I S. 1395) ist auf berichtigende Verwaltungsakte anzuwenden, die nach dem 31. Dezember 1995 bekanntgegeben werden.

§ 18a[2] Erledigung von Massenrechtsbehelfen und Massenanträgen.

(1) ¹Wurde mit einem vor dem 1. Januar 1995 eingelegten Einspruch die Verfassungswidrigkeit von Normen des Steuerrechts gerügt, derentwegen eine Entscheidung des Bundesverfassungsgerichts aussteht, gilt der Einspruch im Zeitpunkt der Veröffentlichung der Entscheidungsformel im Bundesgesetzblatt (§ 31 Abs. 2 des Gesetzes über das Bundesverfassungsgericht) ohne Einspruchsentscheidung als zurückgewiesen, soweit er nach dem Ausgang des Verfahrens vor dem Bundesverfassungsgericht als unbegründet abzuweisen wäre. ²Abweichend von § 47 Abs. 1 und § 55 der Finanzgerichtsordnung[3] endet die Klagefrist mit Ablauf eines Jahres nach dem Zeitpunkt der Veröffentlichung gemäß Satz 1. ³Die Sätze 1 und 2 sind auch anzuwenden, wenn der Einspruch unzulässig ist.

(2) Absatz 1 gilt für Anträge auf Aufhebung oder Änderung einer Steuerfestsetzung außerhalb des außergerichtlichen Rechtsbehelfsverfahrens sinngemäß.

(3) ¹Die Absätze 1 und 2 sind auch anzuwenden, wenn eine Entscheidung des Bundesverfassungsgerichts vor Inkrafttreten dieses Gesetzes ergangen ist. ²In diesen Fällen endet die Klagefrist mit Ablauf des 31. Dezember 1994.

(4)[4] ¹Wurde mit einem am 31. Dezember 2003 anhängigen Einspruch die Verfassungswidrigkeit der für Veranlagungszeiträume vor 2000 geltenden Regelungen des Einkommensteuergesetzes über die Abziehbarkeit von Kinderbetreuungskosten gerügt, gilt der Einspruch mit Wirkung vom 1. Januar 2004 ohne Einspruchsentscheidung insoweit als zurückgewiesen; dies gilt auch, wenn der Einspruch unzulässig ist. ²Abweichend von § 47 Abs. 1 und § 55 der Finanzgerichtsordnung endet die Klagefrist mit Ablauf des 31. Dezember 2004. ³Die Sätze 1 und 2 gelten nicht, soweit in der angefochtenen Steuerfestsetzung die Kinderbetreuungskosten um die zumutbare Belastung nach § 33 Abs. 3 des Einkommensteuergesetzes[5] gekürzt worden sind.

(5)[4] ¹Wurde mit einem am 31. Dezember 2003 anhängigen und außerhalb eines Einspruchs- oder Klageverfahrens gestellten Antrag auf Aufhebung oder Änderung einer Steuerfestsetzung die Verfassungswidrigkeit der für Veranlagungszeiträume vor 2000 geltenden Regelungen des Einkommensteuergesetzes über die Abziehbarkeit von Kinderbetreuungskosten gerügt, gilt der Antrag mit Wirkung vom 1. Januar 2004 insoweit als zurückgewiesen; dies gilt auch, wenn der Antrag unzulässig ist. ²Abweichend von § 355 Abs. 1 Satz 1 der Abgaben-

---

[1] Art. 97 § 18 Abs. 4 angef. durch G v. 24.6.1994 (BGBl. I S. 1395).
[2] Art. 97 § 18a eingef. durch G v. 21.12.1993 (BGBl. I S. 2310).
[3] Nr. 2.
[4] Art. 97 § 18a Abs. 4 und 5 angef. durch G v. 15.12.2003 (BGBl. I S. 2645).
[5] dtv 5785 ESt/LSt Nr. 1.

ordnung endet die Frist für einen Einspruch gegen die Zurückweisung des Antrags mit Ablauf des 31. Dezember 2004. ³Die Sätze 1 und 2 gelten nicht, soweit in der Steuerfestsetzung, deren Aufhebung oder Änderung beantragt wurde, die Kinderbetreuungskosten um die zumutbare Belastung nach § 33 Abs. 3 des Einkommensteuergesetzes gekürzt worden sind.

(6)¹⁾ ¹Wurde mit einem am 31. Dezember 2003 anhängigen Einspruch die Verfassungswidrigkeit der für Veranlagungszeiträume vor 2002 geltenden Regelungen des Einkommensteuergesetzes über die Abziehbarkeit eines Haushaltsfreibetrages gerügt, gilt der Einspruch mit Wirkung vom 1. Januar 2004 ohne Einspruchsentscheidung insoweit als zurückgewiesen; dies gilt auch, wenn der Einspruch unzulässig ist. ²Abweichend von § 47 Abs. 1 und § 55 der Finanzgerichtsordnung endet die Klagefrist mit Ablauf des 31. Dezember 2004.

(7)¹⁾ ¹Wurde mit einem am 31. Dezember 2003 anhängigen und außerhalb eines Einspruchs- oder Klageverfahrens gestellten Antrag auf Aufhebung oder Änderung einer Steuerfestsetzung die Verfassungswidrigkeit der für Veranlagungszeiträume vor 2002 geltenden Regelungen des Einkommensteuergesetzes über die Abziehbarkeit eines Haushaltsfreibetrages gerügt, gilt der Antrag mit Wirkung vom 1. Januar 2004 insoweit als zurückgewiesen; dies gilt auch, wenn der Antrag unzulässig ist. ²Abweichend von § 355 Abs. 1 Satz 1 der Abgabenordnung endet die Frist für einen Einspruch gegen die Zurückweisung des Antrags mit Ablauf des 31. Dezember 2004.

(8)¹⁾ ¹Wurde mit einem am 31. Dezember 2003 anhängigen Einspruch die Verfassungswidrigkeit der für die Veranlagungszeiträume 1983 bis 1995 geltenden Regelungen des Einkommensteuergesetzes über die Abziehbarkeit eines Kinderfreibetrages gerügt, gilt der Einspruch mit Wirkung vom 1. Januar 2005 ohne Einspruchsentscheidung insoweit als zurückgewiesen, soweit nicht der Einspruchsführer nach dem 31. Dezember 2003 und vor dem 1. Januar 2005 ausdrücklich eine Entscheidung beantragt. ²Der Antrag auf Entscheidung ist schriftlich bei dem für die Besteuerung nach dem Einkommen zuständigen Finanzamt zu stellen. ³Ist nach Einspruchseinlegung ein anderes Finanzamt zuständig geworden, kann der Antrag auf Entscheidung fristwahrend auch bei dem Finanzamt gestellt werden, das den angefochtenen Steuerbescheid erlassen hat; Artikel 97a § 1 Abs. 1 bleibt unberührt. ⁴Die Sätze 1 bis 3 gelten auch, wenn der Einspruch unzulässig ist. ⁵Gilt nach Satz 1 der Einspruch als zurückgewiesen, endet abweichend von § 47 Abs. 1 und § 55 der Finanzgerichtsordnung die Klagefrist mit Ablauf des 31. Dezember 2005. ⁶Satz 1 gilt nicht, soweit eine Neufestsetzung nach § 53 des Einkommensteuergesetzes von der Frage abhängig ist, ob bei der nach dieser Regelung gebotenen Steuerfreistellung auf den Jahressockelbetrag des Kindergeldes oder auf das dem Steuerpflichtigen tatsächlich zustehende Kindergeld abzustellen ist.

(9)¹⁾ ¹Wurde mit einem am 31. Dezember 2003 anhängigen und außerhalb eines Einspruchs- oder Klageverfahrens gestellten Antrag auf Aufhebung oder Änderung einer Steuerfestsetzung die Verfassungswidrigkeit der für die Veranlagungszeiträume 1983 bis 1995 geltenden Regelungen des Einkommensteuergesetzes über die Abziehbarkeit eines Kinderfreibetrages gerügt, gilt der Antrag mit Wirkung vom 1. Januar 2005 insoweit als zurückgewiesen, soweit nicht der Steuerpflichtige nach dem 31. Dezember 2003 und vor dem 1. Januar 2005 ausdrücklich eine Entscheidung beantragt. ²Der Antrag auf Entscheidung

---

¹⁾ Art. 97 § 18a Abs. 6 bis 9 angef. durch G v. 15.12.2003 (BGBl. I S. 2645).

ist schriftlich bei dem für die Besteuerung nach dem Einkommen zuständigen Finanzamt zu stellen. ³Ist nach Erlass des Steuerbescheides ein anderes Finanzamt zuständig geworden, kann der Antrag auf Entscheidung fristwahrend auch bei dem Finanzamt gestellt werden, das den Steuerbescheid erlassen hat, dessen Aufhebung oder Änderung begehrt wird; Artikel 97a § 1 Abs. 1 bleibt unberührt. ⁴Die Sätze 1 bis 3 gelten auch, wenn der Antrag auf Aufhebung oder Änderung der Steuerfestsetzung unzulässig ist. ⁵Gilt nach Satz 1 der Antrag auf Aufhebung oder Änderung einer Steuerfestsetzung als zurückgewiesen, endet abweichend von § 355 Abs. 1 Satz 1 der Abgabenordnung die Frist für einen Einspruch gegen die Zurückweisung des Antrags mit Ablauf des 31. Dezember 2005. ⁶Satz 1 gilt nicht, soweit eine Neufestsetzung nach § 53 des Einkommensteuergesetzes von der Frage abhängig ist, ob bei der nach dieser Regelung gebotenen Steuerfreistellung auf den Jahressockelbetrag des Kindergeldes oder auf das dem Steuerpflichtigen tatsächlich zustehende Kindergeld abzustellen ist.

(10)¹⁾ Die Absätze 5, 7 und 9 gelten sinngemäß für Anträge auf abweichende Festsetzung von Steuern aus Billigkeitsgründen (§ 163 der Abgabenordnung) und für Erlassanträge (§ 227 der Abgabenordnung).

(11)²⁾ ¹Wurde mit einem am 31. Dezember 2006 anhängigen Einspruch gegen die Entscheidung über die Festsetzung von Kindergeld nach Abschnitt X des Einkommensteuergesetzes von der Verfassungswidrigkeit der für die Jahre 1996 bis 2000 geltenden Regelungen zur Höhe des Kindergeldes gerügt, gilt der Einspruch mit Wirkung vom 1. Januar 2007 ohne Einspruchsentscheidung insoweit als zurückgewiesen; dies gilt auch, wenn der Einspruch unzulässig ist. ²Abweichend von § 47 Abs. 1 und § 55 der Finanzgerichtsordnung endet die Klagefrist mit Ablauf des 31. Dezember 2007.

(12)³⁾ § 172 Abs. 3 und § 367 Abs. 2b der Abgabenordnung in der Fassung des Artikels 10 Nr. 12 und 16 des Gesetzes vom 13. Dezember 2006 (BGBl. I S. 2878) gelten auch, soweit Aufhebungs- oder Änderungsanträge oder Einsprüche vor dem 19. Dezember 2006 gestellt oder eingelegt wurden und die Allgemeinverfügung nach dem 19. Dezember 2006 im Bundessteuerblatt veröffentlicht wird.

§ 19⁴⁾ Buchführungspflicht bestimmter Steuerpflichtiger. (1) § 141 Abs. 1 Satz 1 Nr. 1 der Abgabenordnung in der Fassung des Artikels 6 des Gesetzes vom 31. Juli 2003 (BGBl. I S. 1550) ist auf Umsätze der Kalenderjahre anzuwenden, die nach dem 31. Dezember 2003 beginnen.

(2) § 141 Abs. 1 Satz 1 Nr. 3 der Abgabenordnung in der Fassung des Artikels 6 des Gesetzes vom 31. Juli 2003 (BGBl. I S. 1550) ist für Feststellungen anzuwenden, die nach dem 31. Dezember 2003 getroffen werden.

(3)⁵⁾ ¹§ 141 Abs. 1 Satz 1 Nr. 4 der Abgabenordnung in der Fassung des Artikels 6 des Gesetzes vom 31. Juli 2003 (BGBl. I S. 1550) ist auf Gewinne der Wirtschaftsjahre anzuwenden, die nach dem 31. Dezember 2003 beginnen. ²§ 141 Abs. 1 Satz 1 Nr. 4 der Abgabenordnung in der Fassung des Artikels 5

---

¹⁾ Art. 97 § 18a Abs. 10 angef. durch G v. 15.12.2003 (BGBl. I S. 2645).
²⁾ Art. 97 § 18a Abs. 11 angef. durch G v. 13.12.2006 (BGBl. I S. 2878).
³⁾ Art. 97 § 18a Abs. 12 angef. durch G v. 13.12.2006 (BGBl. I S. 2878).
⁴⁾ Art. 97 § 19 neu gef. durch G v. 31.7.2003 (BGBl. I S. 1550).
⁵⁾ Art. 97 § 19 Abs. 3 Satz 2 angef. durch G v. 7.9.2007 (BGBl. I S. 2246); Satz 3 angef. durch G v. 28.7.2015 (BGBl. I S. 1400).

des Gesetzes vom 7. September 2007 (BGBl. I S. 2246) ist auf Gewinne der Wirtschaftsjahre anzuwenden, die nach dem 31. Dezember 2007 beginnen. [3] § 141 Absatz 1 Satz 1 Nummer 4 der Abgabenordnung in der am 1. Januar 2016 geltenden Fassung ist auf Gewinne der Wirtschaftsjahre anzuwenden, die nach dem 31. Dezember 2015 beginnen.

(4)[1] [1] § 141 Abs. 1 Satz 1 Nr. 5 der Abgabenordnung in der Fassung des Artikels 6 des Gesetzes vom 31. Juli 2003 (BGBl. I S. 1550) ist auf Gewinne der Kalenderjahre anzuwenden, die nach dem 31. Dezember 2003 beginnen. [2] § 141 Abs. 1 Satz 1 Nr. 5 der Abgabenordnung in der Fassung des Artikels 5 des Gesetzes vom 7. September 2007 (BGBl. I S. 2246) ist auf Gewinne der Kalenderjahre anzuwenden, die nach dem 31. Dezember 2007 beginnen. [3] § 141 Absatz 1 Satz 1 Nummer 5 der Abgabenordnung in der am 1. Januar 2016 geltenden Fassung ist auf Gewinne der Kalenderjahre anzuwenden, die nach dem 31. Dezember 2015 beginnen.

(5) [1] Eine Mitteilung über den Beginn der Buchführungspflicht ergeht nicht, wenn die Voraussetzungen des § 141 Abs. 1 der Abgabenordnung für Kalenderjahre, die vor dem 1. Januar 2004 liegen, erfüllt sind, jedoch nicht die Voraussetzungen des § 141 Abs. 1 der Abgabenordnung in der Fassung des Gesetzes vom 31. Juli 2003 (BGBl. I S. 1550) im Kalenderjahr 2004. [2] Entsprechendes gilt für Feststellungen, die vor dem 1. Januar 2004 getroffen werden, oder für Wirtschaftsjahre, die vor dem 1. Januar 2004 enden.

(6)[2] [1] § 141 Abs. 1 Satz 1 Nr. 1 der Abgabenordnung in der am 26. August 2006 geltenden Fassung ist auf Umsätze der Kalenderjahre anzuwenden, die nach dem 31. Dezember 2006 beginnen. [2] Eine Mitteilung über den Beginn der Buchführungspflicht ergeht nicht, wenn die Voraussetzungen des § 141 Abs. 1 Satz 1 Nr. 1 der Abgabenordnung in der am 25. August 2006 geltenden Fassung für Kalenderjahre, die vor dem 1. Januar 2007 liegen, erfüllt sind, jedoch im Kalenderjahr 2006 nicht die des § 141 Abs. 1 Satz 1 Nr. 1 der Abgabenordnung in der am 26. August 2006 geltenden Fassung.

(7)[3] Eine Mitteilung über den Beginn der Buchführungspflicht ergeht nicht, wenn die Voraussetzungen des § 141 Abs. 1 Satz 1 Nr. 4 und Nr. 5 der Abgabenordnung in der am 13. September 2007 geltenden Fassung für Kalenderjahre, die vor dem 1. Januar 2008 liegen, erfüllt sind, jedoch im Kalenderjahr 2007 nicht die Voraussetzungen des § 141 Abs. 1 Satz 1 Nr. 4 und Nr. 5 der Abgabenordnung in der Fassung des Artikels 5 des Gesetzes vom 7. September 2007 (BGBl. I S. 2246).

(8)[4] [1] § 141 Absatz 1 Satz 1 Nummer 1 der Abgabenordnung in der am 1. Januar 2016 geltenden Fassung ist auf Umsätze der Kalenderjahre anzuwenden, die nach dem 31. Dezember 2015 beginnen. [2] Eine Mitteilung über den Beginn der Buchführungspflicht ergeht nicht, wenn die Voraussetzungen des § 141 Absatz 1 Satz 1 Nummer 1 der Abgabenordnung in der am 31. Dezember 2015 geltenden Fassung für Kalenderjahre, die vor dem 1. Januar 2016 liegen, erfüllt sind, jedoch im Kalenderjahr 2015 die Voraussetzungen des § 141 Ab-

---

[1] Art. 97 § 19 Abs. 4 Satz 2 angef. durch G v. 7.9.2007 (BGBl. I S. 2246); Satz 3 angef. durch G v. 28.7.2015 (BGBl. I S. 1400).
[2] Art. 97 § 19 Abs. 6 angef. durch G v. 22.8.2006 (BGBl. I S. 1970).
[3] Art. 97 § 19 Abs. 7 angef. durch G v. 7.9.2007 (BGBl. I S. 2246).
[4] Art. 97 § 19 Abs. 8 angef. durch G v. 28.7.2015 (BGBl. I S. 1400).

satz 1 Satz 1 Nummer 1 der Abgabenordnung in der am 1. Januar 2016 geltenden Fassung nicht erfüllt sind.

(9)[1] Eine Mitteilung über den Beginn der Buchführungspflicht ergeht nicht, wenn die Voraussetzungen des § 141 Absatz 1 Satz 1 Nummer 4 und 5 der Abgabenordnung in der am 31. Dezember 2015 geltenden Fassung für Kalenderjahre, die vor dem 1. Januar 2016 liegen, erfüllt sind, jedoch im Kalenderjahr 2015 die Voraussetzungen des § 141 Absatz 1 Satz 1 Nummer 4 und 5 der Abgabenordnung in der am 1. Januar 2016 geltenden Fassung nicht erfüllt sind.

§ 19a[2] Aufbewahrungsfristen. [1]§ 147 Abs. 3 der Abgabenordnung in der Fassung des Artikels 2 des Gesetzes vom 19. Dezember 1998 (BGBl. I S. 3816) gilt erstmals für Unterlagen, deren Aufbewahrungsfrist nach § 147 Abs. 3 der Abgabenordnung in der bis zum 23. Dezember 1998 geltenden Fassung noch nicht abgelaufen ist. [2]§ 147 Absatz 3 Satz 3 und 4 der Abgabenordnung in der am 1. Januar 2017 geltenden Fassung gilt für alle Lieferscheine, deren Aufbewahrungsfrist nach § 147 Absatz 3 der Abgabenordnung in der bis zum 31. Dezember 2016 geltenden Fassung noch nicht abgelaufen ist.

§ 19b[3] Zugriff auf datenverarbeitungsgestützte Buchführungssysteme. (1) § 146 Abs. 5, § 147 Abs. 2, 5 und 6 sowie § 200 Abs. 1 der Abgabenordnung in der Fassung des Artikels 7 des Gesetzes vom 23. Oktober 2000 (BGBl. I S. 1433) sind ab dem 1. Januar 2002 anzuwenden.

(2)[4] § 147 Absatz 6 Satz 6 der Abgabenordnung in der Fassung des Artikels 3 des Gesetzes vom 22. November 2019 (BGBl. I S. 1746) gilt für aufzeichnungs- und aufbewahrungspflichtige Daten, deren Aufbewahrungsfrist bis zum 1. Januar 2020 noch nicht abgelaufen ist.

§ 20 Verweisungserfordernis bei Blankettvorschriften. Die in § 381 Abs. 1, § 382 Abs. 1 der Abgabenordnung vorgeschriebene Verweisung ist nicht erforderlich, soweit die Vorschriften der dort genannten Gesetze und Rechtsverordnungen vor dem 1. Oktober 1968 erlassen sind.

§ 21[5] Steueranmeldungen in Euro. [1]Für Besteuerungszeiträume nach dem 31. Dezember 1998 und vor dem 1. Januar 2002 ist § 168 der Abgabenordnung mit folgender Maßgabe anzuwenden: [2]Wird eine Steueranmeldung nach einem vom Bundesministerium der Finanzen im Einvernehmen mit den obersten Finanzbehörden der Länder bestimmten Vordruck in Euro abgegeben, gilt die Steuer als zu dem vom Rat der Europäischen Union gemäß Artikel 109l Abs. 4 Satz 1 des EG-Vertrages unwiderruflich festgelegten Umrechnungskurs in Deutscher Mark berechnet. [3]Betrifft die Anmeldung eine von Bundesfinanzbehörden verwaltete Steuer, ist bei der Bestimmung des Vordrucks das Einvernehmen mit den obersten Finanzbehörden der Länder nicht erforderlich.

---

[1] Art. 97 § 19 Abs. 9 angef. durch G v. 28.7.2015 (BGBl. I S. 1400).
[2] Art. 97 § 19a eingef. durch G v. 19.12.1998 (BGBl. I S. 3816); Satz 2 angef. durch G v. 30.6.2017 (BGBl. I S. 2143).
[3] Art. 97 § 19b eingef. durch G v. 23.10.2000 (BGBl. I S. 1433).
[4] Art. 97 § 19b Abs. 2 angef. durch G v. 22.11.2019 (BGBl. I S. 1746).
[5] Art. 97 § 21 angef. durch G v. 24.3.1999 (BGBl. I S. 385).

§ 22[1]**) Mitwirkungspflichten der Beteiligten; Schätzung von Besteuerungsgrundlagen.** (1)[2]**)** [1] § 90 Abs. 3 der Abgabenordnung in der Fassung des Artikels 9 des Gesetzes vom 16. Mai 2003 (BGBl. I S. 660) ist erstmals für Wirtschaftsjahre anzuwenden, die nach dem 31. Dezember 2002 beginnen. [2] § 162 Abs. 3 und 4 der Abgabenordnung in der Fassung des Artikels 9 des Gesetzes vom 16. Mai 2003 (BGBl. I S. 660) ist erstmals für Wirtschaftsjahre anzuwenden, die nach dem 31. Dezember 2003 beginnen, frühestens sechs Monate nach Inkrafttreten der Rechtsverordnung im Sinne des § 90 Abs. 3 der Abgabenordnung in der Fassung des Artikels 9 des Gesetzes vom 16. Mai 2003 (BGBl. I S. 660). [3] Gehören zu den Geschäftsbeziehungen im Sinne des § 90 Abs. 3 der Abgabenordnung in der Fassung des Artikels 9 des Gesetzes vom 16. Mai 2003 (BGBl. I S. 660) Dauerschuldverhältnisse, die als außergewöhnliche Geschäftsvorfälle im Sinne des § 90 Abs. 3 Satz 3 der Abgabenordnung in der Fassung des Artikels 9 des Gesetzes vom 16. Mai 2003 (BGBl. I S. 660) anzusehen sind und die vor Beginn der in Satz 1 bezeichneten Wirtschaftsjahre begründet wurden und bei Beginn dieser Wirtschaftsjahre noch bestehen, sind die Aufzeichnungen der sie betreffenden wirtschaftlichen und rechtlichen Grundlagen spätestens sechs Monate nach Inkrafttreten der Rechtsverordnung im Sinne des § 90 Abs. 3 der Abgabenordnung in der Fassung des Artikels 9 des Gesetzes vom 16. Mai 2003 (BGBl. I S. 660) zu erstellen. [4] § 90 Absatz 3 der Abgabenordnung in der am 24. Dezember 2016 geltenden Fassung ist erstmals für Wirtschaftsjahre anzuwenden, die nach dem 31. Dezember 2016 beginnen.

(2) [3][4]) Die Bundesregierung bestimmt durch Rechtsverordnung mit Zustimmung des Bundesrates den Zeitpunkt der erstmaligen Anwendung von § 90 Absatz 2 Satz 3, § 147a, § 162 Absatz 2 Satz 3 und § 193 Absatz 1 und Absatz 2 Nummer 3 in der Fassung des Artikels 3 des Gesetzes vom 29. Juli 2009 (BGBl. I S. 2302).

(3)[5]) § 147a Absatz 2 der Abgabenordnung in der am 25. Juni 2017 geltenden Fassung ist erstmals auf Besteuerungszeiträume anzuwenden, die nach dem 31. Dezember 2017 beginnen.

§ 23[6]**) Verfolgungsverjährung.** § 376 der Abgabenordnung in der Fassung des Artikels 10 des Gesetzes vom 19. Dezember 2008 (BGBl. I S. 2794) gilt für alle bei Inkrafttreten dieses Gesetzes noch nicht abgelaufenen Verjährungsfristen.

§ 24[7]**) Selbstanzeige bei Steuerhinterziehung und leichtfertiger Steuerverkürzung.** [1] Bei Selbstanzeigen nach § 371 der Abgabenordnung, die bis zum 28. April 2011 bei der zuständigen Finanzbehörde eingegangen sind, ist § 371 der Abgabenordnung in der bis zu diesem Zeitpunkt geltenden Fassung mit der Maßgabe anzuwenden, dass im Umfang der gegenüber der zuständigen Finanzbehörde berichtigten, ergänzten oder nachgeholten Anga-

---

[1] Art. 97 § 22 angef. durch G v. 16.5.2003 (BGBl. I S. 660).
[2] Art. 97 § 22 Abs. 1 Satz 4 angef. durch G v. 20.12.2016 (BGBl. I S. 3000).
[3] Art. 97 § 22 Abs. 2 angef. durch G v. 29.7.2009 (BGBl. I S. 2302).
[4] Zur erstmaligen Anwendung für Besteuerungszeiträume, die nach dem 31.12.2009 beginnen, siehe § 5 SteuerHBekV v. 18.9.2009 (BGBl. I S. 3046).
[5] Art. 97 § 22 Abs. 3 angef. durch G v. 23.6.2017 (BGBl. I S. 1682).
[6] Art. 97 § 23 angef. durch G v. 19.12.2008 (BGBl. I S. 2794).
[7] Art. 97 § 24 angef. durch G v. 28.4.2011 (BGBl. I S. 676).

ben Straffreiheit eintritt. [2]Das Gleiche gilt im Fall der leichtfertigen Steuerverkürzung für die Anwendung des § 378 Absatz 3 der Abgabenordnung.

§ 25[1] Erteilung einer verbindlichen Auskunft. (1) § 89 Absatz 3 bis 7 der Abgabenordnung in der Fassung des Artikels 3 des Gesetzes vom 1. November 2011 (BGBl. I S. 2131) ist erstmals auf Anträge anzuwenden, die nach dem 4. November 2011[2] bei der zuständigen Finanzbehörde eingegangen sind.

(2)[3] [1]§ 89 Absatz 2 Satz 4 in der am 1. Januar 2017 geltenden Fassung ist erstmals auf nach dem 31. Dezember 2016 bei der zuständigen Finanzbehörde eingegangene Anträge auf Erteilung einer verbindlichen Auskunft anzuwenden. [2]§ 89 Absatz 3 Satz 2 in der am 23. Juli 2016 geltenden Fassung ist erstmals auf nach dem 22. Juli 2016 bei der zuständigen Finanzbehörde eingegangene Anträge auf Erteilung einer einheitlichen verbindlichen Auskunft anzuwenden.

§ 26[4] Kontenabrufmöglichkeit und Kontenwahrheit. (1) § 93 Absatz 7 Satz 1 Nummer 2 der Abgabenordnung in der am 31. Dezember 2011 geltenden Fassung ist für Veranlagungszeiträume vor 2012 weiterhin anzuwenden.

(2)[5] [1]§ 93 Absatz 7 Satz 1 Nummer 4 bis 4b und Satz 2 zweiter Halbsatz der Abgabenordnung in der am 25. Juni 2017 geltenden Fassung ist ab dem 1. Januar 2018 anzuwenden. [2]Bis zum 31. Dezember 2017 ist § 93 Absatz 7 der Abgabenordnung in der am 24. Juni 2017 geltenden Fassung weiter anzuwenden.

(3)[6] [1]§ 93 Absatz 7 Satz 2 erster Halbsatz sowie § 93b Absatz 1a und 2 der Abgabenordnung in der am 25. Juni 2017 geltenden Fassung sind ab dem 1. Januar 2020 anzuwenden. [2]Bis zum 31. Dezember 2019 ist § 93 Absatz 7 Satz 2 Halbsatz 1 sowie § 93b Absatz 2 der Abgabenordnung in der am 24. Juni 2017 geltenden Fassung weiter anzuwenden.

(4)[7] § 154 Absatz 2 bis 2c der Abgabenordnung in der am 25. Juni 2017 geltenden Fassung ist erstmals auf nach dem 31. Dezember 2017 begründete Geschäftsbeziehungen anzuwenden.

(5)[8] Für Geschäftsbeziehungen zu Kreditinstituten im Sinne des § 154 Absatz 2 Satz 1 der Abgabenordnung in der am 25. Juni 2017 geltenden Fassung, die vor dem 1. Januar 2018 begründet worden sind und am 1. Januar 2018 noch bestehen, gilt Folgendes:

1. [1]Kreditinstitute haben bis zum 31. Dezember 2019 für den Kontoinhaber, jeden anderen Verfügungsberechtigten und jeden wirtschaftlich Berechtigten im Sinne des Geldwäschegesetzes

---

[1] Art. 97 § 25 angef. durch G v. 1.11.2011 (BGBl. I S. 2131); Überschrift neu gef. durch G v. 18.7.2016 (BGBl. I S. 1679).
[2] Datum der Verkündung des G v. 1.11.2011.
[3] Art. 97 § 25 Abs. 2 angef. durch G v. 18.7.2016 (BGBl. I S. 1679).
[4] Art. 97 § 26 angef. durch G v. 1.11.2011 (BGBl. I S. 2131); Überschrift neu gef. durch G v. 23.6.2017 (BGBl. I S. 1682).
[5] Art. 97 § 26 Abs. 2 angef. durch G v. 23.6.2017 (BGBl. I S. 1682).
[6] Art. 97 § 26 Abs. 3 angef. durch G v. 23.6.2017 (BGBl. I S. 1682); Sätze 1 und 2 geänd. durch G v. 20.11.2019 (BGBl. I S. 1626).
[7] Art. 97 § 26 Abs. 4 angef. durch G v. 23.6.2017 (BGBl. I S. 1682).
[8] Art. 97 § 26 Abs. 5 angef. durch G v. 23.6.2017 (BGBl. I S. 1682).

    a) die Adresse,

    b) bei natürlichen Personen das Geburtsdatum sowie

    c) die in § 154 Absatz 2a Satz 1 der Abgabenordnung in der am 25. Juni 2017 geltenden Fassung genannten Daten

in den Aufzeichnungen nach § 154 Absatz 2 bis 2c der Abgabenordnung in der am 25. Juni 2017 geltenden Fassung und in dem nach § 93b Absatz 1 und 1a der Abgabenordnung in der am 25. Juni 2017 geltenden Fassung zu führenden Dateisystem zu erfassen. [2] § 154 Absatz 2a Satz 3 der Abgabenordnung in der am 25. Juni 2017 geltenden Fassung ist entsprechend anzuwenden.

2. [1] Teilen der Vertragspartner oder gegebenenfalls für ihn handelnde Personen dem Kreditinstitut die nach § 154 Absatz 2a Satz 1 Nummer 1 der Abgabenordnung in der am 25. Juni 2017 geltenden Fassung zu erfassende Identifikationsnummer einer betroffenen Person bis zum 31. Dezember 2019 nicht mit und hat das Kreditinstitut die Identifikationsnummer dieser Person auch nicht aus anderem Anlass rechtmäßig erfasst, hat es sie bis zum 30. Juni 2020 in einem maschinellen Verfahren beim Bundeszentralamt für Steuern zu erfragen. [2] § 154 Absatz 2b Satz 2 und 3 der Abgabenordnung in der am 25. Juni 2017 geltenden Fassung gilt entsprechend.

3. [1] Soweit das Kreditinstitut die nach § 154 Absatz 2a der Abgabenordnung in der am 25. Juni 2017 geltenden Fassung zu erhebenden Daten auf Grund unzureichender Mitwirkung des Vertragspartners und gegebenenfalls für ihn handelnder Personen bis zum 30. Juni 2020 nicht ermitteln kann, hat es dies auf dem Konto festzuhalten. [2] In diesem Fall hat das Kreditinstitut dem Bundeszentralamt für Steuern die betroffenen Konten sowie die hierzu nach § 154 Absatz 2 der Abgabenordnung in der am 25. Juni 2017 geltenden Fassung erhobenen Daten bis zum 30. September 2020 mitzuteilen.

4. § 154 Absatz 2d der Abgabenordnung in der am 25. Juni 2017 geltenden Fassung bleibt unberührt.

§ 27[1]) **Elektronische Datenübermittlung an Finanzbehörden.** (1) [1] § 72a Absatz 1 bis 3, § 87a Absatz 6, die §§ 87b bis 87e und 150 Absatz 6 der Abgabenordnung in der am 1. Januar 2017 geltenden Fassung sind erstmals anzuwenden, wenn Daten nach dem 31. Dezember 2016 auf Grund gesetzlicher Vorschriften nach amtlich vorgeschriebenem Datensatz über amtlich bestimmte Schnittstellen an Finanzbehörden zu übermitteln sind oder freiwillig übermittelt werden. [2] Für Daten im Sinne des Satzes 1, die vor dem 1. Januar 2017 zu übermitteln sind oder freiwillig übermittelt werden, sind § 150 Absatz 6 und 7 der Abgabenordnung und die Vorschriften der Steuerdaten-Übermittlungsverordnung in der jeweils am 31. Dezember 2016 geltenden Fassung weiter anzuwenden.

(2) § 72a Absatz 4, die §§ 93c, 93d und 171 Absatz 10a sowie die §§ 175b und 203a der Abgabenordnung in der am 1. Januar 2017 geltenden Fassung sind erstmals anzuwenden, wenn steuerliche Daten eines Steuerpflichtigen für Besteuerungszeiträume nach 2016 oder Besteuerungszeitpunkte nach dem 31. Dezember 2016 auf Grund gesetzlicher Vorschriften von einem Dritten als

---

[1]) Art. 97 § 27 angef. durch G v. 18.7.2016 (BGBl. I S. 1679).

mitteilungspflichtiger Stelle elektronisch an Finanzbehörden zu übermitteln sind.

(3)[1] § 175b Absatz 4 der Abgabenordnung in der am 25. Juni 2017 geltenden Fassung ist erstmals anzuwenden, wenn Daten im Sinne des § 93c der Abgabenordnung der Finanzbehörde nach dem 24. Juni 2017 zugehen.

(4)[2] ¹Den Zeitpunkt der erstmaligen Anwendung des § 138 Absatz 1b Satz 2 der Abgabenordnung in der am 1. Januar 2020 geltenden Fassung bestimmt das Bundesministerium der Finanzen im Einvernehmen mit den obersten Finanzbehörden der Länder durch ein im Bundessteuerblatt zu veröffentlichendes Schreiben.[3] ²Bis zu diesem Zeitpunkt sind die Auskünfte im Sinne des § 138 Absatz 1b Satz 1 der Abgabenordnung nach amtlich vorgeschriebenem Vordruck zu erteilen.

§ 28[4] Elektronische Bekanntgabe von Verwaltungsakten. ¹§ 87a Absatz 7 und 8, die §§ 122a und 169 Absatz 1 der Abgabenordnung in der am 1. Januar 2017 geltenden Fassung sind erstmals auf Verwaltungsakte anzuwenden, die nach dem 31. Dezember 2016 erlassen worden sind. ²§ 8 Absatz 4 Satz 4 gilt entsprechend.

§ 29[5] Abweichende Festsetzung von Steuern aus Billigkeitsgründen.

§ 163 der Abgabenordnung in der am 1. Januar 2017 geltenden Fassung ist für nach dem 31. Dezember 2016 getroffene Billigkeitsmaßnahmen auch dann anzuwenden, wenn sie Besteuerungszeiträume oder Besteuerungszeitpunkte betreffen, die vor dem 1. Januar 2017 abgelaufen oder eingetreten sind.

§ 30[6] Ordnungsvorschrift für die Buchführung und für Aufzeichnungen mittels elektronischer Aufzeichnungssysteme. (1)[7] ¹Die §§ 146a und 379 Absatz 1 Satz 1 und Absatz 4 der Abgabenordnung in der am 29. Dezember 2016 geltenden Fassung sowie § 379 Absatz 5 und 6 der Abgabenordnung in der am 25. Juni 2017 geltenden Fassung sind erstmals für Kalenderjahre nach Ablauf des 31. Dezember 2019 anzuwenden. ²Die Mitteilung nach § 146a Absatz 4 der Abgabenordnung in der am 29. Dezember 2016 geltenden Fassung ist für elektronische Aufzeichnungssysteme, die der Steuerpflichtige vor dem 1. Januar 2020 angeschafft hat, bis zum 31. Januar 2020 zu erstatten.

(2) ¹§ 146b der Abgabenordnung in der am 29. Dezember 2016 geltenden Fassung ist nach Ablauf des 31. Dezember 2017 anzuwenden. ²§ 146b Absatz 2 Satz 2 der Abgabenordnung ist in der am 29. Dezember 2016 geltenden Fassung vor dem 1. Januar 2020 mit der Maßgabe anzuwenden, dass keine Datenübermittlung über die einheitliche Schnittstelle verlangt werden kann oder dass diese auf einem maschinell auswertbaren Datenträger nach den Vorgaben der einheitlichen Schnittstelle zur Verfügung gestellt werden muss. ³§ 146b Absatz 1 Satz 2 der Abgabenordnung in der am 29. Dezember 2016

---

[1] Art. 97 § 27 Abs. 3 angef. durch G v. 23.6.2017 (BGBl. I S. 1682).
[2] Art. 97 § 27 Abs. 4 angef. durch G v. 22.11.2019 (BGBl. I S. 1746).
[3] Zeitpunkt der erstmaligen Anwendung ist der 1.1.2021; siehe BMF v. 4.12.2020 (BStBl. I S. 1209).
[4] Art. 97 § 28 angef. durch G v. 18.7.2016 (BGBl. I S. 1679).
[5] Art. 97 § 29 angef. durch G v. 18.7.2016 (BGBl. I S. 1679).
[6] Art. 97 § 30 eingef. durch G v. 22.12.2016 (BGBl. I S. 3152).
[7] Art. 97 § 30 Abs. 1 Satz 1 neu gef. durch G v. 23.6.2017 (BGBl. I S. 1682).

geltenden Fassung ist erstmals für Kalenderjahre nach Ablauf des 31. Dezember 2019 anzuwenden.

(3) Wurden Registrierkassen nach dem 25. November 2010 und vor dem 1. Januar 2020 angeschafft, die den Anforderungen des BMF-Schreibens vom 26. November 2010 (BStBl. I S. 1342) entsprechen und die bauartbedingt nicht aufrüstbar sind, so dass sie die Anforderungen des § 146a der Abgabenordnung nicht erfüllen, dürfen diese Registrierkassen bis zum 31. Dezember 2022 abweichend von den § 146a und § 379 Absatz 1 Satz 1 und Absatz 4 der Abgabenordnung weiter verwendet werden.

§ 31[1] **Länderbezogener Bericht multinationaler Unternehmensgruppen.** [1] § 138a Absatz 1, 2, 3, 6 und 7 der Abgabenordnung in der am 24. Dezember 2016 geltenden Fassung ist erstmals für Wirtschaftsjahre anzuwenden, die nach dem 31. Dezember 2015 beginnen. [2] § 138a Absatz 4 und 5 der Abgabenordnung in der am 24. Dezember 2016 geltenden Fassung ist erstmals für Wirtschaftsjahre anzuwenden, die nach dem 31. Dezember 2016 beginnen. [3] § 138a Absatz 2 der Abgabenordnung in der am 29. Dezember 2020 geltenden Fassung ist auf alle offenen Fälle anzuwenden.

§ 32[2] **Mitteilungspflicht über Beziehungen zu Drittstaat-Gesellschaften.** (1) [1] § 138 Absatz 2 bis 5, § 138b und § 379 Absatz 2 Nummer 1d der Abgabenordnung in der am 25. Juni 2017 geltenden Fassung sind erstmals auf mitteilungspflichtige Sachverhalte anzuwenden, die nach dem 31. Dezember 2017 verwirklicht worden sind. [2] Auf Sachverhalte, die vor dem 1. Januar 2018 verwirklicht worden sind, ist § 138 Absatz 2 und 3 der Abgabenordnung in der am 24. Juni 2017 geltenden Fassung weiter anzuwenden.

(2) [1] Inländische Steuerpflichtige im Sinne des § 138 Absatz 2 Satz 1 der Abgabenordnung in der am 25. Juni 2017 geltenden Fassung, die vor dem 1. Januar 2018 erstmals unmittelbar oder mittelbar einen beherrschenden oder bestimmenden Einfluss auf die gesellschaftsrechtlichen, finanziellen oder geschäftlichen Angelegenheiten einer Drittstaat-Gesellschaft im Sinne des § 138 Absatz 3 der Abgabenordnung in der am 25. Juni 2017 geltenden Fassung ausüben konnten, haben dies dem für sie nach den §§ 18 bis 20 der Abgabenordnung zuständigen Finanzamt mitzuteilen, wenn dieser Einfluss auch noch am 1. Januar 2018 fortbesteht. [2] § 138 Absatz 5 der Abgabenordnung in der am 25. Juni 2017 geltenden Fassung gilt in diesem Fall entsprechend.

(3)[3] § 138 Absatz 2 und 5 der Abgabenordnung in der am 29. Dezember 2020 geltenden Fassung ist auf alle offenen Fälle anzuwenden.

§ 33[4] **Mitteilungspflicht bei Steuergestaltungen.** (1) § 102 Absatz 4 Satz 3 und die §§ 138d bis 138k der Abgabenordnung in der am 1. Januar 2020 geltenden Fassung sind ab dem 1. Juli 2020 in allen Fällen anzuwenden, in denen das nach § 138f Absatz 2 der Abgabenordnung in der am 1. Januar 2020 geltenden Fassung maßgebliche Ereignis nach dem 30. Juni 2020 eingetreten ist.

---

[1] Art. 97 § 31 angef. durch G v. 20.12.2016 (BGBl. I S. 3000); Satz 3 angef. durch G v. 21.12.2020 (BGBl. I S. 3096).
[2] Art. 97 § 32 angef. durch G v. 23.6.2017 (BGBl. I S. 1682).
[3] Art. 97 § 32 Abs. 3 angef. durch G v. 21.12.2020 (BGBl. I S. 3096).
[4] Art. 97 § 33 angef. durch G v. 21.12.2019 (BGBl. I S. 2875).

(2) Wurde der erste Schritt einer mitteilungspflichtigen grenzüberschreitenden Steuergestaltung nach dem 24. Juni 2018 und vor dem 1. Juli 2020 umgesetzt, sind § 102 Absatz 4 Satz 3 und die §§ 138d bis 138k der Abgabenordnung in der am 1. Januar 2020 geltenden Fassung ab dem 1. Juli 2020 mit der Maßgabe anzuwenden, dass die Mitteilung abweichend von § 138f Absatz 2 der Abgabenordnung in der am 1. Januar 2020 geltenden Fassung innerhalb von zwei Monaten nach dem 30. Juni 2020 zu erstatten ist.

(3) § 379 Absatz 2 Nummer 1e bis 1g sowie Absatz 7 der Abgabenordnung in der am 1. Januar 2020 geltenden Fassung ist ab dem 1. Juli 2020 in allen Fällen anzuwenden, in denen das nach § 138f Absatz 2 der Abgabenordnung in der am 1. Januar 2020 geltenden Fassung maßgebliche Ereignis nach dem 30. Juni 2020 eingetreten ist.

(4) [1]Das Bundesministerium der Finanzen erstattet dem Finanzausschuss des Deutschen Bundestages jährlich zum 1. Juni, erstmals zum 1. Juni 2021, Bericht über

1. die Anzahl der im vorangegangen Kalenderjahr beim Bundeszentralamt für Steuern eingegangenen Mitteilungen über grenzüberschreitende Steuergestaltungen,

2. die Fallgestaltungen, deren Prüfung Anlass dafür war,

   a) dem Bundeskabinett im vorangegangenen Kalenderjahr eine Gesetzesinitiative vorzuschlagen,

   b) ein im Bundessteuerblatt zu veröffentlichendes Schreiben des Bundesministeriums der Finanzen oder einen im Bundessteuerblatt zu veröffentlichenden gleichlautenden Erlass der obersten Finanzbehörden der Länder im vorangegangenen Kalenderjahr zu erlassen oder zu ändern.

[2]In den Fällen von Satz 1 Nummer 2 ist die Fallgestaltung im Bericht abstrakt zu beschreiben.

(5)[1)] Das Bundesministerium der Finanzen wird ermächtigt, zur zeitnahen Umsetzung unionsrechtlicher Bestimmungen hinsichtlich der Fristen zur Mitteilung grenzüberschreitender Steuergestaltungen durch ein im Bundessteuerblatt zu veröffentlichendes Schreiben von den Absätzen 1 und 2 abweichende Bestimmungen zu treffen.

§ 34[2)] *(aufgehoben)*

§ 35[3)] **Abrufverfahren von Steuermessbeträgen.** § 184 Absatz 3 Satz 2 der Abgabenordnung findet erstmals für Steuermessbeträge Anwendung, die für Realsteuern des Jahres 2025 maßgeblich sind.

§ 36[4)] **Sonderregelungen auf Grund der Corona-Pandemie.** (1) § 149 Absatz 3 der Abgabenordnung in der am 19. Februar 2021 geltenden Fassung ist für den Besteuerungszeitraum 2019 mit der Maßgabe anzuwenden, dass an die Stelle des letzten Tages des Monats Februar 2021 der 31. August 2021 und

---

[1)] Art. 97 § 33 Abs. 5 angef. durch G v. 19.6.2020 (BGBl. I S. 1385).
[2)] Art. 97 § 34 angef. durch G v. 29.6.2020 (BGBl. I S. 1512) und aufgeh. durch G v. 21.12.2020 (BGBl. I S. 3096).
[3)] Art. 97 § 35 angef. durch G v. 21.12.2020 (BGBl. I S. 3096).
[4)] Art. 97 § 36 angef. durch G v. 15.2.2021 (BGBl. I S. 237).

an die Stelle des 31. Juli 2021 der 31. Dezember 2021 tritt; § 149 Absatz 4 der Abgabenordnung bleibt unberührt.

(2) [1]Abweichend von § 233a Absatz 2 Satz 1 der Abgabenordnung in der am 19. Februar 2021 geltenden Fassung beginnt der Zinslauf für den Besteuerungszeitraum 2019 am 1. Oktober 2021. [2]In den Fällen des § 233a Absatz 2 Satz 2 der Abgabenordnung in der am 19. Februar 2021 geltenden Fassung beginnt der Zinslauf für den Besteuerungszeitraum 2019 am 1. Mai 2022.

Art. 97a[1) Überleitungsregelungen aus Anlaß der Herstellung der Einheit Deutschlands

§ 1 Zuständigkeit. (1) [1]Für vor dem 1. Januar 1991 nach dem Recht der Bundesrepublik Deutschland oder der Deutschen Demokratischen Republik entstandene Besitz- und Verkehrsteuern, Zulagen und Prämien, auf die Abgabenrecht Anwendung findet, und dazugehörige steuerliche Nebenleistungen, bleiben die nach den bisher geltenden Vorschriften einschließlich der Vorschriften der Einzelsteuergesetze örtlich zuständigen Finanzbehörden weiterhin zuständig. [2]Dies gilt auch für das Rechtsbehelfsverfahren.

(2)[2)] [1]Würde durch einen Wechsel der örtlichen Zuständigkeit eine Finanzbehörde in dem in Artikel 3 des Einigungsvertrages genannten Gebiet für die gesonderte Feststellung nach § 180 Abs. 1 Nr. 1 der Abgabenordnung, für die gesonderte und einheitliche Feststellung nach der Anteilsbewertungsverordnung vom 19. Januar 1977 (BGBl. I S. 171) oder für die Besteuerung nach dem Vermögen zuständig, bleibt abweichend von § 26 Satz 1 der Abgabenordnung letztmals für Feststellungen zum 1. Januar 1998 oder für die Vermögensteuer des Kalenderjahrs 1998 die nach den bisherigen Verhältnissen zuständige Finanzbehörde insoweit zuständig. [2]Dies gilt auch für das Rechtsbehelfsverfahren.

§ 2 Überleitungsbestimmungen für die Anwendung der Abgabenordnung in dem in Artikel 3 des Einigungsvertrages genannten Gebiet.

Für die Anwendung der Abgabenordnung in dem in Artikel 3 des Einigungsvertrages genannten Gebiet gilt folgendes:

1. Verfahren, die beim Wirksamwerden des Beitritts anhängig sind, werden nach den Vorschriften der Abgabenordnung zu Ende geführt, soweit in den nachfolgenden Vorschriften nichts anderes bestimmt ist.

2. Fristen, deren Lauf vor dem Wirksamwerden des Beitritts begonnen hat, werden nach den Vorschriften der Abgabenordnung der Deutschen Demokratischen Republik (AO 1990) vom 22. Juni 1990 (Sonderdruck Nr. 1428 des Gesetzblattes)[3)] sowie des Einführungsgesetzes zur Abgabenordnung der Deutschen Demokratischen Republik vom 22. Juni 1990 (Sonderdruck Nr. 1428 des Gesetzblattes)[3)] berechnet, soweit in den nachfolgenden Vorschriften nichts anderes bestimmt ist.

3. § 152 ist erstmals auf Steuererklärungen anzuwenden, die nach dem Wirksamwerden des Beitritts einzureichen sind; eine Verlängerung der Steuererklärungsfrist ist hierbei nicht zu berücksichtigen.

[1)] Art. 97a eingef. durch Vertrag v. 31.8.1990 (BGBl. II S. 889, 968).
[2)] Art. 97a § 1 Abs. 2 neu gef. durch G v. 11.10.1995 (BGBl. I S. 1250).
[3)] Gesetzblatt der DDR.

4. [1] Die Vorschriften über die Aufhebung und Änderung von Verwaltungsakten sind erstmals anzuwenden, wenn nach dem Wirksamwerden des Beitritts ein Verwaltungsakt aufgehoben oder geändert wird. [2] Dies gilt auch dann, wenn der aufzuhebende oder zu ändernde Verwaltungsakt vor dem Wirksamwerden des Beitritts erlassen worden ist. [3] Auf vorläufige Steuerbescheide nach § 100 Abs. 1 der Abgabenordnung (AO) der Deutschen Demokratischen Republik in der Fassung vom 18. September 1970 (Sonderdruck Nr. 681 des Gesetzblattes) [1] ist § 165 Abs. 2, auf Steuerbescheide nach § 100 Abs. 2 der Abgabenordnung (AO) der Deutschen Demokratischen Republik in der Fassung vom 18. September 1970 (Sonderdruck Nr. 681 des Gesetzblattes) [1] ist § 164 Abs. 2 und 3 anzuwenden.

5. [1] Die Vorschriften über die Festsetzungsverjährung gelten für die Festsetzung sowie für die Aufhebung und Änderung der Festsetzung von Steuern, Steuervergütungen und, soweit für steuerliche Nebenleistungen eine Festsetzungsverjährung vorgesehen ist, von steuerlichen Nebenleistungen, die nach dem Wirksamwerden des Beitritts entstehen. [2] Für vorher entstandene Ansprüche sind die Vorschriften der Abgabenordnung der Deutschen Demokratischen Republik (AO 1990) vom 22. Juni 1990 (Sonderdruck Nr. 1428 des Gesetzblattes) [1] sowie des Einführungsgesetzes zur Abgabenordnung der Deutschen Demokratischen Republik vom 22. Juni 1990 (Sonderdruck Nr. 1428 des Gesetzblattes) [1] über die Verjährung und über die Ausschlußfristen weiter anzuwenden, soweit sie für die Festsetzung einer Steuer, Steuervergütung oder steuerlichen Nebenleistung, für die Aufhebung oder Änderung einer solchen Festsetzung oder für die Geltendmachung von Erstattungsansprüchen von Bedeutung sind; Nummer 9 Satz 2 bis 4 bleibt unberührt. [3] Sätze 1 und 2 gelten sinngemäß für die gesonderte Feststellung von Besteuerungsgrundlagen sowie für die Festsetzung, Zerlegung und Zuteilung von Steuermeßbeträgen. [4] Bei der Einheitsbewertung tritt an die Stelle des Zeitpunkts der Entstehung des Steueranspruchs der Zeitpunkt, auf den die Hauptfeststellung, die Fortschreibung, die Nachfeststellung oder die Aufhebung eines Einheitswertes vorzunehmen ist.

6. §§ 69 bis 76 und 191 Abs. 3 bis 5 sind anzuwenden, wenn der haftungsbegründende Tatbestand nach dem Wirksamwerden des Beitritts verwirklicht worden ist.

7.[2] [1] Bei der Anwendung des § 141 Abs. 1 Nr. 3 tritt an die Stelle des Wirtschaftswerts der Ersatzwirtschaftswert (§ 125 des Bewertungsgesetzes[3]). [2] Satz 1 ist letztmals für gesonderte Feststellungen auf den 1. Januar 2024 anzuwenden.

8. [1] Die Vorschriften über verbindliche Zusagen auf Grund einer Außenprüfung (§§ 204 bis 207) sind anzuwenden, wenn die Schlußbesprechung nach dem Wirksamwerden des Beitritts stattfindet oder, falls eine solche nicht erforderlich ist, wenn dem Steuerpflichtigen der Prüfungsbericht nach dem Wirksamwerden des Beitritts zugegangen ist. [2] Hat die Schlußbesprechung nach dem 30. Juni 1990 und vor dem Wirksamwerden des Beitritts stattgefunden oder war eine solche nicht erforderlich und ist der Prüfungs-

---

[1] Gesetzblatt der DDR.
[2] Art. 97a § 2 Nr. 7 Satz 2 angef. durch G v. 26.11.2019 (BGBl. I S. 1794); Satz 2 in Kraft ab **1.1. 2025**.
[3] **dtv 5547 ErbSt/BewG/GrSt Nr. 1.**

bericht dem Steuerpflichtigen nach dem 30. Juni 1990 und vor dem Wirksamwerden des Beitritts zugegangen, sind die bisherigen Vorschriften der Abgabenordnung der Deutschen Demokratischen Republik (AO 1990) vom 22. Juni 1990 (Sonderdruck Nr. 1428 des Gesetzblattes)[1] sowie des Einführungsgesetzes zur Abgabenordnung der Deutschen Demokratischen Republik vom 22. Juni 1990 (Sonderdruck Nr. 1428 des Gesetzblattes)[1] über verbindliche Zusagen auf Grund einer Außenprüfung weiter anzuwenden.

9. [1]Die Vorschriften über die Zahlungsverjährung gelten für alle Ansprüche im Sinne des § 228 Satz 1, deren Verjährung gemäß § 229 nach dem Wirksamwerden des Beitritts beginnt. [2]Liegen die Voraussetzungen des Satzes 1 nicht vor, so sind für die Ansprüche weiterhin die Vorschriften der Abgabenordnung der Deutschen Demokratischen Republik (AO 1990) vom 22. Juni 1990 (Sonderdruck Nr. 1428 des Gesetzblattes)[1] sowie des Einführungsgesetzes zur Abgabenordnung der Deutschen Demokratischen Republik vom 22. Juni 1990 (Sonderdruck Nr. 1428 des Gesetzblattes)[1] über die Verjährung und Ausschlußfristen anzuwenden. [3]Die Verjährung wird jedoch ab Wirksamwerden des Beitritts nur noch nach den §§ 230 und 231 gehemmt und unterbrochen. [4]Auf die nach § 231 Abs. 3 beginnende neue Verjährungsfrist sind die §§ 228 bis 232 anzuwenden.

10. [1]Zinsen entstehen für die Zeit nach dem Wirksamwerden des Beitritts nach den Vorschriften der Abgabenordnung. [2]Die Vorschriften des § 233a über die Verzinsung von Steuernachforderungen und Steuererstattungen sind erstmals für Steuern anzuwenden, die nach dem 31. Dezember 1990 entstehen. [3]Ist eine Steuer über den Tag des Wirksamwerdens des Beitritts hinaus zinslos gestundet worden, so gilt dies als Verzicht auf Zinsen im Sinne des § 234 Abs. 2. [4]Die Vorschriften des § 239 Abs. 1 über die Festsetzungsfrist gelten in allen Fällen, in denen die Festsetzungsfrist auf Grund dieser Vorschrift nach dem Wirksamwerden des Beitritts beginnt.

11. § 240 ist erstmals auf Säumniszuschläge anzuwenden, die nach dem Wirksamwerden des Beitritts verwirkt werden.

12. Wird ein Verwaltungsakt angefochten, der vor dem Wirksamwerden des Beitritts wirksam geworden ist, bestimmt sich die Zulässigkeit des außergerichtlichen Rechtsbehelfs nach den bisherigen Vorschriften; ist über den Rechtsbehelf nach dem Wirksamwerden des Beitritts zu entscheiden, richten sich die Art des außergerichtlichen Rechtsbehelfs sowie das weitere Verfahren nach den neuen Vorschriften.

13. [1]Eine vor dem Wirksamwerden des Beitritts begonnene Maßnahme der Zwangsvollstreckung ist nach dem bisherigen Recht zu erledigen. [2]Werden weitere selbständige Maßnahmen zur Fortsetzung der bereits begonnenen Zwangsvollstreckung nach dem Wirksamwerden des Beitritts eingeleitet, gelten die Vorschriften der Abgabenordnung. [3]Als selbständige Maßnahme gilt auch die Verwertung eines gepfändeten Gegenstandes.

§ 3[2] **Festsetzungsverjährung und D-Markbilanzgesetz.** (1) [1]Bei Steuerpflichtigen, die nach dem D-Markbilanzgesetz vom 31. August 1990 in der Fassung vom 28. Juli 1994 (BGBl. I S. 1842) eine Eröffnungsbilanz für den

---

[1] Gesetzblatt der DDR.
[2] Art. 97a § 3 eingef. durch G v. 18.12.1995 (BGBl. I S. 1959).

1. Juli 1990 aufzustellen haben, beträgt die Festsetzungsfrist insoweit abweichend von § 169 Abs. 2 Satz 1 Nr. 2 der Abgabenordnung für Steuern vom Einkommen, die nach dem 30. Juli 1990 und vor dem 1. Januar 1993 entstehen, sechs Jahre. ²Soweit diese Steuern leichtfertig verkürzt worden sind, beträgt die Festsetzungsfrist abweichend von § 169 Abs. 2 Satz 2 der Abgabenordnung sieben Jahre.

(2) Für Gesellschaften und Gemeinschaften, für die Einkünfte nach § 180 Abs. 1 Nr. 2 Buchstabe a der Abgabenordnung einheitlich und gesondert festzustellen sind, gilt Absatz 1 für die Feststellungsfrist sinngemäß.

(3) Die Festsetzungsfrist für Haftungsbescheide, denen die in den Absätzen 1 und 2 genannten Steueransprüche zugrunde liegen, beträgt abweichend von § 191 Abs. 3 Satz 2 der Abgabenordnung sechs Jahre, in den Fällen des § 70 der Abgabenordnung bei Steuerhinterziehung zehn Jahre, bei leichtfertiger Steuerverkürzung sieben Jahre, in den Fällen des § 71 der Abgabenordnung zehn Jahre.

§ 4[1]) Verrechnung der für das zweite Halbjahr 1990 gezahlten Vermögensteuer. Die nach der Verordnung vom 27. Juni 1990 (GBl. I Nr. 41 S. 618)[2]) in der zusammengefaßten Steuerrate für das zweite Halbjahr 1990 gezahlte Vermögensteuer ist in der Jahreserklärung 1990 innerhalb der Steuerrate mit der Körperschaftsteuer und Gewerbesteuer der in Kapitalgesellschaften umgewandelten ehemaligen volkseigenen Kombinate, Betriebe und Einrichtungen zu verrechnen.

§ 5[3]) *(aufgehoben)*

Art. 98 Verweisungen. Soweit in Rechtsvorschriften auf Vorschriften verwiesen wird, die durch dieses Gesetz aufgehoben werden, treten an deren Stelle die entsprechenden Vorschriften der Abgabenordnung.

Art. 99 Ermächtigungen. (1)[4]) Das Bundesministerium der Finanzen wird ermächtigt, durch Rechtsverordnung in den Fällen, in denen Verbrauchsteuergesetze für verbrauchsteuerpflichtige Waren Steuerbefreiungen, Steuerermäßigungen oder sonstige Steuervergünstigungen unter der Bedingung vorsehen, daß diese Waren einer besonderen Bestimmung zugeführt werden, zur Sicherung des Steueraufkommens und zur Vereinfachung des Verfahrens anzuordnen, daß

1. die Steuer nur bedingt entsteht; bei einer Steuerermäßigung gilt dies in Höhe des Unterschiedes zwischen dem vollen und dem ermäßigten Steuersatz,

2. eine bedingte Steuer außer in sonst gesetzlich bestimmten Fällen auch unbedingt wird, wenn

   a) die verbrauchsteuerpflichtige Ware entgegen Rechtsvorschriften über das Verfahren der Steueraufsicht vorenthalten oder entzogen wird,

   b) eine befristete Erlaubnis für die Inanspruchnahme einer Steuervergünstigung erlischt, hinsichtlich der in diesem Zeitpunkt beim Inhaber der

---

¹) Art. 97a § 4 angef. als § 3 durch G v. 24.6.1991 (BGBl. I S. 1322).
²) Gesetzblatt der DDR.
³) Art. 97a § 5 aufgeh. durch G v. 5.5.2004 (BGBl. I S. 718).
⁴) Art. 99 Abs. 1 geänd. durch G v. 21.12.1993 (BGBl. I S. 2310).

Erlaubnis noch vorhandenen Bestände an von ihm steuerbegünstigt bezogenen verbrauchsteuerpflichtigen Waren.

(2) Rechtsverordnungen nach Absatz 1 und andere Rechtsverordnungen, die auf Grund der in diesem Gesetz enthaltenen Ermächtigungen auf dem Gebiet der Verbrauchsteuern und Finanzmonopole (Artikel 20 bis 32) erlassen werden, bedürfen, außer wenn sie die Biersteuer betreffen, nicht der Zustimmung des Bundesrates.

Art. 100[1]) *(aufgehoben)*

Art. 101 Berlin-Klausel. *(gegenstandslos)*

Art. 102 Inkrafttreten. (1) Dieses Gesetz tritt am 1. Januar 1977 in Kraft, soweit nichts anderes bestimmt ist.

(2) § 17 Abs. 3 des Finanzverwaltungsgesetzes[2]) in der Fassung des Artikels 1 Nr. 7 Buchstabe b, Artikel 11, Artikel 17 Nr. 13 Buchstabe c, Artikel 97 § 19 und Artikel 99 treten am Tage nach der Verkündung[3]) in Kraft.

(3) Artikel 14 Nr. 1 Buchstabe a gilt erstmals für die Vermögensteuer des Kalenderjahres 1975.

---

[1]) Art. 100 aufgeh. durch G v. 21.12.1993 (BGBl. I S. 2310).
[2]) **dtv 5765 Steuergesetze Nr. 31.**
[3]) Verkündet am 17.12.1976.

1.2. Anwendungserlass zur Abgabenordnung (AEAO)[1]

Vom 31. Januar 2014

(BStBl. I S. 290)

(BMF IV A 4 – S 0062/14/10002; DOK 2014/0108334)

geänd. durch BMF-Schreiben v. 1.8.2014 (BStBl. I 2014, 1067), v. 3.11.2014 (BStBl. I 2014, 1393), v. 14.1.2015 (BStBl. I 2015, 76), v. 22.7.2015 (BStBl. I 2015, 571), v. 10.12.2015 (BStBl. I 2015, 1018), v. 26.1.2016 (BStBl. I 2016, 155), v. 23.5.2016 (BStBl. I 2016, 490), v. 5.9.2016 (BStBl. I 2016, 974), v. 12.1.2017 (BStBl. I 2017, 51), v. 7.8.2017 (BStBl. I 2017, 1257), v. 6.12.2017 (BStBl. I 2017, 1603), v. 11.12.2017 (BStBl. I 2017, 1604), v. 12.1.2018 (BStBl. I 2018, 175), v. 18.1.2018 (BStBl. I 2018, 204), v. 24.1.2018 (BStBl. I 2018, 258), v. 29.5.2018 (BStBl. I 2018, 699), v. 19.6. 2018 (BStBl. I 2018, 706), v. 31.1.2019 (BStBl. I 2019, 71), v. 5.4.2019 (BStBl. I 2019, 446), v. 17.6.2019 (BStBl. I 2019, 518), v. 27.9.2019 (BStBl. I 2019, 946), v. 20.12.2019 (BStBl. I 2020, 59), v. 4.5.2020 (BStBl. I 2020, 518), v. 28.5.2020 (BStBl. I 2020, 534), v. 27.8.2020 (BStBl. I 2020, 863), v. 20.1.2021 (BStBl. I 2021, 128) und v. 28.1.2021 (BStBl. I 2021, 145)

Nichtamtliche Inhaltsübersicht

---

[1] Der neugefasste AEAO ist mit sofortiger Wirkung in allen offenen Fällen anzuwenden. Durch die Neufassung des AEAO werden die BMF-Schreiben v. 2.1.2008 (BStBl. I S. 26), v. 21.4.2008 (BStBl. I S. 582), v. 17.7.2008 (BStBl. I S. 694), v. 2.1.2009 (BStBl. I S. 8), v. 30.7.2009 (BStBl. I S. 807, S. 2), v. 22.12.2009 (BStBl. 2010 I S. 9), v. 28.7.2010 (BStBl. I S. 630), v. 21.12.2010, BStBl. 2011 I S. 2), v. 17.3.2011 (BStBl. I S. 241), v. 11.7.2011 (BStBl. I S. 706), v. 17.1.2012 (BStBl. I S. 83), v. 30.1.2012 (BStBl. I S. 147), v. 15.8.2012 (BStBl. I S. 850), v. 31.1.2013 (BStBl. I S. 118), v. 23.7.2013 (BStBl. I S. 933) und v. 1.10.2013 (BStBl. I S. 1251) mit sofortiger Wirkung aufgehoben.

Anlagen

Unter Bezugnahme auf das Ergebnis der Erörterungen mit den obersten Finanzbehörden der Länder gilt für die Anwendung der Abgabenordnung Folgendes:

AEAO zu § 1 – Anwendungsbereich:

1. [1] Der Anwendungsbereich beschränkt sich auf die Steuern einschließlich der Steuervergütungen. [2] Die AO[1]) gilt auch für Steuererstattungen; diese sind als Umkehr der Steuerentrichtung bereits durch den Begriff der Steuer in den Anwendungsbereich mit einbezogen (§ 37 Abs. 1 AO).

2. [1] Für die von den Finanzbehörden verwalteten, durch Bundesrecht geregelten übrigen öffentlich-rechtlichen Abgaben, Prämien und Zulagen wird die Geltung der AO durch die jeweiligen Rechtsvorschriften bestimmt. [2] Dies gilt insbesondere für die Wohnungsbauprämien, Eigenheimzulagen, Arbeitnehmer-Sparzulagen und die Investitionszulagen.

3. [1] Die Vorschriften der AO sind grundsätzlich sinngemäß auch auf die steuerlichen Nebenleistungen (§ 3 Abs. 4 AO) anzuwenden. [2] Ausgenommen sind die Bestimmungen über die Festsetzung, Außenprüfung, Steuerfahndung und Steueraufsicht in besonderen Fällen (§§ 155 bis 217 AO), soweit sie nicht ausdrücklich für anwendbar erklärt worden sind (§ 155 Abs. 3 Satz 2, § 156 Abs. 2 AO).

4. Die AO ist auch für die Angelegenheiten anzuwenden, die nicht unmittelbar der Besteuerung dienen, aber aufgrund der Verwaltungskompetenz für diese Steuern in den Zuständigkeitsbereich der Finanzbehörden fallen (z.B. Erteilung von Bescheinigungen in Steuersachen, Ausstellung von Einkommensbescheinigungen für nichtsteuerliche Zwecke).

5. Wegen der Anwendung der AO bei der Leistung von Rechts- oder Amtshilfe wird auf die §§ 111 ff. AO hingewiesen.

AEAO zu § 3 – Steuern, steuerliche Nebenleistungen:

[1] Steuerliche Nebenleistungen sind keine Steuern. [2] Sie sind in § 3 Abs. 4 AO abschließend aufgezählt. [3] Wegen der Anwendung der AO auf steuerliche Nebenleistungen wird auf § 1 AO hingewiesen.

AEAO zu § 4 – Gesetz:

Bei der Auslegung von Steuergesetzen gelten die allgemeinen Auslegungsregeln und damit auch die wirtschaftliche Betrachtungsweise, so wie sie ihren Niederschlag in der Rechtsprechung gefunden hat (vgl. BVerfG vom 24.1. 1962, 1 BvR 232/60, BStBl. I S. 506).

AEAO zu § 5 – Ermessen:

1. [1] Bei der Ausübung des Ermessens sind nicht nur die in einzelnen gesetzlichen Bestimmungen vorgeschriebenen Voraussetzungen, sondern auch die Grundsätze der Gleichmäßigkeit der Besteuerung, der Verhältnismäßigkeit der Mittel, der Erforderlichkeit, der Zumutbarkeit, der Billigkeit und von Treu und Glauben sowie das Willkürverbot und das Übermaßverbot zu beachten. [2] Verwaltungsvorschriften, die die Ausübung des Ermessens regeln, sind für die Finanzbehörden bindend.

---

[1]) Nr. 1.

2. Wegen der Begründung von Ermessensentscheidungen wird auf § 121 AO, wegen der Rücknahme und des Widerrufs auf §§ 130 und 131 AO hingewiesen.

AEAO zu § 7 – Amtsträger:

1. [1]Der Begriff des Amtsträgers ist u.a. im Zusammenhang mit dem Steuergeheimnis (§ 30 AO), der Haftungsbeschränkung (§ 32 AO), der Ausschließung und Ablehnung von Personen in einem Verwaltungsverfahren (§§ 82 ff. AO) und bei der Selbstanzeige (§ 371 Abs. 2 AO) von Bedeutung. [2]Die Bestimmung entspricht § 11 Abs. 1 Nrn. 2 und 3 StGB.

2. Die in § 7 Nrn. 1 und 2 AO genannten Personen sind ohne Rücksicht auf Art und Inhalt der ausgeübten Tätigkeit Amtsträger.

3. [1]Die in § 7 Nr. 3 AO aufgeführten Personen sind nur Amtsträger, soweit sie Aufgaben der öffentlichen Verwaltung wahrnehmen. [2]Das sind Aufgaben, bei deren Erledigung Angelegenheiten der Gemeinwesen und ihrer Mitglieder unmittelbar gebietend, verbietend, entscheidend oder sonst wie handelnd innerhalb der gesetzlichen Grenzen wahrgenommen werden. [3]Unter § 7 Nr. 3 AO fallen insbesondere Verwaltungsangestellte (z.B. Angestellte im Außenprüfungsdienst), soweit sie nicht lediglich als Hilfskräfte bei öffentlichen Aufgaben mitwirken (z.B. Registratur- und Schreibkräfte).

AEAO vor §§ 8, 9 – Wohnsitz, gewöhnlicher Aufenthalt:

1. [1]Die Begriffe des Wohnsitzes (§ 8 AO) bzw. des gewöhnlichen Aufenthalts (§ 9 AO) haben insbesondere Bedeutung für die persönliche Steuerpflicht natürlicher Personen (vgl. zu § 1 EStG[1]), § 2 ErbStG[2])) oder für familienbezogene Entlastungen (z.B. Realsplitting nach § 10 Abs. 1a Nr. 1 EStG). [2]Sie sind auch maßgeblich, wenn die Familienkassen in eigener Zuständigkeit und ohne Bindung an die Beurteilung des Finanzamts im Besteuerungsverfahren die Voraussetzungen des Kindergeldanspruchs nach § 62 Abs. 1 Nr. 1 bzw. § 63 Abs. 1 EStG prüfen (vgl. u.a. BFH-Urteil vom 20.3.2013, XI R 37/11, BStBl. 2014 II S.831).

2. Die Begriffe des Wohnsitzes bzw. des gewöhnlichen Aufenthalts stellen allein auf die tatsächlichen Verhältnisse ab (BFH-Urteil vom 10.11.1978, VI R 127/76, BStBl. 1979 II S. 335).

[1]Zwischenstaatliche Vereinbarungen enthalten dagegen z.T. hiervon abweichende Fiktionen, die den an die tatsächlichen Verhältnisse anknüpfenden allgemeinen Regelungen der §§ 8 und 9 AO vorgehen (z.B. Art. 13 des Protokolls (Nr. 7) über die Vorrechte und Befreiungen der Europäischen Union vom 26.10.2012, Amtsblatt der Europäischen Union C 326 S. 266; Artikel X des NATO-Truppenstatuts i.V.m. Art. 68 Abs. 4, Art. 74 des Zusatzabkommens zum NATO-Truppenstatut; Wiener Übereinkommen vom 18.4. 1961 über diplomatische Beziehungen (WÜD, BGBl. 1964 II S. 957) und vom 24.4.1963 über konsularische Beziehungen [WÜK, BGBl. 1969 II S. 1585]); vgl. hierzu AEAO zu § 8, Nrn. 8 und 9. [2]Andere Abkommen enthalten persönliche Steuerbefreiungen.

Für deutsche Auslandsbedienstete gilt hinsichtlich der Frage der unbeschränkten Steuerpflicht die Sonderregelung des § 1 Abs. 2 EStG.

---

[1]) **dtv 5785 ESt/LSt Nr. 1.**
[2]) **dtv 5547 ErbSt/BewG/GrSt Nr. 2.**

[1] Als unbeschränkt steuerpflichtig können auch solche natürlichen Personen behandelt werden, die die Kriterien des § 1 Abs. 3 EStG erfüllen. [2] Damit ist teilweise auch die Höhe der Einkünfte Anknüpfungskriterium für den Umfang der Steuerpflicht (§ 1 Abs. 3 Sätze 2 bis 4 EStG).

[1] Der Begriff der Ansässigkeit i.S.d. DBA ist allein auf deren Anwendung (insbesondere hinsichtlich der Abkommensberechtigung und der Zuteilung der Besteuerungsrechte) beschränkt und hat keine Auswirkung auf die persönliche Steuerpflicht. [2] Die deutsche unbeschränkte Steuerpflicht besteht daher auch dann, wenn der Steuerpflichtige je eine Wohnung bzw. einen gewöhnlichen Aufenthalt im Inland und im Ausland hat und nach dem anzuwendenden DBA im ausländischen Vertragsstaat ansässig ist (vgl. BFH-Urteil vom 4.6.1975, I R 250/73, BStBl. II S. 708).

3. Auch wenn ein Steuerpflichtiger im Inland keinen Wohnsitz mehr hat, kann er hier noch seinen gewöhnlichen Aufenthalt haben.

AEAO zu § 8 – Wohnsitz:

Inhaltsübersicht

1. Allgemeines

1.1. [1] Nach § 8 AO hat eine natürliche Person einen Wohnsitz dort, wo sie eine Wohnung unter Umständen innehat, die darauf schließen lassen, dass sie die Wohnung beibehalten und benutzen wird. [2] Ob im Einzelfall eine solche Benutzung vorliegt, ist unter Würdigung der Gesamtumstände nach den Verhältnissen des jeweiligen Veranlagungszeitraums oder Anspruchszeitraums zu beurteilen; die tatsächliche Entwicklung der Verhältnisse in den Folgejahren ist nur zu berücksichtigen, soweit ihr Indizwirkung für die Feststellung der tatsächlichen Verhältnisse im zurückliegenden Zeitraum zukommt (vgl. BFH-Urteil vom 23.6.2015, III R 38/14, BStBl. 2016 II S. 102).

1.2. [1] Die bloße Absicht, einen Wohnsitz zu begründen oder aufzugeben, bzw. die An- und Abmeldung bei der Ordnungsbehörde entfalten allein keine unmittelbare steuerliche Wirkung (BFH-Urteil vom 14.11.1969, III R 95/68, BStBl. 1970 II S. 153). [2] Hat der Steuerpflichtige eine Wohnung inne, die nach objektiven Maßstäben dauerhaft genutzt und beibehalten werden soll, kommt einem etwaigen Willen des Steuerpflichtigen, an diesem Platz keinen Wohnsitz begründen oder beibehalten zu wollen, keine Bedeutung zu (vgl. BFH-Urteil vom 23.11.1988, II R 139/87, BStBl. 1989 II S. 182). [3] Maßgeblich sind alleine die tatsächlichen Lebensverhältnisse; völkerrechtliche Vereinbarungen, insbesondere des Konsularrechts, stehen der Annahme eines Wohnsitzes gem. § 8 AO im Inland daher nicht entgegen (BFH-Urteil vom 8.8.2013, VI R 45/12, BStBl. 2014 II S. 836). [4] Die An- und Abmeldung bei der Ordnungsbehörde können im Allgemeinen als Indizien dafür angesehen werden, dass der Steuerpflichtige seinen Wohnsitz unter der von ihm angegebenen Anschrift begründet bzw. aufgegeben hat.

1.3. [1]Ein Steuerpflichtiger kann gleichzeitig mehrere Wohnungen und mehrere Wohnsitze i.S.d. § 8 AO haben. [2]Diese können im Inland und/oder Ausland gelegen sein. [3]Zur Begründung eines steuerlichen Wohnsitzes im Inland ist nicht Voraussetzung, dass sich dort auch der Mittelpunkt der Lebensinteressen befindet oder dass der Steuerpflichtige von dort aus seiner täglichen Arbeit nachgeht (BFH-Urteile vom 19.3.1997, I R 69/96, BStBl. II S. 447, und vom 18.12.2013, III R 44/12, BStBl. 2015 II S. 143). [4]Für die Annahme eines Wohnsitzes auf Grund einer Zweit- bzw. Nebenwohnung ist es nicht erforderlich, dass diese der Erstwohnung hinsichtlich Größe und Ausstattung gleichrangig ist. [5]Es ist dem begrenzten Zweck Rechnung zu tragen, dem die Zweit- bzw. Nebenwohnung dient.

2. Wohnung

[1]Mit Wohnung sind stationäre Räumlichkeiten gemeint, die − mindestens im Sinne einer bescheidenen Bleibe − für den Steuerpflichtigen auf Dauer zum Wohnen geeignet sind. [2]Weil „Bewohnen" mehr ist als „Aufenthalt" oder „Übernachtung", erfüllt eine nur kurzfristige, lediglich vorübergehende oder eine notdürftige Unterbringungsmöglichkeit den Wohnungsbegriff nicht. [3]Nicht erforderlich ist eine abgeschlossene Wohnung mit Küche und separater Waschgelegenheit i.S.d. Bewertungsrechts bzw. dass das zur Wohnung gehörende Bad in den Wohnbereich integriert ist. [4]In rechtlicher Hinsicht reicht es aus, wenn die Wohnung mit einfachsten Mitteln ausgestattet ist. [5]Darauf, ob die Ausstattungsgegenstände vom Vermieter gestellt oder vom Mieter selbst beschafft worden sind, kommt es nicht an (BFH-Urteil vom 14.11.1969, III R 95/68, BStBl. 1970 II S. 153).

3. Innehaben der Wohnung

[1]Der Steuerpflichtige muss die Wohnung innehaben. [2]Danach muss die Wohnung in objektiver Hinsicht dem Steuerpflichtigen jederzeit (wann immer er es wünscht), als Bleibe zur Verfügung stehen. [3]An der objektiven Eignung fehlt es bei sog. Standby-Wohnungen oder -Zimmern, wenn auf Grund von Vereinbarungen oder Absprachen zwischen den Wohnungsnutzern die Nutzungsmöglichkeit des Steuerpflichtigen derart beschränkt ist, dass er die Wohnung oder das Zimmer nicht jederzeit für einen Wohnaufenthalt nutzen kann (BFH-Urteil vom 13.11.2013, I R 38/13, BFH/NV 2014 S. 1046).

4. Nutzung zu Wohnzwecken

4.1. [1]Die Nutzung muss zu Wohnzwecken erfolgen. [2]Die Wohnnutzung muss weder regelmäßig noch über eine längere Zeit erfolgen; erforderlich ist aber eine Nutzung, die über bloße Besuche, kurzfristige Ferienaufenthalte bzw. unregelmäßige kurze Aufenthalte zu Erholungszwecken oder zu Verwaltungszwecken hinausgeht (vgl. BFH-Urteil vom 10.4.2013, I R 50/12, BFH/NV S. 1909). [3]Die ausschließliche Nutzung als Betriebsstätte, Büro, Ladengeschäft, Warenlager o.Ä. stellt keine Nutzung zu Wohnzwecken dar (vgl. u.a. BFH-Urteil vom 8.5.2014, III R 21/12, BStBl. 2015 II S. 135). [4]Es ist nicht erforderlich, dass der Steuerpflichtige sich während einer Mindestzahl von Tagen oder Wochen im Jahr zu Wohnzwecken in der Wohnung aufhält (BFH-Urteil vom 19.3.1997, I R 69/96, BStBl. II S. 447). [5]Eine Nutzung zu Wohnzwecken kann − insbesondere in Arbeitnehmer-Entsende-Fällen − auch vorliegen, wenn der Steuerpflichtige eine Wohnung innerhalb eines Kalenderjahrs nicht nutzt.

4.2. [1] Es muss nach dem Gesamtbild der Verhältnisse wahrscheinlich sein, dass der Steuerpflichtige die Nutzung der Wohnung zu Wohnzwecken auch in Zukunft fortsetzen wird. [2] Hierin kommt u.a. ein Zeitmoment zum Ausdruck, Anhaltspunkte können aber auch Ausstattung und Einrichtung sein.

4.2.1. [1] Als Anhaltspunkt zur Bestimmung des Zeitmoments kann auf den in § 9 Satz 2 AO normierten Sechsmonatszeitraum zurückgegriffen werden (BFH-Urteil vom 8.5.2014, III R 21/12, BStBl. 2015 II S. 135). [2] Dieser Sechsmonatszeitraum kann auch jahresübergreifend sein.

4.2.2. [1] Wer eine Wohnung von vornherein in der Absicht nimmt, sie nur vorübergehend (für bis zu sechs Monate) beizubehalten und zu benutzen, begründet dort keinen Wohnsitz (BFH-Urteil vom 30.8.1989, I R 215/85, BStBl. II S. 956). [2] Entscheidend ist jedoch die Absicht des Steuerpflichtigen. [3] Im Einzelfall kann daher auch ein tatsächlicher Aufenthalt von bis zu sechs Monaten als ein nicht nur vorübergehender anzusehen sein. [4] Dann muss sich jedoch die ursprüngliche Absicht auf einen längeren Aufenthalt bezogen haben (BFH-Urteil vom 30.8.1989, I R 215/85, a.a.O.).

5. Familienwohnsitz

5.1. Die Frage des Wohnsitzes ist für jede Person gesondert zu prüfen (BFH-Urteil vom 7.4.2011, III R 77/09, BFH/NV S. 1351).

5.2. [1] Ein Ehegatte/Lebenspartner, der nicht dauernd getrennt lebt, hat seinen Wohnsitz grundsätzlich dort, wo seine Familie lebt (BFH-Urteil vom 6.2.1985, I R 23/82, BStBl. II S. 331). [2] Diese Vermutung gilt regelmäßig unabhängig davon, welche räumliche Entfernung zwischen den Ehegatten/Lebenspartnern besteht. [3] Deshalb ist eine inländische Wohnung, die von einem Ehegatten/Lebenspartner gelegentlich zu Wohnzwecken genutzt wird, auch dann ein Wohnsitz, wenn er sich zeitlich überwiegend im Ausland aufhält.

5.3. Wer sich – auch in regelmäßigen Abständen – in der Wohnung eines Angehörigen oder eines Bekannten aufhält, begründet dort keinen Wohnsitz (BFH-Urteil vom 24.10.1969, IV 290/64, BStBl. 1970 II S. 109), sofern es nicht wie im Fall einer Familienwohnung oder der Wohnung einer Wohngemeinschaft gleichzeitig die eigene Wohnung ist.

5.4. Minderjährige Kinder teilen grundsätzlich den Wohnsitz ihrer Eltern, weil sie über die Haushaltszugehörigkeit eine abgeleitete Nutzungsmöglichkeit besitzen und damit regelmäßig zugleich die elterliche Wohnung i.S.d. § 8 AO innehaben.

6. Wohnsitz bei Aufenthalt in einem anderen Staat

Wer einen Wohnsitz im Ausland begründet, hat auch im Inland einen Wohnsitz i.S.v. § 8 AO, sofern er die inländische Wohnung weiterhin unter Umständen innehat, die darauf schließen lassen, sie beibehalten und benutzen zu wollen (vgl. BFH-Urteil vom 19.3.1997, I R 69/96, BStBl. II S. 447).

[1] Das Innehaben der inländischen Wohnung kann nach den Umständen des Einzelfalles auch dann anzunehmen sein, wenn der Steuerpflichtige sie während eines Auslandsaufenthalts vorübergehend (bis zu sechs Monate) vermietet oder untervermietet, um sie alsbald nach Rückkehr im Inland wieder zu benutzen. [2] Zur Zuständigkeit in diesen Fällen siehe § 19 Abs. 1 Satz 2 AO.

[1] Wird die inländische Wohnung zur bloßen Vermögensverwaltung zurückgelassen, endet der Wohnsitz mit dem Wegzug. [2] Bloße Vermögensverwaltung liegt z.b. vor, wenn ein ins Ausland versetzter Steuerpflichtiger bzw. ein im Ausland lebender Steuerpflichtiger seine Wohnung/sein Haus verkaufen oder langfristig vermieten will und dies in absehbarer Zeit auch tatsächlich verwirklicht.

6.1. Auslandsaufenthalt eines Arbeitnehmers

6.1.1. [1] Bei einem ins Ausland versetzten Arbeitnehmer ist ein inländischer Wohnsitz widerlegbar zu vermuten, wenn er seine Wohnung im Inland beibehält, deren Benutzung ihm weiterhin möglich ist und die nach ihrer Ausstattung jederzeit als Bleibe dienen kann (BFH-Urteil vom 17.5.1995, I R 8/94, BStBl. 1996 II S. 2). [2] Ist ein Arbeitnehmer z.b. im Rahmen einer Entsendung im Ausland tätig und wird er von seiner Familie begleitet, so ist ein inländischer Familienwohnsitz i.S.d. § 8 AO weiterhin anzunehmen, wenn dieser über die Dauer der Entsendung beibehalten werden soll und nach objektiven Maßstäben jederzeit durch die Familie zu Wohnzwecken genutzt werden kann.

6.1.2. [1] Entscheidend ist, ob objektiv erkennbare Umstände dafür sprechen, dass der Steuerpflichtige die Wohnung für Zwecke des eigenen Wohnens beibehält. [2] Nach der Lebenserfahrung spricht es für die Beibehaltung eines inländischen Wohnsitzes i.S.d. § 8 AO, wenn jemand eine Wohnung, die er vor einem Auslandsaufenthalt als einzige ständig nutzte, während desselben unverändert und in einem ständig nutzungsbereiten Zustand beibehält und zu Wohnzwecken nutzt oder nutzen kann (vgl. Nr. 4.1 des AEAO zu § 8). [3] Von Bedeutung kann dabei auch sein, ob der Steuerpflichtige nach Beendigung des Auslandsaufenthalts mit hoher Wahrscheinlichkeit die Wohnung wieder ständig nutzen wird (BFH-Urteil vom 19.3.1997, I R 69/96, BStBl. II S. 447). [4] Insoweit handelt es sich um eine Sachverhaltsvermutung, die vom Steuerpflichtigen widerlegt werden kann; ihm obliegt insoweit die Feststellungslast (vgl. BFH-Urteil vom 17.5.1995, I R 8/94, BStBl. 1996 II S. 2).

6.1.3. Für die Beurteilung, ob die einen ins Ausland entsendeten Arbeitnehmer begleitenden (Familien-)Angehörigen ihren inländischen Wohnsitz beibehalten oder aufgegeben haben, gelten grundsätzlich (Hinweis insbesondere auf Nrn. 5.2 und 5.4 des AEAO zu § 8) dieselben Maßstäbe.

6.1.4. [1] Nach einem auf Dauer angelegten Wegzug der Familie ins Ausland führt das Vorhalten einer eigenen Wohnung allein nicht zur Begründung bzw. Beibehaltung eines inländischen Wohnsitzes, wenn die Wohnung nur kurzzeitig zu Urlaubs- oder Besuchszwecken (vgl. Nr. 4.1 des AEAO zu § 8) genutzt wird (vgl. BFH-Urteil vom 26.1.2001, VI R 89/00, BFH/NV S. 1018). [2] Das Gleiche gilt für eine Wohnung, die unentgeltlich von Dritten (z.B. Eltern) zur Verfügung gestellt wird (vgl. BFH-Urteil vom 12.1.2001, VI R 64/98, BFH/NV S. 1231).

6.2. Auslandsaufenthalt eines Kindes

6.2.1. [1] Ein minderjähriges Kind, das sich zusammen mit seinen Eltern im Ausland aufhält und bereits vor deren Ausreise mit seinen Eltern einen gemeinsamen Wohnsitz im Inland hatte, behält diesen grundsätzlich bei, wenn auch die Eltern ihren Wohnsitz im Inland beibehalten. [2] Wird ein Kind im Ausland geboren, begründet es ausnahmsweise einen Wohnsitz im Inland bzw. teilt den inländischen (Familien-)Wohnsitz bereits ab seiner Geburt, sofern sich die Mutter nur kurzfristig, lediglich vorübergehend zum Zeitpunkt der Geburt bzw. zur Entbindung im Ausland aufgehalten hat und das Kind alsbald bzw. innerhalb angemessener Zeit nach Deutschland gebracht wird. [3]Kann das Kind den Wohnsitz der Eltern im Inland indes aus tatsächlichen oder rechtlichen Gründen nicht nur kurzfristig nicht aufsuchen, kann es dort (zunächst) auch keinen eigenen Wohnsitz begründen. [4]Ein im Ausland lebender Angehöriger kann im Inland grundsätzlich keinen Wohnsitz begründen, ohne sich hier aufgehalten zu haben (BFH-Urteil vom 7.4.2011, III R 77/09, BFH/NV S. 1351).

6.2.2. [1]Hält sich das Kind im Ausland auf, reicht es für die Annahme eines (inländischen) Wohnsitzes nicht aus, wenn die elterliche Wohnung dem Kind weiterhin zur Verfügung steht. [2]Es muss eine Beziehung zur elterlichen Wohnung vorhanden sein, die über die allein durch das Familienverhältnis begründete Beziehung hinausgeht und erkennen lässt, dass das Kind die elterliche Wohnung nach wie vor auch als seine eigene betrachtet (BFH-Urteil vom 17.3.1961, VI 185/60 U, BStBl. III S. 298) und sie innehat, um sie als solche zu nutzen (BFH-Urteil vom 25.9.2014, III R 10/14, BStBl. 2015 II S. 655). [3]Anderenfalls behält das Kind seinen inländischen Wohnsitz bei den Eltern nicht bei, sondern gibt ihn zunächst auf und begründet ihn bei einer späteren Rückkehr wieder neu.

6.2.3. [1]Die Beurteilung hängt von einer Vielzahl von Faktoren ab. [2]So sind neben der Dauer des Auslandsaufenthalts insbesondere das Alter des Kindes, die Unterbringung im Ausland und im Elternhaus, der Zweck des Auslandsaufenthalts, die Häufigkeit und die Dauer der Aufenthalte bei den Eltern sowie die persönlichen Beziehungen des Kindes am Wohnort der Eltern und im Ausland ausschlaggebend. [3]Die Feststellung einer Rückkehrabsicht sagt grundsätzlich nichts darüber aus, ob der inländische Wohnsitz während des vorübergehenden Auslandsaufenthalts beibehalten oder aber aufgegeben und nach der Rückkehr neu begründet wird (vgl. BFH-Urteile vom 23.11.2000, VI R 165/99 und VI R 107/99, BStBl. 2001 II S. 279 und 294).

6.2.4. [1]Kein ausschlaggebendes Kriterium ist regelmäßig die Herkunft der Eltern oder die des Kindes. [2]Aus den familiären und kulturellen Umständen am Aufenthaltsort können sich jedoch Hinweise für das Entstehen neuer Beziehungen und die Lockerung der bisher bestehenden Bindungen ergeben, z.B. bei einem mehrjährigen Schulbesuch im Ausland, für den das Kind vor Ort bei Verwandten untergebracht ist (vgl. BFH-Urteile vom 23.11.2000, VI R 165/99 und VI R 107/99, BStBl. 2001 II S. 279 und 294, und vom 23.6.2015, III R 38/14, BStBl. 2016 II S. 102).

6.2.5. Der Inlandswohnsitz wird nur dann beibehalten, wenn das Kind entweder seinen Lebensmittelpunkt weiterhin am bisherigen Wohnort hat (keine Wohnsitzbegründung am Ort des Auslandsaufenthalts) oder es zwar keinen einheitlichen Lebensmittelpunkt mehr hat, aber nunmehr über zwei Schwerpunkte der Lebensverhältnisse (zwei Wohnsitze) verfügt, von denen einer am bisherigen Wohnort liegt (BFH-Urteil vom 23.11.2000, VI R 107/99, BStBl. 2001 II S. 294).

6.2.6. [1]Bei Kindern, die sich von vornherein in einem begrenzten Zeitraum von bis zu einem Jahr im Ausland aufhalten, ist grundsätzlich davon auszugehen, dass der inländische Wohnsitz beibehalten wird, so dass Inlandsaufenthalte für die Beibehaltung des Wohnsitzes nicht erforderlich sind. [2]Wird die Absicht zur Rückkehr innerhalb eines Jahres aufgegeben, so kann in diesem Moment eine Aufgabe des Wohnsitzes erfolgen (BFH-Urteil vom 25.9.2014, III R 10/14, BStBl. 2015 II S. 655).

6.2.7. [1] Kinder, die sich länger als ein Jahr ins Ausland begeben, behalten ihren Wohnsitz in der inländischen elterlichen Wohnung nur bei, wenn sie diese in ausbildungsfreien Zeiten zumindest überwiegend nutzen. [2] Eine Aufenthaltsdauer von jährlich fünf Monaten in der Wohnung der Eltern genügt jedenfalls, um einen inländischen Wohnsitz beizubehalten, sie ist aber dafür nicht stets erforderlich (BFH-Urteil vom 28.4.2010, III R 52/09, BStBl. II S. 1013). [3] Durch die Eltern-Kind-Beziehung begründete Besuche – d.h. kurzzeitige Besuche und sonstige Aufenthalte zu Urlaubs- oder familiären Zwecken, die keinem Aufenthalt mit Wohncharakter gleichkommen und daher nicht „zwischenzeitliches Wohnen" in der elterlichen Wohnung bedeuten – reichen nicht aus, um den inländischen Wohnsitz des Kindes beizubehalten oder einen solchen zu begründen. [4] Keinen Wohncharakter haben nach der Lebenserfahrung kurzzeitige Aufenthalte von zwei bis drei Wochen im Jahr (BFH-Urteil vom 25.9.2014, III R 10/14, BStBl. 2015 II S. 655).

6.2.8. [1] Die Dauer der Inlandsaufenthalte vor dem Beginn oder nach dem Ende der Schul-, Hochschul- oder Berufsausbildung bleibt außer Betracht. [2] Fehlende finanzielle Mittel für Heimreisen des Kindes können die fehlenden Inlandsaufenthalte in den ausbildungsfreien Zeiten nicht kompensieren (BFH-Urteil vom 25.9.2014, III R 10/14, BStBl. 2015 II S. 655). [3] Hält sich ein Kind nicht nur vorübergehend zum Schulbesuch im Ausland auf, führen besuchsweise Aufenthalte in der elterlichen Wohnung auch dann nicht zur Beibehaltung des inländischen Wohnsitzes, wenn die Rückkehr des Kindes nach Deutschland nach Erreichen des Schulabschlusses beabsichtigt ist (BFH-Urteil vom 23.11.2000, VI R 165/99, BStBl. 2001 II S. 279).

7. NATO-Truppenstatut

[1] Hält sich ein Mitglied einer Truppe oder des zivilen Gefolges des Entsendungsstaates „nur in dieser Eigenschaft" i.S.d. Art. X des NATO-Truppenstatuts bzw. dessen Angehörige nach Art. 68 Abs. 4 des Zusatzabkommens zum NATO-Truppenstatut im Inland auf, wird das Fehlen des inländischen steuerrechtlichen Wohnsitzes oder gewöhnlichen Aufenthalts fingiert, wenn anhand der Lebensumstände aus Sicht des jeweiligen Besteuerungszeitraums festgestellt werden kann, dass die betreffende Person in dem maßgeblichen Zeitraum fest entschlossen war, nach Beendigung des Dienstes in den Ausgangs- oder in ihren Heimatstaat zurückzukehren (BFH-Urteil vom 9.11.2005, I R 47/04, BStBl. 2006 II S. 374). [2] Voraussetzung dafür ist eine gewisse zeitliche Fixierung im Hinblick auf die Rückkehr nach der Beendigung des Dienstes. [3] Die Rückkehr muss in einer gewissen zeitlichen Nähe zur Beendigung des Dienstes stehen. [4] Ferner setzt die Fiktion voraus, dass die betreffende Person nicht vor Aufnahme ihrer Tätigkeit einen Wohnsitz oder gewöhnlichen Aufenthalt im Inland begründet hat und sich nicht auch aus anderen Gründen im Inland aufhält.

8. Wiener Übereinkommen über diplomatische Beziehungen und über konsularische Beziehungen

Die völkerrechtlich verbindlichen Regelungen des Wiener Übereinkommens vom 18.4.1961 über diplomatische Beziehungen (WÜD, BGBl. 1964 II S. 957) bzw. des vom 24.4.1963 über konsularische Beziehungen (WÜK,

BGBl. 1969 II S. 1585) tragen dem Gedanken der Exterritorialität von Diplomaten und der ihnen gleichgestellten Personen Rechnung.

[1] Diplomaten einer ausländischen Mission und Konsularbeamte einer ausländischen konsularischen Vertretung haben nach dem WÜD bzw. dem WÜK kraft völkerrechtlicher Fiktion im Inland keinen Wohnsitz und sind demnach von innerstaatlichen Steuern befreit, sofern sie nicht die deutsche Staatsangehörigkeit haben oder nach den Sonderregelungen des WÜD bzw. WÜK im Inland ständig ansässig sind. [2] Private Einkünfte, deren Quelle sich im Inland (Empfangsstaat) befindet, sind von der Steuerbefreiung ausgenommen und führen zu einer beschränkten Einkommensteuerpflicht. [3] Gleiches gilt für die zum Haushalt des Diplomaten oder Konsularbeamten gehörenden Familienmitglieder sowie Mitglieder des Verwaltungs- und des technischen Personals ausländischer Missionen und ausländischer konsularischer Vertretungen.

9. Protokoll (Nr. 7) über die Vorrechte und Befreiungen der Europäischen Union (EU)

[1] Hält sich eine Person zur Ausübung ihrer Amtstätigkeit im Dienste der EU im Hoheitsgebiet eines anderen Mitgliedstaates auf als dem, in dem sie vor Dienstantritt ihren steuerlichen Wohnsitz hatte, werden sie und ihr nicht berufstätiger Ehegatte/Lebenspartner in beiden genannten Staaten so behandelt, als hätten sie ihren früheren Wohnsitz beibehalten (Art. 13 des Protokolls (Nr. 7) über die Vorrechte und Befreiungen der Europäischen Union vom 26.10.2012, Amtsblatt der Europäischen Union C 326 S. 266). [2] Gleiches gilt für die Kinder, die unter der Aufsicht der in diesem Artikel bezeichneten Personen stehen und von ihnen unterhalten werden.

AEAO zu § 9 – Gewöhnlicher Aufenthalt:

1.[1] [1] Sofern nicht die besonderen Voraussetzungen des § 9 Satz 3 AO vorliegen, wird an den inländischen Aufenthalt während eines zusammenhängenden Zeitraums von mehr als sechs Monaten die unwiderlegbare Vermutung für das Vorhandensein eines gewöhnlichen Aufenthalts geknüpft. [2] Der Begriff „gewöhnlich" ist gleichbedeutend mit „dauernd". [3] „Dauernd" erfordert keine ununterbrochene Anwesenheit, sondern ist im Sinne von „nicht nur vorübergehend" zu verstehen (BFH-Urteil vom 30.8.1989, I R 215/85, BStBl. II S. 956). [4] Bei Unterbrechungen der Anwesenheit kommt es darauf an, ob noch ein einheitlicher Aufenthalt oder mehrere getrennte Aufenthalte anzunehmen sind. [5] Ein einheitlicher Aufenthalt ist gegeben, wenn der Aufenthalt nach den Verhältnissen fortgesetzt werden sollte und die Unterbrechung nur kurzfristig ist. [6] Als kurzfristige Unterbrechung kommen in Betracht Familienheimfahrten, Jahresurlaub, längerer Heimaturlaub, Kur und Erholung, aber auch geschäftliche Reisen. [7] Der Tatbestand des gewöhnlichen Aufenthalts kann bei einem weniger als sechs Monate dauernden Aufenthalt verwirklicht werden, wenn Inlandsaufenthalte nacheinander folgen, die sachlich miteinander verbunden sind, und der Steuerpflichtige von vornherein beabsichtigt, nicht nur vorübergehend im Inland zu verweilen (BFH-Urteile vom 27.7.1962, VI 156/59 U, BStBl. III S. 429, und vom 3.8.1977, I R 210/75, BStBl. 1978 II S. 118).

2. [1] Der gewöhnliche Aufenthalt im Inland ist zu verneinen, wenn der Steuerpflichtige unter Benutzung einer im Ausland gelegenen Wohnung ledig-

---

[1] Siehe hierzu auch BFH v. 22.6.2011 I R 26/20, BFH/NV 2011, 2001, insb. zu „kurzfristigen Unterbrechungen" und zum „äußerlich erkennbaren Zusammenhang".

lich seine Tätigkeit im Inland ausübt (BFH-Urteil vom 25.5.1988, I R 225/82, BStBl. II S. 944). [2] Grenzgänger haben ihren gewöhnlichen Aufenthalt grundsätzlich im Wohnsitzstaat (BFH-Urteile vom 10.5.1989, I R 50/85, BStBl. II S. 755, und vom 10.7.1996, I R 4/96, BStBl. 1997 II S. 15). [3] Dasselbe gilt für Unternehmer/Freiberufler, die regelmäßig jeweils nach Geschäftsschluss zu ihrer Familienwohnung im Ausland zurückkehren (BFH-Urteil vom 6.2.1985, I R 23/82, BStBl. II S. 331). [4] Wer allerdings regelmäßig an Arbeitstagen am Arbeits-/Geschäftsort im Inland übernachtet und sich nur am Wochenende bzw. an Feiertagen und im Urlaub zu seiner Wohnung im Ausland begibt, hat an dem inländischen Arbeits-/Geschäftsort jedenfalls seinen gewöhnlichen Aufenthalt.

3. [1] Der gewöhnliche Aufenthalt kann nicht gleichzeitig an mehreren Orten bestehen. [2] Bei fortdauerndem Schwerpunktaufenthalt im Ausland begründen kurzfristige Aufenthalte im Inland, z.B. Geschäfts-, Dienstreisen, Schulungen, keinen gewöhnlichen Aufenthalt im Inland. [3] Umgekehrt führen kurzfristige Auslandsaufenthalte bei fortdauerndem Schwerpunktaufenthalt im Inland nicht zur Aufgabe eines gewöhnlichen Aufenthalts im Inland.

4. [1] Der gewöhnliche Aufenthalt im Inland ist aufgegeben, wenn der Steuerpflichtige zusammenhängend mehr als sechs Monate im Ausland lebt, es sei denn, dass besondere Umstände darauf schließen lassen, dass die Beziehungen zum Inland bestehen bleiben. [2] Entscheidend ist dabei, ob der Steuerpflichtige den persönlichen und geschäftlichen Lebensmittelpunkt ins Ausland verlegt hat und ob er seinen Willen, in den Geltungsbereich dieses Gesetzes zurückzukehren, endgültig aufgegeben hat (BFH-Urteil vom 27.7.1962, VI 156/59 U, BStBl. III S. 429). [3] Als Kriterien dafür können die familiären, beruflichen und gesellschaftlichen Bindungen herangezogen werden (z.B. Wohnung der Familienangehörigen im Inland, Sitz des Gewerbebetriebs im Inland). [4] Hält sich der Steuerpflichtige zusammenhängend länger als ein Jahr im Ausland auf, ist grundsätzlich eine Aufgabe des gewöhnlichen Aufenthalts im Inland anzunehmen.

AEAO zu § 12 – Betriebstätte:[1)]

1. Die Begriffsbestimmung gilt auch für die freiberufliche Tätigkeit und Steuerpflichtige mit Einkünften aus Land- und Forstwirtschaft.

2. [1] Auch nicht sichtbare, unterirdisch verlaufende Rohrleitungen (Pipelines) sind feste Geschäftseinrichtungen i.S.d. § 12 Satz 1 AO und damit Betriebstätten (BFH-Urteil vom 30.10.1996, II R 12/92, BStBl. 1997 II S. 12). [2] Zu den Betriebstätten zählen auch bewegliche Geschäftseinrichtungen mit vorübergehend festem Standort (z.B. fahrbare Verkaufsstätten mit wechselndem Standplatz).

3. Stätten der Erkundung von Bodenschätzen (z.B. Versuchsbohrungen) sind als Betriebstätten anzusehen, wenn die Voraussetzungen des § 12 Nr. 8 AO erfüllt sind.

[1)] Vgl. auch Betriebsstättenerlass BMF v. 24.12.1999, BStBl. I 1999, 1076, geänd. durch BMF v. 20.11.2000, BStBl. I 2000, 1509, v. 25.8.2009, BStBl. I 2009, 888, v. 20.6.2013, BStBl. I 2013, 980, und v. 26.9.2014, BStBl. I 2014, 1258. – Zur Einkommensteuer vgl. R 2a Abs. 12 EStR (negative Auslandseinkünfte) bzw. R 4.12 EStR (Fahrten Wohnung – Betriebsstätte) **(dtv 5785 ESt/LSt Nr. 3)**, zur Gewerbesteuer vgl. R 2.9 GewStR **(dtv 5786 KSt/GewSt Nr. 6)**.

4. [1] Soweit die Steuergesetze (insbes. EStG[1]) und GewStG[2]) den Begriff „Betriebsstätte" verwenden, ohne ihn selbst abweichend von § 12 AO zu definieren (wie etwa § 41 Abs. 2 EStG), bestimmt sich dieser Begriff grundsätzlich nicht nach der Definition eines einschlägigen DBA, sondern nach innerstaatlichem Recht (vgl. BFH-Urteil vom 20.7.2016, I R 50/15, BStBl. 2017 II S. 230). [2] DBA legen lediglich fest, in welchem Umfang eine nach innerstaatlichem Recht – unter Berücksichtigung des § 12 AO – bestehende Steuerpflicht entfallen soll. [3] Eine in einem DBA vorgenommene, von § 12 AO abweichende Definition des Begriffs „Betriebsstätte" ist daher nur im Rahmen dieses DBA anwendbar, sofern im innerstaatlichen Recht nichts anderes bestimmt ist.

AEAO zu § 15 – Angehörige:

1. [1] Dem Angehörigenbegriff kommt überwiegend verfahrensrechtliche Bedeutung zu. [2] Für das materielle Recht können die Einzelsteuergesetze abweichende Regelungen treffen.

2. § 15 Abs. 1 Nr. 1 AO (Verlobte) setzt ein wirksames Eheversprechen bzw. ein wirksames Versprechen, eine Lebenspartnerschaft einzugehen, voraus.

3. [1] Zu den Geschwistern i.S.d. § 15 Abs. 1 Nr. 4 AO gehören auch die Halbgeschwister. [2] Das sind die Geschwister, die einen Elternteil gemeinsam haben; darunter fallen jedoch nicht die mit in eine Ehe oder Lebenspartnerschaft gebrachten Kinder, die keinen Elternteil gemeinsam haben.

4. Das Angehörigenverhältnis i.S.d. § 15 Abs. 1 Nr. 5 AO besteht lediglich zu den Kindern der Geschwister (Neffen oder Nichten), nicht jedoch zwischen den Kindern der Geschwister untereinander (z.B. Vettern oder Cousinen).

5. [1] Die Ehegatten bzw. Lebenspartner mehrerer Geschwister sind im Verhältnis zueinander keine Angehörigen i.S.d. § 15 Abs. 1 Nr. 6 AO. [2] Dasselbe gilt für Geschwister der Ehegatten bzw. Lebenspartner.

6. [1] Für die Annahme eines Pflegeverhältnisses gem. § 15 Abs. 1 Nr. 8 AO ist nicht erforderlich, dass das Kind außerhalb der Pflege und Obhut seiner leiblichen Eltern steht. [2] Ein Pflegeverhältnis kann z.B. auch zwischen einem Mann und einem Kind begründet werden, wenn der Mann mit der leiblichen Mutter des Kindes und diesem in häuslicher Gemeinschaft lebt. [3] Die Unterhaltsgewährung ist nicht Merkmal dieses Pflegekinderbegriffes. [4] Soweit Bestimmungen in Einzelsteuergesetzen auch daran anknüpfen, müssen dort besondere Regelungen getroffen sein.

7. [1] Durch die Annahme als Kind erhält ein Kind die volle rechtliche Stellung eines ehelichen Kindes des oder der Annehmenden. [2] Damit wird auch die Angehörigeneigenschaft zwischen dem Kind und den Angehörigen des oder der Annehmenden nach Maßgabe des § 15 Abs. 1 AO begründet. [3] Dieser Grundsatz gilt entsprechend bei ähnlichen familienrechtlichen Rechtsbeziehungen ausländischen Rechts (Adoption).

8. Für die in § 15 Abs. 2 AO genannten Personen bleibt die Angehörigeneigenschaft auch dann bestehen, wenn die Beziehung, die ursprünglich die Angehörigeneigenschaft begründete, nicht mehr besteht; lediglich bei Verlobten erlischt die Angehörigeneigenschaft mit Aufhebung des Verlöbnisses.

---

[1] dtv 5785 ESt/LSt Nr. 1.
[2] dtv 5786 KSt/GewSt Nr. 4.

AEAO zu § 16 – Sachliche Zuständigkeit:

1. [1] Die sachliche Zuständigkeit betrifft den einer Behörde dem Gegenstand und der Art nach durch Gesetz zugewiesenem Aufgabenbereich. [2] Neben dem Aufgabenkreis, der durch das FVG[1]) bestimmt wird, ergeben sich für die Finanzbehörden auch Aufgabenzuweisungen aus der AO (z.B. §§ 208, 249, 386 AO) und anderen Gesetzen (z.b. StBerG, InvZulG, EigZulG).

2. [1] Im Rahmen des föderativen Aufbaus der Bundesrepublik ist die verbandsmäßige Zuständigkeit als besondere Art der sachlichen Zuständigkeit zu beachten. [2] Nach der Rechtsprechung des BFH ist jedoch die nicht gebietsgebundene Steuern (z.B. Einkommensteuer) die Verwaltungskompetenz nicht auf die Finanzämter des verbandsmäßig zuständigen Bundeslandes beschränkt. [3] Das Wohnsitzfinanzamt ist für die Besteuerung nach dem Einkommen auch für Besteuerungszeiträume zuständig, in denen der Steuerpflichtige in einem anderen Bundesland wohnte (BFH-Urteile vom 29.10.1970, IV R 247/69, BStBl. 1971 II S. 151, und vom 23.11.1972, VIII R 42/67, BStBl. 1973 II S. 198).

3. Wegen der Rücknahme eines Verwaltungsakts einer sachlich unzuständigen Behörde wird auf § 130 Abs. 2 Nr. 1 AO hingewiesen.

AEAO zu § 17 – Örtliche Zuständigkeit:

1. Neben den Vorschriften im Dritten Abschnitt bestehen Sonderregelungen über die örtliche Zuständigkeit z.B. in den §§ 195, 367, 388 AO sowie in Einzelsteuergesetzen.[2])

2. [1] Wegen der Folgen der Verletzung von Vorschriften über die örtliche Zuständigkeit Hinweis auf § 125 Abs. 3 Nr. 1 und § 127 AO. [2] Zur mehrfachen örtlichen Zuständigkeit Hinweis auf §§ 25 und 28 AO.

AEAO zu § 18 – Gesonderte Feststellung:[3])

1. [1] Die Zuständigkeitsvorschriften des § 18 Abs. 1 Nrn. 1 bis 3 AO gelten für die Feststellung von Einheitswerten und Einkünften aus Land- und Forstwirtschaft, aus Gewerbebetrieb oder aus selbständiger Arbeit. [2] Bei den Einkünften gilt dies sowohl in den Fällen der Beteiligung mehrerer Personen (§ 180 Abs. 1 Satz 1 Nr. 2 Buchstabe a AO) wie auch in den Fällen, in denen der Betriebsort, Ort der Geschäftsleitung bzw. Ort der Tätigkeit und der Wohnsitz nach den Verhältnissen zum Schluss des Gewinnermittlungszeitraums auseinander fallen (§ 180 Abs. 1 Satz 1 Nr. 2 Buchstabe b AO; vgl. auch AEAO zu § 180, Nr. 2.1). [3] Wegen der gesonderten Feststellung bei Zuständigkeit mehrerer Finanzämter in einer Gemeinde vgl. AEAO zu § 19, Nr. 3.

2. [1] Die Regelung nach § 18 Abs. 1 Nr. 4 AO bestimmt eine abweichende Zuständigkeit für die gesonderte Feststellung der Einkünfte aus Vermietung und Verpachtung oder aus Kapitalvermögen; i.d.R. ist nicht das Lagefinanzamt, sondern das Finanzamt zuständig, von dessen Bezirk die Verwaltung ausgeht. [2] Entsprechendes regelt § 18 Abs. 1 Nr. 4 AO für die Feststellung von sonstigem Vermögen, von Schulden und sonstigen Abzügen (§ 180 Abs. 1 Satz 1 Nr. 3

---

[1]) **dtv 5765 Steuergesetze Nr. 31.**

[2]) Zur örtlichen Zuständigkeit bei der Erbschaftsteuer siehe § 35 ErbStG (**dtv 5547 ErbSt/BewG/GrSt Nr. 2**) und § 17 GrEStG (**dtv 5765 Steuergesetze Nr. 12**) bei der Grunderwerbsteuer.

[3]) Zur örtlichen Zuständigkeit für gesonderte Feststellungen bei der Bedarfsbewertung siehe § 152 Nr. 1 bis 4 BewG (**dtv 5547 ErbSt/BewG/GrSt Nr. 1**).

AO) und für die Durchführung von Feststellungen bei Bauherrengemeinschaften usw. (V zu § 180 Abs. 2 AO).

3. Aus Vereinfachungsgründen kann das Finanzamt bei der gesonderten Feststellung der Einkünfte aus Vermietung und Verpachtung aus nur einem Grundstück davon ausgehen, dass die Verwaltung dieser Einkünfte von dem Ort ausgeht, in dem das Grundstück liegt, es sei denn, die Steuerpflichtigen legen etwas anderes dar.

4. Wird von der gesonderten Feststellung nach § 180 Abs. 3 AO abgesehen (z.B. Fälle geringer Bedeutung), verbleibt es bei der für die Einzelsteuern getroffenen Zuständigkeitsregelung.

5. [1]Die Regelung in § 18 Abs. 2 AO hat insbesondere Bedeutung für die gesonderte Feststellung von ausländischen Einkünften, an denen mehrere im Inland steuerpflichtige Personen beteiligt sind. [2]Auf § 25 AO wird hingewiesen.

6. [1]Zur Bestimmung der örtlichen Zuständigkeit für die gesonderte und einheitliche Feststellung von Einkünften ausländischer Personengesellschaften, an denen inländische Gesellschafter beteiligt sind, ist zu prüfen, ob ein Anknüpfungsmerkmal im Sinne des § 18 Abs. 1 AO gegeben ist. [2]Ist dies der Fall, ist das dort genannte Finanzamt zuständig. [3]Fehlt dagegen ein solches Anknüpfungsmerkmal, gilt nach § 25 AO i.V.m. § 18 Abs. 2 AO Folgendes:

a) [1]Ist für alle inländischen Beteiligten ein gemeinsamer Treuhänder oder eine andere die Interessen der inländischen Beteiligten vertretende Person bestellt, ist das Finanzamt zuständig, in dessen Bezirk der Treuhänder oder die andere Person ansässig ist. [2]Sowohl eine Bevollmächtigung i.S.d. § 80 AO als auch eine Empfangsbevollmächtigung i.S.d. § 183 AO reichen für sich allein für die Annahme einer die Interessen der inländischen Beteiligten vertretenden Person i.S.d. Satzes 1 nicht aus. [3]Bei späterer Änderung der Treuhand- oder Vertretungsverhältnisse tritt ein Zuständigkeitswechsel nicht ein, solange mindestens ein Beteiligter durch den bisherigen Treuhänder oder Vertreter vertreten bleibt.

b) [1]Ist eine Bestimmung der Zuständigkeit nach Buchstabe a nicht möglich, ist das Finanzamt zuständig, in dessen Bezirk die Beteiligten mit den höchsten Anteilen ansässig sind. [2]Hierbei sind nur unmittelbare Beteiligungsverhältnisse zu berücksichtigen. [3]Bei Änderung der Beteiligungsverhältnisse tritt ein Zuständigkeitswechsel nicht ein, solange mindestens ein Beteiligter im Bezirk des Finanzamts ansässig ist.

c) [1]Lässt sich im Einzelfall die örtliche Zuständigkeit weder nach Buchstabe a) noch nach Buchstabe b) bestimmen, kann die gemeinsame fachlich zuständige Aufsichtsbehörde festlegen, welches der Finanzämter, in deren Bezirk mindestens ein Beteiligter ansässig ist, zuständig ist. [2]Fehlt eine gemeinsame Aufsichtsbehörde, so treffen die fachlich zuständigen Aufsichtsbehörden die Entscheidung gemeinsam.

d) Wenn sich mehrere Finanzämter nach den Buchstaben a) und b) für zuständig oder für unzuständig halten oder wenn die Zuständigkeit nach den Buchstaben a) und b) aus anderen Gründen zweifelhaft ist oder eine Entscheidung nach Buchstabe c) nicht getroffen werden kann, entscheidet das BZSt (§ 181 Abs. 1 Satz 1 AO i.V.m. § 5 Abs. 1 Nr. 7 FVG[1])).

---

[1]) **dtv 5765 Steuergesetze Nr. 31.**

AEAO zu § 19 – Steuern vom Einkommen und Vermögen natürlicher Personen:[1]

1. [1]Bei verheirateten, nicht dauernd getrennt lebenden Steuerpflichtigen ist bei mehrfachem Wohnsitz im Inland das Finanzamt des Aufenthalts der Familie für die Besteuerung nach dem Einkommen und Vermögen zuständig; Gleiches gilt für Lebenspartner. [2]Insoweit sind für die Bestimmung der örtlichen Zuständigkeit die Kinder in die Betrachtung einzubeziehen.

2. [1]Nach § 19 Abs. 3 AO ist das Lage-, Betriebs- oder Tätigkeitsfinanzamt auch für die persönlichen Steuern vom Einkommen und Vermögen zuständig, wenn ein Steuerpflichtiger in einer Gemeinde (Stadt) mit mehreren Finanzämtern einen land- und forstwirtschaftlichen oder gewerblichen Betrieb unterhält bzw. eine freiberufliche Tätigkeit ausübt. [2]In diesen Fällen ist keine gesonderte Feststellung durchzuführen (§ 180 Abs. 1 Satz 1 Nr. 2 Buchstabe b AO); für Gewinnermittlungszeiträume vor Verlegung des Betriebs in den Bezirk des für die Einkommensteuer zuständigen Finanzamts oder des Wohnsitzes in den Bezirk des Betriebsfinanzamts siehe aber AEAO zu § 180, Nr. 2.1.

3. [1]Wenn der Steuerpflichtige außerhalb des Bezirks seines Wohnsitzfinanzamts, aber in den Bezirken mehrerer Finanzämter derselben Wohnsitzgemeinde, Einkünfte aus Land- und Forstwirtschaft, Gewerbebetrieb oder freiberuflicher Tätigkeit erzielt, können nach § 19 Abs. 3 AO mehrere Finanzämter zuständig sein. [2]In diesen Fällen ist nach § 25 AO zu verfahren. [3]Gesonderte Feststellungen sind dann nur von den Finanzämtern vorzunehmen, die den Steuerpflichtigen nicht zur Einkommensteuer veranlagen (§ 180 Abs. 1 Satz 1 Nr. 2 Buchstabe b AO).

4. Zuständigkeitsregelungen enthalten auch § 20a AO i.V.m. der ArbZustBauV sowie die Einzelsteuergesetze und das FVG[2].

5. [1]Das Vermögen i.S.d. § 19 Abs. 2 Satz 1 AO bestimmt sich nach § 121 BewG[3], aber abweichend von § 121 Nr. 4 BewG unabhängig von der Höhe der prozentualen Beteiligung an der inländischen Kapitalgesellschaft. [2]Im Fall der Beteiligung an einer Grundbesitz verwaltenden Personengesellschaft ist für die Bestimmung der örtlichen Zuständigkeit die Belegenheit des Grundstücks maßgebend. [3]Handelt es sich bei der Grundbesitz verwaltenden Personengesellschaft um eine gewerblich geprägte Personengesellschaft i.S.d. § 15 Abs. 3 Nr. 2 EStG[4], so richtet sich die örtliche Zuständigkeit für den beschränkt steuerpflichtigen Beteiligten in analoger Anwendung des § 18 Abs. 1 Satz 1 Nr. 2 AO nach dem Ort der Geschäftsleitung dieser Personengesellschaft.

AEAO zu § 20 – Steuern vom Einkommen und Vermögen der Körperschaften, Personenvereinigungen, Vermögensmassen:

In den Fällen des § 20 Abs. 3 AO gilt Nr. 5 des AEAO zu § 19 entsprechend.

---

[1] Zur Zuständigkeit für beschränkt Steuerpflichtige nach § 1 Abs. 4 EStG mit ausschließlichen Einkünften i.S.d. § 49 Abs. 1 Nr. 7 und 10 EStG siehe EStZustV v. 2.1.2009 (BGBl. I S. 3), geänd. durch VO v. 11.12.2012 (BGBl. I S. 2637).
[2] **dtv 5765 Steuergesetze Nr. 31.**
[3] **dtv 5547 ErbSt/BewG/GrSt Nr. 1.**
[4] **dtv 5785 ESt/LSt Nr. 1.**

AEAO zu § 20a – Steuern vom Einkommen bei Bauleistungen:

1. [1] Liegen die Voraussetzungen des § 20a Abs. 1 Satz 1 AO vor, beschränkt sich die Zuständigkeit nicht auf den Steuerabzug nach §§ 48 ff. EStG[1]) und auf Umsätze aus Bauleistungen; sie erfasst die gesamte Besteuerung des Einkommens des Unternehmers (Einkommensteuer, Körperschaftsteuer). [2] Das nach § 20a Abs. 1 Satz 1 AO zuständige Finanzamt ist auch für die Umsatzsteuer (§ 21 Abs. 1 Satz 2 AO) und die Realsteuern (§ 22 Abs. 1 Satz 2 AO) zuständig. [3] Siehe auch Rz. 100 des BMF-Schreiben vom 27.12.2002, BStBl. I S. 1399.

2. Zur Vermeidung eines erschwerten Verwaltungsvollzugs ist im Regelfall eine von der zentralen Zuständigkeit nach § 20a Abs. 1 und 2, § 21 Abs. 1 Satz 2 und § 22 Abs. 1 Satz 2 AO abweichende Zuständigkeitsvereinbarung nach § 27 AO mit dem ortsnahen Finanzamt herbeizuführen, wenn

– das Unternehmen nur gelegentlich Bauleistungen i.S.v. § 48 Abs. 1 Satz 3 EStG erbringt,

– das Unternehmen Bauleistungen i.S.v. § 48 Abs. 1 Satz 3 EStG erbringt, die im Verhältnis zum Gesamtumsatz nur von untergeordneter Bedeutung sind oder

– eine zentrale Zuständigkeit weder für den Steuerpflichtigen noch für die Finanzbehörden zweckmäßig ist.

AEAO zu § 21 – Umsatzsteuer:

[1] Die zentrale Zuständigkeit nach § 21 Abs. 1 Satz 2 AO gilt bereits dann, wenn auch nur ein Anknüpfungspunkt der gesetzlichen Kriterien Wohnsitz, Sitz oder Geschäftsleitung im Ausland gegeben ist. [2] § 21 Abs. 1 Satz 2 AO hat daher Vorrang vor § 21 Abs. 1 Satz 1 AO.

[1] Die zentrale Zuständigkeit nach § 21 Abs. 1 Satz 2 AO i.V.m. der UStZustV ist insbesondere in den Fällen von Bedeutung, in denen ein Unternehmen vom Ausland aus betrieben wird und der Unternehmer im Inland nicht einkommen- oder körperschaftsteuerpflichtig ist. [2] Sie ist aber auch zu beachten, wenn der Unternehmer im Inland auch zur Einkommen- oder Körperschaftsteuer zu veranlagen ist.

[1] Ein Auseinanderfallen der örtlichen Zuständigkeiten für die Ertrags- und Umsatzbesteuerung kann allerdings zu einem erschwerten Verwaltungsvollzug führen, z.B. bei Kapitalgesellschaften mit statutarischem Sitz im Ausland und Geschäftsleitung im Inland. [2] Betroffen sind beispielsweise Fälle, in denen ein bisher im Inland ansässiges Unternehmen in eine britische „private company limited by shares" (Limited) umgewandelt wird oder eine Limited neu gegründet wird, die lediglich ihren statutarischen Sitz in Großbritannien hat, aber allein oder überwiegend im Inland unternehmerisch tätig und unbeschränkt körperschaftsteuerpflichtig ist. [3] In diesen Fällen ist im Regelfall eine Zuständigkeitsvereinbarung nach § 27 AO herbeizuführen, nach der das für die Ertragsbesteuerung zuständige ortsnahe Finanzamt auch für die Umsatzsteuer zuständig wird (vgl. auch AEAO zu § 27, Nr. 3).

---

[1]) dtv 5785 ESt/LSt Nr. 1.

AEAO zu § 24 – Ersatzzuständigkeit:

1. [1] Für den Fall, dass sich die Zuständigkeit nicht aus den anderen Vorschriften ableiten lässt, ist die Finanzbehörde zuständig, in deren Bezirk objektiv ein Anlass für eine Amtshandlung besteht. [2] Abgesehen von der Zuständigkeit für Maßnahmen zur Aufdeckung unbekannter Steuerfälle (§ 208 Abs. 1 Nr. 3 AO) ist hiernach auch die Zuständigkeit für den Erlass von Haftungsbescheiden (§§ 191, 192 AO) zu bestimmen. [3] Wegen des Sachzusammenhangs ist mithin i.d.R. das Finanzamt des Steuerpflichtigen gleichzeitig für die Heranziehung des Haftenden örtlich zuständig.

2. Kann die örtliche Zuständigkeit nicht sofort einwandfrei geklärt werden, ist bei unaufschiebbaren Maßnahmen die Zuständigkeit auf § 29 AO zu stützen.

AEAO zu § 25 – Mehrfache örtliche Zuständigkeit:

[1] Einigen sich bei mehrfacher örtlicher Zuständigkeit die Finanzbehörden auf eine der örtlich zuständigen Finanzbehörden, so handelt es sich hierbei nicht um eine Zuständigkeitsvereinbarung i.S.d. § 27 AO. [2] Der Zustimmung des Betroffenen bedarf es nicht.

AEAO zu § 26 – Zuständigkeitswechsel:

1. [1] Der Steuerpflichtige kann sich auf den Zuständigkeitswechsel nicht berufen, solange keine der beiden beteiligten Finanzbehörden von den die Zuständigkeit verändernden Tatsachen Kenntnis erlangt hat. [2] Wegen der Bedeutung der Zuständigkeit für die Steuerberechtigung ist die Kenntnis über die Umstände, die die Zuständigkeit ändern, mit Angabe des Datums aktenkundig zu machen und unverzüglich der anderen Finanzbehörde mitzuteilen.

2. [1] Die Fortführung eines bereits begonnenen Verwaltungsverfahrens durch das bisher zuständige Finanzamt ist zulässig, wenn das Finanzamt, dessen Zuständigkeit durch die veränderten Umstände begründet wird, zustimmt. [2] Der Steuerpflichtige soll gehört werden; er ist von der Fortführung des Verwaltungsverfahrens zu benachrichtigen.

3. [1] Bei Verlegung des Wohnsitzes in den Bezirk eines anderen Finanzamtes unter gleichzeitiger Betriebsaufgabe sind von dem bisher für Personensteuern und Betriebssteuern zuständigen Finanzamt nur die Personensteuerakten abzugeben. [2] Das bisher zuständige Finanzamt ermittelt im Wege der Amtshilfe den Gewinn aus der Zeit bis zur Betriebsaufgabe und teilt ihn dem neuen Wohnsitzfinanzamt mit.

[1] Für die Betriebssteuern bleibt grundsätzlich das Betriebsfinanzamt zuständig, auch hinsichtlich der Erhebung und etwaigen Vollstreckung. [2] Rückstände sind erforderlichenfalls im Wege der Amtshilfe beizutreiben. [3] Ausnahmsweise kommt eine Zuständigkeitsvereinbarung nach § 27 AO in Betracht, wenn sich dies als zweckmäßig erweist.

4. Zu den Auswirkungen eines Zuständigkeitswechsels auf das Rechtsbehelfsverfahren vgl. AEAO zu § 367, Nr. 1 und BMF-Schreiben vom 10.10. 1995, BStBl. I S. 664.

AEAO zu § 27 – Zuständigkeitsvereinbarung:

1. [1] Durch Vereinbarung zwischen den Finanzbehörden kann auch außer in den Fällen des § 26 Satz 2 AO die Zuständigkeit einer an sich nicht zuständigen Finanzbehörde begründet werden; Voraussetzung für diese Zuständigkeitsbegründung ist die Zustimmung des Betroffenen. [2]Das Zustimmungserfordernis ist eingefügt, um der Verfassungsbestimmung des Art. 101 Abs. 1 Satz 2 GG zu genügen, weil an die Zuständigkeit der Finanzbehörde die Zuständigkeit des Finanzgerichts anknüpft.

2. [1]Eine bestimmte Form ist für die Zustimmung des Betroffenen nicht vorgeschrieben. [2]Die Zustimmung ist bedingungsfeindlich und kann nur mit Wirkung für die Zukunft widerrufen werden.

3. Eine Zuständigkeitsvereinbarung ist insbesondere in den Fällen herbeizuführen, in denen eine zentrale Zuständigkeit nach § 21 Abs. 1 Satz 2 AO i.V.m. der UStZustV weder für den Steuerpflichtigen noch für die Finanzbehörden zweckmäßig ist.

Eine Zuständigkeitsvereinbarung, nach der das für die Ertragsbesteuerung zuständige Finanzamt auch für die Umsatzsteuer zuständig wird, ist hiernach regelmäßig herbeizuführen z.B.

a) bei Steuerpflichtigen, die ihr Unternehmen als Einzelunternehmer ausschließlich oder überwiegend im Inland betreiben und sowohl im Inland als auch im Ausland einen Wohnsitz haben;

b) bei Kapitalgesellschaften mit statutarischem Sitz im Ausland und Geschäftsleitung im Inland, die allein oder überwiegend im Inland unternehmerisch tätig sind (vgl. AEAO zu § 21).

4. Zur Zuständigkeitsvereinbarung bei Unternehmen, die Bauleistungen i.S.v. § 48 Abs. 1 Satz 3 EStG[1]) erbringen, vgl. AEAO zu § 20a, Nr. 2.

AEAO zu § 30 – Steuergeheimnis:

Inhaltsübersicht

1. Gegenstand des Steuergeheimnisses

1.1. [1]Durch das Steuergeheimnis werden alle Informationen geschützt, die einem Amtsträger oder einer ihm gleichgestellten Person in einem der in § 30

---

[1]) dtv 5785 ESt/LSt Nr. 1.

Abs. 2 Nr. 1 Buchstabe a bis c AO genannten Verfahren über identifizierte oder identifizierbare

– (lebende oder verstorbene) natürliche Personen sowie

– Körperschaften, rechtsfähige oder nicht rechtsfähige Personenvereinigungen oder Vermögensmassen

bekannt geworden sind. [2] Es ist unerheblich, ob diese Informationen für die Besteuerung relevant sind oder nicht.

[1] Eine (lebende) natürliche Person gilt als identifizierbar, wenn sie mit vorhandenen oder zugänglichen Mitteln direkt oder indirekt, insbesondere mittels Zuordnung zu einer Kennung wie einem Namen, zu einer Kennnummer, zu Standortdaten, zu einer Online-Kennung oder zu einem oder mehreren besonderen Merkmalen, die Ausdruck der physischen, physiologischen, genetischen, psychischen, wirtschaftlichen, kulturellen oder sozialen Identität dieser Person sind, bestimmt werden kann (vgl. Art. 4 Nr. 1 DSGVO). [2] Entsprechendes gilt nach § 2a Abs. 5 AO für Verstorbene sowie für Körperschaften, rechtsfähige oder nicht rechtsfähige Personenvereinigungen oder Vermögensmassen.

Wurden solche personenbezogenen Daten so weit anonymisiert, dass die betroffene Person nicht oder nicht mehr identifiziert werden kann, unterliegen sie nicht mehr dem Steuergeheimnis (Ausnahme: Betriebs- und Geschäftsgeheimnisse; siehe Nr. 1.5 des AEAO zu § 30).

Einer Pseudonymisierung unterzogene personenbezogene Daten unterliegen so lange dem Steuergeheimnis, wie sie durch Heranziehung zusätzlicher Informationen einer identifizierten oder identifizierbaren Person zugeordnet werden könnten.

1.2. [1] Das Steuergeheimnis erstreckt sich auf die gesamten persönlichen, wirtschaftlichen, rechtlichen, öffentlichen und privaten Verhältnisse einer natürlichen oder juristischen Person (personenbezogene Daten). [2] Hierzu zählen auch das Verwaltungsverfahren selbst, die Art der Beteiligung am Verwaltungsverfahren und die Maßnahmen, die vom Beteiligten getroffen wurden. [3] So unterliegt z.B. auch dem Steuergeheimnis, ob und bei welcher Finanzbehörde ein Beteiligter steuerlich geführt wird, ob ein Steuerfahndungsverfahren oder eine Außenprüfung stattgefunden hat, wer für einen Beteiligten im Verfahren aufgetreten ist und welche Anträge gestellt worden sind.

1.3. Zum geschützten Personenkreis gehören nicht nur die Steuerpflichtigen (§ 33 AO), sondern auch andere Personen, Körperschaften, rechtsfähige oder nicht rechtsfähige Personenvereinigungen oder Vermögensmassen, deren personenbezogene Daten einem Amtsträger oder einer ihm gleichgestellten Person in einem der in § 30 Abs. 2 Nr. 1 AO genannten Verfahren bekannt geworden sind.

[1] Ob diese Personen in einem derartigen Verfahren mitwirkungs- oder auskunftspflichtig sind oder ihre Angaben ohne rechtliche Verpflichtung abgegeben haben, ist für die Zuordnung zum geschützten Personenkreis unerheblich (BFH-Urteil vom 8.2.1994, VII R 88/92, BStBl. II S. 552). [2] Gesetzliche Informationspflichten eines Dritten gegenüber dem Steuerpflichtigen über eine diesen betreffende Mitteilung an die Finanzbehörden (z.B. nach § 93c Abs. 1 Nr. 3 AO) bleiben unberührt.

Zur Information des Steuerpflichtigen über ein Auskunftsersuchen gegenüber Dritten vgl. AEAO zu § 93, Nr. 1.2.7.

1.4. [1]Dem Steuergeheimnis unterliegt auch die Identität eines Anzeigeerstatters (vgl. BFH-Beschluss vom 7.12.2006, V B 163/05, BStBl. II 2007 S. 275 m.w.N.). [2]Nach § 30 Abs. 4 Nr. 4 Buchstabe b und Abs. 5 AO kann allerdings eine Durchbrechung des Steuergeheimnisses zulässig und in besonders gelagerten Einzelfällen sogar geboten sein (vgl. AEAO zu § 30, Nr. 13).

1.5. Dem Steuergeheimnis unterliegen nach § 30 Abs. 2 Nr. 2 AO auch nicht personenbezogene (d.h. anonymisierte oder pseudonymisierte) Betriebs- und Geschäftsgeheimnisse.

1.6. [1]Ein Amtsträger (bzw. eine ihm gleichgestellte Person) verletzt das Steuergeheimnis, wenn er nach § 30 Abs. 2 Nr. 1 oder 2 AO geschützte Daten unbefugt offenbart oder verwertet. [2]Er verletzt das Steuergeheimnis außerdem, wenn er nach § 30 Abs. 2 Nr. 1 oder 2 AO geschützte und für ein Verfahren i.S.d. § 30 Abs. 2 Nr. 1 AO gespeicherte Daten im automatisierten Verfahren unbefugt abruft (§ 30 Abs. 2 Nr. 3 AO).

2. Verpflichteter Personenkreis

2.1. Das Steuergeheimnis haben Amtsträger und die in § 30 Abs. 3 AO genannten Personen zu wahren.

2.2. Amtsträger sind die in § 7 AO abschließend aufgeführten Personen.

2.3. [1]Den Amtsträgern sind nach § 30 Abs. 3 AO gleichgestellt u.a. die für den öffentlichen Dienst besonders Verpflichteten. [2]Nach § 11 Abs. 1 Nr. 4 StGB ist dies, wer, ohne Amtsträger zu sein, bei einer Behörde oder bei einer sonstigen Stelle, die Aufgaben der öffentlichen Verwaltung wahrnimmt, oder bei einem Verband oder sonstigen Zusammenschluss, Betrieb oder Unternehmen, die für eine Behörde oder für eine sonstige Stelle Aufgaben der öffentlichen Verwaltung ausführen, beschäftigt oder für sie tätig und auf die gewissenhafte Erfüllung seiner Obliegenheiten aufgrund eines Gesetzes förmlich verpflichtet ist. [3]Rechtsgrundlage für die Verpflichtung ist das VerpflG. [4]Für eine Verpflichtung kommen z.B. Schreib- und Registraturkräfte, ferner Mitarbeiter in Rechenzentren sowie Unternehmer und deren Mitarbeiter, die Hilfstätigkeiten für die öffentliche Verwaltung erbringen (z.B. Datenerfassung, Versendung von Erklärungsvordrucken), in Betracht.

2.4. Sachverständige stehen Amtsträgern nur dann gleich, wenn sie von einer Behörde oder einem Gericht hinzugezogen werden.

3. Offenbarung oder Verwertung geschützter Daten

3.1. Die Absätze 4 und 5 des § 30 AO erlauben die Offenbarung oder Verwertung der in § 30 Abs. 2 AO geschützten Daten.

3.2. Offenbaren i.S.d. § 30 AO ist eine Form des Offenlegens geschützter Daten i.S.d. Art. 4 Nr. 2 DSGVO, umfasst aber – anders als die Offenlegung – auch die Übermittlung, Verbreitung und andere Formen der Bereitstellung gegenüber anderen Amtsträgern oder gleichgestellten Personen derselben Finanzbehörde.

[1]„Offenbarung" ist jedes ausdrückliche oder konkludente Verhalten, auf Grund dessen nach § 30 Abs. 2 AO geschützte Daten einem Dritten bekannt werden können. [2]Eine Offenbarung kann sich aus mündlichen, schriftlichen oder elektronischen Erklärungen, aber auch aus anderen Handlungen (z.B. Gewährung von Akteneinsicht, Kopfnicken usw.) oder Unterlassungen ergeben.

[1] Im Fall der Bereitstellung von Daten zum Abruf erfolgt die Offenbarung erst mit tatsächlichem Zugriff auf die Daten. [2] Werden zum Abruf bereitgestellte Daten von der verantwortlichen Finanzbehörde vor der Einsichtnahme oder dem Abruf wieder gelöscht oder der Abruf in anderer Weise ausgeschlossen, ist keine Offenbarung erfolgt. [3] Entsprechendes gilt bei der Bereitstellung von Akten zur Einsichtnahme.

3.3. [1] Der Gesamtrechtsnachfolger (z.B. der Erbe nach § 1922 BGB) tritt in die rechtliche Stellung des Rechtsvorgängers ein (§ 45 Abs. 1 Satz 1 AO) und ist damit kein Dritter. [2] Die Auskünfte, die dem Rechtsvorgänger erteilt werden durften, dürfen auch dem Rechtsnachfolger erteilt werden.

[1] Sind in einem Erbfall mehrere Erben vorhanden, so ist jeder einzelne Gesamtrechtsnachfolger des Erblassers. [2] Zur Auskunftserteilung bedarf es nicht der Zustimmung der übrigen Miterben. [3] Der auskunftssuchende Erbe hat sich erforderlichenfalls durch Erbschein auszuweisen.

[1] Vermächtnisnehmer, Pflichtteilsberechtigte sowie Erbersatzanspruchsberechtigte sind keine Gesamtrechtsnachfolger und daher Dritte. [2] Der Auskunftsanspruch des Pflichtteilsberechtigten gegen den Erben nach § 2314 BGB hebt das Steuergeheimnis nicht auf.

3.4. [1] Eine Offenbarung liegt nicht vor, wenn sich ein Dritter unbefugt Zugang zu den Daten verschafft hat. [2] In diesem Fall liegt aber gleichwohl eine Verletzung des Schutzes personenbezogener Daten i.S.d. Art. 33 und 34 DSGVO vor (vgl. zu den Rechtsfolgen nach der DSGVO Nr. 3.8 des AEAO zu § 30).

3.5. Eine Offenbarung liegt außerdem nicht vor, wenn der Amtsträger (oder die ihm gleichgestellte Person) personenbezogene Daten, die er selbst für Zwecke eines bestimmten Verwaltungsverfahrens in Steuersachen erhoben hat, für ein anderes von ihm geführtes Verfahren i.S.d. § 30 Abs. 4 Nr. 1 AO verarbeitet (zulässige Weiterverarbeitung nach § 29c Abs. 1 Satz 1 Nr. 1 AO).

3.6. [1] Unter „Verwertung" ist jede Verwendung in der Absicht, aus der Nutzung der geschützten Daten für sich oder andere Vorteile ziehen zu wollen, zu verstehen. [2] Eine unbefugte Verwertung personenbezogener Daten eines anderen oder eines fremden Betriebs- oder Geschäftsgeheimnisses liegt vor, wenn die zu Grunde liegenden Informationen in irgendeiner Weise ohne rechtfertigenden Grund genutzt werden.

3.7. [1] Die Finanzbehörde ist, sofern eine der in § 30 Abs. 4 und 5 AO genannten Voraussetzungen vorliegt, zur Offenbarung befugt, jedoch nicht verpflichtet. [2] Es gelten die Grundsätze des § 5 AO. [3] Bei der Entscheidung, ob dem Steuergeheimnis unterliegende Verhältnisse offenbart werden sollen, ist zu berücksichtigen, dass das Steuergeheimnis auch dazu dient, die Beteiligten am Besteuerungsverfahren zu wahrheitsgemäßen Angaben zu veranlassen. [4] Ist die Befugnis zur Offenbarung nach § 30 AO gegeben und besteht gleichzeitig ein Auskunftsanspruch, der für sich allein das Steuergeheimnis nicht durchbricht, z.B. § 161 StPO, so ist die Finanzbehörde zur Auskunftserteilung verpflichtet.

3.8. [1] Eine unbefugte Offenbarung oder Verwertung nach § 30 Abs. 2 Nr. 1 AO geschützter Daten stellt eine Verletzung des Schutzes personenbezogener Daten nach Art. 4 Nr. 12 DSGVO dar und löst ggf. die Mitteilungspflicht gegenüber der Datenschutzaufsicht nach Art. 33 DSGVO, ggf. auch die Benachrichtigungspflicht gegenüber der betroffenen Person nach Art. 34 DSGVO aus. [2] § 355 Abs. 3 StGB bleibt hiervon unberührt.

3.9. [1] Wurden geschützte Daten

– einer Person, die nicht zur Wahrung des Steuergeheimnisses verpflichtet ist,

– einer öffentlichen Stelle, die keine Finanzbehörde ist, oder

– einer nicht-öffentlichen Stelle

befugt offenbart, darf der Empfänger diese Daten nur zu dem Zweck speichern, verändern, nutzen oder übermitteln, zu dem sie ihm offenbart worden sind (§ 30 Abs. 11 Satz 1 AO). [2] Ein Verstoß gegen diese Verarbeitungsbeschränkung kann – soweit er nicht bereits nach dem StGB strafbar ist – als Verstoß gegen die DSGVO geahndet werden und die Rechtsfolgen des Art. 82 DSGVO auslösen.

4. Offenbarung oder Verwertung zur Durchführung eines steuerlichen Verfahrens (§ 30 Abs. 4 Nr. 1 AO)

4.1. § 30 Abs. 4 Nr. 1 AO lässt eine Offenbarung zur Durchführung eines steuerlichen Verwaltungsverfahrens, eines steuerlichen Straf- oder Bußgeldverfahrens, eines gerichtlichen Verfahrens in Steuersachen oder eines Rechnungsprüfungsverfahrens in Steuersachen zu.

[1] Es genügt, dass das Offenbaren für die Einleitung oder den Fortgang dieses Verfahrens nützlich sein könnte. [2] Die Zulässigkeit ist nicht auf die Mitteilung von Tatsachen zwischen Finanzbehörden beschränkt (z.B. Mitteilungen zwischen Zollbehörden und Steuerbehörden, zwischen Finanzämtern und übergeordneten Finanzbehörden). [3] Zulässig ist auch die Mitteilung an andere Behörden, soweit sie unmittelbar der Durchführung eines der oben genannten Verfahren dient, z.B. Mitteilungen an die Denkmalschutzbehörden im Bescheinigungsverfahren nach § 7i EStG[1]).

Sofern Verwaltungsgerichte Verfahren in Steuersachen (insbesondere Realsteuersachen, Kirchensteuersachen) zu entscheiden haben, besteht eine Offenbarungsbefugnis wie gegenüber Finanzgerichten.

Bei verwaltungsgerichtlichen Streitigkeiten in anderen als steuerlichen Verfahren dürfen die Finanzbehörden den Gerichten Auskünfte nur dann erteilen, wenn die Offenbarung nach § 30 Abs. 4 Nr. 2 bis 5 AO zugelassen ist.

4.2. [1] Auskünfte darüber, ob eine Körperschaft wegen Verfolgung gemeinnütziger, mildtätiger oder kirchlicher Zwecke steuerbegünstigt ist oder nicht, sind dem Spender nur dann zu erteilen, wenn

– er im Besteuerungsverfahren die Berücksichtigung der geleisteten Spende beantragt (§ 30 Abs. 4 Nr. 1 i.V.m. Abs. 2 Nr. 1 Buchstabe a AO),

– die Körperschaft ihm den Tatsachen entsprechend mitgeteilt hat, dass sie zur Entgegennahme steuerlich abzugsfähiger Spenden berechtigt ist, oder

– die Körperschaft wahrheitswidrig behauptet, sie sei zur Entgegennahme steuerlich abzugsfähiger Spenden berechtigt (§ 30 Abs. 4 Nr. 1 i.V.m. Abs. 2 Nr. 1 Buchstabe a AO, vgl. AEAO zu § 85 AO); die Richtigstellung kann öffentlich erfolgen, wenn die Körperschaft ihre wahrheitswidrige Behauptung öffentlich verbreitet.

[2] Ansonsten ist der Spender bei Anfragen stets an die Körperschaft zu verweisen, sofern keine Zustimmung der Körperschaft zur Auskunftserteilung vorliegt.

---

[1]) dtv 5785 ESt/LSt Nr. 1.

4.3. [1] Wird eine beantragte Steuerermäßigung, die von Einkommens- oder Vermögensverhältnissen Dritter abhängt (z.B. nach §§ 32, 33a EStG), abgelehnt, weil die Einkünfte und Bezüge bzw. das Vermögen gesetzliche Betragsgrenzen übersteigen, ist dies dem Steuerpflichtigen ohne Angabe des genauen Betrags mitzuteilen. [2] Wird ein derartiger Ermäßigungsantrag im Hinblick auf die eigenen Einkünfte und Bezüge oder das Vermögen des Dritten teilweise abgelehnt, so darf dem Steuerpflichtigen die Höhe dieser Beträge mitgeteilt werden.

4.4. [1] Bei der Schätzung von Besteuerungsgrundlagen sind ggf. die für Vergleichsbetriebe geführten Steuerakten dem Finanzgericht vorzulegen, damit das Finanzgericht überprüfen kann, ob gegen die Zahlen der Vergleichsbetriebe Bedenken bestehen. [2] Da der Steuerpflichtige jedoch gem. § 78 FGO[1)] das Recht hat, die dem Finanzgericht vorgelegten Akten einzusehen, hat die Vorlage an das Finanzgericht stets in anonymisierter Form zu erfolgen (vgl. BFH-Urteil vom 18.12.1984, VIII R 195/82, BStBl. 1986 II S. 226). [3] Das Finanzgericht darf die Verwertung der vom Finanzamt eingebrachten anonymisierten Daten über Vergleichsbetriebe nicht schon im Grundsatz ablehnen (vgl. BFH-Urteil vom 17.10.2001, I R 103/00, BStBl. 2004 II S. 171).

4.5. Zur Auskunftserteilung bei Betriebsübernahme im Hinblick auf die Haftung vgl. AEAO zu § 75, Nr. 6.

4.6. [1] Anträge auf Erteilung von Auskünften über die Besteuerung Dritter bei der Anwendung drittschützender Normen (u.a. §§ 64 bis 68 AO und § 2 Abs. 3 UStG[2)]) sind zur Vorbereitung einer Konkurrentenklage grundsätzlich zulässig (vgl. BFH-Urteil vom 5.10.2006, VII R 24/03, BStBl. 2007 II S. 243). [2] Ein solcher Auskunftsanspruch setzt allerdings voraus, dass der Steuerpflichtige substantiiert und glaubhaft darlegt, durch die unzutreffende Besteuerung des Konkurrenten konkret feststellbare und spürbare Wettbewerbsnachteile zu erleiden und deshalb gegen die Steuerbehörde mit Aussicht auf Erfolg ein subjektives öffentliches Recht auf steuerlichen Drittschutz geltend machen zu können. [3] Die Auskünfte sind auf das für die Rechtsverfolgung notwendige Maß zu beschränken. [4] In der Auskunft dürfen deshalb nur Angaben über die Art und Weise der Besteuerung der für die Konkurrenzsituation relevanten Umsätze der fraglichen öffentlichen Einrichtung gemacht werden, nicht aber über die Höhe dieser Umsätze und der hierauf festgesetzten Steuer. [5] Der betroffene Dritte soll gehört werden.

4.7. Gerichtliche Verfahren im Vollstreckungsverfahren

4.7.1. Im Rahmen einer Drittwiderspruchsklage (§ 262 AO) darf die Vollstreckungsbehörde (§ 249 Abs. 1 Satz 3 AO) im Prozess geschützte Daten des Vollstreckungsschuldners und anderer Personen nach § 30 Abs. 4 Nr. 1 AO offenbaren, soweit dies der Durchsetzung der Steueransprüche gegen den Vollstreckungsschuldner dient.

4.7.2. [1] Der Drittschuldner (vgl. § 309 AO) ist befugt, Einwendungen gegen die Art und Weise der Zwangsvollstreckung, wozu auch die Geltendmachung der Unpfändbarkeit von Forderungen (vgl. § 319 AO) gehört, mit der Anfechtungsklage nach § 40 Abs. 1 FGO geltend zu machen. [2] Im finanzgerichtlichen Verfahren darf die Vollstreckungsbehörde die geschützten Daten des Vollstre-

---

[1)] Nr. 2.
[2)] **dtv 5546 USt Nr. 1.**

ckungsschuldners und anderer Personen nach § 30 Abs. 4 Nr. 1 AO offenbaren, soweit dies der Durchführung des finanzgerichtlichen Verfahrens dient.

4.7.3. [1] Leistet der Drittschuldner (vgl. § 309 AO) nicht, kann die Vollstreckungsbehörde zivilgerichtlich gegen ihn vorgehen. [2] Dabei ist dem Vollstreckungsschuldner der Streit zu verkünden (§ 316 Abs. 3 AO i.V.m. § 841 ZPO). [3] Die Klage gegen den Drittschuldner dient der Durchsetzung der Steueransprüche gegen den Vollstreckungsschuldner. [4] Die Vollstreckungsbehörde darf daher im Prozess geschützte Daten des Vollstreckungsschuldners, des Drittschuldners und anderer Personen nach § 30 Abs. 4 Nr. 1 AO offenbaren, soweit dies der Durchsetzung der Steueransprüche dient.

4.8. [1] § 30 Abs. 4 Nr. 1 AO lässt auch eine Verwertung zur Durchführung eines der in § 30 Abs. 4 Nr. 1 Buchstabe a oder b AO genannten Verfahren zu. [2] Ein allgemeines gesetzliches Verwertungsverbot für Tatsachen, die unter Verletzung von Verfahrensvorschriften ermittelt wurden, besteht im Besteuerungsverfahren nicht. [3] Ein Verwertungsverbot, das auch nicht durch zulässige, erneute Ermittlungsmaßnahmen geheilt werden kann, kommt als Folge einer fehlerhaften Maßnahme nur ausnahmsweise in Betracht, wenn die zur Fehlerhaftigkeit der Ermittlungsmaßnahme führenden Verfahrensverstöße schwerwiegend waren oder bewusst oder willkürlich begangen wurden (vgl. z.B. BVerfG-Beschluss vom 2.7.2009, 2 BvR 2225/08, NJW S. 3225; BFH-Urteile vom 4.10.2006, VIII R 53/04, BStBl. 2007 II S. 227, und vom 4.12.2012, VIII R 5/10, BStBl. 2014 II S. 220, jeweils m.w.N.).

5. Offenbarung zur Wahrnehmung von Aufsichts-, Steuerungs- und Disziplinarbefugnissen der Finanzbehörde sowie zu Ausbildungs- und Prüfungszwecken (§ 30 Abs. 4 Nr. 1a 2. Alternative AO)

5.1. Nach § 30 Abs. 2 AO geschützte Daten dürfen den jeweils zuständigen Stellen offenbart werden, soweit dies zur Wahrnehmung von Aufsichts-, Steuerungs- und Disziplinarbefugnissen der Finanzbehörde erforderlich ist (§ 29c Abs. 1 Satz 1 Nr. 6 Satz 1 AO).

Hiernach sind Mitteilungen an Disziplinarstellen der Finanzverwaltung zur Durchführung dienstrechtlicher Maßnahmen bei Angehörigen der Finanzverwaltung zulässig.

Eine Offenbarung soll allerdings nur erfolgen, wenn die mitteilende Stelle zur Überzeugung gelangt ist, dass ein schweres Dienstvergehen vorliegt, der Sachverhalt mithin nach ihrer Auffassung geeignet erscheint, eine im Disziplinarverfahren zu verhängende Maßnahme von Gewicht, d.h. grundsätzlich eine Zurückstufung oder die Entfernung aus dem Dienst, zu tragen (vgl. BVerfG-Beschluss vom 6.5.2008, 2 BvR 336/07, NJW S. 3489).

[1] Ein relevanter Verstoß gegen Dienstpflichten kann auch darin liegen, dass das in Rede stehende Delikt das Ansehen und die Funktionsfähigkeit des Beamtentums nachhaltig schädigen könnte (BVerwG-Beschluss vom 5.3.2010, 2 B 22/09, NJW S. 2229). [2] Eine Offenbarung ist regelmäßig geboten, wenn eine Steuerhinterziehung durch Beamte der Finanzverwaltung begangen und von weiteren Delikten, insbesondere von geschäftsmäßiger Hilfeleistung in Steuersachen, begleitet wird, die über einen längeren Zeitraum begangen wurden (vgl. BVerwG-Beschluss vom 5.3.2010, a.a.O.). [3] Vgl. im Übrigen auch Nr. 11.8 des AEAO zu § 30.

5.2. Nach § 30 Abs. 2 AO geschützte Daten dürfen den jeweils zuständigen Stellen offenbart werden, wenn dies der Veränderung oder Nutzung personenbezogener Daten zu Ausbildungs- und Prüfungszwecken durch die Finanzbehörde dient, soweit nicht überwiegende schutzwürdige Interessen der betroffenen Person entgegenstehen (§ 29c Abs. 1 Satz 1 Nr. 6 Satz 2 AO).

5.3. Nach § 30 Abs. 2 AO geschützte Daten dürfen in den vorgenannten Fällen nur durch Personen verarbeitet werden, die zur Wahrung des Steuergeheimnisses verpflichtet sind (§ 29c Abs. 1 Satz 3 i.V.m. § 30 Abs. 1 und 3 AO).

6. Offenbarung zur Durchführung eines Bußgeldverfahrens nach Art. 83 DSGVO (§ 30 Abs. 4 Nr. 1b AO)

Nach § 30 Abs. 2 AO geschützte Daten dürfen den für die Durchführung eines Bußgeldverfahrens nach der DSGVO zuständigen Datenschutzaufsichtsbehörden nur offenbart werden, wenn das Bußgeldverfahren die Verarbeitung personenbezogener Daten im Anwendungsbereich der AO betrifft.

7. Gesetzlich zugelassene Offenbarung (§ 30 Abs. 4 Nr. 2 AO)

[1] Auf § 30 Abs. 4 Nr. 2 AO kann eine Offenbarung nur gestützt werden, wenn die Befugnis zum Offenbaren in einem Bundesgesetz ausdrücklich enthalten ist. [2] Eine Regelung in einem Landesgesetz oder einer Kommunalsatzung oder eine Bestimmung über die allgemeine Pflicht zur Amtshilfe genügt nicht. [3] Die Befugnis kann in der AO selbst (z.B. § 31 AO), in anderen Steuergesetzen des Bundes oder in außersteuerlichen Vorschriften des Bundes enthalten sein.

Zu den außersteuerlichen Vorschriften gehören insbesondere:

– § 5 Abs. 3 des Gesetzes über den Abbau der Fehlsubventionierung im Wohnungswesen;
– § 236 Abs. 1 und § 379 Abs. 2 des Gesetzes über Verfahren in Familiensachen und in Angelegenheiten der freiwilligen Gerichtsbarkeit;
– § 88 Abs. 3 des Aufenthaltsgesetzes;
– § 197 Abs. 2 Satz 2 des Baugesetzbuches;
– § 49 des Beamtenstatusgesetzes und § 115 des Bundesbeamtengesetzes;
– § 16 Abs. 3 Satz 1 Nr. 2 und Abs. 4 des Bundesdatenschutzgesetzes;
– § 39 des Erdölbevorratungsgesetzes;
– § 17 Satz 2 des Gesetzes über das gerichtliche Verfahren in Landwirtschaftssachen;
– § 14 Abs. 4 und § 153a Abs. 1 Satz 2 der Gewerbeordnung;
– § 3 Abs. 5 des Güterkraftverkehrsgesetzes;
– § 8 Abs. 2 des Gesetzes über das Kreditwesen;
– § 6 Abs. 2 des Bundesmeldegesetzes;
– § 25 Abs. 3 des Personenbeförderungsgesetzes;
– § 7 Abs. 2 des Gesetzes über die Preisstatistik;
– § 27 Abs. 1 Satz 2 des Gesetzes zur Regelung offener Vermögensfragen;
– § 21 Abs. 4 SGB X;
– § 5 Abs. 2 und 3 und §§ 10, 10a des Steuerberatungsgesetzes[1]);
– § 2a Abs. 1, § 2b Abs. 1, § 4 Abs. 4, § 6 Abs. 1 und 2 und § 9 Abs. 1 bis 3 des Gesetzes über Steuerstatistiken;
– § 492 Abs. 3 StPO i.V.m. §§ 385, 399 AO;

---

[1]) Siehe auch gleich lautenden Ländererlass v. 22.7.2014, BStBl. I 2014, 1195.

- § 27 Abs. 5 des Unterhaltssicherungsgesetzes;
- § 3a der Verfahrensordnung für Höfesachen;
- § 32 Abs. 4 und § 35 Abs. 4 des Wohnraumförderungsgesetzes und § 2 des Wohnungsbindungsgesetzes;
- § 2 des Verwaltungsdatenverwendungsgesetzes;
- § 36 Abs. 2 der Bundesrechtsanwaltsordnung;
- § 18 Abs. 3a des Bundesverfassungsschutzgesetzes (vgl. auch § 51 Abs. 3 Satz 3 AO);
- § 6 Abs. 1 und 4 des Bundesarchivgesetzes;
- § 36a Abs. 3 der Wirtschaftsprüferordnung;
- § 64a Abs. 2 der Bundesnotarordnung;
- § 34 Abs. 2 der Patentanwaltsordnung;
- § 54 Abs. 1 Satz 4 des Gerichtskostengesetzes;
- § 40 Abs. 6 und § 46 Abs. 3 des Gerichts- und Notarkostengesetzes,
- § 6 Abs. 5 des Unterhaltsvorschussgesetzes;
- § 12 Abs. 5 Satz 4 des Sicherheitsüberprüfungsgesetzes;
- § 42 Abs. 2 des Geldwäschegesetzes (GwG).

8. Europarechtlich vorgeschriebene oder zugelassene Offenbarung (§ 30 Abs 4 Nr. 2a AO)

[1] § 30 Abs. 4 Nr. 2a AO gestattet eine Offenbarung geschützter Daten, soweit diese Offenbarung durch unmittelbar geltendes Recht der EU (Verordnungen, Durchführungsbestimmungen und sonstiges, unmittelbar geltendes Recht) zugelassen oder sogar vorgeschrieben ist. [2] Dabei ist es nicht erforderlich, dass die Durchbrechung des Steuergeheimnisses ausdrücklich bezeichnet wird.

Beispiele:

Fordert die EU-Kommission in einem beihilferechtlichen Prüfungsverfahren von Finanzbehörden Informationen über bestimmte Steuerfälle an, sind ihr diese nach der EU-Beihilfeverfahrensordnung mitzuteilen.

Soweit den Finanzbehörden im Besteuerungsverfahren Erkenntnisse über Verstöße gegen europäische Embargo-Verordnungen bekannt werden, haben sie diese den für die Verfolgung derartiger Verstöße zuständigen Behörden mitzuteilen.

[1] EU-Richtlinien und Beschlüsse im Rahmen der gemeinsamen Außen- und Sicherheitspolitik (sogenannte GASP-Beschlüsse) stellen kein unmittelbar geltendes EU-Recht dar. [2] Damit die dort enthaltenen Regelungen wirksam werden, müssen sie zuvor entweder in unmittelbar geltendes Recht der EU oder in nationales Recht umgesetzt werden. [3] Bei Umsetzung in unmittelbar geltendes EU-Recht kommt eine Offenbarungsbefugnis nach § 30 Abs. 4 Nr. 2a AO in Betracht. [4] Bei Umsetzung im Außenwirtschaftsgesetz und der Außenwirtschaftsverordnung ergibt sich die Offenbarungsbefugnis aus § 30 Abs. 4 Nr. 1 AO, da die Überwachung des grenzüberschreitenden Warenverkehrs nach § 2a Abs. 2 Satz 2 AO als Verfahren in Steuersachen gilt. [5] Bei anderweitiger Umsetzung in nationales Recht kann sich eine Offenbarungsbefugnis aus § 30 Abs. 4 Nr. 2 oder Nr. 5 AO ergeben.

9. Offenbarung bei Zustimmung des Betroffenen (§ 30 Abs. 4 Nr. 3 AO)

[1] Nach § 30 Abs. 4 Nr. 3 AO ist die Offenbarung zulässig, soweit der Betroffene zustimmt. [2] Betroffener ist nicht nur der Verfahrensbeteiligte selbst,

sondern auch jeder Andere, dessen personenbezogene Daten durch § 30 AO geschützt werden (z.B. Geschäftsführer, Geschäftspartner, Arbeitnehmer, Empfänger von Zahlungen und anderen Vorteilen). [3] Sind mehrere Personen betroffen, so müssen alle ihre Zustimmung zur Offenbarung eines Sachverhalts erteilen. [4] Stimmen einzelne Personen nicht zu, so dürfen die geschützten Verhältnisse derjenigen, die ihre Zustimmung nicht erteilt haben, nicht offenbart werden.

10. Offenbarung zur Durchführung eines außersteuerlichen Strafverfahrens (§ 30 Abs. 4 Nr. 4 AO)

10.1. [1] Gem. § 30 Abs. 4 Nr. 4 Buchstabe a AO dürfen im Steuerstrafverfahren oder Steuerordnungswidrigkeitsverfahren gewonnene Erkenntnisse über außersteuerliche Straftaten an Gerichte und Strafverfolgungsbehörden für Zwecke der Strafverfolgung weitergeleitet werden. [2] Die Finanzbehörden können daher z.B. die Staatsanwaltschaft auch über sog. Zufallsfunde unterrichten. [3] Voraussetzung ist jedoch stets, dass die Erkenntnisse im steuerlichen Straf- oder Bußgeldverfahren selbst gewonnen wurden. [4] Kenntnisse, die bereits vorher in einem anderen Verfahren (z.B. Veranlagungs-, Außenprüfungs- oder Vollstreckungsverfahren) erlangt wurden, dürfen den Strafverfolgungsbehörden gegenüber nicht offenbart werden. [5] Sind die Tatsachen von dem Steuerpflichtigen (§ 33 AO) selbst oder der für ihn handelnden Person (§ 200 Abs. 1 AO) der Finanzbehörde mitgeteilt worden, ist die Weitergabe zur Strafverfolgung wegen nichtsteuerlicher Straftaten nur zulässig, wenn der Steuerpflichtige zum Zeitpunkt der Abgabe der Mitteilung an die Finanzbehörde die Einleitung des steuerlichen Straf- oder Bußgeldverfahrens gekannt hat, es sei denn, einer der in § 30 Abs. 4 Nr. 5 oder Abs. 5 AO geregelten Fälle läge vor.

10.2. [1] Gem. § 30 Abs. 4 Nr. 4 Buchstabe b AO ist eine Offenbarung von Kenntnissen zur Durchführung eines Strafverfahrens wegen einer nichtsteuerlichen Straftat uneingeschränkt zulässig, wenn die Tatsachen der Finanzbehörde ohne Bestehen einer steuerlichen Verpflichtung oder unter Verzicht auf ein Auskunftsverweigerungsrecht bekannt geworden sind. [2] Tatsachen sind der Finanzbehörde ohne Bestehen einer steuerlichen Verpflichtung bekannt geworden, wenn die Auskunftsperson nicht zuvor durch die Finanzbehörde zur Erteilung einer Auskunft aufgefordert worden ist. [3] Ein Verzicht auf ein Auskunftsverweigerungsrecht (siehe §§ 101 ff. AO) kann nur angenommen werden, wenn dem Berechtigten sein Auskunftsverweigerungsrecht bekannt war; dies setzt in den Fällen des § 101 AO eine Belehrung voraus.

11. Offenbarung aus zwingendem öffentlichen Interesse (§ 30 Abs. 4 Nr. 5 AO)

11.1. Eine Offenbarung ist gem. § 30 Abs. 4 Nr. 5 AO zulässig, soweit für sie ein zwingendes öffentliches Interesse besteht.

Liegt ein zwingendes öffentliches Interesse vor, macht es für die Zulässigkeit der Offenbarung keinen Unterschied, ob die Finanzbehörde aufgrund eigener Erkenntnisse von Amts wegen die zuständige Behörde informiert oder ob die zuständige Behörde unter Schilderung der Umstände, die das Vorliegen eines zwingenden öffentlichen Interesses begründen, die Finanzbehörde um Auskunft ersucht.

11.2. § 30 Abs. 4 Nr. 5 AO enthält eine beispielhafte Aufzählung von Fällen, in denen ein zwingendes öffentliches Interesse zu bejahen ist.

11.2.1. Ein zwingendes öffentliches Interesse ist nach § 30 Abs. 4 Nr. 5 Buchstabe a AO insbesondere gegeben, wenn die Offenbarung erforderlich ist

– zur **Abwehr** erheblicher Nachteile für das Gemeinwohl oder einer Gefahr für die öffentliche Sicherheit, die Verteidigung oder die nationale Sicherheit oder

– zur **Verhütung oder Verfolgung** von Verbrechen und vorsätzlichen schweren Vergehen gegen Leib und Leben oder gegen den Staat und seine Einrichtungen.

Verbrechen i.S.d. § 30 Abs. 4 Nr. 5 Buchstabe a AO sind alle Straftaten, die im Mindestmaß mit Freiheitsstrafe von einem Jahr oder darüber bedroht sind (§ 12 Abs. 1 StGB).

Als vorsätzliche schwere Vergehen gegen Leib und Leben oder gegen den Staat und seine Einrichtungen kommen nur solche Vergehen in Betracht, die eine schwerwiegende Rechtsverletzung darstellen und dementsprechend mit Freiheitsstrafe bedroht sind.

11.2.2. [1]Unter den Begriff der Wirtschaftsstraftat i.S.d. § 30 Abs. 4 Nr. 5 Buchstabe b AO fallen Straftaten nicht schon deswegen, weil sie nach § 74c GVG zur Zuständigkeit des Landgerichts gehören. [2]Es ist vielmehr in jedem Einzelfall unter Abwägung der Interessen zu prüfen, ob die besonderen Voraussetzungen des § 30 Abs. 4 Nr. 5 Buchstabe b AO gegeben sind.

11.2.3. [1]§ 30 Abs. 4 Nr. 5 Buchstabe c AO gestattet die Offenbarung zur Richtigstellung unwahrer Tatsachen, die geeignet sind, das Vertrauen in die Verwaltung erheblich zu erschüttern. [2]Diese Offenbarungsbefugnis begründet ein Abwehrrecht der Verwaltung und dient damit nicht dem Aufklärungsinteresse der Öffentlichkeit. [3]Die Verwaltung selbst hat zu entscheiden, ob und in welchem Umfang sie richtigstellen will. [4]Sie hat dabei den Grundsatz der Verhältnismäßigkeit zu wahren und sich auf die zur Richtigstellung erforderliche Offenbarung zu beschränken. [5]Eine Offenbarung zur Richtigstellung in der Öffentlichkeit verbreiteter unwahrer Tatsachen gem. § 30 Abs. 4 Nr. 5 Buchstabe c AO kommt nur im Ausnahmefall in Betracht.

11.3. Bei anderen als den in § 30 Abs. 4 Nr. 5 AO genannten Sachverhalten ist ein zwingendes öffentliches Interesse nur gegeben, wenn sie in ihrer Bedeutung einem dieser Fälle vergleichbar sind.

11.4. Die Gewerbebehörden können bei Vorliegen eines zwingenden öffentlichen Interesses für Zwecke eines Gewerbeuntersagungsverfahrens über die Verletzung steuerlicher Pflichten unterrichtet werden, die mit der Ausübung des Gewerbes, das untersagt werden soll, im Zusammenhang stehen (vgl. im Einzelnen BMF-Schreiben vom 19.12.2013, BStBl. 2014 I S. 19).

11.5. Zur Wahrung des Steuergeheimnisses gegenüber Parlamenten bzw. einem Untersuchungsausschuss des Deutschen Bundestages vgl. BMF-Schreiben vom 13.5.1987.[1)]

11.6. [1]§ 6 des SubvG, wonach Behörden von Bund und Ländern Tatsachen, die sie dienstlich erfahren und die den Verdacht eines Subventionsbetrugs (§ 264 StGB) begründen, den Strafverfolgungsbehörden mitzuteilen haben, stellt keine Ermächtigungsvorschrift i.S.d. § 30 Abs. 4 Nr. 2 AO dar. [2]Anzeigen an Strafverfolgungsbehörden wegen des Verdachts eines Subventionsbetrugs sind daher

---

[1)] IV A 5 – S 0130 – 35/87.

nur zulässig, wenn ein zwingendes öffentliches Interesse an der Offenbarung besteht (§ 30 Abs. 4 Nr. 5 Buchstabe b AO) oder die Voraussetzungen des § 30 Abs. 5 AO vorliegen (vgl. AEAO zu § 30, Nr. 12). [3] Betrifft der Subventionsbetrug allerdings Investitionszulagen, so sind entsprechende Tatsachen wie bei Steuerstraftaten den Bußgeld- und Strafsachenstellen zu melden (vgl. § 14 InvZulG 2010 i.V.m. § 30 Abs. 4 Nr. 1 AO).

Nach § 31a AO besteht daneben eine Offenbarungsbefugnis gegenüber den für die Bewilligung, Gewährung, Rückforderung, Erstattung, Weitergewährung oder für das Belassen einer Subvention zuständigen Behörden und Gerichten; vgl. im Einzelnen AEAO zu § 31a, Nr. 4.3.

11.7. [1] Die Weitergabe von Informationen über Verstöße gegen die Umweltschutzbestimmungen kommt insbesondere in Betracht, wenn daran ein zwingendes öffentliches Interesse nach § 30 Abs. 4 Nr. 5 AO besteht. [2] Dies ist nicht nur zur Verfolgung der in § 30 Abs. 4 Nr. 5 Buchstaben a und b AO genannten Straftaten gegeben, sondern auch zur Verfolgung anderer Straftaten, die wegen ihrer Schwere und ihrer Auswirkungen auf die Allgemeinheit den genannten Regeltatbeständen entsprechen.

[1] Bei Verdacht eines besonders schweren Falles einer Umweltstraftat i.S.d. § 330 StGB oder einer schweren Gefährdung durch Freisetzung von Giften i.S.d. § 330a StGB ist ein zwingendes öffentliches Interesse für eine Offenbarung zu bejahen. [2] Keine Offenbarungsbefugnis besteht, wenn lediglich der abstrakte Gefährdungstatbestand einer Umweltstraftat wie etwa § 325 StGB (Luftverunreinigung), § 325a StGB (Verursachen von Lärm, Erschütterungen und nichtionisierenden Strahlen) bzw. § 326 StGB (umweltgefährdende Abfallbeseitigung) erfüllt ist.

Kann die Finanzbehörde nicht beurteilen, ob die vorgenannten Voraussetzungen für eine Weitergabe erfüllt sind, hat sie zunächst unter Anonymisierung des Sachverhalts eine sachkundige Stelle zur Klärung einzuschalten.

[1] Soweit Verstöße gegen Umweltschutzbestimmungen steuerliche Auswirkungen haben, z.B. für die Anerkennung einer Teilwertabschreibung, ergibt sich die Befugnis zur Weitergabe aus § 30 Abs. 4 Nr. 1 AO, sofern die Weitergabe zur Durchführung des Besteuerungsverfahrens erforderlich ist. [2] Sieht die Finanzbehörde die Notwendigkeit, Angaben des Steuerpflichtigen, z.B. über schadstoffbelastete Wirtschaftsgüter, zu überprüfen, kann sie den Sachverhalt einer zuständigen Fachbehörde offenbaren. [3] Die Finanzbehörde hat dabei zu prüfen, ob es ausreicht, den Sachverhalt der Fachbehörde in anonymisierter Form vorzutragen. [4] Ist die Offenbarung der Identität des Steuerpflichtigen erforderlich, soll sie die Fachbehörde darauf hinweisen, dass die Angaben des Steuerpflichtigen nach § 30 Abs. 2 Nr. 1 Buchstabe c AO weiterhin dem Steuergeheimnis unterliegen.

[1] Die Weitergabe von Erkenntnissen über Verstöße gegen Umweltschutzbestimmungen kann gleichzeitig auf mehrere Offenbarungsgründe gestützt werden. [2] Eine Weitergabe von Erkenntnissen unter dem Gesichtspunkt des zwingenden öffentlichen Interesses ist deshalb auch dann zulässig, wenn der gleiche Sachverhalt bereits nach § 30 Abs. 4 Nr. 1 AO offenbart worden ist. [3] Die Weitergabe von Informationen über Verstöße gegen die Umweltschutzbestimmungen kann nicht auf das UIG gestützt werden.

11.8. Zu Mitteilungen an Disziplinarstellen zur Durchführung dienstrechtlicher Maßnahmen bei Beamten und Richtern in anderen als den in Nr. 5.1

des AEAO zu § 30 genannten Fällen vgl. BMF-Schreiben vom 12.1.2018, BStBl. I S. 201.

[1] Die Regelungen in Nr. 5.1 des AEAO zu § 30 und im vorgenannten BMF-Schreiben sind bei vergleichbaren Verfehlungen sonstiger Angehöriger der Finanzverwaltung (Bedienstete, die nicht Beamte sind) entsprechend anzuwenden, soweit dies zur Ergreifung vergleichbarer arbeitsrechtlicher Maßnahmen (z.B. Abmahnung, Kündigung) führen kann. [2] Eine Steuerhinterziehung in erheblicher Höhe ist bei einem hoheitlich tätigen Bediensteten einer Finanzbehörde, der nicht Beamter ist, als wichtiger Grund zur fristlosen Kündigung an sich auch dann geeignet, wenn der Bedienstete die Hinterziehung gem. § 371 AO selbst angezeigt hat (vgl. BAG-Urteile vom 21.6.2001, 2 AZR 325/00, HFR 2003 S. 183,[1] und vom 10.9.2009, 2 AZR 257/08, juris[2]).

11.9. [1] Die Finanzbehörden sind verpflichtet, den für die Bekämpfung terroristischer Aktivitäten zuständigen Stellen die nach § 30 AO geschützten Verhältnisse auf deren Ersuchen mitzuteilen. [2] Für die Mitteilungen an die genannten Stellen besteht in diesen Fällen ein zwingendes öffentliches Interesse i.S.d. § 30 Abs. 4 Nr. 5 AO.

[1] Die ersuchenden Stellen haben in ihrem Ersuchen zu versichern, dass die erbetenen Daten für Ermittlungen und Aufklärungsarbeiten im Zusammenhang mit der Bekämpfung des Terrorismus erforderlich sind. [2] Eine bestimmte Form für die Auskunftsersuchen und die Erteilung der Auskünfte ist nicht erforderlich. [3] Bei Zweifeln an der Identität des Auskunftsersuchenden haben sich die Finanzbehörden vor Auskunftserteilung über die Identität des Auskunftsersuchenden auf geeignete Weise zu vergewissern.

[1] Zur Mitteilungspflicht zur Bekämpfung der Geldwäsche und der Terrorismusfinanzierung vgl. § 31b AO. [2] Zur Rückmeldung über die abschließende Verwendung der von der FIU bereitgestellten Informationen und über die Ergebnisse der Maßnahmen, die auf Grundlage dieser Informationen durchgeführt wurden, vgl. § 42 Abs. 2 GwG.

11.10. [1] Werden strafrechtlich geschützte Individualrechtsgüter eines Amtsträgers oder einer gleichgestellten Person i.S.d. § 30 Abs. 3 AO verletzt, ist die Durchbrechung des Steuergeheimnisses gem. § 30 Abs. 4 Nr. 5 AO zulässig, soweit dies für die Verfolgung des Delikts erforderlich ist. [2] In Betracht kommen hierbei insbesondere:

– falsche Verdächtigung (§ 164 StGB),

– Beleidigung (§ 185 StGB),

– üble Nachrede (§ 186 StGB),

– Verleumdung (§ 187 StGB),

– Körperverletzung (§§ 223, 224, 229 StGB),

– Freiheitsberaubung (§ 239 StGB),

– Nötigung (§ 240 StGB),

– Bedrohung (§ 241 StGB).

11.11. [1] § 30 Abs. 4 Nr. 5 AO gestattet die Offenbarung der Verhältnisse eines anderen zur Verfolgung von

---

[1] AP BAT § 54 Nr. 5.
[2] NZA 2010, 220.

– Widerstand gegen Vollstreckungsbeamte (§ 113 Abs. 1 StGB),

– tätlicher Angriff auf Vollstreckungsbeamte (§ 114 StGB),

– Verstrickungsbrüchen (§ 136 Abs. 1 StGB),

– Siegelbrüchen (§ 136 Abs. 2 StGB) oder

– Vereitelung der Vollstreckung (§ 288 StGB)

im Besteuerungsverfahren durch die Finanzbehörden gegenüber Gerichten oder Strafverfolgungsbehörden. [2]Das zwingende öffentliche Interesse an der Offenbarung folgt daraus, dass sich die strafrechtlich relevanten Handlungen gegen die Gesetzmäßigkeit des Steuerverfahrens als Ganzes – Steuererhebung und Steuerverstrickung – richten.

11.12. Liegen den Finanzbehörden Erkenntnisse zu Insolvenzstraftaten i.S.d. §§ 283 bis 283c StGB oder zu Insolvenzverschleppungsstraftaten (§ 15a InsO) vor, die sie im Besteuerungsverfahren erlangt haben, so ist eine Offenbarung dieser Erkenntnisse an die Strafverfolgungsbehörden nach § 30 Abs. 4 Nr. 5 AO zulässig.

11.13. Liegen den Finanzbehörden Anhaltspunkte zu Misshandlungen von Kindern i.S.d. § 223 StGB und Misshandlungen von Schutzbefohlenen i.S.d. § 225 StGB vor, die sie im Besteuerungs- bzw. Steuerstrafverfahren erlangt haben, ist eine Offenbarung dieser Kenntnisse an die Sozialbehörden bzw. Strafverfolgungsbehörden nach § 30 Abs. 4 Nr. 5 AO zulässig.

12. Offenbarung vorsätzlich falscher Angaben (§ 30 Abs. 5 AO)

[1]Die Unterrichtung der Strafverfolgungsbehörden über vorsätzlich falsche Angaben des Betroffenen gem. § 30 Abs. 5 AO darf nur erfolgen, wenn nach Auffassung der Finanzbehörde durch die falschen Angaben ein Straftatbestand verwirklicht worden ist; die Durchführung eines Strafverfahrens wegen dieser Tat ist nicht Voraussetzung für die Zulässigkeit der Offenbarung. [2]Der Finanzbehörde obliegt die Prüfung, ob der Betroffene, sowohl in objektiver als auch in subjektiver Hinsicht, einen Straftatbestand verwirklicht hat (BFH-Urteil vom 8.2.1994, VII R 88/92, BStBl. II S. 552). [3]§ 30 Abs. 5 AO lässt eine Offenbarung nur gegenüber den Strafverfolgungsbehörden zu.

13. Auskunft über Anzeigeerstatter

13.1. [1]Durch das Steuergeheimnis wird auch der Name eines Anzeigeerstatters geschützt, wenn die Anzeige eines der in § 30 Abs. 2 Nr. 1 Buchstabe a und b AO genannten Verfahren auslöst oder innerhalb eines solchen Verfahrens erstattet oder ausgewertet wird. [2]Was für die Offenbarung des Namens des Anzeigeerstatters gilt, muss in entsprechender Weise auch für die wortgetreue Offenbarung des Inhalts der Anzeige gelten. [3]Häufig wird man nämlich aus dem Inhalt einer Anzeige, sei es aus einer bestimmten Wortwahl oder aus dem Gebrauch einzelner Formulierungen, sei es aus stilistischen oder grammatikalischen Eigenheiten, aus der Schrift oder aus der Strukturierung des gesamten Textes, mit einiger Wahrscheinlichkeit Rückschlüsse auf den Verfasser der Anzeige ziehen können (vgl. BFH-Beschluss vom 28.12.2006, VII B 44/03, BFH/NV 2007 S. 853).

13.2. [1]Hat der Anzeigeerstatter allerdings vorsätzlich falsche Angaben gemacht, kann die Finanzbehörde dies gem. § 30 Abs. 5 AO den Strafverfolgungsbehörden mitteilen. [2]Das Gleiche gilt gem. § 30 Abs. 4 Nr. 4 Buchstabe b AO, wenn die Anzeige ohne Bestehen einer steuerlichen Verpflichtung erstattet worden ist und die Unterrichtung der Strafverfolgungsbehörden der Durchführung eines Strafverfahrens wegen einer Tat dient, die keine Steuerstraftat ist (vgl. AEAO zu § 30, Nr. 10.2).

13.3. [1] Grundsätzlich besteht nur eine Befugnis, aber keine Verpflichtung der Finanzbehörde zu einer Unterrichtung der Strafverfolgungsbehörden. [2] Im Hinblick auf den Persönlichkeitsschutz des Verdächtigen kann sich die Offenbarungsbefugnis im Einzelfall in eine Verpflichtung zur Unterrichtung der Strafverfolgungsbehörden verdichten, wenn der Anzeigeerstatter nach Auffassung der Finanzbehörde durch vorsätzlich falsche Angaben Straftatbestände wie z.B. des § 164 StGB (falsche Verdächtigung) verwirklicht hat (vgl. u.a. BFH-Urteil vom 8.2.1994, VII R 88/92, BStBl. II S. 552).

13.4. [1] Eine Verpflichtung zur Auskunftserteilung besteht auch, wenn die Voraussetzungen für eine Offenbarung nach § 30 Abs. 5 oder § 30 Abs. 4 Nr. 4 Buchstabe b AO gegeben sind und die Strafverfolgungsbehörde um Namensnennung aufgrund einer Strafanzeige des Steuerpflichtigen gegen Unbekannt im Ermittlungsverfahren nach § 161 StPO ersucht. [2] Dem betroffenen Steuerpflichtigen selbst ist in diesen Fällen keine Auskunft über die Identität des Anzeigeerstatters zu erteilen; insbesondere § 30 Abs. 5 AO lässt eine Offenbarung nur gegenüber den Strafverfolgungsbehörden zu.

13.5. [1] Auch im Fall eines Auskunftsersuchens der Strafverfolgungsbehörde nach § 161 StPO ist die Finanzbehörde in den Fällen des § 30 Abs. 5 AO nur zur Auskunftserteilung berechtigt, wenn sie nach eigener Überprüfung der Auffassung ist, dass der Anzeigeerstatter vorsätzlich falsche Angaben gemacht hat. [2] In diesem Fall ist die Finanzbehörde zur Auskunftserteilung an die Strafverfolgungsbehörde verpflichtet.

13.6. [1] Beantragt der betroffene Steuerpflichtige selbst bei der Finanzbehörde Auskunft über die Identität eines Anzeigeerstatters und liegen die Voraussetzungen des § 30 Abs. 4 Nr. 4 Buchstabe b AO vor, sind im Rahmen der Ermessensentscheidung das allgemeine Persönlichkeitsrecht des Steuerpflichtigen gegen das allgemeine Persönlichkeitsrecht des Anzeigeerstatters und den Zweck des Steuergeheimnisses – die möglichst vollständige Erschließung der Steuerquellen – abzuwägen. [2] Dem Informantenschutz und dem Zweck des Steuergeheimnisses kommt dabei ein höheres Gewicht als dem Persönlichkeitsrecht des Steuerpflichtigen zu, wenn sich die vertraulich mitgeteilten Informationen im Wesentlichen als zutreffend erweisen und zu Steuernachforderungen führen (vgl. BFH-Beschluss vom 7.12.2006, V B 163/05, BStBl. 2007 II S. 275 m.w.N.) oder wenn sich bei einer Vielzahl von Angaben zumindest einige als steuerrechtlich bedeutsam erweisen, wobei diese im Verhältnis zu den anderen nicht völlig unmaßgeblich sein dürfen (vgl. BFH-Urteil vom 8.2.1994, VII R 88/92, BStBl. II S. 552).

14. Abruf geschützter Daten (§ 30 Abs. 6 AO)

14.1. Der Abruf geschützter Daten durch andere Personen als die betroffene Person (vgl. § 9 Satz 1 StDAV) oder die in § 9 Satz 2 StDAV genannten Personen ist nur zulässig, soweit er bei Durchführung eines der in § 30 Abs. 2 Nr. 1 AO genannten Verfahren der Wahrnehmung einer dienstlich zugewiesenen Aufgabe dient.

[1] Das Interesse des geschützten Personenkreises (vgl. Nr. 1.3 des AEAO zu § 30), gegen eine Verletzung des Schutzes personenbezogener Daten durch einen unzulässigen Datenabruf geschützt zu werden, ist mit dem dienstlichen Interesse, die Daten schnell und barrierefrei ermitteln zu können, in Einklang

zu bringen. [2] Hierbei muss sich die Möglichkeit, die Daten bei der originär zuständigen Stelle im Mitteilungswege zu erheben, beispielsweise aufgrund der Häufigkeit entsprechender Anlässe und des hiermit verbundenen Mehraufwandes als unverhältnismäßig erweisen.

[1] Nach § 2 Abs. 1 Satz 1 StDAV sind angemessene organisatorische und dem jeweiligen Stand der Technik entsprechende Vorkehrungen zum Schutz des Steuergeheimnisses zu treffen. [2] § 4 Abs. 1 Satz 1 StDAV enthält das Gebot, den Zugriff durch technische Sicherungsmaßnahmen auf den für diese Aufgaben erforderlichen Umfang zu beschränken, soweit das hierzu eingesetzte Verfahren dies zulässt.

14.2. [1] Kann der Zugriff aus technischen Gründen nicht auf eine den dienstlichen Erfordernissen entsprechende Datenmenge beschränkt werden (vgl. § 4 Abs. 1 Satz 2 StDAV), sind die Abrufe nach Maßgabe des § 6 Abs. 1 Satz 1 StDAV aufzuzeichnen, um die Zulässigkeit der Abrufe zeitnah und in angemessenem Umfang überprüfen zu können. [2] Zur Unterstützung der Überprüfung kann ein Begründungszwang für den Abruf angeordnet werden. [3] Die Überprüfung hat die Stelle, der die abrufende Person angehört, in eigener Zuständigkeit wahrzunehmen.

AEAO zu § 30a – Schutz von Bankkunden:

(aufgehoben)

AEAO zu § 31 – Mitteilung von Besteuerungsgrundlagen:

1. [1] Die Finanzbehörden sind nach § 31 Abs. 2 AO zur Offenbarung gegenüber der Bundesagentur für Arbeit, der Künstlersozialkasse und den Trägern der gesetzlichen Sozialversicherung nur verpflichtet, soweit die Angaben für die Feststellung der Versicherungspflicht oder die Festsetzung von Beiträgen benötigt werden. [2] Die Träger der Sozialversicherung, die Bundesagentur für Arbeit und die Künstlersozialkasse haben dies bei Anfragen zu versichern.

2. [1] Sozialleistungsträger i.S.d. § 31 Abs. 2 AO sind gem. § 12 SGB I die in §§ 18 bis 29 SGB I genannten Körperschaften, Anstalten und Behörden, die entsprechende Dienst-, Sach- und Geldleistungen gewähren. [2] Hierzu gehören z.B. neben den Agenturen für Arbeit und den sonstigen Dienststellen der Bundesagentur für Arbeit die gesetzlichen Krankenkassen (Orts-, Betriebs- und Innungskrankenkassen, landwirtschaftliche Krankenkassen, die Deutsche Rentenversicherung Knappschaft-Bahn-See und die Ersatzkassen) sowie hinsichtlich der allgemeinen gesetzlichen Rentenversicherung die Regionalträger der deutschen Rentenversicherung, die Deutsche Rentenversicherung Bund und die Deutsche Rentenversicherung Knappschaft-Bahn-See, hinsichtlich der knappschaftlichen Rentenversicherung die Deutsche Rentenversicherung Knappschaft-Bahn-See und hinsichtlich der Alterssicherung der Landwirte die landwirtschaftlichen Alterskassen.

Nicht zu den Sozialleistungsträgern i.S.d. § 31 Abs. 2 AO gehören private Krankenversicherungen und die Träger der berufständischen Versorgungsleistungen (z.B. Ärzte-, Rechtsanwalts- und Architekten-Versorgungswerke).

Eine ständig aktualisierte Liste der auskunftsberechtigten Krankenkassen kann unter http://www.gkv-spitzenverband.de eingesehen werden.

3. Auskünfte gegenüber Krankenkassen bei freiwillig Versicherten

3.1. Freiwillig Versicherte, die hauptberuflich selbständig erwerbstätig sind

[1] Die Finanzbehörden sind gegenüber den gesetzlichen Krankenkassen hinsichtlich freiwillig Versicherter, die hauptberuflich selbständig erwerbstätig sind, grundsätzlich nicht nach § 31 Abs. 2 AO auskunftspflichtig. [2] Da bei diesem Personenkreis die Beitragsbemessungsgrenze als beitragspflichtige Einnahme gilt, ist die Krankenkasse grundsätzlich nicht verpflichtet, die sozialversicherungsrelevanten Verhältnisse zu ermitteln.

[1] Der freiwillig Versicherte kann allerdings eine Beitragsreduzierung erreichen, wenn er geringere Einnahmen nachweist (§ 240 Abs. 1 Satz 3 SGB V). [2] Die aus dem zuletzt vorgelegten Einkommensteuerbescheid abgeleitete Beitragsbemessung bleibt dann bis zur Erteilung des nächsten Einkommensteuerbescheids maßgebend. [3] Erklärt ein freiwillig Versicherter seiner Krankenkasse in derartigen Fällen auf Nachfrage, ihm sei seit mehr als 18 Monaten kein Steuerbescheid zugegangen, ist der Krankenkasse auf Ersuchen mitzuteilen, ob innerhalb dieses Zeitraums ein Steuerbescheid erteilt wurde (unabhängig davon, welchen Veranlagungszeitraum er betrifft); bejahendenfalls ist auch dessen Datum und das jeweilige Veranlagungsjahr mitzuteilen.

3.2. Andere freiwillig Versicherte

3.2.1. Rechtslage bis einschließlich Veranlagungszeitraum 2014

[1] Bei anderen freiwillig Versicherten ist die Krankenkasse verpflichtet, die sozialversicherungsrelevanten Verhältnisse zu ermitteln. [2] Kommt der Versicherte seiner Mitwirkungspflicht nicht nach, kann die Krankenkasse die Finanzbehörden in diesen Fällen um Auskunft ersuchen. [3] Die nach § 31 Abs. 2 AO zulässige Auskunft ist auf die zur Beitragsfestsetzung unbedingt notwendigen Angaben zu beschränken (insbesondere Höhe einzelner Einkünfte oder Summe der Einkünfte).

3.2.2. Rechtslage ab Veranlagungszeitraum 2015

[1] Auch bei anderen freiwillig Versicherten ist die Beitragsbemessungsgrenze als beitragspflichtige Einnahme anzusetzen, sofern und solange Mitglieder Nachweise über ihre Einnahmen auf Verlangen der Krankenkasse nicht vorlegen (§ 240 Abs. 1 Satz 2 2. Halbsatz SGB V). [2] Nr. 3.1 gilt in diesen Fällen entsprechend.

3.3. Die Krankenkassen haben in ihren Ersuchen darzulegen, welches Versicherungsverhältnis besteht und für welchen Zeitraum die Auskunft erteilt werden soll (vgl. AEAO zu § 31, Nrn. 3.1, 3.2.1 oder 3.2.2).

4. Bei Anfragen der Rentenversicherungsträger an die Finanzämter auf Mitteilung von Besteuerungsgrundlagen nach § 31 Abs. 2 Satz 1 AO in Fällen der einkommensgerechten Beitragszahlung von versicherungspflichtigen Selbständigen (§ 165 SGB VI) ist von der Erforderlichkeit der Auskunft auszugehen, wenn der Rentenversicherungsträger im Vordruck für Auskunftsersuchen an die Finanzämter versichert, dass eigene Ermittlungsversuche im Umfang der gestellten Anfrage beim Versicherten (u.a. Aufforderung zur Vorlage des letzten Einkommensteuerbescheids und Erinnerung hieran) erfolglos geblieben sind.

AEAO zu § 31a – Mitteilungen zur Bekämpfung der illegalen Beschäftigung und des Leistungsmissbrauchs:

1. Allgemeines

[1] Die Offenbarung erfolgt aufgrund einer Anfrage der für die in § 31a AO genannten Verfahren zuständigen Stellen. [2] Die zuständigen Stellen haben in der Anfrage zu versichern, dass die Offenbarung der Verhältnisse für ein Verfahren i.S.d. § 31a Abs. 1 AO erforderlich ist.

[1] Die Offenbarung erfolgt von Amts wegen, wenn die Finanzbehörden über konkrete Informationen verfügen, die für die zuständigen Stellen für ein Verfahren nach § 31a Abs. 1 AO erforderlich sind. [2] Es genügt die Möglichkeit, dass die konkreten Tatsachen für die Durchführung eines Verfahrens nach § 31a Abs. 1 AO erforderlich sind, ein konkreter Tatverdacht im strafprozessualen Sinne ist nicht notwendig. [3] Vorsorgliche Mitteilungen sind nicht vorzunehmen.

[1] Die Mitteilungspflicht der Finanzbehörden bezieht sich nur auf die konkret vorhandenen Anhaltspunkte, sie sind nicht zu zusätzlichen Ermittlungen verpflichtet. [2] Die Mitteilungspflicht des § 31a AO gilt nur gegenüber den jeweils zuständigen Stellen und schließt nicht die Befugnis zur Gewährung von Akteneinsicht oder die Übersendung von Akten ein.

[1] Eine Mitteilungspflicht besteht nicht, soweit deren Erfüllung mit einem unverhältnismäßigen Aufwand verbunden wäre (§ 31a Abs. 2 Satz 3 AO). [2] Ein unverhältnismäßiger Aufwand liegt i.d.R. dann vor, wenn der zur Erfüllung der Mitteilungspflicht erforderliche sachliche, personelle oder zeitliche Aufwand erkennbar außer Verhältnis zum angestrebten Erfolg der Mitteilung steht.

[1] Der Begriff „Betroffener" in § 31a AO ist derselbe wie in § 30 AO. [2] Danach ist Betroffener nicht nur der Beteiligte des Verfahrens, zu dessen Durch-

führung die Mitteilung erfolgen soll, sondern auch jeder Andere, dessen personenbezogene Daten durch § 30 AO geschützt werden (z.B. Geschäftsführer, Geschäftspartner, Arbeitnehmer, Empfänger von Zahlungen und/oder anderen Vorteilen).

2. Bekämpfung von illegaler Beschäftigung oder Schwarzarbeit (§ 31[1] Abs. 1 Nr. 1 Buchstabe a AO)

2.1. Illegale Beschäftigung

Illegale Beschäftigung liegt u.a. dann vor, wenn Ausländer ohne eine erforderliche Genehmigung arbeiten oder beschäftigt werden (illegale Arbeitnehmerbeschäftigung, z.B. § 404 Abs. 1, Abs. 2 Nrn. 3, 4, 20 und 26 SGB III, §§ 15, 15a, 16 Abs. 1 Nr. 2 AÜG, §§ 10, 10a und 11 SchwarzArbG) oder Arbeitnehmer von einem Arbeitgeber an einen Dritten gewerbsmäßig zur Arbeitsleistung überlassen werden, obwohl eine erforderliche Erlaubnis nach dem AÜG nicht vorliegt oder die Überlassung gesetzlich nicht gestattet ist (unerlaubte Arbeitnehmerüberlassung, z.B. § 16 Abs. 1 Nrn. 1, 1a, 1b, 2a und 7b AÜG, § 23 Abs. 1 Nr. 1 und Abs. 2 AEntG, § 21 Abs. 1 Nr. 1 und Abs. 2 MiLoG).

2.2. Schwarzarbeit

Nach § 1 Abs. 2 SchwarzArbG leistet Schwarzarbeit, wer Dienst- oder Werkleistungen erbringt oder ausführen lässt und dabei

1. als Arbeitgeber, Unternehmer oder versicherungspflichtiger Selbstständiger seine sich auf Grund der Dienst- oder Werkleistungen ergebenden sozialversicherungsrechtlichen Melde-, Beitrags- oder Aufzeichnungspflichten nicht erfüllt,
2. als Steuerpflichtiger seine sich auf Grund der Dienst- oder Werkleistungen ergebenden steuerlichen Pflichten nicht erfüllt,
3. als Empfänger von Sozialleistungen seine sich auf Grund der Dienst- oder Werkleistungen ergebenden Mitteilungspflichten gegenüber dem Sozialleistungsträger nicht erfüllt,
4. als Erbringer von Dienst- oder Werkleistungen seiner sich daraus ergebenden Verpflichtung zur Anzeige vom Beginn des selbstständigen Betriebes eines stehenden Gewerbes (§ 14 der Gewerbeordnung) nicht nachgekommen ist oder die erforderliche Reisegewerbekarte (§ 55 der Gewerbeordnung) nicht erworben hat,
5. als Erbringer von Dienst- oder Werkleistungen ein zulassungspflichtiges Handwerk als stehendes Gewerbe selbstständig betreibt, ohne in der Handwerksrolle eingetragen zu sein (§ 1 der Handwerksordnung).

2.3. Zuständige Stellen

[1] Zuständig für die Prüfung und Bekämpfung von illegaler Beschäftigung nach Nr. 2.1 des AEAO zu § 31a und Schwarzarbeit nach Nr. 2.2 lfd. Nr. 1 und 2 des AEAO zu § 31a sind die Behörden der Zollverwaltung, Arbeitsbereich Finanzkontrolle Schwarzarbeit (FKS). [2] Die FKS prüft auch, ob Verstöße gegen Mitteilungspflichten nach Nr. 2.2 lfd. Nr. 3 des AEAO zu § 31a vorliegen, sofern diese Mitteilungspflichten Sozialleistungen nach dem SGB II, dem SGB III oder Leistungen nach dem Altersteilzeitgesetz betreffen; für

---

[1] Richtig wohl: „§ 31a".

Sozialleistungen nach dem SGB I sind die jeweiligen Leistungs- bzw. Subventionsgeber zuständig (vgl. AEAO zu § 31a, Nr. 4.2). [3]Für die Verfolgung und Ahndung von Verstößen gegen die in Nr. 2.2 lfd. Nr. 4 und 5 des AEAO zu § 31a aufgeführten Pflichten sind die nach Landesrecht zuständigen Behörden zuständig (§ 2 Abs. 3 SchwarzArbG). [4]Die Prüfung der Erfüllung steuerlicher Pflichten obliegt gem. § 2 Abs. 2 Satz 1 SchwarzArbG weiterhin den Landesfinanzbehörden. [5]Die FKS ist gem. § 2 Abs. 2 Satz 2 SchwarzArbG zur Mitwirkung an diesen Prüfungen berechtigt. [6]Unabhängig davon prüft die FKS gem. § 2 Abs. 1 Satz 2 SchwarzArbG zur Erfüllung ihrer Mitteilungspflichten nach § 6 Abs. 1 Satz 1 i.V.m. Abs. 4 Nr. 4 SchwarzArbG, ob Anhaltspunkte dafür bestehen, dass steuerlichen Pflichten aus Dienst- und Werkleistungen nicht nachgekommen wird. [7]Gemäß § 2 Abs. 1 Nr. 6 SchwarzArbG i.V.m. § 21 Abs. 1 Nr. 9 MiLoG, § 23 Abs. 1 Nr. 1 AEntG sowie § 16 Abs. 1 Nr. 7b AÜG führt die FKS auch Ordnungswidrigkeitenverfahren wegen Verstößen gegen die Verpflichtung zur Entrichtung des Mindestlohnes. [8]Ergeben sich bei der Prüfung der FKS Anhaltspunkte für Verstöße gegen die Steuergesetze, so unterrichtet die FKS hierüber die zuständigen Finanzbehörden (§ 6 Abs. 4 Nr. 4 SchwarzArbG). [9]Zur Durchführung des SchwarzArbG führt die FKS eine zentrale Prüfungs- und Ermittlungsdatenbank (§ 16 SchwarzArbG). [10]Den Landesfinanzbehörden wird auf Ersuchen Auskunft aus der zentralen Datenbank erteilt zur Durchführung eines Steuerstraf- oder Steuerordnungswidrigkeitenverfahrens und für die Besteuerung, soweit sie im Zusammenhang mit der Erbringung oder der Vortäuschung der Erbringung von Dienst- oder Werkleistungen steht (§ 17 Abs. 1 Nr. 4 SchwarzArbG). [11]Soweit durch eine Auskunft die Gefährdung des Untersuchungszwecks eines Ermittlungsverfahrens zu besorgen ist, kann die für dieses Verfahren zuständige Behörde der Zollverwaltung oder die zuständige Staatsanwaltschaft anordnen, dass hierzu keine Auskunft erteilt werden darf (§ 17 Abs. 1 Satz 2 SchwarzArbG). [12]§ 478 Abs. 1 Satz 1 und 2 StPO findet Anwendung, wenn die Daten Verfahren betreffen, die zu einem Strafverfahren geführt haben (§ 17 Abs. 1 Satz 3 SchwarzArbG).

2.4. Mitteilungen

[1]Verfügt die Finanzbehörde über Informationen, die die FKS oder die nach Landesrecht zuständigen Behörden für die Erfüllung ihrer Aufgaben zur Bekämpfung illegaler Beschäftigung und Schwarzarbeit benötigen, hat sie diese mitzuteilen. [2]Hierzu zählen auch Verstöße gegen die Verpflichtung zur Gewährung der Arbeitsbedingungen i.S.d. § 20 MiLoG, § 8 i.V.m. § 5 Satz 1 Nr. 1 bis 3 AEntG sowie § 8 Abs. 5 AÜG. [3]Anhaltspunkte für einen möglichen Verstoß reichen für eine Mitteilung aus. [4]Ein unverhältnismäßiger Aufwand i.S.d. § 31a Abs. 2 Satz 3 AO liegt bei den Mitteilungen an die FKS im Regelfall nicht vor.

2.5. Verfahren FKS

[1]Sowohl die Hauptzollämter als auch die Landesfinanzbehörden haben so genannte „Partnerstellen" für die Zusammenarbeit der FKS mit den Finanzbehörden eingerichtet. [2]Mitteilungen sind daher nicht direkt an die FKS zu richten, sondern der jeweils örtlichen „Partnerstelle Steuer" zu übermitteln. [3]Diese leitet die Mitteilungen dann an die jeweils örtliche „Partnerstelle FKS" weiter. [4]In begründeten Einzelfällen sind ausnahmsweise auch direkte Kontakte

zwischen den Stellen der FKS und den Finanzämtern möglich. [5] Hierüber sind die örtlichen Partnerstellen zeitnah zu unterrichten.

3. Entscheidung über Arbeitnehmerüberlassung (§ 31a Abs. 1 Nr. 1 Buchstabe b Doppelbuchstabe aa AO)

3.1. Arbeitnehmerüberlassung

[1] Nach § 1 Abs. 1 AÜG ist eine Erlaubnis erforderlich, wenn ein Arbeitgeber (Verleiher) einem Dritten (Entleiher) Arbeitnehmer (Leiharbeitnehmer) gewerbsmäßig zur Arbeitsleistung überlassen will, ohne dass damit eine Arbeitsvermittlung nach § 1 Abs. 2 AÜG und i.S.d. §§ 35 ff. SGB III betrieben wird. [2] Die gewerbsmäßige Arbeitnehmerüberlassung in Betrieben des Baugewerbes für Arbeiten, die üblicherweise von Arbeitern verrichtet werden, ist zwischen Betrieben des Baugewerbes gestattet, wenn diese Betriebe von denselben Rahmen- und Sozialkassentarifverträgen oder von deren Allgemeinverbindlichkeiten erfasst werden; ansonsten ist sie unzulässig (§ 1b AÜG).

[1] Die Erlaubnis zur Arbeitnehmerüberlassung hängt nach den Vorschriften des AÜG u.a. von der Zuverlässigkeit des Verleihers ab. [2] Diese Erlaubnis kann aus den in §§ 3, 4 und 5 AÜG aufgeführten Gründen versagt, zurückgenommen oder widerrufen werden. [3] Die Zuverlässigkeitsprüfung durch die Arbeitsbehörde hat sich dabei auch auf das steuerliche Verhalten – insbesondere die Einhaltung der Vorschriften über die Einbehaltung und Abführung der Lohnsteuer – zu erstrecken (§ 3 Abs. 1 Nr. 1 AÜG).

3.2. Zuständige Stellen

Zuständig für die Durchführung des AÜG ist die Bundesagentur für Arbeit (§ 17 AÜG).

3.3. Mitteilungen

Die Finanzbehörden unterrichten die zuständigen Dienststellen der Bundesagentur für Arbeit von Amts wegen über jede Verletzung steuerlicher Pflichten eines Arbeitnehmerverleihers, die mit der Ausübung seiner gewerblichen Tätigkeit im Zusammenhang steht, es sei denn, es handelt sich um Pflichtverletzungen, die nach ihrem betragsmäßigen Umfang und ihrer Bedeutung als geringfügig anzusehen sind.

Solche Pflichtverletzungen, die nach ihrem betragsmäßigen Umfang und ihrer Bedeutung als geringfügig anzusehen sind, sind jedoch auf Anfrage den Dienststellen der Bundesagentur für Arbeit mitzuteilen, wenn in der Anfrage von ihnen bescheinigt wird, dass die Informationen für ein nach § 31a Abs. 1 Nr. 1 Buchstabe b Doppelbuchstabe aa AO genanntes Verfahren erforderlich sind.

Zu den mitzuteilenden Tatsachen gehören z.B.:

– die Nichtanmeldung von Lohnsteuer,
– die verspätete Abgabe von Lohnsteuer-Anmeldungen,
– die verspätete Abführung oder Nichtabführung der einbehaltenen Steuerabzugsbeträge,
– bestehende Steuerrückstände, soweit diese durch die gewerbliche Tätigkeit ausgelöst wurden,
– erhebliche Nachforderungen aus Lohnsteuer-Außenprüfungen,
– wirtschaftliche Leistungsunfähigkeit.

Mitteilungen an Strafverfolgungsbehörden oder Offenbarungen in einem Strafverfahren wegen strafrechtlicher Verfehlungen im Falle der Arbeitnehmerüberlassung gestattet § 31a Abs. 1 Nr. 1 Buchstabe b Doppelbuchstabe aa AO nicht.

3.4. Verfahren

[1] Damit die Finanzbehörden zwischen unerlaubter Arbeitnehmerüberlassung (vgl. AEAO zu § 31a, Nr. 2.1) und genehmigter Arbeitnehmerüberlassung unterscheiden und überprüfen können, ob ein Verleiher seinen steuerlichen Pflichten nachkommt, unterrichten die Dienststellen der Bundesagentur für Arbeit die Finanzbehörden von Amts wegen über die Erteilung, Versagung, Verlängerung, Rücknahme und den Widerruf sowie das Erlöschen der Erlaubnis zur gewerbsmäßigen Arbeitnehmerüberlassung. [2] Die Dienststellen der Bundesagentur für Arbeit unterrichten die Finanzbehörden ferner über jeden Antrag eines Unternehmers mit Sitz im Ausland auf Erteilung einer Erlaubnis nach dem AÜG, über Anfragen von Unternehmen mit Sitz im Ausland, ob ihre im Inland beabsichtigte Tätigkeit erlaubnispflichtig sei, und über Anfragen inländischer Unternehmer, ob einem bestimmten ausländischen Unternehmen eine Erlaubnis nach dem AÜG erteilt wurde.

4. Entscheidung über Leistungen aus öffentlichen Mitteln (§ 31a Abs. 1 Nr. 1 Buchstabe b Doppelbuchstabe bb AO)[1)]

4.1. Leistungen aus öffentlichen Mitteln

[1] Unter dem Begriff „Leistungen aus öffentlichen Mitteln" sind alle Leistungen der öffentlichen Hand zu verstehen. [2] Insbesondere fallen darunter Sozialleistungen und Subventionen.

4.1.1. Sozialleistungen

[1] Sozialleistungen sind gem. § 11 SGB I die im SGB I vorgesehenen Dienst-, Sach- und Geldleistungen. [2] Hierzu zählen die in §§ 18 bis 29 SGB I und die in § 68 SGB I aufgezählten Leistungen. [3] Sozialleistungen sind danach z.B. die Leistungen der Agenturen für Arbeit, der gesetzlichen Krankenkassen, der gesetzlichen Rentenversicherungsträger, der Sozialämter und der Unterhaltsvorschussbehörden.

4.1.2. Subventionen

Subventionen sind gem. § 1 Abs. 1 SubvG i.V.m. § 264 Abs. 7 StGB Leistungen, die aus öffentlichen Mitteln nach Bundes- oder Landesrecht oder nach dem Recht der Europäischen Union an Betriebe oder Unternehmen wenigstens zum Teil ohne marktübliche Gegenleistung gewährt werden und der Förderung der Wirtschaft dienen sollen.

[1] Leistungsgrundlage für die Gewährung von Subventionen sind das Recht von Bund, Ländern (zugleich auch Gemeinden) oder der Europäischen Union, wobei es sich nicht um ein Gesetz handeln muss, sondern auch auf Gesetz beruhende Haushaltsansätze genügen. [2] Anhaltspunkte dafür, dass es sich bei der Zuwendung (Förderung) um eine Subvention handelt, ergeben sich regelmäßig aus den Antragsunterlagen oder aus dem Bewilligungsbescheid.

[1)] Zur Verfassungsmäßigkeit von § 31a Abs. 1 Nr. 1 Buchst. b Doppelbuchst. bb AO vgl. BFH v. 4.10.2007 VII B 110/07, BStBl. II 2008, 42.

4.2. Zuständige Stellen

Mitteilungen sind an die jeweilig zuständigen Leistungs- bzw. Subventionsgeber zu richten, die für die Entscheidung über die Bewilligung, Gewährung, Rückforderung, Erstattung, Weitergewährung oder das Belassen der Leistung aus öffentlichen Mitteln zuständig sind.

4.3. Mitteilungen

[1] Liegt eine Anfrage der Bewilligungsbehörde nicht vor, müssen sich konkrete Anhaltspunkte aus der Buchführung, den Aufzeichnungen oder den Unterlagen des Steuerpflichtigen ergeben (z.B. ein entsprechender Bewilligungsbescheid bei einer Außenprüfung). [2] Vorsorgliche Mitteilungen aufgrund bloßer Vermutungen sind nicht vorzunehmen.

Von Amts wegen hat eine Offenbarung insbesondere zu erfolgen, wenn konkrete Anhaltspunkte es möglich erscheinen lassen, dass

– aufgrund eines Verwaltungsakts Sozialleistungen zu Unrecht in Anspruch genommen werden oder genommen wurden oder

– Sozialleistungen zu erstatten sind oder

– Tatsachen subventionserheblich i.S.d. § 264 Abs. 9 StGB sind. [2] Subventionserheblich sind auch Tatsachen, die sich auf die Förderung nach der Gemeinschaftsaufgabe „Verbesserung der regionalen Wirtschaftsstruktur" (GA Förderung) beziehen.

[1] Es genügt die Möglichkeit, dass die gewährten Subventionen oder Sozialleistungen zurückgefordert werden können. [2] Ein konkreter Tatverdacht im strafprozessualen Sinne (z.B. Subventionsbetrug) ist nicht erforderlich. [3] Es ist nicht Aufgabe des Finanzamts, zur Feststellung von Leistungsmissbräuchen über die Überprüfung steuerlicher Sachverhalte hinausgehende oder zusätzliche Ermittlungen vorzunehmen.

Die Entscheidung, ob tatsächlich ein Leistungsmissbrauch vorliegt, trifft die informierte Stelle.

Mitteilungen an Strafverfolgungsbehörden oder Offenbarungen in einem Strafverfahren wegen strafrechtlicher Verfehlungen im Falle des Leistungsmissbrauchs gestattet § 31a Abs. 1 Nr. 1 Buchstabe b Doppelbuchstabe bb AO nicht.

5. Rückgewähr einer Leistung aus öffentlichen Mitteln (§ 31a Abs. 1 Nr. 2 AO)

[1] Die Offenbarung ist zulässig, wenn sie für die Geltendmachung eines Anspruchs auf Rückgewähr einer Forderung aus öffentlichen Mitteln erforderlich ist. [2] Hierunter ist sowohl die Durchsetzung, insbesondere die Vollstreckung, von nach § 31a Abs. 1 Nr. 1 Buchstabe b Doppelbuchstabe bb AO bereits festgesetzten Rückforderungen von Leistungen aus öffentlichen Mitteln, z.B. durch die für die Vollstreckung zuständigen Hauptzollämter, als auch die privatrechtliche Rückabwicklung von Leistungen oder Subventionen aus öffentlichen Mitteln durch die zuständigen Stellen zu verstehen. [3] Eine Offenbarung ist insbesondere auch zulässig für die Rückforderung von Zahlungen der gesetzlichen Krankenkassen und Ersatzkassen gegenüber Ärzten, Zahnärzten, Apothekern und Krankenhäusern auf Grund von Abrechnungsbetrügereien. [4] Die Mitteilungen erfolgen im Regelfall nur aufgrund einer Anfrage der zuständigen Stelle bzw. auf Anfrage des Betroffenen. [5] Die Mitteilungen sind an die für die Vollstreckung zuständigen Stellen bzw. an die für die Rückgewäh-

rung der Leistung aus öffentlichen Mitteln zuständigen Stellen (z.B. Sozialleistungsträger, Gewährer von Fördermitteln oder Subventionsgeber) zu richten.

AEAO zu § 31b – Mitteilungen zur Bekämpfung der Geldwäsche und der Terrorismusfinanzierung:

1. Offenbarungsbefugnis nach § 31b Abs. 1 AO

1.1. [1]Die Finanzbehörden dürfen in den in § 31b Abs. 1 AO genannten Fällen den jeweils zuständigen Stellen die erforderlichen Auskünfte erteilen (Offenbarungsbefugnis). [2]Liegt ein begründetes Auskunftsersuchen der jeweils zuständigen Stelle vor, ist ihr Auskunft zu erteilen (Offenbarungspflicht). [3]Die ersuchende Stelle hat zu versichern, dass die erbetenen Daten den in § 31b Abs. 1 Nrn. 1 bis 5 AO genannten Zwecken dienen.

1.2. Die Zentralstelle für Finanztransaktionsuntersuchungen (FIU) hat nach § 28 Abs. 1 GwG die Aufgabe der Erhebung und Analyse von Informationen im Zusammenhang mit Geldwäsche oder Terrorismusfinanzierung und der Weitergabe dieser Informationen an die zuständigen inländischen öffentlichen Stellen zum Zwecke der Aufklärung, Verhinderung oder Verfolgung solcher Taten.

Im Hinblick auf § 31b Abs. 1 Nr. 5 AO sind insbesondere folgende Aufgaben der FIU von Bedeutung:

– die Entgegennahme und Sammlung von Meldungen nach dem GwG und Mitteilungen nach § 31b AO,

– die Durchführung von operativen Analysen einschließlich der Bewertung von Meldungen und sonstigen Informationen,

– die Übermittlung der sie betreffenden Ergebnisse dieser operative Analyse und zusätzlicher relevanter Informationen an die zuständigen inländischen öffentlichen Stellen,

– die Durchführung von strategischen Analysen und Erstellung von Berichten aufgrund dieser Analysen,

– der Informationsaustausch und die Koordinierung mit inländischen Aufsichtsbehörden,

– die Zusammenarbeit und der Informationsaustausch mit zentralen Meldestellen anderer Staaten,

– die Untersagung von Transaktionen und die Anordnung von sonstigen Sofortmaßnahmen,

– der Austausch mit den Verpflichteten sowie mit den inländischen Aufsichtsbehörden und für die Aufklärung, Verhinderung oder Verfolgung der Geldwäsche und der Terrorismusfinanzierung zuständigen inländischen öffentlichen Stellen insbesondere über entsprechende Typologien und Methoden.

2. Mitteilungspflicht nach § 31b Abs. 2 AO

2.1. [1]Sind der Finanzbehörde Tatsachen bekannt geworden, die darauf hindeuten, dass es sich bei Vermögenswerten, die mit einer Transaktion oder Geschäftsbeziehung im Zusammenhang stehen, um den Gegenstand einer Straftat nach § 261 StGB (Geldwäsche) handelt oder dass die Vermögenswerte im Zusammenhang mit Terrorismusfinanzierung stehen, hat sie diese unverzüglich der FIU per Fax (0221/672-3990) mitzuteilen. [2]Ab September 2017 kann bzw. ab 2018 muss die Mitteilung in einem sicheren Verfahren elektronisch erfolgen. [3] Weitere Einzelheiten des Mitteilungsverfahrens bestimmt die FIU.

2.2. Den Finanzbehörden obliegt die Prüfung im Einzelfall, ob ein mitteilungspflichtiger Sachverhalt i.S.d. § 31b Abs. 2 AO vorliegt (Beurteilungsspielraum).

Für das Vorliegen eines mitteilungspflichtigen Sachverhalts ist es ausreichend, dass objektiv erkennbare Anhaltspunkte für das Vorliegen von Tatsachen, die auf eine Geldwäsche-Straftat schließen lassen, sprechen und ein krimineller Hintergrund i.S.d. § 261 StGB nicht ausgeschlossen werden kann.

[1] Die zur Mitteilung verpflichtete Finanzbehörde muss nicht das Vorliegen sämtlicher Tatbestandsmerkmale des § 261 StGB einschließlich der der Geldwäsche zugrunde liegenden Vortat prüfen. [2] Vielmehr ist der Sachverhalt nach allgemeinen Erfahrungen und beruflichem Erfahrungswissen unter dem Blickwinkel seiner Ungewöhnlichkeit und Auffälligkeit im jeweiligen geschäftlichen Kontext zu würdigen.

[1] Wenn eine Geldwäsche aufgrund dieser Erfahrungen nahe liegt oder ein Sachverhalt darauf schließen lässt, besteht demnach eine solche Mitteilungspflicht. [2] Hinsichtlich des Vortatenkatalogs reicht der Verdacht auf die illegale Herkunft der Gelder schlechthin aus.

Die Finanzbehörde muss vor einer Mitteilung nach § 31b Abs. 2 AO nicht prüfen, ob eine strafrechtliche Verurteilung in Betracht kommt.

Diese Grundsätze gelten bei Erkenntnissen über eine Terrorismusfinanzierung entsprechend.

3. Mitteilungspflicht nach § 31b Abs. 3 AO

3.1. Tatsachen, die auf eine Ordnungswidrigkeit i.S.d. § 56 Abs. 1 GwG durch einen Verpflichteten i.S.d. § 2 Abs. 1 Nrn. 13 bis 16 GwG schließen lassen, sind der zuständigen Verwaltungsbehörde nach § 31b Abs. 3 Nr. 1 AO unverzüglich mitzuteilen (zur zuständigen Verwaltungsbehörde siehe § 56 Abs. 5 GwG).

[1] Mitzuteilen sind nur solche Tatsachen, die der Finanzbehörde im Rahmen des Besteuerungsverfahrens, eines Strafverfahrens wegen einer Steuerstraftat oder eines Bußgeldverfahrens wegen einer Steuerordnungswidrigkeit und mithilfe der dort geltenden Ermittlungsbefugnisse bekannt geworden sind. [2] Der konkrete Sachverhalt ist dabei nach allgemeinen Erfahrungen und beruflichem Erfahrungswissen unter dem Blickwinkel seiner Ungewöhnlichkeit und Auffälligkeit im jeweiligen geschäftlichen Kontext zu würdigen. [3] Die Mitteilung entsprechender Tatsachen setzt keinen Anfangsverdacht i.S.v. § 46 Abs. 1 OWiG i.V.m. § 152 Abs. 2 StPO voraus. [4] Es reicht aus, dass eine Ordnungswidrigkeit aufgrund dieser Erfahrungen nahe liegt.

Es ist nicht zu prüfen, ob eine mögliche Ordnungswidrigkeit i.S.d. § 56 Abs. 1 GwG im Zeitpunkt der beabsichtigten Mitteilung bereits verjährt sein könnte (vgl. den zu § 4 Abs. 5 Nr. 10 Satz 3 EStG[1]) ergangenen BFH-Beschluss vom 14.7.2008, VII B 92/08, BStBl. II S. 850).

3.2. [1] Tatsachen, die darauf schließen lassen, dass die Voraussetzungen für das Treffen von Maßnahmen und Anordnungen nach § 51 Abs. 2 GwG gegenüber Verpflichteten i.S.d. § 2 Abs. 1 Nrn. 13 bis 16 GwG gegeben sind, sind der

---

[1] dtv 5785 ESt/LSt Nr. 1.

zuständigen Aufsichtsbehörde nach § 31b Abs. 3 Nr. 2 AO unverzüglich mitzuteilen (zur zuständigen Aufsichtsbehörde siehe § 50 GwG). [2]Nr. 3.1 Abs. 2 des AEAO zu § 31b gilt entsprechend; die Anhaltspunkte müssen es als hinreichend sicher erscheinen lassen, dass aufsichtsrechtliche Maßnahmen geboten sind.

Beispiele für gebotene aufsichtsrechtliche Maßnahmen:

– Gewerbeuntersagung nach § 51 Abs. 5 GwG,

– Anordnung zur Schaffung interner Sicherungsmaßnahmen und/oder die Bestellung eines Geldwäschebeauftragten etwa bei Güterhändlern nach §§ 6 und 7 GwG oder

– Anordnung und Durchführung von Prüfungen zur Einhaltung der gesetzlichen Anforderungen.

4. Verbot der Informationsweitergabe

4.1. [1]Soweit nichts anderes bestimmt ist, dürfen Finanzbehörden, die Kenntnis von einer nach § 43 Abs. 1 GwG abgegebenen Meldung eines Verpflichteten erlangt haben, diese Informationen nach § 47 Abs. 3 Satz 1 GwG nicht weitergeben an

– den Vertragspartner des Verpflichteten,

– den Auftraggeber der Transaktion,

– den wirtschaftlich Berechtigten,

– eine Person, die von einer der vorgenannten Personen als Vertreter oder Bote eingesetzt worden ist, und

– den Rechtsbeistand, der von einer der vorgenannten Personen mandatiert worden ist.

[2]Eine Weitergabe dieser Informationen an diese Personen ist nur zulässig, wenn die FIU vorher ihr Einverständnis erklärt hat (§ 47 Abs. 3 Satz 2 GwG).

4.2. Gleiches gilt hinsichtlich der Mitteilungen der Finanzbehörden an die FIU nach § 31b Abs. 1 Nr. 5 oder Abs. 2 AO (§ 31b Abs. 4 AO) sowie für Meldungen an andere Stellen nach § 31b Abs. 1 oder 3 AO.

4.3. [1]Dessen ungeachtet dürfen Mitteilungen und Aufzeichnungen nach § 32 Abs. 6 GwG für Besteuerungsverfahren und Strafverfahren wegen Steuerstraftaten verwendet werden. [2]Hierbei ist möglichst sicherzustellen, dass der Zweck des durch die Strafverfolgungsbehörden eingeleiteten Ermittlungsverfahrens wegen außersteuerlicher Straftaten nicht gefährdet wird. [3]Eine Gefährdung des Ermittlungsverfahrens ist insbesondere nicht anzunehmen, wenn die Strafverfolgungsbehörde ihr Verfahren bereits nach § 170 Abs. 2 StPO eingestellt hat, die Verfahrenseinleitung dem Betroffenen bereits bekannt ist oder bereits Anklage erhoben wurde. [4]Im Zweifel ist eine Abstimmung mit der zuständigen Strafverfolgungsbehörde vorzunehmen.

5. Rückmeldungen der Finanzämter an die FIU

[1]Hat die FIU einer Finanzbehörde einen Sachverhalt mitgeteilt, hat die Finanzbehörde die FIU nach § 42 Abs. 2 Satz 1 GwG über die abschließende Verwendung der bereitgestellten Informationen und über die Ergebnisse der Maßnahmen, die auf Grundlage der von der FIU bereitgestellten Informationen durchgeführt wurden, zu informieren. [2]Das Steuergeheimnis steht dem nicht entgegen (§ 42 Abs. 2 Satz 2 GwG).

AEAO zu § 32 – Haftungsbeschränkung für Amtsträger:

[1] Die Vorschrift enthält keine selbständige Haftungsgrundlage; sie schränkt vielmehr die sich aus anderen Bestimmungen ergebende Haftung für Amtsträger ein. [2] Disziplinarmaßnahmen sind keine Strafen i.S.d. Vorschrift.

AEAO zu § 33 – Steuerpflichtiger:

1. Zu den Pflichten, die nach § 33 Abs. 1 AO den Steuerpflichtigen auferlegt werden, gehören: Eine Steuer als Steuerschuldner, Haftender oder für Rechnung eines anderen (§ 43 AO) zu entrichten, die Verpflichtung zur Abgabe einer Steuererklärung (§ 149 AO), zur Mitwirkung und Auskunft in eigener Steuersache (§§ 90, 93, 200 AO), zur Führung von Büchern und Aufzeichnungen (§§ 140 ff. AO), zur ordnungsgemäßen Kontenführung (§ 154 AO) oder zur Sicherheitsleistung (§ 241 AO).

2. [1] Nicht unter den Begriff des Steuerpflichtigen fällt (§ 33 Abs. 2 AO), wer in einer für ihn fremden Steuersache tätig wird oder werden soll. [2] Das sind neben Bevollmächtigten und Beiständen (§§ 80, 123, 183 AO) diejenigen, die Auskunft zu erteilen (§ 93 AO), Urkunden (§ 97 AO) oder Wertsachen (§ 100 AO) vorzulegen, Sachverständigengutachten zu erstatten (§ 96 AO) oder das Betreten von Grundstücken oder Räumen zu gestatten (§ 99 AO) oder Steuern aufgrund vertraglicher Verpflichtung zu entrichten haben (§ 192 AO).

3. Unter Steuergesetzen sind alle Gesetze zu verstehen, die steuerrechtliche Vorschriften enthalten, auch wenn diese nur einen Teil des Gesetzes umfassen.

AEAO zu § 34 – Pflichten der gesetzlichen Vertreter und der Vermögensverwalter:

1. [1] Die gesetzlichen Vertreter natürlicher und juristischer Personen, die Geschäftsführer nichtrechtsfähiger Personenvereinigungen oder Vermögensmassen (§ 34 Abs. 1 AO) sowie die Vermögensverwalter im Rahmen ihrer Verwaltungsbefugnis (§ 34 Abs. 3 AO) treten in ein unmittelbares Pflichtenverhältnis zur Finanzbehörde. [2] Sie haben alle Pflichten zu erfüllen, die den von ihnen Vertretenen auferlegt sind. [3] Dazu gehören z.B. die Buchführungs-, Erklärungs-, Mitwirkungs- oder Auskunftpflichten (§§ 140 ff., 90, 93 AO), die Verpflichtung, Steuern zu zahlen[1] und die Vollstreckung in dieses Vermögen zu dulden (§ 77 AO).

2. [1] Hat eine nichtrechtsfähige Personenvereinigung oder Vermögensmasse keinen Geschäftsführer, so kann sich die Finanzbehörde unmittelbar an jedes Mitglied oder an jeden Gesellschafter halten, ohne dass vorher in jedem Fall eine Aufforderung zur Bestellung von Bevollmächtigten ergehen muss. [2] Die Finanzbehörde kann auch mehrere Mitglieder (Gesellschafter) zugleich zur Pflichterfüllung auffordern.

3. [1] Hat eine GmbH keinen Geschäftsführer (führungslose GmbH) und befindet sie sich nicht in Liquidation oder im Insolvenzverfahren, wird die Gesellschaft für den Fall, dass ihr gegenüber Willenserklärungen abgegeben oder Schriftstücke zugestellt werden, nach § 35 Abs. 1 GmbHG durch die Gesellschafter vertreten. [2] Hat eine AG keinen Vorstand (führungslose AG) und befindet sie sich nicht in Liquidation oder im Insolvenzverfahren, wird die

---

[1] Steuern begründen in der vorläufigen Eigenverwaltung keine Masseverbindlichkeiten, siehe BGH v. 22.11.2018 XI ZR 167/16, NJW 2019, 224.

Gesellschaft für den Fall, dass ihr gegenüber Willenserklärungen abgegeben oder Schriftstücke zugestellt werden, nach § 78 Abs. 1 AktG durch den Aufsichtsrat vertreten. [3] Diese Vertretung gilt auch für die Bekanntgabe von Steuerverwaltungsakten (vgl. AEAO zu § 122, Nr. 2.8.1).

[1] Die besonderen Vertreter einer führungslosen GmbH oder AG sind allerdings nur Passivvertreter und dürfen grundsätzlich keine aktiven Handlungen vornehmen. [2] Daher liegt keine umfassende gesetzliche Vertretung der Gesellschaft i.S.d. § 34 Abs. 1 AO vor. [3] Sobald aktive Handlungen der Gesellschaft – wie z.B. die Begleichung einer Steuerschuld – erforderlich sind, müssen die besonderen Vertreter einen Geschäftsführer bzw. Vorstand bestellen. [4] Gegebenenfalls kann die Finanzbehörde beim Registergericht auch die Bestellung eines Notgeschäftsführers beantragen. [5] Von dieser Möglichkeit sollte aber nur Gebrauch gemacht werden, wenn kein Verfügungsberechtigter i.S.d. § 35 AO vorhanden ist (vgl. AEAO zu § 35, Nr. 1), die Gesellschaft nicht vermögenslos ist und auch künftig Steuerverwaltungsakte gegenüber der Gesellschaft zu vollziehen sind. [6] Das Amt des Notgeschäftsführers endet mit der Bestellung des ordentlichen Geschäftsführers, der Erledigung der dem Notgeschäftsführer zugewiesenen Aufgabe oder mit der Abberufung durch das bestellende Gericht. [7] Zur Inanspruchnahme des bisherigen Geschäftsführers als Haftungsschuldner vgl. AEAO zu § 69.

4. [1] Wegen der steuerlichen Pflichten des Insolvenzverwalters und des „starken" vorläufigen Insolvenzverwalters, wenn dem Schuldner ein allgemeines Verfügungsverbot auferlegt worden ist (§ 22 Abs. 1 InsO), vgl. AEAO zu § 34, Nr. 1. [2] Wegen der verfahrensrechtlichen Stellung des Insolvenzverwalters vgl. im Übrigen AEAO zu § 251, Nr. 4.2.

AEAO zu § 35 – Pflichten des Verfügungsberechtigten:

1. [1] Tatsächlich verfügungsberechtigt ist derjenige, der wirtschaftlich über Mittel, die einem anderen gehören, verfügen kann. [2] Dies kann auch der Alleingesellschafter einer GmbH ohne Geschäftsführer sein (BFH-Urteil vom 27.11.1990, VII R 20/89, BStBl. 1991 II S. 284; vgl. AEAO zu § 34, Nr. 3).

2. [1] Rechtlich ist zur Erfüllung von Pflichten in der Lage, wer im Außenverhältnis rechtswirksam handeln kann. [2] Auf etwaige Beschränkungen im Innenverhältnis (Auftrag, Vollmacht) kommt es nicht an. [3] Bevollmächtigte werden von dieser Bestimmung nur betroffen, wenn sie tatsächlich und rechtlich verfügungsberechtigt sind.

3. [1] Der Sicherungsnehmer einer Sicherungsübereignung oder Sicherungsabtretung ist grundsätzlich kein Verfügungsberechtigter i.S.d. Vorschrift, da er im Regelfall zur Verwertung des Sicherungsgutes lediglich zum Zweck seiner Befriedigung befugt und insoweit einem Pfandrechtsgläubiger vergleichbar ist. [2] Im Einzelfall kann jedoch die Rechtsstellung des Sicherungsnehmers weitergehen, wenn er sich z.B. eigene Mitsprache- oder Verfügungsrechte im Betrieb des Sicherungsgebers vorbehalten hat, so dass er auch wirtschaftlich über die Mittel des Sicherungsgebers verfügen kann. [3] Das kann dann der Fall sein, wenn sich ein Gläubiger zur Sicherstellung seiner Ansprüche die gesamten Kundenforderungen mit dem Recht zur Einziehung abtreten lässt und aus diesen Forderungen nur diejenigen Mittel frei gibt, die er zur Unternehmensfortführung des Sicherungsgebers für erforderlich hält.

AEAO zu § 36 – Erlöschen der Vertretungsmacht:

[1] Auch nach dem Erlöschen der Vertretungs- oder Verfügungsmacht, gleichgültig worauf dies beruht, hat der gesetzliche Vertreter, Vermögensverwalter oder Verfügungsberechtigte die nach §§ 34 und 35 AO bestehenden Pflichten zu erfüllen, soweit sie vor dem Erlöschen entstanden sind und er zur Erfüllung noch in der Lage ist. [2] Daraus ergibt sich u.a., dass sich der zur Auskunft für einen Beteiligten Verpflichtete nach dem Erlöschen der Vertretungs- oder Verfügungsmacht nicht auf ein evtl. Auskunftsverweigerungsrecht (§§ 101, 103, 104 AO) berufen kann. [3] Auch entsteht kein Entschädigungsanspruch (§ 107 AO).

AEAO zu § 37 – Ansprüche aus dem Steuerschuldverhältnis:

Inhaltsübersicht

1. Ansprüche aus dem Steuerschuldverhältnis (§ 37 Abs. 1 AO)

[1] § 37 Abs. 1 AO enthält eine abschließende Aufzählung der Ansprüche aus dem Steuerschuldverhältnis. [2] Die Ansprüche aus Strafen und Geldbußen gehören nicht zu den Ansprüchen aus dem Steuerschuldverhältnis.

2. Erstattungsanspruch nach § 37 Abs. 2 AO

[1] § 37 Abs. 2 AO enthält eine allgemeine Umschreibung des öffentlich-rechtlichen Erstattungsanspruchs, der einem Steuerpflichtigen oder Steuergläubiger dadurch erwächst, dass eine Leistung aus dem Steuerschuldverhältnis ohne rechtlichen Grund erfolgt ist oder der Grund hierfür später wegfällt. [2] Eine Zahlung ist ohne rechtlichen Grund geleistet, wenn sie den materiell-rechtlichen Anspruch übersteigt (BFH-Urteile vom 6.2.1996, VII R 50/95, BStBl. 1997 II S. 112, und vom 15.10.1997, II R 56/94, BStBl. II S. 796). [3] § 37 Abs. 2 Satz 1 AO gilt sowohl für den Erstattungsanspruch des Steuerpflichtigen gegen das Finanzamt als auch für den umgekehrten Fall der Rückforderung einer an den Steuerpflichtigen oder einen Dritten rechtsgrundlos geleisteten Steuererstattung durch das Finanzamt (vgl. BFH-Urteil vom 22.3. 2011, VII R 42/10, BStBl. II S. 607).

[1] Ein nach materiellem Recht bestehender Erstattungsanspruch kann allerdings nur durchgesetzt werden, wenn ein entgegenstehender Verwaltungsakt i.S.d. § 218 Abs. 1 AO aufgehoben oder geändert worden ist; maßgebend ist bei mehrfacher Änderung der letzte Verwaltungsakt (BFH-Urteil vom 6.2. 1996, VII R 50/95, a.a.O.). [2] Im Übrigen vgl. AEAO zu § 218.

2.1. Rückforderungsanspruch des Finanzamts

[1] Schuldner eines abgabenrechtlichen Rückforderungsanspruchs (Erstattungsverpflichteter) ist derjenige, zu dessen Gunsten erkennbar die Zahlung geleistet wurde (Leistungsempfänger), die zurückverlangt wird. [2] In der Regel ist dies derjenige, demgegenüber die Finanzbehörde ihre – vermeintliche oder tatsächlich bestehende – abgabenrechtliche Verpflichtung erfüllen will.

Der Empfänger der Steuererstattung oder Steuervergütung (Zahlungsempfänger) ist aber nicht in allen Fällen auch der Leistungsempfänger.

[1] War ein Dritter tatsächlicher Empfänger einer Zahlung, ist er dann nicht Leistungsempfänger, wenn er lediglich als Zahlstelle, unmittelbarer Vertreter oder Bote für den Erstattungsberechtigten (vgl. AEAO zu § 37, Nr. 2.2) aufgetreten bzw. von diesem benannt worden ist oder das Finanzamt an ihn aufgrund einer Zahlungsanweisung des Erstattungsberechtigten eine Steuererstattung ausgezahlt hat (BFH-Urteil vom 6.12.1988, VII R 206/83, BStBl. 1989 II S. 223). [2] Denn in einem solchen Fall will das Finanzamt erkennbar nicht mit befreiender Wirkung zu dessen Gunsten leisten, sondern es erbringt seine Leistung mit dem Willen, eine Forderung des steuerlichen Rechtsinhabers zu erfüllen (vgl. BFH-Urteil vom 22.8.1980, VI R 102/77, BStBl. 1981 II S. 44). [3] Mithin ist nicht der Zahlungsempfänger, sondern der nach materiellem Steuerrecht Erstattungsberechtigte als Leistungsempfänger i.S.d. § 37 Abs. 2 AO anzusehen (BFH-Beschluss vom 8.4.1986, VII B 128/85, BStBl. II S. 511).

Ungeachtet des Willens des Finanzamts, an den Rechtsinhaber der Erstattungsforderung eine Leistung zu erbringen, ist aber der tatsächliche Empfänger der Zahlung des Finanzamts in folgenden Fällen Leistungsempfänger und Schuldner des Rückforderungsanspruchs, weil insoweit keine Leistung mit befreiender Wirkung gegenüber dem Erstattungsberechtigten erfolgt ist:

− Ein vermeintlicher Bote, Vertreter oder Bevollmächtigter nimmt Erstattungszahlungen des Finanzamts entgegen, obwohl keine Weisung oder Vollmacht des Erstattungsberechtigten besteht (vgl. BFH-Beschluss vom 27.4.1998, VII B 296/97, BStBl. II S. 499).

− Das Finanzamt nimmt an einen am Steuerschuldverhältnis nicht beteiligten Dritten eine Zahlung in der irrigen Annahme vor, er sei von dem Erstattungsberechtigten ermächtigt, für diesen Zahlungen entgegenzunehmen, in Wahrheit besteht jedoch eine diesbezügliche Rechtsbeziehung zwischen dem Zahlungsempfänger und dem Erstattungsberechtigten nicht.

− Das Finanzamt leistet ohne rechtlichen Grund an einen Dritten, weil es sich beispielsweise über die Person des Erstattungsberechtigten irrt oder den Erstattungsbetrag auf ein Bankkonto überweist, dessen Inhaber nicht der Erstattungsberechtigte, sondern der Dritte ist.

[1] Hat das Finanzamt eine Überweisung an das vom Steuerpflichtigen benannte Konto bei dem von ihm genannten Kreditinstitut gerichtet, ist der Steuerpflichtige Leistungsempfänger und damit im Fall einer Rückforderung Rückgewährschuldner. [2] Dabei ist unbeachtlich, wie das Kreditinstitut mit dem in Empfang genommenen Betrag verfahren ist (vgl. BFH-Urteil vom 18.9.2012, VII R 53/11, BStBl. 2013 II S. 270).

Ein Kreditinstitut ist nämlich auch dann nur Zahlstelle und nicht Leistungsempfänger i.S.d. § 37 Abs. 2 AO, wenn es den vom Finanzamt an den Steuerpflichtigen überwiesenen Betrag auf ein bereits gekündigtes, aber noch nicht abgerechnetes Girokonto des Steuerpflichtigen oder ein internes Zwischenkonto verbucht und nach Rechnungsabschluss an den früheren Kontoinhaber bzw. dessen Insolvenzverwalter ausgezahlt oder den Überweisungsbetrag mit einem fortbestehenden Schuldensaldo auf dem betreffenden Konto verrechnet hat.

[1] Das Kreditinstitut ist auch dann nicht zur Rückzahlung des vom Finanzamt überwiesenen Betrages verpflichtet, wenn der Steuerpflichtige dem Finanzamt für die Überweisung ein anderes Konto benannt hatte (vgl. BFH-Urteile vom 10.11.2009, VII R 6/09, BStBl. 2010 II S. 255, und vom 22.11.2011, VII R 27/11, BStBl. 2012 II S. 167). [2] Die Zahlung auf das unzutreffende Konto hat gegenüber dem Steuerpflichtigen zwar – anders, als wenn der Steuerpflichtige dem Finanzamt eine Kontoänderung nicht mitgeteilt hat (BFH-Urteil vom 10.11.1987, VII R 171/84, BStBl. 1988 II S. 41) – unmittelbar keine Erfüllungswirkung. [3] Das Finanzamt kann aber mit seinem Rückforderungsanspruch nach § 37 Abs. 2 Satz 1 AO (gegen den Steuerpflichtigen als Leistungsempfänger) gegen den Anspruch auf erneute Zahlung aufrechnen und Letzteren somit zum Erlöschen bringen.

Zur Rückforderung von während des laufenden Insolvenzverfahrens ohne rechtlichen Grund an den Insolvenzverwalter ausbezahlten Ansprüchen aus dem Steuerschuldverhältnis siehe Nr. 14 des AEAO zu § 251.

2.2. Erstattungsanspruch des Steuerpflichtigen

2.2.1. Allgemeines

[1] Erstattungsberechtigter ist derjenige, auf dessen Rechnung die Zahlung geleistet worden ist, auch wenn tatsächlich ein Dritter die Zahlung geleistet hat. [2] Es kommt nicht darauf an, von wem oder mit wessen Mitteln gezahlt worden ist. [3] Maßgeblich ist vielmehr, wessen Steuerschuld nach dem Willen des Zahlenden, wie er im Zeitpunkt der Zahlung dem Finanzamt erkennbar hervorgetreten ist, getilgt werden sollte (BFH-Urteil vom 30.9.2008, VII R 18/08, BStBl. 2009 II S. 38 m.w.N.). [4] Den Finanzbehörden wird damit nicht zugemutet, im Einzelfall die zivilrechtlichen Beziehungen zwischen dem Steuerschuldner und einem zahlenden Dritten daraufhin zu überprüfen, wer von ihnen – im Innenverhältnis – auf die zu erstattenden Beträge materiell-rechtlich einen Anspruch hat (BFH-Urteil vom 25.7.1989, VII R 118/87, BStBl. 1990 II S. 41).

2.2.2. Erstattungsanspruch bei Gesamtschuldnern

[1] Personen, die gem. § 44 AO Gesamtschuldner sind, sind nicht Gesamtgläubiger eines Erstattungsanspruchs nach § 37 Abs. 2 AO (BFH-Urteil vom 19.10.1982, VII R 55/80, BStBl. 1983 II S. 162). [2] Erstattungsberechtigter ist der Gesamtschuldner, auf dessen Rechnung die Zahlung erfolgt ist.

[1] Lässt sich aus den dem Finanzamt bei Zahlung erkennbaren Umständen nicht entnehmen, wessen Steuerschuld der zahlende Gesamtschuldner begleichen wollte, ist grundsätzlich davon auszugehen, dass der Gesamtschuldner nur seine eigene Steuerschuld tilgen wollte (vgl. BFH-Urteil vom 18.2.1997, VII R 117/95, BFH/NV S. 482, m.w.N.). [2] Ist eine Zahlung aber erkennbar für gemeinsame Rechnung der Gesamtschuldner geleistet worden, so sind diese grundsätzlich nach Köpfen erstattungsberechtigt.

2.3. Erstattungsanspruch bei der Einkommensteuer

Zu Besonderheiten bei Bestimmung des Einkommensteuer-Erstattungsanspruchs – insbesondere bei Ehegatten oder Lebenspartnern – vgl. BMF-Schreiben vom 14.1.2015, BStBl. I S. 83.

AEAO zu § 38 – Entstehung der Ansprüche aus dem Steuerschuldverhältnis:

1. [1] Der Steueranspruch entsteht in dem Zeitpunkt, in dem der Tatbestand verwirklicht wird, an den das Gesetz eine bestimmte Leistungspflicht knüpft, soweit nicht im Gesetz eine abweichende Regelung getroffen worden ist (z.B. § 36 Abs. 1 EStG[1]), § 30 KStG[2]), § 13 Abs. 1 UStG[3]), § 18 GewStG[4]), § 9 Abs. 2 GrStG[5]), § 9 ErbStG[6])). [2] Das gilt nicht nur für den Steueranspruch, sondern auch für den Steuervergütungsanspruch und den Steuererstattungsanspruch (z.B. zur Lohnsteuer vgl. AEAO zu § 46, Nr. 1). [3] Der auf einem Verlustrücktrag nach § 10d Abs. 1 EStG beruhende Erstattungsanspruch entsteht erst mit Ablauf des Veranlagungszeitraums, in dem der Verlust entstanden ist (BFH-Urteil vom 6.6.2000, VII R 104/98, BStBl. II S. 491). [4] Der Erstattungsanspruch nach § 37 Abs. 2 AO entsteht in dem Zeitpunkt, in dem die den materiell-rechtlichen Anspruch aus dem Steuerschuldverhältnis übersteigende Leistung erbracht wurde oder der rechtliche Grund für die Leistung entfallen ist.

2. Von der Entstehung der Ansprüche aus dem Steuerschuldverhältnis zu unterscheiden sind

– die Festsetzung durch Steuerbescheid (§§ 155 ff. AO),

– die Fälligkeit (§ 220 AO) sowie

– die Verwirklichung im Erhebungsverfahren (§§ 218 ff. AO).

AEAO zu § 39 – Zurechnung:

1. [1] § 39 Abs. 2 Nr. 1 Satz 1 AO definiert den Begriff des wirtschaftlichen Eigentums i.S.d. Rechtsprechung des BFH (z.B. BFH-Urteile vom 12.9.1991, III R 233/90, BStBl. 1992 II S. 182, und vom 11.6.1997, XI R 77/96, BStBl. II S. 774), insbesondere zur ertragsteuerlichen Behandlung von Leasing-Verträgen. [2] Beispiele für die Anwendung des Grundsatzes des § 39 Abs. 2 Nr. 1 Satz 1 AO enthält Satz 2. [3] Der landwirtschaftliche Pächter ist grundsätzlich nicht als wirtschaftlicher Eigentümer zu behandeln.

2. [1] Für die anteilige Zurechnung von Wirtschaftsgütern, die mehreren zur gesamten Hand zustehen, sind die jeweiligen Steuergesetze sowie die allgemeinen gesetzlichen und vertraglichen Regelungen maßgebend. [2] Eine Ermittlung der Anteile erfolgt nur, soweit eine getrennte Zurechnung für die Besteuerung erforderlich ist.

AEAO zu § 41 – Unwirksame Rechtsgeschäfte:

1. [1] Ein unwirksames oder anfechtbares Rechtsgeschäft ist für Zwecke der Besteuerung als gültig zu behandeln, soweit die Beteiligten das wirtschaftliche Ergebnis bestehen lassen. [2] Soweit ausnahmsweise die rückwirkende Aufhebung eines vollzogenen Vertrages steuerlich zu berücksichtigen ist, wird auf die in Einzelsteuergesetzen geregelten Besonderheiten (z.B. § 17 UStG[3])) hingewie-

---

[1] dtv 5785 ESt/LSt Nr. 1.
[2] dtv 5786 KSt/GewSt Nr. 1.
[3] dtv 5546 USt Nr. 1.
[4] dtv 5786 KSt/GewSt Nr. 4.
[5] dtv 5547 ErbSt/BewG/GrSt Nr. 3.
[6] dtv 5547 ErbSt/BewG/GrSt Nr. 2.

sen; zur verfahrensmäßigen Abwicklung Hinweis auf § 175 Abs. 1 Satz 1 Nr. 2 AO.

2. Nach § 41 Abs. 2 AO sind z.B. Scheinarbeitsverhältnisse zwischen Ehegatten/Lebenspartnern oder die Begründung eines Scheinwohnsitzes für die Besteuerung ohne Bedeutung.

3. Beteiligter ist nicht der Beteiligte i.S.d. § 78 AO, sondern der am Vertrag Beteiligte.

AEAO zu § 42 – Missbrauch von rechtlichen Gestaltungsmöglichkeiten:

1. [1] Bei Anwendung des § 42 Abs. 1 Satz 2 AO ist zunächst zu prüfen, ob das im Einzelfall anzuwendende Einzelsteuergesetz für den vorliegenden Sachverhalt eine Regelung enthält, die der Verhinderung von Steuerumgehungen dient. [2] Ob eine Regelung in einem Einzelsteuergesetz der Verhinderung der Steuerumgehung dient, ist nach dem Wortlaut der Regelung und dem Sinnzusammenhang, nach der systematischen Stellung im Gesetz sowie nach der Entstehungsgeschichte der Regelung zu beurteilen.

Liegt danach eine Regelung vor, die der Verhinderung von Steuerumgehungen dient, gilt Folgendes:

– [1] Ist der Tatbestand der Regelung erfüllt, bestimmen sich die Rechtsfolgen allein nach dieser Vorschrift, nicht nach § 42 Abs. 1 Satz 3 i.V.m. Abs. 2 AO. [2] In diesem Fall ist unerheblich, ob auch die Voraussetzungen des § 42 Abs. 2 AO vorliegen.

– [1] Ist der Tatbestand der Regelung dagegen nicht erfüllt, ist in einem weiteren Schritt zu prüfen, ob ein Missbrauch i.S.d. § 42 Abs. 2 AO vorliegt. [2] Allein das Vorliegen einer einzelgesetzlichen Regelung, die der Verhinderung von Steuerumgehungen dient, schließt die Anwendbarkeit des § 42 Abs. 1 Satz 3 i.V.m. Abs. 2 AO damit nicht aus.

2. Sofern ein Missbrauch i.S.d. § 42 Abs. 2 AO vorliegt, entsteht der Steueranspruch bei allen vom Sachverhalt Betroffenen so, wie er bei einer den wirtschaftlichen Vorgängen angemessenen rechtlichen Gestaltung entsteht (§ 42 Abs. 1 Satz 3 AO).

2.1. Ein Missbrauch i.S.d. § 42 Abs. 2 AO liegt vor, wenn

– eine rechtliche Gestaltung gewählt wird, die den wirtschaftlichen Vorgängen nicht angemessen ist,

– die gewählte Gestaltung beim Steuerpflichtigen oder einem Dritten im Vergleich zu einer angemessenen Gestaltung zu einem Steuervorteil führt,

– dieser Steuervorteil gesetzlich nicht vorgesehen ist und

– der Steuerpflichtige für die von ihm gewählte Gestaltung keine außersteuerlichen Gründe nachweist, die nach dem Gesamtbild der Verhältnisse beachtlich sind.

2.2. [1] Ob eine rechtliche Gestaltung unangemessen ist, ist für jede Steuerart gesondert nach den Wertungen des Gesetzgebers, die den jeweiligen maßgeblichen steuerrechtlichen Vorschriften zugrunde liegen, zu beurteilen. [2] Das Bestreben, Steuern zu sparen, macht für sich allein eine Gestaltung noch nicht unangemessen. [3] Eine Gestaltung ist aber insbesondere dann auf ihre Angemessenheit zu prüfen, wenn sie ohne Berücksichtigung der beabsichtigten steuerlichen Effekte unwirtschaftlich, umständlich, kompliziert, schwerfällig, gekünstelt, überflüssig, ineffektiv oder widersinnig erscheint. [4]Die Ungewöhnlichkeit einer Gestaltung begründet allein noch keine Unangemessenheit.

Indizien für die Unangemessenheit einer Gestaltung sind zum Beispiel:

– die Gestaltung wäre von einem verständigen Dritten in Anbetracht des wirtschaftlichen Sachverhalts und der wirtschaftlichen Zielsetzung ohne den Steuervorteil nicht gewählt worden;

– die Vor- oder Zwischenschaltung von Angehörigen oder anderen nahe stehenden Personen oder Gesellschaften war rein steuerlich motiviert;

– die Verlagerung oder Übertragung von Einkünften oder Wirtschaftsgütern auf andere Rechtsträger war rein steuerlich motiviert.

Bei einer grenzüberschreitenden Gestaltung ist nach der Rechtsprechung des EuGH (vgl. z.B. Urteil vom 12.9.2006, Rs. C-196/04, EuGHE I S. 7995)[1] Unangemessenheit insbesondere dann anzunehmen, wenn die gewählte Gestaltung rein künstlich ist und nur dazu dient, die Steuerentstehung im Inland zu umgehen.

2.3. [1]Bei der Prüfung, ob die gewählte Gestaltung zu Steuervorteilen führt, sind die steuerlichen Auswirkungen der gewählten Gestaltung mit der hypothetischen steuerlichen Auswirkung einer angemessenen Gestaltung zu vergleichen. [2]Dabei sind auch solche Steuervorteile zu berücksichtigen, die nicht beim handelnden Steuerpflichtigen selbst, sondern bei Dritten eintreten. [3]Dritte i.S.d. § 42 Abs. 2 Satz 1 AO sind nur solche Personen, die in einer gewissen Nähe zum Steuerpflichtigen stehen. [4]Dies ist insbesondere dann anzunehmen, wenn die Beteiligten Angehörige des Steuerpflichtigen i.S.d. § 15 AO oder persönlich oder wirtschaftlich mit ihm verbunden sind (z.B. nahe stehende Personen i.S.v. H 8.5 KStH 2015[2] oder § 1 Abs. 2 AStG[3]).

2.4. [1]Der in § 42 Abs. 2 AO verwendete Begriff des „gesetzlich nicht vorgesehenen Steuervorteils" ist nicht deckungsgleich mit dem „nicht gerechtfertigten Steuervorteil" i.S.d. § 370 Abs. 1 AO. [2]Steuervorteile i.S.d. § 42 Abs. 2 AO sind daher nicht nur Steuervergütungen oder Steuererstattungen, sondern auch geringere Steueransprüche.

2.5. Der durch die gewählte Gestaltung begründete Steuervorteil ist insbesondere dann gesetzlich vorgesehen, wenn der Tatbestand einer Norm erfüllt ist, mit der der Gesetzgeber ein bestimmtes Verhalten durch steuerliche Anreize fördern wollte.

2.6. [1]§ 42 Abs. 2 Satz 2 AO eröffnet dem Steuerpflichtigen die Möglichkeit, die bei Vorliegen des Tatbestands des § 42 Abs. 2 Satz 1 AO begründete Annahme eines Missbrauchs durch Nachweis außersteuerlicher Gründe zu entkräften. [2]Die vom Steuerpflichtigen nachgewiesenen außersteuerlichen Gründe müssen allerdings nach dem Gesamtbild der Verhältnisse beachtlich sein. [3]Sind die nachgewiesenen außersteuerlichen Gründe nach dem Gesamtbild der Verhältnisse im Vergleich zum Ausmaß der Unangemessenheit der Gestaltung und den vom Gesetzgeber nicht vorgesehenen Steuervorteilen nicht wesentlich oder sogar nur von untergeordneter Bedeutung, sind sie nicht beachtlich. [4]In diesem Fall bleibt es bei der Annahme eines Missbrauchs nach § 42 Abs. 2 Satz 1 AO.

---

[1] DStR 2006, 1686.
[2] dtv 5786 KSt/GewSt Nr. 3.
[3] dtv 5765 Steuergesetze Nr. 2.

2.7. Die – nur für Körperschaften geltenden – Mindeststandards der Richtlinie (EU) 2016/1164 vom 12.7.2016 (ABl. L 193 vom 19.7.2016, S. 1–14) werden durch § 42 AO national erfüllt.

3. ¹Ein Missbrauch von rechtlichen Gestaltungsmöglichkeiten nach § 42 AO ist als solcher nicht strafbar. ²Eine leichtfertige Steuerverkürzung oder eine Steuerhinterziehung kann aber vorliegen, wenn der Steuerpflichtige pflichtwidrig unrichtige oder unvollständige Angaben macht, um das Vorliegen einer Steuerumgehung zu verschleiern.

4. ¹§ 42 AO in der Fassung des Jahressteuergesetzes 2008 ist ab dem 1.1. 2008 für Kalenderjahre, die nach dem 31.12.2007 beginnen, anzuwenden. ²Für Kalenderjahre, die vor dem 1.1.2008 liegen, ist § 42 AO in der am 28.12.2007 geltenden Fassung weiterhin anzuwenden.

AEAO zu § 44 – Gesamtschuldner:

Zur Steuerfestsetzung bei Gesamtschuldnern wird auf § 122 Abs. 6 und 7 AO, § 155 Abs. 3 AO hingewiesen, zur Inanspruchnahme eines Haftungsschuldners auf § 219 AO, wegen der Vollstreckung gegen Gesamtschuldner auf § 342 Abs. 2 AO, wegen einer Beschränkung der Vollstreckung in den Fällen der Zusammenveranlagung auf §§ 268 bis 280 AO, wegen der Erstattung an Gesamtschuldner vgl. AEAO zu § 37, Nr. 2.2.2 und 2.3.

AEAO zu § 45 – Gesamtrechtsnachfolge:

1. ¹Ob eine Gesamtrechtsnachfolge (der gesetzlich angeordnete Übergang des Vermögens) i.S.d. § 45 Abs. 1 AO vorliegt, ist grundsätzlich nach dem Zivilrecht zu beurteilen. ²Eine Gesamtrechtsnachfolge i.S.d. § 45 Abs. 1 liegt daher beispielsweise vor in Fällen der Erbfolge (§ 1922 Abs. 1 BGB), der Anwachsung des Anteils am Gesellschaftsvermögen bei Ausscheiden eines Gesellschafters (§ 738 Abs. 1 Satz 1 BGB; BFH-Urteile vom 28.4.1965, II 9/62 U, BStBl. III S. 422, und vom 18.9.1980, V R 175/74, BStBl. 1981 II S. 293), der Verschmelzung von Gesellschaften (§ 1 Abs. 1 Nr. 1, §§ 2 ff. UmwG) und der Vermögensübertragung im Wege der Vollübertragung (§ 1 Abs. 1 Nr. 3, § 174 Abs. 1, §§ 175, 176, 178, 180 ff. UmwG). ³Abweichend von der zivilrechtlichen Betrachtung gilt aber in den vorgenannten Fällen der Anwachsung, der Verschmelzung und der Vermögensübertragung im Wege der Vollübertragung § 45 Abs. 1 AO nicht in Bezug auf die gesonderte und einheitliche Feststellung von Besteuerungsgrundlagen; zur Pflicht, eine Außenprüfung als Gesamtrechtsnachfolger zu dulden, vgl. aber AEAO zu § 197, Nr. 5.7.3.

2. ¹Ungeachtet der Anwendung der §§ 15, 16 und 20 ff. UmwStG¹⁾ liegt eine Gesamtrechtsnachfolge i.S.d. § 45 Abs. 1 AO nicht vor in Fällen einer Abspaltung oder Ausgliederung (§ 1 Abs. 1 Nr. 2, §§ 123 ff. UmwG; BFH-Urteile vom 7.8.2002, I R 99/00, BStBl. 2003 II S. 835, und vom 5.11.2009, IV R 29/08, HFR 2010, S. 233)²⁾ sowie einer Vermögensübertragung im Wege der Teilübertragung (§ 1 Abs. 1 Nr. 3, § 174 Abs. 2, §§ 175, 177, 179, 184 ff., 189 UmwG). ²In den Fällen einer Aufspaltung (§ 1 Abs. 1 Nr. 2, § 123 Abs. 1 UmwG) ist jedoch § 45 Abs. 1 AO sinngemäß anzuwenden; dies gilt nicht in Bezug auf die gesonderte und einheitliche Feststellung von Besteuerungsgrundlagen.

---

¹⁾ **dtv 5765 Steuergesetze Nr. 22.**
²⁾ DStR 2010, 110.

3. [1]Eine formwechselnde Umwandlung (§ 1 Abs. 1 Nr. 4, §§ 190 ff. UmwG) führt grundsätzlich nicht zu einer Gesamtrechtsnachfolge i.S.d. § 45 Abs. 1 AO, da lediglich ein Wechsel der Rechtsform eines Rechtsträgers unter Wahrung seiner rechtlichen Identität vorliegt (§ 202 Abs. 1 Nr. 1 UmwG). [2]Ändert sich aber durch den Formwechsel das Steuersubjekt (z.B. in Fällen der Umwandlung einer Personengesellschaft in eine Kapitalgesellschaft oder der Umwandlung einer Kapitalgesellschaft in eine Personengesellschaft), ist § 45 Abs. 1 AO sinngemäß anzuwenden.

4. [1]Zur Bekanntgabe von Steuerverwaltungsakten in Fällen einer Gesamtrechtsnachfolge sowie bei Abspaltung, Ausgliederung oder Vermögensübertragung im Wege der Teilübertragung vgl. AEAO zu § 122, Nrn. 2.12, 2.15 und 2.16 sowie AEAO zu § 197, Nrn. 8 und 9. [2]Zu den ertragsteuerlichen Auswirkungen einer Umwandlung oder Einbringung vgl. BMF-Schreiben vom 11.11.2011, BStBl. I S. 1314.

AEAO zu § 46 – Abtretung, Verpfändung, Pfändung:

1. [1]Der Gläubiger kann die Abtretung oder Verpfändung der zuständigen Finanzbehörde wirksam nur nach Entstehung des Anspruchs anzeigen. [2]Die Anzeige wirkt nicht auf den Zeitpunkt des Abtretungs- oder Verpfändungsvertrages zurück. [3]Vor Entstehung des Steueranspruchs sind Pfändungen wirkungslos; sie werden auch nicht mit Entstehung des Anspruchs wirksam. [4]Da z.B. der Einkommensteuererstattungsanspruch aus überzahlter Lohnsteuer grundsätzlich mit Ablauf des für die Steuerfestsetzung maßgebenden Erhebungszeitraums entsteht (§ 38 AO i.V.m. § 36 Abs. 1 EStG[1])), sind während des betreffenden Erhebungszeitraums (bis 31.12.) angezeigte Lohnsteuer-Abtretungen bzw. Verpfändungen oder ausgebrachte Pfändungen wirkungslos. [5]Ein auf einem Verlustrücktrag nach § 10d Abs. 1 EStG beruhender Erstattungsanspruch ist nur dann wirksam abgetreten, gepfändet oder verpfändet, wenn die Abtretung, Verpfändung oder Pfändung erst nach Ablauf des Verlustentstehungsjahres angezeigt bzw. ausgebracht worden ist (vgl. AEAO zu § 38, Nr. 1 Satz 3). [6]Der Anspruch auf Erstattungszinsen nach § 233a AO entsteht erst, wenn eine Steuerfestsetzung zu einer Steuererstattung führt und die übrigen Voraussetzungen des § 233a AO in diesem Zeitpunkt erfüllt sind. [7]Eine vor der Steuerfestsetzung angezeigte Abtretung des Anspruchs auf Erstattungszinsen ist unwirksam (BFH-Urteil vom 14.5.2002, VII R 6/01, BStBl. II S. 677).

2. Der geschäftsmäßige Erwerb und die geschäftsmäßige Einziehung von Erstattungs- oder Vergütungsansprüchen ist nach § 46 Abs. 4 AO nur bei Sicherungsabtretungen und dabei auch nur Bankunternehmen gestattet (BFH-Urteil vom 23.10.1985, VII R 196/82, BStBl. 1986 II S. 124).

2.1. [1]Geschäftsmäßig i.S.v. § 46 Abs. 4 AO handelt, wer die Tätigkeit – Erwerb von Erstattungs- oder Vergütungsansprüchen – selbständig und in Wiederholungsabsicht ausübt. [2]Dafür getroffene organisatorische Vorkehrungen indizieren die Wiederholungsabsicht, sie sind indes für deren Annahme keine notwendige Voraussetzung (vgl. BFH-Urteil vom 13.10.1994, VII R 3/94, BFH/NV 1995 S. 473). [3]Eine entscheidende Rolle bei der Beurteilung der Geschäftsmäßigkeit kann die Zahl der Erwerbsfälle und der Zeitraum ihres Vorkommens spielen.

---

[1]) dtv 5785 ESt/LSt Nr. 1.

[1]Allgemeine Festlegungen oder Beurteilungsmaßstäbe lassen sich hierzu aber nicht aufstellen; insoweit kommt es immer auf die Verhältnisse des Einzelfalls an (vgl. u.a. BFH-Urteile vom 13.10.1994, VII R 3/94, a.a.O., und vom 4.2. 2005, VII R 54/04, BStBl. II 2006 S. 348, jeweils m.w.N.). [2]Für die Annahme der Geschäftsmäßigkeit reicht es indes nicht aus, dass die – vereinzelte – Abtretung im Rahmen eines Handelsgeschäfts vorgenommen wurde.

2.2. [1]Die Abtretung eines Erstattungs- oder Vergütungsanspruchs erfolgt nur dann zur bloßen Sicherung, wenn für beide Beteiligten der Sicherungszweck im Vordergrund steht. [2]Eine Sicherungsabtretung ist daher grundsätzlich dadurch gekennzeichnet, dass der Abtretungsempfänger die Forderung nicht behalten darf. [3]Er soll sie nur vorübergehend für den Abtretenden als Sicherheit für einen Anspruch gegen den Abtretenden innehaben.

[1]Deshalb kann eine Sicherungsabtretung regelmäßig nur dann vorliegen, wenn der Inhaber des Pfandrechts bei Fälligkeit seines Anspruchs zunächst versuchen muss, Befriedigung aus seinem Anspruch selbst zu suchen. [2]Erst wenn dies nicht gelingt, darf er auf die Sicherheit zurückgreifen. [3]Eine Abtretung zur Sicherung ist dagegen nicht gegeben, wenn der Abtretende seine Einwirkungsmöglichkeiten auf die abgetretene Forderung weitgehend aufgibt (vgl. BFH-Urteil vom 3.2.1984, VII R 72/82, BStBl. II S. 411).

[1]Haben Abtretender und Abtretungsempfänger eine direkte Begleichung der Forderung des Abtretungsempfängers durch die Finanzbehörde vereinbart, liegt eine Sicherungsabtretung nur vor, wenn der Sicherungszweck in einem solchen Maß überwiegt, dass andere Beweggründe für die gewählte rechtliche Gestaltung ausscheiden. [2]Die gesamten Umstände des Einzelfalles, unter denen die Geschäftsbeziehung begründet worden ist, sind für die Beurteilung heranzuziehen (vgl. BFH-Urteil vom 21.2.1989, VII R 7/86, BFH/NV S. 555 m.w.N.).

2.3. [1]Eine Sicherungsabtretung liegt nicht vor, wenn der Abtretende den Abtretungsempfänger ermächtigt hat, einen Steuerberater oder Lohnsteuerhilfeverein mit der Einlegung von Rechtsbehelfen zu beauftragen und den Anspruch gegen den Steuerberater bzw. Lohnsteuerhilfeverein auf Herausgabe der Steuerunterlagen an den Abtretungsempfänger ebenfalls abgetreten hat (vgl. BFH-Urteil vom 21.2.1989, VII R 7/86, a.a.O.). [2]Gegen eine Sicherungsabtretung kann z.B. auch sprechen, dass der Abtretende im Zeitpunkt der Abtretung arbeitslos ist und der Abtretungsempfänger nicht mit einer Zahlung des Abtretenden aus anderen Mitteln rechnen kann.

[1]Eine Sicherungsabtretung liegt auch dann nicht vor, wenn die der Abtretung zugrunde liegende Geschäftsbeziehung zwischen einem Steuerpflichtigen und einem Kreditinstitut nur zum Zweck der Kreditgewährung begründet wurde und das Kreditinstitut die Erstattungsbeträge aufgrund des Darlehensvertrages nach Eingang der Beträge ohne Einwirkungsmöglichkeit des Steuerpflichtigen verrechnen und auf diese Weise das Darlehen tilgen darf. [2]In diesen Fällen liegt eine Abtretung bzw. Verpfändung erfüllungshalber vor.

2.4. Auskünfte darüber, inwieweit einem Unternehmen das Betreiben von Bankgeschäften nach § 32 Abs. 1 KWG erlaubt worden ist, können bei der Bundesanstalt für Finanzdienstleistungsaufsicht (BAFin) oder auch bei der Deutschen Bundesbank und ihren Hauptverwaltungen eingeholt werden.

2.5. Verstöße gegen § 46 Abs. 4 AO können als Steuerordnungswidrigkeit geahndet werden (§ 383 AO).

3. Auch bei einem Verstoß gegen § 46 Abs. 4 Satz 1 AO oder bei sonstiger Unwirksamkeit des der Abtretung oder Verpfändung zugrunde liegenden Rechtsgeschäfts kann die Finanzbehörde nach erfolgter Anzeige mit befreiender Wirkung an den Abtretungsempfänger zahlen, soweit nicht Rechte anderer Gläubiger entgegenstehen.

4. [1] Mit der wirksam angezeigten Abtretung oder Verpfändung (bzw. ausgebrachten Pfändung) geht nicht die gesamte Rechtsstellung des Steuerpflichtigen über (BFH-Urteile vom 21.3.1975, VI R 238/71, BStBl. II S. 669, vom 15.5.1975, V R 84/70, BStBl. 1976 II S. 41, vom 25.4.1978, VII R 2/75, BStBl. II S. 465, und vom 27.1.1993, II S 10/92, BFH/NV S. 350). [2] Übertragen wird nur der Zahlungsanspruch. [3] Auch nach einer Abtretung, Pfändung oder Verpfändung ist der Steuerbescheid nur dem Steuerpflichtigen bekannt zu geben. [4] Der neue Gläubiger des Erstattungsanspruchs kann nicht den Steuerbescheid anfechten. [5] Dem neuen Gläubiger des Erstattungsanspruchs muss nur mitgeteilt werden, ob und ggf. in welcher Höhe sich aus der Veranlagung ein Erstattungsanspruch ergeben hat und ob und ggf. in welcher Höhe aufgrund der Abtretung, Pfändung oder Verpfändung an ihn zu leisten ist. [6] Über Streitigkeiten hierüber ist durch Verwaltungsakt nach § 218 Abs. 2 AO zu entscheiden. [7] Der neue Gläubiger des Erstattungsanspruchs ist nicht befugt, einen Antrag auf Einkommensteuerveranlagung gem. § 46 Abs. 2 Nr. 8 EStG zu stellen (vgl. BFH-Urteil vom 18.8.1998, VII R 114/97, BStBl. 1999 II S. 84). [8] Die vorstehenden Sätze gelten entsprechend für Fälle einer Überleitung von Steuererstattungsansprüchen gem. § 93 SGB XII. [9] Für die Überleitung von Steuererstattungsansprüchen nach dem Asylbewerberleistungsgesetz ist § 93 SGB XII entsprechend anzuwenden (§ 7 Abs. 4 AsylbLG). [10] Für Fälle des Übergangs von Steuererstattungsansprüchen im Wege des gesetzlichen Forderungsübergangs im Rahmen der Leistungen zur Grundsicherung für Arbeitsuchende nach § 33 SGB II gelten die vorstehenden Sätze entsprechend. [11] Dieser Antrag ist ein von den Rechtswirkungen des § 46 AO nicht erfasstes höchstpersönliches steuerliches Gestaltungsrecht.

5. [1] Fehlt in der Abtretungsanzeige, nach der die Erstattungsansprüche aus der Zusammenveranlagung abgetreten worden sind, die Unterschrift eines Ehegatten oder Lebenspartners, so wird dadurch die Wirksamkeit der Abtretung des Anspruchs, soweit er auf den Ehegatten bzw. Lebenspartner entfällt, der die Anzeige unterschrieben hat, nicht berührt (BFH-Urteil vom 13.3.1997, VII R 39/96, BStBl. II S. 522). [2] Zum Erstattungsanspruch bei zusammenveranlagten Ehegatten oder Lebenspartnern vgl. AEAO zu § 37, Nr. 2.

6. Für die Anzeige der Abtretung oder Verpfändung eines Erstattungs- oder Vergütungsanspruches wird der in der Anlage abgedruckte Vordruck bestimmt.

7. [1] Die auf einem vollständig ausgefüllten amtlichen Vordruck erklärte, vom Abtretenden und vom Abtretungsempfänger jeweils eigenhändig unterschriebene Abtretungsanzeige kann der zuständigen Finanzbehörde auch per Telefax übermittelt werden (vgl. BFH-Urteil vom 8.6.2010, VII R 39/09, BStBl. II S. 839). [2] Dies gilt entsprechend, wenn eine Abtretungsanzeige i.S.d. Satzes 1 eingescannt per E Mail übermittelt wird. [3] Die Anzeige der Abtretung wird wirksam, sobald die Kenntnisnahme durch die Finanzbehörde möglich und nach der Verkehrsanschauung zu erwarten ist (§ 130 Abs. 1 Satz 1 BGB). [4] Dies bedeutet: Eintritt der Wirksamkeit bei Übermittlung

– während der üblichen Dienststunden der Finanzbehörde im Zeitpunkt der vollständigen Übermittlung;

– außerhalb der üblichen Dienststunden der Finanzbehörde zum Zeitpunkt des Dienstbeginns am nächsten Arbeitstag.

AEAO zu § 47 – Erlöschen:

Außer in den aufgezählten Fällen können entstandene Ansprüche aus dem Steuerschuldverhältnis auch auf andere Weise erlöschen, z.B. bei Zwangsgeldern durch Erbfolge (§ 45 Abs. 1 AO) oder durch Verzicht auf Erstattung (§ 37 Abs. 2 AO).

AEAO zu § 48 – Leistung durch Dritte, Haftung Dritter:

[1] Die Vorschrift eröffnet die Möglichkeit, dass alle Leistungen aus dem Steuerschuldverhältnis (§ 37 AO) gegenüber der Finanzbehörde auch durch Dritte bewirkt werden oder sich Dritte hierzu vertraglich verpflichten können. [2] Der Steuerpflichtige wird in diesen Fällen von seiner eigenen Leistungspflicht nicht befreit. [3] Derartige rechtsgeschäftliche Verpflichtungsgeschäfte (z.B. Bürgschaft, Schuldversprechen oder kumulative Schuldübernahme) können auf einem Vertrag zwischen Steuergläubiger und Schuldübernehmer oder auf einem Vertrag zwischen Steuerschuldner und Übernehmer zugunsten des Steuergläubigers beruhen. [4] In beiden Fällen sind die sich hieraus ergebenden Ansprüche der Finanzbehörde privatrechtlicher, nicht öffentlich-rechtlicher Natur und können gem. § 192 AO nur nach den Vorschriften des bürgerlichen Rechts durchgesetzt werden. [5] Diese Vorschriften gelten auch für steuerliche Nebenleistungen (§ 3 Abs. 4 AO).

AEAO zu § 51 – Allgemeines:[1]

Zu § 51 Abs. 1 AO:

1. [1] Unter Körperschaften i.S.d. § 51 AO, für die eine Steuervergünstigung in Betracht kommen kann, sind Körperschaften, Personenvereinigungen und Vermögensmassen i.S.d. KStG zu verstehen. [2] Dazu gehören auch die juristischen Personen des öffentlichen Rechts mit ihren Betrieben gewerblicher Art (§ 1 Abs. 1 Nr. 6, § 4 KStG[2]), nicht aber die juristischen Personen des öffentlichen Rechts als solche.

2. Regionale Untergliederungen (Landes-, Bezirks-, Ortsverbände) von Großvereinen sind als nichtrechtsfähige Vereine (§ 1 Abs. 1 Nr. 5 KStG) selbständige Steuersubjekte i.S.d. Körperschaftsteuerrechts, wenn sie

a) über eigene satzungsmäßige Organe (Vorstand, Mitgliederversammlung) verfügen und über diese auf Dauer nach außen im eigenen Namen auftreten und

b) eine eigene Kassenführung haben.

[1] Die selbständigen regionalen Untergliederungen können nur dann als gemeinnützig behandelt werden, wenn sie eine eigene Satzung haben, die den gemeinnützigkeitsrechtlichen Anforderungen entspricht. [2] Zweck, Aufgaben und Organisation der Untergliederungen können sich auch aus der Satzung des Hauptvereins ergeben.

---

[1] Zum Crowdfunding siehe BMF v. 15.12.2017, BStBl. I 2018, 246.
[2] dtv 5786 KSt/GewSt Nr. 1.

3. [1] Über die Befreiung von der Körperschaftsteuer nach § 5 Abs. 1 Nr. 9 KStG wegen Förderung steuerbegünstigter Zwecke ist stets für einen bestimmten Veranlagungszeitraum zu entscheiden (Grundsatz der Abschnittsbesteuerung). [2] Eine Körperschaft kann nur dann nach dieser Vorschrift von der Körperschaftsteuer befreit werden, wenn sie in dem zu beurteilenden Veranlagungszeitraum alle Voraussetzungen für die Steuerbegünstigung erfüllt. [3] Die spätere Erfüllung einer der Voraussetzungen für die Steuerbegünstigung kann nicht auf frühere, abgelaufene Veranlagungszeiträume zurückwirken.

4. Wird eine bisher steuerpflichtige Körperschaft nach § 5 Abs. 1 Nr. 9 KStG von der Körperschaftsteuer befreit, ist eine Schlussbesteuerung nach § 13 KStG durchzuführen.

5. [1] Für die Steuerbegünstigung einer Körperschaft reichen Betätigungen aus, mit denen die Verwirklichung der steuerbegünstigten Satzungszwecke nur vorbereitet wird. [2] Die Tätigkeiten müssen ernsthaft auf die Erfüllung eines steuerbegünstigten satzungsmäßigen Zwecks gerichtet sein. [3] Die bloße Absicht, zu einem ungewissen Zeitpunkt einen der Satzungszwecke zu verwirklichen, genügt nicht (BFH-Urteil vom 23.7.2003, I R 29/02, BStBl. II S. 930).

6. Die Körperschaftsteuerbefreiung einer Körperschaft, die nach ihrer Satzung steuerbegünstigte Zwecke verfolgt, endet, wenn die eigentliche steuerbegünstigte Tätigkeit eingestellt und über das Vermögen der Körperschaft das Konkurs- oder Insolvenzverfahren eröffnet wird (BFH-Urteil vom 16.5.2007, I R 14/06, BStBl. II S. 808).

Zu § 51 Abs. 2 AO:

7.[1)] [1] Verwirklicht die Körperschaft ihre förderungswürdigen Zwecke nur außerhalb von Deutschland, setzt die Steuerbegünstigung – neben den sonstigen Voraussetzungen der §§ 51 ff. AO – zusätzlich den so genannten Inlandsbezug nach § 51 Abs. 2 AO i.d.F. des JStG 2009 vom 19.12.2008 (BGBl. I S. 2794) voraus. [2] Dieser liegt zum einen vor, wenn natürliche Personen, die ihren Wohnsitz oder ihren gewöhnlichen Aufenthalt im Inland haben, gefördert werden. [3] Auf die Staatsangehörigkeit der natürlichen Personen kommt es dabei nicht an.

[1] Falls durch die Tätigkeit im Ausland keine im Inland lebenden Personen gefördert werden, ist ein Inlandsbezug gegeben, wenn die Tätigkeit der Körperschaft neben der Verwirklichung der steuerbegünstigten Zwecke auch zur Verbesserung des Ansehens Deutschlands im Ausland beitragen kann. [2] Dabei bedarf es keiner spürbaren oder messbaren Auswirkung auf das Ansehen Deutschlands im Ausland. [3] Bei im Inland ansässigen Körperschaften ist der mögliche Beitrag zum Ansehen Deutschlands im Ausland – ohne besonderen Nachweis – bereits dadurch erfüllt, dass sie sich personell, finanziell, planend, schöpferisch oder anderweitig an der Förderung gemeinnütziger und mildtätiger Zwecke im Ausland beteiligen (Indizwirkung). [4] Der Feststellung der positiven Kenntnis aller im Ausland Begünstigten oder aller Mitwirkenden von der Beteiligung deutscher Organisationen bedarf es dabei nicht.

[1] Ausländische Körperschaften können den Inlandsbezug ebenfalls erfüllen, beispielsweise indem sie ihre steuerbegünstigten Zwecke zum Teil auch in Deutschland verwirklichen oder – soweit sie nur im Ausland tätig sind – auch

---

[1)] Zur Verwirklichung steuerbegünstigter Zwecke im Ausland vgl. LfSt Bayern v. 6.3.2018 S 0170.1.1-3/3 St31.

im Inland lebende natürliche Personen fördern, selbst wenn die Personen sich zu diesem Zweck im Ausland aufhalten. [2]Bei der Tatbestandsalternative des möglichen Ansehensbeitrags zugunsten Deutschlands entfällt zwar bei ausländischen Körperschaften die Indizwirkung, die Erfüllung dieser Tatbestandsalternative durch ausländische Einrichtungen ist aber nicht grundsätzlich ausgeschlossen.

[1]Der nach § 51 Abs. 2 AO bei Auslandsaktivitäten zusätzlich geforderte Inlandsbezug wirkt sich nicht auf die Auslegung der weiteren, für die Anerkennung der Gemeinnützigkeit notwendigen Voraussetzungen aus. [2]Deren Vorliegen ist weiterhin unabhängig von der Frage, ob die Tätigkeit im In- oder Ausland ausgeübt wird, zu prüfen. [3]Der Inlandsbezug hat somit insbesondere keine Auswirkung auf Inhalt und Umfang der in den §§ 52 bis 53 AO beschriebenen förderungswürdigen Zwecke. [4]Daher können beispielsweise kirchliche Zwecke weiterhin nur zugunsten inländischer Religionsgemeinschaften, die Körperschaften des öffentlichen Rechts sind, verfolgt werden; andererseits kann die Förderung der Religion nach § 52 Abs. 2 Satz 1 Nr. 2 AO wie bisher auch im Ausland erfolgen; auch kann wie bisher z.B. eine hilflose Person im Ausland unterstützt werden (§ 53 Nr. 1 AO).

[1]Mit der Prüfung des Inlandsbezugs selbst ist keine zusätzliche inhaltliche Prüfung der Tätigkeit der Körperschaft verbunden. [2]Das heißt, es ist weder ein weiteres Mal zu ermitteln, ob die Körperschaft gemeinnützige oder mildtätige Zwecke i.S.d. §§ 52 und 53 AO fördert, noch kommt es darauf an, ob die Tätigkeit mit den im Ausland geltenden Wertvorstellungen übereinstimmt und somit nach ausländischen Maßstäben ein Beitrag zum Ansehen Deutschlands geleistet werden kann. [3]Falls die Verfolgung der in den §§ 52 und 53 AO genannten förderungswürdigen Zwecke zu bejahen ist, ist daher davon auszugehen, dass eine solche Tätigkeit dem Ansehen Deutschlands im Ausland nicht entgegensteht.

Zu § 51 Abs. 3 AO:

8. Der Ausschluss so genannter extremistischer Körperschaften von der Steuerbegünstigung ist in § 51 Abs. 3 AO gesetzlich geregelt.

9. [1]Die Ergänzung des § 51 AO soll klarstellen, dass eine Körperschaft nur dann als steuerbegünstigt behandelt werden kann, wenn sie weder nach ihrer Satzung und ihrer tatsächlichen Geschäftsführung Bestrebungen i.S.d. § 4 des BVerfSchG verfolgt noch dem Gedanken der Völkerverständigung zuwiderhandelt. [2]§ 4 BVerfSchG ist im Zusammenhang mit § 3 BVerfSchG zu lesen, der die Aufgaben der Verfassungsschutzbehörden des Bundes und der Länder und die Voraussetzungen für ein Tätigwerden des Verfassungsschutzes festlegt. [3]Die Aufgabe besteht in der Sammlung und Auswertung von Informationen über die in § 3 Abs. 1 BVerfSchG erwähnten verfassungsfeindlichen Bestrebungen, die § 4 BVerfSchG zum Teil definiert. [4]So beinhaltet § 4 BVerfSchG im ersten Absatz eine Legaldefinition von Bestrebungen

a) gegen den Bestand des Bundes oder eines Landes

b) gegen die Sicherheit des Bundes oder eines Landes

c) gegen die freiheitliche demokratische Grundordnung.

[5]Im zweiten Absatz des § 4 BVerfSchG werden die grundlegenden Prinzipien der freiheitlichen demokratischen Grundordnung aufgeführt.

[1] Gem. § 51 Abs. 3 Satz 1 AO ist eine Steuervergünstigung auch ausgeschlossen, wenn die Körperschaft dem Gedanken der Völkerverständigung zuwiderhandelt. [2] Diese Regelung nimmt Bezug auf § 3 Abs. 1 Nr. 4 BVerfSchG, der wiederum auf Artikel 9 Abs. 2 GG (gegen den Gedanken der Völkerverständigung gerichtete Bestrebungen) sowie Artikel 26 Abs. 1 GG (Störung des friedlichen Zusammenlebens der Völker) verweist. [3] Im Rahmen des § 51 Abs. 3 Satz 1 AO sind die Leistungen einer Körperschaft für das Gemeinwohl nicht im Wege einer Gesamtschau gegen Anhaltspunkte für eine verfassungsfeindliche tatsächliche Geschäftsführung abzuwägen (BFH-Urteil vom 14.3.2018, V R 36/16, BStBl. II S. 422).

10. [1] Der Tatbestand des § 51 Abs. 3 Satz 2 AO ist nur bei solchen Organisationen erfüllt, die im Verfassungsschutzbericht des Bundes oder eines Landes für den zu beurteilenden Veranlagungszeitraum ausdrücklich als extremistisch eingestuft werden (BFH-Urteil vom 11.4.2012, I R 11/11, BStBl. 2013 II S. 146). [2] Die Widerlegung der Vermutung erfordert den vollen Beweis des Gegenteils; eine Erschütterung ist nicht ausreichend (BFH-Urteil vom 14.3.2018, V R 36/16, BStBl. II S. 422). [3] Hat das Finanzamt die Körperschaft bisher als steuerbegünstigt behandelt und wird später ein Verfassungsschutzbericht veröffentlicht, in dem die Körperschaft als extremistisch aufgeführt wird, kommt ggf. eine Änderung nach § 173 Abs. 1 Nr. 1 AO in Betracht.

11. [1] Bei Organisationen, die nicht unter § 51 Abs. 3 Satz 2 AO fallen, ist eine Prüfung nach § 51 Abs. 3 Satz 1 AO vorzunehmen (vgl. Nr. 9 des AEAO zu § 51). [2] Insbesondere eine Erwähnung als „Verdachtsfall" oder eine nur beiläufige Erwähnung im Verfassungsschutzbericht, aber auch sonstige Erkenntnisse bieten im Einzelfall Anlass zu weitergehenden Ermittlungen der Finanzbehörde, z.B. auch durch Nachfragen bei den Verfassungsschutzbehörden.

12. Die Finanzbehörden sind befugt und verpflichtet, den Verfassungsschutzbehörden Tatsachen i.S.d. § 51 Abs. 3 Satz 3 AO unabhängig davon mitzuteilen, welchen Besteuerungszeitraum diese Tatsachen betreffen.

AEAO zu § 52 – Gemeinnützige Zwecke:

1. [1] Die Gemeinnützigkeit einer Körperschaft setzt voraus, dass ihre Tätigkeit der Allgemeinheit zugute kommt (§ 52 Abs. 1 Satz 1 AO). [2] Dies ist nicht gegeben, wenn der Kreis der geförderten Personen infolge seiner Abgrenzung, insbesondere nach räumlichen oder beruflichen Merkmalen, dauernd nur klein sein kann (§ 52 Abs. 1 Satz 2 AO). [3] Hierzu gilt Folgendes:

1.1. Allgemeines

Ein Verein, dessen Tätigkeit in erster Linie seinen Mitgliedern zugute kommt (insbesondere Sportvereine und Vereine, die in § 52 Abs. 2 Satz 1 Nr. 23 AO genannte Freizeitbetätigungen fördern), fördert nicht die Allgemeinheit, wenn er den Kreis der Mitglieder durch hohe Aufnahmegebühren oder Mitgliedsbeiträge (einschließlich Mitgliedsumlagen) klein hält.

Bei einem Verein, dessen Tätigkeit in erster Linie seinen Mitgliedern zugute kommt, ist eine Förderung der Allgemeinheit i.S.d. § 52 Abs. 1 AO anzunehmen, wenn

a) die Mitgliedsbeiträge und Mitgliedsumlagen zusammen im Durchschnitt 1.023 € je Mitglied und Jahr und

b) die Aufnahmegebühren für die im Jahr aufgenommenen Mitglieder im Durchschnitt 1.534 € nicht übersteigen.

1.2. Investitionsumlage

Es ist unschädlich für die Gemeinnützigkeit eines Vereins, dessen Tätigkeit in erster Linie seinen Mitgliedern zugute kommt, wenn der Verein neben den o.a. Aufnahmegebühren und Mitgliedsbeiträgen (einschließlich sonstiger Mitgliedsumlagen) zusätzlich eine Investitionsumlage nach folgender Maßgabe erhebt:

[1] Die Investitionsumlage darf höchstens 5.113 € innerhalb von zehn Jahren je Mitglied betragen. [2] Die Mitglieder müssen die Möglichkeit haben, die Zahlung der Umlage auf bis zu zehn Jahresraten zu verteilen. [3] Die Umlage darf nur für die Finanzierung konkreter Investitionsvorhaben verlangt werden. [4] Unschädlich ist neben der zeitnahen Verwendung der Mittel für Investitionen auch die Ansparung für künftige Investitionsvorhaben im Rahmen von nach § 62 Abs. 1 Nr. 1 AO zulässigen Rücklagen und die Verwendung für die Tilgung von Darlehen, die für die Finanzierung von Investitionen aufgenommen worden sind. [5] Die Erhebung von Investitionsumlagen kann auf neu eintretende Mitglieder (und ggf. nachzahlende Jugendliche, vgl. Nr. 1.3.1.2 des AEAO zu § 52) beschränkt werden.

Investitionsumlagen sind keine steuerlich abziehbaren Spenden.

1.3. Durchschnittsberechnung

Der durchschnittliche Mitgliedsbeitrag und die durchschnittliche Aufnahmegebühr sind aus dem Verhältnis der zu berücksichtigenden Leistungen der Mitglieder zu der Zahl der zu berücksichtigenden Mitglieder zu errechnen.

1.3.1. Zu berücksichtigende Leistungen der Mitglieder

1.3.1.1. Grundsatz

[1] Zu den maßgeblichen Aufnahmegebühren bzw. Mitgliedsbeiträgen gehören alle Geld- und geldwerten Leistungen, die ein Bürger aufwenden muss, um in den Verein aufgenommen zu werden bzw. in ihm verbleiben zu können. [2] Umlagen, die von den Mitgliedern erhoben werden, sind mit Ausnahme zulässiger Investitionsumlagen (vgl. Nr. 1.2 des AEAO zu § 52) bei der Berechnung der durchschnittlichen Aufnahmegebühren oder Mitgliedsbeiträge zu berücksichtigen.

1.3.1.2. Sonderentgelte und Nachzahlungen

[1] So genannte Spielgeldvorauszahlungen, die im Zusammenhang mit der Aufnahme in den Verein zu entrichten sind, gehören zu den maßgeblichen Aufnahmegebühren. [2] Sonderumlagen und Zusatzentgelte, die Mitglieder z.B. unter der Bezeichnung Jahresplatzbenutzungsgebühren zahlen müssen, sind bei der Durchschnittsberechnung als zusätzliche Mitgliedsbeiträge zu berücksichtigen.

Wenn jugendliche Mitglieder, die zunächst zu günstigeren Konditionen in den Verein aufgenommen worden sind, bei Erreichen einer Altersgrenze Aufnahmegebühren nachzuentrichten haben, sind diese im Jahr der Zahlung bei der Berechnung der durchschnittlichen Aufnahmegebühr zu erfassen.

1.3.1.3. Auswärtige Mitglieder

[1] Mitgliedsbeiträge und Aufnahmegebühren, die auswärtige Mitglieder an andere gleichartige Vereine entrichten, sind nicht in die Durchschnittsberechnungen einzubeziehen. [2] Dies gilt auch dann, wenn die Mitgliedschaft in dem

anderen Verein Voraussetzung für die Aufnahme als auswärtiges Mitglied oder die Spielberechtigung in der vereinseigenen Sportanlage ist.

1.3.1.4. Juristische Personen und Unternehmen in anderer Rechtsform

Leistungen, die juristische Personen und Unternehmen in anderer Rechtsform für die Erlangung und den Erhalt der eigenen Mitgliedschaft in einem Verein aufwenden (so genannte Firmenmitgliedschaften), sind bei den Durchschnittsberechnungen nicht zu berücksichtigen (vgl. Nr. 1.3.2 des AEAO zu § 52).

1.3.1.5. Darlehen

[1] Darlehen, die Mitglieder dem Verein im Zusammenhang mit ihrer Aufnahme in den Verein gewähren, sind nicht als zusätzliche Aufnahmegebühren zu erfassen. [2] Wird das Darlehen zinslos oder zu einem günstigeren Zinssatz, als er auf dem Kapitalmarkt üblich ist, gewährt, ist der jährliche Zinsverzicht als zusätzlicher Mitgliedsbeitrag zu berücksichtigen. [3] Dabei kann typisierend ein üblicher Zinssatz von 5,5 % angenommen werden (BFH-Urteil vom 13.11. 1996, I R 152/93, BStBl. 1998 II S. 711). [4] Als zusätzlicher Mitgliedsbeitrag sind demnach pro Jahr bei einem zinslosen Darlehen 5,5 % des Darlehensbetrags und bei einem zinsgünstigen Darlehen der Betrag, den der Verein weniger als bei einer Verzinsung mit 5,5 % zu zahlen hat, anzusetzen.

Diese Grundsätze gelten auch, wenn Mitgliedsbeiträge oder Mitgliedsumlagen (einschließlich Investitionsumlagen) als Darlehen geleistet werden.

1.3.1.6.[1] Beteiligung an Gesellschaften

Kosten für den zur Erlangung der Spielberechtigung notwendigen Erwerb von Geschäftsanteilen an einer Gesellschaft, die neben dem Verein besteht und die die Sportanlagen errichtet oder betreibt, sind mit Ausnahme des Agios nicht als zusätzliche Aufnahmegebühren zu erfassen.

Ein Sportverein kann aber mangels Unmittelbarkeit dann nicht als gemeinnützig behandelt werden, wenn die Mitglieder die Sportanlagen des Vereins nur bei Erwerb einer Nutzungsberechtigung von einer neben dem Verein bestehenden Gesellschaft nutzen dürfen.

1.3.1.7. Spenden

Wenn Bürger im Zusammenhang mit der Aufnahme in einen Sportverein als Spenden bezeichnete Zahlungen an den Verein leisten, ist zu prüfen, ob es sich dabei um freiwillige unentgeltliche Zuwendungen, d.h. um Spenden, oder um Sonderzahlungen handelt, zu deren Leistung die neu eintretenden Mitglieder verpflichtet sind.

[1] Sonderzahlungen sind in die Berechnung der durchschnittlichen Aufnahmegebühr einzubeziehen. [2] Dies gilt auch, wenn kein durch die Satzung oder durch Beschluss der Mitgliederversammlung festgelegter Rechtsanspruch des Vereins besteht, die Aufnahme in den Verein aber faktisch von der Leistung einer Sonderzahlung abhängt.

[1] Eine faktische Verpflichtung ist regelmäßig anzunehmen, wenn mehr als 75 % der neu eingetretenen Mitglieder neben der Aufnahmegebühr eine gleich oder ähnlich hohe Sonderzahlung leisten. [2] Dabei bleiben passive oder fördern-

---

[1] Zu einer Kommanditeinlage als Eintrittsspende vgl. BFH v. 23.7.2003 I R 41/03, BStBl. II 2005, 443.

de, jugendliche und auswärtige Mitglieder sowie Firmenmitgliedschaften außer Betracht. [3] Für die Beurteilung der Frage, ob die Sonderzahlungen der neu aufgenommenen Mitglieder gleich oder ähnlich hoch sind, sind die von dem Mitglied innerhalb von drei Jahren nach seinem Aufnahmeantrag oder, wenn zwischen dem Aufnahmeantrag und der Aufnahme in den Verein ein ungewöhnlich langer Zeitraum liegt, nach seiner Aufnahme geleisteten Sonderzahlungen, soweit es sich dabei nicht um von allen Mitgliedern erhobene Umlagen handelt, zusammenzurechnen.

[1] Die 75 %-Grenze ist eine widerlegbare Vermutung für das Vorliegen von Pflichtzahlungen. [2] Maßgeblich sind die tatsächlichen Verhältnisse des Einzelfalls. [3] Sonderzahlungen sind deshalb auch dann als zusätzliche Aufnahmegebühren zu behandeln, wenn sie zwar von weniger als 75 % der neu eingetretenen Mitglieder geleistet werden, diese Mitglieder aber nach den Umständen des Einzelfalls zu den Zahlungen nachweisbar verpflichtet sind.

[1] Die vorstehenden Grundsätze einschließlich der 75 %-Grenze gelten für die Abgrenzung zwischen echten Spenden und Mitgliedsumlagen entsprechend. [2] Pflichtzahlungen sind in diesem Fall in die Berechnung des durchschnittlichen Mitgliedsbeitrags einzubeziehen.

Nicht bei der Durchschnittsberechnung der Aufnahmegebühren und Mitgliedsbeiträge zu berücksichtigen sind Pflichteinzahlungen in eine zulässige Investitionsumlage (vgl. Nr. 1.2 des AEAO zu § 52).

[1] Für Leistungen, bei denen es sich um Pflichtzahlungen (z.B. Aufnahmegebühren, Mitgliedsbeiträge, Ablösezahlungen für Arbeitsleistungen und Umlagen einschließlich Investitionsumlagen) handelt, dürfen keine Zuwendungsbestätigungen i.S.d. § 50 EStDV[1]) ausgestellt werden. [2] Die Grundsätze des BFH-Urteils vom 13.12.1978, I R 39/78, BStBl. 1979 II S. 482 sind nicht anzuwenden, soweit sie mit den vorgenannten Grundsätzen nicht übereinstimmen.

1.3.2. Zu berücksichtigende Mitglieder

[1] Bei der Berechnung des durchschnittlichen Mitgliedsbeitrags ist als Divisor die Zahl der Personen anzusetzen, die im Veranlagungszeitraum (Kalenderjahr) Mitglieder des Vereins waren. [2] Dabei sind auch die Mitglieder zu berücksichtigen, die im Laufe des Jahres aus dem Verein ausgetreten oder in ihn aufgenommen worden sind. [3] Voraussetzung ist, dass eine Dauermitgliedschaft bestanden hat bzw. die Mitgliedschaft auf Dauer angelegt ist.

[1] Divisor bei der Berechnung der durchschnittlichen Aufnahmegebühr ist die Zahl der Personen, die in dem Veranlagungszeitraum auf Dauer neu in den Verein aufgenommen worden sind. [2] Bei den Berechnungen sind grundsätzlich auch die fördernden oder passiven, jugendlichen und auswärtigen Mitglieder zu berücksichtigen. [3] Unter auswärtigen Mitgliedern sind regelmäßig Mitglieder zu verstehen, die ihren Wohnsitz außerhalb des Einzugsgebiets des Vereins haben und/oder bereits ordentliches Mitglied in einem gleichartigen anderen Sportverein sind und die deshalb keine oder geringere Mitgliedsbeiträge oder Aufnahmegebühren zu zahlen haben. [4] Nicht zu erfassen sind juristische Personen oder Firmen in anderer Rechtsform sowie die natürlichen Personen, die infolge der Mitgliedschaft dieser Organisationen Zugang zu dem Verein haben.

---

[1]) **dtv 5785 ESt/LSt Nr. 2.**

[1] Die nicht aktiven Mitglieder sind nicht zu berücksichtigen, wenn der Verein ihre Einbeziehung in die Durchschnittsberechnung missbräuchlich ausnutzt. [2] Dies ist z.b. anzunehmen, wenn die Zahl der nicht aktiven Mitglieder ungewöhnlich hoch ist oder festgestellt wird, dass im Hinblick auf die Durchschnittsberechnung gezielt nicht aktive Mitglieder beitragsfrei oder gegen geringe Beiträge aufgenommen worden sind. [3] Entsprechendes gilt für die Einbeziehung auswärtiger Mitglieder in die Durchschnittsberechnung.

2. [1] Bei § 52 Abs. 2 AO handelt es sich grundsätzlich um eine abschließende Aufzählung gemeinnütziger Zwecke. [2] Die Allgemeinheit kann allerdings auch durch die Verfolgung von Zwecken, die hinsichtlich der Merkmale, die ihre steuerrechtliche Förderung rechtfertigen, mit den in § 52 Abs. 2 AO aufgeführten Zwecken identisch sind, gefördert werden.

2.1. Jugendliche i.S.d. § 52 Abs. 2 Satz 1 Nr. 4 AO bzw. des § 68 Nr. 1 Buchstabe b AO sind alle Personen vor Vollendung des 27. Lebensjahres.

2.2. [1] Die Förderung von Kunst und Kultur umfasst die Bereiche der Musik, der Literatur, der darstellenden und bildenden Kunst und schließt die Förderung von kulturellen Einrichtungen, wie Theater und Museen, sowie von kulturellen Veranstaltungen, wie Konzerte und Kunstausstellungen, ein. [2] Zur Förderung von Kunst und Kultur gehört auch die Förderung der Pflege und Erhaltung von Kulturwerten. [3] Kulturwerte sind Gegenstände von künstlerischer und sonstiger kultureller Bedeutung, Kunstsammlungen und künstlerische Nachlässe, Bibliotheken, Archive sowie andere vergleichbare Einrichtungen. [4] Das Vorführen von Filmen allein ist noch keine gemeinnützige Tätigkeit. [5] Die Gemeinnützigkeit kommunaler Kinos ist jedoch zu bejahen, wenn bestimmte zusätzliche Kriterien erfüllt sind. [6] Hierzu zählt, ob ein kommunaler Kinoverein öffentliche Zuschüsse erhält, ob er in die gesamte Kulturarbeit der Kommune integriert ist, ob sich das Programm inhaltlich, konzeptionell und formal von etwa vorhandenen gewerblichen Kinos am Ort unterscheidet, ob die Filme in bestimmten Sachzusammenhängen gezeigt und ob sie inhaltlich aufbereitet werden, z.B. durch begleitende Vorträge. [7] Dabei reicht es aus, wenn ein kommunaler Kinoverein einige der genannten Kriterien erfüllt. [8] Auf die künstlerische Qualität der einzelnen gezeigten Filme kommt es nicht an.

2.3. [1] Die Förderung der Denkmalpflege bezieht sich auf die Erhaltung und Wiederherstellung von Bau- und Bodendenkmälern, die nach den jeweiligen landesrechtlichen Vorschriften anerkannt sind. [2] Die Anerkennung ist durch eine Bescheinigung der zuständigen Stelle nachzuweisen.

2.4. [1] Vereine, deren satzungsmäßiger Zweck die Förderung der nichtgewerblichen Fischerei ist (Anglervereine), können unter dem Gesichtspunkt der Förderung des Naturschutzes und der Landschaftspflege als gemeinnützig i.S.d. § 52 AO anerkannt werden. [2] Ihre Tätigkeit ist im Wesentlichen auf die einheitliche Ausrichtung und Vertretung der Mitgliederinteressen bei der Hege und Pflege des Fischbestandes in den Gewässern in Verbindung mit Maßnahmen zum Schutz und zur Reinhaltung dieser Gewässer, sowie die Erhaltung der Schönheit und Ursprünglichkeit der Gewässer i.S.d. Naturschutzes und der Landschaftspflege gerichtet. [3] Wettfischveranstaltungen sind grundsätzlich als nicht mit dem Tierschutzgesetz und mit der Gemeinnützigkeit vereinbar anzusehen.

[1] Fischen und Angeln bedarf in jedem Fall einer besonderen Genehmigung, für private Gewässer der des Eigentümers, für öffentliche Gewässer der der

zuständigen öffentlichen Körperschaft (z.B. Gemeinde). [2]Der Verkauf von Angelkarten durch Vereine an Vereinsmitglieder wird im Rahmen eines steuerbegünstigten wirtschaftlichen Geschäftsbetriebs (= Zweckbetrieb) durchgeführt. [3]Der Verkauf von Angelkarten an Nichtmitglieder hingegen stellt einen steuerpflichtigen wirtschaftlichen Geschäftsbetrieb dar.

2.5. Zur Förderung des Andenkens an Verfolgte, Kriegs- und Katastrophenopfer gehört auch die Errichtung von Ehrenmalen und Gedenkstätten.

Zur Förderung der Tier- bzw. Pflanzenzucht gehört auch die Förderung der Erhaltung vom Aussterben bedrohter Nutztierrassen und Nutzpflanzen.

[1]Die Förderung des Einsatzes für nationale Minderheiten im Sinne des durch Deutschland ratifizierten Rahmenabkommens zum Schutz nationaler Minderheiten und die Förderung des Einsatzes für die gem. der von Deutschland ratifizierten Charta der Regional- und Minderheitensprachen geschützten Sprachen sind – je nach Betätigung im Einzelnen – Förderung von Kunst und Kultur, Förderung der Heimatpflege und Heimatkunde oder Förderung des traditionellen Brauchtums. [2]Bei den nach der Charta geschützten Sprachen handelt es sich um die Regionalsprache Niederdeutsch sowie die Minderheitensprachen Dänisch, Friesisch, Sorbisch und das Romanes der deutschen Sinti und Roma.

[1]Für die Gemeinnützigkeit eines Vertriebenenverbands ist es unschädlich, wenn er nach seiner Satzung allgemein – im Sinne einer Wiederherstellung der allgemeinen Gerechtigkeit – auch Zwecke wie „Wiedergutmachung des Vertreibungsunrechts" oder „Rückgabe des konfiszierten Vermögens auf der Basis eines gerechten Ausgleichs" fördert. [2]Bei derartigen Formulierungen in der Satzung kann angenommen werden, dass sich der Verband bei seiner Betätigung im Rahmen des gemeinnützigen Zwecks „Fürsorge für Vertriebene" hält und die Verfolgung individueller Rechtsansprüche der Mitglieder nicht Satzungszweck ist.

[1]Zu beanstanden sind jedoch Formulierungen, die nach Satzungszweck z.B. mit „Anspruch der Volksgruppen und der einzelnen Landsleute auf Rückerstattung des geraubten Vermögens und die sich daraus ergebenden Entschädigungsansprüche zu vertreten" definieren. [2]Vertriebenenverbände mit diesem oder einem ähnlich formulierten Satzungszweck können nicht als gemeinnützig behandelt werden, weil sie gegen die Gebote der Ausschließlichkeit (§ 56 AO) und der Selbstlosigkeit (§ 55 AO) verstoßen.

[1]Satzungszwecke wie „Wiedervereinigung mit den Vertreibungsgebieten" oder „Eingliederung der Vertreibungsgebiete" sind ebenfalls schädlich für die Gemeinnützigkeit eines Vertriebenenverbandes. [2]Die Verfolgung dieser Ziele ist keine Förderung der Allgemeinheit, weil solche Bestrebungen im Widerspruch zu den völkerrechtlich verbindlichen Verträgen der Bundesrepublik Deutschland mit ihren östlichen Nachbarstaaten und zum Grundgesetz stehen (vgl. BFH-Beschluss vom 16.10.1991, I B 16/91, BFH/NV 1992 S. 505).

2.6. [1]Unter dem Begriff „bürgerschaftliches Engagement" versteht man eine freiwillige, nicht auf das Erzielen eines persönlichen materiellen Gewinns gerichtete, auf die Förderung der Allgemeinheit hin orientierte, kooperative Tätigkeit. [2]Die Anerkennung der Förderung des bürgerschaftlichen Engagements zugunsten gemeinnütziger, mildtätiger und kirchlicher Zwecke dient der Hervorhebung der Bedeutung, die ehrenamtlicher Einsatz für unsere Gesellschaft hat. [3] Eine Erweiterung der gemeinnützigen Zwecke ist damit nicht verbunden.

2.7. [1] Durch § 52 Abs. 2 Satz 2 AO wird die Möglichkeit eröffnet, Zwecke auch dann als gemeinnützig anzuerkennen, wenn diese nicht unter den Katalog des § 52 Abs. 2 Satz 1 AO fallen. [2] Die Anerkennung der Gemeinnützigkeit solcher gesellschaftlicher Zwecke wird bundeseinheitlich abgestimmt. [3] Satz 2 gilt auch für den Fall, dass die zuständige Finanzbehörde den Antrag ablehnen möchte, es sei denn, es ergibt sich aus anderen, nicht aus der Regelung des § 52 Abs. 2 Satz 2 AO resultierenden Gründen, dass der Antragsteller die Voraussetzungen der Gemeinnützigkeit nicht erfüllt.

2.8. Folgende Zwecke wurden als vergleichbare Zwecke i.S.d. § 52 Abs. 2 Satz 2 AO anerkannt:

– Turnierbridge nach dem Regelwerk der World Bridge Federation (BFH-Urteil vom 9.2.2017, V R 70/14, BStBl. II S. 1106).

3. Internetvereine können wegen Förderung der Volksbildung als gemeinnützig anerkannt werden, sofern ihr Zweck nicht der Förderung der (privat betriebenen) Datenkommunikation durch Zurverfügungstellung von Zugängen zu Kommunikationsnetzwerken sowie durch den Aufbau, die Förderung und den Unterhalt entsprechender Netze zur privaten und geschäftlichen Nutzung durch die Mitglieder oder andere Personen dient.

[1] Freiwilligenagenturen sind Körperschaften, die Menschen für freiwilliges, unentgeltliches Engagement bei steuerbegünstigten Körperschaften oder Körperschaften des öffentlichen Rechts qualifizieren und ihnen die entsprechenden Tätigkeiten vermitteln. [2] Sie treten auch unter anderen Bezeichnungen auf, z.B. Freiwilligenzentren oder Ehrenamtsbörsen. [3] Freiwilligenagenturen können regelmäßig wegen der Förderung der Bildung (§ 52 Abs. 2 Satz 1 Nr. 1 AO) als gemeinnützig behandelt werden, weil das Schwergewicht ihrer Tätigkeit in der Aus- und Weiterbildung der Freiwilligen liegt. [4] Die Vermittlung der Freiwilligen in das gewünschte Betätigungsfeld ist lediglich Endpunkt und Abschluss eines Qualifizierungsprozesses, nicht jedoch der vorrangige und überwiegende Tätigkeitsbereich. [5] Erhält eine Freiwilligenagentur im Zusammenhang mit der Vermittlung von Freiwilligen ein Entgelt für ihre Leistungen, liegt ein wirtschaftlicher Geschäftsbetrieb i.S.d. § 14 AO vor, der sowohl die Ausbildungsleistung als auch die Vermittlung umfasst. [6] Der wirtschaftliche Geschäftsbetrieb ist als Zweckbetrieb (§ 65 AO) zu behandeln, weil das Entgelt für die Gesamtleistung – mit Schwergewicht bei der Ausbildung – gezahlt wird.

4. [1] Erfinderclubs verfolgen in der Regel die Förderung von Bildung nach § 52 Abs. 2 Satz 1 Nr. 7 AO. [2] Eine Anerkennung der Gemeinnützigkeit wegen der Förderung der Forschung nach § 52 Abs. 2 Satz 1 Nr. 1 AO ist nur dann möglich, wenn der Verein selbst forscht (Gebot der Unmittelbarkeit, § 57 AO).

[1] Nicht gemeinnützig ist die Förderung einer eigenen gewerblichen Tätigkeit oder die Förderung der gewerblichen Tätigkeit der Mitglieder. [2] Es ist entscheidend, dass es sich bei dem Verein nicht lediglich um einen Zusammenschluss von Personen handelt, die durch Erfindungen, Patente und ihre Verwertung persönliche Einkünfte erzielen wollen. [3] Die für die Gemeinnützigkeit geforderte Selbstlosigkeit eines Erfindervereins schließt zwar ein gewisses Eigeninteresse der Mitglieder an der Vereinstätigkeit nicht aus, allerdings verstößt die Verfolgung von vorwiegend eigenwirtschaftlichen Interessen gegen das Gebot der Selbstlosigkeit nach § 55 Abs. 1 AO. [4] An der gebotenen Selbstlosig-

keit fehlt es, wenn der Verein nach seiner Satzung die Patentierung und Verwertung von Erfindungen seiner Mitglieder fördert, sie also bei einer im Grundsatz gewerblichen Tätigkeit unterstützt. [5] Dies gilt auch, wenn der Verein die Patente für seine Mitglieder anmeldet und hält. [6] Unschädlich ist die allgemeine Information der Mitglieder, z.B. durch Lehrveranstaltungen oder Merkblätter zum Patentrecht.

[1] Bei einem Verein, der selbst forscht, ist es unschädlich für die Steuerbegünstigung, wenn er Forschungsergebnisse zum Patent anmeldet. [2] Er muss die Forschungsergebnisse aber veröffentlichen und damit der Allgemeinheit zugänglich machen. [3] Erlegt die Satzung den Mitgliedern eine Geheimhaltungsverpflichtung auf, ist dies ein Indiz dafür, dass nicht die Allgemeinheit, sondern (nur oder in erster Linie) die Mitglieder gefördert werden sollen.

Eine gemeinnützigkeitskonforme Zweckverwirklichung kann beispielhaft durch folgende Maßnahmen erfolgen:

- Förderung des Wissens über den Zusammenhang zwischen Erfindungen, Schutzrechten und Innovationen,
- Förderung des Erfahrungsaustausches im Zusammenhang mit Erfindungen, Innovationen und Patenten sowie
- Öffentlichkeitsarbeit; Durchführung von Veranstaltungen, Fortbildungsmaßnahmen, Vorhaben, Projekten, die den satzungsmäßigen Zwecken (und nicht nur Einzelnen) dienen.

5. [1] Bei Körperschaften, die Privatschulen betreiben oder unterstützen, ist zwischen Ersatzschulen und Ergänzungsschulen zu unterscheiden.[1] [2] Die Förderung der Allgemeinheit ist bei Ersatzschulen stets anzunehmen, weil die zuständigen Landesbehörden die Errichtung und den Betrieb einer Ersatzschule nur dann genehmigen dürfen, wenn eine Sonderung der Schüler nach den Besitzverhältnissen der Eltern nicht gefördert wird (Art. 7 Abs. 4 Satz 3 GG und die Privatschulgesetze der Länder). [3] Bei Ergänzungsschulen kann eine Förderung der Allgemeinheit dann angenommen werden, wenn in der Satzung der Körperschaft festgelegt ist, dass bei mindestens 25 % der Schüler keine Sonderung nach den Besitzverhältnissen der Eltern i.S.d. Art. 7 Abs. 4 Satz 3 GG und der Privatschulgesetze der Länder vorgenommen werden darf.

6. [1] Nachbarschaftshilfevereine, Tauschringe und ähnliche Körperschaften, deren Mitglieder kleinere Dienstleistungen verschiedenster Art gegenüber anderen Vereinsmitgliedern erbringen (z.B. kleinere Reparaturen, Hausputz, Kochen, Kinderbetreuung, Nachhilfeunterricht, häusliche Pflege) sind grundsätzlich nicht gemeinnützig, weil regelmäßig durch die gegenseitige Unterstützung in erster Linie eigenwirtschaftliche Interessen ihrer Mitglieder gefördert werden und damit gegen den Grundsatz der Selbstlosigkeit (§ 55 Abs. 1 AO) verstoßen wird. [2] Solche Körperschaften können jedoch gemeinnützig sein, wenn sich ihre Tätigkeit darauf beschränkt, alte und hilfebedürftige Menschen in Verrichtungen des täglichen Lebens zu unterstützen und damit die Altenhilfe gefördert bzw. mildtätige Zwecke (§ 53 AO) verfolgt werden. [3] Soweit sich der Zweck der Körperschaften zusätzlich auf die Erteilung von Nachhilfeunterricht und Kinderbetreuung erstreckt, können sie auch wegen Förderung der Jugendhilfe anerkannt werden. [4] Voraussetzung für die Anerkennung der Gemeinnüt-

---

[1] Ab VZ 2008 ist die Klassifizierung der Schule für die Berücksichtigung von Schulgeldzahlungen nach § 10 Abs. 1 Nr. 9 EStG nicht mehr von Bedeutung; vgl. BMF v. 9.3.2009, BStBl. I 2009, 487.

zigkeit solcher Körperschaften ist, dass die aktiven Mitglieder ihre Dienstleistungen als Hilfspersonen der Körperschaft (§ 57 Abs. 1 Satz 2 AO) ausüben. Vereine, deren Zweck die Förderung esoterischer Heilslehren ist, z.B. Reiki-Vereine, können nicht wegen Förderung des öffentlichen Gesundheitswesens oder der öffentlichen Gesundheitspflege als gemeinnützig anerkannt werden.

7. [1]Ein wesentliches Element des Sports (§ 52 Abs. 2 Satz 1 Nr. 21 AO) ist die körperliche Ertüchtigung. [2]Motorsport fällt unter den Begriff des Sports (BFH-Urteil vom 29.10.1997, I R 13/97, BStBl. 1998 II S. 9), ebenso Ballonfahren. [3]Dagegen sind Skat (BFH-Urteil vom 17.2.2000, I R 108, 109/98, BFH/NV S. 1071), Bridge, Gospiel, Gotcha, Paintball, IPSC-Schießen[1]) und Tipp-Kick kein Sport i.S.d. Gemeinnützigkeitsrechts. [4]Dies gilt auch für Amateurfunk, Modellflug und Hundesport, die jedoch eigenständige gemeinnützige Zwecke sind (§ 52 Abs. 2 Satz 1 Nr. 23 AO). [5]Schützenvereine können auch dann als gemeinnützig anerkannt werden, wenn sie nach ihrer Satzung neben dem Schießsport (als Hauptzweck) auch das Schützenbrauchtum (vgl. Nr. 12 des AEAO zu § 52) fördern. [6]Die Durchführung von volksfestartigen Schützenfesten ist kein gemeinnütziger Zweck.

8.[2]) [1]Die Förderung des bezahlten Sports ist kein gemeinnütziger Zweck, weil dadurch eigenwirtschaftliche Zwecke der bezahlten Sportler gefördert werden. [2]Sie ist aber unter bestimmten Voraussetzungen unschädlich für die Gemeinnützigkeit eines Sportvereins (s. § 58 Nr. 8 AO und § 67a AO).

9. [1]Eine steuerbegünstigte allgemeine Förderung des demokratischen Staatswesens ist nur dann gegeben, wenn sich die Körperschaft umfassend mit den demokratischen Grundprinzipien befasst und diese objektiv und neutral würdigt. [2]Ist hingegen Zweck der Körperschaft die politische Bildung, der es auf der Grundlage der Normen und Vorstellungen einer rechtsstaatlichen Demokratie um die Schaffung und Förderung politischer Wahrnehmungsfähigkeit und politischen Verantwortungsbewusstseins geht, liegt Volksbildung vor. [3]Diese muss nicht nur in theoretischer Unterweisung bestehen, sie kann auch durch den Aufruf zu konkreter Handlung ergänzt werden. [4]Keine politische Bildung ist demgegenüber die einseitige Agitation, die unkritische Indoktrination oder die parteipolitisch motivierte Einflussnahme (BFH-Urteil vom 23.9.1999, XI R 63/98, BStBl. 2000 II S. 200).

10. [1]Die Förderung von Freizeitaktivitäten außerhalb des Bereichs des Sports ist nur dann als Förderung der Allgemeinheit anzuerkennen, wenn die Freizeitaktivitäten hinsichtlich der Merkmale, die ihre steuerrechtliche Förderung rechtfertigen, mit den im Katalog des § 52 Abs. 2 Satz 1 Nr. 23 AO genannten Freizeitgestaltungen identisch sind. [2]Es reicht nicht aus, dass die Freizeitgestaltung sinnvoll und einer der in § 52 Abs. 2 Satz 1 Nr. 23 AO genannten ähnlich ist (BFH-Urteil vom 14.9.1994, I R 153/93, BStBl. 1995 II S. 499). [3]Die Förderung des Baus und Betriebs von Schiffs-, Auto-, Eisenbahn- und Drachenflugmodellen ist identisch im vorstehenden Sinne mit der Förderung des Modellflugs, die Förderung des CB-Funkens mit der Förderung des Amateurfunkens. [4]Diese Zwecke sind deshalb als gemeinnützig anzuerkennen.

---

[1]) Siehe aber BFH v. 27.9.2018, V R 48/16, DStRE 2019, 165 (Verein zur Förderung des IPSC-Schießens gemeinnützig). – Siehe hierzu aber einschränkend (Prüfung jedes Einzelfalls) BMF v. 12.12.2019, BStBl. I 2019, 1370.
[2]) Siehe auch BFH v. 24.6.2015, I R 13/13, BStBl. II 2016, 971, und Abschnitt 12.9 Abs. 4 Nr. 1 UStAE **(dtv 5546 USt Nr. 5).**

[5] Nicht identisch im vorstehenden Sinne mit den in § 52 Abs. 2 Satz 1 Nr. 23 AO genannten Freizeitaktivitäten und deshalb nicht als eigenständige gemeinnützige Zwecke anzuerkennen sind z.b. die Förderung des Amateurfilmens und -fotografierens, des Kochens, von Brett- und Kartenspielen und des Sammelns von Gegenständen, wie Briefmarken, Münzen und Autogrammkarten, sowie die Tätigkeit von Reise- und Touristik-, Sauna-, Gesellligkeits-, Kosmetik-, und Oldtimer-Vereinen. [6] Bei Vereinen, die das Amateurfilmen und -fotografieren fördern, und bei Oldtimer-Vereinen kann aber eine Steuerbegünstigung wegen der Förderung von Kunst oder (technischer) Kultur in Betracht kommen.

11. [1] Obst- und Gartenbauvereine fördern i.d.R. die Pflanzenzucht i.S.d. § 52 Abs. 2 Satz 1 Nr. 23 AO. [2] Die Förderung der Bonsaikunst ist Pflanzenzucht, die Förderung der Aquarien- und Terrarienkunde ist Tierzucht i.S.d. Vorschrift.

12. [1] Historische Schützenbruderschaften können wegen der Förderung der Brauchtumspflege (vgl. Nr. 7 des AEAO zu § 52), Freizeitwinzervereine wegen der Förderung der Heimatpflege, die Teil der Brauchtumspflege ist, als gemeinnützig behandelt werden. [2] Dies gilt auch für Junggesellen- und Burschenvereine, die das traditionelle Brauchtum einer bestimmten Region fördern, z.B. durch das Setzen von Maibäumen (Maiclubs). [3] Die besondere Nennung des traditionellen Brauchtums als gemeinnütziger Zweck in § 52 Abs. 2 Satz 1 Nr. 23 AO bedeutet jedoch keine allgemeine Ausweitung des Brauchtumsbegriffs i.S.d. Gemeinnützigkeitsrechts. [4] Studentische Verbindungen, z.B. Burschenschaften, ähnliche Vereinigungen, z.B. Landjugendvereine, Country- und Westernvereine und Vereine, deren Hauptzweck die Veranstaltung von örtlichen Volksfesten (z.B. Kirmes, Kärwa, Schützenfest) ist, sind deshalb i.d.R. nicht gemeinnützig.

13. [1] Bei Tier- und Pflanzenzuchtvereinen,[1] Freizeitwinzervereinen sowie Junggesellen- oder Burschenvereinen ist besonders auf die Selbstlosigkeit (§ 55 AO) und die Ausschließlichkeit (§ 56 AO) zu achten. [2] Eine Körperschaft ist z.B. nicht selbstlos tätig, wenn sie in erster Linie eigenwirtschaftliche Zwecke ihrer Mitglieder fördert. [3] Sie verstößt z.B. gegen das Gebot der Ausschließlichkeit, wenn die Durchführung von Festveranstaltungen (z.B. Winzerfest, Maiball) Satzungszweck ist. [4] Bei der Prüfung der tatsächlichen Geschäftsführung von Freizeitwinzer, Junggesellen- und Burschenvereinen ist außerdem besonders darauf zu achten, dass die Förderung der Gesellligkeit nicht im Vordergrund der Vereinstätigkeit steht.

14. [1] Soldaten- und Reservistenvereine verfolgen i.d.R. gemeinnützige Zwecke i.S.d. § 52 Abs. 2 Satz 1 Nr. 23 AO, wenn sie aktive und ehemalige Wehrdienstleistende, Zeit- und Berufssoldaten betreuen, z.B. über mit dem Soldatsein zusammenhängende Fragen beraten, Möglichkeiten zu sinnvoller Freizeitgestaltung bieten oder beim Übergang in das Zivilleben helfen. [2] Die Pflege der Tradition durch Soldaten- und Reservistenvereine ist weder steuerbegünstigte Brauchtumspflege noch Betreuung von Soldaten und Reservisten i.S.d. § 52 Abs. 2 Satz 1 Nr. 23 AO. [3] Die Förderung der Kameradschaft kann

---

[1] Zur Veranstaltung von Pferderennen und Totalisatorbetrieb als einheitlicher wirtschaftlicher Geschäftsbetrieb vgl. BFH v. 22.4.2009 I R 15/07, BStBl. II 2011, 475, und BMF v. 4.5.2011, BStBl. I 2011, 539, mit Anwendungsregelung für am 27.5.2009 bestehende und als steuerbegünstigt anerkannte Körperschaften.

neben einem steuerbegünstigten Zweck als Vereinszweck genannt werden, wenn sich aus der Satzung ergibt, dass damit lediglich eine Verbundenheit der Vereinsmitglieder angestrebt wird, die aus der gemeinnützigen Vereinstätigkeit folgt (BFH-Urteil vom 11.3.1999, V R 57, 58/96, BStBl. II S. 331).

15. [1] Einrichtungen, die mit ihrer Tätigkeit auf die Erholung arbeitender Menschen ausgerichtet sind (z.b. der Betrieb von Freizeiteinrichtungen wie Campingplätze oder Bootsverleihe), können nicht als gemeinnützig anerkannt werden, es sei denn, dass das Gewähren von Erholung einem besonders schutzwürdigen Personenkreis (z.b. Kranken oder der Jugend) zugute kommt oder in einer bestimmten Art und Weise (z.b. auf sportlicher Grundlage) vorgenommen wird (BFH-Urteile vom 22.11.1972, I R 21/71, BStBl. 1973 II S. 251, und vom 30.9.1981, III R 2/80, BStBl. 1982 II S. 148). [2] Wegen Erholungsheimen wird auf § 68 Nr. 1 Buchstabe a AO hingewiesen.

16. Politische Zwecke (Beeinflussung der politischen Meinungsbildung, Förderung politischer Parteien u. dgl.) zählen grundsätzlich nicht zu den gemeinnützigen Zwecken i.S.d. § 52 AO.

[1] Eine gewisse Beeinflussung der politischen Meinungsbildung schließt jedoch die Gemeinnützigkeit nicht aus (BFH-Urteil vom 29.8.1984, I R 203/81, BStBl. II S. 844). [2] Eine politische Tätigkeit ist danach unschädlich für die Gemeinnützigkeit, wenn eine gemeinnützige Tätigkeit nach den Verhältnissen im Einzelfall zwangsläufig mit einer politischen Zielsetzung verbunden ist und die unmittelbare Einwirkung auf die politischen Parteien und die staatliche Willensbildung gegenüber der Förderung des gemeinnützigen Zwecks weit in den Hintergrund tritt. [3] Eine Körperschaft fördert deshalb auch dann ausschließlich ihren steuerbegünstigten Zweck, wenn sie gelegentlich zu tagespolitischen Themen im Rahmen ihres Satzungszwecks Stellung nimmt. [4] Entscheidend ist, dass die Tagespolitik nicht Mittelpunkt der Tätigkeit der Körperschaft ist oder wird, sondern der Vermittlung der steuerbegünstigten Ziele der Körperschaft dient (BFH-Urteil vom 23.11.1988, I R 11/88, BStBl. 1989 II S. 391).

Dagegen ist die Gemeinnützigkeit zu versagen, wenn ein politischer Zweck als alleiniger oder überwiegender Zweck in der Satzung einer Körperschaft festgelegt ist oder die Körperschaft tatsächlich ausschließlich oder überwiegend einen politischen Zweck verfolgt.

AEAO zu § 53 – Mildtätige Zwecke:

1. [1] Der Begriff „mildtätige Zwecke" umfasst auch die Unterstützung von Personen, die wegen ihres seelischen Zustands hilfebedürftig sind. [2] Das hat beispielsweise für die Telefonseelsorge Bedeutung.

2. [1] Völlige Unentgeltlichkeit der mildtätigen Zuwendung wird nicht verlangt. [2] Die mildtätige Zuwendung darf nur nicht des Entgelts wegen erfolgen.

3. [1] Eine Körperschaft, zu deren Satzungszwecken die Unterstützung von hilfebedürftigen Verwandten der Mitglieder, Gesellschafter, Genossen oder Stifter gehört, kann nicht als steuerbegünstigt anerkannt werden. [2] Bei einer derartigen Körperschaft steht nicht die Förderung mildtätiger Zwecke, sondern die Förderung der Verwandtschaft im Vordergrund. [3] Ihre Tätigkeit ist deshalb nicht, wie es § 53 AO verlangt, auf die selbstlose Unterstützung hilfebedürftiger Personen gerichtet. [4] Dem steht bei Stiftungen § 58 Nr. 6 AO nicht entgegen. [5] Diese Vorschrift ist lediglich eine Ausnahme von dem Gebot der Selbstlosigkeit (§ 55 AO), begründet aber keinen eigenständigen gemeinnützigen Zweck. [6] Bei der tatsächlichen Geschäftsführung ist die Unterstützung von hilfebedürftigen Angehörigen grundsätzlich nicht schädlich für die Steuerbegünstigung. [7] Die Verwandtschaft darf jedoch kein Kriterium für die Förderleistungen der Körperschaft sein.

4. [1] Hilfen nach § 53 Nr. 1 AO (Unterstützung von Personen, die infolge ihres körperlichen, geistigen oder seelischen Zustands auf die Hilfe anderer angewiesen sind) dürfen ohne Rücksicht auf die wirtschaftliche Unterstützungsbedürftigkeit gewährt werden. [2] Bei der Beurteilung der Bedürftigkeit i.S.d. § 53 Nr. 1 AO kommt es nicht darauf an, dass die Hilfebedürftigkeit dauernd oder für längere Zeit besteht. [3] Hilfeleistungen wie beispielsweise „Essen auf Rädern" können daher steuerbegünstigt durchgeführt werden. [4] Bei Personen, die das 75. Lebensjahr vollendet haben, kann körperliche Hilfebedürftigkeit ohne weitere Nachprüfung angenommen werden.

5. [1] § 53 Nr. 2 AO legt die Grenzen der wirtschaftlichen Hilfebedürftigkeit fest. [2] Danach können ohne Verlust der Steuerbegünstigung Personen unterstützt werden, deren Bezüge das Vierfache, beim Alleinstehenden oder Alleinerziehenden das Fünffache des Regelsatzes der Sozialhilfe i.S.d. § 28 SGB XII (jeweilige Regelbedarfsstufe) nicht übersteigen. [3] Etwaige Mehrbedarfszuschläge zum Regelsatz sind nicht zu berücksichtigen. [4] Leistungen für die Unterkunft werden nicht gesondert berücksichtigt. [5] Für die Begriffe „Einkünfte" und „Bezüge" sind die Ausführungen in R 33a.1 EStR[1] maßgeblich.

6. [1] Zu den Bezügen i.S.d. § 53 Nr. 2 AO zählen neben den Einkünften i.S.d. § 2 Abs. 1 EStG[2] auch alle anderen für die Bestreitung des Unterhalts bestimmten oder geeigneten Bezüge aller Haushaltsangehörigen. [2] Hierunter fallen auch solche Einnahmen, die im Rahmen der steuerlichen Einkunftsermittlung nicht erfasst werden, also sowohl nicht steuerbare als auch für steuerfrei erklärte Einnahmen (BFH-Urteil vom 2.8.1974, VI R 148/71, BStBl. 1975 II S. 139). [3] Gezahlte und empfangene Unterhaltsleistungen sind bei der Einkommensberechnung zu berücksichtigen.

Bei der Beurteilung der wirtschaftlichen Hilfebedürftigkeit von unverheirateten minderjährigen Schwangeren und minderjährigen Müttern, die ihr leibliches Kind bis zur Vollendung seines 6. Lebensjahres betreuen, und die dem Haushalt ihrer Eltern oder eines Elternteils angehören, sind die Bezüge und das Vermögen der Eltern oder des Elternteils nicht zu berücksichtigen.

7. Bei Renten zählt der über den von § 53 Nr. 2 Satz 4 Buchstabe a AO erfassten Anteil hinausgehende Teil der Rente zu den Bezügen i.S.d. § 53 Nr. 2 Satz 4 Buchstabe b AO.

8. Bei der Feststellung der Bezüge i.S.d. § 53 Nr. 2 Satz 4 Buchstabe b AO sind aus Vereinfachungsgründen insgesamt 180 € im Kalenderjahr abzuziehen, wenn nicht höhere Aufwendungen, die in wirtschaftlichem Zusammenhang mit den entsprechenden Einnahmen stehen, nachgewiesen oder glaubhaft gemacht werden.

9. [1] Als Vermögen, das zur nachhaltigen Verbesserung des Unterhalts ausreicht und dessen Verwendung für den Unterhalt zugemutet werden kann (§ 53

---

[1] dtv 5785 ESt/LSt Nr. 3.
[2] dtv 5785 ESt/LSt Nr. 1.

Nr. 2 Satz 2 AO), ist in der Regel ein Vermögen mit einem gemeinen Wert (Verkehrswert) von mehr als 15.500 € anzusehen. [2]Dabei bleiben außer Ansatz:

– Vermögensgegenstände, deren Veräußerung offensichtlich eine Verschleuderung bedeuten würde oder die einen besonderen Wert, z.B. Erinnerungswert, für die unterstützte Person haben oder zu ihrem Hausrat gehören

– ein angemessenes Hausgrundstück i.S.d. § 90 Abs. 2 Nr. 8 SGB XII, das die unterstützte Person allein oder zusammen mit Angehörigen, denen es nach dem Tod der unterstützten Person weiter als Wohnraum dienen soll, bewohnt.

[3]Die Grenze bezieht sich auch bei einem Mehrpersonenhaushalt auf jede unterstützte Person. [4]H 33a.1 (Geringes Vermögen – „Schonvermögen") EStH gilt entsprechend.

10. [1]Erbringt eine Körperschaft ihre Leistungen an wirtschaftlich hilfebedürftige Personen, muss sie anhand ihrer Unterlagen nachweisen können, dass die Höhe der Einkünfte und Bezüge sowie das Vermögen der unterstützten Personen die Grenzen des § 53 Nr. 2 AO nicht übersteigen. [2]Eine Erklärung, in der von der unterstützten Person nur das Unterschreiten der Grenzen des § 53 Nr. 2 AO mitgeteilt wird, reicht allein nicht aus. [3]Eine Berechnung der maßgeblichen Einkünfte und Bezüge sowie eine Berechnung des Vermögens sind stets beizufügen.

11. [1]Auf diesen Nachweis ist zu verzichten, wenn die Leistungsempfänger Leistungen nach dem SGB II, SGB XII, WoGG, § 27a BVG oder nach § 6a BKGG beziehen. [2]Bei Beantragung dieser Sozialleistungen prüft die zuständige Sozialbehörde sowohl die Vermögens- als auch die Einkommensverhältnisse der antragstellenden Personen. [3]Verfügen sie über ausreichend finanzielle Mittel (Einkommen oder einzusetzendes Vermögen), dann werden die beantragten Leistungen nicht bewilligt.

[1]Es ist also ausreichend, wenn Empfänger der in § 53 Nr. 2 Satz 6 AO benannten Leistungen ihren für den Empfangszeitraum maßgeblichen Leistungsbescheid oder eine Bescheinigung des Sozialleistungsträgers über den Leistungsbezug bei der Körperschaft einreichen. [2]Die Körperschaft hat eine Ablichtung des Bescheids oder der Bestätigung aufzubewahren.

12. Beantragt eine Körperschaft die Befreiung von der Nachweispflicht nach § 53 Nr. 2 Satz 8 AO, muss sie nachweisen, dass aufgrund ihrer besonderen Art der gewährten Unterstützungsleistung sichergestellt ist, dass nur wirtschaftlich hilfebedürftige Personen unterstützt werden.

[1]Auf die Nachweisführung kann verzichtet werden, wenn aufgrund der Art der Unterstützungsleistungen typischerweise davon auszugehen ist, dass nur bedürftige Menschen unterstützt werden. [2]Hierbei sind die besonderen Gegebenheiten vor Ort sowie Inhalte und Bewerbungen des konkreten Leistungsangebotes zu berücksichtigen. [3]Im Regelfall müssen Kleiderkammern, Suppenküchen, Obdachlosenasyle und die sogenannten Tafeln keine Nachweise erbringen.

[1]Dagegen reicht die pauschale Behauptung, dass die Leistungen sowieso nur von Hilfebedürftigen in Anspruch genommen werden, nicht aus. [2]Werden z.B. bei einem Sozialkaufhaus Leistungen an jeden erbracht, der sie in Anspruch nehmen möchte, dann kommt eine Befreiung nicht in Betracht.

[1]Der Bescheid über den Nachweisverzicht kann befristet ergehen oder mit anderen Nebenbestimmungen (§ 120 AO) versehen werden. [2]Treten Änderungen im rechtlichen oder tatsächlichen Bereich ein, dann gelten die Absätze 3 bis 5 des § 60a AO entsprechend. [3]Dies gilt auch bei materiell-rechtlich fehlerhaften Bescheiden (vgl. Nrn. 6 bis 8 des AEAO zu § 60a).

AEAO zu § 54 – Kirchliche Zwecke:

[1]Ein kirchlicher Zweck liegt nur vor, wenn die Tätigkeit darauf gerichtet ist, eine Religionsgemeinschaft des öffentlichen Rechts zu fördern. [2]Bei Religionsgemeinschaften, die nicht Körperschaften des öffentlichen Rechts sind, kann wegen Förderung der Religion eine Anerkennung als gemeinnützige Körperschaft in Betracht kommen.

AEAO zu § 55 – Selbstlosigkeit:
Zu § 55 Abs. 1 Nr. 1 AO:[1]

1. [1]Eine Körperschaft handelt selbstlos, wenn sie weder selbst noch zugunsten ihrer Mitglieder eigenwirtschaftliche Zwecke verfolgt. [2]Ist die Tätigkeit einer Körperschaft in erster Linie auf Mehrung ihres eigenen Vermögens gerichtet, so handelt sie nicht selbstlos. [3]Eine Körperschaft verfolgt z.B. in erster Linie eigenwirtschaftliche Zwecke, wenn sie ausschließlich durch Darlehen ihrer Gründungsmitglieder finanziert ist und dieses Fremdkapital satzungsgemäß tilgen und verzinsen muss (BFH-Urteile vom 13.12.1978, I R 39/78, BStBl. 1979 II S. 482, vom 26.4.1989, I R 209/85, BStBl. II S. 670, und vom 28.6.1989, I R 86/85, BStBl. 1990 II S. 550).[2]

2. [1]Die zur Erfüllung von Pflichtaufgaben einer juristischen Person des öffentlichen Rechts eingesetzte Eigengesellschaft verfolgt keine in diesem Sinne vordergründig eigennützigen Interessen ihres Gesellschafters. [2]Eine Steuerbegünstigung der Eigengesellschaft kommt grundsätzlich nur in Betracht, wenn die von ihr erbrachten Leistungen angemessen vergütet werden. [3]Maßstab ist die Höhe des Entgelts, das von einem ordentlichen und gewissenhaften Geschäftsleiter auch mit einem Nichtgesellschafter als Auftraggeber vereinbart worden wäre. [4]Dazu muss das Entgelt regelmäßig die Kosten ausgleichen und einen marktüblichen Gewinnaufschlag beinhalten (BFH-Urteil vom 27.11. 2013, I R 17/12, BStBl. 2016 II S. 68). [5]Bei steuerbegünstigten Einrichtungen ist aufgrund der fehlenden Gewinnorientierung die Erhebung eines Gewinnaufschlags in der Regel nicht marktüblich. [6]Dies gilt nicht für Leistungen der steuerbegünstigten Einrichtung aus einem steuerpflichtigen wirtschaftlichen Geschäftsbetrieb (§ 64 AO).

3. [1]Nach § 55 Abs. 1 AO dürfen sämtliche Mittel der Körperschaft nur für die satzungsmäßigen Zwecke verwendet werden (Ausnahmen siehe § 58 AO). [2]Auch der Gewinn aus dem Zweckbetrieb und aus dem steuerpflichtigen wirtschaftlichen Geschäftsbetrieb (§ 64 Abs. 2 AO) sowie der Überschuss aus der Vermögensverwaltung dürfen nur für die satzungsmäßigen Zwecke verwendet

---

[1] Zu steuerlichen Maßnahmen zur Förderung der Hilfe für von der Corona-Krise Betroffene siehe BMF v. 9.4.2020, BStBl. I 2020, 498, geänd. durch BMF v. 26.5.2020, BStBl. I 2020, 543, und v. 18.12.2020, BStBl. I 2021, 57.

[2] Zur Gemeinnützigkeit eines Wettbewerbsvereins vgl. auch BFH v. 6.10.2009 I R 55/08, BStBl. II 2010, 335.

werden. [3] Dies schließt die Bildung von Rücklagen im wirtschaftlichen Geschäftsbetrieb und im Bereich der Vermögensverwaltung nicht aus.

4. [1] Es ist grundsätzlich nicht zulässig, Mittel des ideellen Bereichs (insbesondere Mitgliedsbeiträge, Spenden, Zuschüsse, Rücklagen), Gewinne aus Zweckbetrieben, Erträge aus der Vermögensverwaltung und das entsprechende Vermögen für einen steuerpflichtigen wirtschaftlichen Geschäftsbetrieb zu verwenden, z.B. zum Ausgleich eines Verlustes. [2] Für das Vorliegen eines Verlustes ist das Ergebnis des einheitlichen steuerpflichtigen wirtschaftlichen Geschäftsbetriebs (§ 64 Abs. 2 AO) maßgeblich. [3] Eine Verwendung von Mitteln des ideellen Bereichs für den Ausgleich des Verlustes eines einzelnen wirtschaftlichen Geschäftsbetriebs liegt deshalb nicht vor, soweit der Verlust bereits im Entstehungsjahr mit Gewinnen anderer steuerpflichtiger wirtschaftlicher Geschäftsbetriebe verrechnet werden kann. [4] Verbleibt danach ein Verlust, ist keine Verwendung von Mitteln des ideellen Bereichs für dessen Ausgleich anzunehmen, wenn dem ideellen Bereich in den sechs vorangegangenen Jahren Gewinne des einheitlichen steuerpflichtigen wirtschaftlichen Geschäftsbetriebs in mindestens gleicher Höhe zugeführt worden sind. [5] Insoweit ist der Verlustausgleich im Entstehungsjahr als Rückgabe früherer, durch das Gemeinnützigkeitsrecht vorgeschriebener Gewinnabführungen anzusehen.

5. Ein nach ertragsteuerlichen Grundsätzen ermittelter Verlust eines steuerpflichtigen wirtschaftlichen Geschäftsbetriebs ist unschädlich für die Steuerbegünstigung der Körperschaft, wenn er ausschließlich durch die Berücksichtigung von anteiligen Abschreibungen auf gemischt genutzte Wirtschaftsgüter entstanden ist und wenn die folgenden Voraussetzungen erfüllt sind:

– [1] Das Wirtschaftsgut wurde für den ideellen Bereich angeschafft oder hergestellt und wird nur zur besseren Kapazitätsauslastung und Mittelbeschaffung teil- oder zeitweise für den steuerpflichtigen wirtschaftlichen Geschäftsbetrieb genutzt. [2] Die Körperschaft darf nicht schon im Hinblick auf eine zeit- oder teilweise Nutzung für den steuerpflichtigen wirtschaftlichen Geschäftsbetrieb ein größeres Wirtschaftsgut angeschafft oder hergestellt haben, als es für die ideelle Tätigkeit notwendig war.

– Die Körperschaft verlangt für die Leistungen des steuerpflichtigen wirtschaftlichen Geschäftsbetriebs marktübliche Preise.

– Der steuerpflichtige wirtschaftliche Geschäftsbetrieb bildet keinen eigenständigen Sektor eines Gebäudes (z.B. Gaststättenbetrieb in einer Sporthalle).

Diese Grundsätze gelten entsprechend für die Berücksichtigung anderer gemischter Aufwendungen (z.B. zeitweiser Einsatz von Personal des ideellen Bereichs in einem steuerpflichtigen wirtschaftlichen Geschäftsbetrieb) bei der gemeinnützigkeitsrechtlichen Beurteilung von Verlusten.

6. Der Ausgleich des Verlustes eines steuerpflichtigen wirtschaftlichen Geschäftsbetriebs mit Mitteln des ideellen Bereichs ist außerdem unschädlich für die Steuerbegünstigung, wenn

– der Verlust auf einer Fehlkalkulation beruht,

– die Körperschaft innerhalb von zwölf Monaten nach Ende des Wirtschaftsjahres, in dem der Verlust entstanden ist, dem ideellen Tätigkeitsbereich wieder Mittel in entsprechender Höhe zuführt und

– die zugeführten Mittel nicht aus Zweckbetrieben, aus dem Bereich der steuerbegünstigten Vermögensverwaltung, aus Beiträgen oder aus anderen

Zuwendungen, die zur Förderung der steuerbegünstigten Zwecke der Körperschaft bestimmt sind, stammen (BFH-Urteil vom 13.11.1996, I R 152/93, BStBl. 1998 II S. 711).

[1]Die Zuführungen zu dem ideellen Bereich können demnach aus dem Gewinn des (einheitlichen) steuerpflichtigen wirtschaftlichen Geschäftsbetriebs, der in dem Wirtschaftsjahr nach der Entstehung des Verlustes erzielt wird, geleistet werden. [2]Außerdem dürfen für den Ausgleich des Verlustes Umlagen und Zuschüsse, die dafür bestimmt sind, verwendet werden. [3]Derartige Zuwendungen sind jedoch keine steuerbegünstigten Spenden.

7. [1]Eine für die Steuerbegünstigung schädliche Verwendung von Mitteln für den Ausgleich von Verlusten des steuerpflichtigen wirtschaftlichen Geschäftsbetriebs liegt auch dann nicht vor, wenn dem Betrieb die erforderlichen Mittel durch die Aufnahme eines betrieblichen Darlehens zugeführt werden oder bereits in dem Betrieb verwendete ideelle Mittel mittels eines Darlehens, das dem Betrieb zugeordnet wird, innerhalb der Frist von zwölf Monaten nach dem Ende des Verlustentstehungsjahres an den ideellen Bereich der Körperschaft zurückgegeben werden. [2]Voraussetzung für die Unschädlichkeit ist, dass Tilgung und Zinsen für das Darlehen ausschließlich aus Mitteln des steuerpflichtigen wirtschaftlichen Geschäftsbetriebs geleistet werden.

[1]Die Belastung von Vermögen des ideellen Bereichs mit einer Sicherheit für ein betriebliches Darlehen (z.B. Grundschuld auf einer Sporthalle) führt grundsätzlich zu keiner anderen Beurteilung. [2]Die Eintragung einer Grundschuld bedeutet noch keine Verwendung des belasteten Vermögens für den steuerpflichtigen wirtschaftlichen Geschäftsbetrieb.

8. [1]Steuerbegünstigte Körperschaften unterhalten steuerpflichtige wirtschaftliche Geschäftsbetriebe regelmäßig nur, um dadurch zusätzliche Mittel für die Verwirklichung der steuerbegünstigten Zwecke zu beschaffen. [2]Es kann deshalb unterstellt werden, dass etwaige Verluste bei Betrieben, die schon längere Zeit bestehen, auf einer Fehlkalkulation beruhen. [3]Bei dem Aufbau eines neuen Betriebs ist eine Verwendung von Mitteln des ideellen Bereichs für den Ausgleich von Verlusten auch dann unschädlich für die Steuerbegünstigung, wenn mit Anlaufverlusten zu rechnen war. [4]Auch in diesem Fall muss die Körperschaft aber i.d.R. innerhalb von drei Jahren nach dem Ende des Entstehungsjahres des Verlustes dem ideellen Bereich wieder Mittel, die gemeinnützigkeitsunschädlich dafür verwendet werden dürfen, zuführen.

9. Die Regelungen in den Nrn. 4 bis 8 des AEAO zu § 55 gelten entsprechend für die Vermögensverwaltung.

10. Veräußert ein steuerpflichtiger Anteilseigner seine Anteile an einer steuerbegünstigten Kapitalgesellschaft an einen steuerbegünstigten Erwerber, liegt regelmäßig eine Mittelfehlverwendung im Sinne des § 55 Abs. 1 Nr. 1 AO vor, wenn der Veräußerungspreis über dem Wert der eingezahlten Kapitalanteile und dem gemeinen Wert der Sacheinlagen der Anteile liegt (vgl. BFH-Beschluss vom 12.10.2010, I R 59/09, BStBl. 2012 II S. 226).

11. [1]Mitglieder dürfen keine Zuwendungen aus Mitteln der Körperschaft erhalten. [2]Dies gilt nicht, soweit es sich um Annehmlichkeiten handelt, wie sie im Rahmen der Betreuung von Mitgliedern allgemein üblich und nach allgemeiner Verkehrsauffassung als angemessen anzusehen sind.

12. Keine Zuwendung i.S.d. § 55 Abs. 1 Nr. 1 AO liegt vor, wenn der Leistung der Körperschaft eine Gegenleistung des Empfängers gegenübersteht (z.B. bei Kauf-, Dienst- und Werkverträgen) und die Werte von Leistung und Gegenleistung nach wirtschaftlichen Grundsätzen gegeneinander abgewogen sind.

13. [1] Ist einer Körperschaft zugewendetes Vermögen mit vor der Übertragung wirksam begründeten Ansprüchen (z.B. Nießbrauch, Grund- oder Rentenschulden, Vermächtnisse aufgrund testamentarischer Bestimmungen des Zuwendenden) belastet, deren Erfüllung durch die Körperschaft keine nach wirtschaftlichen Grundsätzen abgewogene Gegenleistung für die Übertragung des Vermögens darstellt, mindern die Ansprüche das übertragene Vermögen bereits im Zeitpunkt des Übergangs. [2] Wirtschaftlich betrachtet wird der Körperschaft nur das nach der Erfüllung der Ansprüche verbleibende Vermögen zugewendet. [3] Die Erfüllung der Ansprüche aus dem zugewendeten Vermögen ist deshalb keine Zuwendung i.S.d. § 55 Abs. 1 Nr. 1 AO. [4] Dies gilt auch, wenn die Körperschaft die Ansprüche aus ihrem anderen zulässigen Vermögen einschließlich der Rücklage nach § 62 Abs. 1 Nr. 3 AO erfüllt.

14. [1] Soweit die vorhandenen flüssigen Vermögensmittel nicht für die Erfüllung der Ansprüche ausreichen, darf die Körperschaft dafür auch Erträge verwenden. [2] Ihr müssen jedoch ausreichende Mittel für die Verwirklichung ihrer steuerbegünstigten Zwecke verbleiben. [3] Diese Voraussetzung ist als erfüllt anzusehen, wenn für die Erfüllung der Verbindlichkeiten höchstens ein Drittel des Einkommens der Körperschaft verwendet wird. [4] Die Ein-Drittel-Grenze umfasst bei Rentenverpflichtungen nicht nur die über den Barwert hinausgehenden, sondern die gesamten Zahlungen. [5] Sie bezieht sich auf den Veranlagungszeitraum.

15. [1] § 58 Nr. 6 AO enthält eine Ausnahmeregelung zu § 55 Abs. 1 Nr. 1 AO für Stiftungen. [2] Diese ist nur anzuwenden, wenn eine Stiftung Leistungen erbringt, die dem Grunde nach gegen § 55 Abs. 1 Nr. 1 AO verstoßen, also z.B. freiwillige Zuwendungen an den in § 58 Nr. 6 AO genannten Personenkreis leistet oder für die Erfüllung von Ansprüchen dieses Personenkreises aus der Übertragung von Vermögen nicht das belastete oder anderes zulässiges Vermögen, sondern Erträge einsetzt. [3] Im Unterschied zu anderen Körperschaften kann eine Stiftung unter den Voraussetzungen des § 58 Nr. 6 AO auch dann einen Teil ihres Einkommens für die Erfüllung solcher Ansprüche verwenden, wenn ihr dafür ausreichende flüssige Vermögensmittel zur Verfügung stehen. [4] Der Grundsatz, dass der wesentliche Teil des Einkommens für die Verwirklichung der steuerbegünstigten Zwecke verbleiben muss, gilt aber auch für Stiftungen. [5] Daraus folgt, dass eine Stiftung insgesamt höchstens ein Drittel ihres Einkommens für unter § 58 Nr. 6 AO fallende Leistungen und für die Erfüllung von anderen durch die Übertragung von belastetem Vermögen begründeten Ansprüchen verwenden darf.

16. [1] Die Vergabe von Darlehen aus Mitteln, die zeitnah für die steuerbegünstigten Zwecke zu verwenden sind, ist unschädlich für die Gemeinnützigkeit, wenn die Körperschaft damit selbst unmittelbar ihre steuerbegünstigten satzungsmäßigen Zwecke verwirklicht. [2] Dies kann z.B. der Fall sein, wenn die Körperschaft im Rahmen ihrer jeweiligen steuerbegünstigten Zwecke Darlehen im Zusammenhang mit einer Schuldnerberatung zur Ablösung von Bankschulden, Darlehen an Nachwuchskünstler für die Anschaffung von Instrumenten oder Stipendien für eine wissenschaftliche Ausbildung teilweise als Darlehen vergibt. [3] Voraussetzung ist, dass sich die Darlehensvergabe von einer gewerbsmäßigen Kreditvergabe dadurch unterscheidet, dass sie zu günstigeren

Bedingungen erfolgt als zu den allgemeinen Bedingungen am Kapitalmarkt (z.B. Zinslosigkeit, Zinsverbilligung).

Die Vergabe von Darlehen aus zeitnah für die steuerbegünstigten Zwecke zu verwendenden Mitteln an andere steuerbegünstigte Körperschaften ist im Rahmen des § 58 Nrn. 1 und 2 AO zulässig (mittelbare Zweckverwirklichung), wenn die andere Körperschaft die darlehensweise erhaltenen Mittel unmittelbar für steuerbegünstigte Zwecke innerhalb der für eine zeitnahe Mittelverwendung vorgeschriebenen Frist verwendet.

[1] Darlehen, die zur unmittelbaren Verwirklichung der steuerbegünstigten Zwecke vergeben werden, sind im Rechnungswesen entsprechend kenntlich zu machen. [2] Es muss sichergestellt und für die Finanzbehörde nachprüfbar sein, dass die Rückflüsse, d.h. Tilgung und Zinsen, wieder zeitnah für die steuerbegünstigten Zwecke verwendet werden.

17. Aus Mitteln, die nicht dem Gebot der zeitnahen Mittelverwendung unterliegen (Vermögen einschließlich der zulässigen Zuführungen und der zulässig gebildeten Rücklagen), darf die Körperschaft Darlehen nach folgender Maßgabe vergeben:

[1] Die Zinsen müssen sich in dem auf dem Kapitalmarkt üblichen Rahmen halten, es sei denn, der Verzicht auf die üblichen Zinsen ist eine nach den Vorschriften des Gemeinnützigkeitsrechts und der Satzung der Körperschaft zulässige Zuwendung (z.B. Darlehen an eine ebenfalls steuerbegünstigte Mitgliedsorganisation oder eine hilfebedürftige Person). [2] Bei Darlehen an Arbeitnehmer aus dem Vermögen kann der (teilweise) Verzicht auf eine übliche Verzinsung als Bestandteil des Arbeitslohns angesehen werden, wenn dieser insgesamt, also einschließlich des Zinsvorteils, angemessen ist und der Zinsverzicht auch von der Körperschaft als Arbeitslohn behandelt wird (z.B. Abführung von Lohnsteuer und Sozialversicherungsbeiträgen).

Maßnahmen, für die eine Rücklage nach § 62 Abs. 1 Nr. 1 AO gebildet worden ist, dürfen sich durch die Gewährung von Darlehen nicht verzögern.

18. [1] Die Vergabe von Darlehen ist als solche kein steuerbegünstigter Zweck. [2] Sie darf deshalb nicht Satzungszweck einer steuerbegünstigten Körperschaft sein. [3] Es ist jedoch unschädlich für die Steuerbegünstigung, wenn die Vergabe von zinsgünstigen oder zinslosen Darlehen nicht als Zweck, sondern als Mittel zur Verwirklichung des steuerbegünstigten Zwecks in der Satzung der Körperschaft aufgeführt ist.

19. [1] Eine Körperschaft kann nicht als steuerbegünstigt behandelt werden, wenn ihre Ausgaben für die allgemeine Verwaltung einschließlich der Werbung um Spenden einen angemessenen Rahmen übersteigen (§ 55 Abs. 1 Nrn. 1 und 3 AO). [2] Dieser Rahmen ist in jedem Fall überschritten, wenn eine Körperschaft, die sich weitgehend durch Geldspenden finanziert, diese – nach einer Aufbauphase – überwiegend zur Bestreitung von Ausgaben für Verwaltung und Spendenwerbung statt für die Verwirklichung der steuerbegünstigten satzungsmäßigen Zwecke verwendet (BFH-Beschluss vom 23.9.1998, I B 82/98, BStBl. 2000 II S. 320). [3] Die Verwaltungsausgaben einschließlich Spendenwerbung sind bei der Ermittlung der Anteile ins Verhältnis zu den gesamten vereinnahmten Mitteln (Spenden, Mitgliedsbeiträge, Zuschüsse, Gewinne aus wirtschaftlichen Geschäftsbetrieben usw.) zu setzen.

[1] Für die Frage der Angemessenheit der Verwaltungsausgaben kommt es entscheidend auf die Umstände des jeweiligen Einzelfalls an. [2] Eine für die Steuer-

begünstigung schädliche Mittelverwendung kann deshalb auch schon dann vorliegen, wenn der prozentuale Anteil der Verwaltungsausgaben einschließlich der Spendenwerbung deutlich geringer als 50 % ist.

20. [1] Während der Gründungs- oder Aufbauphase einer Körperschaft kann auch eine überwiegende Verwendung der Mittel für Verwaltungsausgaben und Spendenwerbung unschädlich für die Steuerbegünstigung sein. [2] Die Dauer der Gründungs- oder Aufbauphase, während der dies möglich ist, hängt von den Verhältnissen des Einzelfalls ab.

[1] Der in dem BFH-Beschluss vom 23.9.1998, I B 82/98, BStBl. 2000 II S. 320 zugestandene Zeitraum von vier Jahren für die Aufbauphase, in der höhere anteilige Ausgaben für Verwaltung und Spendenwerbung zulässig sind, ist durch die Besonderheiten des entschiedenen Falles begründet (insbesondere zweite Aufbauphase nach Aberkennung der Steuerbegünstigung). [2] Er ist deshalb als Obergrenze zu verstehen. [3] I.d.R. ist von einer kürzeren Aufbauphase auszugehen.

21. Die Steuerbegünstigung ist auch dann zu versagen, wenn das Verhältnis der Verwaltungsausgaben zu den Ausgaben für die steuerbegünstigten Zwecke zwar insgesamt nicht zu beanstanden, eine einzelne Verwaltungsausgabe (z.B. das Gehalt des Geschäftsführers oder der Aufwand für die Mitglieder- und Spendenwerbung) aber nicht angemessen ist (§ 55 Abs. 1 Nr. 3 AO).

22. [1] Bei den Kosten für die Beschäftigung eines Geschäftsführers handelt es sich grundsätzlich um Verwaltungsausgaben. [2] Eine Zuordnung dieser Kosten zu der steuerbegünstigten Tätigkeit ist nur insoweit möglich, als der Geschäftsführer unmittelbar bei steuerbegünstigten Projekten mitarbeitet. [3] Entsprechendes gilt für die Zuordnung von Reisekosten.

23. [1] Eine Unternehmergesellschaft i.S.d. § 5a Abs. 1 GmbHG i.d.F. des Gesetzes zur Modernisierung des GmbH-Rechts und zur Bekämpfung von Missbräuchen (MoMiG) vom 23.10.2008 (BGBl. I S. 2026) ist nach § 5a Abs. 3 GmbHG i.d.F. des MoMiG gesetzlich verpflichtet, von ihrem um einen Verlustvortrag aus dem Vorjahr geminderten Jahresüberschuss bis zum Erreichen des Stammkapitals von 25.000 € mindestens 25 % in eine gesetzliche Rücklage einzustellen. [2] Mit der Bildung dieser Rücklage verstößt die Unternehmergesellschaft grundsätzlich nicht gegen das Gebot der zeitnahen Mittelverwendung.

Zu § 55 Abs. 1 Nr. 2 und 4 AO:

24. [1] Die in § 55 Abs. 1 Nr. 2 und 4 AO genannten Sacheinlagen sind Einlagen i.S.d. Handelsrechts, für die dem Mitglied Gesellschaftsrechte eingeräumt worden sind. [2] Insoweit sind also nur Kapitalgesellschaften, nicht aber Vereine angesprochen. [3] Unentgeltlich zur Verfügung gestellte Vermögensgegenstände, für die keine Gesellschaftsrechte eingeräumt sind (Leihgaben, Sachspenden), fallen nicht unter § 55 Abs. 1 Nr. 2 und 4 AO. [4] Soweit Kapitalanteile und Sacheinlagen von der Vermögensbindung ausgenommen werden, kann von dem Gesellschafter nicht die Spendenbegünstigung des § 10b EStG[1] (§ 9 Abs. 1 Nr. 2 KStG[2]) in Anspruch genommen werden. [5] Eingezahlte Kapitalanteile i.S.d. § 55 Abs. 1 Nr. 2 und 4 AO liegen nicht vor, soweit für die

---

[1] dtv 5785 ESt/LSt Nr. 1.
[2] dtv 5786 KSt/GewSt Nr. 1.

Kapitalerhöhung Gesellschaftsmittel verwendet wurden (z.B. nach § 57c GmbHG).

Zu § 55 Abs. 1 Nr. 3 AO:

25. [1]Bei Vorstandsmitgliedern von Vereinen sind Tätigkeitsvergütungen gemeinnützigkeitsrechtlich nur zulässig, wenn eine entsprechende Satzungsregelung besteht. [2]Zu Einzelheiten bei Zahlungen an den Vorstand steuerbegünstigter Vereine siehe BMF-Schreiben vom 21.11.2014, BStBl. I S. 1581. Diese Regelung gilt für Stiftungen entsprechend.

Zu § 55 Abs. 1 Nr. 4 AO:

26. Eine wesentliche Voraussetzung für die Annahme der Selbstlosigkeit bildet der Grundsatz der Vermögensbindung für steuerbegünstigte Zwecke im Falle der Beendigung des Bestehens der Körperschaft oder des Wegfalles des bisherigen Zwecks (§ 55 Abs. 1 Nr. 4 AO).

[1]Hiermit soll verhindert werden, dass gemeinnützigkeitsrechtlich gebundenes Vermögen später zu nicht begünstigten Zwecken verwendet wird. [2]Die satzungsmäßigen Anforderungen an die Vermögensbindung sind in § 61 AO geregelt.

27. [1]Eine Körperschaft ist nur dann steuerbegünstigt i.S.d. § 55 Abs. 1 Nr. 4 Satz 2 AO, wenn sie nach § 5 Abs. 1 Nr. 9 KStG von der Körperschaftsteuer befreit ist. [2]Als Empfänger des Vermögens der Körperschaft kommen neben inländischen Körperschaften auch die in § 5 Abs. 2 Nr. 2 KStG aufgeführten Körperschaften in Betracht.

Zu § 55 Abs. 1 Nr. 5 AO:

28. [1]Die Körperschaft muss ihre Mittel grundsätzlich zeitnah für ihre steuerbegünstigten satzungsmäßigen Zwecke verwenden. [2]Verwendung in diesem Sinne ist auch die Verwendung der Mittel für die Anschaffung oder Herstellung von Vermögensgegenständen, die satzungsmäßigen Zwecken dienen (z.B. Bau eines Altenheims, Kauf von Sportgeräten oder medizinischen Geräten).

[1]Die Bildung von Rücklagen ist nur unter den Voraussetzungen des § 62 AO zulässig. [2]Davon unberührt bleiben Rücklagen in einem steuerpflichtigen wirtschaftlichen Geschäftsbetrieb und Rücklagen im Bereich der Vermögensverwaltung (vgl. Nr. 3 des AEAO zu § 55).

29. [1]Eine zeitnahe Mittelverwendung ist gegeben, wenn die Mittel spätestens in den auf den Zufluss folgenden zwei Kalender- oder Wirtschaftsjahren für die steuerbegünstigten satzungsmäßigen Zwecke verwendet werden. [2]Am Ende des Kalender- oder Wirtschaftsjahrs noch vorhandene Mittel müssen in der Bilanz oder Vermögensaufstellung der Körperschaft zulässigerweise dem Vermögen oder einer zulässigen Rücklage zugeordnet oder als im zurückliegenden Jahr zugeflossene Mittel, die in den folgenden zwei Jahren für die steuerbegünstigten Zwecke zu verwenden sind, ausgewiesen sein. [3]Soweit Mittel nicht schon im Jahr des Zuflusses für die steuerbegünstigten Zwecke verwendet oder zulässigerweise dem Vermögen zugeführt werden, ist ihre zeitnahe Verwendung nachzuweisen, zweckmäßigerweise durch eine Nebenrechnung (Mittelverwendungsrechnung). [4]Der Zweck des Grundsatzes der zeitnahen Mittelverwendung gebietet es, dass bei der Nachprüfung der Mittelverwendung nicht auf die einzelne Zuwendung abzustellen ist, sondern auf die Gesamtheit aller zeitnah zu verwendenden Zuwendungen und sonstigen Einnahmen bzw. Vermögenswerte der Körperschaft (Saldobetrachtung bzw. Globalbetrachtung; BFH-Urteil vom 20.3.2017, X R 13/15, BStBl. II S. 1110).

30. [1] Nicht dem Gebot der zeitnahen Mittelverwendung unterliegt das Vermögen der Körperschaften, auch soweit es durch Umschichtungen innerhalb des Bereichs der Vermögensverwaltung entstanden ist (z.b. Verkauf eines zum Vermögen gehörenden Grundstücks einschließlich des den Buchwert übersteigenden Teils des Preises). [2] Außerdem kann eine Körperschaft die in § 62 Abs. 3 und 4 AO bezeichneten Mittel ohne für die Gemeinnützigkeit schädliche Folgen ihrem Vermögen zuführen.

[1] Werden Vermögensgegenstände veräußert, die satzungsmäßigen Zwecken dienen und aus zeitnah zu verwendenden Mitteln angeschafft worden sind, sind die Veräußerungserlöse zeitnah i.S.d. § 55 Abs. 1 Nr. 5 AO zu verwenden. [2] Werden derartige Vermögensgegenstände in den Bereich der Vermögensverwaltung oder in den steuerpflichtigen wirtschaftlichen Geschäftsbetrieb überführt, lebt die Pflicht zur zeitnahen Mittelverwendung in Höhe des Verkehrswerts dieser Vermögensgegenstände wieder auf.

Zu § 55 Abs. 2 AO:

31. [1] Wertsteigerungen bleiben für steuerbegünstigte Zwecke gebunden. [2] Bei der Rückgabe des Wirtschaftsguts selbst hat der Empfänger die Differenz in Geld auszugleichen.

Zu § 55 Abs. 3 AO:

32. [1] Die Regelung, nach der sich die Vermögensbindung nicht auf die eingezahlten Kapitalanteile der Mitglieder und den gemeinen Wert der von den Mitgliedern geleisteten Sacheinlagen erstreckt, gilt bei Stiftungen für die Stifter und ihre Erben sinngemäß (§ 55 Abs. 3 erster Halbsatz AO). [2] Es ist also zulässig, das Stiftungskapital und die Zustiftungen von der Vermögensbindung auszunehmen und im Falle des Erlöschens der Stiftung an den Stifter oder seine Erben zurückfallen zu lassen. [3] Für solche Stiftungen und Zustiftungen kann aber vom Stifter nicht die Spendenvergünstigung nach § 10b EStG (§ 9 Abs. 1 Nr. 2 KStG) in Anspruch genommen werden.

33. [1] Die Vorschrift des § 55 Abs. 3 zweiter Halbsatz AO, die sich nur auf Stiftungen und Körperschaften des öffentlichen Rechts bezieht, berücksichtigt die Regelung im EStG, wonach die Entnahme eines Wirtschaftsgutes mit dem Buchwert angesetzt werden kann, wenn das Wirtschaftsgut den in § 6 Abs. 1 Nr. 4 Satz 4 EStG genannten Körperschaften unentgeltlich überlassen wird. [2] Dies hat zur Folge, dass der Zuwendende bei der Aufhebung der Stiftung nicht den gemeinen Wert der Zuwendung, sondern nur dem ursprünglichen Buchwert entsprechenden Betrag zurückerhält. [3] Stille Reserven und Wertsteigerungen bleiben hiernach für steuerbegünstigte Zwecke gebunden. [4] Bei Rückgabe des Wirtschaftsgutes selbst hat der Empfänger die Differenz in Geld auszugleichen.

AEAO zu § 56 – Ausschließlichkeit:

1. [1] Das Ausschließlichkeitsgebot des § 56 AO besagt, dass eine Körperschaft nicht steuerbegünstigt ist, wenn sie neben ihrer steuerbegünstigten Zielsetzung weitere Zwecke verfolgt und diese Zwecke nicht steuerbegünstigt sind. [2] Im Zusammenhang mit der Vermögensverwaltung und wirtschaftlichen Geschäftsbetrieben, die Nicht-Zweckbetriebe sind, folgt daraus, dass deren Unterhaltung der Steuerbegünstigung einer Körperschaft entgegensteht, wenn sie in der

Gesamtschau zum Selbstzweck wird und in diesem Sinne neben die Verfolgung des steuerbegünstigten Zwecks der Körperschaft tritt. [3]Die Vermögensverwaltung sowie die Unterhaltung eines Nicht-Zweckbetriebs sind aus der Sicht des Gemeinnützigkeitsrechts nur dann unschädlich, wenn sie um des steuerbegünstigten Zwecks willen erfolgen, indem sie z.B. der Beschaffung von Mitteln zur Erfüllung der steuerbegünstigten Aufgabe dienen. [4]Ist die Vermögensverwaltung bzw. der wirtschaftliche Geschäftsbetrieb dagegen nicht dem steuerbegünstigten Zweck untergeordnet, sondern ein davon losgelöster Zweck oder gar Hauptzweck der Betätigung der Körperschaft, so scheitert deren Steuerbegünstigung an § 56 AO. [5]In einem solchen Fall kann die Betätigung der Körperschaft nicht in einen steuerfreien und in einen steuerpflichtigen Teil aufgeteilt werden; vielmehr ist dann die Körperschaft insgesamt als steuerpflichtig zu behandeln. [6]Bei steuerbegünstigten Körperschaften, insbesondere Mittelbeschaffungskörperschaften, die sich im Rahmen ihrer tatsächlichen Geschäftsführung an die in ihrer Satzung enthaltene Pflicht zur Verwendung sämtlicher Mittel für die satzungsmäßigen Zwecke halten, ist das Ausschließlichkeitsgebot selbst dann als erfüllt anzusehen, wenn sie sich vollständig aus Mitteln eines steuerpflichtigen wirtschaftlichen Geschäftsbetriebs oder aus der Vermögensverwaltung finanzieren. [7]Auf das BFH-Urteil vom 4.4.2007, I R 76/05, BStBl. II S. 631, wird hingewiesen.

2. [1]Eine Körperschaft darf mehrere steuerbegünstigte Zwecke nebeneinander verfolgen, ohne dass dadurch die Ausschließlichkeit verletzt wird. [2]Die verwirklichten steuerbegünstigten Zwecke müssen jedoch sämtlich satzungsmäßige Zwecke sein. [3]Will demnach eine Körperschaft steuerbegünstigte Zwecke, die nicht in die Satzung aufgenommen sind, fördern, so ist eine Satzungsänderung erforderlich, die den Erfordernissen des § 60 AO entsprechen muss.

AEAO zu § 57 – Unmittelbarkeit:

1. Die Vorschrift stellt in Absatz 1 klar, dass die Körperschaft die steuerbegünstigten satzungsmäßigen Zwecke selbst verwirklichen muss, damit Unmittelbarkeit gegeben ist (wegen der Ausnahmen Hinweis auf § 58 AO).

2. [1]Das Gebot der Unmittelbarkeit ist gem. § 57 Abs. 1 Satz 2 AO auch dann erfüllt, wenn sich die steuerbegünstigte Körperschaft einer Hilfsperson bedient. [2]Hierfür ist es erforderlich, dass nach den Umständen des Falles, insbesondere nach den rechtlichen und tatsächlichen Beziehungen, die zwischen der Körperschaft und der Hilfsperson bestehen, das Wirken der Hilfsperson wie eigenes Wirken der Körperschaft anzusehen ist, d.h. die Hilfsperson nach den Weisungen der Körperschaft einen konkreten Auftrag ausführt. [3]Hilfsperson kann eine natürliche Person, Personenvereinigung oder juristische Person sein. [4]Die Körperschaft hat durch Vorlage entsprechender Vereinbarungen nachzuweisen, dass sie den Inhalt und den Umfang der Tätigkeit der Hilfsperson im Innenverhältnis bestimmen kann. [5]Die Tätigkeit der Hilfsperson muss den Satzungsbestimmungen der Körperschaft entsprechen. [6]Diese hat nachzuweisen, dass sie die Hilfsperson überwacht. [7]Die weisungsgemäße Verwendung der Mittel ist von ihr sicherzustellen.

Die Steuerbegünstigung einer Körperschaft, die nur über eine Hilfsperson das Merkmal der Unmittelbarkeit erfüllt (§ 57 Abs. 1 Satz 2 AO), ist unabhängig davon zu gewähren, wie die Hilfsperson gemeinnützigkeitsrechtlich behandelt wird.

Die Steuerbegünstigung einer Hilfsperson ist nicht ausgeschlossen, wenn die Körperschaft mit ihrer Hilfspersonentätigkeit nicht nur die steuerbegünstigte Tätigkeit einer anderen Körperschaft unterstützt, sondern zugleich eigene steuerbegünstigte Satzungszwecke verfolgt und ihren Beitrag im Außenverhältnis selbstständig und eigenverantwortlich erbringt.

3. [1] Ein Zusammenschluss i.S.d. § 57 Abs. 2 AO ist gegeben, wenn die Einrichtung ausschließlich allgemeine, aus der Tätigkeit und Aufgabenstellung der Mitgliederkörperschaften erwachsene Interessen wahrnimmt. [2] Nach § 57 Abs. 2 AO wird eine Körperschaft, in der steuerbegünstigte Körperschaften zusammengefasst sind, einer Körperschaft gleichgestellt, die unmittelbar steuerbegünstigte Zwecke verfolgt. [3] Voraussetzung ist, dass jede der zusammengefassten Körperschaften sämtliche Voraussetzungen für die Steuerbegünstigung erfüllt. [4] Verfolgt eine solche Körperschaft selbst unmittelbar steuerbegünstigte Zwecke, ist die bloße Mitgliedschaft einer nicht steuerbegünstigten Organisation für die Steuerbegünstigung unschädlich. [5] Die Körperschaft darf die nicht steuerbegünstigte Organisation aber nicht mit Rat und Tat fördern (z.B. Zuweisung von Mitteln, Rechtsberatung).

AEAO zu § 58 – Steuerlich unschädliche Betätigungen:

Zu § 58 Nr. 1 AO:[1)]

1. [1] Diese Ausnahmeregelung ermöglicht es, Körperschaften als steuerbegünstigt anzuerkennen, die andere Körperschaften fördern und dafür Spenden sammeln oder auf andere Art Mittel beschaffen (Mittelbeschaffungskörperschaften). [2] Die Beschaffung von Mitteln muss als Satzungszweck festgelegt sein. [3] Ein steuerbegünstigter Zweck, für den Mittel beschafft werden sollen, muss in der Satzung angegeben sein. [4] Es ist nicht erforderlich, die Körperschaften, für die Mittel beschafft werden sollen, in der Satzung aufzuführen. [5] Die Körperschaft, für die Mittel beschafft werden, muss nur dann selbst steuerbegünstigt sein, wenn sie eine unbeschränkt steuerpflichtige Körperschaft des privaten Rechts ist. [6] Werden Mittel für nicht unbeschränkt steuerpflichtige Körperschaften beschafft, muss die Verwendung der Mittel für die steuerbegünstigten Zwecke ausreichend nachgewiesen werden. [7] Weitergabefähige Mittel i.S.d. § 58 Nr. 1 AO sind nicht nur solche, die bereits mit dem Ziel der Weitergabe beschafft wurden. [8] Gemeinnützigkeitsunschädlich weitergegeben werden dürfen sämtliche Mittel, soweit die Satzung der hingebenden Körperschaft im Zeitpunkt der Weitergabe über eine entsprechende Satzungsbestimmung verfügt (Nr. 1 Satz 2 des AEAO zu § 58) und die Zwecke der hingebenden und empfangenden Körperschaft insoweit identisch sind.

Zu § 58 Nr. 2 AO:

2. [1] Die teilweise (nicht überwiegende) Weitergabe eigener Mittel (auch Sachmittel) ist unschädlich. [2] Für die Ermittlung der maximal zulässigen Höhe der Mittelweitergabe ist das Nettovermögen (Vermögenswerte abzüglich Verbindlichkeiten) der Körperschaft im jeweiligen Veranlagungszeitraum maßgebend. [3] Auf die im jeweiligen Veranlagungszeitraum zeitnah zu verwendenden Mittel allein kommt es nicht an.

[1)] Zum Crowdfunding-Portal als Förderkörperschaft siehe BMF v. 15.12.2017, BStBl. I 2018, 246.

Als Mittelempfänger kommen in Betracht:
– inländische steuerbegünstigte Körperschaften,
– die in § 5 Abs. 2 Nr. 2 KStG[1] aufgeführten Körperschaften,
– juristische Personen des öffentlichen Rechts.

[1] Ausschüttungen und sonstige Zuwendungen einer steuerbegünstigten Körperschaft sind unschädlich, wenn die Gesellschafter oder Mitglieder als Begünstigte ausschließlich steuerbegünstigte Körperschaften sind. [2] Entsprechendes gilt für Ausschüttungen und sonstige Zuwendungen an juristische Personen des öffentlichen Rechts, die die Mittel für steuerbegünstigte Zwecke verwenden. [3] Zwar ist bei einer Weiterleitung (auch in Form einer verhinderten Vermögensmehrung) an eine juristische Person des öffentlichen Rechts das Tatbestandsmerkmal „zur Verwendung zu steuerbegünstigten Zwecken" nicht erfüllt, wenn die Mittel dem Gesamthaushalt der juristischen Person des öffentlichen Rechts zugutekommen und die juristische Person des öffentlichen Rechts neben den steuerbegünstigten Zwecken auch noch andere Zwecke verfolgt (BFH-Urteil vom 27.11.2013, I R 17/12, BStBl. 2016 II S. 68). [4] Dies ist jedoch unschädlich, wenn die Mittel nachweislich für steuerbegünstigte Zwecke verwendet werden.

[1] Die Verwendung der zugewendeten Mittel hat i.S.d. § 55 Abs. 1 Nr. 5 AO zu erfolgen. [2] Wird dagegen verstoßen, liegt eine Mittelfehlverwendung bei der Empfängerkörperschaft vor.

Nicht zeitnah zu verwendende Mittel der Geberkörperschaft (z.B. freie Rücklage) unterliegen jedoch auch bei der Empfängerkörperschaft nicht dem Gebot der zeitnahen Mittelverwendung.

Zu § 58 Nr. 3 AO:

3. [1] Die Weitergabe der Gewinne aus wirtschaftlichen Geschäftsbetrieben (einschließlich Zweckbetriebe), der Überschüsse aus der Vermögensverwaltung sowie höchstens 15 % der sonstigen zeitnah zu verwendenden Mittel zur Vermögensausstattung einer anderen Körperschaft ist unschädlich. [2] Maßgebend für die Ermittlung dieser Grenzen sind die Verhältnisse des vorangegangenen Kalender- oder Wirtschaftsjahres.

Folgende Voraussetzungen müssen erfüllt sein:
– Bei der Empfängerkörperschaft handelt es sich um eine steuerbegünstigte Körperschaft oder eine juristische Person des öffentlichen Rechts.
– [1] Die aus den Vermögenserträgen zu verwirklichenden steuerbegünstigten Zwecke der Empfängerkörperschaft müssen übereinstimmen mit den steuerbegünstigten satzungsmäßigen Zwecken der gebenden Körperschaft. [2] Der mit den weitergegebenen Mitteln verfolgte Zweck muss sowohl von der Geber- als auch von der Empfängerkörperschaft gefördert werden. [3] Beide Körperschaften können daneben aber auch noch weitere Zwecke fördern.
– Die zugewandten Mittel und deren Erträge dürfen nicht für weitere Mittelweitergaben nach § 58 Nr. 3 AO zur Vermögensausstattung verwendet werden.
– [1] Die zugewandten Mittel und Erträge unterliegen bei der Empfängerkörperschaft der steuerbegünstigten Mittelverwendungspflicht. [2] Erfolgt eine Ver-

wendung für andere Zwecke, liegt eine Mittelfehlverwendung bei der Empfängerkörperschaft vor.

In diesem Sinne ist auch die Vermögensausstattung einer steuerbegünstigten Kapitalgesellschaft (z.B. gGmbH), die denselben steuerbegünstigten Zweck verfolgt, durch die Hingabe von Kapital bei Neugründung oder im Rahmen einer Kapitalerhöhung erlaubt, nicht aber der Erwerb von Anteilen an einer bereits bestehenden Körperschaft.

Zu § 58 Nr. 4 AO:

4. Eine steuerlich unschädliche Betätigung liegt auch dann vor, wenn nicht nur Arbeitskräfte, sondern zugleich Arbeitsmittel (z.B. Krankenwagen) zur Verfügung gestellt werden.

Zu § 58 Nr. 5 AO:

5. Zu den „Räumen" i.S.d. § 58 Nr. 5 AO gehören beispielsweise auch Sportstätten, Sportanlagen und Freibäder.

Zu § 58 Nr. 6 AO:

6. [1] Eine Stiftung darf einen Teil ihres Einkommens – höchstens ein Drittel – dazu verwenden, die Gräber des Stifters und seiner nächsten Angehörigen zu pflegen und deren Andenken zu ehren. [2] In diesem Rahmen ist auch gestattet, dem Stifter und seinen nächsten Angehörigen Unterhalt zu gewähren.

[1] Unter Einkommen ist die Summe der Einkünfte aus den einzelnen Einkunftsarten des § 2 Abs. 1 EStG[1] zu verstehen, unabhängig davon, ob die Einkünfte steuerpflichtig sind oder nicht. [2] Positive und negative Einkünfte sind zu saldieren. [3] Die Verlustverrechnungsbeschränkungen des EStG sind dabei mit Ausnahme der des § 15a EStG unbeachtlich.

Bei der Ermittlung der Einkünfte sind von den Einnahmen die damit zusammenhängenden Aufwendungen einschließlich der Abschreibungsbeträge abzuziehen.

Zur steuerrechtlichen Beurteilung von Ausgaben für die Erfüllung von Verbindlichkeiten, die durch die Übertragung von belastetem Vermögen begründet worden sind, wird auf die Nrn. 12 bis 14 des AEAO zu § 55 hingewiesen.

7. [1] Der Begriff des nächsten Angehörigen ist enger als der Begriff des Angehörigen nach § 15 AO. [2] Er umfasst:

– Ehegatten und Lebenspartner,

– Eltern, Großeltern, Kinder, Enkel (auch falls durch Adoption verbunden),

– Geschwister,

– Pflegeeltern, Pflegekinder.

8. [1] Unterhalt, Grabpflege und Ehrung des Andenkens müssen sich in angemessenem Rahmen halten. [2] Damit ist neben der relativen Grenze von einem Drittel des Einkommens eine gewisse absolute Grenze festgelegt. [3] Maßstab für die Angemessenheit des Unterhalts ist der Lebensstandard des Zuwendungsempfängers. [4] Leistungen mit Ausschüttungscharakter, z.B. in Höhe eines Prozentsatzes der Erträge, sind unzulässig.

9. [1] § 58 Nr. 6 AO enthält lediglich eine Ausnahmeregelung zu § 55 Abs. 1 Nr. 1 AO für Stiftungen (vgl. Nr. 14 des AEAO zu § 55), begründet jedoch

---

[1] dtv 5785 ESt/LSt Nr. 1.

keinen eigenständigen steuerbegünstigten Zweck. [2] Eine Stiftung, zu deren Satzungszwecken die Unterstützung von hilfebedürftigen Verwandten des Stifters gehört, kann daher nicht unter Hinweis auf § 58 Nr. 6 AO als steuerbegünstigt behandelt werden.

Zu § 58 Nr. 7 AO:

10. Gesellige Zusammenkünfte, die im Vergleich zur steuerbegünstigten Tätigkeit nicht von untergeordneter Bedeutung sind, schließen die Steuervergünstigung aus.

Zu § 58 Nr. 9 AO:

11. [1] Diese Ausnahmeregelung ermöglicht es den ausschließlich von einer oder mehreren Gebietskörperschaften errichteten rechtsfähigen und nichtrechtsfähigen Stiftungen, die Erfüllung ihrer steuerbegünstigten Zwecke mittelbar durch Zuschüsse an Wirtschaftsunternehmen zu verwirklichen. [2] Diese mittelbare Zweckverwirklichung muss in der Satzung festgelegt sein. [3] Die Verwendung der Zuschüsse für steuerbegünstigte Satzungszwecke muss nachgewiesen werden.

Zu § 58 Nr. 10 AO:

12. [1] Die Verwendung von Mitteln zum Erwerb von Gesellschaftsrechten zur Erhaltung der prozentualen Beteiligung an Kapitalgesellschaften schließt die Steuervergünstigungen nicht aus (§ 58 Nr. 10 AO). [2] Die Herkunft der Mittel ist dabei ohne Bedeutung. [3] § 58 Nr. 10 AO ist nicht auf den erstmaligen Erwerb von Anteilen an Kapitalgesellschaften anzuwenden. [4] Hierfür können u.a. freie Rücklagen nach § 62 Abs. 1 Nr. 3 AO eingesetzt werden.

[1] Die Höchstgrenze für die Zuführung zu der freien Rücklage vermindert sich um den Betrag, den die Körperschaft zum Erwerb von Gesellschaftsrechten zur Erhaltung der prozentualen Beteiligung an Kapitalgesellschaften ausgibt oder bereitstellt. [2] Übersteigt der für die Erhaltung der Beteiligungsquote verwendete oder bereitgestellte Betrag die Höchstgrenze, ist auch in den Folgejahren eine Zuführung zu der freien Rücklage erst wieder möglich, wenn die für eine freie Rücklage verwendbaren Mittel insgesamt die für die Erhaltung der Beteiligungsquote verwendeten oder bereitgestellten Mittel übersteigen.

Beispiel:

Die Körperschaft erzielt im Jahr 01 folgende Überschüsse bzw. vereinnahmt folgende Mittel i.S.d. § 55 Abs. 1 Nr. 5 AO:

Überschuss Vermögensverwaltung: 21.000 €
Mittel i.S.d. § 55 Abs. 1 Nr. 5 AO: 30.000 €

Im Jahr 01 werden 2.500 € für den Erwerb von Anteilen zum Erhalt der prozentualen Beteiligung eingesetzt.
Ermittlung der freien Rücklage im Jahr 01 unter Beachtung des § 62 Abs. 1 Nr. 3 AO

		Freie Rücklage
Überschuss Vermögensverwaltung	21.000 €	7.000 €
Mittel i.S.d. § 55 Abs. 1 Nr. 5 AO	30.000 €	3.000 €
Gesamt		10.000 €

Der Höchstbetrag für die freie Rücklage im Jahr 01 i.H.v. 10.000 € ist um die Mittel zu kürzen, die für den Erwerb der Anteile zum Erhalt der prozentualen Beteiligung eingesetzt wurden.
Im Jahr 01 kann eine freie Rücklage demnach nur in Höhe von 7.500 € gebildet werden.

Zu § 58 Nr. 2 bis 10 AO:

13. [1]Die in § 58 Nr. 2 bis 8 AO genannten Ausnahmetatbestände können auch ohne entsprechende Satzungsbestimmung verwirklicht werden. [2]Entgeltliche Tätigkeiten nach § 58 Nr. 4, 5 oder 7 AO begründen einen steuerpflichtigen wirtschaftlichen Geschäftsbetrieb oder Vermögensverwaltung (z.B. Raumüberlassung). [3]Bei den Regelungen des § 58 Nr. 6 und 9 AO kommt es jeweils nicht auf die Bezeichnung der Körperschaft als Stiftung, sondern auf die tatsächliche Rechtsform an. [4]Dabei ist es unmaßgeblich, ob es sich um eine rechtsfähige oder nichtrechtsfähige Stiftung handelt.

AEAO zu § 59 – Voraussetzung der Steuervergünstigung:

1. [1]Die Vorschrift bestimmt u.a., dass die Steuervergünstigung nur gewährt wird, wenn ein steuerbegünstigter Zweck (§§ 52 bis 54 AO), die Selbstlosigkeit (§ 55 AO) und die ausschließliche und unmittelbare Zweckverfolgung (§§ 56, 57 AO) durch die Körperschaft aus der Satzung direkt hervorgehen. [2]Eine weitere satzungsmäßige Voraussetzung in diesem Sinn ist die in § 61 AO geforderte Vermögensbindung. [3]Das Unterhalten wirtschaftlicher Geschäftsbetriebe (§ 14 Satz 1 und 2 AO und § 64 AO), die keine Zweckbetriebe (§§ 65 bis 68 AO) sind, und die Vermögensverwaltung (§ 14 Satz 3 AO) dürfen nicht Satzungszweck sein. [4]Die Erlaubnis zur Unterhaltung eines Nichtzweckbetriebs und die Vermögensverwaltung in der Satzung können zulässig sein (BFH-Urteil vom 18.12.2002, I R 15/02, BStBl. 2003 II S. 384). [5]Bei Körperschaften, die ausschließlich Mittel für andere Körperschaften oder juristische Personen des öffentlichen Rechts beschaffen (§ 58 Nr. 1 AO), kann in der Satzung auf das Gebot der Unmittelbarkeit verzichtet werden.

2. Bei mehreren Betrieben gewerblicher Art einer juristischen Person des öffentlichen Rechts ist für jeden Betrieb gewerblicher Art eine eigene Satzung erforderlich.

3. [1]Ein besonderes Anerkennungsverfahren ist im steuerlichen Gemeinnützigkeitsrecht nicht vorgesehen. [2]Ob eine Körperschaft steuerbegünstigt ist, entscheidet das Finanzamt im Veranlagungsverfahren durch Steuerbescheid (ggf. Freistellungsbescheid). [3]Die Steuerbefreiung soll spätestens alle drei Jahre überprüft werden. [4]Dabei hat das Finanzamt von Amts wegen die tatsächlichen und rechtlichen Verhältnisse zu ermitteln, die für die Steuerpflicht und für die Bemessung der Steuer wesentlich sind. [5]Eine Körperschaft, bei der nach dem Ergebnis dieser Prüfung die gesetzlichen Voraussetzungen für die steuerliche Behandlung als steuerbegünstigte Körperschaft vorliegen, muss deshalb auch als solche behandelt werden, und zwar ohne Rücksicht darauf, ob ein entsprechender Antrag gestellt worden ist oder nicht. [6]Ein Verzicht auf die Behandlung als steuerbegünstigte Körperschaft ist somit für das Steuerrecht unbeachtlich.

4. [1]Wird bei einer Körperschaft, die bereits nach § 5 Abs. 1 Nr. 9 KStG[1] steuerbefreit war, im Rahmen der Veranlagung festgestellt, dass die Satzung nicht den Anforderungen des Gemeinnützigkeitsrechts genügt, dürfen aus Vertrauensschutzgründen hieraus keine nachteiligen Folgerungen für die Vergangenheit gezogen werden. [2]Die Körperschaft ist trotz der fehlerhaften Satzung für abgelaufene Veranlagungszeiträume und für das Kalenderjahr, in dem die Satzung beanstandet wird, als steuerbegünstigt zu behandeln. [3]Dies gilt nicht,

---

[1] dtv 5786 KSt/GewSt Nr. 1.

wenn bei der tatsächlichen Geschäftsführung gegen Vorschriften des Gemeinnützigkeitsrechts verstoßen wurde.

[1] Die Vertreter der Körperschaft sind aufzufordern, die zu beanstandenden Teile der Satzung so zu ändern, dass die Körperschaft die satzungsmäßigen Voraussetzungen für die Steuervergünstigung erfüllt. [2] Hierfür ist eine angemessene Frist zu setzen. [3] Vereinen soll dabei in der Regel eine Beschlussfassung in der nächsten ordentlichen Mitgliederversammlung ermöglicht werden. [4] Wird die Satzung innerhalb der gesetzten Frist entsprechend den Vorgaben des Finanzamts geändert, ist die Steuervergünstigung für das der Beanstandung der Satzung folgende Kalenderjahr auch dann anzuerkennen, wenn zu Beginn des Kalenderjahres noch keine ausreichende Satzung vorgelegen hat.

[1] Die vorstehenden Grundsätze gelten nicht, wenn die Körperschaft die Satzung geändert hat und eine geänderte Satzungsvorschrift zu beanstanden ist. [2] In diesen Fällen fehlt es an einer Grundlage für die Gewährung von Vertrauensschutz.

AEAO zu § 60 – Anforderungen an die Satzung:

1. [1] Die Satzung muss so präzise gefasst sein, dass aus ihr unmittelbar entnommen werden kann, ob die Voraussetzungen der Steuerbegünstigung vorliegen (formelle Satzungsmäßigkeit).[1] [2] Die bloße Bezugnahme auf Satzungen oder andere Regelungen Dritter genügt nicht (BFH-Urteil vom 19.4.1989, I R 3/88, BStBl. II S. 595).

2. Die Satzung muss die in der Mustersatzung bezeichneten Festlegungen enthalten, soweit sie für die jeweilige Körperschaft im Einzelfall einschlägig sind.

Unter anderem sind in folgenden Fällen Abweichungen vom Wortlaut der Mustersatzung möglich:

a) Bei Mittelbeschaffungskörperschaften (§ 58 Nr. 1 AO) kann entgegen § 1 der Mustersatzung auf das Gebot der Unmittelbarkeit verzichtet werden (vgl. Nr. 1 des AEAO zu § 59).

b) Insbesondere bei Stiftungen ist der in § 3 der Mustersatzung verwendete Begriff „Mitglieder" durch eine andere geeignete Formulierung zu ersetzen (vgl. § 55 Abs. 3 AO).

c) Körperschaften, deren Gesellschafter oder Mitglieder steuerbegünstigte Körperschaften sind und/oder juristische Personen des öffentlichen Rechts, die die Mittel für steuerbegünstigte Zwecke verwenden, können auf die Regelung in § 3 Satz 2 der Mustersatzung verzichten.

d) § 5 der Mustersatzung kann in Satzungen von Vereinen ohne die Formulierung „Aufhebung" verwendet werden.

Derselbe Aufbau und dieselbe Reihenfolge der Bestimmungen wie in der Mustersatzung werden nicht verlangt.

3. [1] Die Bestimmung, dass die Satzung die in der Mustersatzung bezeichneten Festlegungen enthalten muss (§ 60 Abs. 1 Satz 2 AO), gilt für Körperschaften, die nach dem 31.12.2008 gegründet werden oder die ihre Satzung mit Wirkung nach diesem Zeitpunkt ändern. [2] Die Satzung einer Körperschaft, die

---

[1] Mustersatzung (= Anlage 1 zu § 60 AO).

bereits vor dem 1.1.2009 bestanden hat, braucht nicht allein zur Anpassung an die Festlegungen in der Mustersatzung geändert zu werden.

4. Eine Satzung braucht nicht allein deswegen geändert zu werden, weil in ihr auf Vorschriften des StAnpG oder der GemV verwiesen oder das Wort „selbstlos" nicht verwandt wird.

5. Ordensgemeinschaften haben eine den Ordensstatuten entsprechende zusätzliche Erklärung nach dem Muster der Anlage zu Nr. 5 des AEAO zu § 60 abzugeben, die die zuständigen Organe der Orden bindet.

6. Die tatsächliche Geschäftsführung (vgl. § 63 AO) muss mit der Satzung übereinstimmen.

7. Die satzungsmäßigen Voraussetzungen für die Anerkennung der Steuerbegünstigung müssen

– bei der Körperschaftsteuer vom Beginn bis zum Ende des Veranlagungszeitraums,

– bei der Gewerbesteuer vom Beginn bis zum Ende des Erhebungszeitraums,

– bei der Grundsteuer zum Beginn des Kalenderjahres, für das über die Steuerpflicht zu entscheiden ist (§ 9 Abs. 2 GrStG[1]),

– bei der Umsatzsteuer zu den sich aus § 13 Abs. 1 UStG[2] ergebenden Zeitpunkten,

– bei der Erbschaftsteuer zu den sich aus § 9 ErbStG[3] ergebenden Zeitpunkten

erfüllt sein.

8. [1] Wird bei Neugründungsfällen die Feststellung nach § 60a AO abgelehnt und wird im gleichen Veranlagungszeitraum eine Satzung vorgelegt, die den gemeinnützigkeitsrechtlichen Bestimmungen genügt, kann die Steuerbegünstigung erst ab dem darauffolgenden Veranlagungszeitraum gewährt werden. [2] Dies gilt nicht, wenn die Körperschaft in der Zwischenzeit keine nach außen gerichteten Tätigkeiten entfaltet und keine Mittelverwendung stattgefunden hat.

Bei Körperschaften, die bereits vor Beginn des laufenden Veranlagungszeitraums existierten und erstmalig die Steuerbegünstigung oder die Feststellung nach § 60a AO beantragen, kann die Steuerbegünstigung erst ab dem darauffolgenden Veranlagungszeitraum gewährt werden.

AEAO zu § 60a – Feststellung der satzungsmäßigen Voraussetzungen:

1. [1] Das Verfahren nach § 60a AO hat die sogenannte vorläufige Bescheinigung abgelöst. [2] Die gesonderte Feststellung der Besteuerungsgrundlagen (§§ 179 ff. AO) hat nicht unter dem Vorbehalt der Nachprüfung (§ 164 AO) zu erfolgen.

Zu § 60a Abs. 1 AO:

2. [1] Hält die Satzung einer Körperschaft die satzungsmäßigen Voraussetzungen nach den §§ 51, 59, 60 und 61 AO ein, wird dies durch einen Bescheid gesondert festgestellt. [2] Diese Feststellung der Satzungsmäßigkeit ist für die Besteuerung der Körperschaft und der Steuerpflichtigen, die Zuwendungen in

---

[1] dtv 5547 ErbSt/BewG/GrSt Nr. 3.
[2] dtv 5546 USt Nr. 1.
[3] dtv 5547 ErbSt/BewG/GrSt Nr. 2.

Form von Spenden und Mitgliedsbeiträgen an die Körperschaft erbringen, bindend.

[1] Die Voraussetzungen für die Feststellungen nach § 60a AO liegen auch dann vor, wenn die Körperschaft bereits vor dem 1.1.2009 bestand und daher eine Anpassung an die Mustersatzung (Anlage 1 zu § 60 AO) bisher nicht vornehmen musste (Art. 97 § 1f EGAO[1]), siehe auch Nr. 3 des AEAO zu § 60). [2] Liegen im Zeitpunkt der Entscheidung über die gesonderte Feststellung bereits Erkenntnisse vor, dass die tatsächliche Geschäftsführung der Körperschaft den Anforderungen des § 51 AO nicht entsprechen wird, ist die Feststellung nach § 60a Abs. 1 AO abzulehnen.

3. [1] Das Verfahren nach § 60a AO ist ein Annexverfahren zur Körperschaftsteuerveranlagung. [2] Eine Feststellung nach § 60a AO ist für Körperschaften ausgeschlossen, die weder unbeschränkt i.S.d. § 1 KStG[2] noch beschränkt i.S.d. § 2 KStG steuerpflichtig sind.

4. Die Feststellung der satzungsmäßigen Voraussetzungen kann bereits vor einer Registereintragung oder einer Anerkennung/Genehmigung der Körperschaft erfolgen, sofern zu diesem Zeitpunkt bereits eine Körperschaftsteuerpflicht besteht.

Eine Feststellung darf erst nach einem wirksamen Organbeschluss, beispielsweise über die Satzung, erfolgen.

Zu § 60a Abs. 2 AO:

5. Die Feststellung erfolgt auf Antrag der Körperschaft oder von Amts wegen bei der Veranlagung zur Körperschaftsteuer, wenn bisher noch keine Feststellung erfolgt ist.

Zu § 60a Abs. 3 AO:

6. Werden die Vorschriften, auf denen die Feststellung beruht, aufgehoben oder geändert, dann entfällt die Bindungswirkung des Feststellungsbescheids ab diesem Zeitpunkt.

Zu § 60a Abs. 4 AO:

7. [1] Treten bei den Verhältnissen, die für die Feststellung erheblich waren, Änderungen ein, so ist diese Feststellung ab dem Zeitpunkt der Änderung der Verhältnisse aufzuheben. [2] Für die Feststellung erheblich sind alle Bestimmungen, die für das Vorliegen der formellen Voraussetzungen gem. §§ 51, 59, 60 und 61 AO von Bedeutung sind (gemeinnützigkeitsrechtliche Bestimmungen). [3] Dies sind beispielsweise:

– Änderungen der Zwecke

– Anpassung an die Mustersatzung

– Änderung der Vermögensbindung.

[1] Ändert eine Körperschaft gemeinnützigkeitsrechtlich relevante Bestimmungen ihrer Satzung, so ist die bisherige Feststellung mit Datum des Inkrafttretens der Satzungsänderung aufzuheben. [2] Zivilrechtliche Änderungen ohne steuerliche Relevanz sind unerheblich. [3] Wird auf Antrag der Körperschaft bei steuerlich nicht relevanten Satzungsänderungen eine Feststellung vorgenommen, scheidet eine Aufhebung der vorherigen Feststellung aus.

---

[1] Nr. 1.1.
[2] dtv 5786 KSt/GewSt Nr. 1.

Zu § 60a Abs. 5 AO:

8. [1]Beruht die Feststellung der satzungsmäßigen Voraussetzungen auf einem materiellen Fehler, kann sie mit Wirkung für die Zukunft aufgehoben werden. [2]Die Feststellung wird dann ab dem Jahr aufgehoben, das auf die Bekanntgabe der Aufhebungsentscheidung folgt. [3]Stellt sich also beispielsweise im Mai des Jahres 01 heraus, dass der Feststellung der satzungsmäßigen Voraussetzungen ein materieller Fehler zu Grunde liegt, und ergeht der Bescheid zur Aufhebung der Feststellung nach § 60a AO im August 01, tritt die Aufhebung zum 1. Januar 02 in Kraft. [4]Die Regelung des § 176 AO ist dabei entsprechend anzuwenden. [5]Dies gilt allerdings nicht für die Kalenderjahre, die nach der Verkündung der maßgeblichen Entscheidung eines obersten Gerichtshofes des Bundes beginnen.

AEAO zu § 61 – Satzungsmäßige Vermögensbindung:

1. [1]Die Vorschrift stellt klar, dass die zu den Voraussetzungen der Selbstlosigkeit zählende Bindung des Vermögens für steuerbegünstigte Zwecke vor allem im Falle der Auflösung der Körperschaft aus der Satzung genau hervorgehen muss (Mustersatzung, § 5).[1] [2]Als Empfänger des Vermögens kommen in Betracht:

– inländische steuerbegünstigte Körperschaften,
– die in § 5 Abs. 2 Nr. 2 KStG[2] aufgeführten Körperschaften,
– juristische Personen des öffentlichen Rechts.

Die satzungsmäßige Vermögensbindung nach § 55 Abs. 1 Nr. 4 Satz 2 i.V.m. § 61 Abs. 1 AO ist auch erfüllt, wenn in der Satzung einer Körperschaft als Anfallsberechtigte eine in einem EU-/EWR-Staat ansässige juristische Person des öffentlichen Rechts aufgeführt wird.

2. [1]Wird die satzungsmäßige Vermögensbindung aufgehoben, gilt sie von Anfang an als steuerlich nicht ausreichend. [2]Die Regelung greift auch ein, wenn die Bestimmung über die Vermögensbindung erst zu einem Zeitpunkt geändert wird, in dem die Körperschaft nicht mehr als steuerbegünstigt anerkannt ist. [3]Die entsprechenden steuerlichen Folgerungen sind durch Steuerfestsetzung rückwirkend zu ziehen.

3. [1]Bei Verstößen gegen den Grundsatz der Vermögensbindung bildet die Festsetzungsverjährung (§§ 169 ff. AO) keine Grenze. [2]Vielmehr können nach § 175 Abs. 1 Satz 1 Nr. 2 AO auch Steuerbescheide noch geändert werden, die Steuern betreffen, die innerhalb von zehn Jahren vor der erstmaligen Verletzung der Vermögensbindungsregelung entstanden sind. [3]Es kann demnach auch dann noch zugegriffen werden, wenn zwischen dem steuerfreien Bezug der Erträge und dem Wegfall der Steuerbegünstigung ein Zeitraum von mehr als fünf Jahren liegt, selbst wenn in der Zwischenzeit keine Erträge mehr zugeflossen sind.

Beispiel:

Eine gemeinnützige Körperschaft hat in den Jahren 01 bis 11 steuerfreie Einnahmen aus einem Zweckbetrieb bezogen und diese teils für gemeinnützige Zwecke ausgegeben und zum Teil in eine Rücklage eingestellt. Eine in 11 vollzogene Satzungsänderung sieht jetzt vor, dass bei Auflösung des Vereins das Vermögen an die Mitglieder ausgekehrt wird. In diesem Fall muss das Finanzamt

---

[1] Zur Regelung der „Aufhebung" in der Vereinssatzung siehe BFH v. 23.7.2009 V R 20/08, BStBl. II 2010, 719, sowie BFH v. 12.1.2011 I R 91/09, BFH/NV 2011, 1111.
[2] dtv 5786 KSt/GewSt Nr. 1.

für die Veranlagungszeiträume 01 ff. Steuerbescheide erlassen, welche die Nachversteuerung aller genannten Einnahmen vorsehen, wobei es unerheblich ist, ob die Einnahmen noch im Vereinsvermögen vorhanden sind.

4. Verstöße gegen § 55 Abs. 1 bis 3 AO begründen die Möglichkeit einer Nachversteuerung im Rahmen der Festsetzungsfrist.

5. Die Nachversteuerung gem. § 61 Abs. 3 AO greift nicht nur bei gemeinnützigkeitsschädlichen Änderungen satzungsrechtlicher Bestimmungen über die Vermögensbindung ein, sondern erfasst auch die Fälle, in denen die tatsächliche Geschäftsführung gegen die von § 61 AO geforderte Vermögensbindung verstößt (§ 63 Abs. 2 AO).

Beispiel:
Eine gemeinnützige Körperschaft verwendet bei ihrer Auflösung oder bei Aufgabe ihres begünstigten Satzungszweckes ihr Vermögen entgegen der Vermögensbindungsbestimmung in der Satzung nicht für begünstigte Zwecke.

6. [1] Verstöße der tatsächlichen Geschäftsführung gegen § 55 Abs. 1 Nr. 1 bis 3 AO können so schwerwiegend sein, dass sie einer Verwendung des gesamten Vermögens für satzungsfremde Zwecke gleichkommen. [2] Auch in diesen Fällen ist eine Nachversteuerung nach § 61 Abs. 3 AO möglich (vgl. auch BFH-Urteil vom 12.10.2010, I R 59/09, BStBl. 2012 II S. 226).

7. [1] Bei der nachträglichen Besteuerung ist so zu verfahren, als ob die Körperschaft von Anfang an uneingeschränkt steuerpflichtig gewesen wäre. [2] § 13 Abs. 3 KStG ist nicht anwendbar.

AEAO zu § 62 – Rücklagen und Vermögensbildung:

1. [1] Im wirtschaftlichen Geschäftsbetrieb können Rücklagen durch Zuführung des Gewinns gebildet werden. [2] Die Rücklagen müssen bei vernünftiger kaufmännischer Beurteilung wirtschaftlich begründet sein (entsprechend § 14 Abs. 1 Nr. 4 KStG[1]). [3] Es muss ein konkreter Anlass gegeben sein, der auch aus objektiver unternehmerischer Sicht die Bildung der Rücklage im wirtschaftlichen Geschäftsbetrieb rechtfertigt (z.B. eine geplante Betriebsverlegung, Werkserneuerung oder Kapazitätsausweitung). [4] Eine fast vollständige Zuführung des Gewinns zu einer Rücklage im wirtschaftlichen Geschäftsbetrieb ist nur dann unschädlich für die Steuerbegünstigung, wenn die Körperschaft nachweist, dass die betriebliche Mittelverwendung zur Sicherung ihrer Existenz geboten war (BFH-Urteil vom 15.7.1998, I R 156/94, BStBl. 2002 II S. 162).

[1] Im Bereich der Vermögensverwaltung können Rücklagen durch Zuführung der Überschüsse aus der Vermögensverwaltung nur für die Durchführung konkreter Reparatur- oder Erhaltungsmaßnahmen an Vermögensgegenständen i.S.d. § 21 EStG[2]) gebildet werden. [2] Die Maßnahmen, für deren Durchführung die Rücklage gebildet wird, müssen notwendig sein, um den ordnungsgemäßen Zustand des Vermögensgegenstandes zu erhalten oder wiederherzustellen, und in einem angemessenen Zeitraum durchgeführt werden können (z.B. geplante Erneuerung eines undichten Daches).

Zu § 62 Abs. 1 AO:

2. Die Bildung einer Rücklage kann nicht damit begründet werden, dass die Überlegungen zur Verwendung der Mittel noch nicht abgeschlossen sind.

---

[1] dtv 5786 KSt/GewSt Nr. 1.
[2] dtv 5785 ESt/LSt Nr. 1.

Zu § 62 Abs. 1 Nr. 1 AO:

3. [1]Bei der Bildung der Rücklage nach § 62 Abs. 1 Nr. 1 und 2 AO kommt es nicht auf die Herkunft der Mittel an. [2]Der Rücklage dürfen also auch zeitnah zu verwendende Mittel wie z.b. Spenden zugeführt werden.

4. [1]Voraussetzung für die Bildung einer Rücklage nach § 62 Abs. 1 Nr. 1 AO ist in jedem Fall, dass diese erforderlich ist, um die steuerbegünstigten, satzungsmäßigen Zwecke der Körperschaft nachhaltig erfüllen zu können. [2]Das Bestreben, ganz allgemein die Leistungsfähigkeit der Körperschaft zu erhalten, reicht für eine steuerlich unschädliche Rücklagenbildung nach dieser Vorschrift nicht aus (hierfür können nur freie Rücklagen nach § 62 Abs. 1 Nr. 3 AO gebildet werden, vgl. Nrn. 13 bis 17 des AEAO zu § 62). [3]Vielmehr müssen die Mittel für bestimmte – die steuerbegünstigten Satzungszwecke verwirklichende – Vorhaben angesammelt werden, für deren Durchführung bereits konkrete Zeitvorstellungen bestehen. [4]Besteht noch keine konkrete Zeitvorstellung, ist eine Rücklagenbildung dann zulässig, wenn die Durchführung des Vorhabens glaubhaft und bei den finanziellen Verhältnissen der steuerbegünstigten Körperschaft in einem angemessenen Zeitraum möglich ist. [5]Die Bildung von Rücklagen für periodisch wiederkehrende Ausgaben (z.B. Löhne, Gehälter, Mieten) in Höhe des Mittelbedarfs für eine angemessene Zeitperiode zur Sicherstellung der Liquidität ist zulässig (so genannte Betriebsmittelrücklage). [6]Ebenfalls unschädlich ist die vorsorgliche Bildung einer Rücklage zur Bezahlung von Steuern außerhalb eines steuerpflichtigen wirtschaftlichen Geschäftsbetriebs, solange Unklarheit darüber besteht, ob die Körperschaft insoweit in Anspruch genommen wird. [7]Eine beabsichtigte Vermögensausstattung nach § 58 Nr. 3 AO rechtfertigt keine Rücklagenbildung nach § 62 Abs. 1 Nr. 1 AO.

5. Die Rücklage nach § 62 Abs. 1 Nr. 1 AO kann unabhängig von dem Vorhandensein und der Höhe einer Rücklage nach § 62 Abs. 1 Nr. 3 AO (freie Rücklage) gebildet werden.

Zu § 62 Abs. 1 Nr. 2 AO:

6. [1]Eine Wiederbeschaffungsrücklage für Fahrzeuge und andere Wirtschaftsgüter, für deren Anschaffung die laufenden Einnahmen nicht ausreichen, ist nach § 62 Abs. 1 Nr. 2 AO zulässig. [2]Eine Wiederbeschaffungsabsicht liegt nur vor, wenn tatsächlich eine Neuanschaffung des einzelnen Wirtschaftsguts geplant und in einem angemessenen Zeitraum möglich ist. [3]Im Regelfall ist als Nachweis für die Wiederbeschaffungsabsicht ausreichend, dass die Rücklage gebildet wurde. [4]Diese Nachweiserleichterung gilt nicht für Immobilien. [5]Reicht die Zuführung von Mitteln in Höhe der Abschreibungen für eine beabsichtigte Wiederbeschaffung nicht aus, dann können auch höhere Mittel der Rücklage zugeführt werden. [6]Der Nachweis darüber ist durch die Körperschaft zu erbringen.

7. [1]Die Regelungen in den vorstehenden Textziffern zu § 62 Abs. 1 Nr. 1 und 2 AO gelten auch für Mittelbeschaffungskörperschaften i.S.d. § 58 Nr. 1 AO (BFH-Urteil vom 13.9.1989, I R 19/85, BStBl. 1990 II S. 28). [2]Voraussetzung ist jedoch, dass die Rücklagenbildung dem Zweck der Beschaffung von Mitteln für die steuerbegünstigten Zwecke einer anderen Körperschaft entspricht. [3]Diese Voraussetzung ist z.B. erfüllt, wenn die Mittelbeschaffungskörperschaft wegen zeitlicher Verzögerung der von ihr zu finanzierenden steuerbegünstigten Maßnahmen angehalten ist, die beschafften Mittel zunächst zu thesaurieren.

8. Unterhält eine steuerbegünstigte Körperschaft einen steuerpflichtigen wirtschaftlichen Geschäftsbetrieb, so können dessen Erträge der Rücklage erst nach Versteuerung zugeführt werden.

Zu § 62 Abs. 1 Nr. 3 AO:

9. [1]Der freien Rücklage (§ 62 Abs. 1 Nr. 3 AO) darf jährlich höchstens ein Drittel des Überschusses der Einnahmen über die Ausgaben aus der Vermögensverwaltung zugeführt werden. [2]Unter Ausgaben sind Aufwendungen zu verstehen, die dem Grunde nach Werbungskosten sind.

10. [1]Darüber hinaus kann die Körperschaft höchstens 10 % ihrer sonstigen nach § 55 Abs. 1 Nr. 5 AO zeitnah zu verwendenden Mittel einer freien Rücklage zuführen. [2]Mittel i.S.d. Vorschrift sind die Überschüsse bzw. Gewinne aus steuerpflichtigen wirtschaftlichen Geschäftsbetrieben und Zweckbetrieben sowie die Bruttoeinnahmen aus dem ideellen Bereich. [3]Bei Anwendung der Regelungen des § 64 Abs. 5 und 6 AO können in die Bemessungsgrundlage zur Ermittlung der Rücklage statt der geschätzten bzw. pauschal ermittelten Gewinne die tatsächlichen Gewinne einbezogen werden.

[1]Verluste aus Zweckbetrieben sind mit entsprechenden Überschüssen zu verrechnen; darüber hinausgehende Verluste mindern die Bemessungsgrundlage nicht. [2]Das gilt entsprechend für Verluste aus dem einheitlichen wirtschaftlichen Geschäftsbetrieb. [3]Ein Überschuss aus der Vermögensverwaltung ist – unabhängig davon, inwieweit er in eine Rücklage eingestellt wurde – nicht in die Bemessungsgrundlage für die Zuführung aus den sonstigen zeitnah zu verwendenden Mitteln einzubeziehen. [4]Ein Verlust aus der Vermögensverwaltung mindert die Bemessungsgrundlage nicht.

11. Wird der jährliche Höchstbetrag der Mittel, die in die freie Rücklage hätten eingestellt werden können, in einem Jahr nicht ausgeschöpft, können Mittel in Höhe des nichtausgeschöpften Betrages zusätzlich in den beiden Folgejahren in die freie Rücklage eingestellt werden.

[1]Eine Körperschaft hätte im Jahr 01 beispielsweise 30.000 € in die freie Rücklage einstellen können. [2]Tatsächlich stellte sie aber nur 25.000 € ein. [3]In den nächsten beiden Jahren kann die Körperschaft zusätzlich zu dem für das jeweilige Jahr zulässigen Betrag nach § 62 Abs. 1 Nr. 3 AO noch weitere 5.000 € in die freie Rücklage des jeweiligen Jahres einstellen. [4]Die Körperschaft kann diesen Betrag auf beide Jahre aufteilen (02: 3.000 €, 03: 2.000 €) oder den ganzen Betrag (entweder 02 oder 03) in die Rücklage einstellen.

[1]Die steuerbegünstigte Körperschaft muss die freie Rücklage während der Dauer ihres Bestehens nicht auflösen. [2]Die in die Rücklage eingestellten Mittel können auch dem Vermögen zugeführt werden.

Zu § 62 Abs. 1 Nr. 4 AO:

12. [1]Die Ansammlung von Mitteln zum Erwerb von Gesellschaftsrechten zur Erhaltung der prozentualen Beteiligung an Kapitalgesellschaften ist zulässig (§ 62 Abs. 1 Nr. 4 AO). [2]Die Herkunft der Mittel ist dabei ohne Bedeutung. [3]§ 62 Abs. 1 Nr. 4 AO ist nicht auf den erstmaligen Erwerb von Anteilen an Kapitalgesellschaften anzuwenden. [4]Hierfür können u.a. freie Rücklagen nach § 62 Abs. 1 Nr. 3 AO eingesetzt werden.

13. [1]Die Höchstgrenze für die Zuführung zu der freien Rücklage mindert sich um den Betrag, den die Körperschaft zum Erwerb von Gesellschaftsrechten zur Erhaltung der prozentualen Beteiligung an Kapitalgesellschaften ausgibt oder in die Rücklage einstellt. [2]Übersteigt der für die Erhaltung der Beteiligungsquote verwendete oder in eine Rücklage eingestellte Betrag die Höchstgrenze, ist auch in den Folgejahren eine Zuführung zu der freien Rücklage erst wieder möglich, wenn die für eine freie Rücklage verwendbaren Mittel insgesamt die für die Erhaltung der Beteiligungsquote verwendeten oder in die Rücklage eingestellten Mittel übersteigen. [3]Die Zuführung von Mitteln zu Rücklagen nach § 62 Abs. 1 Nr. 1 und 2 AO berührt die Höchstgrenze für die Bildung freier Rücklagen dagegen nicht.

Beispiel:
Beispiel für eine Rücklagenbildung nach § 62 Abs. 1 Nrn. 3 und 4 AO:

VZ 01

Spenden	10.000 €
Einnahmen aus Vermögensverwaltung	12.000 €
Ausgaben in der Vermögensverwaltung	9.000 €
Gewinne aus	
– Zweckbetrieben	2.500 €
– steuerpflichtigen wirtschaftlichen Geschäftsbetrieben	3.000 €
→ 10 % von (10.000 € + 2.500 € + 3.000 €) =	1.550 €
→ ⅓ von (12.000 € − 9.000 €) =	1.000 €
≙ Potenzial zur Rücklagenbildung nach § 62 Abs. 1 Nr. 3 AO	2.550 €
Tatsächliche Rücklagenbildung im VZ 01:	
nach § 62 Abs. 1 Nr. 4 AO:	3.000 €
nach § 62 Abs. 1 Nr. 3 AO:	0 €
Überhang nach § 62 Abs. 1 Nr. 4 im Verhältnis zu Nr. 3 AO:	450 €

VZ 02

Spenden	20.000 €
Einnahmen aus Vermögensverwaltung	16.000 €
Ausgaben in der Vermögensverwaltung	10.000 €
Gewinne aus	
– Zweckbetrieben	1.000 €
– steuerpflichtigen wirtschaftlichen Geschäftsbetrieben	5.000 €
→ 10 % von (20.000 € + 1.000 € + 5.000 €) =	2.600 €
→ ⅓ von (16.000 € − 10.000 €) =	2.000 €
abzgl. Überhang nach § 62 Abs. 1 Nr. 4 im Verhältnis zu Nr. 3 AO	450 €
≙ Potenzial zur Rücklagenbildung nach § 62 Abs. 1 Nr. 3 AO	4.150 €
Tatsächliche Rücklagenbildung im VZ 02:	
nach § 62 Abs. 1 Nr. 4 AO:	1.000 €
nach § 62 Abs. 1 Nr. 3 AO:	3.150 €

Zu § 62 Abs. 2 AO:

14. [1]Rücklagen sind in der Frist des § 55 Abs. 1 Nr. 5 Satz 3 AO zu bilden. [2]Nur tatsächlich vorhandene Mittel können in eine Rücklage eingestellt werden. [3]Ob die Voraussetzungen für die Bildung einer Rücklage vorliegen, hat die steuerbegünstigte Körperschaft dem zuständigen Finanzamt im Einzelnen darzulegen. [4] Weiterhin muss sie die Rücklagen nach § 62 Abs. 1 AO in ihrer Rechnungslegung – ggf. in einer Nebenrechnung – gesondert ausweisen, damit eine Kontrolle jederzeit und ohne besonderen Aufwand möglich ist (BFH-Urteil vom 20.12.1978, I R 21/76, BStBl. 1979 II S. 496).

[1] Entfällt der Grund für die Bildung einer Rücklage nach § 62 Abs. 1 Nr. 1, 2 und 4 AO, so ist diese unverzüglich aufzulösen. [2] Die dadurch freigewordenen Mittel sind innerhalb der Frist des § 55 Abs. 1 Nr. 5 Satz 3 AO zu verwenden.

[1] Die freigewordenen Mittel können auch in die Rücklagen nach § 62 Abs. 1 Nr. 1, 2 und 4 AO eingestellt werden. [2] Bei diesen Mitteln handelt es sich nicht um sonstige nach § 55 Abs. 1 Nr. 5 AO zeitnah zu verwendende Mittel (§ 58 Nr. 3 AO, § 62 Abs. 1 Nr. 3 AO).

15. Vorstehende Grundsätze gelten für Rücklagen im wirtschaftlichen Geschäftsbetrieb und für Rücklagen im Bereich der Vermögensverwaltung entsprechend.

Zu § 62 Abs. 3 AO:

16. [1] Die in § 62 Abs. 3 AO genannten Zuwendungen können dem Vermögen zugeführt werden. [2] Die Aufzählung ist abschließend. [3] Unter Sachzuwendungen, die ihrer Natur nach zum Vermögen gehören, sind Wirtschaftsgüter zu verstehen, die ihrer Art nach von der Körperschaft im ideellen Bereich, im Rahmen der Vermögensverwaltung oder im wirtschaftlichen Geschäftsbetrieb genutzt werden können.

Werden Mittel nach dieser Vorschrift dem Vermögen zugeführt, sind sie aus der Bemessungsgrundlage für Zuführungen von sonstigen zeitnah zu verwendenden Mitteln nach § 62 Abs. 1 Nr. 3 AO herauszurechnen.

Zu § 62 Abs. 4 AO:

17. [1] Stiftungen dürfen im Jahr ihrer Errichtung und in den drei folgenden Kalenderjahren Überschüsse und Gewinne aus der Vermögensverwaltung, aus Zweckbetrieb und aus steuerpflichtigen wirtschaftlichen Geschäftsbetrieben ganz oder teilweise ihrem Vermögen zuführen. [2] Für sonstige Mittel, z.B. Zuwendungen und Zuschüsse, gilt diese Regelung dagegen nicht.

Liegen in einem Kalenderjahr positive und negative Ergebnisse aus der Vermögensverwaltung, aus den Zweckbetrieben und dem einheitlichen steuerpflichtigen wirtschaftlichen Geschäftsbetrieb vor, ist eine Zuführung zum Vermögen auf den positiven Betrag begrenzt, der nach der Verrechnung der Ergebnisse verbleibt.

AEAO zu § 63 – Anforderungen an die tatsächliche Geschäftsführung:

1. [1] Den Nachweis, dass die tatsächliche Geschäftsführung den notwendigen Erfordernissen entspricht, hat die Körperschaft durch ordnungsmäßige Aufzeichnungen (insbesondere Aufstellung der Einnahmen und Ausgaben, Tätigkeitsbericht, Vermögensübersicht mit Nachweisen über die Bildung und Entwicklung der Rücklagen) zu führen. [2] Die Vorschriften der AO über die Führung von Büchern und Aufzeichnungen (§§ 140 ff. AO) sind zu beachten. [3] Die Vorschriften des Handelsrechts einschließlich der entsprechenden Buchführungsvorschriften gelten nur, sofern sich dies aus der Rechtsform der Körperschaft oder aus ihrer wirtschaftlichen Tätigkeit ergibt. [4] Bei der Verwirklichung steuerbegünstigter Zwecke im Ausland besteht eine erhöhte Nachweispflicht (§ 90 Abs. 2 AO).

2. Hat das Finanzamt eine Frist nach § 63 Abs. 4 AO gesetzt, gilt die tatsächliche Geschäftsführung als ordnungsgemäß, wenn die Körperschaft die Mittel innerhalb der gesetzten Frist für steuerbegünstigte Zwecke verwendet.

3. [1] Die tatsächliche Geschäftsführung umfasst auch die Ausstellung steuerlicher Zuwendungsbestätigungen. [2] Zuwendungsbestätigungen dürfen nur dann ausgestellt werden, wenn die Voraussetzungen des § 63 Abs. 5 AO vorliegen. [3] Die Erlaubnis wird an die Erteilung eines Feststellungsbescheids nach § 60a Abs. 1 AO, eines Freistellungsbescheids oder eine Anlage zum Körperschaftsteuerbescheid geknüpft. [4] Ist der Bescheid nach § 60a AO älter als drei Jahre oder ist der Freistellungsbescheid – beziehungsweise sind die Anlagen zum Körperschaftsteuerbescheid – älter als fünf Jahre, darf die Körperschaft keine Zuwendungsbestätigungen mehr ausstellen.

Bei Missbräuchen auf diesem Gebiet, z.B. durch die Ausstellung von Gefälligkeitsbestätigungen, ist die Steuerbegünstigung zu versagen.

4. Liegen neuere Erkenntnisse nach Bekanntgabe einer Feststellung nach § 60a AO, eines Freistellungsbescheids oder einer Anlage zum Körperschaftsteuerbescheid vor, dass auf Grund der tatsächlichen Geschäftsführung der Körperschaft die Steuerbegünstigung voraussichtlich nicht gewährt werden kann, kann eine Steuerfestsetzung (ggf. mit 0 €) erfolgen.

[1] Dies kann durch einen Vorauszahlungsbescheid oder einen Körperschaftsteuerbescheid geschehen, in dem jeweils von der vollen Steuerpflicht ausgegangen wird. [2] Dies hat zur Folge, dass die Körperschaft nicht mehr berechtigt ist, Zuwendungsbestätigungen auszustellen.

Die Körperschaft ist auf eine mögliche Haftungsinanspruchnahme nach § 10b Abs. 4 EStG[1] hinzuweisen.

5. [1] Die tatsächliche Geschäftsführung muss sich im Rahmen der verfassungsmäßigen Ordnung halten, da die Rechtsordnung als selbstverständlich das gesetzestreue Verhalten aller Rechtsunterworfenen voraussetzt. [2] Als Verstoß gegen die Rechtsordnung, der die Steuerbegünstigung ausschließt, kommt auch eine Steuerverkürzung in Betracht (BFH-Urteil vom 27.9.2001, V R 17/99, BStBl. 2002 II S. 169). [3] Die verfassungsmäßige Ordnung wird schon durch die Nichtbefolgung von polizeilichen Anordnungen durchbrochen (BFH-Urteil vom 29.8.1984, I R 215/81, BStBl. 1985 II S. 106). [4] Gewaltfreier Widerstand, z.B. Sitzblockaden, gegen geplante Maßnahmen des Staates verstößt grundsätzlich nicht gegen die verfassungsmäßige Ordnung (vgl. BVerfG-Beschluss vom 10.1.1995, 1 BvR 718/89, 1 BvR 719/89, 1 BvR 722/89, 1 BvR 723/89, BVerfGE 92, S. 1 bis 25).

AEAO zu § 64 – Steuerpflichtige wirtschaftliche Geschäftsbetriebe:
Zu § 64 Abs. 1 AO:

1. Als Gesetz, das die Steuervergünstigung teilweise, nämlich für den wirtschaftlichen Geschäftsbetrieb (§ 14 Satz 1 und 2 AO), ausschließt, ist das jeweilige Steuergesetz zu verstehen, also § 5 Abs. 1 Nr. 9 KStG[2], § 3 Nr. 6

---

[1] dtv 5785 ESt/LSt Nr. 1.
[2] dtv 5786 KSt/GewSt Nr. 1.

GewStG[1], § 12 Abs. 2 Nr. 8 Satz 2 UStG[2], § 3 Abs. 1 Nr. 3b GrStG[3] i.V.m.
A 12 Abs. 4 GrStR[4].

2. [1]Wegen des Begriffs „Wirtschaftlicher Geschäftsbetrieb" wird auf § 14
AO hingewiesen.[5][6] [2]Zum Begriff der „Nachhaltigkeit" bei wirtschaftlichen
Geschäftsbetrieben siehe BFH-Urteil vom 21.8.1985, I R 60/80, BStBl. 1986 II
S. 88. [3]Danach ist eine Tätigkeit grundsätzlich nachhaltig, wenn sie auf Wiederholung angelegt ist. [4]Es genügt, wenn bei der Tätigkeit der allgemeine Wille
besteht, gleichartige oder ähnliche Handlungen bei sich bietender Gelegenheit
zu wiederholen. [5]Wiederholte Tätigkeiten liegen auch vor, wenn der Grund
zum Tätigwerden auf einem einmaligen Entschluss beruht, die Erledigung aber
mehrere (Einzel-)Tätigkeiten erfordert. [6]Die Einnahmen aus der Verpachtung
eines vorher selbst betriebenen wirtschaftlichen Geschäftsbetriebs unterliegen
so lange der Körperschaft- und Gewerbesteuer, bis die Körperschaft die
Betriebsaufgabe erklärt (BFH-Urteil vom 4.4.2007, I R 55/06, BStBl. II
S. 725).

3. [1]Ob eine an einer Personengesellschaft oder Gemeinschaft beteiligte
steuerbegünstigte Körperschaft gewerbliche Einkünfte bezieht, wird im gesonderten und einheitlichen Gewinnfeststellungsbescheid der Personengesellschaft
bindend festgestellt (BFH-Urteil vom 27.7.1988, I R 113/84, BStBl. 1989 II
S. 134). [2]Ob ein steuerpflichtiger wirtschaftlicher Geschäftsbetrieb oder ein
Zweckbetrieb (§§ 65 bis 68 AO) vorliegt, ist dagegen bei der Körperschaftsteuerveranlagung der steuerbegünstigten Körperschaft zu entscheiden. [3]Die
Beteiligung einer gemeinnützigen Körperschaft an einer gewerblich geprägten
vermögensverwaltenden Personengesellschaft stellt keinen wirtschaftlichen Geschäftsbetrieb dar (BFH-Urteile vom 25.5.2011, I R 60/10, BStBl. 2012 II
S. 858, und vom 18.2.2016, V R 60/13, BStBl. 2017 II S. 251). [4]Die Beteiligung einer steuerbegünstigten Körperschaft an einer Kapitalgesellschaft ist
grundsätzlich Vermögensverwaltung (§ 14 Satz 3 AO). [5]Sie stellt jedoch einen
wirtschaftlichen Geschäftsbetrieb dar, wenn mit ihr tatsächlich ein entscheiden-
der Einfluss auf die laufende Geschäftsführung der Kapitalgesellschaft ausgeübt
wird oder ein Fall der Betriebsaufspaltung vorliegt (vgl. BFH-Urteil vom 30.6.
1971, I R 57/70, BStBl. II S. 753; H 15.7 (4) bis H 15.7 (6) EStH[7]). [6]Besteht
die Beteiligung an einer Kapitalgesellschaft, die selbst ausschließlich der Vermögensverwaltung dient, so liegt auch bei Einflussnahme auf die Geschäftsführung kein wirtschaftlicher Geschäftsbetrieb vor (vgl. R 4.1 Abs. 2 Satz 5
KStR 2015 i.V.m. R 5.7 Abs. 5 Satz 4 KStR 2015[8]). [7]Dies gilt auch bei
Beteiligung an einer steuerbegünstigten Kapitalgesellschaft. [8]Die Grundsätze
der Betriebsaufspaltung sind nicht anzuwenden, wenn sowohl das Betriebs- als
auch das Besitzunternehmen steuerbegünstigt sind. [9]Dies gilt aber nur insoweit,
als die überlassenen wesentlichen Betriebsgrundlagen bei dem Betriebsunter-

---

[1] **dtv 5786 KSt/GewSt Nr. 4.**
[2] **dtv 5546 USt Nr. 1.**
[3] **dtv 5547 ErbSt/BewG/GrSt Nr. 3.**
[4] **dtv 5547 ErbSt/BewG/GrSt Nr. 6.**
[5] Siehe auch BFH v. 20.3.2014 V R 4/13, DStR 2014, 1539 (steuerbare Leistungen eines Sportvereins nach EU-Recht und nach nationalem Recht).
[6] Der Verkauf von Ökopunkten ist kein wirtschaftlicher Geschäftsbetrieb; siehe BFH v. 24.1.2019
V R 63/16, BStBl. II 2019, 392.
[7] **dtv 5785 ESt/LSt Nr. 3.**
[8] **dtv 5786 KSt/GewSt Nr. 3.**

nehmen nicht in einem steuerpflichtigen wirtschaftlichen Geschäftsbetrieb eingesetzt werden.

4. [1]Bei der Ermittlung des Gewinns aus dem wirtschaftlichen Geschäftsbetrieb sind die Betriebsausgaben zu berücksichtigen, die durch den Betrieb veranlasst sind. [2]Dazu gehören Ausgaben, die dem Betrieb unmittelbar zuzuordnen sind, weil sie ohne den Betrieb nicht oder zumindest nicht in dieser Höhe angefallen wären.

5. [1]Bei so genannten gemischt veranlassten Kosten, die sowohl durch die steuerfreie als auch durch die steuerpflichtige Tätigkeit veranlasst sind, scheidet eine Berücksichtigung als Betriebsausgaben des steuerpflichtigen wirtschaftlichen Geschäftsbetriebs grundsätzlich aus, wenn sie ihren primären Anlass im steuerfreien Bereich haben. [2]Werden z.B. Werbemaßnahmen bei sportlichen oder kulturellen Veranstaltungen durchgeführt, sind die Veranstaltungskosten, soweit sie auch ohne die Werbung entstanden wären, keine Betriebsausgaben des steuerpflichtigen wirtschaftlichen Geschäftsbetriebs „Werbung" (BFH-Urteil vom 27.3.1991, I R 31/89, BStBl. 1992 II S. 103; zur pauschalen Gewinnermittlung bei Werbung im Zusammenhang mit der steuerbegünstigten Tätigkeit einschließlich Zweckbetrieben vgl. Nrn. 31 ff. des AEAO zu § 64).

6. Unabhängig von ihrer primären Veranlassung ist eine anteilige Berücksichtigung von gemischt veranlassten Aufwendungen (einschließlich Absetzung für Abnutzung) als Betriebsausgaben des steuerpflichtigen wirtschaftlichen Geschäftsbetriebs dann zulässig, wenn ein objektiver Maßstab für die Aufteilung der Aufwendungen (z.B. nach zeitlichen Gesichtspunkten) auf den ideellen Bereich einschließlich der Zweckbetriebe und den steuerpflichtigen wirtschaftlichen Geschäftsbetrieb besteht.

[1]Danach ist z.B. bei der Gewinnermittlung für den steuerpflichtigen wirtschaftlichen Geschäftsbetrieb „Greenfee" von steuerbegünstigten Golfvereinen wegen der Abgrenzbarkeit nach objektiven Maßstäben (z.B. im Verhältnis der Nutzung der Golfanlage durch vereinsfremde Spieler zu den Golf spielenden Vereinsmitgliedern im Kalenderjahr) trotz primärer Veranlassung durch den ideellen Bereich des Golfvereins ein anteiliger Betriebsausgabenabzug der Aufwendungen (z.B. für Golfplatz- und Personalkosten) zulässig (BFH-Urteil vom 15.1.2015, I R 48/13, BStBl. II S. 713). [2]Bei gemeinnützigen Musikvereinen sind Aufwendungen, die zu einem Teil mit Auftritten ihrer Musikgruppen bei eigenen steuerpflichtigen Festveranstaltungen zusammenhängen, anteilig als Betriebsausgaben des steuerpflichtigen wirtschaftlichen Geschäftsbetriebs abzuziehen. [3]Derartige Aufwendungen sind z.B. Kosten für Notenmaterial, Uniformen und Verstärkeranlagen, die sowohl bei Auftritten, die unentgeltlich erfolgen oder Zweckbetriebe sind, als auch bei Auftritten im Rahmen eines eigenen steuerpflichtigen Betriebs eingesetzt werden. [4]Als Maßstab für die Aufteilung kommt die Zahl der Stunden, die einschließlich der Proben auf die jeweiligen Bereiche entfallen, in Betracht.

[1]Auch die Personal- und Sachkosten für die allgemeine Verwaltung können grundsätzlich im wirtschaftlichen Geschäftsbetrieb abgezogen werden, soweit sie bei einer Aufteilung nach objektiven Maßstäben teilweise darauf entfallen. [2]Bei Kosten für die Errichtung und Unterhaltung von Vereinsheimen gibt es i.d.R. keinen objektiven Aufteilungsmaßstab.

7. [1]Eine gemeinnützige Körperschaft ist bereits nach § 55 Abs. 1 Nr. 1 AO verpflichtet, ihre Mittel ausschließlich zur Förderung gemeinnütziger Zwecke einzusetzen. [2]Ein steuerlicher Abzug derartiger Aufwendungen als Betriebsausgaben scheidet aus. [3]Nichtabziehbar sind nach § 10 Nr. 1 KStG auch Aufwendungen für die Erfüllung von Zwecken, die in der Satzung vorgeschrieben sind. [4]Die Aufwendungen für gemeinnützige oder satzungsmäßige Zwecke können auch nicht aufgrund einer „Auflage" als abziehbare Betriebsausgaben behandelt werden (Nichtanwendung des BFH-Urteils vom 5.6.2003, I R 76/01, BStBl. 2005 II S. 305).

8.[1]) [1]Unter Sponsoring wird üblicherweise die Gewährung von Geld oder geldwerten Vorteilen durch Unternehmen zur Förderung von Personen, Gruppen und/oder Organisationen in sportlichen, kulturellen, kirchlichen, wissenschaftlichen, sozialen, ökologischen oder ähnlich bedeutsamen gesellschaftspolitischen Bereichen verstanden, mit der regelmäßig auch eigene unternehmensbezogene Ziele der Werbung oder Öffentlichkeitsarbeit verfolgt werden. [2]Leistungen eines Sponsors beruhen häufig auf einer vertraglichen Vereinbarung zwischen dem Sponsor und dem Empfänger der Leistungen (Sponsoring-Vertrag), in dem Art und Umfang der Leistungen des Sponsors und des Empfängers geregelt sind.

9. [1]Die im Zusammenhang mit dem Sponsoring erhaltenen Leistungen können bei einer steuerbegünstigten Körperschaft steuerfreie Einnahmen im ideellen Bereich, steuerfreie Einnahmen aus der Vermögensverwaltung oder Einnahmen eines steuerpflichtigen wirtschaftlichen Geschäftsbetriebs sein. [2]Die steuerliche Behandlung der Leistungen beim Empfänger hängt grundsätzlich nicht davon ab, wie die entsprechenden Aufwendungen beim leistenden Unternehmen behandelt werden. [3]Für die Abgrenzung gelten die allgemeinen Grundsätze.

10. Danach liegt kein wirtschaftlicher Geschäftsbetrieb vor, wenn die steuerbegünstigte Körperschaft dem Sponsor nur die Nutzung ihres Namens zu Werbezwecken in der Weise gestattet, dass der Sponsor selbst zu Werbezwecken oder zur Imagepflege auf seine Leistungen an die Körperschaft hinweist.

[1]Ein wirtschaftlicher Geschäftsbetrieb liegt auch dann nicht vor, wenn der Empfänger der Leistungen z.B. auf Plakaten, Veranstaltungshinweisen, in Ausstellungskatalogen oder anderer Weise auf die Unterstützung durch einen Sponsor lediglich hinweist. [2]Dieser Hinweis kann unter Verwendung des Namens, Emblems oder Logos des Sponsors, jedoch ohne besondere Hervorhebung, erfolgen. [3]Entsprechende Sponsoringeinnahmen sind nicht als Einnahmen aus der Vermögensverwaltung anzusehen. [4]Eine Zuführung zur freien Rücklage nach § 62 Abs. 1 Nr. 3 AO ist daher lediglich i.H.v. 10 % der Einnahmen, nicht aber i.H.v. einem Drittel des daraus erzielten Überschusses möglich.

11. [1]Ein wirtschaftlicher Geschäftsbetrieb liegt dagegen vor, wenn die Körperschaft an den Werbemaßnahmen mitwirkt. [2]Dies ist z.B. der Fall, wenn die Körperschaft dem Sponsor das Recht einräumt, in einem von ihr herausgegebenen Publikationsorgan Werbeanzeigen zu schalten, einschlägige sponsorenbezogene Themen darzustellen und bei Veranstaltungen der Körperschaft deren Mitglieder über diese Themen zu informieren und dafür zu werben (vgl. BFH-Urteil vom 7.11.2007, I R 42/06, BStBl. 2008 II S. 949). [3]Der wirtschaftliche

---

[1]) Zur ertragsteuerlichen Behandlung des Sponsoring siehe BMF v. 18.2.1998, BStBl. I 1998, 212, nicht anzuwenden bei der Veranstaltung von Golfturnieren durch Automobilvertragshändler, siehe OFD Hannover v. 20.5.2009, StEd 2009, 458.

Geschäftsbetrieb kann kein Zweckbetrieb (§§ 65 bis 68 AO) sein. [4]Soweit Sponsoringeinnahmen unmittelbar in einem aus anderen Gründen steuerpflichtigen wirtschaftlichen Geschäftsbetrieb anfallen, sind sie diesem zuzurechnen.

Zu § 64 Abs. 2 AO:

12. [1]Die Sammlung und Verwertung von Zahngold durch eine steuerbegünstigte Körperschaft im eigenen Namen und auf eigene Rechnung bildet nach den Grundsätzen des BFH-Urteils vom 26.2.1992, I R 149/90, BStBl. II S. 693, einen einheitlichen steuerpflichtigen wirtschaftlichen Geschäftsbetrieb (§§ 14, 64 AO). [2]Erklären die Spender, dass das Zahngold von der steuerbegünstigten Körperschaft im Namen der Spender und für Rechnung der Spender verwertet werden soll (treuhänderische Verwertung) und wenden die Spender den Verwertungserlös der steuerbegünstigten Körperschaft zu, liegt kein wirtschaftlicher Geschäftsbetrieb vor, wenn das Mitwirken der steuerbegünstigten Körperschaft sich darauf beschränkt, das Zahngold lediglich in Vertretung des Spenders bei der Scheideanstalt einzureichen. [3]Nehmen Spender anonym an der Zahngoldsammlung teil, begründet die steuerbegünstigte Körperschaft, die das Zahngold sammelt und verwerten lässt, damit einen steuerpflichtigen wirtschaftlichen Geschäftsbetrieb.

13. Unter Beschäftigungsgesellschaften sind Körperschaften zu verstehen, die – gegebenenfalls unter Nutzung arbeitsförderungsrechtlicher Instrumente und sonstiger Förderungsmöglichkeiten – die Hilfe für früher arbeitslose und von Arbeitslosigkeit bedrohte Menschen insbesondere durch Arbeitsbeschaffungsmaßnahmen, berufliche Qualifizierungsmaßnahmen und Umschulungen zum Ziel haben.

[1]Beschäftigungsgesellschaften können in der Regel nicht als gemeinnützig behandelt werden, wenn sie Waren herstellen und vertreiben oder Leistungen an Dritte erbringen, da sie dann wie andere Unternehmen eine wirtschaftliche Tätigkeit ausüben. [2]Dies ist kein gemeinnütziger Zweck. [3]Dass durch die wirtschaftliche Tätigkeit Arbeitsplätze erhalten oder geschaffen werden, rechtfertigt nicht die Anerkennung der Gemeinnützigkeit. [4]Die Erhaltung und Schaffung von Arbeitsplätzen ist mit jeder wirtschaftlichen Tätigkeit verbunden.

[1]Eine Beschäftigungsgesellschaft kann aber dann als gemeinnützig anerkannt werden, wenn das Schwergewicht ihrer Tätigkeit auf der beruflichen Qualifizierung, der Umschulung oder der sozialen Betreuung liegt. [2]Werden dabei Waren hergestellt und vertrieben (z.B. im Rahmen der Ausbildung angefertigte Sachen) oder Leistungen gegenüber Dritten erbracht, liegt insoweit ein wirtschaftlicher Geschäftsbetrieb (§ 14 Satz 1 und 2 AO) vor. [3]Ist dieser steuerpflichtig, darf er weder Satzungszweck noch nach der tatsächlichen Geschäftsführung Selbst- oder Hauptzweck der Gesellschaft sein. [4]Ob der wirtschaftliche Geschäftsbetrieb steuerpflichtig oder ein steuerbegünstigter Zweckbetrieb ist, richtet sich nach den §§ 65 und 68 AO.

[1]Ein steuerbegünstigter Zweckbetrieb liegt insbesondere vor, wenn die Voraussetzungen des § 68 Nr. 3 AO erfüllt sind. [2]Danach sind Werkstätten für behinderte Menschen, die nach den Vorschriften des Arbeitsförderungsgesetzes förderungsfähig sind und Personen Arbeitsplätze bieten, die wegen ihrer Behinderung nicht auf dem allgemeinen Arbeitsmarkt tätig sein können, sowie

Einrichtungen für Beschäftigungs- und Arbeitstherapie, die der Eingliederung von Behinderten dienen, als Zweckbetriebe zu behandeln.

[1]Die Voraussetzungen des § 65 AO für die Zweckbetriebseigenschaft einer wirtschaftlichen Betätigung sind regelmäßig erfüllt, wenn sich der wirtschaftliche Geschäftsbetrieb in einer aus- oder weiterbildenden Tätigkeit gegen Teilnehmergebühren erschöpft. [2]Sie sind auch erfüllt, soweit als Ausfluss der beruflichen Qualifizierungs- und Umschulungsmaßnahmen Waren hergestellt und veräußert oder Dienstleistungen gegenüber Dritten gegen Entgelt erbracht werden. [3]Dagegen wird ein steuerpflichtiger wirtschaftlicher Geschäftsbetrieb (§ 64 AO) begründet, wenn die Herstellung und Veräußerung von Waren oder die entgeltlichen Dienstleistungen den Umfang überschreiten, der zur Erfüllung der beruflichen Qualifizierungs- und Umschulungsmaßnahmen notwendig ist.

Bei der gemeinnützigkeitsrechtlichen Behandlung von Körperschaften, die ähnliche Zwecke wie die Beschäftigungsgesellschaft fördern, ist nach den gleichen Grundsätzen zu verfahren.

14. [1]Die Regelung, dass bei steuerbegünstigten Körperschaften mehrere steuerpflichtige wirtschaftliche Geschäftsbetriebe als ein Betrieb zu behandeln sind, gilt auch für die Ermittlung des steuerpflichtigen Einkommens der Körperschaft und für die Beurteilung der Buchführungspflicht nach § 141 Abs. 1 AO. [2]Für die Frage, ob die Grenzen für die Buchführungspflicht überschritten sind, kommt es also auf die Werte (Einnahmen, Überschuss) des Gesamtbetriebs an.

15. [1]§ 55 Abs. 1 Nr. 1 Satz 2 und Nr. 3 AO gilt auch für den steuerpflichtigen wirtschaftlichen Geschäftsbetrieb. [2]Das bedeutet u.a., dass Verluste und Gewinnminderungen in den einzelnen steuerpflichtigen wirtschaftlichen Geschäftsbetrieben nicht durch Zuwendungen an Mitglieder oder durch unverhältnismäßig hohe Vergütungen entstanden sein dürfen.

16. Die entgeltliche Übernahme von Verwaltungstätigkeiten durch Einsatzstellen, Zentralstellen und Träger i.S.d. §§ 6 und 7 Bundesfreiwilligendienstgesetz (BFDG) aufgrund von Verträgen nach § 16 BFDG begründet einen steuerpflichtigen wirtschaftlichen Geschäftsbetrieb nach § 64 AO (teilweise Nichtanwendung des BFH-Urteils vom 23.7.2009, V R 93/07, BStBl. 2015 II S. 735).

17. [1]Bei einer Körperschaft, die mehrere steuerpflichtige wirtschaftliche Geschäftsbetriebe unterhält, ist für die Frage, ob gemeinnützigkeitsschädliche Verluste vorliegen, nicht auf das Ergebnis des einzelnen steuerpflichtigen wirtschaftlichen Geschäftsbetriebs, sondern auf das zusammengefasste Ergebnis aller steuerpflichtigen wirtschaftlichen Geschäftsbetriebe abzustellen. [2]Danach ist die Gemeinnützigkeit einer Körperschaft gefährdet, wenn die steuerpflichtigen wirtschaftlichen Geschäftsbetriebe insgesamt Verluste erwirtschaften (vgl. Nrn. 4 ff. des AEAO zu § 55).

In den Fällen des § 64 Abs. 5 und 6 AO ist nicht der geschätzte bzw. pauschal ermittelte Gewinn, sondern das Ergebnis zu berücksichtigen, das sich bei einer Ermittlung nach den allgemeinen Regelungen ergeben würde (vgl. Nrn. 4 bis 6 des AEAO zu § 64).

Zu § 64 Abs. 3 AO:

18. [1]Die Höhe der Einnahmen aus den steuerpflichtigen wirtschaftlichen Geschäftsbetrieben bestimmt sich nach den Grundsätzen der steuerlichen Gewinnermittlung. [2] Bei steuerbegünstigten Körperschaften, die den Gewinn nach § 4 Abs. 1 oder § 5 EStG[1] ermitteln, kommt es deshalb nicht auf den Zufluss i.S.d. § 11 EStG an, so dass auch Forderungszugänge als Einnahmen zu erfassen sind. [3] Bei anderen steuerbegünstigten Körperschaften sind die im Kalenderjahr zugeflossenen Einnahmen (§ 11 EStG) maßgeblich. [4] Ob die Einnahmen die Besteuerungsgrenze übersteigen, ist für jedes Jahr gesondert zu prüfen. [5] Nicht leistungsbezogene Einnahmen sind nicht den für die Besteuerungsgrenze maßgeblichen Einnahmen zuzurechnen (vgl. Nr. 20 des AEAO zu § 64).

19. [1] Zu den Einnahmen i.S.d. § 64 Abs. 3 AO gehören leistungsbezogene Einnahmen einschließlich Umsatzsteuer aus dem laufenden Geschäft, wie Einnahmen aus dem Verkauf von Speisen und Getränken. [2] Dazu zählen auch erhaltene Anzahlungen.

20. Zu den leistungsbezogenen Einnahmen i.S.d. Nr. 19 des AEAO zu § 64 gehören z.B. nicht

a) der Erlös aus der Veräußerung von Wirtschaftsgütern des Anlagevermögens des steuerpflichtigen wirtschaftlichen Geschäftsbetriebs;

b) Betriebskostenzuschüsse sowie Zuschüsse für die Anschaffung oder Herstellung von Wirtschaftsgütern des steuerpflichtigen wirtschaftlichen Geschäftsbetriebs;

c) Investitionszulagen;

d) der Zufluss von Darlehen;

e) Entnahmen i.S.d. § 4 Abs. 1 EStG;

f) die Auflösung von Rücklagen;

g) erstattete Betriebsausgaben, z.B. Umsatzsteuer;

h) Versicherungsleistungen mit Ausnahme des Ersatzes von leistungsbezogenen Einnahmen.

21. [1] Ist eine steuerbegünstigte Körperschaft an einer Personengesellschaft oder Gemeinschaft beteiligt, sind für die Beurteilung, ob die Besteuerungsgrenze überschritten wird, die anteiligen (Brutto-)Einnahmen aus der Beteiligung – nicht aber der Gewinnanteil – maßgeblich. [2] Bei Beteiligung einer steuerbegünstigten Körperschaft an einer Kapitalgesellschaft sind die Bezüge i.S.d. § 8b Abs. 1 KStG und die Erlöse aus der Veräußerung von Anteilen i.S.d. § 8b Abs. 2 KStG als Einnahmen i.S.d. § 64 Abs. 3 AO zu erfassen, wenn die Beteiligung einen steuerpflichtigen wirtschaftlichen Geschäftsbetrieb darstellt (vgl. Nr. 3 des AEAO zu § 64) oder in einem steuerpflichtigen wirtschaftlichen Geschäftsbetrieb gehalten wird.

22. In den Fällen des § 64 Abs. 5 und 6 AO sind für die Prüfung, ob die Besteuerungsgrenze i.S.d. § 64 Abs. 3 AO überschritten wird, die tatsächlichen Einnahmen anzusetzen.

23. Einnahmen aus sportlichen Veranstaltungen, die nach § 67a Abs. 1 Satz 1 AO oder – bei einer Option – nach § 67a Abs. 3 AO kein Zweckbetrieb sind, gehören zu den Einnahmen i.S.d. § 64 Abs. 3 AO.

Beispiel:
Ein Sportverein, der auf die Anwendung des § 67a Abs. 1 Satz 1 AO (Zweckbetriebsgrenze) verzichtet hat, erzielt im Jahr 01 folgende Einnahmen aus wirtschaftlichen Geschäftsbetrieben:

---

[1] dtv 5785 ESt/LSt Nr. 1.

Sportliche Veranstaltungen, an denen kein bezahlter Sportler teilgenommen hat:	40.000 €
Sportliche Veranstaltungen, an denen bezahlte Sportler des Vereins teilgenommen haben:	20.000 €
Verkauf von Speisen und Getränken:	5.000 €

Die Einnahmen aus wirtschaftlichen Geschäftsbetrieben, die keine Zweckbetriebe sind, betragen 25.000 € (20.000 € + 5.000 €). Die Besteuerungsgrenze von 35.000 € wird nicht überschritten.

24. [1] Eine wirtschaftliche Betätigung verliert durch das Unterschreiten der Besteuerungsgrenze nicht den Charakter des steuerpflichtigen wirtschaftlichen Geschäftsbetriebs. [2] Das bedeutet, dass kein Beginn einer teilweisen Steuerbefreiung i.S.d. § 13 Abs. 5 KStG vorliegt und dementsprechend keine Schlussbesteuerung durchzuführen ist, wenn Körperschaft- und Gewerbesteuer wegen § 64 Abs. 3 AO nicht mehr erhoben werden.

25. Bei Körperschaften mit einem vom Kalenderjahr abweichenden Wirtschaftsjahr sind für die Frage, ob die Besteuerungsgrenze überschritten wird, die in dem Wirtschaftsjahr erzielten Einnahmen maßgeblich.

26. [1] Der allgemeine Grundsatz des Gemeinnützigkeitsrechts, dass für die steuerbegünstigten Zwecke gebundene Mittel nicht für den Ausgleich von Verlusten aus steuerpflichtigen wirtschaftlichen Geschäftsbetrieben verwendet werden dürfen, wird durch § 64 Abs. 3 AO nicht aufgehoben. [2] Unter diesem Gesichtspunkt braucht jedoch bei Unterschreiten der Besteuerungsgrenze der Frage der Mittelverwendung nicht nachgegangen zu werden, wenn bei überschlägiger Prüfung der Aufzeichnungen erkennbar ist, dass in dem steuerpflichtigen wirtschaftlichen Geschäftsbetrieb (§ 64 Abs. 2 AO) keine Verluste entstanden sind.

27. [1]) [1] Verluste und Gewinne aus Jahren, in denen die maßgeblichen Einnahmen die Besteuerungsgrenze nicht übersteigen, bleiben bei dem Verlustabzug (§ 10d EStG) außer Ansatz. [2] Ein rück- und vortragbarer Verlust kann danach nur in Jahren entstehen, in denen die Einnahmen die Besteuerungsgrenze übersteigen. [3] Dieser Verlust wird nicht für Jahre verbraucht, in denen die Einnahmen die Besteuerungsgrenze von 35 000 € nicht übersteigen.

Zu § 64 Abs. 4 AO:

28. § 64 Abs. 4 AO gilt nicht für regionale Untergliederungen (Landes-, Bezirks-, Ortsverbände) steuerbegünstigter Körperschaften.

Zu § 64 Abs. 5 AO:

29. [1] § 64 Abs. 5 AO gilt nur für Altmaterialsammlungen (Sammlung und Verwertung von Lumpen, gesammelten Kleidungsstücken, Altpapier, Schrott). [2] Zahngold ist kein Altmaterial. [3] Die Regelung gilt nicht für den Einzelverkauf gebrauchter Sachen (Gebrauchtwarenhandel). [4] Basare und ähnliche Einrichtungen sind deshalb nicht begünstigt (vgl. BFH-Urteil vom 11.2.2009, I R 73/08, BStBl. II S. 516). [5] Zu Kleiderkammern siehe Nr. 9 des AEAO zu § 66.

30. § 64 Abs. 5 AO ist nur anzuwenden, wenn die Körperschaft dies beantragt (Wahlrecht).

31. Der branchenübliche Reingewinn ist bei der Verwertung von Altpapier mit 5 % und bei der Verwertung von u.a. Altmaterial mit 20 % der Einnahmen anzusetzen.

---

[1]) Zur Hinzurechnung der Pachtzinsen beim Gewerbeertrag des Pächters eines wirtschaftlichen Geschäftsbetriebs siehe BFH v. 4.4.2007 I R 55/06, BStBl. II 2007, 725.

Zu § 64 Abs. 6 AO:

32. [1]Bei den genannten steuerpflichtigen wirtschaftlichen Geschäftsbetrieben ist der Besteuerung auf Antrag der Körperschaft ein Gewinn von 15 % der Einnahmen zugrunde zu legen. [2]Der Antrag gilt jeweils für alle gleichartigen Tätigkeiten in dem betreffenden Veranlagungszeitraum. [3]Er entfaltet keine Bindungswirkung für folgende Veranlagungszeiträume.

33. [1]Nach § 64 Abs. 6 Nr. 1 AO kann der Gewinn aus Werbemaßnahmen pauschal ermittelt werden, wenn sie im Zusammenhang mit der steuerbegünstigten Tätigkeit einschließlich Zweckbetrieben stattfinden. [2]Beispiele für derartige Werbemaßnahmen sind die Trikot- oder Bandenwerbung bei Sportveranstaltungen, die ein Zweckbetrieb sind, oder die aktive Werbung in Programmheften oder auf Plakaten bei kulturellen Veranstaltungen. [3]Dies gilt auch für Sponsoring i.S.d. Nr. 10 des AEAO zu § 64.

34. Soweit Werbeeinnahmen nicht im Zusammenhang mit der ideellen steuerbegünstigten Tätigkeit oder einem Zweckbetrieb erzielt werden, z.B. Werbemaßnahmen bei einem Vereinsfest oder bei sportlichen Veranstaltungen, die wegen Überschreitens der Zweckbetriebsgrenze des § 67a Abs. 1 AO oder wegen des Einsatzes bezahlter Sportler ein steuerpflichtiger wirtschaftlicher Geschäftsbetrieb sind, ist § 64 Abs. 6 AO nicht anzuwenden.

35. [1]Das Veranstalten von Trabrennen kann ein steuerpflichtiger wirtschaftlicher Geschäftsbetrieb nach § 64 Abs. 6 AO sein, der mit dem Betrieb eines Totalisators einen einheitlichen wirtschaftlichen Geschäftsbetrieb bildet. [2]Diesem Betrieb sind grundsätzlich sämtliche Einnahmen und Ausgaben zuzuordnen, die durch ihn veranlasst sind (BFH-Urteil vom 22.4.2009, I R 15/07, BStBl. 2011 II S. 475).

[1]Nach § 64 Abs. 6 Nr. 2 AO kann der Gewinn aus dem Totalisatorbetrieb der Pferderennvereine allerdings mit 15 % der Einnahmen angesetzt werden. [2]Die maßgeblichen Einnahmen ermitteln sich insoweit wie folgt:

Wetteinnahmen

abzgl. Rennwettsteuer (Totalisatorsteuer)

abzgl. Auszahlungen an die Wetter.

Zu § 64 Abs. 5 und 6 AO:

36. Wird in den Fällen des § 64 Abs. 5 oder 6 AO kein Antrag auf Schätzung des Überschusses oder auf pauschale Gewinnermittlung gestellt, ist der Gewinn nach den allgemeinen Regeln durch Gegenüberstellung der Betriebseinnahmen und der Betriebsausgaben zu ermitteln (vgl. Nrn. 4 bis 6 des AEAO zu § 64).

37. Wird der Überschuss nach § 64 Abs. 5 AO geschätzt oder nach § 64 Abs. 6 AO pauschal ermittelt, sind dadurch auch die damit zusammenhängenden tatsächlichen Aufwendungen der Körperschaft abgegolten; sie können nicht zusätzlich abgezogen werden.

38. [1]Wird der Überschuss nach § 64 Abs. 5 AO geschätzt oder nach § 64 Abs. 6 AO pauschal ermittelt, muss die Körperschaft die mit diesen Einnahmen im Zusammenhang stehenden Einnahmen und Ausgaben gesondert aufzeichnen. [2]Die genaue Höhe der Einnahmen wird zur Ermittlung des Gewinns nach § 64 Abs. 5 bzw. 6 AO benötigt. [3]Die mit diesen steuerpflichtigen wirtschaftlichen Geschäftsbetrieben zusammenhängenden Ausgaben dürfen das Ergebnis der anderen steuerpflichtigen wirtschaftlichen Geschäftsbetriebe nicht mindern.

39. Die in den Bruttoeinnahmen ggf. enthaltene Umsatzsteuer gehört nicht zu den maßgeblichen Einnahmen i.S.d. § 64 Abs. 5 und 6 AO.

AEAO zu § 65 – Zweckbetrieb: [1)2)]

1. [1]Der Zweckbetrieb ist ein wirtschaftlicher Geschäftsbetrieb i.S.v. § 14 AO. [2]Jedoch wird ein wirtschaftlicher Geschäftsbetrieb unter bestimmten Voraussetzungen steuerlich dem begünstigten Bereich der Körperschaft zugerechnet.

2. [1]Ein Zweckbetrieb muss tatsächlich und unmittelbar satzungsmäßige Zwecke der Körperschaft verwirklichen, die ihn betreibt. [2]Es genügt nicht, wenn er begünstigte Zwecke verfolgt, die nicht satzungsmäßige Zwecke der ihn tragenden Körperschaft sind. [3]Ebenso wenig genügt es, wenn er der Verwirklichung begünstigter Zwecke nur mittelbar dient, z.B. durch Abführung seiner Erträge (BFH-Urteil vom 21.8.1985, I R 60/80, BStBl. 1986 II S. 88). [4]Ein Zweckbetrieb muss deshalb in seiner Gesamtrichtung mit den ihn begründenden Tätigkeiten und nicht nur mit den durch ihn erzielten Einnahmen den steuerbegünstigten Zwecken dienen (BFH-Urteil vom 26.4.1995, I R 35/93, BStBl. II S. 767).

3. [1]Weitere Voraussetzung eines Zweckbetriebes ist, dass die Zwecke der Körperschaft nur durch ihn erreicht werden können. [2]Die Körperschaft muss den Zweckbetrieb zur Verwirklichung ihrer satzungsmäßigen Zwecke unbedingt und unmittelbar benötigen. [3]Dies ist z.B. nicht der Fall beim Betrieb einer Beschaffungsstelle (zentraler Ein- und Verkauf von Ausrüstungsgegenständen, Auftragsbeschaffung etc.), da dieser weder unentbehrlich noch das einzige Mittel zur Erreichung des steuerbegünstigten Zwecks ist.

4. [3)4)] [1]Der Wettbewerb eines Zweckbetriebs zu nicht begünstigten Betrieben derselben oder ähnlicher Art muss auf das zur Erfüllung der steuerbegünstigten Zwecke unvermeidbare Maß begrenzt sein. [2]Wettbewerb i.S.d. § 65 Nr. 3 AO setzt nicht voraus, dass die Körperschaft auf einem Gebiet tätig ist, in der sie tatsächlich in Konkurrenz zu steuerpflichtigen Betrieben derselben oder ähnlicher Art tritt. [3]Der Sinn und Zweck des § 65 Nr. 3 AO liegt in einem umfänglichen Schutz des Wettbewerbs, der auch den potentiellen Wettbewerb umfasst (vgl. BFH-Urteile vom 27.10.1993, I R 60/91, BStBl. 1994 II S. 573, und vom 29.1.2009, V R 46/06, BStBl. II S. 560). [4]Ein Zweckbetrieb ist daher – entgegen dem BFH-Urteil vom 30.3.2000, V R 30/99, BStBl. II S. 705 – bereits dann nicht gegeben, wenn ein Wettbewerb mit steuerpflichtigen Unternehmen lediglich möglich wäre, ohne dass es auf die tatsächliche Wettbewerbssituation vor Ort ankommt. [5]Unschädlich ist dagegen der uneingeschränkte

---

[1)] Zu Billigkeitsmaßnahmen bei vorübergehender Unterbringung von Bürgerkriegsflüchtlingen und Asylbewerbern siehe BMF v. 20.11.2014, BStBl. I 2014, 1613, ergänzt durch BMF v. 9.2.2015, BStBl. I 2016, 223 und v. 5.2.2019, BStBl. I 2019, 116 für VZ 2014 bis 2021.

[2)] Zur Gewinnpauschalierung bei wissenschaftlichen Tagungen siehe BFH v. 26.6.2019 V R 70/17, BStBl. II 2019, 654.

[3)] Siehe auch BFH v. 20.3.2014 V R 4/13, DStR 2014, 1539 (steuerbare Leistungen eines Sportvereins nach EU-Recht und nationalem Recht).

[4)] Siehe auch BFH v. 10.8.2016 V R 14/15, BFH/NV 2017, 63 (Pferdepensionsleistungen eines Vereins).

Wettbewerb zwischen Zweckbetrieben, die demselben steuerbegünstigten Zweck dienen und ihn in der gleichen oder in ähnlicher Form verwirklichen.

AEAO zu § 66 – Wohlfahrtspflege:

1. Die Bestimmung enthält eine Sonderregelung für wirtschaftliche Geschäftsbetriebe, die sich mit der Wohlfahrtspflege befassen.

2. [1] Die Wohlfahrtspflege darf nicht des Erwerbs wegen ausgeübt werden. [2] Eine Einrichtung wird dann „des Erwerbs wegen" betrieben, wenn damit Gewinne angestrebt werden, die den konkreten Finanzierungsbedarf des jeweiligen wirtschaftlichen Geschäftsbetriebs übersteigen, die Wohlfahrtspflege mithin in erster Linie auf Mehrung des eigenen Vermögens gerichtet ist. [3] Dabei kann die Erzielung von Gewinnen in gewissem Umfang – z.B. zum Inflationsausgleich oder zur Finanzierung von betrieblichen Erhaltungs- und Modernisierungsmaßnahmen – geboten sein, ohne in Konflikt mit dem Zweck der steuerlichen Begünstigung zu stehen (BFH-Urteil vom 27.11.2013, I R 17/12, BStBl. 2016 II S. 68). [4] Werden in drei aufeinanderfolgenden Veranlagungszeiträumen jeweils Gewinne erwirtschaftet, die den konkreten Finanzierungsbedarf der wohlfahrtspflegerischen Gesamtsphäre der Körperschaft übersteigen, ist widerlegbar (z.B. unbeabsichtigte Gewinne aufgrund von Marktschwankungen) von einer zweckbetriebsschädlichen Absicht der Körperschaft auszugehen, den Zweckbetrieb des Erwerbs wegen auszuüben. [5] Gewinne aufgrund staatlich regulierter Preise (z.B. auf Grundlage einer Gebührenordnung nach Maßgabe des § 90 SGB XI) sind kein Indiz dafür, dass der Zweckbetrieb des Erwerbs wegen ausgeübt wird.

[1] Der konkrete Finanzierungsbedarf im Sinne des Satzes 4 umfasst die Erträge, die für den Betrieb und die Fortführung der Einrichtung(en) der Wohlfahrtspflege notwendig sind und beinhaltet auch die zulässige Rücklagenbildung nach § 62 Absatz 1 Nummern 1 und 2. [2] Zur wohlfahrtspflegerischen Gesamtsphäre im Sinne des Satzes 4 gehören

a) Wohlfahrtspflegeeinrichtungen im Sinne des § 66 AO,

b) Zweckbetriebe im Sinne des § 68 AO, soweit diese auch die Voraussetzungen des § 66 AO erfüllen,

c) Zweckbetriebe im Sinne des § 67 AO sowie

d) ideelle Tätigkeiten, für die die Voraussetzungen des § 66 AO vorlägen, wenn sie entgeltlich ausgeführt würden.

3. [1] Die Tätigkeit muss auf die Sorge für notleidende oder gefährdete Menschen gerichtet sein. [2] Notleidend bzw. gefährdet sind Menschen, die eine oder beide der in § 53 Nr. 1 und 2 AO genannten Voraussetzungen erfüllen. [3] Auf die Vertragsbeziehung, die der Leistungserbringung zu Grunde liegt, kommt es nicht an. [4] Entscheidend ist, dass die Einrichtung der Wohlfahrtspflege zumindest faktisch unmittelbar gegenüber den in § 53 AO genannten Personen tätig wird. [5] Bei Leistungen, die faktisch nicht gegenüber den in § 53 AO genannten Personen erbracht werden, fehlt es an der Unmittelbarkeit (BFH-Urteil vom 6.2.2013, I R 59/11, BStBl. II S. 603).

[1] Es ist auch nicht erforderlich, dass die gesamte Tätigkeit auf die Förderung notleidender bzw. gefährdeter Menschen gerichtet ist. [2] Es genügt, wenn zwei Drittel der Leistungen einer Einrichtung notleidenden bzw. gefährdeten Men-

schen zugutekommen.[1] [3] Auf das Zahlenverhältnis von gefährdeten bzw. notleidenden und übrigen geförderten Menschen kommt es nicht an.

[1] Werden neben Leistungen an die in § 53 AO genannten Personen noch andere Leistungen für einen Dritten erbracht, sind diese Leistungen, soweit sie nicht zur Organisation des eigentlichen Zweckbetriebes gehören, nicht dem Zweckbetrieb nach § 66 AO zuzurechnen. [2] Wird also z.B. durch eine Körperschaft Personal zur Erfüllung der steuerbegünstigten Zwecke für einen Vertragspartner im Rahmen einer Pflegeeinrichtung zur Verfügung gestellt, so sind die bereitgestellten Pflegekräfte dem Zweckbetrieb nach § 66 AO zuzuordnen. [3] Erbringt das bereitgestellte Personal z.B. nur Verwaltungsleistungen, sind diese Leistungen nicht dem Zweckbetrieb nach § 66 AO zuzuordnen.

4.[2] Eine Einrichtung der Wohlfahrtspflege liegt regelmäßig vor bei häuslichen Pflegeleistungen durch eine steuerbegünstigte Körperschaft i.R.d. SGB VII, SGB XI, SGB XII oder BVG.

5. [1] Die Belieferung von Studentinnen und Studenten mit Speisen und Getränken in Mensa- und Cafeteria-Betrieben von Studentenwerken ist als Zweckbetrieb zu beurteilen. [2] Der Verkauf von alkoholischen Getränken, Tabakwaren und sonstigen Handelswaren darf jedoch nicht mehr als 5 % des Gesamtumsatzes ausmachen. [3] Auch bei anderen steuerbegünstigten Körperschaften kann entsprechend der Beurteilung bei den Studentenwerken der Betrieb einer Cafeteria für Studierende auf dem Campus ein Zweckbetrieb der Wohlfahrtspflege sein. [4] Entsprechendes gilt für die Grundversorgung mit Speisen und Getränken von Schülerinnen und Schülern an Schulen bzw. Kindern in einer Kindertagesstätte.

6. Die bloße Beförderung von Personen, für die der Arzt eine Krankenfahrt (Beförderung in Pkws, Taxen oder Mietwagen) verordnet hat, erfüllt nicht die Kriterien nach § 66 Abs. 2 AO.

7. [1] Werden die Leistungen unter gleichen Bedingungen sowohl gegenüber hilfebedürftigen als auch nicht hilfebedürftigen Personen erbracht, ist ein einheitlicher wirtschaftlicher Geschäftsbetrieb „Einrichtung der Wohlfahrtspflege" anzunehmen. [2] Dieser ist als Zweckbetrieb zu behandeln, wenn die Zweidrittelgrenze des § 66 AO erfüllt wird. [3] Die Einhaltung dieser Tatbestandsvoraussetzung ist nachzuweisen. [4] Bei Kleiderkammern, Suppenküchen, Obdachlosenasylen und den sogenannten Tafeln kann auf den Nachweis der Zweidrittelgrenze verzichtet werden, wenn ein Bescheid nach § 53 Nr. 2 Satz 8 AO vorliegt.

8. [1] Gesellige Veranstaltungen sind als steuerpflichtige wirtschaftliche Geschäftsbetriebe zu behandeln. [2] Veranstaltungen, bei denen zwar auch die Geselligkeit gepflegt wird, die aber in erster Linie zur Betreuung behinderter Personen durchgeführt werden, können unter den Voraussetzungen der §§ 65 und 66 AO Zweckbetrieb sein.

9. [1] Der Einzelverkauf gesammelter Kleidungsstücke in einer Kleiderkammer oder einer ähnlichen Einrichtung kann ein Zweckbetrieb i.S.d. § 66 AO sein.

---

[1] Zu einem Familienhotel als steuerbegünstigter Zweckbetrieb siehe BFH v. 21.9.2016 V R 50/15, BStBl. II 2017, 1173.

[2] Leistungen gegen Entgelt an Vermieter altenbetreuter Wohnungen sind kein Betrieb der Wohlfahrtspflege oder Zweckbetrieb; vgl. BFH v. 16.12.2009 I R 49/08, BStBl. II 2011, 398.

[2] Dies setzt voraus, dass mindestens zwei Drittel der Leistungen der Einrichtung hilfebedürftigen Personen i.S.d. § 53 AO zugutekommen.

AEAO zu § 67 – Krankenhäuser:

[1] Nach § 2 Nr. 1 Krankenhausfinanzierungsgesetz sind Krankenhäuser Einrichtungen, in denen durch ärztliche und pflegerische Hilfeleistung Krankheiten, Leiden oder Körperschäden festgestellt, geheilt oder gelindert werden sollen oder Geburtshilfe geleistet wird und in denen die zu versorgenden Personen untergebracht und verpflegt werden können. [2] Krankenhausleistungen sind Leistungen, die unter Berücksichtigung der Leistungsfähigkeit des Krankenhauses im Einzelfall nach Art und Schwere der Krankheit für die medizinisch zweckmäßige und ausreichende Versorgung der Patienten notwendig sind. [3] Es handelt sich u.a. um

– ärztliche und pflegerische Behandlung oder

– Versorgung mit Arznei-, Heil- und Hilfsmitteln, die für die Versorgung im Krankenhaus notwendig sind, oder

– Unterkunft und Verpflegung.

[1] Zu dem Zweckbetrieb Krankenhaus gehören damit alle Einnahmen und Ausgaben, die mit den ärztlichen und pflegerischen Leistungen an die Patienten als Benutzer des jeweiligen Krankenhauses zusammenhängen (BFH-Urteil vom 6.4.2005, I R 85/04, BStBl. II S. 545). [2] Darunter fallen auch die an ambulant behandelten Patienten erbrachten Leistungen, soweit diese Bestandteil des Versorgungsauftrages des Krankenhauses sind. [3] Gleiches gilt für typischerweise von einem Krankenhaus gegenüber seinen Patienten erbrachte Leistungen, soweit das Krankenhaus zur Sicherstellung seines Versorgungsauftrages von Gesetzes wegen zu diesen Leistungen befugt ist und der Sozialversicherungsträger die insoweit entstehenden Kosten trägt (BFH-Urteile vom 31.7.2013, I R 82/12, BStBl. 2015 II S. 123, und vom 18.10.2017, V R 46/16, BStBl. 2018 II S. 672). [4] Der Versorgungsauftrag eines Krankenhauses (§ 8 Abs. 1 Satz 4 Krankenhausentgeltgesetz) regelt, welche Leistungen ein Krankenhaus, unabhängig von der Art der Krankenversicherungsträger, erbringen darf. [5] Für die gemeinnützigkeitsrechtliche Beurteilung folgt daraus, dass für Leistungen, die außerhalb des Versorgungsauftrages erbracht werden, eine Zuordnung zum Zweckbetrieb Krankenhaus ausscheidet.

Für die Zurechnung der Behandlungsleistungen zum Zweckbetrieb Krankenhaus ist es unbeachtlich, wenn die Behandlungen von Patienten des Krankenhauses durch einen ermächtigten Arzt als Dienstaufgabe innerhalb einer nichtselbstständigen Tätigkeit (Einkünfte nach § 19 EStG[1]) erbracht werden.[2]

[1] Für die Beurteilung eines Krankenhauses als Zweckbetrieb ist allein § 67 AO maßgebend. [2] Es müssen nicht zusätzlich die Voraussetzungen des § 66 AO erfüllt sein.

---

[1] dtv 5785 ESt/LSt Nr. 1.
[2] Zur Zurechnung von Behandlungsleistungen mit Abgabe von Zytostatika zum Zweckbetrieb Krankenhaus siehe BFH v. 6.6.2019 V R 39/17, BStBl. II 2019, 651.

AEAO zu § 67a – Sportliche Veranstaltungen:

Allgemeines:

1. [1]Sportliche Veranstaltungen eines Sportvereins sind grundsätzlich ein Zweckbetrieb, wenn die Einnahmen einschließlich der Umsatzsteuer aus allen sportlichen Veranstaltungen des Vereins die Zweckbetriebsgrenze von 45.000 € im Jahr nicht übersteigen (§ 67a Abs. 1 Satz 1 AO). [2]Übersteigen die Einnahmen die Zweckbetriebsgrenze von 45.000 €, liegt grundsätzlich ein steuerpflichtiger wirtschaftlicher Geschäftsbetrieb vor.

[1]Der Verein kann auf die Anwendung der Zweckbetriebsgrenze verzichten (§ 67a Abs. 2 AO). [2]Die steuerliche Behandlung seiner sportlichen Veranstaltungen richtet sich dann nach § 67a Abs. 3 AO.

2. [1]Unter Sportvereinen i.S.d. Vorschrift sind alle gemeinnützigen Körperschaften zu verstehen, bei denen die Förderung des Sports (§ 52 Abs. 2 Satz 1 Nr. 21 AO) Satzungszweck ist; die tatsächliche Geschäftsführung muss diesem Satzungszweck entsprechen (§ 59 AO). [2]§ 67a AO gilt also z.B. auch für Sportverbände. [3]Sie gilt auch für Sportvereine, die Fußballveranstaltungen unter Einsatz ihrer Lizenzspieler nach der „Lizenzordnung Spieler" der Organisation „Die Liga-Fußballverband e.V. – Ligaverband" durchführen.

3. [1]Als sportliche Veranstaltung ist die organisatorische Maßnahme eines Sportvereins anzusehen, die es aktiven Sportlern (die nicht Mitglieder des Vereins zu sein brauchen) ermöglicht, Sport zu treiben (BFH-Urteil vom 25.7. 1996, V R 7/95, BStBl. 1997 II S. 154). [2]Eine sportliche Veranstaltung liegt auch dann vor, wenn ein Sportverein in Erfüllung seiner Satzungszwecke im Rahmen einer Veranstaltung einer anderen Person oder Körperschaft eine sportliche Darbietung erbringt. [3]Die Veranstaltung, bei der die sportliche Darbietung präsentiert wird, braucht keine steuerbegünstigte Veranstaltung zu sein (BFH-Urteil vom 4.5.1994, XI R 109/90, BStBl. II S. 886).

4. [1]Sportreisen sind als sportliche Veranstaltungen anzusehen, wenn die sportliche Betätigung wesentlicher und notwendiger Bestandteil der Reise ist (z.B. Reise zum Wettkampfort). [2]Reisen, bei denen die Erholung der Teilnehmer im Vordergrund steht (Touristikreisen), zählen dagegen nicht zu den sportlichen Veranstaltungen, selbst wenn anlässlich der Reise auch Sport getrieben wird.

5. [1]Die Ausbildung und Fortbildung in sportlichen Fertigkeiten gehört zu den typischen und wesentlichen Tätigkeiten eines Sportvereins. [2]Sportkurse und Sportlehrgänge für Mitglieder und Nichtmitglieder von Sportvereinen (Sportunterricht) sind daher als „sportliche Veranstaltungen" zu beurteilen. [3]Es ist unschädlich für die Zweckbetriebseigenschaft, dass der Verein mit dem Sportunterricht in Konkurrenz zu gewerblichen Sportlehrern (z.B. Reitlehrer, Skilehrer, Tennislehrer, Schwimmlehrer) tritt, weil § 67a AO als die speziellere Vorschrift dem § 65 AO vorgeht. [4]Die Beurteilung des Sportunterrichts als sportliche Veranstaltung hängt nicht davon ab, ob der Unterricht durch Beiträge, Sonderbeiträge oder Sonderentgelte abgegolten wird.

6. [1]Der Verkauf von Speisen und Getränken – auch an Wettkampfteilnehmer, Schiedsrichter, Kampfrichter, Sanitäter usw. – und die Werbung gehören nicht zu den sportlichen Veranstaltungen. [2]Diese Tätigkeiten sind gesondert steuerpflichtige wirtschaftliche Geschäftsbetriebe. [3]Nach § 64 Abs. 2 AO ist es jedoch möglich, Überschüsse aus diesen Betrieben mit Verlusten aus sportlichen Veranstaltungen, die steuerpflichtige wirtschaftliche Geschäftsbetriebe sind, zu verrechnen.

7. Wird für den Besuch einer sportlichen Veranstaltung, die Zweckbetrieb ist, mit Bewirtung ein einheitlicher Eintrittspreis bezahlt, so ist dieser – ggf. im Wege der Schätzung – in einen Entgeltsanteil für den Besuch der sportlichen Veranstaltung und in einen Entgeltsanteil für die Bewirtungsleistungen aufzuteilen.

8. Zur Zulässigkeit einer pauschalen Gewinnermittlung beim steuerpflichtigen wirtschaftlichen Geschäftsbetrieb „Werbung" wird auf Nrn. 32 bis 39 des AEAO zu § 64 hingewiesen.

9. [1]Die entgeltliche Übertragung des Rechts zur Nutzung von Werbeflächen in vereinseigenen oder gemieteten Sportstätten (z.B. an der Bande) sowie von Lautsprecheranlagen an Werbeunternehmer ist als steuerfreie Vermögensverwaltung (§ 14 Satz 3 AO) zu beurteilen. [2]Voraussetzung ist jedoch, dass dem Pächter (Werbeunternehmer) ein angemessener Gewinn verbleibt. [3]Es ist ohne Bedeutung, ob die sportlichen Veranstaltungen, bei denen der Werbeunternehmer das erworbene Recht nutzt, Zweckbetrieb oder wirtschaftlicher Geschäftsbetrieb sind.

Die entgeltliche Übertragung des Rechts zur Nutzung von Werbeflächen auf der Sportkleidung (z.B. auf Trikots, Sportschuhen, Helmen) und auf Sportgeräten ist stets als steuerpflichtiger wirtschaftlicher Geschäftsbetrieb zu behandeln.

10. Die Unterhaltung von Club-Häusern, Kantinen, Vereinsheimen oder Vereinsgaststätten ist keine „sportliche Veranstaltung", auch wenn diese Einrichtungen ihr Angebot nur an Mitglieder richten.

11. [1]Bei Vermietung von Sportstätten einschließlich der Betriebsvorrichtungen für sportliche Zwecke ist zwischen der Vermietung auf längere Dauer und der Vermietung auf kurze Dauer (z.B. stundenweise Vermietung, auch wenn die Stunden für einen längeren Zeitraum im Voraus festgelegt werden) zu unterscheiden. [2]Zur Vermietung öffentlicher Schwimmbäder an Schwimmvereine und zur Nutzung durch Schulen für den Schwimmunterricht siehe Nr. 13 des AEAO zu § 67a.

12. [1]Die Vermietung auf längere Dauer ist dem Bereich der steuerfreien Vermögensverwaltung zuzuordnen, so dass sich die Frage der Behandlung als „sportliche Veranstaltung" i.S.d. § 67a AO dort nicht stellt.

[1]Die Vermietung von Sportstätten und Betriebsvorrichtungen auf kurze Dauer schafft lediglich die Voraussetzungen für sportliche Veranstaltungen. [2]Sie ist jedoch selbst keine „sportliche Veranstaltung", sondern ein wirtschaftlicher Geschäftsbetrieb eigener Art. [3]Dieser ist als Zweckbetrieb i.S.d. § 65 AO anzusehen, wenn es sich bei den Mietern um Mitglieder des Vereins handelt. [4]Bei der Vermietung auf kurze Dauer an Nichtmitglieder tritt der Verein dagegen in größerem Umfang in Wettbewerb zu nicht begünstigten Vermietern, als es bei Erfüllung seiner steuerbegünstigten Zwecke unvermeidbar ist (§ 65 Nr. 3 AO). [5]Diese Art der Vermietung ist deshalb als steuerpflichtiger wirtschaftlicher Geschäftsbetrieb zu behandeln.

Indizien für eine Mitgliedschaft, die lediglich darauf gerichtet ist die Nutzung der Sportstätten und Betriebsvorrichtungen eines Vereins zu ermöglichen, sind:

– die Zeit der Mitgliedschaft,

– die Höhe der Beiträge, die die Mitglieder zu entrichten haben, oder auch

– zivilrechtlich eingeschränkte Rechte der Mitglieder.

Für die Zuordnung der entgeltlichen Überlassung der Sportstätten und Betriebsvorrichtungen an ein Gastmitglied zum Zweckbetrieb ist es daher nicht zu beanstanden, wenn die Gastmitgliedschaft wie eine Vollmitgliedschaft ausgestaltet ist und diese nicht nur für einen kurzen Zeitraum eingegangen wird.

Dagegen ist die entgeltliche Überlassung der Sportstätten und Betriebsvorrichtungen an ein Gastmitglied dem steuerpflichtigen wirtschaftlichen Geschäftsbetrieb zuzuordnen, wenn das Gastmitglied per Satzung nur eingeschränkte Rechte eingeräumt bekommt oder die Mitgliedschaft lediglich für einen kurzen Zeitraum (weniger als sechs Monate) eingegangen wird.

13. Durch den Betrieb eines öffentlichen Schwimmbads werden gemeinnützige Zwecke (öffentliche Gesundheitspflege und Sport) unabhängig davon gefördert, ob das Schwimmbad von einem Verein oder von einer juristischen Person des öffentlichen Rechts als Betrieb gewerblicher Art unterhalten wird.

Die verschiedenen Tätigkeiten eines gemeinnützigen Schwimmvereins sind wie folgt zu beurteilen:

a) Schulschwimmen

[1] Die Vermietung des Schwimmbads auf längere Dauer an die Träger der Schulen ist als Vermögensverwaltung anzusehen. [2] Eine Vermietung auf längere Dauer ist in Anlehnung an Abschnitt 4.12.3 Absatz 2 UStAE[1]) bei stundenweiser Nutzungsmöglichkeit des Schwimmbads durch die Schulen anzunehmen, wenn die Nutzung mehr als ein Schulhalbjahr (mindestens sechs Monate) erfolgt. [3] Unselbständige Nebenleistungen des Vereins, wie Reinigung des Schwimmbads, gehören mit zur Vermögensverwaltung.

b) Vereinsschwimmen

[1] Das Vereinsschwimmen und die Durchführung von Schwimmkursen sind nach Maßgabe des § 67a AO Zweckbetriebe (sportliche Veranstaltungen). [2] Dabei ist es ohne Bedeutung, ob die Teilnehmer an den Schwimmkursen Mitglieder des Vereins oder Vereinsfremde sind.

c) Jedermannschwimmen

[1] Das Jedermannschwimmen ist insgesamt als Zweckbetrieb i.S.d. § 65 AO anzusehen, wenn die nicht unmittelbar dem Schwimmen dienenden Angebote (z.B. Sauna, Solarium) von untergeordneter Bedeutung sind. [2] Schwimmbäder, die danach als Zweckbetriebe begünstigt sind, stehen in keinem schädlichen Wettbewerb zu steuerpflichtigen Schwimmbädern (§ 65 Nr. 3 AO), weil sie i.d.R. anders strukturiert sind (so genannte Spaßbäder) und sich ihre Angebote erheblich von dem im Wesentlichen auf das Schwimmen begrenzten Angebot der Vereinsschwimmbäder unterscheiden.

14. [1] Werden im Zusammenhang mit der Vermietung von Sportstätten und Betriebsvorrichtungen auch bewegliche Gegenstände, z.B. Tennisschläger oder Golfschläger überlassen, stellt die entgeltliche Überlassung dieser Gegenstände ein Hilfsgeschäft dar, das das steuerliche Schicksal der Hauptleistung teilt

---

[1]) dtv 5546 USt Nr. 5.

(BFH-Urteil vom 30.3.2000, V R 30/99, BStBl. II S. 705). [2]Bei der alleinigen Überlassung von Sportgeräten, z.b. eines Flugzeugs, bestimmt sich die Zweckbetriebseigenschaft danach, ob die Sportgeräte Mitgliedern oder Nichtmitgliedern des Vereins überlassen werden.

15. § 3 Nr. 26 EStG[1]) gilt nicht für Einnahmen, die ein nebenberuflicher Übungsleiter etc. für eine Tätigkeit in einem steuerpflichtigen wirtschaftlichen Geschäftsbetrieb „sportliche Veranstaltungen" erhält.

16. Werden sportliche Veranstaltungen, die im vorangegangenen Veranlagungszeitraum Zweckbetrieb waren, zu einem steuerpflichtigen wirtschaftlichen Geschäftsbetrieb oder umgekehrt, ist grundsätzlich § 13 Abs. 5 KStG[2]) anzuwenden.

Zu § 67a Abs. 1 AO:

17. [1]Bei der Anwendung der Zweckbetriebsgrenze von 45.000 € sind alle Einnahmen der Veranstaltungen zusammenzurechnen, die in dem maßgeblichen Jahr nach den Regelungen der Nrn. 1 bis 15 des AEAO zu § 67a als sportliche Veranstaltungen anzusehen sind. [2]Zu diesen Einnahmen gehören insbesondere Eintrittsgelder, Startgelder, Zahlungen für die Übertragung sportlicher Veranstaltungen in Rundfunk und Fernsehen, Lehrgangsgebühren und Ablösezahlungen. [3]Zum allgemeinen Einnahmebegriff wird auf die Nr. 18 und 19 des AEAO zu § 64 hingewiesen.

18. [1]Die Bezahlung von Sportlern in einem Zweckbetrieb i.S.d. § 67a Abs. 1 Satz 1 AO ist zulässig (§ 58 Nr. 8 AO). [2]Dabei ist die Herkunft der Mittel, mit denen die Sportler bezahlt werden, ohne Bedeutung.

19. Die Zahlung von Ablösesummen ist in einem Zweckbetrieb i.S.d. § 67a Abs. 1 Satz 1 AO uneingeschränkt zulässig.

20. [1]Bei Spielgemeinschaften von Sportvereinen ist – unabhängig von der Qualifizierung der Einkünfte im Feststellungsbescheid für die Gemeinschaft – bei der Körperschaftsteuerveranlagung der beteiligten Sportvereine zu entscheiden, ob ein Zweckbetrieb oder ein steuerpflichtiger wirtschaftlicher Geschäftsbetrieb gegeben ist. [2]Dabei ist für die Beurteilung der Frage, ob die Zweckbetriebsgrenze des § 67a Abs. 1 Satz 1 AO überschritten wird, die Höhe der anteiligen Einnahmen (nicht des anteiligen Gewinns) maßgeblich.

Zu § 67a Abs. 2 AO:

21. Ein Verzicht auf die Anwendung des § 67a Abs. 1 Satz 1 AO ist auch dann möglich, wenn die Einnahmen aus den sportlichen Veranstaltungen die Zweckbetriebsgrenze von 45.000 € nicht übersteigen.

22. [1]Die Option nach § 67a Abs. 2 AO kann bis zur Unanfechtbarkeit des Körperschaftsteuerbescheids widerrufen werden. [2]Die Regelungen in Abschnitt 19.2 Abs. 2 und 6 UStAE sind entsprechend anzuwenden. [3]Der Widerruf ist – auch nach Ablauf der Bindungsfrist – nur mit Wirkung ab dem Beginn eines Kalender- oder Wirtschaftsjahres zulässig.

Zu § 67a Abs. 3 AO:

23. [1]Verzichtet ein Sportverein gem. § 67a Abs. 2 AO auf die Anwendung der Zweckbetriebsgrenze (§ 67a Abs. 1 Satz 1 AO), sind sportliche Veranstaltungen ein Zweckbetrieb, wenn an ihnen kein bezahlter Sportler des Vereins

---

[1]) dtv 5785 ESt/LSt Nr. 1.
[2]) dtv 5786 KSt/GewSt Nr. 1.

teilnimmt und der Verein keinen vereinsfremden Sportler selbst oder im Zusammenwirken mit einem Dritten bezahlt. [2] Auf die Höhe der Einnahmen oder Überschüsse dieser sportlichen Veranstaltungen kommt es bei Anwendung des § 67a Abs. 3 AO nicht an. [3] Sportliche Veranstaltungen, an denen ein oder mehrere Sportler teilnehmen, die nach § 67a Abs. 3 Satz 1 Nr. 1 oder 2 AO als bezahlte Sportler anzusehen sind, sind steuerpflichtige wirtschaftliche Geschäftsbetriebe. [4] Es kommt nach dem Gesetz nicht darauf an, ob ein Verein eine Veranstaltung von vornherein als steuerpflichtigen wirtschaftlichen Geschäftsbetrieb angesehen oder ob er – aus welchen Gründen auch immer – zunächst irrtümlich einen Zweckbetrieb angenommen hat.

24. [1] Unter Veranstaltungen i.S.d. § 67a Abs. 3 AO sind bei allen Sportarten grundsätzlich die einzelnen Wettbewerbe zu verstehen, die in engem zeitlichen und örtlichen Zusammenhang durchgeführt werden. [2] Bei einer Mannschaftssportart ist also nicht die gesamte Meisterschaftsrunde, sondern jedes einzelne Meisterschaftsspiel die zu beurteilende sportliche Veranstaltung. [3] Bei einem Turnier hängt es von der Gestaltung im Einzelfall ab, ob das gesamte Turnier oder jedes einzelne Spiel als eine sportliche Veranstaltung anzusehen ist. [4] Dabei ist von wesentlicher Bedeutung, ob für jedes Spiel gesondert Eintritt erhoben wird und ob die Einnahmen und Ausgaben für jedes Spiel gesondert ermittelt werden.

25. [1] Sportkurse und Sportlehrgänge für Mitglieder und Nichtmitglieder von Sportvereinen sind bei Anwendung des § 67a Abs. 3 AO als Zweckbetrieb zu behandeln, wenn kein Sportler als Auszubildender auftritt, der wegen seiner Betätigung in dieser Sportart als bezahlter Sportler i.S.d. § 67a Abs. 3 AO anzusehen ist. [2] Die Bezahlung von Ausbildern berührt die Zweckbetriebseigenschaft nicht.

26. [1] Ist ein Sportler in einem Kalenderjahr als bezahlter Sportler anzusehen, sind alle in dem Kalenderjahr durchgeführten sportlichen Veranstaltungen des Vereins, an denen der Sportler teilnimmt, ein steuerpflichtiger wirtschaftlicher Geschäftsbetrieb. [2] Bei einem vom Kalenderjahr abweichenden Wirtschaftsjahr ist das abweichende Wirtschaftsjahr zugrunde zu legen. [3] Es kommt nicht darauf an, ob der Sportler die Merkmale des bezahlten Sportlers erst nach Beendigung der sportlichen Veranstaltung erfüllt. [4] Die Teilnahme unbezahlter Sportler an einer Veranstaltung, an der auch bezahlte Sportler teilnehmen, hat keinen Einfluss auf die Behandlung der Veranstaltung als steuerpflichtiger wirtschaftlicher Geschäftsbetrieb.

27. [1] Die Vergütungen oder anderen Vorteile müssen in vollem Umfang aus steuerpflichtigen wirtschaftlichen Geschäftsbetrieben oder von Dritten geleistet werden (§ 67a Abs. 3 Satz 3 AO). [2] Eine Aufteilung der Vergütungen ist nicht zulässig. [3] Es ist also z.B. steuerlich nicht zulässig, Vergütungen an bezahlte Sportler bis zu 450 € im Monat als Ausgaben des steuerbegünstigten Bereichs und nur die 450 € übersteigenden Vergütungen als Ausgaben des steuerpflichtigen wirtschaftlichen Geschäftsbetriebs „sportliche Veranstaltungen" zu behandeln.

28. [1] Auch die anderen Kosten müssen aus dem steuerpflichtigen wirtschaftlichen Geschäftsbetrieb „sportliche Veranstaltungen", anderen steuerpflichtigen wirtschaftlichen Geschäftsbetrieben oder von Dritten geleistet werden. [2] Dies gilt auch dann, wenn an der Veranstaltung neben bezahlten Sportlern auch unbezahlte Sportler teilnehmen. [3] Die Kosten eines steuerpflichtigen wirtschaftlichen Geschäftsbetriebs „sportliche Veranstaltungen" sind also nicht danach aufzuteilen, ob sie auf bezahlte oder auf unbezahlte Sportler entfallen. [4] Etwaiger Aufwandsersatz an unbezahlte Sportler für die Teilnahme an einer Veranstaltung mit bezahlten Sportlern ist als eine Ausgabe dieser Veranstaltung zu behandeln. [5] Aus Vereinfachungsgründen ist es aber nicht zu beanstanden, wenn die Aufwandspauschale (vgl. Nr. 32 des AEAO zu § 67a) an unbezahlte Sportler nicht als Betriebsausgabe des steuerpflichtigen wirtschaftlichen Geschäftsbetriebs behandelt, sondern aus Mitteln des ideellen Bereichs abgedeckt wird.

29. [1] Trainingskosten (z.B. Vergütungen an Trainer), die sowohl unbezahlte als auch bezahlte Sportler betreffen, sind nach den im Einzelfall gegebenen Abgrenzungsmöglichkeiten aufzuteilen. [2] Als solche kommen beispielsweise in Betracht der jeweilige Zeitaufwand oder – bei gleichzeitigem Training unbezahlter und bezahlter Sportler – die Zahl der trainierten Sportler oder Mannschaften. [3] Soweit eine Abgrenzung anders nicht möglich ist, sind die auf das Training unbezahlter und bezahlter Sportler entfallenden Kosten im Wege der Schätzung zu ermitteln.

30. [1] Werden bezahlte und unbezahlte Sportler einer Mannschaft gleichzeitig für eine Veranstaltung trainiert, die als steuerpflichtiger wirtschaftlicher Geschäftsbetrieb zu beurteilen ist, sind die gesamten Trainingskosten dafür Ausgaben des steuerpflichtigen wirtschaftlichen Geschäftsbetriebs. [2] Die Vereinfachungsregelung in Nr. 28 letzter Satz des AEAO zu § 67a gilt entsprechend.

31. [1] Sportler des Vereins i.S.d. § 67a Abs. 3 Satz 1 Nr. 1 AO sind nicht nur die (aktiven) Mitglieder des Vereins, sondern alle Sportler, die für den Verein auftreten, z.B. in einer Mannschaft des Vereins mitwirken. [2] Für Verbände gilt Nr. 38 des AEAO zu § 67a.

32. [1] Zahlungen an einen Sportler des Vereins bis zu insgesamt 450 € je Monat im Jahresdurchschnitt sind für die Beurteilung der Zweckbetriebseigenschaft der sportlichen Veranstaltungen – nicht aber bei der Besteuerung des Sportlers – ohne Einzelnachweis als Aufwandsentschädigung anzusehen. [2] Werden höhere Aufwendungen erstattet, sind die gesamten Aufwendungen im Einzelnen nachzuweisen. [3] Dabei muss es sich um Aufwendungen persönlicher oder sachlicher Art handeln, die dem Grunde nach Werbungskosten oder Betriebsausgaben sein können.

Die Regelung gilt für alle Sportarten.

33. [1] Die Regelung über die Unschädlichkeit pauschaler Aufwandsentschädigungen bis zu 450 € je Monat im Jahresdurchschnitt gilt nur für Sportler des Vereins, nicht aber für Zahlungen an andere Sportler. [2] Einem anderen Sportler, der in einem Jahr nur an einer Veranstaltung des Vereins teilnimmt, kann also nicht ein Betrag bis zu 5.400 € als pauschaler Aufwandsersatz dafür gezahlt werden. [3] Vielmehr führt in den Fällen des § 67a Abs. 3 Satz 1 Nr. 2 AO jede Zahlung an einen Sportler, die über eine Erstattung des tatsächlichen Aufwands hinausgeht, zum Verlust der Zweckbetriebseigenschaft der Veranstaltung.

34. [1] Zuwendungen der Stiftung Deutsche Sporthilfe, Frankfurt, und vergleichbarer Einrichtungen der Sporthilfe an Spitzensportler sind i.d.R. als Ersatz von besonderen Aufwendungen der Spitzensportler für ihren Sport anzusehen. [2] Sie sind deshalb nicht auf die zulässige Aufwandspauschale von 450 € je Monat im Jahresdurchschnitt anzurechnen. [3] Weisen Sportler die tatsächlichen Aufwendungen nach, so muss sich der Nachweis auch auf die

Aufwendungen erstrecken, die den Zuwendungen der Stiftung Deutsche Sporthilfe und vergleichbarer Einrichtungen gegenüber stehen.

35. [1] Bei der Beurteilung der Zweckbetriebseigenschaft einer Sportveranstaltung nach § 67a Abs. 3 AO ist nicht zu unterscheiden, ob Vergütungen oder andere Vorteile an einen Sportler für die Teilnahme an sich oder für die erfolgreiche Teilnahme gewährt werden. [2] Entscheidend ist, dass der Sportler aufgrund seiner Teilnahme Vorteile hat, die er ohne seine Teilnahme nicht erhalten hätte. [3] Auch die Zahlung eines Preisgeldes, das über eine Aufwandsentschädigung hinausgeht, begründet demnach einen steuerpflichtigen wirtschaftlichen Geschäftsbetrieb.

36. [1] Bei einem so genannten Spielertrainer ist zu unterscheiden, ob er für die Trainertätigkeit oder für die Ausübung des Sports Vergütungen erhält. [2] Wird er nur für die Trainertätigkeit bezahlt oder erhält er für die Tätigkeit als Spieler nicht mehr als den Ersatz seiner Aufwendungen (vgl. Nr. 32 des AEAO zu § 67a), ist seine Teilnahme an sportlichen Veranstaltungen unschädlich für die Zweckbetriebseigenschaft.

37. [1] Unbezahlte Sportler werden wegen der Teilnahme an Veranstaltungen mit bezahlten Sportlern nicht selbst zu bezahlten Sportlern. [2] Die Ausbildung dieser Sportler gehört nach wie vor zu der steuerbegünstigten Tätigkeit eines Sportvereins, es sei denn, sie werden zusammen mit bezahlten Sportlern für eine Veranstaltung trainiert, die ein steuerpflichtiger wirtschaftlicher Geschäftsbetrieb ist (vgl. Nr. 30 des AEAO zu § 67a).

38. [1] Sportler, die einem bestimmten Sportverein angehören und die nicht selbst unmittelbar Mitglieder eines Sportverbandes sind, werden bei der Beurteilung der Zweckbetriebseigenschaft von Veranstaltungen des Verbandes als andere Sportler i.S.d. § 67a Abs. 3 Satz 1 Nr. 2 AO angesehen. [2] Zahlungen der Vereine an Sportler im Zusammenhang mit sportlichen Veranstaltungen der Verbände (z.B. Länderwettkämpfe) sind in diesen Fällen als „Zahlungen von Dritten im Zusammenwirken mit dem Verein" (hier: Verband) zu behandeln.

39. [1] Ablösezahlungen, die einem steuerbegünstigten Sportverein für die Freigabe von Sportlern zufließen, beeinträchtigen seine Gemeinnützigkeit nicht. [2] Die erhaltenen Beträge zählen zu den Einnahmen aus dem steuerpflichtigen wirtschaftlichen Geschäftsbetrieb „sportliche Veranstaltungen", wenn der den Verein wechselnde Sportler in den letzten zwölf Monaten vor seiner Freigabe bezahlter Sportler i.S.d. § 67a Abs. 3 Satz 1 Nr. 1 AO war. [3] Ansonsten gehören sie zu den Einnahmen aus dem Zweckbetrieb „sportliche Veranstaltungen".

40. [1] Zahlungen eines steuerbegünstigten Sportvereins an einen anderen (abgebenden) Verein für die Übernahme eines Sportlers sind unschädlich für die Gemeinnützigkeit des zahlenden Vereins, wenn sie aus steuerpflichtigen wirtschaftlichen Geschäftsbetrieben für die Übernahme eines Sportlers gezahlt werden, der beim aufnehmenden Verein in den ersten zwölf Monaten nach dem Vereinswechsel als bezahlter Sportler i.S.d. § 67a Abs. 3 Satz 1 Nr. 1 AO anzusehen ist. [2] Zahlungen für einen Sportler, der beim aufnehmenden Verein nicht als bezahlter Sportler anzusehen ist, sind bei Anwendung des § 67a Abs. 3 AO nur dann unschädlich für die Gemeinnützigkeit des zahlenden Vereins, wenn lediglich die Ausbildungskosten für den den Verein wechselnden Sportler erstattet werden. [3] Eine derartige Kostenerstattung kann bei Zahlungen bis zur Höhe von 2.557 € je Sportler ohne weiteres angenommen werden. [4] Bei höheren Kostenerstattungen sind sämtliche Ausbildungskosten im Einzelfall nachzuweisen. [5]Die Zahlungen mindern nicht den Überschuss des steuerpflichtigen wirtschaftlichen Geschäftsbetriebs „sportliche Veranstaltungen".

Zur steuerlichen Behandlung von Ablösezahlungen bei Anwendung der Zweckbetriebsgrenze des § 67a Abs. 1 Satz 1 AO vgl. Nrn. 17 und 19 des AEAO zu § 67a.

AEAO zu § 68 – Einzelne Zweckbetriebe:

Allgemeines:

1. [1]§ 68 AO enthält einen gesetzlichen Katalog einzelner Zweckbetriebe und geht als spezielle Norm der Regelung des § 65 AO vor (BFH-Urteil vom 4.6.2003, I R 25/02, BStBl. 2004 II S. 660). [2]Die beispielhafte Aufzählung von Betrieben, die ihrer Art nach Zweckbetriebe sein können, gibt wichtige Anhaltspunkte für die Auslegung der Begriffe Zweckbetrieb (§ 65 AO) im Allgemeinen und Einrichtungen der Wohlfahrtspflege (§ 66 AO) im Besonderen.

Zu § 68 Nr. 1 AO:

2. [1]Unter die Begriffe „Alten-, Altenwohn- und Pflegeheime" fallen Einrichtungen, die gegenüber denen in § 53 Nr. 1 AO genannten Personen Leistungen der Pflege oder Betreuung sowie der Wohnraumüberlassung erbringen und bei denen die Verträge über die Überlassung von Wohnraum und über die Erbringung von Pflege- oder Betreuungsleistungen voneinander abhängig sind (siehe §§ 1, 2 WBVG). [2]Eine für die Allgemeinheit zugängliche Cafeteria ist ein steuerpflichtiger wirtschaftlicher Geschäftsbetrieb. [3]Für Körperschaften, die nicht die Voraussetzungen des § 68 Nr. 1 Buchstabe a AO erfüllen, kommt eine Förderung unter den Voraussetzungen des § 66 AO in Betracht.

3. [1]Bei Kindergärten, Kinder-, Jugend- und Studentenheimen sowie bei Schullandheimen und Jugendherbergen müssen die geförderten Personen die Voraussetzungen nach § 53 AO nicht erfüllen. [2]Leistungen, die von Jugendherbergen an allein reisende Erwachsene (= Personen nach Vollendung des 27. Lebensjahres) erbracht werden, begründen einen selbständigen steuerpflichtigen wirtschaftlichen Geschäftsbetrieb nach §§ 14, 64 AO (BFH-Urteil vom 10.8.2016, V R 11/15, BStBl. 2018 II S. 113).

Zu § 68 Nr. 2 AO:

4. [1]Von § 68 Nr. 2 Buchstabe b AO werden nur solche Selbstversorgungseinrichtungen umfasst, die den darin genannten Handwerksbetrieben vergleichbar sind. [2]Werden auch Leistungen gegenüber Außenstehenden erbracht, sind nur solche Einrichtungen der steuerbegünstigten Körperschaft begünstigt, die nicht regelmäßig ausgelastet sind und deshalb gelegentlich auch Leistungen an Außenstehende erbringen, nicht aber solche, die über Jahre hinweg Leistungen an Außenstehende ausführen und hierfür auch personell entsprechend ausgestattet sind (vgl. BFH-Urteil vom 29.1.2009, V R 46/06, BStBl. II S. 560 und BMF-Schreiben vom 12.4.2011, BStBl. I S. 538). [3]Außenstehende im Sinne dieser Regelung sind auch Arbeitnehmer der Körperschaft. [4]Bei Lieferungen und Leistungen an Außenstehende tritt die Körperschaft mit Dritten in Leistungsbeziehung. [5]Solange der Umfang dieser Geschäfte an Dritte, hierzu gehören auch Leistungsempfänger, die selbst eine steuerbegünstigte Körperschaft i.S.d. § 68 Nr. 2 AO sind (BFH-Urteil vom 18.10.1990, V R 35/85, BStBl. 1991 II S. 157), nicht mehr als 20 % der gesamten Lieferungen und

Leistungen der begünstigten Körperschaft ausmachen, bleibt die Zweckbetriebseigenschaft erhalten.

Zu § 68 Nr. 3 AO:

5. [1] Der Begriff „Werkstatt für behinderte Menschen" bestimmt sich nach § 219 SGB IX. [2] Werkstätten für behinderte Menschen bedürfen der förmlichen Anerkennung. [3] Anerkennungsbehörde ist die Bundesagentur für Arbeit, die im Einvernehmen mit dem überörtlichen Träger der Sozialhilfe über die Anerkennung einer Einrichtung als Werkstatt für behinderte Menschen durch Anerkennungsbescheid entscheidet (§ 225 SGB IX).

[1] Läden oder Verkaufsstellen von Werkstätten für behinderte Menschen sind grundsätzlich als Zweckbetriebe zu behandeln, wenn dort Produkte verkauft werden, die von der – den Laden oder die Verkaufsstelle betreibenden – Werkstatt für behinderte Menschen oder einer anderen Werkstatt für behinderte Menschen i.S.d. § 68 Nr. 3 Buchstabe a AO hergestellt worden sind. [2] Werden von dem Laden oder der Verkaufsstelle der Werkstatt für behinderte Menschen auch zugekaufte Waren, die nicht von ihr oder von anderen Werkstätten für behinderte Menschen hergestellt worden sind, weiterverkauft, liegt insoweit ein gesonderter steuerpflichtiger wirtschaftlicher Geschäftsbetrieb vor.

Zu den Zweckbetrieben gehören auch die von den Trägern der Werkstätten für behinderte Menschen betriebenen Kantinen, weil die besondere Situation der behinderten Menschen auch während der Mahlzeiten eine Betreuung erfordert.

6. [1] Inklusionsbetriebe i.S.d. § 215 SGB IX sind rechtlich und wirtschaftlich selbständige Unternehmen oder unternehmensinterne oder von öffentlichen Arbeitgebern i.S.d. § 154 Abs. 2 SGB IX geführte Betriebe oder Abteilungen zur Beschäftigung schwerbehinderter Menschen, deren Teilhabe an einer sonstigen Beschäftigung auf dem allgemeinen Arbeitsmarkt aufgrund von Art oder Schwere der Behinderung oder wegen sonstiger Umstände voraussichtlich trotz Ausschöpfens aller Fördermöglichkeiten und des Einsatzes von Integrationsfachdiensten auf besondere Schwierigkeiten stößt. [2] Inklusionsbetriebe i.S.d. § 215 SGB IX müssen mindestens 30 % und sollen in der Regel nicht mehr als 50 % der genannten Personengruppe beschäftigen, um sozialrechtlich als Inklusionsbetrieb anerkannt werden zu können. [3] Für die steuerliche Eignung als Zweckbetrieb bedarf es insgesamt einer Beschäftigungsquote von mindestens 40 % der genannten Personengruppen. [4] Auf diese Quoten wird auch die Anzahl der psychisch kranken beschäftigten Menschen angerechnet, die behindert oder von einer Behinderung bedroht sind und deren Teilhabe an einer sonstigen Beschäftigung auf dem allgemeinen Arbeitsmarkt auf Grund von Art und Schwere der Behinderung oder wegen sonstiger Umstände auf besondere Schwierigkeiten stößt. [5] Für Inklusionsbetriebe wird anders als bei Werkstätten für behinderte Menschen kein förmliches Anerkennungsverfahren durchgeführt. [6] Als Nachweis für die Eigenschaft als Inklusionsbetrieb dient in der Regel der Bescheid des zuständigen Integrationsamtes über erbrachte Leistungen nach § 217 SGB IX (Leistungsbescheid) sowie, im Falle einer Beschäftigung psychisch kranker Menschen, der Leistungsbescheid des zuständigen Rehabilitationsträgers. [7] Bei der Ermittlung der Beschäftigungsquote von 40 % sind alle schwerbehinderten und psychisch kranken Menschen, für die das jeweils zuständige Integrationsamt bzw. der zuständige Rehabilitationsträger auch Leistungen der begleitenden Hilfe im Arbeitsleben nach § 217 SGB IX erbringen kann, zu berücksichtigen. [8]Dies ist bei Inklusionsbetrieben bei Beschäftigten mit einer wöchentlichen Arbeitszeit ab 12 Stunden möglich. [9]Ein über diese Grenze hinausgehend Teilzeitbeschäftigter wird voll angerechnet.

Für Altfälle bis einschließlich VZ 2018 wird nicht beanstandet, wenn die bisherige Fassung der Nr. 6 des AEAO zu § 68 Nr. 3 angewendet wird.

7. [1]Zusätzliche Beschäftigungsmöglichkeiten für (schwer-)behinderte Menschen schaffen Handelsbetriebe, die als wohnortnahe Einzelhandelsgeschäfte beispielsweise mit einem Lebensmittelvollsortiment und entsprechendem Einsatz von Fachpersonal betrieben werden. [2]Mit dieser Beschäftigungsform soll behinderten Menschen eine Möglichkeit zur Teilhabe am Arbeitsleben auf dem allgemeinen Arbeitsmarkt auch außerhalb von Werkstätten für behinderte Menschen geboten werden.

[1]Handelsbetriebe, die keine Läden oder Verkaufsstellen von Werkstätten für behinderte Menschen i.S.d. Nr. 5 des AEAO zu § 68 darstellen, können als Inklusionsbetrieb (vgl. Nr. 6 des AEAO zu § 68) oder als zusätzlicher Arbeitsbereich, zusätzlicher Betriebsteil oder zusätzliche Betriebsstätte einer (anerkannten) Werkstatt für behinderte Menschen gegründet werden. [2]Im letzteren Fall muss die Werkstatt für behinderte Menschen bei den Anerkennungsbehörden (§ 225 SGB IX) die Erweiterung der anerkannten Werkstatt um den zusätzlichen Arbeitsbereich, den Betriebsteil oder die zusätzliche Betriebsstätte „Handelsbetrieb" anzeigen und um deren Einbeziehung in die Anerkennung nach § 225 SGB IX ersuchen. [3]Die Anerkennungsbehörden prüfen, ob die anerkannte Werkstatt für behinderte Menschen auch mit einer solchen Erweiterung insgesamt noch die Anerkennungsvoraussetzungen als Werkstatt für behinderte Menschen nach § 225 SGB IX erfüllt.

Handelsbetriebe, die von den Sozialbehörden als Inklusionsbetriebe gefördert werden, stellen grundsätzlich einen steuerbegünstigten Zweckbetrieb nach § 68 Nr. 3 Buchstabe c AO dar, wenn die Beschäftigungsquote von 40 % der Personengruppe erreicht ist.

[1]Die von den Sozialbehörden vorgenommene sozialrechtliche Einordnung dieser Handelsbetriebe als Teil einer Werkstatt für behinderte Menschen (§ 68 Nr. 3 Buchstabe a AO) oder als Inklusionsbetrieb (§ 68 Nr. 3 Buchstabe c AO) soll von der zuständigen Finanzbehörde regelmäßig übernommen werden. [2]Dem zuständigen Finanzamt obliegt aber die abschließende rechtsverbindliche Entscheidung im Einzelfall. [3]Dabei kommt den Bescheiden der Sozialbehörden (Anerkennungsbescheid nach § 225 SGB IX bzw. Bescheid über erbrachte Leistungen nach § 217 SGB IX) grundsätzlich Tatbestandswirkung zu. [4]Die Bescheide stellen aber keine Grundlagenbescheide i.S.d. § 171 Abs. 10 AO dar.

8. [1]Einrichtungen für Beschäftigungs- und Arbeitstherapie, die der Eingliederung von behinderten Menschen dienen, sind besondere Einrichtungen, in denen eine Behandlung von behinderten Menschen aufgrund ärztlicher Indikationen erfolgt. [2]Während eine Beschäftigungstherapie ganz allgemein das Ziel hat, körperliche oder psychische Grundfunktionen zum Zwecke der Wiedereingliederung in das Alltagsleben wiederherzustellen, zielt die Arbeitstherapie darauf ab, die besonderen Fähigkeiten und Fertigkeiten auszubilden, zu fördern und zu trainieren, die für eine Teilnahme am Arbeitsleben erforderlich sind. [3]Beschäftigungs- und Arbeitstherapie sind vom medizinischen Behandlungszweck geprägt und erfolgen regelmäßig außerhalb eines Beschäftigungsverhältnisses zum Träger der Therapieeinrichtung. [4]Ob eine entsprechende Einrichtung vorliegt, ergibt sich aufgrund der Vereinbarungen über Art und Umfang der Heilbehandlung und Rehabilitation zwischen dem Träger der Einrichtung und den Leistungsträgern.

Zu § 68 Nr. 4 AO:

9. Begünstigte Einrichtungen sind insbesondere Werkstätten, die zur Fürsorge von blinden und körperbehinderten Menschen unterhalten werden.

Zu § 68 Nr. 6 AO:

10. [1]Lotterien und Ausspielungen sind ein Zweckbetrieb, wenn sie von den zuständigen Behörden genehmigt sind oder nach den jeweiligen landesrechtlichen Bestimmungen wegen des geringen Umfangs der Ausspielung oder Lotterieveranstaltung per Verwaltungserlass pauschal als genehmigt gelten. [2]Die sachlichen Voraussetzungen und die Zuständigkeit für die Genehmigung bestimmen sich nach den lotterierechtlichen Verordnungen der Länder. [3]Der Gesetzeswortlaut lässt es offen, in welchem Umfang solche Lotterien veranstaltet werden dürfen. [4]Da eine besondere Einschränkung fehlt, ist auch eine umfangreiche Tätigkeit so lange unschädlich, als die allgemein durch das Gesetz gezogenen Grenzen nicht überschritten werden. [5]Die jährliche Organisation einer Tombola durch eine Mittelbeschaffungskörperschaft ist im Rahmen der Gesamtbetrachtung selbst dann als steuerbegünstigter Zweckbetrieb nach § 68 Nr. 6 AO zu beurteilen, wenn die Körperschaft die Mittel überwiegend aus der Ausrichtung der Tombola erzielt.

11. [1]Zur Ermittlung des Reinertrags dürfen den Einnahmen aus der Lotterieveranstaltung oder Ausspielung nur die unmittelbar damit zusammenhängenden Ausgaben gegenübergestellt werden. [2]Führt eine steuerbegünstigte Körperschaft eine Lotterieveranstaltung durch, die nach dem Rennwett- und Lotteriegesetz nicht genehmigungsfähig ist, z.B. eine Ausspielung anlässlich einer geselligen Veranstaltung, handelt es sich insoweit nicht um einen Zweckbetrieb nach § 68 Nr. 6 AO.

Zu § 68 Nr. 7 AO:

12. Wegen der Breite des Spektrums, die die Förderung von Kunst und Kultur umfasst, ist die im Gesetz enthaltene Aufzählung der kulturellen Einrichtungen nicht abschließend.

13. [1]Kulturelle Einrichtungen und Veranstaltungen i.S.d. § 68 Nr. 7 AO können nur vorliegen, wenn die Förderung der Kultur Satzungszweck der Körperschaft ist. [2]Sie sind stets als Zweckbetrieb zu behandeln. [3]Das BFH-Urteil vom 4.5.1994, XI R 109/90, BStBl. II S. 886 zu sportlichen Darbietungen eines Sportvereins (vgl. Nr. 3 des AEAO zu § 67a) gilt für kulturelle Darbietungen entsprechend. [4]Demnach liegt auch dann eine kulturelle Veranstaltung der Körperschaft vor, wenn diese eine Darbietung kultureller Art im Rahmen einer Veranstaltung präsentiert, die nicht von der Körperschaft selbst organisiert wird und die ihrerseits keine kulturelle Veranstaltung i.S.d. § 68 Nr. 7 AO darstellt. [5]Wenn z.B. ein steuerbegünstigter Musikverein, der der Förderung der volkstümlichen Musik dient, gegen Entgelt im Festzelt einer Brauerei ein volkstümliches Musikkonzert darbietet, gehört der Auftritt des Musikvereins als kulturelle Veranstaltung zum Zweckbetrieb.

14. [1]Der Verkauf von Speisen und Getränken und die Werbung bei kulturellen Veranstaltungen gehören nicht zu dem Zweckbetrieb. [2]Diese Tätigkeiten

sind gesonderte wirtschaftliche Geschäftsbetriebe. [3] Wird für den Besuch einer kulturellen Veranstaltung mit Bewirtung ein einheitliches Entgelt entrichtet, so ist dieses – ggf. im Wege der Schätzung – in einen Entgeltsanteil für den Besuch der Veranstaltung (Zweckbetrieb) und für die Bewirtungsleistungen (wirtschaftlicher Geschäftsbetrieb) aufzuteilen.

Zu § 68 Nr. 8 AO:

15. [1] An Veranstaltungen belehrender Art i.S.d. § 68 Nr. 8 AO sind keine besonderen inhaltlichen Anforderungen zu stellen. [2] Es genügt, dass bei den jeweiligen Veranstaltungen überwiegend Vorträge gehalten werden, die naturgemäß belehrenden Charakter haben (BFH-Urteil vom 21.6.2017, V R 34/16, BStBl. 2018 II S. 55).

Zu § 68 Nr. 9 AO:

16. [1] Bei der Anwendung des § 68 Nr. 9 AO bestehen keine Unterschiede zwischen Wissenschaftseinrichtungen und Forschungseinrichtungen. [2] Die nachfolgenden Erläuterungen zur steuerlichen Behandlung von Forschungseinrichtungen gelten deshalb auch für Wissenschaftseinrichtungen.

17. [1] § 68 Nr. 9 AO gilt nur für Körperschaften, deren satzungsmäßiger Zweck die Förderung von Wissenschaft und Forschung ist. [2] Fördert die Körperschaft daneben nach ihrer Satzung auch andere steuerbegünstigte Zwecke, ist § 68 Nr. 9 AO nur anzuwenden, wenn die Forschungstätigkeit bei der tatsächlichen Geschäftsführung die Förderung der anderen steuerbegünstigten Zwecke überwiegt.

[1] Die Sonderregelung in § 68 Nr. 9 AO geht der allgemeinen Regelung über die Zweckbetriebseigenschaft wirtschaftlicher Betätigungen in § 65 AO vor. [2] Die Zweckbetriebseigenschaft der Forschungstätigkeit von Forschungseinrichtungen, auf die § 68 Nr. 9 AO anzuwenden ist, richtet sich deshalb ausschließlich nach dieser Vorschrift. [3] Darauf, ob die Forschungstätigkeit die Voraussetzungen des § 65 AO erfüllt, kommt es nicht an. [4] Dies gilt auch dann, wenn die Forschungseinrichtung die Voraussetzungen des § 68 Nr. 9 AO für die Annahme eines Zweckbetriebs nicht erfüllt. [5] Die gesamte Forschungstätigkeit ist in diesem Fall ein steuerpflichtiger wirtschaftlicher Geschäftsbetrieb.

[1] Die steuerliche Beurteilung der Zweckbetriebseigenschaft von wirtschaftlichen Geschäftsbetrieben, die nicht unmittelbar der Forschung dienen, richtet sich nach den §§ 65 bis 68 Nrn. 1 bis 8 AO. [2] Danach ist z.B. die teilweise Überlassung der Nutzung eines Rechenzentrums für Zwecke Dritter gegen Entgelt ein steuerpflichtiger wirtschaftlicher Geschäftsbetrieb. [3] Zweckbetriebe kommen insbesondere bei der Förderung anderer steuerbegünstigter Zwecke in Betracht (z.B. Unterhaltung eines Museums durch den Träger einer Forschungseinrichtung – § 68 Nr. 7 AO).

[1] Betreibt eine steuerbegünstigte Körperschaft, auf die § 68 Nr. 9 AO nicht anzuwenden ist, auch Forschung, ist die Zweckbetriebseigenschaft der Forschungstätigkeit nach § 65 AO zu beurteilen. [2] Hierbei sind die Grundsätze des BFH-Urteils vom 30.11.1995, V R 29/91, BStBl. 1997 II S. 189, zu beachten. [3] **Danach** ist die Auftragsforschung ein steuerpflichtiger wirtschaftlicher Geschäftsbetrieb. [4] Falls sich die Auftragsforschung nicht von der Grundlagen- oder Eigenforschung abgrenzen lässt, liegt insgesamt ein steuerpflichtiger wirtschaftlicher Geschäftsbetrieb vor.

[1] Eine Körperschaft ist nicht selbstlos tätig und kann deshalb nicht als gemeinnützig behandelt werden, wenn sie in erster Linie nicht steuerbegünstigte, sondern eigenwirtschaftliche Zwecke verfolgt (§ 55 Abs. 1 Satz 1 AO). [2] Zweckbetriebe sind bei dieser Abgrenzung dem ideellen steuerbegünstigten Bereich zuzuordnen. [3] Wenn eine Forschungseinrichtung nach § 68 Nr. 9 AO ein Zweckbetrieb ist, besteht deshalb die unwiderlegbare Vermutung, dass das Schwergewicht ihrer Tätigkeit im steuerbegünstigten Bereich liegt. [4] Bei einer Forschungseinrichtung, auf die § 68 Nr. 9 AO anzuwenden ist, deren Träger die Finanzierungsvoraussetzungen der Vorschrift jedoch nicht erfüllt, kann nicht zwingend davon ausgegangen werden, dass sie in erster Linie eigenwirtschaftliche Zwecke verfolgt. [5] Nach den Grundsätzen des BFH-Urteils vom 4.4.2007, I R 76/05, BStBl. II S. 631, ist unter Berücksichtigung der gesamten Umstände des Einzelfalls zu prüfen, ob sich die Auftragsforschung von der steuerbegünstigten Tätigkeit trennen lässt. [6] Ist in diesem Fall die Auftragsforschung von untergeordneter Bedeutung, kann der Träger der Einrichtung nach § 5 Abs. 1 Nr. 9 KStG[1] gleichwohl steuerbefreit sein und die Auftragsforschung lediglich einen steuerpflichtigen wirtschaftlichen Geschäftsbetrieb (§ 64 AO) darstellen. [7] Die Steuerbefreiung nach § 5 Abs. 1 Nr. 9 KStG geht nur dann verloren, wenn die Auftragsforschung als eigenständiger Zweck neben die Eigenforschung (Grundlagenforschung) tritt und somit gegen das Gebot der Ausschließlichkeit des § 56 AO verstoßen wird.

18. [1] Unter „Träger" einer Forschungseinrichtung ist die Körperschaft (z.B. Verein, GmbH) zu verstehen, die die Einrichtung betreibt. [2] Wie sich die Mitglieder oder Gesellschafter der Körperschaft finanzieren, ist ohne Bedeutung.

19. [1] Die überwiegende Finanzierung des Trägers ergibt sich aus der Gegenüberstellung der Zuwendungen an den Träger von dritter Seite zuzüglich der Einnahmen aus der Vermögensverwaltung einerseits und der übrigen Einnahmen des Trägers andererseits. [2] Zuwendungen von dritter Seite sind nur unentgeltliche Leistungen. [3] Dazu gehören z.B. die Projektförderung von Bund, Ländern und der Europäischen Union, Spenden und echte Mitgliedsbeiträge.

[1] Fördert die Körperschaft auch andere steuerbegünstigte Zwecke als die Wissenschaft und Forschung und geschieht dies durch einen Zweckbetrieb, sind die Einnahmen und Überschüsse aus diesem Zweckbetrieb bei der Beurteilung der Frage, aus welchen Mitteln sich der Träger der Forschungseinrichtung überwiegend finanziert, nicht zu berücksichtigen. [2] Die Einnahmen und Überschüsse anderer Zweckbetriebe sind also weder als Zuwendungen noch als andere (schädliche) Mittelzuflüsse zu erfassen.

[1] In welchem Jahr die Einnahmen anzusetzen sind, bestimmt sich nach den Grundsätzen der steuerlichen Einkünfteermittlung. [2] Bei Körperschaften, die den Gewinn durch Betriebsvermögensvergleich (§ 4 Abs. 1 oder § 5 EStG[2]) ermitteln, sind Forderungszugänge bereits als Einnahmen zu erfassen. [3] Bei anderen Körperschaften sind die im Kalenderjahr zugeflossenen Einnahmen maßgeblich (§ 11 EStG).

[1] Der Beurteilung, ob der Träger einer Forschungseinrichtung sich überwiegend aus Zuwendungen und der Vermögensverwaltung finanziert, ist

---

[1] dtv 5786 KSt/GewSt Nr. 1.
[2] dtv 5785 ESt/LSt Nr. 1.

grundsätzlich ein Dreijahreszeitraum zugrunde zu legen. [2]Dieser umfasst den zu beurteilenden und die beiden vorangegangenen Veranlagungszeiträume.

Beispiel:

Jahr	Zuwendungen und Vermögensverwaltung	Andere Finanzierung	Gesamtfinanzierung
	€	€	€
01	1.000	1.100	2.100
02	1.400	1.000	2.400
03	1.200	1.300	2.500
Zusammen	3.600	3.400	7.000

[1]Im Jahr 03 (zu beurteilender Veranlagungszeitraum) liegt ein Zweckbetrieb vor, weil sich der Träger der Forschungseinrichtung im maßgeblichen Beurteilungszeitraum (Jahre 01 bis 03) überwiegend aus Zuwendungen und der Vermögensverwaltung finanziert hat. [2]Für die Beurteilung der Zweckbetriebseigenschaft im Jahr 04 ist die Finanzierung des Trägers der Forschungseinrichtung in den Jahren 02 bis 04 zugrunde zu legen.

20. Die Anfertigung von Prototypen und die Nullserie gehören noch zur Forschungstätigkeit.

[1]Bei Routinemessungen, dem Routineeinsatz eines Ergebnisses und der Fertigung marktfähiger Produkte ist grundsätzlich anzunehmen, dass sich die Tätigkeit auf die Anwendung gesicherter wissenschaftlicher Erkenntnisse beschränkt. [2]Dies ist eine Vermutung, die im Einzelfall von der Forschungseinrichtung widerlegt werden kann.

[1]Bei der Anfertigung von Gutachten kommt es bei der Zuordnung auf Thema und Inhalt an. [2]Gutachten, in denen lediglich gesicherte wissenschaftliche Erkenntnisse verwertet werden, gehören nicht zur Forschungstätigkeit.

„Projektträgerschaften" sind von der „Projektförderung" zu unterscheiden.

[1]„Projektförderung" ist die Vergabe von Zuwendungen für bestimmte, einzeln abgrenzbare Forschungs- und Entwicklungsvorhaben an Forschungseinrichtungen, z.B. durch Bund, Länder und Europäische Union. [2]Bei der Forschungseinrichtung liegen hierbei Zuwendungen i.S.d. § 68 Nr. 9 Satz 1 AO vor.

[1]„Projektträgerschaft" ist die fachliche und verwaltungsmäßige Betreuung und Abwicklung der Projektförderung durch Forschungseinrichtungen (Projektträger) im Auftrag des Bundes oder eines Landes. [2]Zu den Aufgaben der Projektträger gehören u.a. die Prüfung und Beurteilung der Förderanträge der Forschungseinrichtungen, die eine Projektförderung beantragen, mit Entscheidungsvorschlag, Verwaltung der vom Zuwendungsgeber bereitgestellten Mittel, Kontrolle der Abwicklung des Vorhabens, Mitwirkung bei der Auswertung und Veröffentlichung der Arbeitsergebnisse. [3]Die Projektträger erhalten vom Zuwendungsgeber ein Entgelt in Höhe der bei ihnen entstandenen Selbstkosten. [4]Projektträgerschaften sind steuerpflichtige wirtschaftliche Geschäftsbetriebe. [5]Bei der Beurteilung, wie sich die Forschungseinrichtung überwiegend finanziert, gehören die Einnahmen aus Projektträgerschaften zu den Einnahmen, die den Zuwendungen und den Einnahmen aus der Vermögensverwaltung gegenüber zu stellen sind.

Eine Tätigkeit ohne Forschungsbezug ist z.B. der Betrieb einer Kantine.

AEAO zu § 69 – Haftung der Vertreter:

1. Bevollmächtigte, Beistände und Vertreter (§§ 80 und 81 AO) haften nur, wenn sie gleichzeitig Vertreter oder Verfügungsberechtigte i.S.d. §§ 34 und 35 AO (z.B. Vermögensverwalter, Konkursverwalter, Insolvenzverwalter, Testamentsvollstrecker) sind.

2. [1]Die Haftung wird durch Erlass eines Haftungsbescheids gem. § 191 AO geltend gemacht. [2]Wegen der Einwendungen des Haftenden gegen den ursprünglichen Steuerbescheid Hinweis auf § 166 AO, wegen des Leistungsgebots vgl. AEAO zu § 219; wegen der Verpflichtung zur Anhörung der zuständigen Berufskammern vgl. AEAO zu § 191.

AEAO zu § 70 – Haftung des Vertretenen:

[1]Die Vorschrift hat vor allem Bedeutung auf dem Gebiet des Zoll- und Verbrauchsteuerrechts, im Bereich der Besitz- und Verkehrsteuern kommt ihre Anwendung insbesondere bei Abzugsteuern in Betracht. [2]Für Handlungen eines Arbeitnehmers wird nur gehaftet, wenn dieser zu dem in den §§ 34 und 35 AO genannten Personenkreis gehört.

AEAO zu § 71 – Haftung des Steuerhinterziehers und des Steuerhehlers: [1)2)]

Zur Frage der Feststellung, ob Steuern hinterzogen worden sind, vgl. AEAO zu § 169, Nr. 2.1 und 2.2.

AEAO zu § 73 – Haftung bei Organschaft:

Inhaltsübersicht

1.   Art der Haftung und Haftungsschuldner
2.   Haftungsvoraussetzungen
3.   Umfang der Haftung
3.1   Sachliche Beschränkung
3.1.1 Körperschaftsteuer
3.1.2 Umsatzsteuer
3.2   Zeitliche Beschränkung
3.3   Folgen mangelnder Mitwirkung
3.4   Mehrstufige Organschaftsverhältnisse
4.   Erstmalige Anwendung des § 73 Satz 2 AO n.F.

1. Art der Haftung und Haftungsschuldner

[1]§ 73 AO begründet eine persönliche Haftung, die nicht gegenständlich beschränkt ist. [2]Sie ist sachlich beschränkt auf die Steuern und die Ansprüche auf Erstattung von Steuervergütungen, für welche die Organschaft von Bedeutung ist.

[1]Haftungsschuldner ist nach § 73 Satz 1 AO die Organgesellschaft. [2]Bei mehrstufigen Organschaftsverhältnissen haften die (nachrangigen) Organgesellschaften der „obersten" Organgesellschaft ebenfalls für die Steuern des „obers-

---

[1)] Zur Haftungsinanspruchnahme nach § 71 AO siehe BFH v. 26.9.2012 VII R 3/11, BFH/NV 2013, 337, zur Umsatzsteuer (Vb. 1 BvR 38/13 vom BVerfG v. 24.7.2013 nicht zur Entscheidung angenommen), und v. 23.4.2014 VII R 41/12, BStBl. II 2015, 117, zu Verbrauchsteuern.
[2)] Keine Haftung nach § 71 AO bei Subventionsbetrug; siehe BFH v. 19.12.2013 III R 25/10, BStBl. II 2015, 119 (Rspr.-Änderung).

ten" Organträgers, für welche die Organschaft zwischen der „obersten" Organgesellschaft und dem „obersten" Organträger steuerlich von Bedeutung ist (§ 73 Satz 2 AO). [3] Sind die nachrangigen Organgesellschaften wiederum selbst Organträger, haften nach § 73 Satz 2 AO auch ihre eigenen Organgesellschaften sowie ggf. deren (ebenfalls nachrangige) Organgesellschaften. [4] Zur Anwendung siehe Nr. 4 des AEAO zu § 73.

Der Organträger und alle nach § 73 Satz 1 und 2 AO in Haftung genommenen Organgesellschaften sind Gesamtschuldner, weshalb die Leistung eines Steuer- oder Haftungsschuldners zugleich schuldbefreiend für alle anderen Gesamtschuldner wirkt.

2. Haftungsvoraussetzungen

Tatbestandliche Voraussetzung für die Haftung ist das Bestehen eines Organschaftsverhältnisses nach den jeweiligen Steuergesetzen (§§ 14 ff. KStG[1], § 2 Abs. 2 GewStG[2] sowie § 2 Abs. 2 Nr. 2 UStG[3]).

[1] Der Erlass eines Haftungsbescheides nach § 73 Satz 2 i.V.m. Satz 1 AO setzt das Vorliegen der Tatbestandsmerkmale einer Haftung der „obersten" Organgesellschaft für die haftungsrelevanten Steuern des „obersten" Organträgers nach § 73 Satz 1 AO voraus. [2] Eine tatsächliche Inanspruchnahme der „obersten" Organgesellschaft ist daher nicht erforderlich.

3. Umfang der Haftung

3.1. Sachliche Beschränkung

[1] Die Haftung ist auf Steuern und Ansprüche auf Erstattung von Steuervergütungen beschränkt, für die die Organschaft steuerlich von Bedeutung ist. [2] Besteht z.B. nur eine umsatzsteuerliche Organschaft, so scheidet eine Haftungsinanspruchnahme der Organgesellschaft für die Körperschaftsteuer des Organträgers aus.

Die Organgesellschaft haftet dem Grunde nach für alle Steuern, die im Organkreis verursacht worden sind; im Rahmen der Ermessensausübung soll die Haftung aber grundsätzlich auf die in ihrem eigenen Betrieb oder im Betrieb des Organträgers verursachten Steuern beschränkt werden.

Eine Begrenzung der Haftungsinanspruchnahme einer (ggf. nachrangigen) Organgesellschaft im Rahmen der Ermessensausübung erfolgt jedoch nicht, wenn der Organträger oder andere Organgesellschaften Vermögenswerte unentgeltlich auf die Organgesellschaft übertragen, unentgeltliche Nutzungen oder Leistungen gewährt haben oder keine Trennung der Vermögenssphären der Organteile möglich ist, sodass die Organgesellschaft auch für Steuern haftet, die durch den Betrieb des Organträgers oder einer anderen Organgesellschaft verursacht worden sind (BFH–Beschluss vom 19.3.2014, V B 14/14, BFH/NV 2014, S. 999 und BGH-Urteil vom 29.1.2013, II ZR 91/11, ZIP 2013 S. 409).

Die vorstehenden Grundsätze gelten für Ansprüche auf Erstattung von Steuervergütungen, für welche die Organschaft(-en) von Bedeutung ist (sind), entsprechend (§ 73 Satz 3 AO).

Zu den Folgen mangelnder Mitwirkung siehe Nr. 3.3.

---

[1] dtv 5786 KSt/GewSt Nr. 1.
[2] dtv 5786 KSt/GewSt Nr. 4.
[3] dtv 5546 USt Nr. 1.

Steuerliche Nebenleistungen (§ 3 Abs. 4 AO) sind von der Haftung ausgenommen (BFH-Urteil vom 5.10.2004, VII R 76/03, BStBl. 2006 II S. 3).

Der Solidaritätszuschlag ist als Ergänzungsabgabe zur Einkommen- bzw. Körperschaftsteuer in die Haftung miteinzubeziehen (§ 73 i.V.m. § 3 Abs. 1 AO).

3.1.1. Körperschaftsteuer

Bei der körperschaftsteuerlichen Organschaft ist es ermessensgerecht, den Verursachungsbeitrag einer Organgesellschaft für die rückständige Steuer des Organträgers nach dem Verhältnis des zugerechneten positiven Einkommens der Organgesellschaft (originäres Organeinkommen) zu der Summe der gesamten zugerechneten positiven Organeinkommen des Organkreises eines Veranlagungszeitraums zu bestimmen.

Bei der Ermittlung des originären Einkommens der Organgesellschaft sind die auf Ebene des Organträgers nach § 15 Satz 1 Nr. 2 und 3 sowie Satz 2 KStG vorzunehmenden Korrekturen zu berücksichtigen.

[1] Die Inanspruchnahme der Organgesellschaft kann höchstens in Höhe einer fiktiven Steuer auf das originäre Organeinkommen erfolgen. [2] Zusätzlich wird die Inanspruchnahme auf die Körperschaftsteuer beschränkt, die gegen den Organträger festgesetzt wird.

3.1.2. Umsatzsteuer

Bei der umsatzsteuerlichen Organschaft ist es ermessensgerecht, den Verursachungsbeitrag einer Organgesellschaft auf die auf den Außenumsätzen der Organgesellschaft beruhende Umsatzsteuer abzüglich der bei der Organgesellschaft anfallenden Vorsteuer zu bestimmen.

3.2. Zeitliche Beschränkung

[1] Voraussetzung für die Haftung ist, dass das Organschaftsverhältnis für den steuerlichen Anspruch gegen den Organträger auch unter Beachtung von Umwandlungsvorgängen von Bedeutung ist. [2] Die Steuern müssen während der zeitlichen Dauer der Organschaft verursacht worden sein. [3] Die steuerliche Bedeutung der Organschaft geht nicht dadurch verloren, dass ein Steueranspruch – z.B. bei abweichenden Wirtschaftsjahren im Organkreis – möglicherweise erst nach Beendigung der Organschaft entsteht, sofern dieser durch die Organschaft noch beeinflusst ist. [4] Auf den Zeitpunkt der Festsetzung und der Fälligkeit kommt es nicht an.

[1] Im Falle eines Umwandlungsvorgangs mit Rückwirkung kann ein Gewinnabführungsvertrag nur für die Zukunft Wirkung entfalten, eine Inhaftungnahme kommt daher auch in diesen Fällen nur für die von der Organgesellschaft ab diesem Zeitpunkt mitverursachten Ertragsteuern des Organträgers in Betracht. [2] Wird eine körperschaftsteuerliche Organschaft durch einen Umwandlungsvorgang mit Rückwirkung beendet, scheidet eine Haftungsinanspruchnahme für Steuern, die im Zeitraum der Rückwirkung verursacht wurden, mangels Bestehens eines Organschaftsverhältnisses aus.

3.3. Folgen mangelnder Mitwirkung

[1] Es ist Sache der Organgesellschaft, durch leicht nachprüfbare Unterlagen und Berechnungen darzulegen, welche Steuern sie nicht verursacht hat. [2] Die Organgesellschaft kann für sämtliche Steuern des Organkreises in Anspruch genommen werden, wenn

1. sie keine Angaben macht, die eine Beschränkung ermöglichen, oder

2. die vorgetragenen Berechnungsgrundlagen für die Beschränkung des Haftungsumfangs nicht leicht und eindeutig zuzuordnen sind.

3.4. Mehrstufige Organschaftsverhältnisse

[1] Bei mehrstufigen Organschaftsverhältnissen haften alle Organgesellschaften (das heißt die „obersten" Organgesellschaften und, falls diese ihrerseits Organträgerinnen sind, auch alle nachrangigen Organgesellschaften) nebeneinander dem Grunde nach für alle Steuern, die im gesamten Organkreis verursacht worden sind. [2] Im Rahmen der Ermessensausübung soll die Haftung aber grundsätzlich auf die jeweils im eigenen Betrieb oder im Betrieb der in gerader Linie vorgehenden Organträger verursachten Steuern beschränkt werden. [3] Die in Nr. 3.1 bis 3.3 des AEAO zu § 73 dargestellten Grundsätze gelten hierbei entsprechend und sind dabei auf jeder Stufe der mehrstufigen Organschaft individuell anzuwenden.

Bei der Umsatzsteuer sind mehrstufige Organschaftsverhältnisse ausgeschlossen.

4. Erstmalige Anwendung des § 73 Satz 2 AO n.F.

[1] § 73 Satz 2 AO i.d.F. des Gesetzes vom 12.12.2019 (BGBl. I S. 2451) ist nach Art. 97 § 11 Abs. 4 EGAO[1] erstmals anzuwenden, wenn der haftungsbegründende Tatbestand nach dem 17.12.2019 verwirklicht worden ist. [2] Haftungsbegründender Tatbestand ist die Entstehung der Steuerschuld bzw. die Entstehung des Anspruchs auf Erstattung von Steuervergütungen, für die die „oberste" Organgesellschaft haftet (Primärschuld), und das gleichzeitige Bestehen der Organschaft zwischen der „obersten" Organgesellschaft und ihren nachrangigen Organgesellschaften.

AEAO zu § 74 – Haftung des Eigentümers von Gegenständen:

1. [1] Der Eigentümer der Gegenstände haftet persönlich, aber beschränkt auf die dem Unternehmen zur Verfügung gestellten Gegenstände. [2] Das Haftungsobjekt ist dabei nicht auf den (im Zeitpunkt der Haftungsinanspruchnahme noch) im Eigentum des Beteiligten stehenden Gegenstand beschränkt, sondern umfasst auch ein dafür ggf. erhaltenes Surrogat (Veräußerungserlös, Schadenersatz, Tauschgegenstand o.Ä.), wenn der Gegenstand im Zeitraum der Steuerschuldentstehung dem Unternehmen gedient hat (vgl. BFH-Urteil vom 22.11.2011, VII R 63/10, BStBl. 2012 II S. 223).[2] [3] Gegenstand der Haftung können auch immaterielle Wirtschaftsgüter sein, wenn in dieses Vermögen vollstreckt werden kann (BFH-Urteil vom 23.5.2012, VII R 28/10, BStBl. II S. 763).

Zur Haftung, wenn der Gegenstand nicht im Eigentum des Haftenden, sondern im Eigentum einer Gesellschaft steht, an der der Haftende beteiligt ist, vgl. BFH-Urteile vom 10.11.1983, V R 18/79, BStBl. 1984 II S. 127 (GbR), und vom 23.5.2012, VII R 28/10, BStBl. 2012 II S. 763 (KG).

2. [1] Der Eigentümer haftet für die Steuern und Ansprüche auf Erstattung von Steuervergütungen, bei denen sich die Steuerpflicht auf den Betrieb des Unternehmens gründet und die während des Bestehens der wesentlichen Beteiligung entstanden sind; auf die Fälligkeit kommt es nicht an. [2] Hierzu gehö-

---

[1] Nr. **1.1.**

[2] Keine Aufrechnung mit der Haftungsschuld des Eigentümers von Gegenständen gegen dessen Steuervergünstigungsansprüche; vgl. BFH v. 28.1.2014 VII R 34/12, BStBl. II 2014, 551.

ren die Steuern bzw. Ansprüche, für die der in den Einzelsteuergesetzen bezeichnete Tatbestand an den Betrieb eines Unternehmens geknüpft ist (z.B. Umsatzsteuer – auch bei Eigenverbrauch –, Gewerbesteuer, Verbrauchsteuer bei Herstellungsbetrieben, Rückforderung von Investitionszulage), nicht dagegen z.B. Personensteuern (z.B. Einkommen-, Körperschaft- und Erbschaftsteuer), Zölle, Abschöpfungen oder Steuerabzugsbeträge (z.B. Lohnsteuer). [3] Die Haftung erstreckt sich nicht auf die steuerlichen Nebenleistungen (§ 3 Abs. 4 AO).

3. [1] Eine wesentliche Beteiligung liegt auch dann vor, wenn der betroffene Eigentümer nur mittelbar, z.B. über eine Tochtergesellschaft oder einen Treuhänder, beteiligt ist. [2] Eine wesentliche Beteiligung i.S.d. § 74 Abs. 2 Satz 1 AO wird aber nicht durch Zusammenrechnung der von mehreren Familienmitgliedern gehaltenen Anteile begründet (vgl. BFH-Urteil vom 1.12.2015, VII R 34/14, BStBl. 2016 II S. 375).

4. [1] Einer wesentlichen Beteiligung steht es gleich, wenn jemand ohne entsprechende Vermögensbeteiligung auf das Unternehmen einen beherrschenden Einfluss tatsächlich und in einer Weise ausübt, die dazu beiträgt, dass fällige Betriebssteuern nicht entrichtet werden; es genügt nicht, wenn eine Person nur die Möglichkeit hat, beherrschenden Einfluss auszuüben. [2] Ein beherrschender Einfluss i.S.d. § 74 Abs. 2 Satz 2 AO kann auch vorliegen, wenn mehrere Familienmitglieder Anteile am Betriebsunternehmen halten und sie als Eigentümer der Gegenstände (Besitzunternehmen) gemeinsam in der Lage sind, ihren Willen im Betriebsunternehmen durchzusetzen. [3] Es ist jedoch ein aktiver und für die Nichtentrichtung fälliger Betriebssteuern kausaler Beitrag erforderlich, ein bloßes Unterlassen bestimmter Handlungen reicht nicht aus. [4] Daher kann allein die Weigerung, weitere Kreditmittel zu gewähren – auch wenn dies zur Abwendung einer Insolvenz geboten wäre – eine Haftung nach § 74 AO nicht begründen (vgl. BFH-Urteil vom 1.12.2015, VII R 34/14, BStBl. 2016 II S. 375).

AEAO zu § 75 – Haftung des Betriebsübernehmers:

1. Art der Haftung

§ 75 AO begründet eine persönliche, keine dingliche Haftung, die jedoch ihrem Gegenstand nach auf den Bestand des übereigneten Unternehmens bzw. Teilbetriebes beschränkt ist.

2. Haftungsschuldner

[1] Haftungsschuldner ist der an der Geschäftsveräußerung beteiligte Erwerber. [2] Als Erwerber kommt jeder in Betracht, der Träger von Rechten und Pflichten sein kann.

3. Haftungstatbestand

Haftungstatbestand ist die Übereignung eines Unternehmens oder eines in der Gliederung eines Unternehmens gesondert geführten Betriebes im Ganzen.

3.1. Übereignung eines Unternehmens oder gesondert geführten Betriebes

Unternehmen ist jede wirtschaftliche Einheit oder organisatorische Zusammenfassung persönlicher oder sachlicher Mittel zur Verfolgung wirtschaftlicher Zwecke, d.h. ein Unternehmen i.S.d. § 2 Abs. 1 UStG[1] (BFH-Urteile vom 14.5.1970, V R 117/66, BStBl. II S. 676, vom 28.11.1973, I R 129/71, BStBl. 1974 II S. 145, vom 27.11.1979, VII R 12/79, BStBl. 1980 II S. 258, vom 11.5.1993, VII R 86/92, BStBl. II S. 700, und vom 7.3.1996, VII B 242/95, BFH/NV S. 726).

[1] Ein gesondert geführter Betrieb i.S.d. § 75 AO ist ein mit gewisser Selbständigkeit ausgestatteter, organisch geschlossener Teil eines Gesamtbetriebes, der für sich allein lebensfähig ist. [2] Fehlt es hieran, so kommt eine Haftung – ohne Rücksicht auf den Umfang der übernommenen Wirtschaftsgüter – nicht in Betracht (BFH-Urteile vom 15.3.1984, IV R 189/81, BStBl. II S. 486, vom 3.12.1985, VII R 186/83, BFH/NV 1986 S. 315, und vom 29.4.1993, IV R 88/92, BFH/NV 1994 S. 694). [3] Ob ein Betriebsteil die für die Annahme eines gesondert geführten Betriebes erforderliche Selbständigkeit besitzt, ist nach dem Gesamtbild der Verhältnisse zu entscheiden. [4] Als Abgrenzungsmerkmale sind u.a. von Bedeutung: Räumliche Trennung vom Hauptbetrieb, gesonderte Buchführung, eigenes Personal, eigene Verwaltung, selbständige Organisation, eigenes Anlagevermögen, ungleichartige betriebliche Tätigkeit und eigener Kundenstamm. [5] Diese Merkmale, die nicht sämtlich vorliegen müssen, haben unterschiedliches Gewicht je nachdem, ob es sich um einen Handels-, Dienstleistungs- oder Fertigungsbetrieb handelt (vgl. BFH-Urteile vom 23.11.1988, X R 1/86, BStBl. 1989 II S. 376, und vom 29.4.1993, IV R 88/92, a.a.O.). [6] Bei Einzelhandelsfilialen reicht es für die Annahme eines gesondert geführten Betriebes regelmäßig nicht aus, dass die Filiale vom Hauptbetrieb räumlich getrennt ist und über eigenes Personal, eine selbständige Kassenführung und einen eigenen Kundenkreis verfügt. [7] Es muss hinzukommen, dass die Filiale über selbständige Wareneinkaufsbeziehungen und eine selbständige Preisgestaltung verfügt (BFH-Urteile vom 12.9.1979, I R 146/76, BStBl. 1980 II S. 51, vom 12.2.1992, XI R 21/90, BFH/NV S. 516, und vom 29.4.1993, IV R 88/92, a.a.O.).

3.2. Übereignung der wesentlichen Betriebsgrundlagen

[1] Die Übereignung des Unternehmens im Ganzen setzt voraus, dass alle wesentlichen Betriebsgrundlagen von dem Veräußerer auf den Erwerber dergestalt übergehen, dass dieser in der Lage ist, wirtschaftlich wie ein Eigentümer darüber zu verfügen und so das Unternehmen fortzuführen (BFH-Urteile vom

---

[1] dtv 5546 USt Nr. 1.

18.3.1986, VII R 146/81, BStBl. II S. 589, und vom 10.12.1991, VII R 57/89, BFH/NV 1992 S. 712). [2] Welche Wirtschaftsgüter wesentliche Betriebsgrundlage sind, hängt letztendlich von der Art des Betriebes ab und ist nach den Umständen des Einzelfalls zu entscheiden; in Betracht kommen z.b. Geschäftsgrundstücke, -räume und -einrichtung, das Warenlager, Maschinen, Nutzungs- und Gebrauchsrechte oder der Kundenstamm. [3] Maßgeblich ist das tatsächliche Ergebnis der Übertragung, nicht etwa vertraglich getroffene Vereinbarungen (BFH-Urteil vom 23.10.1985, VII R 142/81, BFH/NV 1986 S. 381). [4] Eine Haftung kommt nicht in Betracht, sofern der frühere Betriebsinhaber eine wesentliche Betriebsgrundlage zurückbehält und später übereignet (BFH-Urteil vom 6.8.1985, VII R 189/82, BStBl. II S. 651).

[1] Eine Betriebsübereignung i.S.d. § 75 AO setzt bei Grundstücken, die zu den wesentlichen Grundlagen des Unternehmens gehören und im Eigentum des Betriebsinhabers stehen, voraus, dass sie nach den Vorschriften des BGB an den Erwerber übereignet werden. [2] Die Vermietung oder Verpachtung eines solchen Grundstücks durch den früheren Betriebsinhaber an den fortführenden Unternehmer vermag die Haftung nicht zu begründen (BFH-Urteile vom 18.3.1986, VII R 146/81, BStBl. II S. 589, und vom 29.10.1985, VII R 194/82, BFH/NV 1987 S. 358). [3] Das Gleiche gilt, wenn der frühere Unternehmer den ihm gehörenden Hälfteanteil des Betriebsgrundstücks als wesentliche Grundlage des Betriebes nicht an die als Haftungsschuldner in Betracht kommende GmbH, sondern an deren Alleingesellschafter und alleinigen Geschäftsführer übereignet (BFH-Urteil vom 16.3.1982, VII R 105/79, BStBl. II S. 483).

Umfassen die wesentlichen Betriebsgrundlagen Wirtschaftsgüter, die nicht im bürgerlich-rechtlichen Sinne übereignet werden können (z.B. Erfahrungen, Geheimnisse, Beziehungen zu Kunden, Lieferanten und Mitarbeitern), genügt es, wenn diese lediglich im wirtschaftlichen Sinne übereignet werden, so dass der Erwerber ein eigentümerähnliches Herrschaftsverhältnis erlangt (BFH-Urteile vom 27.11.1979, VII R 12/79, BStBl. 1980 II S. 258, vom 16.3.1982, VII R 105/79, BStBl. II S. 483, und vom 3.5.1994, VII B 265/93, BFH/NV S. 762).

[1] Gehören zu den wesentlichen Betriebsgrundlagen auch Nutzungsrechte, z.B. Miet- oder Pachtrechte, die nicht nach bürgerlich-rechtlichen Grundsätzen übereignet werden können, so reicht es für die Übertragung solcher Rechte aus, dass der Betriebsübernehmer unter Mitwirkung des bisherigen Betriebsinhabers mit dem Vermieter oder Verpächter einen entsprechenden Nutzungsvertrag abschließt. [2] Für die Mitwirkung des bisherigen Betriebsinhabers ist es ausreichend, wenn dieser in irgendeiner tatsächlichen Art und Weise in den Abschluss des neuen Nutzungsvertrages eingeschaltet war, sei es, dass er den Eintritt des Betriebsübernehmers in den alten Vertrag oder den Neuabschluss des Nutzungsvertrages initiierte, vermittelte, befürwortete oder auch nur billigte (BFH-Urteil vom 21.2.1989, VII R 164/85, BFH/NV S. 617, und BFH-Beschluss vom 19.5.1998, VII B 281/97, BFH/NV 1999 S. 4).

[1] Ein auf fremdem Grundstück unterhaltener Betrieb ist erst dann übereignet, wenn der Pachtvertrag mit dem Grundstückseigentümer auf den Erwerber übergeleitet ist. [2] Dies gilt auch dann, wenn andere Betriebsgrundlagen bereits vorher auf den Erwerber übergegangen sind (BFH-Urteil vom 17.2.1988, VII R 97/85, BFH/NV S. 755).

[1] Für die Haftung des Betriebsübernehmers kommt es nur darauf an, dass das wirtschaftliche Eigentum an den wesentlichen Betriebsgrundlagen, d.h. die Möglichkeit, über den Einsatz der Gegenstände allein entscheiden zu können, vom bisherigen Unternehmer auf den Erwerber übergeht. [2] Die Haftung des Betriebsübernehmers kommt daher auch dann in Betracht, wenn der Erwerber das wirtschaftliche Herrschaftsverhältnis über im fremden Sicherungseigentum stehendes Betriebsvermögen durch Vereinbarung mit dem bisherigen Unternehmer erlangt (BFH-Urteil vom 22.9.1992, VII R 73–74/91, BFH/NV 1993 S. 215). [3] Eine Haftung des Betriebsübernehmers scheidet dagegen aus, wenn der Erwerber das (wirtschaftliche) Eigentum durch Erwerb vom Sicherungsnehmer erlangt, ohne dass der frühere Betreiber des Unternehmens an dem Geschäft in irgendeiner Weise beteiligt war (BFH-Urteil vom 19.1.1988, VII R 74/85, BFH/NV S. 479, und BFH-Beschluss vom 3.5.1994, VII B 265/93 BFH/NV S. 762).

Eine Übereignung in mehreren Teilakten ist eine Übertragung im Ganzen, wenn die einzelnen Teile im wirtschaftlichen Zusammenhang stehen und der Wille auf Erwerb des Unternehmens gerichtet ist (BFH-Urteile vom 16.3. 1982, VII R 105/79, BStBl. II S. 483, vom 17.2.1988, VII R 97/85, BFH/NV S. 755, und vom 3.5.1994, VII B 265/93, BFH/NV S. 762).

3.3. Lebendes Unternehmen

[1] Der Haftung des Betriebsübernehmers stehen Überschuldung, Zahlungsunfähigkeit bzw. Insolvenzreife des bisherigen Unternehmens nicht entgegen. [2] Die Haftung des Erwerbers ist davon abhängig, dass er ein lebendes Unternehmen erwirbt. [3] Dazu ist erforderlich, dass der Erwerber das Unternehmen ohne nennenswerte finanzielle Aufwendungen fortführen oder, sofern der Betrieb des Unternehmens vor dem Erwerb bereits eingestellt war, ohne großen Aufwand wieder in Gang setzen kann (BFH-Urteile vom 18.3.1986, VII R 146/81, BStBl. II S. 589, vom 11.5.1993, VII R 86/92, BStBl. II S. 700, und vom 10.12.1991, VII R 57/89, BFH/NV 1992 S. 712).

Die Haftung des Erwerbers wird nicht dadurch ausgeschlossen, dass dieser den Betrieb nur dann in der bisherigen Weise fortführen kann, wenn er an die Stelle des Veräußerers in das Vertragsnetz eines anderen Unternehmens eintritt (BFH-Urteil vom 27.5.1986, VII R 183/83, BStBl. II S. 654).

Die Abweisung des Antrags des bisherigen Betriebsinhabers auf Eröffnung des Insolvenzverfahrens mangels Masse kann ein Indiz dafür sein, dass ein lebendes Unternehmen nicht mehr vorhanden ist; sie ist aber kein Kriterium, das eine Haftung des Betriebsübernehmers generell ausschließt (vgl. BFH-Urteile vom 22.9.1992, VII R 73–74/91, BFH/NV 1993 S. 215).

3.4. Haftungsausschluss für Erwerbe aus einer Insolvenzmasse und im Vollstreckungsverfahren

[1] Für Erwerbe aus einer Insolvenzmasse und im Vollstreckungsverfahren scheidet eine Haftung des Betriebsübernehmers aus (§ 75 Abs. 2 AO). [2] Aus einer Insolvenzmasse wird ein Unternehmen erworben, wenn der Erwerb nach Eröffnung und vor Einstellung oder Aufhebung des Insolvenzverfahrens getätigt wird. [3] Ist die Eröffnung des Insolvenzverfahrens mangels Masse abgelehnt worden, so greift der Haftungsausschluss nach § 75 Abs. 2 AO nicht ein (vgl. BFH-Urteil vom 23.7.1998, VII R 143/97, BStBl. II S. 765).

Ein Erwerb im Vollstreckungsverfahren liegt vor, wenn dieser im Rahmen der Verwertung, also der Zwangsversteigerung (§ 17 ZVG), der besonderen

Verwertung (§ 65 ZVG), der Versteigerung (§ 814 ZPO), der anderweitigen Verwertung (§ 825 ZPO) oder der Verwertung nach den §§ 296, 305 AO erfolgt.

Einen darüber hinausgehenden Haftungsausschluss durch private Vereinbarung, etwa vergleichbar des § 25 Abs. 2 HGB, lässt die öffentlich-rechtliche Natur der Haftung nach § 75 AO nicht zu.

4. Umfang der Haftung

4.1. Sachliche Beschränkung

Der Übernehmer eines Unternehmens oder gesondert geführten Betriebes haftet nur

– für die im Betrieb begründeten Steuern (z.B. Umsatzsteuer – ausschließlich der Einfuhrumsatzsteuer gem. § 1 Abs. 1 Nr. 4 UStG und der Umsatzsteuer wegen unberechtigten Steuerausweises gem. § 14c Abs. 2 UStG –, pauschalierte Lohnsteuer, Gewerbesteuer); er haftet dagegen insbesondere nicht für Einkommensteuer, Körperschaftsteuer, Erbschaftsteuer, Grundsteuer, Grunderwerbsteuer und Kraftfahrzeugsteuer;

– für Ansprüche auf Erstattung von Steuervergütungen sowie Prämien und Zulagen, auf die die Vorschriften für Steuervergütungen entsprechend anwendbar sind, wobei der Erstattungsanspruch aus einer betriebsbedingten Steuervergütung bzw. Prämie oder Zulage resultieren muss (insbesondere Rückforderung der Investitionszulage);

– für Steuerabzugsbeträge, insbesondere Lohnsteuer, Kapitalertragsteuer, Abzugsbeträge nach §§ 48, 50a EStG[1]).

[1] Nach dem BFH-Urteil vom 28.1.1982, V S 13/81, BStBl. II S. 490 umfasst die Haftung auch die durch die Unternehmensveräußerung entstandene Umsatzsteuerschuld. [2] Zwar unterliegt eine Unternehmensveräußerung gem. § 1 Abs. 1a UStG nicht mehr der Umsatzsteuer. [3] Die Haftung umfasst aber auch die in diesen Fällen unberechtigt ausgewiesene nach § 14c Abs. 1 UStG geschuldete Umsatzsteuer.

Steuerliche Nebenleistungen (§ 3 Abs. 4 AO) sind von der Haftung ausgenommen.

4.2. Zeitliche Beschränkung

[1] Voraussetzung für die Haftung ist, dass die Steuern und Erstattungsansprüche seit dem Beginn des letzten vor der wirtschaftlichen Übereignung liegenden Kalenderjahres entstanden (§ 38 AO) sind und innerhalb eines Jahres nach Anmeldung (§ 138 AO) des Betriebes bei der zuständigen Finanzbehörde durch den Erwerber festgesetzt oder angemeldet worden sind. [2] Die Jahresfrist beginnt frühestens mit dem Zeitpunkt der Betriebsübernahme. [3] Die Fälligkeit der Ansprüche ist unerheblich.

Es reicht aus, wenn die Steuern gegenüber dem Veräußerer innerhalb der Jahresfrist festgesetzt worden sind, der Haftungsbescheid kann später erlassen werden.

4.3. Gegenständliche Beschränkung der Haftung

[1] Die Haftung beschränkt sich auf das übernommene Vermögen (einschließlich Surrogate). [2] Darunter ist das übernommene Aktivvermögen zu

---

[1]) dtv 5785 ESt/LSt Nr. 1.

verstehen; Schulden sind nicht abzuziehen. [3]Der Haftungsschuldner haftet nicht in Höhe des Wertes des übernommenen Vermögens, sondern mit diesem Vermögen.

[1]Der Umfang der Haftung ist ausreichend bestimmt (§ 119 Abs. 1 AO), wenn im Haftungsbescheid der Vermögenswert angegeben wird, auf den die Haftung beschränkt ist (BFH-Urteil vom 22.9.1992, VII R 73–74/91, BFH/ NV 1993 S. 215). [2]Alternativ können die einzelnen übernommenen Gegenstände aufgeführt werden. [3]Handelt es sich um eine größere Anzahl von Gegenständen, können diese in einer besonderen Anlage zum Haftungsbescheid angegeben werden. [4]Es genügt jedoch auch, im Haftungsbescheid auf den Übergabevertrag Bezug zu nehmen, sofern sich aus diesem die übernommenen Gegenstände in eindeutig abgrenzbarer Weise ergeben.

5. Verjährung

Die Festsetzungsfrist beträgt vier Jahre (§ 191 Abs. 3 Satz 2 AO).

6. Auskunftserteilung bei Betriebsübernahme

[1]Ersucht ein Kaufinteressent das Finanzamt um Auskunft über Rückstände an Betriebssteuern und Steuerabzugsbeträgen, für die eine Haftung in Frage kommt, so kann diese Auskunft nur erteilt werden, wenn der Betriebsinhaber zustimmt (§ 30 Abs. 4 Nr. 3 AO). [2]Der anfragende Kaufinteressent ist ggf. auf die erforderliche Zustimmung sowie darauf hinzuweisen, dass der Erwerber auch dann nach § 75 Abs. 1 AO haftet, wenn ihm bei der Übereignung die Steuerschulden des Veräußerers nicht bekannt sind.

[1]Der haftungsbegründende Tatbestand ist mit der Eigentumsübertragung verwirklicht. [2]Da Steuerschuldner und Haftender nach § 44 Abs. 1 AO Gesamtschuldner sind, darf dem Erwerber nach erfolgter Eigentumsübertragung eine Auskunft über etwaige bekannte Steuerrückstände des Veräußerers insoweit erteilt werden, als eine Haftung nach § 75 Abs. 1 AO in Betracht kommt. [3]Es ist nicht erforderlich, dass gegen den Erwerber bereits ein Haftungsbescheid ergangen ist.

AEAO zu § 77 – Duldungspflicht:

1. [1]Eine Duldungspflicht kommt vor allem bei den in den §§ 34 und 35 AO genannten Personen in Betracht. [2]Als öffentliche Last ruht auf dem Grundbesitz die Grundsteuer (§ 12 GrStG[1]).

2. Zum Erlass eines Duldungsbescheids wird auf § 191 AO hingewiesen, wegen weiterer Vorschriften über die Duldung der Zwangsvollstreckung auf die §§ 262, 264 und 265 AO.

AEAO zu § 78 – Beteiligte:

[1]Unter Beteiligten sind i.d.R. die Steuerpflichtigen (§ 33 Abs. 1 AO) zu verstehen. [2]Der Beteiligtenbegriff des § 78 AO gilt nicht im Zerlegungs- und Einspruchsverfahren (§§ 186, 359 AO; vgl. BFH-Beschluss vom 28.3.1979, I B 79/78, BStBl. II S. 538).

---

[1] dtv 5547 ErbSt/BewG/GrSt Nr. 3.

AEAO zu § 80 – Bevollmächtigte und Beistände:[1]

1. [1]Die Finanzbehörde kann den Nachweis einer Vollmacht jederzeit ohne besonderen Anlass und ohne Begründung fordern. [2]Dieser Nachweis kann in schriftlicher oder elektronischer Form oder durch mündliche Bestätigung des Vollmachtgebers an Amtsstelle erbracht werden. [3]Bei einer elektronisch erteilten Vollmacht genügt eine Unterzeichnung mittels Signaturpad. [4]Hat ein Bevollmächtigter i.S.d. § 80 Abs. 2 Satz 1 AO die ihm schriftlich erteilte Vollmacht gescannt und bewahrt er den Scan nach den berufsrechtlichen Vorgaben ordnungsgemäß auf, darf die schriftliche Originalvollmacht vernichtet werden. [5]Zum Nachweis der Bevollmächtigung in den Fällen des § 80a AO vgl. AEAO zu § 80a, Nr. 1.

[1]Umfasst eine Vertretungsvollmacht auch eine Datenabrufvollmacht, ist die Bevollmächtigung nachzuweisen, sofern die Bevollmächtigung nicht nach § 80a Abs. 2 oder 3 AO gesetzlich vermutet wird. [2]Zum Nachweis einer Empfangsvollmacht vgl. § 122 Abs. 1 Satz 4 AO.

2. [1]Eine Vollmacht ermächtigt zwar nicht zum Empfang von Erstattungen oder Vergütungen. [2]Der Bevollmächtigte kann jedoch in anderer Weise über das Guthaben des Steuerpflichtigen verfügen, indem er z.B. namens des Steuerpflichtigen gegenüber der Finanzbehörde aufrechnet (§ 226 AO). [3]Erstattungen an Bevollmächtigte oder andere Personen sind zulässig, wenn der Steuerpflichtige eine entsprechende Zahlungsanweisung erteilt; die Finanzbehörde ist jedoch nicht zur Zahlung an sie verpflichtet.

3. Bei der Unterzeichnung von Steuererklärungen ist, wenn die Einzelsteuergesetze die eigenhändige Unterschrift vorsehen, eine Vertretung durch Bevollmächtigte nur unter den Voraussetzungen des § 150 Abs. 3 AO zulässig.

4. [1]Der Schriftwechsel und die Verhandlungen im Besteuerungsverfahren sind mit dem Bevollmächtigten zu führen. [2]Nur bei Vorliegen besonderer Gründe soll sich die Finanzbehörde an den Beteiligten selbst wenden, z.B. um ihn um Auskünfte zu bitten, die nur er selbst als Wissensträger geben kann. [3]In diesem Fall ist der Bevollmächtigte zu unterrichten. [4]Inwieweit Verwaltungsakte, insbesondere Steuerbescheide, gegenüber dem Bevollmächtigten bekannt zu geben sind, richtet sich nach § 122 Abs. 1 Satz 3 und 4 AO.

5. [1]Mit der Bestellung eines Bevollmächtigten verliert der Steuerpflichtige nicht die Möglichkeit, selbst rechtswirksame Erklärungen gegenüber der Finanzbehörde abzugeben. [2]Er kann z.B. auch einen von dem Bevollmächtigten eingelegten Einspruch zurücknehmen.

6. Verfahrenshandlungen, die ein Bevollmächtigter oder Beistand vor seiner Zurückweisung vorgenommen hat, bleiben wirksam.

AEAO zu § 80a – Elektronische Übermittlung von Vollmachtsdaten an Landesfinanzbehörden:

1. Die Finanzbehörde kann den Nachweis über das Vorliegen einer Vollmacht, deren Daten nach § 80a Abs. 1 AO elektronisch übermittelt wurden, jederzeit ohne besonderen Anlass und ohne Begründung fordern. [2]In diesem Fall kann der Nachweis der Bevollmächtigung und ihres Umfangs durch Vorlage oder Übersendung einer Ausfertigung, einer Ablichtung oder eines Scans

---

[1] Zur Neufassung der amtlichen Muster für Vollmachten im Besteuerungsverfahren siehe BMF v. 8.7.2019, BStBl. I 2019, 594.

der nach amtlichem Formular erteilten Vollmacht geführt werden. [3]Dies gilt auch bei mittels Signaturpad unterzeichneten elektronischen Vollmachten. [4]Hat ein Bevollmächtigter i.S.d. § 80a Abs. 2 oder 3 AO die ihm schriftlich erteilte Vollmacht i.S.d. § 80a AO gescannt und bewahrt er den Scan nach den berufsrechtlichen Vorgaben ordnungsgemäß auf, darf die schriftliche Originalvollmacht vernichtet werden.

2. Der Vollmachtgeber kann eine Vollmacht, deren Daten nach § 80a Abs. 1 AO elektronisch übermittelt wurden, nicht nur gegenüber dem Bevollmächtigten (vgl. § 80a Abs. 1 Satz 4 AO), sondern auch schriftlich, elektronisch oder mündlich an Amtsstelle gegenüber der Finanzbehörde widerrufen.

AEAO zu § 81 – Bestellung eines Vertreters von Amts wegen:

[1]Die Finanzbehörden haben im Allgemeinen keinen Anlass, die Bestellung eines Vertreters von Amts wegen zu beantragen. [2]Wegen der Bekanntgabe von Verwaltungsakten an Beteiligte im Ausland vgl. AEAO zu § 122, Nr. 1.8.4.

AEAO zu § 82 – Ausgeschlossene Personen:

1. Wegen der Rechtsfolgen bei einem Verstoß gegen diese Vorschrift wird auf §§ 125 und 127 AO hingewiesen.

2. [1]Hilfe in Steuersachen i.S.d. § 82 Abs. 1 Nr. 4 AO leisten nicht nur diejenigen, die nach dem StBerG ausdrücklich dazu befugt sind, sondern auch sonstige Personen, die ohne gesetzliche Befugnis Hilfe in Steuersachen leisten. [2]Zur Hilfe in Steuersachen zählen auch die nicht dem Erlaubnisvorbehalt des § 2 StBerG unterliegenden mechanischen Buchführungsarbeiten und die Erstattung wissenschaftlicher Gutachten (§ 6 StBerG).

3. Zum Begriff des Amtsträgers Hinweis auf § 7 AO.

AEAO zu § 83 – Besorgnis der Befangenheit:

1. Das in § 83 AO vorgeschriebene Verfahren ist nicht nur dann durchzuführen, wenn der Amtsträger tatsächlich befangen ist oder sich für befangen hält, sondern schon dann, wenn ein vernünftiger Grund vorliegt, der den Beteiligten von seinem Standpunkt aus befürchten lassen könnte, dass der Amtsträger nicht unparteiisch sachlich entscheiden werde.

2. [1]Die Entscheidung, ob sich ein Amtsträger der Mitwirkung an einem Verwaltungsverfahren zu enthalten hat, trifft der Behördenleiter bzw. der von ihm Beauftragte oder die Aufsichtsbehörde. [2]Über die Zulässigkeit der Mitwirkung des Amtsträgers im Verwaltungsverfahren ist ggf. im Rechtsbehelfsverfahren über den Verwaltungsakt zu entscheiden.

AEAO zu § 85 – Besteuerungsgrundsätze:

1. [1]Das Gesetz unterscheidet nicht zwischen dem Steuerermittlungsverfahren, das der Festsetzung der Steuer gegenüber einem bestimmten Steuerpflichtigen dient, und dem Steueraufsichtsverfahren, in dem die Finanzbehörden gegenüber allen Steuerpflichtigen darüber wachen, dass die Steuern nicht verkürzt werden. [2]Die Finanzbehörden können sich sowohl bei Ermittlungen, die sich gegen einen bestimmten Steuerpflichtigen richten, als auch bei der Erforschung unbekannter Steuerfälle der Beweismittel des § 92 AO bedienen. [3]Sie können mit der Aufdeckung und Ermittlung unbekannter Steuerfälle auch die Steuerfahndung beauftragen (§ 208 Abs. 1 Satz 1 Nr. 3 AO).

2. [1] Die Finanzbehörde hat die Grundlagen der Besteuerung bei jeder Veranlagung ohne Rücksicht auf die Behandlung desselben Sachverhalts in Vorjahren selbstständig festzustellen und die Rechtslage neu zu beurteilen. [2] Sie ist an die Sach- oder Rechtsbehandlung in früheren Veranlagungszeiträumen nicht gebunden. [3] Etwas anderes gilt nur dann, wenn dem Steuerpflichtigen wirksam eine bestimmte Behandlung zugesagt worden ist (vgl. § 89 Abs. 2 AO und §§ 204 ff. AO) oder die Finanzbehörde durch ihr früheres Verhalten außerhalb einer Zusage einen Vertrauenstatbestand geschaffen hat (vgl. BFH-Urteil vom 30.9.1997, IX R 80/94, BStBl. 1998 II S. 771, m.w.N.). [4] Fehlt es hieran, gebieten es die Grundsätze der Gesetzmäßigkeit der Verwaltung und der Gleichmäßigkeit der Besteuerung, dass die Finanzbehörde eine als falsch erkannte Auffassung vom frühestmöglichen Zeitpunkt an aufgibt, auch wenn der Steuerpflichtige auf sie vertraut haben sollte. [5] Diese Verpflichtung besteht auch, wenn die fehlerhafte Auffassung in einem Prüfungsbericht niedergelegt worden ist oder wenn die Finanzbehörde über eine längere Zeitspanne eine rechtsirrige, für den Steuerpflichtigen günstige Auffassung vertreten hat. [6] Die Finanzbehörde ist selbst dann nicht an eine bei einer früheren Veranlagung zugrunde gelegte Auffassung gebunden, wenn der Steuerpflichtige im Vertrauen darauf disponiert hat (vgl. BFH-Urteil vom 21.10.1992, X R 99/88, BStBl. 1993 II S. 289, m.w.N.).

3. [1] Die Finanzbehörde kann nach pflichtgemäßem Ermessen „betriebsnahe Veranlagungen" durchführen. [2] Die betriebsnahen Veranlagungen gehören zum Steuerfestsetzungsverfahren, wenn sie ohne Prüfungsanordnung mit Einverständnis des Steuerpflichtigen an Ort und Stelle durchgeführt werden; es gelten die allgemeinen Verfahrensvorschriften über Besteuerungsgrundsätze und Beweismittel (§§ 85, 88 und 90 ff. AO). [3] Eine betriebsnahe Veranlagung bewirkt keine Ablaufhemmung nach § 171 Abs. 4 AO (BFH-Urteil vom 6.7.1999, VIII R 17/97, BStBl. 2000 II S. 306).

4. [1] Der gesetzliche Auftrag „sicherzustellen", dass Steuern nicht verkürzt werden usw., weist auf die Befugnis zu Maßnahmen außerhalb eines konkreten Besteuerungsverfahrens hin. [2] So sind den Finanzbehörden allgemeine Hinweise an die Öffentlichkeit oder ähnliche vorbeugende Maßnahmen gegenüber Einzelnen zur Erfüllung des gesetzlichen Auftrags gestattet. [3] Auf der Grundlage des § 85 AO können auch im Wege der Amtshilfe andere Behörden ersucht werden, Aufträge nur zu erteilen, wenn eine von der Finanzbehörde erteilte Bescheinigung in Steuersachen die Bewertung ermöglicht, dass der Bewerber seinen steuerlichen Pflichten im Wesentlichen nachkommt. [4] Wegen der allgemeinen Mitteilungspflicht von Behörden und Rundfunkanstalten wird auf die Mitteilungsverordnung hingewiesen.

AEAO zu § 87 – Amtssprache:

1. [1] Bei Eingaben in fremder Sprache soll die Finanzbehörde zunächst prüfen, ob eine zur Bearbeitung ausreichende Übersetzung durch eigene Bedienstete oder im Wege der Amtshilfe ohne Schwierigkeiten beschafft werden kann. [2] Übersetzungen sind nur im Rahmen des Notwendigen, nicht aus Prinzip anzufordern. [3] Die Finanzbehörde kann auch Schriftstücke in fremder Sprache entgegennehmen und in einer fremden Sprache verhandeln, wenn der Amtsträger über entsprechende Sprachkenntnisse verfügt. [4] Anträge, die ein Verwaltungsverfahren auslösen, und fristwahrende Eingaben sollen in ihren wesentlichen Teilen in deutscher Sprache aktenkundig gemacht werden. [5]Verwaltungsakte sind grundsätzlich in deutscher Sprache bekannt zu geben.

2. Wegen der Führung von Büchern in einer fremden Sprache Hinweis auf § 146 Abs. 3 AO.

AEAO zu § 87a – Elektronische Kommunikation:

1.[1)] Zugangseröffnung

1.1 [1]Die Übermittlung elektronischer Dokumente an die Finanzbehörden und an die Steuerpflichtigen ist zulässig, soweit der Empfänger hierfür einen Zugang eröffnet (§ 87a Abs. 1 Satz 1 AO). [2]Die Zugangseröffnung kann durch ausdrückliche Erklärung oder konkludent sowie generell oder nur für bestimmte Fälle erfolgen.

1.2. [1]Bei natürlichen oder juristischen Personen, die eine gewerbliche oder berufliche Tätigkeit selbständig ausüben und die auf einem im Verkehr mit der Finanzbehörde verwendeten Briefkopf, in einer Steuererklärung oder in einem Antrag an die Finanzbehörde ihre E-Mail-Adresse angegeben oder sich per E-Mail an die Finanzbehörde gewandt haben, kann i.d.R. davon ausgegangen werden, dass sie damit konkludent ihre Bereitschaft zur Entgegennahme elektronischer Dokumente erklärt haben. [2]Bei Steuerpflichtigen, die keine gewerbliche oder berufliche Tätigkeit selbständig ausüben (z.B. Arbeitnehmer), ist dagegen derzeit nur bei Vorliegen einer ausdrücklichen, aber nicht formgebundenen Einverständniserklärung von einer Zugangseröffnung i.S.d. § 87a Abs. 1 Satz 1 AO auszugehen.

1.3. Vorbehaltlich einer ausdrücklichen gesetzlichen Anordnung besteht weder für die Steuerpflichtigen noch für die Finanzbehörden ein Zwang zur Übermittlung elektronischer Dokumente.

1.4. [1]Soweit eine gesetzliche Verpflichtung besteht, Steuererklärungen, Anlagen zur Steuererklärung, Mitteilungen gemäß § 93c AO oder sonstige für das Besteuerungsverfahren erforderliche Daten nach amtlich vorgeschriebenem Datensatz durch Datenfernübertragung zu übermitteln, eröffnet die Finanzverwaltung jeweils mit Bereitstellung der Schnittstelle (vgl. § 87b Abs. 2 AO) den Zugang. [2]Die Datensatzbeschreibung (vgl. § 87b Abs. 1 AO) ist Bestandteil dieser Schnittstelle.

1.5. Wegen der elektronischen Übermittlung von steuerlichen Daten an die Finanzbehörden siehe auch § 87a Abs. 6 AO, §§ 87b bis 87d AO und § 150 Abs. 1 Satz 2 AO.

1.6. [1]Bei der elektronischen Übermittlung von Daten, die dem Steuergeheimnis unterliegen, muss die Finanzbehörde grundsätzlich ein geeignetes Verfahren zur Verschlüsselung einsetzen. [2]Eine unverschlüsselte Datenübermittlung dem Steuergeheimnis unterliegender Daten durch eine Finanzbehörde ist nur zulässig,

1. soweit alle betroffenen Personen in die unverschlüsselte Übermittlung eingewilligt haben (§ 87a Abs. 1 Satz 3 2. Halbsatz AO) oder

---

[1)] Zur Rechtsbehelfsbelehrung ohne Hinweis auf den elektronischen Rechtsverkehr siehe BFH v. 12.12.2012 I B 127/12, BStBl. II 2013, 272.

2. wenn der Adressat über die Bereitstellung von Daten zum Abruf oder über den Zugang elektronisch an die Finanzbehörden übermittelter Daten benachrichtigt wird (§ 87a Abs. 1 Satz 5 AO).

[3] In den Fällen der Nr. 1 müssen alle Personen, über die der Datensatz personenbezogene Informationen enthält, in die unverschlüsselte Übermittlung eingewilligt haben. [4] Dazu müssen sie ausdrücklich darüber informiert worden sein, dass mit einer unverschlüsselten Übermittlung ihrer personenbezogenen Daten über das Internet Risiken einhergehen. [5] Die Einwilligung muss schriftlich und freiwillig erfolgt sein; sie ist jederzeit mit Wirkung für die Zukunft widerrufbar. [6] Die schriftliche Einwilligung erfordert eine eigenhändige Unterschrift aller betroffenen Personen und die Übermittlung der Einwilligung an die zuständige Finanzbehörde per Post, Telefax oder eingescannt per E-Mail (vgl. Nr. 7 des AEAO zu § 46). [7] Die Finanzbehörde muss das Vorliegen der schriftlichen Einwilligung in die unverschlüsselte Datenübermittlung nachweisen können.

2. Zugang elektronischer Dokumente

2.1. [1] Ein elektronisches Dokument ist zugegangen, sobald die für den Empfang bestimmte Einrichtung es in für den Empfänger bearbeitbarer Weise aufgezeichnet hat (§ 87a Abs. 1 Satz 2 AO). [2] Ob und wann der Empfänger das bearbeitbare Dokument tatsächlich zur Kenntnis nimmt, ist für den Zeitpunkt des Zugangs unbeachtlich.

2.2. Zur widerlegbaren Vermutung des Tags des Zugangs elektronischer Verwaltungsakte vgl. § 122 Abs. 2a AO, § 122a Abs. 4 AO und § 123 Satz 2 und 3 AO.

2.3. [1] Ein für den Empfänger nicht bearbeitbares Dokument ist nicht i.S.d. § 87a Abs. 1 Satz 2 AO zugegangen und löst somit noch keine Rechtsfolgen (z.B. die Wahrung einer Antrags- oder Rechtsbehelfsfrist oder das Wirksamwerden eines Verwaltungsakts) aus. [2] Zum Verfahren nach Übermittlung eines nicht bearbeitbaren elektronischen Dokuments vgl. § 87a Abs. 2 AO.

3. Elektronische Übermittlung bei gesetzlich angeordneter Schriftform

3.1. [1] Schreibt das Gesetz die Schriftform vor, kann dieser Form auch durch Übermittlung in elektronischer Form entsprochen werden, soweit gesetzlich nichts anderes bestimmt ist (wie z.B. in § 224a Abs. 2 Satz 1 zweiter Halbsatz AO und in § 309 Abs. 1 Satz 2 AO). [2] Der elektronischen Form genügt ein elektronisches Dokument, das mit einer qualifizierten elektronischen Signatur versehen ist (§ 87a Abs. 3 Satz 2 und Abs. 4 Satz 2 AO). [3] Die Schriftform kann auch durch Übermittlung des elektronischen Dokuments in einem Verfahren nach § 87a Abs. 3 Satz 4 und 5, Abs. 4 Satz 3 AO ersetzt werden.

3.2. [1] Falls die einschlägige Norm nicht ausdrücklich den Begriff „Schriftform" verwendet, ist durch Auslegung zu ermitteln, ob das Gesetz die Schriftform anordnet (BFH-Urteil vom 13.5.2015, III R 26/14, BStBl. II S. 790). [2] Hierbei ist von Folgendem auszugehen:

3.2.1. [1] Schreibt das Gesetz eine (ggf. sogar eigenhändige) Unterschrift vor, ist stets der Fall einer gesetzlich angeordneten Schriftform gegeben. [2] Eine gesetzliche Verpflichtung zur (ggf. eigenhändigen) Unterzeichnung ist unbeachtlich, wenn der Antrag, die Erklärung oder die Mitteilung zulässigerweise auf elektronischem Weg der Finanzverwaltung nach amtlich vorgeschriebenem

Datensatz über die amtlich bestimmte Schnittstelle übermittelt wird, da dann ein Unterschrifterfordernis durch die Verpflichtung zur Authentifizierung des Datenübermittlers verdrängt wird (§ 87a Abs. 6 AO und § 87d AO).

3.2.2. [1] Bestimmt das Gesetz ohne eine ausdrückliche Aussage zu einem Unterschrifterfordernis, dass ein Antrag, eine Erklärung oder eine Mitteilung an die Finanzbehörde oder ein Verwaltungsakt oder eine sonstige Maßnahme der Finanzbehörde dem Empfänger „schriftlich" zugehen muss, ist durch Auslegung zu ermitteln, ob eine Unterschrift erforderlich ist. [2] Hierbei ist analog § 126 Abs. 1 BGB grundsätzlich von einem Unterschrifterfordernis auszugehen, es sei denn, es liegen Anhaltspunkte dafür vor, dass der Gesetzgeber eine Unterschrift für entbehrlich hält.

Ist nach dem Ergebnis der Auslegung eine Unterschrift erforderlich, ist im Sinne des § 87a Abs. 3 Satz 1 bzw. Abs. 4 Satz 1 AO die Schriftform gesetzlich angeordnet.

3.2.3. [1] Eine analoge Anwendung des § 126 Abs. 1 BGB hat für sich allein nicht zur Folge, dass der Steuerpflichtige den Antrag, die Erklärung oder die Mitteilung eigenhändig unterzeichnen muss. [2] Die in § 126 Abs. 1 BGB geforderte „Eigenhändigkeit" der Unterschrift bezieht sich auf den Aussteller der Urkunde, der auch ein gesetzlicher oder gewillkürter Vertreter sein kann. [3] Das für den Steuerpflichtigen grundsätzlich bestehende Recht, sich vertreten zu lassen (§ 80 Abs. 1 Satz 1 AO), wird daher allein durch eine analoge Anwendung des § 126 Abs. 1 BGB nicht beschränkt.

3.2.4. [1] Ist der einschlägigen Norm durch Auslegung zu entnehmen, dass ein schriftlicher Antrag oder eine schriftliche Erklärung oder Mitteilung nicht unterschrieben sein muss, liegt keine gesetzliche Anordnung der Schriftform vor. [2] Bei der elektronischen Übermittlung eines derartigen Antrags oder einer derartigen Erklärung oder Mitteilung kann somit auf eine qualifizierte elektronische Signatur und auch auf ein Verfahren nach § 87a Abs. 3 Satz 4 und 5 AO verzichtet werden.

3.3. Kein Fall des § 87a Abs. 3 und 4 AO liegt vor, wenn das Gesetz neben der Schriftform auch die elektronische Übermittlung ausdrücklich zulässt (z.B. durch die Formulierung „schriftlich oder elektronisch") oder zur elektronischen Übermittlung verpflichtet.

3.4. [1] Bei der Signierung darf eine Person ein Pseudonym nur verwenden, wenn sie ihre Identität der Finanzbehörde nachweist (§ 87a Abs. 3 Satz 3 AO). [2] Die Signierung mit einem Wahlnamen, dem die Funktion des bürgerlichen Namens zukommt, bleibt hiervon unberührt.

4. Telefax kein elektronisches Dokument

[1] Ein Telefax, auch ein Computerfax, ist kein elektronisches Dokument i.S.d. § 87a AO (BFH-Urteile vom 28.1.2014, VIII R 28/13, BStBl. II S. 552, und vom 18.3.2014, VIII R 9/10, BStBl. II S. 748). [2] Die in § 87a AO getroffenen Regelungen, insbesondere zum Zeitpunkt des Zugangs (§ 87a Abs. 1 Satz 2 AO) sowie zur grundsätzlichen Verpflichtung zur Verwendung einer qualifizierten elektronischen Signatur, wenn für den Verwaltungsakt die Schriftform gesetzlich vorgeschrieben ist (§ 87a Abs. 4 AO), sind daher auf ein Telefax nicht anwendbar.

Ein durch Telefax bekannt gegebener Verwaltungsakt ist aber ein elektronisch übermittelter Verwaltungsakt i.S.d. § 122 Abs. 2a AO (vgl. AEAO zu § 122, Nr. 1.8.2.2).

AEAO vor §§ 87b bis 87e:

[1] §§ 87b bis 87e AO sind erstmals anzuwenden, wenn Daten nach dem 31.12.2016 auf Grund gesetzlicher Vorschriften nach amtlich vorgeschriebenem Datensatz über amtlich bestimmte Schnittstellen an Finanzbehörden zu übermitteln sind oder freiwillig übermittelt werden. [2] Für Daten im Sinne des Satzes 1, die vor dem 1.1.2017 zu übermitteln waren oder freiwillig übermittelt wurden, sind § 150 Abs. 6 und 7 AO und die Vorschriften der StDÜV in der jeweils am 31.12.2016 geltenden Fassung weiter anzuwenden (vgl. Art. 97 § 27 Abs. 1 EGAO[1]).

AEAO zu § 87d – Datenübermittlungen an Finanzbehörden im Auftrag:

1. Natürliche Person als Auftraggeber

1.1. Bei der Identifizierung einer natürlichen Person als Auftraggeber sind festzustellen:

– Name (d.h. Nachname und mindestens ein Vorname), Geburtsort, Geburtsdatum, Staatsangehörigkeit und Anschrift.

1.2. Die Identifizierung ist anhand eines gültigen Personalausweises oder Reisepasses vorzunehmen.

2. Juristische Personen und Personengesellschaften als Auftraggeber

2.1. Bei juristischen Personen und Personengesellschaften – mit Ausnahme der Gesellschaften bürgerlichen Rechts – als Auftraggeber sind festzustellen:

– Firma, Name oder Bezeichnung, Rechtsform, Registernummer (soweit vorhanden), Anschrift des Sitzes oder der Hauptniederlassung und Mitglieder des Vertretungsorgans oder der gesetzlichen Vertreter.

– Ist ein Mitglied des Vertretungsorgans oder der gesetzliche Vertreter eine natürliche Person, sind Name (d.h. Nachname und mindestens ein Vorname), Geburtsort, Geburtsdatum, Staatsangehörigkeit und Anschrift zu erheben.

– Ist ein Mitglied des Vertretungsorgans oder der gesetzliche Vertreter dagegen eine juristische Person, sind deren Firma, Name oder Bezeichnung, Registernummer (soweit vorhanden) und Anschrift des Sitzes oder der Hauptniederlassung zu erheben.

– Unabhängig von der Rechtsform ist es bei mehr als fünf Vertretern ausreichend, dass lediglich Angaben zu fünf Vertretern erhoben werden, soweit diese in öffentliche Register eingetragen sind bzw. bei denen eine Identifizierung gemäß Nr. 1.2 des AEAO zu § 87d stattgefunden hat.

2.2. Bei Gesellschaften bürgerlichen Rechts als Auftraggeber sind festzustellen:

– Name (d.h. Nachname und mindestens ein Vorname), Geburtsort, Geburtsdatum, Staatsangehörigkeit und Anschrift der Gesellschafter (anstatt der gesetzlichen Vertreter). [2] Bei mehr als fünf Gesellschaftern ist es ausreichend, dass lediglich Angaben zu den fünf Gesellschaftern mit den größten Beteiligungen bzw. Entscheidungsbefugnissen erhoben werden, soweit bei diesen eine Identifizierung gemäß Nr. 1.2 des AEAO zu § 87d stattgefunden hat (entsprechend Nr. 11.1 Satz 1 Buchstabe k des AEAO zu § 154).

---

[1] Nr. **1.1.**

2.3. Die Identifizierung ist wie folgt vorzunehmen:

– Auszug aus dem Handels- oder Genossenschaftsregister oder einem vergleichbaren amtlichen Register oder Verzeichnis (z.B. Partnerschaftsregister, Vereinsregister, Berufsregister),

– Einsichtnahme in ein amtliches Register oder Verzeichnis oder

– Gründungsdokumente (z.B. Gesellschaftsvertrag) oder gleichwertige beweiskräftige Dokumente.

2.4. [1] Bei Gesellschaften bürgerlichen Rechts ist die Überprüfung des Namens der Gesellschaft anhand des Gesellschaftsvertrags nebst Gesellschafterlisten vorzunehmen. [2] Im Falle der Nichtvorlage eines Gesellschaftsvertrags nebst Gesellschafterlisten sind die einzelnen Gesellschafter der Gesellschaft bürgerlichen Rechts als natürliche Personen zu identifizieren.

3. [1] Die bei der Identifizierung erhobenen Angaben sind aufzuzeichnen und aufzubewahren. [2] Die Aufbewahrungsfrist bestimmt sich nach § 87d Abs. 2 Satz 4 AO. [3] Für die Dauer der Aufbewahrungsfrist besteht auch eine Pflicht zur Herstellung der Auskunftsbereitschaft.

4. [1] Aus einem Personalausweis oder Reisepass sind Ausweis-/Pass-Nummer und Ausstellungsdatum aufzuzeichnen und aufzubewahren. [2] Die Anfertigung und Aufbewahrung einer Ablichtung ist dabei nur zulässig, soweit dies nach dem GwG oder einer anderen gesetzlichen Bestimmung zugelassen oder vorgeschrieben ist.

5. [1] Bei Auszügen aus dem Handelsregister genügt eine Anfertigung und Aufbewahrung einer Ablichtung. [2] Gleiches gilt für die Anfertigung eines Ausdrucks, wenn elektronisch geführte Register- oder Verzeichnisdaten eingesehen werden (z.B. Ausdruck des Registerblatts).

6. Die Aufzeichnungen können auch auf einem elektronischen Datenträger gespeichert werden.

AEAO zu § 88 – Untersuchungsgrundsatz:

1. Die Finanzbehörden haben alle notwendigen Maßnahmen zu ergreifen, um die entscheidungserheblichen Tatsachen aufzuklären.

2. [1] Die Ermittlungshandlungen dürfen nach § 88 Abs. 2 Satz 1 AO zu dem angestrebten Erfolg nicht erkennbar außer Verhältnis stehen. [2] Sie sollen so gewählt werden, dass damit unter Berücksichtigung der Verhältnisse des Einzelfalls ein möglichst geringer Eingriff in die Rechtssphäre des Beteiligten oder Dritter verbunden ist. [3] Der Gewährung rechtlichen Gehörs kommt besondere Bedeutung zu.

3. Bei der Entscheidung über Art und Umfang der Ermittlungen können nach § 88 Abs. 2 Satz 2 AO allgemeine Erfahrungen der Finanzbehörden sowie Wirtschaftlichkeit und Zweckmäßigkeit berücksichtigt werden.

Für die Anforderungen, die an die Aufklärungspflicht der Finanzbehörden zu stellen sind, darf die Erwägung eine Rolle spielen, dass die Aufklärung einen nicht mehr vertretbaren Zeitaufwand erfordert.

[1] Zudem kann auf das Verhältnis zwischen voraussichtlichem Arbeitsaufwand und steuerlichem Erfolg abgestellt werden. [2] Die Finanzämter dürfen auch berücksichtigen, in welchem Maße sie durch ein zu erwartendes finanzgerichtliches Verfahren belastet werden, sofern sie bei vorhandenen tatsächlichen oder

rechtlichen Zweifeln dem Begehren des Steuerpflichtigen nicht entsprechen und zu seinem Nachteil entscheiden.

[1] Die Beachtung von Wirtschaftlichkeit und Zweckmäßigkeit darf nicht zu einem Verzicht auf die Überprüfung der Einhaltung von steuerrechtlichen Vorschriften führen. [2] Deshalb muss zur Gewährleistung der Gleichmäßigkeit und Gesetzmäßigkeit der Besteuerung auch immer eine hinreichende Anzahl zufällig ausgewählter Fälle durch Amtsträger der Finanzbehörden vertieft geprüft werden.

4. [1] In Fällen erschwerter Sachverhaltsermittlung dient es unter bestimmten Voraussetzungen der Effektivität der Besteuerung und allgemein dem Rechtsfrieden, wenn sich die Beteiligten über die Annahme eines bestimmten Sachverhalts und über eine bestimmte Sachbehandlung einigen können (BFH-Urteil vom 11.12.1984, VIII R 131/76, BStBl. 1985 II S. 354). [2] Vgl. hierzu BMF-Schreiben vom 30.7.2008, BStBl. I S. 831, ergänzt durch BMF-Schreiben vom 15.4.2019, BStBl. I S. 447.

5. [1] Die Aufklärungspflicht der Finanzbehörden wird außerdem durch die Mitwirkungspflicht der Beteiligten (§ 90 AO) begrenzt. [2] Die Finanzbehörden sind nicht verpflichtet, den Sachverhalt auf alle möglichen Fallgestaltungen zu erforschen. [3] Sie sind auch nicht an Beweisanträge des Steuerpflichtigen gebunden (§ 88 Abs. 2 Satz 1 2. Halbsatz AO).

6. [1] Für den Regelfall kann davon ausgegangen werden, dass die Angaben des Steuerpflichtigen in der Steuererklärung vollständig und richtig sind (BFH-Urteil vom 17.4.1969, V R 21/66, BStBl. II S. 474). [2] Die Finanzbehörde kann den Angaben eines Steuerpflichtigen Glauben schenken, wenn nicht greifbare Umstände vorliegen, die darauf hindeuten, dass seine Angaben falsch oder unvollständig sind (BFH-Urteil vom 11.7.1978, VIII R 120/75, BStBl. 1979 II S. 57). [3] Sie verletzt ihre Aufklärungspflicht nur, wenn sie Tatsachen oder Beweismittel außer Acht lässt und offenkundigen Zweifelsfragen nicht nachgeht, die sich ihr den Umständen nach ohne weiteres aufdrängen mussten (BFH-Urteile vom 16.1.1964, V 94/61 U, BStBl. III S. 149, und vom 13.11. 1985, II R 208/82, BStBl. 1986 II S. 241).

7. [1] Im Rahmen der Prüfung zugunsten des Steuerpflichtigen muss die Finanzbehörde ihrer Pflicht zur Fürsorge für den Steuerpflichtigen (§ 89 Abs. 1 AO) gerecht werden. [2] So ist auch die Verjährung von Amts wegen zu berücksichtigen.

AEAO zu § 89 – Beratung, Auskunft:

4. Gebühren für die Bearbeitung von Anträgen auf Erteilung einer verbindlichen Auskunft (§ 89 Abs. 3 bis 7 AO)
4.1 Gebührenpflicht
4.2 Gegenstandswert
4.3 Zeitgebühr
4.4 Gebührenfestsetzung
4.5 Ermäßigung der Gebühr
5. Anwendung der StAuskV

1. Beratung des Steuerpflichtigen

1.1. [1] In § 89 Abs. 1 Satz 1 AO sind Erklärungen und Anträge gemeint, die sich bei dem gegebenen Sachverhalt aufdrängen. [2] Im Übrigen ist es Sache des Steuerpflichtigen, sich über die Antragsmöglichkeiten zu unterrichten, ggf. durch Rückfrage beim Finanzamt (§ 89 Abs. 1 Satz 2 AO). [3] Die Finanzämter wären überfordert, wenn sie darauf zu achten hätten, ob der Steuerpflichtige jede sich ihm bietende Möglichkeit, Steuern zu sparen, ausgenutzt hat (BFH-Urteil vom 22.1.1960, VI 175/59 U, BStBl. III S. 178).

1.2. Kann bei einem eindeutigen Verstoß der Finanzbehörden gegen die Fürsorgepflicht nach § 89 Abs. 1 Satz 1 AO dem Steuerpflichtigen nicht durch Wiedereinsetzung in den vorigen Stand (§ 110 AO) oder durch Änderung des bestandskräftigen Steuerbescheids nach § 173 Abs. 1 Nr. 2 AO geholfen werden, so kann es geboten sein, die zu Unrecht festgesetzte Steuer wegen sachlicher Unbilligkeit (§ 227 AO) zu erlassen.

2. Auskünfte nach § 89 Abs. 1 Satz 2 AO

[1] In § 89 Abs. 1 Satz 2 AO sind Auskünfte über das Verfahren (z.B. Fristberechnung, Wiedereinsetzung in den vorigen Stand, Aussetzung der Vollziehung) gemeint. [2] Die Erteilung von Auskünften materieller Art ist den Finanzbehörden gestattet; hierauf besteht jedoch kein Anspruch. [3] Sofern eine Finanzbehörde eine schriftliche Auskunft materieller Art außerhalb des § 89 Abs. 2 AO und der StAuskV erteilt, soll darauf hingewiesen werden, dass die Auskunft unverbindlich ist. [4] Ist dies unterblieben, ist durch Auslegung zu ermitteln, ob der Empfänger in entsprechender Anwendung des § 133 BGB nach den ihm bekannten Umständen unter Berücksichtigung von Treu und Glauben von einer Verbindlichkeit der ihm erteilten Auskunft ausgehen konnte. [5] Hierbei ist im Regelfall davon auszugehen, dass keine Bindungswirkung eintreten sollte.

3. Verbindliche Auskünfte nach § 89 Abs. 2 AO

3.1. Allgemeines

Die Finanzämter und das BZSt können unter den Voraussetzungen des § 89 Abs. 2 Satz 1 AO und der StAuskV auf Antrag verbindliche Auskünfte über die steuerliche Beurteilung von genau bestimmten, noch nicht verwirklichten Sachverhalten erteilen, wenn daran im Hinblick auf die erheblichen steuerlichen Auswirkungen ein besonderes Interesse besteht.

3.2. Antragsteller

3.2.1. [1] Antragsteller einer verbindlichen Auskunft i.S.d. § 89 Abs. 2 AO (und zugleich Gebührenschuldner i.S.d. § 89 Abs. 3 bis 5 AO) ist derjenige, in dessen Namen der Antrag gestellt wird. [2] Zur einheitlichen Antragstellung durch mehrere Beteiligte vgl. § 1 Abs. 2 StAuskV. [3] Antragsteller und Steuerpflichtiger müssen nicht identisch sein.

3.2.2. [1] Antragsteller und Steuerpflichtiger sind in der Regel identisch, wenn der Steuerpflichtige, dessen künftige Besteuerung Gegenstand der verbindlichen Auskunft sein soll, bei Antragstellung bereits existiert. [2] Eine dritte Person hat in diesen Fällen im Regelfall kein eigenes berechtigtes Interesse an einer Auskunftserteilung hinsichtlich der Besteuerung eines anderen, bereits existierenden Steuerpflichtigen.

3.2.3. [1] Existiert der Steuerpflichtige bei Antragstellung noch nicht, kann bei berechtigtem Interesse auch ein Dritter Antragsteller sein (§ 1 Abs. 4 StAuskV). [2] Berechtigte/r Antragsteller einer verbindlichen Auskunft über die künftige Besteuerung einer noch nicht existierenden Kapitalgesellschaft kann die Person/können die Personen gemeinsam sein, die diese Kapitalgesellschaft gründen und dann (gemeinsam) zu mindestens 50 % an der Gesellschaft beteiligt sein will/wollen. [3] Entsprechendes gilt für Auskunftsanträge einer Vorgründungsgesellschaft. [4] Die einem Dritten wegen seines berechtigten Interesses erteilte verbindliche Auskunft entfaltet gegenüber dem künftigen Steuerpflichtigen auch dann Bindungswirkung, wenn die tatsächlichen Beteiligungsverhältnisse bei Verwirklichung des Sachverhalts von den bei Antragstellung geplanten Beteiligungsverhältnissen abweichen, soweit die Beteiligungsverhältnisse für die steuerrechtliche Beurteilung ohne Bedeutung sind.

3.2.4. [1] § 1 Abs. 4 StAuskV geht der Regelung in § 1 Abs. 2 Nr. 1 StAuskV als lex specialis vor. [2] Deshalb muss ein Auskunftsantrag für eine noch zu gründende Kapitalgesellschaft oder Personengesellschaft nicht von allen künftigen Gesellschaftern gemeinsam gestellt werden.

3.3. Zuständigkeit für die Erteilung verbindlicher Auskünfte

[1] Nach § 89 Abs. 2 Satz 2 AO ist das Finanzamt für die Erteilung einer verbindlichen Auskunft zuständig, das bei Verwirklichung des dem Antrag zugrunde liegenden Sachverhalts für die Besteuerung örtlich zuständig sein würde. [2] Abweichend hiervon ist allerdings bei Antragstellern, für die im Zeitpunkt der Antragstellung nach §§ 18 bis 21 AO kein Finanzamt zuständig ist, auf dem Gebiet der Steuern, die von den Landesfinanzbehörden im Auftrag des Bundes verwaltet werden, nach § 89 Abs. 2 Satz 3 AO das BZSt für die Auskunftserteilung zuständig. [3] Bezüglich der Zuständigkeit für die Erteilung einer einheitlichen verbindlichen Auskunft gegenüber mehreren Beteiligten nach § 1 Abs. 3 StAuskV siehe AEAO zu § 89, Nr. 3.3.3.

3.3.1. Zuständigkeit des BZSt nach § 89 Abs. 2 Satz 3 AO

3.3.1.1. [1] Die Sonderregelung des § 89 Abs. 2 Satz 3 AO geht der allgemeinen Regelung in § 89 Abs. 2 Satz 2 AO vor. [2] Sie gilt allerdings nur für Steuern, die von den Landesfinanzbehörden im Auftrag des Bundes verwaltet werden. [3] Für andere von den Finanzämtern verwaltete Steuern sowie für die Gewerbesteuermessbetragsfestsetzung kann das BZSt auch dann keine verbindliche Auskunft erteilen, wenn im Zeitpunkt der Antragstellung nach §§ 18 bis 21 AO kein Finanzamt für die Besteuerung des Antragstellers zuständig ist.

3.3.1.2. [1] § 89 Abs. 2 Satz 3 AO stellt auf die aktuellen Verhältnisse des Antragstellers im Zeitpunkt der Antragstellung ab, während § 89 Abs. 2 Satz 2 AO auf künftige (geplante) Verhältnisse des Steuerpflichtigen (d.h. der Person, deren künftige Besteuerung Gegenstand der verbindlichen Auskunft ist) abstellt.

3.3.1.3. [1] § 89 Abs. 2 Satz 3 AO ist für jede Steuerart gesondert anzuwenden. [2] Bei einem Antragsteller, für den im Zeitpunkt der Antragstellung ein

Finanzamt für eine von den Landesfinanzbehörden im Auftrag des Bundes verwaltete Steuer zuständig ist, ist das BZSt für die Auskunftserteilung nur hinsichtlich solcher von den Landesfinanzbehörden im Auftrag des Bundes verwalteten Steuern zuständig, für die im Zeitpunkt der Antragstellung noch kein Finanzamt zuständig ist.

3.3.1.4. Beispiel:

Die im Ausland ansässige natürliche Person A unterliegt im Zeitpunkt der Antragstellung im Inland nur der Umsatzsteuer. Für die Umsatzbesteuerung des A ist in diesem Zeitpunkt nach § 21 Abs. 1 Satz 2 AO i.V.m. der UStZustV das Finanzamt U zuständig. A beantragt eine verbindliche Auskunft nach § 89 Abs. 2 Satz 1 AO über Einkommen- und Umsatzsteuer.

– Für die verbindliche Auskunft über Einkommensteuer ist nach § 89 Abs. 2 Satz 3 AO das BZSt zuständig.

– Für die verbindliche Auskunft über Umsatzsteuer ist nach § 89 Abs. 2 Satz 2 AO das Finanzamt zuständig, das bei Verwirklichung des vorgetragenen Sachverhalts nach § 21 AO (ggf. i.V.m. der UStZustV) für die Umsatzbesteuerung des A örtlich zuständig sein würde.

3.3.1.5. [1]Bei Anwendung des § 89 Abs. 2 Satz 3 AO kommt es nicht darauf an, ob der Antragsteller im Inland bereits bei einem Finanzamt geführt wird. [2]Entscheidend ist, ob nach den Verhältnissen zum Zeitpunkt der Antragstellung ein Finanzamt örtlich zuständig ist, d.h. ob vom Antragsteller bereits steuerrelevante Sachverhalte im Inland verwirklicht wurden, wegen derer ein Steuerverwaltungsverfahren von Amts wegen durchzuführen wäre. [3]Unerheblich ist, ob das örtlich zuständige Finanzamt hiervon bereits Kenntnis hat bzw. ob es bereits ein Steuerverwaltungsverfahren durchgeführt hat.

Steuerrelevante Sachverhalte im Inland sind dabei nur solche, für die eine Steuererklärungspflicht im Inland besteht.

Nicht zu steuerrelevanten Sachverhalten im Inland führen grundsätzlich

– Einkünfte, die im Inland nicht steuerpflichtig sind,

– Einkünfte, die dem Steuerabzug unterliegen und damit als abgeltend besteuert gelten oder

– Umsätze, für die der Leistungsempfänger der Steuerschuldner ist.

Wird in diesen Fällen dennoch ein Steuerverwaltungsverfahren im Inland durchgeführt und ist dieses noch nicht abgeschlossen, kommt die Sonderzuständigkeitsregelung des § 89 Abs. 2 Satz 3 AO ausnahmsweise nicht zur Anwendung.

3.3.1.6. Das BZSt kann unter den Voraussetzungen des § 89 Abs. 2 Satz 3 AO auch dann eine verbindliche Auskunft erteilen, wenn der Ort, an dem der vorgetragene Sachverhalt im Inland verwirklicht werden soll, noch nicht feststeht.

3.3.1.7. Betrifft eine verbindliche Auskunft mehrere Steuerarten und sind hierfür zum Teil das BZSt und im Übrigen ein oder mehrere Finanzämter zuständig, sollen sich die beteiligten Finanzbehörden untereinander abstimmen, um widersprüchliche verbindliche Auskünfte zu vermeiden.

3.3.2. Zuständigkeit eines Finanzamts nach § 89 Abs. 2 Satz 2 AO

3.3.2.1. [1]Die Zuständigkeitsregelung des § 89 Abs. 2 Satz 2 AO gilt bei den von den Landesfinanzbehörden im Auftrag des Bundes verwalteten Steuern nur, soweit nicht das BZSt nach § 89 Abs. 2 Satz 3 AO zuständig ist (vgl. AEAO zu § 89, Nr. 3.3.1). [2]Für andere von den Finanzämtern verwaltete Steuern sowie für die Gewerbesteuermessbetragsfestsetzung richtet sich die

Zuständigkeit für die Erteilung einer verbindlichen Auskunft immer nach § 89 Abs. 2 Satz 2 AO.

3.3.2.2. [1]Die Zuständigkeit nach § 89 Abs. 2 Satz 2 AO knüpft an die künftigen steuerlichen Verhältnisse des Steuerpflichtigen bei Verwirklichung des Sachverhaltes an. [2]Das hiernach für die Auskunftserteilung zuständige Finanzamt muss nicht mit dem Finanzamt identisch sein, das zum Zeitpunkt der Antragstellung für die Besteuerung des Steuerpflichtigen zuständig ist. [3]Wird eine verbindliche Auskunft berechtigterweise durch einen Dritten beantragt (vgl. AEAO zu § 89, Nr. 3.2.3), ist ebenso unerheblich, welches Finanzamt für seine Besteuerung zuständig ist.

3.3.2.3. [1]Betrifft eine verbindliche Auskunft mehrere Steuerarten und sind hierfür jeweils unterschiedliche Finanzämter nach § 89 Abs. 2 Satz 2 AO zuständig, soll eine Zuständigkeitsvereinbarung nach § 27 AO herbeigeführt werden, wenn die unterschiedliche Zuständigkeit weder für den Steuerpflichtigen noch für die Finanzbehörden zweckmäßig ist. [2]Eine derartige Zuständigkeitsvereinbarung kann auch schon vor Verwirklichung des geplanten Sachverhaltes getroffen werden. [3]Sofern keine Zuständigkeitsvereinbarung herbeigeführt werden kann, sollen sich die beteiligten Finanzämter untereinander abstimmen, um widersprüchliche verbindliche Auskünfte zu vermeiden (vgl. AEAO zu § 89, Nr. 3.3.1.7).

3.3.3. Zuständigkeit eines Finanzamts bei einheitlicher Auskunftserteilung nach § 1 Abs. 3 StAuskV

3.3.3.1. [1]Die Zuständigkeit für die Erteilung einer einheitlichen verbindlichen Auskunft gegenüber mehreren Beteiligten bestimmt sich nach § 1 Abs. 3 StAuskV. [2]Bei Organschaftsfällen i.S.d. § 1 Abs. 2 Satz 1 Nrn. 2 bis 4 StAuskV soll das Finanzamt, das für die Erteilung der verbindlichen Auskunft nicht zuständig ist, aber von der Bindungswirkung dieser Auskunft ebenfalls betroffen ist, vorab beteiligt werden.

3.3.3.2. Hat im Fall einer Umsatzsteuer-Organschaft der Organträger seinen Sitz und seine Geschäftsleitung im Ausland, ist entsprechend § 2 Abs. 2 Nr. 2 Satz 4 UStG[1] das Finanzamt der Organgesellschaft bzw. – falls mehrere Organgesellschaften beteiligt sind – das Finanzamt der wirtschaftlich bedeutendsten Organgesellschaft für die Erteilung der verbindlichen Auskunft zuständig.

3.4. Form, Inhalt und Voraussetzungen des Antrags auf Erteilung einer verbindlichen Auskunft

3.4.1. [1]Der Antrag muss schriftlich gestellt werden und die in § 1 Abs. 1 StAuskV bezeichneten Angaben enthalten. [2]Zusätzlich soll der Antragsteller nach § 89 Abs. 4 Satz 2 AO Angaben zum Gegenstandswert der Auskunft machen.

3.4.2. [1]Im Auskunftsantrag ist der ernsthaft geplante und zum Zeitpunkt der Antragstellung noch nicht verwirklichte Sachverhalt ausführlich und vollständig darzulegen (§ 1 Abs. 1 Nr. 2 StAuskV). [2]Es ist unschädlich, wenn bereits mit vorbereitenden Maßnahmen begonnen wurde, solange der dem Auskunftsantrag zugrunde gelegte Sachverhalt im Wesentlichen noch nicht verwirklicht wurde und noch anderweitige Dispositionen möglich sind.

---

[1] dtv 5546 USt Nr. 1.

3.4.3. [1] Der Antragsteller muss sein eigenes steuerliches Interesse darlegen (§ 1 Abs. 1 Nr. 3 StAuskV). [2] Außer in den Fällen des § 1 Abs. 4 StAuskV ist ein Auskunftsantrag mit Wirkung für Dritte nicht zulässig. [3] Denn eine dritte Person hat kein eigenes berechtigtes Interesse an einer Auskunftserteilung hinsichtlich der Besteuerung eines anderen, bereits existierenden Steuerpflichtigen.

3.4.4. [1] Im Auskunftsantrag sind konkrete Rechtsfragen darzulegen (§ 1 Abs. 1 Nr. 5 StAuskV). [2] Es reicht nicht aus, allgemeine Fragen zu den bei Verwirklichung des geplanten Sachverhalts eintretenden steuerlichen Rechtsfragen darzulegen.

3.5. Erteilung einer verbindlichen Auskunft

3.5.1. [1] Der Auskunft ist der vom Antragsteller vorgetragene Sachverhalt zugrunde zu legen. [2] Das Finanzamt ist nicht verpflichtet, eigens für die zu erteilende Auskunft Ermittlungen durchzuführen, es soll aber dem Antragsteller Gelegenheit zum ergänzenden Sachvortrag geben, wenn dadurch eine Entscheidung in der Sache ermöglicht werden kann. [3] Die Erteilung einer verbindlichen Auskunft für alternative Gestaltungsvarianten ist nicht zulässig.

3.5.2. [1] Die Erteilung einer verbindlichen Auskunft ist ausgeschlossen, wenn der Sachverhalt im Wesentlichen bereits verwirklicht ist. [2] Über Rechtsfragen, die sich aus einem bereits abgeschlossenen Sachverhalt ergeben, ist ausschließlich im Rahmen des Veranlagungs- oder Feststellungsverfahrens zu entscheiden. [3] Das gilt auch, wenn der Sachverhalt zwar erst nach Antragstellung, aber vor der Entscheidung über den Antrag verwirklicht wird.

3.5.3. [1] Eine Auskunft kann auch erteilt werden, wenn der Antragsteller eine Auskunft für die ernsthaft geplante Umgestaltung eines bereits vorliegenden Sachverhalts begehrt. [2] Das gilt insbesondere bei Sachverhalten, die wesentliche Auswirkungen in die Zukunft haben (z.B. Dauersachverhalte). [3] Bei Dauersachverhalten richtet sich das zeitliche Ausmaß der Bindungswirkung nach dem Auskunftsantrag, soweit die Finanzbehörde nicht aus materiell-rechtlichen Gründen von den zeitlichen Vorstellungen des Antragstellers abweicht (z.B. wegen Verlängerung oder Verkürzung des Abschreibungszeitraumes) und deshalb ihre Auskunft für einen anderen Zeitraum erteilt.

3.5.4. [1] Verbindliche Auskünfte sollen nicht erteilt werden in Angelegenheiten, bei denen die Erzielung eines Steuervorteils im Vordergrund steht (z.B. Prüfung von Steuersparmodellen, Feststellung der Grenzpunkte für das Handeln eines ordentlichen Geschäftsleiters). [2] Die Befugnis, nach pflichtgemäßem Ermessen auch in anderen Fällen die Erteilung verbindlicher Auskünfte abzulehnen, bleibt unberührt (z.B. wenn zu dem Rechtsproblem eine gesetzliche Regelung, eine höchstrichterliche Entscheidung oder eine Verwaltungsanweisung in absehbarer Zeit zu erwarten ist).

3.5.5. [1] Die verbindliche Auskunft nach § 89 Abs. 2 AO ist (auch wenn sie nicht der Rechtsauffassung des Antragstellers entspricht) ebenso wie die Ablehnung der Erteilung einer verbindlichen Auskunft ein Verwaltungsakt. [2] Sie ist schriftlich oder elektronisch zu erteilen und mit einer Rechtsbehelfsbelehrung zu versehen. [3] Die Bekanntgabe richtet sich nach §§ 122, 122a AO und den Regelungen im AEAO zu § 122 und zu § 122a.

In den Fällen des § 1 Abs. 2 StAuskV ist die Auskunft allen Beteiligten gegenüber einheitlich zu erteilen und dem von ihnen nach § 1 Abs. 2 Satz 2

StAuskV bestellten gemeinsamen Empfangsbevollmächtigten bekannt zu geben, soweit keine Einzelbekanntgabe erforderlich ist.

3.5.6. Die verbindliche Auskunft hat zu enthalten

– den ihr zugrunde gelegten Sachverhalt; dabei kann auf den im Antrag dargestellten Sachverhalt Bezug genommen werden,

– die Entscheidung über den Antrag, die zugrunde gelegten Rechtsvorschriften und die dafür maßgebenden Gründe; dabei kann auf die im Antrag dargelegten Rechtsvorschriften und Gründe Bezug genommen werden,

– eine Angabe darüber, für welche Steuern und für welchen Zeitraum die verbindliche Auskunft gilt.

3.5.7. [1]Die verbindliche Auskunft regelt dabei lediglich, wie die Finanzbehörde eine ihr zur Prüfung gestellte hypothetische Gestaltung gegenwärtig beurteilt. [2]Es besteht kein Anspruch auf einen bestimmten rechtmäßigen Inhalt einer verbindlichen Auskunft (vgl. BFH-Urteil vom 29.2.2012, IX R 11/11, BStBl. II S. 651).

3.5.8. Ist vor einer Entscheidung über die Erteilung einer verbindlichen Auskunft die Anhörung eines Beteiligten oder die Mitwirkung einer anderen Behörde oder eines Ausschusses vorgesehen, so darf die verbindliche Auskunft erst nach Anhörung der Beteiligten oder nach Mitwirkung dieser Behörde oder des Ausschusses erteilt werden.

3.5.9. [1]Die Bearbeitungsfrist für Auskunftsanträge nach § 89 Abs. 2 Satz 4 AO gilt erstmals für Anträge, die nach dem 31.12.2016 bei der zuständigen Finanzbehörde eingegangen sind (Art. 97 § 25 Abs. 2 EGAO[1]). [2]Aus dem bloßen Verstreichen der Bearbeitungsfrist kann nicht abgeleitet werden, dass die Auskunft als im beantragten Sinn erteilt gilt. [3]Dies gilt unabhängig davon, ob die Finanzbehörde hinreichende Gründe für die nicht fristgerechte Auskunftserteilung mitgeteilt hat oder nicht.

3.6. Bindungswirkung einer verbindlichen Auskunft

3.6.1. [1]Die von der nach § 89 Abs. 2 Satz 2 und 3 AO zuständigen Finanzbehörde erteilte verbindliche Auskunft ist für die Besteuerung des Antragstellers nur dann bindend, wenn der später verwirklichte Sachverhalt von dem der Auskunft zugrunde gelegten Sachverhalt nicht oder nur unwesentlich abweicht (§ 2 Abs. 1 Satz 1 StAuskV). [2]Eine vom BZSt nach § 89 Abs. 2 Satz 3 AO rechtmäßig erteilte verbindliche Auskunft bindet auch das Finanzamt, das bei Verwirklichung des der Auskunft zugrunde liegenden Sachverhalts zuständig ist. [3]In den Fällen des § 1 Abs. 2 StAuskV ist die Auskunft gegenüber allen Beteiligten einheitlich verbindlich (§ 2 Abs. 2 Satz 1 StAuskV).

[1]Die Bindungswirkung tritt nicht ein, wenn der tatsächlich verwirklichte Sachverhalt mit dem bei der Beantragung der verbindlichen Auskunft vorgetragenen Sachverhalt in wesentlichen Punkten nicht übereinstimmt. [2]Wird ein Dauersachverhalt innerhalb der zeitlichen Bindungswirkung der verbindlichen Auskunft (vgl. Nr. 3.5.3 des AEAO zu § 89) dergestalt verändert, dass er mit dem der verbindlichen Auskunft zugrunde gelegten Sachverhalt in wesentlichen Punkten nicht mehr übereinstimmt, entfällt die Bindungswirkung der verbindlichen Auskunft ohne Zutun der Finanzverwaltung ab dem Zeitpunkt der Sachverhaltsänderung. [3]Entsprechendes gilt für eine von der nach § 1 Abs. 3

---

[1] Nr. 1.1.

StAuskV zuständigen Finanzbehörde gegenüber mehreren Antragstellern einheitlich erteilte verbindliche Auskunft.

3.6.2. [1] Im Fall der Gesamtrechtsnachfolge geht die Bindungswirkung entsprechend § 45 AO auf den Rechtsnachfolger über. [2] Bei Einzelrechtsnachfolge erlischt die Bindungswirkung. [3] Die Bindungswirkung tritt daher nicht ein, wenn der Sachverhalt nicht durch den Antragsteller, sondern durch einen Dritten verwirklicht wurde, der nicht Gesamtrechtsnachfolger des Antragstellers ist.

3.6.3. [1] Ist die verbindliche Auskunft zuungunsten des Steuerpflichtigen rechtswidrig, tritt nach § 2 Abs. 1 Satz 2 StAuskV keine Bindungswirkung ein. [2] In diesem Fall ist die Steuer nach Maßgabe der Gesetze und den in diesem Zeitpunkt geltenden Verwaltungsanweisungen zutreffend festzusetzen. [3] Die Frage, ob sich die (rechtswidrige) verbindliche Auskunft zuungunsten des Steuerpflichtigen auswirkt, ist durch einen Vergleich zwischen zugesagter und rechtmäßiger Behandlung zu beantworten und kann sich nur auf die konkret erteilte Auskunft beziehen.

Widerspricht eine nach § 2 Abs. 2 Satz 1 StAuskV einheitlich erteilte verbindliche Auskunft dem geltenden Recht und beruft sich mindestens ein Beteiligter darauf, entfällt die Bindungswirkung der verbindlichen Auskunft einheitlich gegenüber allen Beteiligten (§ 2 Abs. 2 Satz 2 StAuskV).

3.6.4. [1] Die Bindungswirkung der verbindlichen Auskunft entfällt nach § 2 Abs. 3 StAuskV ohne Zutun der zuständigen Finanzbehörde ab dem Zeitpunkt, in dem die Rechtsvorschriften, auf denen die Auskunft beruht, aufgehoben oder geändert werden. [2] Wird die verbindliche Auskunft in diesem Fall zur Klarstellung aufgehoben, hat dies nur deklaratorische Wirkung.

3.6.5. [1] Eine verbindliche Auskunft nach § 89 Abs. 2 AO kann unter den Voraussetzungen der §§ 129 bis 131 AO berichtigt, zurückgenommen und widerrufen werden. [2] In den Fällen des § 2 Abs. 2 Satz 1 StAuskV ist die Berichtigung, die Rücknahme oder der Widerruf gegenüber den Antragstellern einheitlich vorzunehmen.

Die Korrektur einer verbindlichen Auskunft mit Wirkung für die Vergangenheit kommt danach insbesondere in Betracht, wenn

– die Auskunft durch unlautere Mittel wie arglistige Täuschung, Drohung oder Bestechung erwirkt worden ist oder

– die Rechtswidrigkeit der Auskunft dem Begünstigten bekannt oder infolge grober Fahrlässigkeit nicht bekannt war.

Ist die verbindliche Auskunft von einer sachlich oder örtlich unzuständigen Behörde erlassen worden, entfaltet sie von vornherein keine Bindungswirkung.

3.6.6. Über die Fälle der §§ 129 bis 131 AO hinaus kann eine verbindliche Auskunft nach § 2 Abs. 4 StAuskV auch mit Wirkung für die Zukunft aufgehoben oder geändert werden, wenn sich herausstellt, dass die erteilte Auskunft unrichtig war.

[1] Eine verbindliche Auskunft ist materiell rechtswidrig und damit rechtswidrig i.S.d. § 2 Abs. 4 StAuskV, wenn sie ohne Rechtsgrundlage oder unter Verstoß gegen materielle Rechtsnormen erlassen wurde oder ermessensfehlerhaft ist. [2] Für die Beurteilung der Rechtmäßigkeit oder Rechtswidrigkeit kommt es auf den Zeitpunkt des Wirksamwerdens, also der Bekanntgabe der verbindlichen Auskunft an.

[1] Eine Änderung der Rechtsprechung stellt keine Änderung der Rechtslage dar, weil sie die bisherige Rechtsauffassung nur richtig stellt, also die von Anfang an bestehende Rechtslage klarstellt. [2] Daher ist eine verbindliche Auskunft von vornherein unrichtig i.S.d. § 2 Abs. 4 StAuskV, wenn sie von einem nach ihrer Bekanntgabe ergangenen FG- oder BFH-Urteil oder einer später ergangenen Verwaltungsanweisung abweicht. [3] Sie ist nicht unrichtig geworden, ihre Unrichtigkeit wurde lediglich erst nachträglich erkannt.

[1] Die Aufhebung oder Änderung nach § 2 Abs. 4 StAuskV steht im Ermessen der Finanzbehörde. [2] Eine Aufhebung oder Änderung mit Wirkung für die Zukunft ist z.B. sachgerecht, wenn sich die steuerrechtliche Beurteilung des der verbindlichen Auskunft zugrunde gelegten Sachverhalts durch die Rechtsprechung oder durch eine Verwaltungsanweisung zum Nachteil des Steuerpflichtigen geändert hat.

[1] Dem Vertrauensschutz wird dadurch Rechnung getragen, dass die Aufhebung oder Änderung nur mit Wirkung für die Zukunft erfolgen darf. [2] War der Sachverhalt im Zeitpunkt der Bekanntgabe der Aufhebung oder Änderung bereits im Wesentlichen verwirklicht, bleibt die Bindungswirkung bestehen, wenn der später verwirklichte Sachverhalt von dem der Auskunft zugrunde gelegten Sachverhalt nicht oder nur unwesentlich abweicht.

In den Fällen des § 2 Abs. 2 Satz 1 StAuskV ist die Aufhebung oder Änderung gegenüber den Antragstellern einheitlich vorzunehmen.

3.6.7. [1] Der Steuerpflichtige ist vor einer Korrektur der verbindlichen Auskunft zu hören (§ 91 Abs. 1 AO). [2] In den Fällen des § 2 Abs. 2 Satz 1 StAuskV sind alle Antragsteller über den gemeinsamen Empfangsbevollmächtigten (§ 1 Abs. 2 Satz 2 StAuskV) zu hören.

3.6.8. [1] Im Einzelfall kann es aus Billigkeitsgründen gerechtfertigt sein, von einem Widerruf der verbindlichen Auskunft abzusehen oder die Wirkung des Widerrufs zu einem späteren Zeitpunkt eintreten zu lassen. [2] Eine solche Billigkeitsmaßnahme wird in der Regel jedoch nur dann geboten sein, wenn sich der Steuerpflichtige nicht mehr ohne erheblichen Aufwand bzw. unter beträchtlichen Schwierigkeiten von den im Vertrauen auf die Auskunft getroffenen Dispositionen oder eingegangenen vertraglichen Verpflichtungen zu lösen vermag.

In den Fällen des § 2 Abs. 2 Satz 1 StAuskV ist diese Billigkeitsmaßnahme gegenüber allen Beteiligten einheitlich zu treffen.

3.6.9. Die Regelungen in Nrn. 3.6.1 bis 3.6.8 des AEAO zu § 89 gelten in den Fällen des § 1 Abs. 4 StAuskV für die Person, Personenvereinigung oder Vermögensmasse, die den Sachverhalt verwirklicht hat, entsprechend.

3.7. Rechtsbehelfsmöglichkeiten

3.7.1. Gegen die erteilte verbindliche Auskunft wie auch gegen die Ablehnung der Erteilung einer verbindlichen Auskunft ist der Einspruch gegeben (§ 347 AO).

3.7.2. [1] Im außergerichtlichen Rechtsbehelfsverfahren ist die Sache in vollem Umfang, d.h. auch in materiell-rechtlicher Hinsicht, zu prüfen (§ 367 Abs. 2 AO). [2] Weicht die Finanzbehörde bei der Erteilung der verbindlichen Auskunft vom Rechtsstandpunkt des Antragstellers ab (sog. Negativauskunft), ist der Inhalt der erteilten verbindlichen Auskunft im gerichtlichen Rechtsbehelfsverfahren nur auf seine sachliche Richtigkeit hin zu prüfen, d.h. darauf, ob die Finanzbehörde den zur Prüfung gestellten Sachverhalt zutreffend erfasst hat und die gegenwärtige rechtliche Einordnung des zur Prüfung gestellten Sachverhalts in sich schlüssig und nicht evident rechtsfehlerhaft ist. [3] Eine materiell-rechtliche Überprüfung der finanzbehördlichen Auffassung durch das Gericht bleibt mangels Bindungswirkung der Negativauskunft (vgl. Nr. 3.6.3 des AEAO zu § 89) einem Rechtsbehelfsverfahren gegen den späteren Steuerbescheid/Feststellungsbescheid vorbehalten (vgl. BFH-Urteil vom 29.2.2012, IX R 11/11, BStBl. II S. 651).

3.7.3. Legt in den Fällen des § 2 Abs. 2 Satz 1 StAuskV nur ein Beteiligter Einspruch ein, sind die übrigen Beteiligten nach § 360 Abs. 3 Satz 1 AO zum Einspruchsverfahren hinzuzuziehen.

4. Gebühren für die Bearbeitung von Anträgen auf Erteilung einer verbindlichen Auskunft (§ 89 Abs. 3 bis 7 AO)

4.1. Gebührenpflicht

4.1.1. [1] Gebühren sind nicht nur zu erheben, wenn die beantragte Auskunft erteilt wird. [2] § 89 Abs. 3 Satz 1 AO ordnet eine Gebührenpflicht für die Bearbeitung eines Auskunftsantrags an. [3] Gebühren sind daher grundsätzlich auch dann zu entrichten, wenn die Finanzbehörde in ihrer verbindlichen Auskunft eine andere Rechtsauffassung als der Antragsteller vertritt, wenn sie die Erteilung einer verbindlichen Auskunft ablehnt oder wenn der Antrag zurückgenommen wird. [4] Zur Möglichkeit einer Gebührenermäßigung vgl. AEAO zu § 89, Nr. 4.5.

4.1.2. [1] Die Gebühr wird für jeden Antrag auf verbindliche Auskunft festgesetzt. [2] Es handelt sich jeweils um einen Antrag, soweit sich die rechtliche Beurteilung eines Sachverhalts auf einen Steuerpflichtigen bezieht. [3] Dieser Sachverhalt kann sich auf mehrere Steuerarten auswirken. [4] In den Fällen des § 1 Abs. 2 StAuskV wird nur eine Gebühr erhoben; die Beteiligten sind Gesamtschuldner der Gebühr (§ 89 Abs. 3 Satz 2 AO).

[1] Ist in Fällen des § 1 Abs. 2 Nr. 1 StAuskV hinsichtlich des der Auskunft zugrunde liegenden Sachverhalts teilweise auch die Gesellschaft Steuerschuldnerin (vgl. AEAO zu § 122, Nr. 2.4.1), wird gegenüber den Gesellschaftern und der Gesellschaft nur eine Gebühr erhoben. [2] In Umwandlungsfällen ist jeder abgebende, übernehmende oder entstehende Rechtsträger eigenständig zu beurteilen.

4.1.3. [1] Die Gebührenpflicht gilt nicht für Anträge auf verbindliche Zusagen auf Grund einer Außenprüfung nach §§ 204 ff. AO oder für Lohnsteueranrufungsauskünfte nach § 42e EStG[1]. [2] Sie gilt auch nicht für Anfragen, die keine verbindliche Auskunft des Finanzamts i.S.d. § 89 Abs. 2 AO zum Ziel haben.

4.2. Gegenstandswert

4.2.1. Die Gebühr richtet sich grundsätzlich nach dem Wert, den die Auskunft für den Antragsteller hat (Gegenstandswert; § 89 Abs. 4 Satz 1 AO).

4.2.2. Maßgebend für die Bestimmung des Gegenstandswerts ist die steuerliche Auswirkung des vom Antragsteller dargelegten Sachverhalts. [2] Die steuerliche Auswirkung ist in der Weise zu ermitteln, dass der Steuerbetrag, der bei Anwendung der vom Antragsteller vorgetragenen Rechtsauffassung entstehen

---

[1] dtv 5785 ESt/LSt Nr. 1.

würde, dem Steuerbetrag gegenüberzustellen ist, der entstehen würde, wenn die Finanzbehörde eine entgegengesetzte Rechtsauffassung vertreten würde.

Für diese Ermittlung der steuerlichen Auswirkung sind die Grundsätze der gerichtlichen Streitwertermittlung für ein Hauptsacheverfahren entsprechend anzuwenden (BFH-Urteil vom 22.4.2015, IV R 13/12, BStBl. II S. 989).

[1] Steuerliche Auswirkungen, die sich mittelbar ergeben können, die jedoch nicht selbst zum Gegenstand des Antrags gemacht worden sind, werden bei Bemessung des Gegenstandswerts nicht berücksichtigt (vgl. BFH-Urteil vom 22.4.2015, IV R 13/12, a.a.O.). [2] Betrifft die beantragte Auskunft ertragsteuerliche Fragen, sind danach Annexsteuern (Kirchensteuer, Solidaritätszuschlag) nicht in die Ermittlung des Gegenstandswerts einzubeziehen. [3] Gewerbesteuerliche Auswirkungen sind bei der Ermittlung des Gegenstandswerts einzubeziehen, es sei denn, die gewerbesteuerliche Beurteilung ist ausdrücklich von der beantragten Auskunft ausgenommen.

4.2.3. Bei Dauersachverhalten ist auf die durchschnittliche steuerliche Auswirkung eines Jahres abzustellen (vgl. auch AEAO zu § 89, Nr. 3.5.3).

4.2.4. [1] Die Gebühr wird nach § 89 Abs. 5 Satz 1 AO in entsprechender Anwendung des § 34 GKG[1]) mit einem Gebührensatz von 1,0 erhoben. [2] § 34 GKG in der Fassung des Kostenrechtsänderungsgesetzes 2021 vom 21.12.2020 (BGBl. I S. 3229) ist dabei in entsprechender Anwendung des § 71 Abs. 1 GKG auf alle Anträge anzuwenden, die nach dem 31.12.2020 bei der zuständigen Finanzbehörde eingegangen sind. [3] Für Anträge, die vor dem 1.1.2021 bei der zuständigen Finanzbehörde eingegangen sind, ist § 34 GKG in der bis zum 31.12.2020 geltenden Fassung weiterhin entsprechend anzuwenden.

[1] Der Gegenstandswert ist in entsprechender Anwendung des § 39 Abs. 2 GKG auf 30 Mio. € begrenzt (§ 89 Abs. 5 Satz 2 AO). [2] Die Gebühr beträgt damit bei bis zum 31.12.2020 eingegangenen Anträgen höchstens 109.736 €, bei ab dem 1.1.2021 eingegangenen Anträgen höchstens 120.721 €. [3] Beträgt der Gegenstandswert weniger als 10.000 €, wird keine Gebühr erhoben (§ 89 Abs. 5 Satz 3 AO).

4.2.5. [1] Der Antragsteller soll den Gegenstandswert und die für seine Bestimmung maßgeblichen Umstände bereits in seinem Auskunftsantrag darlegen (§ 89 Abs. 4 Satz 2 AO). [2] Diese Darlegung erfordert schlüssige und nachvollziehbare Angaben; fehlen derartige Angaben oder sind sie unzureichend, ist der Antragsteller hierauf hinzuweisen und um entsprechende Ergänzung seines Antrags oder um Erläuterung zu bitten, warum er keine Angaben machen kann.

4.2.6. [1] Den Angaben des Antragstellers ist im Regelfall zu folgen. [2] Bei seiner Darlegung des Gegenstandswerts muss sich der Antragsteller allerdings an die Grundsätze der gerichtlichen Streitwertermittlung halten (vgl. AEAO zu § 89, Nr. 4.2.2). [3] Eine davon abweichende Bemessung des Gegenstandswerts führt regelmäßig zu einem offensichtlich unzutreffenden Ergebnis und ist deshalb vom Finanzamt nicht zu berücksichtigen (BFH-Urteil vom 22.4.2015, IV R 13/12, BStBl. II S. 989). [4] Eine Ermittlung des Gegenstandswerts durch das Finanzamt ist im Übrigen nur dann geboten, wenn der Antragsteller keine Angaben machen kann oder wenn seine Angaben anderweitig zu einem offensichtlich unzutreffenden Ergebnis führen würden (§ 89 Abs. 4 Satz 3 AO).

---

[1]) Anhang zu Nr. 2.

4.2.7. [1] Will das Finanzamt von dem erklärten Gegenstandswert abweichen oder konnte der Antragsteller keine Angaben zum Gegenstandswert machen, ist dem Antragsteller vor Erlass des Gebührenbescheids rechtliches Gehör (§ 91 AO) zu gewähren. [2] Die Bearbeitung des Auskunftsantrags soll bis zum Eingang der Stellungnahme des Antragstellers, höchstens aber bis zum Ablauf der (regelmäßig einmonatigen) Frist zur Stellungnahme zurückgestellt werden.

4.3. Zeitgebühr

4.3.1. [1] Beziffert der Antragsteller den Gegenstandswert nicht und ist der Gegenstandswert auch nicht durch Schätzung bestimmbar, ist eine Zeitgebühr zu berechnen (§ 89 Abs. 6 Satz 1 1. Halbsatz AO). [2] Die Zeitgebühr beträgt 50 € je angefangene halbe Stunde Bearbeitungszeit (§ 89 Abs. 6 Satz 1 2. Halbsatz AO). [3] Beträgt bei der Gebührenbemessung nach dem Zeitwert die Bearbeitungszeit weniger als zwei Stunden, wird keine Gebühr erhoben (§ 89 Abs. 6 Satz 2 AO).

4.3.2. [1] Wird eine solche Zeitgebühr erhoben, ist der zeitliche Aufwand für die Bearbeitung des Antrags auf verbindliche Auskunft zu dokumentieren. [2] Zur Bearbeitungszeit rechnen nur die Zeiten, in denen der vorgetragene Sachverhalt ermittelt und dessen rechtliche Würdigung geprüft wurde. [3] Waren vorgesetzte Finanzbehörden wegen der besonderen Bedeutung des Einzelfalls oder der grundsätzlichen Bedeutung entscheidungserheblicher Rechtsfragen hinzuzuziehen, ist die dortige Bearbeitungszeit ebenfalls zu berücksichtigen, soweit sie dem konkreten Auskunftsantrag individuell zuzuordnen ist.

4.4. Gebührenfestsetzung

4.4.1. [1] Die Gebühr ist durch schriftlichen Bescheid gegenüber dem Antragsteller festzusetzen; Bekanntgabevollmachten sind zu beachten. [2] Der Antragsteller hat die Gebühr innerhalb eines Monats nach Bekanntgabe dieses Bescheids zu entrichten (§ 89 Abs. 3 Satz 2 AO).

[1] Auf die Gebühr sind die Vorschriften der AO grundsätzlich sinngemäß anzuwenden (vgl. im Einzelnen AEAO zu § 1, Nr. 3). [2] Die Gebührenfestsetzung kann nach §§ 129 bis 131 AO korrigiert werden. [3] Gegen die Gebührenfestsetzung ist der Einspruch gegeben (§ 347 AO).

4.4.2. [1] Die Entscheidung über den Antrag auf verbindliche Auskunft soll bis zur Zahlung der Gebühr zurückgestellt werden, wenn der Zahlungseingang nicht gesichert erscheint. [2] In derartigen Fällen ist im Gebührenbescheid darauf hinzuweisen, dass über den Antrag auf Erteilung einer verbindlichen Auskunft erst nach Zahlungseingang entschieden wird.

4.5. Ermäßigung der Gebühr

4.5.1. [1] Die Gebühr nach § 89 Abs. 3 bis 6 AO entsteht auch für die Bearbeitung eines Antrags auf verbindliche Auskunft, der die formalen Voraussetzungen nicht erfüllt (Beispiel: der Antrag beinhaltet keine ausführliche Darlegung des Rechtsproblems oder keine eingehende Begründung des Rechtsstandpunkts des Antragstellers). [2] Vor einer Ablehnung eines Antrags aus formalen Gründen hat die Finanzbehörde den Antragsteller auf diese Mängel und auf die Möglichkeit der Ergänzung oder Rücknahme des Antrags hinzuweisen.

4.5.2. [1] Wird ein Antrag vor Bekanntgabe der Entscheidung über den Antrag auf verbindliche Auskunft zurückgenommen, kann die Gebühr ermäßigt werden (§ 89 Abs. 7 Satz 2 AO). [2] Hierbei ist wie folgt zu verfahren:

– [1] Hat die Finanzbehörde noch nicht mit der Bearbeitung des Antrags begonnen, ist die Gebühr auf Null zu ermäßigen. [2] In diesem Fall kann aus Vereinfachungsgründen bereits von der Erteilung eines Gebührenbescheids abgesehen werden.

– Hat die Finanzbehörde bereits mit der Bearbeitung des Antrags begonnen, ist der bis zur Rücknahme des Antrags angefallene Bearbeitungsaufwand angemessen zu berücksichtigen und die Gebühr anteilig zu ermäßigen.

5. Anwendung der StAuskV

5.1. Die StAuskV gilt für alle verbindlichen Auskünfte, die ab Inkrafttreten des § 89 Abs. 2 AO (12.9.2006) erteilt worden sind.

5.2. [1] § 1 Abs. 2 Satz 1, Abs. 3 und 4 und § 2 Abs. 2 bis 4 StAuskV in der am 20.7.2017 geltenden Fassung sind erstmals auf nach dem 1.9.2017 bei der zuständigen Finanzbehörde eingegangene Anträge auf Erteilung einer verbindlichen Auskunft anzuwenden. [2] Die neuen Regelungen sind nach Ablauf der Übergangsfrist auf alle Anträge anzuwenden, die ab diesem Zeitpunkt bei der zuständigen Finanzbehörde eingehen.

5.3. Für Auskünfte mit Bindungswirkung nach Treu und Glauben, die bis zum 11.9.2006 erteilt worden sind, sind die Regelungen in Nrn. 4 und 5 des BMF-Schreibens vom 29.12.2003, BStBl. I S. 742 weiter anzuwenden.

AEAO zu § 90 – Mitwirkungspflichten der Beteiligten:

Wegen der erhöhten Mitwirkungs- und Dokumentationspflichten nach § 90 Abs. 2 und 3 AO bei Auslandssachverhalten, der Grundsätze für die Prüfung der Einkunftsabgrenzung zwischen international verbundenen Unternehmen sowie der Folgen etwaiger Pflichtverletzungen wird auf das BMF-Schreiben vom 3.12.2020, BStBl. I S. 1325 verwiesen.

AEAO zu § 91 – Anhörung Beteiligter:

1. [1] Im Besteuerungsverfahren äußert sich der Beteiligte zu den für die Entscheidung erheblichen Tatsachen regelmäßig in der Steuererklärung. [2] Will die Finanzbehörde von dem erklärten Sachverhalt zuungunsten des Beteiligten wesentlich abweichen, so muss sie den Beteiligten hiervon vor Erlass des Steuerbescheids oder sonstiger Verwaltungsakts unterrichten. [3] Der persönlichen (ggf. fernmündlichen) Kontaktaufnahme mit dem Steuerpflichtigen kommt hierbei besondere Bedeutung zu. [4] Sind die steuerlichen Auswirkungen der Abweichung nur gering, so genügt es, die Abweichung im Steuerbescheid zu erläutern.

2. Eine versehentlich unterbliebene Anhörung der Beteiligten kann nach Erlass des Steuerbescheids nachgeholt und die Fehlerhaftigkeit des Bescheids dadurch geheilt werden (§ 126 Abs. 1 Nr. 3 AO).

3. [1] Ist die erforderliche Anhörung eines Beteiligten unterblieben und dadurch die rechtzeitige Anfechtung des Verwaltungsakts versäumt worden, so ist Wiedereinsetzung in den vorigen Stand zu gewähren (§ 126 Abs. 3 i.V.m. § 110 AO). [2] Die unterlassene Anhörung ist im Allgemeinen nur dann für die Versäumung der Einspruchsfrist ursächlich, wenn die notwendigen Erläuterungen auch im Verwaltungsakt selbst unterblieben sind (BFH-Urteil vom 13.12. 1984, VIII R 19/81, BStBl. 1985 II S. 601).

4. Wegen des zwingenden öffentlichen Interesses (§ 91 Abs. 3 AO) Hinweis auf § 30 Abs. 4 Nr. 5 und § 106 AO, deren Grundsätze entsprechend anzuwenden sind.

AEAO zu § 92 – Beweismittel:

[1] Die Finanzbehörden sind verpflichtet, die Steuern nach Maßgabe der Gesetze gleichmäßig festzusetzen und zu erheben (§ 85 AO). [2] Sie müssen dazu den steuererheblichen Sachverhalt von Amts wegen aufklären (§ 88 AO). [3] Hierbei sind sie auf die gesetzlich vorgeschriebene Mitwirkung der Beteiligten (§ 90 AO) angewiesen.

[1] Es besteht dabei zwar keine Verpflichtung der Finanzbehörden, in jedem Fall alle Angaben des Beteiligten auf Vollständigkeit und Richtigkeit zu prüfen (vgl. AEAO zu § 88); soweit die Finanzbehörde im Einzelfall jedoch Anlass dazu sieht, hat sie die Angaben des Beteiligten zu überprüfen. [2] Anderenfalls ergäbe sich eine Steuerbelastung, die nahezu allein auf der Erklärungsbereitschaft und der Ehrlichkeit des einzelnen Beteiligten beruhte (vgl. BVerfG-Urteil vom 27.6.1991, 2 BvR 1493/89, BStBl. II S. 654).

[1] Die Finanzbehörde kann sich zur Ermittlung des steuerrelevanten Sachverhalts aller Beweismittel bedienen, die sie nach pflichtgemäßem Ermessen zur Ermittlung des Sachverhalts für erforderlich hält (§ 92 AO). [2] Die Erforderlichkeit der Beweiserhebung ist von der Finanzbehörde nach den Umständen des jeweiligen Einzelfalles im Wege der Prognose zu beurteilen.

AEAO zu § 93 – Auskunftspflicht der Beteiligten und anderer Personen:

Inhaltsübersicht

1. Auskunftsersuchen nach § 93 Abs. 1 Satz 1 und Abs. 1a AO

[1] Auskunftsersuchen sind im gesamten Besteuerungsverfahren, d.h. auch im Rechtsbehelfsverfahren oder im Vollstreckungsverfahren (§ 249 Abs. 2 Satz 1 AO; BFH-Urteil vom 22.2.2000, VII R 73/98, BStBl. II S. 366), möglich. [2] Im Rahmen der Außenprüfung und der Steuerfahndung sind die Regelungen in §§ 200, 208, 210 und 211 AO zu beachten. [3] Im Steuerstraf- und -bußgeldverfahren gelten nach § 385 Abs. 1 und § 410 Abs. 1 AO die Vorschriften der StPO und des OWiG.

1.1. Allgemeines/Voraussetzungen

1.1.1. [1]) [1] Voraussetzung für ein Auskunftsersuchen ist, dass die Heranziehung eines Auskunftspflichtigen im Einzelfall aufgrund hinreichender konkreter Umstände oder aufgrund allgemeiner Erfahrungen geboten ist (vgl. BFH-Urteile vom 29.10.1986, VII R 82/85, BStBl. 1988 II S. 359, und vom 18.3. 1987, II R 35/86, BStBl. II S. 419). [2] Unzulässig sind Auskunftsersuchen „ins Blaue hinein" (vgl. BFH-Urteile vom 23.10.1990, VIII R 1/86, BStBl. 1991 II

---

[1]) Zur Abgrenzung vgl. auch BFH v. 16.1.2009 VII R 25/08, BStBl. II 2009, 582.

S. 277, und vom 12.5.2016, II R 17/14, BStBl. II S. 822).[1] [3]Darüber hinaus müssen die Auskunft zur Sachverhaltsaufklärung geeignet und notwendig, die Pflichterfüllung für den Betroffenen möglich und dessen Inanspruchnahme geeignet, erforderlich und zumutbar sein (vgl. BFH-Urteile vom 29.10.1986, VII R 82/85, a.a.O., und vom 24.10.1989, VII R 1/87, BStBl. 1990 II S. 198).

[1]Die Erforderlichkeit eines Auskunftsersuchens ist von der zuständigen Finanzbehörde nach den Umständen des Einzelfalles und unter Berücksichtigung allgemeiner Erfahrungen im Wege der Prognose zu beurteilen. [2]Die Erforderlichkeit setzt keinen begründeten Verdacht voraus, dass steuerrechtliche Unregelmäßigkeiten vorliegen; es genügt, wenn aufgrund konkreter Momente oder aufgrund allgemeiner Erfahrungen ein Auskunftsersuchen angezeigt ist (vgl. BFH-Urteil vom 17.3.1992, VII R 122/91, BFH/NV S. 791). [3]Nur wenn klar und eindeutig jeglicher Anhaltspunkt für die Steuererheblichkeit fehlt, ist ein Auskunftsverlangen rechtswidrig (BFH-Urteil vom 29.7.2015, X R 4/14, BStBl. 2016 II S. 135).

1.1.2. Die Finanzämter können Auskunftsersuchen an die Beteiligten (§ 78 AO), aber auch an andere Personen richten, wenn das Ersuchen zur Feststellung eines für die Besteuerung erheblichen Sachverhalts erforderlich ist.

1.1.3. Die Finanzbehörde darf außerdem unter den Voraussetzungen des § 93 Abs. 1a AO Auskunftsersuchen über eine ihr noch unbekannte Anzahl von Sachverhalten mit dem Grunde nach bestimmbaren, ihr noch nicht bekannten Personen an Dritte stellen (Sammelauskunftsersuchen).

1.1.4. [1]Im Auskunftsersuchen ist anzugeben, worüber Auskunft erteilt werden soll und für die Besteuerung welcher Person die Auskunft angefordert wird (§ 93 Abs. 2 Satz 1 AO). [2]Zur Begründung des Ersuchens reicht im Allgemeinen die Angabe der Rechtsgrundlage sowie bei einem Auskunftsersuchen an einen Dritten der Hinweis aus, dass die Sachverhaltsaufklärung durch die Beteiligten nicht zum Ziele geführt hat oder keinen Erfolg verspricht. [3]Eine Begründung des Auskunftsersuchens hinsichtlich der Frage, warum die Finanzbehörde einen bestimmten Auskunftspflichtigen vor einem anderen Auskunftsverpflichteten in Anspruch nimmt, ist nur erforderlich, wenn gewichtige Anhaltspunkte dafür bestehen, dass der andere vorrangig in Anspruch zu nehmen sein könnte (BFH-Urteil vom 22.2.2000, VII R 73/98, BStBl. II S. 366).

1.1.5. [1]Auskunftsersuchen nach § 93 Abs. 1 Satz 1 und Abs. 1a AO sind Verwaltungsakte i.S.d. § 118 AO. [2]Für Auskunftsersuchen ist keine bestimmte Form vorgesehen (§ 119 Abs. 2 AO). [3]Regelmäßig ist jedoch Schriftform angebracht (vgl. § 93 Abs. 2 Satz 2 AO). [4]Im Auskunftsersuchen ist eine angemessene Frist zur Auskunftserteilung zu bestimmen sowie anzugeben, in welcher Form die Auskunft erteilt werden soll (vgl. § 93 Abs. 4 AO).

1.2. Zulässigkeit von Auskunftsersuchen an Dritte[2]

1.2.1. [1]Die Auskunftspflicht anderer Personen ist wie die prozessuale Zeugenpflicht eine allgemeine Staatsbürgerpflicht und verfassungsrechtlich unbedenklich (vgl. BFH-Urteil vom 22.2.2000, VII R 73/98, BStBl. II S. 366, und

---

[1]) Zum Vorrang eines Auskunftsersuchens gem. § 93 AO gegenüber Vorlageverlangen nach § 97 AO vgl. BFH v. 24.2.2010 II R 57/08, BStBl. II 2011, 5, und v. 30.3.2011 I R 75/10, BFH/NV 2011, 1287.

[2]) Auskunftsersuchen an Dritte ohne vorherige Sachverhaltsaufklärung beim Stpfl. nur sehr eingeschränkt möglich; siehe BFH v. 29.7.2015 X R 4/14, BStBl. II 2016, 135.

Beschluss des BVerfG vom 15.11.2000, 1 BvR 1213/00, BStBl. 2002 II S. 142). [2] Eine Auskunftspflicht besteht nicht, soweit dem Dritten ein Auskunftsverweigerungsrecht zusteht (vgl. §§ 101 bis 103 AO). [3] Zu Auskunftsersuchen gegenüber Telekommunikationsdienstleistern vgl. AEAO zu § 93, Nr. 1.2.7.

1.2.2. [1] Vor dem Auskunftsersuchen an Dritte ist im Regelfall der Steuerpflichtige zu befragen. [2] Dieses Subsidiaritätsprinzip ist eine spezielle Ausprägung des Verhältnismäßigkeitsgrundsatzes. [3] Es soll zum einen vermieden werden, dass Nichtbeteiligte Einblick in die steuerlich relevanten Verhältnisse des Beteiligten erhalten, zum anderen sollen dem Dritten die mit der Auskunft verbundenen Mühen erspart werden.

Die Finanzbehörde darf folglich – außerhalb des Steuerfahndungsverfahrens (vgl. § 208 Abs. 1 Satz 1 Nr. 2 und Nr. 3 i.V.m. Satz 3 AO) und von Sammelauskunftsersuchen nach § 93 Abs. 1a AO (vgl. dazu AEAO zu § 93, Nr. 1.2.5) – nur in atypischen Fällen vom Subsidiaritätsprinzip abweichen, wobei am Zweck der Vorschrift zu messen ist, ob ein solcher atypischer Fall vorliegt (vgl. BFH-Urteil vom 24.10.1989, VII R 1/87, BStBl. 1990 II S. 198, m.w.N.).

Atypische Fälle liegen insbesondere vor, wenn

– der Beteiligte unbekannt ist (z.B. BFH-Urteil vom 4.10.2006, VIII R 53/04, BStBl. 2007 II S. 227),

– der Beteiligte nicht mitwirkt (z.B. BFH-Urteil vom 30.3.1989, VII R 89/88, BStBl. II S. 537) oder

– wenn die Finanzbehörde es im Rahmen einer vorweggenommenen Beweiswürdigung (Prognoseentscheidung) aufgrund offenkundiger oder konkret nachweisbarer Tatsachen als zwingend ansieht, dass der Versuch der Sachverhaltsaufklärung durch den Beteiligten erfolglos bleiben wird (vgl. BFH-Urteil vom 29.7.2015, X R 4/14, BStBl. 2016 II S. 135); siehe dazu auch AEAO zu § 93, Nrn. 1.2.3 und 1.2.4.

1.2.3. Auskunftsersuchen an Dritte können insbesondere geboten sein, wenn die Beteiligten offenkundig keine eigenen Kenntnisse über den relevanten Sachverhalt besitzen und eine Auskunft daher ohne Hinzuziehung Dritter nicht erteilt werden kann; in diesem Fall ist das Auskunftsersuchen unmittelbar an denjenigen zu richten, der über die entsprechenden Kenntnisse verfügt.

1.2.4. Ein Auskunftsersuchen an einen Dritten kann aber auch geboten sein, wenn eine Auskunft des Beteiligten aufgrund offenkundiger oder konkret nachweisbarer Umstände von vorneherein als unwahr zu werten wäre oder wenn von vornherein feststeht, dass der Beteiligte nicht mitwirken wird (BFH-Urteil vom 29.7.2015, X R 4/14, a.a.O.).

1.2.5. [1] Ein Sammelauskunftsersuchen gegenüber einem Dritten (§ 93 Abs. 1a AO) ist nur zulässig, wenn ein hinreichender Anlass für diese Form der Ermittlung besteht und die betroffenen Steuerpflichtigen nicht namentlich bekannt sind. [2] Ein hinreichender Anlass für ein Sammelauskunftsersuchen liegt insbesondere vor, wenn konkrete Anhaltspunkte für eine Steuerverkürzung oder für das Erlangen nicht gerechtfertigter Steuervorteile vorliegen. [3] Das Gleiche gilt, wenn Erfahrungen aus vergleichbaren Sachverhalten eine Steuerverkürzung oder das Erlangen nicht gerechtfertigter Steuervorteile naheliegend erscheinen lassen. [4] Ein strafrechtlicher Anfangsverdacht muss aber noch nicht vorliegen. [5] Ermittlungen „ins Blaue hinein" sind auch hier unzulässig. [6] Das

Sammelauskunftsersuchen muss darüber hinaus auch verhältnismäßig und zumutbar sein. [7]Der durch ein Sammelauskunftsersuchen ausgelöste Ermittlungsaufwand muss bei der Auskunftsperson in einem angemessenen Verhältnis zu der Bedeutung der Angelegenheit stehen.

1.2.6. [1]Ein Dritter kann sich seinen Auskunftspflichten nicht mit dem Hinweis auf die Möglichkeit entziehen, auch andere seien zur gewünschten Auskunft in der Lage. [2]§ 93 Abs. 1 Satz 3 AO sieht keine Rangfolge vor, welche von mehreren – möglicherweise – als Auskunftspflichtige in Betracht kommenden Personen in Anspruch zu nehmen ist (vgl. BFH-Urteil vom 22.2.2000, VII R 73/98, a.a.O.).

[1]Die Auswahl hat nach pflichtgemäßem Ermessen zu erfolgen. [2]Dabei ist auch eine Interessenabwägung zwischen den besonderen Belastungen, denen ein Auskunftsverpflichteter ausgesetzt ist, und dem Interesse der Allgemeinheit an der möglichst gleichmäßigen Festsetzung und Erhebung der Steueransprüche vorzunehmen. [3]Die Beantwortung eines Auskunftsersuchens ist i.d.R. auch dann zumutbar, wenn mit dessen Befolgung eine nicht unverhältnismäßige Beeinträchtigung eigenwirtschaftlicher Interessen verbunden ist (vgl. BVerfG-Beschluss vom 15.11.2000, 1 BvR 1213/00, a.a.O.).

1.2.7. [1]Vor Befragung eines Dritten soll der Beteiligte, falls der Ermittlungszweck nicht gefährdet wird, über die Möglichkeit eines Auskunftsersuchens gegenüber Dritten informiert werden, um es gegebenenfalls abwenden zu können und damit zu verhindern, dass seine steuerlichen Verhältnisse Dritten bekannt werden. [2]Falls der Ermittlungszweck nicht gefährdet wird, ist der Beteiligte über das Auskunftsersuchen zu informieren. [3]Dies gilt nicht für Sammelauskunftsersuchen (vgl. § 93 Abs. 1a Satz 3 AO).

1.2.8. [1]Bestandsdaten gem. § 3 Nr. 3 TKG wie Name, Anschrift, Bankverbindung und Rufnummer des Anschlussinhabers unterliegen – im Gegensatz zu Verbindungsdaten – nicht dem Fernmeldegeheimnis nach § 88 TKG. [2]§ 88 Abs. 3 Satz 3 TKG steht daher einer Auskunftserteilung aufgrund von Auskunftsersuchen der Finanzbehörden nicht entgegen.

[1]Richten die Finanzbehörden im Besteuerungsverfahren derartige Auskunftsersuchen an Unternehmen und Personen, die geschäftsmäßig Telekommunikationsdienste erbringen oder an der Erbringung solcher Dienste mitwirken, sind diese Unternehmen daher zur Auskunftserteilung verpflichtet. [2]Art und Umfang der Auskunftserteilung bestimmt sich dabei ausschließlich nach § 93 AO (ggf. i.V.m. § 208 Abs. 1 Satz 1 Nr. 3 und Satz 3 AO). [3]Entgegenstehende Regelungen in Allgemeinen Geschäftsbedingungen der o.g. Unternehmen und Personen treten demgegenüber zurück.

1.2.9. [1]Können Bank- und Depotverbindungen des Steuerpflichtigen sowohl durch einen Kontenabruf als auch durch ein Auskunftsersuchen an Dritte ermittelt werden, ist bei der Auswahl des Ermittlungsinstruments auch zu berücksichtigen, dass ein Kontenabruf den Betroffenen im Einzelfall weniger beeinträchtigen kann als Auskunftsersuchen gegenüber Dritten. [2]Denn anders als bei Auskunftsersuchen nach § 93 Abs. 1 AO erfährt bei Kontenabrufen kein Dritter von den steuerlichen Verhältnissen des Betroffenen, insbesondere vom Vorliegen von Steuerrückständen. [3]Die Kreditinstitute dürfen von der Durchführung eines Kontenabrufs keine Kenntnis erlangen (§ 93b Abs. 4 AO i.V.m. § 24c Abs. 1 Satz 6 KWG). [4]Daher kann ein Kontenabruf auch nicht zu negativen Folgen für einen Bankkunden führen.

2. Kontenabruf nach § 93 Abs. 7 AO in der ab dem 1.1.2018 geltenden Fassung

2.1. Die Finanzbehörde kann unter den Voraussetzungen des § 93 Abs. 7 AO bei den Kreditinstituten über das BZSt folgende Bestandsdaten zu Konten- und Depotverbindungen sowie Schließfächern abrufen:

– die Nummer eines Kontos, das der Verpflichtung zur Legitimationsprüfung i.S.d. § 154 Abs. 2 Satz 1 AO unterliegt, eines Depots oder eines Schließfachs,

– der Tag der Errichtung und der Tag der Beendigung oder Auflösung des Kontos, Depots oder Schließfachs,

– der Name sowie bei natürlichen Personen der Tag der Geburt des Inhabers und eines Verfügungsberechtigten sowie

– der Name und eine erhobene Anschrift eines abweichend wirtschaftlich Berechtigten (§ 3 GwG).

Kontenbewegungen und Kontenstände können auf diesem Weg nicht ermittelt werden.

Die Verpflichtung der Kreditinstitute, Daten für einen Kontenabruf durch das BZSt bereitzuhalten, ergibt sich unmittelbar aus § 93b AO i.V.m. § 24c KWG und bedarf daher keines Verwaltungsaktes.

2.2. Ein Kontenabruf nach § 93 Abs. 7 AO ist nur in den gesetzlich abschließend aufgezählten Fällen möglich.

2.2.1. [1]Steuerpflichtige, deren persönlicher Steuersatz niedriger ist als der Abgeltungsteuersatz, können nach § 32d Abs. 6 EStG[1)] beantragen, dass ihre Einkünfte nach § 20 EStG im Rahmen einer Einkommensteuerveranlagung ihrem individuellen niedrigeren Steuersatz unterworfen werden (Günstigerprüfung). [2]In diesem Fall muss der Steuerpflichtige sämtliche Kapitalerträge erklären (§ 32d Abs. 6 Satz 2 und 3 EStG). [3]Die Finanzbehörden müssen daher prüfen können, ob neben den erklärten Einkünften noch andere Einkünfte nach § 20 EStG vorliegen (vgl. § 93 Abs. 7 Satz 1 Nr. 1 AO).

2.2.2. [1]In den Fällen des § 2 Abs. 5b Satz 2 EStG ist – letztmals für den Veranlagungszeitraum 2011 – die Kenntnis aller vom Steuerpflichtigen erzielten Kapitalerträge i.S.d. § 32d Abs. 1 und § 43 Abs. 5 EStG erforderlich. [2]Die Finanzbehörden müssen deshalb prüfen können, ob neben erklärten Einnahmen bisher nicht erklärte Kapitalerträge vorliegen (vgl. § 93 Abs. 7 Satz 1 Nr. 2 AO in der bis 31.12.2011 geltenden Fassung). [3]Die am 31.12.2011 geltende Fassung des § 93 Abs. 7 Satz 1 Nr. 2 AO ist nach Art. 97 § 26 EGAO[2)] für Veranlagungszeiträume vor 2012 weiterhin anzuwenden.

2.2.3. § 93 Abs. 7 Satz 1 Nr. 3 AO dient der Verifikation von Einkünften nach § 20 und § 23 Abs. 1 EStG für die Veranlagungszeiträume bis einschließlich 2008.

2.2.4. [1]Nach § 93 Abs. 7 Satz 1 Nr. 4 AO ist ein Kontenabruf zulässig, wenn er zur Erhebung (einschließlich der Vollstreckung) von bundesgesetzlich geregelten Steuern oder Rückforderungsansprüchen bundesgesetzlich geregelter Steuererstattungen und Steuervergütungen, mithin auch von Landessteuern, die durch Bundesgesetz geregelt sind, erforderlich ist (zur Erforderlichkeit vgl.

[1)] **dtv 5785 ESt/LSt Nr. 1.**
[2)] Nr. 1.1.

AEAO zu § 93, Nr. 2.3). [2] Bei der Geltendmachung von Haftungsansprüchen ist ein Kontenabruf nach § 93 Abs. 7 Satz 1 Nr. 4 AO nur zur Erhebung (einschließlich der Vollstreckung) von Haftungsansprüchen zulässig, nicht zur Vorbereitung der Festsetzung eines Haftungsanspruchs.

2.2.5. Nach § 93 Abs. 7 Satz 1 Nr. 4a AO ist ein Kontenabruf zulässig zur Ermittlung, in welchen Fällen ein inländischer Steuerpflichtiger, der Aktivitäten i.S.d. § 138 Abs. 2 Satz 1 AO entfaltet, Verfügungsberechtigter oder wirtschaftlich Berechtigter (§ 3 GwG) eines Kontos oder Depots einer natürlichen Person, Personengesellschaft, Körperschaft, Personenvereinigung oder Vermögensmasse mit Wohnsitz, gewöhnlichem Aufenthalt, Sitz, Hauptniederlassung oder Geschäftsleitung außerhalb des Geltungsbereichs der AO ist.

2.2.6. Nach § 93 Abs. 7 Satz 1 Nr. 4b AO ist ein Kontenabruf zur Ermittlung der Besteuerungsgrundlagen in Verfahren nach § 208 Abs. 1 Satz 1 Nr. 3 AO (Aufdeckung unbekannter Steuerfälle) zulässig.

2.2.7. In den Fällen der Nrn. 2.2.1 bis 2.2.3 des AEAO zu § 93 ist ein Kontenabruf nur zulässig, wenn er im Einzelfall zur Festsetzung der Einkommensteuer erforderlich ist (vgl. dazu AEAO zu § 93, Nr. 2.3).

Des Weiteren darf in den Fällen der Nrn. 2.2.1 bis 2.2.6 des AEAO zu § 93 ein Abrufersuchen nur dann erfolgen, wenn ein Auskunftsersuchen an den Steuerpflichtigen nicht zum Ziel geführt hat oder keinen Erfolg verspricht (§ 93 Abs. 7 Satz 2 AO).

[1] Da im Vollstreckungsverfahren eine Gefährdung der Ermittlungszwecke zu befürchten ist, wenn der säumige Steuerschuldner vor einem Kontenabruf individuell informiert würde, muss eine Information des Betroffenen vor Durchführung eines Kontenabrufs nach § 93 Abs. 7 Satz 1 Nr. 4 AO unterbleiben (vgl. § 93 Abs. 9 Satz 3 AO). [2] Es reicht aus, dass säumige Steuerschuldner in der Zahlungserinnerung auf die Möglichkeiten der Zwangsvollstreckung (einschließlich der Möglichkeit eines Kontenabrufs) hingewiesen werden (§ 93 Abs. 9 Satz 1 zweiter Halbsatz AO).

[1] Bei der Ermittlung unbekannter Steuerfälle nach § 208 Abs. 1 Satz 1 Nr. 3 AO kann sich durch eine vorherige Information eines möglicherweise Betroffenen ebenfalls eine Gefährdung der Ermittlungen ergeben. [2] In diesem Fall muss eine Information des Verfügungsberechtigten oder wirtschaftlich Berechtigten vor Durchführung eines Kontenabrufs gem. § 93 Abs. 9 Satz 3 AO unterbleiben.

2.2.8. [1] Darüber hinaus ist ein Kontenabruf nur mit Zustimmung des Steuerpflichtigen zulässig (§ 93 Abs. 7 Satz 1 Nr. 5 AO). [2] Der Steuerpflichtige kann seine Zustimmung zu einem Kontenabruf auf Aufforderung der Finanzverwaltung oder unaufgefordert erteilen.

Wenn die Finanzbehörde eine Überprüfung der Angaben des Steuerpflichtigen mittels eines Kontenabrufs für erforderlich hält, weil sie Zweifel daran hat, ob die Angaben des Steuerpflichtigen vollständig und richtig sind, kann sie ihn nach § 93 Abs. 7 Satz 1 Nr. 5 AO auffordern, zur Aufklärung des Sachverhalts einem Kontenabruf zuzustimmen.

[1] In Betracht kommen insbesondere Fälle, in denen aufgeklärt werden soll, ob der Steuerpflichtige betriebliche Erlöse zutreffend in seiner Buchführung erfasst hat oder ob steuerpflichtige Einnahmen auf „private" Konten geflossen sind. [2] Die Finanzbehörden können den Steuerpflichtigen auch dann zur Zu-

stimmung zu einem Kontenabruf auffordern, wenn noch kein strafrechtlicher Anfangsverdacht vorliegt.

Erteilt der Steuerpflichtige trotz Aufforderung die Zustimmung zu einem Kontenabruf nicht und bestehen tatsächliche Anhaltspunkte für die Unrichtigkeit oder Unvollständigkeit der vom Steuerpflichtigen gemachten Angaben zu steuerpflichtigen Einnahmen oder Betriebsvermögensmehrungen, sind die Besteuerungsgrundlagen nach § 162 Abs. 2 Satz 2 AO zu schätzen (vgl. auch AEAO zu § 162, Nr. 6).

2.2.9. [1] Für Besteuerungsverfahren, auf die die AO nach § 1 AO nicht unmittelbar anwendbar ist, ist ein Kontenabruf nach § 93 Abs. 7 AO nicht zulässig. [2] Für strafrechtliche Zwecke kann ein Kontenabruf nur nach § 24c KWG erfolgen. [3] Der Kontenabruf entspricht einer elektronischen Einnahme des Augenscheins und stellt einen Realakt dar.

2.3. [1] Ein Kontenabruf steht im Ermessen der Finanzbehörde und kann nur anlassbezogen und zielgerichtet erfolgen und muss sich auf eine eindeutig bestimmte Person beziehen. [2] Bei der Ausübung des Ermessens sind die Grundsätze der Gleichmäßigkeit der Besteuerung, der Verhältnismäßigkeit der Mittel, der Erforderlichkeit, der Zumutbarkeit, der Billigkeit und von Treu und Glauben sowie das Willkürverbot und das Übermaßverbot zu beachten (vgl. AEAO zu § 5, Nr. 1 AO).

[1] Die Erforderlichkeit, die von der Finanzbehörde im Einzelfall im Wege einer Prognose zu beurteilen ist, setzt keinen begründeten Verdacht dafür voraus, dass steuerrechtliche Unregelmäßigkeiten vorliegen. [2] Es genügt vielmehr, wenn aufgrund konkreter Momente oder aufgrund allgemeiner Erfahrungen ein Kontenabruf angezeigt ist (vgl. BVerfG-Beschluss vom 13.6.2007, 1 BvR 1550/03, 1 BvR 2357/04, 1 BvR 603/05, BStBl. II S. 896).

2.4. [1] Die Verantwortung für die Zulässigkeit des Datenabrufs und der Datenübermittlung trägt die ersuchende Finanzbehörde (§ 93b Abs. 3 AO). [2] Das BZSt darf lediglich prüfen, ob das Ersuchen plausibel ist.

2.5. [1] Ein Kontenabruf nach § 93 Abs. 7 AO ist auch zulässig, um Konten oder Depots zu ermitteln, hinsichtlich derer der Steuerpflichtige zwar nicht Verfügungsberechtigter, aber wirtschaftlich Berechtigter ist. [2] Dies gilt auch dann, wenn der Verfügungsberechtigte nach § 102 AO die Auskunft verweigern könnte (z.B. im Fall von Anderkonten von Anwälten). [3] Denn ein Kontenabruf erfolgt beim Kreditinstitut und nicht bei dem Berufsgeheimnisträger. [4] Das Kreditinstitut hat aber kein Auskunftsverweigerungsrecht und muss daher auch nach § 93 Abs. 1 Satz 1 AO Auskunft geben darüber, ob bei festgestellten Konten eines Berufsgeheimnisträgers eine andere Person wirtschaftlich Berechtigter ist. [5] Das Vertrauensverhältnis zwischen dem Berufsgeheimnisträger und seinem Mandanten bleibt dadurch unberührt.

[1] Ein Kontenabruf nach § 93 Abs. 7 AO ist auch im Besteuerungsverfahren eines Berufsgeheimnisträgers i.S.d. § 102 AO grundsätzlich zulässig. [2] Bei der gebotenen Ermessensentscheidung (vgl. AEAO zu § 93, Nr. 2.3) ist in diesem Fall zusätzlich eine Güterabwägung zwischen der besonderen Bedeutung der Verschwiegenheitspflicht des Berufgeheimnisträgers und der Bedeutung der Gleichmäßigkeit der Besteuerung unter Berücksichtigung des Verhältnismäßigkeitsprinzips vorzunehmen (vgl. BVerfG-Urteil vom 30.3.2004, 2 BvR 1520/01, 2 BvR 1521/01, BVerfGE S. 110, 226, und BFH-Urteil vom 26.2.2004, IV R 50/01, BStBl. II S. 502). [3] Über Anderkonten eines Berufsgeheimnis-

trägers i.S.d. § 102 AO, die durch einen Kontenabruf im Besteuerungsverfahren des Berufsgeheimnisträgers festgestellt werden, sind keine Kontrollmitteilungen zu fertigen.

2.6. [1] Ob die Sachaufklärung durch den Beteiligten zum Ziel führt oder Erfolg verspricht oder ob dies nicht zutrifft, ist eine Frage der Beweiswürdigung (vgl. AEAO zu § 93, Nrn. 1.2.2 und 1.2.3). [2] Diese Beweiswürdigung obliegt der Finanzbehörde.

[1] Die Finanzbehörde soll zunächst dem Beteiligten Gelegenheit geben, Auskunft über seine Konten und Depots zu erteilen und ggf. entsprechende Unterlagen (z.B. Konto- oder Depotauszüge) vorzulegen, es sei denn, der Ermittlungszweck würde dadurch gefährdet. [2] Hierbei soll auch bereits darauf hingewiesen werden, dass die Finanzbehörde unter den Voraussetzungen des § 93 Abs. 7 AO einen Kontenabruf durchführen lassen oder bei Verweigerung der Zustimmung zu einem Kontenabruf nach § 93 Abs. 7 Satz 1 Nr. 5 AO die Besteuerungsgrundlagen nach § 162 Abs. 2 Satz 2 AO schätzen kann, wenn die Sachaufklärung durch den Beteiligten nicht zum Ziel führt.

2.7. [1] Hat sich durch einen Kontenabruf herausgestellt, dass Konten oder Depots vorhanden sind, die der Beteiligte auf Nachfrage (vgl. AEAO zu § 93, Nr. 2.6) nicht angegeben hat, ist er über das Ergebnis des Kontenabrufs zu informieren (§ 93 Abs. 9 Satz 2 AO). [2] Hierbei ist der Beteiligte darauf hinzuweisen, dass die Finanzbehörde das betroffene Kreditinstitut nach § 93 Abs. 1 Satz 1 AO um Auskunft ersuchen kann, wenn ihre Zweifel durch die Auskunft des Beteiligten nicht ausgeräumt werden.

[1] Würde durch eine vorhergehende Information des Beteiligten der Ermittlungszweck gefährdet (§ 93 Abs. 9 Satz 3 AO) oder ergibt sich aus den Umständen des Einzelfalles, dass eine Aufklärung durch den Beteiligten selbst nicht zu erwarten ist, kann sich die Finanzbehörde nach § 93 Abs. 1 Satz 1 AO unmittelbar an die betreffenden Kreditinstitute wenden bzw. andere erforderliche Maßnahmen ergreifen. [2] In diesen Fällen ist der Beteiligte nachträglich über die Durchführung des Kontenabrufs zu informieren.

2.8. Wurden die Angaben des Beteiligten durch einen Kontenabruf bestätigt, ist der Beteiligte gleichwohl über die Durchführung des Kontenabrufs zu informieren, z.B. durch eine Erläuterung im Steuerbescheid: „Es wurde ein Kontenabruf nach § 93 Abs. 7 AO durchgeführt."

2.9. Die Rechtmäßigkeit eines Kontenabrufs nach § 93 Abs. 7 AO kann vom Finanzgericht im Rahmen der Überprüfung des Steuerbescheids oder eines anderen Verwaltungsakts, zu dessen Vorbereitung der Kontenabruf vorgenommen wurde, oder isoliert im Wege der Leistungs- oder (Fortsetzungs-)Feststellungsklage überprüft werden (vgl. BVerfG-Beschluss vom 4.2.2005, 2 BvR 308/04, NJW 2005 S. 1637, unter Absatz-Nr. 19).

AEAO zu § 93a – Allgemeine Mitteilungspflichten:

[1] Wegen der allgemeinen Mitteilungspflichten (Kontrollmitteilungen) der Behörden und der Rundfunkanstalten an die Finanzbehörden Hinweis auf die Mitteilungsverordnung[1]. [2] Die Verpflichtung der Behörden und der Rundfunkanstalten zu Mitteilungen, Auskünften (insbesondere Einzelauskünften

---

[1] Vgl. auch BMF v. 25.3.2002, BStBl. I 2002, 477, v. 25.3.2004, BStBl. I 2004, 418, v. 29.9.2015, BStBl. I 2015, 742, und v. 12.1.2018, BStBl. I 2018, 203.

nach § 93 AO), Anzeigen (z.B. gem. § 116 AO) und zur Amtshilfe (§§ 111 ff. AO) aufgrund anderer Vorschriften bleibt unberührt. [3] Mitteilungspflichten, die sich aus Verträgen oder Auflagen in Verwaltungsakten ergeben (z.B. besondere Bedingungen in Zuwendungsbescheiden nach Maßgabe des Haushaltsrechts) bleiben ebenfalls unberührt.

Die Mitteilungspflichten für Zwecke der Feststellung von Einheitswerten des Grundbesitzes sowie für Zwecke der Grundsteuer sind in § 29 Abs. 3 BewG[1] geregelt.

AEAO zu § 93c – Datenübermittlung durch Dritte:

1. § 93c AO enthält die grundsätzlich für alle elektronischen Datenübermittlungspflichten Dritter einheitlich geltenden Verfahrensvorschriften.

2. [1] Zur Haftung der mitteilungspflichtigen Stelle bei vorsätzlicher oder grob fahrlässiger Pflichtverletzung vgl. § 72a Abs. 4 AO. [2] Zur Außenprüfung bei der mitteilungspflichtigen Stelle vgl. § 203a AO.

3. § 93c AO ist erstmals anzuwenden, wenn steuerliche Daten eines Steuerpflichtigen für Besteuerungszeiträume nach 2016 oder Besteuerungszeitpunkte nach dem 31.12.2016 auf Grund gesetzlicher Vorschriften von einem Dritten als mitteilungspflichtiger Stelle elektronisch an Finanzbehörden zu übermitteln sind (Art. 97 § 27 Abs. 2 EGAO[2]).

AEAO zu § 95 – Versicherung an Eides statt:

[1] Aus der Weigerung eines Steuerpflichtigen, eine Tatsachenbehauptung durch eidesstattliche Versicherung zu bekräftigen, können für ihn nachteilige Folgerungen gezogen werden. [2] Im Übrigen wird auf § 162 AO hingewiesen.

AEAO zu § 99 – Betreten von Grundstücken und Räumen:

[1] Es dürfen auch Grundstücke, Räume usw. betreten werden, die nicht dem Steuerpflichtigen gehören, sondern im Eigentum oder Besitz einer anderen Person stehen. [2] Von der Besichtigung „betroffene" Personen sind alle, die an dem Grundstück usw. entwede Besitzrechte haben, sie tatsächlich nutzen oder eine sonstige tatsächliche Verfügungsbefugnis haben. [3] Wohnräume dürfen im Besteuerungsverfahren nicht gegen den Willen des Inhabers betreten werden (siehe aber § 210 Abs. 2 und § 287 AO).

AEAO zu § 101 – Auskunfts- und Eidesverweigerungsrecht der Angehörigen:

1. Der Beteiligte (Steuerpflichtige) selbst hat kein Auskunftsverweigerungsrecht; § 393 Abs. 1 AO ist zu beachten.

2. Ist nach § 101 Abs. 1 Satz 2 AO erforderliche Belehrung unterblieben, dürfen die auf der Aussage des Angehörigen beruhenden Kenntnisse nicht verwertet werden (BFH-Urteil vom 31.10.1990, II R 180/87, BStBl. 1991 II S. 204), es sei denn, der Angehörige stimmt nachträglich zu oder wiederholt nach Belehrung seine Aussage (vgl. auch BFH-Urteil vom 7.11.1985, IV R 6/ 85, BStBl. 1986 II S. 435).

---

[1] dtv 5547 ErbSt/BewG/GrSt Nr. 1.
[2] Nr. **1.1**.

AEAO zu § 104 – Verweigerung der Erstattung eines Gutachtens und der Vorlage von Urkunden:

Trotz ihres Auskunftsverweigerungsrechts sind die Angehörigen der steuerberatenden Berufe verpflichtet, alle Urkunden und Wertsachen, insbesondere Geschäftsbücher und sonstige Aufzeichnungen, die sie für den Steuerpflichtigen aufbewahren oder führen, auf Verlangen der Finanzbehörde unter den gleichen Voraussetzungen vorzulegen wie der Steuerpflichtige selbst.

AEAO zu § 107 – Entschädigung der Auskunftspflichtigen und Sachverständigen:

1. [1] Die Entschädigungspflicht wird nur ausgelöst, wenn die Finanzbehörde Auskunftspflichtige, Vorlagepflichtige oder Sachverständige durch Verwaltungsakt zu Beweiszwecken herangezogen hat. [2] Freiwillig erteilte Auskünfte oder vorgelegte Unterlagen und Sachverständigengutachten führen selbst dann nicht zu einer Entschädigung, wenn die Finanzbehörde sie verwertet.

2. Für die Duldung der Einnahme des Augenscheins (§ 98 AO) besteht kein Anspruch auf eine Entschädigung nach § 107 AO.

3. Für die Vorlage von Urkunden (§ 97 AO) besteht in entsprechender Anwendung des § 24 des Justizvergütungs- und -entschädigungsgesetzes nur dann ein Anspruch auf Entschädigung nach § 107 AO, wenn das Vorlageersuchen ab dem 30.6.2013 gestellt wurde.

4. Bei Vorlageersuchen, die vor dem 30.6.2013 gestellt wurden, gilt zur Entschädigung des Vorlagepflichtigen Folgendes:

Bei einem kombinierten Auskunfts- und Vorlageersuchen hat der ersuchte Dritte nach § 107 AO a.F. Anspruch auf Ersatz aller seiner mit dem Ersuchen zusammenhängenden Aufwendungen, d.h. auch jener, die ihm im Zusammenhang mit der Vorlage von Urkunden entstanden sind (BFH-Urteil vom 24.3. 1987, VII R 113/84, BStBl. 1988 II S. 163).

[1] Ein (reines) Vorlageverlangen i.S.d. § 97 AO, das nach § 107 a.F. AO keinen Kostenerstattungsanspruch auslöst, liegt vor, wenn die Finanzbehörde die vorzulegenden Unterlagen so konkret und eindeutig benennt, dass sich die geforderte Tätigkeit des Vorlagepflichtigen auf rein mechanische Hilfstätigkeiten wie das Heraussuchen und Lesbarmachen der angeforderten Unterlagen beschränkt. [2] Das setzt bei der Anforderung von Bankunterlagen voraus, dass die Finanzbehörde die Konten- und Depotnummern benennt oder vergleichbar konkrete Angaben zu sonstigen Bankverbindungen macht (BFH-Urteil vom 8.8.2006, VII R 29/05, BStBl. 2007 II S. 80).

AEAO zu § 108 – Fristen und Termine:

1. [1] Fristen sind abgegrenzte, bestimmte oder jedenfalls bestimmbare Zeiträume (BFH-Urteil vom 14.10.2003, IX R 68/98, BStBl. II S. 898). [2] Termine sind bestimmte Zeitpunkte, an denen etwas geschehen soll oder zu denen eine Wirkung eintritt. [3] „Fälligkeitstermine" geben das Ende einer Frist an.

2. § 108 Abs. 3 AO gilt auch für die Dreitage-Regelungen (§ 122 Abs. 2 Nr. 1, Abs. 2a, § 123 Satz 2 AO; § 4 Abs. 2 VwZG), die Monats-Regelungen (§ 122 Abs. 2 Nr. 2, § 123 Satz 2 AO), die Zweiwochen-Regelung (§ 122 Abs. 4 Satz 3 AO) zum Zeitpunkt der Bekanntgabe eines Verwaltungsakts (BFH-Urteil vom 14.10.2003, IX R 68/98, BStBl. II S. 898) und für die

Festsetzungsfrist (vgl. BFH-Urteil vom 20.1.2016, VI R 14/15, BStBl. II S. 380).

AEAO zu § 109 – Verlängerung von Fristen:

[1] § 109 AO i.d.F. des StModernG ist erstmals anzuwenden für Besteuerungszeiträume, die nach dem 31.12.2017 beginnen, und Besteuerungszeitpunkte, die nach dem 31.12.2017 liegen. [2] Für Besteuerungszeiträume, die vor dem 1.1.2018 beginnen, und Besteuerungszeitpunkte, die vor dem 1.1.2018 liegen, ist § 109 AO in der am 31.12.2016 geltenden Fassung weiterhin anzuwenden (Art. 97 § 10a Abs. 4 EGAO[1)]).

AEAO zu § 110 – Wiedereinsetzung in den vorigen Stand:

1. [1] § 110 Abs. 1 AO erfasst nur verfahrensrechtliche und materiell-rechtliche Fristen, die „einzuhalten" sind; das sind Handlungs- und Erklärungsfristen, die Beteiligte (§ 78 AO) oder Dritte gegenüber der Finanzbehörde zu wahren haben. [2] Nicht wiedereinsetzungsfähig sind dagegen die gesetzlichen Fristen, die von den Finanzbehörden als Verwaltungsträger im Verwaltungsverfahren zu beachten sind. [3] So fällt unter § 110 AO nicht der Ablauf von Festsetzungsfristen (BFH-Urteil vom 24.1.2008, VII R 3/07, BStBl. II S. 462). [4] Soweit das Gesetz eine Fristverlängerung vorsieht (§ 109 Abs. 1 AO), kommt nicht Wiedereinsetzung, sondern rückwirkende Fristverlängerung in Betracht.

2. [1] Zur Wiedereinsetzung in den vorigen Stand nach unterlassener Anhörung eines Beteiligten bzw. wegen fehlender Begründung des Verwaltungsakts (§ 126 Abs. 3 AO) vgl. AEAO zu § 91, Nr. 3 und AEAO zu § 121, Nr. 3. [2] Zur Wiedereinsetzung in den vorigen Stand nach Einspruchseinlegung bei einer unzuständigen Behörde vgl. AEAO zu § 357, Nr. 2.

3. Das Hindernis i.S.d. § 110 Abs. 2 Satz 1 AO ist weggefallen, wenn der Betroffene von der Fristversäumung Kenntnis erlangt hat oder bei Anwendung der gebotenen Sorgfalt hätte erlangen können und müssen.

4. Die Monatsfrist für den Antrag auf Wiedereinsetzung ist eine gesetzliche Frist i.S.d. § 108 AO und kann deshalb nicht nach § 109 AO verlängert werden.

5. [1] Wiedereinsetzungsgründe sind im Kern innerhalb der Antragsfrist gem. § 110 Abs. 2 Satz 1 AO vorzutragen. [2] Das erfordert eine substantiierte, in sich schlüssige Darstellung aller entscheidungserheblichen Umstände und Tatsachen, aus denen sich die schuldlose Verhinderung ergeben soll, innerhalb dieser Frist. [3] Es ist zulässig, dass unklare oder unvollständige Angaben nach Ablauf der Antragsfrist noch erläutert oder ergänzt werden, sofern der Kern der Wiedereinsetzungsgründe innerhalb der Antragsfrist schlüssig vorgetragen wurde. [4] Insbesondere können auch Nachweise zur Glaubhaftmachung der geltend gemachten Wiedereinsetzungsgründe nach Fristablauf beigebracht werden. [5] Nach Ablauf der Antragsfrist dürfen aber keine neuen Wiedereinsetzungsgründe mehr nachgeschoben und wesentliche Lücken in der Sachverhaltsdarstellung geschlossen werden (vgl. BFH-Urteil vom 31.1.2017, IX R 19/16, BFH/NV S. 885, m.w.N.).

[1)] Nr. **1.1.**

6. Abweichend von § 110 Abs. 2 AO beträgt im finanzgerichtlichen Verfahren die Frist für den Antrag auf Wiedereinsetzung und die Nachholung der versäumten Rechtshandlung zwei Wochen (§ 56 Abs. 2 FGO[1]).

AEAO zu § 111 – Amtshilfepflicht:

1. Die §§ 111 ff. AO sind auch dann anzuwenden, wenn sich Finanzbehörden untereinander Amtshilfe leisten.

2. [1] Für Verbände und berufsständische Vertretungen besteht, soweit sie nicht Behörden sind oder unterhalten, keine Beistandspflicht. [2] Sie sind jedoch ebenso wie die in § 111 Abs. 3 AO erwähnten Institutionen im Rahmen der §§ 88, 92 ff. AO zur Auskunftserteilung und Vorlage von Urkunden verpflichtet.

AEAO zu § 112 – Voraussetzungen und Grenzen der Amtshilfe:

[1] Andere Behörden, die von den Finanzbehörden im Besteuerungsverfahren um Amtshilfe ersucht werden, können die Amtshilfe nur unter den Voraussetzungen dieser Vorschrift ablehnen. [2] Die Bestimmungen des Verwaltungsverfahrensgesetzes und des SGB X über die Amtshilfe sind insoweit nicht anwendbar.

AEAO zu § 117 – Zwischenstaatliche Rechts- und Amtshilfe in Steuersachen:

1. Die Voraussetzungen, unter denen die Finanzbehörden für deutsche Besteuerungszwecke die Hilfe ausländischer Behörden in Anspruch nehmen dürfen, richten sich nach deutschem Recht, insbesondere den §§ 85 ff. AO.

2. Gem. § 117 Abs. 2 AO können die Finanzbehörden zwischenstaatliche Rechts- und Amtshilfe leisten aufgrund

a) innerstaatlich anwendbarer völkerrechtlicher Vereinbarungen. [2] Derartige Vereinbarungen enthalten vor allem die Doppelbesteuerungsabkommen und die Abkommen im Zollbereich. [3] Über den Stand der Doppelbesteuerungsabkommen veröffentlicht das BMF jährlich im BStBl. Teil I eine Übersicht.[2]

b) innerstaatlich anwendbarer Rechtsakte der Europäischen Union (im Zollbereich und im Bereich der indirekten Steuern). [2] Als Rechtsgrundlagen kommen unmittelbar geltende Verordnungen in Betracht. [3] Hinweis auf die Verordnung (EU) Nr. 904/2010 des Rates vom 7.10.2010 über die Zusammenarbeit der Verwaltungsbehörden und die Betrugsbekämpfung auf dem Gebiet der Mehrwertsteuer (Amtsblatt Nr. L 268 vom 12.10.2010, S. 1).[3]

c) des EU-Amtshilfegesetzes und des EU-Beitreibungsgesetzes.

3. Wegen der Voraussetzungen und der Durchführung der zwischenstaatlichen Amtshilfe wird auf folgende Merkblätter verwiesen:

---

[1] Nr. 2.
[2] Übersicht für 2021: BMF v. 18.2.2021, IV B 2 – S 1301/07/10017-12; DOK 2021/0026720.
[3] Entspricht „ZusammenarbeitsVO" v. 7.10.2010 (ABl. L 268 S. 1), zuletzt geänd. durch RL v. 18.2.2020 (ABl. Nr. L 62 S. 13), und „ZusammenarbeitsDVO" v. 31.1.2012 (ABl. L 29 S. 13), zuletzt geänd. durch Durchführungsverordnung v. 14.1.2020 (ABl. Nr. L 11 S. 1).

– Merkblatt zur zwischenstaatlichen Amtshilfe durch Informationsaustausch in Steuersachen (BMF-Schreiben vom 29.5.2019, BStBl. I S. 480);[1]

– Merkblatt zur zwischenstaatlichen Amtshilfe bei der Steuererhebung (Beitreibung) (BMF-Schreiben vom 23.1.2014, BStBl. I S. 188).

AEAO zu § 118 – Begriff des Verwaltungsakts:

[1] Da auch die Steuerbescheide Verwaltungsakte sind, gelten die §§ 118 ff. AO auch für die Steuerbescheide, soweit in den §§ 155 ff. AO nichts anderes bestimmt ist. [2] Ausgenommen sind insbesondere die §§ 130 und 131 AO, die kraft ausdrücklicher Regelung (§ 172 Abs. 1 Satz 1 Nr. 2 Buchstabe d AO) als Rechtsgrundlage für die Aufhebung oder Änderung von Steuerbescheiden ausgeschlossen sind.

AEAO zu § 120 – Nebenbestimmungen zum Verwaltungsakt:

1. [1] Nebenbestimmungen sind zulässig bei Verwaltungsakten, die auf einer Ermessensentscheidung der Finanzbehörden beruhen (z.B. Fristverlängerung, Stundung, Erlass, Aussetzung der Vollziehung). [2] Bei gebundenen Verwaltungsakten (z.B. Steuerbescheiden) sind gesetzlich ausdrücklich zugelassene Nebenbestimmungen der Vorbehalt der Nachprüfung (§ 164 AO), die Vorläufigkeitserklärung (§ 165 AO) und die Sicherheitsleistung (§ 165 Abs. 1 Satz 4 AO).

2. [1] Nebenbestimmungen müssen inhaltlich hinreichend bestimmt sein (§ 119 Abs. 1 AO). [2] Anderenfalls sind sie nichtig. [3] Wegen der Rechtsfolgen bei Nichtigkeit der Nebenbestimmung Hinweis auf § 125 Abs. 4 AO.

3. Wegen der unterschiedlichen Folgen, die sich aus der Nichterfüllung einer Nebenbestimmung ergeben können, ist die Nebenbestimmung im Verwaltungsakt genau zu bezeichnen (z.B. „unter der aufschiebenden Bedingung", „unter dem Vorbehalt des Widerrufs").

4. [1] Der Widerrufsvorbehalt ermöglicht den Widerruf rechtmäßiger Verwaltungsakte nach § 131 Abs. 2 Nr. 1 AO. [2] Er ist aber für sich allein kein hinreichender Grund zum Widerruf, sondern lässt den Widerruf nur im Rahmen pflichtgemäßen Ermessens zu.

---

[1] Siehe auch:
– BMF v. 10.11.2015, BStBl. I 2016, 138, zur Anwendung der Abkommen über den steuerlichen Informationsaustausch (Tax Information Exchange Agreement – TIEA);
– BMF v. 9.1.2017, BStBl. I 2017, 89: Merkblatt über koordinierte steuerliche Außenprüfungen mit Steuerverwaltungen anderer Staaten und Gebiete;
– BMF v. 17.8.2017, BStBl. I 2017, 1228: Merkblatt zum verpflichtenden automatischen und spontanen Austausch verbindlicher Auskünfte, verbindlicher Zusagen und Vorabzusagen zu Verrechnungspreisen im Zusammenhang mit grenzüberschreitenden Sachverhalten;
– BMF v. 11.7.2017, BStBl. I 2017, 974: Anforderungen an den länderbezogenen Bericht multinationaler Unternehmensgruppen (Country-by-Country Report);
– BMF v. 1.2.2017, BStBl. I 2017, 305, geänd. durch BMF v. 21.9.2018, BStBl. I 2018, 1026: Anwendungsfragen im Zusammenhang mit einem gemeinsamen Meldestandard sowie dem FACTA-Abkommen;
– BMF v. 16.11.2006, BStBl. I 2006, 698: Merkblatt zur zwischenstaatlichen Rechtshilfe in Steuerstrafsachen;
– Gleich lautender Ländererlass v. 28.1.2014, BStBl. I 2014, 538: Vereinfachung des Austauschs von Informationen und Erkenntnissen zwischen den Strafverfolgungsbehörden der EU-Mitgliedstaaten (sog. „Schwedische Initiative") im Bereich der Steuerfahndung.

AEAO zu § 121 – Begründung des Verwaltungsakts:

1. Die Vorschrift gilt für alle Verwaltungsakte einschließlich der Steuerbescheide.

2. [1]Besteht eine Pflicht, den Verwaltungsakt zu begründen, so muss die Begründung nur den Umfang haben, der erforderlich ist, damit der Adressat des Verwaltungsakts die Gründe für die Entscheidung der Finanzbehörde verstehen kann. [2]Die Begründung von Ermessensentscheidungen soll erkennen lassen, dass die Finanzbehörde ihr Ermessen ausgeübt hat und von welchen Gesichtspunkten sie bei ihrer Entscheidung ausgegangen ist.

3. [1]Das Fehlen der vorgeschriebenen Begründung macht den Verwaltungsakt fehlerhaft. [2]Dieser Mangel kann nach § 126 Abs. 1 und 2 AO geheilt werden oder gem. § 127 AO unbeachtlich sein. [3]Wurde wegen der fehlenden Begründung die rechtzeitige Anfechtung des Verwaltungsakts versäumt, so ist auf Antrag Wiedereinsetzung in den vorigen Stand zu gewähren (§ 126 Abs. 3 i.V.m. § 110 AO; vgl. auch AEAO zu § 91, Nr. 3).

AEAO zu § 122 – Bekanntgabe des Verwaltungsakts:

1. Allgemeines

1.1. Bekanntgabe von Verwaltungsakten

[1] Voraussetzung für die Wirksamkeit eines Verwaltungsakts ist, dass er inhaltlich hinreichend bestimmt ist (§ 119 Abs. 1 AO) und dass er demjenigen, für den er bestimmt ist oder der von ihm betroffen wird, bekannt gegeben wird (§ 124 Abs. 1 AO). [2] Deshalb ist beim Erlass eines Verwaltungsakts festzulegen,

– an wen er sich richtet (AEAO zu § 122, Nr. 1.3 – **Inhaltsadressat**),
– wem er bekannt gegeben werden soll (AEAO zu § 122, Nr. 1.4 – **Bekanntgabeadressat**),
– welcher Person er zu übermitteln ist (AEAO zu § 122, Nr. 1.5 – **Empfänger**) und
– ob eine besondere Form der Bekanntgabe erforderlich oder zweckmäßig ist (AEAO zu § 122, Nr. 1.8).

1.1.2. [1] Verfahrensrechtlich ist zu unterscheiden zwischen dem Rechtsbegriff der **Bekanntgabe** als Wirksamkeitsvoraussetzung, den Formen der Bekanntgabe (mündliche, schriftliche, elektronische oder öffentliche Bekanntgabe oder Bekanntgabe in anderer Weise) und den technischen Vorgängen bei der Übermittlung des Inhalts eines Verwaltungsakts. [2] Die Bekanntgabe setzt den Bekanntgabewillen des für den Erlass des Verwaltungsakts zuständigen Bediensteten voraus (BFH-Urteile vom 27.6.1986, VI R 23/83, BStBl. II S. 832, und vom 24.11.1988, V R 123/83, BStBl. 1989 II S. 344). [3] Zur Aufgabe des Bekanntgabewillens vgl. AEAO zu § 124, Nrn. 5 und 6.

1.1.3. [1] Mit dem Rechtsbegriff „Bekanntgabe" nicht gleichbedeutend sind die Bezeichnungen für die **technischen Vorgänge** bei der Übermittlung eines verfügten Verwaltungsakts (z.B. „Aufgabe zur Post", „Zusendung", „Zustellung", „ortsübliche Bekanntmachung", „Zugang"), auch wenn diese Begriffe zugleich eine gewisse rechtliche Bedeutung haben. [2] Die technischen Vorgänge bedürfen, soweit das Gesetz daran Rechtsfolgen knüpft, einer Dokumentation, um nachweisen zu können, dass, wann und wie die Bekanntgabe erfolgt ist.

1.1.4. [1] Die nachfolgenden Grundsätze über die Bekanntgabe von Steuerbescheiden (vgl. AEAO zu § 122, Nr. 1.2) gelten entsprechend für andere Verwaltungsakte (z.B. Haftungsbescheide, Prüfungsanordnungen, Androhungen und Festsetzungen von Zwangsgeldern; vgl. AEAO zu § 122, Nr. 1.8.1). [2] Zur Adressierung und Bekanntgabe von Prüfungsanordnungen vgl. AEAO zu § 197, zur Adressierung und Bekanntgabe von Zwangsgeldandrohungen und Zwangsgeldfestsetzungen vgl. BFH-Urteil vom 23.11.1999, VII R 38/99, BStBl. 2001 II S. 463.

1.1.5. Lebenspartner

Die nachfolgenden Grundsätze über die Bekanntgabe von Steuerverwaltungsakten an Ehegatten und Ehegatten mit ihren Kindern gelten gleichermaßen für die Bekanntgabe von Steuerverwaltungsakten an Lebenspartner und Lebenspartner mit ihren Kindern.

1.2. Steuerbescheide

[1] Steuerfestsetzungen sind nur dann eine Grundlage für die Verwirklichung von Ansprüchen aus dem Steuerschuldverhältnis, wenn sie gem. § 122 Abs. 1 Satz 1 AO als Steuerbescheid demjenigen Beteiligten bekannt gegeben worden sind, für den sie bestimmt sind oder der von ihnen betroffen wird. [2] Die folgenden Grundsätze regeln, wie der Steuerschuldner als Inhaltsadressat und ggf. der Bekanntgabeadressat und der Empfänger zu bezeichnen sind und wie der Bescheid zu übermitteln ist.

1.3. Bezeichnung des Inhaltsadressaten

1.3.1. [1] Der Inhaltsadressat muss im Bescheid so eindeutig bezeichnet werden, dass Zweifel über seine Identität nicht bestehen. [2] Inhaltsadressat eines Steuerbescheids ist der Steuerschuldner.

1.3.2. [1] Im Allgemeinen wird eine natürliche Person als Inhaltsadressat durch Vornamen und Familiennamen genügend bezeichnet. [2] Nur bei **Verwechslungsmöglichkeiten,** insbesondere bei häufiger vorkommenden Namen, sind weitere Angaben erforderlich (z.B. Wohnungsanschrift, Geburtsdatum, Berufsbezeichnung, Namenszusätze wie „senior" oder „junior"). [3] Bei juristischen Personen und Handelsgesellschaften ergibt sich der zutreffende „Name" aus Gesetz, Satzung, Register oder ähnlichen Quellen (bei Handelsgesellschaften Firma gem. § 17 HGB); wegen der Bezeichnung von Ehegatten vgl. AEAO zu § 122, Nr. 2.1.2, wegen der Bezeichnung der nichtrechtsfähigen Personenvereinigungen vgl. AEAO zu § 122, Nrn. 2.4, 2.4.1.2.

1.4. Bezeichnung des Bekanntgabeadressaten

1.4.1. [1] Die Person, der ein Verwaltungsakt bekannt zu geben ist, wird als Bekanntgabeadressat bezeichnet. [2] Bei Steuerfestsetzungen ist dies i.d.R. der Steuerschuldner als Inhaltsadressat, weil der Steuerbescheid seinem Inhalt nach für ihn bestimmt ist oder er von ihm betroffen wird (§ 122 Abs. 1 Satz 1 AO).

1.4.2. [1] Als Bekanntgabeadressat kommen jedoch auch **Dritte** in Betracht, wenn sie für den Inhaltsadressaten (Steuerschuldner) steuerliche Pflichten zu erfüllen haben. [2] Dabei handelt es sich in erster Linie um Fälle, in denen die Bekanntgabe an den Steuerschuldner nicht möglich oder nicht zulässig ist (§ 79 AO).

Die Bekanntgabe ist insbesondere an folgende Dritte erforderlich:

a) Eltern (§ 1629 BGB), Vormund (§ 1793 BGB), Pfleger (§§ 1909 ff. BGB) als gesetzliche Vertreter natürlicher Personen (§ 34 Abs. 1 AO),

b) Geschäftsführer von nichtrechtsfähigen Personenvereinigungen (z.B. Vorstände nichtsrechtsfähiger Vereine, § 54 BGB),

c) Geschäftsführer von Vermögensmassen (z.B. nichtrechtsfähige Stiftungen, §§ 86, 26 BGB),

d)[1] Vermögensverwalter i.S.v. § 34 Abs. 3 AO (z.B. Insolvenzverwalter, Zwangsverwalter, gerichtlich bestellte Liquidatoren, Nachlassverwalter),

---

[1] Zur Bezeichnung des Insolvenzverwalters in einem Steuerbescheid siehe auch BFH v. 11.4.2018 X R 39/16, BFH/NV 2018, 1075.

e) Verfügungsberechtigte i.S.v. § 35 AO,

f) für das Besteuerungsverfahren bestellte Vertreter i.S.v. § 81 AO.

1.4.3. [1] Ist der Bekanntgabeadressat nicht mit dem Inhaltsadressaten identisch (vgl. AEAO zu § 122, Nr. 1.4.2), so ist er zusätzlich zum Inhaltsadressaten anzugeben. [2] Hinsichtlich der eindeutigen Bezeichnung gelten dieselben Grundsätze wie für die Bezeichnung des Inhaltsadressaten (vgl. AEAO zu § 122, Nr. 1.3.2). [3] Das Vertretungsverhältnis (vgl. AEAO zu § 122, Nr. 1.4.2) ist im Bescheid anzugeben (vgl. AEAO zu § 122, Nr. 1.6).

1.5. Bezeichnung des Empfängers

1.5.1. [1] Als Empfänger wird derjenige bezeichnet, dem der Verwaltungsakt tatsächlich zugehen soll, damit er durch Bekanntgabe wirksam wird. [2] I.d.R. ist der Inhaltsadressat nicht nur Bekanntgabeadressat, sondern auch „Empfänger" des Verwaltungsakts.

1.5.2. Es können jedoch auch andere Personen Empfänger sein, wenn für sie eine **Empfangsvollmacht** des Bekanntgabeadressaten vorliegt oder wenn die Finanzbehörde nach ihrem Ermessen den Verwaltungsakt einem Bevollmächtigten übermitteln will (vgl. AEAO zu § 122, Nr. 1.7).

Beispiel:

Die gesetzlichen Vertreter (Bekanntgabeadressaten) eines Minderjährigen (Steuerschuldner und damit Inhaltsadressat) haben einen Dritten (Empfänger) bevollmächtigt.

Inhaltsadressat (Steuerschuldner):

Hans Huber

Bekanntgabeadressaten:

Herrn Anton Huber, Frau Maria Huber
als gesetzliche Vertreter des Hans Huber,
Moltkestraße 5, 12203 Berlin

Empfänger (Anschriftenfeld):

Herrn Steuerberater
Anton Schulz
Postfach 11 48
80335 München

Darstellung im Bescheid:

(Die Angaben in Klammern werden im Bescheid nicht ausgedruckt. Dies gilt auch für die übrigen Beispiele).

Anschriftenfeld (Empfänger):

Herrn
Steuerberater
Anton Schulz
Postfach 11 48
80335 München

Bescheidkopf

Für

Herrn Anton Huber und Frau Maria Huber (Bekanntgabeadressaten) als gesetzliche Vertreter des Hans Huber (Steuerschuldner und Inhaltsadressat), Moltkestraße 5, 12203 Berlin

1.5.3. Eine Empfangsvollmacht ist auch erforderlich, wenn der Verwaltungsakt nur namentlich benannten Geschäftsführern oder anderen Personen (z.B. dem Steuerabteilungsleiter) zugehen soll.

Beispiel:

Anschriftenfeld (Empfänger):

Herrn
Steuerabteilungsleiter

Fritz Schulz
i. Hs. der Meyer GmbH
Postfach 10 01
50859 Köln
Bescheidkopf
Für die Meyer GmbH (Inhalts- und Bekanntgabeadressat)

1.5.4. Zur Bekanntgabe nach § 122 Abs. 6 AO vgl. AEAO zu § 122, Nr. 2.1.3, zur Bekanntgabe an einen gemeinsamen Empfangsbevollmächtigten i.S.v. § 183 Abs. 1 AO vgl. AEAO zu § 122, Nr. 2.5.2.

1.6. Anschriftenfeld

[1] Der Empfänger ist im Anschriftenfeld des Steuerbescheids mit seinem Namen und **postalischer Anschrift** zu bezeichnen. [2] Es reicht nicht aus, den Empfänger nur auf dem Briefumschlag und in den Steuerakten anzugeben, weil sonst die ordnungsmäßige Bekanntgabe nicht einwandfrei nachgewiesen werden kann. [3] Sind Inhaltsadressat (Steuerschuldner), Bekanntgabeadressat und Empfänger nicht dieselbe Person, muss jeder im Steuerbescheid benannt werden: Der Empfänger ist im Anschriftenfeld anzugeben, der Inhalts- und ggf. der Bekanntgabeadressat sowie das Vertretungsverhältnis müssen an anderer Stelle des Steuerbescheids aufgeführt werden (vgl. z.B. bei Bekanntgabe an Minderjährige AEAO zu § 122, Nr. 2.2.2).

1.7. Übermittlung an Bevollmächtigte

1.7.1. [1] Der einem Angehörigen der steuerberatenden Berufe erteilte Auftrag zur Erstellung und Einreichung der Steuererklärungen schließt i.d.R. seine Bestellung als Empfangsbevollmächtigter nicht ein (BFH-Urteil vom 30.7. 1980, I R 148/79, BStBl. 1981 II S. 3). [2] Aus der Mitwirkung eines Steuerberaters bei der Steuererklärung folgt daher nicht, dass die Finanzbehörde einen Steuerbescheid dem Steuerberater zu übermitteln hat. [3] Dasselbe gilt in Bezug auf die anderen zur Hilfe in Steuersachen befugten Personen und Vereinigungen (§§ 3, 4 StBerG).

1.7.2. [1] Bevollmächtigter kann u.a. auch der Vollmachtnehmer einer sog. Vorsorgevollmacht sein. [2] Eine Vorsorgevollmacht ist eine allgemeine rechtsgeschäftliche Vollmacht. [3] Durch die Vorlage der Vorsorgevollmacht beim Finanzamt, in der die Befugnis zur Vertretung gegenüber Behörden eingeräumt ist, ist der Vollmachtnehmer für das Besteuerungsverfahren Bevollmächtigter i.S.d. § 80 AO. [4] Die Vorsorgevollmacht bleibt in Kraft, wenn der Vollmachtgeber nach Erteilung der Vollmacht geschäftsunfähig geworden ist. [5] Bescheide sind grundsätzlich dem in der Vorsorgevollmacht bestimmten Vollmachtnehmer als Empfänger zu übermitteln.

1.7.3. [1] Es liegt im Ermessen des Finanzamts, ob es einen Steuerbescheid an den Steuerpflichtigen selbst oder an dessen Bevollmächtigten bekannt gibt (§ 122 Abs. 1 Satz 3 AO). [2] Da das Gesetz eine „Soll-Regelung" enthält, gilt bei Ausübung des Ermessens Folgendes:

[1] Hat der Steuerpflichtige dem Finanzamt ausdrücklich mitgeteilt, dass er seinen Vertreter auch zur Entgegennahme von Steuerbescheiden ermächtigt, sind diese grundsätzlich dem Bevollmächtigten bekannt zu geben (BFH-Urteil vom 5.10.2000, VII R 96/99, BStBl. 2001 II S. 86). [2] Dies gilt auch, wenn der Steuerpflichtige dem Finanzamt eine Vollmacht vorgelegt hat, nach der der Bevollmächtigte berechtigt ist, für den Steuerpflichtigen „rechtsverbindliche

Erklärungen" entgegen zu nehmen (BFH-Urteil vom 23.11.1999, VII R 38/99, BStBl. 2001 II S. 463).

[1] Nur wenn im Einzelfall besondere Gründe gegen die Bekanntgabe des Steuerbescheids an den Bevollmächtigten sprechen, kann der Steuerbescheid unmittelbar dem Steuerpflichtigen selbst bekannt gegeben (§ 122 Abs. 1 Satz 4 AO) oder förmlich zugestellt werden (§ 122 Abs. 5 Satz 3 i.V.m. Abs. 1 Satz 4 AO). [2] Derartige Gründe können auch technischer Natur sein. [3] Der Steuerbescheid ist auch nach Vorlage einer Empfangsvollmacht dem Steuerpflichtigen bekannt zu geben, soweit der Bevollmächtigte wegen unbefugter Hilfeleistung in Steuersachen nach § 80 Abs. 7 AO zurückgewiesen wurde oder wenn ihm die Hilfeleistung in Steuersachen nach § 7 StBerG untersagt wurde. [4] Dies gilt auch, wenn die Zurückweisungsverfügung in der Vollziehung ausgesetzt wurde oder wenn gegen eine Untersagung nach § 7 StBerG Einspruch eingelegt oder Klage erhoben wurde und dieser Rechtsbehelf hemmende Wirkung hat (§ 361 Abs. 4 AO, § 69 Abs. 5 FGO[1]).

[1] Fehlt es an einer ausdrücklichen Benennung eines Empfangsbevollmächtigten, hat das Finanzamt aber bisher Verwaltungsakte dem Vertreter des Steuerpflichtigen übermittelt, so darf es sich nicht in Widerspruch zu seinem bisherigen Verhalten setzen und sich bei gleichliegenden Verhältnissen ohne ersichtlichen Grund an den Steuerpflichtigen selbst wenden (vgl. BFH-Urteile vom 11.8.1954, II 239/53 U, BStBl. III S. 327, und vom 13.4.1965, I 36/64 U, I 37/64 U, BStBl. III S. 389). [2] In diesen Fällen ist jedoch eine schriftliche Vollmacht nachzufordern; der Vollmachtnachweis kann auch in elektronischer Form (§ 87a Abs. 3 AO) erbracht werden.

[1] Die im Einkommensteuererklärungsvordruck erteilte Empfangsvollmacht gilt nur für Bescheide des betreffenden Veranlagungszeitraums (vgl. BFH-Beschluss vom 16.1.2001, XI B 14/99, BFH/NV S. 888) und umfasst auch Änderungsbescheide (BFH-Urteil vom 29.5.1996, I R 42/95, BFH/NV 1997 S. 1). [2] Dagegen entfaltet die im Erklärungsvordruck zur gesonderten und einheitlichen Feststellung erteilte Empfangsvollmacht nicht lediglich Wirkung für das Verfahren des entsprechenden Feststellungszeitraums, sondern ist solange zu beachten, bis sie durch Widerruf entfällt (vgl. BFH-Urteil vom 18.1.2007, IV R 53/05, BStBl. II S. 369).

Ein während eines Klageverfahrens ergehender Änderungsbescheid ist i.d.R. dem Prozessbevollmächtigten bekannt zu geben (BFH-Urteile vom 5.5.1994, VI R 98/93, BStBl. II S. 806, und vom 29.10.1997, X R 37/95, BStBl. 1998 II S. 266).

1.7.4. [1] Wird ein Verwaltungsakt dem betroffenen Steuerpflichtigen bekannt gegeben und hierdurch eine von ihm erteilte Bekanntgabevollmacht zugunsten seines Bevollmächtigten ohne besondere Gründe nicht beachtet, wird der Bekanntgabemangel durch die Weiterleitung des Verwaltungsakts an den Bevollmächtigten geheilt. [2] Die Frist für einen außergerichtlichen Rechtsbehelf beginnt in dem Zeitpunkt, in dem der Bevollmächtigte den Verwaltungsakt nachweislich erhalten hat (BFH-Urteil vom 8.12.1988, IV R 24/87, BStBl. 1989 II S. 346).

1.7.5. Wegen der Zustellung an Bevollmächtigte vgl. AEAO zu § 122, Nr. 3.3.

---

[1] Nr. 2.

1.7.6. [1] Hat der Steuerpflichtige einen Bevollmächtigten benannt, bleibt die Vollmacht so lange wirksam, bis der Finanzbehörde ein Widerruf zugeht (§ 80 Abs. 1 AO). [2] Die Wirksamkeit einer Vollmacht ist nur dann auf einen Besteuerungszeitraum oder einen einzelnen Bearbeitungsvorgang begrenzt, wenn dies ausdrücklich in der Vollmacht erwähnt ist oder sich aus den äußeren Umständen ergibt (z.B. bei Einzelsteuerfestsetzungen); vgl. aber auch AEAO zu § 122, Nr. 1.7.2.

1.7.7. Wendet sich die Finanzbehörde aus besonderem Grund an den Beteiligten selbst (z.B. um ihn um Auskünfte zu bitten, die nur er selbst als Wissensträger geben kann, oder um die Vornahme von Handlungen zu erzwingen), so soll der Bevollmächtigte unterrichtet werden (§ 80 Abs. 5 Satz 3 AO).

1.8. Form der Bekanntgabe

[1] Schriftliche Verwaltungsakte, insbesondere Steuerbescheide, sind grundsätzlich durch die Post zu übermitteln (vgl. AEAO zu § 122, Nr. 1.8.2), sofern der Empfänger im Inland wohnt oder soweit der ausländische Staat mit der Postübermittlung einverstanden ist (vgl. AEAO zu § 122, Nr. 1.8.4). [2] Ein Verwaltungsakt kann ferner durch Telefax (vgl. AEAO zu § 122, Nr. 1.8.2) wirksam bekannt gegeben werden, auch wenn für ihn die Schriftform gesetzlich vorgeschrieben ist (BFH-Urteil vom 8.7.1998, I R 17/96, BStBl. 1999 II S. 48). [3] Eine förmliche Zustellung ist nur erforderlich, wenn dies gesetzlich vorgeschrieben ist oder die Finanzbehörde von sich aus die Zustellung anordnet (vgl. AEAO zu § 122, Nr. 1.8.3). [4] Die Zustellung erfolgt nach den Vorschriften des Verwaltungzustellungsgesetzes (vgl. AEAO zu § 122, Nr. 3.1). [5] Unter den Voraussetzungen des § 87a AO können Verwaltungsakte auch elektronisch übermittelt werden.

1.8.1. Schriftform

1.8.1.1. [1] Grundsätzlich ist die **schriftliche Bekanntgabe** eines Verwaltungsakts nur erforderlich, wenn das Gesetz sie ausdrücklich vorsieht (für Steuerbescheide, § 157 AO; für die Aufhebung des Vorbehalts der Nachprüfung, § 164 Abs. 3 AO; für Haftungs- und Duldungsbescheide, § 191 Abs. 1 AO; für Prüfungsanordnungen, § 196 AO; für verbindliche Zusagen, § 205 Abs. 1 AO; für Pfändungsverfügungen, § 309 Abs. 2 AO; für Androhung von Zwangsmitteln, § 332 Abs. 1 AO; für Einspruchsentscheidungen, § 366 AO). [2] Im Übrigen reicht die **mündliche Bekanntgabe** eines steuerlichen Verwaltungsakts aus (z.B. bei Fristverlängerungen, Billigkeitsmaßnahmen, Stundungen). [3] Aus Gründen der Rechtssicherheit sollen Verwaltungsakte aber im Allgemeinen schriftlich erteilt werden. [4] Ein mündlicher Verwaltungsakt ist ggf. schriftlich zu bestätigen (§ 119 Abs. 2 AO).

1.8.1.2. [1] Ist für einen Verwaltungsakt die Schriftform gesetzlich vorgeschrieben, wird diese auch durch Übersendung per **Telefax,** auch per Computerfax, gewahrt (BFH-Urteile vom 28.1.2014, VIII R 28/13, BStBl. II S. 552, und vom 18.3.2014, VIII R 9/10, BStBl. II S. 748). [2] Der Verwaltungsakt wird in diesem Fall nicht bereits mit vollständiger Speicherung im Empfangsgerät, sondern erst mit dem Ausdruck beim Empfänger wirksam (BFH-Urteil vom 18.3.2014, VIII R 9/10, a.a.O.). [3] Erfolgt der Ausdruck vor Ablauf der dreitägigen Frist i.S.d. § 122 Abs. 2a AO (vgl. AEAO zu § 122, Nr. 1.8.2.2), bleibt der Ablauf dieser Frist für den Zeitpunkt des Wirksamwerdens des Verwaltungsakts maßgebend.

1.8.2. Übermittlung durch die Post oder durch Telefax

1.8.2.1. [1] Der in § 122 Abs. 2 AO verwendete Begriff der „Post" ist nicht auf die Deutsche Post AG (als Nachfolgeunternehmen der Deutschen Bundespost) beschränkt, sondern umfasst alle Unternehmen, soweit sie Postdienstleistungen erbringen.[1] [2] Wird ein schriftlicher Verwaltungsakt durch die Post übermittelt, so hängt die Wirksamkeit der Bekanntgabe nicht davon ab, dass der Tag der Aufgabe des Verwaltungsakts zur Post in den Akten vermerkt wird. [3] Um den Bekanntgabezeitpunkt berechnen zu können und im Hinblick auf die Regelung in § 169 Abs. 1 Satz 3 Nr. 1 AO ist jedoch der Tag der Aufgabe zur Post in geeigneter Weise festzuhalten.

1.8.2.2. [1] Ein **Telefax,** auch ein Computerfax, ist kein elektronisches Dokument i.S.d. § 87a AO (vgl. AEAO zu § 87a, Nr. 4), aber ein elektronisch übermittelter Verwaltungsakt i.S.d. § 122 Abs. 2a AO (Bundestagsdrucksache 14/9000 S. 32, Begründung zu § 15 VwVfG).

1.8.3. Förmliche Bekanntgabe (Zustellung)

Zuzustellen sind:

– die Ladung zu dem Termin zur Abgabe der Vermögensauskunft (§ 284 Abs. 6 AO),

– die Verfügung über die Pfändung einer Geldforderung (§ 309 Abs. 2 AO),

– die Arrestanordnung (§ 324 Abs. 2 AO, § 326 Abs. 4 AO).

[1] Darüber hinaus kann die Finanzbehörde die Zustellung anordnen (§ 122 Abs. 5 Satz 1 AO). [2] Diese Anordnung stellt keinen Verwaltungsakt dar (BFH-Urteil vom 16.3.2000, III R 19/99, BStBl. II S. 520).

Wegen der Besonderheiten des Zustellungsverfahrens vgl. Nr. 3; wegen der Zustellung von Einspruchsentscheidungen vgl. AEAO zu § 366, Nr. 2.

1.8.4. Bekanntgabe an Empfänger im Ausland

Mit Ausnahme der in Nr. 3.1.4.1 angeführten Staaten kann davon ausgegangen werden, dass an Empfänger (einschließlich der Bevollmächtigten; BFH-Urteil vom 1.2.2000, VII R 49/99, BStBl. II S. 334) im Ausland Steuerverwaltungsakte durch einfachen Brief, durch Telefax oder – unter den Voraussetzungen des § 87a AO – durch elektronische Übermittlung bekannt gegeben werden können.

Ansonsten muss nach § 123 AO, § 9 VwZG (vgl. AEAO zu § 122, Nr. 3.1.4) oder § 10 VwZG (vgl. AEAO zu § 122, Nr. 3.1.5) verfahren werden, wenn ein Verwaltungsakt an einen Empfänger im Ausland bekannt zu geben ist.

[1] Welche der bestehenden Möglichkeiten einer Auslandsbekanntgabe gewählt wird, liegt im pflichtgemäßen Ermessen (§ 5 AO) der Finanzbehörde. [2] Die Auswahl ist u.a. abhängig von den gesetzlichen Erfordernissen (z.B. Zustellung, vgl. AEAO zu § 122, Nr. 1.8.3) und von dem Erfordernis, im Einzelfall einen einwandfreien Nachweis des Zugangs des amtlichen Schreibens zu erhalten.

---

[1] Zur Zugangsvermutung bei Beauftragung eines privaten Postdienstleisters siehe BFH v. 14.6.2018 III R 27/17, BStBl. II 2019, 16. – Siehe auch BFH v. 22.5.2019 X B 109/18, BFH/NV 2019, 900, auch zum Erfordernis der Vorlage des Briefumschlags mit Poststempel.

2. Bekanntgabe von Bescheiden
2.1. Bekanntgabe von Bescheiden an Ehegatten
2.1.1. Allgemeines

[1] Ehegatten sind im Fall der ESt-Zusammenveranlagung stets Gesamtschuldner (§ 44 AO). [2] Gem. § 155 Abs. 3 Satz 1 AO kann daher gegen sie ein zusammengefasster Steuerbescheid erlassen werden. [3] Dabei handelt es sich formal um die Zusammenfassung zweier Bescheide zu einer nur äußerlich gemeinsamen Festsetzung. [4] Dies gilt auch für die Festsetzung von Verspätungszuschlägen gegenüber zusammen veranlagten Ehegatten (BFH-Urteil vom 28.8.1987, III R 230/83, BStBl. II S. 836).

[1] Bei anderen Steuerarten sind gegenüber Ehegatten zusammengefasste Steuerbescheide nur zulässig, wenn tatsächlich Gesamtschuldnerschaft vorliegt. [2] Gesamtschuldnerschaft liegt nicht vor, wenn es sich lediglich um gleichgeartete Steuervorgänge handelt. [3] So liegen z.B. für die Grunderwerbsteuer zwei Steuerfälle vor, wenn Ehegatten gemeinschaftlich ein Grundstück erwerben. [4] An jeden Ehegatten ist für den auf ihn entfallenden Steuerbetrag ein gesonderter Steuerbescheid zu erteilen (BFH-Urteil vom 12.10.1994, II R 63/93, BStBl. 1995 II S. 174).

Leben Eheleute in einer konfessions- oder einer glaubensverschiedenen Ehe, darf ein Kirchensteuerbescheid nur an den kirchensteuerpflichtigen Ehegatten gerichtet werden (BFH-Urteil vom 29.6.1994, II R 63/93, BStBl. 1995 II S. 510).

2.1.2. Bekanntgabe nach § 122 Abs. 7 AO

[1] Bei Zusammenveranlagung von Ehegatten reicht es für die wirksame Bekanntgabe an beide Ehegatten aus, wenn ihnen eine Ausfertigung des Steuerbescheids an die gemeinsame Anschrift übermittelt wird. [2] Ebenso genügt es, wenn der Steuerbescheid in das Postfach eines Ehegatten eingelegt wird (BFH-Urteil vom 13.10.1994, IV R 100/93, BStBl. 1995 II S. 484).

[1] Es handelt sich nicht um eine Bekanntgabe an einen der Ehegatten mit Wirkung für und gegen den anderen (vgl. AEAO zu § 122, Nr. 2.1.3). [2] Beide Ehegatten sind Empfänger des Steuerbescheids und daher im Anschriftenfeld aufzuführen. [3] Diese vereinfachte Bekanntgabe ist auch dann möglich, wenn eine gemeinsam abzugebende Erklärung nicht eingereicht worden ist (z.B. bei Schätzung von Besteuerungsgrundlagen).

Beispiel für die Bekanntgabe eines Bescheides an Eheleute, die eine gemeinsame Anschrift haben und zusammen zu veranlagen sind:

Anschriftenfeld

Herrn Adam Meier	oder	Herrn und Frau
Frau Eva Meier		Adam u. Eva Meier
Hauptstraße 100		Hauptstraße 100
67433 Neustadt		67433 Neustadt

Die Angabe von besonderen Namensteilen eines der Eheleute (z.B. eines akademischen Grades oder eines Geburtsnamens) ist namensrechtlich geboten (vgl. AEAO zu § 122, Nr. 4.2.3).

Beispiel:
Herrn Adam Meier
Frau Dr. Eva Schulze-Meier

2.1.3. Bekanntgabe nach § 122 Abs. 6 AO

Nach dieser Vorschrift ist die Übermittlung des Steuerbescheids an einen der Ehegatten zugleich mit Wirkung für und gegen den anderen Ehegatten zulässig, soweit die Ehegatten einverstanden sind.

Eine Bekanntgabe nach dieser Vorschrift kommt insbesondere in den Fällen in Betracht, in denen die Bekanntgabe nicht nach § 122 Abs. 7 AO erfolgen kann, weil die Ehegatten keine gemeinsame Anschrift haben.

Im Bescheidkopf ist darauf hinzuweisen, dass der Verwaltungsakt an den einen Ehegatten zugleich mit Wirkung für und gegen den anderen Ehegatten ergeht.

Beispiel für die Bekanntgabe an einen der Ehegatten mit Einverständnis beider:
Anschriftenfeld
Herrn Adam Meier
Hauptstraße 100
67433 Neustadt
Bescheidkopf
Dieser Bescheid ergeht an Sie zugleich mit Wirkung für und gegen Ihre Ehefrau Eva Meier.

2.1.4. Einzelbekanntgabe

Einzelbekanntgabe ist insbesondere erforderlich, wenn

– keine gemeinsame Anschrift besteht und kein Einverständnis zur Bekanntgabe nach § 122 Abs. 6 AO vorliegt,

– bekannt ist, dass zwischen den Ehegatten ernstliche Meinungsverschiedenheiten bestehen (z.B. bei offenbarer Interessenkollision der Eheleute, bei getrennt lebenden oder geschiedenen Ehegatten),

– dies nach § 122 Abs. 7 Satz 2 AO beantragt worden ist.

[1] Bei Einzelbekanntgabe ist der Empfänger in dem jeweiligen Anschriftenfeld mit seinem Vor- und Familiennamen genau zu bezeichnen. [2] Dies gilt auch bei förmlichen Zustellungen (vgl. AEAO zu § 122, Nr. 3.2). [3] Dabei ist darauf zu achten, dass nicht versehentlich eine nur für einen Ehegatten geltende Postanschrift (z.B. Firma oder Praxis) verwandt wird, sondern für jeden Ehegatten seine persönliche Anschrift. [4] Auch die kassenmäßige Abrechnung und ggf. das Leistungsgebot sind doppelt zu erteilen.

Beispiel für die Bekanntgabe an den Ehemann:
Anschriftenfeld (Empfänger und Bekanntgabeadressat):
Herrn
Adam Meier
Hauptstraße 100
67433 Neustadt
Bescheidkopf (Inhaltsadressaten):
Für
Herrn Adam Meier und Frau Eva Meier

In jede Bescheidausfertigung ist als Erläuterung aufzunehmen:
„Ihrem Ehegatten wurde ein Bescheid gleichen Inhalts erteilt."

2.1.5. Sonderfälle

[1] Betreiben beide Ehegatten gemeinsam einen Gewerbebetrieb oder sind sie gemeinsam Unternehmer i.S.d. Umsatzsteuergesetzes, so gelten für Bescheide über Betriebsteuern die Grundsätze zu Nrn. 2.4 und 2.5 des AEAO zu § 122. [2] Sind Ehegatten z.B. Miteigentümer eines Grundstücks oder eines selbständi-

gen Wirtschaftsguts, für das ein Einheitswert festgestellt wird, so ist nach Nr. 2.5.4 des AEAO zu § 122 zu verfahren.

Betreibt nur ein Ehegatte ein Gewerbe (oder eine Praxis als Freiberufler usw.), so ist nur dieser Inhaltsadressat für Verwaltungsakte, die ausschließlich den Geschäftsbetrieb betreffen.

2.2. Bekanntgabe an gesetzliche Vertreter natürlicher Personen

2.2.1. [1] Ist ein **Inhaltsadressat** (Steuerschuldner) bei Bekanntgabe des Bescheids **geschäftsunfähig oder beschränkt geschäftsfähig**, so ist Bekanntgabeadressat der gesetzliche Vertreter (Ausnahme vgl. AEAO zu § 122, Nr. 2.2.3). [2] Das Vertretungsverhältnis muss aus dem Bescheid hervorgehen (BFH-Beschluss vom 14.5.1968, II B 41/67, BStBl. II S. 503). [3] Der Inhaltsadressat (Steuerschuldner) ist dabei i.d.R. durch Angabe seines Vor- und Familiennamens eindeutig genug bezeichnet (vgl. AEAO zu § 122, Nr. 1.3.2). [4] Das Vertretungsverhältnis ist ausreichend gekennzeichnet, wenn Name und Anschrift des Vertreters genannt werden und angegeben wird, dass ihm der Bescheid „als gesetzlicher Vertreter" für den Inhaltsadressaten (Steuerschuldner) bekannt gegeben wird. [5] Ist der gesetzliche Vertreter nicht gleichzeitig auch der Empfänger, so braucht er i.d.R. nur mit seinem Vor- und Familiennamen bezeichnet zu werden.

2.2.2. [1] Soweit nicht ausnahmsweise die gesetzliche Vertretung nur einem Elternteil zusteht, sind die Eltern Bekanntgabeadressaten des Steuerbescheids für ihr **minderjähriges Kind.** [2] Die Bekanntgabe an einen von beiden reicht jedoch aus, um den Verwaltungsakt wirksam werden zu lassen. [3] Für die Zustellung von Verwaltungsakten ist es gem. § 6 Abs. 3 VwZG ausreichend, wenn der Verwaltungsakt einem von beiden Ehegatten zugestellt wird (BFH-Beschluss vom 19.6.1974, VI B 27/74, BStBl. II S. 640, und BFH-Urteil vom 22.10.1976, VI R 137/74, BStBl. II S. 762). [4] Diese vom BFH für die förmliche Zustellung von Verwaltungsakten aufgestellten Grundsätze sind auch bei der Bekanntgabe mit einfachem Brief anzuwenden.

Wenn die Eltern bereits beide als Empfänger des Steuerbescheids im Anschriftenfeld aufgeführt sind, kann darauf verzichtet werden, sie im Text des Bescheids noch einmal mit vollem Namen und in voller Anschrift als Bekanntgabeadressaten zu bezeichnen.

Beispiel:

Den Eltern Anton und Maria Huber steht gesetzlich gemeinsam die Vertretung für den minderjährigen Steuerschuldner Hans Huber zu. Sie sind die Bekanntgabeadressaten für den Steuerbescheid an Hans Huber.

Der Steuerbescheid ist zu übermitteln an:

Anschriftenfeld (Empfänger):

Herrn Anton Huber

Frau Maria Huber

Moltkestraße 5

12203 Berlin

Bescheidkopf

Als gesetzliche Vertreter (Bekanntgabeadressaten) von Hans Huber (Steuerschuldner und Inhaltsadressat)

Bei Empfangsvollmacht vgl. das Beispiel bei AEAO zu § 122, Nr. 1.5.2.

2.2.3. [1] Ermächtigt der gesetzliche Vertreter mit Genehmigung des Vormundschaftsgerichts den **Minderjährigen** zum selbständigen **Betrieb eines Erwerbsgeschäfts,** so ist der Minderjährige für diejenigen Rechtsgeschäfte unbeschränkt geschäftsfähig, die der Geschäftsbetrieb mit sich bringt (§ 112 BGB). [2]Steuerbescheide, die ausschließlich diesen Geschäftsbetrieb betreffen, sind daher nur dem Minderjährigen bekannt zu geben (vgl. AEAO zu § 122, Nr. 1.4 – Bekanntgabeadressat –). [3]Das Gleiche gilt bei einer Veranlagung nach § 46 EStG[1]), wenn das Einkommen ausschließlich aus Einkünften aus nicht-selbständiger Arbeit besteht und der gesetzliche Vertreter den Minderjährigen zur Eingehung des Dienstverhältnisses ermächtigt hat (§ 113 BGB). [4]Von der Ermächtigung kann im Regelfall ausgegangen werden.

[1]Hat der Minderjährige noch weitere Einkünfte oder Vermögenswerte und werden diese in die Festsetzung einbezogen, so kann der Steuerbescheid nicht durch Bekanntgabe gegenüber dem minderjährigen Steuerschuldner wirksam werden. [2]Bekanntgabeadressat des Bescheids ist der gesetzliche Vertreter.

2.2.4. [1]Ist ein volljähriger Inhaltsadressat (Steuerschuldner) aufgrund einer psychischen Krankheit oder einer körperlichen, geistigen oder seelischen Behinderung nicht in der Lage, seine Angelegenheiten ganz oder teilweise besorgen zu können, bestellt das Betreuungsgericht auf seinen Antrag oder von Amts wegen für ihn einen Betreuer (§ 1896 Abs. 1 Satz 1 BGB). [2]Der Beschluss, mit dem die Betreuerbestellung erfolgt (§ 286 FamFG), und der Betreuerausweis (§ 290 FamFG) müssen den Aufgabenkreis, in dessen Rahmen der Betreuer für den Betreuten tätig werden darf sowie die Anordnung etwaiger Einwilligungsvorbehalte (§ 1903 BGB) enthalten. [3]Innerhalb des Aufgabenkreises ist der Betreuer gesetzlicher Vertreter des Betreuten (§ 1902 BGB). [4]Der Aufgabenkreis „Vermögenssorge" beinhaltet auch die Erledigung der steuerlichen Angelegenheiten des Betreuten. [5]In diesem Fall hat der Betreuer die steuerlichen Pflichten des Betreuten zu erfüllen (§ 34 Abs. 1 AO). [6]Die ausdrückliche Erwähnung der Erfüllung der steuerlichen Pflichten ist nicht erforderlich, es genügt, wenn die Wahrnehmung der steuerlichen Belange in einem sachlichen Zusammenhang mit den übertragenen Aufgaben steht.

[1]Umfasst die Betreuung die Erledigung der steuerlichen Angelegenheiten des Betreuten, sind Bescheide ausschließlich dem Betreuer als Bekanntgabeadressaten bekannt zu geben. [2]Inhaltsadressat bleibt der Steuerpflichtige (BFH-Beschluss vom 10.5.2007, VIII B 125/06, BFH/NV S. 1630). [3]Wird der Bescheid in solchen Fällen dem Betreuten bekannt gegeben, ist er unwirksam; eine Heilung des Bekanntgabemangels ist nicht möglich (vgl. Nr. 4.1.3 des AEAO zu § 122).

2.3. Bescheide an Ehegatten mit Kindern oder Alleinstehende mit Kindern

2.3.1. Allgemeines

[1]Sofern Ehegatten mit ihren Kindern oder Alleinstehende mit ihren Kindern Gesamtschuldner sind, gelten für die Bekanntgabe von Bescheiden an diese Personen die Nrn. 2.1 und 2.2 des AEAO zu § 122 entsprechend. [2]Insbesondere kann auch nach § 122 Abs. 7 AO (gleichzeitige Bekanntgabe; vgl. hierzu AEAO zu § 122, Nr. 2.1.2) und § 122 Abs. 6 AO (einverständliche Bekanntgabe an einen der Beteiligten; vgl. AEAO zu § 122, Nr. 2.1.3) bekannt gegeben werden. [3]Hierbei sind die nachfolgenden Besonderheiten zu beachten.

---

[1]) dtv 5785 ESt/LSt Nr. 1.

2.3.2. Bekanntgabe nach § 122 Abs. 7 AO

[1] Hat ein Familienmitglied Einzelbekanntgabe beantragt, so ist für die übrigen Familienmitglieder gleichwohl eine Bekanntgabe nach § 122 Abs. 7 AO möglich. [2] In diesem Fall ist eine Ausfertigung des zusammengefassten Bescheids an den Antragsteller und eine weitere Ausfertigung an die übrigen Familienmitglieder bekannt zu geben. [3] Im Bescheidkopf sind alle Steuerschuldner/Beteiligten als Inhaltsadressaten namentlich aufzuführen.

2.4.[1] Personengesellschaften (Gemeinschaften)

Zu den Personengesellschaften (Gemeinschaften) i.S. dieser Regelung zählen die Handelsgesellschaften (vgl. AEAO zu § 122, Nr. 2.4.1.1) und die sonstigen nicht rechtsfähigen Personenvereinigungen (vgl. AEAO zu § 122, Nr. 2.4.1.2).

Es ist zu unterscheiden zwischen Bescheiden, die sich an die Gesellschaft richten, und Bescheiden, die sich an die Gesellschafter richten.

2.4.1. Bescheide an die Gesellschaft (Gemeinschaft)

[1] Steuerbescheide und Steuermessbescheide sind an die Gesellschaft zu richten, wenn die Gesellschaft selbst Steuerschuldner ist. [2] Dies gilt z.B. für

a) die Umsatzsteuer (§ 13a UStG[2]),

b) die Gewerbesteuer einschließlich der Festsetzung des Messbetrags und der Zerlegung (§ 5 Abs. 1 Satz 3 GewStG[3]),

c) die Kraftfahrzeugsteuer, wenn das Fahrzeug für die Gesellschaft zum Verkehr zugelassen ist (§ 7 KraftStG; BFH-Urteil vom 24.7.1963, II 8/62, HFR 1964 S. 20),

d) die pauschale Lohnsteuer (§ 40 Abs. 3, § 40a Abs. 5 und § 40b Abs. 5 EStG),

e) die Festsetzung des Grundsteuermessbetrags, wenn der Gesellschaft der Steuergegenstand zugerechnet worden ist (§ 10 Abs. 1 GrStG[4]),

f) die Grunderwerbsteuer, soweit Gesamthandseigentum der Personengesellschaft besteht (insbesondere bei GbR, OHG, KG und ungeteilter Erbengemeinschaft; BFH-Urteile vom 28.4.1965, II 9/62 U, BStBl. III S. 422, vom 27.10.1970, II 72/65, BStBl. 1971 II S. 278, vom 29.11.1972, II R 28/67, BStBl. 1973 II S. 370, vom 11.2.1987, II R 103/84, BStBl. II S. 325, und vom 12.12.1996, II R 61/93, BStBl. 1997 II S. 299),

g) die Körperschaftsteuer bei körperschaftsteuerpflichtigen nicht rechtsfähigen Personenvereinigungen

und entsprechend für

h) Haftungsbescheide für Steuerabzugsbeträge.

[1] Da eine typisch oder atypisch stille Gesellschaft nicht selbst Steuerschuldnerin ist, sind Steuerbescheide und Steuermessbescheide an den Inhaber des Handelsgeschäfts zu richten (BFH-Urteil vom 12.11.1985, VIII R 364/83, BStBl. 1986 II S. 311; R 5.1 Abs. 2 GewStR 2009[5]). [2] Entsprechendes gilt bei einer verdeckten Mitunternehmerschaft (BFH-Urteil vom 16.12.1997, VIII R 32/90, BStBl. 1998 II S. 480).

---

[1] Zur Bekanntgabe eines Steuerverwaltungsaktes an eine Limited mit Ort der Geschäftsleitung im Inland siehe BMF v. 30.12.2020, BStBl. I 2021, 46.

[2] **dtv 5546 USt Nr. 1.**

[3] **dtv 5786 KSt/GewSt Nr. 4.**

[4] **dtv 5547 ErbSt/BewG/GrSt Nr. 3.**

[5] **dtv 5786 KSt/GewSt Nr. 6.**

[1] Eine Europäische wirtschaftliche Interessenvereinigung (EWIV) kann selbst Steuerschuldnerin sein. [2] Dies gilt jedoch nicht für die Gewerbesteuer. [3] Schuldner der Gewerbesteuer sind die Mitglieder der Vereinigung (§ 5 Abs. 1 Satz 4 GewStG), bei einer Bruchteilsgemeinschaft die Gemeinschafter; an diese sind Gewerbesteuermessbescheide und Gewerbesteuerbescheide zu richten.

2.4.1.1. Handelsgesellschaften

[1] Bei Handelsgesellschaften (OHG, KG, EWIV) sind Steuerbescheide der Gesellschaft unter ihrer Firma bekannt zu geben, wenn sie Steuerschuldner und damit Inhaltsadressat ist. [2] Die Handelsgesellschaft kann im Wirtschaftsleben mit ihrer Firma eindeutig bezeichnet werden; bei Zweifeln über die zutreffende Bezeichnung ist das Handelsregister maßgebend. [3] Ist eine Handelsgesellschaft Steuerschuldner und damit Inhaltsadressat, genügt deshalb zur Bezeichnung des Inhaltsadressaten die Angabe der Firma im Steuerbescheid (BFH-Urteil vom 16.12.1997, VIII R 32/90, BStBl. 1998 II S. 480). [4] Ein zusätzlicher Hinweis auf Vertretungsbefugnisse oder einzelne Gesellschafter (z.B. „zu Händen des Geschäftsführers Meier") ist zur Kennzeichnung des Inhaltsadressaten nicht erforderlich; wegen der Bekanntgabe an namentlich benannte Geschäftsführer usw. vgl. AEAO zu § 122, Nrn. 1.5.2 und 1.5.3.

Beispiel:
Ein Umsatzsteuerbescheid für die Firma Schmitz & Söhne KG muss folgende Angaben enthalten:
Steuerschuldner und Inhaltsadressat
(zugleich Bekanntgabeadressat und Empfänger):
Firma Schmitz & Söhne KG
Postfach 1147
50853 Köln

Zur Bekanntgabe von Feststellungsbescheiden vgl. AEAO zu § 122, Nr. 2.5.

2.4.1.2. Sonstige nicht rechtsfähige Personenvereinigungen

[1] Zu den sonstigen nicht rechtsfähigen Personenvereinigungen gehören insbesondere die nicht eingetragenen Vereine, Gesellschaften bürgerlichen Rechts, Partnerschaftsgesellschaften, Arbeitsgemeinschaften, Erbengemeinschaften (vgl. AEAO zu § 122, Nr. 2.12.6) und Bruchteilsgemeinschaften. [2] Sie haben formal keinen eigenen Namen und keine gesetzliche Vertretung, können aber ggf. durch Teilnahme am Rechtsverkehr eigene Rechte und Pflichten begründen (BGH-Urteil vom 29.1.2001, II ZR 331/00, DB S. 423; BFH-Beschluss vom 19.8.2004, II B 22/03, BFH/NV 2005 S. 156). [3] In diesen Fällen ist bei Steuerbescheiden, die an Personenvereinigungen gerichtet werden, die Identität des Inhaltsadressaten (Steuerschuldners) durch Angabe des geschäftsüblichen Namens, unter dem sie am Rechtsverkehr teilnehmen, ausreichend gekennzeichnet (BFH-Urteile vom 21.5.1971, V R 117/67, BStBl. II S. 540, und vom 11.2.1987, II R 103/84, BStBl. II S. 325). [4] Ein solcher Bescheid reicht nach § 267 AO zur Vollstreckung in das Vermögen der Personenvereinigung aus.

Beispiel:
Ein Umsatzsteuerbescheid für die Brennstoffhandlung Josef Müller Erben GbR muss folgende Angaben enthalten:
Steuerschuldner und Inhaltsadressat
(zugleich Bekanntgabeadressat und Empfänger):
Brennstoffhandlung
Josef Müller Erben GbR
Postfach 1111
54290 Trier

Hat die nicht rechtsfähige Personenvereinigung keine Geschäftsadresse, ist als Empfänger eine natürliche Person anzugeben (vgl. AEAO zu § 122, Nr. 2.4.1.3).

[1] Ein Umsatzsteuerbescheid hat sich bei Arbeitsgemeinschaften (ARGE) an diese als eine umsatzsteuerlich rechtsfähige Personenvereinigung (Unternehmer) zu richten. [2] Es ist ausreichend und zweckmäßig, wenn der Bescheid der geschäftsführenden Firma als der Bevollmächtigten übermittelt wird (BFH-Urteil vom 21.5.1971, V R 117/67, BStBl. II S. 540).

Beispiel:
Anschriftenfeld (Empfänger):
Firma
Rheinische Betonbau GmbH & Co. KG
Postfach 90 11
50890 Köln
Bescheidkopf
Für
ARGE Rheinbrücke Bonn (Inhalts- und Bekanntgabeadressat)

2.4.1.3. [1] Soweit bei Steuerbescheiden an Personenvereinigungen kein geschäftsüblicher Name vorhanden ist, sind die Bescheide an alle Mitglieder (Gemeinschafter, Gesellschafter) zu richten (BFH-Urteil vom 17.3.1970, II 65/63, BStBl. II S. 598; zur Erbengemeinschaft: BFH-Urteil vom 29.11.1972, II R 42/67 BStBl. 1973 II S. 372). [2] Ist die Bezeichnung der Mitglieder der nicht rechtsfähigen Personenvereinigung durch die Aufzählung aller Namen im Kopf des Bescheids aus technischen Gründen nicht möglich, kann so verfahren werden, dass neben einer Kurzbezeichnung im Bescheidkopf (Beispiel: „Erbengemeinschaft Max Meier", „Bruchteilsgemeinschaft Goethestraße 100", „GbR Peter Müller unter anderem", „Kegelclub Alle Neune") die einzelnen Mitglieder in den Bescheiderläuterungen oder in einer Anlage zum Bescheid aufgeführt werden.

[1] Die Bescheide werden durch Bekanntgabe an ein vertretungsberechtigtes Mitglied gegenüber der Personenvereinigung wirksam. [2] Bei mehreren vertretungsberechtigten Mitgliedern reicht die Bekanntgabe an eines von ihnen (BFH-Urteile vom 11.2.1987, II R 103/84, BStBl. II S. 325, vom 27.4.1993, VIII R 27/92, BStBl. 1994 II S. 3, und vom 8.11.1995, V R 64/94, BStBl. 1996 II S. 256). [3] Es genügt, wenn dem Bekanntgabeadressaten eine Ausfertigung des Steuerbescheids zugeht. [4] Ausfertigungen für alle Mitglieder sind i.d.R. nicht erforderlich.

[1] Als Bekanntgabeadressat kommen vor allem der von den Mitgliedern bestellte Geschäftsführer (§ 34 Abs. 1 AO) oder die als Verfügungsberechtigter auftretende Person (§ 35 AO) in Betracht. [2] Hat eine nicht rechtsfähige Personenvereinigung keinen Geschäftsführer, kann der Bescheid einem der Mitglieder nach Wahl des Finanzamts bekannt gegeben werden (§ 34 Abs. 2 AO). [3] In den Bescheid ist folgender Erläuterungstext aufzunehmen: „Der Bescheid ergeht an Sie als Mitglied der Gemeinschaft/Gesellschaft mit Wirkung für und gegen die Gemeinschaft/Gesellschaft".

[1] Im Bescheid ist zum Ausdruck zu bringen, dass er dieser Person als Vertreter der Personenvereinigung bzw. ihrer Mitglieder zugeht (§§ 34, 35 AO). [2] Der Bekanntgabeadressat muss sich dabei aus dem Bescheid selbst ergeben, die Angabe auf dem Briefumschlag der Postsendung reicht nicht aus (BFH-Urteil vom 8.2.1974, III R 27/73, BStBl. II S. 367).

Beispiel:
Bekanntgabeadressat

a) Herrn Peter Meier
als Geschäftsführer der
Erbengemeinschaft Max Meier

b) Herrn Emil Krause
für die Bruchteilsgemeinschaft
Goethestraße 100

c) Herrn Karl Huber
für die Grundstücksgemeinschaft
Karl und Maria Huber

d) Herrn Hans Schmidt
als Vorsitzender des
Kegelclubs „Alle Neune"

[1] Ist für die Mitglieder einer Personenvereinigung kein gemeinsamer Bekanntgabeadressat vorhanden oder wird von der Bestimmung eines Bekanntgabeadressaten abgesehen, so ist jedem der Mitglieder eine Ausfertigung des Steuerbescheids bekannt zu geben. [2] Soll auch in das Vermögen einzelner Mitglieder vollstreckt werden, vgl. Abschn. 33 VollstrA.

2.4.2. Bescheide an Gesellschafter (Mitglieder)

Steuerbescheide und Feststellungsbescheide sind an die Gesellschafter (Mitglieder, Gemeinschafter) zu richten, wenn die einzelnen Beteiligten unmittelbar aus dem Steuerschuldverhältnis in Anspruch genommen werden sollen oder ihnen der Gegenstand der Feststellung zugerechnet wird (vgl. AEAO zu § 122, Nrn. 2.5 und 2.6).

2.5. Bescheide über gesonderte und einheitliche Feststellungen

2.5.1. Bescheide über gesonderte und einheitliche Feststellungen richten sich nicht an die Personengesellschaft als solche, sondern an die einzelnen Gesellschafter (Mitglieder), die den Gegenstand der Feststellung (z.B. Vermögenswerte als Einheitswert oder Einkünfte) anteilig zu versteuern haben und denen er deshalb insbesondere bei Feststellungen nach § 180 Abs. 1 Satz 1 Nr. 1, Nr. 2 Buchstabe a und Abs. 2 AO zuzurechnen ist (§ 179 Abs. 2 AO).

[1] Es genügt i.d.R., wenn im Bescheidkopf die Personengesellschaft als solche bezeichnet wird (Sammelbezeichnung) und sich alle Gesellschafter eindeutig als Betroffene (Inhaltsadressaten) aus dem für die Verteilung der Besteuerungsgrundlagen vorgesehenen Teil des Bescheids ergeben (BFH-Urteil vom 7.4.1987, VIII R 259/84, BStBl. II S. 766). [2] Aus einem kombinierten positivnegativen Feststellungsbescheid muss eindeutig hervorgehen, welchen Beteiligten Besteuerungsgrundlagen zugerechnet werden und für welche Beteiligte eine Feststellung abgelehnt wird (BFH-Urteil vom 7.4.1987, VIII R 259/84, a.a.O.).

[1] Der einheitliche Feststellungsbescheid erlangt volle Wirksamkeit, wenn er allen Feststellungsbeteiligten bekannt gegeben wird. [2] Mit seiner Bekanntgabe an einzelne Feststellungsbeteiligte entfaltet er nur diesen gegenüber Wirksamkeit (BFH-Urteile vom 7.4.1987, VIII R 259/84, BStBl. 1988 II S. 410, und vom 23.6.1988, IV R 33/86, BStBl. II S. 979). [3] Eine unterlassene oder unwirksame Bekanntgabe gegenüber einzelnen Feststellungsbeteiligten kann noch im Klageverfahren nachgeholt werden (vgl. BFH-Urteil vom 19.5.1983, IV R 125/82, BStBl. 1984 II S. 15). [4] Der

Bescheid ist diesen mit unverändertem Inhalt bekannt zu geben (vgl. AEAO zu § 122, Nr. 4.7.1).

2.5.2. Gemeinsame Empfangsbevollmächtigte

[1] Alle Feststellungsbeteiligten sollen einen gemeinsamen Empfangsbevollmächtigten bestellen, der ermächtigt ist, den an sämtliche Gesellschafter (Gemeinschafter) gerichteten Feststellungsbescheid, sonstige Verwaltungsakte und das Feststellungsverfahren betreffende Mitteilungen in Empfang zu nehmen (§ 183 Abs. 1 Satz 1 AO). [2] Das Finanzamt kann aber im Einzelfall zulassen, dass ein gemeinsamer Empfangsbevollmächtigter nur durch einen Teil der Feststellungsbeteiligten bestellt wird. [3] In diesem Fall ist der Feststellungsbescheid den übrigen Feststellungsbeteiligten einzeln bekannt zu geben.

Die Empfangsvollmacht nach § 183 Abs. 1 Satz 1 AO gilt fort auch bei Ausscheiden des Beteiligten aus der Gesellschaft oder bei ernstlichen Meinungsverschiedenheiten, bis sie gegenüber dem Finanzamt widerrufen wird (§ 183 Abs. 3 AO).

[1] Ist kein gemeinsamer Empfangsbevollmächtigter bestellt, so gilt ein zur Vertretung der Gesellschaft oder der Feststellungsbeteiligten oder ein zur Verwaltung des Gegenstandes der Feststellung Berechtigter, z.B. der vertraglich zur Vertretung berufene Geschäftsführer einer Personenhandelsgesellschaft, als Empfangsbevollmächtigter (§ 183 Abs. 1 Satz 2 AO). [2] Bei einer Gesellschaft des bürgerlichen Rechts ist nach § 183 Abs. 1 Satz 2 AO jeder Gesellschafter zur Vertretung der Feststellungsbeteiligten und damit zum Empfang von Feststellungsbescheiden berechtigt, sofern sich aus einem dem Finanzamt vorliegenden Gesellschaftsvertrag nichts anderes ergibt (BFH-Urteil vom 23.6.1988, IV R 33/86, BStBl. II S. 979). [3] Die Sonderregelung des § 183 Abs. 3 AO gilt in diesen Fällen nicht.

[1] In der Liquidationsphase einer Personengesellschaft ist der Liquidator Empfangsbevollmächtigter i.S.d. § 183 Abs. 1 Satz 2 AO. [2] Nach Abschluss der gesellschaftsrechtlichen Liquidation (vgl. AEAO zu § 122, Nr. 2.7.1) kann von dieser Bekanntgabemöglichkeit nicht mehr Gebrauch gemacht werden (BFH-Urteil vom 26.10.1989, IV R 23/89, BStBl. 1990 II S. 333).

Bei der Bekanntgabe an einen Empfangsbevollmächtigten ist nach § 183 Abs. 1 Satz 5 AO in dem Feststellungsbescheid stets darauf hinzuweisen, dass die Bekanntgabe mit Wirkung für und gegen alle Feststellungsbeteiligten erfolgt (BFH-Urteile vom 26.8.1982, IV R 31/82, BStBl. 1983 II S. 23, und vom 23.7.1985, VIII R 315/82, BStBl. 1986 II S. 123).

Zur Zustellung an einen Empfangsbevollmächtigten vgl. AEAO zu § 122, Nr. 3.3.3.

2.5.3. [1] Ist ein Empfangsbevollmächtigter i.S.d. AEAO zu § 122, Nr. 2.5.2 nicht vorhanden, kann das Finanzamt die Beteiligten zur Benennung eines Empfangsbevollmächtigten auffordern. [2] Die Aufforderung ist an jeden Beteiligten zu richten. [3] Mit der Aufforderung ist gleichzeitig ein Beteiligter als Empfangsbevollmächtigter vorzuschlagen und darauf hinzuweisen, dass diesem künftig Verwaltungsakte mit Wirkung für und gegen alle Beteiligten bekannt gegeben werden, soweit nicht ein anderer Empfangsbevollmächtigter benannt wird (§ 183 Abs. 1 Satz 4 AO). [4] Die Sonderregelung des § 183 Abs. 3 AO gilt in diesen Fällen nicht.

Bei der Bekanntgabe des Feststellungsbescheids ist § 183 Abs. 1 Satz 5 AO zu beachten (vgl. Nr. 2.5.2 vorletzter Absatz).

2.5.4. Einheitswertbescheide an Eheleute, Eltern mit Kindern und Alleinstehende mit Kindern

[1] Bei der Bekanntgabe eines Bescheids über Einheitswerte des Grundbesitzes an Eheleute, die gemeinsam Eigentümer sind, sind die Eheleute einzeln als Beteiligte anzugeben (vgl. Nr. 2.5.1). [2] Haben die Eheleute eine gemeinsame Anschrift und haben sie keinen Empfangsbevollmächtigten benannt, kann der Einheitswertbescheid beiden in einer Ausfertigung bekannt gegeben werden (§ 183 Abs. 4 i.V.m. § 122 Abs. 7 AO).

[1] Haben die Eheleute gem. § 183 Abs. 1 Satz 1 AO einen Empfangsbevollmächtigten benannt, ist der Bescheid an diesen bekannt zu geben. [2] Im Bescheid ist darauf hinzuweisen, dass die Bekanntgabe mit Wirkung für und gegen beide Ehegatten erfolgt.

In den übrigen Fällen ist der Bescheid an beide Ehegatten getrennt bekannt zu geben.

Dies gilt für Eheleute mit Kindern und Alleinstehende mit Kindern entsprechend.

2.5.5. Ausnahmen von der Bekanntgabe an Empfangsbevollmächtigte

[1] Die in § 183 Abs. 1 AO zugelassene Vereinfachung darf nicht so weit gehen, dass der Steuerpflichtige in seinen Rechten eingeschränkt wird. [2] Diese Art der Bekanntgabe ist daher gem. § 183 Abs. 2 AO unzulässig, soweit

a) ein Gesellschafter (Gemeinschafter) im Zeitpunkt der Bekanntgabe des Feststellungsbescheids bereits ausgeschieden und dies dem für den Erlass des Feststellungsbescheids zuständigen Finanzamt bekannt ist oder wegen einer entsprechenden Eintragung im Handelsregister als bekannt gelten muss (BFH-Urteil vom 14.12.1978, IV R 221/75, BStBl. 1979 II S. 503);

b) die Zusendung eines Feststellungsbescheids an einen Erben erforderlich wird, der nicht in die Gesellschafterstellung des Rechtsvorgängers eintritt (BFH-Urteil vom 23.5.1973, I R 121/71, BStBl. II S. 746); vgl. AEAO zu § 122, Nr. 2.12;

c) die Gesellschaft (Gemeinschaft) im Zeitpunkt der Zusendung des Bescheids nicht mehr besteht (BFH-Urteil vom 30.3.1978, IV R 72/74, BStBl. II S. 503);

d) über das Vermögen der Gesellschaft, aber nicht ihrer Gesellschafter, das Insolvenzverfahren eröffnet worden ist – es sei denn, die Gesellschaft ist noch nicht voll beendet und der Informationsfluss zwischen dem Empfangsbevollmächtigten und den Gesellschaftern ist auch nach Eröffnung des Insolvenzverfahrens gewährleistet;

e) zwischen den Gesellschaftern (Gemeinschaftern) erkennbar ernstliche Meinungsverschiedenheiten bestehen;

f) durch einen Bescheid das Bestehen oder Nichtbestehen einer Gesellschaft (Gemeinschaft) erstmals mit steuerlicher Wirkung festgestellt wird und die Gesellschafter noch keinen Empfangsbevollmächtigten i.S.d. § 183 Abs. 1 AO benannt haben.

In den Fällen a) und b) ist auch dem ausgeschiedenen Gesellschafter (Gemeinschafter) bzw. dem Erben, in den übrigen Fällen jedem der Gesellschafter (Gemeinschafter) ein Bescheid bekannt zu geben.

[1] In den Fällen a), c), d) und e) wirkt eine von den Beteiligten nach § 183 Abs. 1 Satz 1 AO **erteilte Vollmacht** bis zum Widerruf fort (§ 183 Abs. 3

AO; vgl. BFH-Urteil vom 7.2.1995, IX R 3/93, BStBl. II S. 357). [2]Der Widerruf wird dem Finanzamt gegenüber erst mit seinem Zugang wirksam.

[1]Im Fall d) ist, soweit der Ausnahmefall gegeben ist, auch eine Bekanntgabe an den nach § 183 Abs. 1 Satz 2 AO fingierten Empfangsbevollmächtigten (z.B. Personen, die durch Gesellschaftsvertrag oder Gesellschafterbeschluss zum Liquidator der Gesellschaft berufen sind – bspw. Komplementär-GmbH einer Fonds-KG –, oder eine Treuhand-GmbH, über die sich die Gesellschafter an der Gesellschaft beteiligt haben) zulässig (vgl. auch Nr. 2.5.2 des AEAO zu § 122, Abs. 4). [2]In Zweifelsfällen ist eine Einzelbekanntgabe vorzunehmen.

2.5.6. [1]Soweit nach § 183 Abs. 2 Satz 1 AO Einzelbekanntgabe erforderlich wird, ist grundsätzlich ein verkürzter Feststellungsbescheid bekannt zu geben (§ 183 Abs. 2 Satz 2 AO). [2]Bei berechtigtem Interesse ist den Beteiligten allerdings der gesamte Inhalt des Feststellungsbescheids mitzuteilen (§ 183 Abs. 2 Satz 3 AO).

2.6. Grundsteuermessbescheide, Grunderwerbsteuerbescheide

2.6.1. Grundsteuermessbescheide sind in gleicher Weise bekannt zu geben wie Feststellungsbescheide über Einheitswerte des Grundbesitzes (§ 184 Abs. 1 AO); vgl. AEAO zu § 122, Nr. 2.4.1 Buchstabe e.

2.6.2. Zur Grunderwerbsteuer, soweit Bruchteilseigentum besteht (z.B. geteilte Erbengemeinschaft), vgl. AEAO zu § 122, Nr. 2.1.1; zur Grunderwerbsteuer, soweit Gesamthandseigentum besteht, vgl. AEAO zu § 122, Nr. 2.4.1, Buchstabe f.

2.7. Personengesellschaften (Gemeinschaften) in Liquidation

2.7.1. [1]Bei der Liquidation einer Personengesellschaft ist zwischen der gesellschaftsrechtlichen und der steuerrechtlichen Liquidation zu unterscheiden. [2]Bei der gesellschaftsrechtlichen Liquidation ist die Personengesellschaft vollständig abgewickelt mit der Realisierung des Gesellschaftsvermögens (= Verteilung an die Gläubiger und Ausschüttung des Restes an die Gesellschafter). [3]Bei der steuerrechtlichen Liquidation ist die Personengesellschaft erst dann vollständig abgewickelt, wenn alle gemeinsamen Rechtsbeziehungen, also auch die Rechtsbeziehungen zwischen Personengesellschaft und Finanzamt, unter den Gesellschaftern beseitigt sind (BFH-Urteil vom 1.10.1992, IV R 60/91, BStBl. 1993 II S. 82).

2.7.2. [1]Befindet sich eine Handelsgesellschaft (OHG, KG) in der gesellschaftsrechtlichen Liquidation, so ist der Liquidator das einzige zur Geschäftsführung und Vertretung befugte Organ der Abwicklungsgesellschaft. [2]Die Löschung im Handelsregister wirkt nur deklaratorisch (BFH-Urteil vom 22.1. 1985, VIII R 37/84, BStBl. II S. 501). [3]Verwaltungsakte sind dem Liquidator unter Angabe des Vertretungsverhältnisses bekannt zu geben (vgl. AEAO zu § 122, Nr. 1.4; BFH-Urteile vom 16.6.1961, III 329/58 U, BStBl. III S. 349, und vom 24.3.1987, X R 28/80, BStBl. 1988 II S. 316). [4]Bei mehreren Liquidatoren genügt die Bekanntgabe an einen von ihnen (BFH-Urteil vom 8.11.1995, V R 64/94, BStBl. 1996 II S. 256; siehe auch § 6 Abs. 3 VwZG). [5]Sind gegenüber einer GmbH & Co. KG nach Löschung im Handelsregister noch Verwaltungsakte zu erlassen, ist die Bestellung eines Nachlassliquidators für die bereits im Handelsregister gelöschte GmbH entbehrlich. [6]Die ehemaligen Kommanditisten vertreten hier als gesetzliche Liquidatoren die KG (§ 161 Abs. 2 HGB i.V.m. § 146 Abs. 1 Satz 1 HGB). [7]Auch insoweit genügt die

Bekanntgabe an einen der Liquidatoren (§ 150 Abs. 2 Satz 2 HGB i.V.m. § 125 Abs. 2 Satz 3 HGB).

Bei einer Gesellschaft bürgerlichen Rechts steht mit der Auflösung der Gesellschaft die Geschäftsführung grundsätzlich allen Gesellschaftern gemeinschaftlich zu (§ 730 Abs. 2 BGB).

2.7.3. [1] Nach Beendigung der gesellschaftsrechtlichen Liquidation (vollständige Abwicklung) ist es i.d.R. unzweckmäßig, Verwaltungsakte noch gegenüber der Gesellschaft zu erlassen (z.B. Gewerbesteuermessbescheide). [2] In diesen Fällen sind Ansprüche aus dem Steuerschuldverhältnis gegenüber jedem einzelnen Gesellschafter (Gemeinschafter) durch Haftungsbescheid geltend zu machen.

2.7.4. [1] Wird eine Personengesellschaft ohne Liquidation durch Ausscheiden ihres vorletzten Gesellschafters und Anwachsung des Anteils am Gesamthandsvermögen bei dem übernehmenden Gesellschafter beendet, gehen in der Gesellschaft entstandene Ansprüche aus dem Steuerschuldverhältnis (z.B. Umsatzsteuer, Gewerbesteuer) auf den Gesamtrechtsnachfolger über (vgl. AEAO zu § 122, Nr. 2.12.2). [2] In Bezug auf die gesonderte und einheitliche Feststellung von Besteuerungsgrundlagen (vgl. AEAO zu § 122, Nr. 2.5) tritt jedoch keine Gesamtrechtsnachfolge i.S.d. § 45 Abs. 1 AO ein (vgl. AEAO zu § 45, Nr. 1).

2.8. Bekanntgabe an juristische Personen

2.8.1.1. [1] Der Steuerbescheid ist an die juristische Person zu richten und ihr unter ihrer Geschäftsanschrift bekannt zu geben. [2] Die Angabe des gesetzlichen Vertreters als Bekanntgabeadressat ist nicht erforderlich (BFH–Beschluss vom 7.8.1970, VI R 24/67, BStBl. II S. 814).

Beispiel:
Anschriftenfeld
(Steuerschuldner als Inhaltsadressat, Bekanntgabeadressat und Empfänger):
Müller GmbH
Postfach 6700
40210 Düsseldorf
(Angaben wie „z.H. des Geschäftsführers Müller" o.Ä. sind nicht erforderlich.)

Zur Bekanntgabe an namentlich genannte Vertreter vgl. AEAO zu § 122, Nrn. 1.5.2 und 1.5.3.

2.8.1.2. [1] Eine führungslose GmbH, die sich nicht in Liquidation oder im Insolvenzverfahren befindet, wird nach § 35 Abs. 1 GmbHG durch ihre Gesellschafter vertreten, soweit ihr gegenüber u.a. Steuerverwaltungsakte bekannt gegeben oder zugestellt werden. [2] Eine führungslose AG, die sich nicht in Liquidation oder im Insolvenzverfahren befindet, wird nach § 78 Abs. 1 AktG durch ihren Aufsichtsrat vertreten, soweit ihr gegenüber u.a. Steuerverwaltungsakte bekannt gegeben oder zugestellt werden. [3] Vgl. zu AEAO § 34, Nr. 3. [4] Solange die führungslose Gesellschaft über eine Geschäftsadresse verfügt, können ihr Steuerbescheide weiterhin unter dieser Anschrift bekannt gegeben werden. [5] Ein Hinweis auf die besondere gesetzliche Vertretung der Gesellschaft durch die Gesellschafter bzw. den Vorstand ist nur erforderlich, wenn keine Geschäftsanschrift mehr besteht und die Bekanntgabe an die Gesellschafter bzw. die Aufsichtsratsmitglieder unter ihrer persönlichen Anschrift erfolgen soll.

2.8.2. Bekanntgabe an juristische Personen des öffentlichen Rechts

Die Grundsätze zu Nr. 2.8.1 gelten auch für die Bekanntgabe von Steuerbescheiden an Körperschaften des öffentlichen Rechts (BFH-Urteil vom 18.8. 1988, V R 194/83, BStBl. II S. 932).

[1]Juristische Personen des öffentlichen Rechts sind wegen jedes einzelnen von ihnen unterhaltenen Betriebs gewerblicher Art oder mehrerer zusammengefasster Betriebe gewerblicher Art Körperschaftsteuersubjekt (BFH-Urteile vom 13.3.1974, I R 7/71, BStBl. II S. 391, und vom 8.11.1989, I R 187/85, BStBl. 1990 II S. 242). [2]Gegenstand der Gewerbesteuer ist gem. § 2 Abs. 1 GewStG i.V.m. § 2 Abs. 1 GewStDV[1]) der einzelne Betrieb gewerblicher Art, sofern er einen Gewerbebetrieb i.S.d. Einkommensteuergesetzes darstellt; Steuerschuldner ist die juristische Person des öffentlichen Rechts (§ 5 Abs. 1 Sätze 1 und 2 GewStG). [3]Im Gegensatz zur Umsatzsteuer sind daher für jeden Betrieb gewerblicher Art gesonderte Körperschaftsteuer- und Gewerbesteuer(mess)bescheide erforderlich. [4]Damit eine entsprechende Zuordnung erleichtert wird, ist es zweckmäßig, aber nicht erforderlich, im Anschriftenfeld der Körperschaftsteuer- und Gewerbesteuer(mess)bescheide einen Hinweis auf den jeweils betroffenen Betrieb gewerblicher Art anzubringen.

Beispiel:

Anschriftenfeld

(Steuerschuldner als Inhaltsadressat, Bekanntgabeadressat und Empfänger):

Gemeinde Mainwiesen

– Friedhofsgärtnerei –

Postfach 1234

61116 Mainwiesen

Der Hinweis auf den betroffenen Betrieb gewerblicher Art kann auch in den Erläuterungen zum Steuer(mess)bescheid angebracht werden.

2.8.3. Juristische Personen in und nach Liquidation (Abwicklung)

2.8.3.1. Bei einer in Liquidation (bei Aktiengesellschaften: Abwicklung) befindlichen Gesellschaft ist der Steuerbescheid der Gesellschaft, z.H. des Liquidators (Abwicklers), bekannt zu geben.

Beispiel:

Für die in Liquidation befindliche Müller GmbH (Inhaltsadressat) ist der Steuerberater Hans Schmidt als Liquidator (Bekanntgabeadressat) bestellt worden.

Anschriftenfeld

Müller GmbH i.L.

z.H. des Liquidators

Herrn Steuerberater Hans Schmidt

...

2.8.3.2. [1]Steuerrechtlich wird auch eine im Handelsregister bereits gelöschte juristische Person so lange als fortbestehend angesehen, wie sie noch steuerrechtliche Pflichten zu erfüllen hat (BFH-Urteil vom 1.10.1992, IV R 60/91, BStBl. 1993 II S. 82). [2]Zu ihrer steuerrechtlichen Vertretung bedarf es eines Liquidators, der insoweit auch die steuerlichen Pflichten zu erfüllen hat (§ 34 Abs. 3 AO). [3]Ein Liquidator kann auch nur zum Zweck der Entgegennahme eines Steuerbescheids für die gelöschte GmbH bestellt werden (BayObLG-Beschluss vom 2.2.1984, BReg 3 Z 192/83, DB S. 870). [4]Das Finanzamt hat ggf. die Neubestellung eines Liquidators beim Registergericht zu beantragen,

---

[1]) dtv 5786 KSt/GewSt Nr. 5.

weil mit dem Erlöschen der Firma auch das Amt des zunächst bestellten Liquidators endet (BFH-Urteile vom 2.7.1969, I R 190/67, BStBl. II S. 656, und vom 6.5.1977, III R 19/75, BStBl. II S. 783). [5]Die Neubestellung eines Liquidators ist nicht erforderlich, wenn eine gelöschte Kapitalgesellschaft durch einen Bevollmächtigten vertreten wird, der bereits vor Löschung bestellt wurde und dessen Bevollmächtigung die Entgegennahme von Entscheidungen der Finanzbehörde umfasst. [6]Eine vor Löschung erteilte Vollmacht wirkt insoweit fort (§ 80 Abs. 2 AO; vgl. BFH-Urteil vom 27.4.2000, I R 65/98, BStBl. II S. 500 zu § 86 ZPO). [7]Wegen § 80 Abs. 1 Satz 2 zweiter Halbsatz AO ist jedoch für etwaige Zahlungen an die im Handelsregister gelöschte Gesellschaft die nachträgliche Bestellung eines Liquidators erforderlich, wenn nicht der Bevollmächtigte bereits vor Löschung ausdrücklich zur Entgegennahme von Zahlungen für die Gesellschaft ermächtigt worden ist (vgl. AEAO zu § 80, Nr. 2).

2.9. Wegen der Bekanntgabe von Verwaltungsakten in Insolvenzfällen vgl. AEAO zu § 251, Nrn. 4.3, 4.4, 6.1, 13.2 und 15.1.

2.10. Wegen der Bekanntgabe von Verwaltungsakten im Verbraucherinsolvenzverfahren vgl. AEAO zu § 251, Nrn. 12.2 und 12.3.

2.11. Zwangsverwaltung

[1]Mit Anordnung der Zwangsverwaltung verliert der Grundstückseigentümer (Schuldner) die Befugnis, über das beschlagnahmte Grundstück zu verfügen. [2]Bekanntgabeadressat von Verwaltungsakten, die das beschlagnahmte Grundstück betreffen, ist daher der Zwangsverwalter. [3]Dies gilt insbesondere für einen Grundsteuermessbescheid, einen Grundsteuerbescheid sowie für einen Umsatzsteuerbescheid, der die Verwaltung des Grundstücks betreffende Umsätze und Vorsteuern erfasst. [4]Zur Bekanntgabe von Einkommensteuerbescheiden, Körperschaftsteuerbescheiden und Feststellungsbescheiden während einer Zwangsverwaltung sowie zu weiteren ertragsteuerlichen Folgen einer Zwangsverwaltung vgl. BMF-Schreiben vom 3.5.2017, BStBl. I S. 718.

Der dem Zwangsverwalter bekannt zu gebende Verwaltungsakt muss neben der Bezeichnung der der Zwangsverwaltung unterliegenden Grundstücke auch die Person des Grundstückseigentümers (Inhaltsadressat) angeben (BFH-Urteil vom 23.6.1988, V R 203/83, BStBl. II S. 920).

[1]Soweit die Wirkung von Steuerbescheiden über die Zwangsverwaltung hinausgeht, sind sie auch dem Grundstückseigentümer (Inhaltsadressat) bekannt zu geben. [2]Einheitswertbescheide über zwangsverwaltete Grundstücke sind sowohl dem Zwangsverwalter als auch dem Grundstückseigentümer (Inhaltsadressat) bekannt zu geben.

Beispiel für die Bekanntgabe eines Einheitswertbescheids:

Bekanntgabeadressaten

sind sowohl der Schuldner	als auch der Zwangsverwalter

Anschriftenfeld (Empfänger):

Herrn	Herrn
Josef Meier	Rechtsanwalt
Sophienstraße 20	Helmut Müller
80799 München	Schellingstraße 40
	80799 München

Bescheidkopf

> Als Zwangsverwalter des
> Grundstücks Sophienstraße 20
> 80799 München
> (Grundstückseigentümer Josef Meier)

2.12. Gesamtrechtsnachfolge (z.B. Erbfolge)

2.12.1. [1] Zur Frage, wann eine Gesamtrechtsnachfolge i.S.d. § 45 Abs. 1 AO vorliegt, vgl. AEAO zu § 45. [2] Bescheide, die bereits vor Eintritt der Gesamtrechtsnachfolge an den Rechtsvorgänger gerichtet und ihm zugegangen waren, wirken auch gegen den Gesamtrechtsnachfolger. [3] Er kann nur innerhalb der für den Rechtsvorgänger maßgeblichen Rechtsbehelfsfrist Einspruch einlegen. [4] § 353 AO schreibt dies für Bescheide mit dinglicher Wirkung ausdrücklich auch vor, soweit es sich um Einzelrechtsnachfolge handelt. [5] Die Regelung in § 166 AO, wonach unanfechtbare Steuerfestsetzungen auch gegenüber einem Gesamtrechtsnachfolger gelten, bedeutet nicht, dass gegenüber einem Gesamtrechtsnachfolger die Bekanntgabe zu wiederholen ist oder dass eine neue Rechtsbehelfsfrist läuft. [6] Hat der Rechtsvorgänger zwar den Steuertatbestand verwirklicht, wurde ihm aber der Bescheid vor Eintritt der Rechtsnachfolge nicht mehr bekannt gegeben, so ist der Bescheid an den Gesamtrechtsnachfolger zu richten (BFH-Urteil vom 16.1.1974, I R 254/70, BStBl. II S. 388).

2.12.2. [1] Bei einer Gesamtrechtsnachfolge i.S.d. § 45 Abs. 1 AO geht die Steuerschuld des Rechtsvorgängers auf den Rechtsnachfolger über. [2] In den Bescheidkopf ist der Hinweis aufzunehmen, dass der Steuerschuldner als Gesamtrechtsnachfolger des Rechtsvorgängers in Anspruch genommen wird. [3] Entsprechendes gilt, wenn der Steuerschuldner zugleich aufgrund eines eigenen Steuerschuldverhältnisses und als Gesamtrechtsnachfolger in Anspruch genommen wird.

Beispiel:
Der Ehemann ist 08 verstorben. Die Ehefrau ist Alleinerbin. Für den Veranlagungszeitraum 07 soll ein zusammengefasster ESt-Bescheid bekannt gegeben werden.

Anschriftenfeld
(Steuerschuldner als Inhaltsadressat, Bekanntgabeadressat und Empfänger):
Frau
Eva Meier
Hauptstraße 100
67433 Neustadt
Bescheidkopf
Dieser Steuerbescheid ergeht an Sie zugleich als Alleinerbin nach Ihrem Ehemann.

Beispiel:
Die Meier-OHG mit den Gesellschaftern Max und Emil Meier ist durch Austritt des Gesellschafters Emil Meier aus der OHG und gleichzeitige Übernahme des Gesamthandsvermögens durch Max Meier ohne Liquidation erloschen (vollbeendet). Nach dem Ausscheiden des vorletzten Gesellschafters soll ein Umsatzsteuerbescheid für einen Zeitraum vor dem Ausscheiden für die erloschene OHG ergehen.

Anschriftenfeld
(Steuerschuldner als Inhaltsadressat, Bekanntgabeadressat und Empfänger):
Herrn
Max Meier
Hauptstraße 101
67433 Neustadt

Bescheidkopf
Dieser Bescheid ergeht an Sie als Gesamtrechtsnachfolger der Meier-OHG.

Beispiel:
Die A-GmbH ist unter Auflösung ohne Abwicklung auf die B-GmbH verschmolzen worden.

Anschriftenfeld
(Steuerschuldner als Inhaltsadressat, Bekanntgabeadressat und Empfänger):
B-GmbH
Hauptstraße 101
67433 Neustadt
Bescheidkopf
Dieser Bescheid ergeht an Sie als Gesamtrechtsnachfolgerin der A-GmbH.

2.12.3. [1]Das Finanzamt kann gegen Gesamtrechtsnachfolger (z.B. mehrere Erben) Einzelbescheide nach § 155 Abs. 1 AO oder einen nach § 155 Abs. 3 AO zusammengefassten Steuerbescheid erlassen (BFH-Urteile vom 24.11. 1967, III 2/63, BStBl. 1968 II S. 163, und vom 28.3.1973, I R 100/71, BStBl. II S. 544). [2]Grundsätzlich ist ein zusammengefasster Bescheid zu erlassen, der an die Gesamtrechtsnachfolger als Gesamtschuldner zu richten und jedem von ihnen bekannt zu geben ist, soweit nicht nach § 122 Abs. 6 AO (vgl. AEAO zu § 122, Nr. 2.1.3) verfahren werden kann (§ 122 Abs. 1 AO). [3]Der Steuerbescheid ist nur wirksam, wenn die Gesamtrechtsnachfolger, an die sich der Bescheid richtet, namentlich als Inhaltsadressaten aufgeführt sind.

[1]Im Einzelfall können sich die Gesamtrechtsnachfolger, gegen die sich der Bescheid als Inhaltsadressaten richtet, auch durch Auslegung des Bescheids ergeben, z.B. durch die Bezugnahme auf einen den Betroffenen bekannten Betriebsprüfungsbericht (BFH-Urteil vom 17.11.2005, III R 8/03, BStBl. 2006 II S. 287). [2]Die Ermittlung des Inhaltsadressaten durch Auslegung kann jedoch einen Mangel der fehlenden Bestimmtheit des Steuerschuldners nicht heilen. [3]Für eine Auslegung, an wen der Steuerbescheid sich richtet, ist z.B. dann kein Raum, wenn in einem Einkommensteuerbescheid ohne namentliche Anführung der Beteiligten eine Erbengemeinschaft als Inhaltsadressat benannt (z.B. „Erbengemeinschaft nach Herrn Adam Meier") und zugleich der Hinweis auf die Gesamtrechtsnachfolge unterblieben ist (vgl. AEAO zu § 122, Nr. 2.12.2). [4]Die Angabe, wer die Steuer schuldet (§ 157 Abs. 1 Satz 2 AO), fehlt hier, denn eine Erbengemeinschaft kann nicht Schuldnerin der Einkommensteuer sein.

Aus Gründen der Rechtsklarheit sind die Inhaltsadressaten grundsätzlich namentlich aufzuführen (vgl. die Beispiele zum AEAO zu § 122, Nr. 2.12.4); von dem Verweis auf für die Betroffenen bekannte Umstände ist nur ausnahmsweise Gebrauch zu machen.

[1]Es ist unschädlich, nur einen oder mehrere aus einer größeren Zahl von Gesamtrechtsnachfolgern auszuwählen, weil es nicht zwingend erforderlich ist, einen Steuerbescheid an alle Gesamtrechtsnachfolger zu richten (vgl. AEAO zu § 122, Nr. 4.4.5). [2]Betrifft der zusammengefasste Bescheid Eheleute, Eheleute mit Kindern oder Alleinstehende mit Kindern, kann auch von der Sonderregelung des § 122 Abs. 7 AO (vgl. AEAO zu § 122, Nr. 2.1.2) Gebrauch gemacht werden.

2.12.4. Beispiele:

1.1. Der Steuerschuldner Adam Meier ist im Jahr 08 verstorben.

Erben sind seine Kinder Konrad, Ludwig und Martha Meier zu gleichen Teilen. Die Steuerbescheide für das Jahr 07 (ESt, USt, GewSt) können erst im Jahr 09, d.h. nach dem Tode des Adam Meier ergehen.

Die Erben Konrad, Ludwig und Martha Meier sind durch Gesamtrechtsnachfolge Steuerschuldner (Inhaltsadressaten) geworden (§ 45 Abs. 1 AO); sie haben jeder für sich für die gesamte Steuerschuld einzustehen (§ 45 Abs. 2 AO, § 44 Abs. 1 AO).

Gegen die Miterben können zusammengefasste Bescheide nach § 155 Abs. 3 AO ergehen. Jedem Erben ist eine Ausfertigung des zusammengefassten Bescheids an die Wohnanschrift zu übermitteln. Die Bekanntgabe an einen Erben mit Wirkung für und gegen alle anderen Erben ist in diesem Fall nur unter den Voraussetzungen des § 122 Abs. 6 AO (vgl. Beispiel 1.2) möglich. Der Bescheid wird gegenüber dem Erben, dem er bekannt gegeben wurde, auch wirksam, wenn er dem oder den anderen Miterben nicht bekannt gegeben wurde. Um eine Zwangsvollstreckung in den ungeteilten Nachlass zu ermöglichen, ist aber die Bekanntgabe des Bescheids an jeden einzelnen Miterben notwendig (§ 265 AO i.V.m. § 747 ZPO).

Anschriftenfeld

(jeweils in gesonderten Ausfertigungen):

Herrn

Konrad Meier

Sternstraße 15

53111 Bonn

Herrn

Ludwig Meier

Königstraße 200

40212 Düsseldorf

Frau

Martha Meier

Sophienstraße 3

80333 München

Bescheidkopf

Für Konrad, Ludwig und Martha Meier als Miterben nach Adam Meier. Den anderen Miterben wurde ein Bescheid gleichen Inhalts erteilt. Die Erben sind Gesamtschuldner (§ 44 AO).

1.2. Wie Beispiel 1.1, jedoch ist Konrad Meier mit Einverständnis von Ludwig und Martha Meier Empfänger des Steuerbescheids (einverständliche Bekanntgabe nach § 122 Abs. 6 AO).

Anschriftenfeld

Herrn

Konrad Meier

Sternstraße 15

53111 Bonn

Bescheidkopf

Der Steuerbescheid ergeht an Sie als Miterben nach Adam Meier zugleich mit Wirkung für und gegen die Miterben Ludwig und Martha Meier. Die Erben sind Gesamtschuldner (§ 44 AO).

1.3. Wie Beispiel 1.1, jedoch sind die Erben Eheleute oder nahe Familienangehörige unter gemeinschaftlicher Anschrift i.S.d. § 122 Abs. 7 AO. Es genügt die Bekanntgabe einer Ausfertigung des Steuerbescheids an die gemeinsame Anschrift.

Anschriftenfeld

Konrad Meier

Ludwig Meier

Martha Meier

Sternstraße 15

53111 Bonn

Bescheidkopf

Der Steuerbescheid ergeht an Sie als Miterben nach Adam Meier. Die Erben sind Gesamtschuldner (§ 44 AO).

2.1. Der Steuerschuldner Herbert Müller ist im Jahr 08 verstorben. Erben sind seine Ehefrau Anna Müller und die gemeinsamen Kinder Eva Müller und Thomas Müller. Der ESt-Bescheid für das Jahr 07 kann erst nach dem Tod des Herbert Müller ergehen. Herbert und Anna Müller sind zusammen zu veranlagen.

Anna Müller ist Gesamtschuldner zunächst als zusammenveranlagter Ehegatte (§ 26b EStG i.V.m. § 44 AO) sowie gemeinsam mit den Kindern Eva und Thomas Müller als Erben des verstorbenen Herbert Müller (§ 45 Abs. 1 AO). Sie haben jeder für sich für die gesamte Steuerschuld einzustehen (§ 45 Abs. 2 AO, § 44 Abs. 1 AO).

Gegen die Beteiligten Anna Müller, Eva Müller und Thomas Müller können zusammengefasste Bescheide nach § 155 Abs. 3 AO ergehen. Jedem Beteiligten ist eine Ausfertigung des zusammengefassten Bescheids an seine Wohnanschrift zu übermitteln. Der Bescheid wird gegen einen Beteiligten, dem er bekannt gegeben wurde, auch wirksam, wenn er einem oder mehreren anderen Beteiligten nicht bekannt gegeben wurde (siehe aber § 265 AO i.V.m. § 747 ZPO, vgl. Beispiel 1.1).

Anschriftenfeld

(jeweils in gesonderten Ausfertigungen):

Frau

Anna Müller

Hohe Straße 27

50667 Köln

Frau

Eva Müller

Wilhelmstraße 19

53111 Bonn

Herrn

Thomas Müller

Sophienstraße 35

80333 München

Bescheidkopf

Für Anna Müller und die Erben nach Herbert Müller: Anna Müller, Eva Müller und Thomas Müller. Alle Beteiligten sind Gesamtschuldner (§ 44 AO).

2.2. Wie Beispiel 2.1, jedoch ist Anna Müller mit Einverständnis von Eva und Thomas Müller Empfänger des Bescheids (§ 122 Abs. 6 AO).

Anschriftenfeld

Frau

Anna Müller

Hohe Straße 27

50667 Köln

Bescheidkopf

Für Anna Müller und die Erben nach Herbert Müller: Anna Müller, Eva Müller und Thomas Müller. Der Bescheid ergeht an Sie zugleich mit Wirkung für und gegen die Miterben. Alle Beteiligten sind Gesamtschuldner (§ 44 AO).

2.3. Wie Beispiel 2.1, jedoch leben alle Beteiligten unter gemeinsamer Anschrift i.S.v. § 122 Abs. 7 AO (in Köln, Hohe Straße 27). Es genügt die Bekanntgabe einer Ausfertigung des Steuerbescheids an die gemeinsame Anschrift.

Anschriftenfeld

Anna Müller

Eva Müller

Thomas Müller

Hohe Straße 27

50667 Köln

Bescheidkopf

Für Anna Müller und die Erben nach Herbert Müller: Anna Müller, Eva Müller und Thomas Müller. Alle Beteiligten sind Gesamtschuldner (§ 44 AO).

2.12.5. Zur Bekanntgabe von Bescheiden bei unbekannten Erben vgl. AEAO zu § 122, Nr. 2.13.2.

2.12.6. [1]Ist eine Erbengemeinschaft Unternehmer oder selbständiger Rechtsträger, so ist ein Steuerbescheid (z.B. über Umsatzsteuer oder Grunderwerbsteuer) an sie als Erbengemeinschaft zu richten (vgl. AEAO zu § 122, Nrn. 2.4 und 2.4.1.2). [2]Hat die Erbengemeinschaft keinen Namen und keinen gesetzlichen Vertreter, muss sie zur zweifelsfreien Identifizierung der Gemeinschaft und ihrer Gemeinschafter grundsätzlich durch den Namen des Erblassers und der einzelnen Miterben charakterisiert werden (BFH-Urteil vom 29.11. 1972, II R 42/67, BStBl. 1973 II S. 372). [3]Zur Ermittlung der Inhaltsadressaten durch Auslegung gelten die Ausführungen in Nr. 2.12.3 des AEAO zu § 122 entsprechend.

2.12.7. Vollstreckung in den Nachlass

Ist ein Steuerbescheid bereits zu Lebzeiten des Erblassers wirksam geworden und will die Finanzbehörde wegen der Steuerschuld vollstrecken, muss sie vor Beginn der Vollstreckung ein Leistungsgebot erlassen (vgl. im Einzelnen Abschn. 29 ff. VollstrA).

2.12.8. Umwandlung von Gesellschaften

Zum Erlass von Steuerverwaltungsakten in Spaltungsfällen und in Fällen eines Formwechsels vgl. AEAO zu § 122, Nrn. 2.15 und 2.16 sowie AEAO zu § 45, Nrn. 2 und 3.

2.13. Testamentsvollstreckung, Nachlasspflegschaft, Nachlassverwaltung

2.13.1. [1]Der **Testamentsvollstrecker** ist nicht Vertreter der Erben, sondern Träger eines durch letztwillige Verfügung des Erblassers begründeten privaten Amts, dessen Inhalt durch die letztwillige Verfügung bestimmt wird (§§ 2197 ff. BGB; BFH-Urteil vom 11.6.2013, II R 10/11, BStBl. II S. 924). [2]Soweit die Verwaltungsbefugnis des Testamentsvollstreckers reicht, ist dem Erben die Verfügungsbefugnis entzogen (§ 2211 BGB). [3]Der Testamentsvollstrecker kann den Erben nicht persönlich verpflichten und hat auch nicht dessen persönliche Pflichten gegenüber den Finanzbehörden zu erfüllen (BFH-Urteil vom 16.4.1980, VII R 81/79, BStBl. II S. 605).

2.13.1.1. [1]Hat der Erblasser selbst noch den Steuertatbestand verwirklicht, ist aber gegen ihn kein Steuerbescheid mehr ergangen, so ist der Steuerbescheid an den Erben als Inhaltsadressaten zu richten und diesem bekannt zu geben (vgl. Beispiele in Nr. 2.12.4 des AEAO zu § 122; BFH-Urteile vom 15.2.1978, I R 36/77, BStBl. II S. 491, und vom 8.3.1979, IV R 75/76, BStBl. II S. 501), es sei denn, der Testamentsvollstrecker ist zugleich Empfangsbevollmächtigter des Erben (§ 122 Abs. 1 Satz 3 AO). [2]Ist der Testamentsvollstrecker im Rahmen seiner Verwaltung des gesamten Nachlassvermögens nach § 2213 Abs. 1 BGB zur Erfüllung von Nachlassverbindlichkeiten verpflichtet und soll er zur Erfüllung der Steuerschuld aus dem von ihm verwalteten Nachlass herangezogen werden, kann der Steuerbescheid – auch – an ihn gerichtet werden (BFH-Urteil vom 30.9.1987, II R 42/84, BStBl. 1988 II S. 120). [3]Geschieht dies nicht, ist er durch Übersendung einer Ausfertigung des dem Erben oder dem Nachlasspfleger bekannt gegebenen Steuerbescheids in Kenntnis zu setzen. [4]Ggf. ist er durch Duldungsbescheid (§ 191 Abs. 1 AO) in Anspruch zu nehmen. [5] Seine persönliche Haftung nach § 69 i.V.m. § 34 Abs. 3 AO bleibt davon unberührt.

2.13.1.2. [1] Betrifft die Steuerpflicht Tatbestände nach dem Erbfall, so ist der Erbe Steuerschuldner auch für Steuertatbestände, die das Nachlassvermögen betreffen. [2] Steuerbescheide über Einkünfte, die dem Erben aus dem Nachlassvermögen zufließen, sind dem Erben als Inhaltsadressaten und nicht dem Testamentsvollstrecker bekannt zu geben (BFH-Urteil vom 7.10.1970, I R 145/68, BStBl. 1971 II S. 119; BFH-Beschluss vom 29.11.1995, X B 328/94, BStBl. 1996 II S. 322). [3] Dies gilt auch, wenn der Testamentsvollstrecker ein Unternehmen im eigenen Namen weiterführt (BFH-Urteil vom 16.2.1977, I R 53/74, BStBl. II S. 481, für GewSt-Messbescheide). [4] Steht dem Testamentsvollstrecker nach § 2213 Abs. 1 BGB die Verwaltung des gesamten Nachlasses zu, sind die drei letzten Sätze der Nr. 2.13.1.1 des AEAO zu § 122 entsprechend anzuwenden.

2.13.2 [1] Sind der oder die Erben (noch) unbekannt, so ist der Steuerbescheid, gleichgültig ob der Steuertatbestand vom Erblasser selbst noch verwirklicht worden ist oder erst nach Eintritt des Erbfalls, einem zu bestellenden **Nachlasspfleger** bekannt zu geben. [2] Die Vertretungsbefugnis des Nachlasspflegers endet auch dann erst mit Aufhebung der Nachlasspflegschaft durch das Nachlassgericht, wenn die Erben zwischenzeitlich bekannt wurden (BFH-Urteil vom 30.3.1982, VIII R 227/80, BStBl. II S. 687).

[1] Der Nachlasspfleger ist gesetzlicher Vertreter des Erben, falls dieser noch unbekannt ist oder die Annahme der Erbschaft noch ungewiss ist. [2] Er wird von Amts wegen oder auf Antrag eines Nachlassgläubigers vom Nachlassgericht bestellt (siehe §§ 1960, 1961 BGB, § 81 AO). [3] Nr. 2.2 des AEAO zu § 122 ist entsprechend anzuwenden. [4] Der Testamentsvollstrecker ist nicht bereits kraft Amtes Vertreter des unbekannten Erben, kann aber zum Nachlasspfleger bestellt werden.

2.13.3. [1] **Nachlassverwaltung** ist die Nachlasspflegschaft zum Zwecke der Befriedigung der Nachlassgläubiger (§ 1975 BGB). [2] Die Stellung des Nachlassverwalters ist derjenigen des Testamentsvollstreckers vergleichbar. [3] Die Ausführungen in Nr. 2.13.1.1 und Nr. 2.13.1.2 des AEAO zu § 122 gelten daher entsprechend (vgl. BFH-Urteil vom 5.6.1991, XI R 26/89, BStBl. II S. 820).

2.13.4. Erbschaftsteuerbescheide

2.13.4.1. [1] Ein Erbschaftsteuerbescheid ist nach § 32 Abs. 1 ErbStG[1)] dem **Testamentsvollstrecker** mit Wirkung für und gegen die Erben bekannt zu geben, wenn er nach § 31 Abs. 5 ErbStG zur Abgabe der Erbschaftsteuererklärung verpflichtet war. [2] Dies ist nur dann der Fall, wenn sich die Testamentsvollstreckung auf den Gegenstand des Erwerbs oder im Fall eines Vermächtnisses auch auf die anschließende Verwaltung des vermachten Gegenstandes, insbesondere im Rahmen einer Dauervollstreckung (§§ 2209, 2210 BGB), bezieht und das Finanzamt die Abgabe der Erbschaftsteuererklärung vom Testamentsvollstrecker verlangt hat (vgl. BFH-Urteil vom 11.6.2013, II R 10/11, BStBl. II S. 924). [3] Soweit nach diesen Grundsätzen der Erbschaftsteuerbescheid dem Testamentsvollstrecker bekannt zu geben ist, gilt dies auch dann, wenn der Testamentsvollstrecker zur Abgabe der Erbschaftsteuererklärung aufgefordert

---

[1)] dtv 5547 ErbSt/BewG/GrSt Nr. 2.

worden war, diese aber tatsächlich nicht abgegeben hat und daher die Besteuerungsgrundlagen geschätzt wurden.

Ein Erbschaftsteuerbescheid, mit dem lediglich Erbschaftsteuer aufgrund des Erwerbs eines schuldrechtlichen Anspruchs erbrechtlicher Natur (z.B. Pflichtteilsrecht, Erbersatzanspruch) und/oder aufgrund Erwerbs infolge eines Vertrages des Erblassers zugunsten des Erwerbers auf den Todesfall festgesetzt wird, kann dem Testamentsvollstrecker nicht mit Wirkung für und gegen den Steuerschuldner bekannt gegeben werden (BFH-Urteile vom 14.11.1990, II R 255/85, BStBl. 1991 II S. 49, und II R 58/86, BStBl. 1991 II S. 52).

[1] Ist der Erbschaftsteuerbescheid nach den vorgenannten Grundsätzen dem Testamentsvollstrecker bekannt zu geben, muss der Bescheid mit hinreichender Bestimmtheit erkennen lassen, dass er sich – ungeachtet der Verpflichtung des Testamentsvollstreckers, für die Zahlung der Steuer zu sorgen (§ 32 Abs. 1 Satz 2 ErbStG) – an den Erben als Steuerschuldner richtet (BFH-Urteil vom 10.7.1991, VIII R 16/90, BFH/NV 1992 S. 223).

Beispiel:
Anschriftenfeld
Name und Anschrift des Testamentsvollstreckers
Bescheidkopf
Erbschaftsteuerbescheid über den Erwerb des ...
(Name des Erben/Miterben)
aufgrund des Ablebens von ...
Erläuterungen:
Der Bescheid wird Ihnen nach § 32 Abs. 1 Satz 1 ErbStG mit Wirkung für und gegen den oben bezeichneten Erben bekannt gegeben. Dieser ist Steuerschuldner.

2.13.4.2. Die Ausführungen in Nr. 2.13.4.1 des AEAO zu § 122 gelten entsprechend für Fälle der **Nachlasspflegschaft** und der **Nachlassverwaltung** (§ 31 Abs. 6, § 32 Abs. 2 ErbStG).

2.13.4.3. [1] Die Bekanntgabe des Erbschaftsteuerbescheids an den Testamentsvollstrecker, den Nachlasspfleger oder den Nachlassverwalter setzt auch die Einspruchsfrist für die Anfechtung durch den Erben in Lauf. [2] Dem Erben ist bei verspäteter Unterrichtung durch den Testamentsvollstrecker oder den Nachlassverwalter Wiedereinsetzung in den vorigen Stand zu gewähren, wenn die Jahresfrist gem. § 110 Abs. 3 AO noch nicht abgelaufen ist. [3] Dem Erben ist ein etwaiges Verschulden des Testamentsvollstreckers oder des Nachlassverwalters nicht zuzurechnen, da diese keine Vertreter i.S.d. § 110 Abs. 1 Satz 2 AO sind (vgl. BFH-Urteil vom 14.11.1990, II R 58/86, BStBl. 1991 II S. 52). [4] Dagegen ist ein Nachlasspfleger gesetzlicher Vertreter des unbekannten Erben (vgl. AEAO zu § 122, Nr. 2.13.2) mit der Folge, dass sein Verschulden dem Erben zuzurechnen ist.

2.14. Haftende

2.14.1. [1] Der Steuerschuldner und der Haftende sind nach § 44 Abs. 1 AO zwar Gesamtschuldner, diese Bestimmung führt aber nicht zu einer völligen Gleichstellung. [2] Der Steuerbescheid ist an den Steuerschuldner zu richten. [3] Über die Haftung ist durch selbständigen Haftungsbescheid zu entscheiden (§ 191 AO) und der Haftende durch Zahlungsaufforderung in Anspruch zu nehmen (§ 219 AO). [4] Beide Maßnahmen können auch getrennt voneinander ausgeführt werden. [5] Die Zusendung einer Ausfertigung des Steuerbescheids reicht zur Inanspruchnahme des Haftenden nicht aus.

2.14.2. Der Haftungsbescheid muss eindeutig erkennen lassen, gegen wen sich der Haftungsanspruch richtet.

Beispiele für Lohnsteuerhaftungsbescheide bei Inanspruchnahme:

a) des Arbeitgebers:

Haftungsschuldner als Inhaltsadressat,
Bekanntgabeadressat und Empfänger:

Meier GmbH

Sophienstraße 2a

80333 München

(jeweils mit Angabe des Haftungsgrundes in der Erläuterung)

b) des Geschäftsführers des Arbeitgebers:

Haftungsschuldner als Inhaltsadressat,
Bekanntgabeadressat und Empfänger:

Herrn

Josef Meier

(Geschäftsführer der Meier-GmbH)

Hansastr. 100

81373 München

(jeweils mit Angabe des Haftungsgrundes in der Erläuterung)

[1] Bei der Inanspruchnahme des Geschäftsführers als Haftungsschuldner für Steuerschulden der von ihm vertretenen juristischen Person oder nichtrechtsfähigen Personenvereinigung ist darauf zu achten, dass die persönliche Inanspruchnahme in der Adressierung und auch sonst im Bescheid eindeutig zum Ausdruck kommt. [2] Als postalische Anschrift ist im Haftungsbescheid i.d.R. die von der Firmenanschrift abweichende Wohnanschrift des Geschäftsführers zu verwenden. [3] Wird ein Haftungsbescheid an den Geschäftsführer durch die Post mit Zustellungsurkunde (vgl. AEAO zu § 122, Nr. 3.1.1) ausnahmsweise unter der Firmenanschrift zugestellt, ist im Kopf des Vordrucks „Zustellungsurkunde" in roter Schrift oder durch rotes Unterstreichen zu vermerken: „Keine Ersatzzustellung".

2.14.3. [1] Sollen wegen desselben Anspruchs mehrere Haftungsschuldner herangezogen werden, kann in entsprechender Anwendung des § 155 Abs. 3 AO ein zusammengefasster Haftungsbescheid erlassen werden. [2] Für jeden Haftungsschuldner ist jedoch ein gesonderter Bescheid auszufertigen und bekannt zu geben, um ihm gegenüber Wirksamkeit zu erlangen. [3] Dies gilt auch dann, wenn der zusammengefasste Haftungsbescheid gegen Ehegatten gerichtet ist (BFH-Beschluss vom 22.10.1975, I B 38/75, BStBl. 1976 II S. 136).

[1] Bei der Inanspruchnahme von mehreren Haftungsschuldnern wegen desselben Anspruchs sind im Haftungsbescheid alle als Haftungsschuldner herangezogenen Personen zu benennen. [2] Eine fehlende Angabe der übrigen Haftungsschuldner führt aber nicht ohne weiteres zur Unwirksamkeit der Haftungsbescheide (BFH-Urteil vom 5.11.1980, II R 25/78, BStBl. 1981 II S. 176), sondern kann im Rahmen des § 126 AO nachgeholt werden. [3] Die einzelnen Haftungsschuldner werden durch die gemeinsame Inanspruchnahme zu Gesamtschuldnern (§ 44 AO); die Erfüllung durch einen der Gesamtschuldner wirkt auch für die übrigen.

2.15. Spaltung

[1] In den Fällen einer **Abspaltung, Ausgliederung** oder **Vermögensübertragung** nach dem UmwG liegt mit Ausnahme der Vermögensübertragung im Wege der Vollübertragung keine Gesamtrechtsnachfolge i.S.d. § 45 Abs. 1 AO vor (vgl. AEAO zu § 45, Nr. 2). [2] Die an einer Spaltung beteiligten Rechtsträger sind aber Gesamtschuldner für die Verbindlichkeiten des übertragenden Rechtsträgers, die vor dem Wirksamwerden der Spaltung begründet worden sind (§ 133 Abs. 1 Satz 1 UmwG). [3] Der übernehmende Rechtsträger kann

daher durch Haftungsbescheid (im Falle der Vermögensübertragung im Wege der Vollübertragung durch Steuerbescheid) in Anspruch genommen werden.

[1] Bei einer Aufspaltung erlischt der übertragende Rechtsträger mit der Registereintragung der Spaltung (§ 131 Abs. 1 Nr. 2 UmwG). [2] Die Regelung über die steuerliche Gesamtrechtsnachfolge (§ 45 Abs. 1 AO) ist sinngemäß anzuwenden; dies gilt nicht in Bezug auf die gesonderte und einheitliche Feststellung von Besteuerungsgrundlagen (vgl. AEAO zu § 45, Nr. 2).

[1] Bei der Entscheidung, ob ein übernehmender Rechtsträger für Steuerverbindlichkeiten des übertragenden Rechtsträgers in Anspruch zu nehmen ist, soll i.d.R. eine im Spaltungs- und Übernahmevertrag getroffene Zuweisung der Steuerverbindlichkeiten berücksichtigt werden. [2] Enthält der Spaltungs- und Übernahmevertrag keine Zuweisung der Steuerverbindlichkeiten, soll in Fällen der Abspaltung oder Ausgliederung i.d.R. zunächst nur der übertragende Rechtsträger in Anspruch genommen werden.

Beispiel 1:
Vom Vermögen der Spalt-GmbH wurde ein Teil abgespalten und an die A-GmbH übertragen. Der Spaltungs- und Übernahmevertrag enthält keine Regelungen zur Zuweisung der Steuerverbindlichkeiten.

Steuerbescheid an Spalt-GmbH:

Anschriftenfeld

(Steuerschuldner als Inhaltsadressat, Bekanntgabeadressat und Empfänger):

Spalt-GmbH
Moltkestraße 5
12203 Berlin

Beispiel 2:
Wie Beispiel 1, jedoch sollen die Spalt-GmbH und die A-GmbH als Gesamtschuldner in Anspruch genommen werden.

Steuerbescheid an Spalt-GmbH:

Anschriftenfeld

(Steuerschuldner als Inhaltsadressat, Bekanntgabeadressat und Empfänger):

Spalt-GmbH
Moltkestraße 5
12203 Berlin

Bescheidkopf

Der A-GmbH wurde ein Haftungsbescheid erteilt. Die an der Abspaltung beteiligten Rechtsträger sind Gesamtschuldner (§ 44 AO, § 133 Abs. 1 Satz 1 UmwG).

Haftungsbescheid an A-GmbH:

Anschriftenfeld

(Haftungsschuldner als Inhaltsadressat, Bekanntgabeadressat und Empfänger):

A-GmbH
Meiserstraße 4
80284 München

Bescheidkopf

Dieser Bescheid ergeht an Sie als partielle Nachfolgerin der Spalt-GmbH. Der Spalt-GmbH wurde ein Steuerbescheid erteilt. Die an der Abspaltung beteiligten Rechtsträger sind Gesamtschuldner (§ 44 AO, § 133 Abs. 1 Satz 1 UmwG).

Beispiel 3:
Die Spalt-GmbH wurde in die A-GmbH und die B-GmbH aufgespalten. Im Spaltungs- und Übernahmevertrag wurden die Steuerverbindlichkeiten der erloschenen Spalt-GmbH der A-GmbH zugewiesen.

Steuerbescheid an A-GmbH:

Anschriftenfeld

(Steuerschuldner als Inhaltsadressat, Bekanntgabeadressat und Empfänger):

A-GmbH
Meiserstraße 4
80284 München
Bescheidkopf
Dieser Bescheid ergeht an Sie als Nachfolgerin der durch Aufspaltung erloschenen Spalt-GmbH.

Beispiel 4:
Die Spalt-GmbH wurde in die A-GmbH und die B-GmbH aufgespalten. Der Spaltungs- und Übernahmevertrag enthält keine Regelungen zur Zuweisung der Steuerverbindlichkeiten der Spalt-GmbH. Die A-GmbH und die B-GmbH sollen als Gesamtschuldner in Anspruch genommen werden.

Steuerbescheid an A-GmbH:
Anschriftenfeld
(Steuerschuldner als Inhaltsadressat, Bekanntgabeadressat und Empfänger):
A-GmbH
Meiserstraße 4
80284 München
Bescheidkopf
Dieser Bescheid ergeht an Sie als Nachfolgerin der durch Aufspaltung erloschenen Spalt-GmbH. Der B-GmbH wurde ein Bescheid gleichen Inhalts erteilt. Die an der Spaltung beteiligten Rechtsträger sind Gesamtschuldner (§ 44 AO, § 133 Abs. 1 Satz 1 UmwG).

Steuerbescheid an B-GmbH:
Anschriftenfeld
(Steuerschuldner als Inhaltsadressat, Bekanntgabeadressat und Empfänger):
B-GmbH
Hauptstr. 101
67433 Neustadt
Bescheidkopf
Dieser Bescheid ergeht an Sie als Nachfolgerin der durch Aufspaltung erloschenen Spalt-GmbH. Der A-GmbH wurde ein Bescheid gleichen Inhalts erteilt. Die an der Spaltung beteiligten Rechtsträger sind Gesamtschuldner (§ 44 AO, § 133 Abs. 1 Satz 1 UmwG).

2.16. Formwechselnde Umwandlung

[1] Bei einer formwechselnden Umwandlung (§ 1 Abs. 1 Nr. 4, §§ 190 ff. UmwG) liegt lediglich ein Wechsel der Rechtsform eines Rechtsträgers unter Wahrung seiner rechtlichen Identität vor. [2] Ändert sich allerdings durch den Formwechsel das Steuersubjekt, ist die Regelung des § 45 Abs. 1 AO über die steuerliche Gesamtrechtsnachfolge sinngemäß anzuwenden (vgl. AEAO zu § 45, Nr. 3).

[1] Wird eine Personengesellschaft in eine Kapitalgesellschaft umgewandelt, sind Bescheide über Steuern, für die die Personengesellschaft Steuerschuldnerin war (vgl. AEAO zu § 122, Nr. 2.4.1), nach der Umwandlung an die Kapitalgesellschaft zu richten und dieser bekannt zu geben. [2] Bescheide über die gesonderte und einheitliche Feststellung von Besteuerungsgrundlagen sind an die Gesellschafter der umgewandelten Personengesellschaft zu richten (vgl. AEAO zu § 122, Nr. 2.5). [3] Wird eine Kapitalgesellschaft in eine Personengesellschaft umgewandelt, sind Bescheide über Steuern, für die die Kapitalgesellschaft Steuerschuldnerin war, an die Personengesellschaft zu richten.

3. Besonderheiten des Zustellungsverfahrens
3.1. Zustellungsarten

[1] Die Zustellung richtet sich nach dem VwZG (§ 122 Abs. 5 Satz 2 AO). [2] Die vom Amtsgericht zu erlassende Anordnung eines persönlichen Sicherheitsarrestes ist nach den Vorschriften der ZPO zuzustellen (§ 326 Abs. 4 AO).

Das VwZG sieht die folgenden Zustellungsarten vor:

– Zustellung durch die Post mit Zustellungsurkunde (§ 3 VwZG; vgl. AEAO zu § 122, Nr. 3.1.1),
– Zustellung durch die Post mittels Einschreiben (§ 4 VwZG; vgl. AEAO zu § 122, Nr. 3.1.2),
– Zustellung (auch eines elektronischen Dokuments) durch die Behörde gegen Empfangsbekenntnis (§ 5 VwZG; vgl. AEAO zu § 122, Nr. 3.1.3),
– Zustellung (auch eines elektronischen Dokuments) im Ausland (§ 9 VwZG; vgl. AEAO zu § 122, Nr. 3.1.4),
– Öffentliche Zustellung (§ 10 VwZG; vgl. AEAO zu § 122, Nr. 3.1.5).

Kommen mehrere Zustellungsarten in Betracht, soll die kostengünstigste gewählt werden, sofern nicht besondere Umstände (z.B. Zweifel an der Annahmebereitschaft des Empfängers; vgl. Nr. 3.1.2) für eine Zustellung durch die Post mit Zustellungsurkunde sprechen.

Die Allgemeinen Verwaltungsvorschriften zum VwZG vom 13.12.1966 (BStBl. I S. 969), geändert durch die Allgemeine Verwaltungsvorschrift vom 27.4.1973 (BStBl. I S. 220), sind überholt.

3.1.1. Zustellung durch die Post mit Zustellungsurkunde (§ 3 VwZG)

[1] Soll ein Verwaltungsakt durch die Post mit Zustellungsurkunde zugestellt werden, sind § 3 VwZG sowie die dort angeführten Vorschriften der §§ 177 bis 182 ZPO zu beachten. [2] „Post" ist jeder Erbringer von Postdienstleistungen (§ 2 Abs. 2 Satz 1 VwZG; siehe auch § 33 des Postgesetzes vom 22.12.1997, BGBl. I S. 3294).

[1] Die Finanzbehörde hat der Post den Zustellungsauftrag, das zuzustellende Dokument in einem verschlossenen Umschlag und einen vorbereiteten Vordruck einer Zustellungsurkunde zu übergeben (§ 3 Abs. 1 VwZG). [2] Für die Zustellungsurkunde, den Zustellungsauftrag und den verschlossenen Umschlag sind die in der Zustellungsvordruckverordnung vom 12.2.2002 (BGBl. I S. 671, 1019), geändert durch Verordnung vom 23.4.2004 (BGBl. I S. 619), bestimmten Vordrucke zu verwenden (§ 3 Abs. 2 Satz 3 VwZG). [3] Der vorbereitete Vordruck der Zustellungsurkunde muss den Empfänger (vgl. AEAO zu § 122, Nrn. 1.5 und 1.6) und das Aktenzeichen (vgl. AEAO zu § 122, Nr. 3.1.1.1) des zuzustellenden Dokuments sowie die Anschrift der auftraggebenden Finanzbehörde enthalten. [4] Fehlen diese Angaben auf der zuzustellenden Sendung ganz oder teilweise, ist die Zustellung unwirksam, auch wenn die Zustellungsurkunde den Anforderungen des § 182 ZPO genügt. [5] Gleiches gilt, wenn auf der Sendung ein falsches Aktenzeichen angegeben ist.

[1] Ausnahmsweise kann als Zustellungsanschrift eine Postfachnummer gewählt werden. [2] In diesem Fall ist aber die tatsächliche Zustellung beim Rücklauf der Zustellungsurkunde zu überwachen (BFH-Urteil vom 9.2.1983, II R 10/79, BStBl. II S. 698). [3] Bei Ersatzzustellung durch Niederlegung ist die Zustellung nicht wirksam, wenn die Mitteilung über die Niederlegung in das Postfach des Empfängers eingelegt wird (BFH-Urteil vom 17.2.1983, V R 76/77, BStBl. II S. 528).

3.1.1.1.

[1] Das auf der vorbereiteten Zustellungsurkunde und auf dem verschlossenen Umschlag anzugebende Aktenzeichen (vgl. AEAO zu § 122, Nr. 3.1.1) ist mit Abkürzungen zu bilden. [2] Anhand des Aktenzeichens muss einerseits der Inhalt des zuzustellenden Dokuments einwandfrei zu identifizie-

ren sein (BFH-Urteil vom 18.3.2004, V R 11/02, BStBl. II S. 540), andererseits muss das Aktenzeichen so gewählt werden, dass es einem Dritten möglichst keinen Rückschluss auf den Inhalt der Sendung zulässt. [3] Die bloße Angabe der Steuernummer reicht nicht aus (BFH-Urteil vom 13.10.2005, IV R 44/03, BStBl. 2006 II S. 214).

Neben der Steuernummer und grundsätzlich neben dem Datum des zuzustellenden Verwaltungsakts sind die folgenden verwaltungsüblichen Abkürzungen und Listennummern zu verwenden.

Beispiele:

Abkürzung	Inhalt der Sendung
210/50 108, EStB 2005 vom xx.xx.xxxx	StNr. 210/50 108, ESt-Bescheid 2005 vom xx.xx.xxxx
210/50 108, VZB ESt 2006 vom xx.xx.xxxx	StNr. 210/50 108, Vorauszahlungsbescheid für ESt 2006 vom xx.xx.xxxx
210/50 108, HaB LSt 2005 vom xx.xx.xxxx	StNr. 210/50 108 Haftungsbescheid für LSt 2005 vom xx.xx.xxxx
210/50 108, NachB LSt 2005 vom xx.xx.xxxx	StNr. 210/50 108, Nachforderungsbescheid für LSt 2005 vom xx.xx.xxxx
210/50 108 EE EStB 2005	StNr. 210/50 108, Einspruchsentscheidung in Sachen ESt-Bescheid 2005
210/50 108 EE RbL 150/2006	StNr. 210/50 108, Einspruchsentscheidung für den in die Rechtsbehelfsliste 2006 unter Nr. 150 eingetragenen Einspruch
210/50 108 PrA vom xx.xx.xxxx	StNr. 210/50 108 Prüfungsanordnung vom xx.xx.xxxx
210/50 108 Mitteilung § 141 Abs. 2 AO vom xx.xx.xxxx	StNr. 210/50 108 Mitteilung vom xx.xx.xxxx über den Beginn der Buchführungspflicht
210/50 108 ZG.-A. vom xx.xx.xxxx	StNr. 210/50 108 Verwaltungsakt über die Androhung eines Zwangsgeldes vom xx.xx.xxxx

[1] Bei der Zustellung eines Bescheids über die gesonderte Feststellung von Besteuerungsgrundlagen muss sich aus dem Aktenzeichen auch der Gegenstand der Feststellung ergeben (BFH-Urteil vom 13.10.2005, IV R 44/03, BStBl. 2006 II S. 214). [2] Für die hinreichende Unterscheidung von gesonderten Feststellungen sind – neben den übrigen Angaben, wie Steuernummer und Datum des zuzustellenden Verwaltungsakts (vgl. die vorstehenden Beispiele) – zweckmäßigerweise die folgenden Kürzel zu verwenden:

Beispiele:

Kürzel	Gegenstand
VF-ESt 31.12.05	Feststellung des verbleibenden Verlustvortrages zur ESt auf den 31.12.2005
VF-KSt 31.12.05	Feststellung des verbleibenden Verlustvortrages zur KSt auf den 31.12.2005
VF-Gew 31.12.05	Feststellung des vortragsfähigen Gewerbeverlustes auf den 31.12.2005
Fest2B 2005	Feststellung der negativen Einkünfte aus der Beteiligung an Verlustzuweisungsgesellschaften nach § 2b EStG i.V.m. § 10d Abs. 4 EStG für 2005

Kürzel	Gegenstand
ges. Fest 2005	Gesonderte Feststellung gem. § 180 Abs. 1 Satz 1 Nr. 2 Buchstabe b AO für 2005
Ges. + einh. Fest 2005	Gesonderte und einheitliche Feststellung i.S.v. § 180 Abs. 1 Satz 1 Nr. 2 Buchstabe a AO für 2005

3.1.1.2. [1] Sollen mehrere Verwaltungsakte (z.B. Einspruchsentscheidungen) verschiedenen Inhalts in einer Postsendung zugestellt werden, müssen die gesetzlichen Form- und Beurkundungserfordernisse in Bezug auf jedes einzelne Schriftstück gewahrt werden. [2] Das Aktenzeichen muss aus Angaben über die einzelnen Schriftstücke bestehen (BFH-Urteil vom 7.7.2004, X R 33/02, BFH/NV 2005 S. 66). [3] Enthält die Sendung mehr Schriftstücke als durch Aktenzeichen auf der Zustellungsurkunde und/oder dem Umschlag bezeichnet, ist nur die Zustellung des nicht bezeichneten Schriftstücks unwirksam. [4] Der Zustellungsmangel kann jedoch nach § 8 VwZG geheilt werden (vgl. AEAO zu § 122, Nr. 4.5.2).

3.1.1.3. [1] Eine wirksame Zustellung an mehrere Personen gemeinsam ist nicht möglich, sondern nur die Zustellung an einen bestimmten Zustellungsempfänger. [2] In der Anschrift auf dem Briefumschlag und dementsprechend in der Zustellungsurkunde darf daher als Empfänger nur eine Person angesprochen werden. [3] Das gilt auch für die Zustellung an Ehegatten (BFH-Urteil vom 8.6. 1995, IV R 104/94, BStBl. II S. 681). [4] Eine mit der Anschrift „Herrn Adam und Frau Eva Meier" versehene Sendung kann daher nicht wirksam zugestellt werden (vgl. AEAO zu § 122, zu Nr. 3.4).

3.1.1.4. [1] Die Zustellungsurkunde ist eine öffentliche Urkunde i.S.d. § 418 Abs. 1 ZPO (vgl. § 182 Abs. 1 Satz 2 ZPO) und erbringt daher den vollen Beweis für die in ihr bezeugten Tatsachen. [2] Dieser ist aber nach § 418 Abs. 2 ZPO durch Gegenbeweis widerlegbar. [3] Dies erfordert den vollen Nachweis eines anderen Geschehensablaufs; durch bloße Zweifel an der Richtigkeit der urkundlichen Feststellungen ist der Gegenbeweis nicht erbracht (BFH-Urteil vom 28.9.1993, II R 34/92, BFH/NV 1994 S. 291).

3.1.2. Zustellung durch die Post mittels Einschreiben (§ 4 VwZG)

[1] Die durch § 4 VwZG eröffnete Zustellungsmöglichkeit ist auf die Varianten „Einschreiben mittels Übergabe" und „Einschreiben mit Rückschein" beschränkt. [2] Die Zustellung mittels eines „Einwurf-Einschreibens" ist somit nicht möglich. [3] Nicht nur Briefe, sondern auch umfangreichere Sendungen, z.B. Pakete, können mittels Einschreiben zugestellt werden, soweit die Post (zum Begriff der „Post" vgl. AEAO zu § 122, Nr. 3.1.1) dies ermöglicht.

[1] Eine Zustellung durch **Einschreiben mit Rückschein** gilt an dem Tag als bewirkt, den der Rückschein angibt. [2] Zum Nachweis der Zustellung genügt der Rückschein (§ 4 Abs. 2 Satz 1 VwZG). [3] Im Gegensatz zu der bei einer Zustellung nach § 3 VwZG (vgl. AEAO zu § 122, Nr. 3.1.1) errichteten Zustellungsurkunde ist der Rückschein keine öffentliche Urkunde i.S.d. § 418 ZPO. [4] Der von dem Rückschein ausgehende Nachweis der Zustellung ist somit auf das Maß eines normalen Beweismittels eingeschränkt. [5] Geht der Rückschein nicht bei der die Zustellung veranlassenden Behörde ein oder enthält er kein Datum, gilt die Zustellung am dritten Tag nach der Aufgabe zur Post als bewirkt, es sei denn, dass der Verwaltungsakt nicht oder zu einem späteren Zeitpunkt zugegangen ist; im Zweifel hat die Behörde den Zugang und dessen Zeitpunkt nachzuweisen (§ 4 Abs. 2 Sätze 2 und 3 VwZG).

[1] Eine Zustellung mittels **Einschreiben durch Übergabe** gilt am dritten Tag nach der Aufgabe zur Post als bewirkt, es sei denn, dass der Verwaltungsakt nicht oder zu einem späteren Zeitpunkt zugegangen ist. [2] Auch insoweit hat im Zweifel die Behörde den Zugang und dessen Zeitpunkt nachzuweisen (§ 4 Abs. 2 Sätze 2 und 3 VwZG). [3] Der Tag der Aufgabe zur Post ist in den Akten zu vermerken (§ 4 Abs. 2 Satz 4 VwZG).

[1] Für eine eventuelle Ersatzzustellung gelten nicht die §§ 178 bis 181 ZPO, sondern die einschlägigen allgemeinen Geschäftsbedingungen des in Anspruch genommenen Postdienstleisters. [2] Verweigert der Empfänger oder der Ersatzempfänger die Annahme der eingeschriebenen Sendung, wird sie als unzustellbar an den Absender zurückgeschickt. [3] Im Gegensatz zur Zustellung durch die Post mit Zustellungsurkunde (vgl. AEAO zu § 122, Nr. 3.1.1) kann daher gegen den Willen des Empfängers bzw. Ersatzempfängers eine Zustellung mittels Einschreiben nicht bewirkt werden.

3.1.3. Zustellung gegen Empfangsbekenntnis (§ 5 VwZG)

Gegen Empfangsbekenntnis kann zugestellt werden,

– indem die Behörde den zuzustellenden Verwaltungsakt dem Empfänger aushändigt (§ 5 Abs. 1 bis 3 VwZG; vgl. AEAO zu § 122, Nr. 3.1.3.1),

– durch Übermittlung auf andere Weise an Behörden, Körperschaften, Anstalten und Stiftungen des öffentlichen Rechts sowie an Angehörige bestimmter Berufe (§ 5 Abs. 4 VwZG; vgl. AEAO zu § 122, Nrn. 3.1.3.2, 3.1.3.4 und 3.1.3.5),

– durch elektronische Übermittlung an andere Empfänger unter den Voraussetzungen des § 5 Abs. 5 VwZG (vgl. AEAO zu § 122, Nrn. 3.1.3.3 bis 3.1.3.5).

3.1.3.1. [1] In den Fällen des § 5 Abs. 1 VwZG ist das zuzustellende Dokument grundsätzlich in einem verschlossenen Umschlag auszuhändigen. [2] Nur wenn keine schutzwürdigen Interessen des Empfängers entgegenstehen, kann das Dokument auch offen ausgehändigt werden. [3] Dies ist z.B. der Fall, wenn das Dokument durch den fachlich zuständigen Bediensteten selbst – etwa bei Erscheinen des Empfängers in den Diensträumen – ausgehändigt wird.

Bei einer Ersatzzustellung gem. § 5 Abs. 2 Nr. 3 VwZG ist wegen des Verweises auf § 181 ZPO für die Mitteilung über die Niederlegung der Vordruck gem. Anlage 4 der Zustellungsvordruckverordnung vom 12.2.2002 (BGBl. I S. 671) zu verwenden.

3.1.3.2. [1] Nach § 5 Abs. 4 VwZG kann an Behörden, Körperschaften, Anstalten und Stiftungen des öffentlichen Rechts, an Rechtsanwälte, Patentanwälte, Notare, Steuerberater, Steuerbevollmächtigte, Wirtschaftsprüfer, vereidigte Buchprüfer, Steuerberatungsgesellschaften, Wirtschaftsprüfungsgesellschaften und Buchprüfungsgesellschaften auch auf andere Weise, somit z.B. durch einfachen Brief oder elektronisch (auch durch Telefax), zugestellt werden. [2] § 5 Abs. 4 VwZG enthält eine abschließende Aufzählung des in Betracht kommenden Empfängerkreises. [3] Abweichend von § 174 Abs. 1 ZPO darf daher an andere Personen, bei denen aufgrund ihres Berufs von einer erhöhten Zuverlässigkeit ausgegangen werden kann, nicht nach § 5 Abs. 4 VwZG zugestellt werden; in Betracht kommt aber eine elektronische Zustellung gem. § 5 Abs. 5 VwZG (vgl. AEAO zu § 122, Nr. 3.1.3.3).

[1] Ob eine elektronische Zustellung die Verwendung einer qualifizierten elektronischen Signatur erfordert, bestimmt sich danach, ob für den zuzustellenden Verwaltungsakt die Schriftform gesetzlich vorgeschrieben ist (§ 87a Abs. 4 AO). [2] Das elektronisch zuzustellende Dokument ist mit einem geeigneten Verfahren zu verschlüsseln (§ 87a Abs. 1 Satz 3 AO). [3] Die Regelungen des § 87a AO sind jedoch nicht anwendbar, wenn die elektronische Zustellung durch Telefax erfolgt (vgl. AEAO zu § 122, Nr. 1.8.2). [4] Die Formerfordernisse der folgenden Nr. 3.1.3.3 des AEAO zu § 122 gelten daher insoweit nicht.

3.1.3.3. [1] Gem. § 5 Abs. 5 VwZG kann ein Dokument auch an einen nicht in § 5 Abs. 4 VwZG genannten Empfänger **elektronisch** zugestellt werden, soweit der Empfänger hierfür einen Zugang eröffnet hat (zur „Zugangseröffnung" vgl. AEAO zu § 87a, Nr. 1). [2] Für die Übermittlung ist das Dokument mit einer qualifizierten elektronischen Signatur zu versehen (§ 5 Abs. 5 Satz 3 VwZG), also auch dann, wenn für den zuzustellenden Verwaltungsakt die Schriftform nicht gesetzlich vorgeschrieben ist. [3] Es ist gegen unbefugte Kenntnisnahme Dritter zu schützen (§ 5 Abs. 5 Satz 3 VwZG) und mit einem geeigneten Verfahren zu verschlüsseln (§ 87a Abs. 1 Satz 3 AO).

3.1.3.4. [1] Bei der elektronischen Zustellung nach § 5 Abs. 4 oder Abs. 5 VwZG ist die Übermittlung mit dem Hinweis „Zustellung gegen Empfangsbekenntnis" einzuleiten. [2] Die Übermittlung muss die absendende Behörde, den Namen und die Anschrift des Zustellungsadressaten („Empfänger" i.S.d. Nr. 1.5 des AEAO zu § 122) sowie den Namen des Bediensteten erkennen lassen, der das Dokument zur Übermittlung aufgegeben hat (§ 5 Abs. 6 VwZG). [3] Beizufügen ist ein vorbereitetes Formular für das Empfangsbekenntnis (vgl. AEAO zu § 122, Nr. 3.1.3.5).

3.1.3.5. [1] Zum Nachweis der Zustellung in den Fällen des § 5 Abs. 4 und 5 VwZG genügt das mit Datum und Unterschrift versehene **Empfangsbekenntnis,** das an die Behörde durch die Post oder elektronisch zurückzusenden ist (§ 5 Abs. 7 VwZG). [2] Es kann auch durch Telefax übermittelt werden. [3] Wird das Empfangsbekenntnis als elektronisches Dokument erteilt, bedarf es einer qualifizierten elektronischen Signatur, die in diesem Fall die Unterschrift ersetzt.

[1] Das datierte und unterschriebene Empfangsbekenntnis erbringt den vollen Beweis dafür, dass das darin bezeichnete Dokument an dem vom Empfänger bezeichneten Tag tatsächlich zugestellt worden ist; ein Gegenbeweis ist aber zulässig (BFH-Urteil vom 31.10.2000, VIII R 14/00, BStBl. 2001 II S. 156). [2] Das Fehlen des Datums auf dem vom Empfänger unterschriebenen Empfangsbekenntnis ist für die Rechtswirksamkeit der Zustellung unschädlich. [3] Maßgebend für den durch die Zustellung ausgelösten Beginn einer Frist ist der Zeitpunkt, in dem der Aussteller des Empfangsbekenntnisses das Dokument als zugestellt entgegengenommen hat (BFH-Beschluss vom 20.8.1982, VIII R 58/82, BStBl. 1983 II S. 63).

[1] Der Rücklauf der Empfangsbekenntnisse ist in geeigneter Weise zu überwachen. [2] Werden Empfangsbekenntnisse nicht zurückgesandt, ist zunächst an die Rückgabe zu erinnern. [3] Bleibt diese Erinnerung erfolglos, ist der Verwaltungsakt auf andere Weise erneut zuzustellen, es sei denn, der Empfänger hat das zuzustellende Dokument in Kenntnis der Zustellungsabsicht nachweislich entgegengenommen und behalten (BFH-Urteil vom 6.3.1990, II R 131/87, BStBl. II S. 477); dies gilt aber nicht bei einer Zustellung nach § 5 Abs. 5 VwZG (vgl. § 8 VwZG).

3.1.4. Zustellung im Ausland (§ 9 VwZG)

3.1.4.1. [1] Soweit ein Verwaltungsakt im Ausland zuzustellen ist und nicht ein Fall des § 9 Abs. 1 Nr. 3 VwZG (vgl. AEAO zu § 122, Nr. 3.1.4.2) vorliegt, sollte vorrangig von der Möglichkeit der Zustellung durch Einschreiben mit Rückschein (§ 9 Abs. 1 Nr. 1 VwZG) bzw. der Zustellung elektronischer Dokumente (§ 9 Abs. 1 Nr. 4 VwZG) Gebrauch gemacht werden. [2] Beide Zustellungsarten setzen aber voraus, dass sie „völkerrechtlich zulässig" sind. [3] Diese Formulierung umfasst nicht nur völkerrechtliche Übereinkünfte, sondern auch etwaiges Völkergewohnheitsrecht, ausdrückliches nichtvertragliches Einverständnis, aber auch Tolerierung einer entsprechenden Zustellungspraxis durch den Staat, in dem zugestellt werden soll. [4] Es kann davon ausgegangen werden, dass eine Zustellung durch Einschreiben mit Rückschein oder eine Zustellung elektronischer Dokumente zumindest toleriert wird und daher völkerrechtlich zulässig ist; dies gilt nicht hinsichtlich folgender Staaten: Ägypten, Brasilien, China, Mexiko, Sri Lanka und Venezuela.

Nach dem DBA mit Liechtenstein (BStBl. 2013 I S. 488) ist eine Zustellung von deutschen Steuerverwaltungsakten durch die Post für Besteuerungszeiträume ab dem 1.1.2013 für folgende Steuerarten und deren steuerliche Nebenleistungen zulässig:
Einkommensteuer (einschließlich Lohnsteuer, Kapitalertragsteuer, Zinsabschlag, Steuerabzug bei Bauleistungen und besondere Erhebungsformen nach § 50a EStG), Körperschaftsteuer, Gewerbesteuer, Solidaritätszuschlag, Grundsteuer, Vermögensteuer sowie gesonderte und gesonderte und einheitliche Feststellungen von Besteuerungsgrundlagen für Zwecke der vorgenannten Steuern.

In die Staaten Argentinien, Republik Korea, Kuwait, San Marino und die Schweiz ist eine postalische Zustellung von deutschen Steuerverwaltungsakten nach dem Übereinkommen über die gegenseitige Amtshilfe in Steuersachen in eingeschränktem Umfang bezüglich der jeweils hinterlegten Steuerarten und deren steuerliche Nebenleistungen wie folgt möglich:

Argentinien[1)]
Eine Zustellung von deutschen Steuerverwaltungsakten durch die Post ist für Besteuerungszeiträume ab dem 1.1.2016 für die folgenden Steuerarten zulässig:
Einkommensteuer (einschließlich Lohnsteuer, Kapitalertragsteuer, Zinsabschlag, Steuerabzug bei Bauleistungen und besondere Erhebungsformen nach § 50a EStG), Körperschaftsteuer, Solidaritätszuschlag, Erbschaftsteuer, Schenkungsteuer, Ersatzerbschaftsteuer, Einfuhrumsatzsteuer, Umsatzsteuer, Branntweinsteuer (ab 1.1.2018 Alkoholsteuer), Energiesteuer, Tabaksteuer, Luftverkehrsteuer, Rennwett- und Lotteriesteuer, Steuern auf Versicherungsprämien sowie gesonderte und gesonderte und einheitliche Feststellungen von Besteuerungsgrundlagen für Zwecke der vorgenannten Steuern.

Republik Korea[1)]
Eine Zustellung von deutschen Steuerverwaltungsakten durch die Post ist für Besteuerungszeiträume ab dem 1.1.2016 für die folgenden Steuerarten zulässig:
Einkommensteuer (einschließlich Lohnsteuer, Kapitalertragsteuer, Zinsabschlag, Steuerabzug bei Bauleistungen und besondere Erhebungsformen nach § 50a EStG), Körperschaftsteuer, Solidaritätszuschlag, Erbschaftsteuer, Schen-

---

[1)] **Amtl. Anm.:** = Keine Zustellung zum Zwecke der Vollstreckung

kungsteuer, Ersatzerbschaftsteuer, Grundsteuer, Grunderwerbsteuer, Einfuhrumsatzsteuer, Umsatzsteuer, Branntweinsteuer (ab 1.1.2018 Alkoholsteuer), Energiesteuer, Tabaksteuer sowie gesonderte und gesonderte und einheitliche Feststellungen von Besteuerungsgrundlagen für Zwecke der vorgenannten Steuern.

Kuwait[1]

Eine Zustellung von deutschen Steuerverwaltungsakten durch die Post ist für Besteuerungszeiträume ab dem 1.1.2019 für die folgenden Steuerarten zulässig: Einkommensteuer (einschließlich Lohnsteuer, Kapitalertragsteuer, Zinsabschlag, Steuerabzug bei Bauleistungen und besondere Erhebungsformen nach § 50a EStG), Körperschaftsteuer, Solidaritätszuschlag, Vermögensteuer sowie gesonderte und gesonderte und einheitliche Feststellungen von Besteuerungsgrundlagen für Zwecke der vorgenannten Steuern.

San Marino[1]

Eine Zustellung von deutschen Steuerverwaltungsakten durch die Post ist für Besteuerungszeiträume ab dem 1.1.2016 für die folgenden Steuerarten zulässig: Einkommensteuer (einschließlich Lohnsteuer, Kapitalertragsteuer, Zinsabschlag, Steuerabzug bei Bauleistungen und besondere Erhebungsformen nach § 50a EStG), Körperschaftsteuer, Solidaritätszuschlag sowie gesonderte und gesonderte und einheitliche Feststellungen von Besteuerungsgrundlagen für Zwecke der vorgenannten Steuern.

Schweiz[1]

Eine Zustellung von deutschen Steuerverwaltungsakten durch die Post ist für Besteuerungszeiträume ab dem 1.1.2018 für die folgenden Steuerarten zulässig: Einkommensteuer (einschließlich Lohnsteuer, Kapitalertragsteuer, Zinsabschlag, Steuerabzug bei Bauleistungen und besondere Erhebungsformen nach § 50a EStG), Körperschaftsteuer, Solidaritätszuschlag, Vermögensteuer, Gewerbesteuer sowie gesonderte und gesonderte und einheitliche Feststellungen von Besteuerungsgrundlagen für Zwecke der vorgenannten Steuern.

Eine Zustellung von deutschen Steuerverwaltungsakten zum Zwecke der Vollstreckung von Steuerforderungen oder von Geldbußen ist nach dem Übereinkommen über die gegenseitige Amtshilfe in Steuersachen in keinem Fall und zu keinem Vertragsstaat zulässig.

Zum Beweiswert eines Rückscheins bei der Zustellung durch Einschreiben vgl. § 9 Abs. 2 Satz 1 VwZG sowie AEAO zu § 122, Nr. 3.1.2.

[1] Bei einer Zustellung durch Übermittlung elektronischer Dokumente sind neben der völkerrechtlichen Zulässigkeit die Regelungen des § 5 Abs. 5 VwZG, insbesondere die Erfordernisse einer „Zugangseröffnung" und einer qualifizierten elektronischen Signatur, zu beachten; vgl. AEAO zu § 122, Nr. 3.1.3.3. [2] Zum Empfangsbekenntnis vgl. § 9 Abs. 2 Satz 3 VwZG sowie AEAO zu § 122, Nr. 3.1.3.5.

3.1.4.2. [1] Zustellungsersuchen nach § 9 Abs. 1 Nr. 2 VwZG (**Zustellung durch** die **Behörde des fremden Staates** oder durch die zuständige **diplomatische** oder **konsularische Vertretung** der Bundesrepublik Deutschland) oder nach § 9 Abs. 1 Nr. 3 VwZG (**Zustellung durch das Auswärtige Amt**) sind auf dem Dienstweg dem **BZSt** zuzuleiten. [2] Hierbei ist die Staatsangehörigkeit des Empfängers anzugeben, weil diese für die Ausführung der Zustel-

---

[1] **Amtl. Anm.:** = Keine Zustellung zum Zwecke der Vollstreckung

lung maßgeblich sein kann. [3]Ist die Staatsangehörigkeit nicht bekannt, so ist dies zu vermerken. [4]Ferner ist Folgendes zu beachten:

– Der zuzustellende Verwaltungsakt muss in Maschinenschrift gefertigt sein und die vollständige ausländische Anschrift des Empfängers enthalten.

– [1]In dem Zustellungsersuchen sind die zuzustellenden Schriftstücke einzeln aufzuführen. [2]Sie sind genau und mit Datum zu bezeichnen.

– [1]Steuer- oder Haftungsbescheide müssen abgerechnet sein und erforderlichenfalls ein Leistungsgebot enthalten. [2]Wegen der Ungewissheit über die Dauer des Zustellungsverfahrens sind etwaige Zahlungsfristen nicht datumsmäßig zu bestimmen, sondern vom Tag der Zustellung abhängig zu machen (z.B. durch die Formulierung „einen Monat nach dem Tag der Zustellung dieses Bescheids").

– In der Rechtsbehelfsbelehrung ist – ggf. unter Änderung eines vorgedruckten Textes – darüber zu belehren, dass der für den Beginn der Rechtsbehelfsfrist maßgebliche Tag der Bekanntgabe der Tag der Zustellung ist.

– [1]Sind Verwaltungsakte an mehrere Empfänger zuzustellen, müssen jeweils gesonderte Zustellungsersuchen gestellt werden (vgl. AEAO zu § 122, Nr. 3.2). [2]Dies gilt auch bei Zustellungen an Ehegatten (vgl. AEAO zu § 122, Nr. 3.4).

3.1.4.3. [1]Von der durch § 9 Abs. 3 VwZG eingeräumten Möglichkeit, bei einer Zustellung nach § 9 Abs. 1 Nr. 2 oder Nr. 3 VwZG anzuordnen, dass ein inländischer Zustellungsbevollmächtigter benannt wird, sollte nur Gebrauch gemacht werden, wenn zu erwarten ist, dass künftig Verwaltungsakte erlassen werden, für die das Gesetz die förmliche Zustellung vorschreibt (vgl. AEAO zu § 122, Nr. 1.8.3). [2]Ansonsten ist vorrangig nach § 123 AO zu verfahren, soweit die Benennung eines inländischen Empfangsbevollmächtigten für erforderlich oder zweckmäßig gehalten wird.

3.1.5. Öffentliche Zustellung (§ 10 VwZG)

Die öffentliche Zustellung kommt nur als „letztes Mittel" der Bekanntgabe in Betracht, wenn alle Möglichkeiten erschöpft sind, das Dokument dem Empfänger in anderer Weise zu übermitteln.

3.1.5.1. [1]Eine öffentliche Zustellung wegen eines **unbekannten Aufenthaltsortes** des Empfängers (§ 10 Abs. 1 Satz 1 Nr. 1 VwZG) ist nicht bereits dann zulässig, wenn die Finanzbehörde die Anschrift nicht kennt oder Briefe als unzustellbar zurückkommen. [2]Die Anschrift des Empfängers muss vielmehr allgemein unbekannt sein (BFH-Urteil vom 9.12.2009, X R 54/06, BStBl. 2010 II S. 732). [3]Dies ist durch eine Erklärung der zuständigen Meldebehörde oder auf andere Weise zu belegen. [4]Die bloße Feststellung, dass sich der Empfänger bei der Meldebehörde abgemeldet hat, ist nicht ausreichend. [5]Die Finanzbehörde muss daher, bevor sie durch öffentliche Bekanntmachung zustellt, die nach Sachlage gebotenen und zumutbaren Ermittlungen anstellen. [6]Dazu gehören insbesondere Nachforschungen bei der Meldebehörde, u.U. auch die Befragung von Angehörigen oder des bisherigen Vermieters des Empfängers. [7]Auch Hinweisen auf den mutmaßlichen neuen Aufenthaltsort des Empfängers muss durch Rückfrage bei der dortigen Meldebehörde nachgegangen werden.

[1]Eine Rechtspflicht der zustellenden Behörde, Anschriften im **Ausland** zu ermitteln, ist regelmäßig zu verneinen, wenn ein Fall der „Auslandsflucht"

vorliegt oder wenn sich der Empfänger beim inländischen Melderegister „ins Ausland" ohne Angabe einer Anschrift abgemeldet hat oder sich in einer Weise verhält, die auf seine Absicht schließen lässt, seinen Aufenthaltsort zu verheimlichen. [2] Die Finanzbehörde ist in diesen Fällen vorrangig nur zu Ermittlungsmaßnahmen im Inland verpflichtet, z.B. durch Nachfragen beim Einwohnermeldeamt und bei Kontaktpersonen des Empfängers (BFH-Urteil vom 9.12. 2009, X R 54/06, a.a.O.). [3] Ist aber zu vermuten, dass sich der Steuerpflichtige in einem bestimmten anderen Land aufhält, sind die Ermittlungsmöglichkeiten des zwischenstaatlichen Auskunftsaustauschs nach dem *BMF-Schreiben vom 25.1.2006, BStBl. I S. 26*[1]) auszuschöpfen (BFH-Urteil vom 9.12.2009, X R 54/06, a.a.O.).

[1] Nicht zulässig ist es beispielsweise, eine öffentliche Zustellung bereits dann anzuordnen, wenn eine versuchte Bekanntgabe unter einer Adresse, die der Empfänger angegeben hat, einmalig fehlgeschlagen ist oder wenn lediglich die Vermutung besteht, dass eine Adresse, an die sich der Empfänger bei der Meldebehörde abgemeldet hat, eine Scheinadresse ist (BFH-Urteil vom 6.6. 2000, VII R 55/99, BStBl. II S. 560, und BFH-Beschluss vom 13.3.2003, VII B 196/02, BStBl. II S. 609). [2] Eine öffentliche Zustellung ist aber wirksam, wenn die Finanzbehörde durch unrichtige Auskünfte Dritter zu der unrichtigen Annahme verleitet wurde, der Empfänger sei unbekannten Aufenthaltsortes, sofern die Finanzbehörde auf die Richtigkeit der ihr erteilten Auskunft vertrauen konnte (BFH-Beschluss vom 13.3.2003, VII B 196/02, a.a.O.).

3.1.5.2. Nach § 10 Abs. 1 Satz 1 Nr. 2 VwZG kann öffentlich zugestellt werden, wenn bei **juristischen Personen**, die **zur Anmeldung einer inländischen Geschäftsanschrift zum Handelsregister verpflichtet** sind, eine Zustellung weder unter der eingetragenen Anschrift noch unter einer im Handelsregister eingetragenen Anschrift einer für Zustellungen empfangsberechtigten Person oder einer ohne Ermittlungen bekannten anderen inländischen Anschrift möglich ist.

3.1.5.3. [1] Nach § 10 Abs. 1 Satz 1 Nr. 3 VwZG kommt eine öffentliche Zustellung in Betracht, wenn eine Zustellung im Ausland (§ 9 VwZG; vgl. AEAO zu § 122, Nr. 3.1.4) nicht möglich ist oder keinen Erfolg verspricht. [2] Eine Zustellung im Ausland verspricht keinen Erfolg, wenn sie grundsätzlich möglich wäre, ihre Durchführung aber etwa wegen Kriegs, Abbruchs der diplomatischen Beziehungen, Verweigerung der Amtshilfe oder unzureichender Vornahme durch die örtlichen Behörden nicht zu erwarten ist. [3] Der Umstand, dass die Ausführung eines Zustellungsersuchens längere Zeit in Anspruch nehmen wird, rechtfertigt aber nicht die Anordnung einer öffentlichen Zustellung (BFH-Urteil vom 6.6.2000, VII R 55/99, BStBl. II S. 560).

[1] Sobald die ausländische Anschrift des Steuerpflichtigen bekannt ist und eine Postverbindung besteht, sind nach erfolgter öffentlicher Zustellung dem Steuerpflichtigen die Tatsache der öffentlichen Zustellung und der Inhalt des Verwaltungsakts (z.B. durch Beifügen einer Ablichtung) mit einfachem Brief mitzuteilen. [2] Diese Mitteilung ist an Empfänger in sämtlichen Staaten zulässig, da es sich hierbei mangels rechtlicher Regelung nicht um eine Verwaltungsakt handelt. [3] Wird der Mitteilung eine Kopie des Verwaltungsakts beigefügt, ist der Steuerpflichtige darauf hinzuweisen, dass mit der Beifügung dieser Kopie der Verwaltungsakt nicht erneut bekannt gegeben wird und die Rechtsfolgen des

---

[1]) Siehe jetzt BMF v. 29.5.2019, BStBl. I 2019, 480.

Verwaltungsakts (insbesondere der Beginn der Einspruchsfrist) bereits mit der öffentlichen Zustellung eingetreten sind.

3.1.5.4. [1] Zur Durchführung der öffentlichen Zustellung ist nicht der Inhalt (auch nicht der verfügende Teil) des zuzustellenden Verwaltungsakts öffentlich bekannt zu geben, sondern lediglich eine Benachrichtigung mit weitgehend neutralem Inhalt (§ 10 Abs. 2 VwZG). [2] Die Benachrichtigung muss die Behörde, für die zugestellt wird, den Namen und die letzte bekannte Anschrift des Zustellungsempfängers, das Datum und das Aktenzeichen des Dokuments sowie die Stelle, wo das Dokument eingesehen werden kann, erkennen lassen (§ 10 Abs. 2 Satz 2 VwZG). [3] Für das in der Benachrichtigung anzugebende Aktenzeichen des zuzustellenden Dokuments (§ 10 Abs. 2 Satz 2 Nr. 3 VwZG) gelten die Ausführungen in Nr. 3.1.1.1 des AEAO zu § 122 entsprechend. [4] Die Benachrichtigung muss ferner den Hinweis enthalten, dass das Dokument öffentlich zugestellt wird und Fristen in Lauf gesetzt werden können, nach deren Ablauf Rechtsverluste eintreten können (§ 10 Abs. 2 Satz 3 VwZG). [5] Bei der Zustellung einer Ladung muss die Benachrichtigung den Hinweis enthalten, dass das Dokument eine Ladung zu einem Termin enthält, dessen Versäumung Rechtsnachteile zur Folge haben kann (§ 10 Abs. 2 Satz 4 VwZG). [6] Die Benachrichtigung ist an der Stelle bekannt zu machen, die von der Behörde hierfür allgemein bestimmt ist (z.B. durch Aushang im Dienstgebäude). [7] Alternativ hierzu kann die Benachrichtigung auch durch Veröffentlichung im Bundesanzeiger bekannt gemacht werden (§ 10 Abs. 2 Satz 1 VwZG). [8] In den Akten ist zu vermerken, wann und in welcher Weise die Benachrichtigung bekannt gemacht wurde (§ 10 Abs. 2 Satz 5 VwZG).

[1] Wird die Benachrichtigung über die öffentliche Zustellung durch Aushang bekannt gemacht, ist sie stets bis zu dem Zeitpunkt auszuhängen, zu dem die Zustellung nach § 10 Abs. 2 Satz 6 VwZG als bewirkt anzusehen ist. [2] Das gilt auch dann, wenn der Empfänger vor Fristablauf bei der Finanzbehörde erscheint und ihm das zuzustellende Schriftstück ausgehändigt wird (vgl. AEAO zu § 122, Nr. 3.1.5.5). [3] Die Aushändigung ist in den Akten zu vermerken.

3.1.5.5. [1] Der Verwaltungsakt gilt zwei Wochen nach dem Tag der Bekanntmachung der Benachrichtigung als zugestellt (§ 10 Abs. 2 Satz 6 VwZG). [2] Dies gilt auch, wenn dem Empfänger vor Ablauf dieser zweiwöchigen Frist der Verwaltungsakt ausgehändigt wurde. [3] Die Frist gem. § 10 Abs. 2 Satz 6 VwZG bestimmt sich nach § 108 Abs. 1 AO i.V.m. §§ 187 Abs. 1, 188 Abs. 2 BGB. [4] Danach ist bei der Berechnung einer Aushangfrist der Tag des Aushangs nicht mitzurechnen. [5] Die Frist endet mit Ablauf des Tages, der dem Aushangtag kalendermäßig entspricht. [6] Bei der Berechnung der Frist ist ggf. § 108 Abs. 3 AO zu beachten (vgl. AEAO zu § 108, Nr. 1).

3.2. Zustellung an mehrere Beteiligte

[1] Soll ein Verwaltungsakt mehreren Beteiligten zugestellt werden, so ist – soweit kein gemeinsamer Bevollmächtigter vorhanden ist (vgl. AEAO zu § 122, Nr. 3.3) – das Dokument jedem einzelnen gesondert zuzustellen (vgl. AEAO zu § 122, Nrn. 3.1.1.3 und 3.1.4.2). [2] Zur Zustellung an Ehegatten vgl. AEAO zu § 122, Nr. 3.4.

3.3. Zustellung an Bevollmächtigte (§ 7 VwZG)

3.3.1. [1] Ist für das **Verfahren** ein Bevollmächtigter bestellt, **kann** an diesen zugestellt werden (§ 7 Abs. 1 Satz 1 VwZG). [2] Hat der Bevollmächtigte eine schriftliche Vollmacht vorgelegt, **soll** an diesen zugestellt werden (§ 122 Abs. 5

Satz 3 i.V.m. Abs. 1 Satz 4 AO verdrängt § 7 Abs. 1 Satz 2 VwZG); dies gilt auch, wenn die Vollmacht in elektronischer Form (§ 80a oder § 87a Abs. 3 AO) vorgelegt wurde. [3] Eine Zustellung direkt an den/die Beteiligten ist in diesem Falle nur wirksam, wenn im Einzelfall besondere Gründe gegen die Zustellung an den Bevollmächtigten sprechen. [4] Derartige Gründe können auch technischer Natur sein. [5] Ein Verwaltungsakt darf einem Verfahrensbevollmächtigten, der nach § 80 Abs. 7 AO zurückgewiesen worden ist, nicht zugestellt werden (§ 122 Abs. 5 Satz 3 i.V.m. Abs. 1 Satz 4 AO).

[1] Haben mehrere Beteiligte einen gemeinsamen Verfahrensbevollmächtigten bestellt, genügt es, dem Bevollmächtigten eine Ausfertigung des Dokuments mit Wirkung für alle Beteiligten zuzustellen (§ 7 Abs. 1 Satz 3 VwZG; BFH-Urteil vom 13.8.1970, IV 48/65, BStBl. II S. 839). [2] Dies gilt auch, wenn der Verfahrensbevollmächtigte selbst Beteiligter ist und zugleich andere Beteiligte vertritt.

3.3.2. Einem **Zustellungsbevollmächtigten** mehrerer Beteiligter sind so viele Ausfertigungen oder Abschriften zuzustellen, als Beteiligte vorhanden sind (§ 7 Abs. 2 VwZG).

3.3.3. [1] Haben mehrere Personen im Feststellungsverfahren einen gemeinsamen **Empfangsbevollmächtigten** (§ 183 AO; § 6 der V zu § 180 Abs. 2 AO), so vertritt dieser die Feststellungsbeteiligten auch bei Zustellungen (§ 7 Abs. 3 VwZG). [2] Dem Empfangsbevollmächtigten ist eine Ausfertigung des Dokuments zuzustellen und dabei darauf hinzuweisen, dass die Bekanntgabe mit Wirkung für und gegen alle von ihm vertretenen Feststellungsbeteiligten erfolgt (§ 183 Abs. 1 Satz 5 AO; § 6 Abs. 1 Satz 5 der *V zu § 180 AO*[1]); vgl. AEAO zu § 122, Nr. 2.5.2).

3.3.4. [1] Soll eine **Einspruchsentscheidung** zugestellt werden (vgl. AEAO zu § 366, Nr. 2), hat die Finanzbehörde diese dem Verfahrensbevollmächtigten (vgl. AEAO zu § 122, Nr. 3.3.1) auch ohne Nachweis einer Vollmacht zuzustellen, wenn dieser den Einspruch eingelegt und die Finanzbehörde ihn als Bevollmächtigten in der Einspruchsentscheidung aufgeführt hat (BFH-Urteil vom 25.10.1963, III 7/60 U, BStBl. III S. 600). [2] Hat der Steuerpflichtige den Einspruch selbst eingelegt, ist jedoch im weiteren Verlauf des Einspruchsverfahrens ein Bevollmächtigter für den Steuerpflichtigen aufgetreten, ist die Einspruchsentscheidung nur dann dem Bevollmächtigten zuzustellen, wenn eine Empfangsvollmacht vorliegt oder das Interesse des Steuerpflichtigen an einer Bekanntgabe gegenüber dem Bevollmächtigten nach den Umständen des Einzelfalls eindeutig erkennbar ist (BFH-Urteil vom 29.7.1987, I R 367, 379/83, BStBl. 1988 II S. 242).

3.4. Zustellung an Ehegatten

Der Grundsatz der Nr. 3.2 des AEAO zu § 122 ist auch bei der Zustellung an Ehegatten zu beachten.

[1] Haben beide Ehegatten gegen einen zusammengefassten Steuerbescheid (vgl. AEAO zu § 122, Nr. 2.1.1) Einspruch eingelegt, so ist – falls die Finanzbehörde die förmliche Zustellung angeordnet hat (vgl. AEAO zu § 122, Nr. 1.8.3, und zu § 366, Nr. 2) – grundsätzlich jedem der Ehegatten je eine Ausfertigung der an beide zu richtenden einheitlichen Einspruchsentscheidung zuzustellen (BFH-Urteil vom 8.6.1995, IV R 104/94, BStBl. II S. 681; vgl.

---

[1] Richtig wohl: „V zu § 180 Abs. 2 AO".

AEAO zu § 122, Nr. 3.1.1.3). [2]Dies gilt unabhängig davon, in welcher Weise (vgl. AEAO zu § 122, Nrn. 2.1.1 bis 2.1.5) der angefochtene Bescheid bekannt gegeben worden ist. [3]Bei einer Zustellung mittels Einschreiben (vgl. AEAO zu § 122, Nr. 3.1.2) können aber beide Ausfertigungen in einer an beide Eheleute gemeinsam adressierten Sendung zur Post gegeben werden (Urteil des FG Bremen vom 23.6.1992, II 87/91 K, EFG S. 758).

[1]Tritt gegenüber der Finanzbehörde nur einer der Ehegatten im Einspruchsverfahren auf, so ist im Zweifel zu klären, ob dieser den Einspruch nur im eigenen Namen oder auch für den anderen Ehegatten führt. [2]Bei Vorliegen einer „Vollmacht" ist zu unterscheiden, ob der Einspruchsführer **Zustellungsbevollmächtigter** (vgl. AEAO zu § 122, Nr. 3.3.2) oder **Verfahrensbevollmächtigter** (vgl. AEAO zu § 122, Nr. 3.3.1) ist. [3]Dem Ehegatten als Zustellungsbevollmächtigten **darf** mit Wirkung auch für den anderen Ehegatten zugestellt werden, wobei an ihn **je eine Ausfertigung** der Entscheidung für jeden Ehegatten zuzustellen ist. [4]Dem Ehegatten als Verfahrensbevollmächtigten **muss** mit Wirkung für den anderen Ehegatten zugestellt werden, wobei **eine Ausfertigung** genügt.

4. Folgen von Verfahrens- und Formfehlern

4.1. Unwirksamkeit des Verwaltungsakts wegen inhaltlicher Mängel

[1]Fehlen in einem Verwaltungsakt unverzichtbare wesentliche Bestandteile (siehe zum Steuerbescheid § 157 Abs. 1 Satz 2 AO), die dazu führen, dass dieser inhaltlich nicht hinreichend bestimmt ist (§ 119 Abs. 1 AO), so ist ein solcher Verwaltungsakt gem. § 125 Abs. 1 AO nichtig und damit unwirksam (§ 124 Abs. 3 AO). [2]Eine Heilung derartiger Fehler ist nicht möglich, vielmehr ist ein neuer Verwaltungsakt zu erlassen (BFH-Urteil vom 17.7.1986, V R 96/85, BStBl. II S. 834).

4.1.1. [1]Wird der Steuerschuldner (Inhaltsadressat) im Steuerbescheid gar nicht, falsch oder so ungenau bezeichnet, dass Verwechslungen möglich sind, ist der Verwaltungsakt wegen inhaltlicher Unbestimmtheit nichtig und damit unwirksam. [2]Eine Heilung im weiteren Verfahren gegen den tatsächlichen Schuldner ist nicht möglich, es muss ein neuer Steuerbescheid mit richtiger Bezeichnung des Steuerschuldners (Inhaltsadressaten) verfügt und bekannt gegeben werden (BFH-Urteil vom 17.3.1970, II 65/63, BStBl. II S. 598).

Ist dagegen im Steuerbescheid eine falsche Person eindeutig und zweifelsfrei als Steuerschuldner (Inhaltsadressat) angegeben und wurde der Bescheid dieser Person bekannt gegeben, so ist der Bescheid nicht nichtig, sondern rechtswidrig und damit lediglich anfechtbar (BFH-Beschluss vom 17.11.1987, V B 111/87, BFH/NV 1988 S. 682).

4.1.2. [1]Konnte im Fall einer Gesamtrechtsnachfolge ein Steuerbescheid dem Rechtsvorgänger (Erblasser) nicht mehr rechtswirksam bekannt gegeben werden, ist der Bescheid an den Gesamtrechtsnachfolger als Steuerschuldner (Inhaltsadressaten) zu richten. [2]Ein gleichwohl an den Rechtsvorgänger gerichteter Bescheid ist unwirksam (BFH-Urteil vom 24.3.1970, I R 141/69, BStBl. II S. 501, vgl. AEAO zu § 122, Nr. 2.12.1).

4.1.3. [1]Ein Verwaltungsakt, der dem Inhaltsadressaten selbst bekannt gegeben wird, obwohl eine andere Person der zutreffende Bekanntgabeadressat ist (vgl. AEAO zu § 122, Nr. 1.4.3), ist unwirksam (BFH-Beschluss vom 14.5. 1968, II B 41/67, BStBl. II S. 503). [2]Eine Heilung ist nicht möglich; vielmehr ist ein neuer Verwaltungsakt mit Bezeichnung des zutreffenden Bekanntgabeadressaten (vgl. AEAO zu § 122, Nr. 1.4.3) zu erlassen. [3] Zu den Folgen einer nur fehlerhaften Bezeichnung des Bekanntgabeadressaten vgl. AEAO zu § 122, Nr. 4.2.3.

4.2. Wirksamkeit des Verwaltungsakts trotz inhaltlicher Mängel

4.2.1. [1] Wird der richtige Steuerschuldner (Inhaltsadressat) lediglich ungenau bezeichnet, ohne dass Zweifel an der Identität bestehen (z.B. falsche Bezeichnung der Rechtsform einer Gesellschaft: OHG statt KG, GbR statt OHG o.Ä.), so liegt kein Fall der inhaltlichen Unbestimmtheit vor. [2] Der Steuerbescheid ist daher nicht unwirksam; die falsche Bezeichnung kann berichtigt werden (BFH-Urteile vom 26.6.1974, II R 199/72, BStBl. II S. 724, und vom 26.9.1974, IV R 24/71, BStBl. 1975 II S. 311, BFH-Beschluss vom 18.3.1998, IV B 50/97, BFH/NV S. 1255).

4.2.2. Ist in einem Feststellungsbescheid ein Beteiligter falsch bezeichnet, weil Rechtsnachfolge eingetreten ist, kann dies durch besonderen Bescheid gegenüber den Betroffenen berichtigt werden (§ 182 Abs. 3 AO).

4.2.3. [1] Die fehlerhafte Bezeichnung des Bekanntgabeadressaten macht den Bescheid nicht in jedem Fall unwirksam, die Bekanntgabe kann aber fehlerhaft sein. [2] Die aus einer formell fehlerhaften Bezeichnung herrührenden Mängel können geheilt werden, wenn der von der Finanzbehörde zutreffend bestimmte, aber fehlerhaft bezeichnete Bekanntgabeadressat tatsächlich vom Inhalt des Bescheids Kenntnis erhält.

Beispiel:

Der gesetzliche Vertreter (Bekanntgabeadressat) eines Minderjährigen (Steuerschuldner und Inhaltsadressat) wird irrtümlich als Adam Meier bezeichnet, obwohl es sich um Alfred Meier handelt, dem der Verwaltungsakt auch tatsächlich zugeht.

Aus Gründen der Rechtssicherheit soll im Zweifel die Bekanntgabe des Verwaltungsakts unter richtiger Angabe des Bekanntgabeadressaten wiederholt werden.

4.2.4. [1] Geringfügige Abweichungen bei der Bezeichnung des Inhaltsadressaten, des Bekanntgabeadressaten oder des Empfängers, die insbesondere bei ausländischen Namen auf technischen Schwierigkeiten, Lesefehlern usw. beruhen, machen den Bescheid weder unwirksam noch anfechtbar. [2] Dies gilt auch, wenn bei einer juristischen Person ein unwesentlicher Namensbestandteil weggelassen oder abgekürzt wird oder eine allgemein übliche Kurzformel eines eingetragenen Namens verwendet wird. [3] Bei einem Verstoß gegen das Namensrecht (z.B. Abkürzung überlanger Namen, Übersehen von Adelsprädikaten oder akademischen Graden) wird der Steuerbescheid dennoch durch Bekanntgabe wirksam, wenn der Steuerschuldner (Inhaltsadressat) durch die verwendeten Angaben unverwechselbar bezeichnet wird.

4.3. Unwirksamkeit des Verwaltungsakts wegen eines Bekanntgabemangels

[1] Ein Verwaltungsakt wird erst mit ordnungsmäßiger Bekanntgabe wirksam (§ 122 Abs. 1, § 124 AO). [2] Zur Heilung von Bekanntgabemängeln vgl. AEAO zu § 122, Nr. 4.4.4; zu Mängeln bei der förmlichen Zustellung vgl. AEAO zu § 122, Nr. 4.5.

Wird ein inhaltlich richtiger Verwaltungsakt einem auf der Postsendung unrichtig ausgewiesenen Empfänger übermittelt (z.B. Briefumschläge werden vertauscht), ist der Verwaltungsakt weder gegenüber dem richtigen noch gegenüber dem falschen Empfänger wirksam.

Beispiel:
Das FA erlässt einen für Herrn Konrad Meier, Sternstraße 15, 53111 Bonn, bestimmten Einkommensteuerbescheid. Der Bescheid weist im Anschriftenfeld die vorstehende Adresse aus, wird aber in einen Briefumschlag eingelegt, der an Herrn Ludwig Meier, Königstraße 200, 40212 Düsseldorf, adressiert ist.
Der Bescheid ist nicht wegen fehlender inhaltlicher Bestimmtheit nichtig, weil aus ihm eindeutig hervorgeht, wer Steuerschuldner (Inhaltsadressat) ist. Er wurde jedoch nicht dem Beteiligten, für den er bestimmt ist, bekannt gegeben und ist damit nicht wirksam. Die Unwirksamkeit des Bescheids kann unter entsprechender Anwendung des § 125 Abs. 5 AO förmlich festgestellt werden. Gegenüber dem richtigen Bekanntgabeadressaten/Empfänger wird er erst wirksam, wenn die Bekanntgabe an diesen nachgeholt wird. Leitet der falsche Empfänger die Ausfertigung des Verwaltungsakts an den richtigen Empfänger (Bekanntgabeadressaten) weiter, wird der zunächst vorliegende Bekanntgabemangel geheilt und der Verwaltungsakt wirksam (vgl. AEAO zu § 122, Nrn. 4.4.1, 4.4.4 und 1.7.3).

4.4. Wirksame Bekanntgabe

4.4.1. [1] **Fehler beim technischen Ablauf** der Übermittlung des Verwaltungsakts und Verletzungen von Formvorschriften können unbeachtlich sein (§ 127 AO), wenn der Betroffene den für ihn bestimmten Verwaltungsakt tatsächlich zur Kenntnis genommen hat (vgl. AEAO zu § 122, Nrn. 4.2.3 und 4.4.4 zweiter Absatz). [2] Andererseits kann eine Bekanntgabe im Rechtssinne unter bestimmten Voraussetzungen auch wirksam sein, wenn der Betroffene selbst den Verwaltungsakt tatsächlich nicht erhalten, zur Kenntnis genommen oder verstanden hat. [3] Das Gesetz fingiert in diesen Fällen die Bekanntgabe (z.B. bei Übermittlung an einen für den Betroffenen handelnden Bekanntgabeadressaten). [4] Zu den Folgen der Nichtbeachtung einer Empfangsvollmacht vgl. AEAO zu § 122, Nr. 1.7.3.

4.4.2. Ein Feststellungsbescheid, der im Anschriftenfeld eine im Zeitpunkt seines Erlasses bereits erloschene Personengesellschaft benennt, ist wirksam bekannt gegeben, wenn aus dem Gesamtinhalt des Bescheids erkennbar ist, für welche Personen und in welcher Höhe Besteuerungsgrundlagen festgestellt werden, und dieser Bescheid diesen Personen auch übermittelt wird (BFH-Urteil vom 27.4.1978, IV R 187/74, BStBl. 1979 II S. 89).

4.4.3. Solange das Ausscheiden eines Gesellschafters im Handelsregister nicht eingetragen und dem Finanzamt auch sonst nicht bekannt geworden ist, ist die Bekanntgabe des Feststellungsbescheids an einen Empfangsbevollmächtigten i.S.d. § 183 AO auch dem ausgeschiedenen Gesellschafter gegenüber wirksam erfolgt (BFH-Urteile vom 3.11.1959, I 2/59 U, BStBl. 1960 III S. 96, und vom 14.12.1978, IV R 221/75, BStBl. 1979 II S. 503; vgl. AEAO zu § 122, Nrn. 2.5.5 und 4.2.2).

4.4.4. Heilung von Bekanntgabemängeln

Bekanntgabemängel können unter den Voraussetzungen des entsprechend anwendbaren § 8 VwZG (vgl. AEAO zu § 122, Nr. 4.5.1) geheilt werden (BFH-Urteil vom 29.10.1997, X R 37/95, BStBl. 1998 II S. 266).

Ein Verwaltungsakt kann trotz unrichtig angegebener Anschrift wirksam sein, wenn der Bekanntgabeadressat die Sendung tatsächlich erhält (BFH-Urteil vom 1.2.1990, V R 74/85, BFH/NV 1991 S. 2, für den Fall der Angabe einer unzutreffenden Hausnummer).

[1] Wird dem Bekanntgabeadressaten eines Verwaltungsakts die Einspruchsentscheidung ordnungsgemäß bekannt gegeben, so kommt es auf Bekanntgabemängel des ursprünglichen Bescheids grundsätzlich nicht mehr an (BFH-Urteile vom 28.10.1988, III R 52/86, BStBl. 1989 II S. 257, und vom 16.5.1990,

X R 147/87 BStBl. II S. 942). [2] Der Fehler bei der Bekanntgabe wird jedoch nicht geheilt, wenn der Einspruch in der Einspruchsentscheidung als unzulässig verworfen wird (BFH-Urteil vom 25.1.1994, VIII R 45/92, BStBl. II S. 603).

4.4.5. Zusammengefasste Steuerbescheide

[1] Zusammengefasste Steuerbescheide (§ 155 Abs. 3 AO) können gegenüber mehreren Beteiligten zu verschiedenen Zeitpunkten bekannt gegeben werden. [2] Eine unterlassene oder unwirksame Bekanntgabe kann jederzeit nachgeholt werden (BFH-Urteil vom 25.5.1976, VIII R 66/74, BStBl. II S. 606); der Ablauf der Festsetzungsfrist ist zu beachten. [3] Die Wirksamkeit eines Steuerbescheids gegenüber einem Beteiligten wird nicht dadurch berührt, dass dieser Bescheid gegenüber einem anderen Beteiligten unwirksam ist. [4] Zur Bekanntgabe an Ehegatten vgl. AEAO zu § 122, Nr. 2.1.

4.5. Fehler bei förmlichen Zustellungen

4.5.1. [1] Lässt sich die formgerechte Zustellung eines Dokuments nicht nachweisen oder ist es unter Verletzung zwingender Zustellungsvorschriften zugegangen, gilt es als in dem Zeitpunkt zugestellt, in dem es dem Empfangsberechtigten tatsächlich zugegangen ist. [2] Im Fall der Zustellung eines Schriftstücks ist dies der Zeitpunkt, in dem der Empfänger das Dokument „in die Hand bekommt" und nicht bereits der Zeitpunkt, zu dem nach dem gewöhnlichen Geschehensablauf mit einer Kenntnisnahme gerechnet werden konnte (vgl. BFH-Beschluss vom 6.5.2014, GrS 2/13, BStBl. II S. 645 zu § 189 ZPO). [3] Im Fall des § 5 Abs. 5 VwZG (Zustellung eines elektronischen Dokuments; vgl. AEAO zu § 122, Nrn. 3.1.3.3 und 3.1.3.5) gilt das Dokument in dem Zeitpunkt als zugestellt, in dem der Empfänger das Empfangsbekenntnis zurückgesendet hat (§ 8 VwZG). [4] Ein Zustellungsmangel ist nach § 8 VwZG auch dann geheilt, wenn durch die Zustellung eine Klagefrist in Lauf gesetzt wird (z.B. in den Fällen der behördlich angeordneten förmlichen Zustellung einer Einspruchsentscheidung), ferner auch dann, wenn der Empfänger nachweislich nur eine Fotokopie oder eine Mehrausfertigung des Verwaltungsakts erhalten hat (vgl. BFH-Urteil vom 15.1.1991, VII R 86/89, BFH/NV 1992 S. 81).

4.5.2. [1] Zwingende Zustellungsvorschriften sind insbesondere bei der Zustellung durch die Post mit Zustellungsurkunde (vgl. AEAO zu § 122, Nr. 3.1.1) zu beachten. [2] Es müssen sowohl die Zustellungsart (z.B. Ersatzzustellung) als auch der Zustellungsort (Wohnung, Geschäftsraum) richtig durch den Postbediensteten beurkundet werden (BFH-Urteil vom 10.10.1978, VIII R 197/74, BStBl. 1979 II S. 209). [3] Das Aktenzeichen (vgl. AEAO zu § 122, Nr. 3.1.1.1) muss sowohl auf dem Briefumschlag als auch auf der Zustellungsurkunde angegeben sein (BFH-Urteil vom 24.11.1977, IV R 113/75, BStBl. 1978 II S. 467). [4] Auch ein Verstoß gegen § 10 VwZG bei der Anordnung einer öffentlichen Zustellung (vgl. AEAO zu § 122, Nr. 3.1.5) kann unter den Voraussetzungen des § 8 VwZG geheilt werden (BFH-Urteil vom 6.6.2000, VII R 55/99, BStBl. II S. 560).

4.5.3. Eine wegen Formmangels unwirksame, von der Finanzbehörde angeordnete Zustellung eines Verwaltungsakts kann nicht in eine wirksame „schlichte" Bekanntgabe i.S.d. § 122 Abs. 1 AO umgedeutet werden (BFH-Urteile vom 25.1.1994, VIII R 45/92, BStBl. II S. 603, und vom 8.6.1995, IV R 104/94, BStBl. II S. 681).

4.6. Fehlerhafte Bekanntgabe von Grundlagenbescheiden

[1] Da ein Folgebescheid gem. § 155 Abs. 2 AO vor Erlass eines notwendigen Grundlagenbescheids ergehen kann, ist die Unwirksamkeit der Bekanntgabe eines Grundlagenbescheids für den bereits vorliegenden Folgebescheid ohne Bedeutung. [2] Erst wenn der Grundlagenbescheid wirksam bekannt gegeben worden ist, sind daraus für den Folgebescheid Folgerungen zu ziehen (§ 175 Abs. 1 Satz 1 Nr. 1 AO).

4.7. Bekanntgabe von gesonderten und einheitlichen Feststellungen an einzelne Beteiligte

4.7.1. [1] Ein Verwaltungsakt, der an mehrere Beteiligte gerichtet ist (z.B. gesonderte und einheitliche Feststellung), aber nicht allen Beteiligten bekannt gegeben wird, ist dadurch nicht unwirksam. [2] Mit der Bekanntgabe an einzelne Beteiligte ist der Verwaltungsakt als entstanden anzusehen; er hat gegenüber diesen Beteiligten Wirksamkeit erlangt und kann insgesamt nicht mehr frei, sondern nur bei Vorliegen der gesetzlichen Änderungsvorschriften geändert werden (BFH-Urteile vom 31.5.1978, I R 76/76, BStBl. II S. 600, und vom 25.11.1987, II R 227/84, BStBl. 1988 II S. 410). [3] Zur Nachholung der Bekanntgabe an die übrigen Beteiligten vgl. AEAO zu § 122, Nr. 2.5.1.

4.7.2. Die einzelnen Gesellschafter sind nicht in ihren Rechten verletzt, wenn ein gesonderter und einheitlicher Feststellungsbescheid anderen Gesellschaftern nicht oder nicht ordnungsgemäß bekannt gegeben worden ist (BFH-Urteil vom 12.12.1978, VIII R 10/76, BStBl. 1979 II S. 440).

AEAO zu § 122a – Bekanntgabe von Verwaltungsakten durch Bereitstellung zum Datenabruf:

Durch die Datenbereitstellung von Verwaltungsakten der Landesfinanzbehörden nach § 122a AO über die Kommunikationsplattform ELSTER im Format PDF/A wird ein sicheres Verfahren verwendet, das die Vertraulichkeit und Integrität des Datensatzes gewährleistet (§ 87a Abs. 8 AO).

[1] Die elektronische Benachrichtigung an die abrufberechtigte Person über die Bereitstellung der Daten zum Abruf bedarf keiner Verschlüsselung (§ 87a Abs. 1 Satz 5 AO). [2] Bestreitet die zum Abruf berechtigte Person den Zugang der Benachrichtigung, trägt die Finanzbehörde die Beweislast für deren Zugang. [3] Trägt die abrufberechtigte Person substantiiert und unwiderlegbar vor, die Benachrichtigung erst nach dem in § 122a Abs. 4 Satz 1 AO fingierten Bekanntgabetag erhalten zu haben, wurden die Daten von der abrufberechtigten Person aber tatsächlich abgerufen, gilt der Verwaltungsakt an dem Tag als bekannt gegeben, an dem der Datenabruf tatsächlich erfolgt ist. [4] Gelingt der Finanzbehörde der Nachweis des Zugangs der Benachrichtigung nicht und wurden die Daten auch von keiner dazu berechtigten Person abgerufen, gilt der Verwaltungsakt als nicht zugegangen. [5] In diesem Fall ist die Bekanntgabe – vorzugsweise im schriftlichen Verfahren – zu wiederholen.

AEAO zu § 123 – Bestellung eines Empfangsbevollmächtigten:

1. [1] Ein Beteiligter mit Wohnsitz, gewöhnlichem Aufenthalt, Sitz oder Geschäftsleitung im Inland, in einem anderen Mitgliedstaat der Europäischen Union oder in einem Staat, auf den das Abkommen über den Europäischen Wirtschaftsraum anwendbar ist, darf nicht zur Benennung eines inländischen Empfangsbevollmächtigten aufgefordert werden. [2] Der Europäische Wirt-

schaftsraum umfasst neben den Staaten der Europäischen Union die Staaten Island, Liechtenstein und Norwegen.

2. [1] Von der Möglichkeit des § 123 AO ist grundsätzlich kein Gebrauch zu machen, soweit Verwaltungsakte einem Empfänger im Ausland unmittelbar zugestellt (vgl. AEAO zu § 122, Nr. 3.1.4.1) oder durch einfachen Brief bekannt gegeben werden dürfen (vgl. AEAO zu § 122, Nr. 1.8.4). [2] Eine Ausnahme kommt insbesondere in Betracht, wenn dem Steuerpflichtigen in der Vergangenheit wiederholt Verwaltungsakte nicht mittels einfachen Briefs oder förmlicher Zustellung bekannt gegeben werden konnten, weil dieser die Annahme verweigert oder bereits mehrfach den Zugang von Steuerverwaltungsakten bestritten hat.

3. [1] Abweichend von § 122 Abs. 2 und 2a AO ist die Zugangsvermutung gem. § 123 Satz 3 AO nur dann widerlegt, wenn feststeht, dass das Schriftstück oder das elektronische Dokument den Empfänger nicht oder zu einem späteren Zeitpunkt erreicht hat. [2] Zweifel gehen zu Lasten des Empfängers.

AEAO zu § 124 – Wirksamkeit des Verwaltungsakts:

1. Der Verwaltungsakt wird mit dem Inhalt wirksam, mit dem er bekannt gegeben wird. Maßgebend ist nicht die Aktenverfügung der Finanzbehörde, sondern die Fassung, die dem Beteiligten zugegangen ist.

[1] Bei der Auslegung des Verwaltungsakts kommt es gem. dem entsprechend anzuwendenden § 133 BGB nicht darauf an, was die Finanzbehörde mit ihren Erklärungen gewollt hat, sondern darauf, wie der Betroffene nach den ihm bekannten Umständen den materiellen Gehalt der Erklärungen unter Berücksichtigung von Treu und Glauben verstehen konnte. [2] Im Zweifel ist das den Steuerpflichtigen weniger belastende Auslegungsergebnis vorzuziehen (BFH-Urteil vom 27.11.1996, X R 20/95, BStBl. 1997 II S. 791).

2. [1] Weicht der bekannt gegebene Verwaltungsakt von der Aktenverfügung ab, so liegt i.d.R. ein Schreib- oder Übertragungsfehler vor, der gem. § 129 AO berichtigt werden kann. [2] Sind die Voraussetzungen des § 129 AO nicht gegeben, hat die Finanzbehörde alle Möglichkeiten einer Rücknahme, des Widerrufs, der Aufhebung oder Änderung des Verwaltungsakts zu prüfen.

3. [1] Bis zur Bekanntgabe wird der Verwaltungsakt nicht wirksam. [2] Er kann daher bis zu diesem Zeitpunkt rückgängig gemacht oder abgeändert werden, ohne dass die Voraussetzungen der §§ 130, 131 AO oder der §§ 172 ff. AO vorliegen müssen.

4. [1] Eine wirksame Bekanntgabe setzt voraus, dass der zum Erlass befugte Bedienstete diese veranlasst und dass er mit dem Willen handelt, den Bescheid bekannt zu geben (BFH-Urteil vom 24.11.1988, V R 123/83, BStBl. 1989 II S. 344). [2] Der Bekanntgabewille wird dadurch gebildet, dass der zeichnungsberechtigte Bedienstete die Aktenverfügung des Verwaltungsakts abschließend zeichnet und den Versand des Verwaltungsakts veranlasst oder dass die Bescheiderteilung in anderer Form abschließend veranlasst und die Versendung des Bescheids angewiesen wird.

5. [1] Der Bekanntgabewille kann aufgegeben werden. [2] Die Aufgabe des Willens der Finanzbehörde zur Bekanntgabe eines Verwaltungsakts führt aber nur dann zu dessen Unwirksamkeit, wenn der Wille aufgegeben wird, bevor der Bescheid den Herrschaftsbereich der Verwaltung verlassen hat; die Rechtzeitigkeit der Aufgabe des Bekanntgabewillens muss in den Akten hinreichend klar und eindeutig dokumentiert sein (BFH-Urteil vom 23.8.2000, X R 27/98, BStBl. 2001 II S. 662). [3] Der Empfänger des Verwaltungsakts ist unverzüglich schriftlich über die Aufgabe des Bekanntgabewillens zu unterrichten. [4] Es ist unerheblich, wenn der Empfänger diese Mitteilung erst nach Zugang des Verwaltungsakts erhält. [5] Der Aufgabe des Bekanntgabewillens kommt keine Bedeutung mehr zu, wenn der Verwaltungsakt den Herrschaftsbereich der Finanzbehörde bereits verlassen hat (BFH-Urteil vom 12.8.1996, VI R 18/94, BStBl. II S. 627).

6. [1] Unabhängig vom Zeitpunkt der Aufgabe des Bekanntgabewillens (vgl. AEAO zu § 124, Nr. 5) wird ein Verwaltungsakt aber auch dann nicht wirksam, wenn die Finanzbehörde dem Empfänger vor oder spätestens mit der Bekanntgabe des Verwaltungsakts mitteilt, dieser Bescheid solle nicht gelten (vgl. BFH-Urteil vom 28.5.2009, III R 84/06, BStBl. II S. 949). [2] Wurde der Verwaltungsakt mit einfachem Brief versandt, ist ein solcher Widerruf auch dann bis zum Ablauf des nach § 122 Abs. 2 AO fingierten Bekanntgabetages möglich, wenn der Verwaltungsakt dem Empfänger tatsächlich früher zugegangen sein sollte (vgl. BFH-Urteil vom 18.8.2009, X R 25/06, BStBl. II S. 965). [3] Der Widerruf bedarf nicht der Schriftform, er muss aber in den Akten hinreichend klar und eindeutig dokumentiert sein.

AEAO zu § 125 – Nichtigkeit des Verwaltungsakts:

1. Der nichtige Verwaltungsakt entfaltet keine Rechtswirkungen; aus ihm darf nicht vollstreckt werden.

2. Fehler bei der Anwendung des materiellen Rechts führen i.d.R. nicht zur Nichtigkeit, sondern nur zur Rechtswidrigkeit des Verwaltungsakts.

3. [1] Der Betroffene kann die Nichtigkeit des Verwaltungsakts jederzeit, auch noch nach Ablauf der Rechtsbehelfsfristen, geltend machen. [2] Dies gilt nicht, wenn über die Nichtigkeit des Verwaltungsakts bereits durch eine Feststellung nach § 125 Abs. 5 AO in der Form eines Verwaltungsakts (vgl. AEAO zu § 125, Nr. 4) entschieden wurde.

4. [1] Die Feststellung der Nichtigkeit eines Verwaltungsakts (§ 125 Abs. 5 AO) kann durch einen Verwaltungsakt getroffen werden (vgl. BFH-Urteil vom 20.8.2014, X R 15/10, BStBl. 2015 II S. 109). [2] Im Interesse der Rechtssicherheit soll von dieser Möglichkeit Gebrauch gemacht werden. [3] In diesem Fall ist zu verdeutlichen, dass ein Verwaltungsakt und nicht nur eine unverbindliche Äußerung der Finanzbehörde vorliegt. [4] Das Schreiben ist als „Bescheid über die Feststellung der Nichtigkeit (§ 125 Abs. 5 AO) des Verwaltungsakts …" zu bezeichnen, zu begründen und mit einer Rechtsbehelfsbelehrung zu versehen.

[1] Eine durch Verwaltungsakt vorgenommene und bestandskräftig gewordene Feststellung der Nichtigkeit eines Verwaltungsakts hat zur Folge, dass der Steuerpflichtige und die Finanzbehörde die Nichtigkeit des Verwaltungsakts nicht mehr in Frage stellen können. [2] Dies gilt auch für den Fall einer inhaltlich unzutreffenden Nichtigkeitsfeststellung (BFH-Urteil vom 20.8.2014, a.a.O.).

5. In entsprechender Anwendung des § 125 Abs. 5 AO kann auch festgestellt werden, dass ein Verwaltungsakt wegen eines Bekanntgabemangels nicht wirksam geworden ist.

AEAO zu § 126 – Heilung von Verfahrens- und Formfehlern:

1. Ein nachträglich gestellter, fristgebundener Antrag heilt den Verwaltungsakt nur, wenn er innerhalb der für die Antragstellung vorgeschriebenen Frist nachgeholt wird.

2. Wegen § 126 Abs. 1 Nr. 3 AO wird auf § 91 AO hingewiesen.

3. Zur Wiedereinsetzung in den vorigen Stand nach unterlassener Anhörung eines Beteiligten bzw. wegen fehlender Begründung des Verwaltungsakts (§ 126 Abs. 3 i.V.m. § 110 AO) vgl. AEAO zu § 91, Nr. 3 und AEAO zu § 121, Nr. 3.

AEAO zu § 127 – Folgen von Verfahrens- und Formfehlern:

1. [1]Die Vorschrift gilt nur für die gesetzesgebundenen Verwaltungsakte. [2]Sie verhindert, dass der Steuerpflichtige die Aufhebung eines Steuerbescheids allein deshalb beanspruchen kann, weil der Finanzbehörde bei der Steuerfestsetzung ein Verfahrensfehler (z.B. unterlassene Anhörung) oder ein Formfehler (z.B. fehlende Begründung) unterlaufen ist oder weil die Finanzbehörde Vorschriften über die örtliche Zuständigkeit nicht beachtet hat. [3]Die Vorschrift ist auch anwendbar, wenn die Besteuerungsgrundlagen für einen Steuerbescheid geschätzt worden sind (BFH-Urteile vom 19.2.1987, IV R 143/84, BStBl. II S. 412, vom 17.9.1997, II R 15/95, BFH/NV 1998 S. 416, und vom 11.2.1999, V R 40/98, BStBl. II S. 382, sowie BFH-Beschluss vom 18.8.1999, IV B 108/98, BFH/NV 2000 S. 165). [4]Sie ist nicht anwendbar bei Verletzung der Vorschriften über die sachliche Zuständigkeit (BFH-Urteil vom 21.4.1993, X R 112/91, BStBl. II S. 649).

2. [1]§ 127 AO gilt nicht für Ermessensentscheidungen (BFH-Urteile vom 20.6.1990, I R 157/87, BStBl. 1992 II S. 43, vom 18.5.1994, I R 21/93, BStBl. II S. 697, und vom 15.10.1998, V R 77/97, BFH/NV 1999 S. 585). [2]Wenn diese mit einem Verfahrens- oder Formfehler behaftet sind, der nicht geheilt werden kann (§ 126 AO), müssen sie aufgehoben und – nach erneuter Ausübung des Ermessens – nochmals erlassen werden, falls der Beteiligte rechtzeitig einen Rechtsbehelf eingelegt hat. [3]Dies gilt nur dann nicht, wenn der mit dem Rechtsbehelf gerügte Fehler die Entscheidung durch die zuständige Finanzbehörde unter keinen Umständen beeinflusst haben kann (BFH-Urteil vom 18.7.1985, VI R 41/81, BStBl. 1986 II S. 169).

3. [1]Die Aufhebung eines Gewerbesteuermessbescheids kann regelmäßig nicht allein deswegen beansprucht werden, weil er von einem örtlich unzuständigen Finanzamt erlassen worden ist (BFH-Urteil vom 19.11.2003, I R 88/02, BStBl. 2004 II S. 751). [2]Ein Bescheid über die gesonderte Feststellung, der unter Verletzung der in § 180 Abs. 1 Satz 1 Nr. 2 Buchstabe b AO herangezogenen Vorschriften über die örtliche Zuständigkeit ergangen ist, muss aufgehoben werden, weil die Verletzung der §§ 18, 19 AO in der gem. § 180 Abs. 1 Satz 1 Nr. 2 Buchstabe b AO getroffenen Zuordnung ein nicht heilbarer Rechtsfehler ist (BFH-Urteile vom 15.4.1986, VIII R 325/84, BStBl. 1987 II S. 195, und vom 10.6.1999, IV R 69/98, BStBl. II S. 691).

AEAO zu § 129 – Offenbare Unrichtigkeit beim Erlass eines Verwaltungsakts:

1. [1]Ähnliche offenbare Unrichtigkeiten i.S.d. § 129 AO sind mechanische Versehen, wie beispielsweise Eingabe- oder Übertragungsfehler. [2]Eine offenbare Unrichtigkeit kann daher auch vorliegen, wenn der Sachbearbeiter den

Eingabewertbogen falsch ausfüllt oder Daten versehentlich nicht oder falsch in ein Computerprogramm eingibt.

[1] Ein mechanisches Versehen wird ferner angenommen, wenn der Sachbearbeiter es versehentlich unterlassen hat, die für die Veranlagung eines Jahres vorliegenden Unterlagen auszuwerten, die ihm vom Steuerpflichtigen unterjährig übersandt wurden (vgl. BFH-Urteil vom 27.5.2009, X R 47/08, BStBl. II S. 946). [2] Gleiches gilt für das Übersehen einer für den Veranlagungszeitraum einschlägigen Kontrollmitteilung, eines relevanten Grundlagenbescheids (vgl. dazu auch AEAO zu § 175, Nr. 1.2 2. Tiret) oder von Punkten eines Betriebsprüfungsberichts bzw. dessen widersprüchliche oder gar unterlassene Auswertung (vgl. u.a. BFH-Urteil vom 27.11.2003, V R 52/02, BFH/NV 2004 S. 605).

2. [1] Keine offenbaren Unrichtigkeiten i.S.v. § 129 AO sind Fehler bei der Auslegung oder (Nicht-)Anwendung einer Rechtsnorm, eine unrichtige Tatsachenwürdigung, die unzutreffende Annahme eines in Wirklichkeit nicht vorliegenden Sachverhalts sowie Fehler, die auf mangelnder Sachaufklärung beruhen. [2] Eine Berichtigung nach § 129 AO ist bereits dann ausgeschlossen, wenn auch nur die ernsthafte und nicht nur theoretische Möglichkeit besteht, dass ein derartiger Fehler vorliegt.

3.[1)] [1] Ein Fehler ist dann „offenbar" i.S.d. § 129 AO, wenn er auf der Hand liegt, durchschaubar, eindeutig oder augenfällig ist, d.h. sich für einen unvoreingenommenen Dritten ohne weiteres aus der Steuererklärung, deren Anlagen sowie den in den Akten befindlichen Unterlagen für das betreffende Veranlagungsjahr ergibt (vgl. BFH-Urteil vom 27.5.2009, X R 47/08, BStBl. II S. 946). [2] In den objektivierten Erkenntnishorizont des Dritten sind daneben regelmäßig aber auch im konkreten Fall einschlägige interne Arbeits- und Dienstanweisungen einzubeziehen (vgl. u.a. BFH-Urteil vom 13.6.2012, VI R 85/10, BStBl. 2013 II S. 5). [3] Es kommt nicht darauf an, ob der Steuerpflichtige die Unrichtigkeit anhand des Bescheids und der ihm vorliegenden Unterlagen erkennen konnte.

4. [1] Die offenbare Unrichtigkeit muss beim Erlass des Verwaltungsakts unterlaufen sein. [2] Daher können nur Fehler berichtigt werden, die der Finanzbehörde unterlaufen sind. [3] Eine offenbare Unrichtigkeit kann aber auch dann vorliegen, wenn das Finanzamt eine in der Steuererklärung oder dieser beigefügte Anlagen enthaltene offenbare, d.h. für das Finanzamt erkennbare Unrichtigkeit als eigene übernimmt. [4] Übersieht das Finanzamt bei der Einkommensteuerveranlagung, dass der Steuerpflichtige in seiner vorgelegten Gewinnermittlung die bei der Umsatzsteuererklärung für denselben Veranlagungszeitraum erklärten und erklärungsgemäß berücksichtigten Umsatzsteuerzahlungen in Gänze nicht als Betriebsausgabe erfasst hat, liegt insoweit eine von Amts wegen zu berichtigende offenbare Unrichtigkeit nach § 129 AO vor, auch wenn in diesem Fall noch Ermittlungen zur Höhe des tatsächlich zu berücksichtigenden Betrags erforderlich sind (vgl. BFH-Urteil vom 27.8.2013, VIII R 9/11, BStBl. 2014 II S. 439).[2)] [5] Eine offenbare Unrichtigkeit liegt dagegen nicht vor, wenn der

---

[1)] Keine Berichtigungsmöglichkeit nach § 129 AO bei fehlendem Abgleich des erklärten Arbeitslohns mit dem elektronisch beigestellten Arbeitslohn; siehe BFH v. 16.1.2018 VI R 41/16, BStBl. II 2018, 378, und VI R 38/16, BFH/NV 2018, 513.

[2)] Zur Anwendung von § 129 AO bei Abgabe elektronischer Steuererklärungen siehe BFH v. 22.5. 2019 XI R 9/18, BStBl. II 2020, 37.

Steuerpflichtige nicht sämtliche Umsatzsteuer-Vorauszahlungen bei den Betriebsausgaben außer Acht gelassen, sondern im Rahmen seiner Steuererklärung einen Gesamtbetrag eingesetzt hat, der nicht von vornherein unrealistisch war (vgl. BFH-Urteile vom 3.5.2017, X R 4/16, BFH/NV S. 1415, und vom 17.5.2017, X R 45/16, BFH/NV 2018 S. 10).

Bei Fehlern des Steuerpflichtigen bei Erstellung seiner Steuererklärung ist zwischen der Rechtslage bis 2016 und ab 2017 zu unterscheiden:

– Soweit der Steuerbescheid nach dem 31.12.2016 erlassen wurde vgl. AEAO zu § 173a.

– Soweit der Steuerbescheid vor dem 1.1.2017 erlassen wurde, gilt Folgendes: [1] Sind dem Steuerpflichtigen bei Erstellung seiner Steuererklärung Fehler (insbesondere Schreib- oder Rechenfehler) unterlaufen und hat er demzufolge dem Finanzamt bestimmte Tatsachen nicht oder mit einem unzutreffenden Wert mitgeteilt, kann der Steuerbescheid nicht nach § 129 AO berichtigt werden, da das Finanzamt den Fehler nicht erkennen und diesen sich somit auch nicht zu eigen machen konnte. [2] Allerdings kommt bei steuerermäßigenden Tatsachen eine Änderung nach § 173 Abs. 1 Nr. 2 AO in Betracht, wenn den Steuerpflichtigen kein grobes Verschulden am nachträglichen Bekanntwerden der zutreffenden Tatsachen trifft (vgl. AEAO zu § 173, Nr. 5) und diese Tatsachen auch bei Erlass des ursprünglichen Steuerbescheids rechtserheblich waren (vgl. AEAO zu § 173, Nr. 3). [3] Dafür, dass die ursprüngliche Nichterklärung auf einem mechanischen Versehen beruht, trägt der Steuerpflichtige die Beweislast (vgl. AEAO zu § 173, Nr. 5.1 und 5.1.3). [4] Die Form der Steuererklärung ist hierbei unerheblich (vgl. AEAO zu § 173, Nr. 5.6).

5. Bei einer Berichtigung nach § 129 AO können im Wege pflichtgemäßer Ermessensausübung unter sinngemäßer Anwendung des § 177 AO materielle Fehler korrigiert werden (BFH-Urteil vom 8.3.1989, X R 116/87, BStBl. II S. 531).

6. [1] Die Berichtigung zugunsten und zuungunsten des Steuerpflichtigen ist

– bei Steuerfestsetzungen und Zinsbescheiden nur innerhalb der Festsetzungsfrist (§ 169 Abs. 1 Satz 2 AO),

– bei Aufteilungsbescheiden nur bis zur Beendigung der Vollstreckung (§ 280 AO),

– bei Verwaltungsakten, die sich auf Zahlungsansprüche richten, bis zum Ablauf der Zahlungsverjährung (§ 228 AO),

– bei anderen Verwaltungsakten zeitlich unbeschränkt

zulässig. [2] Auf die besondere Ablaufhemmung der Festsetzungsfrist nach § 171 Abs. 2 AO wird hingewiesen.

7. [1] Zur Korrektur von Haftungs- und Duldungsbescheiden vgl. AEAO zu § 191. [2] Zur Anfechtungsbeschränkung vgl. AEAO zu § 351, Nr. 3.

AEAO vor §§ 130, 131 – Rücknahme und Widerruf von Verwaltungsakten:

1. [1] Die §§ 130 bis 133 AO gelten für Rücknahme oder Widerruf von Verwaltungsakten nur, soweit keine Sonderregelungen bestehen (Hinweis auf §§ 172 ff. AO für Steuerbescheide; §§ 206, 207 AO für verbindliche Zusagen; § 280 AO für Aufteilungsbescheide). [2] Dabei bestehen hinsichtlich der Bestandskraft unanfechtbarer Verwaltungsakte Unterschiede zwischen begünstigenden Verwaltungsakten und nicht begünstigenden Verwaltungsakten.

2. Begünstigende Verwaltungsakte sind insbesondere
– Gewährung von Entschädigungen (§ 107 AO),
– Fristverlängerungen (§ 109 AO),
– Gewährung von Buchführungserleichterungen (§ 148 AO),
– Billigkeitsmaßnahmen (§§ 163, 227, § 234 Abs. 2 AO),
– Verlegung des Beginns einer Außenprüfung (§ 197 Abs. 2 AO),
– Stundungen (§ 222 AO),
– Einstellung oder Beschränkung der Vollstreckung (§§ 257, 258 AO),
– Aussetzung der Vollziehung (§ 361 AO, § 69 Abs. 2 FGO[1])).

3. Nicht begünstigende Verwaltungsakte sind insbesondere
– Ablehnung beantragter begünstigender Verwaltungsakte,
– Festsetzung von steuerlichen Nebenleistungen (§ 3 Abs. 4, § 218 Abs. 1 AO),
– Ablehnung einer Erstattung von Nebenleistungen (§ 37 Abs. 2, § 218 Abs. 2 AO),
– Auskunftsersuchen (§§ 93 ff. AO),
– Aufforderung zur Buchführung (§ 141 Abs. 2 AO),
– Haftungsbescheide (§ 191 AO),
– Duldungsbescheide (§ 191 AO),
– Prüfungsanordnungen (§ 196 AO),
– Anforderung von Säumniszuschlägen (§ 240 AO),
– Pfändungen (§ 281 AO).

4. [1] In Fällen der Korrektur von Verspätungszuschlagfestsetzungen infolge von Korrekturen der Steuerfestsetzung, der Feststellung von Besteuerungsgrundlagen oder der Anrechnung von Vorauszahlungen oder Steuerabzugsbeträgen gilt § 152 Abs. 12 AO (AEAO zu § 152, Nr. 12). [2] Zur Korrektur von Haftungs- und Duldungsbescheiden vgl. AEAO zu § 191.

5. [1] Verwaltungsakte über Billigkeitsmaßnahmen nach § 163 Abs. 1 AO stehen in den Fällen des § 163 Abs. 3 AO kraft Gesetzes unter Widerrufsvorbehalt. [2] Die Rücknahme eines rechtswidrigen Verwaltungsakts richtet sich in diesen Fällen nach § 163 Abs. 4 Satz 1 AO.

AEAO zu § 130 – Rücknahme eines rechtswidrigen Verwaltungsakts:

1. [1] Ein Verwaltungsakt ist rechtswidrig, wenn er im Zeitpunkt seines Erlasses ganz oder teilweise gegen zwingende gesetzliche Vorschriften (§ 4 AO) verstößt, ermessensfehlerhaft ist (vgl. AEAO zu § 5) oder eine Rechtsgrundlage überhaupt fehlt. [2] Eine nachträgliche Änderung der Sach- oder Rechtslage hingegen macht einen ursprünglich rechtmäßigen Verwaltungsakt grundsätzlich nicht i.S.d. § 130 AO rechtswidrig, es sei denn, es läge ein Fall steuerrechtlicher Rückwirkung vor, welche den Verwaltungsakt erfasst (vgl. BFH-Urteil vom 9.12.2008, VII R 43/07, BStBl. 2009 II S. 344). [3] Besonders schwerwiegende Fehler haben die Nichtigkeit und damit die Unwirksamkeit zur Folge (§ 125

---

[1] Nr. 2.

i.V.m. § 124 Abs. 3 AO). [4]Liegt kein Fall der Nichtigkeit vor, so wird der rechtswidrige Verwaltungsakt zunächst wirksam.

. 2. [1]Die Finanzbehörde entscheidet im Rahmen ihres Ermessens, ob sie eine Überprüfung eines rechtswidrigen, unanfechtbaren Verwaltungsakts vornehmen soll. [2]Die Finanzbehörde braucht nicht in die Überprüfung einzutreten, wenn der Steuerpflichtige nach Ablauf der Einspruchsfrist die Rechtswidrigkeit lediglich behauptet und Gründe, aus denen sich schlüssig die Rechtswidrigkeit des belastenden Verwaltungsakts ergibt, nicht näher bezeichnet (vgl. BFH-Urteil vom 9.3.1989, VI R 101/84, BStBl. II S. 749). [3]Ist die Fehlerhaftigkeit eines Verwaltungsakts festgestellt, so ist zunächst die mögliche Nichtigkeit (§ 125 AO), danach die Möglichkeit der Berichtigung offenbarer Unrichtigkeiten (§ 129 AO), danach die Möglichkeit der Heilung von Verfahrens- und Formfehlern (§§ 126, 127 AO), danach die Möglichkeit der Umdeutung (§ 128 AO) und danach die Rücknahme zu prüfen.

3. [1]Nicht begünstigende rechtswidrige Verwaltungsakte können jederzeit zurückgenommen werden, auch wenn die Einspruchsfrist abgelaufen ist. [2]Eine teilweise Rücknahme ist zulässig.

Beispiel:
Ein Verspätungszuschlag ist mit einem Betrag festgesetzt worden, der mehr als 10 % der festgesetzten Steuer ausmacht (Verstoß gegen § 152 Abs. 2 AO a.F.). Die Festsetzung kann insoweit zurückgenommen werden, wie sie 10 % übersteigt; sie bleibt im Übrigen bestehen.

4. [1]Die Rücknahme eines begünstigenden rechtswidrigen Verwaltungsakts ist nur unter Einschränkungen möglich (§ 130 Abs. 2 und 3 AO). [2]Unter einer Begünstigung i.S.d. Vorschriften ist jede Rechtswirkung zu verstehen, an deren Aufrechterhaltung der vom Verwaltungsakt Betroffene ein schutzwürdiges Interesse hat (BFH-Urteil vom 16.10.1986, VII R 159/83, BStBl. 1987 II S. 405). [3]Sofern die Rücknahme zulässig und wirksam ist, kann die Finanzbehörde aufgrund des veränderten Sachverhalts oder der veränderten Rechtslage einen neuen Verwaltungsakt erlassen, der für den Beteiligten weniger vorteilhaft ist.

Beispiele:
a) Ein Verspätungszuschlag ist unter Abweichung von der sonst beim Finanzamt üblichen Anwendung der Grundsätze des § 152 AO a.F. auf 500 € festgesetzt worden. Eine Überprüfung des Falles ergibt, dass eine Festsetzung i.H.v. 1.000 € richtig gewesen wäre. Die Rücknahme der Festsetzung, verbunden mit einer neuen höheren Festsetzung, ist rechtlich zulässig, wenn die niedrige Festsetzung auf unrichtigen oder unvollständigen Angaben des Steuerpflichtigen beruhte (§ 130 Abs. 2 Nr. 3 AO).
b) Der Steuerpflichtige hat durch arglistige Täuschung über seine Vermögens- und Liquiditätslage eine Stundung ohne Sicherheitsleistung erwirkt. Die Finanzbehörde kann die Stundungsverfügung mit Wirkung für die Vergangenheit zurücknehmen (§ 130 Abs. 2 Nr. 2 AO), für die Vergangenheit Säumniszuschläge anfordern und eine in die Zukunft wirkende neue Stundung von einer Sicherheitsleistung abhängig machen.

5. [1]§ 130 Abs. 3 AO normiert keine Prüfungsfrist, innerhalb derer die Finanzbehörde ihr bekannte Tatsachen rechtlich zu bewerten und aus ihnen die gebotenen Schlussfolgerungen zu ziehen hätte, sondern lediglich eine Entscheidungsfrist. [2]Deshalb beginnt die Jahresfrist erst dann, wenn die Finanzbehörde tatsächlich die Erkenntnis gewonnen hat, dass ein Verwaltungsakt zurückgenommen bzw. widerrufen werden kann (vgl. BVerwG-Beschluss vom 19.12. 1984, GrS 1 und 2/84, BVerwGE 70 S. 356, und daran anschließend die ständige Rechtsprechung des BFH, vgl. u.a. Urteil vom 9.12.2008, VII R 43/07, BStBl. 2009 II S. 344). [3]Dies ist der Fall, wenn die Finanzbehörde ohne weitere Sachaufklärung objektiv in der Lage ist, unter sachgerechter Ausübung ihres Ermessens über Rücknahme bzw. Widerruf des Verwaltungsakts zu entscheiden.

AEAO zu § 131 – Widerruf eines rechtmäßigen Verwaltungsakts:

1. [1] Ein Verwaltungsakt ist rechtmäßig, wenn er zum Zeitpunkt des Wirksamwerdens (Bekanntgabe) dem Gesetz (§ 4 AO) entspricht. [2] Ändert sich der Sachverhalt durch nachträglich eingetretene Tatsachen oder lässt das Gesetz in derselben Sache unterschiedliche Verwaltungsakte zu (Ermessensentscheidungen), so kann der rechtmäßige Verwaltungsakt unter bestimmten Voraussetzungen mit Wirkung für die Zukunft widerrufen werden.

2. [1] § 131 Abs. 2 Nr. 3 AO betrifft nur die Änderung tatsächlicher, nicht rechtlicher Verhältnisse. [2] Der Begriff „Tatsache" bezeichnet in dieser Vorschrift dasselbe wie in § 173 AO (vgl. AEAO zu § 173, Nr. 1). [3] „Tatsache" ist auch die steuerrechtliche Beurteilung eines Sachverhalts in einem anderen Bescheid, soweit dieser Bescheid Bindungswirkung für den zu widerrufenden Bescheid hat (vgl. BFH-Urteile vom 13.1.2005, II R 48/02, BStBl. II S. 451, und vom 9.12.2008, VII R 43/07, BStBl. 2009 II S. 344). [4] Das öffentliche Interesse i.S.d. Vorschrift ist immer dann gefährdet, wenn bei einem Festhalten an der getroffenen Entscheidung der Betroffene gegenüber anderen Steuerpflichtigen bevorzugt würde.

3. [1] Ein Steuererlass kann nicht widerrufen werden. [2] Die nachträgliche Verbesserung der Liquiditäts- oder Vermögenslage ist unbeachtlich. [3] Für die Rücknahme gilt § 130 Abs. 2 und 3 AO.

4. Ein rechtmäßiger begünstigender Verwaltungsakt darf jederzeit um einen weiteren rechtmäßigen Verwaltungsakt ergänzt werden.

Beispiele:

a) Verlängerung oder Erhöhung einer Stundung,

b) weitere Fristverlängerung,

c) Gewährung ergänzender Buchführungserleichterungen,

d) Erhöhung des zu erlassenden Steuerbetrages.

5. Dementsprechend bedarf es bei demselben Sachverhalt nicht des Widerrufs, wenn zu einem nicht begünstigenden rechtmäßigen Verwaltungsakt lediglich ein weiterer rechtmäßiger Verwaltungsakt hinzutritt.

Beispiele:

a) Wegen einer Steuerschuld von 2.500 € sind Wertpapiere im Werte von 1.500 € gepfändet worden. Es wird eine weitere Pfändung über 1.000 € verfügt.

b) Die Prüfungsanordnung für eine Außenprüfung umfasst den Prüfungszeitraum 1993 bis 1995. Die Prüfungsanordnung wird auf den Besteuerungszeitraum 1996 ausgedehnt.

c) Zur Klärung eines steuerlich bedeutsamen Sachverhalts wird das Kreditinstitut X um Auskunft über die Kontenstände des Steuerpflichtigen gebeten. Im Zuge der Ermittlungen wird auch die Angabe aller baren Einzahlungen über 5.000 € verlangt.

AEAO zu § 138 – Anzeigen über die Erwerbstätigkeit:

1. [1] Die Verpflichtung, die Eröffnung eines Betriebs der Land- und Forstwirtschaft, eines gewerblichen Betriebs oder einer Betriebstätte anzuzeigen, besteht nur gegenüber der Gemeinde, in der dieser Betrieb oder die Betriebstätte eröffnet wird; diese hat unverzüglich das zuständige Finanzamt zu unterrichten. [2] Freiberuflich Tätige haben die Aufnahme ihrer Erwerbstätigkeit dem Wohnsitzfinanzamt (§ 19 Abs. 1 AO, ggf. Tätigkeitsfinanzamt nach § 19 Abs. 3

AO) mitzuteilen. [3] Unter Eröffnung ist auch die Fortführung eines Betriebs oder einer Betriebsstätte durch den Rechtsnachfolger oder Erwerber zu verstehen (Hinweis auf § 75 AO).

[1] Die Meldefrist beträgt einen Monat. [2] Gewerbetreibende, die nach § 14 der GewO gegenüber der zuständigen Behörde (Ordnungs- bzw. Gewerbeamt) anzeigepflichtig sind, genügen mit dieser Anzeige gleichzeitig ihrer steuerlichen Anzeigepflicht nach § 138 Abs. 1 AO. [3] Die Anzeige ist auf einem Vordruck zu erstatten, dessen Muster durch die Anlagen 1, 2 und 3 zu § 1 Satz 1 der GewAnzV vom 22.7.2014 (BGBl. I S. 1208) bestimmt worden ist. [4] Steuerpflichtige, die nicht unter die Anzeigepflicht nach der GewO fallen, können die Anzeige formlos erstatten. [5] Sie können sich auch des Vordrucks gem. der GewAnzV bedienen.

2.[1] [1] § 138 Abs. 2 AO verpflichtet alle Steuerpflichtigen, Auslandsbeziehungen, insbesondere Auslandsbeteiligungen innerhalb der Fristen nach § 138 Abs. 5 AO dem Finanzamt mitzuteilen. [2] Eine Verletzung dieser Verpflichtung kann als Steuergefährdung mit einem Bußgeld geahndet werden (§ 379 Abs. 2 Nr. 1 AO). [3] Näheres zu Inhalt und Form der Mitteilungen regelt das BMF-Schreiben vom 5.2.2018, BStBl. I S. 289, zuletzt geändert durch BMF-Schreiben vom 28.12.2020, BStBl. I 2021 S. 55.

AEAO zu § 138a – Länderbezogener Bericht multinationaler Unternehmensgruppen:

Auf das BMF-Schreiben vom 11.7.2017, BStBl. I S. 974 wird verwiesen.

Datenquellen

[1] Das berichtende Unternehmen verwendet beim Ausfüllen des Formblatts Jahr für Jahr konsistent die gleichen Datenquellen. [2] Dem berichtenden Unternehmen ist es freigestellt, Daten aus seiner konsolidierten Unternehmensberichterstattung, aus den gesetzlich vorgesehenen Jahresabschlüssen der einzelnen Unternehmen, aus für aufsichtsrechtliche Zwecke erstellten Abschlüssen oder aus seiner internen Rechnungslegung zu verwenden.

Sekundärmechanismus

Ergänzend hierzu besteht die Verpflichtung zur Abgabe des länderbezogenen Berichts für die einbezogene inländische Konzerngesellschaft nur, sofern die folgenden Voraussetzungen erfüllt sind:

1. Die einbezogene Konzerngesellschaft hat ihre Geschäftsleitung oder ihren Sitz im Inland und

2. eine der folgenden Voraussetzungen ist erfüllt:

   a) die ausländische Konzernobergesellschaft ist in ihrem Ansässigkeitsstaat nicht zur Vorlage eines länderbezogenen Berichts verpflichtet,

   b) der Ansässigkeitsstaat der ausländischen Konzernobergesellschaft verfügt über eine geltende internationale Übereinkunft, dessen Vertragspartei die Bundesrepublik Deutschland ist, jedoch über keine geltende Vereinbarung über den Austausch der länderbezogenen Berichte zwischen den zuständigen Behörden zu dem in § 138a Abs. 6 Satz 1 AO festgelegten Zeitpunkt für die Vorlage des länderbezogenen Berichts für das Wirtschaftsjahr, oder

---

[1] Zur zentralen Sammlung und Auswertung von Unterlagen über steuerliche Auslandsbeziehungen (Arbeitsbereich IZA des BZSt) siehe BMF v. 6.2.2012, BStBl. I 2012, 241.

c) es zu einem systemischen Versagen des Ansässigkeitsstaates der ausländischen Konzernobergesellschaft gekommen ist, über welches die einbezogene inländische Konzerngesellschaft vom Bundeszentralamt für Steuern unterrichtet wurde.

Systemisches Versagen bedeutet entweder, dass ein Staat zwar über eine geltende Vereinbarung über den Austausch der länderbezogenen Berichte zwischen den zuständigen Behörden mit der Bundesrepublik Deutschland verfügt, den automatischen Informationsaustausch (aus anderen als den in den Bestimmungen dieser Vereinbarung vorgesehenen Gründen) jedoch ausgesetzt hat, oder dass ein Staat auf andere Weise über einen längeren Zeitraum hinweg versäumt hat, die in seinem Besitz befindlichen länderbezogenen Berichte über einbezogene inländische Konzerngesellschaften der Bundesrepublik Deutschland automatisch zu übermitteln.

Die einbezogene inländische Konzerngesellschaft ist nicht zur Vorlage eines länderbezogenen Berichts verpflichtet, sofern die ausländische Konzernobergesellschaft in ihrem Ansässigkeitsstaat zur Vorlage eines länderbezogenen Berichts verpflichtet ist, da die konsolidierten Umsatzerlöse im vorangegangenen Wirtschaftsjahr die in diesem anderen Staat geltende Umsatzschwelle, die im Januar 2015 etwa 750 Millionen € entsprach, nicht überstieg.

AEAO zu § 140 – Buchführungs- und Aufzeichnungspflichten nach anderen Gesetzen:

[1] Durch die Vorschrift werden die sog. außersteuerlichen Buchführungs- und Aufzeichnungsvorschriften, die auch für die Besteuerung von Bedeutung sind, für das Steuerrecht nutzbar gemacht. [2] In Betracht kommen einmal die allgemeinen Buchführungs- und Aufzeichnungsvorschriften des Handels-, Gesellschafts- und Genossenschaftsrechts. [3] Zum anderen fallen hierunter die Buchführungs- und Aufzeichnungspflichten für bestimmte Betriebe und Berufe, die sich aus einer Vielzahl von Gesetzen und Verordnungen ergeben. [4] Auch ausländische Rechtsnormen können eine Buchführungspflicht nach § 140 AO begründen (BFH-Urteil vom 14.11.2018, I R 81/16, BStBl. 2019 II S. 390). [5] Verstöße gegen außersteuerliche Buchführungs- und Aufzeichnungspflichten stehen den Verstößen gegen steuerrechtliche Buchführungs- und Aufzeichnungsvorschriften gleich. [6] Hinweis auf § 162 Abs. 2 AO (Schätzung), § 379 Abs. 1 AO (Steuergefährdung). [7] Aufzeichnungspflichten, die für den Gesamthaushalt einer juristischen Person des öffentlichen Rechts bestehen (Doppik), führen nicht zu einer Verpflichtung zur Buchführung für einzelne Betriebe gewerblicher Art (BMF-Schreiben vom 3.1.2013, BStBl. I S. 59).

AEAO zu § 141 – Buchführungspflicht bestimmter Steuerpflichtiger:

1. [1] Die Vorschrift findet nur Anwendung, wenn sich nicht bereits eine Buchführungspflicht nach § 140 AO ergibt. [2] Wird von dem Wahlrecht nach § 241a HGB[1] Gebrauch gemacht, kann dennoch eine Buchführungspflicht nach § 141 AO bestehen. [3] Unter die Vorschrift fallen gewerbliche Unternehmer sowie Land- und Forstwirte,[2] nicht jedoch Freiberufler. [4] Gewerbliche

---

[1] **dtv 5765 Steuergesetze Nr. 34.**
[2] Zur Buchführung in land- und forstwirtschaftlichen Betrieben siehe BMF v. 15.12.1981, BStBl. I 1981, 878.

Unternehmer sind solche Unternehmer, die einen Gewerbebetrieb i.S.d. § 15 Abs. 2 oder 3 EStG [1]) bzw. des § 2 Abs. 2 oder 3 GewStG [2]) ausüben.

[1] Ausländische Unternehmen fallen unter die Vorschrift jedenfalls dann, wenn und soweit sie im Inland eine Betriebstätte unterhalten oder einen ständigen Vertreter bestellt haben (BFH-Urteil vom 14.9.1994, I R 116/93, BStBl. 1995 II S. 238). [2] Die Buchführungspflicht einer Personengesellschaft erstreckt sich auch auf das Sonderbetriebsvermögen ihrer Gesellschafter. [3] Die Gesellschafter selbst sind insoweit nicht buchführungspflichtig.

2. [1] Die Finanzbehörde kann die Feststellung i.S.d. § 141 Abs. 1 AO im Rahmen eines Steuer- oder Feststellungsbescheids oder durch einen selbständigen feststellenden Verwaltungsakt treffen. [2] Die Feststellung kann aber auch mit der Mitteilung über den Beginn der Buchführungspflicht nach § 141 Abs. 2 AO verbunden werden und bildet dann mit ihr einen einheitlichen Verwaltungsakt (BFH-Urteil vom 23.6.1983, IV R 3/82, BStBl. II S. 768).

3. [1] Die Buchführungsgrenzen beziehen sich grundsätzlich auf den einzelnen Betrieb (zum Begriff vgl. BFH-Urteil vom 13.10.1988, IV R 136/85, BStBl. 1989 II S. 7), auch wenn der Steuerpflichtige mehrere Betriebe der gleichen Einkunftsart hat. [2] Eine Ausnahme gilt für steuerbegünstigte Körperschaften, bei denen mehrere steuerpflichtige wirtschaftliche Geschäftsbetriebe als ein Betrieb zu behandeln sind (§ 64 Abs. 2 AO). [3] In den maßgebenden Umsatz (§ 141 Abs. 1 Nr. 1 AO) sind auch die nicht steuerbaren Auslandsumsätze einzubeziehen (BFH-Urteil vom 7.10.2009, II R 23/08, BStBl. 2010 II S. 219). [4] Sie sind ggf. zu schätzen; § 162 AO gilt entsprechend. [5] Bei einem Dauerverlustbetrieb einer juristischen Person des öffentlichen Rechts führt allein das Überschreiten der Umsatzgrenze nach § 141 Abs. 1 Satz 1 Nr. 1 AO nicht zu einer Buchführungspflicht, wenn dieser mangels Gewinnerzielungsabsicht kein gewerbliches Unternehmen darstellt (BMF-Schreiben vom 3.1. 2013, BStBl. I S. 59). [6] Da die Gewinngrenze für die land- und forstwirtschaftlichen Betriebe (§ 141 Abs. 1 Nr. 5 AO) auf das Kalenderjahr abstellt, werden bei einem vom Kalenderjahr abweichenden Wirtschaftsjahr die zeitanteiligen Gewinne aus zwei Wirtschaftsjahren angesetzt. [7] Für die Bestimmung der Buchführungsgrenzen nach § 141 Abs. 1 Nr. 3 AO sind die Einzelertragswerte der im Einheitswert erfassten Nebenbetriebe bei der Ermittlung des Wirtschaftswertes der selbstbewirtschafteten Flächen nicht anzusetzen (BFH-Urteil vom 6.7.1989, IV R 97/87, BStBl. 1990 II S. 606).

4. [1] Die Finanzbehörde hat den Steuerpflichtigen auf den Beginn der Buchführungspflicht hinzuweisen. [2] Diese Mitteilung soll dem Steuerpflichtigen mindestens einen Monat vor Beginn des Wirtschaftsjahres bekannt gegeben werden, von dessen Beginn ab die Buchführungspflicht zu erfüllen ist.[3] [3] Zur Bekanntgabe der Mitteilung über den Beginn der Buchführungspflicht bei ungeklärter Unternehmereigenschaft der Ehegatten/Lebenspartner als Miteigentümer der Nutzflächen eines landwirtschaftlichen Betriebs Hinweis auf BFH-Urteile vom 23.1.1986, IV R 108/85, BStBl. II S. 539, und vom 26.11. 1987, IV R 22/86, BStBl. 1988 II S. 238. [4] Werden die Buchführungsgrenzen nicht mehr überschritten, so wird der Wegfall der Buchführungspflicht dann

---

[1]) dtv 5785 ESt/LSt Nr. 1.
[2]) dtv 5786 KSt/GewSt Nr. 4.
[3]) Einhaltung der Monatsfrist ist keine Wirksamkeitsvoraussetzung; vgl. BFH v. 29.3.2007 IV R 14/ 05, BStBl. II 2007, 816.

nicht wirksam, wenn die Finanzbehörde vor dem Erlöschen der Verpflichtung wiederum das Bestehen der Buchführungspflicht feststellt. [5] Beim einmaligen Überschreiten der Buchführungsgrenze soll auf Antrag nach § 148 AO Befreiung von der Buchführungspflicht bewilligt werden, wenn nicht zu erwarten ist, dass die Grenze auch später überschritten wird. [6] Bei der Prüfung, ob die in § 141 Abs. 1 Nr. 4 und 5 AO aufgeführten Buchführungsgrenzen überschritten werden, sind erhöhte Absetzungen für Abnutzung sowie Sonderabschreibungen unberücksichtigt zu lassen (§ 7a Abs. 6 EStG). [7] Erhöhte Absetzungen für Abnutzung sind nur insoweit dem Gewinn zuzurechnen, als diese die Absetzungsbeträge nach § 7 Abs. 1 oder 4 EStG übersteigen (§ 7a Abs. 3 EStG).

5. [1] Die Buchführungspflicht geht nach § 141 Abs. 3 AO kraft Gesetzes über. [2] Es ist nicht Voraussetzung, dass eine der in § 141 Abs. 1 Nrn. 1 bis 5 AO aufgeführten Buchführungsgrenzen überschritten ist. [3] Als Eigentümer bzw. Nutzungsberechtigter kommen z.B. in Betracht: Erwerber, Erbe, Pächter, Nießbraucher. [4] Eine Übernahme des Betriebs im Ganzen liegt vor, wenn seine Identität gewahrt bleibt. [5] Dies ist der Fall, wenn die wesentlichen Grundlagen des Betriebs als einheitliches Ganzes erhalten bleiben. [6] Dies liegt nicht vor, wenn nur der landwirtschaftliche, nicht aber auch der forstwirtschaftliche Teilbetrieb übernommen wird (BFH-Urteil vom 24.2.1994, IV R 4/93, BStBl. II S. 677).

AEAO zu § 143 – Aufzeichnung des Wareneingangs:

1. [1] Zur gesonderten Aufzeichnung des Wareneingangs sind nur gewerbliche Unternehmer (vgl. AEAO zu § 141, Nr. 1) verpflichtet; Land- und Forstwirte fallen nicht unter die Vorschrift. [2] Die Aufzeichnungspflicht besteht unabhängig von der Buchführungspflicht. [3] Bei buchführenden Gewerbetreibenden genügt es, wenn sich die geforderten Angaben aus der Buchführung ergeben.

2. Besondere Aufzeichnungspflichten, die in Einzelsteuergesetzen vorgeschrieben sind (z.B. nach § 22 UStG[1]), werden von dieser Vorschrift nicht berührt.

AEAO zu § 144 – Aufzeichnung des Warenausgangs:

[1] Zur gesonderten Aufzeichnung des Warenausgangs sind gewerbliche Unternehmer (vgl. AEAO zu § 141, Nr. 1) sowie nach § 144 Abs. 5 AO auch buchführungspflichtige Land- und Forstwirte verpflichtet. [2] Mit der Einbeziehung der buchführungspflichtigen Land- und Forstwirte in die Vorschrift soll eine bessere Überprüfung der Käufer land- und forstwirtschaftlicher Produkte (z.B. Obst- oder Gemüsehändler) ermöglicht werden. [3] Bei buchführenden Unternehmern können die Aufzeichnungspflichten im Rahmen der Buchführung erfüllt werden. [4] Besondere Aufzeichnungspflichten, z.B. nach § 22 Abs. 2 Nrn. 1 bis 3 UStG[1], bleiben unberührt. [5] Erleichterungen nach § 14 Abs. 6 UStG für die Ausstellung von Rechnungen (z.B. nach §§ 31, 33 UStDV[2]) gelten für Zwecke dieser Vorschrift ausschließlich für die Erteilung eines Belegs i.S.v. § 144 Abs. 4 AO. [6] Auf die Aufzeichnungspflichten des § 144 AO finden sie keine Anwendung. [7] Bei Verstoß gegen die Aufzeichnungspflichten nach § 144 AO kann eine Ordnungswidrigkeit nach § 379 Abs. 2 Nr. 1a AO vorliegen.

---

[1] dtv 5546 USt Nr. 1.
[2] dtv 5546 USt Nr. 2.

AEAO zu § 146 – Ordnungsvorschriften für die Buchführung und für Aufzeichnungen:

1. Allgemeines

1.1. [1] Nur der ordnungsmäßigen Buchführung kommt Beweiskraft zu (§ 158 AO). [2] Verstöße gegen die Vorschriften zur Führung von Büchern und Aufzeichnungen (§§ 140 bis 147 AO) können z.B. die Anwendung von Zwangsmitteln nach § 328 AO, eine Schätzung nach § 162 AO oder eine Ahndung nach § 379 Abs. 1 Satz 1 Nr. 1 und Nr. 3 AO zur Folge haben. [3] Die Verletzung der Buchführungspflichten ist unter den Voraussetzungen der §§ 283 und 283b StGB (sog. Insolvenzstraftaten) strafbar.

1.2. Zu den Begriffen „vollständig, richtig, zeitgerecht, geordnet und unveränderbar" vgl. Rzn. 36 bis 60 des BMF-Schreibens vom 28.11.2019, BStBl. I S. 1269.

1.3. Es ist Aufgabe des Steuerpflichtigen, seine aufzeichnungs- und aufbewahrungspflichtigen Unterlagen so zu organisieren, dass bei einer zulässigen Einsichtnahme in die steuerlich relevanten Unterlagen (Daten) keine gesetzlich geschützten Bereiche tangiert werden können, zum Beispiel bei Rechtsanwälten, Steuerberatern, Ärzten usw.

1.4. Buchführungspflichtige Steuerpflichtige haben für Bargeldbewegungen ein Kassenbuch (ggf. in der Form aneinandergereihter Kassenberichte) zu führen.

2. Einzelaufzeichnungspflicht (§ 146 Abs. 1 AO)
2.1. Grundsätze der Einzelaufzeichnung

2.1.1. [1] Aufzeichnungen (z.B. nach §§ 238 ff. HGB[1]) und nach § 22 UStG[2]) müssen unterschiedlichen steuerlichen Zwecken genügen. [2] Erfordern verschiedene Rechtsnormen gleichartige Aufzeichnungen, so ist eine mehrfache Aufzeichnung für jede Rechtsnorm nicht erforderlich (vgl. Rz. 13 des BMF-Schreibens vom 28.11.2019, BStBl. I S. 1269). [3] Die Pflicht zur Einzelaufzeichnung gilt demnach unabhängig von der Gewinnermittlungsart. [4] Hinsichtlich der Aufzeichnungspflichten bei Steuerpflichtigen, die ihren Gewinn nach § 4 Abs. 3 EStG[3]) ermitteln vgl. AEAO zu § 146, Nr. 2.1.7.

2.1.2. [1] Die Grundsätze ordnungsmäßiger Buchführung erfordern grundsätzlich die Aufzeichnung jedes einzelnen Geschäftsvorfalls unmittelbar nach seinem Abschluss und in einem Umfang, der einem sachverständigen Dritten in angemessener Zeit eine lückenlose Überprüfung seiner Grundlagen, seines

---

[1] dtv 5765 Steuergesetze Nr. 34.
[2] dtv 5546 USt Nr. 1.
[3] dtv 5785 ESt/LSt Nr. 1.

Inhalts, seiner Entstehung und Abwicklung und seiner Bedeutung für den Betrieb ermöglicht. [2] Das bedeutet nicht nur die Aufzeichnung der in Geld bestehenden Gegenleistung, sondern auch des Inhalts des Geschäfts und des Namens des Vertragspartners. [3] Dies gilt auch für Bareinnahmen und für Barausgaben (vgl. BFH-Urteil vom 12.5.1966, IV 472/60, BStBl. III S. 371). [4] Die vorgenannten Grundsätze gelten für jeden, der eine gewerbliche, berufliche oder land- und forstwirtschaftliche, Tätigkeit selbständig ausübt. [5] Der Umstand der sofortigen Zahlung rechtfertigt keine Ausnahme (vgl. BFH-Urteil vom 26.2.2004, XI R 25/02, BStBl. II S. 599).

2.1.3. [1] Die Grundaufzeichnungen müssen so beschaffen sein, dass sie jederzeit eindeutig in ihre Einzelpositionen aufgegliedert werden können. [2] Zeitnah, d.h. möglichst unmittelbar zu der Entstehung des jeweiligen Geschäftsvorfalles aufzuzeichnen sind der verkaufte, eindeutig bezeichnete Artikel, der endgültige Einzelverkaufspreis, der dazugehörige Umsatzsteuersatz und -betrag, vereinbarte Preisminderungen, die Zahlungsart, das Datum und der Zeitpunkt des Umsatzes sowie die verkaufte Menge bzw. Anzahl. [3] Die Möglichkeit zum Ausweis des Steuerbetrags in einer Summe nach § 32 UStDV[1] in der Rechnung und die Zusammenfassung des Entgelts und des darauf entfallenden Steuerbetrags in einer Summe nach § 33 Satz 1 Nr. 4 UStDV in der Rechnung bleiben unbenommen. [4] Eine Verpflichtung zur einzelnen Verbuchung (im Gegensatz zur Aufzeichnung) eines jeden Geschäftsvorfalls besteht nicht. [5] Werden der Art nach gleiche Waren mit demselben Einzelverkaufspreis in einer Warengruppe zusammengefasst, wird dies nicht beanstandet, sofern die verkaufte Menge bzw. Anzahl ersichtlich bleibt. [6] Dies gilt entsprechend für Dienstleistungen.

2.1.4. [1] Die Pflicht zur Einzelaufzeichnung gilt grundsätzlich unabhängig davon, ob der Steuerpflichtige ein elektronisches Aufzeichnungssystem oder eine offene Ladenkasse verwendet. [2] Ein elektronisches Aufzeichnungssystem ist die zur elektronischen Datenverarbeitung eingesetzte Hardware und Software, die elektronische Aufzeichnungen zur Dokumentation von Geschäftsvorfällen und somit Grundaufzeichnungen erstellt. [3] Als elektronische Aufzeichnungssysteme gelten auch elektronische Vorsysteme mit externer Geldaufbewahrung. [4] Welche dieser elektronischen Aufzeichnungssysteme zusätzlich die besonderen Anforderungen des § 146a AO erfüllen müssen (Pflicht zur Aufzeichnung anderer Vorgänge, Schutz durch eine zertifizierte technische Sicherheitseinrichtung) bestimmt sich nach § 1 KassenSichV. [5] Als offene Ladenkasse gelten eine summarische, retrograde Ermittlung der Tageseinnahmen sowie manuelle Einzelaufzeichnungen ohne Einsatz technischer Hilfsmittel.

2.1.5. [1] Branchenspezifische Mindestaufzeichnungspflichten und Zumutbarkeitsgesichtspunkte sind zu berücksichtigen. [2] Es wird z.B. nicht beanstandet, wenn die Mindestangaben zur Nachvollziehbarkeit des Geschäftsvorfalls (vgl. AEAO zu § 146, Nr. 2.1.3) einzeln aufgezeichnet werden, nicht jedoch die Kundendaten, sofern diese nicht zur Nachvollziehbarkeit und Nachprüfbarkeit des Geschäftsvorfalls benötigt werden (vgl. Rz. 37 des BMF-Schreibens vom 28.11.2019, BStBl. I S. 1269). [3] Dies gilt auch, wenn ein elektronisches Aufzeichnungssystem eine Kundenerfassung und Kundenverwaltung zulässt, die Kundendaten aber tatsächlich nicht oder nur teilweise erfasst werden. [4] Soweit Aufzeichnungen über Kundendaten aber tatsächlich geführt werden, sind sie

---

[1] dtv 5546 USt Nr. 2.

aufbewahrungspflichtig, sofern dem nicht gesetzliche Vorschriften entgegenstehen.

2.1.6. [1] Wird zur Erfassung von aufzeichnungspflichtigen Geschäftsvorfällen ein elektronisches Aufzeichnungssystem verwendet und fällt dieses aus (z.B. Stromausfall, technischer Defekt), ist während dieser Zeit eine Aufzeichnung auf Papier zulässig. [2] Die Aufzeichnungspflichten bei Verwendung einer offenen Ladenkasse gelten insoweit entsprechend (vgl. AEAO zu § 146, Nr. 3.2 und 3.3). [3] Die Ausfallzeit des elektronischen Aufzeichnungssystems ist zu dokumentieren und soweit vorhanden durch Nachweise zu belegen (z.B. Rechnung über Reparaturleistung).

2.1.7. [1] Der Grundsatz der Einzelaufzeichnungspflicht gilt auch für Steuerpflichtige, die ihren Gewinn nach § 4 Abs. 3 EStG ermitteln. [2] Nach § 146 Abs. 5 Satz 1 Halbsatz 2 AO müssen die Aufzeichnungen so geführt werden, dass sie dem konkreten Besteuerungszweck entsprechen (vgl. Rz. 25 des BMF-Schreibens vom 28.11.2019, BStBl. I S. 1269). [3] Eine ordnungsgemäße Gewinnermittlung nach § 4 Abs. 3 EStG setzt voraus, dass die Höhe der Betriebseinnahmen und Betriebsausgaben durch geordnete und vollständige Belege nachgewiesen wird (BFH-Urteil vom 15.4.1999, IV R 68/98, BStBl. II S. 481). [4] Ist die Einzelaufzeichnungspflicht nicht zumutbar, muss die Einnahmeermittlung nachvollziehbar dokumentiert und überprüfbar sein.

2.2. Ausnahme von der Einzelaufzeichnungspflicht aus Zumutbarkeitsgründen

2.2.1. [1] Die Aufzeichnung jedes einzelnen Geschäftsvorfalls ist nur dann nicht zumutbar, wenn es technisch, betriebswirtschaftlich und praktisch unmöglich ist, die einzelnen Geschäftsvorfälle aufzuzeichnen (BFH-Urteil vom 12.5.1966, IV 472/60, BStBl. III S. 371). [2] Das Vorliegen dieser Voraussetzungen ist durch den Steuerpflichtigen nachzuweisen.

2.2.2. [1] Bei Verkauf von Waren an eine Vielzahl von nicht bekannten Personen gegen Barzahlung gilt die Einzelaufzeichnungspflicht nach § 146 Abs. 1 Satz 1 AO aus Zumutbarkeitsgründen nicht, wenn kein elektronisches Aufzeichnungssystem, sondern eine offene Ladenkasse verwendet wird (§ 146 Abs. 1 Satz 3 und 4 AO, vgl. AEAO zu § 146, Nr. 2.1.4). [2] Wird hingegen ein elektronisches Aufzeichnungssystem verwendet, gilt die Einzelaufzeichnungspflicht nach § 146 Abs. 1 Satz 1 AO unabhängig davon, ob das elektronische Aufzeichnungssystem und die digitalen Aufzeichnungen nach § 146a Abs. 3 AO i.V.m. der KassenSichV mit einer zertifizierten technischen Sicherheitseinrichtung zu schützen sind.

2.2.3. [1] Werden eines oder mehrere elektronische Aufzeichnungssysteme verwendet, sind diese grundsätzlich zur Aufzeichnung sämtlicher Erlöse zu verwenden. [2] Ist für einen räumlich oder organisatorisch eindeutig abgrenzbaren Bereich aus technischen Gründen oder aus Zumutbarkeitserwägungen eine Erfassung über das vorhandene elektronische Aufzeichnungssystem nicht möglich, wird es nicht beanstandet, wenn zur Erfassung dieser Geschäftsvorfälle eine offene Ladenkasse verwendet wird. [3] Soweit der Steuerpflichtige mehrere Geschäftskassen führt, sind die Anforderungen an die Aufzeichnung von baren und unbaren Geschäftsvorfällen für jede einzelne Sonder- und Nebenkasse zu beachten (vgl. BFH-Urteil vom 20.10.1971, I R 63/70, BStBl. II 1972 S. 273). [4] § 146 Abs. 1 Sätze 2 bis 4 AO bleiben hiervon unberührt.

2.2.4. [1] Liegen Einzeldaten einer Waage (Artikel, Gewicht bzw. Menge und Preis der Ware) einem aufzeichnungs- und aufbewahrungspflichtigen Geschäftsvorfall zugrunde, sind diese einzeln aufzuzeichnen und aufzubewahren. [2] Werden diese Einzeldaten unter Berücksichtigung von § 146 Abs. 4 AO zusätzlich in einem elektronischen Kassensystem aufgezeichnet, wird es nicht beanstandet, wenn die Einzeldaten der Waage nicht zusätzlich aufbewahrt werden.

[1] Verwendet der Steuerpflichtige eine offene Ladenkasse sowie eine Waage, die lediglich das Gewicht und/oder den Preis anzeigt und über die Dauer des einzelnen Wiegevorgangs hinaus über keine Speicherfunktion verfügt, wird es unter den Voraussetzungen des § 146 Abs. 1 Satz 3 AO nicht beanstandet, wenn die o.g. Einzeldaten der Waage nicht aufgezeichnet werden. [2] Erfüllt die Waage hingegen die Voraussetzung einer elektronischen Registrierkasse, ist die Verwendung einer offenen Ladenkasse unzulässig.

2.2.5. [1] Von einem Verkauf von Waren an eine Vielzahl nicht bekannter Personen ist auszugehen, wenn nach der typisierenden Art des Geschäftsbetriebs alltäglich Barverkäufe an namentlich nicht bekannte Kunden getätigt werden (vgl. BFH-Urteile vom 12.5.1966, IV 472/60, BStBl. III S. 371 und vom 16.12.2014, X R 29/13, BFH/NV 2015 S. 790). [2] Dies setzt voraus, dass die Identität der Käufer für die Geschäftsvorfälle regelmäßig nicht von Bedeutung ist. [3] Unschädlich ist, wenn der Verkäufer aufgrund außerbetrieblicher Gründe tatsächlich viele seiner Kunden namentlich kennt.

2.2.6. [1] Die Zumutbarkeitsüberlegungen, die der Ausnahmeregelung nach § 146 Abs. 1 Satz 3 AO zugrunde liegen, sind grundsätzlich auch auf Dienstleistungen übertragbar. [2] Es wird vor diesem Hintergrund nicht beanstandet, wenn diese Ausnahmeregelung auf Dienstleistungen angewendet wird, die an eine Vielzahl von nicht bekannten Personen gegen Barzahlung erbracht werden (vgl. AEAO zu § 146, Nr. 2.2.5) und kein elektronisches Aufzeichnungssystem verwendet wird. [3] Hierbei muss der Geschäftsbetrieb auf eine Vielzahl von Kundenkontakten ausgerichtet und der Kundenkontakt des Dienstleisters und seiner Angestellten im Wesentlichen auf die Bestellung und den kurzen Bezahlvorgang beschränkt sein. [4] Einzelaufzeichnungen sind dagegen zu führen, wenn der Kundenkontakt in etwa der Dauer der Dienstleistung entspricht und der Kunde auf die Ausübung der Dienstleistung üblicherweise individuell Einfluss nehmen kann (zur Aufzeichnung der Kundendaten vgl. AEAO zu § 146, Nr. 2.1.5). [5] Auf die Aufzeichnungserleichterung können sich Dienstleister – wie auch Einzelhändler – aber insoweit nicht berufen, als tatsächlich Einzelaufzeichnungen geführt werden (vgl. AEAO zu § 146, Nr. 2.1.2 und Nr. 2.1.3). [6] Die Mindestanforderungen an eine offene Ladenkasse (vgl. AEAO zu § 146, Nr. 3.2) bleiben unberührt.

3. Aufzeichnungspflichten bei Verwendung einer offenen Ladenkasse

3.1. Es besteht keine gesetzliche Pflicht zur Verwendung eines elektronischen Aufzeichnungssystems.

3.2. [1] Einzelaufzeichnungen können durch die vollständige und detaillierte Erfassung (vgl. AEAO zu § 146, Nr. 2.1.2 und 2.1.3) aller baren Geschäftsvorfälle in Form eines Kassenbuches erfolgen. [2] Wird ein Kassenbericht zur Ermittlung der Tageslosung verwendet, kann die Einzelaufzeichnung auch durch die geordnete (z.B. nummerierte) Sammlung aller Barbelege gewährleistet werden.

3.3. [1] Besteht aus Zumutbarkeitsgründen keine Verpflichtung zur Einzelaufzeichnung (vgl. AEAO zu § 146, Nr. 2.2.2) müssen die Bareinnahmen zumindest anhand eines Kassenberichts nachgewiesen werden. [2] Hierbei ist stets vom gezählten Kassenendbestand des jeweiligen Geschäftstages auszugehen. [3] Von diesem Kassenendbestand werden der Kassenendbestand bei Geschäftsschluss des Vortages sowie die durch Eigenbeleg zu belegenden Bareinlagen abgezogen. [4] Ausgaben und durch Eigenbeleg nachzuweisende Barentnahmen sind hinzuzurechnen.

Ein sogenanntes „Zählprotokoll" (Auflistung der genauen Stückzahl vorhandener Geldscheine und -münzen) ist nicht erforderlich (BFH-Beschluss vom 16.12.2016, X B 41/16, BFH/NV 2017 S. 310), erleichtert jedoch den Nachweis des tatsächlichen Auszählens.

3.4. [1] Kasseneinnahmen und Kassenausgaben sind täglich festzuhalten. [2] Werden Kasseneinnahmen und Kassenausgaben ausnahmsweise erst am nächsten Geschäftstag aufgezeichnet, ist dies noch ordnungsgemäß, wenn zwingende geschäftliche Gründe einer Aufzeichnung noch am gleichen Tag entgegenstehen und aus den Aufzeichnungen und Unterlagen sicher entnommen werden kann, wie sich der sollmäßige Kassenbestand entwickelt hat (vgl. BFH-Urteil vom 31.7.1974, I R 216/72, BStBl. II S. 96). [3] Bei Kassen ohne Verkaufspersonal (sog. Vertrauenskassen, wie z.B. beim Gemüseverkauf am Feldrand, Fahrscheinautomaten sowie Waren- und Dienstleistungsautomaten) wird es nicht beanstandet, wenn diese nicht täglich, sondern erst bei Leerung ausgezählt werden. [4] Kassenaufzeichnungen müssen so beschaffen sein, dass ein sachverständiger Dritter jederzeit in der Lage ist, den Sollbestand mit dem Istbestand der Geschäftskasse zu vergleichen (BFH-Urteil vom 20.9.1989, X R 39/87, BStBl.1990 II S. 109).

3.5. Die umsatzsteuerlichen Aufzeichnungs- und Aufbewahrungspflichten bleiben unberührt.

4.[1] Verzögerungsgeld (§ 146 Abs. 2b AO)

[1] Die Festsetzung eines Verzögerungsgelds nach § 146 Abs. 2b AO in Zusammenhang mit Mitwirkungsverstößen im Rahmen von Außenprüfungen ist nicht auf Fälle beschränkt, bei denen die elektronische Buchführung im Ausland geführt und/oder aufbewahrt wird. [2] Eine mehrfache Festsetzung eines Verzögerungsgelds wegen fortdauernder Nichtvorlage derselben Unterlagen ist jedoch nicht zulässig (BFH-Beschlüsse vom 16.6.2011, IV B 120/10, BStBl. II S. 855, und vom 28.6.2011, X B 37/11, BFH/NV S. 1833). [3] Wird die Verpflichtung nach Festsetzung des Verzögerungsgelds erfüllt, so ist der Vollzug nicht einzustellen.

5. DV-gestützte Buchführung und Aufzeichnung (§ 146 Abs. 5 AO)

[1] § 146 Abs. 5 AO enthält die gesetzliche Grundlage für die sog. „Offene-Posten-Buchhaltung" sowie für die Führung der Bücher und sonst erforderlichen Aufzeichnungen auf maschinell lesbaren Datenträgern (z.B. Magnetplatten, Magnetbänder, CD, DVD, Blu-ray-Disk, Flash-Speicher). [2] Bei einer Buchführung auf maschinell lesbaren Datenträgern (DV-gestützte Buchführung) müssen die Daten innerhalb der gesetzlichen Aufbewahrungsfrist unverzüglich lesbar gemacht werden können. [3] Es wird nicht verlangt, dass der

---

[1] Zur Ermessensausübung und Verhältnismäßigkeit bei der Festsetzung von Verzögerungsgeld siehe BFH v. 28.8.2012 I R 10/12, BStBl. II 2013, 266.

Buchungsstoff zu einem bestimmten Zeitpunkt (z.B. zum Ende des Jahres) lesbar gemacht wird. [4]Er muss ganz oder teilweise lesbar gemacht werden, wenn die Finanzbehörde es verlangt (§ 147 Abs. 5 AO). [5]Dies gilt sinngemäß auch für sonst erforderliche Aufzeichnungen. [6]Wer seine Bücher oder sonst erforderlichen Aufzeichnungen auf maschinell lesbaren Datenträgern führt, hat die Grundsätze zur ordnungsmäßigen Führung und Aufbewahrung von Büchern, Aufzeichnungen und Unterlagen in elektronischer Form sowie zum Datenzugriff – GoBD – (BMF-Schreiben vom 28.11.2019, BStBl. I S. 1269) zu beachten.

AEAO zu § 146a – Ordnungsvorschriften für die Buchführung und für Aufzeichnungen mittels elektronischer Aufzeichnungssysteme; Verordnungsermächtigung:

Inhaltsübersicht

1. Allgemeines und Begriffsdefinition

1.1. Elektronische Aufzeichnungssysteme

Zur Definition elektronischer Aufzeichnungssysteme vgl. AEAO zu § 146 Nr. 2.1.4.

1.2. Elektronische oder computergestützte Kassensysteme oder Registrierkassen

Die in § 1 Satz 1 KassenSichV genannten „elektronischen oder computergestützten Kassensysteme oder Registrierkassen" sind für den Verkauf von Waren oder die Erbringung von Dienstleistungen und deren Abrechnung spezialisierte elektronische Aufzeichnungssysteme, die „Kassenfunktion" haben.

[1] Kassenfunktion haben elektronische Aufzeichnungssysteme dann, wenn diese der Erfassung und Abwicklung von zumindest teilweise baren Zahlungsvorgängen dienen können. [2] Dies gilt auch für vergleichbare elektronische, vor Ort genutzte Zahlungsformen (elektronisches Geld wie z.B. Geldkarte, virtuelle Konten oder Bonuspunktesysteme von Drittanbietern) sowie an Geldes statt angenommene Gutscheine, Guthabenkarten, Bons und dergleichen. [3] Eine Aufbewahrungsmöglichkeit des verwalteten Bargeldbestandes (z.B. Kassenlade) ist nicht erforderlich.

Sofern ein elektronisches Aufzeichnungssystem mit Kassenfunktion die Erfordernisse der „Mindestanforderungen an das Risikomanagement – MaRisk" und der „Bankaufsichtlichen Anforderungen an die IT" (BAIT) der Bundesanstalt für Finanzdienstleistungsaufsicht in der jeweils geltenden Fassung erfüllt und von einem Kreditinstitut i.S.d. § 1 Absatz 1 KWG betrieben wird, unterliegt dieses nicht den Anforderungen des § 146a AO.

1.3.[1] Schutz durch eine zertifizierte technische Sicherheitseinrichtung (§ 146a Abs. 1 Satz 2 AO)

[1] Grundsätzlich ist jedes eingesetzte elektronische Aufzeichnungssystem i.S.d. § 146a AO i.V.m. § 1 Satz 1 KassenSichV sowie die damit zur führenden digitalen Aufzeichnungen durch eine zertifizierte technische Sicherheitseinrichtung zu schützen. [2] Werden mehrere einzelne elektronische Aufzeichnungssysteme (z.B. Verbundwaagen, Bestellsysteme ohne Abrechnungsteil, App-Systeme) mit einem Kassensystem im Sinne von § 146a AO i.V.m. § 1 Satz 1 KassenSichV verbunden, dann wird es nicht beanstandet, wenn die damit zu führenden digitalen Aufzeichnungen mit einer zertifizierten technischen Sicherheitseinrichtung geschützt werden, die alle im Verbund befindlichen elektronischen Aufzeichnungssysteme gemeinsam nutzen.

Ein elektronisches Aufzeichnungssystem oder eine Gruppe elektronischer Aufzeichnungssysteme muss bei störungsfreier Verwendung genau einer zertifizierten technischen Sicherheitseinrichtung zugeordnet sein.

1.4. Schutzziele

Die Regelungen des § 146a AO sollen für digitale Grundaufzeichnungen, die mittels elektronischem Aufzeichnungssystem i.S.d. § 146a AO i.V.m. § 1 Satz 1 KassenSichV geführt werden, Folgendes sicherstellen:

---

[1] Die Verwendung elektronischer Aufzeichnungssysteme i.S.d. § 146 AO ohne zertifizierte technische Sicherheitseinrichtung nach dem 31.12.2019 wird nicht beanstandet (BMF v. 6.11.2019, BStBl. I 2019, 1010 und v. 18.8.2020, BStBl. I 2020, 656).

– deren Integrität,
– deren Authentizität
– und deren Vollständigkeit.

1.5. Zertifizierte technische Sicherheitseinrichtung

[1] Die Architektur der zertifizierten technischen Sicherheitseinrichtung wird durch § 146a AO i.V.m. der KassenSichV, die Architektur der einzelnen Bestandteile wird durch die Technischen Richtlinien des Bundesamtes für Sicherheit in der Informationstechnik (BSI) festgelegt (insbesondere BSI TR-03153 „Technische Sicherheitseinrichtung für elektronische Aufzeichnungssysteme, Version 1.0.1", BMF-Schreiben vom 28.2.2019, BStBl. I S. 206, BSI TR-03151 „Secure Element API (SE API), Version 1.0.1", BMF-Schreiben vom 28.2.2019, BStBl. I S. 206, und *BSI TR-03116 „Kryptographische Vorgaben für Projekte der Bundesregierung Teil 5 – Anwendungen der Secure Element API, Stand 2019", BMF-Schreiben vom 28.2.2019, BStBl. I S. 206).*[1] [2] Alle nachfolgenden Ausführungen dienen dem Verständnis der Funktionsweise.

1.6. Vorgang

[1] Der Begriff des Vorgangs i.S.d. KassenSichV ist nachfolgend als ein zusammengehörender Aufzeichnungsprozess zu verstehen, der bei Nutzung oder Konfiguration eines elektronischen Aufzeichnungssystems eine Protokollierung durch die zertifizierte technische Sicherheitseinrichtung auslösen muss (vgl. § 2 KassenSichV). [2] Ein Vorgang kann einen oder mehrere Geschäftsvorfälle sowie andere Vorgänge umfassen (vgl. AEAO zu § 146a, Nr. 1.8 und Nr. 1.9). [3] Aus Gründen der besseren Lesbarkeit wird der Begriff „Vorgang" im Folgenden als Oberbegriff für Geschäftsvorfälle und andere abzusichernde Vorgänge genutzt.

1.7. Transaktion

[1] Im Rahmen der Protokollierung eines Vorgangs (vgl. AEAO zu § 146a, Nr. 3.3) muss nach § 2 KassenSichV innerhalb der zertifizierten technischen Sicherheitseinrichtung mindestens eine Transaktion erzeugt werden. [2] Während der Begriff „Vorgang" sich auf die Abläufe im Aufzeichnungssystem bezieht, beschreibt der Begriff „Transaktion" die innerhalb der zertifizierten technischen Sicherheitseinrichtung erfolgenden Absicherungsschritte (mindestens bei Vorgangsbeginn und -ende) zum Vorgang im jeweiligen Aufzeichnungssystem.

1.8. Geschäftsvorfälle

1.8.1. Geschäftsvorfälle sind alle rechtlichen und wirtschaftlichen Vorgänge, die innerhalb eines bestimmten Zeitabschnitts den Gewinn bzw. Verlust oder die Vermögenszusammensetzung in einem Unternehmen dokumentieren oder beeinflussen bzw. verändern (z.B. zu einer Veränderung des Anlage- und Umlaufvermögens sowie des Eigen- und Fremdkapitals führen; vgl. auch Rz. 16 des BMF-Schreibens vom 28.11.2019, BStBl. I S. 1269).

1.8.2. Beispiele für Geschäftsvorfälle, die bei elektronischen Aufzeichnungssystemen i.S.d. AEAO zu § 146a, Nr. 1.2 vorkommen können: Eingangs-/Ausgangs-Umsatz, nachträgliche Stornierung eines Umsatzes, Trinkgeld (Un-

---

[1] Jetzt BSI TR-03116-5 „Kryptographische Vorgaben für Projekte der Bundesregierung Teil 5 – Anwendungen der Secure Element API, Stand 2020", BMF v. 31.1.2020, BStBl. I 2020, 207.

ternehmer, Arbeitnehmer), Gutschein (Ausgabe, Einlösung), Privatentnahme, Privateinlage, Wechselgeld-Einlage, Lohnzahlung aus der Kasse, Geldtransit.

1.9. Andere Vorgänge

1.9.1. [1] Unter anderen Vorgängen sind Aufzeichnungsprozesse zu verstehen, die nicht durch einen Geschäftsvorfall, sondern durch andere Ereignisse im Rahmen der Nutzung des elektronischen Aufzeichnungssystems ausgelöst werden und zur nachprüfbaren Dokumentation der zutreffenden und vollständigen Erfassung der Geschäftsvorfälle notwendig sind. [2] Hierunter fallen beispielsweise Trainingsbuchungen, Sofort-Stornierung eines unmittelbar zuvor erfassten Vorgangs, Belegabbrüche, erstellte Angebote, nicht abgeschlossene Geschäftsvorfälle (z.B. Bestellungen).

1.9.2. [1] Nicht alle in einer Kasse verwalteten Vorgänge sind für die Erreichung der Schutzziele erforderlich. [2] Für die Erreichung der Schutzziele nicht erforderliche Vorgänge müssen nicht abgesichert werden (z.B. Bildschirmeinstellung heller/dunkler; Überwachung der Prozessor-Temperatur etc.).

1.9.3. Abzusichernde Funktionsaufrufe (Systemfunktionen) und Ereignisse innerhalb der technischen Sicherheitseinrichtung (Audit-Daten) werden in der BSI TR–03153 definiert.

2. Sachlicher und zeitlicher Anwendungsbereich

Alle elektronischen Aufzeichnungssysteme müssen – wie bisher – den allgemeinen Ordnungsmäßigkeitsgrundsätzen entsprechen (vgl. BMF-Schreiben vom 28.11.2019, BStBl. I S. 1269).

2.1. Sachlicher Anwendungsbereich

[1] Der sachliche Anwendungsbereich der Pflicht zum Einsatz einer zertifizierten technischen Sicherheitseinrichtung wird durch § 146a Abs. 1 Satz 2 AO i.V.m. § 1 KassenSichV begrenzt (§ 146a Abs. 3 Nr. 1 AO). [2] Unabhängig davon unterliegen jedoch alle elektronischen Aufzeichnungssysteme der Einzelaufzeichnungspflicht nach § 146a Abs. 1 Satz 1 AO. [3] Die in § 1 Satz 1 KassenSichV genannten elektronischen Aufzeichnungssysteme müssen neben den allgemeinen Ordnungsmäßigkeitsgrundsätzen die besonderen Vorschriften des § 146a AO beachten. [4] § 1 Satz 2 KassenSichV grenzt elektronische Aufzeichnungssysteme ab, die ausdrücklich nicht in den Anwendungsbereich des § 146a AO fallen.

2.2. Zeitlicher Anwendungsbereich

2.2.1. [1] In Art. 97 § 30 EGAO[1]) werden die Anwendungszeitpunkte der Regelungen des § 146a AO bestimmt. [2] § 146a AO gilt erstmals für Kalenderjahre, die nach dem 31.12.2019 beginnen.

2.2.2. [1] Nach dem 25.11.2010 und vor dem 1.1.2020 angeschaffte Registrierkassen, welche die Anforderungen des BMF-Schreibens vom 26.11.2010, BStBl. I 2010, S. 1342 erfüllen, aber bauartbedingt nicht aufrüstbar sind, so dass sie die Anforderungen des § 146a AO nicht erfüllen, dürfen längstens bis zum 31.12.2022 weiterhin verwendet werden (Art. 97 § 30 Abs. 3 EGAO[1])). [2] Die Nachweise des Vorliegens dieser Voraussetzungen sind für die jeweils eingesetzte Registrierkasse der Systemdokumentation beizufügen (z.B. durch eine

---

[1]) Nr. **1.1**.

Bestätigung des Kassenherstellers). [3]Von der Ausnahmeregelung des Art. 97 § 30 Abs. 3 EGAO sind PC-Kassensysteme nicht umfasst.

2.2.3. Registrierkassen, für die die Übergangsregelung des Art. 97 § 30 Abs. 3 EGAO gilt, unterliegen im Übergangszeitraum nicht der Mitteilungsverpflichtung nach § 146a Abs. 4 AO.

2.2.4. Die Mitteilung nach § 146a Abs. 4 AO ist für elektronische Aufzeichnungssysteme, die unter den Anwendungsbereich des § 146a AO i.V.m. § 1 Satz 1 KassenSichV fallen und vor dem 1.1.2020 angeschafft wurden, bis spätestens zum 31.1.2020 zu erstatten.

3. Die zertifizierte technische Sicherheitseinrichtung

3.1. Anforderungen an die zertifizierte technische Sicherheitseinrichtung

3.1.1. Die Anforderungen an die zertifizierte technische Sicherheitseinrichtung werden nach § 146a Abs. 3 Satz 3 AO i.V.m. § 5 Satz 1 KassenSichV durch das BSI festgelegt.

3.1.2. Vorgaben hierzu sind insbesondere in folgenden Technischen Richtlinien erfasst (vgl. auch BMF-Schreiben vom 28.2.2019, BStBl. I S. 206):

- BSI TR-03153 Technische Sicherheitseinrichtung für elektronische Aufzeichnungssysteme, Version 1.0.1,
- BSI TR-03151 Secure Element API (SE API), Version 1.0.1,
- *BSI TR-03116 Kryptographische Vorgaben für Projekte der Bundesregierung Teil 5 – Anwendungen der Secure Element API, Stand 2019.*[1]

3.2. Komponenten der zertifizierten technischen Sicherheitseinrichtung

3.2.1. [1]Das BSI hat in den Technischen Richtlinien Mindestanforderungen an eine zertifizierte technische Sicherheitseinrichtung festgelegt. [2]Dabei wurde – soweit möglich – auf technische Vorgaben verzichtet. [3]Insbesondere muss eine zertifizierte technische Sicherheitseinrichtung nicht notwendigerweise in einer physikalischen Einheit verbaut sein.

3.2.2. Mindestvorgaben werden in den Technischen Richtlinien lediglich zu den einzelnen Komponenten einer zertifizierten technischen Sicherheitseinrichtung (Sicherheitsmodul, Speichermedium und einheitliche digitale Schnittstelle) geregelt.

3.2.3. [1]Das Sicherheitsmodul muss nach § 146a Abs. 1 AO i.V.m. § 2 KassenSichV die sichere Protokollierung von Vorgängen (vgl. AEAO zu § 146a, Nr. 1.6) gewährleisten. [2]Durch die Technische Richtlinie BSI TR-03153 wird die Architektur des Sicherheitsmoduls vorgegeben (vgl. AEAO zu § 146a, Nr. 3.1.2).

3.2.4. Nach § 2 Satz 1 KassenSichV wird festgelegt, dass jeder Vorgang mindestens eine Transaktion in der zertifizierten technischen Sicherheitseinrichtung mit mehreren Protokollierungsschritten auslöst.

---

[1] Jetzt BSI TR-03116-5 „Kryptographische Vorgaben für Projekte der Bundesregierung Teil 5 – Anwendungen der Secure Element API, Stand 2020", BMF v. 31.1.2020, BStBl. I 2020, 207.

Das Sicherheitsmodul erzeugt folgende Daten (Protokolldaten):

– Zeitpunkt des Vorgangsbeginns sowie Zeitpunkt der Vorgangsbeendigung (auch bei Vorgangsabbruch),

– eindeutige und fortlaufende Transaktionsnummer,

– Prüfwert (vgl. Ziffer 3.3.4 der BSI TR–03153),

– Seriennummer der technischen Sicherheitseinrichtung,

– Signaturzähler.

[1] Es kann optionale Protokolldaten hinzufügen. [2] Bei der Beschreibung des Ablaufs der Protokollierung (vgl. AEAO zu § 146a, Nr. 3.5) wird auf die Anwendungsdaten und auf die Protokolldaten im Einzelnen näher eingegangen.

3.2.5. [1] Die Zeitpunkte für Vorgangsbeginn und -ende (vgl. AEAO zu § 146a, Nr. 3.6.3) müssen von dem Sicherheitsmodul bereitgestellt werden. [2] Möglich sind eine interne Zeitquelle, eine externe Zeitquelle (Signed NTP) oder eine Mischform. [3] Für die Zeitquelle ist lediglich entscheidend, dass die Zeitführung im Sicherheitsmodul erfolgen muss und die Transaktionszeit streng monoton wachsend ist. [4] Hierfür ist z.B. auch ausreichend, wenn die zertifizierte technische Sicherheitseinrichtung bei Start des elektronischen Aufzeichnungssystems die interne Zeitquelle mit einer externen Zeitquelle abgleicht und danach nur noch die interne Zeitquelle verwendet.

3.2.6. [1] Das Speichermedium der zertifizierten technischen Sicherheitsrichtung muss den Anforderungen des Kapitels 6 der Technischen Richtlinie BSI TR–03153 entsprechen. [2] Insbesondere müssen die sichere Speicherung der abgesicherten Anwendungsdaten (Log-Nachrichten) sowie deren Export ermöglicht werden. [3] Darüber hinaus werden spezielle Anforderungen an die Zuverlässigkeit des Speichermediums formuliert.

3.2.7. [1] Nicht erforderlich ist eine physikalische Identität von Sicherheitsmodul und Speichermedium. [2] Das Speichermedium kann z.B. sowohl in Form eines herkömmlichen Datenträgers (Speicherkarte o.Ä.) als auch mit einer Cloud-Speicherung erfüllt werden. [3] § 146 Abs. 2a AO bleibt unberührt.

3.2.8. Das BSI hat in Kapitel 4 der Technischen Richtlinie BSI TR–03153 zwei Bestandteile der einheitlichen digitalen Schnittstelle der zertifizierten technischen Sicherheitseinrichtung definiert:

– Einbindungsschnittstelle

– Exportschnittstelle der zertifizierten technischen Sicherheitseinrichtung

3.2.9. [1] Die Einbindungsschnittstelle nach Kapitel 5.2 der Technischen Richtlinie BSI TR–03153 dient der Integration der zertifizierten technischen Sicherheitseinrichtung in das elektronische Aufzeichnungssystem (z.B. der Kommunikation des Sicherheitsmoduls mit dem elektronischen Aufzeichnungssystem). [2] Die Mindest-Funktionalitäten sind abschließend aufgeführt.

3.2.10. Die Exportschnittstelle muss eine Exportfunktion bieten, die Ausgabedateien in definierter Form erzeugt (Kapitel 5 der Technischen Richtlinie BSI TR–03151).

Darin enthalten sind die abgesicherten Anwendungsdaten (Log-Nachrichten) in einem vorgeschriebenen Format sowie die zur Verifikation der Prüfwerte notwendigen Zertifikate.

3.3. Protokollierung von Vorgängen durch die zertifizierte technische Sicherheitseinrichtung

Als Protokollierung einer Transaktion nach § 2 KassenSichV wird der Prozess bezeichnet, mit dem die zertifizierte technische Sicherheitseinrichtung die Anwendungs- und Protokolldaten eines Vorgangs gegen nachträgliche, unerkannte Veränderungen schützt sowie Existenz und Herkunft der Aufzeichnung zu einem bestimmten Zeitpunkt bestätigt.

3.4. Anwendungs- und Protokolldaten

3.4.1. In den Prozess der Protokollierung fließen Anwendungsdaten aus dem elektronischen Aufzeichnungssystem zusätzlich zu den bereits von der zertifizierten technischen Sicherheitseinrichtung gelieferten Protokolldaten ein (vgl. AEAO zu § 146a, Nr. 3.2.4).

3.4.2. Im Einzelnen bestehen die abgesicherten Anwendungsdaten aus folgenden Informationen:

– Anwendungsdaten (Seriennummer des elektronischen Aufzeichnungssystems, Art des Vorgangs, Daten des Vorgangs),

– Protokolldaten (Seriennummer der zertifizierten technischen Sicherheitseinrichtung, Zeitpunkt der Absicherung, eindeutige und fortlaufende Transaktionsnummer, Signaturzähler, Optionale Protokolldaten),

– Prüfwert.

3.5. Ablauf der Protokollierung

Die Protokollierung (vgl. § 2 KassenSichV) erfolgt in drei Schritten:

1. Beginn der Protokollierung:
[1]Das Aufzeichnungssystem muss unmittelbar mit Beginn eines aufzuzeichnenden Vorgangs die Protokollierung des Vorgangs in der technischen Sicherheitseinrichtung starten (vgl. Kapitel 3.3.1 der Technischen Richtlinie BSI TR-03153). [2]Dabei erfolgen u.a. zwingend die Vergabe einer eindeutigen und fortlaufenden Transaktionsnummer, die Erhöhung des Signaturzählers sowie die Erzeugung eines Prüfwertes durch die zertifizierte technische Sicherheitseinrichtung.

2. Aktualisierung der Protokollierung:
[1]Spätestens 45 Sekunden nach einer Änderung der Daten des Vorgangs ist die Aktualisierung der Transaktion durch die zertifizierte technische Sicherheitseinrichtung erforderlich (vgl. Kapitel 3.3.2 der Technischen Richtlinie BSI TR-03153 i.V.m. BSI TR-03116). [2]Die Erzeugung eines Prüfwertes durch die zertifizierte technische Sicherheitseinrichtung ist optional. [3]Die Transaktionsnummer bleibt erhalten und der Signaturzähler wird bei jeder Aktualisierung mit Prüfwertberechnung um den Wert 1 erhöht.

3. Beendigung der Protokollierung:
[1]Bei Beendigung des Vorgangs ist die Transaktion innerhalb der zertifizierten technischen Sicherheitseinrichtung zu beenden (vgl. Kapitel 3.3.3 der Technischen Richtlinie BSI TR-03153). [2]Dabei erfolgt zwingend die Erzeugung eines Prüfwertes durch die zertifizierte technische Sicherheitseinrichtung. [3]Die Transaktionsnummer bleibt erhalten und der Signaturzähler wird um den Wert 1 erhöht. [4]Erst bei diesem Protokollierungsschritt wird der Zeitpunkt der Beendigung des Vorgangs in die Protokolldaten aufgenommen.

Anschließend werden die zum Ausdruck eines Beleges i.S.d. § 6 Kassen-SichV erforderlichen Protokolldaten dem elektronischen Aufzeichnungssystem übermittelt (vgl. AEAO § 146a, Nr. 5).

3.6. Begriffsdefinitionen zur Protokollierung

3.6.1. Seriennummer des elektronischen Aufzeichnungssystems

[1] Die Seriennummer eines elektronischen Aufzeichnungssystems muss von dessen Hersteller eindeutig vergeben werden. [2] Die Seriennummer ist eine Zeichenfolge, die zur eindeutigen Identifizierung eines Exemplars aus einer Serie dient. [3] Zusammen mit der Information über den Hersteller wird das jeweilige elektronische Aufzeichnungssystem hierdurch eindeutig repräsentiert (vgl. Kapitel 7.3 der Technischen Richtlinie BSI TR-03153). [4] Zur Mitteilung nach § 146a Abs. 4 AO vgl. AEAO zu § 146a, Nr. 9.2.5.

3.6.2. Seriennummer der zertifizierten technischen Sicherheitseinrichtung

[1] Als Seriennummer der zertifizierten technischen Sicherheitseinrichtung muss der Hashwert des im Zertifikat enthaltenen öffentlichen Schlüssels für die Verifikation der Prüfwerte verwendet werden. [2] Die zu verwendende Hashfunktion wird von der Technischen Richtlinie BSI TR-03116 festgelegt (vgl. Kapitel 7.3 der Technischen Richtlinie BSI TR-03153). [3] Zur Mitteilung nach § 146a Abs. 4 AO vgl. Nr. 9.2.5.

3.6.3. Zeitpunkt des Vorgangsbeginns bzw. der Vorgangsbeendigung

[1] Grundsätzlich ist jeweils der Zeitpunkt entscheidend, zu dem das elektronische Aufzeichnungssystem einen Vorgang startet oder beendet. [2] Vor einer Belegausgabe oder zum Zeitpunkt eines Kassenabschlusses ist der Vorgang zwingend zu beenden. [3] Dienen z.B. miteinander verknüpfte Waagen (sog. Verbundwaagen) während eines Vorgangs lediglich der Erfassung von (Zwischen-)Wiegeergebnissen, wird es aufgrund der eichrechtlichen Besonderheiten nicht beanstandet, wenn als Beginn des Vorgangs der Beginn des Bezahlvorgangs an dem jeweiligen elektronischen Aufzeichnungssystem mit Kassenfunktion abgesichert wird.

3.6.4. Optionale Protokolldaten

Dieses Datenfeld wurde geschaffen, um künftige Änderungen (z.B. aufgrund technischer Entwicklung) in der zertifizierten technischen Sicherheitseinrichtung abbilden zu können.

3.6.5. Art des Vorgangs

[1] Die Technischen Richtlinien wurden bzgl. der fachlichen Inhalte der abzusichernden Daten bewusst allgemein gehalten. [2] Eine Absicherung kann für verschiedenste Arten von Daten erfolgen. [3] Über die Art des Vorgangs kann eine Unterscheidung der Struktur der abzusichernden Inhalte gewährleistet werden.

3.6.6. Daten des Vorgangs

Der Inhalt der Daten des Vorgangs kann je nach Art des Vorgangs unterschiedlich definiert werden (vgl. AEAO zu § 146a, Nr. 4.2 hinsichtlich der „Digitalen Schnittstelle der Finanzverwaltung für Kassensysteme" – DSFin-V-K).

3.6.6.1. Art des Vorgangs „Kassenbeleg"

[1] Für alle abgeschlossenen Vorgänge, die zu einer Belegausgabe nach § 146a Abs. 2 AO führen müssen, ist die Art des Vorgangs „Kassenbeleg" zu nutzen. [2] Dies gilt auch für abgeschlossene Vorgänge, die Geschäftsvorfälle abbilden, an denen nur der Unternehmer selbst beteiligt ist (z.B. Eigenbelege über Ein- oder Auszahlungen).

In den Daten des Vorgangs sind folgende Daten abzubilden:

– Vorgangstyp (Feld BON_TYP in der DSFinV-K),

– Bruttoumsatz je Steuersatz (Felder BRUTTO/UST_SATZ in der DSFin-V-K),

– Zahlbetrag je Zahlart (Felder ZAHLART_BETRAG/ZAHLART_TYP in DSFinV-K).

[1] Über diese Daten werden der Gesamtumsatz abgesichert und eine Kassensturzfähigkeit mit den Daten der zertifizierten technischen Sicherheitseinrichtung gewährleistet. [2] Hierfür entfallen die nach 45 Sekunden anfallenden Updates der abzusichernden Daten innerhalb der zertifizierten technischen Sicherheitseinrichtung. [3] Nähere Erläuterungen zur technischen Abbildung der Daten sind in der DSFinV-K definiert.

3.6.6.2. Art des Vorgangs „Bestellung"

[1] Lang anhaltende Bestellvorgänge (z.B. in der Gastronomie) werden als eigenständige Vorgänge realisiert. [2] Deshalb sind diese über die Art des Vorgangs „Bestellung" abzubilden. [3] In den Daten des Vorgangs sind folgende Daten abzubilden:

– Menge (Feld MENGE in der DSFinV-K),

– Bezeichnung der Ware bzw. der Leistung (Feld ARTIKELTEXT in der DSFinV-K),

– Preis pro Einheit (Feld BRUTTO in der DSFinV-K).

[1] Die Art des Vorgangs „Bestellung" ist auch zu nutzen, wenn innerhalb des Aufzeichnungssystems Bestellungen bis hin zur Rechnung/Zahlung in einem Vorgang abgebildet werden. [2] Der Grundsatz, dass jeder Vorgang im Aufzeichnungssystem einer Transaktion in der zertifizierten technischen Sicherheitseinrichtung entsprechen muss, findet in diesem Fall eine Ausnahme. [3] Die Erstellung der Rechnung bzw. der Bezahlvorgang sind über die Art des Vorgangs „Kassenbeleg" abzusichern.

Nähere Erläuterungen zur technischen Abbildung der Daten sind in der DSFinV-K definiert.

3.6.6.3. Art des Vorgangs „SonstigerVorgang"

[1] Die zertifizierte technische Sicherheitseinrichtung kann zur Absicherung jeglicher Daten genutzt werden. [2] Wenn ein Aufzeichnungssystem z.B. Kassenladenöffnungen ohne vorherige Bedienungen (oder Bedieneranmeldungen usw.) abbilden und absichern soll, kann als Art des Vorgangs „SonstigerVorgang" genutzt werden. [3] Diese Art des Vorgangs kommt in Betracht, wenn es sich weder um einen belegartigen Vorgang noch um Funktionsaufrufe (Systemfunktionen) und Ereignisse (Audit-Daten) der zertifizierten technischen Sicherheitseinrichtung handelt.

Bei „SonstigerVorgang" werden keine fachlichen Vorgaben zum Inhalt der Daten des Vorgangs definiert.

4. Einheitliche digitale Schnittstelle für steuerliche Außenprüfungen und Nachschauen

4.1. Die im AEAO zu § 146a, Nr. 3.2.10 beschriebenen abgesicherten Anwendungsdaten müssen im Rahmen einer steuerlichen Außenprüfung oder Kassen-Nachschau dem Amtsträger zur Verifikation der Protokollierung zur Verfügung gestellt werden.

4.2. [1] Darüber hinaus müssen alle mit dem elektronischen Aufzeichnungssystem aufgezeichneten Daten in einem maschinell auswertbaren Format zur Verfügung gestellt werden. [2] Die für elektronische Aufzeichnungssysteme i.S.d. § 146a Abs. 1 Satz 1 AO i.V.m. § 1 Satz 1 KassenSichV erforderlichen Daten sowie Formate werden in den „Digitalen Schnittstellen der Finanzverwaltung für elektronische Aufzeichnungssysteme" (DSFinV) definiert. [3] Diese werden über das Internetportal des Bundeszentralamtes für Steuern (BZSt) veröffentlicht.

4.3. [1] Für elektronische oder computergestützte Kassensysteme oder Registrierkassen (vgl. AEAO zu § 146a, Nr. 1.2) gilt die DSFinV-K. [2] Fällt nur ein Teilbereich der Daten eines komplexen Softwaresystems unter die DSFinV-K, bleibt die Verpflichtung zur Verfügungstellung weiterer Daten aus anderen Teilbereichen des Systems (z.B. Warenwirtschaft) unberührt.

5. Anforderung an den Beleg

5.1. [1] Die erforderlichen Mindestangaben auf einem Beleg i.S.d. § 146a AO sind in § 6 KassenSichV geregelt. [2] Alle Angaben müssen für jedermann ohne maschinelle Unterstützung lesbar und auf dem Papierbeleg oder in dem elektronischen Beleg enthalten sein.

5.2. Die Belegausgabepflicht nach § 146a Abs. 2 AO gilt unbeschadet anderer gesetzlicher Vorschriften.

5.3. [1] Die umsatzsteuerlichen Vorschriften an eine Rechnung (insbesondere § 14 Abs. 4 UStG[1]) bleiben unberührt. [2] Ist die Erstellung einer Rechnung nach umsatzsteuerlichen Vorschriften nicht erforderlich, muss dennoch ein Beleg nach den Anforderungen des § 6 KassenSichV erstellt werden.

5.4. Der Beleg muss mindestens folgende Angaben enthalten:

1. [1] Den vollständigen Namen und die vollständige Anschrift des leistenden Unternehmers (vgl. § 6 Nr. 1 KassenSichV). [2] Aus Vereinfachungsgründen genügen die Angaben aus § 31 Abs. 2 UStDV[2] (UStAE Abschnitt 14.5 Abs. 2[3]).

2. Das Datum der Belegausstellung und den Zeitpunkt des Vorgangsbeginns sowie den Zeitpunkt der Vorgangsbeendigung (vgl. AEAO zu § 146a, Nr. 3.6.3 „Zeitpunkt des Vorgangsbeginns bzw. der Vorgangsbeendigung").

3. Die Menge und die Art der gelieferten Gegenstände oder den Umfang und die Art der sonstigen Leistung (vgl. auch AEAO zu § 146, Nr. 2.1.3).

4. Die Transaktionsnummer i.S.d. § 2 Satz 2 Nummer 2 KassenSichV (vgl. AEAO zu § 146a, Nr. 3.5).

---

[1] dtv 5546 USt Nr. 1.
[2] dtv 5546 USt Nr. 2.
[3] dtv 5546 USt Nr. 5.

5. Das Entgelt und den darauf entfallenden Steuerbetrag für die Lieferung oder sonstige Leistung in einer Summe sowie den anzuwendenden Steuersatz oder im Fall einer Steuerbefreiung einen Hinweis darauf, dass für die Lieferung oder sonstige Leistung eine Steuerbefreiung gilt.

Erfordert ein Geschäftsvorfall (vgl. AEAO zu § 146a, Nr. 1.8) nicht die Erstellung einer Rechnung i.S.d. § 14 UStG, sondern einen sonstigen Beleg (z.B. Lieferschein), wird nicht beanstandet, wenn dieser Beleg nicht den unter § 6 Satz 1 Nr. 5 KassenSichV geforderten Steuerbetrag enthält.

6. Die Seriennummer des elektronischen Aufzeichnungssystems oder die Seriennummer des Sicherheitsmoduls.

Auf dem Beleg ist die nach § 2 Satz 2 Nr. 8 KassenSichV protokollierte Seriennummer anzugeben (vgl. AEAO zu § 146a, Nrn. 3.6.1, 3.6.2).

7. Betrag je Zahlungsart.

8. Signaturzähler.

9. Prüfwert.

6. Belegausgabe

6.1. Die Belegausgabepflicht hat ab 1.1.2020 nur derjenige zu befolgen, der Geschäftsvorfälle mit Hilfe eines elektronischen Aufzeichnungssystems i.S.d. § 146a Abs. 1 Satz 1 AO erfasst.

6.2. [1]Der Beleg kann nach § 6 Satz 3 KassenSichV elektronisch oder in Papierform zur Verfügung gestellt werden. [2]Dies setzt voraus, dass die Transaktion (vgl. AEAO zu § 146a, Nr. 1.7) vor Bereitstellung des Belegs abgeschlossen wird.

6.3. [1]Eine elektronische Bereitstellung des Beleges bedarf der Zustimmung des Kunden. [2]Die Zustimmung bedarf dabei keiner besonderen Form und kann auch konkludent erfolgen. [3]Ein elektronischer Beleg gilt als bereitgestellt, wenn dem Kunden die Möglichkeit der Entgegennahme des elektronischen Belegs gegeben wird. [4]Unabhängig von der Entgegennahme durch den Kunden ist der elektronische Beleg in jedem Fall zu erstellen.

6.4. Die Sichtbarmachung eines Beleges an einem Bildschirm des Unternehmers (Terminal/Kassendisplay) allein, ohne die Möglichkeit der elektronischen Entgegennahme nach Abschluss des Vorgangs, reicht nicht aus.

6.5. [1]Ein Beleg i.S.v. § 6 KassenSichV ist nur für Geschäftsvorfälle auszugeben, an denen ein Dritter beteiligt ist. [2]Von der Belegausgabepflicht sind z.B. Entnahmen und Einlagen ausgenommen.

6.6. [1]Eine elektronische Belegausgabe muss in einem standardisierten Datenformat (z.B. JPG, PNG oder PDF) erfolgen, d.h. der Empfang und die Sichtbarmachung eines elektronischen Beleges auf dem Endgerät des Kunden müssen mit einer kostenfreien Standardsoftware möglich sein. [2]Es bestehen keine technischen Vorgaben wie der Beleg zur Entgegennahme bereitgestellt oder übermittelt werden muss. [3]Es ist z.B. zulässig, wenn der Kunde unmittelbar über eine Bildschirmanzeige (z.B. in Form eines QR-Codes) den elektronischen Beleg entgegennehmen kann. [4]Eine Übermittlung kann auch z.B. als Download-Link, per Near-Field-Communication (NFC), per E-Mail oder direkt in ein Kundenkonto erfolgen.

6.7. [1]Die Ausgabe des Belegs muss in unmittelbarem zeitlichen Zusammenhang mit der Beendigung des Vorgangs erfolgen. [2]Dies gilt unabhängig davon, ob der Beleg in Papierform oder elektronisch bereitgestellt wird.

6.8. [1] Bei der Zurverfügungstellung eines Papierbelegs reicht das Angebot zur Entgegennahme aus, wenn zuvor der Beleg erstellt und ausgedruckt wurde. [2] Eine Pflicht zur Annahme des Belegs durch den Kunden sowie zur Aufbewahrung besteht nicht.

Es besteht keine Aufbewahrungspflicht des Belegausstellers für nicht entgegengenommene Papierbelege.

6.9. [1] Nach § 146a Abs. 2 Satz 2 AO kann bei einem Verkauf von Waren an eine Vielzahl von nicht bekannten Personen auf Antrag und mit Zustimmung der zuständigen Behörde nach § 148 AO aus Zumutbarkeitsgründen nach pflichtgemäßem Ermessen von einer Belegausgabepflicht abgesehen werden. [2] Die Möglichkeit der Befreiung besteht unter den gleichen Voraussetzungen auch bei Dienstleistungen.

[1] Eine Befreiung i.S.d. § 148 AO kann nur für den jeweiligen Einzelfall beantragt und gewährt werden. [2] Eine Befreiung kommt nur dann in Betracht, wenn nachweislich eine sachliche oder persönliche Härte für den einzelnen Steuerpflichtigen besteht. [3] Die mit der Belegausgabepflicht entstehenden Kosten stellen für sich allein keine sachliche Härte im Sinne des § 148 AO dar.

6.10. Die Befreiung von der Belegausgabepflicht nach § 146a Abs. 2 AO entbindet den Unternehmer nicht von dem Anspruch des Kunden auf die Ausstellung einer Quittung (§ 368 BGB).

6.11. Die Befreiung von der Belegausgabepflicht setzt voraus, dass durch die Unterdrückung der Belegausgabe die Funktion der zertifizierten technischen Sicherheitseinrichtung nicht eingeschränkt wird.

7. Ausfall der zertifizierten technischen Sicherheitseinrichtung

7.1. [1] Ausfallzeiten und -grund einer zertifizierten technischen Sicherheitseinrichtung sind zu dokumentieren (vgl. AEAO zu §146, Nr. 2.1.6). [2] Diese Dokumentation kann auch automatisiert durch das elektronische Aufzeichnungssystem erfolgen.

7.2. [1] Kann das elektronische Aufzeichnungssystem ohne die funktionsfähige zertifizierte technische Sicherheitseinrichtung weiterbetrieben werden, muss dieser Ausfall auf dem Beleg ersichtlich sein. [2] Dies kann durch die fehlende Transaktionsnummer oder durch eine sonstige eindeutige Kennzeichnung erfolgen.

7.3. [1] Soweit der Ausfall lediglich die zertifizierte technische Sicherheitseinrichtung betrifft, wird es nicht beanstandet, wenn das elektronische Aufzeichnungssystem bis zur Beseitigung des Ausfallgrundes weiterhin genutzt wird. [2] Die grundsätzliche Belegausgabepflicht bleibt von dem Ausfall unberührt, auch wenn nicht alle für den Beleg erforderlichen Werte (vgl. AEAO zu § 146a, Nr. 5.4) durch die zertifizierte technische Sicherheitseinrichtung zur Verfügung gestellt werden. [3] Die Belegangaben zu Datum und Uhrzeit müssen in diesem Fall von dem elektronischen Aufzeichnungssystem bereitgestellt werden.

7.4. [1] Die Belegausgabepflicht nach § 146a Abs. 2 AO entfällt lediglich bei einem vollumfänglichen Ausfall des Aufzeichnungssystems oder bei Ausfall der Druck- oder Übertragungseinheit. [2] Bei Ausfall der Druck- oder Übertragungseinheit für den elektronischen Beleg muss das Aufzeichnungssystem i.S.d. § 146a Abs. 1 Satz 1 AO i.V.m. § 1 Satz 1 KassenSichV weiterhin genutzt werden.

7.5. Der Unternehmer hat unverzüglich die jeweilige Ausfallursache zu beheben, Maßnahmen zu deren Beseitigung zu treffen und dadurch sicherzustellen, dass die Anforderungen des § 146a AO schnellstmöglich wieder eingehalten werden.

8. Elektronische Aufbewahrung der Aufzeichnungen

8.1. [1]Nach § 3 Abs. 2 KassenSichV müssen die gespeicherten Geschäftsvorfälle oder andere Vorgänge im Sinne des § 146a Abs. 1 Satz 1 AO als Transaktionen so verkettet sein, dass Lücken in den Aufzeichnungen erkennbar sind. [2]Die Verkettung ergibt sich aus der von der zertifizierten technischen Sicherheitseinrichtung verwalteten Transaktionsnummer sowie aus dem Signaturzähler.

8.2. [1]Die Überführung der abgesicherten Anwendungsdaten aus der zertifizierten technischen Sicherheitseinrichtung in ein Aufbewahrungssystem ist zulässig, sofern dieses einen späteren Export der Daten nach der in Kapitel 5.1 der Technischen Richtlinie BSI TR-03153 vorgeschriebenen Form ermöglicht (TAR-Files in definierter Form). [2]Nach diesem Export können die Daten auf dem Speichermedium der zertifizierten technischen Sicherheitseinrichtung gelöscht werden. [3]Es müssen zu diesem Zweck die in den Technischen Richtlinien aufgeführten Datenfelder auch im Aufbewahrungssystem vorgehalten werden. [4]Zur Erhaltung der Verkettung ist die vollständige Archivierung der Log-Nachrichten aller Absicherungsschritte (Start, Update und Beendigung des Vorgangs) erforderlich.

8.3. [1]Das Aufbewahrungssystem muss den Datenexport im jeweils zu verwendenden DSFinV-Format (vgl. AEAO zu § 146a, Nr. 4) ermöglichen, sofern über die abgesicherten Anwendungsdaten aus der zertifizierten technischen Sicherheitseinrichtung hinaus auch die übrigen Daten des Aufzeichnungssystems in das Aufbewahrungssystem überführt werden. [2]Die Pflichten nach § 147 AO bleiben unberührt.

8.4. Eine Verdichtung von Grundaufzeichnungen in dem Aufbewahrungssystem ist für die Dauer der Aufbewahrung nach § 147 Abs. 3 AO unzulässig.

9. Mitteilungspflicht nach § 146a Abs. 4 AO
9.1. Allgemeines

Die Mitteilungspflicht nach § 146a Abs. 4 AO gilt für elektronische Aufzeichnungssysteme i.S.d. § 146a Abs. 1 Satz 1 AO i.V.m. § 1 Satz 1 KassenSichV.

9.1.1. Mitteilende Person

[1]Steuerpflichtige, die mitzuteilende elektronische Aufzeichnungssysteme verwenden, haben die Mitteilungspflicht nach § 146a Abs. 4 AO zu erfüllen. [2]Diese Mitteilungspflicht kann auch durch eine bevollmächtigte Person erfüllt werden.

9.1.2. Zeitpunkt der Mitteilung

[1]Die Mitteilung nach § 146a Abs. 4 Satz 2 AO ist innerhalb eines Monats nach Anschaffung oder Außerbetriebnahme des mitzuteilenden elektronischen Aufzeichnungssystems zu erstatten. [2]Zum Datum der Anschaffung vgl. AEAO zu § 146a, Nr. 9.2.6. [3]Unter Außerbetriebnahme fällt auch der Untergang oder das Abhandenkommen des elektronischen Aufzeichnungssystems.

9.1.3. Meldeart

Es sind die Meldearten Anmeldung, Abmeldung sowie Korrektur möglich und für das jeweils zu übermittelnde elektronische Aufzeichnungssystem anzugeben.

9.1.4. Betriebsstätte

[1] Das mitzuteilende elektronische Aufzeichnungssystem ist einer Betriebsstätte eindeutig zuzuordnen. [2] Die Abgabe einer Mitteilung hat getrennt für jede Betriebsstätte zu erfolgen. [3] Es können mehrere elektronische Aufzeichnungssysteme pro Betriebsstätte in einer Mitteilung übermittelt werden.

9.2. Angaben zur Mitteilung

9.2.1. Ordnungskriterium

[1] Der Steuerpflichtige hat im Zuge der Mitteilungspflicht nach § 146a Abs. 4 AO als eindeutiges Zuordnungskriterium seine Steuernummer mitzuteilen. [2] Er kann zusätzlich seine Identifikationsnummer gemäß § 139b AO übermitteln. [3] Nach der Einführung der Wirtschafts-Identifikationsnummer gemäß § 139c AO ist diese zu übermitteln.

9.2.2. Art der zertifizierten technischen Sicherheitseinrichtung

Die Art der zertifizierten technischen Sicherheitseinrichtung nach § 146a Abs. 4 Satz 1 Nr. 3 AO setzt sich aus der Zertifizierungs-ID sowie der Seriennummer der zertifizierten technischen Sicherheitseinrichtung zusammen.

Die Anforderungen an die Seriennummer der zertifizierten technischen Sicherheitseinrichtung ergibt sich aus Punkt 7.5 der Technischen Richtlinie BSI TR-03153.

[1] Die Zertifizierungs-ID wird durch das BSI vergeben und besitzt folgendes Format: BSI-K-TR-nnnn-yyyy. [2] Hierbei bedeutet nnnn eine vierstellige Nummerierung, yyyy eine vierstellige Jahreszahl.

9.2.3. Art des verwendeten elektronischen Aufzeichnungssystems

Eine Auswahl zur Art des verwendeten elektronischen Aufzeichnungssystems wird im Meldeverfahren vorgegeben.

9.2.4. Anzahl der insgesamt eingesetzten elektronischen Aufzeichnungssysteme

Die Anzahl der insgesamt eingesetzten elektronischen Aufzeichnungssysteme je Betriebsstätte ist zu übermitteln.

[1] Jedes einzelne verwendete elektronische Aufzeichnungssystem ist in der Mitteilung aufzuführen. [2] Sollten in Verbundsystemen mehrere Geräte mit einer zertifizierten technischen Sicherheitseinrichtung verbunden sein, so ist jedes einzelne verwendete Gerät dem Finanzamt mitzuteilen. [3] Sofern einzelne elektronische Aufzeichnungssysteme ohne Kassenfunktion mit einem elektronischen Aufzeichnungssystem mit Kassenfunktion im Sinne von § 146a AO i.V.m. § 1 Satz 1 KassenSichV verbunden wurden, ist nur das elektronische Aufzeichnungssystem mit Kassenfunktion und nicht die damit verbundenen elektronischen Aufzeichnungssysteme ohne Kassenfunktion mitteilungspflichtig.

9.2.5. Seriennummer des verwendeten elektronischen Aufzeichnungssystems

[1] Die Seriennummer des elektronischen Aufzeichnungssystems ist zu übermitteln. [2] Sie ist herstellerabhängig und von der Seriennummer der zertifizierten technischen Sicherheitseinrichtung sowie der Zertifizierungs-ID zu unterscheiden. [3] Die Seriennummer muss jedes elektronische Aufzeichnungssystem i.S.d. § 146a AO i.V.m. § 1 Satz 1 KassenSichV eines Herstellers eindeutig identifizieren (vgl. AEAO zu § 146a, Nr. 3.6.1).

9.2.6. Datum der Anschaffung

[1] Das Datum der Anschaffung ist zu übermitteln. [2] Werden elektronische Aufzeichnungssysteme nicht erworben, sondern z.B. geleast oder geliehen, ist statt des Anschaffungsdatums das Datum des Leasingbeginns/Beginn des Leihvertrags/Beginn der Zurverfügungstellung zu übermitteln. [3] Die §§ 145 ff. AO bleiben unberührt.

9.2.7. Datum der Außerbetriebnahme

Das Datum der Außerbetriebnahme eines elektronischen Aufzeichnungssystems ist zu übermitteln.

Die Mitteilung über die Außerbetriebnahme aller bisher im Betrieb eingesetzten elektronischen Aufzeichnungssysteme kann mit einer Mitteilung je Betriebsstätte insgesamt erfolgen, ohne jedes einzelne elektronische Aufzeichnungssystem einzeln aufführen zu müssen.

9.3. Korrekturmöglichkeit

9.3.1. [1] Fehlerhaft abgegebene Mitteilungen können korrigiert werden. [2] Hierzu ist das elektronische Aufzeichnungssystem eindeutig zu identifizieren und mit den richtigen Angaben zu ersetzen, damit eine eindeutige Zuordnung der richtigen Werte des zu korrigierenden Systems erfolgen kann.

9.3.2. Bei einer falsch übermittelten Betriebsstätte kann eine Mitteilung insgesamt einer neuen Betriebsstätte zugeordnet werden, ohne jedes einzelne elektronische Aufzeichnungssystem einzeln aufführen zu müssen.

10. Zertifizierung

Das Verfahren zur Zertifizierung ist in § 7 KassenSichV i.V.m. Kapitel 7.6 der BSI TR-03153, BMF-Schreiben vom 28.2.2019, BStBl. I S. 206 geregelt.

11. Verbot des gewerbsmäßigen Bewerbens und In-Verkehr-Bringens nach § 146a Abs. 1 Satz 5 AO

11.1. [1] Es ist verboten, Soft- oder Hardware zu bewerben oder in Verkehr zu bringen, die die Anforderungen des § 146a AO nicht erfüllen. [2] Bewerben ist jede schriftliche oder mündliche Äußerung, die dazu dient, jemanden zum Einsatz von Soft- oder Hardware zu bewegen. [3] Unter In-Verkehr-Bringen ist jede Handlung zu verstehen, durch die Soft- oder Hardware aus der Verfügungsgewalt einer Person in die Verfügungsgewalt einer anderen Person gelangt.

11.2. Elektronische Aufzeichnungssysteme mit Anbindungsmöglichkeit an eine zertifizierte technische Sicherheitseinrichtung und die zertifizierte technische Sicherheitseinrichtungen können unabhängig voneinander beworben oder In-Verkehr gebracht werden.

11.3. Die Ahndung einer Verletzung nach § 146a Abs. 1 Satz 1, 2 oder 5 AO kann als Ordnungswidrigkeit nach § 379 Abs. 1 Satz 1 AO erfolgen.

11.4. Wird festgestellt, dass die nach § 146a Abs. 1 Satz 1, 2 oder 5 AO bestehenden Verpflichtungen nicht erfüllt sind, soll die für Straf- und Bußgeldsachen zuständige Stelle unterrichtet werden.

12. Rechtsfolgen bei Verstoß gegen § 146a AO

12.1. Die Befolgung der Ordnungsvorschrift § 146a AO kann nicht durch einen Verwaltungsakt angeordnet oder durch Zwangsmaßnahmen nach §§ 328 ff. AO erzwungen werden.

12.2. [1] § 146a Abs. 2 Satz 1 AO (Belegausgabepflicht) und § 146a Abs. 4 AO (Mitteilungspflicht) sehen Handlungspflichten vor. [2] §§ 328 ff. AO bleiben unberührt.

AEAO zu § 146b – Kassen-Nachschau:

1. [1] Die Kassen-Nachschau ist ein besonderes Verfahren zur zeitnahen Prüfung der Ordnungsmäßigkeit der Kassenaufzeichnungen und der ordnungsgemäßen Übernahme der Kassenaufzeichnungen in die Buchführung. [2] Der Kassen-Nachschau unterliegen u.a. elektronische oder computergestützte Kassensysteme oder Registrierkassen, App-Systeme, Waagen mit Registrierkassenfunktion, Taxameter, Wegstreckenzähler, Geldspielgeräte und offene Ladenkassen (summarische, retrograde Ermittlung der Tageseinnahmen sowie manuelle Einzelaufzeichnungen ohne Einsatz technischer Hilfsmittel). [3] Der Amtsträger kann u.a. zur Prüfung der ordnungsgemäßen Kassenaufzeichnungen einen sog. „Kassensturz" verlangen, da die Kassensturzfähigkeit (Soll-Ist-Abgleich) ein wesentliches Element der Nachprüfbarkeit von Kassenaufzeichnungen jedweder Form darstellt (vgl. BFH-Urteile vom 20.9.1989, X R 39/87, BStBl. 1990 II S. 109; vom 26.8.1975, VIII R 109/70, BStBl. 1976 II S. 210; vom 31.7.1974, I R 216/72, BStBl. 1975 II S. 96; vom 31.7.1969, IV R 57/67, BStBl. 1970 II S. 125). [4] Ob ein Kassensturz verlangt wird, ist eine Ermessensentscheidung, bei der die Umstände im Einzelfall zu berücksichtigen sind.

2. [1] Die Kassen-Nachschau ist keine Außenprüfung i.S.d. § 193 AO. [2] Deshalb gelten die Vorschriften für eine Außenprüfung nicht. [3] Wird eine andere Finanzbehörde mit einer Kassen-Nachschau beauftragt, findet § 195 Satz 2 AO sinngemäß Anwendung. [4] Die Kassen-Nachschau wird nicht angekündigt.

3. [1] Im Rahmen der Kassen-Nachschau dürfen Amtsträger während der üblichen Geschäfts- und Arbeitszeiten Geschäftsgrundstücke oder Geschäftsräume von Steuerpflichtigen betreten. [2] Dies schließt auch Fahrzeuge ein, die land- und forstwirtschaftlich, gewerblich oder beruflich vom Steuerpflichtigen genutzt werden. [3] Die Grundstücke, Räume oder Fahrzeuge müssen nicht im Eigentum der land- und forstwirtschaftlich, gewerblich oder beruflich tätigen Steuerpflichtigen stehen. [4] Das Betreten muss dazu dienen, Sachverhalte festzustellen, die für die Besteuerung erheblich sein können. [5] Ein Durchsuchungsrecht gewährt die Kassen-Nachschau nicht. [6] Das bloße Betreten und Besichtigen von Grundstücken und Räumen ist noch keine Durchsuchung. [7] Die Kassen-Nachschau kann auch außerhalb der Geschäftszeiten vorgenommen werden, wenn im Unternehmen noch oder schon gearbeitet wird.

4. [1] Sobald der Amtsträger der Öffentlichkeit nicht zugängliche Geschäftsräume betreten will, den Steuerpflichtigen auffordert, das elektronische Aufzeichnungssystem zugänglich zu machen oder Aufzeichnungen, Bücher sowie die für die Führung des elektronischen Aufzeichnungssystems erheblichen sonstigen Organisationsunterlagen vorzulegen, Einsichtnahme in die digitalen Daten oder deren Übermittlung über die einheitliche digitale Schnittstelle verlangt oder den Steuerpflichtigen auffordert, Auskunft zu erteilen, hat er sich auszuweisen. [2] Ist der Steuerpflichtige selbst oder sein gesetzlicher Vertreter (§ 34 AO) nicht anwesend, aber Personen, von denen angenommen werden kann, dass sie über alle wesentlichen Zugriffs- und Benutzungsrechte des Kassensystems des Steuerpflichtigen verfügen, hat der Amtsträger sich gegenüber diesen Personen auszuweisen und sie zur Mitwirkung bei der Kassen-Nachschau aufzufordern. [3] Diese Personen haben dann die Pflichten des Steuerpflichtigen zu erfüllen, soweit sie hierzu rechtlich und tatsächlich in der Lage sind (§ 35 AO). [4] Eine Beobachtung der Kassen und ihrer Handhabung in Geschäftsräumen, die der Öffentlichkeit zugänglich sind, ist ohne Pflicht zur Vorlage eines Ausweises zulässig. [5] Dies gilt z.B. auch für Testkäufe und Fragen nach dem Geschäftsinhaber. [6] Die Kassen-Nachschau muss nicht am selben Tag wie die Beobachtung der Kassen und ihrer Handhabung erfolgen.

5. [1] Die Aufforderung zur Duldung der Kassen-Nachschau ist ein Verwaltungsakt, der formlos erlassen werden kann (z.B. mündlich mit Vorzeigen des Ausweises). [2] Nachdem der Amtsträger sich ausgewiesen hat, ist der Steuerpflichtige zur Mitwirkung im Rahmen der Kassen-Nachschau verpflichtet. [3] Das Datenzugriffsrecht ergibt sich bei der Kassen-Nachschau aus § 146b Abs. 2 Satz 2 AO. [4] Der Steuerpflichtige hat nach § 146b Abs. 2 AO ab dem 1.1.2018 auf Verlangen des Amtsträgers für einen vom Amtsträger bestimmten Zeitraum Einsichtnahme in seine (digitalen) Kassenaufzeichnungen und -buchungen sowie die für die Kassenführung erheblichen sonstigen Organisationsunterlagen zu gewähren. [5] Der Amtsträger kann in diesen Fällen auch schon vor dem 1.1. 2020 verlangen, dass die gespeicherten Unterlagen und Aufzeichnungen auf einem maschinell verwertbaren Datenträger zur Verfügung gestellt werden. [6] Nach dem 31.12.2019 sind die digitalen Aufzeichnungen über die digitale Schnittstelle oder auf einem maschinell auswertbaren Datenträger nach den Vorgaben der digitalen Schnittstelle zur Verfügung zu stellen. [7] Sofern eine digitale Schnittstelle vor dem 1.1.2020 vorhanden ist, kann mit Zustimmung des Steuerpflichtigen eine Datenübermittlung über die einheitliche Schnittstelle erfolgen. [8] Auf Anforderung des Amtsträgers sind die Verfahrensdokumentation zum eingesetzten Aufzeichnungssystem einschließlich der Informationen zur zertifizierten technischen Sicherheitseinrichtung vorzulegen, d.h. es sind Bedienungsanleitungen, Programmieranleitungen und Datenerfassungsprotokolle über durchgeführte Programmänderungen vorzulegen. [9] Darüber hinaus sind Auskünfte zu erteilen. [10] Bei Nichtanwesenheit des Steuerpflichtigen gelten die dargestellten Mitwirkungspflichten für Personen i.S.d. Nr. 4 Satz 2 des AEAO zu § 146b entsprechend.

6. [1] Zu Dokumentationszwecken ist der Amtsträger berechtigt, Unterlagen und Belege zu scannen oder zu fotografieren. [2] Sofern ein Anlass zu Beanstandungen der Kassenaufzeichnungen, -buchungen oder nach dem 31.12.2019 der zertifizierten technischen Sicherheitseinrichtung besteht, kann der Amtsträger nach § 146b Abs. 3 AO ohne vorherige Prüfungsanordnung zur Außenprüfung übergehen. [3] Die Entscheidung zum Übergang zu einer Außenprüfung ist eine

Ermessensentscheidung. [4] Anlass zur Beanstandung kann beispielsweise auch bestehen, wenn Dokumentationsunterlagen wie aufbewahrungspflichtige Betriebsanleitung oder Protokolle nachträglicher Programmänderungen nicht vorgelegt werden können. [5] Der Übergang zu einer Außenprüfung ist regelmäßig geboten, wenn die sofortige Sachverhaltsaufklärung zweckmäßig erscheint und wenn anschließend auch die gesetzlichen Folgen der Außenprüfung für die Steuerfestsetzung eintreten sollen. [6] Der Beginn einer Außenprüfung nach erfolgter Kassen-Nachschau ist unter Angabe von Datum und Uhrzeit aktenkundig zu machen. [7] Der Übergang zur Außenprüfung ist dem Steuerpflichtigen bekannt zu geben. [8] Nach § 146b Abs. 3 Satz 2 AO ist der Steuerpflichtige auf diesen Übergang schriftlich hinzuweisen. [9] Es gelten die allgemeinen Grundsätze über den notwendigen Inhalt von Prüfungsanordnungen sowie den sachlichen und zeitlichen Umfang von Außenprüfungen. [10] Bei einem sofortigen Übergang zur Außenprüfung ersetzt der schriftliche Übergangshinweis die Prüfungsanordnung. [11] Für die Bekanntgabe des Übergangs zur Außenprüfung gelten die Vorschriften für die Bekanntgabe der Prüfungsanordnung entsprechend. [12] Das gilt auch, wenn der Steuerpflichtige bei Durchführung der Kassen-Nachschau nicht anwesend ist.

7. [1] Da die Kassen-Nachschau keine Außenprüfung i.S.d. §§ 193 ff. AO darstellt, finden insbesondere § 147 Abs. 6, §§ 201 und 202 AO keine Anwendung. [2] Ein Prüfungsbericht ist nicht zu fertigen. [3] Sollen aufgrund der Kassen-Nachschau Besteuerungsgrundlagen geändert werden, ist dem Steuerpflichtigen rechtliches Gehör zu gewähren (§ 91 AO).

8. [1] Der Beginn der Kassen-Nachschau hemmt den Ablauf der Festsetzungsfrist nach § 171 Abs. 4 AO nicht. [2] Die Änderungssperre des § 173 Abs. 2 AO findet keine Anwendung. [3] Soweit eine Steuer nach § 164 AO unter dem Vorbehalt der Nachprüfung festgesetzt worden ist, muss dieser nach Durchführung der Kassen-Nachschau nicht aufgehoben werden. [4] Im Anschluss an eine Kassen-Nachschau ist ein Antrag auf verbindliche Zusage (§ 204 AO) nicht zulässig.

9. [1] Im Rahmen der Kassen-Nachschau ergangene Verwaltungsakte können nach § 347 AO mit dem Einspruch angefochten werden. [2] Der Amtsträger ist berechtigt und verpflichtet, den schriftlichen Einspruch entgegenzunehmen. [3] Der Einspruch hat keine aufschiebende Wirkung und hindert daher nicht die Durchführung der Kassen-Nachschau, es sei denn, die Vollziehung des angefochtenen Verwaltungsakts wurde ausgesetzt (§ 361 AO, § 69 FGO[1]). [4] Mit Beendigung der Kassen-Nachschau sind oder werden Einspruch und Anfechtungsklage gegen die Anordnung der Kassen-Nachschau unzulässig; insoweit kommt lediglich eine Fortsetzungs-Feststellungsklage (§ 100 Abs. 1 Satz 4 FGO) in Betracht. [5] Wurden die Ergebnisse der Kassen-Nachschau in einem Steuerbescheid berücksichtigt, muss auch dieser Bescheid angefochten werden, um ein steuerliches Verwertungsverbot zu erlangen. [6] Für die Anfechtung der Mitteilung des Übergangs zur Außenprüfung gelten die Grundsätze für die Anfechtung einer Außenprüfungsanordnung entsprechend (vgl. AEAO zu § 196).

---

[1] Nr. 2.

AEAO zu § 147 – Ordnungsvorschriften für die Aufbewahrung von Unterlagen:[1]

1. [1]Die Aufbewahrungspflicht ist Bestandteil der Buchführungs- und Aufzeichnungspflicht. [2]Wegen der Rechtsfolgen bei Verstößen vgl. AEAO zu § 146, Nr. 1.

2. [1]Den in § 147 Abs. 1 Nr. 1 AO aufgeführten Arbeitsanweisungen und sonstigen Organisationsunterlagen kommt bei DV-gestützten Buchführungen besondere Bedeutung zu. [2]Die Dokumentation hat nach Maßgabe der Grundsätze zur ordnungsmäßigen Führung und Aufbewahrung von Büchern, Aufzeichnungen und Unterlagen in elektronischer Form sowie zum Datenzugriff – GoBD – (BMF-Schreiben vom 28.11.2019, BStBl. I S. 1269) zu erfolgen.

3. [1]Bildträger i.S.d. § 147 Abs. 2 AO sind z.B. Fotokopien, Mikrofilme. [2]Als andere Datenträger kommen z.B. Magnetbänder, Magnetplatten, CD, DVD, Blu-ray-Disk, Flash-Speicher in Betracht. [3]§ 147 Abs. 2 AO enthält auch die Rechtsgrundlage für das sog. COM-Verfahren (Computer Output Microfilm); bei diesem Verfahren werden die Daten aus dem Computer direkt auf Mikrofilm ausgegeben. [4]Die Lesbarmachung von in nicht lesbarer Form aufbewahrten Unterlagen richtet sich nach § 147 Abs. 5 AO.

4. Zur Anwendung des § 147 Abs. 6 AO wird auf die Grundsätze zur ordnungsmäßigen Führung und Aufbewahrung von Büchern, Aufzeichnungen und Unterlagen in elektronischer Form sowie zum Datenzugriff – GoBD – (BMF-Schreiben vom 28.11.2019, BStBl. I S. 1269) hingewiesen.

5. Zur Aufbewahrung digitaler Unterlagen bei Bargeschäften vgl. BMF-Schreiben vom 26.11.2010, BStBl. I S. 1342.

AEAO zu § 147a – Ordnungsvorschriften für die Aufbewahrung von Unterlagen:

[1]Kapitalerträge, die nach § 32d Abs. 1 EStG[2] mit einem besonderen Steuersatz besteuert wurden und der abgeltenden Wirkung nach § 43 Abs. 5 EStG unterlegen haben, sind nicht in die Ermittlung der Summe der positiven Überschusseinkünfte i.S.d. § 147a AO einzubeziehen. [2]Im Zusammenhang mit diesen Kapitalerträgen stehende Aufzeichnungen und Unterlagen über Einnahmen und Werbungskosten sind nicht nach § 147a AO aufbewahrungspflichtig.

AEAO zu § 148 – Bewilligung von Erleichterungen:[3]

[1]Die Bewilligung von Erleichterungen kann sich nur auf steuerrechtliche Buchführungs-, Aufzeichnungs- oder Aufbewahrungspflichten erstrecken. [2]§ 148 AO lässt eine dauerhafte Befreiung von diesen Pflichten nicht zu. [3]Persönliche Gründe, wie Alter und Krankheit des Steuerpflichtigen, rechtfertigen regelmäßig keine Erleichterungen (BFH-Urteil vom 14.7.1954, II 63/53 U, BStBl. III S. 253). [4]Eine Bewilligung soll nur ausgesprochen werden, wenn der Steuerpflichtige sie beantragt.

---

[1] Zur Aufbewahrungspflicht bei Einnahmenüberschussrechnung und zum Dateneinsichtsrecht der Finanzbehörden vgl. BFH v. 24.6.2009 VIII R 80/06, BStBl. II 2010, 452. – Zum Zugriff bei Außenprüfung auf Aufzeichnungen zu Barverkäufen siehe BFH v. 16.12.2014, X R 42/13, BStBl. II 2015, 519.

[2] **dtv 5785 ESt/LSt Nr. 1.**

[3] Siehe auch BMF v. 18.8.2020, BStBl. I 2020, 656.

AEAO zu § 149 – Abgabe der Steuererklärungen:

1. [1]§ 149 AO i.d.F. des StModernG ist erstmals anzuwenden für Besteuerungszeiträume, die nach dem 31.12.2017 beginnen, und Besteuerungszeitpunkte, die nach dem 31.12.2017 liegen. [2]Für Besteuerungszeiträume, die vor dem 1.1.2018 beginnen, und Besteuerungszeitpunkte, die vor dem 1.1.2018 liegen, ist § 149 AO in der am 31.12.2016 geltenden Fassung weiterhin anzuwenden (Art. 97 § 10a Abs. 4 EGAO).

2. [1]Ordnet die Finanzbehörde in einem der in § 149 Abs. 4 Satz 1 AO genannten Katalogfälle die Abgabe der Steuererklärung vor Ablauf der Frist nach § 149 Abs. 3 AO an, ist eine über die Nennung des jeweils erfüllten Tatbestandes hinausgehende Begründung der Anforderung nicht erforderlich. [2]Durch die gesetzliche Aufzählung in § 149 Abs. 4 Satz 1 AO ist eine Vorabanforderung für den Steuerpflichtigen und seinen Berater jeweils vorhersehbar. [3]Da der Gesetzgeber zudem bei der nicht vorhersehbaren automationsgestützten Zufallsauswahl nach § 149 Abs. 4 Satz 3 AO ausdrücklich eine individuelle Begründung der Ermessensentscheidung für verzichtbar erklärt, ist eine individuelle Begründung der Ermessensentscheidung in den Fällen des § 149 Abs. 4 Satz 1 AO erst recht nicht geboten. [4]Vorabanforderungen von Steuererklärungen nach § 149 Abs. 4 Satz 1 AO sind insoweit mit Prüfungsanordnungen in den Fällen des § 193 Abs. 1 AO vergleichbar. [5]In diesen Fällen ist eine über die Nennung des Tatbestandes hinausgehende Begründung regelmäßig nicht erforderlich (ständige Rspr.; vgl. u.a. BFH-Urteil vom 29.10.1992, IV R 47/91, BFH/NV 1993 S. 149, m.w.N.).

3. Für steuerlich nicht beratene Steuerpflichtige, die den Gewinn aus Land- und Forstwirtschaft nach einem verlängerten Wirtschaftsjahr i.S.d. § 8c Abs. 2 Satz 2 EStDV[1] ermitteln, endet die Steuererklärungsfrist für den Besteuerungszeitraum, in dem das verlängerte Wirtschaftsjahr endet, sieben Monate nach Ablauf des Kalenderjahres, in dem das verlängerte Wirtschaftsjahr endet.

AEAO zu § 150 – Form und Inhalt der Steuererklärungen:

1. [1]Zu den Grundsätzen für die Verwendung von Steuererklärungsvordrucken vgl. BMF-Schreiben vom 3.4.2012, BStBl. I S. 522. [2]Zur elektronischen Übermittlung von Steuererklärungen vgl. § 87a Abs. 6, § 87b Abs. 1 und 2 und § 87d AO.

2. [1]Die Umsatzsteuer-Jahreserklärung ist eine Steueranmeldung i.S.d. § 150 Abs. 1 Satz 3 AO, da der Unternehmer nach § 18 Abs. 3 UStG[2] nach Ablauf eines Kalenderjahres eine Umsatzsteuererklärung abzugeben hat, in der er die Umsatzsteuer oder den Überschuss selbst berechnen muss. [2]Das Gleiche gilt für Umsatzsteuer-Voranmeldungen und Lohnsteueranmeldungen. [3]Wegen der Festsetzung der Steuer bei einer Steueranmeldung vgl. AEAO zu § 167, wegen der Wirkung einer Steueranmeldung vgl. AEAO zu § 168.

3. [1]Hat die Steuerverwaltung Daten, die ihr von mitteilungspflichtigen Stellen nach Maßgabe des § 93c AO übermittelt wurden, mangels abweichender Angaben des Steuerpflichtigen bei der Steuerfestsetzung unverändert übernommen, ist der Steuerpflichtige für die Richtigkeit dieser Daten nicht verantwortlich (§ 150 Abs. 7 Satz 2 AO). [2]Gleiches gilt bei der Nutzung der sogen. vorausgefüllten (elektronischen) Steuererklärung, soweit der Steuer-

---

[1] dtv 5785 ESt/LSt Nr. 2.
[2] dtv 5546 USt Nr. 1.

pflichtige keine abweichenden Angaben gemacht hat. [3] Wegen der Korrektur-
möglichkeit in diesen Fällen vgl. § 175b AO.

AEAO zu § 151 – Aufnahme der Steuererklärung an Amtsstelle:

Eine Aufnahme der Steuererklärung an Amtsstelle kommt i.d.R. nur bei
geschäftlich unerfahrenen oder der deutschen Sprache unkundigen Steuerpflichtigen in Betracht, die nicht fähig sind, die Steuererklärung selbst schriftlich abzugeben oder unter den Voraussetzungen des § 150 Abs. 1 Satz 2 AO
elektronisch zu übermitteln, und auch nicht in der Lage sind, die Hilfe eines
Angehörigen der steuerberatenden Berufe in Anspruch zu nehmen.

AEAO zu § 152 – Verspätungszuschlag:

Festsetzung von Verspätungszuschlägen nach der ab 1.1.2017 geltenden Fassung

1. Zeitlicher Anwendungsbereich

§ 152 AO i.d.F. des StModernG ist erstmals für Steuererklärungen anzuwenden, die nach dem 31.12.2018 abzugeben sind; eine Verlängerung der Steuererklärungsfrist ist hierbei nicht zu berücksichtigen (Art. 97 § 8 Abs. 4 Satz 1 und 2
EGAO[1])).

Sind Steuerpflichtige erst nach Aufforderung der Finanzbehörde zur Abgabe
einer Steuererklärung verpflichtet (z.B. Erbschaft- oder Schenkungsteuererklärungen und damit zusammenhängende Feststellungserklärungen oder auch
Erklärungen zur Feststellung der Einheitswerte, § 149 Abs. 1 Satz 2 AO i.V.m.
§ 31 Abs. 1 ErbStG[2]), § 153 Abs. 1 oder § 28 Abs. 2 BewG[3])), ist § 152 AO
i.d.F. des StModernG anzuwenden, wenn ihnen die Aufforderung nach dem
31.12.2018 bekannt gegeben worden ist; der Zeitpunkt der Steuerentstehung
oder der Feststellungszeitpunkt ist dabei unerheblich.

---

[1]) Nr. **1.1.**
[2]) **dtv 5547 ErbSt/BewG/GrSt Nr. 2.**
[3]) **dtv 5547 ErbSt/BewG/GrSt Nr. 1.**

2. Ermessensabhängige Festsetzung von Verspätungszuschlägen

[1] Nach § 152 Abs. 1 Satz 1 AO **kann** ein Verspätungszuschlag festgesetzt werden, wenn eine gesetzliche Frist (§ 149 Abs. 2 Satz 1, Abs. 3 AO) oder eine von der Finanzbehörde bestimmte Frist (§ 149 Abs. 1 Satz 2 AO) zur Abgabe einer Steuererklärung nicht eingehalten worden ist. [2] Hierbei ist eine (ggf. rückwirkend) gewährte und eingehaltene Fristverlängerung (§ 109 AO) zu berücksichtigen. [3] Die Festsetzung eines Verspätungszuschlags kommt insbesondere in Betracht im Fall wiederholt verspäteter oder unterbliebener Erklärungsabgabe.

Auch wenn die Festsetzung des Verspätungszuschlags nach § 152 Abs. 2 AO aus den in § 152 Abs. 3 AO genannten Gründen nicht von Amts wegen erfolgt, kann die Finanzbehörde einen Verspätungszuschlag nach § 152 Abs. 1 AO festsetzen.

[1] Der in § 152 AO verwendete Begriff der „Steuererklärung" umfasst auch Feststellungserklärungen (§ 181 Abs. 1 Satz 1 AO) und Erklärungen zur Festsetzung eines Steuermessbetrags (§ 184 Abs. 1 Satz 4 AO). [2] Die Berechnung des Verspätungszuschlags richtet sich in diesen Fällen nach § 152 Abs. 6, 7 und 9 AO.

3. Entschuldbarkeit der verspäteten Erklärungsabgabe

[1] Im Anwendungsbereich des § 152 Abs. 1 AO sind Entschuldigungsgründe für eine verspätete Erklärungsabgabe vom Steuerpflichtigen glaubhaft zu machen (§ 152 Abs. 1 Satz 2 AO). [2] Für die Finanzbehörden besteht insoweit keine Amtsermittlungspflicht. [3] Das Versäumnis ist regelmäßig dann nicht entschuldbar, wenn Steuererklärungen wiederholt nicht oder nicht fristgemäß abgegeben oder von der Finanzbehörde antragsgemäß bewilligte Fristverlängerungen nicht eingehalten wurden.

4. Gesetzlich vorgeschriebene Festsetzung von Verspätungszuschlägen

[1] Unter den Voraussetzungen des § 152 Abs. 2 AO ist ein Verspätungszuschlag **von Amts wegen** (d.h. ermessensunabhängig) festzusetzen. [2] Dies gilt unabhängig davon, ob ein „Beraterfall" i.S.d. § 149 Abs. 3 AO vorliegt oder der Steuerpflichtige seine Steuererklärung selbst erstellt.

4.1. Auf ein Kalenderjahr beziehen sich insbesondere die Einkommensteuererklärung, die Körperschaftsteuererklärung, die Gewerbesteuererklärung und die Umsatzsteuererklärung für das Kalenderjahr.

4.2. Steuererklärungen, die sich auf einen gesetzlich bestimmten Zeitpunkt beziehen, sind z.B. die Erbschaftsteuererklärung, die Anzeigen nach § 19 GrEStG[1] sowie die Erklärungen zur Feststellung von Einheitswerten und von Grundbesitzwerten.

4.3. § 152 Abs. 2 AO ist auch anwendbar, wenn Steuerpflichtige erst nach Aufforderung der Finanzbehörde zur Abgabe der Steuererklärung verpflichtet sind (vgl. Nr. 1 Satz 2 des AEAO zu § 152) und sie die Erklärung erst nach Ablauf dieser Frist abgegeben haben.

4.4. [1] § 152 Abs. 2 AO gilt in den Fällen des § 16 Abs. 3, § 18 Abs. 3 Satz 2 UStG[2] nur, wenn die Erklärung nicht binnen 14 Monaten nach Ablauf des Kalenderjahres abgegeben worden ist. [2] Bei einer Fristüberschreitung von mehr

---

[1] dtv 5765 Steuergesetze Nr. 12.
[2] dtv 5546 USt Nr. 1.

als 14 Monaten nach Ablauf der besonderen Erklärungsfrist nach § 18 Abs. 3 UStG soll grundsätzlich ein Verspätungszuschlag nach § 152 Abs. 1 AO festgesetzt werden.

Beispiel:

Die Unternehmereigenschaft endet am 31.7.01. Die Erklärung ist nach § 16 Abs. 3, § 18 Abs. 3 Satz 2 UStG bis zum 31.8.01 abzugeben. Wird die Erklärung nach dem 31.10.02 und vor dem 1.3.03 abgegeben, ist bei Anwendung des § 152 Abs. 1 AO das Ermessen auf Null reduziert. Wird die Erklärung nach dem 28.2.03 oder überhaupt nicht abgegeben, ist § 152 Abs. 2 AO anzuwenden.

5. Rückausnahme gemäß § 152 Abs. 3 AO

[1] Liegt ein Fall des § 152 Abs. 3 AO vor, findet § 152 Abs. 2 AO keine Anwendung, d.h. es erfolgt keine ermessensunabhängige Festsetzung von Amts wegen. [2] Die Festsetzung eines Verspätungszuschlags richtet sich in diesem Fall nach § 152 Abs. 1 AO.

5.1. Hat die Finanzbehörde die Frist für die Abgabe der Steuererklärung nach § 109 AO (ggf. rückwirkend) verlängert (§ 152 Abs. 3 Nr. 1 AO), gilt Folgendes:

– Wurde die verlängerte Erklärungsfrist eingehalten, liegt keine verspätete Erklärungsabgabe vor, so dass weder nach § 152 Abs. 1 AO noch nach § 152 Abs. 2 AO ein Verspätungszuschlag festgesetzt werden darf.

– Wurde die verlängerte Erklärungsfrist nicht eingehalten, kann die Finanzbehörde nach § 152 Abs. 1 AO einen Verspätungszuschlag festsetzen.

5.2. In den folgenden Fällen kann die Finanzbehörde – insbesondere bei wiederholter Verletzung der Erklärungsfrist – nach § 152 Abs. 1 AO einen Verspätungszuschlag festsetzen:

– Die Steuer wurde auf null Euro oder auf einen negativen Betrag festgesetzt (§ 152 Abs. 3 Nr. 2 AO),

– die festgesetzte Steuer übersteigt nicht die Summe der festgesetzten Vorauszahlungen und der anzurechnenden Steuerabzugsbeträge (§ 152 Abs. 3 Nr. 3 AO),

– bei jährlich abzugebenden Lohnsteueranmeldungen (§ 152 Abs. 3 Nr. 4 AO).

6. Inhaltsadressat der Verspätungszuschlagsfestsetzung

[1] Der Verspätungszuschlag wird gegen den Erklärungspflichtigen festgesetzt. [2] Wird die Steuererklärung von einem gesetzlichen Vertreter oder einer sonstigen Person i.S.d. §§ 34, 35 AO abgegeben, so ist der Verspätungszuschlag gleichwohl grundsätzlich gegen den Steuerschuldner festzusetzen (vgl. BFH-Urteil vom 18.4.1991, IV R 127/89, BStBl. II S. 675). [3] Eine Festsetzung gegen den Vertreter kommt nur in Ausnahmefällen (z.B. leichtere Beitreibbarkeit des Verspätungszuschlags bei dem Vertreter) in Betracht.

[1] Für den Fall, dass mehrere Personen zur Abgabe ein und derselben Steuererklärung verpflichtet sind, vgl. § 152 Abs. 4 AO. [2] In Zusammenveranlagungsfällen ist der Verspätungszuschlag grundsätzlich gegen beide Ehegatten oder Lebenspartner festzusetzen.

7. Gesetzliche Vorgaben zur Berechnung von Verspätungszuschlägen

[1] § 152 Abs. 5 AO enthält gesetzliche Vorgaben zur Berechnung des Verspätungszuschlags und gilt sowohl für die Fälle des § 152 Abs. 1 AO als auch für die Fälle des § 152 Abs. 2 AO. [2] Insoweit besteht kein Ermessensspielraum der

Finanzbehörde. [3] Etwas anderes gilt lediglich in den Fällen des § 152 Abs. 8 AO.

In den Fällen von Nr. 4.3 des AEAO zu § 152 ist bei der Berechnung des Verspätungszuschlags § 152 Abs. 5 Satz 3 AO entsprechend anzuwenden.

8. Berechnung von Verspätungszuschlägen bei anlassbezogenen Steueranmeldungen

§ 152 Abs. 8 AO gilt nicht für Steueranmeldungen, die nicht periodisch, sondern nur anlassbezogen abzugeben sind, wie z.B. die Kapitalertragsteuer-Anmeldung (§ 45a Abs. 1 Satz 1 i.V.m. § 44 Abs. 1 Satz 5 EStG[1]), die Steueranmeldung nach § 48a Abs. 1 EStG und die Anmeldung über einen Steuerabzug bei beschränkt Steuerpflichtigen (§ 50a EStG i.V.m. § 73e EStDV[2]).

9. Berechnungszeitraum

[1] Eine Verpflichtung zur Abgabe einer Steuererklärung bleibt auch dann bestehen, wenn die Finanzbehörde die Besteuerungsgrundlagen geschätzt hat (§ 149 Abs. 1 Satz 4 AO). [2] Für die Bemessung eines Verspätungszuschlags ist aber nur auf den Zeitraum bis zum erstmaligen Erlass des Steuerbescheids bzw. dessen Bekanntgabe abzustellen (§ 152 Abs. 9 AO).

[1] Der Beginn des Berechnungszeitraumes bestimmt sich grundsätzlich nach dem Ablauf der jeweiligen Erklärungsfrist. [2] Vorbehaltlich einer etwaigen Fristverlängerung nach § 109 Abs. 1 oder 2 AO ist dies

– bei nicht beratenen Steuerpflichtigen der Ablauf der allgemeinen Erklärungsfrist (§ 149 Abs. 2 AO),

– bei beratenen Steuerpflichtigen entweder der Ablauf der verlängerten Erklärungsfrist (§ 149 Abs. 3 AO) oder bei vorzeitiger Anforderung (§ 149 Abs. 4 AO) der Ablauf der in der Anforderung bestimmten Frist.

[1] § 152 Abs. 5 Satz 3 AO enthält eine Sonderregelung für die Steuerpflichtigen, die bis zum Zugang einer – nach Ablauf der allgemeinen Erklärungsfrist versandten – Aufforderung davon ausgehen konnten, nicht zur Abgabe einer Steuererklärung verpflichtet zu sein. [2] In diesen Fällen ist der Verspätungszuschlag erst vom Ablauf der in der Aufforderung bezeichneten Erklärungsfrist an zu berechnen.

10. Abrundung und Höchstbetrag

[1] Der Verspätungszuschlag ist nach § 152 Abs. 10 AO auf volle Euro abzurunden und darf höchstens 25.000 Euro betragen. [2] Er kann dabei – anders als nach § 152 AO a.F. – auch mehr als 10 % der festgesetzten Steuer betragen. [3] Dies gilt insbesondere, wenn die Steuer auf null Euro oder auf einen negativen Betrag festgesetzt wurde oder wenn die Summe der festgesetzten Vorauszahlungen und der anzurechnenden Steuerabzugsbeträge die festgesetzte Steuer übersteigt (vgl. Nr. 5.2 des AEAO zu § 152).

11. Festsetzung, Fälligkeit, Verjährung

[1] Der Verspätungszuschlag ist eine steuerliche Nebenleistung (§ 3 Abs. 4 AO). [2] Er entsteht mit der Bekanntgabe seiner Festsetzung (§ 124 Abs. 1 AO) und wird mit Ablauf der gesetzten Frist fällig (§ 220 Abs. 2 AO). [3] I.d.R. ist dies

---

[1] dtv 5785 ESt/LSt Nr. 1.
[2] dtv 5785 ESt/LSt Nr. 2.

– wegen der grundsätzlich vorzunehmenden Verbindung mit dem Steuerbescheid (§ 152 Abs. 11 Satz 1 AO) – die Zahlungsfrist für die Steuer. [4]Sofern der Verspätungszuschlag ausnahmsweise durch eigenständigen Verwaltungsakt festgesetzt wird (z.B. bei verspäteter Abgabe einer Steueranmeldung, § 167 AO), ist auch eine gesonderte Zahlungsfrist für den Verspätungszuschlag einzuräumen.

Wegen der Verjährung des Verspätungszuschlags wird auf Nr. 5 des AEAO zu § 169 und auf § 228 AO, wegen der Haftung für Verspätungszuschläge auf §§ 69 ff. AO hingewiesen.

12. Korrektur von Verspätungszuschlagsfestsetzungen

[1]§ 152 Abs. 12 AO ordnet die Korrektur einer Verspätungszuschlagfestsetzung für den Fall an, dass der zugrundeliegende Bescheid aufgehoben oder korrigiert wird und dies Auswirkungen auf die Höhe des Verspätungszuschlags hat. [2]Bei Steueranmeldungen i.S.d. § 152 Abs. 8 AO ist eine Änderung eines Verspätungszuschlags nach § 152 Abs. 12 Satz 2 AO vorzunehmen, soweit der bisher festgesetzte Verspätungszuschlag nach der Höhe der Steuer bemessen war. [3]Die Mindestbeträge nach § 152 Abs. 5 AO sind in diesen Fällen unbeachtlich.

Festsetzung von Verspätungszuschlägen nach der bis zum 31.12.2016 geltenden Fassung

13. Für Steuererklärungen, die vor dem 1.1.2019 einzureichen sind und Umsatzsteuervoranmeldungen für den kürzeren Besteuerungszeitraum nach § 18 Abs. 3 Satz 1 und 2 UStG, wenn die gewerbliche oder berufliche Tätigkeit in 2018 endet, ist weiterhin § 152 AO in der am 31.12.2016 geltenden Fassung (§ 152 AO a.F.) anzuwenden (Art. 97 § 8 Abs. 4 Satz 3 EGAO[1)]).

[1]Insoweit gelten die Ausführungen in Nr. 2 Abs. 1 und 3, Nr. 3, Nr. 6 Abs. 1 und Nr. 11 des AEAO zu § 152 entsprechend. [2]Darüber hinaus gilt:

13.1. [1]Bei Festsetzung eines Verspätungszuschlags bei verspäteter Abgabe oder bei Nichtabgabe von Erklärungen zur gesonderten Feststellung (§ 180 AO) sind bei der Bemessung des Verspätungszuschlags die steuerlichen Auswirkungen nach den Grundsätzen zu schätzen, die die Rechtsprechung zur Bemessung des Streitwerts entwickelt hat. [2]Der Verspätungszuschlag ist gegen denjenigen festzusetzen, der nach § 181 Abs. 2 AO, § 3 Abs. 1 der V zu § 180 Abs. 2 AO die Erklärung zur gesonderten Feststellung abzugeben hat. [3]Bei mehreren Feststellungsbeteiligten ist es grundsätzlich ermessensfehlerfrei, ihn gegen den Erklärungspflichtigen festzusetzen, der gegenüber dem Finanzamt bei der Erledigung der steuerlichen Angelegenheiten für die Gemeinschaft bzw. die Beteiligten auftritt (vgl. BFH-Urteil vom 21.5.1987, IV R 134/83, BStBl. II S. 764).

13.2. [1]Nach § 152 Abs. 2 Satz 1 AO a.F. darf der Verspätungszuschlag 10 % der festgesetzten Steuer oder des festgesetzten Messbetrags nicht übersteigen und höchstens 25.000 € betragen. [2]Ein Verspätungszuschlag i.H.v. mehr als 5.000 € ist nur festzusetzen, wenn mit einem Verspätungszuschlag i.H.v. bis zu 5.000 € ein durch die verspätete Abgabe der Steuererklärung (Steueranmeldung) entstandener Zinsvorteil nicht ausreichend abgeschöpft werden kann.

[1)] Nr. **1.1.**

13.3. [1] Bei der Ermessensentscheidung sind sämtliche in § 152 Abs. 2 Satz 2 AO a.F. ausdrücklich und abschließend aufgezählten Kriterien zu beachten; das Für und Wider der Kriterien ist gegeneinander abzuwägen (BFH-Urteil vom 26.4.1989, I R 10/85, BStBl. II S. 693). [2] Auch wenn die Beurteilungsmerkmale grundsätzlich gleichwertig sind, sind sie nicht notwendigerweise in jedem Fall in gleicher Weise zu gewichten. [3] Im Ergebnis kann je nach den Umständen des Einzelfalls ein Merkmal stärker als ein anderes hervortreten (BFH-Urteil vom 11.6.1997, X R 14/95, BStBl. II S. 642) oder auch ganz ohne Auswirkung auf die Bemessung bleiben.

Danach gilt für die Anwendung des § 152 Abs. 2 Satz 2 AO a.F. grundsätzlich Folgendes (BFH-Urteil vom 14.6.2000, X R 56/98, BStBl. 2001 II S. 60 m.w.N.):

– Es ist nicht ermessensfehlerhaft, wenn die Höhe des Verspätungszuschlags den durch die verspätete Abgabe der Erklärung gezogenen Vorteil erheblich übersteigt.

– Da die Bemessung des Zuschlags nicht durch das Maß des gezogenen Vorteils begrenzt wird, kommt es u.U. nicht entscheidend darauf an, ob und in welcher Höhe letztlich ein Zinsvorteil erzielt wurde.

– Ein Verspätungszuschlag kann auch festgesetzt werden, obwohl es aufgrund von Anrechnungsbeträgen zu einer Erstattung gekommen ist oder wenn ein oder zwei der in § 152 Abs. 2 Satz 2 AO a.F. genannten und in jedem Fall zu prüfenden Voraussetzungen nicht erfüllt sind.

– Es ist in schweren Fällen (z.B. bei erheblicher Fristüberschreitung, schwerwiegendem Verschulden und hoher Steuerfestsetzung) nicht ermessensfehlerhaft, den Verspätungszuschlag so zu bemessen, dass er als angemessene Sanktion wirkt.

– Bei der Beurteilung der Frage, welche Vorteile der Steuerpflichtige aus der verspäteten oder unterlassenen Abgabe der Steuererklärung gezogen hat, ist zu berücksichtigen, dass Zinsvorteile bereits durch Zinsen nach § 233a AO teilweise ausgeglichen sein können.

AEAO zu § 153 – Berichtigung von Erklärungen:

1. Allgemeines

1. [1] Die Anzeige- und Berichtigungspflicht nach § 153 Abs. 1 Satz 1 AO besteht, wenn ein Steuerpflichtiger bzw. sein gesetzlicher Vertreter, sein Gesamtrechtsnachfolger oder eine andere in § 153 Abs. 1 Satz 2 AO genannte Person (vgl. AEAO zu § 153, Nr. 4) nachträglich erkennt, dass eine von ihm oder für ihn abgegebene Erklärung (vgl. AEAO zu § 153, Nr. 3) objektiv unrichtig oder unvollständig ist und dass es dadurch zu einer Steuerverkürzung gekommen ist oder kommen kann. [2] Bei dieser Pflicht handelt es sich um eine steuerrechtliche Pflicht.

Ist bereits die Einleitung eines Steuerstraf- oder Bußgeldverfahrens bekannt gegeben worden, sind Zwangsmittel (§ 328 AO) unter den Voraussetzungen des § 393 Abs. 1 Satz 2 und 3 AO (ggf. i.V.m. § 410 Abs. 1 Nr. 4 AO) unzulässig, da der Steuerpflichtige im Straf- oder Bußgeldverfahren nicht gezwungen werden darf, sich selbst zu belasten (nemo-tenetur-Grundsatz; vgl. AEAO zu § 153, Nr. 5.2).

2. Abgrenzung der Anzeige- und Berichtigungspflicht von einer Selbstanzeige

2.1. [1] Sowohl im Fall einer Anzeige und Berichtigung nach § 153 Abs. 1 AO als auch im Fall einer Selbstanzeige muss die Erklärung im Zeitpunkt ihrer Abgabe objektiv unrichtig gewesen sein. [2] Objektiv unrichtig ist die Erklärung, wenn sie entgegen § 90 Abs. 1 Satz 2, § 150 Abs. 2 Satz 1 AO nicht alle steuerlich erheblichen Tatsachen vollständig und wahrheitsgemäß offenlegt.

2.2. [1] Erkennt der Steuerpflichtige erst im Nachhinein die Fehlerhaftigkeit der von ihm abgegebenen Erklärung und kommt er seiner Anzeige- und Berichtigungspflicht nach § 153 Abs. 1 AO unverzüglich nach, liegt weder eine Steuerhinterziehung noch eine leichtfertige Steuerverkürzung vor, wenn es sowohl am Vorsatz als auch an der Leichtfertigkeit fehlt. [2] Eine Anzeige- und Berichtigungspflicht nach § 153 Abs. 1 AO besteht auch dann, wenn der Steuerpflichtige die Unrichtigkeit seiner Angaben bei der Abgabe der Steuererklärung nicht gekannt, sie aber billigend in Kauf genommen hat und später zu der Erkenntnis gelangt ist, dass seine Angaben tatsächlich unrichtig waren (vgl. AEAO zu § 153, Nr. 2.6). [3] In diesem Fall hat der Steuerpflichtige zunächst nur mit der Unrichtigkeit der Angaben gerechnet, sie aber nicht sicher gekannt. [4] Er hat die Unrichtigkeit nachträglich erkannt, wenn er später positiv erfährt, dass seine Angaben tatsächlich unrichtig waren.

2.3. [1] Im Fall des § 153 Abs. 2 AO wurde hingegen die zunächst objektiv richtige steuerliche Erklärung erst durch den nachträglichen vollständigen oder teilweisen Wegfall der Voraussetzungen für eine Steuerbefreiung, Steuerermäßigung oder sonstige Steuervergünstigung objektiv unrichtig. [2] Bei einer unverzüglichen Anzeige nach § 153 Abs. 2 AO liegt daher weder eine Steuerhinterziehung noch eine leichtfertige Steuerverkürzung vor. [3] Gem. § 153 Abs. 2 AO besteht lediglich eine Anzeigepflicht, eine Berichtigungspflicht ergibt sich hieraus nicht. [4] Die spezialgesetzlichen Verpflichtungen zur Nacherklärung (z.B. § 13a Abs. 6 ErbStG [1]), § 68 Abs. 1 EStG[2])) gehen vor.

2.4. [1] Der Anzeige- und Berichtigungspflichtige muss nachträglich vor Ablauf der Festsetzungsfrist die Unrichtigkeit oder Unvollständigkeit der Erklärung tatsächlich erkennen, bloßes Erkennen-Können bzw. Erkennen-Müssen reicht nicht aus. [2] Erkennen bedeutet vielmehr das Wissen von der Unrichtigkeit oder Unvollständigkeit der Erklärung sowie die Erkenntnis, dass es durch die Erklärung zu einer Verkürzung der Steuer kommen kann oder bereits gekommen ist.

2.5. [1] Ein Fehler, der dem Anzeige- und Berichtigungspflichtigen i.S.d. § 153 AO unterlaufen ist, ist straf- bzw. bußgeldrechtlich nur vorwerfbar, wenn er vorsätzlich bzw. leichtfertig begangen wurde. [2] Es gelten die allgemeinen Regelungen des Straf- bzw. Ordnungswidrigkeitenrechts (§ 369 Abs. 2, § 377 Abs. 2 AO). [3] Es ist zwischen einem bloßen Fehler und einer Steuerstraftat oder Steuerordnungswidrigkeit (§§ 370, 378 AO) zu differenzieren. [4] Nicht jede objektive Unrichtigkeit legt den Verdacht einer Steuerstraftat oder Steuerordnungswidrigkeit nahe. [5] Es bedarf einer sorgfältigen Prüfung durch die zuständige Finanzbehörde, ob der Anfangsverdacht einer vorsätzlichen oder leichtfertigen Steuerverkürzung gegeben ist. [6] Insbesondere kann nicht automatisch vom Vorliegen eines Anfangsverdachts allein aufgrund der Höhe der steuerli-

---

[1]) **dtv 5547 ErbSt/BewG/GrSt Nr. 2.**
[2]) **dtv 5785 ESt/LSt Nr. 1.**

chen Auswirkung der Unrichtigkeit der abgegebenen Erklärung oder aufgrund der Anzahl der abgegebenen Berichtigungen ausgegangen werden.

[1] Ein straf- oder bußgeldrechtlich vorwerfbares Verhalten kann auch dann vorliegen, wenn die Unrichtigkeit oder Unvollständigkeit der abgegebenen Erklärung erkannt, aber keine (ggf. auch erneute) Berichtigung entsprechend der Verpflichtung aus § 153 AO vorgenommen wurde. [2] In diesem Fall liegt eine Unterlassungstat vor (vgl. AEAO zu § 153, Nr. 5.3).

2.6. [1] Für eine Steuerhinterziehung reicht von den verschiedenen Vorsatzformen bereits bedingter Vorsatz aus. [2] Dieser kommt in Betracht, wenn der Täter die Tatbestandsverwirklichung für möglich hält. [3] Es ist nicht erforderlich, dass der Täter die Tatbestandsverwirklichung anstrebt oder für sicher hält. [4] Nach der BGH-Rechtsprechung ist für die Annahme des bedingten Vorsatzes neben dem Für-Möglich-Halten der Tatbestandsverwirklichung zusätzlich erforderlich, dass der Eintritt des Taterfolges billigend in Kauf genommen wird. [5] Für die billigende Inkaufnahme reicht es, dass dem Täter der als möglich erscheinende Handlungserfolg gleichgültig ist. [6] Hat der Steuerpflichtige ein innerbetriebliches Kontrollsystem eingerichtet, das der Erfüllung der steuerlichen Pflichten dient, kann dies ggf. ein Indiz darstellen, das gegen das Vorliegen eines Vorsatzes oder der Leichtfertigkeit sprechen kann, jedoch befreit dies nicht von einer Prüfung des jeweiligen Einzelfalls.

2.7. [1] Leichtfertigkeit ist eine besondere Form der Fahrlässigkeit und liegt vor, wenn jemand in besonders großem Maße gegen Sorgfaltspflichten verstößt und ihm dieser Verstoß besonders vorzuwerfen ist, weil er den Erfolg leicht hätte vorhersehen oder vermeiden können. [2] Wurde leichtfertig eine unrichtige oder unvollständige Erklärung abgegeben, ist ein nachträgliches Erkennen dieses Fehlers möglich. [3] In diesem Fall kann eine Berichtigung nach § 378 Abs. 3 AO erfolgen. [4] Bei Erfüllung der Voraussetzungen des § 378 Abs. 3 AO ist keine Geldbuße festzusetzen. [5] Die Verschärfungen der Voraussetzungen einer wirksamen Selbstanzeige durch das Schwarzgeldbekämpfungsgesetz vom 28.4.2011, BGBl. I S. 676, BStBl. I S. 495, und durch das Gesetz zur Änderung der Abgabenordnung und des Einführungsgesetzes zur Abgabenordnung vom 22.12.2014, BGBl. I S. 2415, BStBl. 2015 I S. 55, wurden nicht entsprechend auf die leichtfertige Steuerverkürzung nach § 378 AO ausgedehnt.

2.8. [1] Liegt ein Fehler vor, der unter Würdigung der Gesamtumstände des Einzelfalls weder auf einer vorsätzlichen noch leichtfertigen Handlung (auch durch Unterlassen) beruht, liegt keine Steuerstraftat oder leichtfertige Steuerverkürzung vor. [2] Der Fehler ist nach dessen Erkennen nach § 153 Abs. 1 Satz 1 Nr. 1 AO anzuzeigen und zu berichtigen, falls eine Steuerverkürzung eingetreten ist oder es zu einer Steuerverkürzung kommen kann.

3. Umfang der Anzeige- und Berichtigungspflicht

[1] Die Anzeige- und Berichtigungspflicht nach § 153 Abs. 1 Satz 1 AO und die Anzeigepflicht nach § 153 Abs. 2 AO erstrecken sich nicht nur auf Steuererklärungen, sondern auf alle Erklärungen des Steuerpflichtigen, die Einfluss auf die Höhe der festgesetzten Steuer oder auf gewährte Steuervergünstigungen gehabt haben, somit beispielsweise auch auf Änderungsanträge nach § 172 Abs. 1 Satz 1 Nr. 2 Buchstabe a AO oder nach § 173 Abs. 1 Nr. 2 AO und auf Anträge auf Herabsetzung von Vorauszahlungen. [2] Es besteht aber keine Verpflichtung, unaufgefordert Angaben zur Erhöhung festgesetzter Vorauszahlungen zu machen, wenn sich die wirtschaftlichen Verhältnisse des Steuerpflichti-

gen erst nach einem Antrag auf Herabsetzung von Vorauszahlungen geändert haben. [3] Eine Anzeige- und Berichtigungspflicht besteht lediglich dann, wenn eine erstmalige Festsetzung oder Herabsetzung von Vorauszahlungen auf vom Steuerpflichtigen unrichtig bzw. unvollständig gemachten Angaben beruht. [4] Die Anzeige- und Berichtigungspflicht besteht sowohl bei Gefahr einer Steuerverkürzung als auch bei einer bereits eingetretenen Steuerverkürzung. [5] Die Anzeige sowie Berichtigung durch den Steuerpflichtigen sind in Fällen von Fehlerfeststellungen durch die Betriebsprüfung für die in der Prüfungsanordnung vorgesehenen Steuerarten und Prüfungszeiträume entbehrlich.

4. Zur Anzeige und Berichtigung verpflichtete Personen

[1] Zur Anzeige und Berichtigung verpflichtet sind neben dem Steuerpflichtigen auch der Gesamtrechtsnachfolger (§ 45 AO) eines Steuerpflichtigen und die nach §§ 34 und 35 AO für den Steuerpflichtigen oder den Gesamtrechtsnachfolger handelnden Personen (§ 153 Abs. 1 Satz 2 AO, z.B. der Geschäftsführer einer GmbH). [2] In Fällen einer Zusammenveranlagung zur Einkommensteuer trifft nur denjenigen Ehegatten oder Lebenspartner die Anzeige- und Berichtigungspflicht, dem die unrichtig oder unvollständig erklärten Besteuerungsgrundlagen zuzurechnen sind. [3] Davon zu unterscheiden sind jedoch die Fälle, in denen der überlebende Ehegatte oder Lebenspartner als Gesamtrechtsnachfolger des verstorbenen Ehegatten oder Lebenspartners die steuerlichen Pflichten (u.a. auch die Anzeige- und Berichtigungspflicht nach § 153 Abs. 1 Satz 2 AO) zu erfüllen hat. [4] Sofern ein Erblasser unrichtige oder unvollständige Steuererklärungen abgegeben hat und der Erbe dies erkennt, ist er zur Anzeige und zur Berichtigung der Steuererklärungen des Erblassers verpflichtet, soweit noch keine Festsetzungsverjährung eingetreten ist. [5] Wurde eine Erklärung von einem Bevollmächtigten (z.B. Steuerberater, Rechtsanwalt oder Wirtschaftsprüfer) vorbereitet oder sogar unterschrieben oder elektronisch übermittelt, bleiben nur der Steuerpflichtige und die Person i.S.d. § 153 Abs. 1 Satz 2 AO zur Anzeige und Berichtigung verpflichtet, d.h. dass z.B. für Steuerberater, Lohnsteuerhilfevereine, Rechtsanwälte und Wirtschaftsprüfer hinsichtlich der Angelegenheiten der Mandanten bzw. Mitglieder insoweit keine Anzeige- und Berichtigungspflicht besteht.

5. Zeitpunkt der Anzeige und Berichtigung

5.1. [1] Die Anzeige nach § 153 Abs. 1 Satz 1 und Abs. 2 AO sowie die Berichtigung nach § 153 Abs. 1 Satz 1 AO müssen unverzüglich, d.h. ohne schuldhaftes Zögern, gegenüber der sachlich und örtlich zuständigen Finanzbehörde erstattet werden. [2] Die Berichtigung nach § 153 Abs. 1 Satz 1 AO kann ggf. später nachfolgen, wenn hierfür eine gewisse Zeit zur Aufbereitung der Unterlagen erforderlich ist. [3] In einem solchen Fall sollte ggf. die erforderliche Zeitdauer gegenüber der Finanzbehörde begründet werden, z.B. durch einen Hinweis auf die notwendige Aufklärung von unternehmensinternen Prozessen, wenn es sich um länger zurückliegende Sachverhalte handelt. [4] Zu diesem Zweck ist dem Berichtigungspflichtigen von der Finanzbehörde eine angemessene Frist zu gewähren. [5] Entsprechend kann es sich verhalten, wenn der Steuerpflichtige vorläufige Angaben macht, weil der Sachverhalt nicht abschließend bekannt ist, er aber keine Fristen versäumen will.

5.2. [1] Bei einer Steuerhinterziehung, die mit bedingtem Vorsatz (vgl. AEAO zu § 153, Nr. 2.6) begangen wurde, besteht für den Steuerpflichtigen ebenfalls eine Anzeige- und Berichtigungspflicht. [2] In diesem Fall ist die Anzeige nach

§ 153 Abs. 1 Satz 1 und Abs. 2 AO unverzüglich, d.h. ohne schuldhaftes Zögern, gegenüber der sachlich und örtlich zuständigen Finanzbehörde erstattet, wenn dem Steuerpflichtigen die Befolgung dieser Pflicht zumutbar ist (nemo-tenetur-Grundsatz). [3] Nach dem nemo-tenetur-Grundsatz ist es unzumutbar, jemanden zu zwingen, durch eigene Aussagen die Voraussetzungen für eine strafgerichtliche Verurteilung oder die Verhängung entsprechender Sanktionen liefern zu müssen. [4] Eine Anzeige nach § 153 Abs. 1 oder Abs. 2 AO ist daher solange als unverzüglich zu werten, wie dem Steuerpflichtigen eine angemessene Zeit zur Aufbereitung einer Selbstanzeige nach § 371 AO zuzugestehen wäre.

5.3. [1] Bei vorsätzlichem Verstoß gegen die Anzeige- und Berichtigungspflicht nach § 153 Abs. 1 Satz 1 AO oder die Anzeigepflicht nach § 153 Abs. 2 AO liegt ab dem Zeitpunkt des Erkennens der objektiv unrichtig abgegebenen Erklärung bzw. des ganz oder teilweisen Wegfalls einer Steuervergünstigung eine Steuerhinterziehung durch Unterlassen vor (§ 370 Abs. 1 Nr. 2 AO). [2] Dies führt auch zu einer Verlängerung der Festsetzungsfrist nach § 169 Abs. 2 Satz 2 AO. [3] Fehler, die der Finanzbehörde unterlaufen, muss der Steuerpflichtige nicht anzeigen (vgl. BFH-Urteil vom 4.12.2012, VIII R 50/10, BStBl. 2014 II S. 222).

5.4. Mit Ablauf der Festsetzungsfrist nach §§ 169 ff. AO endet die Anzeige- und Berichtigungspflicht.

[1] Erstattet der Steuerpflichtige vor Ablauf der Festsetzungsfrist eine Anzeige nach § 153 AO oder eine Selbstanzeige (§ 371, § 378 Abs. 3 AO), so endet nach § 171 Abs. 9 AO die Festsetzungsfrist nicht vor Ablauf eines Jahres nach Eingang der Anzeige. [2] Wird aufgrund der Anzeige innerhalb der Jahresfrist, aber nach Ablauf der regulären Festsetzungsfrist mit einer Außenprüfung oder Ermittlung der Steuerfahndung begonnen, so wird dadurch keine weitere Ablaufhemmung nach § 171 Abs. 4 oder 5 AO ausgelöst (BFH-Urteil vom 8.7.2009, VIII R 5/07, BStBl. 2010 II S. 583).

[1] Bei Übermittlung der Anzeige bzw. Berichtigung an eine unzuständige Finanzbehörde ist die Verpflichtung nach § 153 Abs. 1 Satz 1 oder Abs. 2 AO als erfüllt anzusehen. [2] Die Jahresfrist nach § 171 Abs. 9 AO beginnt jedoch erst mit Ablauf des Tages, an dem die weitergeleitete Anzeige bei der zuständigen Finanzbehörde eingegangen ist (vgl. BFH-Urteil vom 28.2.2008, VI R 62/06, BStBl. II S. 595).

AEAO zu § 154 – Kontenwahrheit:[1]

Inhaltsübersicht

---

[1] Zur (formalen) Kontenwahrheit und zum Anwendungsbereich des § 154 Abs. 3 AO siehe BGH v. 18.10.1994 XI ZR 237/93, NJW 1995, 261.

9. Auskunftsbereitschaft
10. Erhebung und Aufzeichnung steuerlicher Ordnungsmerkmale und Vergeblichkeitsmeldung
11. Erleichterungen gemäß § 154 Abs. 2d AO
12. Haftung bei Verstoß gegen § 154 AO
13. Ordnungswidrigkeiten

1. Verbot der Verwendung falscher oder erdichteter Namen

[1] Das Verbot, falsche oder erdichtete Namen zu verwenden, richtet sich an denjenigen, der als Kunde bei einem anderen ein Konto errichten lassen will oder Buchungen vornehmen lässt. [2] Wegen des Verbots im eigenen Geschäftsbetrieb falsche oder erdichtete Namen für Konten zu gebrauchen, Hinweis auf § 146 Abs. 1 AO.

2. Konten auf den Namen Dritter/CpD-Konten

[1] Es ist zulässig, Konten auf den Namen Dritter zu errichten, hierbei ist die Existenz des Dritten nachzuweisen. [2] Vgl. dazu auch Nr. 7.2 des AEAO zu § 154. [3] Der ausdrücklichen Zustimmung des Dritten bedarf es nicht.

Verboten ist die Abwicklung von Geschäftsvorfällen über sog. CpD-Konten, wenn der Name des Beteiligten bekannt ist oder unschwer ermittelt werden kann und für ihn bereits ein entsprechendes Konto geführt wird.

3. Konto

[1] Konto i.S.d. § 154 Abs. 2 AO ist jede für einen Dritten im Rahmen einer laufenden Geschäftsverbindung geführte Rechnung, in die Zu- und Abgänge der Vermögensgegenstände erfasst werden. [2] Hierzu zählen auch Kredit- und Darlehenskonten sowie Konten über ausländische Währung oder über elektronisches Geld. [3] Konten, die nicht „für einen anderen" geführt werden, sind keine Konten i.S.d. § 154 Abs. 2 AO (z.B. ein Warenforderungskonto oder ein Kontokorrentkonto i.S.d. § 355 HGB bei einem Geschäftspartner).

4. Verfügungsberechtigter

[1] Verfügungsberechtigte i.S.d. § 154 Abs. 2 AO sind

– sowohl der Gläubiger der Forderung (Kontoinhaber) und seine gesetzlichen Vertreter

– als auch jede andere Person, die zur Verfügung über das Konto bevollmächtigt ist (Kontovollmacht).

[2] Dies gilt entsprechend für die Verwahrung von Wertsachen sowie für die Überlassung von Schließfächern.

Personen, die aufgrund Gesetzes oder Rechtsgeschäfts zur Verfügung berechtigt sind, ohne dass diese Berechtigung dem Kreditinstitut usw. mitgeteilt worden ist, gelten insoweit nicht als Verfügungsberechtigte.

5. Wirtschaftlich Berechtigter

Wirtschaftlich Berechtigter i.S.d. § 154 AO ist derjenige, der auch nach § 3 GwG wirtschaftlich Berechtigter ist.

[1] Wirtschaftlich Berechtigter i.S.d. § 3 Abs. 1 GwG ist die natürliche Person, in deren Eigentum oder unter deren Kontrolle der Vertragspartner letztlich steht oder auf deren Veranlassung eine Transaktion letztlich durchgeführt oder eine Geschäftsbeziehung letztlich begründet wird. [2] Zu den wirtschaftlich Berechtigten zählen insbesondere die in den § 3 Abs. 2 bis 4 GwG aufgeführten

natürlichen Personen, auch die fingierten wirtschaftlich Berechtigten i.S.d. § 3 Abs. 2 Satz 4 GwG.

6. Verpflichteter

Verpflichteter i.S.d. § 154 Abs. 2 AO ist jeder, der für einen anderen

– Konten führt,

– Wertsachen verwahrt,

– Wertsachen als Pfand nimmt oder

– ein Schließfach überlässt.

7. Identifizierungs- und Aktualisierungspflicht

7.1. [1]Der Verpflichtete hat sich nach § 154 Abs. 2 Satz 1 Nr. 1 AO vor Beginn dieser Geschäftsbeziehung Gewissheit über die Person und Anschrift

– jedes Verfügungsberechtigten (vgl. Nr. 4 des AEAO zu § 154) und

– jedes wirtschaftlich Berechtigten (vgl. Nr. 5 des AEAO zu § 154)

zu verschaffen. [2]Dies gilt nicht nur für Kreditinstitute, sondern auch im gewöhnlichen Geschäftsverkehr und für Privatpersonen.

7.1.1. Ist ein Verfügungsberechtigter eine natürliche Person, hat der Verpflichtete nach § 154 Abs. 2 Satz 2 AO i.V.m. § 11 Abs. 4 Nr. 1 GwG durch Abgleich mit einem amtlichen Ausweispapier oder Ausweisersatzpapier folgende Angaben zu erheben:

a) Vorname und Nachname,

b) Geburtsort,

c) Geburtsdatum,

d) Staatsangehörigkeit und

e) eine Wohnanschrift oder, sofern kein fester Wohnsitz mit rechtmäßigem Aufenthalt in der Europäischen Union besteht und die Überprüfung der Identität im Rahmen des Abschlusses eines Basiskontovertrags i.S.v. § 38 des Zahlungskontengesetzes erfolgt, die postalische Anschrift, unter der der Vertragspartner sowie die gegenüber dem Verpflichteten auftretende Person erreichbar ist. [2]Ein vorübergehender Wohnsitz (z.B. Hoteladresse) reicht nicht aus.

7.1.2. Ist ein Verfügungsberechtigter eine juristische Person (Körperschaft des öffentlichen Rechts, AG, GmbH usw.), reicht die Bezugnahme auf eine amtliche Veröffentlichung oder ein amtliches Register unter Angabe der Register-Nr. aus.

7.2. [1]Wird ein Konto auf den Namen eines verfügungsberechtigten Dritten errichtet, müssen die Angaben über Person und Anschrift sowohl des Kontoinhabers als auch desjenigen, der das Konto errichtet, festgehalten werden. [2]Steht der Verfügungsberechtigte noch nicht fest (z.B. der unbekannte Erbe), reicht es aus, wenn das Kreditinstitut sich zunächst Gewissheit über die Person und Anschrift des das Konto Errichtenden (z.B. des Nachlasspflegers) verschafft; die Legitimation des Kontoinhabers ist sobald wie möglich nachzuholen.

7.3. [1]Hinsichtlich des wirtschaftlich Berechtigten sind (mindestens ein) Vorname, der Nachname und die Anschrift zu erheben. [2]Die Anschrift muss nicht die Wohnanschrift des wirtschaftlich Berechtigten sein, es kann auch seine Geschäftsanschrift sein. [3]Entscheidend ist, dass der wirtschaftlich Berechtigte unter der Anschrift im normalen Geschäftsverkehr erreichbar ist. [4]Der Vertragspartner des Kreditinstituts hat diesem die hierzu erforderlichen Informationen und Unterlagen zur Verfügung zu stellen (vgl. § 11 Abs. 6 GwG).

Die Verpflichtung, sich Gewissheit über die Person und Anschrift jedes wirtschaftlich Berechtigten i.S.d. § 3 GwG zu verschaffen, gilt nach Art. 97 § 26 Abs. 4 EGAO[1]) erstmals für nach dem 31.12.2017 begründete Geschäftsbeziehungen.

Für vor dem 1.1.2018 begründete und auch danach weiterbestehende Geschäftsbeziehungen zu Kreditinstituten ist die Übergangsregelung in Art. 97 § 26 Abs. 5 EGAO zu beachten (Nacherhebungspflicht bis 31.12.2019).

7.4. Der Verpflichtete hat die Geschäftsbeziehung außerdem kontinuierlich zu überwachen und die Daten über Person und Anschrift in angemessenem zeitlichem Abstand zu aktualisieren (§ 154 Abs. 2 Satz 4 AO).

8. Aufzeichnungspflicht

8.1. [1]Die Angaben i.S.d. Nr. 7 des AEAO zu § 154 sind gemäß § 154 Abs. 2 Satz 1 Nr. 2 AO in geeigneter Form festzuhalten, bei Konten auf dem Konto. [2]Es ist unzulässig, Name und Anschrift des Verfügungsberechtigten lediglich in einer vertraulichen Liste zu führen und das eigentliche Konto nur mit einer Nummer zu kennzeichnen. [3]Die Führung sog. Nummernkonten ist verboten.

8.2. Bei Auflösung des ersten Kontos müssen die Identifikationsmerkmale auf das zweite bzw. weitere Konto bzw. auf die betreffenden Kontounterlagen übertragen werden.

8.3. Die Verpflichtung, die Angaben über die Person und Anschrift jedes wirtschaftlich Berechtigten im Sinne des GwG in geeigneter Form festzuhalten, gilt nach Art. 97 § 26 Abs. 4 EGAO erstmals für nach dem 31.12.2017 begründete Geschäftsbeziehungen.

Für vor dem 1.1.2018 begründete und auch danach weiterbestehende Geschäftsbeziehungen zu Kreditinstituten ist die Übergangsregelung in Art. 97 § 26 Abs. 5 EGAO zu beachten.

9. Auskunftsbereitschaft

9.1. Jeder Verpflichtete muss ein Verzeichnis der Verfügungsberechtigten und der wirtschaftlich Berechtigten führen, um jederzeit über die Konten und Schließfächer eines Verfügungsberechtigten oder eines wirtschaftlich Berechtigten Auskunft geben zu können.

[1]Die Verpflichtung zur Herstellung der Auskunftsbereitschaft besteht gemäß § 147 Abs. 3 AO noch sechs Jahre nach Beendigung der Geschäftsbeziehung, bei Bevollmächtigten sechs Jahre nach Erlöschen der Vollmacht. [2]Diese Frist beginnt mit Ablauf des Kalenderjahrs, in dem die Geschäftsbeziehung beendet wurde oder die Vollmacht erloschen ist.

9.2. Die Verpflichtung, ein Verzeichnis der wirtschaftlich Berechtigten zu führen, gilt nach Art. 97 § 26 Abs. 4 EGAO erstmals für nach dem 31.12.2017 begründete Geschäftsbeziehungen.

Für vor dem 1.1.2018 begründete und auch danach weiterbestehende Geschäftsbeziehungen zu Kreditinstituten ist die Übergangsregelung in Art. 97 § 26 Abs. 5 EGAO zu beachten.

---

[1]) Nr. **1.1.**

10. Erhebung und Aufzeichnung steuerlicher Ordnungsmerkmale und Vergeblichkeitsmeldung

10.1. [1] Die Verpflichtung zur Erhebung und Aufzeichnung der steuerlichen Ordnungsmerkmale des Kontoinhabers, jedes anderen Verfügungsberechtigten und jedes wirtschaftlich Berechtigten nach § 154 Abs. 2a Satz 1 AO gilt nur für Kreditinstitute, nicht für andere Verpflichtete i.S.d. § 154 Abs. 2 Satz 1 AO. [2] Diese Daten sind nach § 93b Abs. 1a AO im Kontenabruf-Dateisystem zum Abruf nach § 93 Abs. 7 oder 8 AO bereitzuhalten.

Diese Verpflichtung gilt auch für nicht im Inland ansässige Personen und Gesellschaften.

10.2. Hat der Vertragspartner (oder gegebenenfalls für ihn handelnde Personen) dem Kreditinstitut die Identifikationsnummer einer der in Nr. 10.1 des AEAO zu § 154 genannten Person bis zur Begründung der Geschäftsbeziehung nicht mitgeteilt, muss das Kreditinstitut innerhalb von drei Monaten nach Begründung der Geschäftsbeziehung die fehlende Identifikationsnummer (durch Übertrag aus einer anderweitigen rechtmäßigen Aufzeichnung oder durch maschinelle Anfrage beim BZSt) erheben und aufzeichnen.

10.3. [1] Die Ausnahmeregelung des § 154 Abs. 2a Satz 3 AO gilt nur für Kredite, die ausschließlich der Finanzierung privater Konsumgüter dienen. [2] Sie gilt nicht für Kredite zur Finanzierung betrieblicher Investitionen oder Aufwendungen und auch nicht für den Erwerb privater Kapitalanlagen sowie von Vermögensgegenständen, die nicht zum privaten Ge- oder Verbrauch bestimmt sind.

Soweit nicht ein verbundenes Geschäft i.S.d. § 358 Abs. 3 Satz 1 BGB über die Lieferung und Finanzierung eines privaten Konsumgutes vorliegt, kann das Kreditinstitut nur dann davon ausgehen, dass ein gewährter Kredit ausschließlich der Finanzierung privater Konsumgüter dient, wenn der Kreditnehmer dies ausdrücklich versichert hat und keine Anhaltspunkte für die Unrichtigkeit dieser Versicherung vorliegen.

10.4. [1] Kreditrahmen i.S.d. § 154 Abs. 2a Satz 3 AO ist die betragsmäßige Obergrenze, bis zu der der Kreditnehmer bei einem Kreditgeber eine bestimmte Kreditart in Anspruch nehmen darf. [2] Stellen mehrere private Konsumgüter eine Sachgesamtheit dar und werden sie von einem Kreditgeber gleichwohl durch mehrere rechtlich voneinander unabhängige Kredite finanziert, sind die Kredite bei Prüfung der Obergrenze zusammen zu rechnen. [3] Werden mehrere private Konsumgüter bei verschiedenen voneinander unabhängigen Kreditgebern individuell finanziert, ist die Obergrenze für jeden Kredit gesondert anzuwenden.

Wird ein Kredit, der bisher die Voraussetzungen für die Anwendung der Ausnahmeregelung des § 154 Abs. 2a Satz 3 AO erfüllte, später auf einen Kreditrahmen von mehr als 12.000 Euro erhöht, sind die steuerlichen Ordnungsmerkmale des Kontoinhabers, jedes anderen Verfügungsberechtigten und jedes wirtschaftlich Berechtigten nachträglich zu erheben und aufzuzeichnen.

Sofern der Beitrag für die Restschuldversicherung auch aus der Kreditsumme gezahlt (einbehalten) und der Darlehensbetrag nur abzüglich dieser Summe ausgeschüttet wird, ist der Beitrag zur Restschuldversicherung mit zu berücksichtigen.

10.5. Die nach § 154 Abs. 2b AO beim BZSt erfragte Identifikationsnummer eines Kontoinhabers, eines anderen Verfügungsberechtigten oder eines wirtschaftlich Berechtigten ist zusammen mit den nach § 154 Abs. 2 AO zu erhebenden Daten aufzuzeichnen und nach § 93b Abs. 1a AO im Kontenabruf-Dateisystem zum Abruf nach § 93 Abs. 7 oder 8 AO bereitzuhalten.

10.6. [1] Soweit ein Kreditinstitut die nach § 154 Abs. 2a Satz 1 AO zu erhebenden Daten auf Grund unzureichender Mitwirkung des Vertragspartners (und gegebenenfalls für ihn handelnder Personen) nicht – auch nicht durch eine maschinelle Anfrage beim BZSt – ermitteln konnte, hat es diese Tatsache auf dem Konto festzuhalten (§ 154 Abs. 2c Satz 1 AO). [2] Darüber hinaus hat das Kreditinstitut dem BZSt die jeweils betroffenen Personen, die betroffenen Konten sowie die hierzu von ihm erhobenen Daten bis Ende Februar des Folgejahrs zu übermitteln (§ 154 Abs. 2c Satz 2 AO).

10.7. [1] Ergeben die im Rahmen der Legitimationsprüfung nach § 154 Abs. 2 AO vorgelegten amtlichen Ausweispapiere oder Ausweisersatzpapiere (vgl. Nr. 7.1.1 des AEAO zu § 154) und die erteilte Selbstauskunft des Geschäftspartners und/oder der für ihn handelnden Personen, dass der Kontoinhaber und ggf. alle weiteren zu identifizierenden Personen im Inland über keinen Wohnsitz oder gewöhnlichen Aufenthalt bzw. keinen Sitz, keine Betriebsstätte und keine Geschäftsleitung verfügen und ihnen auch kein steuerliches Ordnungsmerkmal zugeteilt worden ist, kann das Kreditinstitut auf die Abfrage der Identifikationsnummer beim BZSt nach § 154 Abs. 2b Satz 1 AO und die Vergeblichkeitsmeldung nach § 154 Abs. 2c AO verzichten, sofern kein Anlass dafür besteht, die Richtigkeit der vorgelegten Unterlagen oder der Selbstauskunft in Zweifel zu ziehen. [2] Die Abfrage der Identifikationsnummer beim BZSt nach § 154 Abs. 2b Satz 1 AO und die Vergeblichkeitsmeldung nach § 154 Abs. 2c AO sind allerdings nachzuholen, wenn Umstände eintreten, die zu einer Änderung der Gegebenheiten führen.

11. Erleichterungen gemäß § 154 Abs. 2d AO

11.1. Erleichterungen hinsichtlich der Verfügungsberechtigten

Nach § 154 Abs. 2d AO kann hinsichtlich der Verfügungsberechtigten in folgenden Fällen auf die Identifizierung (Nr. 7 des AEAO zu § 154), die Aufzeichnung (Nr. 8 des AEAO zu § 154), die Herstellung der Auskunftsbereitschaft (Nr. 9 des AEAO zu § 154) und die Erhebung der steuerlichen Ordnungsmerkmale (Nr. 10 des AEAO zu § 154) verzichtet werden:

a) bei Eltern als gesetzliche Vertreter ihrer minderjährigen Kinder, wenn die Voraussetzungen für die gesetzliche Vertretung bei Kontoeröffnung durch amtliche Urkunden nachgewiesen werden,

b) bei Vormundschaften und Pflegschaften einschließlich Amtsvormundschaften und Amtspflegschaften, sowie bei rechtlicher Betreuung (§§ 1896 ff. BGB),

c) bei Parteien kraft Amtes (Insolvenzverwalter, Zwangsverwalter, Nachlassverwalter, Testamentsvollstrecker und ähnliche Personen),

d) bei Pfandnehmern (insbesondere in Bezug auf Mietkautionskonten, bei denen die Einlage auf einem Konto des Mieters erfolgt und an den Vermieter verpfändet wird),

e) bei Vollmachten auf den Todesfall (auch nach diesem Ereignis),

f) bei Vollmachten zur einmaligen Verfügung über ein Konto,

g) bei Verfügungsbefugnissen im Lastschriftverfahren (SEPA-Lastschrift oder elektronisches Einzugsermächtigungsverfahren mit Zahlungskarte),

h) bei Vertretung juristischer Personen des öffentlichen Rechts (einschließlich Eigenbetriebe),

i) bei Vertretung von Kreditinstituten und Versicherungsunternehmen,

j) bei den als Vertreter eingetragenen Personen, die in öffentlichen Registern (Handelsregister, Vereinsregister) eingetragene Firmen oder Personen vertreten,

k) bei Vertretung von Unternehmen, sofern schon mindestens fünf Personen, die in öffentliche Register eingetragen sind bzw. bei denen eine Legitimationsprüfung stattgefunden hat, Verfügungsbefugnis haben,

l) bei Gerichtsvollzieher-Dienstkonten i.S.d. § 52 GVO (Gerichtsvollzieher und nach § 52 Abs. 6 GVO bevollmächtigte Personen),

m) bei vor dem 1.1.1992 begründeten, noch bestehenden oder bereits erloschenen Befugnissen.

Auf die Erhebung steuerlicher Ordnungsmerkmale (Nr. 10 des AEAO zu § 154) kann in folgenden Fällen verzichtet werden:

– bei öffentlichen Förderkrediten, wenn die Auszahlung des Kredits über ein legitimationsgeprüftes Konto bei einem anderen Kreditinstitut erfolgt,

– bei juristischen Personen des öffentlichen Rechts (einschließlich Eigenbetrieben).

11.2. Erleichterungen hinsichtlich der wirtschaftlich Berechtigten

Hinsichtlich wirtschaftlich Berechtigter i.S.d. § 3 GwG kann nach § 154 Abs. 2d AO in folgenden Fällen auf die Identifizierung (Nr. 7 des AEAO zu § 154), die Aufzeichnung (Nr. 8 des AEAO zu § 154), die Herstellung der Auskunftsbereitschaft (Nr. 9 des AEAO zu § 154) und die Erhebung der steuerlichen Ordnungsmerkmale (Nr. 10 des AEAO zu § 154) verzichtet werden:

– Der (ggf. nach § 3 Abs. 2 Satz 4 GwG fingierte) wirtschaftlich Berechtigte ist zugleich Verfügungsberechtigter und für ihn wird nach Nr. 11.1 Satz 1 des AEAO zu § 154 auf eine Legitimationsprüfung verzichtet;

– Nach dem GwG darf auf die Erfassung und Aufzeichnung des wirtschaftlich Berechtigten verzichtet werden (z.B. Mietkautionskonten auf den Namen des Vermieters, Anderkonten von Berufsträgern, sonstige Konten mit geringem Risiko des Missbrauchs);

– Wohnungseigentümer hinsichtlich des Kontos der Wohnungseigentümergemeinschaft.

Bei öffentlichen Förderkrediten wird auf die Erhebung der steuerlichen Ordnungsmerkmale (Nr. 10 des AEAO zu § 154) verzichtet, wenn die Auszahlung des Kredits über ein legitimationsgeprüftes Konto bei einem anderen Kreditinstitut erfolgt.

[1] Auf eine Identitätsüberprüfung nach Maßgabe des § 13 Abs. 1 GwG kann bei wirtschaftlich Berechtigten bis auf Weiteres verzichtet werden, sofern nicht bereits ein Ausnahmetatbestand nach Abs. 1 greift. [2] Es reicht aus, den wirtschaftlich Berechtigten entsprechend § 11 Abs. 5 GwG zu identifizieren und die nach § 154 Abs. 2a AO und Nummer 7.3 des AEAO zu § 154 erforderlichen Angaben zu erheben und aufzuzeichnen.

11.3. Unberührt von diesen Erleichterungen bleibt die Befugnis der Finanzämter, im Besteuerungsverfahren Auskünfte von Auskunftspersonen (§§ 93, 94

AO) einzuholen und die Vorlage von Unterlagen (§ 97 AO) zu verlangen sowie in einem Strafverfahren wegen einer Steuerstraftat oder in einem Bußgeldverfahren wegen einer Steuerordnungswidrigkeit die Befugnis zur Vernehmung von Zeugen oder zur Beschlagnahme von Unterlagen (§§ 208, 385, § 399 Abs. 2, § 410 AO).

12. Haftung bei Verstoß gegen § 154 AO

[1] Die Verletzung der Verpflichtungen nach § 154 Abs. 2 bis 2d AO führt allein noch nicht zu einer Haftung des Verpflichteten. [2] Es kann aber im Einzelfall eine Ordnungswidrigkeit i.S.d. § 379 Abs. 2 Nr. 2 AO vorliegen (vgl. dazu Nr. 13 des AEAO zu § 154).

Bei einem Verstoß gegen § 154 Abs. 3 AO haftet der Zuwiderhandelnde nach Maßgabe des § 72 AO. [1)2)]

Waren mehrere Personen über ein Konto usw. verfügungsberechtigt (mit Ausnahme der in Nr. 8.1 genannten Fälle), bedarf es zur Herausgabe nach § 154 Abs. 3 AO u.U. der Zustimmung aller beteiligten Finanzämter.

13. Ordnungswidrigkeiten

Wegen der Ahndung einer Verletzung des § 154 Abs. 1 bis 2c AO als Ordnungswidrigkeit Hinweis auf § 379 Abs. 2 Nr. 2 AO.

[1] Wird festgestellt, dass die nach § 154 Abs. 2 bis 2c AO bestehenden Verpflichtungen nicht erfüllt sind, soll die für Straf- und Bußgeldsachen zuständige Stelle unterrichtet werden. [2] Die Möglichkeit der Erzwingung der Verpflichtungen (§§ 328 ff. AO) bleibt unberührt.

AEAO zu § 155 – Steuerfestsetzung:

1. [1] Wegen Einzelheiten zur Bekanntgabe von Steuerbescheiden vgl. AEAO zu § 122. [2] Wegen der Wirksamkeit von Steuerbescheiden wird auf § 124 AO hingewiesen, wegen formeller Fehler auf §§ 126 bis 129 AO, wegen Form und Inhalt auf § 157 AO.

2. [1] Die volle oder teilweise Freistellung von der Steuer sowie die Ablehnung eines Antrags auf Festsetzung der Steuer erfolgt durch Steuerbescheid. [2] Daher ist z.B. die Erstattung von Kapitalertragsteuer aufgrund von Doppelbesteuerungsabkommen eine Steuerfestsetzung i.S.d. Vorschrift. [3] Es gelten alle Verfahrensvorschriften, die bei der Festsetzung von Steuern anzuwenden sind. [4] Für die Festsetzung sind insbesondere die Grundsätze über die Festsetzungsfrist zu beachten (§§ 169 ff., § 47 AO). [5] Für die Aufhebung und Änderung dieser Steuerbescheide sind die §§ 172 ff. AO maßgebend.

3. [1] Ansprüche des Steuerpflichtigen, die auf Rückzahlung eines überzahlten Betrags gerichtet sind (z.B. bei Doppelzahlung), fallen nicht unter den Begriff der Vergütung i.S.d. Vorschrift. [2] Ein solcher Rückzahlungsanspruch ist im Erhebungsverfahren geltend zu machen (Hinweis auf § 218 Abs. 2 AO).

4. [1] Nach den Gesetzen, in denen die Gewährung von Zulagen geregelt wird (z.B. die Investitionszulage, die Eigenheimzulage oder die Arbeitnehmer-Sparzulage), und den Prämiengesetzen sind die für Steuervergütungen geltenden Vorschriften (§ 155 Abs. 5 AO) auf Zulagen und Prämien entsprechend

---

[1)] Zur (formalen) Kontenwahrheit und zum Anwendungsbereich des § 154 Abs. 3 AO siehe BGH v. 18.10.1994 XI ZR 237/93, NJW 1995, 261.

[2)] Zur Haftung der Bank bei Verstoß gegen die Kontensperre des § 154 Abs. 3 AO vgl. BFH v. 13.12.2011 VII R 49/10, BStBl. II 2012, 398.

anzuwenden. [2] Die Gewährung erfolgt somit durch Festsetzung, soweit nichts anderes vorgeschrieben ist (z.B. §§ 4a, 4b WoPG[1])). [3] Die Aufhebung oder Änderung dieser Bescheide und insbesondere die Rückforderung zu Unrecht gewährter Beträge regeln sich nach den für das Steuerfestsetzungsverfahren geltenden Vorschriften.

AEAO zu § 156 – Absehen von Steuerfestsetzung:

[1] Das Absehen von der Festsetzung bringt den Steueranspruch nicht zum Erlöschen; die Festsetzung kann innerhalb der Festsetzungsfrist nachgeholt werden. [2] Wegen der Kleinbetragsregelung für das Festsetzungsverfahren siehe die KBV (zur Anwendung siehe Art. 97 § 9a EGAO[2])). [3] Zur Kleinbetragsregelung für das Erhebungsverfahren siehe BMF-Schreiben vom 22.3.2001, BStBl. I S. 242.

AEAO zu § 157 – Form und Inhalt der Steuerbescheide:

1. [1] Schriftliche Steuerbescheide, die zwecks Bekanntgabe dem Steuerpflichtigen nicht selbst übergeben werden, sind mit Rücksicht auf das Steuergeheimnis (§ 30 AO) in einem verschlossenen Umschlag zu versenden. [2] Bei elektronischer Bekanntgabe ist § 87a Abs. 7 oder 8 AO zu beachten.

2. Wegen der Begründung des Steuerbescheids wird auf § 121 AO hingewiesen, wegen der Bekanntgabe auf §§ 122, 122a, 155 AO, wegen der Wirksamkeit auf § 124 AO, wegen des Leistungsgebotes auf § 254 AO, wegen der Folgen bei unterbliebener oder unrichtiger Rechtsbehelfsbelehrung auf § 356 AO.

AEAO zu § 158 – Beweiskraft der Buchführung:

[1] Die Vorschrift enthält eine gesetzliche Vermutung. [2] Sie verliert ihre Wirksamkeit mit der Folge der Schätzungsnotwendigkeit nach § 162 AO, wenn es nach Verprobung usw. unwahrscheinlich ist, dass das ausgewiesene Ergebnis mit den tatsächlichen Verhältnissen übereinstimmt. [3] Für die formelle Ordnungsmäßigkeit der Buchführung ist das Gesamtbild aller Umstände im Einzelfall maßgebend. [4] Eine Buchführung kann trotz einzelner Mängel nach den §§ 140 bis 148 AO aufgrund der Gesamtwertung als formell ordnungsmäßig erscheinen. [5] Insoweit kommt der sachlichen Gewichtung der Mängel ausschlaggebende Bedeutung zu. [6] Eine Buchführung ist erst dann formell ordnungswidrig, wenn sie wesentliche Mängel aufweist oder die Gesamtheit aller (unwesentlichen) Mängel diesen Schluss fordert (BFH-Beschluss vom 2.12.2008, X B 69/08, m.w.N.). [7] Werden digitale Unterlagen bei Bargeschäften nicht entsprechend dem BMF-Schreiben vom 26.11.2010, BStBl. I S. 1342 aufbewahrt, kann dies ein schwerwiegender formeller Mangel der Ordnungsmäßigkeit sein. [8] Die gesetzliche Vermutung der Richtigkeit der Kassenbuchführung erfordert, dass ein schlüssiger Nachweis hinsichtlich der Unveränderbarkeit der Einzelbuchungen und deren Zusammenführung bei der Erstellung steuerlicher Abschlüsse geführt werden kann. [9] Das Buchführungsergebnis ist nicht zu übernehmen, soweit die Beanstandungen reichen. [10] Eine Vollschätzung an Stelle einer Zuschätzung kommt nur dann in Betracht, wenn sich die Buchführung in wesentlichen Teilen als unbrauchbar erweist.

---

[1]) dtv 5765 **Steuergesetze Nr. 27.**
[2]) Nr. **1.1.**

AEAO zu § 159 – Nachweis der Treuhänderschaft:

[1] Personen, die zur Verweigerung der Auskunft aufgrund ihres Berufes berechtigt sind (§ 102 AO), insbesondere Angehörige der steuerberatenden Berufe, können ein Aussageverweigerungsrecht nur mit der Einschränkung des § 104 Abs. 2 AO in Anspruch nehmen. [2] Sie haften für steuerliche Folgen u.U. selbst gem. §§ 34, 35 AO, soweit ihnen die Wirtschaftsgüter nicht nach § 159 AO selbst zuzurechnen sind.

AEAO zu § 160 – Benennung von Gläubigern und Zahlungsempfängern:

1. [1] Bei der Anwendung des § 160 AO ist zunächst zu entscheiden, ob ein Benennungsverlangen geboten ist. [2] Es steht im pflichtgemäßen Ermessen des Finanzamts, ob es sich den Gläubiger von Schulden oder den Empfänger von Ausgaben vom Steuerpflichtigen benennen lässt (BFH-Urteile vom 25.11. 1986, VIII R 350/82, BStBl. 1987 II S. 286, und vom 10.3.1999, XI R 10/98, BStBl. II S. 434).

§ 160 AO ist nicht anzuwenden, wenn der Abzug einer Schuld oder Ausgabe bereits daran scheitert, dass dessen Höhe oder sein Zusammenhang mit der steuerlichen Sphäre nicht nachgewiesen ist (vgl. BFH-Beschluss vom 25.7. 2012, X B 175/11, BFH/NV 2013 S. 44) oder die Schulden oder Ausgaben aufgrund anderweitiger steuerlicher Vorschriften beim Steuerpflichtigen nicht steuermindernd zu berücksichtigen sind.

Das Benennungsverlangen ist eine nicht selbständig anfechtbare Vorbereitungshandlung (BFH-Urteil vom 20.4.1988, I R 67/84, BStBl. II S. 927).

1.1. Gläubiger i.S.d. § 160 Abs. 1 Satz 1 AO ist der wirtschaftliche Eigentümer der Forderung.

[1] Empfänger i.S.d. § 160 Abs. 1 Satz 1 AO ist derjenige, dem der in den Betriebsausgaben enthaltene wirtschaftliche Wert vom Steuerpflichtigen übertragen wurde und bei dem er sich demzufolge steuerlich auswirkt (BFH-Urteil vom 25.1.2006, I R 39/05, BFH/NV S. 1618). [2] Damit ist derjenige gemeint, der die vom Steuerpflichtigen geleistete Zahlung aufgrund eigener Leistung verdient hat (vgl. BFH-Urteil vom 4.4.1996, IV R 55/94, BFH/NV S. 801). [3] Bei der Zwischenschaltung einer Person, welche die vereinbarten Leistungen nicht selbst erbringt, ist der Empfänger nicht die zwischengeschaltete Person, sondern der hinter ihr stehende Dritte, an den die Gelder letztlich gelangt sind (vgl. BFH-Beschluss vom 11.10.2013, III B 50/13, BFH/NV 2014 S. 289).

1.2. [1] Für eine genaue Bezeichnung des Empfängers ist nach dem Zweck des § 160 AO die Angabe des vollen Namens und der Adresse des Empfängers erforderlich, so dass die Finanzbehörde ihn ohne Schwierigkeiten feststellen kann. [2] Die Bezeichnung ist nicht „genau", wenn sich herausstellt, dass der Empfänger zwar existiert, dass aber der mitgeteilte Name fingiert, also falsch ist (vgl. BFH-Urteil vom 4.4.1996, IV R 55/94, BFH/NV S. 801). [3] Entsprechendes gilt für die Bezeichnung des Gläubigers.

1.3. [1] Identitätsüberprüfungen sind für den Steuerpflichtigen nicht bereits deshalb unzumutbar, weil ungewöhnliche Marktbedingungen vorliegen, insgesamt eine Vielzahl von Geschäftsvorfällen zu erfassen ist oder hierdurch Umsatzeinbußen und Nachteile gegenüber anderen Wettbewerbern entstehen (BFH-Urteil vom 10.3.1999, XI R 10/98, BStBl. II S. 434 – m.w.N.). [2] Ggfs. muss sich der Steuerpflichtige im Rahmen einer ordnungsmäßigen Geschäftstätigkeit über Namen und Adressen der Anlieferer anhand von Ausweispapieren vergewissern, etwa durch Einsichtnahme in den Personalausweis, Pass oder Führerschein. [3]Nur in Ausnahmefällen kaum zu bewältigender tatsächlicher oder rechtlicher Schwierigkeiten kann dem Steuerpflichtigen eine Ermittlung billigerweise nicht zugemutet werden. [4]Dies trifft für die Bezeichnung einzeln bestimmbarer Zahlungsempfänger regelmäßig nicht zu (BFH-Urteil vom 10.3. 1999, XI R 10/98, BStBl. II S. 434).

1.4. [1]Ein Benennungsverlangen ist insbesondere ermessensgerecht, wenn aufgrund der Lebenserfahrung und/oder der Umstände des Einzelfalls die Vermutung naheliegt, der Empfänger einer Zahlung bzw. der Gläubiger einer Forderung habe diese zu Unrecht nicht versteuert. [2]Hiervon ist regelmäßig auszugehen bei Geschäften ohne Rechnung, bei hohen Bargeldzahlungen, bei ungewöhnlichen Zahlungsmodalitäten und bei Schwarzarbeit. [3]Ein Benennungsverlangen darf auch dann gestellt werden, wenn der Steuerpflichtige den Empfänger nicht bezeichnen kann, weil ihm bei Auszahlung des Geldes dessen Namen und Anschrift unbekannt waren. [4]Dies gilt sowohl für den Fall, dass er den Geschäftspartner nicht um diese Angaben gebeten hat, als auch für den Fall, dass dieser die Angaben ablehnen.

1.5. [1]Unabhängig davon ist die Benennung des Gläubigers oder des Empfängers stets zu verlangen, wenn Anhaltspunkte für eine straf- oder bußgeldbewehrte Vorteilszuwendung vorliegen. [2]Zum einkommensteuerrechtlichen Abzugsverbot für die Zuwendung von Vorteilen i.S.d. § 4 Abs. 5 Satz 1 Nr. 10 EStG[1]) und zum Verhältnis dieser Vorschrift zu § 160 AO vgl. BMF-Schreiben vom 10.10.2002 (BStBl. I S. 1031). [3]Zur Belehrungspflicht, wenn das Benennungsverlangen eine vermutete straf- oder bußgeldbewehrte Vorteilszuwendung zum Gegenstand hat, vgl. Tz. 30 des BMF-Schreibens vom 10.10.2002 (a.a.O.).

1.6. Wegen der Stellung von Personen, die aufgrund ihres Berufes zur Auskunftsverweigerung berechtigt sind, vgl. AEAO zu § 159, Satz 1.

2. [1]Unterlässt der Steuerpflichtige es trotz Aufforderung durch die Finanzbehörde, den Gläubiger der Schuld oder den Empfänger der Ausgabe genau zu benennen, so ist im Rahmen einer zweiten Ermessensentscheidung zu prüfen, ob und in welcher Höhe der Abzug der Ausgaben bzw. Schulden zu versagen ist. [2]Nach § 160 Satz 1 AO ist der Abzug dann „regelmäßig" zu versagen (BFH-Urteil vom 10.3.1999, XI R 10/98, BStBl. II S. 434). [3]Ist sowohl streitig, ob der Höhe nach Betriebsausgaben vorliegen, als auch, ob die fehlende Benennung der Zahlungsempfänger dem Abzug entgegensteht, so ist zunächst die Höhe der Betriebsausgaben zu ermitteln oder ggf. zu schätzen. [4]Sodann ist zu prüfen, ob und inwieweit die fehlende Benennung der Zahlungsempfänger dem Abzug der Betriebsausgaben entgegensteht. [5]Die bei der Anwendung des § 160 AO zu treffenden Ermessensentscheidungen können eine unterlassene Schätzung nicht ersetzen (BFH-Urteil vom 24.6.1997, VIII R 9/96, BStBl. 1998 II S. 51).

3.[2]) [1]Werden Leistungen über eine Domizilgesellschaft (Briefkastenfirma) abgerechnet, so ist zunächst zu prüfen, ob der Steuerpflichtige überhaupt eine Leistung von objektiv feststellbarem wirtschaftlichen Wert erhalten hat oder ob

---

[1]) dtv 5785 ESt/LSt Nr. 1.
[2]) Siehe auch BFH v. 11.7.2013 IV R 27/09, BStBl. II 2013, 989 (Benennungsverlangen bei Beteiligungserwerb an liechtensteinischer AG).

lediglich ein Scheingeschäft vorliegt. [2]Bei Leistungen an Domizilgesellschaften ist der Empfängernachweis nur erbracht, wenn die hinter der Gesellschaft stehenden Personen benannt werden (BFH-Beschluss vom 25.8.1986, IV B 76/86, BStBl. 1987 II S. 481). [3]Das sind die Personen, die anstelle der inaktiven Domizilgesellschaften bei wirtschaftlicher Betrachtungsweise eine Leistung gegenüber dem Steuerpflichtigen erbracht haben und denen damit auch die Gegenleistung zusteht. [4]Die Benennung lediglich formaler Anteilseigner (z.B. Treuhänder) reicht nicht aus, ebenso wenig wie die Erklärung des Steuerpflichtigen, nicht er, sondern ein fremder Dritter stehe hinter der ausländischen Gesellschaft (BFH-Beschluss vom 25.8.1986, IV B 76/86, a.a.O.). [5]Ungewissheiten hinsichtlich der Person des Empfängers gehen zu Lasten des Steuerpflichtigen (BFH-Urteil vom 13.3.1985, I R 7/81, BStBl. 1986 II S. 318, und BFH-Beschluss vom 9.7.1986, I B 36/86, BStBl. 1987 II S. 487). [6]Ausländische Verbotsnormen führen nicht dazu, dass ein Offenlegungsverlangen von vornherein unverhältnismäßig oder unzumutbar wird (vgl. BFH-Urteil vom 16.4.1980, I R 75/78, BStBl. 1981 II S. 492). [7]§ 16 AStG[1] bleibt unberührt.

4. [1]Bei Zahlungen an ausländische Empfänger soll das Finanzamt – soweit keine Anhaltspunkte für eine straf- oder bußgeldbewehrte Vorteilszuwendung vorliegen – auf den Empfängernachweis nach § 160 AO verzichten, wenn feststeht, dass die Zahlung im Rahmen eines üblichen Handelsgeschäfts erfolgte, der Geldbetrag ins Ausland abgeflossen ist und der Empfänger nicht der deutschen Steuerpflicht unterliegt. [2]Hierzu ist der Empfänger in dem Umfang zu bezeichnen, dass dessen Steuerpflicht im Inland mit hinreichender Sicherheit ausgeschlossen werden kann. [3]Die bloße Möglichkeit einer im Inland nicht bestehenden Steuerpflicht reicht nicht aus (BFH-Urteil vom 13.3.1985, I R 7/81, BStBl. 1986 II S. 318). [4]In geeigneten Fällen ist eine Erklärung der mit dem Geschäft betrauten Personen sowie des verantwortlichen Organs des Unternehmens zu verlangen, dass ihnen keine Umstände bekannt sind, die für einen Rückfluss der Zuwendung an einen inländischen Empfänger sprechen. [5]Die Zulässigkeit der Mitteilung von Erkenntnissen deutscher Finanzbehörden im Rahmen des § 117 AO bleibt hiervon unberührt.

AEAO zu § 162 – Schätzung von Besteuerungsgrundlagen:[2]

1. Bei der Schätzung der Besteuerungsgrundlagen in den Fällen des § 155 Abs. 2 AO handelt es sich um eine vorläufige Maßnahme des Wohnsitzfinanzamtes, der ein Grundlagenbescheid nachfolgen muss (BFH-Urteil vom 26.7.1983, VIII R 28/79, BStBl. 1984 II S. 290).

2. Wegen der Pflicht zur Abgabe einer Steuererklärung trotz Schätzung siehe § 149 Abs. 1 Satz 4 AO.

3. Wegen der nur eingeschränkten Offenlegung der Verhältnisse von Vergleichsbetrieben vgl. AEAO zu § 30, Nr. 4.4.

4. [1]Werden die Besteuerungsgrundlagen wegen Nichtabgabe der Steuererklärung geschätzt, ist die Steuer unter Nachprüfungsvorbehalt (§ 164 AO) festzusetzen, wenn der Fall für eine eventuelle spätere Überprüfung offen gehalten werden soll. [2]Dies gilt z.B. wenn eine den Schätzungszeitraum um-

---

[1] dtv 5765 **Steuergesetze** Nr. 2.
[2] Zur Rechtmäßigkeit von Schätzungen siehe BFH v. 15.7.2014 X R 42/12, BFH/NV 2015, 145, und v. 6.8.2018 X B 22/18, BFH/NV 2018, 1237.

fassende Außenprüfung vorgesehen ist oder zu erwarten ist, dass der Steuerpflichtige nach Erlass des Bescheids die Steuererklärung nachreicht.

[1] Die unter Nachprüfungsvorbehalt stehende Steuerfestsetzung ist – sofern der Steuerpflichtige keinen Einspruch eingelegt bzw. keinen Änderungsantrag gestellt hat und auch keine Außenprüfung vorgesehen ist – bei der Veranlagung für das Folgejahr zu überprüfen. [2] Dabei sind auch die in einem eventuellen Vollstreckungsverfahren gewonnenen Erkenntnisse zu berücksichtigen. [3] Der Nachprüfungsvorbehalt ist danach grundsätzlich aufzuheben, auch wenn die Steuerfestsetzung nicht zu ändern ist.

Zur Aufhebung des Nachprüfungsvorbehalts in Fällen einer Fristsetzung nach § 364b AO vgl. AEAO zu § 364b, Nr. 2.

5. Wegen der Befugnis zur Schätzung bei Verletzung der Mitwirkungspflichten nach § 90 Abs. 2 und 3 AO wird auf das BMF-Schreiben vom 3.12.2020, BStBl. I S. 1325 verwiesen.

6. [1] Die Besteuerungsgrundlagen sind nach § 162 Abs. 1 AO unter anderem dann zu schätzen, wenn tatsächliche Anhaltspunkte dafür bestehen, dass die vom Steuerpflichtigen gemachten Angaben zu steuerpflichtigen Einnahmen oder Betriebsvermögensmehrungen unrichtig oder unvollständig sind. [2] Hat der Steuerpflichtige in einem derartigen Fall die Zustimmung zu einem Kontenabruf verweigert (§ 93 Abs. 7 Satz 1 Nr. 5 AO), sind die nach Einschätzung der Finanzbehörde nicht erklärten steuerpflichtigen Einnahmen oder Betriebsvermögensmehrungen nach § 162 Abs. 2 Satz 2 AO dritte Alternative zu schätzen. [3] In diesem Fall kann zu Lasten des Steuerpflichtigen von einem Sachverhalt ausgegangen werden, für den unter Berücksichtigung seiner Beweisnähe und seiner Verantwortung für die Aufklärung des Sachverhalts eine gewisse Wahrscheinlichkeit spricht. [4] Gleiches gilt, wenn ein mit Zustimmung des Steuerpflichtigen durchgeführter Kontenabruf keine neuen Erkenntnisse gebracht hat, z.B. bei auf ausländischen – und deswegen durch einen Kontenabruf nicht ermittelbaren – Konten zugeflossenen Einnahmen oder bei baren Einnahmen. [5] In diesen Fällen ist auch weiterhin eine Schätzung nach § 162 AO möglich, wenn Anhaltspunkte dafür vorliegen, dass die Angaben über Einnahmen oder Betriebsvermögensmehrungen nicht vollständig oder unzutreffend sind.

AEAO zu § 163 – Abweichende Festsetzung von Steuern aus Billigkeitsgründen:

1. [1] § 163 AO regelt Billigkeitsmaßnahmen im Festsetzungsverfahren. [2] Billigkeitsmaßnahmen im Erhebungsverfahren regelt § 227 AO. [3] Die Unbilligkeit kann sich aus sachlichen oder aus persönlichen Gründen ergeben.

2. Ein Antrag auf eine Billigkeitsmaßnahme nach § 163 AO kann auch nach Eintritt der Unanfechtbarkeit der Steuerfestsetzung oder der entsprechenden gesonderten Feststellung gestellt werden.

3. [1] Die Entscheidung über eine Billigkeitsmaßnahme nach § 163 Abs. 1 AO stellt auch dann einen selbständigen Verwaltungsakt dar, wenn sie mit der Steuerfestsetzung oder der entsprechenden gesonderten Feststellung verbunden wird (§ 163 Abs. 2 AO). [2] Sie ist Grundlagenbescheid für den entsprechenden Steuer- oder Feststellungsbescheid (§ 171 Abs. 10 AO). [3] Wird eine Billigkeitsmaßnahme erst nach Erlass des hiervon betroffenen Steuer- oder Feststellungsbescheids getroffen, muss dieser Bescheid nach § 175 Abs. 1 Satz 1 Nr. 1 AO entsprechend angepasst werden.

4. [1]Eine Billigkeitsmaßnahme nach § 163 Abs. 1 AO unterliegt keiner eigenen Verjährungsfrist, sie löst hinsichtlich des Folgebescheids aber nur dann eine Ablaufhemmung nach § 171 Abs. 10 Satz 1 AO aus, wenn sie vor Ablauf der Festsetzungsfrist des Folgebescheids bei der für die Billigkeitsmaßnahme zuständigen Finanzbehörde beantragt worden ist (§ 171 Abs. 10 Satz 3 AO, vgl. auch AEAO zu § 171, Nr. 6.5). [2]Wurde der Antrag erst nach Ablauf der Festsetzungsfrist des Folgebescheids gestellt, ist es regelmäßig ermessensgerecht, die beantragte Billigkeitsmaßnahme nach § 163 Abs. 1 AO abzulehnen, wenn sie im Folgebescheid wegen Eintritts der Festsetzungsverjährung nicht berücksichtigt werden könnte; in diesen Fällen ist ggf. zu prüfen, ob ein Erlass nach § 227 AO in Betracht kommt.

5. [1]Wegen der Auswirkungen einer Billigkeitsmaßnahme bei den Steuern vom Einkommen auf die Gewerbesteuer Hinweis auf § 184 Abs. 2 AO. [2]Danach ist die niedrigere Festsetzung eines Messbetrags nach § 163 Abs. 1 Satz 1 AO nicht zulässig, wenn die Voraussetzungen dafür nicht in einer allgemeinen Verwaltungsvorschrift der Bundesregierung oder einer obersten Landesfinanzbehörde festgelegt sind.

6. Zum Einspruchsverfahren gegen die Entscheidung über eine Billigkeitsmaßnahme vgl. AEAO zu § 347, Nr. 4.

AEAO zu § 164 – Steuerfestsetzung unter Vorbehalt der Nachprüfung:

1. [1]Der Vorbehalt der Nachprüfung ist eine Nebenbestimmung i.S.d. § 120 AO. [2]Er ist im Steuerbescheid anzugeben, wenn er nicht kraft Gesetzes besteht, wie z.B. im Fall der Festsetzung einer Vorauszahlung (§ 164 Abs. 1 Satz 2 AO). [3]Im Gegensatz zur vorläufigen Steuerfestsetzung hat der Vorbehalt keine Auswirkung auf den Ablauf der Festsetzungsfrist. [4]Wegen der Wirkung einer Steueranmeldung als Vorbehaltsfestsetzung siehe § 168 AO.

2. [1]Der Vorbehalt der Nachprüfung ist zulässig bei allen Festsetzungen, für die die Vorschriften über das Steuerfestsetzungsverfahren gelten (z.B. bei Steuervergütungen, Zulagen, Prämien, gesonderten Feststellungen, Steuermessbeträgen, Zinsen, vgl. AEAO zu § 155). [2]Zum Nachprüfungsvorbehalt in Schätzungsfällen vgl. AEAO zu § 162 Nr. 4.

3. [1]Solange ein Steuerfall nicht abschließend geprüft ist, kann die spätere Überprüfung vorbehalten bleiben und die Steuer aufgrund der Angaben des Steuerpflichtigen oder aufgrund vorläufiger Überprüfung (vgl. BFH-Urteil vom 4.8.1983, IV R 79/83, BStBl. 1984 II S. 6) unter Vorbehalt der Nachprüfung festgesetzt werden. [2]Der Vorbehalt der Nachprüfung erfasst die Festsetzung insgesamt; eine Beschränkung auf Einzelpunkte oder Besteuerungsgrundlagen ist nicht zulässig. [3]Eine Begründung dafür, dass die Festsetzung unter Vorbehalt erfolgt, ist nicht erforderlich.

4. [1]Solange der Vorbehalt wirksam ist, bleibt der gesamte Steuerfall „offen", die Steuerfestsetzung kann jederzeit – also auch nach Eintritt der Unanfechtbarkeit – und dem Umfang nach uneingeschränkt von Amts wegen oder auch auf Antrag des Steuerpflichtigen aufgehoben oder geändert werden. [2]Die Grundsätze des Vertrauensschutzes nach § 176 AO sind aber zu beachten. [3]Dagegen wird ein aus dem Grundsatz von Treu und Glauben abgeleiteter Vertrauensschutz i.d.R. nicht bestehen (vgl. BFH-Urteil vom 29.4.2008, VIII R 75/05, BStBl. II S. 817).

5. [1] Der Steuerpflichtige hat keinen Anspruch auf unverzügliche Entscheidung über seinen Antrag. [2] Die Entscheidung kann bis zur abschließenden Prüfung des Steuerfalles – an Amtsstelle oder im Wege einer Außenprüfung – hinausgeschoben werden. [3] Sie hat jedoch in angemessener Zeit zu erfolgen. [4] Wegen des Ablaufs der Festsetzungsfrist bei Antragstellung Hinweis auf § 171 Abs. 3 AO.

6. [1] Wird eine Steuerfestsetzung mit einem behördlich angeordneten Vorbehalt der Nachprüfung geändert, so ist in dem neuen Steuerbescheid zu vermerken, ob dieser weiterhin unter Vorbehalt der Nachprüfung steht oder ob der Vorbehalt aufgehoben wird. [2] Fehlt ein derartiger Vermerk, bleibt der Nachprüfungsvorbehalt bestehen (BFH-Urteil vom 14.9.1993, VIII R 9/93, BStBl. 1995 II S. 2). [3] Steht eine Steueranmeldung einer Steuerfestsetzung unter Nachprüfungsvorbehalt gleich (§ 168 AO) und erlässt die Finanzbehörde später erstmals einen Steuerbescheid ohne eine Aussage zum Nachprüfungsvorbehalt, so entfällt dieser (BFH-Urteil vom 2.12.1999, V R 19/99, BStBl. 2000 II S. 284). [4] Die Aufhebung des Vorbehalts muss schriftlich oder in elektronischer Form (§ 87a Abs. 4 AO) ergehen und mit einer Rechtsbehelfsbelehrung versehen sein (§ 164 Abs. 3 Satz 2 AO). [5] Die Aufhebung des Nachprüfungsvorbehalts ist auch ohne abschließende Prüfung des Steuerfalles zulässig (BFH-Urteil vom 28.5.1998, V R 100/96, BStBl. II S. 502) und bedarf regelmäßig keiner Begründung (BFH-Urteil vom 10.7.1996, I R 5/96, BStBl. 1997 II S. 5). [6] Nach der Bekanntgabe der Aufhebung des Vorbehalts kann die Aufhebung oder Änderung einer Steuerfestsetzung nicht mehr auf § 164 Abs. 2 AO gestützt werden; §§ 172 ff. AO bleiben unberührt.

7. [1] Wird der Vorbehalt nicht aufgehoben, entfällt der Vorbehalt mit Ablauf der allgemeinen Festsetzungsfrist (§ 169 Abs. 2 Satz 1 AO). [2] Die Verlängerung der Festsetzungsfrist für hinterzogene oder leichtfertig verkürzte Steuern (§ 169 Abs. 2 Satz 2 AO) verlängert nicht die Wirksamkeit des Vorbehalts, es ergeben sich aber Auswirkungen auf die Ablaufhemmung nach § 171 Abs. 1 bis 6, 9 und 11 bis 14 AO.

8. Wegen des Einspruchs gegen eine Vorbehaltsfestsetzung vgl. AEAO zu § 367, Nr. 5.

9. [1] Verwaltungsakte i.S.d. § 163 Abs. 1 AO können nicht unter Vorbehalt der Nachprüfung ergehen. [2] Werden solche Verwaltungsakte aber mit einer Steuerfestsetzung unter Vorbehalt der Nachprüfung verbunden, stehen sie nach § 163 Abs. 3 Satz 1 Nr. 2 AO kraft Gesetzes unter Widerrufsvorbehalt.

AEAO zu § 165 – Vorläufige Steuerfestsetzung, Aussetzung der Steuerfestsetzung:

1. [1] Eine vorläufige Steuerfestsetzung nach § 165 Abs. 1 Satz 1 AO ist nur zulässig, soweit ungewiss ist, ob der Tatbestand verwirklicht ist, an den das Gesetz die Leistungspflicht knüpft; Zweifel bei der Auslegung des Steuergesetzes reichen nicht aus. [2] Eine Steuerfestsetzung kann demgemäß nach § 165 Abs. 1 Satz 1 AO nur im Hinblick auf ungewisse Tatsachen, nicht im Hinblick auf die steuerrechtliche Beurteilung von Tatsachen für vorläufig erklärt werden (BFH-Urteil vom 25.4.1985, IV R 64/83, BStBl. II S. 648). [3] Vorläufige Steuerfestsetzungen nach § 165 Abs. 1 Satz 1 AO sind insbesondere dann vorzunehmen, wenn eine Steuerfestsetzung unter Vorbehalt der Nachprüfung nicht zweckmäßig ist, z.B. weil keine Nachprüfung des gesamten Steuerfalles mehr zu erwarten ist oder weil sie aus Rechtsgründen nicht möglich ist (z.B. bei fortstehender Ungewissheit nach einer Außenprüfung).

2. Die Tatsache, dass ein Doppelbesteuerungsabkommen nach seinem In-krafttreten voraussichtlich rückwirkend anzuwenden sein wird, rechtfertigt eine vorläufige Steuerfestsetzung nach § 165 Abs. 1 Satz 2 Nr. 1 AO, um dem Steuerpflichtigen die Vorteile des Doppelbesteuerungsabkommens zu sichern.[1]

3.[2] Eine vorläufige Steuerfestsetzung nach § 165 Abs. 1 Satz 2 Nr. 2 oder Nr. 2a AO setzt voraus, dass die Entscheidung des Bundesverfassungsgerichts oder des Gerichtshofs der Europäischen Union bereits ergangen ist und die gesetzliche Neuregelung noch aussteht.

4.[3] Zweifel an der Vereinbarkeit einer der Steuerfestsetzung zugrunde lie-genden Rechtsnorm mit höherrangigem Recht (insbesondere mit dem Grund-gesetz oder dem Europäischen Unionsrecht) rechtfertigen nur dann eine vor-läufige Steuerfestsetzung nach § 165 Abs. 1 Satz 2 Nr. 3 AO, wenn dieselbe Frage bereits Gegenstand eines Musterverfahrens bei dem Gerichtshof der Europäischen Union, dem Bundesverfassungsgericht oder einem obersten Bun-desgericht ist.

Zum Rechtsschutzbedürfnis für einen Einspruch gegen eine hinsichtlich des strittigen Punktes bereits vorläufige Steuerfestsetzung vgl. AEAO zu § 350, Nr. 6.

5. [1] Nach § 165 Abs. 1 Satz 2 Nr. 4 AO kann eine Steuer vorläufig festgesetzt werden, soweit eine im Fall des Steuerpflichtigen entscheidungserhebliche Rechtsfrage Gegenstand eines Verfahrens beim Bundesfinanzhof ist. [2] Hierbei handelt es sich auch um solche Fälle, in denen eine strittige Rechtsfrage nicht nur unter verfassungsrechtlichen Aspekten zu beurteilen ist (und deretwegen bereits eine vorläufige Steuerfestsetzung nach § 165 Abs. 1 Satz 2 Nr. 3 AO erfolgt), sondern vom Bundesfinanzhof auf „einfachgesetzlichem" Wege, d.h. durch Anwendung bzw. Auslegung des einfachen Rechts, entschieden werden könnte.

6. [1] Die Entscheidung, die Steuer vorläufig festzusetzen, steht in sämtlichen Fällen des § 165 Abs. 1 AO im Ermessen der Finanzbehörde. [2] Von der Möglichkeit, eine Steuer nach § 165 Abs. 1 Satz 2 AO vorläufig festzusetzen, ist nur Gebrauch zu machen, soweit die Finanzbehörden hierzu durch BMF-Schreiben oder gleich lautende Erlasse der obersten Finanzbehörden der Länder angewiesen worden sind.

---

[1] Zum Stand der DBA und der Verhandlungen am 1.1.2021 siehe BMF v. 18.2.2021, IV B 2 – S 1301/07/10017-12; DOK 2021/0026720.

[2] Zur vorläufigen Festsetzung bzw. Feststellungen bei der **Grunderwerbsteuer** siehe gleich lauten-den Ländererlass v. 16.12.2015, BStBl. I 2015, 1082; zu Einsprüchen gegen **Einheitswertfeststel-lungen** und Festsetzungen des **Grundsteuermessbetrags** siehe Allgemeinverfügung v. 18.1.2019, BStBl. I 2019, 26, ergänzt durch Allgemeinverfügung v. 3.6.2019, BStBl. I 2019, 470; zur vorläufigen Festsetzung des **Gewerbesteuermessbetrags** siehe gleich lautenden Ländererlass v. 28.10.2016, BStBl. I 2016, 1114.

[3] Zur vorläufigen Steuerfestsetzung wegen anhängiger Musterverfahren (§ 165 Abs. 1 Satz 2 AO), zur Aussetzung der Steuerfestsetzung nach § 165 Abs. 1 Satz 4 AO, zum Ruhenlassen von außerge-richtlichen Rechtsbehelfsverfahren (§ 363 Abs. 2 AO) und zur Aussetzung der Vollziehung (§ 361 AO, § 69 Abs. 2 FGO) siehe BMF v. 15.1.2018, BStBl. I 2018, 2, i.d.F. des BMF v. 10.1.2019, BStBl. I 2019, 2, geänd. durch BMF v. 4.1.2021, BStBl. I 2021, 49.

7. [1] Die Vorläufigkeit ist auf die ungewissen Voraussetzungen zu beschränken und zu begründen. [2] Die Begründung kann nachgeholt werden (§ 126 Abs. 1 Nr. 2 AO). [3] Wird eine vorläufige Steuerfestsetzung geändert, so ist in dem neuen Steuerbescheid zu vermerken, ob und inwieweit dieser weiterhin vorläufig ist oder für endgültig erklärt wird. [4] Ein ursprünglich angeordneter Vorläufigkeitsvermerk bleibt auch dann wirksam, wenn er in einem nachfolgenden Änderungsbescheid nicht ausdrücklich wiederholt wird (BFH-Urteil vom 9.9. 1988, III R 191/84, BStBl. 1989 II S. 9). [5] Enthält aber der Änderungsbescheid einen Vorläufigkeitsvermerk, wird durch diesen der Umfang der Vorläufigkeit neu bestimmt (BFH-Urteile vom 19.10.1999, IX R 23/98, BStBl. 2000 II S. 282, und vom 16.6.2020, VIII R 12/17, BStBl. II S. 702). [6] Dies gilt auch, wenn ein sowohl auf § 165 Abs. 1 Satz 1 AO als auch auf § 165 Abs. 1 Satz 2 AO gestützter Vorläufigkeitsvermerk im Änderungsbescheid durch einen allein auf § 165 Abs. 1 Satz 2 AO gestützten Vorläufigkeitsvermerk ersetzt wird (BFH-Urteil vom 14.7.2015, VIII R 21/13, BStBl. 2016 II S. 371).

8. [1] Soweit wegen der Frage der Vereinbarkeit einer Rechtsnorm mit dem Grundgesetz eine Steuer nach § 165 Abs. 1 Satz 2 Nr. 3 AO vorläufig festgesetzt worden ist, sind Steuerbescheide auch dann nach § 165 Abs. 2 AO zu ändern, wenn das Bundesverfassungsgericht oder der Bundesfinanzhof die streitige Frage dadurch entscheidet, dass das Gericht die vom Vorläufigkeitsvermerk erfasste Rechtsnorm entgegen der bisherigen Verwaltungsauffassung verfassungskonform so auslegt, dass das betreffende Steuergesetz mit höherrangigem Recht vereinbar ist und diese Auslegung zu einer Steuerminderung führt (BFH-Urteil vom 30.9.2010, III R 39/08, BStBl. 2011 II S. 11). [2] Dies gilt auch, wenn der Vorläufigkeitsvermerk insoweit zusätzlich auf § 165 Abs. 1 Satz 2 Nr. 4 AO gestützt war.

Soweit eine Steuer (auch) nach § 165 Abs. 1 Satz 2 Nr. 4 AO vorläufig festgesetzt worden ist, sind die Steuerbescheide (zudem) auch dann nach § 165 Abs. 2 AO zu ändern, wenn der Bundesfinanzhof die vom Vorläufigkeitsvermerk erfasste Rechtsnorm aufgrund einfachgesetzlicher Auslegung eines Steuergesetzes entgegen der bisherigen Verwaltungsauffassung auslegt, diese Auslegung zu einer Steuerminderung führt und dieses Urteil über den entschiedenen Einzelfall hinaus anzuwenden ist.

9. [1] Die vorläufige Steuerfestsetzung kann jederzeit für endgültig erklärt werden. [2] Die Vorläufigkeit bleibt bis dahin bestehen; für den Ablauf der Festsetzungsfrist gilt § 171 Abs. 8 AO. [3] Wird die vorläufige Steuerfestsetzung nach Beseitigung der Ungewissheit geändert (§ 165 Abs. 2 Satz 2 AO), sind im Rahmen des Änderungsbetrages auch solche Fehler zu berichtigen, die nicht mit dem Grund der Vorläufigkeit zusammenhängen (BFH-Urteil vom 2.3. 2000, VI R 48/97, BStBl. II S. 332).

10. [1] In den Fällen des § 165 Abs. 1 Satz 2 AO ist eine Endgültigkeitserklärung nicht erforderlich, wenn sich die Steuerfestsetzung letztlich als zutreffend erweist und der Steuerpflichtige keine Entscheidung beantragt. [2] Die Vorläufigkeit entfällt in diesem Fall mit Ablauf der – ggf. nach § 171 Abs. 8 Satz 2 AO verlängerten – Festsetzungsfrist.

11. [1] Wird die vorläufige Steuerfestsetzung auf Antrag des Steuerpflichtigen oder von Amts wegen ganz oder teilweise für endgültig erklärt, kann gegen die insoweit nunmehr endgültige Steuerfestsetzung Einspruch eingelegt und ggf. anschließend Klage erhoben werden. [2] Hinsichtlich der Auswirkungen der bisherigen Vorläufigkeit der Steuerfestsetzung ergibt sich aus § 351 Abs. 1 AO keine Anfechtungsbeschränkung (BFH-Urteil vom 30.9.2010, III R 39/08, BStBl. 2011 II S. 11). [3] Der Umfang der Anfechtbarkeit bestimmt sich dabei nicht betragsmäßig, sondern in der Wirkung der fehlenden Bestandskraft der bisherigen Vorläufigkeit. [4] In den Fällen der Vorläufigkeit nach § 165 Abs. 1 Satz 2 Nr. 3 AO beschränkt sich dieser Rechtsschutz dementsprechend auf die weitere verfassungsrechtliche Klärung dieser Rechtsfrage (BFH-Urteil vom 30.9.2010, III R 39/08, a.a.O.).

Wird durch einen Vorläufigkeitsvermerk in einem Änderungsbescheid der Umfang der Vorläufigkeit in einschränkender Weise neu bestimmt (vgl. AEAO zu § 165, Nr. 7 Sätze 5 und 6), steht dies insoweit einer Endgültigkeitserklärung gleich.

12. [1] Verwaltungsakte i.S.d. § 163 Abs. 1 AO können nicht nach § 165 AO vorläufig ergehen. [2] Werden solche Verwaltungsakte aber mit einer vorläufigen Steuerfestsetzung verbunden und ist der Grund der Vorläufigkeit auch für die Entscheidung nach § 163 Abs. 1 AO von Bedeutung, stehen sie nach § 163 Abs. 3 Satz 1 Nr. 3 AO kraft Gesetzes unter Widerrufsvorbehalt.

AEAO zu § 167 – Steueranmeldung, Verwendung von Steuerzeichen oder Steuerstemplern:

1. [1] Die Selbstberechnung der Steuer (§ 150 Abs. 1 Satz 3 AO) durch Steueranmeldung ist gesetzlich insbesondere vorgeschrieben für die Umsatzsteuer (Voranmeldung und Jahreserklärung – § 18 UStG[1]), die Lohnsteuer (§ 41a EStG[2]), die Kapitalertragsteuer (§ 45a EStG), den Steuerabzug nach § 48 i.V.m. § 48a EStG oder nach § 50a EStG, die Versicherungsteuer (§ 8 VersStG), die Wettsteuer (§ 18 RennwLottAB) und für die Feuerschutzsteuer (§ 8 FeuerSchStG). [2] Die Steueranmeldung ist Steuererklärung i.S.d. § 150 AO. [3] Wegen der Wirkung einer Steueranmeldung siehe § 168 AO.

2. Eine Steueranmeldung i.S.d. AO liegt nicht vor, wenn ein Gesetz zwar die Selbstberechnung der Steuer durch den Steuerpflichtigen vorschreibt, daneben aber eine förmliche Steuerfestsetzung vorsieht, z.B. § 9 KraftStDV.

3. [1] Das Anerkenntnis des zum Steuerabzug Verpflichteten, insbesondere des Arbeitgebers hinsichtlich der Lohnsteuer, steht einer Steueranmeldung und damit einer Steuerfestsetzung unter Vorbehalt der Nachprüfung gleich (§ 167 Abs. 1 Satz 3, § 168 Satz 1 AO). [2] Es ist deshalb nicht erforderlich, gegen ihn einen Haftungsbescheid zu erlassen, wenn er seiner Zahlungsverpflichtung aus dem Anerkenntnis nicht nachkommen will. [3] Der Entrichtungspflichtige kann sein Zahlungsanerkenntnis nur mit Zustimmung der Finanzbehörde ändern oder widerrufen. [4] Nach einer abschließenden Prüfung des Steuerfalls ist der Vorbehalt der Nachprüfung durch besonderen Bescheid aufzuheben (§ 164 Abs. 2 und 3 AO).

4. [1] Steueranmeldungen sind bei dem für die Besteuerung zuständigen Finanzamt abzugeben. [2] Es treten aber keine Verspätungsfolgen ein, wenn der Steuerpflichtige die Steueranmeldung und den Scheck fristgemäß bei dem für die Steuererhebung zuständigen Finanzamt einreicht.

5. [1] Gibt jemand (z.B. ein Arbeitgeber) trotz seiner gesetzlichen Verpflichtung, Steuern für Rechnung eines Dritten einzubehalten, anzumelden und

---

[1] dtv 5546 USt Nr. 1.
[2] dtv 5785 ESt/LSt Nr. 1.

abzuführen, keine Steueranmeldung ab, so kann gegen ihn ein Steuerbescheid aufgrund einer Schätzung ergehen. [2] Die Möglichkeit, einen Haftungsbescheid zu erlassen, steht dem nicht entgegen (vgl. BFH-Urteil vom 7.7.2004, VI R 171/00, BStBl. II S. 1087).

AEAO zu § 168 – Wirkung einer Steueranmeldung:

1. [1] Eine Steueranmeldung, die nicht zu einer Herabsetzung der bisher zu entrichtenden Steuer oder zu einer Steuervergütung führt, hat mit ihrem Eingang bei der Finanzbehörde die Wirkung einer Steuerfestsetzung unter Vorbehalt der Nachprüfung. [2] Wegen der daraus sich ergebenden Folgen vgl. AEAO zu § 164 AO.

Die fällige Steuer ist ohne besonderes Leistungsgebot nach Eingang der Anmeldung vollstreckbar (§ 249 Abs. 1, § 254 Abs. 1 Satz 4 AO).

2. [1] Eine erstmalige Steueranmeldung, die zu einer Steuervergütung führt (z.B. Vorsteuerüberschuss), wirkt erst dann als Steuerfestsetzung unter Vorbehalt der Nachprüfung, wenn dem Steuerpflichtigen die Zustimmung der Finanzbehörde bekannt wird (§ 168 Satz 2 AO; BFH-Urteil vom 28.2.1996, XI R 42/94, BStBl. II S. 660). [2] Bis dahin ist sie als Antrag auf Steuerfestsetzung (§ 155 Abs. 1 und 4 AO) anzusehen.

3. [1] Auch eine berichtigte Steueranmeldung, die zu einer Herabsetzung der bisher angemeldeten Steuer (Mindersoll) oder zu einer Erhöhung der bisher angemeldeten Steuervergütung führt, wirkt erst dann als Steuerfestsetzung unter Vorbehalt der Nachprüfung, wenn dem Steuerpflichtigen die Zustimmung der Finanzbehörde bekannt wird. [2] Bis dahin ist sie als Antrag auf Änderung der Steuerfestsetzung nach § 164 Abs. 2 Satz 2 AO zu behandeln. [3] Wegen der Änderung einer nicht mehr unter dem Vorbehalt der Nachprüfung stehenden Steuerfestsetzung vgl. AEAO zu § 168, Nr. 12.

4. [1] Die kassenmäßige Sollstellung eines Rotbetrags ist keine Zustimmung zur Anmeldung i.S.d. § 168 Satz 2 AO; sie darf dem Anmeldenden nicht mitgeteilt werden. [2] Wird der Steuerpflichtige schriftlich bzw. elektronisch über die Zustimmung unterrichtet (z.B. zusammen mit einer Abrechnungsmitteilung), ist grundsätzlich davon auszugehen, dass ihm die Zustimmung am dritten Tag nach Aufgabe zur Post bzw. nach der Absendung bekannt geworden ist. [3] Zur Fälligkeit der Erstattung vgl. AEAO zu § 220 AO.

5. [1] Die Abgabe einer berichtigten Anmeldung mit Mindersoll hat keine Auswirkungen auf den Zeitpunkt der Fälligkeit des ursprünglich angemeldeten Betrages. [2] Ebenso bleiben auf der Grundlage der ursprünglichen Steueranmeldung entstandene Säumniszuschläge unberührt (§ 240 Abs. 1 Satz 4 AO).

6. [1] Will die Finanzbehörde von der angemeldeten Steuer abweichen, so ist eine Steuerfestsetzung vorzunehmen und darüber ein Steuerbescheid zu erteilen. [2] Die abweichende Festsetzung kann unter dem Vorbehalt der Nachprüfung oder unter den Voraussetzungen des § 165 AO vorläufig vorgenommen werden.

7. [1] Nach § 18 Abs. 2 UStG[1]) ist die für einen Voranmeldungszeitraum errechnete Umsatzsteuer eine Vorauszahlung. [2] Wird eine abweichende USt-Festsetzung durchgeführt, steht diese als Vorauszahlungsbescheid nach § 164 Abs. 1 Satz 2 AO kraft Gesetzes unter Vorbehalt der Nachprüfung. [3] Dies gilt

---

[1]) dtv 5546 USt Nr. 1.

nicht bei einer von einer USt-Jahreserklärung abweichenden Festsetzung; in diesen Fällen muss die Steuerfestsetzung unter Vorbehalt der Nachprüfung besonders angeordnet und im Bescheid vermerkt werden (BFH-Urteil vom 2.12.1999, V R 19/99, BStBl. 2000 II S. 284).

8. [1] Ergibt sich durch die anderweitige Festsetzung eine höhere Zahllast als angemeldet, ist für den nachzuzahlenden Differenzbetrag eine Zahlungsfrist einzuräumen (§ 220 Abs. 2). [2] Auf § 18 Abs. 4 UStG wird hingewiesen. [3] Liegt der abweichenden Festsetzung eine Steueranmeldung mit Steuervergütung oder Mindersoll zugrunde, so ist Fälligkeitstag des gesamten Erstattungsbetrags der Tag der Bekanntgabe der anderweitigen Festsetzung (§ 220 Abs. 2 AO).

9. [1] Aus Vereinfachungsgründen kann bei Steueranmeldungen, die zu einer Steuervergütung oder zu einem Mindersoll führen, die Zustimmung allgemein erteilt werden. [2] Auch in diesem Fall stehen die Anmeldungen erst dann einer Steuerfestsetzung unter Vorbehalt der Nachprüfung gleich, wenn dem Steuerpflichtigen die Zustimmung bekannt wird. [3] Wird der Steuerpflichtige schriftlich bzw. elektronisch über die Zustimmung unterrichtet (z.B. zusammen mit einer Abrechnungsmitteilung), ist grundsätzlich davon auszugehen, dass ihm die Zustimmung am dritten Tag nach Aufgabe zur Post bzw. nach der Absendung bekannt geworden ist.

10. [1] In den Fällen, in denen keine allgemeine Zustimmung erteilt wird, ist über die Zustimmung oder Festsetzung alsbald zu entscheiden. [2] Auf die Bearbeitung in angemessener Zeit bzw. auf die rechtzeitige Mitteilung von Hinderungsgründen ist angesichts § 347 Abs. 1 Satz 2 AO besonders zu achten.

11. Wird die Zustimmung zur Steueranmeldung nicht erteilt, so ist der Antrag des Steuerpflichtigen auf Steuerfestsetzung (vgl. AEAO zu § 168, Nr. 2) bzw. auf Änderung der Steuerfestsetzung nach § 164 Abs. 2 Satz 2 AO (vgl. AEAO zu § 168, Nr. 3) durch Bescheid abzulehnen (§ 155 Abs. 1 Satz 3 AO).

12. Führt die berichtigte Anmeldung zu einer höheren Steuer oder zu einem geringeren Vergütungsbetrag, gilt Folgendes:

− Steht die bisherige Steuerfestsetzung noch unter dem Vorbehalt der Nachprüfung, bedarf es keiner Zustimmung der Finanzbehörde; die berichtigte Steueranmeldung steht bereits mit ihrem Eingang bei der Finanzbehörde einer nach § 164 Abs. 2 AO geänderten Steuerfestsetzung unter Vorbehalt der Nachprüfung gleich.

− Steht die bisherige Steuerfestsetzung nicht oder nicht mehr unter dem Vorbehalt der Nachprüfung, ist ein nach § 172 Abs. 1 Satz 1 Nr. 2 Buchstabe a AO geänderter Bescheid zu erteilen.

[1] Zu prüfen ist, ob die berichtigte Anmeldung eine Selbstanzeige (§ 371 AO) ist. [2] Wegen der Verlängerung der Festsetzungsfrist Hinweis auf § 171 Abs. 9 AO.

13. [1] Eine Steueranmeldung, die – ggf. nach Zustimmung – einer Steuerfestsetzung unter dem Vorbehalt der Nachprüfung gleichsteht, kann mit dem Einspruch angefochten werden (§ 347 Abs. 1 Satz 1 AO). [2] Wegen des Beginns der Einspruchsfrist wird auf § 355 Abs. 1 Satz 2 AO, wegen des Beginns der Zahlungsverjährung auf § 229 AO hingewiesen.

AEAO vor §§ 169 bis 171 – Festsetzungsverjährung:

1. Durch Verjährung erlöschen allgemein Ansprüche aus dem Steuerschuldverhältnis (§ 47 AO).

Das Gesetz unterscheidet zwischen der Festsetzungsverjährung (§§ 169 bis 171 AO) und der Zahlungsverjährung (§§ 228 bis 232 AO).

2. [1] Die Finanzbehörde darf die Festsetzung von Steuern, von Erstattungs- oder Vergütungsansprüchen nur vornehmen, soweit die Festsetzungsfrist noch nicht abgelaufen ist. [2] Dies gilt auch für Änderungen oder Aufhebungen von Steuerfestsetzungen sowie Berichtigungen wegen offenbarer Unrichtigkeit, gleichgültig ob zugunsten oder zuungunsten des Steuerpflichtigen. [3] Mit Ablauf der Festsetzungsfrist sind Ansprüche des Steuergläubigers, aber auch Ansprüche des Erstattungsberechtigten erloschen. [4] Zur Berichtigung (teil-)verjährter Steueransprüche im Zusammenhang mit einer Aufhebung, Änderung oder Berichtigung der Steuerfestsetzung wegen offenbarer Unrichtigkeit vgl. AEAO zu § 177, Nr. 1.

3. [1] Für den Ablauf der Festsetzungsfrist gilt § 108 Abs. 3 AO (vgl. Nr. 2 des AEAO zu § 108). [2] Fällt das Ende der Festsetzungsfrist auf einen Sonntag, einen gesetzlichen Feiertag oder einen Sonnabend, endet die Festsetzungsfrist daher erst mit dem Ablauf des nächstfolgenden Werktags.

4. Eine Festsetzung usw., die erst nach Eintritt der Festsetzungsverjährung erfolgt, ist nicht nichtig (§ 125 Abs. 1 AO), sondern nur anfechtbar, erwächst also ggf. in Bestandskraft; der Bescheid ist auch vollstreckbar.

5. Die Festsetzungsverjährung schließt Ermittlungshandlungen der Finanzbehörde im Einzelfall (§§ 88, 92 ff., 193 ff., 208 Abs. 1 Nr. 2 AO) nicht aus (vgl. BFH-Urteil vom 23.7.1985, VIII R 48/85, BStBl. 1986 II S. 433).

6. [1] Die Bestimmungen über die Festsetzungsverjährung gelten sinngemäß auch für die Festsetzung von Steuermessbeträgen (§ 184 Abs. 1 AO) und für die gesonderte Feststellung von Besteuerungsgrundlagen (§ 181 Abs. 1 AO), sowie bei allen Festsetzungen, für die die Vorschriften über das Steuerfestsetzungsverfahren anzuwenden sind (s. § 155 AO). [2] Auf steuerliche Nebenleistungen (§ 3 Abs. 4 AO) finden sie nur Anwendung, wenn dies besonders vorgeschrieben ist (§ 1 Abs. 3 Satz 2 AO), wie z.B. bei Zinsen (§ 239 AO). [3] Für die Kosten der Vollstreckung gilt die besondere Regelung des § 346 AO.

7. [1] Für Verspätungszuschläge (§ 152 AO) fehlt dagegen eine entsprechende Bestimmung (vgl. AEAO zu § 169, Nr. 5 AO). [2] Säumniszuschläge (§ 240 AO) entstehen kraft Gesetzes, sie unterliegen allein der Zahlungsverjährung (§§ 228 ff. AO).

AEAO zu § 169 – Festsetzungsfrist:

1.[1] Die Festsetzungsfrist nach § 169 Abs. 1 Satz 3 Nr. 1 AO ist nur gewahrt, wenn der vor Ablauf der Frist zur Post gegebene „Steuerbescheid" dem Empfänger nach Fristablauf tatsächlich zugeht (vgl. Beschluss des Großen Senats des BFH vom 25.11.2002, GrS 2/01, BStBl. 2003 II S. 548).

Im Fall der Bekanntgabe nach § 122a AO ist die Festsetzungsfrist nach § 169 Abs. 1 Satz 3 Nr. 1 AO gewahrt, wenn

– die vor Ablauf der Festsetzungsfrist versandte elektronische Benachrichtigung tatsächlich zugegangen ist oder

– die elektronische Benachrichtigung vor Ablauf der Festsetzungsfrist versandt worden ist, der Adressat den Zugang der Benachrichtigung bestreitet, er den

---

[1] Zur Wahrung der Festsetzungsfrist bei Übersendung eines Steuerbescheids per Telefax siehe BFH v. 28.1.2014 VIII R 28/13, BStBl. II 2014, 552.

Verwaltungsakt aber tatsächlich abgerufen hat. [2] Der Zeitpunkt des Abrufs des Verwaltungsakts ist dabei unerheblich.

Zu den für die Steuerfestsetzung zuständigen Finanzbehörden sind auch die für die Finanzbehörden arbeitenden Rechenzentren (§§ 2 und 17 FVG[1])) zu zählen, wenn sie die Absendung an den Steuerpflichtigen vornehmen.

[1] Bei Steuermessbescheiden wird die Frist allein durch die Absendung der Mitteilungen an die Gemeinde (§ 184 Abs. 3 AO) nicht gewahrt. [2] Die fristgerechte Absendung der Messbescheide ist Aufgabe der Gemeinden, die insoweit für die Finanzbehörden handeln.

2. Die Festsetzungsfrist verlängert sich auf zehn Jahre, soweit eine Steuer hinterzogen, und auf fünf Jahre, soweit die Steuer leichtfertig verkürzt worden ist (§ 169 Abs. 2 Satz 2 AO).

2.1. Die für den Erlass des Steuerbescheids zuständige Stelle der Finanzbehörde hat im Benehmen mit der für Straf- und Bußgeldsachen zuständigen Stelle zu prüfen, ob der objektive und subjektive Tatbestand des § 370 AO gegeben ist.

[1] Eine vorherige strafgerichtliche Verurteilung ist nicht erforderlich. [2] Ebenso wenig sind Selbstanzeige (§ 371 AO), Eintritt der Strafverfolgungsverjährung oder sonstige Verfahrenshindernisse von Bedeutung. [3] An Entscheidungen im strafgerichtlichen Verfahren ist die Finanzbehörde nicht gebunden (BFH-Urteil vom 10.10.1972, VII R 117/69, BStBl. 1973 II S. 68). [4] Entsprechendes gilt bezüglich leichtfertig verkürzter Steuern (§ 378 AO).

2.2. Das Erschleichen von Investitionszulage (BFH-Urteil vom 19.12.2013, III R 25/10, BStBl. 2015 II S. 119) ist ebenso wie das Erschleichen von Eigenheimzulage (BFH-Urteil vom 12.1.2016, IX R 20/15, BStBl. 2017 II S. 21) keine Steuerhinterziehung i.S.v. § 169 Abs. 2 Satz 2 i.V.m. § 370 AO.

Gesetzlich ausdrücklich für anwendbar erklärt wurden die Vorschriften zur Steuerhinterziehung hingegen für die Arbeitnehmer-Sparzulage (§ 14 Abs. 3 Satz 1 5. VermBG[2]), die Wohnungsbauprämie (§ 8 Abs. 2 Satz 1 WoPG[3]), die Forschungszulage (§ 13 FZulG), die Mobilitätsprämie (§ 108 EStG[4]) und die Altersvorsorgezulage (§ 96 Abs. 7 Satz 1 EStG).

2.3. Die Verlängerung der Festsetzungsfrist für hinterzogene oder leichtfertig verkürzte Steuern verlängert nicht die Wirksamkeit eines Vorbehalts der Nachprüfung (vgl. AEAO zu § 164, Nr. 7). [2] § 169 Abs. 2 Satz 2 AO ist auch dann anzuwenden, wenn der Steuerbescheid unter dem Vorbehalt der Nachprüfung ergangen ist; § 164 Abs. 4 Satz 2 AO regelt lediglich, dass § 169 Abs. 2 Satz 2 und § 171 Abs. 7, 8 und 10 AO bei Bestimmung des Ablaufs der für § 164 Abs. 4 Satz 1 AO maßgeblichen Frist nicht anzuwenden sind.

3. [1] Wegen der Frist für die gesonderte Feststellung von Besteuerungsgrundlagen (Feststellungsfrist) Hinweis auf § 181 Abs. 3 AO. [2] Für den Erlass von Haftungsbescheiden wird auf § 191 Abs. 3 AO hingewiesen.

4. Bei Zinsen und Kosten der Vollstreckung beträgt die Festsetzungsfrist jeweils ein Jahr (§§ 239 und 346 AO).

---

[1]) **dtv 5765 Steuergesetze Nr. 31.**
[2]) **dtv 5765 Steuergesetze Nr. 25.**
[3]) **dtv 5765 Steuergesetze Nr. 27.**
[4]) **dtv 5785 ESt/LSt Nr. 1.**

5. [1] Verspätungszuschläge unterliegen nicht der Festsetzungsverjährung (vgl. AEAO vor §§ 169 bis 171, Nr. 6). [2] Von der erstmaligen Festsetzung eines Verspätungszuschlags ist jedoch grundsätzlich abzusehen, wenn die Festsetzungsfrist für die Steuer abgelaufen ist. [3] Wird aber ein bereits vor Ablauf der für die Steuer geltenden Festsetzungsfrist festgesetzter Verspätungszuschlag nur aus formellen Gründen oder aufgrund einer fehlerhaften Ermessensausübung bezüglich seiner Höhe aufgehoben, ist die Festsetzung eines Verspätungszuschlags auch nach Ablauf der für die Steuer geltenden Festsetzungsfrist zulässig.

AEAO zu § 170 – Beginn der Festsetzungsfrist:

1. [1] Für den Beginn der Festsetzungsfrist kommt es darauf an, wann die Steuer (§ 37 AO) entstanden ist. [2] Der Zeitpunkt der Entstehung der Ansprüche aus dem Steuerschuldverhältnis ist in § 38 AO und in den Einzelsteuergesetzen (vgl. AEAO zu § 38, Nr. 1) geregelt. [3] Die Anlaufhemmung (§ 170 Abs. 2 bis 6 AO) schiebt den Beginn der Festsetzungsfrist hinaus.

2. [1] Wegen des Beginns der Frist für die gesonderte Feststellung von Einheitswerten Hinweis auf § 181 Abs. 3 und 4 AO. [2] Für Haftungsbescheide gilt § 191 Abs. 3 AO. [3] Bei Zinsen und Kosten der Vollstreckung ergibt sich der Beginn der Festsetzungsfrist aus § 239 Abs. 1 Satz 2 bzw. § 346 Abs. 2 Satz 2 AO. [4] Hinsichtlich der Verspätungszuschläge vgl. AEAO zu § 169, Nr. 5.

3. [1] Die Anlaufhemmung nach § 170 Abs. 2 AO gilt für sämtliche Besitz- und Verkehrsteuern, für die auf Grund allgemeiner gesetzlicher Vorschrift (z.B. § 181 Abs. 2 AO; § 25 EStG[1]; § 14a GewStG[2]; § 31 KStG[3]; § 18 UStG[4]) oder auf Grund einer Aufforderung der Finanzbehörde (§ 149 Abs. 1 Satz 2 AO) eine Steuererklärung oder eine Steueranmeldung einzureichen oder eine Anzeige zu erstatten ist; gesetzliche Vorschrift ist auch eine Rechtsverordnung (§ 4 AO). [2] Eine Berichtigungsanzeige nach § 153 Abs. 1 AO löst allerdings keine Anlaufhemmung aus (vgl. BFH-Urteil vom 22.1.1997, II B 40/96, BStBl. II S. 266).

[1] Ist der Steuerpflichtige berechtigt aber nicht verpflichtet, eine Steuererklärung abzugeben, wie z.B. bei der Antragsveranlagung nach § 46 Abs. 2 Nr. 8 EStG, greift die Anlaufhemmung nach § 170 Absatz 2 Satz 1 Nr. 1 AO nicht (BFH-Urteil vom 14.4.2011, VI R 53/10, BStBl. II S. 746). [2] Die Anlaufhemmung greift auch dann nicht, wenn eine behördliche Aufforderung zur Abgabe einer Steuererklärung dem Steuerpflichtigen erst nach dem Ablauf der Festsetzungsfrist des § 169 Abs. 2 AO zugeht oder eine Pflichtveranlagung begründende Steuererklärung erst nach dem Ablauf der Festsetzungsfrist des § 169 Abs. 2 AO abgegeben wird (BFH-Urteil vom 28.3.2012, VI R 68/10, BStBl. II S. 711).

Die Nichtveranlagungs-Bescheinigung nach § 44a Abs. 2 Satz 1 Nr. 2 EStG hat keine Auswirkungen auf die Anlaufhemmung nach § 170 Abs. 2 Satz 1 Nr. 1 AO (vgl. BFH-Beschluss vom 15.5.2013, VI R 33/12, BStBl. 2014 II S. 238).

---

[1] dtv 5785 ESt/LSt Nr. 1.
[2] dtv 5786 KSt/GewSt Nr. 4.
[3] dtv 5786 KSt/GewSt Nr. 1.
[4] dtv 5546 USt Nr. 1.

4. Bei Bestimmung der Anlaufhemmung nach § 170 Abs. 6 AO gilt Folgendes:

– [1] Als „Steuer" sind nur die Steuern anzusehen, die auf Kapitalerträge entfallen. [2] Hierzu gehören die Einkommensteuer, die Körperschaftsteuer und – soweit gewerbliche Einkünfte betroffen sind – die Gewerbesteuer sowie die entsprechenden Annexsteuern.

– „Kapitalerträge" sind Erträge im Sinne des § 20 EStG, unabhängig davon, ob sie nach § 20 Abs. 8 EStG zu einer anderen Einkunftsart gehören.

AEAO zu § 171 – Ablaufhemmung:

1. [1] Die Ablaufhemmung schiebt das Ende der Festsetzungsfrist hinaus. [2] Die Festsetzungsfrist endet in diesen Fällen meist nicht – wie im Normalfall – am Ende, sondern im Laufe eines Kalenderjahres. [3] Wegen der Fristberechnung Hinweis auf § 108 AO.

2. [1] Eine Ablaufhemmung nach § 171 Abs. 3 AO setzt voraus, dass der Steuerpflichtige vor Ablauf der Festsetzungsfrist einen Antrag auf Steuerfestsetzung oder auf Korrektur einer Steuerfestsetzung stellt. [2] Ist innerhalb der Festsetzungsfrist kein Antrag des Steuerpflichtigen eingegangen, kann keine Wiedereinsetzung in den vorigen Stand nach § 110 Abs. 1 AO mit dem Ziel einer rückwirkenden Ablaufhemmung nach § 171 Abs. 3 AO gewährt werden (vgl. BFH-Urteil vom 24.1.2008, VII R 3/07, BStBl. II S. 462).

Anträge auf Billigkeitsmaßnahmen nach §§ 163 oder 227 AO hemmen den Fristablauf nicht nach § 171 Abs. 3 AO; eine Billigkeitsentscheidung nach § 163 AO bewirkt aber als Grundlagenbescheid eine Ablaufhemmung nach § 171 Abs. 10 AO (vgl. BFH-Urteil vom 21.9.2000, IV R 54/99, BStBl. 2001 II S. 178).

[1] Die Abgabe einer gesetzlich vorgeschriebenen Steuererklärung kann für sich allein eine Ablaufhemmung nach § 171 Abs. 3 AO grundsätzlich nicht herbeiführen (BFH-Urteil vom 18.6.1991, VIII R 54/89, BStBl. 1992 II S. 124, und BFH-Beschluss vom 13.2.1995, V B 95/94, BFH/NV S. 756). [2] Dies gilt hinsichtlich einer Umsatzsteuererklärung auch dann, wenn mit ihr ein Anspruch auf Auszahlung eines Überschusses geltend gemacht wird (BFH-Urteil vom 28.8.2014, V R 8/14, BStBl. 2015 II S. 3). [3] Auch in der Kombination von Erklärungseinreichung und damit im Zusammenhang stehender Antragstellung (auf Durchführung einer Festsetzung oder Feststellung) kann kein Antrag i.S.d. § 171 Abs. 3 AO gesehen werden (BFH-Urteil vom 15.5.2013, IX R 5/11, BStBl. 2014 II S. 143). [4] Nur im Fall einer Antragsveranlagung (§ 46 Abs. 2 Nr. 8 EStG[1]) ist die Abgabe der Einkommensteuererklärung ein Antrag i.S.d. § 171 Abs. 3 AO (vgl. BFH-Urteil vom 20.1.2016, VI R 14/15, BStBl. II S. 380).

Selbstanzeigen (§§ 371, 378 Abs. 3 AO) und Berichtigungserklärungen (§ 153 AO) lösen keine Ablaufhemmung nach § 171 Abs. 3 AO aus, sie bewirken ausschließlich eine Ablaufhemmung nach § 171 Abs. 9 AO (vgl. BFH-Urteil vom 8.7.2009, VIII R 5/07, BStBl. 2010 II S. 583).

2a. [1] Die Ablaufhemmung nach § 171 Abs. 3a AO tritt auch dann ein, wenn nach Ablauf der Festsetzungsfrist ein zulässiger Rechtsbehelf eingelegt wird (§ 171 Abs. 3a Satz 1 2. Halbsatz AO). [2] Dies gilt auch dann, wenn der Rechts-

---

[1] **dtv 5785 ESt/LSt Nr. 1.**

behelf nach Gewährung von Wiedereinsetzung in den vorigen Stand als fristgerecht zu behandeln ist; die Grundsätze des BFH-Urteils vom 24.1.2008, VII R 3/07, a.a.O. (vgl. AEAO zu § 171, Nr. 2) sind auf diesen Fall nicht übertragbar.

[1] § 171 Abs. 3a Satz 3 AO hemmt den Ablauf der Festsetzungsfrist nur im Falle der gerichtlichen Kassation eines angefochtenen Bescheids (vgl. BFH-Urteil vom 5.10.2004, VII R 77/03, BStBl. 2005 II S. 122, für Haftungsbescheide). [2] Diese Ablaufhemmung gilt nicht im Fall der Aufhebung des Bescheids durch die Finanzbehörde, denn mit der Aufhebung eines Bescheids verliert er seine ablaufhemmende Wirkung. [3] Hebt die Finanzbehörde allerdings in einem Verwaltungsakt den angefochtenen Bescheid unter gleichzeitigem Erlass eines neuen Bescheids auf, ist der neue Bescheid noch innerhalb der nach § 171 Abs. 3a Satz 1 AO gehemmten Festsetzungsfrist ergangen (vgl. BFH-Urteil vom 5.10.2004, VII R 18/03, BStBl. 2005 II S. 323, für Haftungsbescheide).

3. Ablaufhemmung wegen Beginn einer Außenprüfung (§ 171 Abs. 4 AO)[1]

3.1. [1] Der Ablauf der Festsetzungsfrist wird durch den Beginn einer Außenprüfung (vgl. AEAO zu § 198, Nrn. 1 und 2) hinausgeschoben (§ 171 Abs. 4 AO). [2] Die Ablaufhemmung tritt nicht ein, wenn eine zugrunde liegende Prüfungsanordnung unwirksam ist (BFH-Urteile vom 10.4.1987, III R 202/83, BStBl. 1988 II S. 165, und vom 17.9.1992, V R 17/86, BFH/NV 1993 S. 279).

3.2. [1] Eine Außenprüfung hemmt den Ablauf der Festsetzungsfrist nur für Steuern, auf die sich die Prüfungsanordnung erstreckt (BFH-Urteile vom 18.7. 1991, V R 54/87, BStBl. II S. 824, und vom 25.1.1996, V R 42/95, BStBl. II S. 338). [2] Wird die Außenprüfung später auf bisher nicht einbezogene Steuern ausgedehnt, ist die Ablaufhemmung nur wirksam, soweit vor Ablauf der Festsetzungsfrist eine Prüfungsanordnung erlassen (vgl. AEAO zu § 196, Nr. 5) und mit der Außenprüfung auch insoweit ernsthaft begonnen wird (BFH-Urteil vom 2.2.1994, I R 57/93, BStBl. II S. 377).

3.3. [1] Bei einem Antrag des Steuerpflichtigen auf Verschiebung des Prüfungsbeginns (§ 197 Abs. 2 AO) wird der Ablauf der Festsetzungsfrist nach § 171 Abs. 4 Satz 1 2. Alternative AO nur gehemmt, wenn dieser Antrag für die Verschiebung ursächlich war. [2] Wird der Beginn der Außenprüfung nicht maßgeblich aufgrund eines Antrags des Steuerpflichtigen, sondern aufgrund eigener Belange der Finanzbehörde bzw. aus innerhalb deren Sphäre liegenden Gründen hinausgeschoben, läuft die Festsetzungsfrist ungeachtet des Antrags ab. [3] Hinsichtlich der inhaltlichen Anforderungen an den Antrag auf Verschiebung des Prüfungsbeginns vgl. AEAO zu § 197, Nr. 11.

3.3.1. [1] Bei einem vom Steuerpflichtigen gestellten Antrag auf zeitlich befristetes Hinausschieben des Beginns der Außenprüfung entfällt die Ablaufhemmung nach § 171 Abs. 4 Satz 1 2. Alternative AO rückwirkend, wenn die Finanzbehörde nicht vor Ablauf von zwei Jahren nach Eingang des Antrags mit der Prüfung beginnt (vgl. BFH-Urteil vom 17.3.2010, IV R 54/07, BStBl. 2011 II S. 7). [2] Stellt der Steuerpflichtige während der Zwei-Jahres-Frist

---

[1] Eine betriebsnahe Veranlagung bewirkt keine Ablaufhemmung; siehe BFH v. 6.7.1999 VIII R 17/97, BStBl. II 2000, 306, und AEAO zu § 85 Nr. 3.

einen weiteren Verschiebungsantrag, beginnt die Zwei-Jahres-Frist erneut (BFH-Urteil vom 19.5.2016, X R 14/15, BStBl. 2017 II S. 97).

3.3.2. [1]Die Ablaufhemmung entfällt dagegen nicht, wenn der Antrag keine zeitlichen Vorgaben enthielt, mithin unbefristet bzw. zeitlich unbestimmt war (Antrag auf unbefristetes Hinausschieben), z.B. weil der Steuerpflichtige beantragt hat, wegen einer noch andauernden Vor-Betriebsprüfung zunächst deren Abschluss abzuwarten. [2]In diesen Fällen endet die Festsetzungsfrist mit Ablauf von zwei Jahren, nachdem der Hinderungsgrund beseitigt ist und die Finanzbehörde hiervon Kenntnis hat, sofern nicht zuvor mit der Prüfung begonnen wurde (vgl. BFH-Urteil vom 1.2.2012, I R 18/11, BStBl. II S. 400).

3.4. [1]Der Ablauf der Festsetzungsfrist wird auch gehemmt, wenn der Steuerpflichtige die Prüfungsanordnung angefochten hat und deren Vollziehung ausgesetzt wurde (vgl. BFH-Urteile vom 25.1.1989, X R 158/87, BStBl. II S. 483, und vom 17.6.1998, IX R 65/95, BStBl. 1999 II S. 4). [2]Dies gilt unabhängig von der Dauer der Aussetzung der Vollziehung.

3.5. [1]Auch wenn die Voraussetzungen für den Eintritt der Ablaufhemmung zunächst vorgelegen haben, entfällt diese rückwirkend wieder, wenn die Außenprüfung unmittelbar nach ihrem Beginn aus Gründen, die die Finanzverwaltung zu vertreten hat, länger als sechs Monate unterbrochen wird (§ 171 Abs. 4 Satz 2 AO). [2]Eine spätere Unterbrechung der Prüfung lässt die eingetretene Ablaufhemmung dagegen unberührt (BFH-Urteil vom 16.1.1979, VIII R 149/77, BStBl. II S. 453). [3]Die Frage, ob eine Außenprüfung **unmittelbar nach ihrem Beginn** unterbrochen worden ist (§ 171 Abs. 4 Satz 2 AO), ist grundsätzlich nach den Verhältnissen im Einzelfall zu beurteilen. [4]Dabei sind neben dem zeitlichen Umfang der bereits durchgeführten Prüfungsmaßnahmen alle Umstände zu berücksichtigen, die Aufschluss über die Gewichtigkeit der Prüfungshandlungen vor der Unterbrechung geben.

Unabhängig vom Zeitaufwand ist eine Unterbrechung **unmittelbar nach Beginn** der Prüfung anzunehmen, wenn der Prüfer über Vorbereitungshandlungen, allgemeine Informationen über die betrieblichen Verhältnisse, das Rechnungswesen und die Buchführung und/oder die Sichtung der Unterlagen des zu prüfenden Steuerfalls bzw. ein allgemeines Aktenstudium nicht hinausgekommen ist.

[1]Eine Außenprüfung ist **nicht mehr unmittelbar nach Beginn** unterbrochen, wenn die Prüfungshandlungen von Umfang und Zeitaufwand gemessen an dem gesamten Prüfungsstoff erhebliches Gewicht erreicht **oder** erste verwertbare Ergebnisse hervorgebracht haben (vgl. BFH-Urteil vom 24.4.2003, VII R 3/02, BStBl. II S. 739). [2]Soweit dem Zeitmoment eine gewisse Bedeutung zukommt, besteht jedoch keine absolute oder relative zeitliche Mindestanforderung an die Dauer der Prüfung vom Beginn bis zur Unterbrechung. [3]Die Verhältnisse bestimmen sich vielmehr nach den Umständen des Einzelfalls. [4]Das Erfordernis erster verwertbarer Ergebnisse bedeutet nicht, dass die ermittelten Ergebnisse geeignet sein müssen, unmittelbar als Besteuerungsgrundlage Eingang in einen Steuer- oder Feststellungsbescheid zu finden; ausreichend ist vielmehr, dass Ermittlungsergebnisse vorliegen, an die bei der Wiederaufnahme der Prüfung angeknüpft werden kann.

Soweit Prüfungshandlungen bezüglich eines Prüfungsjahrs nachweislich erhebliches Gewicht erreicht oder erste verwertbare Ergebnisse hervorgebracht haben, gilt die Außenprüfung insgesamt − also auch bezogen auf andere

Prüfungsjahre – als nicht unmittelbar nach dem Prüfungsbeginn unterbrochen i.S.d. § 171 Abs. 4 Satz 2 AO (vgl. BFH-Urteil vom 26.4.2017, I R 76/15, BStBl. II S. 1159).

[1] Eine Beendigung einer Prüfungsunterbrechung i.S.v. § 171 Abs. 4 Satz 2 AO und damit die Wiederaufnahme einer unmittelbar nach ihrem Beginn unterbrochenen Prüfung wird nur durch solche Prüfungshandlungen bewirkt, die der Steuerpflichtige als eine Fortsetzung der Außenprüfung wahrnehmen kann; dazu gehören das Erscheinen des Prüfers am Prüfungsort, die Weiterführung der Prüfung, konkretes Anfordern von Unterlagen, Geschäftsbriefen, Verträgen etc. und – sofern der Prüfungsfall in ein Stadium gelangt ist, das eine Weiterbearbeitung an der Amtsstelle ermöglicht – nachvollziehbare, in den Akten ausgewiesene Handlungen zur Aufklärung, Ermittlung oder Auswertung der im Prüfungsverlauf bekannt gewordenen tatsächlichen und rechtlichen Sachverhalte. [2] Handlungen im Innendienst der Finanzverwaltung, wie das Aktenstudium oder auch das bloße Zusammenstellen bisheriger Prüfungsergebnisse können daher nur ausnahmsweise geeignet sein, die Unterbrechung der Prüfung zu beenden (vgl. BFH-Urteile vom 24.4.2003, VII R 3/02, und vom 26.4.2017, I R 76/15, jeweils a.a.O.).

3.6.[1] [1] Ermittlungen i.S.d. § 171 Abs. 4 Satz 3 AO sind nur diejenigen Maßnahmen eines Betriebsprüfers, die darauf gerichtet sind, Besteuerungsgrundlagen zu überprüfen oder bisher noch nicht bekannte Sachverhaltselemente festzustellen, etwa indem der Prüfer Unterlagen anfordert, den Steuerpflichtigen in irgendeiner anderen Weise zur Mitwirkung auffordert oder vom Steuerpflichtigen nachgereichte Unterlagen auswertet (vgl. BFH-Urteil vom 28.6.2011, VIII R 6/09, BFH/NV S. 1830). [2] Die Zusammenstellung des Prüfungsergebnisses im Prüfungsbericht stellt keine den Ablauf der Festsetzungsfrist hinausschiebende Ermittlungshandlung dar (BFH-Urteil vom 8.7. 2009, XI R 64/07, BStBl. 2010 II S. 4).

4. Ablaufhemmung wegen Ermittlungen der Steuerfahndung

4.1. [1] Die Ablaufhemmung des § 171 Abs. 5 Satz 1 AO bei Ermittlungen der Steuerfahndung (Zollfahndung) umfasst – anders als im Fall des § 171 Abs. 4 AO – nicht den gesamten Steueranspruch; vielmehr tritt die Hemmung nur in dem Umfang ein, in dem sich die Ergebnisse der Ermittlungen auf die festzusetzende Steuer auswirken (BFH-Urteil vom 14.4.1999, XI R 30/96, BStBl. II S. 478). [2] Voraussetzung für die verjährungshemmende Wirkung einer Fahndungsprüfung ist jedoch, dass

– vor Ablauf der Festsetzungsfrist tatsächlich Ermittlungshandlungen der Steuerfahndung vorgenommen worden sind und

– für den Steuerpflichtigen nicht nur klar und eindeutig erkennbar war, dass in seinen Steuerangelegenheiten ermittelt wird, sondern auch, in welchem konkreten Besteuerungs- bzw. Strafverfahren die Steuerfahndung ermittelt (BFH-Urteile vom 17.12.2015, V R 58/14, BStBl. 2016 II S. 574, und vom 17.11.2015, VIII R 67/13, BStBl. 2016 II S. 569).

4.2. [1] Die Ermittlungshandlungen müssen sich gegen den Steuerschuldner selbst oder gegen ein Vertretungsorgan des Steuerschuldners richten (BFH-Urteil vom 17.12.2015, V R 58/14, BStBl. 2016 II S. 574). [2] Im Falle der

---

[1] Zur Auslegung des § 171 Abs. 4 Satz 3 AO im Hinblick auf eine Schlussbesprechung siehe BVerfG v. 21.7.2016 1 BvR 3092/15, DStR 2016, 1984.

Zusammenveranlagung zur Einkommensteuer ist die Frage, ob Ermittlungs-maßnahmen vorgenommen wurden und eine Hemmung der Festsetzungsver-jährung eingetreten ist, für jeden Ehegatten oder Lebenspartner gesondert zu prüfen (vgl. BFH-Urteil vom 17.11.2015, VIII R 68/13, BStBl. 2016 II S. 571). [3] Wird ein Steuerpflichtiger von der Steuerfahndung in Steuerangele-genheiten eines Dritten zur Auskunft oder zur Vorlage von Unterlagen auf-gefordert, lösen diese Ermittlungen ihm gegenüber keine Ablaufhemmung nach § 171 Abs. 5 Satz 1 AO aus.

4.3. [1] Hinsichtlich des Ablaufs der nach § 171 Abs. 5 Satz 1 AO gehemmten Festsetzungsfrist kommt es nicht darauf an, ob aufgrund der Fahndungsprüfung Steuerbescheide „ergangen" sind. [2] Entscheidend ist, ob aufgrund der Ermitt-lungen der Fahndungsprüfung – ggf. auch erstmalig – Steuerbescheide zu erlassen sind. [3] Wenn dies der Fall ist, endet die Ablaufhemmung und damit die Festsetzungsfrist insoweit erst, wenn diese Steuerbescheide unanfechtbar ge-worden sind (BFH-Urteil vom 17.12.2015, V R 58/14, BStBl. 2016 II S. 574). [4] § 171 Abs. 4 Satz 3 AO ist nicht entsprechend anwendbar. [5] Die Ablaufhem-mung des § 171 Abs. 5 Satz 1 AO ist nur dann ohne Bedeutung, wenn sich aufgrund einer Fahndungsprüfung keine Änderung der Besteuerungsgrund-lagen ergibt.

4.4. [1] Eine Ablaufhemmung nach § 171 Abs. 9 AO (z.B. aufgrund der Erstattung einer Selbstanzeige) schließt eine Ablaufhemmung nach § 171 Abs. 5 Satz 1 AO nicht aus, sofern deren Voraussetzungen vor Ablauf der ungehemm-ten Festsetzungsfrist erfüllt wurden. [2] Muss das Finanzamt aufgrund unzurei-chender Angaben in der Selbstanzeige eigene Ermittlungen durch die Steuer-fahndung anstellen, führen vor Ablauf der ungehemmten Festsetzungsfrist ein-geleitete Ermittlungsmaßnahmen der Steuerfahndung zu einer eigenständigen Ablaufhemmung nach § 171 Abs. 5 Satz 1 AO, wenn die spätere Steuerfest-setzung auf diesen Ermittlungen beruht (BFH-Urteil vom 17.11.2015, VIII R 68/13, BStBl. 2016 II S. 571).

5. [1] Bei einer vorläufigen Steuerfestsetzung nach § 165 Abs. 1 Satz 1 AO endet die Festsetzungsfrist nicht vor Ablauf eines Jahres, nachdem die Finanz-behörde von der Beseitigung der Ungewissheit Kenntnis erhalten hat (§ 171 Abs. 8 Satz 1 AO). [2] Bei einer vorläufigen Steuerfestsetzung nach § 165 Abs. 1 Satz 2 AO endet die Festsetzungsfrist nicht vor Ablauf von zwei Jahren, nachdem die Finanzbehörde von der Beseitigung der Ungewissheit Kenntnis erlangt hat (§ 171 Abs. 8 Satz 2 AO). [3] Die Ablaufhemmung beschränkt sich dabei auf den für vorläufig erklärten Teil der Steuerfestsetzung.

[1] Eine Ungewissheit, die Anlass für eine vorläufige Steuerfestsetzung war, ist beseitigt, wenn die Tatbestandsmerkmale für die endgültige Steuerfestsetzung feststellbar sind. [2] „Kenntnis" i.S.d. § 171 Abs. 8 AO verlangt positive Kenntnis der Finanzbehörde von der Beseitigung der Ungewissheit, ein „Kennenmüs-sen" von Tatsachen steht der Kenntnis nicht gleich (BFH-Urteil vom 26.8. 1992, II R 107/90, BStBl. 1993 II S. 5).

6. [1] § 171 Abs. 10 Satz 1 AO gewährt eine maximale Anpassungsfrist von zwei Jahren nach Bekanntgabe eines durch eine Finanzbehörde erlassenen Grundlagenbescheids (vgl. BFH-Urteil vom 19.1.2005, X R 14/04, BStBl. II S. 242). [2] Der Zeitpunkt des Zugangs der finanzverwaltungsinternen Mitteilung über den Grundlagenbescheid bei der für den Erlass des Folgebescheids zustän-digen Finanzbehörde ist für die Fristbestimmung ebenso unbeachtlich wie der Zeitpunkt, an dem der Grundlagenbescheid unanfechtbar geworden ist. [3] Eine

Anfechtung des Grundlagenbescheids führt lediglich zur Hemmung der Feststellungsfrist (§ 181 Abs. 1 Satz 1 i.V.m. § 171 Abs. 3a AO), nicht aber zur Hemmung der Festsetzungsfrist der Folgebescheide (vgl. BFH-Urteil vom 19.1.2005, X R 14/04, a.a.O.).

6.1. Bei Grundlagenbescheiden, die nicht von einer Finanzbehörde erlassen werden, beginnt die Zweijahresfrist nach § 171 Abs. 10 Satz 2 AO in dem Zeitpunkt, in dem die für den Erlass des Folgebescheids zuständige Finanzbehörde Kenntnis von diesem Grundlagenbescheid erlangt hat.

§ 171 Abs. 10 Satz 2 AO gilt für alle am 31.12.2016 noch nicht abgelaufenen Festsetzungsfristen (Art. 97 § 10 Abs. 14 EGAO[1]).

6.2 [1]Werden Feststellungen im Grundlagenbescheid in einem Feststellungs-, Einspruchs- oder Klageverfahren geändert, führt dies zu einer erneuten Anpassungspflicht nach § 175 Abs. 1 Satz 1 Nr. 1 AO und damit wiederum zu einer Ablaufhemmung nach § 171 Abs. 10 Satz 1 oder 2 AO. [2]Dagegen setzt ein Grundlagenbescheid, der einen gleichartigen, dem Inhaltsadressaten wirksam bekannt gegebenen Steuerverwaltungsakt in seinem verbindlichen Regelungsgehalt lediglich wiederholt, oder eine Einspruchs- oder Gerichtsentscheidung, die einen Grundlagenbescheid lediglich bestätigt, keine neue Zwei-Jahresfrist in Lauf (vgl. BFH-Urteile vom 13.12.2000, X R 42/96, BStBl. 2001 II S. 471, und vom 19.1.2005, X R 14/04, BStBl. II S. 242).

6.3. [1]Die Aufhebung des Vorbehalts der Nachprüfung eines Grundlagenbescheids steht dem Erlass eines geänderten Grundlagenbescheids gleich. [2]Sie setzt daher die Zwei-Jahresfrist des § 171 Abs. 10 Satz 1 AO in Lauf. [3]Dies gilt auch dann, wenn der Vorbehalt der Nachprüfung hinsichtlich des Grundlagenbescheids aufgehoben wird, ohne dass eine sachliche Änderung des Grundlagenbescheids erfolgt (BFH-Urteil vom 11.4.1995, III B 74/92, BFH/NV S. 943). [4]Soweit ein Folgebescheid den nunmehr endgültigen Grundlagenbescheid noch nicht berücksichtigt hat, muss er selbst dann nach § 175 Abs. 1 Satz 1 Nr. 1 AO korrigiert werden, wenn der Vorbehalt der Nachprüfung des Grundlagenbescheids aufgehoben wurde, ohne dass eine sachliche Änderung des Grundlagenbescheids erfolgt.

6.4. [1]Die Feststellung der Nichtigkeit eines Feststellungsbescheids durch Verwaltungsakt (vgl. AEAO zu § 125, Nr. 4) stellt einen Grundlagenbescheid dar. [2]Die Nichtigkeitsfeststellung ist gemäß § 125 Abs. 5 AO auch nach Ablauf der Feststellungsfrist zulässig und ermöglicht nach § 171 Abs. 10 AO binnen zwei Jahren die Folgeänderung (BFH-Urteil vom 20.8.2014, X R 15/10, BStBl. 2015 II S. 109).

6.5. [1]Ein Grundlagenbescheid, der nicht den Vorschriften der Feststellungsverjährung (§ 181 AO) unterliegt, löst die Ablaufhemmung nach § 171 Abs. 10 Satz 1 oder 2 AO nur dann aus, wenn er vor Ablauf der Festsetzungsfrist des Folgebescheids bei der für den Erlass des Grundlagenbescheids zuständigen Behörde beantragt worden ist (§ 171 Abs. 10 Satz 3 AO). [2]Hierunter fallen neben Grundlagenbescheiden ressortfremder Behörden (z.B. Bescheinigungen nach § 4 Nr. 20 Buchstabe a UStG[2]) auch Bescheide über Billigkeitsmaßnahmen nach § 163 AO, weil auch insoweit die Regelungen der §§ 179 ff. AO nicht gelten. [3]Die Festsetzungsfrist für den Folgebescheid läuft in diesen Fällen

---

[1] Nr. **1.1.**
[2] dtv 5546 USt Nr. 1.

nicht ab, solange über den Antrag auf Erlass des Grundlagenbescheids noch nicht unanfechtbar entschieden worden ist.

6.6. [1] Die Festsetzungsfrist für einen Folgebescheid läuft nach § 171 Abs. 10 Satz 4 AO nicht ab, solange der Ablauf der Festsetzungsfrist des von der Bindungswirkung nicht erfassten Teils der Steuer aufgrund einer Außenprüfung nach § 171 Abs. 4 AO gehemmt ist. [2] Diese Regelung ermöglicht es, die Anpassung des Folgebescheids an einen Grundlagenbescheid (§ 175 Abs. 1 Satz 1 Nr. 1 AO) und die Auswertung der Ergebnisse der Außenprüfung zusammenzufassen.

6.7. [1] Bei der Entscheidung, ob eine gesonderte Feststellung durchgeführt oder geändert werden kann, ist die Frage der Verjährung der von der Feststellung abhängigen Steuern nicht zu prüfen. [2] Ist die Feststellungsfrist bereits abgelaufen, die Steuerfestsetzung in einem Folgebescheid aber noch zulässig, so gilt § 181 Abs. 5 AO.

6.8. Beispiele zur Anwendung des § 171 Abs. 10 Satz 1 AO[1)]

Beispiel 1:
Bei der im Jahr 03 durchgeführten ESt-Veranlagung 01 (Abgabe der Steuererklärung im Jahr 03) wurden die Beteiligungseinkünfte in erklärter Höhe berücksichtigt. Ein von den erklärten Werten abweichender Grundlagenbescheid wird am 4.4.06 bekannt gegeben.

Lösung:
Obgleich die allgemeine Festsetzungsfrist gem. § 170 Abs. 2 Satz 1 Nr. 1 AO mit Ablauf des 31.12.07 endet, kann eine Anpassung des ESt-Bescheids 01 an den Grundlagenbescheid gem. § 171 Abs. 10 Satz 1 AO bis zum Ablauf des 4.4.08 erfolgen, da insoweit die Festsetzungsfrist nicht vor Ablauf von zwei Jahren nach Bekanntgabe des Grundlagenbescheids endet.

Beispiel 2:
Wie Beispiel 1, allerdings wird der Grundlagenbescheid am 4.4.05 bekannt gegeben.

Lösung:
Eine Anpassung des ESt-Bescheids kann bis zum Ablauf der allgemeinen Festsetzungsfrist am 31.12.07 erfolgen. Ohne Bedeutung ist, dass die Zwei-Jahresfrist des § 171 Abs. 10 Satz 1 AO bereits mit Ablauf des 4.4.07 endet.

Beispiel 3:
Wie Beispiel 1, die Bekanntgabe des Grundlagenbescheids erfolgt in offener Feststellungsfrist, jedoch nach Ablauf der allgemeinen Festsetzungsfrist, am 4.4.08.

Lösung:
Eine Anpassung des ESt-Bescheids 01 an den Grundlagenbescheid ist gem. § 171 Abs. 10 Satz 1 AO bis zum Ablauf des 4.4.10 möglich, da die Festsetzungsfrist insoweit nicht vor Ablauf von zwei Jahren nach Bekanntgabe des Grundlagenbescheids endet.

6.9. Zur Anwendung des § 171 Abs. 10 AO bei Zinsbescheiden siehe AEAO zu § 239, Nr. 2.

7. § 171 Abs. 10a AO ist erstmals anzuwenden, wenn steuerliche Daten eines Steuerpflichtigen für Besteuerungszeiträume nach 2016 oder Besteuerungszeitpunkte nach dem 31.12.2016 auf Grund gesetzlicher Vorschriften von einem Dritten als mitteilungspflichtige Stelle elektronisch an Finanzbehörden zu übermitteln sind (Art. 97 § 27 Abs. 2 EGAO).

8. [1] § 171 Abs. 14 AO verlängert die Festsetzungsfrist bis zum Ablauf der Zahlungsverjährung für die Erstattung von rechtsgrundlos gezahlten Steuern. [2] Die Finanzbehörde kann daher Steuerfestsetzungen, die wegen Bekanntgabemängeln unwirksam waren oder deren wirksame Bekanntgabe die Finanzbehörde nicht nachweisen kann (vgl. § 122 Abs. 2 Halbsatz 2 AO), noch nach

---

[1)] **Amtl. Anm.:** Es wird unterstellt, dass kein Fristende auf einen Sonntag, einen gesetzlichen Feiertag oder einen Sonnabend fällt.

Ablauf der regulären Festsetzungsfrist nachholen, soweit die Zahlungsverjährungsfrist für die bisher geleisteten Zahlungen noch nicht abgelaufen ist (vgl. BFH-Urteil vom 13.3.2001, VIII R 37/00, BStBl. II S. 430).

AEAO vor §§ 172 bis 177 – Bestandskraft:

1. [1]Die §§ 172 ff. AO regeln die Durchbrechung der materiellen Bestandskraft (Verbindlichkeit einer Verwaltungsentscheidung). [2]Sie ist von der formellen Bestandskraft (Unanfechtbarkeit) zu unterscheiden. [3]Diese liegt vor, soweit ein Verwaltungsakt nicht oder nicht mehr mit Rechtsbehelfen angefochten werden kann. [4]Unanfechtbarkeit bedeutet nicht Unabänderbarkeit. [5]Dementsprechend können auch Steuerfestsetzungen unter dem Vorbehalt der Nachprüfung unanfechtbar werden (vgl. BFH-Urteil vom 19.12.1985, V R 167/82, BStBl. 1986 II S. 420).

2. [1]Die Vorschriften über die materielle Bestandskraft gelten für Steuerfestsetzungen i.S.d. § 155 AO sowie für alle Festsetzungen, für die die Vorschriften über das Steuerfestsetzungsverfahren anzuwenden sind. [2]Keine Anwendung finden sie bei der Rücknahme eines rechtswidrigen und dem Widerruf eines rechtmäßigen begünstigenden oder nicht begünstigenden sonstigen Verwaltungsakts (vgl. AEAO vor §§ 130, 131).

3. [1]Die materielle Bestandskraft wird nur durchbrochen, soweit es das Gesetz zulässt. [2]Die Zulässigkeit ergibt sich nicht nur aus der AO selbst (z.B. §§ 164, 165, 172 bis 175b AO), sondern auch aus anderen Steuergesetzen (z.B. § 10d Abs. 1 EStG[1]); § 35b GewStG[2]); §§ 24 und 24a BewG[3]); § 20 GrStG[4])).

4. Steuerfestsetzungen unter Vorbehalt der Nachprüfung sowie Vorauszahlungsbescheide (§ 164 Abs. 1 Satz 2 AO) und Steueranmeldungen (§ 150 Abs. 1 Satz 2, § 168 AO), die kraft Gesetzes unter Vorbehalt der Nachprüfung stehen, sind unabhängig von der formellen Bestandskraft nach § 164 Abs. 2 AO dem Umfang nach uneingeschränkt änderbar, solange der Vorbehalt nicht aufgehoben worden oder entfallen ist; § 176 AO bleibt unberührt.

5. [1]Die falsche Bezeichnung der Änderungsvorschrift im Änderungsbescheid führt nicht zur Rechtswidrigkeit des geänderten Bescheids (BFH-Urteil vom 21.10.2014 – VIII R 44/11 – BStBl. 2015 II S. 593). [2]Für die Rechtmäßigkeit eines Änderungsbescheids ist allein maßgeblich, dass er im Zeitpunkt seines Erlasses durch eine Änderungsmöglichkeit gedeckt ist (ständige BFH-Rechtsprechung).

6. Zeitlich ist die Aufhebung, Änderung oder Berichtigung einer Steuerfestsetzung nur innerhalb der Festsetzungsfrist zulässig (§ 169 AO).

7. Bei Änderung oder Berichtigung von Steuerfestsetzungen sind die Vorschriften der KBV zu beachten.

8. Steuerliche Wahlrechte

8.1. [1]Ein steuerliches Wahlrecht liegt vor, wenn ein Steuergesetz für einen bestimmten Tatbestand – ausnahmsweise – mehr als eine Rechtsfolge vorsieht und es dem Steuerpflichtigen überlassen bleibt, sich für eine dieser Rechtsfolgen zu entscheiden. [2]Übt der Steuerpflichtige dieses Wahlrecht nicht oder

---

[1]) dtv 5785 ESt/LSt Nr. 1.
[2]) dtv 5786 KSt/GewSt Nr. 4.
[3]) dtv 5547 ErbSt/BewG/GrSt Nr. 1.
[4]) dtv 5547 ErbSt/BewG/GrSt Nr. 3.

nicht wirksam aus, tritt die vom Gesetzgeber als Regelfall vorgesehene Rechtsfolge ein.

8.2. [1] Die Ausübung des Wahlrechts („Antrag") ist eine empfangsbedürftige Willenserklärung. [2] Soweit im Gesetz keine besondere Form (z.B. Schriftform oder amtlicher Vordruck; vgl. § 13a Abs. 2 Satz 3 EStG, § 4a Abs. 1 UStG[1]) vorgeschrieben ist, kann das Wahlrecht auch durch schlüssiges Verhalten ausgeübt werden (vgl. BFH-Urteil vom 11.12.1997, V R 50/94, BStBl. 1998 II S. 420).

8.3. Sieht das Gesetz einen unwiderruflichen Antrag vor (vgl. z.B. § 5a Abs. 1, § 10 Abs. 1a Nr. 1 Satz 3 EStG; bis 31.12.2014: § 10 Abs. 1 Nr. 1 Satz 3 EStG), wird die Willenserklärung bereits mit ihrem Zugang beim Finanzamt wirksam und kann von diesem Zeitpunkt an nicht mehr zurückgenommen oder widerrufen werden (vgl. BFH-Urteil vom 17.1.1995, IX R 37/91, BStBl. II S. 410); Ausnahme: Anfechtung nach §§ 119 ff. BGB.

8.4. [1] Setzt die Ausübung des Wahlrechts die Zustimmung des Finanzamts oder Dritter (vgl. § 10 Abs. 1a Nr. 1 Satz 1 EStG; bis 31.12.2014: § 10 Abs. 1 Nr. 1 Satz 1 EStG) voraus, treten die Rechtswirkungen der vom Steuerpflichtigen getroffenen Wahl erst mit dieser Zustimmungserklärung ein. [2] Dies gilt entsprechend, wenn das Wahlrecht von mehreren Steuerpflichtigen einheitlich ausgeübt werden muss (vgl. z.B. § 33a Abs. 2 Satz 5, § 33b Abs. 5 Satz 3 EStG).

8.5. [1] Soweit das Gesetz im Einzelfall keine bestimmte Frist (vgl. z.B. § 5a Abs. 3 EStG; § 23 Abs. 3 Satz 1 UStG) zur Ausübung des Wahlrechts („Antragsfrist") vorsieht, kann das Wahlrecht grundsätzlich bis zum Ablauf der Festsetzungsfrist ausgeübt werden. [2] Die Bestandskraft des Steuerbescheids, in dem sich das Wahlrecht auswirkt, schränkt allerdings die Wahlrechtsausübung ein.

8.5.1. [1] Nach Eintritt der Unanfechtbarkeit der Steuerfestsetzung können Wahlrechte grundsätzlich nur noch ausgeübt oder widerrufen werden, soweit die Steuerfestsetzung nach §§ 129, 164, 165, 172 ff. AO oder nach entsprechenden Regelungen in den Einzelsteuergesetzen (vgl. AEAO vor §§ 172 bis 177, Nr. 3) korrigiert werden kann (vgl. BFH-Urteil vom 30.8.2001, IV R 30/99, BStBl. 2002 II S. 49 m.w.N.); dabei sind die §§ 177 und 351 Abs. 1 AO zu beachten (vgl. BFH-Urteil vom 27.10.2015, X R 44/13, BStBl. 2016 II S. 278). [2] Die nachträgliche oder geänderte Ausübung eines Antrags- oder Wahlrechts stellt für sich genommen keine verfahrensrechtliche Grundlage für die Änderung von Bescheiden dar. [3] Dies gilt auch dann, wenn sie auf einer Änderung der wirtschaftlichen Geschäftsgrundlage beruht (BFH-Urteil vom 9.12.2015, X R 56/13, BStBl. 2016 II S. 967).

8.5.2. [1] Wahlrechte, für deren Ausübung das Gesetz **keine Frist** vorsieht und für die es grundsätzlich auch keine Bindung an die einmal getroffene Wahl gibt, können grundsätzlich bis zur Unanfechtbarkeit eines Änderungsbescheids (erneut) ausgeübt werden. [2] Dies gilt allerdings nur für das Veranlagungswahlrecht nach § 26 EStG (vgl. BFH-Urteile vom 19.5.1999, XI R 97/94, BStBl. II S. 762, vom 24.1.2002, III R 49/00, BStBl. II S. 408 m.w.N. und vom 9.12. 2015, X R 56/13, a.a.O.). [3] Nach Eintritt der Unanfechtbarkeit des Steuerbescheids kann die Wahl der Veranlagungsart jedoch nur unter den Voraussetzungen des § 26 Abs. 2 Satz 4 EStG geändert werden.

---

[1] **dtv 5546 USt Nr. 1.**

8.5.3. [1] Wurde ein steuererhöhender Änderungsbescheid erlassen, mit dem ein weiterer steuererheblicher Sachverhalt erfasst worden und aufgrund dessen überhaupt erst die wirtschaftliche Notwendigkeit entstanden ist, sich mit der erstmaligen bzw. geänderten Ausübung eines Antrags- oder Wahlrechts zu befassen, kann das Antrags- oder Wahlrecht noch bis zur Unanfechtbarkeit des Änderungsbescheids ausgeübt werden. [2] Dies gilt jedoch nur unter der Voraussetzung, dass die steuerlichen Auswirkungen des Antrags- oder Wahlrechts insgesamt den Änderungsrahmen des § 351 Abs. 1 AO nicht übersteigen. [3] Ein Antrags- oder Wahlrecht ist nicht teilbar (vgl. BFH-Urteile vom 27.10.2015, X R 44/13, a.a.O., und vom 9.12.2015, X R 56/13, a.a.O.).

8.5.4. Die steuerrechtliche Wirkung von Wahlrechten, die nur **bis zur Bestandskraft der Steuerfestsetzung** ausgeübt werden können, kann nach Eintritt dieses Zeitpunkts nicht nach § 172 Abs. 1 Satz 1 Nr. 2 Buchstabe a AO beseitigt werden (vgl. BFH-Urteil vom 18.12.1973, VIII R 101/69, BStBl. 1974 II S. 319).

Die Wahlrechtsausübung kann nicht durch einen Austausch gegen bisher nicht berücksichtigte Besteuerungsgrundlagen rückgängig gemacht werden; infolge der Bestandskraft der Steuerfestsetzung ist der Steuerpflichtige an seine Wahl gebunden (vgl. BFH-Urteil vom 25.2.1992, IX R 41/91, BStBl. II S. 621).

8.5.5. Die nachträgliche Ausübung eines Wahlrechts oder der Widerruf eines bereits ausgeübten Wahlrechts ist keine neue Tatsache i.S.d. § 173 AO, sondern Verfahrenshandlung (vgl. BFH-Urteil vom 25.2.1992, IX R 41/91, a.a.O.).

[1] Ausnahmsweise liegt ein rückwirkendes Ereignis i.S.d. § 175 Abs. 1 Satz 1 Nr. 2 AO vor, wenn die Wahlrechtsausübung oder ihr Widerruf selbst Merkmal des gesetzlichen Tatbestands ist. [2] Zum durch die Zustimmungserklärung des Empfängers qualifizierten Antrag nach § 10 Abs. 1a Nr. 1 Satz 1 EStG (bis 31.12.2014: § 10 Abs. 1 Nr. 1 Satz 1 EStG) vgl. BFH-Urteil vom 12.7.1989, X R 8/84, BStBl. II S. 957. [3] Zum Widerruf der Wahlrechtsausübung in den Fällen des § 37b EStG in Bezug auf die beim Zuwendungsempfänger vorzunehmende Besteuerung vgl. BFH-Urteil vom 15.6.2016, VI R 54/15, BStBl. II S. 1010.

8.5.6. Zur Änderung von Steuerfestsetzungen nach § 175 Abs. 1 Satz 1 Nr. 1 AO bei nachträglichem Antrag auf Anwendung des § 33b EStG vgl. BFH-Urteil vom 13.12.1985, III R 204/81, BStBl. 1986 II S. 245 und H 33b (Allgemeines) EStH[1].

9. Wegen der Berichtigung offenbarer Unrichtigkeiten Hinweis auf § 129 AO.

AEAO zu § 172 – Aufhebung und Änderung von Steuerbescheiden:

1. Die Vorschrift gilt nur für Steuerbescheide, nicht für Haftungs-, Duldungs- und Aufteilungsbescheide (vgl. AEAO vor §§ 130, 131).

2. [1] § 172 Abs. 1 Satz 1 Nr. 2 Buchstabe a AO lässt die schlichte Änderung eines Steuerbescheids zugunsten des Steuerpflichtigen unter der Voraussetzung zu, dass der Steuerpflichtige vor Ablauf der Einspruchsfrist die Änderung beantragt oder ihr zugestimmt hat. [2] Der Antrag auf schlichte Änderung bedarf

---

[1] **dtv 5785 ESt/LSt Nr. 3.**

keiner Form. [3] Anträge, die nicht schriftlich oder elektronisch gestellt werden, sind aktenkundig zu machen. [4] Nicht ausdrücklich als Einspruch bezeichnete, vor Ablauf der Einspruchsfrist schriftlich oder elektronisch vorgetragene Änderungsbegehren des Steuerpflichtigen können regelmäßig als schlichte Änderungsanträge behandelt werden, wenn der Antragsteller eine genau bestimmte Änderung des Steuerbescheids beantragt und das Finanzamt dem Begehren entsprechen will. [5] Andernfalls ist ein Einspruch anzunehmen, da der Einspruch die Rechte des Steuerpflichtigen umfassender und wirkungsvoller wahrt als der bloße Änderungsantrag. [6] Hat der Steuerpflichtige sich für den Rechtsbehelf des Einspruchs entschieden, so überlagert der förmliche Rechtsbehelf einen etwaigen daneben gestellten Antrag auf schlichte Änderung des Steuerbescheids (vgl. BFH-Urteil vom 27.9.1994, VIII R 36/89, BStBl. 1995 II S. 353).

[1] Das Finanzamt darf den Steuerbescheid aufgrund eines schlichten Änderungsantrags nur in dem Umfange zugunsten des Steuerpflichtigen ändern, als der Steuerpflichtige vor Ablauf der Einspruchsfrist eine genau bestimmte Änderung bezogen auf einen konkreten Lebenssachverhalt beantragt hat (vgl. u.a. BFH-Urteil vom 20.12.2006, X R 30/05, BStBl. II 2007 S. 503 m.w.N.). [2] Es genügt nicht, dass der Steuerpflichtige lediglich die betragsmäßige Auswirkung bzw. den Änderungsrahmen beziffert (z.B. Herabsetzung der Steuer auf „Null") oder dass ein auf Änderung des Bescheids lautender allgemeiner Antrag des Steuerpflichtigen erst nach Ablauf der Einspruchsfrist hinsichtlich der einzelnen Korrekturpunkte konkretisiert wird (z.B. durch Nachreichen einer Steuererklärung). [3] Auch eine Erweiterung des Änderungsbegehrens ist nach Ablauf der Einspruchsfrist nicht mehr möglich (zur Erweiterung eines Einspruchsantrags vgl. AEAO zu § 367, Nr. 3). [4] Der Antragsteller kann allenfalls nach Ablauf der Einspruchsfrist Argumente oder Nachweise zur Begründung eines rechtzeitig gestellten, hinreichend konkreten Änderungsantrags nachreichen oder ergänzen, soweit hierdurch der durch den ursprünglichen Änderungsantrag (Lebenssachverhalt) festgelegte Änderungsrahmen nicht überschritten wird. [5] Eine Antragserweiterung oder erneute Antragstellung ist nur innerhalb der Einspruchsfrist möglich.

[1] An das (fristgerechte) Vorbringen des Steuerpflichtigen ist das Finanzamt gebunden. [2] Es kann die Steuerfestsetzung nicht in vollem Umfang erneut überprüfen und ggf. verbösern. [3] Mit der beantragten Änderung nicht in sachlichem oder rechtlichem Zusammenhang stehende materielle Fehler der Steuerfestsetzung können aber ggf. über § 177 AO berichtigt werden.

Aussetzung der Vollziehung (§ 361 AO) ist aufgrund eines schlichten Änderungsantrags nicht zulässig, allenfalls ist Stundung (§ 222 AO) möglich.

3. [1] Nach § 172 Abs. 1 Satz 1 Nr. 2 Buchstabe a AO kann ein Steuerbescheid zuungunsten des Steuerpflichtigen aufgehoben oder geändert werden, wenn dieser der Aufhebung oder Änderung zustimmt oder er diese Korrektur beantragt hat. [2] Die Anzeige eines Steuerpflichtigen nach § 153 AO stellt noch keine Zustimmung zu einer Änderung der Steuerfestsetzung zu seinen Ungunsten i.S. des § 172 Abs. 1 Satz 1 Nr. 2 Buchstabe a AO dar; ggf. kommt aber eine Änderung nach § 173 Abs. 1 Nr. 1 AO in Betracht. [3] Empfangsbedürftige Willenserklärungen unterliegen den Auslegungsregelungen der §§ 133, 157 BGB. [4] Entscheidend ist, wie der Erklärungsempfänger den objektiven Erklärungswert der Erklärung verstehen musste (vgl. BFH-Urteile vom 8.6.2000, IV R 37/99, BStBl. 2001 II S. 162, und vom 5.10.2000, VII R 96/99, BStBl. 2001 II S. 86).

4. [1] § 172 Abs. 1 Satz 2 AO bestimmt, dass auch ein durch Einspruchsentscheidung bestätigter oder geänderter Verwaltungsakt nach den Vorschriften der §§ 129, 164, 165, 172 ff. AO sowie nach entsprechenden Korrekturnormen in den Einzelsteuergesetzen (vgl. AEAO vor §§ 172 bis 177, Nr. 3) korrigiert werden darf. [2] Gleiches gilt für einen im Einspruchsverfahren ergehenden Abhilfebescheid (z.B. nach § 172 Abs. 1 Satz 1 Nr. 2 Buchstabe a AO). [3] Zum Erlass eines Abhilfebescheids im Klageverfahren nach einer rechtmäßigen Fristsetzung gem. § 364b AO vgl. AEAO zu § 364b, Nr. 5.

5. [1] Nach § 172 Abs. 1 Satz 3 Halbsatz 1 AO ist eine schlichte Änderung auch dann möglich, wenn der zu ändernde Bescheid bereits durch Einspruchsentscheidung bestätigt oder geändert worden ist. [2] Der Änderungsantrag muss vor Ablauf der Klagefrist gestellt worden sein, nach Ablauf dieser Frist ist er unzulässig. [3] Die Wirkungen einer nach § 364b Abs. 2 AO gesetzten Ausschlussfrist dürfen allerdings durch eine schlichte Änderung nicht unterlaufen werden (§ 172 Abs. 1 Satz 3 Halbsatz 2 AO).

6. Zum Einspruchsverfahren gegen Entscheidungen über die schlichte Änderung vgl. AEAO zu § 347, Nr. 2.

AEAO zu § 173 – Aufhebung oder Änderung von Steuerbescheiden wegen neuer Tatsachen oder Beweismittel:

Inhaltsübersicht

1. Tatsachen und Beweismittel

1.1. [1] Tatsache i.S.d. § 173 Abs. 1 AO ist alles, was Merkmal oder Teilstück eines steuergesetzlichen Tatbestandes sein kann, also Zustände, Vorgänge, Beziehungen und Eigenschaften materieller oder immaterieller Art (vgl. BFH-Urteile vom 1.10.1993, III R 58/92, BStBl. 1994 II S. 346, vom 18.12.1996, XI R 36/96, BStBl. 1997 II S. 264, und vom 14.1.1998, II R 9/97, BStBl. II S. 371). [2] Zu den Tatsachen gehören auch innere Tatsachen (z.B. die Absicht, Einkünfte bzw. Gewinne zu erzielen), die nur anhand äußerer Merkmale (Hilfstatsachen) festgestellt werden können (vgl. BFH-Urteil vom 6.12.1994, IX R 11/91, BStBl. 1995 II S. 192).

1.1.1. [1] Tatsachen i.S.d. § 173 Abs. 1 AO sind bei einer Schätzung die Schätzungsgrundlagen (nicht die Schätzung selbst; vgl. AEAO zu § 173, Nr. 7). [2] Tatsachen sind auch vorgreifliche Rechtsverhältnisse aus nichtsteuerlichen Rechtsgebieten (vgl. BFH-Urteil vom 13.10.1983, I R 11/79, BStBl. 1984 II S. 181). [3] Um Tatsachen und nicht um juristische Wertungen handelt es sich, wenn ein Steuerpflichtiger z.B. unter der Bezeichnung „Kauf", „Vermietung" oder „Geschäftsführer-Gehalt" in der Steuererklärung vorgreifliche Rechtsverhältnisse geltend macht; derartige Begriffe enthalten eine Zusammenfassung von Tatsachen, die eine bestimmte rechtliche Wertung auslösen (vgl. BFH-Urteil vom 20.12.1988, VIII R 121/83, BStBl. 1989 II S. 585). [4] Folglich kann ein Steuerbescheid nach § 173 Abs. 1 AO geändert werden, wenn sich aufgrund nachträglich bekannt gewordener Tatsachen die vom Steuerpflichtigen übernommene Wertung als unzutreffend erweist.

1.1.2. [1] Keine Tatsachen i.S.d. § 173 Abs. 1 AO sind Rechtsnormen und Schlussfolgerungen aller Art, insbesondere steuerrechtliche Bewertungen (vgl. BFH-Urteil vom 27.10.1992, VIII R 41/89, BStBl. 1993 II S. 569). [2] Ebenso stellen Entscheidungen des BVerfG zur Verfassungswidrigkeit einer Rechtsnorm sowie nachträgliche Gesetzesänderungen keine neuen Tatsachen i.S.v. § 173 Abs. 1 AO dar (vgl. BFH-Urteile vom 12.5.2009, IX R 45/08, BStBl. II S. 891, und vom 11.2.1994, III R 50/92, BStBl. II S. 389). [3] Gleiches gilt für die (ggf. anderweitige) Ausübung steuerlicher Wahlrechte oder die Nachholung eines Antrags (vgl. AEAO vor §§ 172 bis 177, Nr. 8). [4] Ein Antrag kann allerdings nachgeholt werden, soweit die für seine Ausübung relevanten Tatsachen als solche nachträglich bekannt werden (vgl. AEAO zu § 173, Nr. 3.2).

1.1.3. [1] Bei Sachverhalten, die bei verschiedenen Steuerpflichtigen steuerlich eigenständig zu berücksichtigen sind, weil die Steuergesetze im Regelfall keine korrespondierende Berücksichtigung vorschreiben, sind die für die einzelne Steuerfestsetzung relevanten Tatsachen und steuerrechtliche Bewertungen zu unterscheiden. [2] So geben Ergebnismitteilungen des Körperschaftsteuer-Finanzamts an das für die Veranlagung der Anteilseigner zuständige Finanzamt über eine bei einer GmbH durchgeführte Außenprüfung rechtliche Schlussfolgerungen und Schätzungsergebnisse wieder, sie stellen für sich jedoch keine Tatsachen dar, die zu einer Änderung nach § 173 Abs. 1 AO berechtigen (BFH-Urteil vom 27.10.1992, VIII R 41/89, BStBl. 1993 II S. 569). [3] Deshalb müssen den für die Veranlagung der Anteilseigner zuständigen Finanzämtern die entscheidungserheblichen Tatsachen mitgeteilt werden; die bloße Mitteilung, es seien verdeckte Gewinnausschüttungen festgestellt worden, reicht nicht aus, um eine Änderung nach § 173 Abs. 1 AO zu rechtfertigen. [4] Vgl. aber auch § 32a KStG[1]).

1.2. [1] Beweismittel ist jedes Erkenntnismittel, das zur Aufklärung eines steuerlich erheblichen Sachverhalts dient, d.h. geeignet ist, das Vorliegen oder Nichtvorliegen von Tatsachen zu beweisen (BFH-Urteil vom 20.12.1988, VIII R 121/83, BStBl. 1989 II S. 585). [2] Dazu gehören Urkunden (Verträge, Geschäftspapiere u.a.) und Auskünfte von Auskunftspersonen (vgl. § 92 AO). [3] Ein Sachverständigengutachten ist nur Beweismittel, soweit es die Erkenntnis neuer Tatsachen vermittelt und nicht lediglich Schlussfolgerungen enthält (BFH-Urteil vom 27.10.1992, VIII R 41/89, BStBl. 1993 II S. 569).

1.3. [1] Eine Änderung nach § 173 Abs. 1 AO setzt voraus, dass die Tatsachen bei Erlass des zu ändernden Bescheids bereits vorhanden waren und vom Finanzamt hätten berücksichtigt werden können (vgl. BFH-Urteil vom 26.7. 1984, IV R 10/83, BStBl. II S. 786). [2] Nach dem Zeitpunkt der Steuerfestsetzung entstandene Tatsachen können dagegen eine Änderung nach § 175 Abs. 1 Satz 1 Nr. 2 AO rechtfertigen, wenn insoweit ein rückwirkendes Ereignis vorliegt. [3] Eine nach dem Zeitpunkt der Steuerfestsetzung entstandene Hilfstatsache, die für diesen Zeitpunkt zu einer veränderten Würdigung in

---

[1]) dtv 5786 KSt/GewSt Nr. 1.

Bezug auf eine innere Tatsache führt, rechtfertigt jedoch nur dann eine Änderung nach § 173 Abs. 1 AO, wenn sie einen sicheren Schluss auf die (innere) Haupttatsache ermöglicht.

1.4. [1] Bei der Prüfung der Frage, ob die Tatsache zu einer höheren oder niedrigeren Steuer führt, sind Steueranrechnungsbeträge unbeachtlich. [2] Es ist auf die bisher festgesetzte und die festzusetzende Steuer abzustellen. [3] Im Fall eines Antrags nach § 32d Abs. 4 oder 6 EStG[1]) ist die zunächst mit Abgeltungswirkung (§ 43 Abs. 5 Satz 1 EStG) einbehaltene Kapitalertragsteuer der bisher festgesetzten Steuer hinzuzurechnen (vgl. BFH-Urteil vom 12.5.2015, VIII R 14/13, BStBl. II S. 806). [4] Zum Ausnahmefall einer Nettolohnvereinbarung siehe BFH-Urteil vom 16.3.1990, VI R 90/86, BStBl. II S. 610.

2. Nachträgliches Bekanntwerden der Tatsachen oder Beweismittel

2.1. [1] Tatsachen oder Beweismittel werden nachträglich bekannt, wenn sie einem für die Steuerfestsetzung zuständigen Bediensteten (BFH-Urteile vom 9.11.1984, VI R 157/83, BStBl. 1985 II S. 191, und vom 20.6.1985, IV R 114/82, BStBl. II S. 492) bekannt werden, nachdem die Willensbildung über die Steuerfestsetzung abgeschlossen worden ist (Abzeichnung der Verfügung; vgl. BFH-Urteil vom 18.3.1987, II R 226/84, BStBl. II S. 416). [2] Auf den Tag der Absendung des Steuerbescheids oder den Tag der Bekanntgabe kommt es nicht an. [3] Der im Einzelfall maßgebliche Tag ist dem Steuerpflichtigen auf Verlangen mitzuteilen.

2.2. [1] Sofern im automatisierten Verfahren nachträglich – noch vor der Absendung des Steuerbescheids – eine materiell-rechtliche Kontrolle der gesamten Steuerfestsetzung vorgenommen wird, sind alle bis dahin bekannt gewordenen Tatsachen und Beweismittel zu berücksichtigen (vgl. BFH-Urteil vom 29.11.1988, VIII R 226/83, BStBl. 1989 II S. 259). [2] Tatsachen und Beweismittel, die dem Finanzamt bis zum Abschluss einer solchen Kontrolle bekannt geworden sind, in dem zu erlassenden Steuerbescheid aber keine Berücksichtigung gefunden haben, können zu einem späteren Zeitpunkt nicht mehr Gegenstand einer Änderung nach § 173 Abs. 1 sein. [3] Um eine materiellrechtliche Kontrolle des Steuerbescheids handelt es sich nicht, wenn der Steuerbescheid vor seiner Absendung nur einer formellen Prüfung unterzogen wird, die die Feststellung der ermittelten Tatsachen sowie deren rechtliche Würdigung unberührt lässt (z.B. Prüfung auf zutreffende Adressierung oder richtige Erfassung der Daten).

2.3. [1] Eine Tatsache ist nicht schon dann bekannt, wenn irgendeine Stelle des Finanzamts von ihr Kenntnis hat. [2] Es kommt vielmehr auf den Kenntnisstand der Personen an, die innerhalb des Finanzamts dazu berufen sind, den betreffenden Steuerfall zu bearbeiten (BFH-Urteile vom 20.6.1985, IV R 114/82, BStBl. II S. 492, vom 20.4.1988, X R 40/81, BStBl. II S. 804, und vom 19.6.1990, VIII R 69/87, BFH/NV 1991 S. 353).

2.3.1. [1] Die Rechtsbehelfsstelle des Finanzamts muss bei der Entscheidung über den Einspruch eines Steuerpflichtigen grundsätzlich auch Tatsachen verwerten, die der Veranlagungsstelle bekannt sind. [2] Geschieht dies nicht, so können diese in der Einspruchsentscheidung nicht berücksichtigten Tatsachen nach Abschluss des Einspruchsverfahrens nicht mehr Gegenstand eines Ände-

---

[1]) dtv 5785 ESt/LSt Nr. 1.

rungsbescheids nach § 173 Abs. 1 Nr. 1 AO sein (BFH-Urteil vom 23.3.1983, I R 182/82, BStBl. II S. 548).

2.3.2. Nur dem Betriebsprüfer bekannt gewordene Tatsachen sind der Veranlagungsstelle grundsätzlich nicht zuzurechnen (vgl. BFH-Urteile vom 28.4. 1987, IX R 9/83, BFH/NV 1988 S. 151, vom 29.10.1987, IV R 69/85, BFH/ NV 1988 S. 346, und vom 20.4.1988, X R 40/81, BStBl. II S. 804).

2.3.3. [1]Für die Frage, ob einem Finanzamt Tatsachen, die zu einer erstmaligen Berücksichtigung oder zu einer höheren Bewertung eines steuerpflichtigen Sachverhalts von Bedeutung sind, i.S.v. § 173 Abs. 1 Nr. 1 AO nachträglich bekannt geworden sind, kommt es grundsätzlich allein auf die Kenntnis dieses Finanzamts an. [2]Ermittelt aber ein für die Erbschaft-/Schenkungsteuer zuständiges Finanzamt den Wert einer Beteiligung an einer Personengesellschaft allein dadurch, dass es diesen aus einem von einem anderen Finanzamt erteilten Feststellungsbescheid über den Wert des Betriebsvermögens der Gesellschaft auf einen vorangegangenen Bewertungsstichtag ableitet, so macht es sich damit die diesem zugrunde liegenden Kenntnisse zu eigen (BFH-Urteil vom 14.1. 1998, II R 9/97, BStBl. II S. 371).

2.3.4. Einmal bekannt gewordene Tatsachen werden durch den Wechsel in der Zuständigkeit der Finanzbehörde oder durch Wechsel des Bearbeiters nicht wieder unbekannt, wenn der zunächst zuständige Bearbeiter die Tatsachen aktenkundig gemacht hat (vgl. BFH-Urteil vom 15.10.1993, III R 74/92, BFH/NV 1994 S. 315).

2.3.5. [1]Dem Finanzamt können auch Tatsachen bekannt sein, die sich aus älteren, bereits archivierten Akten ergeben. [2]Voraussetzung dafür ist jedoch, dass zur Hinzuziehung solcher Vorgänge nach den Umständen des Falles, insbesondere nach dem Inhalt der zu bearbeitenden Steuererklärungen oder der präsenten Akten, eine besondere Veranlassung bestand (BFH-Urteil vom 11.2. 1998, I R 82/97, BStBl. II S. 552).

2.3.6. Im Rahmen des § 173 Abs. 1 Nr. 2 AO kann eine Tatsache nicht zum Nachteil des Steuerpflichtigen als bereits bekannt gelten, wenn der zuständige Bearbeiter sie lediglich hätte kennen können oder kennen müssen; das Finanzamt kann sich in diesem Fall nicht auf sein eigenes Versäumnis oder Verschulden berufen (vgl. BFH-Urteil vom 26.11.1996, IX R 77/95, BStBl. 1997 II S. 422).

2.4. [1]Steuerbescheid i.S.v. § 173 Abs. 1 AO ist auch ein Bescheid, der einen schon ergangenen Steuerbescheid inhaltlich abändert. [2]Tatsachen, die zu einer höheren Besteuerung führen, kann das Finanzamt deshalb in einem weiteren Änderungsbescheid nach § 173 Abs. 1 Nr. 1 AO nur berücksichtigen, wenn sie ihm nach Erlass des Änderungsbescheids bekannt geworden sind. [3]Eine Änderung nach § 173 Abs. 1 Nr. 1 AO ist jedoch dann nicht ausgeschlossen, wenn das Finanzamt im Hinblick auf einen nachträglich ergangenen Grundlagenbescheid zunächst lediglich eine Änderung nach § 175 Abs. 1 Satz 1 Nr. 1 AO vorgenommen und dabei Tatsachen unberücksichtigt gelassen hat, die darüber hinaus eine Änderung nach § 173 Abs. 1 Nr. 1 AO gerechtfertigt hätten (BFH-Urteil vom 12.1.1989, IV R 8/88, BStBl. II S. 438).

2.5. Ändert das Finanzamt einen bestandskräftigen Steuerbescheid nach § 173 Abs. 1 Nr. 1 AO, so trägt es die objektive Beweislast dafür, dass die für die Änderung erforderlichen tatsächlichen Voraussetzungen vorliegen, insbesondere dafür, dass diese „neu" sind (BFH-Urteil vom 19.5.1998, I R 140/97, BStBl. II S. 599).

3. Rechtserheblichkeit der Tatsachen oder Beweismittel

3.1. [1] Neue Tatsachen oder Beweismittel können die Änderung eines Steuerbescheids nach § 173 Abs. 1 AO nur rechtfertigen, wenn sie rechtserheblich sind. [2] Die Rechtserheblichkeit ist zu bejahen, wenn das Finanzamt bei rechtzeitiger Kenntnis der Tatsachen oder Beweismittel schon bei der ursprünglichen Veranlagung mit an Sicherheit grenzender Wahrscheinlichkeit zu einer höheren oder niedrigeren Steuer gelangt wäre (vgl. BFH-Beschluss GrS vom 23.11.1987, GrS 1/86, BStBl. 1988 II S. 180). [3] Die Vorschrift des § 173 AO hat nicht den Sinn, dem Steuerpflichtigen das Risiko eines Rechtsbehelfsverfahrens dadurch abzunehmen, dass ihm gestattet wird, sich auf Tatsachen gegenüber dem Finanzamt erst dann zu berufen, wenn etwa durch eine spätere Änderung der Rechtsprechung eine Rechtslage eintritt, die eine bisher nicht vorgetragene Tatsache nunmehr als relevant erscheinen lässt.

[1] Ein Steuerbescheid darf daher wegen nachträglich bekannt gewordener Tatsachen oder Beweismittel weder zugunsten noch zuungunsten des Steuerpflichtigen geändert werden, wenn das Finanzamt bei ursprünglicher Kenntnis der Tatsachen oder Beweismittel nicht anders entschieden hätte. [2] Bei der Beurteilung der Rechtserheblichkeit kommt es nicht darauf an, welche Entscheidung der zuständige Bearbeiter subjektiv bei Erlass des ursprünglichen Bescheids getroffen hätte. [3] Wie das Finanzamt bei Kenntnis bestimmter Tatsachen oder Beweismittel einen Sachverhalt in seinem ursprünglichen Bescheid gewürdigt hätte, ist vielmehr im Einzelfall aufgrund des Gesetzes, wie es nach der damaligen Rechtsprechung des BFH auszulegen war, und der die Finanzämter bindenden Verwaltungsanweisungen zu beurteilen, die im Zeitpunkt des ursprünglichen Bescheiderlasses gegolten haben (vgl. BFH-Urteile vom 11.5.1988, I R 216/85, BStBl. II S. 715, vom 15.1.1991, IX R 238/87, BStBl. II S. 741, und vom 10.3.1999, II R 99/97, BStBl. II S. 433).[1] [4] Subjektive Fehler der Finanzbehörden, wie sie sowohl in rechtlicher als auch in tatsächlicher Hinsicht denkbar sein mögen, sind unbeachtlich (BFH-Urteil vom 11.5.1988, I R 216/85, BStBl. II S. 715).

3.2. [1] Die erstmalige Ausübung eines nicht fristgebundenen Wahlrechts nach Bestandskraft der Steuerfestsetzung (vgl. AEAO vor §§ 172 bis 177, Nr. 8) ist keine neue Tatsache, sie steht einer Änderung nach § 173 Abs. 1 Nr. 2 AO aber nicht entgegen, sofern die für die Ausübung des Wahlrechts relevanten Tatsachen nachträglich bekannt geworden sind (BFH-Urteile vom 28.9.1984, VI R 48/82, BStBl. 1985 II S. 117, und vom 25.2.1992, IX R 41/91, BStBl. II S. 621). [2] Gleiches gilt, wenn der Steuerpflichtige nach Bestandskraft der Steuerfestsetzung erstmals einen nicht fristgebundenen Antrag auf Gewährung einer Steuervergünstigung stellt und hierzu entsprechende (neue) Tatsachen vorträgt (BFH-Urteil vom 21.7.1989, III R 303/84, BStBl. II S. 960). [3] Eine Änderung nach § 173 Abs. 1 Nr. 2 AO zugunsten des Steuerpflichtigen setzt jedoch auch in diesen Fällen voraus, dass ihn am nachträglichen Bekanntwerden der steuermindernden Tatsachen kein grobes Verschulden trifft (vgl. AEAO zu § 173, Nr. 5).

---

[1] Zu „anderen objektiven Umständen", wenn weder einschlägige BFH-Rspr. noch bindende Verwaltungsanweisungen vorliegen, vgl. BFH v. 22.4.2010 VI R 40/08, BStBl. II 2010, 951.

4. Ermittlungsfehler des Finanzamts

4.1. [1] Nach dem Grundsatz von Treu und Glauben kann das Finanzamt – auch wenn es von einer rechtserheblichen Tatsache oder einem rechtserheblichen Beweismittel nachträglich Kenntnis erhält – daran gehindert sein, einen Steuerbescheid nach § 173 Abs. 1 Nr. 1 AO zuungunsten des Steuerpflichtigen zu ändern (BFH-Urteil vom 13.11.1985, II R 208/82, BStBl. 1986 II S. 241). [2] Hat der Steuerpflichtige die ihm obliegenden Mitwirkungspflichten in zumutbarer Weise erfüllt, kommt eine Änderung nach § 173 Abs. 1 Nr. 1 AO nicht in Betracht, wenn die spätere Kenntnis der Tatsache oder des Beweismittels auf einer Verletzung der dem Finanzamt obliegenden Ermittlungspflicht beruht. [3] Das Finanzamt braucht den Steuererklärungen nicht mit Misstrauen zu begegnen, sondern darf regelmäßig von deren Richtigkeit und Vollständigkeit ausgehen; veranlagt es aber trotz bekannter Zweifel an der Richtigkeit der Besteuerungsgrundlagen endgültig, so ist eine spätere Änderung der Steuerfestsetzung nach dem Grundsatz von Treu und Glauben ausgeschlossen (vgl. BFH-Urteil vom 27.10.1992, VIII R 41/89, BStBl. 1993 II S. 569). [4] Zum Umfang der Ermittlungspflicht des Finanzamts vgl. AEAO zu § 88 AO.

4.1.1. [1)] [1] Sind sowohl das Finanzamt seiner Ermittlungspflicht als auch der Steuerpflichtige seiner Mitwirkungspflicht nicht in vollem Umfang nachgekommen, so fällt das nachträgliche Bekanntwerden einer rechtserheblichen Tatsache oder eines rechtserheblichen Beweismittels i.d.R. in den Verantwortungsbereich des Steuerpflichtigen mit der Folge, dass eine Änderung des Steuerbescheids nach § 173 Abs. 1 Nr. 1 AO zulässig ist (vgl. BFH-Urteil vom 11.11.1987, I R 108/85, BStBl. 1988 II S. 115). [2] Eine entsprechende Änderung scheidet lediglich dann aus, wenn der Verstoß des Finanzamts deutlich überwiegt (BFH-Urteil vom 20.12.1988, VIII R 121/83, BStBl. 1989 II S. 585).

4.1.2. Ändert das Finanzamt einen bestandskräftigen Steuerbescheid nach § 173 Abs. 1 Nr. 1 AO, trägt der Steuerpflichtige die objektive Beweislast, wenn er eine Verletzung der Ermittlungspflichten durch das Finanzamt rügt (BFH-Urteil vom 19.5.1998, I R 140/97, BStBl. II S. 599).

4.2. [1] Auf neue Tatsachen, die nach § 173 Abs. 1 Nr. 2 AO eine niedrigere Steuerfestsetzung rechtfertigen, sind die in Nr. 4.1 dargestellten Grundsätze nicht anzuwenden (BFH-Urteile vom 13.4.1967, V 57/65, BStBl. III S. 519, und vom 26.11.1996, IX R 77/95, BStBl. 1997 II S. 422). [2] Hier ist jedoch zu prüfen, ob den Steuerpflichtigen ein grobes Verschulden am nachträglichen Bekanntwerden der neuen Tatsachen trifft (vgl. AEAO zu § 173, Nr. 5).

Wann eine Tatsache nicht zum Nachteil des Steuerpflichtigen als bereits bekannt gelten kann, vgl. AEAO zu § 173, Nr. 2.3.6.

5. Grobes Verschulden des Steuerpflichtigen

5.1. [1] Die Aufhebung oder Änderung eines Steuerbescheids zugunsten des Steuerpflichtigen ist grundsätzlich ausgeschlossen, wenn den Steuerpflichtigen ein grobes Verschulden daran trifft, dass die Tatsachen oder Beweismittel dem Finanzamt erst nachträglich bekannt geworden sind. [2] Als grobes Verschulden hat der Steuerpflichtige Vorsatz und grobe Fahrlässigkeit zu vertreten. [3] Grobe Fahrlässigkeit ist anzunehmen, wenn er die ihm nach seinen persönlichen Ver-

---

[1)] Ebenso BFH v. 21.2.2017 VIII R 46/13, BStBl. II 2017, 745 (Vb. nicht zur Entscheidung angenommen, vgl. BVerfG v. 12.9.2018 1 BvR 2667/17).

hältnissen zumutbare Sorgfalt in ungewöhnlichem Maße und in nicht entschuldbarer Weise verletzt (BFH-Urteile vom 3.2.1983, IV R 153/80, BStBl. II S. 324, und vom 18.5.1988, X R 57/82, BStBl. II S. 713). [4] Anhaltspunkte, die auf ein grobes Verschulden des Steuerpflichtigen hindeuten, sind von der Finanzbehörde darzulegen und ggf. zu beweisen, die insoweit die Feststellungslast trägt (vgl. BFH-Urteile vom 22.5.1992, VI R 17/91, BStBl. 1993 II S. 80, und vom 10.2.2015, IX R 18/14, BStBl. 2017 II S. 7). [5] Kann bei dem zu beurteilenden Sachverhalt nach ständiger Rechtsprechung von einem groben Verschulden ausgegangen werden (siehe Nr. 5.1.2 und 5.1.3 des AEAO zu § 173), trägt der Steuerpflichtige die Feststellungslast für atypische Umstände, aufgrund derer im Einzelfall gleichwohl ein grobes Verschulden zu verneinen ist.

5.1.1. [1] Bei der Beurteilung der Schwere der Verletzung dieser Sorgfaltspflicht sind die Gegebenheiten des Einzelfalls und die individuellen Kenntnisse und Fähigkeiten des einzelnen Steuerpflichtigen zu berücksichtigen (BFH-Urteil vom 29.6.1984, VI R 181/80, BStBl. II S. 693). [2] So kann die Unkenntnis steuerrechtlicher Bestimmungen allein den Vorwurf groben Verschuldens nicht begründen (BFH-Urteile vom 10.8.1988, IX R 219/84, BStBl. 1989 II S. 131, vom 22.5.1992, VI R 17/91, BStBl. 1993 II S. 80, und vom 21.9.1993, IX R 63/90, BFH/NV 1994 S. 100). [3] Offensichtliche Versehen und alltägliche Irrtümer, die sich nie ganz vermeiden lassen, wie z.B. Verwechslungen, Schreib-, Rechen- oder Übertragungsfehler, rechtfertigen ebenfalls nicht den Vorwurf des groben Verschuldens; es kann aber vorliegen, wenn das Versehen auf einer vorangegangenen Verletzung steuerlicher Pflichten beruht.

5.1.2. Ein grobes Verschulden kann im Allgemeinen angenommen werden, wenn der Steuerpflichtige trotz Aufforderung keine Steuererklärung abgegeben hat (ständige Rechtsprechung, vgl. z.B. BFH-Urteil vom 16.9.2004, IV R 62/02, BStBl. 2005 II S. 75 m.w.N.),[1] allgemeine Grundsätze der Buchführung (§§ 145 bis 147 AO) verletzt oder ausdrückliche Hinweise in ihm zugegangenen Vordrucken, Merkblättern oder sonstigen Mitteilungen des Finanzamts nicht beachtet.

5.1.3. Ein Steuerpflichtiger handelt regelmäßig grob schuldhaft, wenn er eine im Steuererklärungsformular ausdrücklich gestellte, auf einen ganz bestimmten Vorgang bezogene Frage nicht beachtet (BFH-Urteile vom 29.6. 1984, VI R 181/80, BStBl. II S. 693, und vom 10.8.1988, IX R 219/84, BStBl. 1989 II S. 131).

5.1.4. [1] Das grobe Verschulden des Steuerpflichtigen am nachträglichen Bekanntwerden steuermindernder Tatsachen oder Beweismittel wird nicht dadurch ausgeschlossen, dass das Finanzamt seinerseits seinen Fürsorge- oder Ermittlungspflichten nicht hinreichend nachgekommen ist (BFH-Urteil vom 9.8.1991, III R 24/87, BStBl. 1992 II S. 65). [2] Im Einzelfall kann jedoch ein grobes Verschulden des Steuerpflichtigen zu verneinen sein, wenn die Verletzung der Ermittlungs- und Fürsorgepflichten ursächlich für die verspätete Geltendmachung der steuermindernden Tatsachen oder Beweismittel war, z.B. bei irreführender Auskunftserteilung.

---

[1] Ebenso BFH v. 10.12.2013 VIII R 10/11, BFH/NV 2014, 820 (unterlassene Mitteilung entscheidungserheblicher Tatsachen innerhalb der Einspruchsfrist).

5.2. Bei einer Zusammenveranlagung muss sich jeder Ehegatte bzw. Lebenspartner das grobe Verschulden des anderen Ehegatten/Lebenspartners zurechnen lassen (vgl. BFH-Urteil vom 24.7.1996, I R 62/95, BStBl. 1997 II S. 115).

5.3. [1] Nimmt der Steuerpflichtige bei der Erfüllung seiner steuerlichen Pflichten die Hilfe eines Bevollmächtigten oder anderer Hilfspersonen in Anspruch, so muss er sich ein etwaiges grobes Verschulden dieser Personen wie ein eigenes Verschulden zurechnen lassen. [2] So hat der Steuerpflichtige etwa ein grobes Verschulden seines Buchhalters als eigenes Verschulden zu vertreten (vgl. BFH-Urteil vom 18.5.1988, X R 57/82, BStBl. II S. 713).

5.4. [1] Der Steuerpflichtige hat ein grobes Verschulden seines steuerlichen Beraters in gleicher Weise zu vertreten wie das Verschulden eines Bevollmächtigten (BFH-Urteile vom 3.2.1983, IV R 153/80, BStBl. II S. 324, vom 28.6. 1983, VIII R 37/81, BStBl. 1984 II S. 2, vom 25.11.1983, VI R 8/82, BStBl. 1984 II S. 256, und vom 26.8.1987, I R 144/86, BStBl. 1988 II S. 109). [2] Bei Festlegung der einem steuerlichen Berater zuzumutenden Sorgfalt ist zu berücksichtigen, dass von einem Angehörigen der steuerberatenden Berufe die Kenntnis und sachgemäße Anwendung der steuerrechtlichen Vorschriften erwartet wird (BFH-Urteil vom 3.2.1983, IV R 153/80, BStBl. II S. 324). [3] Ein eigenes grobes Verschulden des Steuerpflichtigen kann darin liegen, dass er die von seinem steuerlichen Berater gefertigte Steuererklärung unterschreibt, obwohl ihm bei Durchsicht der Steuererklärung ohne weiteres hätte auffallen müssen, dass steuermindernde Tatsachen oder Beweismittel nicht berücksichtigt worden sind (BFH-Urteil vom 28.6.1983, VIII R 37/81, BStBl. 1984 II S. 2).

Der steuerliche Berater hat, wenn er Mitarbeiter zur Vorbereitung des Jahresabschlusses und der Steuererklärung einsetzt, Sorgfaltspflichten hinsichtlich der Auswahl seiner Mitarbeiter, der Organisation der Arbeiten in seinem Büro und der Kontrolle der Arbeitsergebnisse der Mitarbeiter (BFH-Urteil vom 26.8. 1987, I R 144/86, BStBl. 1988 II S. 109).

5.5. [1] Bei der Frage des groben Verschuldens ist auch der Zeitraum einzubeziehen, in dem nach Durchführung der Steuerveranlagung der Bescheid noch änderbar ist (BFH-Urteil vom 21.2.1991, V R 25/87, BStBl. II S. 496: Vortrag steuermindernder Tatsachen bis zur Bekanntgabe der Einspruchsentscheidung). [2] Ein dem Steuerpflichtigen zuzurechnendes grobes Verschulden i.S.d. § 173 Abs. 1 Nr. 2 AO kann daher auch darin bestehen, dass er es unterlassen hat, gegen einen Steuerbescheid Einspruch einzulegen, obwohl sich ihm innerhalb der Einspruchsfrist die Geltendmachung bisher nicht vorgetragener Tatsachen hätte aufdrängen müssen (BFH-Urteile vom 25.11.1983, VI R 8/82, BStBl. 1984 II S. 256, und vom 4.2.1998, XI R 47/97, BFH/NV S. 682).

5.6. [1] Bei Beantwortung der Frage, ob die Unterlassung bestimmter steuerrelevanter Angaben in der Steuererklärung auf einem groben Verschulden des Steuerpflichtigen, einem entschuldbaren mechanischen Versehen (z.B. Übertragungsfehler) oder einem entschuldbaren Rechtsirrtum infolge mangelnder Kenntnis steuerrechtlicher Vorschriften beruht, ist nicht zwischen Steuererklärungen auf Papier und elektronisch erstellten Steuererklärungen zu unterscheiden. [2] Wird die Steuererklärung elektronisch zum Beispiel mithilfe des Programms ElsterFormular erstellt, kann der Steuerpflichtige bei Erfassung der Daten anhand der gewohnten Formularoberfläche vom kompletten Steuererklärungsvordruck und allen dort gestellten Fragen Kenntnis nehmen; darüber hinaus wird auch eine Hilfefunktion im Umfang der amtlichen Anleitung geboten. [3]Unerheblich ist daher, dass in der komprimierten Steuererklärung nur ein Ausdruck der tatsächlich erfassten und übermittelten Daten erfolgt.

6. Unbeachtlichkeit des Verschuldens des Steuerpflichtigen

6.1. [1]Das Verschulden des Steuerpflichtigen ist nach § 173 Abs. 1 Nr. 2 Satz 2 AO unbeachtlich, wenn die Tatsachen oder Beweismittel, die zu einer niedrigeren Steuer führen, in einem unmittelbaren oder mittelbaren Zusammenhang mit neuen Tatsachen oder Beweismitteln stehen, die zu einer höheren Steuer führen. [2]Stehen die steuermindernden Tatsachen mit steuererhöhenden Tatsachen im Zusammenhang, sind die steuermindernden Tatsachen nicht nur bis zur steuerlichen Auswirkung der steuererhöhenden Tatsachen, sondern uneingeschränkt zu berücksichtigen (BFH-Urteil vom 2.8.1983, VIII R 190/80, BStBl. 1984 II S. 4). [3]Ein derartiger Zusammenhang ist gegeben, wenn eine zu einer höheren Besteuerung führende Tatsache die zur Steuerermäßigung führende Tatsache ursächlich bedingt, so dass der steuererhöhende Vorgang nicht ohne den steuermindernden Vorgang denkbar ist (BFH-Urteile vom 28.3.1985, IV R 159/82, BStBl. 1986 II S. 120, vom 5.8.1986, IX R 13/81, BStBl. 1987 II S. 297, und vom 8.8.1991, V R 106/88, BStBl. 1992 II S. 12). [4]Ein rein zeitliches Zusammentreffen von steuererhöhenden und steuermindernden Tatsachen reicht nicht aus (BFH-Urteil vom 28.3.1985, IV R 159/82, a.a.O.).

6.2. [1]Wird dem Finanzamt nachträglich bekannt, dass der Steuerpflichtige nicht erklärte Einkünfte einer bestimmten Einkunftsart erzielt hat, so stellt die Höhe dieser Einkünfte die für die Anwendung des § 173 Abs. 1 Nr. 1 oder Nr. 2 AO relevante Tatsache dar (BFH-Urteil vom 1.10.1993, III R 58/92, BStBl. 1994 II S. 346). [2]Dies gilt auch dann, wenn das Finanzamt die Einkünfte zunächst geschätzt hat (BFH-Urteil vom 24.4.1991, XI R 28/89, BStBl. II S. 606). [3]Eine Aufspaltung dieser Einkünfte in steuererhöhende Einnahmen oder Vermögensmehrungen einerseits und steuermindernde Ausgaben oder Vermögensminderungen andererseits im Hinblick auf § 173 Abs. 1 Nr. 2 Satz 2 AO ist nicht zulässig.

6.3. [1]Bei der Umsatzsteuer sind Tatsachen, die eine Erhöhung der Umsatzsteuer begründen, und Tatsachen, die eine höhere Vorsteuer begründen, getrennt zu beurteilen. [2]Ein Zusammenhang zwischen nachträglich bekannt gewordenen Umsätzen und nachträglich bekannt gewordenen Leistungen an den Unternehmer i.S.d. § 173 Abs. 1 Nr. 2 Satz 2 AO besteht nur insoweit, als die Eingangsleistungen zur Ausführung der nachträglich bekannt gewordenen Umsätze verwendet wurden (BFH-Urteile vom 8.8.1991, V R 106/88, BStBl. 1992 II S. 12, und vom 19.10.1995, V R 60/92, BStBl. 1996 II S. 149). [3]Dies gilt allerdings nur, soweit diese Umsätze zum Vorsteuerabzug berechtigen; soweit die nachträglich bekannt gewordenen Vorsteuerbeträge hingegen mit nachträglich bekannt gewordenen steuerfreien oder nichtsteuerbaren Umsätzen in Zusammenhang stehen, sind die Voraussetzungen des § 173 Abs. 1 Nr. 2 Satz 2 AO nicht erfüllt.

Hat das Finanzamt bei einer Schätzung der Umsatzsteuer davon abgesehen, die Steuer auf der Grundlage des Ansatzes einer Vielzahl einzelner Umsätze mit jeweils genau bezifferter Bemessungsgrundlage zu ermitteln, können die nachträglich bekannt gewordenen Vorsteuerbeträge im Schätzungsweg entsprechend dem Verhältnis der nachträglich erklärten und der ursprünglich vom Finanzamt geschätzten steuerpflichtigen Umsätze berücksichtigt werden, es sei denn, es liegen Anhaltspunkte dafür vor, dass weniger oder mehr Vorsteuerbeträge im Zusammenhang mit den nachträglich bekannt gewordenen Umsätzen stehen, als sich nach dieser Aufteilung ergibt (BFH-Urteil vom 19.10.1995, V R 60/92, BStBl. 1996 II S. 149).

7. Änderung von Schätzungsveranlagungen

7.1. [1] Eine auf einer Schätzung beruhende Veranlagung kann nach § 173 Abs. 1 Nr. 1 AO durch eine höhere Schätzungsveranlagung ersetzt werden, wenn nachträglich Schätzungsunterlagen festgestellt werden, bei deren rechtzeitigem Bekanntsein das Finanzamt die Schätzung in anderer Weise vorgenommen hätte. [2] Die Änderung der ursprünglichen Schätzungsveranlagung ist dabei nur im Ausmaß der nachträglich bekannt gewordenen Schätzungsunterlagen zulässig. [3] Das bisherige Schätzungsverfahren ist nach Möglichkeit fortzuführen, ggf. zu verfeinern. [4] Ein Wechsel der Schätzungsmethode kommt lediglich dann in Betracht, wenn die bisherige Methode angesichts der neuen Schätzungsunterlagen versagt (BFH-Urteil vom 2.3.1982, VIII R 225/80, BStBl. 1984 II S. 504).

[1] Die Ersetzung einer Schätzungsveranlagung durch eine höhere Schätzungsveranlagung ist auch zulässig, wenn aufgrund einer nachträglichen Vermögenszuwachsrechnung ein gegenüber der ursprünglichen Schätzung wesentlich höherer Gewinn festgestellt wird (BFH-Urteile vom 24.10.1985, IV R 75/84, BStBl. 1986 II S. 233, und vom 29.10.1987, IV R 69/85, BFH/NV 1988 S. 346). [2] Dies gilt auch für den Fall, dass es sich bei der ursprünglichen Schätzung um eine Schätzung nach Richtsätzen für einen nicht buchführenden, jedoch buchführungspflichtigen Landwirt handelt (BFH-Urteile vom 3.10.1985, IV R 197/83, BFH/NV 1987 S. 477, und vom 24.10.1985, IV R 170/84, BFH/NV 1987 S. 545).

7.2. [1] Nachträglich bekannt gewordene Tatsachen, die zu einer niedrigeren Steuer führen, liegen nach einer vorausgegangenen Gewinnschätzung dann vor, wenn sich aus der Gesamtwürdigung der neuen Tatsachen, also dem gemeinsamen Ergebnis von Betriebseinnahmen und Betriebsausgaben, eine niedrigere Steuer ergibt (BFH-Urteil vom 28.3.1985, IV R 159/82, BStBl. 1986 II S. 120; vgl. AEAO zu § 173, Nr. 6.2). [2] Eine Änderung nach § 173 Abs. 1 Nr. 2 AO ist in diesen Fällen demzufolge nur zulässig, wenn den Steuerpflichtigen am nachträglichen Bekanntwerden der Tatsachen kein grobes Verschulden trifft (vgl. AEAO zu § 173, Nr. 5).

7.3. Hat das Finanzamt den laufenden Gewinn und den Veräußerungsgewinn (§ 16 EStG) geschätzt, so sind die nachträglich bekannt gewordenen tatsächlichen Gewinnbeträge (laufender Gewinn und Veräußerungsgewinn) je eine Tatsache i.S.d. § 173 Abs. 1 AO (BFH-Urteil vom 30.10.1986, III R 163/82, BStBl. 1987 II S. 161).

7.4. Zur Schätzung der Umsatzsteuer vgl. AEAO zu § 173, Nr. 6.3.

8. Änderungssperre (§ 173 Abs. 2 AO)

8.1. [1] Steuerbescheide, die aufgrund einer Außenprüfung ergangen sind, können wegen neuer Tatsachen oder Beweismittel nach § 173 Abs. 1 AO nur geändert werden, wenn eine Steuerhinterziehung oder leichtfertige Steuerverkürzung vorliegt (Änderungssperre nach § 173 Abs. 2 AO). [2] Durch die Regelung in § 173 Abs. 2 Satz 1 AO wird solchen Steuerbescheiden eine erhöhte Bestandskraft zugemessen, weil durch die Außenprüfung die steuerlich erheblichen Sachverhalte ausgiebig hätten geprüft werden können. [3]Die Änderungssperre wirkt auch dann, wenn nach einer Außenprüfung Tatsachen oder Beweismittel bekannt werden, die zu einer niedrigeren Steuer führen würden (BFH-Urteile vom 29.1.1987, IV R 96/85, BStBl. II S. 410, und vom 11.12. 1997, V R 56/94, BStBl. 1998 II S. 367). [4]Die Änderungssperre bezieht sich nur auf Änderungen i.S.v. § 173 Abs. 1 AO, nicht aber auf Änderungen, die aufgrund anderer Vorschriften erfolgen (vgl. BFH-Urteil vom 4.11.1992, XI R 32/91, BStBl. 1993 II S. 425).

8.2. Der Umfang der Änderungssperre richtet sich nach dem Inhalt der Prüfungsanordnung (BFH-Urteile vom 12.10.1994, XI R 75/93, BStBl. 1995 II S. 289, und vom 11.2.1998, I R 82/97, BStBl. II S. 552).

8.2.1. [1]Im Fall der Beschränkung der Außenprüfung auf bestimmte Steuerarten, Besteuerungszeiträume oder Sachverhalte (§ 194 Abs. 1 Satz 2 AO) umfasst die Änderungssperre daher nur den in der Prüfungsanordnung genannten Teil der Besteuerungsgrundlagen. [2]Wenn andererseits das tatsächliche Prüfungsverhalten über die Prüfungsanordnung hinausgeht, wird hierdurch keine Änderungssperre nach § 173 Abs. 2 AO ausgelöst (BFH-Urteil vom 11.2.1998, I R 82/97, BStBl. II S. 552).

8.2.2. Der Eintritt der Änderungssperre ist nicht davon abhängig, ob der Außenprüfer die betreffenden Vorgänge tatsächlich geprüft hat, ob er sie aus rechtlichen Erwägungen von sich aus nicht aufgegriffen hat oder ob er sie in Übereinstimmung mit der damaligen Verwaltungsauffassung unbeanstandet gelassen hat (BFH-Urteil vom 4.2.1987, I R 58/86, BStBl. 1988 II S. 215).

8.2.3. Eine Umsatzsteuer-Sonderprüfung, durch welche auf der Grundlage eingereichter Umsatzsteuer-Voranmeldungen „insbesondere der Vorsteuerabzug" geprüft wird, bewirkt keine Änderungssperre (BFH-Urteil vom 11.11. 1987, X R 54/82, BStBl. 1988 II S. 307).

8.3. Steuerbescheide sind i.S.d. § 173 Abs. 2 AO auch dann aufgrund einer Außenprüfung ergangen, wenn diese lediglich die in einer Selbstanzeige gemachten Angaben des Steuerpflichtigen bestätigt hat (BFH-Urteil vom 4.12. 1986, IV R 312/84, BFH/NV 1987 S. 214).

8.4. Außenprüfung i.S.d. § 173 Abs. 2 AO ist jede Prüfung nach §§ 193 bis 203 AO.

[1]Eine Außenprüfung kann auch von der Steuerfahndung durchgeführt werden (§ 208 Abs. 2 Nr. 1 AO). [2]Führt die Steuerfahndung auf der Grundlage einer Prüfungsanordnung eine Außenprüfung nach den §§ 193 bis 203 AO durch, gelten uneingeschränkt die Vorschriften über die Außenprüfung. [3]Eine von der Steuerfahndung durchgeführte Außenprüfung hat dementsprechend auch im Hinblick auf die Änderungssperre des § 173 Abs. 2 AO die Wirkung einer Außenprüfung. [4]Ermittlungshandlungen der Steuerfahndung im Zusammenhang mit der Erforschung von Steuerstraftaten und Steuerordnungswidrigkeiten nach § 208 Abs. 1 Nr. 2 AO und Maßnahmen der Steuerfahndung auf der Grundlage von § 208 Abs. 1 Nr. 1 und 3 AO lassen dagegen die Änderungssperre des § 173 Abs. 2 AO nicht eintreten (BFH-Urteil vom 11.12. 1997, V R 56/94, BStBl. 1998 II S. 367).

8.5. [1]Die Änderungssperre gilt auch in den Fällen, in denen eine Mitteilung nach § 202 Abs. 1 Satz 3 AO über eine ergebnislose Prüfung ergangen ist. [2]Eine solche Mitteilung ist jedoch kein Verwaltungsakt, der eine allgemeine Änderungssperre für die in der vorangegangenen Außenprüfung festgestellten Sachverhalte auslöst. [3] Sie hindert unter den Voraussetzungen des § 173 Abs. 2 AO nur die Änderung eines Steuerbescheids nach § 173 Abs. 1 AO. [4] Der Änderung des Bescheids aufgrund einer anderen Vorschrift (z.B. § 164 Abs. 2 AO) steht sie nicht entgegen (BFH-Urteile vom 29.4.1987, I R 118/83, BStBl. 1988 II S. 168, und vom 14.9.1993, VIII R 9/93, BStBl. 1995 II S. 2).

[1] Die Wirkung einer Mitteilung nach § 202 Abs. 1 Satz 3 AO hat auch der Vermerk im Prüfungsbericht, dass für den betreffenden Besteuerungszeitraum oder die betreffende Steuerart „keine Änderung" eintritt (BFH-Urteil vom 14.12.1989, III R 158/85, BStBl. 1990 II S. 283), es sei denn, dass sich der Vermerk auf einen Besteuerungszeitraum bezieht, für den die Steuer unter Vorbehalt der Nachprüfung festgesetzt ist. [2] In diesem Fall tritt die Änderungssperre erst dann ein, wenn der Vorbehalt der Nachprüfung nach § 164 Abs. 3 Satz 3 AO durch förmlichen Bescheid aufgehoben wird.

8.6. Zur Frage der Feststellung, ob Steuern hinterzogen oder leichtfertig verkürzt worden sind, vgl. AEAO zu § 169, Nr. 2.1 und 2.2.

Die Änderungssperre wird auch dann durchbrochen, wenn der Adressat des Steuerbescheids selbst nicht der Täter oder Teilnehmer der Steuerhinterziehung oder leichtfertigen Verkürzung ist (vgl. BFH-Urteil vom 14.12.1994, XI R 80/92, BStBl. 1995 II S. 293).

9. Umfang der Änderung

[1] Eine Änderung nach § 173 AO ist nur soweit zulässig, wie sich die neuen Tatsachen oder Beweismittel auswirken (punktuelle Änderung). [2] Sonstige Fehler können nur im Rahmen des § 177 AO berücksichtigt werden (vgl. AEAO zu § 177 AO).

10. Anwendung des § 173 AO in Feststellungsfällen

10.1. [1] Nach § 181 Abs. 1 Satz 1 AO gilt § 173 AO für die gesonderte Feststellung von Besteuerungsgrundlagen sinngemäß. [2] Bei einem Feststellungsbescheid kommt es demzufolge für die Frage der Zulässigkeit einer Änderung nach § 173 Abs. 1 AO darauf an, ob die neuen Tatsachen oder Beweismittel sich zu Gunsten oder zu Ungunsten des Steuerpflichtigen auswirken, dem der Gegenstand der Feststellung zuzurechnen ist. [3] Dabei kommt es nur auf die Änderungen der festgestellten Besteuerungsgrundlagen selbst an, nicht auf die steuerlichen Auswirkungen in den Folgebescheiden (vgl. BFH-Urteil vom 24.6.2009, IV R 55/06, BStBl. 2009 II S. 950).

10.2. Hierbei ist zu unterscheiden, ob die Feststellung auf einen Betrag oder auf eine Eigenschaft/rechtliche Qualifikation lautet.

10.2.1. [1] Lautet eine gesonderte Feststellung auf einen in Euro bemessenen Betrag (Wert, Einkünfte etc.), ist bei Anwendung des § 173 Abs. 1 AO auf die Änderungen dieses Betrags abzustellen. [2] Erfolgt eine gesonderte Feststellung auch einheitlich (§ 179 Abs. 2 Satz 2 AO), ist hierbei nicht auf die Verhältnisse der Gesellschaft/Gemeinschaft insgesamt, sondern auf die Verhältnisse jedes einzelnen Feststellungsbeteiligten individuell abzustellen.

[1] Bei einer nachträglich bekannt gewordenen, steuerrechtlich beachtlichen Gewinnverteilungsabrede sind die Voraussetzungen des § 173 Abs. 1 Nr. 1 AO erfüllt, soweit sich die Gewinnanteile erhöhen. [2] Der Bescheid ist nach § 173 Abs. 1 Nr. 2 AO zu ändern, soweit sich die Gewinnanteile verringern. [3] Auf ein grobes Verschulden am nachträglichen Bekanntwerden einer Gewinnvertei-

lungsabrede kommt es dabei nach § 173 Abs. 1 Nr. 2 Satz 2 AO nicht an, weil die nachträglich bekannt gewordene Gewinnverteilungsabrede zugleich bei dem Feststellungsbeteiligten, dessen Gewinnanteil sich erhöht, eine Tatsache i.S.d. § 173 Abs. 1 Nr. 1 AO ist (BFH-Urteil vom 24.6.2009, IV R 55/06, BStBl. 2009 II S. 950).

10.2.2. [1] Werden zu einer Feststellung, die nicht betragsmäßige Besteuerungsgrundlagen, sondern eine Eigenschaft oder rechtliche Bewertung zum Gegenstand hat (z.B. Art der Einkünfte, Grundstücksart, Zurechnung des Grundstücks), neue Tatsachen oder Beweismittel bekannt, findet § 173 Abs. 1 Nr. 2 AO Anwendung, wenn der Steuerpflichtige die Änderung des Feststellungsbescheids begehrt. [2] In diesem Fall ist die Änderung daher nur zulässig, wenn den Steuerpflichtigen kein grobes Verschulden am nachträglichen Bekanntwerden der Tatsachen oder Beweismittel trifft; § 173 Abs. 1 Nr. 2 Satz 2 AO bleibt unberührt. [3] § 173 Abs. 1 Nr. 1 AO kommt dagegen zur Anwendung, wenn das Finanzamt von Amts wegen tätig wird (vgl. das zur Frage der Änderung der Artfeststellung für ein Grundstück ergangene BFH-Urteil vom 16.9.1987, II R 178/85, BStBl. 1988 II S. 174).

AEAO zu § 173a – Schreib- oder Rechenfehler bei Erstellung einer Steuererklärung:

1. § 173a AO ermöglicht eine Änderung der Steuerfestsetzung, soweit der Steuerpflichtige auf Grund eines (bei Erstellung der Steuererklärung aufgetretenen) Schreib- oder Rechenfehlers der Finanzbehörde bestimmte Tatsachen unzutreffend (d.h. fehlerhaft) mitgeteilt hat und diese Tatsachen nach den Verhältnissen zum Zeitpunkt des Erlasses des Steuerbescheids rechtserheblich waren.

Schreibfehler sind insbesondere Rechtschreibfehler, Wortverwechselungen oder Wortauslassungen oder fehlerhafte Übertragungen.

Rechenfehler sind insbesondere Fehler bei der Addition, Subtraktion, Multiplikation oder Division sowie bei der Prozentrechnung.

[1] Ein solcher Schreib- oder Rechenfehler muss durchschaubar, eindeutig oder augenfällig sein. [2] Das ist dann der Fall, wenn der Fehler bei Offenlegung des Sachverhalts für jeden unvoreingenommenen Dritten klar und deutlich als Schreib- oder Rechenfehler erkennbar ist und kein Anhaltspunkt dafür erkennbar ist, dass eine unrichtige Tatsachenwürdigung, ein Rechtsirrtum oder ein Rechtsanwendungsfehler vorliegt.

[1] Das schlichte Vergessen eines Übertrags selbst ermittelter Besteuerungsgrundlagen in die Steuererklärung ist kein Schreib- oder Rechenfehler i.S.d. § 173a AO.[1] [2] In derartigen Fällen kann aber eine nachträglich bekannt gewordene Tatsache i.S.d. § 173 Abs. 1 AO vorliegen.

2. [1] § 173a AO ist erstmals auf Verwaltungsakte anzuwenden, die nach dem 31.12.2016 erlassen worden sind (Art. 97 § 9 Abs. 4 EGAO[2]). [2] Für Altfälle vgl. Nr. 4 Abs. 2 des AEAO zu § 129.

---

[1] Bestätigt von BFH v. 26.5.2020 IX R 30/19, DStR 2020, 2247.
[2] Nr. 1.1.

AEAO zu § 174 – Widerstreitende Steuerfestsetzungen:

1. Allgemeines

1.1. [1] Die Vorschrift eröffnet die Möglichkeit, Vorteile und Nachteile auszugleichen, die sich durch Steuerfestsetzungen ergeben haben, die inhaltlich einander widersprechen. [2] Sie bietet insoweit die gesetzliche Grundlage für die Änderung einer oder beider Festsetzungen (§ 172 Abs. 1 Satz 1 Nr. 2 Buchstabe d AO).

1.2. [1] Unter einem bestimmten Sachverhalt i.S.d. § 174 AO ist der einzelne Lebensvorgang zu verstehen, an den das Gesetz steuerliche Folgen knüpft. [2] Der Begriff erfasst nicht nur einzelne steuererhebliche Tatsachen, sondern den einheitlichen, für die Besteuerung maßgeblichen Sachverhaltskomplex (ständige BFH-Rechtsprechung; vgl. z.B. Urteil vom 16.4.2013, IX R 22/11, BStBl. 2016 II S. 432). [3] Im Rahmen des § 174 AO muss der dem geänderten sowie der dem zu ändernden Steuerbescheid zugrunde liegende Sachverhalt übereinstimmen. [4] Übereinstimmung setzt jedoch keine vollständige Identität voraus (BFH-Urteil vom 19.8.2015, X R 50/13, BFH/NV 2016 S. 603).[1]

Mehrere Sachverhaltselemente bilden dann einen einheitlichen Lebensvorgang und Sachverhaltskomplex, wenn die betreffenden Sachverhaltselemente einen inneren Zusammenhang aufweisen (vgl. BFH-Urteil vom 12.2.2015, V R 38/13, BFH/NV S. 877 m.w.N.).[2]

1.3. Die als Steuerfestsetzung unter dem Vorbehalt der Nachprüfung (§ 164 AO) wirkende Steueranmeldung (§ 168 AO) steht einem Steuerbescheid i.S.d. § 174 AO gleich (vgl. BFH-Urteile vom 19.12.2013, V R 5/12, BStBl. 2016 II S. 585, und V R 7/12, BFH/NV 2014 S. 1130).

2. Zu § 174 Abs. 1 AO

[1] Nach § 174 Abs. 1 AO ist ein Steuerbescheid aufzuheben oder zu ändern, wenn ein bestimmter Sachverhalt mehrfach zuungunsten eines oder mehrerer Steuerpflichtiger berücksichtigt worden ist, obwohl er nur einmal hätte berücksichtigt werden dürfen. [2] Hierbei kann es sich um Fälle handeln, in denen z.B. dieselbe Einnahme irrtümlich verschiedenen Steuerpflichtigen, verschiedenen Steuern oder verschiedenen Besteuerungszeiträumen zugeordnet worden ist. [3] Auch die Fälle, in denen mehrere Finanzämter gegen denselben Steuerpflichtigen für dieselbe Steuer und denselben Besteuerungszeitraum Steuerbescheide erlassen haben, fallen hierunter.

[1] Der fehlerhafte Steuerbescheid ist in den Fällen des § 174 Abs. 1 AO nur auf Antrag aufzuheben oder zu ändern. [2] Hat der Steuerpflichtige fälschlich nur einen Antrag auf Änderung des rechtmäßigen Steuerbescheids gestellt, ist der Antrag allgemein als Antrag auf Beseitigung der widerstreitenden Festsetzung zu behandeln. [3] Die Antragsfrist (§ 174 Abs. 1 Satz 2 AO) ist eine gesetzliche Frist i.S.d. § 110 AO. [4] Über den fristgerecht gestellten Antrag kann auch noch nach Ablauf der Jahresfrist entschieden werden.

3. Zu § 174 Abs. 2 AO

[1] § 174 Abs. 2 AO regelt in entsprechender Anwendung des § 174 Abs. 1 AO die Fälle, dass ein bestimmter Sachverhalt mehrfach zugunsten eines oder mehrerer Steuerpflichtiger berücksichtigt worden ist. [2] Die Änderung des feh-

---

[1] BStBl. II 2017, 15.
[2] BStBl. II 2017, 31.

lerhaften Steuerbescheids ist von Amts wegen vorzunehmen. [3] Eine Änderung nach § 174 Abs. 2 AO ist nicht auf den Fall der irrtümlichen Doppelberücksichtigung eines bestimmten Sachverhaltes beschränkt, sie kommt auch bei bewusst herbeigeführten widerstreitenden Steuerfestsetzungen in Betracht (vgl. BFH-Urteil vom 6.9.1995, XI R 37/95, BStBl. 1996 II S. 148).

Unter den Begriff des Antrages oder einer Erklärung des Steuerpflichtigen i.S.d. Vorschrift fallen auch formlose Mitteilungen und Auskünfte außerhalb des Steuererklärungsvordrucks (vgl. BFH-Urteil vom 13.11.1996, XI R 61/96, BStBl. 1997 II S. 170) sowie für den Beteiligten von Dritten abgegebene Erklärungen (z.B. im Rahmen des § 80 Abs. 1 und 4 AO, § 200 Abs. 1 AO).

4. „Widerstreit" im Sinne des § 174 Abs. 1 und 2 AO

[1] Ein „Widerstreit" i.S.d. § 174 Abs. 1 und 2 AO setzt voraus, dass die in verschiedenen Steuerbescheiden vorgenommenen Feststellungen bzw. Besteuerungen aufgrund der materiellen Rechtslage nicht miteinander vereinbar sind. [2] Sie stehen im Widerspruch zueinander, da nur einer der beiden Steuerbescheide und die darin angeordnete Rechtsfolge zutreffend sein kann. [3] Nach materiellem Recht muss sich die mehrfache Erfassung eines bestimmten Sachverhaltes zwingend ausschließen.

5. Unionskonforme Auslegung des § 174 Abs. 1 und 2 AO

[1] In unionskonformer Auslegung des § 174 Abs. 1 und 2 AO kann auch ein Steuerbescheid, der von einer Finanzbehörde eines anderen Mitgliedstaates der Europäischen Union oder eines Staates, auf den das Abkommen über den Europäischen Wirtschaftsraum (EWR-Abkommen) Anwendung findet, erlassen wurde, eine widerstreitende Steuerfestsetzung i.S.d. § 174 Abs. 1 oder 2 AO begründen (BFH-Urteil vom 9.5.2012, I R 73/10, BStBl. 2013 II S. 566).[1] [2] Die Änderung eines inländischen Steuerbescheids nach § 174 Abs. 1 oder 2 AO setzt voraus, dass eine aus innerstaatlicher Sicht rechtswidrige/fehlerhafte Behandlung des Sachverhaltes im inländischen Steuerbescheid vorliegt. [3] Ein rechtmäßiger Steuerbescheid kann nicht nach § 174 Abs. 1 oder 2 AO geändert werden (vgl. BFH-Urteil vom 17.6.2006, II R 48/04, BFH/NV S. 1611 m.w.N.). [4] Auch eine später eingetretene Rechtswidrigkeit aufgrund rückwirkender geänderter Rechtslage (neue oder geänderte Rechtsnorm) oder rückwirkender Ereignisse berechtigt nicht zu einer Änderung nach § 174 Abs. 1 und 2 AO.

[1] Bei einem Antrag auf Änderung eines von einer inländischen Finanzbehörde erlassenen Steuerbescheids zugunsten eines Steuerpflichtigen liegt die objektive Feststellungslast im Hinblick auf den ausländischen Steuerbescheid bei dem Steuerpflichtigen. [2] Zudem trifft ihn insoweit eine erhöhte Mitwirkungspflicht (§ 90 Abs. 2 AO).

Beispiel:
Die inländische Finanzbehörde hat bei der Festsetzung der Einkommensteuer Einkünfte als steuerpflichtig berücksichtigt. Der Einkommensteuerbescheid wird bestandskräftig. Der Steuerpflichtige beantragt ein Jahr später die Änderung dieses Einkommensteuerbescheids, da die fraglichen Einkünfte auch in den Niederlanden versteuert worden seien.

---

[1] Ein Widerstreit zwischen einem inländischen und einem ausländischen Steuerbescheid liegt nicht vor, wenn derselbe Sachverhalt im Ausland bei der Bemessungsgrundlage für die Steuer und im Inland im Rahmen des Progressionsvorbehalts hätte berücksichtigt werden können (BFH v. 20.3.2019, II R 61/15, DStR 2019, 1090).

Zu prüfen ist zunächst, ob Deutschland insoweit ein Besteuerungsrecht hatte. Wenn dies zu verneinen ist, muss als weitere Voraussetzung eine mehrfache und mit dem materiellen Recht unvereinbare Berücksichtigung dieser Einkünfte in verschiedenen Steuerbescheiden vorliegen. Der Steuerpflichtige hat zum einen darzulegen, dass die Besteuerung im Inland rechtswidrig bzw. fehlerhaft war, und zum anderen nachzuweisen, dass eine Besteuerung des Sachverhalts in den Niederlanden stattgefunden hat.

Nach § 174 Abs. 1 AO ist der inländische Einkommensteuerbescheid zu ändern, wenn dieser aus innerstaatlicher Sicht rechtswidrig/fehlerhaft war und tatsächlich eine Besteuerung des gleichen Sachverhaltes (Einkünfte) in den Niederlanden stattgefunden hat.

[1] § 174 Abs. 1 und 2 AO findet keine Anwendung bei Unstimmigkeiten zwischen den Vertragsstaaten über die Ausübung von Besteuerungsrechten (z.B. Verrechnungspreisfälle, Cash-Pooling, konkurrierende Besteuerungen bzw. Anwendung von Rückfallklauseln etc.). [2] Die Regelungen des § 174 AO stehen auch nicht in Konkurrenz bzw. Widerspruch zu Verständigungs- oder Schiedsverfahren nach den DBA; vgl. dazu auch § 175a AO.

6.[1] Zu § 174 Abs. 3 AO

[1] § 174 Abs. 3 AO erfasst die Fälle, in denen bei einer Steuerfestsetzung ein bestimmter Sachverhalt in der erkennbaren Annahme nicht berücksichtigt worden ist, dass der Sachverhalt nur Bedeutung für eine andere Steuer, einen anderen Besteuerungszeitraum oder einen anderen Steuerpflichtigen habe. [2] Dieser andere Bescheid muss nicht notwendigerweise schon erlassen worden sein oder später erlassen werden (vgl. BFH-Urteil vom 29.5.2001, VIII R 19/00, BStBl. II S. 743). [3] Der Anwendung des § 174 Abs. 3 AO steht auch nicht entgegen, dass die Finanzbehörde in der (erkennbaren) Annahme, ein bestimmter Sachverhalt sei in einem anderen Steuerbescheid zu berücksichtigen, zunächst überhaupt keinen Steuerbescheid erlässt (BFH-Urteil vom 23.5.1996, IV R 49/95, BFH/NV 1997 S. 89).

[1] Die Annahme, der bestimmte Sachverhalt sei in einem anderen Steuerbescheid zu erfassen, muss für den Steuerpflichtigen erkennbar und für die Nichtberücksichtigung kausal geworden sein. [2] Die Erkennbarkeit ist gegeben, wenn der Steuerpflichtige die (später als fehlerhaft erkannte) Annahme des Finanzamts auch ohne entsprechenden Hinweis aus dem gesamten Sachverhaltsablauf allein aufgrund verständiger Würdigung des fehlerhaften Bescheids erkennen konnte (BFH-Urteil vom 21.12.1984, III R 75/81, BStBl. 1985 II S. 283, und BFH-Beschluss vom 15.10.1998, IV B 15/98, BFH/NV 1999 S. 449). [3] An der Kausalität fehlt es dagegen, wenn die Nichtberücksichtigung darauf beruht, dass das Finanzamt von dem bestimmten Sachverhalt gar keine Kenntnis hatte oder annahm, dieser Sachverhalt sei – jetzt und auch später – ohne steuerliche Bedeutung (BFH-Urteil vom 29.5.2001, VIII R 19/00, a.a.O.).

Beispiel:

Die Finanzbehörde hat bei der Festsetzung der Einkommensteuer am 31.12. entstandene Aufwendungen nicht zum Abzug als Sonderausgaben zugelassen, weil sie der Auffassung war, dass die Sonderausgaben erst im nächsten Veranlagungszeitraum abzugsfähig seien (§ 11 Abs. 1 Satz 2 EStG[2]). Stellt sich die Annahme später als unrichtig heraus, so kann die Steuerfestsetzung, bei der die Berücksichtigung des Sachverhaltes unterblieben ist, insoweit, trotz etwa eingetretener Bestandskraft noch geändert werden, zeitlich jedoch nur bis zum Ablauf der für die andere Steuerfestsetzung laufenden Festsetzungsfrist.

---

[1] Siehe auch BFH v. 19.12.2013 V R 7/12, BStBl. II 2017, 841.
[2] dtv 5785 ESt/LSt Nr. 1.

Die irrige Annahme, der Sachverhalt sei in einem anderen Steuerbescheid zu berücksichtigen, muss von dem für die Steuerfestsetzung zuständigen Amtsträger gemacht worden sein (vgl. BFH-Urteil vom 29.5.2001, VIII R 19/00, a.a.O.).

7. Zu § 174 Abs. 4 AO

7.1. § 174 Abs. 4 AO ergänzt die Regelung des § 174 Abs. 3 AO um die Fälle, in denen eine Steuerfestsetzung auf Antrag oder im Rechtsbehelfsverfahren zugunsten des Steuerpflichtigen geändert worden ist.

7.2. [1] Der Änderung nach § 174 Abs. 4 AO steht nicht entgegen, dass der gleiche Sachverhalt sowohl in dem zugunsten des Steuerpflichtigen geänderten Steuerbescheid als auch in dem zu ändernden Bescheid steuerlich zu berücksichtigen ist (vgl. BFH-Urteil vom 18.2.1997, VIII R 54/95, BStBl. II S. 647). [2] Bei der Anwendung der Vorschrift ist zu berücksichtigen, dass § 174 Abs. 4 AO den Ausgleich einer zugunsten des Steuerpflichtigen eingetretenen Änderung bezweckt. [3] Derjenige, der erfolgreich für seine Rechtsansicht gestritten hat, muss auch die damit verbundenen Nachteile hinnehmen.

7.3. Beispiele:

a) Die Finanzbehörde hat einen Veräußerungsgewinn bei der Festsetzung der Einkommensteuer erfasst. Der Steuerpflichtige macht im Rechtsbehelfsverfahren mit Erfolg geltend, dass der Veräußerungsgewinn erst im folgenden Veranlagungszeitraum zu berücksichtigen sei. Unter den Voraussetzungen des § 174 Abs. 4 AO kann die Erfassung des Veräußerungsgewinns in dem folgenden Veranlagungszeitraum nachgeholt werden, auch wenn die hierfür maßgebliche Steuerfestsetzung bereits unanfechtbar geworden ist oder die Festsetzungsfrist bereits abgelaufen war.

b) Der Steuerpflichtige erreicht wegen eines in einem Veranlagungszeitraum erzielten Einnahmeüberschusses eine geänderte Beurteilung der Einkünfteerzielungsabsicht und damit die Berücksichtigung des Werbungskostenüberschusses in den angefochtenen Steuerbescheiden. Das Finanzamt kann den bisher unberücksichtigt gebliebenen Einnahmeüberschuss nachträglich durch Änderung des für diesen Veranlagungszeitraum bestandskräftig gewordenen Steuerbescheids nach § 174 Abs. 4 AO erfassen (vgl. BFH-Urteil vom 18.2.1997, VIII R 54/95, a.a.O.).

7.4. § 174 Abs. 4 AO lässt es hingegen nicht zu, dass die durch Rechtsbehelf oder sonstigen Antrag erwirkte Änderung eines Bescheides zugunsten des Steuerpflichtigen auf bestandskräftige andere Bescheide – ebenfalls zugunsten des Steuerpflichtigen – übertragen wird (BFH-Urteil vom 10.3.1999, XI R 28/98, BStBl. II S. 475).

8. Änderung nach § 174 Abs. 4 i.V.m. Abs. 5 AO zu Lasten eines Dritten

8.1. Nach § 174 Abs. 4 i.V.m. Abs. 5 AO können zur Richtigstellung einer irrigen Beurteilung eines bestimmten Sachverhalts steuerrechtliche Folgen auch zu Lasten eines bereits bestandskräftig beschiedenen Dritten gezogen werden.

8.2. [1] Dritter ist, wer im ursprünglichen Bescheid nicht als Inhaltsadressat (vgl. AEAO zu § 122, Nr. 1.3.1) angegeben war (vgl. BFH-Urteil vom 8.2. 1995, I R 127/93, BStBl. II S. 764). [2] So ist im Besteuerungsverfahren der Organträgerin die Organgesellschaft regelmäßig Dritte i.S.v. § 174 Abs. 4 i.V.m. Abs. 5 AO (BFH-Urteil vom 19.12.2013, V R 5/12, BStBl. 2016 II S. 585). [3] Sie ist dann nicht mehr Dritte, wenn im Zeitpunkt der Aufhebung oder Änderung des Steuerbescheids Gesamtrechtsnachfolge (§ 45 AO) – wie im Falle der Verschmelzung – eingetreten ist (vgl. BFH-Urteil vom 19.12.2013, V R 6/12, BFH/NV 2014 S. 1126).

8.3. [1] Inhaltsadressat eines Feststellungsbescheids – und damit nicht Dritter i.S.d. § 174 Abs. 5 AO – ist derjenige, dem der Gegenstand der Feststellung zuzurechnen ist. [2] Die Gesellschafter einer Personengesellschaft sind daher im Gewinnfeststellungsverfahren nicht Dritte i.S.d. § 174 Abs. 5 AO (BFH-Urteil vom 15.6.2004, VIII R 7/02, BStBl. II S. 914).

8.4. [1] Der Erlass oder die Änderung eines Steuerbescheids gegenüber dem Dritten setzt voraus, dass dieser vor Ablauf der Festsetzungsfrist für den gegen ihn gerichteten Steueranspruch zu dem Verfahren, das zur Aufhebung oder Änderung des fehlerhaften Steuerbescheids geführt hat, hinzugezogen oder beigeladen worden ist (BFH-Urteil vom 19.12.2013, V R 5/12, BStBl. 2016 II S. 585). [2] Die Finanzbehörde muss daher die Hinzuziehung eines in Betracht kommenden Dritten rechtzeitig vornehmen oder im finanzgerichtlichen Verfahren dessen Beiladung durch rechtzeitige Antragstellung veranlassen (zum Antrag auf Beiladung vgl. BFH-Beschluss vom 22.12.1988, VIII B 131/87, BStBl. 1989 II S. 314). [3] § 174 Abs. 5 Satz 2 AO ist selbst Rechtsgrundlage für die Beteiligung des Dritten, ohne dass die Voraussetzungen des § 360 Abs. 3 AO und des § 60 FGO[1]) vorliegen müssen (vgl. BFH-Beschluss vom 17.5. 1994, IV B 84/93, BFH/NV 1995 S. 87). [4] Schon die Möglichkeit, dass ein Steuerbescheid wegen irrtümlicher Beurteilung eines Sachverhalts aufzuheben oder zu ändern ist und hieraus Folgen für einen Dritten zu ziehen sind, rechtfertigt die Hinzuziehung des Dritten (BFH-Beschlüsse vom 4.1.1996, X B 149/95, BFH/NV S. 453, vom 30.1.1996, VIII B 20/95, BFH/NV S. 524, und vom 27.8.1998, III B 41/98, BFH/NV 1999 S. 156).

8.5. [1] Eine Hinzuziehung oder Beiladung kommt grundsätzlich nicht mehr in Betracht, wenn gegenüber dem Dritten im Zeitpunkt der beabsichtigten Hinzuziehung oder Beiladung die Festsetzungsfrist für den gegen ihn gerichteten Steueranspruch bereits abgelaufen ist (vgl. BFH-Urteil vom 5.5.1993, X R 111/91, BStBl. II S. 817). [2] Hat der Dritte aber durch eigene verfahrensrechtliche Initiativen auf die Änderung oder die Aufhebung des fehlerhaften Bescheids hingewirkt, kann er auch noch nach Ablauf der Festsetzungsfrist hinzugezogen oder beigeladen werden (vgl. BFH-Urteil vom 10.11.1993, I R 20/ 93, BStBl. 1994 II S. 327); es reicht aber nicht aus, dass der Dritte den Widerstreit von Steuerfestsetzungen lediglich kennt.

8.6. [1] Weil sich die Frage, welches die „richtigen steuerlichen Folgerungen" sind, verbindlich im Ausgangsverfahren entscheidet (vgl. BFH-Urteile vom 24.11.1987, IX R 158/83, BStBl. 1988 II S. 404, und vom 3.8.1988, I R 115/ 84, BFH/NV 1989 S. 482) und der Dritte durch die Ausgangsentscheidung beschwert ist (vgl. BFH-Urteil vom 22.7.1980, VIII R 114/78, BStBl. 1981 II S. 101), muss ihm die Möglichkeit eröffnet sein, sich im Ausgangsverfahren rechtliches Gehör zu verschaffen und auf das Verfahren dort Einfluss zu nehmen. [2] Korrekturbescheide und abschließende Entscheidungen müssen auch dem Dritten bekannt gegeben werden, damit auch dieser die Möglichkeit hat, hiergegen Rechtsbehelf einzulegen (BFH-Urteile vom 11.4.1991, V R 40/86, BStBl. II S. 605, und vom 26.7.1995, X R 45/92, BFH/NV 1996 S. 195). [3] Eine Entscheidung durch Abhilfebescheid (§ 172 Abs. 1 Satz 1 Nr. 2 Buchstabe a AO), durch die es einer Einspruchsentscheidung nicht mehr bedarf, wahrt die Rechte des Hinzugezogenen nur, wenn sie seinem Antrag der Sache nach entspricht oder wenn er ihr zustimmt (BFH-Urteile vom 11.4.1991, V R 40/86, a.a.O., vom 20.5.1992, III R 176/90, BFH/NV 1993 S. 74, und vom 5.5.1993, X R 111/91, BStBl. II S. 817).

---

[1]) Nr. 2.

8.7. [1]Eine Hinzuziehung oder Beiladung des Dritten ist nur dann entbehrlich, wenn er Verfahrensbeteiligter i.S.d. § 359 AO oder § 57 FGO war oder durch eigene verfahrensrechtliche Initiativen auf die Änderung oder Aufhebung des fehlerhaften Steuerbescheids hingewirkt hat (BFH-Urteile vom 8.2.1995, I R 127/93, BStBl. II S. 764, und vom 27.3.1996, I R 100/94, BFH/NV S. 798). [2]Daneben ist die Änderung gegenüber einem Dritten auch ohne Einhaltung der Voraussetzungen des § 174 Abs. 5 AO zulässig, wenn die Voraussetzungen des § 174 Abs. 3 AO erfüllt sind (vgl. BFH-Urteile vom 1.8.1984, V R 67/82, BStBl. II S. 788, und vom 19.12.2013, V R 7/12, BFH/NV 2014 S. 1130).

9.[1] **Alternative oder kumulative Erfassung bestimmter Sachverhalte beim Steuerpflichtigen und beim Dritten**

[1]§ 174 Abs. 4 und 5 AO ist nicht auf Fälle einer alternativen Erfassung bestimmter Sachverhalte (vgl. AEAO zu § 174, Nr. 1.2) entweder beim Steuerpflichtigen oder beim Dritten beschränkt. [2]Auch brauchen die steuerrechtlichen Folgen, die aus dem bestimmten Sachverhalt sowohl beim Steuerpflichtigen als auch bei einem Dritten zu ziehen sind, nicht identisch zu sein. [3]Aufgrund ein und desselben Sachverhalts kann beim Steuerpflichtigen eine abziehbare Ausgabe und beim Dritten eine Einnahme in Betracht kommen (BFH-Urteil vom 24.11.1987, IX R 158/83, BStBl. 1988 II S. 404, und BFH-Beschluss vom 2.12.1999, II B 17/99, BFH/NV 2000 S. 679).

AEAO zu § 175 – Änderung von Steuerbescheiden auf Grund von Grundlagenbescheiden und bei rückwirkenden Ereignissen:

1. Aufhebung oder Änderung von Folgebescheiden nach § 175 Abs. 1 Satz 1 Nr. 1 AO

1.1. [1]Grundlagenbescheide i.S.d. § 175 Abs. 1 Satz 1 Nr. 1 AO sind Feststellungsbescheide, Steuermessbescheide oder sonstige für eine Steuerfestsetzung bindende Verwaltungsakte (§ 171 Abs. 10 AO). [2]Auch Verwaltungsakte anderer Behörden, die keine Finanzbehörden sind, können Grundlagenbescheide sein (z.B. Verwaltungsakte der zuständigen Behörden, die den Grad einer Behinderung i.S.d. § 33b EStG[2] feststellen).[3]

1.2.[4] [1]Die Anpassung des Folgebescheids an einen Grundlagenbescheid steht nicht im Ermessen der Finanzbehörde (BFH-Urteil vom 10.6.1999, IV R 25/98, BStBl. II S. 545). [2]Der vom Grundlagenbescheid ausgehenden Bindungswirkung (§ 182 Abs. 1 AO) ist durch Änderung des Folgebescheids nach § 175 Abs. 1 Satz 1 Nr. 1 AO Rechnung zu tragen, wenn der Folgebescheid die mit dem Grundlagenbescheid getroffene Feststellung nicht oder nicht zutreffend berücksichtigt. [3]Eine Anpassung des Folgebescheids an den Grundlagenbescheid nach § 175 Abs. 1 Satz 1 Nr. 1 AO ist auch dann vorzunehmen, wenn der Grundlagenbescheid

---

[1] Vgl. hierzu BFH v. 18.2.2009 V R 81/07, BStBl. II 2010, 109.
[2] dtv 5785 ESt/LSt Nr. 1.
[3] Zur verjährungshemmenden Wirkung sog. „ressortfremder" Grundlagenbescheide siehe BMF v. 31.1.2014, BStBl. I 2014, 159.
[4] Zur Bindungswirkung eines geänderten Grundlagenbescheids bei gleichzeitiger Aufhebung des Vorbehalts der Nachprüfung siehe BFH v. 21.1.2014 IX R 38/13, BStBl. II 2016, 580.

– erst nach Erlass des Folgebescheids ergangen ist (§§ 155 Abs. 2 und 162 Abs. 5 AO),

– bei Erlass des Folgebescheids übersehen wurde (BFH-Urteile vom 9.8.1983, VIII R 55/82, BStBl. 1984 II S. 86, und vom 6.11.1985, II R 255/83, BStBl. 1986 II S. 168; vgl. BFH-Urteil vom 16.7.2003, X R 37/99, BStBl. II S. 867, zur Anwendbarkeit des § 129 AO, wenn die Finanzbehörde die Auswertung des Grundlagenbescheids nicht bewusst unterlassen hat),

– bei Erlass des Folgebescheids bereits vorlag, die im Grundlagenbescheid getroffenen Feststellungen aber fehlerhaft berücksichtigt worden sind (BFH-Urteile vom 14.4.1988, IV R 219/85, BStBl. II S. 711, vom 4.9.1996, XI R 50/96, BStBl. 1997 II S. 261, und vom 10.6.1999, IV R 25/98, a.a.O.).

1.3. [1] Wird ein Grundlagenbescheid aus formellen Gründen ersatzlos aufgehoben, so eröffnet dies der für den Erlass des Folgebescheids zuständigen Finanzbehörde die Möglichkeit, den Sachverhalt, der bisher Gegenstand des Feststellungsverfahrens war, selbständig zu beurteilen und den Folgebescheid insoweit nach § 175 Abs. 1 Satz 1 Nr. 1 AO zu ändern (BFH-Urteile vom 25.6.1991, IX R 57/88, BStBl. II S. 821, und vom 24.3.1998, I R 83/97, BStBl. II S. 601). [2] Das Gleiche gilt, wenn

– ein zunächst eingeleitetes Feststellungsverfahren aus formellen Gründen zu einem sog. negativen Feststellungsbescheid führt (BFH-Urteil vom 11.5.1993, IX R 27/90, BStBl. II S. 820) oder

– einzelne Besteuerungsgrundlagen nachträglich aus dem Feststellungsverfahren ausgeschieden werden (BFH-Urteile vom 11.4.1990, I R 82/86, BFH/NV 1991 S. 143, vom 25.6.1991, IX R 57/88, a.a.O., vom 14.7.1993, X R 34/90, BStBl. 1994 II S. 77, und vom 7.12.1993, IX R 134/92, BFH/NV 1994 S. 547, sowie BFH-Beschluss vom 8.9.1998, IX B 71/98, BFH/NV 1999 S. 157).

1.4. [1] Durch einen negativen Feststellungsbescheid, mit dem die Feststellung von Einkünften nicht aus formellen, sondern aus materiellen Gründen – z.B. wegen Liebhaberei – abgelehnt wird, geht die Ermittlungsbefugnis nicht auf das für den Erlass des Folgebescheids zuständige Finanzamt über (vgl. BFH-Urteil vom 28.11.1985, IV R 178/83, BStBl. 1986 II S. 293). [2] In diesem negativen Feststellungsbescheid wird bindend festgelegt, dass in den Folgebescheiden keine Einkünfte aus dem fraglichen Rechtsverhältnis angesetzt werden dürfen (vgl. BFH-Beschluss vom 17.1.1985, IV B 65/84, BStBl. II S. 299).

1.5. [1] Stellt die Finanzbehörde durch Verwaltungsakt die Nichtigkeit eines Grundlagenbescheids fest, ist der Folgebescheid nach § 175 Abs. 1 Satz 1 Nr. 1 AO zu ändern (BFH-Urteil vom 20.8.2014, X R 15/10, BStBl. 2015 II S. 109; vgl. AEAO zu § 125, Nr. 4). [2] In diesem Fall geht die Ermittlungsbefugnis ebenfalls nicht auf das für den Erlass des Folgebescheids zuständige Finanzamt über (vgl. BFH-Urteil vom 24.5.2006, I R 93/05, BStBl. 2007 II S. 76).

1.6. Sind die Voraussetzungen für eine Steuervergünstigung durch einen außersteuerlichen Grundlagenbescheid nachzuweisen, so steht der Anpassung des Steuerbescheids (Folgebescheid) an den Grundlagenbescheid nach § 175 Abs. 1 Satz 1 Nr. 1 AO nicht entgegen, dass der Steuerpflichtige den für die Steuervergünstigung erforderlichen, aber nicht fristgebundenen Antrag erst nach Unanfechtbarkeit des Steuerbescheids gestellt hat (BFH-Urteil vom 13.12.1985, III R 204/81, BStBl. 1986 II S. 245).

2. Aufhebung oder Änderung von Steuerbescheiden wegen Eintritts eines rückwirkenden Ereignisses (§ 175 Abs. 1 Satz 1 Nr. 2 AO)

2.1. [1]Die Aufhebung oder Änderung eines Steuerbescheids nach § 175 Abs. 1 Satz 1 Nr. 2 AO setzt voraus, dass nachträglich ein Ereignis eingetreten ist, das steuerliche Wirkung für die Vergangenheit hat. [2]Hierzu rechnen alle rechtlich bedeutsamen Vorgänge, aber auch tatsächliche Lebensvorgänge, die steuerlich – ungeachtet der zivilrechtlichen Wirkungen – in der Weise Rückwirkung entfalten, dass nunmehr der veränderte anstelle des zuvor verwirklichten Sachverhalts der Besteuerung zugrunde zu legen ist (BFH-Beschluss GrS vom 19.7.1993, GrS 2/92, BStBl. II S. 897, m.w.N.).

2.2. [1]Ob einer nachträglichen Änderung des Sachverhaltes rückwirkende steuerliche Bedeutung zukommt, bestimmt sich allein nach dem jeweils einschlägigen materiellen Steuerrecht. [2]Nach diesem ist zu beurteilen, ob zum einen eine Änderung des ursprünglich gegebenen Sachverhalts den Steuertatbestand überhaupt betrifft und ob sich darüber hinaus der bereits entstandene materielle Steueranspruch mit steuerlicher Rückwirkung ändert (BFH-Beschluss GrS vom 19.7.1993, GrS 2/92, a.a.O.).

Der Fall eines rückwirkenden Ereignisses liegt vor allem dann vor, wenn die Besteuerung nach dem maßgeblichen Einzelsteuergesetz nicht an Lebensvorgänge, sondern unmittelbar oder mittelbar an Rechtsgeschäfte, Rechtsverhältnisse oder Verwaltungsakte anknüpft und diese Umstände nachträglich mit Wirkung für die Vergangenheit gestaltet werden (BFH-Urteil vom 21.4.1988, IV R 215/85, BStBl. II S. 863).

[1]Nach § 175 Abs. 2 Satz 2 AO gilt die nachträgliche Erteilung oder Vorlage einer Bescheinigung oder Bestätigung nicht als rückwirkendes Ereignis. [2]§ 175 Abs. 2 Satz 2 AO ist nicht auf die Bescheinigung der anrechenbaren Körperschaftsteuer bei verdeckten Gewinnausschüttungen anzuwenden (siehe hierzu und zum Anwendungszeitraum der Vorschrift Art. 97 § 9 Abs. 3 EGAO[1])). [3]Beweismittel, die ausschließlich dazu dienen, eine steuerrechtlich relevante Tatsache zu belegen und die als solche keinen Eingang in eine materielle Steuerrechtsnorm gefunden haben, sind auch dann kein rückwirkendes Ereignis i.S.d. § 175 Abs. 1 Satz 1 Nr. 2 AO, wenn sie erst nach Bestandskraft eines Bescheids beschafft werden können; ggf. kommt hier aber § 173 AO zur Anwendung.

Eine rückwirkende Änderung steuerrechtlicher Normen ist kein rückwirkendes Ereignis i.S.d. § 175 Abs. 1 Satz 1 Nr. 2 AO (BFH-Urteil vom 9.8. 1990, X R 5/88, BStBl. 1991 II S. 55).

Auch eine Entscheidung des BVerfG stellt kein rückwirkendes Ereignis i.S.v. § 175 Abs. 1 Satz 1 Nr. 2 AO dar (vgl. u.a. BFH-Urteil vom 12.5.2009, IX R 45/08, BStBl. II S. 891).

2.3. [1]Die Änderung des Steuerbescheids nach § 175 Abs. 1 Satz 1 Nr. 2 AO ist nur zulässig, wenn das rückwirkende Ereignis nachträglich, d.h. nach Entstehung des Steueranspruchs und nach dem Erlass des Steuerbescheids (ggf. des zuletzt erlassenen Änderungsbescheids) eingetreten ist. [2]Die Voraussetzungen des § 175 Abs. 1 Satz 1 Nr. 2 AO liegen nicht vor, wenn das Finanzamt – wie

---

[1]) Nr. 1.1.

im Fall des § 173 Abs. 1 AO – lediglich nachträglich Kenntnis von einem bereits gegebenen Sachverhalt erlangt (vgl. BFH-Urteil vom 6.3.2003, XI R 13/02, BStBl. II S. 554).

Ist im Einzelfall die Änderung des Steuerbescheids nach § 175 Abs. 1 Satz 1 Nr. 2 AO ausgeschlossen, kann in Fällen, in denen das Ereignis zwar schon vor Erlass des Steuerbescheids eingetreten, dem Finanzamt jedoch erst nachträglich bekannt geworden ist, die Änderung des Steuerbescheids nach § 173 Abs. 1 AO in Betracht kommen (vgl. BFH-Urteil vom 17.3.1994, V R 123/91, BFH/NV 1995 S. 274).

2.4. Beispiele für rückwirkende Ereignisse:

Einkommensteuer

– § 4 Abs. 2 Satz 1 EStG
 Wird ein für das Betriebsvermögen am Schluss des Wirtschaftsjahres maßgebender Wertansatz korrigiert, der sich auf die Höhe des Gewinns der Folgejahre auswirkt, so stellt dies ein Ereignis mit steuerlicher Rückwirkung hinsichtlich der Veranlagung für die Folgejahre dar (BFH-Urteil vom 30.6.2005, IV R 11/04, BStBl. II S. 809). Zu den Auswirkungen auf die Verzinsung nach § 233a AO vgl. AEAO zu § 233a, Nr. 10.3.2.

– § 6 Abs. 1 Nr. 1a EStG
 Wird nachträglich die 15 %-Grenze i.S.d. § 6 Abs. 1 Nr. 1a EStG überschritten, so stellt dies ein rückwirkendes Ereignis dar.

– § 6b EStG
 Die Rücklage nach § 6b Abs. 3 EStG kann vom Steuerpflichtigen rückwirkend aufgestockt werden, wenn sich der Veräußerungspreis in einem späteren Veranlagungszeitraum erhöht (vgl. BFH-Urteil vom 13.9.2000, X R 148/97, BStBl. 2001 II S. 641).

– § 10 EStG (Folgen der Erstattung von Sonderausgaben in einem späteren Veranlagungszeitraum)
 Werden gezahlte Sonderausgaben in einem späteren Veranlagungszeitraum an den Steuerpflichtigen erstattet, ist der Erstattungsbetrag mit gleichartigen Sonderausgaben zu verrechnen. Ist im Jahr der Erstattung der Sonderausgaben an den Steuerpflichtigen ein Ausgleich mit gleichartigen Aufwendungen nicht oder nicht in voller Höhe möglich, so ist der Sonderausgabenabzug des Jahres der Verausgabung rückwirkend zu mindern (BFH-Urteil vom 7.7.2004, XI R 10/04, BStBl. II S. 1058, und vom 21.7.2009, X R 32/07, BStBl. 2010 II S. 38). Ab Veranlagungszeitraum 2012 ist bei den Aufwendungen i.S.d. § 10 Abs. 1 Nr. 2 bis 3a EStG nach § 10 Abs. 4b Satz 2 EStG ein Erstattungsbetrag innerhalb des Veranlagungszeitraums mit anderen Aufwendungen der jeweiligen Nummer zu verrechnen; ein Erstattungsüberhang erhöht in den Fällen des § 10 Abs. 1 Nr. 3 und 4 EStG nach § 10 Abs. 4b Satz 3 EStG dann den Gesamtbetrag der Einkünfte.

– § 10 Abs. 1a Nr. 1 EStG
 Wird nach Eintritt der Bestandskraft sowohl die Zustimmung zur Anwendung des Realsplittings erteilt, als auch der Antrag nach § 10 Abs. 1a Nr. 1 EStG (bis VZ 2014: § 10 Abs. 1 Nr. 1 EStG) gestellt, liegen die Voraussetzungen für eine Änderung nach § 175 Abs. 1 Satz 1 Nr. 2 AO vor (BFH-Urteil vom 12.7.1989, X R 8/84, BStBl. II S. 957). Auch die nachträgliche betragsmäßige Erweiterung eines bereits vorliegenden Antrags stellt i.V.m. der erweiterten Zustimmungserklärung ein rückwirkendes Ereignis dar (BFH-Urteil vom 28.6.2006, XI R 32/05, BStBl. 2007 II S. 5). Demgegenüber liegt kein rückwirkendes Ereignis vor, wenn dem Unterhaltspflichtigen bei einem erst nach Bestandskraft des Einkommensteuerbescheides gestellten Antrag auf Berücksichtigung von Unterhaltsleistungen die Zustimmungserklärung des Unterhaltsempfängers bereits vor Eintritt der Bestandskraft vorlag (BFH-Urteil vom 20.8.2014, X R 33/12, BStBl. 2015 II S. 138).

– § 14a Abs. 4 EStG
 Die Steuerbegünstigung der vorgezogenen Abfindung steht unter dem Gesetzesvorbehalt, dass der Abgefundene nicht doch noch den Betrieb übernimmt oder der Betrieb nicht vorher verkauft wird (vgl. BFH-Urteil vom 4.3.1993, IV R 110/92, BStBl. II S. 788). Entsprechende für die Begünstigung schädliche Handlungen sind als rückwirkende Ereignisse anzusehen (vgl. BFH-Urteil vom 23.11.2000, IV R 85/99, BStBl. 2001 II S. 122).

– § 16 Abs. 1 Satz 1 Nr. 1 EStG
 Wird die gestundete Kaufpreisforderung für die Veräußerung eines Gewerbebetriebs in einem späteren VZ ganz oder teilweise uneinbringlich, so stellt dies ein Ereignis mit steuerlicher Rück-

wirkung auf den Zeitpunkt der Veräußerung dar (BFH-Urteil vom 19.7.1993, GrS 2/92, BStBl. II S. 897).

Die Zahlung von Schadensersatzleistungen für betriebliche Schäden nach Betriebsaufgabe beeinflusst die Höhe des Aufgabegewinns, weil sie ein rückwirkendes Ereignis auf den Zeitpunkt der Betriebsaufgabe darstellt (BFH-Urteil vom 10.2.1994, IV R 37/92, BStBl. II S. 564).

– § 16 Abs. 1 Satz 1 Nr. 2 EStG
Die spätere vergleichsweise Festlegung eines strittigen Veräußerungspreises ist auf den Zeitpunkt der Realisierung des Veräußerungsgewinns zurückzubeziehen (BFH-Urteil vom 26.7.1984, IV R 10/83, BStBl. II S. 786).

Scheidet ein Kommanditist aus einer KG aus und bleibt sein bisheriges Gesellschafterdarlehen bestehen, so ist, wenn diese Forderung später wertlos wird, sein Veräußerungs- bzw. Aufgabegewinn mit steuerlicher Wirkung für die Vergangenheit gemindert (BFH-Urteil vom 14.12. 1994, X R 128/92, BStBl. 1995 II S. 465).

– § 17 EStG
Fallen nach Auflösung einer Kapitalgesellschaft nachträgliche Anschaffungskosten für eine Beteiligung i.S.d. § 17 Abs. 2 Satz 1 EStG an, können diese bei der Ermittlung des Auflösungsgewinns als rückwirkendes Ereignis berücksichtigt werden (vgl. BFH-Urteil vom 2.10.1984, VIII R 20/ 84, BStBl. 1985 II S. 428).

Wird der Verkauf eines Anteils an einer Kapitalgesellschaft (wesentliche Beteiligung i.S.v. § 17 EStG) nach Übertragung des Anteils und vollständiger Bezahlung des Kaufpreises durch den Abschluss eines außergerichtlichen Vergleiches, mit dem die Vertragsparteien den Rechtsstreit über den Eintritt einer im Kaufvertrag vereinbarten auflösenden Bedingung beilegen, rückgängig gemacht, so ist dies ein Ereignis mit steuerlicher Rückwirkung auf den Zeitpunkt der Veräußerung (BFH-Urteil vom 19.8.2003, VIII R 67/02, BStBl. 2004 II S. 107).

– § 22 Nr. 1 Satz 3 EStG
Wird eine Rente rückwirkend zugebilligt und fällt dadurch rückwirkend ganz oder teilweise der Anspruch auf Sozialleistungen (z.B. Kranken- oder Arbeitslosengeld) weg, sind die bisher im Rahmen des Progressionsvorbehalts berücksichtigten Leistungen als Rentenzahlung anzusehen und nach § 22 Nr. 1 Satz 3 Buchstabe a EStG der Besteuerung zu unterwerfen (vgl. R 32b Abs. 4 EStR 2012[1]).

– § 22 Nr. 3 EStG
Fallen Werbungskosten für einmalige (sonstige) Leistungen (§ 22 Nr. 3 EStG) nachträglich an und war ihre Entstehung im Jahr des Zuflusses der Einnahme nicht vorhersehbar, ist die Veranlagung des Zuflussjahres nach § 175 Abs. 1 Satz 1 Nr. 2 AO zu ändern (BFH-Urteil vom 3.6. 1992, X R 91/90, BStBl. II S. 1017).

Wird ein nach § 22 Nr. 3 EStG steuerbares Entgelt für ein Vorkaufsrecht auf den Kaufpreis eines später zustande kommenden Kaufvertrags angerechnet, führt dies zum rückwirkenden Wegfall des zunächst angenommenen Tatbestands der „Einkünfte aus Leistungen" (BFH-Urteil vom 10.8.1994, X R 42/91, BStBl. 1995 II S. 57).

– §§ 26 bis 26b EStG
Wählt ein Ehegatte/Lebenspartner vor Bestandskraft des ihm gegenüber ergangenen Bescheides die Einzelveranlagung nach § 26a EStG (bis VZ 2012: die getrennte Veranlagung), sind die Ehegatten/Lebenspartner auch dann einzeln zu veranlagen, wenn der gegenüber dem anderen Ehegatten/Lebenspartner ergangene Zusammenveranlagungsbescheid bereits bestandskräftig geworden ist. Der Antrag auf Einzelveranlagung nach § 26a EStG stellt hinsichtlich der Zusammenveranlagungsbescheids des anderen Ehegatten/Lebenspartners ein rückwirkendes Ereignis mit der Folge dar, dass dieser nach § 175 Abs. 1 Satz 1 Nr. 2 AO aufzuheben ist und die Festsetzungsfrist ihm gegenüber mit Ablauf des Kalenderjahres beginnt, in dem der Antrag auf Einzelveranlagung nach § 26a EStG gestellt wird (vgl. BFH-Urteile vom 3.3.2005, III R 22/02, BStBl. II S. 690, und vom 28.7.2005, III R 48/03, BStBl. II S. 865).

Widerruft ein Ehegatte/Lebenspartner im Zuge der Veranlagung seinen Antrag auf Einzelveranlagung nach § 26a EStG, ist die bestandskräftige Veranlagung des anderen Ehegatten/Lebenspartners nach § 175 Abs. 1 Satz 1 Nr. 2 AO aufzuheben.

Die Wahl einer bestimmten Veranlagungsart oder deren Änderung bzw. Widerruf durch einen Ehegatten oder Lebenspartner ist hingegen kein rückwirkendes Ereignis im Sinne von § 175 Abs. 1 Satz 1 Nr. 2 AO, wenn beide Ehegatten/Lebenspartner für den betreffenden Veranlagungszeitraum im Zeitpunkt der Antragstellung bereits bestandskräftig zur Einkommensteuer veranlagt sind (vgl. BFH-Urteil vom 25.9.2014, III R 5/13, BFH/NV 2015 S. 811).

---

[1] dtv 5785 ESt/LSt Nr. 3.

Zur nachträglichen Ausübung steuerlicher Wahlrechte vgl. Nr. 8 des AEAO vor §§ 172 bis 177.
Zur Verzinsung vgl. Nr. 10.2.1 des AEAO zu § 233a.

– § 32 Abs. 6 Satz 6 EStG
Der Antrag zur Übertragung des Kinderfreibetrags/Betreuungsfreibetrags nach Eintritt der Bestandskraft stellt ein rückwirkendes Ereignis dar (BMF-Schreiben vom 28.6.2013, BStBl. I S. 845).

– § 37b EStG
Der Widerruf bzw. die anderweitige Ausübung des Pauschalierungswahlrechts nach § 37b Abs. 1 Satz 1 EStG und nach § 37b Abs. 2 Satz 1 EStG führt dazu, dass die Zuwendungen rückwirkend gem. § 175 Abs. 1 Satz 1 Nr. 2 AO in die Veranlagungen der Zuwendungsempfänger als Einnahmen einzubeziehen sind (vgl. BFH-Urteil vom 15.6.2016, VI R 54/15, BStBl. II S. 1010).

Doppelbesteuerungsabkommen

Soweit in einem DBA eine sog. Rückfallklausel enthalten ist, sind Einkünfte, für die nach dem DBA dem ausländischen Staat das Besteuerungsrecht zugewiesen worden ist, aber dort deshalb nicht versteuert werden, weil der Stpfl. keine Steuererklärung abgegeben hat, nicht unter Progressionsvorbehalt freizustellen, sondern im Inland voll zu besteuern. Sollte nachträglich eine Besteuerung im Ausland erfolgen, so liegt ein Ereignis vor, das gem. § 175 Abs. 1 Satz 1 Nr. 2 AO zurückwirkt und eine Korrektur des im Inland bestandskräftigen Steuerbescheids rechtfertigt (vgl. BFH-Urteil vom 11.6.1996, I R 8/96, BStBl. 1997 II S. 117).

Umsatzsteuer

– §§ 9, 15 Abs. 1 Nr. 1 UStG[1]
Macht der leistende Unternehmer den Verzicht auf die Steuerbefreiung rückgängig, wird der Umsatz rückwirkend wieder steuerfrei, so dass eine Steuer für den berechneten Umsatz nicht mehr geschuldet wird. Der Leistungsempfänger verliert den Vorsteuerabzug rückwirkend im Jahr des Leistungsbezugs unabhängig davon, dass der leistende Unternehmer die gesondert ausgewiesene Umsatzsteuer bis zur Rechnungsberichtigung gem. § 14c Abs. 1 UStG schuldet (BFH-Urteil vom 1.2.2001, V R 23/00, BStBl. 2003 II S. 673).

Investitionszulage

Ein Investitionszulagebescheid ist nach § 175 Abs. 1 Satz 1 Nr. 2 AO zu korrigieren, wenn nachträglich gegen die Kumulationsverbote nach § 3 Abs. 1 Satz 2, § 3a Abs. 1 Sätze 4 und 5 InvZulG 1999 verstoßen wurde (vgl. BMF-Schreiben vom 28.2.2003, BStBl. I S. 218, Tz. 11 und 12).

Erbschaftsteuer

– § 10 Abs. 5 Nr. 3 ErbStG[2]
Nach der Steuerfestsetzung entstehende Kosten der Nachlassregulierung (§ 10 Abs. 5 Nr. 3 ErbStG) können als rückwirkendes Ereignis zur Korrektur der Steuerfestsetzung führen.

– § 13 Abs. 1 Nr. 2 und 3 ErbStG
Die Steuerbefreiungen fallen mit Wirkung für die Vergangenheit weg, wenn die Gegenstände, der Grundbesitz oder Teile des Grundbesitzes innerhalb von zehn Jahren nach dem Erwerb veräußert werden oder die Voraussetzungen für die Steuerbefreiung innerhalb dieses Zeitraums entfallen. Die Steuerfestsetzung ist nach § 175 Abs. 1 Satz 1 Nr. 2 AO vorzunehmen.

– §§ 13a, 19a ErbStG
Verschonungsabschlag, Abzugsbetrag und Entlastungsbetrag fallen mit Wirkung für die Vergangenheit weg, soweit innerhalb von fünf Jahren (bzw. sieben Jahren bei Optionsverschonung nach § 13a Abs. 8 ErbStG) nach dem Zeitpunkt der Steuerentstehung gegen eine der Behaltensregelungen bzw. im Fall des Verschonungsabschlags gegen die Lohnsummenregelung verstoßen wird. Der Steuerbescheid ist nach § 175 Abs. 1 Satz 1 Nr. 2 AO zu korrigieren (R E 13a.4 Abs. 1, R E 13a.5 Abs. 1 und R E 19a.3 Abs. 1 ErbStR 2011).

– § 29 Abs. 1 ErbStG
Auch der Eintritt eines Ereignisses gem. § 29 Abs. 1 ErbStG, z.B. die Herausgabe eines Geschenks, stellt ein rückwirkendes Ereignis dar.

---

[1] **dtv 5546 USt Nr. 1.**
[2] **dtv 5547 ErbSt/BewG/GrSt Nr. 2.**

Grunderwerbsteuer

– § 5 Abs. 3 GrEStG[1]

Die Steuerbegünstigung beim Übergang eines Grundstücks von mehreren Miteigentümern oder einem Alleineigentümer auf eine Gesamthand in dem Umfang, der dem Anteil der Beteiligung des Veräußerers am Vermögen der Gesamthand entspricht, steht unter dem Gesetzesvorbehalt einer mindestens fünf Jahre fortwährenden Beteiligung. Die Minderung des Vermögensanteils innerhalb dieses Zeitraums stellt ein Ereignis mit steuerlicher Rückwirkung auf den Zeitpunkt des Grundstücksübergangs dar. Die Steuerfestsetzung ist gem. § 175 Abs. 1 Satz 1 Nr. 2 AO zu korrigieren oder erstmals vorzunehmen.

– § 6 Abs. 3 Satz 2 GrEStG

Die Steuerbegünstigung beim Übergang eines Grundstücks von einer Gesamthand auf eine andere Gesamthand in dem Umfang, in dem ein Gesellschafter sowohl am Vermögen der veräußernden als auch der erwerbenden Gesamthand beteiligt ist, steht unter dem Gesetzesvorbehalt einer mindestens fünf Jahre fortwährenden Beteiligung an der erwerbenden Gesamthand. Die Minderung des Vermögensanteils innerhalb dieses Zeitraums stellt ein Ereignis mit steuerlicher Rückwirkung auf den Zeitpunkt des Grundstücksübergangs dar. Die Steuerfestsetzung ist gem. § 175 Abs. 1 Satz 1 Nr. 2 AO zu korrigieren oder erstmals vorzunehmen.

Bewertung

Wird der einem Wertfortschreibungsbescheid vorangegangene Einheitswertbescheid nachträglich geändert und werden hierdurch die für die Wertfortschreibung auf einen späteren Stichtag nach § 22 BewG[2] erforderlichen Wertgrenzen nicht mehr erreicht, ist der Wertfortschreibungsbescheid nach § 175 Abs. 1 Satz 1 Nr. 2 AO aufzuheben (BFH-Urteil vom 9.11.1994, II R 37/91, BStBl. 1995 II S. 93).

AEAO zu § 175a – Umsetzung von Verständigungsvereinbarungen:

[1] Die Vorschrift ist Rechtsgrundlage für die Umsetzung einer Verständigungsvereinbarung oder eines Schiedsspruchs nach einer völkerrechtlichen Vereinbarung i.S.d. § 2 AO. [2] Zum internationalen Verständigungsverfahren und Schiedsverfahren in Steuersachen vgl. Merkblatt vom 9.10.2018, BStBl. I S. 1122. [3] Zum Teil-Einspruchsverzicht s. § 354 Abs. 1a AO, zur Teil-Rücknahme eines Einspruchs s. § 362 Abs. 1a AO.

AEAO zu § 175b – Änderung von Steuerbescheiden bei Datenübermittlung durch Dritte:

1. Auf eine Verletzung der Mitwirkungspflichten seitens des Steuerpflichtigen oder der Ermittlungspflichten durch die Finanzbehörde kommt es in den Fällen des § 175b AO – anders als in den Fällen des § 173 AO – nicht an.

Unerheblich ist auch, ob dem Steuerpflichtigen bei Erstellung der Steuererklärung ein Schreib- oder Rechenfehler i.S.d. § 173a AO oder der Finanzbehörde bei Erlass des Steuerbescheids ein mechanisches Versehen i.S.d. § 129 AO, ein Fehler bei der Tatsachenwürdigung oder ein Rechtsanwendungsfehler unterlaufen ist.

[1] Eine Aufhebung oder Änderung nach § 175b Abs. 1 oder 2 AO ist allerdings ausgeschlossen, sofern die nachträglich übermittelten Daten nicht rechtserheblich sind (§ 175b Abs. 4 AO). [2] Zur Rechtserheblichkeit vgl. Nr. 3 des AEAO zu § 173.

Die Aufhebung oder Änderung der Steuerfestsetzung nach § 175b AO kann sich je nach Sachlage zu Gunsten wie auch zu Ungunsten des Steuerpflichtigen auswirken.

---

[1] dtv 5765 Steuergesetze Nr. 12.
[2] dtv 5547 ErbSt/BewG/GrSt Nr. 1.

2. [1]§ 175b Abs. 1 bis 3 AO ist erstmals anzuwenden, wenn steuerliche Daten eines Steuerpflichtigen für Besteuerungszeiträume nach 2016 oder Besteuerungszeitpunkte nach dem 31.12.2016 auf Grund gesetzlicher Vorschriften von einem Dritten als mitteilungspflichtiger Stelle elektronisch an Finanzbehörden zu übermitteln sind (Art. 97 § 27 Abs. 2 EGAO). [2]§ 175b Abs. 4 AO ist erstmals anzuwenden, wenn Daten i.S.d. § 93c AO der Finanzbehörde nach dem 25.6.2017 zugehen.

AEAO zu § 176 – Vertrauensschutz bei der Aufhebung und Änderung von Steuerbescheiden:

1. [1]Die Vorschrift schützt das Vertrauen des Steuerpflichtigen in die Gültigkeit einer Rechtsnorm, der Rechtsprechung eines obersten Gerichtshofs des Bundes oder einer allgemeinen Verwaltungsvorschrift (z.B. EStR[1])). [2]Unter Aufhebung und Änderung ist jede Korrektur einer Steuerfestsetzung nach §§ 164, 165, 172 ff. AO oder nach den Einzelsteuergesetzen zu verstehen (vgl. AEAO vor §§ 172 bis 177, Nr. 3), aber nicht die Berichtigung nach § 129 AO.

2. [1]Bei Änderung der Steuerfestsetzung ist so vorzugehen, als hätte die frühere für den Steuerpflichtigen günstige Rechtsauffassung nach wie vor Gültigkeit. [2]Ist z.B. eine Steuer unter Vorbehalt der Nachprüfung festgesetzt worden (§ 164 AO), so muss eine dem Steuerpflichtigen günstige Rechtsprechung des BFH, die bei der Vorbehaltsfestsetzung berücksichtigt worden war, auch dann weiter angewendet werden, wenn der BFH seine Rechtsprechung zum Nachteil des Steuerpflichtigen geändert hat.

3. [1]Hat der Steuerpflichtige die bisherige Rechtsprechung seinen Steuererklärungen stillschweigend und für das Finanzamt nicht erkennbar zugrunde gelegt, gilt der Vertrauensschutz nur, wenn davon ausgegangen werden kann, dass die Finanzbehörde mit der Anwendung der Rechtsprechung einverstanden gewesen wäre. [2]Das Einverständnis ist immer dann zu unterstellen, wenn die Entscheidung im Bundessteuerblatt veröffentlicht worden war und keine Verwaltungsanweisung vorlag, die Rechtsprechung des BFH über den entschiedenen Einzelfall hinaus nicht anzuwenden.

4. [1]Es verstößt gegen Treu und Glauben, wenn der Steuerpflichtige aufgrund einer Rechtsprechungsänderung die Aufhebung eines ihn belastenden Bescheids fordert und erreicht und später geltend macht, er habe auf die Anwendung der früheren Rechtsprechung vertraut und sei nicht bereit, die für ihn negativen Folgen der Rechtsprechungsänderung hinzunehmen. [2]Dies gilt zumindest insoweit, als der der Rechtsprechungsänderung Rechnung tragende Änderungsbescheid im Ergebnis zu keiner höheren Belastung des Steuerpflichtigen führt (vgl. BFH-Urteil vom 8.2.1995, I R 127/93, BStBl. II S. 764).

5. Wegen der sinngemäßen, eingeschränkten Anwendung des § 176 AO auf Neuveranlagungen der Grundsteuermessbeträge s. § 17 Abs. 2 Nr. 2 GrStG[2]) sowie auf Fortschreibungen der Einheitswerte s. § 22 Abs. 3 Sätze 2 und 3 BewG[3]).

---

[1]) **dtv 5785 ESt/LSt Nr. 3.**
[2]) **dtv 5547 ErbSt/BewG/GrSt Nr. 3.**
[3]) **dtv 5547 ErbSt/BewG/GrSt Nr. 1.**

AEAO zu § 177 – Berichtigung von materiellen Fehlern:

1. [1] Materieller Fehler ist jede objektive Unrichtigkeit eines Steuerbescheids. [2] Materiell fehlerhaft ist ein Bescheid nicht nur, wenn bei Erlass des Steuerbescheids geltendes Recht unrichtig angewendet wurde, sondern auch dann, wenn der Steuerfestsetzung ein Sachverhalt zugrunde gelegt worden ist, der sich nachträglich als unrichtig erweist. [3] Bei der Steuerfestsetzung nicht berücksichtigte Tatsachen sind deshalb, sofern sie zu keiner Änderung nach § 173 AO führen, nach § 177 AO zu berücksichtigen (BFH-Urteil vom 5.8.1986, IX R 13/81, BStBl. 1987 II S. 297). [4] Auf ein Verschulden kommt es ebenso wenig an wie darauf, dass der Steueranspruch insoweit verjährt ist (BFH-Urteil vom 18.12.1991, X R 38/90, BStBl. 1992 II S. 504). [5] Eine Berichtigung eines materiellen Fehlers nach § 177 AO ist deshalb auch dann zulässig und geboten, wenn eine isolierte Änderung dieses Fehlers oder seine Berichtigung nach § 129 AO wegen Ablaufs der Festsetzungsfrist nicht möglich wäre.

2. [1] Die Möglichkeit der Berichtigung materieller Fehler ist bei jeder Aufhebung oder Änderung eines Steuerbescheids zu prüfen. [2] Materielle Fehler sind zu berichtigen, soweit die Voraussetzungen für die Aufhebung oder Änderung eines Steuerbescheids zuungunsten (§ 177 Abs. 1 AO) oder zugunsten des Steuerpflichtigen (§ 177 Abs. 2 AO) vorliegen; die Voraussetzungen des § 177 Abs. 1 und 2 AO können auch nebeneinander vorliegen. [3] Materielle Fehler dürfen nur innerhalb des Änderungsrahmens berichtigt, d.h. gegengerechnet werden. [4] Liegen sowohl die Voraussetzungen für Änderungen zugunsten des Steuerpflichtigen als auch solche zu dessen Ungunsten vor, sind die oberen und unteren Grenzen der Fehlerberichtigung jeweils getrennt voneinander zu ermitteln (BFH-Urteile vom 9.6.1993, I R 90/92, BStBl. II S. 822, und vom 14.7.1993, X R 34/90, BStBl. 1994 II S. 77). [5] Eine Saldierung der Änderungstatbestände zuungunsten und zugunsten des Steuerpflichtigen ist deshalb nicht zulässig (Saldierungsverbot).

3. [1] Änderungsobergrenze ist der Steuerbetrag, der sich als Summe der bisherigen Steuerfestsetzung und der steuerlichen Auswirkung aller selbständigen steuererhöhenden Änderungstatbestände ergibt. [2] Änderungsuntergrenze ist der Steuerbetrag, der sich nach Abzug der steuerlichen Auswirkung aller selbständigen steuermindernden Änderungstatbestände von der bisherigen Steuerfestsetzung ergibt.

4. [1] Die Auswirkungen materieller Fehler sind zu saldieren und dann, soweit der Änderungsrahmen reicht, zu berücksichtigen (Saldierungsgebot); vgl. BFH-Urteil vom 9.6.1993, I R 90/92, BStBl. II S. 822). [2] Bei Änderungen zuungunsten des Steuerpflichtigen kann ein negativer (steuermindernder) Fehler-Saldo nur bis zur Änderungsuntergrenze berücksichtigt werden (§ 177 Abs. 1 AO). [3] Bei Änderungen zugunsten des Steuerpflichtigen kann ein positiver (steuererhöhender) Fehler-Saldo nur bis zur Änderungsobergrenze berücksichtigt werden (§ 177 Abs. 2 AO).

Beispiele:

a) Es werden nachträglich Tatsachen bekannt, die zu einer um 5.000 € höheren Steuer führen. Zugleich werden materielle Fehler, die sich bei der früheren Festsetzung i.H.v. 6.000 € zugunsten des Steuerpflichtigen ausgewirkt haben, und materielle Fehler, die sich bei der früheren Festsetzung i.H.v. 8.500 € zum Nachteil des Steuerpflichtigen ausgewirkt haben, festgestellt. Der Saldo der materiellen Fehler führt i.H.v. 2.500 € zu einer Minderung der Nachforderung.

b) Es werden nachträglich Tatsachen bekannt, die zu einer um 5.000 € höheren Steuer führen. Außerdem ist ein geänderter Grundlagenbescheid zu berücksichtigen, der zu einer um 5.500 €

niedrigeren Steuer führt. Zugleich werden materielle Fehler festgestellt, die sich i.h.v. 8.500 €
zugunsten und i.h.v. 6.000 € zuungunsten des Steuerpflichtigen ausgewirkt haben.
Der Saldo der materiellen Fehler (2.500 € zugunsten des Steuerpflichtigen) mindert die Änderung der Steuerfestsetzung zugunsten des Steuerpflichtigen aufgrund des geänderten Grundlagenbescheids (5.500 €). Die Differenz von 3.000 € ist mit der Nachforderung von 5.000 €
wegen nachträglich bekannt gewordener Tatsachen zu verrechnen, so dass im Ergebnis eine
Änderung des Steuerbescheids i.H.v. 2.000 € zuungunsten des Steuerpflichtigen vorzunehmen
ist.

5. [1] Soweit ein Ausgleich materieller Fehler nach § 177 AO nicht möglich
ist, bleibt der Steuerbescheid fehlerhaft. [2] Hierin liegt keine sachliche Unbilligkeit, da die Folge vom Gesetzgeber gewollt ist.

6. Zur Berichtigung materieller Fehler bei einer Berichtigung offenbarer
Unrichtigkeiten nach § 129 AO vgl. AEAO zu § 129, Nr. 5; zur Berichtigung
materieller Fehler bei der Änderung einer vorläufigen Steuerfestsetzung nach
§ 165 Abs. 2 Satz 2 AO vgl. AEAO zu § 165, Nr. 9.

AEAO zu § 179 – Feststellung von Besteuerungsgrundlagen:

1. [1] Abweichend von dem Grundsatz, dass die Besteuerungsgrundlagen einen unselbständigen Teil des Steuerbescheids bilden (§ 157 Abs. 2 AO), sehen
die §§ 179 ff. AO bzw. entsprechende Vorschriften der Einzelsteuergesetze (z.B.
§ 2a, § 10b Abs. 1, § 10d Abs. 4, § 15a Abs. 4, § 39 Abs. 1 Satz 4 EStG [1)];
§§ 27, 28 und 38 KStG [2)], § 151 BewG [3)], § 17 GrEStG [4)]) in bestimmten Fällen
eine gesonderte Feststellung der Besteuerungsgrundlagen vor. [2] Die gesonderte
Feststellung ist zugleich einheitlich vorzunehmen, wenn die AO oder ein
Einzelsteuergesetz (z.B. § 15a Abs. 4 Satz 6 EStG) dies besonders vorschreiben
oder wenn der Gegenstand der Feststellung bei der Besteuerung mehrerer
Personen zuzurechnen ist (§ 179 Abs. 2 Satz 2 2. Alternative AO). [3] Für das
Feststellungsverfahren sind die Vorschriften über die Durchführung der Be-
steuerung sinngemäß anzuwenden (§ 181 Abs. 1 AO).

2. [1] Voraussetzung für den Erlass eines Ergänzungsbescheids nach § 179
Abs. 3 AO ist, dass der vorangegangene Feststellungsbescheid wirksam, aber
unvollständig bzw. lückenhaft ist. [2] In einem Ergänzungsbescheid sind nur
solche Feststellungen nachholbar, die in dem vorangegangenen Feststellungsbescheid „unterblieben" sind. [3] Eine Feststellung ist unterblieben, wenn sie im
Feststellungsbescheid hätte getroffen werden müssen, tatsächlich aber – aus
welchen Gründen auch immer – nicht getroffen worden ist. [4] Die Vorschrift
des § 179 Abs. 3 AO durchbricht nicht die Bestandskraft wirksam ergangener
Feststellungsbescheide. [5] Inhaltliche Fehler in rechtlicher oder tatsächlicher
Hinsicht können daher nicht in einem Ergänzungsbescheid korrigiert werden
(BFH-Urteil vom 15.6.1994, II R 120/91, BStBl. II S. 819; BFH-Urteil vom
11.5.1999, IX R 72/96, BFH/NV S. 1446).

Ein Ergänzungsbescheid ist beispielsweise zulässig zur Nachholung:
– der Feststellung, ob und in welcher Höhe ein Freibetrag nach § 16 Abs. 4
EStG zu gewähren ist;
– der Feststellung, wie der Gewinn zu verteilen ist (vgl. BFH-Urteil vom
13.12.1983, VIII R 90/81, BStBl. 1984 II S. 474);

[1)] **dtv 5785 ESt/LSt Nr. 1.**
[2)] **dtv 5786 KSt/GewSt Nr. 1.**
[3)] **dtv 5547 ErbSt/BewG/GrSt Nr. 1.**
[4)] **dtv 5765 Steuergesetze Nr. 12.**

– des Hinweises über die Reichweite der Bekanntgabe gem. § 183 Abs. 1 Satz 5 AO (BFH-Urteil vom 13.7.1994, XI R 21/93, BStBl. II S. 885);
– der Feststellung und der Verteilung des Betrags der einbehaltenen Kapitalertragsteuer und der anrechenbaren Körperschaftsteuer (§ 180 Abs. 5 Nr. 2 AO);
– der Feststellung über das Ausscheiden eines Gesellschafters während eines abweichenden Wirtschaftsjahres (BFH-Beschluss vom 22.9.1997, IV B 113/96, BFH/NV 1998 S. 454).

[1] Eine Feststellung ist nicht unterblieben und kann daher auch nicht nachgeholt werden, wenn sie im Feststellungsbescheid ausdrücklich abgelehnt worden ist. [2] Deshalb kann durch den Erlass eines Ergänzungsbescheids nicht nachgeholt werden:
– die im Feststellungsverfahren unterbliebene Entscheidung, ob ein steuerbegünstigter Gewinn vorliegt, wenn das Finanzamt den Gewinn bisher insgesamt als laufenden Gewinn festgestellt hat (BFH-Urteile vom 26.11.1975, I R 44/74, BStBl. 1976 II S. 304, und vom 24.7.1984, VIII R 304/81, BStBl. II S. 785);
– die bei einer Feststellung nach § 180 Abs. 1 Satz 1 Nr. 2 Buchstabe a AO zu Unrecht unterbliebene Berücksichtigung von Sonderbetriebseinnahmen oder -ausgaben;
– ein fehlender oder unklarer Hinweis i.S.v. § 181 Abs. 5 Satz 2 AO (BFH-Urteil vom 18.3.1998, II R 45/96, BStBl. II S. 426; BFH-Urteil vom 24.6.1998, II R 17/95, BFH/NV 1999 S. 282).

Der Erlass eines Ergänzungsbescheids steht nicht im Ermessen der Finanzbehörde.

3. Wegen der Anpassung der Folgebescheide an den Feststellungsbescheid wird auf § 175 Abs. 1 Satz 1 Nr. 1 AO hingewiesen, wegen der Einspruchsbefugnis bei Feststellungsbescheiden auf § 351 Abs. 2 und §§ 352, 353 AO.

4. [1] In den Fällen der atypisch stillen Unterbeteiligung am Anteil des Gesellschafters einer Personengesellschaft (als Hauptgesellschaft) kann eine besondere gesonderte und einheitliche Feststellung vorgenommen werden (§ 179 Abs. 2 letzter Satz AO). [2] Von dieser Möglichkeit ist wegen des Geheimhaltungsbedürfnisses der Betroffenen regelmäßig Gebrauch zu machen.

[1] Die Berücksichtigung der Unterbeteiligung im Feststellungsverfahren für die Hauptgesellschaft ist nur mit Einverständnis aller Beteiligten – Hauptgesellschaft und deren Gesellschafter sowie des Unterbeteiligten – zulässig (vgl. u.a. BFH-Urteil vom 2.3.1995, IV R 135/92, BStBl. II S. 531). [2] Das Einverständnis der Beteiligten gilt als erteilt, wenn die Unterbeteiligung in der Feststellungserklärung für die Hauptgesellschaft geltend gemacht wird.

Die Regelung gilt für Treuhandverhältnisse, in denen der Treugeber über den Treuhänder Hauptgesellschafter der Personengesellschaft ist, entsprechend.

Die örtliche Zuständigkeit für die besondere gesonderte und einheitliche Feststellung richtet sich i.d.R. nach der Zuständigkeit für die Hauptgesellschaft.

[1] Ist dagegen eine Personengesellschaft atypisch still an einer Kapitalgesellschaft beteiligt, dürfen die Feststellungen der Einkünfte aus der Personengesellschaft und aus der atypisch stillen Gesellschaft nicht in einem einheitlichen Feststellungsbescheid getroffen werden. [2] Hier sind zunächst die vom Inhaber des Handelsgeschäfts und dem atypisch stillen Gesellschafter gemeinschaftlich

erzielte Einkünfte gesondert und einheitlich festzustellen. [3] Die in diesem Grundlagenbescheid festgestellten Einkünfte sind dann einerseits in den Körperschaftsteuerbescheid der Kapitalgesellschaft und andererseits in den die Personengesellschaft betreffenden weiteren Bescheid über die gesonderte und einheitliche Feststellung von deren Einkünften zu übernehmen (BFH-Urteil vom 21.10.2015, IV R 43/12, BStBl. 2016 II S. 517).

5. [1] Die Gewinnanteile des Unterbeteiligten bei einer typischen stillen Unterbeteiligung sind als Sonderbetriebsausgaben des Hauptbeteiligten im Feststellungsverfahren zu berücksichtigen (BFH-Urteil vom 9.11.1988, I R 191/84, BStBl. 1989 II S. 343). [2] Eine Nachholung des Sonderbetriebsausgabenabzugs im Veranlagungsverfahren des Hauptbeteiligten ist nicht zulässig.

AEAO zu § 180 – Gesonderte Feststellung von Besteuerungsgrundlagen:

1. [1] Die gesonderte Feststellung nach § 180 Abs. 1 Satz 1 Nr. 2 Buchstabe a AO umfasst in erster Linie die von den Feststellungsbeteiligten gemeinschaftlich erzielten Einkünfte. [2] Sie umfasst auch die bei Ermittlung dieser Einkünfte zu berücksichtigenden Sonderbetriebseinnahmen und -ausgaben oder Sonderwerbungskosten eines oder mehrerer Feststellungsbeteiligten.

[1] Darüber hinaus sind solche Besteuerungsgrundlagen gesondert festzustellen, die in einem rechtlichen, wirtschaftlichen oder tatsächlichen Zusammenhang mit den gemeinschaftlich erzielten Einkünften stehen, aber bei Ermittlung der gemeinschaftlich erzielten Einkünfte nicht zu berücksichtigen sind. [2] Hiernach sind z.B. solche Aufwendungen gesondert festzustellen, die aus Mitteln der Gesellschaft oder Gemeinschaft geleistet werden und für die Besteuerung der Feststellungsbeteiligten, z.B. als Sonderausgaben, von Bedeutung sind. [3] Soweit derartige Besteuerungsgrundlagen bei Erlass des Feststellungsbescheids nicht berücksichtigt worden sind, ist ihre gesonderte Feststellung durch Ergänzungsbescheid (§ 179 Abs. 3 AO) nachzuholen.

Zum Verfahren bei der Geltendmachung von negativen Einkünften aus der Beteiligung an Verlustzuweisungsgesellschaften und vergleichbaren Modellen vgl. BMF-Schreiben vom 13.7.1992, BStBl. I S. 404, und vom 28.6.1994, BStBl. I S. 420.

2. Fallen der Wohnort und der Betriebs- bzw. Tätigkeitsort auseinander und liegen diese Orte im Bereich verschiedener Finanzämter, sind die Einkünfte des Steuerpflichtigen aus Land- und Forstwirtschaft, Gewerbebetrieb oder freiberuflicher Tätigkeit gesondert festzustellen (§ 180 Abs. 1 Satz 1 Nr. 2 Buchstabe b AO).

2.1. [1] Für die Entscheidung, ob eine gesonderte Feststellung durchzuführen ist, sind die Verhältnisse zum Schluss des Gewinnermittlungszeitraums maßgebend. [2] Bei einem vom Kalenderjahr abweichenden Wirtschaftsjahr oder einem Rumpfwirtschaftsjahr sind die Verhältnisse zum Schluss dieses Zeitraums maßgebend.

[1] Spätere Änderungen dieser Verhältnisse sind insoweit unbeachtlich. [2] Eine gesonderte Feststellung nach § 180 Abs. 1 Satz 1 Nr. 2 Buchstabe b AO ist daher auch dann durchzuführen, wenn nach Ablauf des Gewinnermittlungszeitraums der Betrieb in den Bezirk des Wohnsitzfinanzamts oder der Wohnsitz in den Bezirk des Betriebsfinanzamts verlegt wird.

[1] Die Frage, welches Finanzamt in derartigen Fällen für die gesonderte Feststellung nach § 180 Abs. 1 Satz 1 Nr. 2 Buchstabe b AO und damit zusammenhängende Maßnahmen (Außenprüfung, Änderung usw.) zuständig ist, bestimmt sich für Feststellungszeiträume, die nach dem 31.12.2014 beginnen (Art. 97 § 10b Satz 2 EGAO[1)]), jeweils nach den aktuellen Verhältnissen (§ 180 Abs. 1 Satz 2 AO). [2] Für frühere Feststellungszeiträume bestimmt sich die örtliche Zuständigkeit nach den Verhältnissen zum Schluss des Gewinnermittlungszeitraums; § 27 AO bleibt unberührt.

2.2. Einkünfte aus freiberuflicher Tätigkeit i.S.d. § 180 Abs. 1 Satz 1 Nr. 2 Buchstabe b AO sind nur die Einkünfte nach § 18 Abs. 1 Nr. 1 EStG[2)], nicht die übrigen Einkünfte aus selbständiger Arbeit.

2.3. [1] Übt ein Steuerpflichtiger seine freiberufliche Tätigkeit in mehreren Gemeinden aus, so ist für die dadurch erzielten Einkünfte nur eine gesonderte Feststellung durchzuführen (BFH–Urteil vom 10.6.1999, IV R 69/98, BStBl. II S. 691). [2] Bei Einkünften aus Land- und Forstwirtschaft oder aus Gewerbebetrieb gilt dies für den Betrieb der Land- und Forstwirtschaft oder den Gewerbebetrieb entsprechend.

2.4. [1] Die örtliche Zuständigkeit für gesonderte Feststellungen i.S.d. § 180 Abs. 1 Satz 1 Nr. 2 Buchstabe b AO richtet sich nach § 18 AO. [2] Zur Zuständigkeit, wenn Wohnung und Betrieb in einer Gemeinde (Großstadt) mit mehreren Finanzämtern liegen, vgl. AEAO zu § 19, Nrn. 2 und 3.

3. [1] Wegen der in § 180 Abs. 2 AO vorgesehenen Feststellungen wird auf die V zu § 180 Abs. 2 AO verwiesen. [2] Auf Feststellungen nach § 180 Abs. 1 Satz 1 AO findet die V zu § 180 Abs. 2 AO keine Anwendung. [3] Zur gesonderten Feststellung bei gleichen Sachverhalten nach der V zu § 180 Abs. 2 AO vgl. BMF-Schreiben vom 2.5.2001, BStBl. I S. 256. [4] Zum Verfahren bei der Geltendmachung von Vorsteuerbeträgen aus der Beteiligung an Gesamtobjekten vgl. BMF-Schreiben vom 24.4.1992, BStBl. I S. 291. [5] Zur gesonderten Feststellung der Steuerpflicht von Zinsen aus einer Lebensversicherung nach § 9 der V zu § 180 Abs. 2 AO vgl. BMF-Schreiben vom 16.7.2012, BStBl. I S. 686.

4. Fälle von geringer Bedeutung, in denen eine gesonderte Feststellung entfällt (§ 180 Abs. 3 Nr. 2 AO), sind beispielsweise bei Mieteinkünften von zusammenveranlagten Eheleuten/Lebenspartnern (BFH–Urteil vom 20.1.1976, VIII R 253/71, BStBl. II S. 305)[3)] und bei dem gemeinschaftlich erzielten Gewinn von Landwirts-Eheleuten/-Lebenspartnern (BFH-Urteil vom 4.7. 1985, IV R 136/83, BStBl. II S. 576) gegeben, wenn die Einkünfte verhältnismäßig einfach zu ermitteln sind und die Aufteilung feststeht.

[1] Auch bei gesonderten Feststellungen nach § 180 Abs. 1 Satz 1 Nr. 2 Buchstabe b und Nr. 3 AO kann in Fällen von geringer Bedeutung auf die Durchführung eines gesonderten Gewinnfeststellungsverfahrens verzichtet werden (§ 180 Abs. 3 Satz 1 Nr. 2 AO). [2] Ein Fall von geringer Bedeutung kann z.B. vorliegen, wenn dasselbe Finanzamt auch für die Einkommensteuer-Veranlagung zuständig ist (bei Verlegung des Betriebs in den Bezirk des Wohnsitzfinanzamts oder des Wohnsitzes in den Bezirk des Betriebsfinanzamts).

[1)] Nr. **1.1.**
[2)] dtv 5785 ESt/LSt Nr. **1.**
[3)] Bestätigt durch BFH v. 4.7.2018 IX B 114/17, BFH/NV 2018, 1088.

5. Eine Feststellung ist auch zum Zweck der Ermittlung des anzuwendenden Steuersatzes im Falle eines bei der Steuerfestsetzung zu beachtenden Progressionsvorbehaltes und in den Fällen des § 2a EStG vorzunehmen (§ 180 Abs. 5 Nr. 1 AO).

6. [1] Soweit Einkünfte oder andere Besteuerungsgrundlagen nach § 180 Abs. 1 Satz 1 Nr. 2 AO oder nach der V zu § 180 Abs. 2 AO festzustellen sind, sind auch damit in Zusammenhang stehende Steuerabzugsbeträge und Körperschaftsteuer, die auf die Steuer der Feststellungsbeteiligten anzurechnen sind, gesondert festzustellen (§ 180 Abs. 5 Nr. 2 AO). [2] Steuerbescheinigungen sind deshalb nur dem für die gesonderte Feststellung zuständigen Finanzamt vorzulegen.

7. Zur Bindungswirkung der Feststellung nach § 180 Abs. 5 Nr. 2 AO und zur Korrektur der Folgebescheide vgl. § 182 Abs. 1 Satz 2 AO.

AEAO zu § 181 – Verfahrensvorschriften für die gesonderte Feststellung, Feststellungsfrist, Erklärungspflicht:

1. [1] Eine gesonderte und einheitliche Feststellung ist nach § 181 Abs. 5 Satz 1 AO grundsätzlich auch dann vorzunehmen, wenn bei einzelnen Feststellungsbeteiligten bereits die Festsetzungsfrist abgelaufen ist (vgl. BFH-Urteil vom 27.8.1997, XI R 72/96, BStBl. II S. 750). [2] In diesem Fall ist im Feststellungsbescheid auf seine eingeschränkte Wirkung hinzuweisen. [3] Der Hinweis soll dem für den Erlass des Folgebescheids zuständigen Finanzamt und dem Steuerpflichtigen deutlich machen, dass es sich um einen Feststellungsbescheid handelt, der nach Ablauf der Feststellungsfrist ergangen und deshalb nur noch für solche Steuerfestsetzungen bedeutsam ist, bei denen die Festsetzungsfrist noch nicht abgelaufen ist (vgl. BFH-Urteil vom 17.8.1989, IX R 76/88, BStBl. 1990 II S. 411).

2. Die Anlaufhemmung der Feststellungsfrist für die gesonderte Feststellung von Einheitswerten nach § 181 Abs. 3 Satz 3 AO ist auch dann maßgeblich, wenn zugleich die Voraussetzungen der Anlaufhemmung nach § 181 Abs. 3 Satz 2 AO erfüllt sind.

AEAO zu § 182 – Wirkung der gesonderten Feststellung:

1. [1] Ein Feststellungsbescheid über einen Einheitswert ist nur dann an den Rechtsnachfolger bekannt zu geben, wenn die Rechtsnachfolge eintritt, bevor der Bescheid dem Rechtsvorgänger bekannt gegeben worden ist. [2] War der Bescheid bereits im Zeitpunkt der Rechtsnachfolge bekannt gegeben, wirkt der Bescheid auch gegenüber dem Rechtsnachfolger (dingliche Wirkung, § 182 Abs. 2 AO). [3] Der Rechtsnachfolger kann ihn in diesem Fall nach § 353 AO nur innerhalb der für den Rechtsvorgänger maßgebenden Einspruchsfrist anfechten.

2. § 182 Abs. 2 AO gilt nicht für Gewerbesteuermessbescheide (§ 184 Abs. 1 AO), wohl aber für Grundsteuermessbescheide.

3. Eine Bindung des Haftungsschuldners an den Einheitswertbescheid ist nicht gegeben.

4. Die wegen Rechtsnachfolge fehlerhafte Bezeichnung eines Beteiligten kann nach § 182 Abs. 3 AO durch einen besonderen Bescheid richtig gestellt werden (Richtigstellungsbescheid). [2] Der Regelungsgehalt des ursprünglichen Bescheids bleibt im Übrigen unberührt. [3] § 182 Abs. 3 AO gilt nicht für

Feststellungen nach § 180 Abs. 1 Satz 1 Nr. 2 Buchstabe b AO (vgl. BFH-Urteil vom 12.5.1993, XI R 66/92, BStBl. 1994 II S. 5).

AEAO zu § 183 – Empfangsbevollmächtigte bei der einheitlichen Feststellung:

1.[1] Richtet die Finanzbehörde den Feststellungsbescheid an den gemeinsamen Empfangsbevollmächtigten, ist eine Begründung des Bescheids nicht erforderlich, soweit die Finanzbehörde der Feststellungserklärung gefolgt ist und der Empfangsbevollmächtigte die Feststellungserklärung selbst abgegeben oder an ihrer Erstellung mitgewirkt hat (§ 121 Abs. 2 Nr. 1 AO; vgl. AEAO zu § 121, Nr. 2).

2. [1]In den Fällen der Einzelbekanntgabe nach § 183 Abs. 2 Satz 1 AO ist regelmäßig davon auszugehen, dass der betroffene Feststellungsbeteiligte an der Erstellung der Feststellungserklärung nicht mitgewirkt hat. [2]Bei der Bekanntgabe des Feststellungsbescheids sind ihm deshalb die zum Verständnis des Bescheids erforderlichen Grundlagen der gesonderten Feststellung, d.h. insbesondere die Wertermittlung und die Aufteilungsgrundlagen, mitzuteilen (§ 121 Abs. 1 AO).

3. [1]Wegen der Bekanntgabe in Fällen des § 183 AO vgl. AEAO zu § 122, Nrn. 2.5, 3.3.3 und 4.7. [2]Zur Einspruchsbefugnis des gemeinsamen Empfangsbevollmächtigten vgl. AEAO zu § 352.

AEAO zu § 184 – Festsetzung von Steuermessbeträgen:

[1]Gemeinden sind nicht befugt, Steuermessbescheide anzufechten (vgl. § 40 Abs. 3 FGO[2]); eine Rechtsbehelfsbefugnis der Gemeinden besteht nur im Zerlegungsverfahren (§ 186 Nr. 2 AO). [2]Die Finanzämter sollen aber die steuerberechtigten Gemeinden über anhängige Einspruchsverfahren gegen Realsteuermessbescheide von größerer Bedeutung unterrichten.

AEAO zu § 188 – Zerlegungsbescheid:

Dem Steuerpflichtigen ist der vollständige Zerlegungsbescheid bekannt zu geben, während die einzelnen beteiligten Gemeinden nur einen kurzgefassten Bescheid mit den sie betreffenden Daten erhalten müssen.

AEAO zu § 191 – Haftungsbescheide, Duldungsbescheide:[3]

1. [1]Die materiell-rechtlichen Voraussetzungen für den Erlass eines Haftungs- oder Duldungsbescheids ergeben sich aus den §§ 69 bis 77 AO, den Einzelsteuergesetzen oder den zivilrechtlichen Vorschriften (z.B. §§ 25, 128 HGB oder dem AnfG). [2]§§ 93, 227 Abs. 2 InsO schließen eine Haftungsinanspruchnahme nach §§ 69 ff. AO nicht aus (BFH-Urteil vom 2.11.2001, VII R 155/01, BStBl. 2002 II S. 73). [3]Der Gesellschafter einer Außen-GbR haftet für Ansprüche aus dem Steuerschuldverhältnis, hinsichtlich deren die GbR Schuldnerin ist, in entsprechender Anwendung des § 128 HGB (vgl. BGH-Urteil vom 29.1.2001, II ZR 331/00, NJW S. 1056); dies gilt auch für Ansprüche, die bei seinem Eintritt in die GbR bereits bestanden (entsprechende Anwen-

---

[1] Zum Widerruf einer Empfangsvollmacht durch Bestellung eines neuen Empfangsbevollmächtigten vgl. BFH v. 18.1.2007 IV R 53/05, BStBl. II 2007, 369.
[2] Nr. 2.
[3] Zur Verlängerung der Festsetzungsfrist für den Erlass eines Haftungsbescheids bei leichtfertiger Steuerverkürzung vgl. BFH v. 22.4.2008 VII R 21/07, BStBl. II 2008, 735.

dung des § 130 HGB; BGH-Urteil vom 7.4.2003, II ZR 56/02, NJW S. 1803). [4] Nach Ausscheiden haftet der Gesellschafter für die Altschulden in analoger Anwendung des § 160 HGB. [5] Bei Auflösung der Gesellschaft ist § 159 HGB entsprechend anzuwenden (vgl. § 736 Abs. 2 BGB; BFH-Urteil vom 26.8.1997, VII R 63/97, BStBl. II S. 745). [6] Für Gesellschafter aller Formen der Außen-GbR, die vor dem 1.7.2003 in die Gesellschaft eingetreten sind, kommt aus Gründen des allgemeinen Vertrauensschutzes eine Haftung nur für solche Ansprüche aus dem Steuerschuldverhältnis in Betracht, die nach ihrem Eintritt in die Gesellschaft entstanden sind. [7] Zum Erlass von Haftungsbescheiden in Spaltungsfällen vgl. AEAO zu § 122, Nr. 2.15.

2. Die Befugnis zum Erlass eines Haftungs- oder Duldungsbescheids besteht auch, soweit die Haftung und Duldung sich auf steuerliche Nebenleistungen erstreckt.

3. [1] Auf den (erstmaligen) Erlass eines Haftungsbescheids sind die Vorschriften über die Festsetzungsfrist (§§ 169 bis 171 AO) entsprechend anzuwenden. [2] Eine Korrektur zugunsten des Haftungsschuldners kann dagegen auch noch nach Ablauf der Festsetzungsfrist erfolgen (BFH-Urteil vom 12.8.1997, VII R 107/96, BStBl. 1998 II S. 131).

4. [1] Für die Korrektur von Haftungsbescheiden gelten nicht die für Steuerbescheide maßgeblichen Korrekturvorschriften (§§ 172 ff. AO), sondern die allgemeinen Vorschriften über die Berichtigung, die Rücknahme und den Widerruf von Verwaltungsakten (§§ 129 bis 131 AO). [2] Die Rechtmäßigkeit des Haftungsbescheids richtet sich nach den Verhältnissen im Zeitpunkt seines Erlasses bzw. der entsprechenden Einspruchsentscheidung. [3] Anders als bei der Änderung der Steuerfestsetzung (BFH-Urteil vom 12.8.1997, VII R 107/96, BStBl. 1998 II S. 131) berühren Minderungen der dem Haftungsbescheid zugrunde liegenden Steuerschuld durch Zahlungen des Steuerschuldners nach Ergehen einer Einspruchsentscheidung die Rechtmäßigkeit des Haftungsbescheids nicht. [4] Ein rechtmäßiger Haftungsbescheid ist aber zugunsten des Haftungsschuldners zu widerrufen, soweit die ihm zugrunde liegende Steuerschuld später gemindert worden ist.

5. Von der Korrektur eines Haftungsbescheids ist der Erlass eines ergänzenden Haftungsbescheids zu unterscheiden.

5.1. Für die Zulässigkeit eines neben einem bereits bestehenden Haftungsbescheid gegenüber einem bestimmten Haftungsschuldner tretenden weiteren Haftungsbescheids ist grundsätzlich entscheidend, ob dieser den gleichen Gegenstand regelt wie der bereits ergangene Haftungsbescheid oder ob die Haftungsinanspruchnahme für verschiedene Sachverhalte oder zu verschiedenen Zeiten entstandene Haftungstatbestände erfolgen soll.

Stets zulässig ist es, wegen eines eigenständigen Steueranspruchs (betreffend einen anderen Besteuerungszeitraum oder eine andere Steuerart) einen weiteren Haftungsbescheid zu erlassen, selbst wenn der Steueranspruch bereits im Zeitpunkt der ersten Inanspruchnahme durch Haftungsbescheid entstanden war.

5.2. [1] Die „Sperrwirkung" eines bestandskräftigen Haftungsbescheids gegenüber einer erneuten Inanspruchnahme des Haftungsschuldners besteht nur, soweit es um ein und denselben Sachverhalt geht; sie ist in diesem Sinne nicht zeitraum-, sondern sachverhaltsbezogen (BFH-Beschluss vom 7.4.2005, I B 140/04, BStBl. 2006 II S. 530). [2] Der Erlass eines ergänzenden Haftungsbescheids für denselben Sachverhalt ist unzulässig, wenn die zu niedrige Inanspruchnahme auf einer rechtsirrtümlichen Beurteilung des Sachverhalts oder auf einer fehlerhaften Ermessensentscheidung beruhte (vgl. BFH-Urteil vom 25.5.2004, VII R 29/02, BStBl. 2005 II S. 3).

Der Erlass eines ergänzenden Haftungsbescheids ist aber zulässig, wenn die Erhöhung der Steuerschuld auf neuen Tatsachen beruht, die das Finanzamt mangels Kenntnis im ersten Haftungsbescheid nicht berücksichtigen konnte (BFH-Urteil vom 15.2.2011, VII R 66/10, BStBl. II S. 534).

6. [1] Ein Duldungsbescheid darf nur erlassen werden, wenn der zugrunde liegende Anspruch aus dem Steuerschuldverhältnis festgesetzt, fällig und vollstreckbar ist (BVerwG-Urteil vom 13.2.1987, 8 C 25/85, BStBl. 1987 II S. 475). [2] Die nicht bis zum Ende eines Insolvenzverfahrens vom Insolvenzverwalter geltend gemachten Anfechtungsansprüche können nach Maßgabe des § 18 AnfG verfolgt werden. [3] Außerhalb des Insolvenzverfahrens ist wegen Ansprüchen aus dem Steuerschuldverhältnis ein Duldungsbescheid zu erlassen, soweit die Ansprüche nicht im Wege der Einrede nach § 9 AnfG geltend zu machen sind; eine Klage nach dem Anfechtungsgesetz ist ausgeschlossen (BVerwG-Urteil vom 25.1.2017, 9 C 30/15, BStBl. 2018 II S. 116).

[1] Ein Duldungsbescheid unterliegt anders als ein Haftungsbescheid keiner eigenständigen Festsetzungsfrist. [2] Ein Duldungsbescheid darf allerdings nicht mehr ergehen, wenn der zugrunde liegende Steueranspruch wegen Festsetzungsverjährung gegenüber dem Steuerschuldner nicht mehr festgesetzt werden kann oder wenn der gegenüber dem Steuerschuldner festgesetzte Steueranspruch durch Zahlungsverjährung, Tilgung oder Erlass erloschen ist. [3] Für Korrekturen von Duldungsbescheiden gelten die Nrn. 4 und 5 entsprechend.

7. Zur Zahlungsaufforderung bei Haftungsbescheiden vgl. AEAO zu § 219.

8. [1] Unter den Voraussetzungen des § 191 Abs. 2 AO ist vor Erlass eines Haftungsbescheids in den Fällen des § 69 AO der zuständigen Berufskammer – bei Zugehörigkeit zu mehreren Berufskammern jeder dieser Kammern – Gelegenheit zur Stellungnahme zu geben. [2] Ohne vorherige Anhörung der zuständigen Berufskammer ist ein Haftungsbescheid rechtswidrig (BFH-Urteil vom 13.5.1998, II R 4/96, BStBl. II S. 760). [3] Eine Anhörung kann bis zum Abschluss des Einspruchsverfahrens nachgeholt werden (§ 126 Abs. 1 Nr. 5 AO).

8.1. [1] Die Anhörung der Berufskammer setzt voraus

– dass der Haftungsschuldner im Rahmen eines in § 191 Abs. 2 AO genannten Berufes (z.B. als Rechtsanwalt oder Steuerberater) tätig wurde und

– in dieser Stellung vorsätzlich oder grob fahrlässig ihm auferlegte Pflichten mit der Folge eines Haftungsschadens verletzt hat.

[2] Ist ein Angehöriger der in § 191 Abs. 2 AO genannten Berufe als Insolvenzverwalter, Nachlassverwalter, Testamentsvollstrecker oder in vergleichbarer Weise tätig, handelt er in Ausübung seines Berufs. [3] Soweit z.B. ein Steuerberater dagegen als Geschäftsführer einer Steuerberatungs-GmbH handelt, erfüllt er bei der Wahrnehmung der steuerlichen Pflichten dieser Gesellschaft keine für seinen Beruf spezifische Pflicht, er handelt insoweit nicht in Ausübung seines Berufs als Steuerberater (vgl. BFH-Urteil vom 9.10.1985, I R 154/82, BFH/NV 1986 S. 321).

8.2. [1] Ist eine Anhörung der zuständigen Berufskammer durchzuführen, soll diese erst nach Ablauf der dem Haftungsschuldner gesetzten Anhörungsfrist erfolgen. [2] Der Berufskammer darf nur das mitgeteilt werden, was aus Sicht des Finanzamts für die berufsrechtliche Beurteilung des haftungsrelevanten Sachverhalts durch die Kammer erforderlich ist. [3] Ein Einblick der Kammer in die vollständigen Steuerakten oder deren Übersendung in Kopie ist daher nicht zulässig.

8.3. [1] Die Frist für die Stellungnahme muss angemessen (d.h. grundsätzlich mindestens ein Monat) sein. [2] Wird innerhalb dieser Frist keine Stellungnahme abgegeben, kann nach Ablauf der Frist der Haftungsbescheid ergehen.

8.4. Besteht dringender Handlungsbedarf (z.B. wegen ansonsten eintretender Verjährung), kann der Haftungsbescheid auch vor Ablauf der Anhörungsfrist ergehen.

9. [1] Ein erstmaliger Haftungsbescheid kann wegen Akzessorietät der Haftungsschuld zur Steuerschuld grundsätzlich nicht mehr ergehen, wenn der zugrunde liegende Steueranspruch wegen Festsetzungsverjährung gegenüber dem Steuerschuldner nicht mehr festgesetzt werden darf oder wenn der gegenüber dem Steuerschuldner festgesetzte Steueranspruch durch Zahlungsverjährung oder Erlass erloschen ist (§ 191 Abs. 5 Satz 1 AO). [2] Maßgeblich ist dabei der Steueranspruch, auf den sich die Haftung konkret bezieht. [3] Daher ist bei der Haftung eines Arbeitgebers für zu Unrecht nicht angemeldete und abgeführte Lohnsteuer (§ 42d EStG[1]) auf die vom Arbeitnehmer nach § 38 Abs. 2 EStG geschuldete Lohnsteuer und nicht auf die Einkommensteuer des Arbeitnehmers (§ 25 EStG) abzustellen. [4] Dabei ist für die Berechnung der die Lohnsteuer betreffenden Festsetzungsfrist die Lohnsteuer-Anmeldung des Arbeitgebers und nicht die Einkommensteuererklärung des betroffenen Arbeitnehmer maßgebend (vgl. BFH-Urteil vom 6.3.2008, VI R 5/05, BStBl. II S. 597). [5] Bei der Berechnung der für die Lohnsteuer maßgebenden Festsetzungsfrist sind Anlauf- und Ablaufhemmungen nach §§ 170, 171 AO zu berücksichtigen, soweit sie gegenüber dem Arbeitgeber wirken. [6] Zum Ablauf der Festsetzungsfrist beim Steuerschuldner beachte § 171 Abs. 15 AO.

AEAO zu § 192 – Vertragliche Haftung:

[1] Aufgrund vertraglicher Haftung (vgl. AEAO zu § 48) ist eine Inanspruchnahme durch Haftungsbescheid nicht zulässig. [2] Eine Verpflichtung zur Inanspruchnahme des vertraglich Haftenden besteht nicht; das Finanzamt entscheidet nach Ermessen.

AEAO zu § 193 – Zulässigkeit einer Außenprüfung:[2]

1. [1] Eine Außenprüfung ist unabhängig davon zulässig, ob eine Steuer bereits festgesetzt, ob der Steuerbescheid endgültig, vorläufig oder unter dem Vorbehalt der Nachprüfung ergangen ist (BFH-Urteil vom 28.3.1985, IV R 224/83, BStBl. II S. 700). [2] Eine Außenprüfung nach § 193 AO kann zur Ermittlung der Steuerschuld sowohl dem Grunde als auch der Höhe nach durchgeführt werden. [3] Der gesamte für die Entstehung und Ausgestaltung eines Steuer-

---

[1] **dtv 5785 ESt/LSt Nr. 1.**
[2] Vgl. auch die BpO (Allg. VwV v. 15.3.2000, BStBl. I 2000, 368, geänd. durch Allg. VwV v. 11.12.2001, BStBl. I 2001, 984, v. 22.1.2008, BStBl. I 2008, 274, und v. 20.7.2011, BStBl. I 2011, 710).

anspruchs erhebliche Sachverhalt kann Prüfungsgegenstand sein (BFH-Urteil vom 11.12.1991, I R 66/90, BStBl. 1992 II S. 595). [4]Dies gilt auch, wenn der Steueranspruch möglicherweise verjährt ist oder aus anderen Gründen nicht mehr durchgesetzt werden kann (BFH-Urteil vom 23.7.1985, VIII R 48/85, BStBl. 1986 II S. 433).

2. [1]Die Voraussetzungen für eine Außenprüfung sind auch gegeben, soweit ausschließlich festgestellt werden soll, ob und inwieweit Steuerbeträge hinterzogen oder leichtfertig verkürzt worden sind. [2]Eine sich insoweit gegenseitig ausschließende Zuständigkeit von Außenprüfung und Steuerfahndung besteht nicht (BFH-Urteile vom 4.11.1987, II R 102/85, BStBl. 1988 II S. 113, vom 19.9.2001, XI B 6/01, BStBl. 2002 II S. 4, und vom 4.10.2006, VIII R 53/04, BStBl. 2007 II S. 227).[1] [3]Die Einleitung eines Steuerstrafverfahrens hindert nicht weitere Ermittlungen durch die Außenprüfung unter Erweiterung des Prüfungszeitraums. [4]Dies gilt auch dann, wenn der Steuerpflichtige erklärt, von seinem Recht auf Verweigerung der Mitwirkung Gebrauch zu machen (BFH-Urteil vom 19.8.1998, XI R 37/97, BStBl. 1999 II S. 7). [5]Sollte die Belehrung gem. § 393 Abs. 1 AO unterblieben sein, führt dies nicht zu einem steuerlichen Verwertungsverbot (BFH-Urteil vom 23.1.2002, XI R 10, 11/01, BStBl. II S. 328).

3. [1]Eine Außenprüfung ausschließlich zur Erledigung eines zwischenstaatlichen Amtshilfeersuchens (§ 117 AO) durch Auskunftsaustausch in Steuersachen ist nicht zulässig. [2]Zur Erledigung eines solchen Amtshilfeersuchens kann eine Außenprüfung unter den Voraussetzungen des § 193 AO nur bei einem am ausländischen Besteuerungsverfahren Beteiligten durchgeführt werden (z.B. der Wohnsitzstaat ersucht um Prüfung der deutschen Betriebsstätte eines ausländischen Steuerpflichtigen).

4. [1]Eine Außenprüfung nach § 193 Abs. 1 AO ist zulässig zur Klärung der Frage, ob der Steuerpflichtige tatsächlich einen Gewerbebetrieb unterhält, wenn konkrete Anhaltspunkte für eine Steuerpflicht bestehen, d.h. es darf nicht ausgeschlossen sein, dass eine gewerbliche Tätigkeit vorliegt (BFH-Urteile vom 23.10.1990, VIII R 45/88, BStBl. 1991 II S. 278, und vom 11.8.1994, IV R 126/91, BStBl. II S. 936). [2]Eine Außenprüfung ist solange zulässig, als noch Ansprüche aus dem Steuerschuldverhältnis bestehen (z.B. handelsrechtlich voll beendigte KG: BFH-Urteil vom 1.10.1992, IV R 60/91, BStBl. 1993 II S. 82; voll beendigte GbR: BFH-Urteil vom 1.3.1994, VIII R 35/92, BStBl. 1995 II S. 241). [3]Zur Begründung der Anordnung einer Außenprüfung nach § 193 Abs. 1 AO genügt der Hinweis auf diese Rechtsgrundlage. [4]Eine Außenprüfung nach § 193 Abs. 1 AO ist bei Steuerpflichtigen i.S.d. § 147a AO für das Jahr, in dem die in § 147a Satz 1 AO bestimmte Grenze von 500.000 € überschritten ist und für die fünf darauf folgenden Jahre der Aufbewahrungspflicht zulässig. [5]Hat nur ein Ehegatte bzw. Lebenspartner die Grenze von 500.000 € überschritten, ist nur bei diesem eine Außenprüfung nach § 193 Abs. 1 AO zulässig. [6]Beim anderen Ehegatten bzw. Lebenspartner kann ggf. eine Außenprüfung auf § 193 Abs. 2 Nr. 2 AO gestützt werden.

5. § 193 Abs. 2 Nr. 1 AO enthält die Rechtsgrundlage für die Prüfung der Lohnsteuer bei Steuerpflichtigen, die nicht unter § 193 Abs. 1 AO fallen (z.B.

---

[1]Ebenso BFH v. 29.12.2010 IV B 46/09, BFH/NV 2011, 634; Vb. nicht zur Entscheidung angenommen (BVerfG v. 9.8.2012 1 BvR 1902/11, StEd 2012, 578).

Prüfung der Lohnsteuer bei Privatpersonen, die Arbeitnehmer beschäftigt haben).

[1] Eine Außenprüfung nach § 193 Abs. 2 Nr. 2 AO ist bereits dann zulässig, wenn Anhaltspunkte vorliegen, die es nach den Erfahrungen der Finanzverwaltung als möglich erscheinen lassen, dass ein Besteuerungstatbestand erfüllt ist (BFH-Urteil vom 17.11.1992, VIII R 25/89, BStBl. 1993 II S. 146). [2] § 193 Abs. 2 Nr. 2 AO kann insbesondere bei Steuerpflichtigen mit umfangreichen und vielgestalteten Überschusseinkünften zur Anwendung kommen (sofern nicht bereits ein Fall des § 193 Abs. 1 AO vorliegt).[1] [3] Sofern keine konkreten Anhaltspunkte für einen wirtschaftlichen Geschäftsbetrieb oder Zweckbetrieb vorliegen, fällt unter § 193 Abs. 2 Nr. 2 AO auch die Prüfung einer gemeinnützigen Körperschaft zum Zwecke der Anerkennung, Versagung oder Entziehung der Gemeinnützigkeit. [4] Eine auf § 193 Abs. 2 Nr. 2 AO gestützte Prüfungsanordnung muss besonders begründet werden. [5] Die Begründung muss ergeben, dass die gewünschte Aufklärung durch Einzelermittlung an Amtsstelle nicht erreicht werden kann (BFH-Urteil vom 7.11.1985, IV R 6/85, BStBl. 1986 II S. 435, und vom 9.11.1994, XI R 16/94, BFH/NV 1995 S. 578).

6. [1] Von der Außenprüfung zu unterscheiden sind Einzelermittlungen eines Außenprüfers nach § 88 AO, auch wenn sie am Ort des Betriebs durchgeführt werden. [2] In diesen Fällen hat er deutlich zu machen, dass verlangte Auskünfte oder sonstige Maßnahmen nicht im Zusammenhang mit der Außenprüfung stehen (BFH-Urteile vom 5.4.1984, IV R 244/83, BStBl. II S. 790, vom 2.2. 1994, I R 57/93, BStBl. II S. 377, und vom 25.11.1997, VIII R 4/94, BStBl. 1998 II S. 461). [3] Zur betriebsnahen Veranlagung vgl. AEAO zu § 85, Nr. 2 und 3. [4] Eine Umsatzsteuer-Nachschau gem. § 27b UStG[2] stellt keine Außenprüfung i.S.d. § 193 AO dar. [5] Zum Übergang von einer Umsatzsteuer-Nachschau zu einer Außenprüfung siehe Abschnitt 27b.1 Abs. 9 UStAE[3].

AEAO zu § 194 – Sachlicher Umfang einer Außenprüfung:

1. Im Rahmen einer Außenprüfung nach § 193 Abs. 1 AO können, ohne dass die Voraussetzungen des § 193 Abs. 2 Nr. 2 AO vorliegen müssen, auch Besteuerungsmerkmale überprüft werden, die mit den betrieblichen Verhältnissen des Steuerpflichtigen in keinem Zusammenhang stehen (BFH-Urteil vom 28.11.1985, IV R 323/84, BStBl. 1986 II S. 437).

2. [1] § 194 Abs. 1 Satz 3 AO erlaubt die Prüfung der Verhältnisse der Gesellschafter ohne gesonderte Prüfungsanordnung nur insoweit, als sie mit der Personengesellschaft zusammenhängen und für die Feststellungsbescheide von Bedeutung sind. [2] Die Einbeziehung der steuerlichen Verhältnisse der in § 194 Abs. 2 AO bezeichneten Personen in die Außenprüfung bei einer Gesellschaft setzt die Zulässigkeit (§ 193 AO) und eine eigene Prüfungsanordnung (§ 196 AO) voraus (BFH-Urteil vom 16.12.1986, VIII R 123/86, BStBl. 1987 II S. 248).

3. [1] Eine Außenprüfung kann zur Erledigung eines zwischenstaatlichen Rechts- und Amtshilfeersuchens (§ 117 AO) unter den Voraussetzungen des

---

[1] Vgl. BFH v. 26.7.2007 VI R 68/04, BStBl. II 2009, 338, zu einer Außenprüfung gegen einen „Einkunftsmillionär".
[2] **dtv 5546 USt Nr. 1.**
[3] **dtv 5546 USt Nr. 5.**

§ 193 AO nur bei einem in einem ausländischen Besteuerungsverfahren Steuerpflichtigen, nicht aber zur Feststellung der steuerlichen Verhältnisse bei einer anderen Person durchgeführt werden (z.B. zur Erledigung eines Ersuchens um Prüfung einer im Bundesgebiet belegenen Firma, die im ersuchenden Staat als Zollbeteiligte auftritt, oder einer deutschen Betriebsstätte eines ausländischen Steuerpflichtigen). [2] Ermittlungen sind i.V.m. einer Außenprüfung möglich, die aus anderen Gründen durchgeführt wird.

4. [1] Soll der Prüfungszeitraum in den Fällen des § 4 Abs. 3 BpO mehr als drei zusammenhängende Besteuerungszeiträume umfassen oder nachträglich erweitert werden, muss die Begründung der Prüfungsanordnung die vom Finanzamt angestellten Ermessenserwägungen erkennen lassen (BFH-Urteil vom 4.2. 1988, V R 57/83, BStBl. II S. 413). [2] Der Prüfungszeitraum darf zur Überprüfung vortragsfähiger Verluste auch dann auf die Verlustentstehungsjahre ausgedehnt werden, wenn der aus diesen Zeiträumen verbleibende Verlustabzug gem. § 10d Abs. 3 EStG[1] (heute: Abs. 4) festgestellt worden ist (BFH-Beschluss vom 5.4.1995, I B 126/94, BStBl. II S. 496). [3] Bei einer Betriebsaufgabe schließt der Prüfungszeitraum mit dem Jahr der Betriebseinstellung ab (BFH-Urteil vom 24.8.1989, IV R 65/88, BStBl. 1990 II S. 2). [4] Bei einer Außenprüfung nach § 193 Abs. 2 Nr. 2 AO ist § 4 Abs. 3 BpO nicht anwendbar. [5] Für jeden Besteuerungszeitraum, der in die Außenprüfung einbezogen werden soll, müssen die besonderen Voraussetzungen des § 193 Abs. 2 Nr. 2 AO vorliegen (BFH-Urteil vom 18.10.1994, IX R 128/92, BStBl. 1995 II S. 291).

5. Eine Außenprüfung darf nicht allein zu dem Zwecke durchgeführt werden, die steuerlichen Verhältnisse dritter Personen zu erforschen (BFH-Urteil vom 18.2.1997, VIII R 33/95, BStBl. II S. 499).

6. [1] Die Finanzbehörden können Kontrollmitteilungen ins Ausland insbesondere dann versenden, wenn dies ohne besonderen Aufwand möglich ist und höhere Interessen des Steuerpflichtigen nicht berührt werden (BFH-Beschluss vom 8.2.1995, I B 92/94, BStBl. II S. 358). [2] Zu Auskünften der Finanzbehörden an ausländische Staaten ohne Ersuchen (Spontanauskünfte) wird auf Tz. 6 des Merkblatts zur zwischenstaatlichen Amtshilfe durch Informationsaustausch in Steuersachen (BMF-Schreiben vom 23.11.2015, BStBl. I S. 928) hingewiesen. [3] Zu Amtshilfeersuchen ausländischer Staaten vgl. AEAO zu § 193, Nr. 3.

7. Wird beabsichtigt im Rahmen der Außenprüfung eines Berufsgeheimnisträgers Kontrollmitteilungen (§ 194 Abs. 3 AO) zu fertigen, ist der Steuerpflichtige hierüber rechtzeitig vorher zu informieren (BFH-Urteil vom 8.4. 2008, VIII R 61/06, BStBl. 2009 II S. 579).

AEAO zu § 195 – Zuständigkeit:

[1] Bei Beauftragung nach § 195 Satz 2 AO kann die beauftragende Finanzbehörde die Prüfungsanordnung selbst erlassen oder eine andere Finanzbehörde zum Erlass der Prüfungsanordnung ermächtigen. [2] Mit der Ermächtigung bestimmt die beauftragende Finanzbehörde den sachlichen Umfang (§ 194 Abs. 1 AO) der Außenprüfung, insbesondere sind die zu prüfenden Steuerarten und der Prüfungszeitraum anzugeben. [3] Aus der Prüfungsanordnung müssen sich die Gründe für die Beauftragung ergeben (BFH-Urteile vom 10.12.1987, IV R 77/86, BStBl. 1988 II S. 322, und vom 21.4.1993, X R 112/91, BStBl. II

---

[1] dtv 5785 ESt/LSt Nr. 1.

S. 649). [4] Zur Erteilung einer verbindlichen Zusage im Anschluss an eine Auftragsprüfung vgl. AEAO zu § 204, Nr. 2. [5] Ändert sich die Zuständigkeit nach Bekanntgabe der Prüfungsanordnung, ist die Außenprüfung auf der Grundlage der bereits ergangenen Prüfungsanordnung vom neu zuständigen Finanzamt fortzuführen. [6] Die Prüfungsanordnung ist nicht aufzuheben, sondern durch Benennung des Namens des neuen Betriebsprüfers zu ergänzen. [7] Unter den Voraussetzungen des § 26 AO kann die Außenprüfung von dem bisher zuständigen Finanzamt fortgeführt werden. [8] Die nach § 195 Satz 2 AO beauftragte Behörde hat über den Einspruch gegen eine von ihr erlassene Prüfungsanordnung zu entscheiden (BFH-Urteil vom 18.11.2008, VIII R 16/07, BStBl. 2009 II S. 507).

AEAO zu § 196 – Prüfungsanordnung:[1]

1. [1] Zur Begründung einer Anordnung einer Außenprüfung nach § 193 Abs. 1 AO genügt der Hinweis auf diese Rechtsgrundlage. [2] Die Prüfungsanordnung (§ 5 Abs. 2 Satz 1 BpO), die Festlegung des Prüfungsbeginns (BFH-Urteil vom 18.12.1986, I R 49/83, BStBl. 1987 II S. 408) und des Prüfungsorts (BFH-Urteil vom 24.2.1989, III R 36/88, BStBl. II S. 445) sind selbständig anfechtbare Verwaltungsakte i.S.d. § 118 AO (BFH-Urteil vom 25.1.1989, X R 158/87, BStBl. II S. 483). [3] Gegen die Bestimmung des Betriebsprüfers ist grundsätzlich kein Rechtsbehelf gegeben (BFH-Beschluss vom 15.5.2009, IV B 3/09, BFH/NV S. 1401). [4] Darüber hinaus können mit der Prüfungsanordnung weitere nicht selbständig anfechtbare prüfungsleitende Bestimmungen (§ 5 Abs. 3 BpO) verbunden werden. [5] Ein Einspruch gegen die Prüfungsanordnung hat keine aufschiebende Wirkung (§ 361 Abs. 1 Satz 1 AO); vorläufiger Rechtsschutz kann erst durch Aussetzung der Vollziehung nach § 361 AO, § 69 FGO[2] gewährt werden (BFH-Beschluss vom 17.9.1974, VII B 122/73, BStBl. 1975 II S. 197). [6] Über Anträge auf Aussetzung der Vollziehung ist unverzüglich zu entscheiden; Nr. 3 des AEAO zu § 361 gilt sinngemäß.

2. [1] Rechtswidrig erlangte Außenprüfungsergebnisse dürfen nur dann nicht verwertet werden, wenn der Steuerpflichtige erfolgreich gegen die Prüfungsanordnung der betreffenden Prüfungsmaßnahme vorgegangen ist (BFH-Urteil vom 27.7.1983, I R 210/79, BStBl. 1984 II S. 285). [2] Wenn die Prüfungsfeststellungen bereits Eingang in Steuerbescheide gefunden haben, muss der Steuerpflichtige auch diese Bescheide anfechten, um ein steuerliches Verwertungsverbot zu erlangen (BFH-Urteil vom 16.12.1986, VIII R 123/86, BStBl. 1987 II S. 248). [3] Feststellungen, deren Anordnung rechtskräftig für rechtswidrig erklärt wurden, unterliegen einem Verwertungsverbot (BFH-Urteil vom 14.8.1985, I R 188/82, BStBl. 1986 II S. 2). [4] Dies gilt nicht, wenn die bei der Prüfung ermittelten Tatsachen bei einer erstmaligen oder einer unter dem Vorbehalt der Nachprüfung stehenden Steuerfestsetzung verwertet wurden und lediglich formelle Rechtsfehler vorliegen (BFH-Urteile vom 10.5.1991, V R 51/90, BStBl. II S. 825, und vom 25.11.1997, VIII R 4/94, BStBl. 1998 II S. 461).

3. [1] Ist eine Prüfungsanordnung aus formellen Gründen durch das Gericht oder die Finanzbehörde aufgehoben oder für nichtig erklärt worden, so kann

---

[1] Siehe BMF v. 24.10.2013, BStBl. I 2013, 1264: Hinweise auf die Rechte und Mitwirkungspflichten des Steuerpflichtigen bei der Außenprüfung (§ 5 Abs. 2 Satz 2 BpO).
[2] Nr. 2.

eine erneute Prüfungsanordnung (Wiederholungsprüfung) unter Vermeidung des Verfahrensfehlers erlassen werden (BFH-Urteile vom 20.10.1988, IV R 104/86, BStBl. 1989 II S. 180, und vom 24.8.1989, IV R 65/88, BStBl. 1990 II S. 2). [2]Für die Durchführung der Wiederholungsprüfung ist es regelmäßig geboten, einen anderen Prüfer mit der Prüfung zu beauftragen, der in eigener Verantwortung bei Durchführung der Prüfung ein selbständiges Urteil über die Erfüllung der steuerlichen Pflichten durch den Steuerpflichtigen gewinnt (BFH-Urteil vom 20.10.1988, IV R 104/86, BStBl. 1989 II S. 180).

4. Die Anordnung einer Außenprüfung für einen bereits geprüften Zeitraum (Zweitprüfung) ist grundsätzlich zulässig (BFH-Urteil vom 24.1.1989, VII R 35/86, BStBl. II S. 440).

5. [1]Der Umfang der Ablaufhemmung nach § 171 Abs. 4 AO und der Sperrwirkung nach § 173 Abs. 2 AO bestimmt sich nach dem in der Prüfungsanordnung festgelegten Prüfungsumfang (BFH-Urteile vom 18.7.1991, V R 54/87, BStBl. II S. 824, und vom 25.1.1996, V R 42/95, BStBl. II S. 338). [2]Es bedarf keiner neuen Prüfungsanordnung, wenn die Prüfung unmittelbar nach Beginn für mehr als sechs Monate unterbrochen und vor Ablauf der Festsetzungsfrist zügig beendet wird (BFH-Urteil vom 13.2.2003, IV R 31/01, BStBl. II S. 552).

6. Nehmen Außenprüfer an steuerstraf- oder bußgeldrechtlichen Ermittlungen der Steuerfahndung teil, ist insoweit keine Prüfungsanordnung nach § 196 AO zu erlassen (vgl. Nr. 125 AStBV (St)).[1]

AEAO zu § 197 – Bekanntgabe der Prüfungsanordnung:

Inhaltsübersicht

---

[1] Nr. 125 AStBV (St) 2020 v. 1.12.2019, BStBl. I 2019, 1142, lautet:
„**125. Zusammenarbeit mit der Außenprüfung**

(1) Soll im Rahmen einer Außenprüfung die Steufa zugezogen werden, so hat dies zu einem möglichst frühen Zeitpunkt zu geschehen. Hierbei ist zu berücksichtigen, dass strafprozessuale Maßnahmen möglichst von der Steufa durchzuführen sind. Dies gilt insbesondere für Vernehmungen, Durchsuchungen und Beschlagnahmen.

(2) Wird die Steufa mit einem Fall befasst, der neben den straf- oder bußgeldrechtlichen Ermittlungen umfangreiche Feststellungen in steuerlicher Hinsicht erfordert, so ist ggf. eine Teilnahme der Betriebsprüfung zu veranlassen. Nehmen Angehörige der Betriebsprüfung an steuerstraf- oder bußgeldrechtlichen Ermittlungen der Steufa teil, ist insoweit keine Prüfungsanordnung nach § 196 AO zu erlassen.

(3) Bei gemeinsamen Prüfungen mit der Betriebsprüfung fertigt die Steufa den gesonderten Bericht (vgl. Nummer 127 Abs. 2) über die straf- oder bußgeldrechtlichen Feststellungen; über die steuerlichen Feststellungen in der Regel die Stelle, bei der das Schwergewicht der Prüfung liegt.

(4) Für die Zusammenarbeit mit anderen Prüfungsdiensten gelten die Absätze 1 bis 3 entsprechend."

10. Festlegung des voraussichtlichen Prüfungsbeginns
11. Antrag des Steuerpflichtigen auf Verschiebung des Prüfungsbeginns (§ 197 Abs. 2 AO)

1. Allgemeines

Nach Nr. 1.1.4 des AEAO zu § 122 gelten die Grundsätze über die Bekanntgabe von Steuerbescheiden für Prüfungsanordnungen entsprechend, soweit nicht nachfolgend abweichende Regelungen getroffen sind.

2. Bekanntgabe von Prüfungsanordnungen

Beim Erlass einer Prüfungsanordnung sind festzulegen:

– An wen sie sich richtet (Nr. 2.1 des AEAO zu § 197 – Inhaltsadressat),
– wem sie bekannt gegeben werden soll (Nr. 2.2 des AEAO zu § 197 – Bekanntgabeadressat),
– welcher Person sie zu übermitteln ist (Nr. 2.3 des AEAO zu § 197 – Empfänger).

2.1. Inhaltsadressat/Prüfungssubjekt

Das ist derjenige, an den sich die Prüfungsanordnung richtet und dem aufgegeben wird, die Außenprüfung in dem in der Anordnung näher beschriebenen Umfang zu dulden und bei ihr mitzuwirken: „Prüfung bei ...".

2.2. Bekanntgabeadressat

[1] Das ist die Person/Personengruppe, der die Prüfungsanordnung bekannt zu geben ist. [2] Der Bekanntgabeadressat ist regelmäßig mit dem Prüfungssubjekt identisch; soweit die Bekanntgabe an das Prüfungssubjekt nicht möglich oder nicht zulässig ist, kommen Dritte als Bekanntgabeadressaten in Betracht (z.B. Eltern eines minderjährigen Kindes, Geschäftsführer einer nicht rechtsfähigen Personenvereinigung, Liquidator).

In allen Fällen, in denen der Bekanntgabeadressat nicht personenidentisch ist mit dem Prüfungssubjekt, ist ein erläuternder Zusatz in die Prüfungsanordnung aufzunehmen, aus dem der Grund für die Anordnung beim Bekanntgabeadressaten erkennbar wird.

Beispiel:

Die *Prüfungsordnung*[1] ergeht an Sie als

„Alleinerbin und Gesamtrechtsnachfolgerin nach Ihrem verstorbenen Ehemann" (bei Erbfall; vgl. AEAO zu § 197, Nr. 8)

„Nachfolgerin der Fritz KG" (bei gesellschaftsrechtlicher Umwandlung; vgl. AEAO zu § 197, Nr. 9)

2.3. Empfänger

[1] Das ist derjenige, dem die Prüfungsanordnung tatsächlich zugehen soll, damit sie durch Bekanntgabe wirksam wird. [2] I.d.R. ist dies der Bekanntgabeadressat. [3] Es kann jedoch auch eine andere Person sein (vgl. AEAO zu § 122, Nrn. 1.5.2 und 1.7). [4] Der Empfänger ist im Anschriftenfeld der Prüfungsanordnung mit seinem Namen und der postalischen Anschrift zu bezeichnen. [5] Ist der Empfänger nicht identisch mit dem Prüfungssubjekt, muss in einem ergänzenden Zusatz im Text der Prüfungsanordnung darauf hingewiesen werden, „bei wem" die Prüfung stattfinden soll (d.h. namentliche Benennung des Prüfungssubjekts).

---

[1] Richtig wohl: „Prüfungsanordnung".

2.4. Übermittlung an Bevollmächtigte (§§ 80 Abs. 1, 122 Abs. 1 Satz 3 AO)

Zur Bekanntgabe an einen Bevollmächtigten vgl. AEAO zu § 122, Nr. 1.7.

Beispiel:
Anschrift:
Herrn Steuerberater Klaus Schulz, ...
Text:
„ ... ordne ich an, dass bei Ihrem Mandanten Anton Huber, ... eine Prüfung durchgeführt wird."

3. Bekanntgabe von Prüfungsanordnungen an Ehegatten bzw. Lebenspartner

[1] Prüfungsanordnungen gegen beide Ehegatten bzw. Lebenspartner können ggf. in einer Verfügung zusammengefasst werden. [2] Auf die Regelung des AEAO zu § 122, Nr. 2.1 wird verwiesen. [3] In einem Zusatz muss dann jedoch erläutert werden, für welche Steuerarten bei welchem Prüfungssubjekt die Außenprüfung vorgesehen ist.

[1] Aus Gründen der Klarheit und Übersichtlichkeit sollten getrennte Prüfungsanordnungen an Ehegatten bzw. Lebenspartner bevorzugt werden. [2] Generell müssen die Prüfungen getrennt angeordnet werden, wenn beide Ehegatten bzw. Lebenspartner unternehmerisch (jedoch nicht gemeinschaftlich) tätig sind.

4. Bekanntgabe an gesetzliche Vertreter natürlicher Personen

Vgl. AEAO zu § 122, Nr. 2.2.

Beispiel:
Anschrift:
Herrn Steuerberater Klaus Schulz
Text:
„ ... ordne ich an, dass bei Ihrem Mandanten Benjamin Müller ..."
Zusatz:
„ ... ergeht an Sie für Frau Felicitas Müller und Herrn Felix Müller, ggf. Anschrift, als gesetzliche Vertreter ihres minderjährigen Sohnes Benjamin Müller, ggf. Anschrift."

5. Personengesellschaften (Gemeinschaften)

[1] Bei Prüfungsanordnungen an Personengesellschaften und Gemeinschaften sind Unterscheidungen nach der Rechtsform, nach der zu prüfenden Steuerart und ggf. nach der Einkunftsart vorzunehmen. [2] Wegen der Unterscheidung zwischen Personenhandelsgesellschaften und sonstigen nicht rechtsfähigen Personenvereinigungen wird auf Nr. 2.4.1.2 des AEAO zu § 122 verwiesen.

5.1. Personenhandelsgesellschaften

[1] Vgl. AEAO zu § 122, Nr. 2.4.1.1. [2] Dies gilt auch für die Bekanntgabe von Prüfungsanordnungen an Personenhandelsgesellschaften bei gesonderter und einheitlicher Feststellung der Einkünfte aus Gewerbebetrieb. [3] Es ist nicht erforderlich, der Prüfungsanordnung eine Anlage beizufügen, in der die Feststellungsbeteiligten aufgeführt sind.

5.2. Sonstige nicht rechtsfähige Personenvereinigungen

Als Steuerpflichtige i.S.d. § 193 Abs. 1 AO, bei der eine Außenprüfung zulässig ist, kommt auch eine nicht rechtsfähige Personenvereinigung in Betracht (BFH-Urteil vom 16.11.1989, IV R 29/89, BStBl. 1990 II S. 272).

[1] Die Personenvereinigung hat i.d.R. formal keinen eigenen Namen und muss als Prüfungssubjekt durch die Angabe aller Gesellschafter charakterisiert

werden. [2] Ist die Bezeichnung der Gesellschafter durch die Aufzählung aller Namen im Vordrucktext der Anordnung aus technischen Gründen nicht möglich, können neben einer Kurzbezeichnung im Text der Prüfungsanordnung in einer Anlage die einzelnen Gesellschafter (ggf. mit Anschrift) aufgeführt werden.

[1] Die Prüfungsanordnung muss aber nicht nur für die nicht rechtsfähige Personenvereinigung bestimmt und an sie adressiert sein, sie muss ihr auch bekannt gegeben werden. [2] Die Bekanntgabe hat an die vertretungsberechtigten Gesellschafter zu erfolgen. [3] Grundsätzlich sind das alle Gesellschafter (z.B. bei einer GbR nach §§ 709, 714 BGB), es sei denn, es liegt eine abweichende gesellschaftsvertragliche Regelung vor. [4] Nach § 6 Abs. 3 VwZG ist es jedoch zulässig, die Prüfungsanordnung nur einem der Gesellschafter bekannt zu geben (BFH-Urteil vom 18.10.1994, IX R 128/92, BStBl. 1995 II S. 291). [5] Das gilt selbst in den Fällen, in denen auf Grund gesellschaftsvertraglicher Regelungen mehrere Personen zur Geschäftsführung bestellt sind.

5.2.1. Nicht rechtsfähige Personenvereinigungen mit Gewinneinkünften

Wird die Prüfung der Feststellung der Einkünfte (Gewinneinkünfte) angeordnet, ist die Prüfungsanordnung an die Personenvereinigung als Prüfungssubjekt zu richten und nicht gegen deren Gesellschafter (BFH-Urteil vom 16.11.1989, IV R 29/89, BStBl. 1990 II S. 272).

Führt eine nicht rechtsfähige Personenvereinigung ausnahmsweise einen geschäftsüblichen Namen, unter dem sie am Rechtsverkehr teilnimmt, gilt Nr. 2.4.1.2 des AEAO zu § 122 auch hinsichtlich der Prüfungsanordnung zur gesonderten und einheitlichen Gewinnfeststellung entsprechend.

[1] Wurde ein gemeinsamer Empfangsbevollmächtigter bestellt, kann auch ihm die Anordnung zur Prüfung der Gewinneinkünfte bekannt gegeben werden. [2] Bei Bekanntgabe der Prüfungsanordnung an nur einen zur Vertretung aller übrigen Beteiligten vertretungsberechtigten Gesellschafter oder an einen Empfangsbevollmächtigten ist auf dessen Funktion als Bekanntgabeempfänger mit Wirkung für alle Beteiligten hinzuweisen.

5.2.2. Nicht rechtsfähige Personenvereinigungen mit Überschusseinkünften

[1] Wird die Prüfung der Feststellung der Einkünfte (z.B. aus Vermietung und Verpachtung), des Vermögens und der Schulden bei einer Gesellschaft bürgerlichen Rechts oder bei einer Gemeinschaft (z.B. Grundstücksgemeinschaft) angeordnet, ist die nicht rechtsfähige Personenvereinigung als Grundstücksgesellschaft oder Bauherrengemeinschaft insoweit nicht selbst Prüfungssubjekt (BFH-Urteile vom 25.9.1990, IX R 84/88, BStBl. 1991 II S. 120, und vom 18.10.1994, IX R 128/92, BStBl. 1995 II S. 291). [2] Vielmehr ist der einzelne Gesellschafter der Träger der steuerlichen Rechte und Pflichten (§ 33 Abs. 1 AO). [3] Eine Prüfungsanordnung für die gesonderte und einheitliche Feststellung der Einkünfte aus Vermietung und Verpachtung bzw. die Feststellung des Vermögens und der Schulden ist an jeden Gesellschafter zu richten und auch diesem bekannt zu geben (für Gemeinschaften: BFH-Urteil vom 10.11.1987, VIII R 94/87, BFH/NV 1988 S. 214).

[1] Eine Personenvereinigung unterliegt der Außenprüfung und ist Prüfungssubjekt nur insoweit, als sie – wie z.B. bei der Umsatzsteuer – selbst Steuerschuldnerin ist (BFH-Urteil vom 18.10.1994, IX R 128/92, BStBl. 1995 II

S. 291). [2] In den Fällen, in denen bei einer nicht rechtsfähigen Personenvereinigung mit Überschusseinkünften neben der Feststellung der Einkünfte und der Feststellung des Vermögens und der Schulden auch die Umsatzsteuer Prüfungsgegenstand ist, sind daher zwei Prüfungsanordnungen zu erlassen:

– an die Gemeinschaft/Gesellschaft hinsichtlich der Umsatzsteuer;
– an die Gemeinschafter/Gesellschafter hinsichtlich der Feststellung der Einkünfte und der Feststellung des Vermögens und der Schulden.

5.2.3. Nichtrechtsfähige Personenvereinigungen mit Überschusseinkünften i.Z.m. gesonderten Feststellungen für Zwecke der Erbschaft- und Schenkungsteuer nach § 151 BewG

Bei gesonderten Feststellungen für Zwecke der Erbschaft- und Schenkungsteuer kann auch die nichtrechtsfähige Personenvereinigung mit Überschusseinkünften selbst Inhaltsadressat der Prüfungsanordnung sein.

[1] Zur Ermittlung der Besteuerungsgrundlagen ist nach § 156 BewG[1] eine Außenprüfung bei den Beteiligten i.S.d. § 154 Abs. 1 BewG zulässig. [2] Die Beteiligtenstellung einer Personenvereinigung kann daraus folgen, dass sie zur Abgabe einer Feststellungserklärung aufgefordert wurde (§ 154 Abs. 1 Nr. 2 BewG). [3] Der Anteil am Wert der in § 151 Abs. 1 Satz 1 Nr. 4 BewG genannten Vermögensgegenstände und Schulden, die mehreren Personen zustehen, ist gesondert festzustellen. [4] Die Aufforderung zur Abgabe einer Feststellungserklärung richtet sich gem. § 153 Abs. 2 BewG an die Personenvereinigung selbst, die dadurch Beteiligte wird. [5] Sie ist dann als Prüfungssubjekt auch Inhaltsadressat der entsprechenden Prüfungsanordnung.

[1] Eine Prüfung zur gesonderten Feststellung nach § 156 BewG kann auch in Kombination mit einer auf § 193 AO gestützten Prüfung erfolgen. [2] Eine ausschließlich auf § 156 BewG gestützte Außenprüfung darf sich jedoch nur auf die Feststellungen erstrecken, die für die Erbschaft-/Schenkungsteuer oder eine andere Feststellung i.S.d. § 151 Abs. 1 BewG maßgeblich sind. [3] Das hat zur Folge, dass im Rahmen der Betriebsprüfung nur die sachliche Richtigkeit und Vollständigkeit der festgestellten Besteuerungsgrundlagen ermittelt bzw. überprüft werden dürfen.

5.3. Sonderfälle

[1] Dient die Außenprüfung u.a. der Feststellung, welche Art von Einkünften die Gesellschafter einer nicht rechtsfähigen Personenvereinigung erzielen, kann die Prüfungsanordnung nach Maßgabe sämtlicher in Betracht kommenden Einkunftsarten ausgerichtet werden. [2] Kommen danach Gewinneinkünfte ernsthaft in Betracht, ist die Personenvereinigung – gestützt auf die Rechtsgrundlage des § 193 Abs. 1 AO – Prüfungssubjekt.

[1] Dies gilt aber nur für existierende Personenvereinigungen mit streitiger Qualifizierung der Einkünfte. [2] Ist die Existenz der nicht rechtsfähigen Personenvereinigung selbst im Streit, muss sich die Prüfungsanordnung gegen die mutmaßlichen Gesellschafter richten (BFH-Urteil vom 8.3.1988, VIII R 220/85, BFH/NV S. 758). [3] Sie ist jedem Beteiligten der mutmaßlichen Personenvereinigung gesondert bekannt zu geben.

[1] Liegen konkrete Anhaltspunkte vor, dass die vermutete Gemeinschaft/Gesellschaft tatsächlich einen gewerblichen oder land- und forstwirtschaftlichen

---

[1] dtv 5547 ErbSt/BewG/GrSt Nr. 1.

Betrieb unterhalten hat bzw. freiberuflich tätig geworden ist, genügt in der Prüfungsanordnung ein Hinweis auf § 193 Abs. 1 AO (BFH-Urteil vom 23.10. 1990, VIII R 45/88, BStBl. 1991 II S. 278). [2]Ansonsten ist die Prüfungsanordnung auf § 193 Abs. 2 Nr. 2 AO zu stützen und besonders zu begründen.

5.4. Arbeitsgemeinschaften

Ist eine Arbeitsgemeinschaft (ARGE) als Prüfungssubjekt zu prüfen, ist die Prüfungsanordnung an das in der ARGE geschäftsführende Unternehmen als Bevollmächtigtem postalisch bekannt zu geben (vgl. AEAO zu § 122, Nr. 2.4.1.2).

5.5. Atypisch stille Gesellschaften

[1]Da die atypisch stille Gesellschaft nicht selbst Steuerschuldnerin ist, ist eine Prüfungsanordnung an den Inhaber des Handelsgeschäfts zu richten (vgl. AEAO zu § 122, Nr. 2.4.1). [2]Hinsichtlich der gesonderten und einheitlichen Gewinnfeststellung ist eine Prüfungsanordnung ihrem Inhalt nach im Regelfall ebenfalls nicht an die atypisch stille Gesellschaft, sondern regelmäßig an jeden Gesellschafter (Prüfungssubjekt) zu richten und diesem auch bekannt zu geben.

Beispiel:

Anschrift:

a) Bauunternehmung Müller GmbH   Geschäftsinhaber

b) Herrn Josef Meier   atyp. stiller Gesellschafter

(zwei getrennte Prüfungsanordnungen)

Text:

„ … ordne ich an, dass bei Ihnen bezüglich der steuerlichen Verhältnisse der atypisch stillen Gesellschaft Bauunternehmung Müller GmbH und Josef Meier (ggf. Anschrift) eine Außenprüfung durchgeführt wird."

[1]Abweichend davon reicht es in Fällen der atypisch stillen Beteiligung an einer Personenhandelsgesellschaft aus, die Prüfungsanordnung hinsichtlich der gesonderten und einheitlichen Gewinnfeststellung an die Personenhandelsgesellschaft (= Geschäftsinhaber) als Prüfungssubjekt zu richten und bekannt zu geben, da die Außenprüfung bei einer Personengesellschaft auch die steuerlichen Verhältnisse der Gesellschafter (auch der atypisch stille Beteiligte ist Mitunternehmer) insoweit umfasst, als diese für die zu überprüfende Feststellung von Bedeutung sind (§ 194 Abs. 1 AO). [2]Einer gesonderten – an den atypisch stillen Gesellschafter gerichteten – *Prüfungsordnung*[1] bedarf es in diesem Fall nicht.

5.6. Personengesellschaften und nicht rechtsfähige Personengemeinschaften in Liquidation

[1]Wegen der Unterscheidung zwischen der gesellschaftsrechtlichen und der steuerrechtlichen Liquidation vgl. AEAO zu § 122, Nr. 2.7.1. [2]Die Anweisungen des AEAO zu § 122, Nr. 2.7.2 zur Bekanntgabe von Steuerbescheiden gelten für Prüfungsanordnungen sinngemäß.

[1]Auch die Verpflichtung, nach §§ 193 ff. AO eine Außenprüfung zu dulden, führt dazu, eine Personengesellschaft bzw. nicht rechtsfähige Personenvereinigung noch nicht als vollbeendet anzusehen. [2]Nach Beendigung der gesellschaftsrechtlichen Liquidation (z.B. Prüfung bei „dem gesellschaftsrechtlich beendeten Autohaus Heinrich Schmitz Nachf. GbR") bleibt die Personenge-

---

[1] Richtig wohl: „Prüfungsanordnung".

sellschaft bzw. nicht rechtsfähige Personenvereinigung weiterhin Prüfungssubjekt; die Prüfungsanordnung ist deshalb an sie zu richten (vgl. BFH-Urteil vom 1.3.1994, VIII R 35/92, BStBl. 1995 II S. 241). [3] Zu empfehlen ist die Bekanntgabe der Prüfungsanordnung an alle ehemaligen Gesellschafter als Liquidatoren (mit Hinweis auf die rechtliche Stellung als Liquidator).

5.7. Eintritt, Ausscheiden und Wechsel von Gesellschaftern einer Personengesellschaft oder einer nicht rechtsfähigen Personengemeinschaft

5.7.1. [1] Wird das Handelsgeschäft eines Einzelunternehmers in eine Personen- oder Kapitalgesellschaft eingebracht, ist zu unterscheiden, ob der Zeitraum vor oder nach der Übertragung geprüft wird. [2] Die Prüfungsanordnung muss an den jeweiligen Inhaltsadressaten für die Zeit seiner Inhaberschaft gerichtet und bekannt gegeben werden. [3] Für den Prüfungszeitraum bis zur Einbringung ergeht die Prüfungsanordnung an den ehemaligen Einzelunternehmer als Inhaltsadressat (Prüfungssubjekt) („bei Ihnen"). [4] In einem Zusatz ist zu erläutern, dass Prüfungsgegenstand bestimmte Besteuerungszeiträume vor der Einbringung in die namentlich benannte aufnehmende Gesellschaft sind.

5.7.2. [1] Tritt in eine bestehende Personenhandelsgesellschaft oder nicht rechtsfähige Personenvereinigung mit geschäftsüblichem Namen ein Gesellschafter ein oder scheidet ein Gesellschafter aus unter Fortführung der Gesellschaft durch die verbliebenen Gesellschafter oder ergibt sich durch abgestimmten Ein- und Austritt ein Gesellschafterwechsel, ändert sich die Identität der Gesellschaft nicht. [2] Daher ist die Prüfungsanordnung auch für die Zeit vor dem Eintritt, Ausscheiden oder Wechsel an die Personengesellschaft als Inhaltsadressaten zu richten. [3] An den ausgeschiedenen Gesellschafter ergeht keine gesonderte Prüfungsanordnung. [4] Ihm ist jedoch zur Wahrung des rechtlichen Gehörs eine Kopie der an die Gesellschaft gerichteten Prüfungsanordnung zu übersenden. [5] Dabei ist er auf den Sinn und Zweck dieser Benachrichtigung hinzuweisen.

5.7.3. [1] Scheidet aus einer zweigliedrigen Personengesellschaft oder nicht rechtsfähigen Personengemeinschaft der vorletzte Gesellschafter aus und wird der Betrieb durch den verbliebenen Gesellschafter ohne Liquidation fortgeführt (= vollbeendete Gesellschaft; BFH-Urteil vom 18.9.1980, V R 175/74, BStBl. 1981 II S. 293), ist der jetzige Alleininhaber Gesamtrechtsnachfolger gem. § 45 Abs. 1 Satz 1 AO für die Betriebssteuern. [2] Die Prüfungsanordnung für die Betriebssteuern ist daher auch für die Zeit des Bestehens der Gesellschaft/Gemeinschaft an den jetzigen Alleininhaber zu richten und diesem bekannt zu geben. [3] Er ist auf seine Stellung als Gesamtrechtsnachfolger hinzuweisen. [4] In einem Zusatz ist deutlich zu machen, dass die Prüfung die steuerlichen Verhältnisse der vollbeendeten Gesellschaft/Gemeinschaft betrifft.

[1] Für die gesonderte und einheitliche Gewinnfeststellung geht die Pflicht, die Prüfung zu dulden (vgl. AEAO zu § 197, Nr. 2.1 und 5.2.1), ebenfalls von der Gesellschaft/Gemeinschaft auf den jetzigen Alleininhaber als Gesamtrechtsnachfolger i.S.v. § 45 Abs. 1 Satz 1 AO über (BFH-Urteil vom 25.4.2006, VIII R 46/02, BFH/NV S. 2037). [2] Die Prüfungsanordnung zur gesonderten und einheitlichen Gewinnfeststellung für die Zeit des Bestehens der Gesellschaft ist daher ebenfalls an den jetzigen Alleininhaber zu richten und diesem bekannt zu geben. [3] Auf die Stellung als Gesamtrechtsnachfolger ist hinzuweisen. [4] In einem

Zusatz ist deutlich zu machen, dass die Prüfung die steuerlichen Verhältnisse der vollbeendeten Gesellschaft/Gemeinschaft betrifft.

[1] Erzielt die Personengesellschaft/Gemeinschaft ausschließlich Überschusseinkünfte (z.B. aus Vermietung und Verpachtung), ist sie als solche kein Prüfungssubjekt hinsichtlich der gesonderten und einheitlichen Feststellung der Überschusseinkünfte (vgl. AEAO zu § 197, Nr. 5.2.2). [2] Die Duldungspflicht der Prüfung kann daher auch nicht im Wege der Gesamtrechtsnachfolge auf den jetzigen Alleingesellschafter übergehen. [3] Die Prüfungsanordnung ist in diesem Fall an jeden ehemaligen Gesellschafter zu richten und bekannt zu geben.

6. Juristische Personen

Vgl. AEAO zu § 122, Nr. 2.8.

7. Insolvenzfälle

Soweit die Verwaltungs- und Verfügungsbefugnis auf einen Insolvenzverwalter oder einen vorläufigen Insolvenzverwalter übergegangen ist (vgl. AEAO zu § 251, Nrn. 3.1 und 4.2), ist dieser Bekanntgabeadressat (AEAO zu § 197, Nr. 2.2).

8. Gesamtrechtsnachfolge in Erbfällen

8.1. [1] Geht ein Einzelunternehmen durch Erbfall im Wege der Gesamtrechtsnachfolge auf eine oder mehrere Person(en) über, ist die Prüfungsanordnung an den/die Erben als Prüfungssubjekt zu richten. [2] Bei ihm/ihnen kann eine Außenprüfung nach § 193 Abs. 1 AO auch für Zeiträume stattfinden, in denen der Erblasser unternehmerisch tätig war (BFH-Urteil vom 24.8.1989, IV R 65/88, BStBl. 1990 II S. 2). [3] Auf den/die Erben gehen als Gesamtrechtsnachfolger alle Verpflichtungen aus dem Steuerschuldverhältnis über (§ 45 Abs. 1 AO); hierzu gehört auch die Duldung der Betriebsprüfung (BFH-Urteil vom 9.5.1978, VII R 96/75, BStBl. II S. 501).

Beispiele:

a) **Anschrift:**
Frau Antonia Huber
Text:
„ ... ordne ich an, dass bei Ihnen bezüglich der steuerlichen Verhältnisse Ihres verstorbenen Ehemannes Anton Huber eine Außenprüfung durchgeführt wird."
Zusatz:
„ ... ergeht an Sie als Alleinerbin und Gesamtrechtsnachfolgerin nach Ihrem Ehemann."

b) **Anschrift:**
Herrn Steuerberater Klaus Schulz
Text:
„ ... ordne ich an, dass bei Ihrer Mandantin Antonia Huber bezüglich der steuerlichen Verhältnisse ihres verstorbenen Ehemanns Anton Huber eine Außenprüfung durchgeführt wird."
Zusatz:
„ ... ergeht an Sie für Frau Antonia Huber als Alleinerbin und Gesamtrechtsnachfolgerin nach Anton Huber."

c) **Anschrift:**
Herrn Steuerberater Klaus Schulz
Text:
„ ... ordne ich an, dass bei Ihren Mandanten Emilia Müller, Fritz Müller (usw., alle Erben namentlich aufzuzählen) bezüglich der steuerlichen Verhältnisse des verstorbenen Emil Müller eine Außenprüfung durchgeführt wird."
Zusatz:
„ ... ergeht an Sie für Frau Emilia Müller, Herrn Fritz Müller usw. als Erben und Gesamtrechtsnachfolger des verstorbenen Emil Müller."

8.2. [1] Hat die Erbengemeinschaft keinen gemeinsamen Empfangsbevollmächtigten, ist jedem Miterben eine Prüfungsanordnung bekannt zu geben. [2] Im Anschriftenfeld ist sie jeweils an den einzelnen Miterben zu adressieren. [3] Im Übrigen ist sie inhaltsgleich allen Miterben bekannt zu geben. [4] Die Prüfung ist „bei dem" jeweiligen Miterben vorzusehen. [5] Außerdem ist in der Prüfungsanordnung in einem Zusatz darzustellen, welche weiteren Miterben zur Erbengemeinschaft gehören (Darstellung mit vollständigen Namen und ggf. Anschriften).

8.3. Ist ein Miterbe gemeinsamer Empfangsbevollmächtigter aller Miterben, so ist die Prüfungsanordnung nur diesem Miterben wie folgt bekannt zu geben:

Anschrift:

Anna Müller, Anschrift

Text:

„... ordne ich an, dass bei Ihnen bezüglich der steuerlichen Verhältnisse Ihres verstorbenen Ehemanns Herbert Müller eine Außenprüfung durchgeführt wird."

Zusatz:

„Die Prüfungsanordnung ergeht an Sie mit Wirkung für alle Miterben und Gesamtrechtsnachfolger nach Herbert Müller: Frau Anna Müller, Frau Eva Müller, ... (alle weiteren Miterben namentlich, ggf. mit Anschrift, nennen)."

Zweckmäßigerweise sollten getrennte Prüfungsanordnungen für folgende gleichzeitig vorliegende und zu prüfende Fallgestaltungen ergehen:

– Prüfungszeitraum des Erblassers als Einzelunternehmer (s.o.),

– Prüfungszeitraum der Fortführung des Unternehmens durch die Erbengemeinschaft (Prüfung „bei der Erbengemeinschaft, Anna Müller, ggf. Anschrift, sowie Eva Müller, ggf. Anschrift, und Thomas Müller, ggf. Anschrift etc. Alle Beteiligten sind Erben und Gesamtrechtsnachfolger nach Herbert Müller."),

– Prüfung eines eigenen Betriebs eines Miterben (z.B. der Ehefrau des Erblassers).

9. Umwandlungen

9.1. In den übrigen Fällen einer Gesamtrechtsnachfolge i.S.d. § 45 Abs. 1 AO (vgl. AEAO zu § 45) gelten grundsätzlich die Anweisungen des AEAO zu § 122, Nrn. 2.12.1 und 2.12.2.

9.2. Nach einer Verschmelzung (§ 1 Abs. 1 Nr. 1, §§ 2 ff. UmwG) ist sowohl hinsichtlich der Betriebssteuern als auch hinsichtlich der gesonderten und einheitlichen Feststellungen Nr. 5.7.3 des AEAO zu § 197 sinngemäß anzuwenden.

9.3. [1] In Fällen einer Abspaltung oder Ausgliederung (§ 1 Abs. 1 Nr. 2, §§ 123 ff. UmwG) sowie einer Vermögensübertragung im Wege der Teilübertragung (§ 1 Abs. 1 Nr. 3, § 174 Abs. 2, §§ 175, 177, 179, 184 ff., 189 UmwG) liegt keine Gesamtrechtsnachfolge i.S.d. § 45 Abs. 1 AO vor (vgl. AEAO zu § 45, Nr. 2). [2] Eine Prüfungsanordnung, die sich auf Zeiträume bis zur Abspaltung, Ausgliederung oder Vermögensübertragung bezieht, ist daher stets an den abspaltenden, ausgliedernden bzw. an den das Vermögen übertragenden Rechtsträger zu richten.

9.4. [1] In den Fällen einer Aufspaltung (§ 1 Abs. 1 Nr. 2, § 123 Abs. 1 UmwG) ist jedoch § 45 Abs. 1 AO sinngemäß anzuwenden. [2] Eine Prüfungsanordnung, die sich auf Zeiträume bis zur Aufspaltung bezieht, ist an alle spaltungsgeborenen Gesellschaften zu richten. [3] Dies gilt nicht in Bezug auf die gesonderte und einheitliche Feststellung von Besteuerungsgrundlagen (vgl. AEAO zu § 45, Nr. 2).

9.5. [1] Bei einer formwechselnden Umwandlung (§ 1 Abs. 1 Nr. 4, §§ 190 ff. UmwG) handelt es sich lediglich um den Wechsel der Rechtsform. [2] Das Prüfungssubjekt bleibt identisch; es ändert sich lediglich dessen Bezeichnung. [3] Die Prüfungsanordnung ist an die Gesellschaft unter ihrer neuen Bezeichnung zu richten. [4] Dies gilt auch, wenn sich – wie z.B. in Fällen der Umwandlung einer Personengesellschaft in eine Kapitalgesellschaft oder der Umwandlung einer Kapitalgesellschaft in eine Personengesellschaft – das Steuersubjekt ändert und daher eine steuerliche Gesamtrechtsnachfolge vorliegt (vgl. AEAO zu § 45, Nr. 3). [5] Wurde eine Personengesellschaft, die Gewinneinkünfte erzielt hat, in eine Kapitalgesellschaft umgewandelt, ist eine Prüfungsanordnung, die sich auf die gesonderte und einheitliche Feststellung von Besteuerungsgrundlagen der Personengesellschaft erstreckt, nach den Grundsätzen der Nr. 5.2.1 des AEAO zu § 197 an die Kapitalgesellschaft zu richten. [6] Hat die umgewandelte Personengesellschaft Überschusseinkünfte erzielt, ist die Prüfungsanordnung für die gesonderte und einheitliche Feststellung der Besteuerungsgrundlagen nach den Grundsätzen von Nr. 5.2.2 des AEAO zu § 197 an die Gesellschafter der ehemaligen Personengesellschaft zu richten.

10. Festlegung des voraussichtlichen Prüfungsbeginns

[1] Die Festlegung des voraussichtlichen Prüfungsbeginns stellt einen eigenständigen Verwaltungsakt dar, der von der Prüfungsanordnung als solcher zu unterscheiden ist. [2] Der Regelungsgehalt liegt in der Festlegung der Behörde, dass der Steuerpflichtige die Prüfung jedenfalls ab dem Tage, auf den der voraussichtliche Prüfungsbeginn festgelegt wird, zu dulden hat.

[1] Im Gegensatz zur Prüfungsanordnung sind an die Annahme eines Verwaltungsakts, mit dem der voraussichtliche Prüfungsbeginn festgelegt wird, keine hohen Anforderungen zu stellen. [2] Er kann formfrei ergehen, muss regelmäßig aber ein taggenaues Datum bezeichnen. [3] Ein bloßer Terminvorschlag oder lediglich eine Terminanfrage sind nicht ausreichend. [4] Mischformen aus einvernehmlichen Abstimmungen und gleichzeitigen Anordnungen sind hingegen möglich (BFH-Urteil vom 19.5.2016, X R 14/15, BStBl. 2017 II S. 97). [5] Sie sind im Hinblick auf eine möglicherweise später relevante Beweislast hinreichend zu dokumentieren. [6] Die Angabe einer konkreten Uhrzeit des Prüfungsbeginns ist nicht notwendig. Der genaue Beginn kann später unter Berücksichtigung des § 200 Abs. 3 Satz 1 AO vereinbart oder bestimmt werden.

Die Anforderungen an eine erstmalige Festlegung des voraussichtlichen Prüfungsbeginns gelten auch im Fall der Verlegung des voraussichtlichen Beginns der Außenprüfung auf einen anderen Zeitpunkt.

11. Antrag des Steuerpflichtigen auf Verschiebung des Prüfungsbeginns (§ 197 Abs. 2 AO)

[1] Die Anforderungen an einen Antrag des Steuerpflichtigen auf Verschiebung des Prüfungsbeginns sind gering (BFH-Urteil vom 19.5.2016, X R 14/15, BStBl. 2017 II S. 97). [2] Er kann formlos gestellt werden. [3] Der Angabe eines taggenauen Datums, auf den der Prüfungsbeginn verschoben werden soll, bedarf es nicht. [4] Ausreichend ist z.B. ein Verschiebungswunsch auf „Mitte Mai 2017". [5] Zulässig ist auch ein Antrag, der überhaupt keine zeitliche Vorgabe enthält, sondern auf einen konkreten Umstand abstellt, z.B. bei anhängigen

Rechtsbehelfs- oder Strafverfahren, die Einfluss auf die Außenprüfung haben (BFH-Urteil vom 1.2.2012, I R 18/11, BStBl. II S. 400).

[1] Der Antrag auf Verschiebung muss aber einem Verwaltungsakt, in dem der voraussichtliche Prüfungsbeginn angekündigt wird, denklogisch nachfolgen. [2] Eine Äußerung des Steuerpflichtigen, der kein entsprechender Verwaltungsakt der Finanzbehörde vorausgegangen ist, kann daher nicht als Verschiebungsantrag nach § 197 Abs. 2 AO angesehen werden.

Ein Verschiebungsantrag nach § 197 Abs. 2 AO, dem stattgegeben wird, löst die Ablaufhemmung nach § 171 Abs. 4 Satz 1 2. Alternative AO aus (vgl. AEAO zu § 171, Nr. 3.3).

AEAO zu § 198 – Ausweispflicht, Beginn der Außenprüfung:

1. [1] Die Außenprüfung beginnt grundsätzlich in dem Zeitpunkt, in dem der Außenprüfer nach Bekanntgabe der Prüfungsanordnung konkrete Ermittlungshandlungen vornimmt. [2] Bei einer Datenträgerüberlassung beginnt die Außenprüfung spätestens mit der Auswertung der Daten. [3] Die Handlungen brauchen für den Betroffenen nicht erkennbar zu sein; es genügt vielmehr, dass der Außenprüfer nach Bekanntgabe der Prüfungsanordnung mit dem Studium der den Steuerfall betreffenden Akten beginnt (BFH-Urteile vom 7.8.1980, II R 119/77, BStBl. 1981 II S. 409, vom 11.10.1983, VIII R 11/82, BStBl. 1984 II S. 125, und vom 18.12.1986, I R 49/83, BStBl. 1987 II S. 408). [4] Als Beginn der Außenprüfung ist auch ein Auskunfts- und Vorlageersuchen der Finanzbehörde anzusehen, mit dem unter Hinweis auf die Außenprüfung um Beantwortung verschiedener Fragen und Vorlage bestimmter Unterlagen gebeten wird (BFH-Urteil vom 2.2.1994, I R 57/93, BStBl. II S. 377 und BFH-Beschluss vom 3.3.2009, IV S 12/08, BFH/NV S. 958). [5] Ein Aktenstudium, das vor dem in der Betriebsprüfungsanordnung genannten Termin des Beginns der Prüfung durchgeführt wird, gehört hingegen noch zu den Prüfungsvorbereitungen (BFH-Urteil vom 8.7.2009, XI R 64/07, BStBl. 2010 II S. 4).

2. [1] Bei der Außenprüfung von Konzernen und sonstigen zusammenhängenden Unternehmen i.S.d. §§ 13 bis 19 BpO gelten keine Besonderheiten. [2] Da es sich um rechtlich selbständige Unternehmen handelt, fällt der Beginn der Außenprüfung grundsätzlich auf den Tag, an dem mit der Prüfung des jeweiligen Unternehmens begonnen wird. [3] Werden mehrere konzernzugehörige Unternehmen von einer Finanzbehörde geprüft und hat sie sich mit allen von ihr zu prüfenden Betrieben befasst, um sich einen Überblick über die prüfungsrelevanten Sachverhalte zu verschaffen, sowie die wirtschaftlichen, bilanziellen und liquiditätsmäßigen Verflechtungen zwischen den Unternehmen aus den unterschiedlichen Perspektiven untersucht, ist damit bereits ein einheitlicher Prüfungsbeginn gegeben.

[1] Wenn dagegen ein konzernzugehöriges Unternehmen von einer anderen Finanzbehörde geprüft wird, beginnt die Außenprüfung erst dann, wenn konkrete Prüfungshandlungen in diesem Einzelfall vorgenommen worden sind. [2] Der Zeitpunkt des Beginns der Außenprüfung ist in den Prüfungsbericht aufzunehmen.

3. Zur Ablaufhemmung vgl. AEAO zu § 171, Nr. 3.

AEAO zu § 200 – Mitwirkungspflichten des Steuerpflichtigen:

1. [1] Die Bestimmung des Umfangs der Mitwirkung des Steuerpflichtigen liegt im pflichtgemäßen Ermessen der Finanzbehörde. [2] Auf Anforderung hat der Steuerpflichtige vorhandene Aufzeichnungen und Unterlagen vorzulegen, die nach Einschätzung der Finanzbehörde für eine ordnungsgemäße und effiziente Abwicklung der Außenprüfung erforderlich sind, ohne dass es ihm gegenüber einer zusätzlichen Begründung hinsichtlich der steuerlichen Bedeutung bedarf.

Konzernunternehmen haben auf Anforderung insbesondere vorzulegen:
– den Prüfungsbericht des Wirtschaftsprüfers über die Konzernabschlüsse der Konzernmuttergesellschaft,
– die Richtlinie der Konzernmuttergesellschaft zur Erstellung des Konzernabschlusses,
– die konsolidierungsfähigen Einzelabschlüsse (sog. Handelsbilanzen II) der Konzernmuttergesellschaft,
– Einzelabschlüsse und konsolidierungsfähige Einzelabschlüsse (sog. Handelsbilanzen II) von in- und ausländischen Konzernunternehmen.

[1] Bei Auslandssachverhalten trägt der Steuerpflichtige eine erhöhte Mitwirkungspflicht (BFH-Beschluss vom 9.7.1986, I B 36/86, BStBl. 1987 II S. 487). [2] Im Falle von Verzögerungen durch den Steuerpflichtigen oder der von ihm benannten Auskunftspersonen soll nach den Umständen des Einzelfalls von der Möglichkeit der Androhung und Festsetzung von Zwangsmitteln (§ 328 AO), der Festsetzung von Verzögerungsgeld (§ 146 Abs. 2b AO) oder der Schätzung (§ 162 AO) Gebrauch gemacht werden. [3] Im Rahmen von Geschäftsbeziehungen zwischen nahe stehenden Personen sind die Regelungen der Gewinnabgrenzungsaufzeichnungsverordnung und der Verwaltungsgrundsätze-Verfahren (BMF-Schreiben vom 12.4.2005, BStBl. I S. 570)[1] zu beachten. [4] Kreditinstitute sind verpflichtet, dem Außenprüfer Angaben zur Identität der Bankkunden zu machen.

2. [1] Eine Außenprüfung in den Geschäftsräumen des Steuerpflichtigen verstößt nicht gegen Art. 13 GG (BFH-Urteil vom 20.10.1988, IV R 104/86, BStBl. 1989 II S. 180). [2] Ist ein geeigneter Geschäftsraum vorhanden, so muss die Außenprüfung dort stattfinden. [3] Ob ein geeigneter Geschäftsraum vorhanden ist, richtet sich nach der objektiven Beschaffenheit der Räume, den betriebsüblichen Verhältnissen sowie arbeitsrechtlichen Grundsätzen. [4] Der Vorrang der Geschäftsräume vor allen anderen Orten ergibt sich aus dem Wortlaut des § 200 Abs. 2 AO und aus dem Sinn und Zweck der Außenprüfung. [5] Sind keine geeigneten Geschäftsräume vorhanden, ist in den Wohnräumen des Steuerpflichtigen oder an Amtsstelle zu prüfen. [6] Nur im Ausnahmefall und nur auf Antrag kommen andere Prüfungsorte in Betracht, wenn schützenswerte Interessen des Steuerpflichtigen von besonders großem Gewicht die Interessen der Finanzbehörden an einem effizienten Prüfungsablauf in den Geschäftsräumen verdrängen.

AEAO zu § 201 – Schlussbesprechung:

1. [1] Rechtsirrtümer, die die Finanzbehörde nach der Schlussbesprechung erkennt, können bei der Auswertung der Prüfungsfeststellungen auch dann richtiggestellt werden, wenn an der Schlussbesprechung der für die Steuerfestsetzung zuständige Beamte teilgenommen hat (BFH-Urteile vom 6.11.1962, I 298/61 U, BStBl. 1963 III S. 104, und vom 1.3.1963, VI 119/61 U, BStBl. III

---

[1] Siehe auch BMF v. 3.12.2020, BStBl. I 2020, 1325.

S. 212). [2]Zusagen im Rahmen einer Schlussbesprechung, die im Betriebsprüfungsbericht nicht aufrechterhalten werden, erzeugen schon aus diesem Grund keine Bindung der Finanzbehörde nach Treu und Glauben (BFH-Urteil vom 27.4.1977, I R 211/74, BStBl. II S. 623).

2. [1]Die Außenprüfung ist abgeschlossen, wenn die prüfende Behörde den Abschluss ausdrücklich oder konkludent erklärt. [2]I.d.R. kann die Außenprüfung mit der Zusendung des Prüfungsberichts (§ 202 Abs. 1 AO) als abgeschlossen angesehen werden (BFH-Urteile vom 17.7.1985, I R 214/82, BStBl. 1986 II S. 21, und vom 4.2.1988, V R 57/83, BStBl. II S. 413). [3]Reicht der Steuerpflichtige nach Zusendung des Betriebsprüfungsberichts eine – ausdrücklich vorbehaltene – Stellungnahme und Unterlagen ein, die zu einem Wiedereintritt in Ermittlungshandlungen führen, erfolgt dies noch im Rahmen der Außenprüfung (BFH-Urteil vom 8.7.2009, XI R 64/07, BStBl. 2010 II S. 4).

3.[1)] [1]Der Steuerpflichtige kann den Verzicht nach § 201 Abs. 1 Satz 1 AO auf die Abhaltung einer Schlussbesprechung formlos erklären. [2]Die Finanzbehörde vereinbart mit dem Steuerpflichtigen einen Termin zur Abhaltung der Schlussbesprechung, der innerhalb eines Monats seit Beendigung der Ermittlungshandlungen liegt. [3]Kommt eine Terminabsprache nicht zustande, lädt die Finanzbehörde den Steuerpflichtigen schriftlich zur Schlussbesprechung an Amtsstelle und weist gleichzeitig darauf hin, dass die Nichtwahrnehmung des Termins ohne Angabe von Gründen als Verzicht i.S.d. § 201 Abs. 1 Satz 1 AO zu werten ist.

4. [1]Die Verwertung von Prüfungsfeststellungen hängt nicht davon ab, ob eine Schlussbesprechung abgehalten worden ist. [2]Das Unterlassen einer Schlussbesprechung führt nicht „ohne weiteres" zu einer Fehlerhaftigkeit der aufgrund des Berichts über die Außenprüfung ergangenen Steuerbescheide (BFH-Beschluss vom 15.12.1997, X B 182/96, BFH/NV 1998 S. 811).

5. Zu der Zulässigkeit und den Rechtsfolgen einer tatsächlichen Verständigung siehe BMF-Schreiben vom 30.7.2008, BStBl. I S. 831, ergänzt durch BMF-Schreiben vom 15.4.2019, BStBl. I S. 446.

6. [1]Der Hinweis nach § 201 Abs. 2 AO ist zu erteilen, wenn es nach dem Erkenntnisstand zum Zeitpunkt der Schlussbesprechung möglich erscheint, dass ein Straf- oder Bußgeldverfahren durchgeführt werden muss. [2]Wegen weiterer Einzelheiten vgl. Nr. 131 Abs. 2 AStBV (St).[2)] [3]Durch den Hinweis nach § 201 Abs. 2 AO wird noch nicht das Straf- und Bußgeldverfahren i.S.d. §§ 397, 410 Abs. 1 Nr. 6 AO eröffnet, weil das Aussprechen eines strafrechtlichen Vorbehalts i.S.d. § 201 Abs. 2 AO noch im Rahmen der Außenprüfung bei

---

[1)] Siehe auch BVerfG v. 21.7.2016 1 BvR 3092/15, DStR 2016, 1984.

[2)] Nr. 131 Abs. 2 AStBV (St) 2020 v. 1.12.2019, BStBl. I 2019, 1142, lautet:

„**131. Außenprüfung**

(2) Erscheint es erstmals aufgrund von Erkenntnissen aus der Schlussbesprechung möglich, dass ein Strafverfahren wegen einer Straftat im Sinne der Nummern 18 und 19 oder ein Bußgeldverfahren wegen einer Ordnungswidrigkeit im Sinne der Nummern 105 und 106 durchgeführt werden muss (vgl. Nummer 130 Abs. 3), ist gemäß § 201 Abs. 2 AO ein entsprechender Hinweis zu erteilen. Ein Hinweis ist nicht zu erteilen, wenn eine Straftat oder Ordnungswidrigkeit deshalb nicht in Betracht kommt, weil kein schuldhaftes oder vorwerfbares Verhalten vorliegt oder offensichtlich ist, dass objektive oder subjektive Tatbestandsmerkmale mit der im Straf- oder Bußgeldverfahren erforderlichen Gewissheit nicht nachzuweisen sind. Falls sich im Rahmen der Schlussbesprechung ein Anfangsverdacht ergibt, ist das Strafverfahren einzuleiten und der Steuerpflichtige zu belehren."

Durchführung der Besteuerung geschieht. [4]Der Hinweis nach § 201 Abs. 2 AO ist kein Verwaltungsakt.

AEAO zu § 202 – Inhalt und Bekanntgabe des Prüfungsberichts:

[1]Der Prüfungsbericht und die Mitteilung über die ergebnislose Prüfung (§ 202 Abs. 1 Satz 3 AO) sind keine Verwaltungsakte und können deshalb nicht mit dem Einspruch angefochten werden (BFH-Urteile vom 17.7.1985, I R 214/82, BStBl. 1986 II S. 21, und vom 29.4.1987, I R 118/83, BStBl. 1988 II S. 168). [2]In der Übersendung des Prüfungsberichts, der keinen ausdrücklichen Hinweis darauf enthält, dass die Außenprüfung nicht zu einer Änderung der Besteuerungsgrundlagen geführt hat, kann keine konkludente Mitteilung i.S.d. § 202 Abs. 1 Satz 3 AO gesehen werden (BFH-Urteil vom 14.12.1989, III R 158/85, BStBl. 1990 II S. 283).

Für den Innendienst bestimmte oder spätere Besteuerungszeiträume betreffende Mitteilungen des Außenprüfers sind in den Prüfungsbericht nicht aufzunehmen (BFH-Urteil vom 27.3.1961, I 276/60 U, BStBl. III S. 290).

AEAO zu § 203 – Abgekürzte Außenprüfung:

1. Die Vorschrift des § 203 AO soll auch eine im Interesse des Steuerpflichtigen liegende rasche Durchführung einer Außenprüfung ermöglichen (BFH-Urteil vom 25.11.1989, X R 158/87, BStBl. II S. 483).

2. [1]Bei einer abgekürzten Außenprüfung finden die Vorschriften über die Außenprüfung (§§ 193 ff. AO) Anwendung, mit Ausnahme der §§ 201 Abs. 1 und 202 Abs. 2 AO. [2]Sie ist bei allen unter § 193 AO fallenden Steuerpflichtigen zulässig.

Eine Beschränkung der in Frage kommenden Fälle nach der Einordnung der Betriebe in Größenklassen besteht nicht.

Die abgekürzte Außenprüfung unterscheidet sich von einer im Prüfungsstoff schon eingeschränkten Außenprüfung, indem sie darüber hinaus auf die Prüfung einzelner Besteuerungsgrundlagen eines Besteuerungszeitraums oder mehrerer Besteuerungszeiträume beschränkt wird (§ 4 Abs. 5 Satz 2 BpO).

3. [1]In der Prüfungsanordnung ist die Außenprüfung als abgekürzte Außenprüfung i.S.d. §§ 193, 203 AO ausdrücklich zu bezeichnen. [2]Ein Wechsel von der abgekürzten zur nicht abgekürzten Außenprüfung und umgekehrt ist zulässig. [3]Hierzu bedarf es einer ergänzenden Prüfungsanordnung.

4. Die Vorschrift des § 203 Abs. 2 AO entbindet nicht von der Verpflichtung zur Fertigung eines Prüfungsberichts.

5. Die abgekürzte Außenprüfung löst dieselben Rechtsfolgen wie eine nicht abgekürzte Außenprüfung aus.

AEAO zu § 204 – Voraussetzung der verbindlichen Zusage:

1. Von der verbindlichen Zusage nach § 204 AO sind zu unterscheiden:

– die tatsächliche Verständigung über den der Steuerfestsetzung zugrunde liegenden Sachverhalt (vgl. BMF-Schreiben vom 30.7.2008, BStBl. I S. 831, ergänzt durch BMF-Schreiben vom 15.4.2019, BStBl. I S. 446),

– die verbindliche Auskunft nach § 89 Abs. 2 AO und
– die Lohnsteueranrufungsauskunft (§ 42e EStG[1]).

2. [1] Über den Antrag auf Erteilung einer verbindlichen Zusage entscheidet die für die Auswertung der Prüfungsfeststellungen zuständige Finanzbehörde. [2] Im Fall einer Auftragsprüfung nach § 195 AO kann die beauftragte Finanzbehörde nur im Einvernehmen mit der für die Besteuerung zuständigen Finanzbehörde eine verbindliche Zusage erteilen.

3. [1] Der Anwendungsbereich der Vorschrift erstreckt sich auf für die Vergangenheit geprüfte (verwirklichte) Sachverhalte mit Wirkung in die Zukunft (z.B. Gesellschaftsverträge, Erwerb von Grundstücken). [2] Zwischen der Außenprüfung und dem Antrag auf Erteilung einer verbindlichen Zusage muss der zeitliche Zusammenhang gewahrt bleiben (BFH-Urteil vom 13.12.1995, XI R 43–45/89, BStBl. 1996 II S. 232). [3] Bei einem nach der Schlussbesprechung gestellten Antrag ist i.d.R. keine verbindliche Zusage mehr zu erteilen, wenn hierzu umfangreiche Prüfungshandlungen erforderlich sind. [4] Der Antrag auf Erteilung einer verbindlichen Zusage soll schriftlich bzw. elektronisch gestellt werden (vgl. BFH-Urteil vom 4.8.1961, VI 269/60 S, BStBl. III S. 562). [5] Unklarheiten gehen zu Lasten des Steuerpflichtigen (BFH-Urteil vom 13.12.1989, X R 208/87, BStBl. 1990 II S. 274).

4. [1] Die Beurteilung eines Sachverhalts im Prüfungsbericht oder in einem aufgrund einer Außenprüfung ergangenen Steuerbescheid steht einer verbindlichen Zusage nicht gleich (BFH-Urteil vom 23.9.1992, X R 129/90, BFH/NV 1993 S. 294). [2] Auch die Tatsache, dass eine bestimmte Gestaltung von vorangegangenen Außenprüfungen nicht beanstandet wurde, schafft keine Bindungswirkung nach Treu und Glauben (BFH-Urteil vom 29.1.1997, XI R 27/95, BFH/NV S. 816).

5. Der Antrag auf Erteilung einer verbindlichen Zusage kann ausnahmsweise abgelehnt werden, insbesondere, wenn sich der Sachverhalt nicht für eine verbindliche Zusage eignet (z.B. zukünftige Angemessenheit von Verrechnungspreisen bei unübersichtlichen Marktverhältnissen) oder wenn zu dem betreffenden Sachverhalt die Herausgabe von allgemeinen Verwaltungsvorschriften oder eine Grundsatzentscheidung des BFH nahe bevorsteht.

AEAO zu § 205 – Form der verbindlichen Zusage:

[1] Vorbehalte in der erteilten verbindlichen Zusage (z.B. „vorbehaltlich des Ergebnisses einer Besprechung mit den obersten Finanzbehörden der Länder") schließen die Bindung aus (BFH-Urteil vom 4.8.1961, VI 269/60 S, BStBl. III S. 562). [2] Die verbindliche Zusage hat im Hinblick auf die Regelung in § 207 Abs. 1 AO die Rechtsvorschriften zu enthalten, auf die die Entscheidung gestützt wird (BFH-Urteil vom 3.7.1986, IV R 66/84, BFH/NV 1987 S. 89).

AEAO zu § 206 – Bindungswirkung:

[1] Entspricht der nach Erteilung der verbindlichen Zusage festgestellte und steuerlich zu beurteilende Sachverhalt nicht dem der verbindlichen Zusage zugrunde gelegten Sachverhalt, so ist die Finanzbehörde an die erteilte Zusage auch ohne besonderen Widerruf nicht gebunden (§ 206 Abs. 1 AO). [2] Trifft die Finanzbehörde in einer Steuerfestsetzung eine andere Entscheidung als bei der

---

[1] dtv 5785 ESt/LSt Nr. 1.

Erteilung der verbindlichen Zusage, so kann der Steuerpflichtige im Rechtsbehelfsverfahren gegen den betreffenden Bescheid die Bindungswirkung geltend machen. [3] Der Steuerpflichtige andererseits ist nicht gebunden, wenn die verbindliche Zusage zu seinen Ungunsten dem geltenden Recht widerspricht (§ 206 Abs. 2 AO). [4] Er kann also den Steuerbescheid, dem eine verbindliche Zusage zugrunde liegt, anfechten, um eine günstigere Regelung zu erreichen. [5] Hierbei ist es unerheblich, ob die Fehlerhaftigkeit der Zusage bereits bei ihrer Erteilung erkennbar war oder erst später (z.B. durch eine Rechtsprechung zugunsten des Steuerpflichtigen) erkennbar geworden ist.

AEAO zu § 207 – Außerkrafttreten, Aufhebung und Änderung der verbindlichen Zusage:

1. Unter Rechtsvorschriften i.S.d. § 207 Abs. 1 AO sind nur Rechtsnormen zu verstehen, nicht jedoch Verwaltungsanweisungen oder eine geänderte Rechtsprechung.

2. [1] Die Finanzbehörde kann die verbindliche Zusage mit Wirkung für die Zukunft widerrufen oder ändern (§ 207 Abs. 2 AO), z.B. wenn sich die steuerrechtliche Beurteilung des der verbindlichen Zusage zugrunde gelegten Sachverhalts durch die Rechtsprechung oder Verwaltung zum Nachteil des Steuerpflichtigen ändert. [2] Im Einzelfall kann es aus Billigkeitsgründen gerechtfertigt sein, von einem Widerruf der verbindlichen Zusage abzusehen oder die Wirkung des Widerrufs zu einem späteren Zeitpunkt eintreten zu lassen. [3] Eine solche Billigkeitsmaßnahme wird i.d.R. jedoch nur dann geboten sein, wenn sich der Steuerpflichtige nicht mehr ohne erheblichen Aufwand bzw. unter beträchtlichen Schwierigkeiten von den im Vertrauen auf die Zusage getroffenen Dispositionen oder eingegangenen vertraglichen Verpflichtungen zu lösen vermag. [4] Der Steuerpflichtige ist vor einer Aufhebung oder Änderung zu hören (§ 91 Abs. 1 AO).

AEAO zu § 208 – Steuerfahndung, Zollfahndung:[1]

1. Der Steuerfahndung weist das Gesetz folgende Aufgaben zu:

a) Vorfeldermittlungen zur Verhinderung von Steuerverkürzungen (§ 85 Satz 2 AO), die auf die Aufdeckung und Ermittlung unbekannter Steuerfälle gerichtet sind (§ 208 Abs. 1 Satz 1 Nr. 3 AO);[2]

b) die Verfolgung bekannt gewordener Steuerstraftaten gem. § 386 Abs. 1 Satz 1 AO und Steuerordnungswidrigkeiten einschließlich der Ermittlung des steuerlich erheblichen Sachverhalts und dessen rechtlicher Würdigung (§ 208 Abs. 1 Satz 1 Nrn. 1 und 2 AO). [2] § 208 Abs. 1 Sätze 2 und 3 AO bestimmen, welche Vorschriften für das Verfahren zur Durchführung von Steuerfahndungsmaßnahmen maßgebend sind.

2. Die Steuerfahndung übt die Rechte und Pflichten aus,

a) die den Finanzämtern im Besteuerungsverfahren zustehen (§§ 85 ff. AO);

---

[1] Siehe Zollfahndungsdienstgesetz v. 16.8.2002 (BGBl. I S. 3202), zuletzt geänd. durch G v. 17.8. 2017 (BGBl. I S. 3202).
[2] Merkblatt über die Rechte und Pflichten von Steuerpflichtigen bei Prüfungen durch die Steuerfahndung nach § 208 Abs. 1 Nr. 3 AO (BMF v. 13.11.2013, BStBl. I 2013, 1458).

b) die sich aus § 404 Satz 2 AO ergeben: erster Zugriff; Durchsuchung; Beschlagnahme; Durchsicht von Papieren sowie sonstige Maßnahmen nach den für die Ermittlungspersonen der Staatsanwaltschaft geltenden Vorschriften.

3. [1] Zu Maßnahmen im Besteuerungsverfahren ist die Steuerfahndung auch berechtigt, wenn bereits ein Steuerstrafverfahren eingeleitet worden ist (vgl. BFH-Beschluss vom 29.10.1986, I B 28/86, BStBl. 1987 II S. 440). [2] Für Einwendungen gegen ihre Maßnahmen im Besteuerungsverfahren ist der Finanzrechtsweg, für Einwendungen gegen Maßnahmen im Strafverfahren wegen Steuerstraftaten der ordentliche Rechtsweg gegeben.

4. Für die Steuerfahndung gelten bei der Ermittlung der Besteuerungsgrundlagen und bei Vorfeldermittlungen folgende Einschränkungen aus Vorschriften über das Besteuerungsverfahren nicht (§ 208 Abs. 1 Satz 3 AO):

a) Andere Personen als die Beteiligten können sofort um Auskunft angehalten werden (§ 93 Abs. 1 Satz 3 AO).

b) Das Auskunftsersuchen bedarf entgegen § 93 Abs. 2 Satz 2 AO nicht der Schriftform.

c) Die Vorlage von Urkunden kann ohne vorherige Befragung des Vorlagepflichtigen verlangt und die Einsichtnahme in diese Urkunden unabhängig von dessen Einverständnis erwirkt werden (§ 97 Abs. 2 AO).

5. [1] Mitwirkungspflichten des Steuerpflichtigen, die sich aus den Vorschriften über die Außenprüfung ergeben, bleiben bestehen (§ 208 Abs. 1 Satz 3 AO). [2] Die Mitwirkungspflicht kann allerdings nicht erzwungen werden, wenn sich der Steuerpflichtige dadurch der Gefahr aussetzen würde, sich selbst wegen einer von ihm begangenen Steuerstraftat oder Steuerordnungswidrigkeit belasten zu müssen oder wenn gegen ihn bereits ein Steuerstraf- oder Bußgeldverfahren eingeleitet worden ist. [3] Über diese Rechtslage muss der Steuerpflichtige belehrt werden.

6. Beamte der Steuerfahndung können mit sonstigen Aufgaben betraut werden (§ 208 Abs. 2 AO).

AEAO zu § 218 – Verwirklichung von Ansprüchen aus dem Steuerschuldverhältnis:

1. Konkretisierung der Ansprüche aus dem Steuerschuldverhältnis

[1] Ansprüche aus dem Steuerschuldverhältnis (§ 37 AO) werden durch Verwaltungsakt konkretisiert. [2] Der – ggf. materiell-rechtlich unrichtige – Verwaltungsakt beeinflusst zwar nicht die materielle Höhe des Anspruchs aus dem Steuerschuldverhältnis, solange er jedoch besteht, legt er fest, ob und in welcher Höhe ein Anspruch durchgesetzt werden kann. [3] Maßgebend ist allein der letzte Verwaltungsakt (z.B. der letzte Änderungsbescheid oder der letzte Abrechnungsbescheid). [4] Der einheitliche Anspruch aus dem Steuerschuldverhältnis kann deshalb bei – ggf. mehrfacher – Änderung einer Festsetzung nicht in unterschiedliche Zahlungs- und Erstattungsansprüche aufgespalten werden (BFH-Urteil vom 6.2.1996, VII R 50/95, BStBl. 1997 II S. 112).

Der Verwaltungsakt wirkt konstitutiv, wenn es sich um steuerliche Nebenleistungen handelt, deren Festsetzung in das Ermessen der Finanzbehörde gestellt ist, z.B. beim Verspätungszuschlag (§ 152 AO).

2. Säumniszuschläge

Bei Säumniszuschlägen bedarf es keines Leistungsgebotes, wenn sie zusammen mit der Steuer beigetrieben werden (§ 254 Abs. 2 AO).

3. Abrechnungsbescheid

[1] Über Streitigkeiten, die die Verwirklichung von Ansprüchen aus dem Steuerschuldverhältnis betreffen, entscheiden die Finanzbehörden durch Abrechnungsbescheid (§ 218 Abs. 2 AO). [2] Als Rechtsbehelf ist der Einspruch gegeben. [3] Die Korrekturmöglichkeiten richten sich nach den §§ 129 bis 131 und § 218 Abs. 3 AO.

[1] Eine Verfügung über die Anrechnung von Steuerabzugsbeträgen und Steuervorauszahlungen (Anrechnungsverfügung) ist ein Verwaltungsakt mit Bindungswirkung (vgl. BFH-Urteil vom 27.10.2009, VII R 51/08, BStBl. 2010 II S. 382). [2] Diese Bindungswirkung muss auch beim Erlass eines Abrechnungsbescheids beachtet werden. [3] Deshalb kann im Rahmen eines Abrechnungsbescheids die Steueranrechnung zugunsten oder zuungunsten des Steuerpflichtigen nur dann korrigiert werden, wenn eine der Voraussetzungen der §§ 129 bis 131 oder § 218 Abs. 3 AO gegeben ist (vgl. BFH-Urteil vom 15.4.1997, VII R 100/96, BStBl. II S. 787).[1]

4. Widerstreitende Anrechnungsverfügungen oder Abrechnungsbescheide

4.1. [1] Wird eine Anrechnungsverfügung oder ein Abrechnungsbescheid auf Grund eines Rechtsbehelfs oder auf Antrag zurückgenommen und ein für den Rechtsbehelfsführer/Antragsteller günstigerer Verwaltungsakt erlassen, können nachträglich gegenüber ihm, aber auch gegenüber anderen Personen (z.B. Ehegatte oder Lebenspartner des Steuerpflichtigen, Abtretungsempfänger, Pfandgläubiger), durch Änderung einer Anrechnungsverfügung oder eines Abrechnungsbescheids die entsprechenden steuerlichen Folgerungen gezogen werden (§ 218 Abs. 3 Satz 1 AO). [2] War Rechtsbehelfsführer/Antragsteller nicht der Steuerpflichtige, sondern ein Dritter (z.B. ein Abtretungsempfänger oder ein Pfandgläubiger), können die entsprechenden steuerlichen Folgerungen auch gegenüber dem Steuerpflichtigen nach § 218 Abs. 3 Satz 1 AO gezogen werden.

4.2. [1] Gegenüber einer Person, die im Ausgangsverfahren nicht Rechtsbehelfsführer/Antragsteller war, ist eine für sie nachteilige Korrektur ihrer Anrechnungsverfügung oder ihres Abrechnungsbescheids nach § 218 Abs. 3 AO nur dann möglich, wenn sie an dem Verfahren, das zur Aufhebung oder Änderung der fehlerhaften Anrechnungsverfügung bzw. des fehlerhaften Abrechnungsbescheids geführt hat, in entsprechender Anwendung des § 174 Abs. 5 AO beteiligt wurde. [2] Für eine wirksame Beteiligung dieser Person muss ihr auch der Verwaltungsakt bzw. im Einspruchsverfahren die Einspruchsentscheidung bekannt gegeben werden (vgl. BFH-Urteile vom 11.4.1991, V R 40/86, BStBl. II S. 605, und vom 5.5.1993, X R 111/91, BStBl. II S. 817).

Diese Person ist dabei darauf hinzuweisen, dass

– ihr die Entscheidung als Beteiligtem bekannt gegeben wird,

---

[1] Zu § 130 Abs. 2 Nr. 4 AO vgl. BFH v. 26.6.2007 VII R 35/06, BStBl. II 2007, 742.

– die entsprechenden steuerlichen Folgerungen aus dem maßgeblichen Sachverhalt in ihrem Besteuerungsverfahren gem. § 218 Abs. 3 i.V.m. § 174 Abs. 4 und Abs. 5 AO gezogen werden und

– Einwendungen gegen die Entscheidung nur mit Anträgen oder Rechtsbehelfen gegen diesen Verwaltungsakt geltend gemacht werden können.

4.3. Welches die „entsprechenden steuerlichen Folgerungen" sind, entscheidet sich dabei verbindlich im Ausgangsverfahren des antragstellenden bzw. einspruchsführenden Steuerpflichtigen oder Dritten.

4.4. Hinsichtlich des Antragstellers oder Rechtsbehelfsführers wird die Zahlungsverjährung nach § 231 Abs. 1 Satz 1 AO unterbrochen.

4.5. Die Zahlungsverjährungsfrist gegenüber einer Person, die im Ausgangsverfahren nicht Rechtsbehelfsführer/Antragsteller war, wird in entsprechender Anwendung des § 174 Abs. 4 Satz 3 AO unterbrochen, wenn sie vor Eintritt der ihr gegenüber geltenden Zahlungsverjährung beteiligt wurde (vgl. AEAO zu § 218, Nr. 4.2) und ihr gegenüber die entsprechenden steuerlichen Folgen innerhalb eines Jahres nach Korrektur der Anrechnungsverfügung oder des Abrechnungsbescheids im Ausgangsverfahren gezogen werden.

4.6. § 218 Abs. 3 AO gilt ab dem 31.12.2014 für alle zu diesem Zeitpunkt noch nicht zahlungsverjährten Anrechnungsverfügungen und Abrechnungsbescheide (Art. 97 § 13a EGAO[1)]).

AEAO zu § 219 – Zahlungsaufforderung bei Haftungsbescheiden:

1. [1]Es ist zu unterscheiden zwischen der gesetzlichen Entstehung der Haftungsschuld, dem Erlass des Haftungsbescheids (§ 191 AO) und der Inanspruchnahme des Haftungsschuldners durch Zahlungsaufforderung (Leistungsgebot). [2]§ 219 AO regelt nur die Zahlungsaufforderung. [3]Der Erlass des Haftungsbescheids selbst wird durch die Einschränkung in der Vorschrift nicht gehindert. [4]Die Zahlungsaufforderung darf jedoch mit dem Haftungsbescheid nur verbunden werden, wenn die Voraussetzungen des § 219 AO vorliegen. [5]Ist ein Haftungsbescheid ohne Leistungsgebot ergangen, beginnt die Zahlungsverjährung mit Ablauf des Kalenderjahres, in dem dieser Bescheid wirksam geworden ist (§ 229 Abs. 2 AO).

2. [1]§ 219 AO ist Ausdruck des Grundsatzes, dass der Haftungsschuldner nur nach dem Steuerschuldner (subsidiär) für die Steuerschuld einzustehen hat. [2]Auch in den Fällen des § 219 Satz 2 AO, in denen das Gesetz eine unmittelbare Inanspruchnahme des Haftungsschuldners erlaubt, kann es der Ausübung pflichtgemäßen Ermessens entsprechen, sich zunächst an den Steuerschuldner zu halten.

AEAO zu § 220 – Fälligkeit:

1. [1]Die angemeldete Steuervergütung bzw. das angemeldete Mindersoll ist erst fällig, sobald dem Steuerpflichtigen die Zustimmung der Finanzbehörde bekannt wird (§ 220 Abs. 2 Satz 2 AO). [2]Wird der Steuerpflichtige schriftlich bzw. elektronisch über die Zustimmung unterrichtet (z.B. zusammen mit einer Abrechnungsmitteilung), ist grundsätzlich davon auszugehen, dass ihm die Zustimmung erst am dritten Tag nach Aufgabe zur Post bzw. nach der Absendung bekannt geworden ist. [3]Ergeht keine Mitteilung, wird die Zustimmung

---

dem Steuerpflichtigen grundsätzlich mit der Zahlung (§ 224 Abs. 3 AO) der Steuervergütung bzw. des Mindersolls bekannt.

2. Zur Fälligkeit von Insolvenzforderungen vgl. AEAO zu § 251, Nr. 5.1.

AEAO zu § 224 – Leistungsort, Tag der Zahlung:

1. § 224 Abs. 2 Nr. 3 AO stellt sicher, dass Verzögerungen bei der Einziehung aufgrund einer Einzugsermächtigung nicht zu Lasten des Steuerpflichtigen gehen.

2. Die Regelungen zum Tag der Zahlung (§ 224 Abs. 2 und 3 AO) gelten nur bei wirksam geleisteten Zahlungen, d.h. wenn der geleistete Betrag den Empfänger erreicht hat.

AEAO zu § 226 – Aufrechnung:

1. [1] Für die Aufrechnung gelten die Vorschriften §§ 387 bis 396 BGB sinngemäß. [2] Eine Aufrechnung kann danach erst erklärt werden, wenn die Aufrechnungslage gegeben ist; dies bedeutet Erfüllbarkeit (d.h. abstrakte Entstehung) der Verpflichtung des Aufrechnenden (Hauptforderung) und gleichzeitige Fälligkeit seiner Forderung (Gegenforderung). [3] Das Finanzamt ist allerdings an der Aufrechnung gehindert, wenn die Durchsetzbarkeit der Gegenforderung durch Aussetzung der Vollziehung oder Stundung ausgeschlossen ist (vgl. BFH-Urteil vom 31.8.1995, VII R 58/94, BStBl. 1996 II S. 55). [4] Die Aufrechnungslage wird durch eine nachträgliche rückwirkende Stundung nicht beseitigt (BFH-Urteil vom 8.7.2004, VII R 55/03, BStBl. 2005 II S. 7).

[1] § 215 erste Alternative BGB wird durch § 226 Abs. 2 AO ausgeschlossen. [2] Die Gegenseitigkeit von Forderungen aus dem Steuerschuldverhältnis ist gewahrt, wenn die Abgabe derselben Körperschaft zusteht (§ 226 Abs. 1 AO) oder von derselben Körperschaft verwaltet wird (§ 226 Abs. 4 AO). [3] Das Finanzamt kann daher von einem Steuerpflichtigen geforderte Erbschaftsteuer (dem Land allein zustehende Abgabe) gegen an diesen Steuerpflichtigen zu erstattenden Solidaritätszuschlag (dem Bund allein zustehende Abgabe) aufrechnen. [4] Bei der Aufrechnung durch den Steuerpflichtigen findet § 395 BGB keine Anwendung (BFH-Urteil vom 25.4.1989, VII R 105/87, BStBl. II S. 949).

2. [1] Eine Aufrechnung bewirkt nach § 226 Abs. 1 AO i.V.m. § 389 BGB, dass die Forderungen, soweit sie sich decken, in dem Zeitpunkt als erloschen gelten, in welchem sie zur Aufrechnung geeignet einander gegenüberstehen. [2] Dabei ist nicht auf die Festsetzung oder die Fälligkeit eines Steueranspruchs bzw. eines Steuererstattungsanspruchs abzustellen, sondern auf dessen abstrakte materiellrechtliche Entstehung (vgl. BFH-Urteil vom 3.5.1991, V R 105/86, BFH/NV 1992 S. 77). [3] Materiellrechtlich entstehen Ansprüche aus dem Steuerschuldverhältnis bereits mit Verwirklichung des gesetzlichen Tatbestandes, d.h. z.B. die veranlagte Einkommensteuer bereits mit Ablauf des Veranlagungszeitraumes; auf die Kenntnis des Finanzamts oder des Steuerpflichtigen über Grund und Höhe der abstrakt entstandenen Ansprüche kommt es nicht an.

[1] Das Steuererhebungsverfahren knüpft aber – anders als das Zivilrecht – nicht an die abstrakte Entstehung, sondern an die Konkretisierung des Steueranspruchs bzw. Steuererstattungsanspruchs durch dessen Festsetzung im Steuerbescheid und seine hieran anschließende Fälligkeit an (vgl. § 218 Abs. 1 AO). [2] Deshalb geht die Rückwirkung einer Aufrechnung bei der Berechnung von Zinsen und Säumniszuschlägen nicht über den Zeitpunkt der Fälligkeit der

Schuld des Aufrechnenden hinaus (vgl. § 238 Abs. 1 Satz 3 und § 240 Abs. 1 Satz 5 AO). [3] Rechnet das Finanzamt mit einer Steuerforderung gegen eine später als die Steuerforderung fällig gewordene Erstattungsforderung auf, bleiben deshalb Säumniszuschläge hinsichtlich der zur Aufrechnung gestellten Steuerforderung für die Zeit vor der Fälligkeit der Erstattungsforderung bestehen.

[1] Bei der Umbuchung von Steuererstattungs- oder Steuervergütungsansprüchen, die sich aus Steueranmeldungen ergeben, gilt die Erstattung/Vergütung aus Billigkeitsgründen als am Tag des Eingangs der Steueranmeldung, frühestens jedoch als am ersten Tag des auf den Anmeldungszeitraums folgenden Monats geleistet (Wertstellung). [2] Dies gilt entsprechend, wenn die Steuererstattung oder Steuervergütung abweichend von der Steueranmeldung festgesetzt wird.

3. Soweit sich die Aufrechnungslage weder aus § 226 Abs. 1 AO aufgrund der Ertragsberechtigung noch aus § 226 Abs. 4 AO aufgrund der Verwaltungshoheit ergibt, kann in geeigneten Fällen die erforderliche Gegenseitigkeit seitens der Finanzverwaltung dadurch hergestellt werden, dass zwecks Einziehung der zu erhebende (ggf. anteilige) Anspruch an die Körperschaft, die den anderen Anspruch zu erfüllen hat, abgetreten und damit die Gläubiger-/Schuldneridentität i.S.d. § 226 Abs. 1 AO herbeigeführt wird (BFH-Urteil vom 5.9.1989, VII R 33/87, BStBl. II S. 1004).

4.[1] Für die Erklärung der Aufrechnung ist grundsätzlich die Behörde zuständig, die den Anspruch, gegen den aufgerechnet werden soll, zu erfüllen hat.

5. [1] Liegen die Voraussetzungen für eine Aufrechnung nicht vor, bleibt die Möglichkeit einer vertraglichen Verrechnung der Forderungen. [2] Ein solcher Verrechnungsvertrag kommt z.B. dadurch zustande, dass der Unternehmer (eine Personengesellschaft) gleichzeitig mit der Umsatzsteuer-Voranmeldung dem Finanzamt die Verrechnung seines Umsatzsteuer-Erstattungsanspruchs mit der Einkommensteuer-Forderung des Finanzamts an einen der Gesellschafter anbietet und das Finanzamt dieses Angebot ausdrücklich oder stillschweigend annimmt. [3] Die Rechtswirksamkeit eines Verrechnungsvertrags ist nach den allgemeinen Rechtsgrundsätzen über den Abschluss von Verträgen zu beurteilen (BFH-Urteile vom 13.10.1972, III R 11/72, BStBl. 1973 II S. 66, vom 21.3.1978, VIII R 60/73, BStBl. II S. 606, und vom 30.10.1984, VII R 70/81, BStBl. 1985 II S. 114).

AEAO zu § 228 – Gegenstand der Verjährung, Verjährungsfrist:

1. [1] Die Zahlungsverjährung erstreckt sich auch auf Ansprüche des Steuerpflichtigen. [2] Der einheitliche Anspruch aus dem Steuerschuldverhältnis (z.B. für die Steuer eines Veranlagungszeitraums) kann bei – ggf. mehrfach – geänderter Festsetzung nicht in unterschiedliche Zahlungs- und Erstattungsansprüche aufgespalten werden, die bezogen auf die jeweils ergangenen Verwaltungsakte unterschiedlichen Verjährungsfristen unterliegen (BFH-Urteil vom 6.2. 1996, VII R 50/95, BStBl. 1997 II S. 112).

---

[1] Aufrechnungserklärung des FA erfordert keine Bekanntgabe; siehe BFH v. 29.11.2012 VII B 88/ 12, BFH/NV 2013, 508.

2. Fällt das Ende der Verjährungsfrist auf einen Sonntag, einen gesetzlichen Feiertag oder einen Sonnabend, so endet die Verjährungsfrist erst mit dem Ablauf des nächstfolgenden Werktages (§ 108 Abs. 3 AO).

3. Die Zahlungsverjährung führt zum Erlöschen des Anspruchs (§§ 47, 232 AO).

AEAO zu § 229 – Beginn der Verjährung:

[1] Die Zahlungsverjährung beginnt grundsätzlich mit Ablauf des Kalenderjahres, in dem der Anspruch erstmals fällig geworden ist. [2] Wird durch eine Steueranmeldung oder Steuerfestsetzung erst die Voraussetzung für die Durchsetzung des Anspruchs geschaffen, so beginnt die Verjährung auch bei früherer Fälligkeit des Anspruchs (z.B. bei den sog. Fälligkeitssteuern) nicht vor Ablauf des Kalenderjahres, in dem die Steueranmeldung oder die Festsetzung, die Aufhebung oder Änderung der Festsetzung eines Anspruchs wirksam geworden ist. [3] Dies gilt unabhängig davon, ob der Bescheid angefochten wird oder nicht.

AEAO zu § 231 – Unterbrechung der Verjährung:

1. [1] Zu den Unterbrechungstatbeständen gehört auch die schriftliche Geltendmachung eines Zahlungsanspruchs durch den Steuerpflichtigen (§ 231 Abs. 1 Satz 1 Nr. 8 AO). [2] Bei elektronischer Übermittlung kann – vorbehaltlich der Eröffnung eines entsprechenden Zugangs durch die Finanzbehörde (§ 87a Abs. 1 AO) – auf eine qualifizierte elektronische Signatur und auch auf ein Verfahren nach § 87a Abs. 3 Satz 4 und 5 AO verzichtet werden, da kein Unterschriftserfordernis besteht (vgl. AEAO zu § 87a, Nr. 3.2.4).

2. Eine dem Zahlungspflichtigen von der Finanzbehörde bekannt gegebene Maßnahme i.S.d. § 231 Abs. 1 AO unterbricht die Zahlungsverjährung auch dann, wenn es sich bei dieser Maßnahme um einen Verwaltungsakt handelt, der rechtswidrig oder nichtig oder rückwirkend aufgehoben worden ist (vgl. BFH-Beschluss vom 21.6.2010, VII R 27/08, BStBl. 2011 II S. 331).

AEAO zu § 233a – Verzinsung von Steuernachforderungen und Steuererstattungen:

Inhaltsübersicht

Allgemeines

1. [1]Die Verzinsung nach § 233a AO (Vollverzinsung) soll im Interesse der Gleichmäßigkeit der Besteuerung und zur Vermeidung von Wettbewerbsverzerrungen einen Ausgleich dafür schaffen, dass die Steuern trotz gleichen gesetzlichen Entstehungszeitpunkts, aus welchen Gründen auch immer, zu unterschiedlichen Zeitpunkten festgesetzt und erhoben werden. [2]Die Verzinsung ist gesetzlich vorgeschrieben; die Zinsfestsetzung steht nicht im Ermessen der Finanzbehörde. [3]Die Zinsen werden grundsätzlich im automatisierten Verfahren berechnet, festgesetzt und zum Soll gestellt. [4]Die Zinsfestsetzung wird regelmäßig mit dem Steuerbescheid oder der Abrechnungsmitteilung verbunden.

Sachlicher und zeitlicher Geltungsbereich

2. [1]Die Verzinsung nach § 233a AO ist beschränkt auf die Festsetzung der Einkommen-, Körperschaft-, Vermögen-, Umsatz- und Gewerbesteuer (§ 233a Abs. 1 Satz 1 AO). [2]Wegen der Verzinsung des Steuervergütungsanspruchs nach § 18 Abs. 9 UStG[1] i.V.m. §§ 59 ff. UStDV[2] und in Fällen des Mini-one-stop-shop-Verfahrens nach § 18 Abs. 4e UStG (MOSS-Verfahren) vgl. AEAO zu § 233a, Nr. 62. [3]Von der Verzinsung ausgenommen sind die übrigen Steuern und Abgaben sowie Steuervorauszahlungen und Steuerabzugsbeträge (§ 233a Abs. 1 Satz 2 AO); vgl. auch BFH-Beschluss vom 18.9.2007, I R 15/05, BStBl. 2008 II S. 332, und BVerfG-Beschluss vom 3.9.2009, 1 BvR 1098/08, BFH/NV S. 2115. [4]Auch bei der Nachforderung von Abzugsteuern gegenüber dem Arbeitnehmer (vgl. BFH-Urteil vom 17.11.2010, I R 68/10, BFH/NV 2011 S. 737), der Festsetzung der vom Arbeitgeber übernommenen Lohnsteuer sowie der Festsetzung der Umsatzsteuer im Abzugsverfahren erfolgt keine Verzinsung nach § 233a AO. [5]Kirchensteuern werden nur verzinst, soweit die Landeskirchensteuergesetze dies vorsehen. [6]Als Einfuhrabgabe unterliegt die Einfuhrumsatzsteuer den sinngemäß geltenden Vorschriften für Zölle, weshalb ein sich bei der Festsetzung von Einfuhrumsatzsteuer ergebender Unterschiedsbetrag nicht nach § 233a AO zu verzinsen ist (BFH-Urteil vom 23.9.2009, VII R 44/08, BStBl. 2010 II S. 334). [7]Der AO lässt sich im Übrigen kein allgemeiner Grundsatz des Inhalts entnehmen, dass Ansprüche des Steuerpflichtigen aus dem Steuerschuldverhältnis auch ohne einzelgesetzliche Grundlage stets zu verzinsen sind (vgl. BFH-Urteil vom 16.12.2009, I R 48/09, BFH/NV 2010 S. 827).

[1]§ 233a AO ist bei Wegzug in einen Mitgliedstaat der EU bzw. des EWR im Lichte der Niederlassungsfreiheit nach Art. 49 AEUV[3] europarechtskonform auszulegen. [2]Hiernach ist die Wegzugsteuer nach § 6 Abs. 1 AStG[4] bzw. die Steuer auf Entstrickungsgewinne bei Wegzug nach § 27 Abs. 3 Nr. 3 UmwStG 2006[5], § 21 Abs. 2 Satz 1 Nr. 2 UmwStG 1995 nicht der Vollverzinsung zu unterwerfen, soweit die Steuer nach § 6 Abs. 5 AStG zinslos zu stunden ist.

---

[1] **dtv 5546 USt Nr. 1.**
[2] **dtv 5546 USt Nr. 2.**
[3] **dtv 5765 Steuergesetze Nr. 30.**
[4] **dtv 5765 Steuergesetze Nr. 2.**
[5] **dtv 5765 Steuergesetze Nr. 22.**

Zinsschuldner/-gläubiger

3. [1] Bei der Verzinsung von Steuernachzahlungen ist der Steuerschuldner auch Zinsschuldner. [2] Schulden mehrere Personen die Steuer als Gesamtschuldner, sind sie auch Gesamtschuldner der Zinsen. [3] Bei der Verzinsung von Erstattungsansprüchen ist grundsätzlich der Gläubiger des Erstattungsanspruchs Zinsgläubiger. [4] Die Aufteilung der Zinsen nach §§ 268 ff. AO hat für die Zinsberechnung keine Bedeutung. [5] Zur Abtretung eines Anspruchs auf Erstattungszinsen vgl. AEAO zu § 46, Nr. 1.

Zinslauf

4. [1] Der Zinslauf beginnt im Regelfall 15 Monate nach Ablauf des Kalenderjahres, in dem die Steuer entstanden ist (Karenzzeit nach § 233a Abs. 2 Satz 1 AO). [2] Er endet mit Ablauf des Tages, an dem die Steuerfestsetzung wirksam wird (§ 233a Abs. 2 Satz 3 AO). [3] Sind Steuern zu verzinsen, die vor dem 1.1. 1994 entstanden sind, endet der Zinslauf spätestens vier Jahre nach seinem Beginn (Art. 97 § 15 Abs. 8 EGAO[1]). [4] Der Zeitpunkt der Zahlung oder der Fälligkeit der Steuernachforderung oder der Steuererstattung ist grundsätzlich unbeachtlich.

5. [1] Bei Steuerfestsetzungen durch Steuerbescheid endet der Zinslauf am Tag der Bekanntgabe des Steuerbescheids (§ 124 Abs. 1 Satz 1 i.V.m. § 122 AO). [2] Bei Umsatzsteuererklärungen mit einem Unterschiedsbetrag zuungunsten des Steuerpflichtigen endet der Zinslauf grundsätzlich am Tag des Eingangs der Steueranmeldung (§ 168 Satz 1 AO). [3] Bei zustimmungsbedürftigen Umsatzsteuererklärungen mit einem Unterschiedsbetrag zugunsten des Steuerpflichtigen endet der Zinslauf grundsätzlich mit Ablauf des Tages, an dem dem Steuerpflichtigen die Zustimmung der Finanzbehörde bekannt wird (vgl. AEAO zu § 168, Nrn. 3 und 4). [4] Dies gilt auch in den Fällen, in denen die Zustimmung allgemein erteilt wird (vgl. AEAO zu § 168, Nr. 9).

6. [1] Ein voller Zinsmonat (§ 238 Abs. 1 Satz 2 AO) ist erreicht, wenn der Tag, an dem der Zinslauf endet, hinsichtlich seiner Zahl dem Tag entspricht, der dem Tag vorhergeht, an dem die Frist begann (BFH-Urteil vom 24.7.1996, X R 119/92, BStBl. 1997 II S. 6). [2] Begann der Zinslauf z.B. am 1.4. und wurde die Steuerfestsetzung am 30.4. bekannt gegeben, ist bereits ein voller Zinsmonat gegeben.

7. [1] Behauptet der Steuerpflichtige, ihm sei der Steuerbescheid bzw. die erweiterte Abrechnungsmitteilung später als nach der Zugangsvermutung des § 122 Abs. 2 AO zugegangen, bleibt der ursprüngliche Bekanntgabetag für die Zinsberechnung maßgebend, wenn das Guthaben bereits erstattet wurde. [2] Gleiches gilt, wenn der Steuerbescheid bzw. die Abrechnungsmitteilung nach einem erfolglosen Bekanntgabeversuch erneut abgesandt wird und das Guthaben bereits erstattet wurde. [3] Wurde bei einer Änderung/Berichtigung einer Steuerfestsetzung vor ihrer Bekanntgabe ein Guthaben bereits erstattet, ist allerdings die Zinsfestsetzung im bekannt gegebenen Bescheid so durchzuführen, als ob das Guthaben noch nicht erstattet worden wäre.

8. [1] Für die Einkommen- und Körperschaftsteuer beträgt die Karenzzeit 23 Monate (bei Steuern, die vor dem 1.1.2010 entstehen, 21 Monate; vgl. Art. 97 § 15 Abs. 11 EGAO), wenn die Einkünfte aus Land- und Forstwirtschaft bei der erstmaligen Steuerfestsetzung für das jeweilige Jahr überwiegen

---

[1] Nr. **1.1.**

(§ 233a Abs. 2 Satz 2 AO); vgl. dazu auch das BFH-Urteil vom 13.7.2006, IV R 5/05, BStBl. II S. 881. [2] Unter dieser Voraussetzung beginnt der Zinslauf für die Einkommen- und Körperschaftsteuer 2010 daher nicht bereits am 1.4.2012, sondern am 1.12.2012. [3] Eine über die Karenzzeit hinaus gewährte Frist zur Abgabe der Steuererklärung ist für die Verzinsung unbeachtlich.

9. [1] Stellt sich später heraus, dass die Einkünfte aus Land- und Forstwirtschaft die anderen Einkünfte nicht überwiegen, bleibt es gleichwohl bei der Karenzzeit von 23 Monaten. [2] Umgekehrt bleibt es bei der Karenzzeit von 15 Monaten, wenn sich später herausstellt, dass entgegen den Verhältnissen bei der erstmaligen Steuerfestsetzung die Einkünfte aus Land- und Forstwirtschaft die übrigen Einkünfte überwiegen. [3] Sind die Einkünfte aus Land- und Forstwirtschaft negativ, überwiegen die anderen Einkünfte, wenn diese positiv oder in geringerem Maße negativ sind.

10. Zinslaufbeginn bei rückwirkenden Ereignissen und Verlustrückträgen

    10.1. [1] Soweit die Steuerfestsetzung auf der erstmaligen Berücksichtigung eines rückwirkenden Ereignisses oder eines Verlustrücktrags beruht, beginnt der Zinslauf nach § 233a Abs. 2a AO erst 15 Monate nach Ablauf des Kalenderjahres, in dem das rückwirkende Ereignis eingetreten oder der Verlust entstanden ist. [2] Die steuerlichen Auswirkungen eines Verlustrücktrags bzw. eines rückwirkenden Ereignisses werden daher bei der Berechnung von Zinsen nach § 233a AO erst ab einem vom Regelfall abweichenden späteren Zinslaufbeginn berücksichtigt. [3] Soweit § 10d Abs. 1 EStG[1] entsprechend gilt bzw. Verluste nach Maßgabe des § 10d Abs. 1 EStG rücktragsfähig sind, ist § 233a Abs. 2a AO entsprechend anzuwenden (vgl. z.B. § 10b Abs. 1 Sätze 4 und 5 und § 23 Abs. 3 Satz 9 EStG).

    10.2. [1] Ob ein Ereignis steuerliche Rückwirkung hat, beurteilt sich nach dem jeweils anzuwendenden Steuergesetz (BFH-Urteil vom 26.7.1984, IV R 10/83, BStBl. II S. 786). [2] Beispiele vgl. AEAO zu § 175, Nr. 2.4.

§ 233a Abs. 2a AO ist auch dann anzuwenden, wenn ein rückwirkendes Ereignis bereits bei der erstmaligen Steuerfestsetzung berücksichtigt wird.

    10.2.1. [1] Bei einem zulässigen Wechsel der Veranlagungsart (Zusammenveranlagung nach bereits erfolgter Einzelveranlagung – bis VZ 2012: getrennte Veranlagung – oder umgekehrt) beruhen sowohl die Aufhebung des/der ursprünglichen Bescheide(s) als auch der Erlass der/des neuen Bescheide(s) auf einem rückwirkenden Ereignis. [2] Dies gilt unabhängig davon, ob es sich um den antragstellenden Ehegatten oder den anderen Ehegatten handelt. [3] Dass die verfahrensrechtliche Umsetzung des Wechsels der Veranlagungsart beim antragstellenden Ehegatten nicht nach § 175 Abs. 1 Satz 1 Nr. 2 AO erfolgt, steht dem nicht entgegen. [4] § 233a Abs. 2a AO findet sowohl bei der Aufhebung der ursprünglichen Veranlagung(en) als auch beim Erlass der/des neuen Steuerbescheide(s) für beide Ehegatten Anwendung. [5] Für Lebenspartner gelten diese Regelungen ab dem Veranlagungszeitraum 2013 entsprechend.

10.3. Ausnahmen:

    10.3.1. [1] Durch den erstmaligen Beschluss über eine offene Gewinnausschüttung für ein abgelaufenes Wirtschaftsjahr wurde – im Rahmen des An-

---

[1] dtv 5785 ESt/LSt Nr. 1.

rechnungsverfahrens (§ 34 Abs. 12 Nr. 1 KStG[1]) – kein abweichender Zinslauf gem. § 233a Abs. 2a AO ausgelöst. [2] Dies gilt auch dann, wenn dieser Beschluss erst nach Ablauf des folgenden Wirtschaftsjahres gefasst wurde (BFH-Urteil vom 29.11.2000, I R 45/00, BStBl. 2001 II S. 326). [3] Um einen erstmaligen Gewinnverteilungsbeschluss in diesem Sinne handelt es sich jedoch nicht, wenn der Beschluss einen vorangegangenen Beschluss der Gesellschaft ersetzte, durch den der Gewinn des betreffenden Wirtschaftsjahres thesauriert worden war (BFH-Urteil vom 22.10.2003, I R 15/03, BStBl. 2004 II S. 398).

10.3.2. [1] Die Korrektur eines für das Betriebsvermögen am Schluss des Wirtschaftsjahres maßgebenden Wertansatzes, der sich auf die Höhe des Gewinns der Folgejahre auswirkt, löst keinen abweichenden Zinslauf gem. § 233a Abs. 2a AO aus. [2] Zur Anwendung des § 175 Abs. 1 Satz 1 Nr. 2 AO vgl. AEAO zu § 175, Nr. 2.4.

10.4. [1] Bei verdeckten Gewinnausschüttungen unter Geltung des Anrechnungsverfahrens stellt die nachträgliche Vorlage einer Bescheinigung gem. §§ 44 bis 46 KStG über anrechenbare Körperschaftsteuer, aufgrund derer Einnahmen i.S.v. § 20 Abs. 1 Nr. 3 EStG zu erfassen sind, ein rückwirkendes Ereignis dar (vgl. BFH-Urteil vom 18.4.2000, VIII R 75/98, BStBl. II S. 423; siehe auch Art. 97 § 9 Abs. 3 EGAO). [2] Der besondere Zinslauf ist dabei sowohl auf die Steuerfestsetzung als auch auf die Anrechnung anzuwenden.

10.5. [1] Der besondere Zinslauf nach § 233a Abs. 2a AO endet mit Ablauf des Tages, an dem die Steuerfestsetzung wirksam wird (§ 233a Abs. 2 Satz 3 AO). [2] Sind Steuern zu verzinsen, die vor dem 1.1.1994 entstanden sind, endet der besondere Zinslauf spätestens vier Jahre nach seinem Beginn (Art. 97 § 15 Abs. 9 EGAO). [3] § 233a Abs. 2a AO ist erstmals anzuwenden, soweit die Verluste oder rückwirkenden Ereignisse nach dem 31.12.1995 entstanden bzw. eingetreten sind (Art. 97 § 15 Abs. 8 EGAO).

Grundsätze der Zinsberechnung

11.[2] [1] Die Zinsen betragen für jeden vollen Monat des Zinslaufs einhalb Prozent (§ 238 Abs. 1 Satz 1 AO). [2] Für ihre Berechnung wird der zu verzinsende Betrag jeder Steuerart auf den nächsten durch fünfzig Euro teilbaren Betrag abgerundet (§ 238 Abs. 2 AO). [3] Dabei sind die zu verzinsenden Ansprüche zu trennen, wenn Steuerart, Zeitraum oder der Tag des Beginns des Zinslaufs voneinander abweichen (vgl. AEAO zu § 238, Nr. 2). [4] Zinsen sind auf volle Euro zum Vorteil des Steuerpflichtigen gerundet festzusetzen (§ 239 Abs. 2 Satz 1 AO); sie werden nur dann festgesetzt, wenn sie mindestens zehn Euro betragen (§ 239 Abs. 2 Satz 2 AO). [5] Die durch das StEuglG geänderten Regelungen in §§ 238 Abs. 2 und 239 Abs. 2 AO gelten in allen Fällen, in denen Zinsen nach dem 31.12.2001 festgesetzt werden (Art. 97 § 15 Abs. 10 EGAO); entscheidend ist damit, wann die Zinsfestsetzung bekannt gegeben wird, und nicht, wann der Zinslauf begonnen oder geendet hat.

12. [1] Für die Zinsberechnung gelten die Grundsätze der sog. Sollverzinsung. [2] Berechnungsgrundlage ist der Unterschied zwischen dem festgesetzten Soll und dem vorher festgesetzten Soll (Vorsoll). [3] Bei der Berechnung von Erstat-

---

[1] **dtv 5786 KSt/GewSt Nr. 1.**
[2] Zur Aussetzung der Vollziehung wegen ernstlicher Zweifel an der Verfassungsmäßigkeit der Höhe der Verzinsung nach § 233a AO i.V.m. § 238 Abs. 1 Satz 1 AO siehe BMF v. 14.12.2018, BStBl. I 2018, 1393, geänd. durch BMF v. 27.11.2019, BStBl. I 2019, 1266.

tungszinsen gelten allerdings Besonderheiten, wenn Steuerbeträge nicht oder nicht fristgerecht gezahlt wurden (§ 233a Abs. 3 Satz 3 AO).

13. [1] Es ist grundsätzlich unerheblich, ob das Vorsoll bei Fälligkeit getilgt worden ist. [2] Ggf. treten insoweit besondere Zins- und Säumnisfolgen (z.B. Stundungszinsen, Säumniszuschläge) ein. [3] Nachzahlungszinsen nach § 233a AO sind andererseits auch dann festzusetzen, wenn das Finanzamt vor Festsetzung der Steuer freiwillige Leistungen auf die Steuerschuld angenommen hat und hierdurch die festgesetzte Steuerschuld insgesamt erfüllt wird. [4] Voraussetzung für die Verzinsung ist lediglich, dass die Steuerfestsetzung zu einem Unterschiedsbetrag nach § 233a Abs. 3 AO führt (§ 233a Abs. 1 Satz 1 AO). [5] Wegen des zeitanteiligen Erlasses von Nachzahlungszinsen in diesen Fällen vgl. AEAO zu § 233a, Nr. 70.

Zinsberechnung bei der erstmaligen Steuerfestsetzung

14. [1] Bei der erstmaligen Steuerfestsetzung (endgültige Steuerfestsetzung, vorläufige Steuerfestsetzung, Steuerfestsetzung unter Vorbehalt der Nachprüfung) ist Berechnungsgrundlage der Unterschied zwischen dem dabei festgesetzten Soll (festgesetzte Steuer abzüglich anzurechnender Steuerabzugsbeträge und anzurechnender Körperschaftsteuer) und dem Vorauszahlungssoll. [2] Maßgebend sind die bis zum Beginn des Zinslaufs festgesetzten Vorauszahlungen (§ 233a Abs. 3 Satz 1 AO). [3] Einbehaltene und anzurechnende Steuerabzugsbeträge sind unabhängig vom Zeitpunkt der Zahlung durch den Abzugsverpflichteten zu berücksichtigen.

15. [1] Vorauszahlungen können innerhalb der gesetzlichen Fristen (z.B. § 37 Abs. 3 Satz 3 EStG) von Amts wegen oder auf Antrag des Steuerpflichtigen angepasst werden (BFH-Urteil vom 10.7.2002, X R 65/96, BFH/NV S. 1567). [2] Leistet der Steuerpflichtige vor Ablauf der Karenzzeit eine freiwillige Zahlung, ist dies als Antrag auf Anpassung der bisher festgesetzten Vorauszahlungen anzusehen. [3] Zahlungen des Steuerpflichtigen, die ohne wirksame Festsetzung der Vorauszahlungen erfolgen, sind als freiwillige Zahlungen i.S.d. Nr. 70.1 zu behandeln. [4] Eine nachträgliche Erhöhung der Vorauszahlungen zur Einkommen- oder Körperschaftsteuer erfolgt nur dann, wenn der Erhöhungsbetrag mindestens 5.000 € beträgt (§ 37 Abs. 5 Satz 2 EStG, § 31 Abs. 1 KStG; vgl. auch BFH-Urteil vom 5.6.1996, X R 234/93, BStBl. II S. 503).

16. [1] Bei der Umsatzsteuer kann der Steuerpflichtige eine Anpassung der Vorauszahlungen durch die Abgabe einer berichtigten Voranmeldung (§ 153 Abs. 1 AO) herbeiführen. [2] Die berichtigte Voranmeldung steht einer geänderten Steuerfestsetzung unter Vorbehalt der Nachprüfung gleich und bedarf keiner Zustimmung der Finanzbehörde, wenn sie zu einer Erhöhung der bisher zu entrichtenden Steuer oder einem geringeren Erstattungsbetrag führt (vgl. AEAO zu § 168, Nr. 12). [3] Eine nach Ablauf der Karenzzeit abgegebene (erstmalige oder berichtigte) Voranmeldung ist bei der Berechnung des Unterschiedsbetrages nach § 233a Abs. 3 Satz 1 AO nicht zu berücksichtigen. [4] In diesem Fall soll aber unverzüglich eine Festsetzung der Jahressteuer unter Vorbehalt der Nachprüfung erfolgen.

17. [1] Leistet der Steuerpflichtige nach Ablauf der Karenzzeit eine freiwillige Zahlung, soll bei Vorliegen der Steuererklärung unverzüglich eine Steuerfestsetzung erfolgen. [2] Diese Steuerfestsetzung kann zur Beschleunigung auch durch eine personelle Festsetzung unter Vorbehalt der Nachprüfung erfolgen. [3] In diesem Fall kann sich die Steuerfestsetzung auf die bisher festgesetzten

Vorauszahlungen zuzüglich der freiwillig geleisteten Zahlung beschränken. [4] Auf die Angabe der Besteuerungsgrundlagen kann dabei verzichtet werden.

18. [1] Bei der freiwilligen Zahlung kann grundsätzlich unterstellt werden, dass die Zahlung ausschließlich auf die Hauptsteuer (Einkommen- bzw. Körperschaftsteuer) entfällt. [2] Die Folgesteuern sind ggf. daneben festzusetzen und zu erheben.

19. Ergibt sich bei der ersten Steuerfestsetzung ein Unterschiedsbetrag zuungunsten des Steuerpflichtigen (Mehrsoll), werden Nachzahlungszinsen für die Zeit ab Beginn des Zinslaufs bis zur Wirksamkeit der Steuerfestsetzung berechnet (§ 233a Abs. 2 Satz 3 AO).

20. Beispiel 1:

Einkommensteuer 2004

Steuerfestsetzung vom 8.12.2006, bekannt gegeben am 11.12.2006	21.000 €
abzüglich anzurechnende Steuerabzugsbeträge:	./. 1.000 €
Soll:	20.000 €
abzüglich festgesetzte Vorauszahlungen:	./. 13.000 €
Unterschiedsbetrag (Mehrsoll):	7.000 €

Zu verzinsen sind 7.000 € zuungunsten des Steuerpflichtigen für die Zeit vom 1.4.2006 bis 11.12. 2006 (8 volle Monate × 0,5 % = 4 %).

festzusetzende Zinsen (Nachzahlungszinsen):	**280 €**

21. [1] Ergibt sich ein Unterschiedsbetrag zugunsten des Steuerpflichtigen (Mindersoll), ist dieser ebenfalls Grundlage der Zinsberechnung. [2] Um Erstattungszinsen auf festgesetzte, aber nicht entrichtete Vorauszahlungen zu verhindern, ist nur der tatsächlich zu erstattende Betrag – und zwar für den Zeitraum zwischen der Zahlung der zu erstattenden Beträge und der Wirksamkeit der Steuerfestsetzung – zu verzinsen (§ 233a Abs. 2 Satz 3 und Abs. 3 Satz 3 AO).

22. Beispiel 2:

Einkommensteuer 2004

Steuerfestsetzung vom 8.12.2006, bekannt gegeben am 11.12.2006	1.000 €
abzüglich anzurechnende Steuerabzugsbeträge:	./. 1.000 €
Soll:	0 €
abzüglich festgesetzte Vorauszahlungen:	./. 13.000 €
Unterschiedsbetrag (Mindersoll):	13.000 €

Da der Steuerpflichtige am 8.6.2006 5.000 € gezahlt hat und darüber hinaus keine weiteren Zahlungen erfolgt sind, sind lediglich 5.000 € zu erstatten.

Zu verzinsen sind 5.000 € zugunsten des Steuerpflichtigen für die Zeit vom 8.6.2006 bis 11.12. 2006 (6 volle Monate × 0,5 % = 3 %).

festzusetzende Zinsen (Erstattungszinsen):	**150 €**

23. Besteht der zu erstattende Betrag aus mehreren Einzahlungen, richtet sich der Zinsberechnungszeitraum nach der Einzahlung des jeweiligen Teilbetrags, wobei unterstellt wird, dass die Erstattung zuerst aus dem zuletzt gezahlten Betrag erfolgt.

24. [1] Der Erstattungsbetrag ist für die Zinsberechnung auf den nächsten durch fünfzig Euro teilbaren Betrag abzurunden (z.B. ist ein Erstattungsbetrag von 375 € auf 350 € abzurunden). [2] Ist mehr als ein Betrag (mehrere Einzahlungen) zu verzinsen, so ist der durch die Rundung auf volle fünfzig Euro sich ergebende Spitzenbetrag vom Teilbetrag mit dem ältesten Wertstellungstag abzuziehen.

25. [1]Die Verzinsung des zu erstattenden Betrages erfolgt nur bis zur Höhe des Mindersolls. [2]Freiwillig geleistete Zahlungen sollen zum Anlass genommen werden, die bisher festgesetzten Vorauszahlungen anzupassen (vgl. AEAO zu § 233a, Nrn. 15 und 16) oder die Jahressteuer unverzüglich festzusetzen (vgl. AEAO zu § 233a, Nr. 17). [3]Bis zur Festsetzung der Vorauszahlung oder der Jahressteuer sind sie aber zur Vermeidung von Missbräuchen von der Verzinsung ausgeschlossen.

26. Beispiel 3:

Einkommensteuer 2004

Steuerfestsetzung vom 19.7.2006, bekannt gegeben am 24.7.2006	14.000 €
abzüglich anzurechnende Steuerabzugsbeträge:	./. 2.000 €
Soll:	12.000 €
abzüglich festgesetzte Vorauszahlungen:	./. 13.000 €
Unterschiedsbetrag (Mindersoll):	1.000 €

Der Steuerpflichtige hat die Vorauszahlungen jeweils bei Fälligkeit entrichtet; am 20.6.2006 zahlte er zusätzlich freiwillig 7.000 €.

Zu erstatten sind daher insgesamt 8.000 €.

Zu verzinsen sind 1.000 € zugunsten des Steuerpflichtigen für die Zeit vom 1.4.2006 bis 24.7.2006 (3 volle Monate × 0,5 % = 1,5 %).

festzusetzende Zinsen (Erstattungszinsen):	**15 €**

27. Bei der Ermittlung freiwilliger (Über-)Zahlungen des Steuerpflichtigen, die bei der Berechnung der Erstattungszinsen außer Ansatz bleiben, sind die zuletzt eingegangenen, das Vorauszahlungssoll übersteigenden Zahlungen als freiwillig anzusehen.

28. [1]Wenn bei der erstmaligen Steuerfestsetzung ein rückwirkendes Ereignis oder ein Verlustrücktrag berücksichtigt wurde, beginnt der Zinslauf insoweit erst 15 Monate nach Ablauf des Kalenderjahres, in dem dieses rückwirkende Ereignis eingetreten oder der Verlust entstanden ist (§ 233a Abs. 2a AO). [2]Der Unterschiedsbetrag nach § 233a Abs. 3 Satz 1 AO ist deshalb in Teil-Unterschiedsbeträge aufzuteilen, soweit diese einen unterschiedlichen Zinslaufbeginn nach § 233a Abs. 2 und Abs. 2a AO haben (§ 233a Abs. 7 Satz 1 1. Halbsatz AO). [3]Innerhalb dieser Teil-Unterschiedsbeträge sind Sollminderungen und Sollerhöhungen mit gleichem Zinslaufbeginn zu saldieren.

29. [1]Die Teil-Unterschiedsbeträge sind in ihrer zeitlichen Reihenfolge, beginnend mit dem ältesten Zinslaufbeginn, zu ermitteln (§ 233a Abs. 7 Satz 1 2. Halbsatz AO). [2]Dabei ist unerheblich, ob sich der einzelne Teil-Unterschiedsbetrag zugunsten oder zuungunsten des Steuerpflichtigen auswirkt.

[1]Zunächst ist die fiktive Steuer zu ermitteln, die sich ohne Berücksichtigung rückwirkender Ereignisse und Verlustrückträge ergeben würde. [2]Die Differenz zwischen dieser fiktiven Steuer, vermindert um anzurechnende Steuerabzugsbeträge und anzurechnende Körperschaftsteuer, und den festgesetzten Vorauszahlungen ist der erste für die Zinsberechnung maßgebliche Teil-Unterschiedsbetrag.

[1]Im nächsten Schritt ist auf der Grundlage dieser fiktiven Steuerermittlung die fiktive Steuer zu berechnen, die sich unter Berücksichtigung der rückwirkenden Ereignisse oder Verlustrückträge mit dem ältesten Zinslaufbeginn

ergeben würde. [2] Die Differenz zwischen dieser und der zuvor ermittelten fiktiven Steuer, jeweils vermindert um anzurechnende Steuerabzugsbeträge und anzurechnende Körperschaftsteuer, ist der für die Zinsberechnung maßgebliche zweite Teil-Unterschiedsbetrag. [3] Dies gilt entsprechend für weitere Teil-Unterschiedsbeträge mit späterem Zinslaufbeginn.

30. Beispiel 4:

Einkommensteuer 2004

	z.v.E.[1]	Steuer
erstmalige Steuerfestsetzung:	50.000 €	14.801 €
dabei wurden berücksichtigt:		
− Verlustrücktrag aus 2005:	./. 7.500 €	
− rückwirkendes Ereignis aus 2006:	2.500 €	
abzüglich anzurechnende Steuerabzugsbeträge:		./. 0 €
Soll:		14.801 €
abzüglich festgesetzte Vorauszahlungen:		./. 10.550 €
Unterschiedsbetrag (Mehrsoll):		+ 4.251 €

Ermittlung der Teil-Unterschiedsbeträge:

	z.v.E.[1]	Steuer	
− Vorsoll (festgesetzte Vorauszahlungen):		10.550 €	
− 1. Schattenveranlagung (Steuerfestsetzung ohne Berücksichtigung des Verlustrücktrags und des rückwirkenden Ereignisses):	55.000 €	17.200 €	
abzüglich anzurechnende Steuerabzugsbeträge:		./. 0 €	
fiktives Soll:		17.200 €	
Erster Teil-Unterschiedsbetrag =			+ 6.650 €
− 2. Schattenveranlagung (1. Schattenveranlagung + Verlustrücktrag aus 2005):	47.500 €	13.634 €	
abzüglich anzurechnende Steuerabzugsbeträge:		./. 0 €	
fiktives Soll:		13.634 €	
Zweiter Teil-Unterschiedsbetrag =			./. 3.566 €
− 3. Schattenveranlagung (2. Schattenveranlagung + rückwirkendes Ereignis aus 2006):	50.000 €	14.801 €	
abzüglich anzurechnende Steuerabzugsbeträge:		./. 0 €	
fiktives Soll:		14.801 €	
Dritter Teil-Unterschiedsbetrag =			+ 1.167 €
Summe der Teil-Unterschiedsbeträge:			+ 4.251 €

31. Alle Teil-Unterschiedsbeträge sind jeweils gesondert auf den nächsten durch fünfzig Euro teilbaren Betrag abzurunden, da der Zinslauf für die zu verzinsenden Beträge zu jeweils abweichenden Zeitpunkten beginnt (§ 238 Abs. 2 AO).

32. [1] Die auf die einzelnen Teil-Unterschiedsbeträge entfallenden Zinsen sind eigenständig und in ihrer zeitlichen Reihenfolge zu berechnen, beginnend

---

[1] **Amtl. Anm.:** z.v.E. = zu versteuerndes Einkommen.

mit den Zinsen auf den Teil-Unterschiedsbetrag mit dem ältesten Zinslauf-beginn (§ 233a Abs. 7 Satz 1 2. Halbsatz AO). [2]Dabei ist für jeden Zinslauf bzw. Zinsberechnungszeitraum eigenständig zu prüfen, inwieweit jeweils volle Zinsmonate vorliegen.

33. Beispiel 5:

Einkommensteuer 2004

	z.v.E.[1]	Steuer
Steuerfestsetzung vom 11.12.2006, bekannt gegeben am 14.12.2006:	60.723 €	19.306 €
abzüglich anzurechnende Steuerabzugsbeträge:		./. 1.000 €
Soll:		18.306 €
abzüglich festgesetzte Vorauszahlungen:		./. 12.000 €
Unterschiedsbetrag (Mehrsoll):		+ 6.306 €

Bei dieser Steuerfestsetzung wurde ein rückwirkendes Ereignis aus 2005 (Erhöhung des z.v.E. um 2.492 €) berücksichtigt.

Ermittlung der Teil-Unterschiedsbeträge:

	z.v.E.[1]	Steuer	
– Vorsoll (festgesetzte Vorauszahlungen):		12.000 €	
– 1. Schattenveranlagung			
(Steuerfestsetzung ohne Berücksichtigung des rückwirkenden Ereignisses):	58.231 €	18.135 €	
abzüglich anzurechnende Steuerabzugsbeträge:		./. 1.000 €	
fiktives Soll:		17.135 €	
Erster Teil-Unterschiedsbetrag =			**+ 5.135 €**
– 2. Schattenveranlagung			
(1. Schattenveranlagung + rückwirkendes Ereignis aus 2005)	60.723 €	19.306 €	
abzüglich anzurechnende Steuerabzugsbeträge:		./. 1.000 €	
fiktives Soll:		18.306 €	
Zweiter Teil-Unterschiedsbetrag =			**+ 1.171 €**
Summe der Teil-Unterschiedsbeträge:			**+ 6.306 €**

Zinsberechnung:

Teil-Unterschiedsbetrag mit Zinslaufbeginn 1.4.2006:	5.135 €
Teil-Unterschiedsbetrag mit Zinslaufbeginn 1.4.2007:	1.171 €

Verzinsung des Teil-Unterschiedsbetrags mit Zinslaufbeginn 1.4.2006:

Zu verzinsen sind 5.100 € zuungunsten des Steuerpflichtigen für die Zeit vom 1.4.2006 bis 14.12. 2006 (8 volle Monate × 0,5 % = 4 %).

Nachzahlungszinsen =		204 €
Abrundung gem. § 238 Abs. 2 AO:	35 €	

Verzinsung des Teil-Unterschiedsbetrags mit Zinslaufbeginn 1.4.2007:

Hinsichtlich des Teil-Unterschiedsbetrags von 1.171 € sind keine Nachzahlungs-zinsen zu berechnen, da die für ihn maßgebliche Karenzzeit im Zeitpunkt der Steuerfestsetzung noch nicht abgelaufen ist.

	0 €
Insgesamt festzusetzende Zinsen (Nachzahlungszinsen):	**204 €**

---

[1] **Amtl. Anm.:** z.v.E. = zu versteuerndes Einkommen.

34. Beispiel 6:

Einkommensteuer 2004

	z.v.E.[1]	Steuer
Steuerfestsetzung vom 10.12.2007, bekannt gegeben am 13.12.2007:	57.781 €	17.924 €
abzüglich anzurechnende Steuerbeträge:		./. 1.000 €
Soll:		16.924 €
abzüglich festgesetzte Vorauszahlungen:		./. 12.000 €
Unterschiedsbetrag (Mehrsoll):		+ 4.924 €

Bei dieser Steuerfestsetzung wurde ein rückwirkendes Ereignis aus 2005 (Erhöhung des z.v.E. um 2.571 €) berücksichtigt.

Ermittlung der Teil-Unterschiedsbeträge:

	z.v.E.[1]	Steuer	
– Vorsoll (festgesetzte Vorauszahlungen):		12.000 €	
– 1. Schattenveranlagung (Steuerfestsetzung ohne Berücksichtigung des rückwirkenden Ereignisses):	55.210 €	16.715 €	
abzüglich anzurechnende Steuerabzugsbeträge:		./. 1.000 €	
fiktives Soll:		15.715 €	
Erster Teil-Unterschiedsbetrag =			+ 3.715 €
– 2. Schattenveranlagung (1. Schattenveranlagung + rückwirkendes Ereignis aus 2005)	57.781 €	17.924 €	
abzüglich anzurechnende Steuerabzugsbeträge:		./. 1.000 €	
fiktives Soll:		16.924 €	
Zweiter Teil-Unterschiedsbetrag =			+ 1.209 €
Summe der Teil-Unterschiedsbeträge:			+ 4.924 €

Zinsberechnung:

Teil-Unterschiedsbetrag mit Zinslaufbeginn 1.4.2006:	+ 3.715 €
Teil-Unterschiedsbetrag mit Zinslaufbeginn 1.4.2007:	+ 1.209 €

Verzinsung des Teil-Unterschiedsbetrags mit Zinslaufbeginn 1.4.2006:

Zu verzinsen sind 3.700 € zuungunsten des Steuerpflichtigen für die Zeit vom 1.4.2006 bis 13.12. 2007 (20 volle Monate × 0,5 % = 10 %).

Nachzahlungszinsen:		370 €
Abrundung gem. § 238 Abs. 2 AO:	15 €	

Verzinsung des Teil-Unterschiedsbetrags mit Zinslaufbeginn 1.4.2007:

Zu verzinsen sind 1.200 € zuungunsten des Steuerpflichtigen für die Zeit vom 1.4.2007 bis 13.12. 2007 (8 volle Monate × 0,5 % = 4 %).

Nachzahlungszinsen:		48 €
Abrundung gem. § 238 Abs. 2 AO:	9 €	
Insgesamt festzusetzende Zinsen:		**418 €**

35. [1]Bei Teil-Unterschiedsbeträgen zugunsten des Steuerpflichtigen ist die Berechnung von Erstattungszinsen auf den fiktiv zu erstattenden Betrag begrenzt. [2]Dazu sind alle maßgeblichen Zahlungen und der jeweilige Tag der Zahlung zu ermitteln. [3]Durch Gegenüberstellung dieser Zahlungen und der nach Nr. 29 des AEAO zu § 233a ermittelten fiktiven Steuer, vermindert um

---

[1] **Amtl. Anm.:** z.v.E. = zu versteuerndes Einkommen.

anzurechnende Steuerabzugsbeträge und anzurechnende Körperschaftsteuer, ergibt sich der fiktive Erstattungsbetrag.

[1]Die Verzinsung der einzelnen Teil-Unterschiedsbeträge beginnt frühestens mit dem Tag der Zahlung. [2]Besteht der zu erstattende Betrag aus mehreren Einzahlungen, richtet sich der Zinsberechnungszeitraum nach der Einzahlung des jeweiligen Teilbetrags, wobei unterstellt wird, dass die Erstattung zuerst aus dem zuletzt gezahlten Betrag erfolgt. [3]Bei weiteren Teil-Unterschiedsbeträgen zugunsten des Steuerpflichtigen bleiben die bereits bei einer vorangegangenen Zinsberechnung berücksichtigten Zahlungen außer Betracht.

Ist bei einem Teil-Unterschiedsbetrag zugunsten des Steuerpflichtigen mehr als ein Betrag (mehrere Einzahlungen) zu verzinsen, so ist der durch die Rundung auf den nächsten durch fünfzig Euro teilbaren sich ergebende Spitzenbetrag jeweils vom Teilbetrag mit dem ältesten Wertstellungstag abzuziehen.

36. Beispiel 7:

Einkommensteuer 2004

	z.v.E.[1)	Steuer
Steuerfestsetzung vom 11.12.2006, bekannt gegeben am 14.12.2006:	10.113 €	509 €
abzüglich anzurechnende Steuerabzugsbeträge:		./. 250 €
Soll:		259 €
abzüglich festgesetzte Vorauszahlungen:		./. 12.750 €
Unterschiedsbetrag (Mindersoll):		./. 12.491 €

Alle Vorauszahlungen wurden bereits in 2004 entrichtet, so dass 12.491 € zu erstatten sind.

Bei der Steuerfestsetzung wurde ein rückwirkendes Ereignis aus 2005 (Minderung des z.v.E. um 7.587 €) berücksichtigt.

Ermittlung der Teil-Unterschiedsbeträge:

	z.v.E.[1)	Steuer	
– Vorsoll: (festgesetzte Vorauszahlungen):		12.750 €	
– 1. Schattenveranlagung			
(Steuerfestsetzung ohne Berücksichtigung des rückwirkenden Ereignisses):	17.700 €	2.419 €	
abzüglich anzurechnende Steuerabzugsbeträge:		./. 250 €	
fiktives Soll:		2.169 €	
Erster Teil-Unterschiedsbetrag =			./. 10.581 €
– 2. Schattenveranlagung			
(1. Schattenveranlagung + rückwirkendes Ereignis aus 2005):	10.113 €	509 €	
abzüglich anzurechnende Steuerabzugsbeträge:		./. 250 €	
fiktives Soll:		259 €	
Zweiter Teil-Unterschiedsbetrag =			./. 1.910 €
Summe der Teil-Unterschiedsbeträge:			./. 12.491 €

Zinsberechnung:

Teil-Unterschiedsbetrag mit Zinslaufbeginn 1.4.2006:	./. 10.581 €
Teil-Unterschiedsbetrag mit Zinslaufbeginn 1.4.2007:	./. 1.910 €

[1)] **Amtl. Anm.:** z.v.E. = zu versteuerndes Einkommen.

Verzinsung des Teil-Unterschiedsbetrags mit Zinslaufbeginn 1.4.2006:

Zahlung	Tag der Zahlung	fiktives Soll	fiktive Erstattung	unverzinster Zahlungsrest
Gegenüberstellung der maßgeblichen Zahlungen und des fiktiven Solls				
3.250 €	10.12.2004		3.250 €	0 €
3.250 €	10.09.2004		3.250 €	0 €
3.250 €	10.06.2004		3.250 €	0 €
3.000 €	10.03.2004		831 €	2.169 €
12.750 €		2.169 €	10.581 €	2.169 €

Zu verzinsen sind 10.550 € zugunsten des Steuerpflichtigen für die Zeit vom 1.4. 2006 bis 14.12. 2006 (8 volle Monate × 0,5 % = 4 %).

Zinsen:	422 €
Abrundung gem. § 238 Abs. 2 AO:	31 €

Verzinsung des Teil-Unterschiedsbetrags mit Zinslaufbeginn 1.4.2007:

Hinsichtlich des Teil-Unterschiedsbetrags von 1.910 € sind keine Erstattungszinsen zu berechnen, da die für ihn maßgebliche Karenzzeit im Zeitpunkt der Steuerfestsetzung noch nicht abgelaufen ist.   0 €

Insgesamt festzusetzende Zinsen (Erstattungszinsen):   ./. 422 €

37. Beispiel 8:

Einkommensteuer 2004

	z.v.E.[1]	Steuer
Steuerfestsetzung vom 10.12.2007, bekannt gegeben am 13.12.2007:	10.660 €	626 €
abzüglich anzurechnende Steuerabzugsbeträge:		350 €
Soll:		276 €
abzüglich festgesetzte Vorauszahlungen:		./. 12.650 €
Unterschiedsbetrag (Mindersoll):		./. 12.374 €

Der Steuerpflichtige hat bis zum 30.3.2006 insgesamt 7.500 € sowie am 3.9.2007 zusätzlich 5.000 € entrichtet. Zu erstatten sind deshalb nur 12.224 €.

Bei der Steuerfestsetzung wurde ein rückwirkendes Ereignis aus 2005 (Minderung des z.v.E. um 8.088 €) berücksichtigt.

Ermittlung der Teil-Unterschiedsbeträge:

	z.v.E.[1]	Steuer	
− Vorsoll (festgesetzte Vorauszahlungen):		12.650 €	
1. Schattenveranlagung (Steuerfestsetzung ohne Berücksichtigung des rückwirkenden Ereignisses):	18.748 €	2.713 €	
abzüglich anzurechnende Steuerabzugsbeträge:		./. 350 €	
fiktives Soll:		2.363 €	
Erster Teil-Unterschiedsbetrag =			./. 10.287 €
− 2. Schattenveranlagung (1. Schattenveranlagung + rückwirkendes Ereignis aus 2005):	10.660 €	626 €	
abzüglich anzurechnende Steuerabzugsbeträge:		./. 350 €	
fiktives Soll:		276 €	
Zweiter Teil-Unterschiedsbetrag =			./. 2.087 €

---

[1] **Amtl. Anm.:** z.v.E. = zu versteuerndes Einkommen.

Summe der Teil-Unterschiedsbeträge: ./. 12.374 €

Zinsberechnung:

Teil-Unterschiedsbetrag mit Zinslaufbeginn 1.4.2006:   ./. 10.287 €
Teil-Unterschiedsbetrag mit Zinslaufbeginn 1.4.2007:   ./. 2.087 €

Verzinsung des Teil-Unterschiedsbetrags mit Zinslaufbeginn 1.4.2006:

Gegenüberstellung der maßgeblichen Zahlungen und des fiktiven Solls				
Zahlung	Tag der Zahlung	fiktives Soll	fiktive Erstattung	unverzinster Zahlungsrest
5.000 €	03.09.2007		5.050 €	0 €
2.500 €	10.12.2004		2.500 €	0 €
2.500 €	10.09.2004		2.500 €	0 €
1.250 €	10.06.2004		137 €	1.113 €
1.250 €	10.03.2004		831 €	1.250 €
12.500 €		2.363 €	10.137 €	2.363 €

Zu verzinsen sind 5.000 € zugunsten des Steuerpflichtigen für die Zeit vom 3.9.2007 bis 13.12. 2007 (3 volle Monate × 0,5 % = 1,5 %).

Zinsen (Erstattungszinsen):   ./. 75 €

Zu verzinsen sind 5.100 € zugunsten des Steuerpflichtigen für die Zeit vom 1.4.2006 bis 13.12. 2007 (20 volle Monate × 0,5 % = 10 %).

Zinsen (Erstattungszinsen):   ./. 510 €
Abrundung nach § 238 Abs. 2 AO: 37 €

Verzinsung des Teil-Unterschiedsbetrags mit Zinslaufbeginn 1.4.2007:

Gegenüberstellung der maßgeblichen Zahlungen und des fiktiven Solls				
Zahlung	Tag der Zahlung	fiktives Soll	fiktive Erstattung	unverzinster Zahlungsrest
0 €	03.09.2007		0 €	0 €
0 €	10.12.2004		0 €	0 €
0 €	10.09.2004		0 €	0 €
1.113 €	10.06.2004		1.113 €	0 €
1.250 €	10.03.2004		974 €	276 €
2.363 €		276 €	2.087 €	276 €

Zu verzinsen sind 2.050 € zugunsten des Steuerpflichtigen für die Zeit vom 1.4.2007 bis 13.12. 2007 (8 volle Monate × 0,5 % = 4 %).

Zinsen (Erstattungszinsen):   ./. 82 €
Abrundung nach § 238 Abs. 2 AO: 37 €

Insgesamt festzusetzende Zinsen (Erstattungszinsen):   ./. 667 €

38. [1] Bei Teil-Unterschiedsbeträgen zugunsten des Steuerpflichtigen sind neben der Berechnung von Erstattungszinsen die zuvor auf den Herabsetzungsbetrag ggf. berechneten Nachzahlungszinsen zu mindern. [2] Nachzahlungszinsen entfallen dabei allerdings frühestens ab dem Zeitpunkt, in dem der Zinslauf des Teil-Unterschiedsbetrags zugunsten des Steuerpflichtigen beginnt; Nachzahlungszinsen für den Zeitraum bis zum Beginn des Zinslaufs des Teil-Unterschiedsbetrags zugunsten des Steuerpflichtigen bleiben endgültig bestehen (§ 233a Abs. 7 Satz 2 AO). [3] Nachzahlungszinsen mit unterschiedlichem Zinslaufbeginn sind in ihrer zeitlichen Reihenfolge, beginnend mit den Nachzahlungszinsen mit dem ältesten Zinslaufbeginn, zu mindern.

39. Beispiel 9:

Einkommensteuer 2004

	z.v.E.[1]	Steuer
Steuerfestsetzung vom 9.12.2008, bekannt gegeben am 12.12.2008:	35.867 €	8.376 €
abzüglich anzurechnende Steuerabzugsbeträge:		./. 1.000 €
Soll:		7.376 €
abzüglich festgesetzte Vorauszahlungen:		./. 9.550 €
Unterschiedsbetrag (Mindersoll):		./. 2.174 €

Der Steuerpflichtige hat bis zum 31.3.2006 insgesamt 7.000 € sowie am 2.6.2007 weitere 2.550 € gezahlt.

Bei dieser Steuerfestsetzung wurden ein rückwirkendes Ereignis aus 2005 (Erhöhung des z.v.E. um 2.500 €) sowie ein rückwirkendes Ereignis aus 2006 (Minderung des z.v.E. um 17.500 €) berücksichtigt.

Ermittlung der Teil-Unterschiedsbeträge:

	z.v.E.[1]	Steuer	
– Vorsoll (festgesetzte Vorauszahlungen):		9.550 €	
– 1. Schattenveranlagung			
(Steuerfestsetzung ohne Berücksichtigung der rückwirkenden Ereignisse aus 2005 und 2006):	50.867 €	14.679 €	
abzüglich anzurechnende Steuerabzugsbeträge:		./. 1.000 €	
fiktives Soll:		13.679 €	
Erster Teil-Unterschiedsbetrag =			+ 4.129 €
– 2. Schattenveranlagung			
(1. Schattenveranlagung + rückwirkendes Ereignis aus 2005):	53.367 €	15.850 €	
abzüglich anzurechnende Steuerabzugsbeträge:		./. 1.000 €	
fiktives Soll:		14.850 €	
Zweiter Teil-Unterschiedsbetrag =			+ 1.171 €
– 3. Schattenveranlagung			
(2. Schattenveranlagung + rückwirkendes Ereignis aus 2006):	35.867 €	8.376 €	
abzüglich anzurechnende Steuerabzugsbeträge:		./. 1.000 €	
fiktives Soll:		7.376 €	
Dritter Teil-Unterschiedsbetrag =			./. 7.474 €
Summe der Teil-Unterschiedsbeträge:			./. 2.174 €

Zinsberechnung:

Teil-Unterschiedsbetrag mit Zinslaufbeginn 1.4.2006:	+ 4.129 €
Teil-Unterschiedsbetrag mit Zinslaufbeginn 1.4.2007:	+ 1.171 €
Teil-Unterschiedsbetrag mit Zinslaufbeginn 1.4.2008:	./. 7.474 €

Verzinsung des Teil-Unterschiedsbetrags mit Zinslaufbeginn 1.4.2006:

Zu verzinsen sind 4.100 € zuungunsten des Steuerpflichtigen für die Zeit vom 1.4.2006 bis 12.12.2008 (32 volle Monate × 0,5 % = 16 %)

Zinsen (Nachzahlungszinsen):		656 €
Abrundung nach § 238 Abs. 2 AO:	29 €	

---

[1] **Amtl. Anm.:** z.v.E. = zu versteuerndes Einkommen.

Verzinsung des Teil-Unterschiedsbetrags mit Zinslaufbeginn 1.4.2007:

Zu verzinsen sind 1.150 € zuungunsten des Steuerpflichtigen für die Zeit vom 1.4.2007 bis 12.12.
2008 (20 volle Monate × 0,5 % = 10 %)

Zinsen (Nachzahlungszinsen):   115 €

Abrundung nach § 238 Abs. 2 AO: 21 €

Verzinsung des Teil-Unterschiedsbetrags mit Zinslaufbeginn 1.4.2008:

Gegenüberstellung der maßgeblichen Zahlungen und des fiktiven Solls				
Zahlung	Tag der Zahlung	fiktives Soll	fiktive Erstattung	unverzinster Zahlungsrest
2.550 €	02.06.2007		2.174 €	376 €
2.000 €	10.12.2004		0 €	2.000 €
2.000 €	10.09.2004		0 €	2.000 €
2.000 €	10.06.2004		0 €	2.000 €
1.000 €	10.03.2004		0 €	1.000 €
9.550 €		7.376 €	2.174 €	7.376 €

Zu verzinsen ist höchstens der fiktiv zu erstattende Betrag von 2.150 € für die Zeit vom 1.4.2008
bis zum 12.12.2008 (8 volle Monate × 0,5 % = 4 %).

Zinsen (Erstattungszinsen):   ./.86 €

Abrundung nach § 238 Abs. 2 AO: 24 €

Minderung zuvor berechneter Nachzahlungszinsen:[1]

                          4.129 €   abgerundet: 4.100 €

             ./. 7.474 €

               ./. 3.345 €   maximal: ./. 0 €

                                               4.100 €

4.100 € vom 1.4.2008 bis zum 12.12.2008

(8 volle Monate × 0,5 % = 4 %):   ./. 164 €

                          1.171 €   abgerundet: 1.150 €

             ./. 3.345 €

               ./. 2.174 €   maximal: ./. 0 €

                                               1.150 €

1.150 € vom 1.4.2008 bis zum 12.12.2008

(8 volle Monate × 0,5 % = 4 %):   ./. 46 €

                                             ./. 210 €

                                                     ./. 210 €

Insgesamt festzusetzende Zinsen: **475 €**

40. [1] Wenn bei der Zinsberechnung mehrere Teil-Unterschiedsbeträge zu
berücksichtigen sind, sind Zinsen nur dann festzusetzen, wenn die Summe der
auf die einzelnen Teil-Unterschiedsbeträge berechneten Zinsen mindestens
zehn Euro beträgt (§ 239 Abs. 2 Satz 2 AO). [2] Nach § 239 Abs. 2 Satz 1 AO
sind Zinsen auf volle Euro zum Vorteil des Steuerpflichtigen abzurunden.

---

[1] **Amtl. Anm.:** Ergibt sich ein Teil-Unterschiedsbetrag zugunsten des Steuerpflichtigen, entfallen
auf diesen Betrag zuvor berechnete Zinsen nach § 233a Abs. 7 Satz 2 1. Halbsatz AO frühestens ab
Beginn des für diesen Teil-Unterschiedsbetrag maßgebenden Zinslaufs. Zinsen für den Zeitraum bis
zum Beginn des Zinslaufs dieses Teil-Unterschiedsbetrags bleiben nach § 233a Abs. 7 Satz 2 2. Halbsatz
AO endgültig bestehen. Deshalb können die für den Zeitraum bis zum 31.3.2008 verbliebenen
Nachzahlungszinsen auch in späteren Zinsfestsetzungen gemindert werden.

³ Maßgebend sind die festzusetzenden Zinsen, d.h. die Summe der auf die einzelnen Teil-Unterschiedsbeträge berechneten Zinsen.

¹ Sofern die Summe aller fiktiven Erstattungen größer ist als die tatsächliche Erstattung, ist der Differenzbetrag für spätere Zinsberechnungen als fiktive Zahlung zu berücksichtigen. ² Als Zahlungstag dieser fiktiven Zahlung ist der Tag zu berücksichtigen, an dem die Steuerfestsetzung bzw. die Steueranmeldung wirksam geworden ist.

Zinsberechnung bei einer Korrektur der Steuerfestsetzung oder der Anrechnung von Steuerbeträgen

41. ¹ Falls anlässlich einer Steuerfestsetzung Zinsen festgesetzt wurden, löst die Aufhebung, Änderung oder Berichtigung dieser Steuerfestsetzung eine Änderung der bisherigen Zinsfestsetzung aus (§ 233a Abs. 5 Satz 1 1. Halbsatz AO). ² Dabei ist es gleichgültig, worauf die Aufhebung, Änderung oder Berichtigung beruht (z.B. auch Änderung durch Einspruchsentscheidung oder durch oder aufgrund der Entscheidung eines Finanzgerichts).

42. ¹ Soweit die Korrektur der Steuerfestsetzung auf der erstmaligen Berücksichtigung eines rückwirkenden Ereignisses oder eines Verlustrücktrags beruht, beginnt der Zinslauf nach § 233a Abs. 2a AO erst 15 Monate nach Ablauf des Kalenderjahres, in dem das rückwirkende Ereignis eingetreten oder der Verlust entstanden ist. ² Gleiches gilt, wenn ein bereits bei der vorangegangenen Steuerfestsetzung berücksichtigter Verlustrücktrag bzw. ein bereits bei der vorangegangenen Steuerfestsetzung berücksichtigtes rückwirkendes Ereignis unmittelbar Änderungen erfährt und der Steuerbescheid deshalb geändert wird.

¹ Aufgrund der Anknüpfung der Verzinsung an die Soll-Differenz (vgl. AEAO zu § 233a, Nr. 46) ist keine besondere Zinsberechnung i.S.d. § 233a Abs. 2a i.V.m. Abs. 7 AO vorzunehmen, wenn ein Steuerbescheid, in dem erstmals ein Verlustrücktrag bzw. ein rückwirkendes Ereignis berücksichtigt worden ist, später aus anderen Gründen (z.B. zur Berücksichtigung neuer Tatsachen i.S.d. § 173 AO) geändert wird. ² Dabei ist es für die Verzinsung auch unerheblich, wenn sich die steuerlichen Auswirkungen des bereits in der vorherigen Steuerfestsetzung berücksichtigten Verlustrücktrags bzw. rückwirkenden Ereignisses aufgrund der erstmaligen oder abweichenden Berücksichtigung regulär zu verzinsender Besteuerungsgrundlagen rechnerisch verändern sollte. ³ Auch derartige materiell-rechtliche Folgeänderungen sind bei der Verzinsung dem maßgeblichen Änderungsgrund (z.B. den neuen Tatsachen i.S.d. § 173 AO) zuzuordnen.

43. ¹ Materielle Fehler i.S.d. § 177 AO werden bei dem Änderungstatbestand berichtigt, dessen Anwendung die saldierende Berücksichtigung des materiellen Fehlers ermöglicht. ² Deshalb ist der Saldierungsbetrag bei der Ermittlung des Teil-Unterschiedsbetrags zu berücksichtigen, dem dieser Änderungstatbestand zugrunde liegt. ³ Beruht die Saldierung nach § 177 AO auf mehreren Änderungstatbeständen, die einen unterschiedlichen Zinslaufbeginn aufweisen, ist der Saldierungsbetrag den Änderungstatbeständen in chronologischer Reihenfolge zuzuordnen, beginnend mit dem Änderungstatbestand mit dem ältesten Zinslaufbeginn.

44. Ist bei der vorangegangenen Steuerfestsetzung eine Zinsfestsetzung unterblieben, weil z.B. bei Wirksamkeit der Steuerfestsetzung die Karenzzeit noch nicht abgelaufen war oder die Zinsen weniger als zehn Euro betragen haben, ist bei der erstmaligen Zinsfestsetzung aus Anlass der Aufhebung, Änderung oder

Berichtigung der Steuerfestsetzung für die Berechnung der Zinsen ebenfalls der Unterschied zwischen dem neuen und dem früheren Soll maßgebend.

45. [1] Den Fällen der Aufhebung, Änderung oder Berichtigung der Steuerfestsetzung sind die Fälle der Korrektur der Anrechnung von Steuerbeträgen (Steuerabzugsbeträge, anzurechnende Körperschaftsteuer) gleichgestellt (§ 233a Abs. 5 Satz 1 2. Halbsatz AO). [2] Die Zinsfestsetzung ist auch dann anzupassen, wenn die Anrechnung von Steuerabzugsbeträgen oder von Körperschaftsteuer in einem Abrechnungsbescheid nach § 218 Abs. 2 Satz 1 AO von der vorangegangenen Anrechnung abweicht. [3] Ist dem bisherigen Zinsbescheid ein unrichtiges Vorauszahlungssoll oder ein unrichtiger Wertstellungstag zugrunde gelegt worden, kann demgegenüber eine Korrektur des Zinsbescheids nicht nach § 233a Abs. 5 AO, sondern nur nach den allgemeinen Vorschriften erfolgen (z.B. §§ 129, 172 ff. AO).

46. [1] Grundlage für die Zinsberechnung ist der Unterschied zwischen dem neuen und dem früheren Soll (Unterschiedsbetrag nach § 233a Abs. 5 Satz 2 AO). [2] Dieser Unterschiedsbetrag ist in Teil-Unterschiedsbeträge aufzuteilen, soweit diese einen unterschiedlichen Zinslaufbeginn nach § 233a Abs. 2 und Abs. 2a AO haben (§ 233a Abs. 7 Satz 1 1. Halbsatz AO). [3] Innerhalb dieser Teil-Unterschiedsbeträge sind Sollminderungen und Sollerhöhungen mit gleichem Zinslaufbeginn zu saldieren.

47. [1] Die Teil-Unterschiedsbeträge sind in ihrer zeitlichen Reihenfolge, beginnend mit dem ältesten Zinslaufbeginn, zu ermitteln (§ 233a Abs. 7 Satz 1 2. Halbsatz AO). [2] Dabei ist unerheblich, ob sich der einzelne Teil-Unterschiedsbetrag zugunsten oder zuungunsten des Steuerpflichtigen auswirkt.

[1] Zunächst ist die fiktive Steuer zu ermitteln, die sich ohne Berücksichtigung rückwirkender Ereignisse und Verlustrückträge ergeben würde. [2] Die Differenz zwischen dieser fiktiven Steuer und der bisher festgesetzten Steuer, jeweils vermindert um anzurechnende Steuerabzugsbeträge und anzurechnende Körperschaftsteuer, ist der erste für die Zinsberechnung maßgebliche Teil-Unterschiedsbetrag.

[1] Im nächsten Schritt ist auf der Grundlage dieser fiktiven Steuerermittlung die fiktive Steuer zu berechnen, die sich unter Berücksichtigung der rückwirkenden Ereignisse oder Verlustrückträge mit dem ältesten Zinslaufbeginn ergeben würde. [2] Die Differenz zwischen dieser und der zuvor ermittelten fiktiven Steuer, jeweils vermindert um anzurechnende Steuerabzugsbeträge und anzurechnende Körperschaftsteuer, ist der für die Zinsberechnung maßgebliche zweite Teil-Unterschiedsbetrag. [3] Dies gilt entsprechend für weitere Teil-Unterschiedsbeträge mit späterem Zinslaufbeginn.

48. Beispiel 10:

Einkommensteuer 2004

	z.v.E.[1]	Steuer
bisherige Steuerfestsetzung:	50.000 €	14.801 €
abzüglich anzurechnende Steuerabzugsbeträge:		./. 500 €
Soll:		14.301 €

Änderung der Steuerfestsetzung:

(1) neue Tatsache:	./. 1.500 €	

---

[1] **Amtl. Anm.:** z.v.E. = zu versteuerndes Einkommen

(2) Verlustrücktrag aus 2005:	./. 10.000 €	
(3) rückwirkendes Ereignis aus 2006:	+ 2.500 €	10.771 €
Neue Steuerfestsetzung:	41.000 €	
abzüglich anzurechnende Steuerabzugsbeträge:		./. 500 €
neues Soll:		10.271 €
Unterschiedsbetrag (Mindersoll):		./. 4.030 €

Ermittlung der Teil-Unterschiedsbeträge:

	z.v.E.[1]	Steuer	
– bisherige Festsetzung	50.000 €	14.801 €	
abzüglich anzurechnende Steuerabzugsbeträge:		./. 500 €	
Soll:		14.301 €	
– 1. Schattenveranlagung			
(bisherige Festsetzung + neue Tatsache):	48.500 €	14.097 €	
abzüglich anzurechnende Steuerabzugsbeträge:			
Soll:		./. 500 €	
Erster Teil-Unterschiedsbetrag =		13.597 €	./. 704 €
– 2. Schattenveranlagung			
(1. Schattenveranlagung + Verlustrücktrag aus 2005):	38.500 €	9.736 €	
abzüglich anzurechnende Steuerabzugsbeträge:		./. 500 €	
Soll:		9.236 €	
Zweiter Teil-Unterschiedsbetrag =			./. 4.361 €
– 3. Schattenveranlagung			
(2. Schattenveranlagung + rückwirkendes Ereignis aus 2006):	41.000 €	10.771 €	
abzüglich anzurechnendeSteuerabzugsbeträge:		./. 500 €	
Soll:		10.271 €	
Dritter Teil-Unterschiedsbetrag =			+ 1.035 €
Summe der Teil-Unterschiedsbeträge:			./. 4.030 €

49. Alle Teil-Unterschiedsbeträge sind jeweils gesondert auf den nächsten durch fünfzig Euro teilbaren Betrag abzurunden, da der Zinslauf für die zu verzinsenden Beträge zu jeweils abweichenden Zeitpunkten beginnt (§ 238 Abs. 2 AO).

50. [1] Die auf die einzelnen Teil-Unterschiedsbeträge entfallenden Zinsen sind eigenständig und in ihrer zeitlichen Reihenfolge zu berechnen, beginnend mit den Zinsen auf den Teil-Unterschiedsbetrag mit dem ältesten Zinslaufbeginn (§ 233a Abs. 7 Satz 1 2. Halbsatz AO). [2] Dabei ist für jeden Zinslauf bzw. Zinsberechnungszeitraum eigenständig zu prüfen, inwieweit jeweils volle Zinsmonate vorliegen.

51. Ergibt sich bei der Aufhebung, Änderung oder Berichtigung der Steuerfestsetzung oder der Rücknahme, dem Widerruf oder Berichtigung der Anrechnung von Steuerbeträgen ein Mehrsoll, fallen hierauf Zinsen an, die zu den bisher berechneten Zinsen hinzutreten.

---

[1] **Amtl. Anm.:** z.v.E. = zu versteuerndes Einkommen.

52. Beispiel 11:

Einkommensteuer 2004

a) Erstmalige Steuerfestsetzung vom 11.12.2006, bekannt gegeben am 14.12.2006

Erstmalige Steuerfestsetzung vom 11.12.2006, bekannt gegeben am 14.12.2006	22.500 €
abzüglich anzurechnende Steuerabzugsbeträge:	./. 2.500 €
Soll:	20.000 €
abzüglich festgesetzte Vorauszahlungen:	./. 13.000 €
Unterschiedsbetrag (Mehrsoll):	7.000 €

Zu verzinsen sind 7.000 € zuungunsten des Steuerpflichtigen für die Zeit vom 1.4.2006 bis 14.12.2006 (8 volle Monate × 0,5 % = 4 %).

festzusetzende Zinsen (Nachzahlungszinsen):	**280 €**

b) Änderung der Steuerfestsetzung nach § 173 AO (Bescheid vom 1.10.2007, bekannt gegeben am 4.10.2007):

Änderung der Steuerfestsetzung nach § 173 AO (Bescheid vom 1.10.2007, bekannt gegeben am 4.10.2007):	23.500 €
abzüglich anzurechnende Steuerabzugsbeträge:	./. 2.500 €
Soll:	21.000 €
abzüglich bisher festgesetzte Steuer (Soll):	./. 20.000 €
Unterschiedsbetrag (Mehrsoll):	1.000 €

Zu verzinsen sind 1.000 € zuungunsten des Steuerpflichtigen für die Zeit vom 1.4.2006 bis 4.10.2007 (18 volle Monate × 0,5 % = 9 %).

Nachzahlungszinsen:	90 €
dazu bisher festgesetzte Zinsen:	280 €
Insgesamt festzusetzende Zinsen:	**370 €**

53. [1] Ergibt sich zugunsten des Steuerpflichtigen ein Mindersoll, wird bis zur Höhe dieses Mindersolls nur der tatsächlich zu erstattende Betrag verzinst, und zwar ab dem Zeitpunkt der Zahlung bis zur Wirksamkeit der Steuerfestsetzung (§ 233a Abs. 2 Satz 3 und Abs. 3 Satz 3 AO). [2] Zur Berücksichtigung bei vorangegangenen Zinsfestsetzungen ermittelter fiktiver Zahlungen vgl. AEAO zu § 233a, Nr. 40. [3] Steht die Zahlung noch aus, werden keine Erstattungszinsen festgesetzt. [4] Besteht der zu erstattende Betrag aus mehreren Einzahlungen, richtet sich der Zinsberechnungszeitraum nach der Einzahlung des jeweiligen Teilbetrags, wobei unterstellt wird, dass die Erstattung zuerst aus dem zuletzt gezahlten Betrag erfolgt.

54. [1] Neben der Berechnung der Erstattungszinsen sind die bisher auf den Herabsetzungsbetrag ggf. berechneten Nachzahlungszinsen für die Zeit ab Beginn des Zinslaufs zu mindern. [2] Dabei darf jedoch höchstens auf den Unterschiedsbetrag der bei Beginn des Zinslaufs festgesetzten Steuer zurückgegangen werden, um zu vermeiden, dass eine Korrektur für einen Zeitraum erfolgt, für den keine Nachzahlungszinsen berechnet worden sind.

55. Beispiel 12:

Einkommensteuer 2004

a) Steuerfestsetzung vom 12.12.2006, bekannt gegeben am 15.12.2006:

Steuerfestsetzung vom 12.12.2006, bekannt gegeben am 15.12.2006:	22.500 €
abzüglich anzurechnende Steuerabzugsbeträge:	./. 2.500 €
Soll:	20.000 €
abzüglich festgesetzte Vorauszahlungen:	./. 13.000 €
Unterschiedsbetrag (Mehrsoll):	7.000 €

Der Steuerpflichtige hat innerhalb der Karenzzeit die Vorauszahlungen i.H.v. 13.000 € sowie am 15.6.2007 die Abschlusszahlung i.H.v. 7.000 € gezahlt.

Zu verzinsen sind 7.000 € zuungunsten des Steuerpflichtigen für die Zeit vom 1.4.2006 bis 15.12.2006 (8 volle Monate × 0,5 % = 4 %).

festzusetzende Zinsen (Nachzahlungszinsen):   280 €

b)   Änderung der Steuerfestsetzung nach
§ 173 AO (Bescheid vom 12.10.2007, be-
kannt gegeben am 15.10.2007):   17.500 €

abzüglich anzurechnende Steuerabzugsbeträge: ./. 2.500 €

Soll: 15.000 €

abzüglich bisher festgesetzte Steuer (Soll):   ./. 20.000 €

Unterschiedsbetrag (Mindersoll):   5.000 €

Zu erstatten sind 5.000 €.

Zu verzinsen sind 5.000 € zugunsten des Steuerpflichtigen für die Zeit vom 15.6.2007 bis 15.10.2007 (4 volle Monate × 0,5–% = 2 %).

festzusetzende Zinsen (Erstattungszinsen):   ./. 100 €

c)   Bisher festgesetzte Zinsen: + 280 €

Minderung zuvor berechneter Nachzahlungszinsen:

7.000 €   abgerundet: 7.000 €

./. 5.000 €

2.000 €   maximal: ./. 2.000 €

                                5.000 €

5.000 € vom 1.4.2006 bis zum 15.12.2006
(8 volle Monate × 0,5 % = 4 %):   ./. 200 €

                              + 80 €   + 80 €

Insgesamt festzusetzende Zinsen: **./. 20 €**

56. [1] Bei Teil-Unterschiedsbeträgen zugunsten des Steuerpflichtigen ist die Berechnung von Erstattungszinsen auf den fiktiv zu erstattenden Betrag begrenzt. [2] Dazu sind alle maßgeblichen Zahlungen (einschließlich fiktiver Zahlungen i.S.d. Nr. 40 des AEAO zu § 233a) und der jeweilige Tag der Zahlung zu ermitteln. [3] Durch Gegenüberstellung dieser Zahlungen und der nach Nr. 47 des AEAO zu § 233a fiktiv ermittelten Steuer, vermindert um anzurechnende Steuerabzugsbeträge und anzurechnende Körperschaftsteuer, ergibt sich der fiktive Erstattungsbetrag.

[1] Die Verzinsung der einzelnen Teil-Unterschiedsbeträge beginnt frühestens mit dem Tag der Zahlung. [2] Besteht der zu erstattende Betrag aus mehreren Einzahlungen, richtet sich der Zinsberechnungszeitraum nach der Einzahlung des jeweiligen Teilbetrags, wobei unterstellt wird, dass die Erstattung zuerst aus dem zuletzt gezahlten Betrag erfolgt. [3] Bei weiteren Teil-Unterschiedsbeträgen zugunsten des Steuerpflichtigen bleiben die bereits bei einer vorangegangenen Zinsberechnung berücksichtigten Zahlungen außer Betracht.

Ist bei einem Teil-Unterschiedsbetrag zugunsten des Steuerpflichtigen mehr als ein Betrag (mehrere Einzahlungen) zu verzinsen, so ist der durch die Rundung auf den nächsten durch fünfzig Euro teilbaren sich ergebende Spitzenbetrag jeweils vom Teilbetrag mit dem ältesten Wertstellungstag abzuziehen.

57. [1] Bei Teil-Unterschiedsbeträgen zugunsten des Steuerpflichtigen sind neben der Berechnung von Erstattungszinsen die zuvor auf den Herabsetzungsbetrag ggf. berechneten Nachzahlungszinsen zu mindern. [2] Nachzahlungszinsen entfallen dabei allerdings frühestens ab dem Zeitpunkt, in dem der Zinslauf des Teil-Unterschiedsbetrags zugunsten des Steuerpflichtigen beginnt; Nachzahlungszinsen für den Zeitraum bis zum Beginn des Zinslaufs des Teil-Unterschiedsbetrags zugunsten des Steuerpflichtigen bleiben endgültig bestehen (§ 233a Abs. 7 Satz 2 AO). [3] Nachzahlungszinsen mit unterschiedlichem Zinslaufbeginn sind in ihrer zeitlichen Reihenfolge, beginnend mit den Nachzahlungszinsen mit dem ältesten Zinslaufbeginn, innerhalb dieser Gruppen beginnend mit den Nachzahlungszinsen mit dem jüngsten Zinslaufende, zu mindern.

58. Beispiel 13 (Fortsetzung von Beispiel 9):
Einkommensteuer 2004

	z.v.E.[1]	Steuer
nach § 175 Abs. 1 Satz 1 Nr. 2 AO geänderte Steuerfestsetzung vom 26.3.2010, bekanntgegeben am 29.3.2010:	27.175 €	5.297 €
abzüglich anzurechnende Steuerabzugsbeträge:		./. 1.000 €
Soll:		4.297 €
abzüglich bisher festgesetzte Steuer (Soll):		./. 7.376 €
Unterschiedsbetrag (Mindersoll):		./. 3.079 €

Der Steuerpflichtige hat bis zum 31.3.2006 insgesamt 7.000 € sowie am 2.6.2007 weitere 2.550 € gezahlt. Aufgrund der Steuerfestsetzung vom 9.12.2008 sind ihm bereits 2.174 € erstattet worden.

Bei der geänderten Steuerfestsetzung vom 26.3.2010 wurde ein rückwirkendes Ereignis aus 2005 (Minderung des z.v.E. um 8.692 €) erstmals berücksichtigt.

Zinsberechnung:
Verzinsung des Unterschiedsbetrags mit Zinslaufbeginn 1.4.2007:

Gegenüberstellung der maßgeblichen Zahlungen und des Solls				
Zahlung	Tag der Zahlung	Soll	fiktive Erstattung	unverzinster Zahlungsrest
376 €	02.06.2007		376 €	0 €
2.000 €	10.12.2004		2.000 €	0 €
2.000 €	10.09.2004		703 €	1.297 €
2.000 €	10.06.2004		0 €	2.000 €
1.000 €	10.03.2004		0 €	1.000 €
7.376 €		4.297 €	3.079 €	4.297 €

Zu verzinsen ist höchstens der abgerundete zu erstattende Betrag von 3.050 €:

376 € für die Zeit vom 2.6.2007 bis zum 29.3.2010 (33 volle Monate × 0,5 % = 16,5 %):		62,04 €
2.674 € für die Zeit vom 1.4.2007 bis zum 29.3.2010 (35 volle Monate × 0,5 % = 17,5 %)		467,95 €
		529,99 €

Zinsen (Erstattungszinsen):			./. 529,99 €
Abrundung nach § 238 Abs. 2 AO:	29 €		
Bisher festgesetzte Zinsen:		475,00 €	
Minderung zuvor berechneter Nachzahlungszinsen:[2]		0,00 €	
		475,00 €	475,00 €

---

[1] **Amtl. Anm.:** z.v.E. = zu versteuerndes Einkommen.
[2] **Amtl. Anm.:** Die in der vorangegangenen Zinsfestsetzung (Beispiel 9) für den Zeitraum bis zum Beginn des Zinslaufs des 3. Teil-Unterschiedsbetrags (d.h. für den Zeitraum bis zum 31.3.2008) berechneten Nachzahlungszinsen bleiben nach § 233a Abs. 7 Satz 2 2. Halbsatz AO endgültig bestehen und können deshalb in dieser Zinsfestsetzung nicht mehr gemindert werden.

./. 54,99 €

Insgesamt festzusetzende Zinsen:[1] ./. 55,00 €

59. [1]Zinsen werden nur festgesetzt, wenn sie mindestens zehn Euro betragen (§ 239 Abs. 2 Satz 2 AO). [2]Dabei ist jeweils auf die sich insgesamt ergebenden Zinsen abzustellen, nicht nur auf den Betrag, der sich durch die Verzinsung des letzten Unterschiedsbetrags bzw. Teil-Unterschiedsbetrags oder des letzten Erstattungsbetrags ergibt. [3]Wären insgesamt weniger als zehn Euro festzusetzen, ist der bisherige Zinsbescheid zu ändern.

[1]Nach § 239 Abs. 2 Satz 1 AO sind Zinsen auf volle Euro zum Vorteil des Steuerpflichtigen zu runden. [2]Maßgebend sind die festzusetzenden Zinsen, d.h. die Summe der auf die einzelnen Teil-Unterschiedsbeträge berechneten Zinsen.

[1]Sofern die Summe aller fiktiven Erstattungen größer ist als die tatsächliche Erstattung, ist der Differenzbetrag für spätere Zinsberechnungen als fiktive Zahlung zu berücksichtigen. [2]Als Zahlungstag dieser fiktiven Zahlung ist der Tag zu berücksichtigen, an dem die Steuerfestsetzung bzw. die Steueranmeldung wirksam geworden ist.

Zinsberechnung bei sog. NV-Fällen

60. [1]Ist eine Veranlagung zur Einkommensteuer nicht durchzuführen, weil die Voraussetzungen des § 46 EStG nicht erfüllt sind, sind festgesetzte und geleistete Vorauszahlungen zu erstatten. [2]Die Erstattungszinsen sind so zu berechnen, als sei eine Steuerfestsetzung über Null Euro erfolgt. [3]Wird eine Einkommensteuerfestsetzung, die zu einer Erstattung geführt hat, aufgehoben und die Abrechnung geändert, so dass die bisher angerechneten Steuerabzugsbeträge zurückgefordert werden, ist diese Steuernachforderung zu verzinsen. [4]Eine bisher durchgeführte Zinsfestsetzung (Erstattungszinsen) ist nach § 233a Abs. 5 Satz 1 AO zu ändern.

Zinsberechnung bei der Vermögensteuer

61.1. [1]Bei der Verzinsung der Vermögensteuer ist die für jedes Jahr festgesetzte Steuer getrennt zu behandeln. [2]Dies gilt auch für die Kleinbetragsgrenze des § 239 Abs. 2 AO. [3]Obwohl die Vermögensteuer mit Beginn des Kalenderjahres, für das sie festzusetzen ist, entsteht (§ 5 Abs. 2 VStG), beginnt die 15-monatige Karenzzeit erst mit Ablauf des jeweiligen Kalenderjahres.

61.2. [1]Den Besonderheiten der Zinsberechnung bei der Haupt- und Nachveranlagung sowie bei der Neuveranlagung der Vermögensteuer und der Aufhebung einer Vermögensteuer-Veranlagung wird durch § 233a Abs. 3 Satz 2 AO Rechnung getragen. [2]Danach ist bei der Zinsberechnung jeweils der Unterschied entweder zwischen der festgesetzten Jahressteuer und den festgesetzten Vorauszahlungen oder der festgesetzten Jahressteuer und der bisher festgesetzten Jahressteuer maßgebend. [3]Werden nach Beginn des Zinslaufs gleichzeitig eine (befristete) Hauptveranlagung und eine Neuveranlagung durchgeführt, so ist bei der Ermittlung der Unterschiedsbeträge jeweils vom Vorauszahlungssoll auszugehen. [4]Wird die Neuveranlagung dagegen in zeitlichem Abstand nach der Hauptveranlagung durchgeführt, so ist für die Zinsberechnung der Unterschiedsbetrag zum Hauptveranlagungssoll maßgebend.

---

[1] **Amtl. Anm.:** Die Zinsen wurden zugunsten des Steuerpflichtigen gerundet (§ 239 Abs. 2 Satz 1 AO).

[5] Anlässlich einer Neu- oder Nachveranlagung oder Aufhebung der Veranlagung zur Vermögensteuer ist eine bisherige Zinsfestsetzung entsprechend § 233a Abs. 5 AO zu ändern.

62. Sonderregelungen für Zinsberechnungen bei der Umsatzsteuer

62.1. Zinsberechnung bei Vorsteuer-Vergütungsansprüchen

62.1.1. Im übrigen Gemeinschaftsgebiet ansässige Unternehmer

[1] Die Verzinsung der Vorsteuervergütung an im übrigen Gemeinschaftsgebiet ansässige Unternehmer (§ 18 Abs. 9 UStG) ist in § 61 Abs. 5 und 6 UStDV geregelt. [2] § 233a AO ist in diesen Fällen nicht anwendbar, wenn der Vergütungsantrag nach dem 31.12.2009 gestellt worden ist.

62.1.2. Im Drittlandsgebiet ansässige Unternehmer

[1] Der nach § 18 Abs. 9 UStG zu vergütende Betrag für im Drittlandsgebiet ansässige Unternehmer ist nach § 233a AO zu verzinsen (vgl. Abschnitt 18.14 Abs. 10 UStAE[1]). [2] Beträgt der Vergütungszeitraum weniger als ein Kalenderjahr (§ 60 UStDV), sind zur Berechnung des Unterschiedsbetrags alle für ein Kalenderjahr festgesetzten Vergütungen zusammenzufassen. [3] Der Zinslauf beginnt grundsätzlich 15 Monate nach Ablauf des Kalenderjahres, für das die Vergütung(en) festgesetzt worden ist/sind (§ 233a Abs. 2 Satz 1 AO). [4] Er endet mit Ablauf des Tages, an dem die Festsetzung der Vergütung wirksam geworden ist (§ 233a Abs. 2 Satz 3 AO). [5] Zur Festsetzungsverjährung des Zinsanspruchs vgl. § 239 Abs. 1 AO.

Diese Grundsätze gelten bei der Verzinsung von Vorsteuervergütungen an im übrigen Gemeinschaftsgebiet ansässige Unternehmer (§ 18 Abs. 9 UStG) entsprechend, wenn der Vergütungsantrag vor dem 1.1.2010 gestellt worden ist.

62.2. Zinsberechnung bei der Umsatzsteuer in Fällen des Mini-one-stop-shop-Verfahrens (MOSS-Verfahren)

[1] § 233a AO gilt auch für Umsatzsteuer, die im MOSS-Verfahren (§ 18 Abs. 4e UStG) festgesetzt wird. [2] Der Besteuerungszeitraum ist hier gemäß § 16 Abs. 1b Satz 1 UStG das Kalendervierteljahr. [3] Bei der Verzinsung sind zur Berechnung des Unterschiedsbetrags (§ 233a Abs. 3 und 5 AO) alle für ein Kalenderjahr festgesetzten Steuern zusammenzufassen. [4] Der Zinslauf beginnt 15 Monate nach Ablauf des Kalenderjahres, für das die Umsatzsteuer festgesetzt worden ist (§ 233a Abs. 2 Satz 1 AO). [5] Er endet mit Ablauf des Tages, an dem die Festsetzung der Umsatzsteuer wirksam geworden ist (§ 233a Abs. 2 Satz 3 AO). [6] Zur Festsetzungsverjährung des Zinsanspruchs vgl. § 239 Abs. 1 AO.

Verhältnis zu anderen steuerlichen Nebenleistungen

63. Zur Berücksichtigung der Verzinsung nach § 233a AO bei der Bemessung eines Verspätungszuschlags nach § 152 AO in der bis zum 31.12.2016 geltenden Fassung vgl. AEAO zu § 152, Nr. 13.3.

Aufgrund der gesetzlichen Festlegung der Höhe des Verspätungszuschlags (§ 152 Abs. 5 AO in der ab 1.1.2017 geltenden Fassung) sind Zinsen nach § 233a AO bei der Bemessung des Verspätungszuschlags nicht von Bedeutung.

---

[1]) dtv 5546 USt Nr. 5.

64. [1] Die Erhebung von Säumniszuschlägen (§ 240 AO) bleibt durch § 233a AO unberührt, da die Vollverzinsung nur den Zeitraum bis zur Festsetzung der Steuer betrifft. [2] Sollten sich in Fällen, in denen die Steuerfestsetzung zunächst zugunsten und sodann wieder zuungunsten des Steuerpflichtigen geändert wird, Überschneidungen ergeben, sind insoweit die Säumniszuschläge zur Hälfte zu erlassen.

65. [1] Überschneidungen von Stundungszinsen und Nachzahlungszinsen nach § 233a AO können sich ergeben, wenn die Steuerfestsetzung nach Ablauf der Stundung zunächst zugunsten und später wieder zuungunsten des Steuerpflichtigen geändert wird (siehe § 234 Abs. 1 Satz 2 AO). [2] Zur Vermeidung einer Doppelverzinsung werden Nachzahlungszinsen, die für denselben Zeitraum festgesetzt wurden, im Rahmen der Zinsfestsetzung auf Stundungszinsen angerechnet (§ 234 Abs. 3 AO). [3] Erfolgt die Zinsfestsetzung nach § 233a AO aber erst nach Festsetzung der Stundungszinsen, sind Nachzahlungszinsen insoweit nach § 227 AO zu erlassen, als sie für denselben Zeitraum wie die bereits erhobenen Stundungszinsen festgesetzt wurden.

66. [1] Überschneidungen mit Hinterziehungszinsen (§ 235 AO) sind möglich, etwa weil der Zinslauf mit Eintritt der Verkürzung und damit vor Festsetzung der Steuer beginnt. [2] Zinsen nach § 233a AO, die für denselben Zeitraum festgesetzt wurden, sind im Rahmen der Zinsfestsetzung auf die Hinterziehungszinsen anzurechnen (§ 235 Abs. 4 AO). [3] Dies gilt ungeachtet der unterschiedlichen ertragsteuerlichen Behandlung beider Zinsarten. [4] Zur Berechnung vgl. AEAO zu § 235, Nr. 5.

67. [1] Prozesszinsen auf Erstattungsbeträge (§ 236 AO) werden ab Rechtshängigkeit bzw. ab dem Zahlungstag berechnet. [2] Überschneidungen mit Erstattungszinsen nach § 233a AO sind daher möglich. [3] Zur Vermeidung einer Doppelverzinsung werden Zinsen nach § 233a AO, die für denselben Zeitraum festgesetzt wurden, im Rahmen der Zinsfestsetzung auf die Prozesszinsen angerechnet (§ 236 Abs. 4 AO).

68. [1] Überschneidungen mit Aussetzungszinsen (§ 237 AO) sind im Regelfall nicht möglich, da Zinsen nach § 233a Abs. 1 bis 3 AO nur für den Zeitraum bis zur Festsetzung der Steuer, Aussetzungszinsen jedoch frühestens ab der Fälligkeit der Steuernachforderung entstehen können (vgl. AEAO zu § 237, Nr. 6). [2] Überschneidungen können sich aber ergeben, wenn Aussetzungszinsen erhoben wurden, weil die Anfechtung einer Steuerfestsetzung erfolglos blieb, und die Steuerfestsetzung nach Abschluss des Rechtsbehelfsverfahrens (siehe § 237 Abs. 5 AO) zunächst zugunsten und sodann zuungunsten des Steuerpflichtigen geändert wird. [3] Zur Vermeidung einer Doppelverzinsung werden Nachzahlungszinsen, die für denselben Zeitraum festgesetzt wurden, im Rahmen der Zinsfestsetzung auf Aussetzungszinsen angerechnet (§ 237 Abs. 4 i.V.m. § 234 Abs. 3 AO). [4] Erfolgt die Zinsfestsetzung nach § 233a AO aber erst nach Festsetzung der Aussetzungszinsen, sind Nachzahlungszinsen insoweit nach § 227 AO zu erlassen, als sie für denselben Zeitraum wie die bereits erhobenen Aussetzungszinsen festgesetzt wurden.

Billigkeitsmaßnahmen

69. Allgemeines

69.1. Billigkeitsmaßnahmen hinsichtlich der Zinsen kommen in Betracht, wenn solche auch hinsichtlich der zugrunde liegenden Steuer zu treffen sind.

69.2. [1] Daneben sind auch zinsspezifische Billigkeitsmaßnahmen möglich (BFH-Urteil vom 24.7.1996, X R 23/94, BFH/NV 1997 S. 92). [2] Beim Erlass von Zinsen nach § 233a AO aus sachlichen Billigkeitsgründen i.S.d. §§ 163, 227 AO ist zu berücksichtigen, dass die Entstehung des Zinsanspruchs dem Grunde und der Höhe nach gemäß Wortsinn, Zusammenhang und Zweck des Gesetzes, den Liquiditätsvorteil des Steuerschuldners und den Liquiditätsnachteil des Steuergläubigers auszugleichen, eindeutig unabhängig von der konkreten Einzelfallsituation geregelt ist und, rein objektiv, ergebnisbezogen allein vom Eintritt bestimmter Ereignisse (Fristablauf i.S.d. § 233a Abs. 2 oder 2a AO, Unterschiedsbetrag i.S.d. § 233a Abs. 1 Satz 1 i.V.m. § 233a Abs. 3 oder 5 AO) abhängt.

[1] Nach dem Willen des Gesetzgebers soll die Verzinsung nach § 233a AO einen Ausgleich dafür schaffen, dass die Steuern bei den einzelnen Steuerpflichtigen „aus welchen Gründen auch immer" zu unterschiedlichen Zeitpunkten festgesetzt und fällig werden (BFH-Urteile vom 20.9.1995, X R 86/94, BStBl. 1996 II S. 53, vom 5.6.1996, X R 234/93, BStBl. II S. 503, und vom 12.4.2000, XI R 21/97, BFH/NV S. 1178). [2] Für die Anwendung der Vorschrift sind daher die Ursachen und Begleitumstände im Einzelfall unbeachtlich. [3] Die reine Möglichkeit der Kapitalnutzung (vgl. BFH-Urteil vom 25.11.1997, IX R 28/96, BStBl. 1998 II S. 550) bzw. die bloße Verfügbarkeit eines bestimmten Kapitalbetrages (BFH-Urteil vom 12.4.2000, XI R 21/97, BFH/NV S. 1178) reicht aus. [4] Rechtfertigung für die Entstehung der Zinsen nach § 233a AO ist nicht nur ein abstrakter Zinsvorteil des Steuerschuldners, sondern auch ein ebensolcher Nachteil des Steuergläubigers (BFH-Urteil vom 19.3.1997, I R 7/96, BStBl. II S. 446). [5] Ein Verschulden ist prinzipiell irrelevant, und zwar auf beiden Seiten des Steuerschuldverhältnisses (vgl. BFH-Entscheidungen vom 4.11.1996, I B 67/96, BFH/NV 1997 S. 458, vom 15.4.1999, V R 63/97, BFH/NV S. 1392, vom 3.5.2000, II B 124/99, BFH/NV S. 1441, und vom 30.11.2000, V B 169/00, BFH/NV 2001 S. 656).

[1] Zinsen nach § 233a AO sind weder Sanktions- noch Druckmittel oder Strafe, sondern laufzeitabhängige Gegenleistung für eine mögliche Kapitalnutzung. [2] Vor diesem gesetzlichen Hintergrund ist es unerheblich, ob der – typisierend vom Gesetz unterstellte – Zinsvorteil des Steuerpflichtigen auf einer verzögerten Einreichung der Steuererklärung durch den Steuerpflichtigen oder einer verzögerten Bearbeitung durch das Finanzamt beruht (vgl. z.B. BFH-Beschlüsse vom 3.5.2000, II B 124/99, BFH/NV S. 1441, und vom 2.2.2001, XI B 91/00, BFH/NV S. 1003). [3] Bei der Verzinsung nach § 233a AO kommt es auch nicht auf eine konkrete Berechnung der tatsächlich eingetretenen Zinsvor- und -nachteile an (BFH-Urteil vom 19.3.1997, I R 7/96, BStBl. II S. 446).

Die Erhebung von Zinsen auf einen Nachforderungsbetrag, der sich nach der Korrektur einer Steuerfestsetzung ergibt, entspricht (vom Anwendungsbereich des § 233a Abs. 2a und Abs. 7 AO abgesehen) den Wertungen des § 233a AO und ist nicht sachlich unbillig (siehe dazu § 233a Abs. 5 AO; vgl. BFH-Entscheidungen vom 12.4.2000, XI R 21/97, BFH/NV S. 1178, und vom 30.11.2000, V B 169/00, BFH/NV 2001 S. 656).

[1] Andererseits ist für einen Ausgleich in Form einer Verzinsung der Steuernachforderung dann kein Raum, wenn zweifelsfrei feststeht, dass der Steuerpflichtige durch die verspätete Steuerfestsetzung keinen Vorteil erlangt hatte (vgl. BFH-Urteile vom 11.7.1996, V R 18/95, BStBl. 1997 II S. 259, und vom

12.4.2000, XI R 21/97, BFH/NV S. 1178). [2] Festgesetzte Nachzahlungszinsen sind in diesem Fall wegen sachlicher Unbilligkeit zu erlassen (vgl. AEAO zu § 233a, Nr. 70).

69.3. Eine gegenüber der Regelung in § 233a AO höhere Festsetzung von Erstattungszinsen aus Billigkeitsgründen ist nicht zulässig.

70. Einzelfragen

70.1. Leistungen vor Festsetzung der zu verzinsenden Steuer

70.1.1. [1] Zinsen nach § 233a AO sind auch dann festzusetzen, wenn vor Festsetzung der Steuer freiwillige Leistungen erbracht werden. [2] Nachzahlungszinsen sind aber aus sachlichen Billigkeitsgründen zu erlassen, soweit der Steuerpflichtige auf die sich aus der Steuerfestsetzung ergebende Steuerzahlungsforderung bereits vor Wirksamkeit der Steuerfestsetzung freiwillige Leistungen erbracht und das Finanzamt diese Leistungen angenommen und behalten hat.

70.1.2. [1] Nachzahlungszinsen sind daher nur für den Zeitraum bis zum Eingang der freiwilligen Leistung zu erheben. [2] Wurde die freiwillige Leistung erst nach Beginn des Zinslaufs erbracht oder war sie geringer als der zu verzinsende Unterschiedsbetrag, sind Nachzahlungszinsen aus Vereinfachungsgründen insoweit zu erlassen, wie die auf volle fünfzig Euro abgerundete freiwillige Leistung für jeweils volle Monate vor Wirksamkeit der Steuerfestsetzung erbracht worden ist (fiktive Erstattungszinsen; vgl. BFH-Urteil vom 31.5.2017, I R 92/15, BStBl. 2019 II S. 14). [3] Ein Zinserlass scheidet dabei aus, wenn der zu erlassende Betrag weniger als zehn Euro beträgt (§ 239 Abs. 2 Satz 2 AO).

Beispiel 14 (Fortsetzung von Beispiel 1):
Der Steuerpflichtige hat am 26.4.2006 eine freiwillige Leistung i.H.v. 4.025 € erbracht. Die zu erlassenden Nachzahlungszinsen berechnen sich wie folgt:

abgerundete freiwillige Leistung:	4.000 €
Beginn des fiktiven Zinslaufs:	26.4.2006
Ende des fiktiven Zinslaufs (= Wirksamkeit der Steuerfestsetzung):	11.12.2006
Zu erlassende Nachzahlungszinsen:	
4.000 € × 7 volle Monate × 0,5 % =	**140 €**

[1] Sofern sich bei der Abrechnung der Steuerfestsetzung unter Berücksichtigung der freiwilligen Leistungen eine Rückzahlung ergibt, sind hierfür keine Erstattungszinsen festzusetzen. [2] Leistungen, die den Unterschiedsbetrag übersteigen, sind bei dem Erlass von Nachzahlungszinsen nicht zu berücksichtigen.

Beispiel 15 (Fortsetzung von Beispiel 1):
Der zu verzinsende Unterschiedsbetrag beträgt 7.000 €. Der Steuerpflichtige hat am 26.4.2006 eine Zahlung i.H.v. 8.025 € geleistet. Die zu erlassenden Nachzahlungszinsen berechnen sich wie folgt:

– auf die sich aus der Steuerfestsetzung ergebende Steuerzahlungsforderung erbrachte – (abgerundete) freiwillige Leistung:	7.000 €
Beginn des fiktiven Zinslaufs:	26.4.2006
Ende des fiktiven Zinslaufs (= Wirksamkeit der Steuerfestsetzung):	11.12.2006
Zu erlassende Nachzahlungszinsen:	
7.000 € × 7 volle Monate × 0,5 % =	**245 €**

70.1.3. [1] Wenn das Finanzamt dem Steuerpflichtigen fälschlicherweise Vorauszahlungen zurückgezahlt hat, sind Nachzahlungszinsen nur zu erlassen, soweit der Steuerpflichtige nicht nur das Finanzamt auf diesen Fehler aufmerksam gemacht, sondern auch die materiell ungerechtfertigte Steuererstattung unverzüglich an das Finanzamt zurück überwiesen hat. [2]Die Grundsätze des BFH-Urteils vom 25.11.1997, IX R 28/96, BStBl. 1998 II S. 550 sind nicht über den entschiedenen Einzelfall hinaus anzuwenden.

70.2. Billigkeitsmaßnahmen bei der Verzinsung von Umsatzsteuer

70.2.1. Die Verzinsung nachträglich festgesetzter Umsatzsteuer beim leistenden Unternehmer ist nicht sachlich unbillig, wenn sich per Saldo ein Ausgleich der Steuerforderung mit den vom Leistungsempfänger abgezogenen Vorsteuerbeträgen ergibt (vgl. BFH-Urteile vom 20.1.1997, V R 28/95, BStBl. II S. 716, und vom 15.4.1999, V R 63/97, BFH/NV S. 1392).

70.2.2. [1]Eine Billigkeitsmaßnahme kommt daher auch dann nicht in Betracht, wenn Leistender und Leistungsempfänger einen umsatzsteuerlich relevanten Sachverhalt nicht bereits in den entsprechenden Voranmeldungen, sondern jeweils erst in den Jahresanmeldungen angeben, etwa wenn bei der steuerpflichtigen Übertragung eines Sozietätsanteils das Veräußerungsgeschäft sowohl vom Veräußerer als auch vom Erwerber erst in der Umsatzsteuer-Jahreserklärung und nicht bereits in der entsprechenden Umsatzsteuer-Voranmeldung erfasst wird. [2]Der Erwerber tritt bei einer solchen Fallgestaltung oftmals seinen Vorsteuererstattungsanspruch in voller Höhe an den Veräußerer ab. [3]Der Veräußerer hat seine Verpflichtung, den Umsatz aus der Teilbetriebsveräußerung im zutreffenden Voranmeldungszeitraum zu berücksichtigen, verletzt, weshalb die nachträgliche Erfassung in der Jahressteuerfestsetzung eine entsprechende Nachforderung und dementsprechend Nachforderungszinsen auslöst. [4]Die Verzinsung nachträglich festgesetzter Umsatzsteuer beim Leistenden ist auch deshalb nicht unbillig, weil die zu verzinsende Umsatzsteuer für steuerbare und steuerpflichtige Leistungen unabhängig davon entsteht, ob der leistende Unternehmer sie in einer Rechnung gesondert ausweist oder beim Finanzamt voranmeldet (vgl. BFH-Urteil vom 20.1.1997, V R 28/95, BStBl. II S. 716). [5]Unbeachtlich bleibt, dass auch der Erwerber bereits im Rahmen des Voranmeldungsverfahrens eine entsprechende Vorsteuervergütung hätte erlangen können. [6]Unabhängig von der Abtretung des Erstattungsanspruchs an den Veräußerer kann der Erwerber gleichwohl in den Genuss von Erstattungszinsen nach § 233a AO gelangen.

70.2.3. [1]Werden in einer Endrechnung oder der zugehörigen Zusammenstellung die vor der Leistung vereinnahmten Teilentgelte und die auf sie entfallenden Umsatzsteuerbeträge nicht abgesetzt oder angegeben, so hat der Unternehmer den gesamten in der Endrechnung ausgewiesenen Steuerbetrag an das Finanzamt abzuführen. [2]Der Unternehmer schuldet die in der Endrechnung ausgewiesene Steuer, die auf die vor Ausführung der Leistung vereinnahmten Teilentgelte entfällt, nach § 14c Abs. 1 UStG. [3]Erteilt der Unternehmer dem Leistungsempfänger nachträglich eine berichtigte Endrechnung, die den Anforderungen des § 14 Abs. 5 Satz 2 UStG genügt, so kann er die von ihm geschuldete Steuer in dem Besteuerungszeitraum berichtigen, in dem die berichtigte Endrechnung erteilt wird (vgl. *Abschn. 187 Abs. 10 Satz 5 und 223 Abs. 9 UStR 2008*).[1] [4]Hat der Unternehmer die aufgrund der fehlerhaften Endrechnung nach § 14c Abs. 1 UStG geschuldete Steuer nicht in seiner Umsatzsteuer-Voranmeldung berücksichtigt, kann die Nachforderung dieser

---

[1] Vgl. jetzt A 14.8 Abs. 10 Satz 5 und A 17.1 Abs. 10 UStAE **(dtv 5546 USt Nr. 5)**.

Steuer im Rahmen der Steuerfestsetzung für das Kalenderjahr zur Festsetzung von Nachzahlungszinsen gem. § 233a AO führen, wenn der Unternehmer die Endrechnung erst in einem auf das Kalenderjahr der ursprünglichen Rechnungserteilung folgenden Kalenderjahr berichtigt hat.

[1] Die Erhebung von Nachzahlungszinsen ist in derartigen Fällen nicht sachlich unbillig (BFH-Urteil vom 19.3.2009, V R 48/07, BStBl. 2010 II S. 92). [2] Aus Vertrauensschutzgründen können in derartigen Fällen die festgesetzten Nachzahlungszinsen aber erlassen werden, wenn fehlerhafte Endrechnungen bis zum 22. Dezember 2009 gestellt wurden und der Unternehmer nach Aufdeckung seines Fehlers sogleich eine berichtigte Endrechnung erteilt hat.

70.2.4. [1] Bei einer von den ursprünglichen Steuerfestsetzungen abweichenden zeitlichen Zuordnung eines Umsatzes durch das Finanzamt, die gleichzeitig zu einer Steuernachforderung und zu einer Steuererstattung führt, kann es sachlich unbillig sein, (in Wirklichkeit nicht vorhandene) Zinsvorteile abzuschöpfen (BFH-Urteil vom 11.7.1996, V R 18/95, BStBl. 1997 II S. 259). [2] Soweit zweifelsfrei feststeht, dass der Steuerpflichtige durch die verspätete Steuerfestsetzung keinen Vorteil oder Nachteil hatte, kann durch die Verzinsung nach § 233a AO der sich aus der verspäteten Steuerfestsetzung ergebenden Steuernachforderung oder Steuererstattung kein Vorteil oder Nachteil ausgeglichen werden.

70.2.5. [1] Im Fall einer vom Steuerpflichtigen fälschlicherweise angenommenen umsatzsteuerlichen Organschaft, bei der er als vermeintlicher Organträger Voranmeldungen abgegeben hat und die gesamte Umsatzsteuer von „Organträger" und „Organgesellschaft" an das Finanzamt gezahlt hat, kommen Billigkeitsmaßnahmen nur in besonders gelagerten Ausnahmefällen in Betracht. [2] Stellt das Finanzamt im Veranlagungsverfahren fest, dass keine umsatzsteuerliche Organschaft vorliegt und daher für die „Organgesellschaft" eine eigenständige Steuerfestsetzung durchzuführen ist, führt dies bei der „Organgesellschaft" – wegen unterbliebener Voranmeldungen und Vorauszahlungen – zur Nachzahlung der kompletten Umsatzsteuer für das entsprechende Jahr; bei dem „Organträger" i.d.R. aber zu einer Umsatzsteuererstattung. [3] Die „Organgesellschaft" muss daher Nachzahlungszinsen entrichten, während der „Organträger" Erstattungszinsen erhält. [4] Da die Verzinsung nach § 233a AO den Liquiditätsvorteil des Steuerschuldners und den Nachteil des Steuergläubigers der individuellen Steuerforderung ausgleichen soll, kann eine Billigkeitsmaßnahme in Betracht kommen, wenn und soweit dieser Schuldner keine Zinsvorteile hatte oder haben konnte.

70.2.6. [1] Wird umgekehrt festgestellt, dass entgegen der ursprünglichen Annahme eine umsatzsteuerliche Organschaft vorliegt, so sind die zunächst bei der Organgesellschaft versteuerten Umsätze nunmehr in vollem Umfang dem Organträger zuzurechnen. [2] Die USt-Festsetzung gegenüber der GmbH (Organgesellschaft) ist aufzuheben, so dass i.d.R. Erstattungszinsen festgesetzt werden. [3] Sämtliche Umsätze sind dem Organträger zuzurechnen, so dass diesem gegenüber i.d.R. Nachzahlungszinsen festgesetzt werden. [4] Entstehen auf Grund der Entscheidung, dass eine umsatzsteuerliche Organschaft vorliegt, insgesamt höhere Nachzahlungszinsen als Erstattungszinsen, können die übersteigenden Nachzahlungszinsen insoweit aus sachlichen Billigkeitsgründen erlassen werden, wenn und soweit der Schuldner keine Zinsvorteile hatte oder haben konnte.

70.3. Gewinnverlagerungen

[1] Die allgemeinen Regelungen des § 233a AO sind auch bei der Verzinsung solcher Steuernachforderungen und Steuererstattungen zu beachten, die in engem sachlichen Zusammenhang zueinander stehen (z.B. bei Gewinnverlagerungen im Rahmen einer Außenprüfung). [2] Führt eine Außenprüfung sowohl zu einer Steuernachforderung als auch zu einer Steuererstattung, so ist deshalb hinsichtlich der Verzinsung nach § 233a AO grundsätzlich auf die Steueransprüche der einzelnen Jahre abzustellen, ohne auf Wechselwirkungen mit den jeweiligen anderen Besteuerungszeiträumen einzugehen. [3] Ein Erlass von Nachzahlungszinsen aus sachlichen Billigkeitsgründen kommt bei nachträglicher Zuordnung von Einkünften zu einem anderen Veranlagungszeitraum nicht in Betracht (BFH-Urteil vom 16.11.2005, X R 3/04, BStBl. 2006 II S. 155). [4] Gewinnverlagerungen und Umsatzverlagerungen (vgl. AEAO zu § 233a, Nr. 70.2.4) sind bei der Verzinsung nach § 233a AO nicht vergleichbar (vgl. BFH-Urteil vom 11.7.1996, V R 18/95, BStBl. 1997 II S. 259). [5] Das BFH-Urteil vom 15.10.1998, IV R 69/97, HFR 1999 S. 81, betrifft nur den Sonderfall der Verschiebung von Besteuerungsgrundlagen von einem zu verzinsenden Besteuerungszeitraum in einen noch nicht der Verzinsung nach § 233a AO unterliegenden Besteuerungszeitraum.

Rechtsbehelfe

71. [1] Gegen die Zinsfestsetzung ist der Einspruch gegeben. [2] Einwendungen gegen die zugrunde liegende Steuerfestsetzung oder Anrechnung von Steuerabzugsbeträgen und Körperschaftsteuer können jedoch nicht mit dem Einspruch gegen den Zinsbescheid geltend gemacht werden. [3] Wird die Steuerfestsetzung oder die Anrechnung von Steuerabzugsbeträgen und Körperschaftsteuer geändert, sind etwaige Folgerungen für die Zinsfestsetzung nach § 233a Abs. 5 AO zu ziehen.

72. Gegen die Entscheidung über eine Billigkeitsmaßnahme ist ein gesonderter Einspruch gegeben, und zwar auch dann, wenn die Finanzbehörde die Billigkeitsentscheidung im Rahmen der Zinsfestsetzung getroffen hat (vgl. AEAO zu § 347, Nr. 4).

73. [1] Wird der Zinsbescheid als solcher angefochten, kommt unter den Voraussetzungen des § 361 AO bzw. des § 69 FGO[1]) die Aussetzung der Vollziehung in Betracht. [2] Wird mit dem Rechtsbehelf eine erstmalige oder eine höhere Festsetzung von Erstattungszinsen begehrt, ist mangels eines vollziehbaren Verwaltungsakts eine Aussetzung der Vollziehung nicht möglich. [3] Soweit die Vollziehung des zugrunde liegenden Steuerbescheids ausgesetzt wird, ist auch die Vollziehung des Zinsbescheids auszusetzen.

Berücksichtigung rückwirkender Ereignisse in Grundlagenbescheiden

74. [1] § 233a Abs. 2a AO ist auch dann anzuwenden, wenn das rückwirkende Ereignis in einem für den Steuerbescheid verbindlichen Grundlagenbescheid berücksichtigt wurde. [2] Im Grundlagenbescheid sind deshalb auch entsprechende Feststellungen über die Auswirkungen eines erstmals berücksichtigten rückwirkenden Ereignisses auf die festgestellten Besteuerungsgrundlagen und den Zeitpunkt des Eintritts des rückwirkenden Ereignisses zu treffen (vgl. § 239 Abs. 3 Nr. 1 AO). [3] Gleiches gilt, wenn ein bereits bei der vorangegangenen Feststellung berücksichtigtes rückwirkendes Ereignis unmittelbar Änderungen

---

[1]) Nr. 2.

erfährt und der Feststellungsbescheid deshalb geändert wird. [4] Wird ein Feststellungsbescheid dagegen aus anderen Gründen (z.B. zur Berücksichtigung neuer Tatsachen i.S.d. § 173 AO) geändert, sind auch dann keine Feststellungen zum früher bereits berücksichtigten rückwirkenden Ereignis zu treffen, wenn sich die steuerliche Auswirkung dieses rückwirkenden Ereignisses aufgrund der erstmaligen oder abweichenden Berücksichtigung normal zu verzinsender Besteuerungsgrundlagen rechnerisch verändert.

Dies gilt im Verhältnis zwischen Gewerbesteuermessbescheid und Gewerbesteuerbescheid sowie in den Fällen des § 35b GewStG[1)] entsprechend.

AEAO zu § 234 – Stundungszinsen:

1. [1] Stundungszinsen werden für die Dauer der gewährten Stundung erhoben. [2] Die Höhe der Zinsen ändert sich nicht, wenn der Steuerpflichtige vor oder nach dem Zahlungstermin zahlt, der in der Stundungsverfügung festgelegt ist (Sollverzinsung).

[1] Eine vorzeitige Tilgung führt nicht automatisch zu einer Ermäßigung der Stundungszinsen. [2] Soweit der gestundete Anspruch allerdings mehr als einen Monat vor Fälligkeit getilgt wird, kann auf bereits festgesetzte Stundungszinsen für den Zeitraum ab Eingang der Leistung auf Antrag verzichtet werden (§ 234 Abs. 2 AO). [3] Eine verspätete Zahlung löst zusätzlich Säumniszuschläge aus.

2. [1] Wird die gestundete Steuerforderung vor Ablauf des Stundungszeitraums herabgesetzt, ist der Zinsbescheid nach § 175 Abs. 1 Satz 1 Nr. 2 AO entsprechend zu ändern. [2] Eine Aufhebung, Änderung oder Berichtigung der Steuerfestsetzung nach Ablauf der Stundung hat keine Auswirkungen auf die Stundungszinsen (§ 234 Abs. 1 Satz 2 AO). [3] Werden Vorauszahlungen gestundet, sind Stundungszinsen nur im Hinblick auf eine Änderung der Vorauszahlungsfestsetzung, nicht aber im Hinblick auf die Festsetzung der Jahressteuer herabzusetzen.

3. [1] Die Stundungszinsen werden regelmäßig zusammen mit der Stundungsverfügung durch Zinsbescheid festgesetzt. [2] Die Formvorschriften für Steuerbescheide (§ 157 Abs. 1, ggf. § 87a Abs. 4 AO) gelten entsprechend.

[1] Sofern nicht besondere Umstände des Einzelfalls eine andere Regelung erfordern, sind die Stundungszinsen zusammen mit der letzten Rate zu erheben. [2] Bei einer Aufhebung der Stundungsverfügung (Rücknahme oder Widerruf) sind auch die auf ihr beruhenden Zinsbescheide aufzuheben oder zu ändern; §§ 175 Abs. 1 Satz 1 Nr. 1, 171 Abs. 10 AO gelten gem. § 239 Abs. 1 Satz 1 AO entsprechend.

Beispiel:

Das Finanzamt hat am 10.3.2004 eine am 25.2.2004 fällige Einkommensteuerforderung von 3.600 € ab Fälligkeit gestundet. Der Betrag ist in 12 gleichen Monatsraten von 300 €, beginnend am 1.4.2004 zu zahlen. Die Zinsen von 117 € sind zusammen mit der letzten Rate am 1.3.2005 zu erheben.

Das Finanzamt erfährt im August 2004, dass eine wesentliche Verbesserung der Vermögensverhältnisse des Schuldners eingetreten ist. Es widerruft deshalb die Stundung nach § 131 Abs. 2 Nr. 3 AO und stellt den gesamten Restbetrag von 2.100 € zum 1.9.2004 fällig.

[1)] dtv 5786 KSt/GewSt Nr. 4.

Der Zinsbescheid ist nach § 175 Abs. 1 Satz 1 Nr. 1 AO zu ändern. Die Zinsen i.H.v. insgesamt 85 € (gerundet nach § 239 Abs. 2 Satz 1 AO) sind zum 1.9.2004 zu erheben.

4. [1]Der Zinslauf beginnt bei den Stundungszinsen an dem ersten Tag, für den die Stundung wirksam wird (§ 238 Abs. 1 Satz 2 i.V.m. § 234 Abs. 1 Satz 1 AO). [2]Bei einer Stundung ab Fälligkeit beginnt der Zinslauf am Tag nach Ablauf der ggf. nach § 108 Abs. 3 AO verlängerten Zahlungsfrist.

Beispiele:

1. Fälligkeitstag ist der 12.3.2004 (Freitag). Der Zinslauf beginnt am 13.3.2004 (Sonnabend).

2. Fälligkeitstag ist der 13.3.2004 (Sonnabend). Die Zahlungsfrist endet nach § 108 Abs. 3 AO erst am 15.3.2004 (Montag). Der Zinslauf beginnt am 16.3.2004 (Dienstag).

Wegen der Fälligkeit der Anmeldungssteuern vgl. AEAO zu § 240, Nr. 1 Satz 2.

5. [1]Der Zinslauf endet mit Ablauf des letzten Tages, für den die Stundung ausgesprochen worden ist. [2]Ist dieser Tag ein Sonnabend, ein Sonntag oder ein gesetzlicher Feiertag, endet der Zinslauf erst am nächstfolgenden Werktag. [3]Wegen der Berechnung vgl. AEAO zu § 238, Nr. 1.

Beispiele:

1. Die Steuer ist bis zum 26.3.2004 (Freitag) gestundet. Der Zinslauf endet am 26.3.2004.

2. Die Steuer ist bis zum 27.3.2004 (Sonnabend) gestundet. Der Zinslauf endet nach § 108 Abs. 3 AO am 29.3.2004 (Montag).

In Insolvenzverfahren endet der Zinslauf spätestens mit Eröffnung des Insolvenzverfahrens, da zu diesem Zeitpunkt die gestundete Steuerforderung fällig wird (§ 41 Abs. 1 InsO). Eine bereits erfolgte Festsetzung von Stundungszinsen ist ggf. zu korrigieren.

6. Stundungszinsen sind nur für volle Monate zu zahlen; angefangene Monate bleiben außer Ansatz (§ 238 Abs. 1 Satz 2 AO); vgl. AEAO zu § 238, Nr. 1.

Beispiele:

Ende der ursprüng-lichen Zahlungsfrist	Beginn des Zinslaufs	Ablauf der Stun-dung nach Stun-dungsverfügung	Ende des Zinslaufs	Voller Monat
13.05.2004 (Do)	14.05.2004 (Fr)	13.06.2004 (So)	14.06.2004 (Mo)	ja
13.05.2004 (Do)	14.05.2004 (Fr)	11.06.2004 (Fr)	11.06.2004 (Fr)	nein
31.01.2005 (Mo)	01.02.2005 (Di)	28.02.2005 (Mo)	28.02.2005 (Mo)	ja

7. [1]Zu verzinsen ist der jeweils gestundete Anspruch aus dem Steuerschuld-verhältnis (§ 37 AO) mit Ausnahme der Ansprüche auf steuerliche Neben-leistungen (§ 233 Satz 2 AO). [2]Die Zinsen sind für jeden Anspruch (Einzel-forderung) besonders zu berechnen. [3]Bei der Zinsberechnung sind die Ansprü-che zu trennen, wenn Steuerart, Zeitraum (Teilzeitraum) oder der Tag des Beginns des Zinslaufs voneinander abweichen.

Beispiele für gesondert zu verzinsende Ansprüche:

1. Einkommensteuervorauszahlungen I/04 und II/04;

2. die erstmalige Festsetzung der Einkommensteuer 2004 durch Bescheid vom 3.5.2006 führt zu einer Abschlusszahlung i.H.v. 4.290 €; nach Berichtigung einer offenbaren Unrichtigkeit (§ 129 AO) durch Steuerbescheid vom 1.6.2006 fordert das Finanzamt weitere 850 €.

8. [1]Die Kleinbetragsregelung des § 239 Abs. 2 Satz 2 AO (Zinsen unter zehn Euro werden nicht festgesetzt) ist auf die für eine Einzelforderung berechneten Zinsen anzuwenden.

Beispiel:

Es werden ab Fälligkeit jeweils für einen Monat folgende Einzelforderungen gestundet:		Zinsen:	Abgerundet (§ 239 Abs. 2 Satz 1 AO)
Einkommensteuervorauszahlung	1.950,00 €	9,75 €	9,00 €
Solidaritätszuschlag	200,00 €	1,00 €	1,00 €
Umsatzsteuerabschlusszahlung	600,00 €	3,00 €	3,00 €

Zinsen werden nicht festgesetzt, da sie für keine der Einzelforderungen zehn Euro erreichen.

9. Bei Gewährung von Ratenzahlungen sind Stundungszinsen nach § 238 Abs. 2 AO wie folgt zu berechnen:

[1] Der zu verzinsende Betrag jeder Steuerart ist auf den nächsten durch fünfzig Euro zu teilenden Betrag abzurunden. [2] Ein sich durch die Abrundung ergebender Spitzenbetrag (Abrundungsrest) ist für Zwecke der Zinsberechnung bei der letzten Rate abzuziehen. [3] Bei höheren Beträgen soll die Stundung i.d.R. so ausgesprochen werden, dass die Raten mit Ausnahme der letzten Rate auf durch fünfzig Euro ohne Rest teilbare Beträge festgesetzt werden.

Beispiel:

1. Variante:

Ein Anspruch i.H.v. 4.215 € wird in drei Monatsraten zu 1.400 €, 1.400 € und 1.415 € gestundet.

Raten:		Zinsen:
1. Rate	1.400 €	7,00 €
2. Rate	1.400 €	14,00 €
3. Rate	1.415 €[1]	21,00 €
festzusetzende Zinsen		42,00 €

2. Variante:

Ein Anspruch i.H.v. 4.215 € wird in drei gleichen Monatsraten zu jeweils 1.405 € gestundet.

Raten:		Zinsen:
1. Rate	1.405 €	7,02 €
2. Rate	1.405 €	14,05 €
3. Rate	1.405 €[2]	20,85 €
Summe		41,92 €
festzusetzende Zinsen (abgerundet nach § 239 Abs. 2 S. 1 AO)		41,00 €

10. [1] Sollen mehrere Ansprüche in Raten gestundet werden, so ist bei der Festlegung der Raten möglichst zunächst die Tilgung der Ansprüche anzuordnen, für die keine Stundungszinsen erhoben werden. [2] Sodann sind die Forderungen in der Reihenfolge ihrer Fälligkeit zu ordnen; bei gleichzeitig fällig gewordenen Forderungen soll die niedrigere Forderung zuerst getilgt werden. [3] Dies gilt nicht, wenn die Sicherung der Ansprüche eine andere Tilgungsreihenfolge erfordert.

Beispiel:

Das Finanzamt stundet die Einkommensteuervorauszahlung IV/04 i.H.v. 850 € (erstmals fällig am 10.12.2004), die Einkommensteuervorauszahlung I/05 i.H.v. 300 € (erstmals fällig am 10.3.2005), die Einkommensteuer-Abschlusszahlung für 2003 i.H.v. 11.150 € (erstmals fällig am 20.5.2005), die Umsatzsteuer-Abschlusszahlung für 2003 i.H.v. 7.800 € (erstmals fällig am 20.5.2005) sowie Verspätungszuschläge i.H.v. 650 € (erstmals fällig am 10.6.2005) in insgesamt drei Raten.

---

[1] **Amtl. Anm.:** Die Zinsrechnung erfolgt von 1.415 € ./. 15 € = 1.400 €.
[2] **Amtl. Anm.:** Die Zinsrechnung erfolgt von 1.405 € ./. 15 € = 1.390 €.

Gestundeter Anspruch	Erstmals fällig am	Betrag in €	1. Rate in € (14.7. 2005)	Rest in €	2. Rate in € (14.8. 2005)	Rest in €	3. Rate in € (14.9. 2005)	Rest in €
ESt IV/04	10.12.2004	850	850	0	–	–	–	–
ESt I/05	10.3.2005	300	300	0	–	–	–	–
ESt 2003	18.5.2005	11.150	0	11.150	0	11.150	11.150	0
USt 2003	18.5.2005	7.800	800	7.000	3.000	4.000	4.000	0
Verspätungs- zuschlag	10.6.2005	650	650	0	–	–	–	–
Summen		20.750	2.600	18.150	3.000	15.150	15.150	0

Zinsberechnung:

Gestundeter Anspruch	Fällig am	Zahlungs- termin	Betrag in €	Zins- monate	%	Zinsen in €	Festzuset- zende Zin- sen in €
ESt IV/04	10.12.2004	14.7.2005	850	7	3,5	29,75	29,00[1]
ESt I/05	10.3.2005	14.7.2005	300	4	2,0	6,00	0,00[2]
ESt 2003	18.5.2005	14.9.2005	11.150	3	1,5	167,25	167,00[1]
USt 2003	18.5.2005	14.7.2005	850	1	0,5	4,00	
USt 2003	18.5.2005	14.8.2005	3.000	2	1,0	30,00	94,00
USt 2003	18.5.2005	14.9.2005	4.000	3	1,5	60,00	
Verspätungs- zuschlag	10.6.2005	14.7.2005	650	–	–	–	–[3]

11. [1] Auf die Erhebung von Stundungszinsen kann gem. § 234 Abs. 2 AO im Einzelfall aus Billigkeitsgründen verzichtet werden. [2] Ein solcher Verzicht kann z.B. in Betracht kommen bei Katastrophenfällen, bei länger dauernder Arbeitslosigkeit des Steuerschuldners, bei Liquiditätsschwierigkeiten allein infolge nachweislicher Forderungsausfälle im Konkurs-/Insolvenzverfahren und in ähnlichen Fällen, im Rahmen einer Sanierung, sofern allgemein ein Zinsmoratorium gewährt wird, sowie im Hinblick auf belegbare, demnächst fällig werdende Ansprüche des Steuerschuldners aus einem Steuerschuldverhältnis, soweit hierfür innerhalb des Stundungszeitraums keine Erstattungszinsen gem. § 233a AO anfallen. [3] Auch wird eine Stundung i.d.R. dann zinslos bewilligt werden können, wenn sie einem Steuerpflichtigen gewährt wird, der bisher seinen steuerlichen Pflichten, insbesondere seinen Zahlungspflichten, pünktlich nachgekommen ist und der in der Vergangenheit nicht wiederholt Stundungen in Anspruch genommen hat; in diesen Fällen kommt ein Verzicht auf Stundungszinsen i.d.R. nur in Betracht, wenn für einen Zeitraum von nicht mehr als drei Monaten gestundet wird und der insgesamt zu stundende Betrag 5.000 € nicht übersteigt. [4] Zum Rechtsbehelfsverfahren gegen die Entscheidung über eine Billigkeitsmaßnahme vgl. AEAO zu § 347, Nr. 4.

12. Wird ein Anspruch auf Rückforderung von Arbeitnehmer-Sparzulage, Eigenheimzulage, Investitionszulage, Forschungszulage, Mobilitätsprämie oder Wohnungsbauprämie gestundet, so sind – da die Vorschriften über die Steuer-

---

[1] **Amtl. Anm.:** = 29,75 € werden auf 29,00 € und 167,25 € werden auf 167 € zugunsten des Steuerpflichtigen gerundet (§ 239 Abs. 2 Satz 1 AO).

[2] **Amtl. Anm.:** = Kleinbetrag unter 10 € (§ 239 Abs. 2 Satz 2 AO).

[3] **Amtl. Anm.:** = Ansprüche auf steuerliche Nebenleistungen werden nicht verzinst (§ 233 Satz 2 AO).

vergütung entsprechend gelten – Stundungszinsen zu erheben (§ 234 i.V.m. § 37 Abs. 1 AO).

AEAO zu § 235 – Verzinsung von hinterzogenen Steuern:

1. Zweck und Voraussetzungen der Verzinsung

1.1. Hinterzogene Steuern sind nach § 235 AO zu verzinsen, um dem Nutznießer einer Steuerhinterziehung den steuerlichen Vorteil der verspäteten Zahlung oder der Gewährung oder Belassung von Steuervorteilen zu nehmen (BFH-Urteile vom 19.4.1989, X R 3/86, BStBl. II S. 596, und vom 27.9.1991, VI R 159/89, BStBl. 1992 II S. 163).

1.2. [1] Die Zinspflicht tritt nur ein, wenn der objektive und subjektive Tatbestand des § 370 Abs. 1 AO erfüllt und die Tat i.S.d. § 370 Abs. 4 AO vollendet ist. [2] Der Versuch einer Steuerhinterziehung (§ 370 Abs. 2 AO i.V.m. § 23 StGB) reicht zur Begründung einer Zinspflicht ebenso wenig aus wie die leichtfertige Steuerverkürzung (§ 378 AO) oder die übrigen Steuerordnungswidrigkeiten (§§ 379 ff. AO).

Von einer Steuerhinterziehung bei Vorauszahlungen ist z.B. dann auszugehen, wenn einer der folgenden Sachverhalte vorliegt:

– Der Steuerpflichtige hat einen Antrag auf Festsetzung oder Herabsetzung der Vorauszahlungen vorsätzlich mit unrichtigen oder unvollständigen Angaben gestellt und es ist hierdurch zu einer zu niedrigen Festsetzung von Vorauszahlungen gekommen.

– [1] Der Steuerpflichtige musste aufgrund der Abgabe einer vorsätzlich unrichtigen oder unvollständigen Steuererklärung damit rechnen, dass Vorauszahlungen zu niedrig festgesetzt werden, und es ist hierdurch zu einer zu niedrigen Festsetzung von Vorauszahlungen gekommen. [2] Der Steuerpflichtige musste insbesondere dann damit rechnen, dass Steuervorauszahlungen zu niedrig festgesetzt werden, wenn er bereits in der Vergangenheit Steuervorauszahlungen zu leisten hatte.

1.3. [1] Die Festsetzung von Hinterziehungszinsen setzt keine strafrechtliche Verurteilung wegen Steuerhinterziehung voraus (BFH-Urteil vom 27.8.1991, VIII R 84/89, BStBl. 1992 II S. 9). [2] Die Zinspflicht ist unabhängig von einem Steuerstrafverfahren im Rahmen des Besteuerungsverfahrens zu prüfen.

Hinterziehungszinsen sind demnach auch festzusetzen, wenn

– wirksam Selbstanzeige nach § 371 AO erstattet worden ist (z.B. durch Nachmeldung hinterzogener Umsatzsteuer in der Umsatzsteuer-Jahreserklärung),

– der Strafverfolgung Verfahrenshindernisse entgegenstehen (z.B. Tod des Täters oder Strafverfolgungsverjährung),

– das Strafverfahren wegen Geringfügigkeit eingestellt worden ist (z.B. nach § 153 StPO; § 398 AO) oder

– in anderen Fällen die Strafverfolgung beschränkt oder von der Strafverfolgung abgesehen wird (z.B. nach §§ 153a, 154, 154a StPO).

[1] An Entscheidungen im strafgerichtlichen Verfahren ist die Finanzbehörde nicht gebunden (BFH-Urteil vom 10.10.1972, VII R 117/69, BStBl. 1973 II S. 68). [2] Im Allgemeinen kann sich das Finanzamt die tatsächlichen Feststellungen, Beweiswürdigungen und rechtlichen Beurteilungen des Strafverfahrens zu Eigen machen, wenn und soweit es zu der Überzeugung gelangt ist, dass diese zutreffend sind, und keine substantiierten Einwendungen gegen die Feststellungen im Strafurteil erhoben werden (vgl. BFH-Urteil vom 13.7.1994, I R 112/93, BStBl. 1995 II S. 198).

1.4. [1] Der zeitliche und sachliche Umfang der Nachentrichtungspflicht von Zinsen nach § 371 Abs. 3 AO hat keine Auswirkung auf die Berechnung und Festsetzung von Hinterziehungszinsen nach § 235 AO. [2] Daher sind Hinterziehungszinsen auch dann festzusetzen, wenn die Zahlung der Hinterziehungszinsen für die Wirksamkeit einer Selbstanzeige bzw. den Ausgang des Strafverfahrens nach § 371 Abs. 3 Satz 2 AO unerheblich ist.

2. Gegenstand der Verzinsung

2.1. Hinterziehungszinsen sind festzusetzen für

– verkürzte Steuern; darunter fallen auch keine oder zu geringe Steuervorauszahlungen und der Solidaritätszuschlag. [2] Landesgesetzlich geregelte Steuern sind nur zu verzinsen, wenn dies im Gesetz angeordnet ist.

– ungerechtfertigt erlangte Steuervorteile (z.B. zu Unrecht erlangte Steuervergütungen),

– zu Unrecht erlangte Steuervergünstigungen (z.B. Steuerbefreiungen und Steuerermäßigungen),

– ungerechtfertigt erlangte Prämien und Zulagen, auf die § 370 Abs. 1 bis 4, § 371, § 375 Abs. 1 und § 376 AO entsprechend anzuwenden sind (z.B. Wohnungsbauprämien, Arbeitnehmer-Sparzulagen, Forschungszulagen, Mobilitätsprämien und Zulagen nach § 83 EStG).

Hinterziehungszinsen sind nicht festzusetzen bei erschlichener Investitionszulage und Eigenheimzulage, weil insoweit ein Subventionsbetrug und keine Steuerhinterziehung vorliegt.

2.2. Hinterziehungszinsen sind für jede Steuerart und jeden Besteuerungszeitraum (Veranlagungszeitraum, Voranmeldungszeitraum, Vorauszahlungszeitraum) oder Besteuerungszeitpunkt gesondert zu berechnen und festzusetzen.

[1]Einzelne, aufeinanderfolgende Steuerhinterziehungen sind nicht als eine Tat zu würdigen, sondern als selbständige Taten zu behandeln. [2]Das gilt auch, wenn das Finanzamt die Besteuerungsgrundlagen nach § 162 AO geschätzt hat.

2.3. [1]Wenn die Steuerhinterziehung zu keiner Nachforderung führt, erfolgt keine Zinsfestsetzung. [2]Soweit infolge Kompensation der mit der Steuerhinterziehung zusammenhängenden Besteuerungsgrundlagen mit anderen steuermindernden Besteuerungsgrundlagen (z.B. nach § 177 AO) kein Zahlungsanspruch entstanden ist, unterbleibt daher eine Zinsfestsetzung. [3]Das strafrechtliche Kompensationsverbot des § 370 Abs. 4 Satz 3 AO gilt nicht bei der Verzinsung nach § 235 AO. [4]Bemessungsgrundlage der Hinterziehungszinsen ist daher nicht die Steuer, die sich allein bei Einbeziehung der vorsätzlich verschwiegenen Besteuerungsgrundlagen in die ursprüngliche Steuerfestsetzung ergeben würde, sondern die tatsächliche Nachforderung, die sich aus dem Bescheid ergibt, in dem die bisher nicht oder unzutreffend erklärten Besteuerungsgrundlagen erstmals erfasst werden.

3. Zinsschuldner

3.1. [1]Nach § 235 Abs. 1 Satz 2 AO ist derjenige Zinsschuldner, zu dessen Vorteil die Steuern hinterzogen worden sind. [2]Durch die Vorschrift soll ausschließlich der steuerliche Vorteil des Steuerschuldners abgeschöpft werden. [3]Der steuerliche Vorteil liegt darin, dass die geschuldete Steuer erst verspätet gezahlt wird. [4]Allein der Steuerschuldner kann daher Zinsschuldner für hinterzogene Steuern i.S.d. § 235 Abs. 1 Sätze 1 und 2 AO sein, und zwar unabhängig davon, ob er an der Steuerhinterziehung beteiligt war (vgl. BFH-Urteile vom 27.6.1991, V R 9/86, BStBl. II S. 822, vom 18.7.1991, V R 72/87, BStBl. II S. 781, und vom 27.9.1991, VI R 159/89, BStBl. 1992 II S. 163).

[1]Sind Steuerschuldner Gesamtschuldner (§ 44 AO), ist jeder Gesamtschuldner auch Zinsschuldner. [2]Dies gilt auch dann, wenn bei zusammenveranlagten Ehegatten/Lebenspartnern der Tatbestand der Steuerhinterziehung nur in der Person eines der Ehegatten/Lebenspartner erfüllt ist. [3]Da in diesem Fall beide Ehegatten/Lebenspartner Schuldner der Hinterziehungszinsen sind, kann nach § 239 Abs. 1 Satz 1 i.V.m. § 155 Abs. 3 AO ein zusammengefasster Zinsbescheid an die Ehegatten/Lebenspartner ergehen (vgl. BFH-Urteil vom 13.10.1994, IV R 100/93, BStBl. 1995 II S. 484).

3.2. [1]§ 235 Abs. 1 Satz 3 AO regelt in Ergänzung des § 235 Abs. 1 Satz 2 AO nur die Fälle, in denen der Steuerschuldner nicht Zinsschuldner ist, weil die Steuern nicht zu seinem Vorteil hinterzogen worden sind. [2]In diesen Fällen ist der Entrichtungspflichtige Zinsschuldner. [3]Hinsichtlich hinterzogener Steuerabzugsbeträge ist daher nicht der Steuerschuldner, sondern der Entrichtungspflichtige Zinsschuldner, wenn dieser die Steuer zwar einbehalten, aber nicht an das Finanzamt abgeführt hat. [4]Dagegen ist der Steuerschuldner nach § 235 Abs. 1 Satz 2 AO Zinsschuldner, wenn der Entrichtungspflichtige die hinterzogene Abzugsteuer (zum Vorteil des Steuerschuldners) nicht einbehalten hat (BFH-Urteile vom 5.11.1993, VI R 16/93, BStBl. 1994 II S. 557, und vom 16.2.1996, I R 73/95, BStBl. II S. 592).

3.3. [1]Die in §§ 34, 35 AO bezeichneten Vertreter, Vermögensverwalter und Verfügungsberechtigten sind nicht Entrichtungspflichtige und nicht Schuldner der Hinterziehungszinsen (vgl. BFH-Urteile vom 18.7.1991, V R 72/87, BStBl. II S. 781, und vom 27.9.1991, VI R 159/89, BStBl. 1992 II S. 163).

[2] Dieser Personenkreis kann aber sowohl für hinterzogene Steuern als auch für Hinterziehungszinsen haften (vgl. §§ 69 und 71 AO).

4. Zinslauf

4.1. Beginn des Zinslaufs

4.1.1. [1] Der Zinslauf beginnt mit dem Eintritt der Verkürzung oder der Erlangung des Steuervorteils (§ 235 Abs. 2 Satz 1 AO), d.h. sobald die Tat im strafrechtlichen Sinn vollendet ist. [2] Wären die hinterzogenen Beträge ohne die Steuerhinterziehung erst später fällig geworden, z.B. bei einer Abschlusszahlung, beginnt die Verzinsung erst mit Ablauf des Fälligkeitstags (§ 235 Abs. 2 Satz 2 AO).

4.1.2. [1] Bei **Fälligkeitssteuern** (z.B. Umsatzsteuer-Vorauszahlungen, Lohnsteuer) tritt die Verkürzung mit Ablauf des gesetzlichen Fälligkeitstags ein. [2] Dauerfristverlängerungen sind zu berücksichtigen. [3] Dies gilt auch dann, wenn keine (Vor-)Anmeldung abgegeben wurde. [4] Bei Abgabe einer unrichtigen oder unvollständigen zustimmungsbedürftigen Steueranmeldung tritt die Verkürzung erst dann ein, wenn die Zustimmung nach § 168 Satz 2 AO dem Steuerpflichtigen bekannt geworden ist (z.B. Auszahlung oder Umbuchung des Guthabens oder Erklärung der Aufrechnung; vgl. AEAO zu § 168, Nr. 3). [5] Wäre die Steueranmeldung hingegen ohne die Steuerverkürzung nicht zustimmungsbedürftig gewesen, weil sich z.B. bei richtiger Anmeldung keine Erstattung ergeben hätte, bleibt für den Beginn des Zinslaufs der Ablauf des gesetzlichen Fälligkeitstags (ggf. unter Berücksichtigung einer Dauerfristverlängerung) maßgeblich.

Lässt sich nicht ohne weiteres feststellen, welchem Voranmeldungszeitraum hinterzogene Beträge zeitlich zuzuordnen sind, ist zugunsten des Zinsschuldners von einem Beginn des Zinslaufs mit Ablauf des letzten gesetzlichen Fälligkeitstags für das betroffene Jahr auszugehen (bei Unternehmen ohne Dauerfristverlängerung ist dies der 10.1. des jeweiligen Folgejahres, so dass der Zinslauf in diesem Fall am 11.1. beginnt).

4.1.3. Bei **Veranlagungssteuern** tritt die Verkürzung im Fall der Abgabe einer unrichtigen oder unvollständigen Steuererklärung mit dem Tag der Bekanntgabe des auf dieser Erklärung beruhenden Steuerbescheids (§§ 122, 124 AO) ein; der Beginn des Zinslaufs verschiebt sich jedoch dann auf den Ablauf des Fälligkeitstags, wenn sich bereits aufgrund dieser Erklärung eine Abschlusszahlung ergeben hatte oder wenn sich – im Falle einer festgesetzten Erstattung – ohne die Steuerhinterziehung eine Abschlusszahlung ergeben hätte (vgl. AEAO zu § 235, Nr. 4.1.1 Satz 2).

[1] Hat der Steuerpflichtige keine Steuererklärung abgegeben und ist aus diesem Grunde die Steuerfestsetzung unterblieben, so ist die Steuer zu dem Zeitpunkt verkürzt, zu dem die Veranlagungsarbeiten für das betreffende Kalenderjahr im Wesentlichen abgeschlossen waren. [2] Dieser Zeitpunkt ist zugleich Zinslaufbeginn.

[1] Hat das Finanzamt die Steuer aber zuvor wegen Nichtabgabe der Steuererklärung aufgrund geschätzter Besteuerungsgrundlagen (§ 162 AO) zu niedrig festgesetzt, tritt die Verkürzung bereits mit Bekanntgabe dieses Steuerbescheids ein. [2] In diesem Fall beginnt der Zinslauf i.d.R. mit Ablauf des Fälligkeitstags (vgl. AEAO zu § 235, Nr. 4.1.1 Satz 2).

Bei der Verzinsung von **Vorauszahlungen auf Veranlagungssteuern** beginnt der Zinslauf gesondert für jeden Vorauszahlungszeitraum mit Ablauf des jeweiligen Fälligkeitstags.

4.1.4. [1] Bei einer durch Unterlassen der Anzeige begangenen Hinterziehung von Schenkungsteuer beginnt der Lauf der Hinterziehungszinsen zu dem Zeitpunkt, zu dem das Finanzamt bei ordnungsgemäßer Anzeige und Abgabe der Steuererklärung die Steuer festgesetzt hätte. [2] Dieser Zeitpunkt kann unter Berücksichtigung der beim zuständigen Finanzamt durchschnittlich erforderlichen Zeit für die Bearbeitung eingegangener Schenkungsteuererklärungen bestimmt werden (BFH–Urteil vom 28.8.2019, II R 7/17, BStBl. 2020 II S. 247). [3] Diese Grundsätze gelten entsprechend auch für Fälle einer begangenen Hinterziehung von Erbschaftsteuer.

4.2. Ende des Zinslaufs

4.2.1. [1] Der Zinslauf endet mit der Zahlung der hinterzogenen Steuer (§ 235 Abs. 3 Satz 1 AO). [2] Erlischt der zu verzinsende Anspruch durch Aufrechnung, gilt der Tag, an dem die Schuld des Aufrechnenden fällig wird, als Tag der Zahlung (§ 238 Abs. 1 Satz 3 AO). [3] Bei der Festsetzung von Hinterziehungszinsen auf Vorauszahlungen (bei Veranlagungs- und Fälligkeitssteuern) endet der Zinslauf mit dem Zeitpunkt der Zahlung der hinterzogenen Steuer, spätestens aber mit dem Ablauf des Fälligkeitstags der Jahressteuer.

4.2.2. [1] Hinterziehungszinsen werden nicht für Zeiten festgesetzt, für die ein Säumniszuschlag entsteht, die Zahlung gestundet oder die Vollziehung ausgesetzt ist (§ 235 Abs. 3 Satz 2 AO), ohne dass es dabei auf die tatsächliche Erhebung von Säumniszuschlägen oder die Zahlung von Stundungs- und/oder Aussetzungszinsen ankommt. [2] Der Zinslauf endet daher spätestens mit Ablauf des Fälligkeitstags.

4.2.3. Wird der Steuerbescheid nach Ende des Zinslaufs aufgehoben, geändert oder nach § 129 AO berichtigt, so bleiben die bis dahin entstandenen Zinsen unberührt (§ 235 Abs. 3 Satz 3 AO).

5. Höhe der Hinterziehungszinsen

5.1. Berechnung der Hinterziehungszinsen im Allgemeinen

5.1.1. Die Hinterziehungszinsen betragen für jeden vollen Monat des Zinslaufs 0,5 % (§ 238 Abs. 1 Satz 1 und 2 AO).

[1] Für die Berechnung der Zinsen wird der zu verzinsende Betrag auf den nächsten durch 50 € teilbaren Betrag abgerundet (§ 238 Abs. 2 AO). [2] Abzurunden ist jeweils der einzelne zu verzinsende Anspruch, d.h. jede einzelne hinterzogene Vorauszahlung/Voranmeldung und die Jahresabschlusszahlung jeweils für sich genommen (vgl. AEAO zu § 238, Nr. 2).

[1] Im Falle von Teilzahlungen eines zu verzinsenden Anspruchs wird nur der Gesamtbetrag gerundet. [2] Eine sich daraus ergebende Abrundungsspitze wird für Zwecke der Verzinsung bei der letzten Teilzahlung abgezogen.

Auch die Rundungsregelung und Kleinbetragsregelung hinsichtlich der Festsetzung der Zinsen gem. § 239 Abs. 2 AO sind für jeden einzelnen Zinsanspruch gesondert anzuwenden (vgl. AEAO zu § 239, Nr. 3).

5.1.2. Zur Vermeidung einer Doppelverzinsung im Hinterziehungsfall sind Zinsen nach § 233a AO, die für denselben Zeitraum festgesetzt wurden, auf die festzusetzenden Hinterziehungszinsen anzurechnen (§ 235 Abs. 4 AO).

5.2. Berechnung der Hinterziehungszinsen auf Vorauszahlungen

5.2.1. [1] Die Bemessungsgrundlage von Hinterziehungszinsen auf Vorauszahlungen entspricht grundsätzlich dem (Mehr-)Betrag, der ohne Steuerhinterziehung festgesetzt worden wäre. [2] Sie ist aber begrenzt auf die Abschlusszahlung aufgrund der Jahressteuerfestsetzung (vgl. AEAO zu § 235, Nr. 2.3). [3] Dieser Betrag ist gleichmäßig auf die hinterzogenen Vorauszahlungszeiträume des jeweiligen Kalenderjahrs zu verteilen.

5.2.2. [1] Auf Vorauszahlungen entfallen keine Zinsen gem. § 233a AO. [2] Wird die der Verzinsung nach § 233a AO unterliegende Jahressteuer erst nach Ablauf der Karenzzeit festgesetzt, überschneidet sich der Zinslauf der Hinterziehungszinsen auf Vorauszahlungen mit dem Zinslauf der Nachzahlungszinsen nach § 233a AO auf die Jahressteuer. [3] In diesen Fällen sind Zinsen gem. § 233a AO auf festzusetzende Hinterziehungszinsen auf Vorauszahlungen anzurechnen.

5.3. Beispiele zur Berechnung der Hinterziehungszinsen bei Veranlagungssteuern

Beispiel 1:

Der Steuerpflichtige machte in der Einkommensteuererklärung 2011 vorsätzlich unrichtige oder unvollständige Angaben. Er hatte bereits für die Vorjahre Vorauszahlungen zu leisten und konnte somit damit rechnen, dass durch die unzutreffende Steuererklärung auch die Vorauszahlungen für die Folgejahre zu niedrig festgesetzt werden. Der Einkommensteuerbescheid 2011 wie auch der Vorauszahlungsbescheid 2012 ergingen am 15.6.2012 erklärungsgemäß (Bekanntgabe nach § 122 Abs. 2 Nr. 1 AO am 18.6.2012, Fälligkeit am 18.7.2012). Bei einer zutreffenden Steuererklärung hätte sich für 2011 ein Einkommensteuer-Mehrbetrag in Höhe von 10.000 € zuzüglich 550 € Solidaritätszuschlag ergeben. Die Einkommensteuer-Vorauszahlungen für III/2012 und IV/2012 wurden um jeweils 5.000 € zuzüglich 275 € Solidaritätszuschlag zu niedrig festgesetzt.

Die zutreffende Steuererklärung für die Einkommensteuer 2012 führte zu einer Festsetzung von 34.000 € Einkommensteuer zuzüglich 1.870 € Solidaritätszuschlag (Bescheid vom 14.6.2013, Fälligkeit am 17.7.2013) und zur zukünftig korrekten Festsetzung von Vorauszahlungen. Es waren keine Steuerabzugsbeträge anzurechnen. Die Abschlusszahlung von 14.000 € Einkommensteuer zuzüglich 770 € Solidaritätszuschlag wurde bei Fälligkeit beglichen. Gleichzeitig erging der Änderungsbescheid für die Einkommensteuer 2011. Die hinterzogenen Steuern wurden am 17.7.2013 fällig und auch gezahlt. Der Einkommensteuerbescheid 2013 vom 20.6.2014 ergab keine Abschlusszahlung.

Lösung:

2011:

Für die Einkommensteuer 2011 beginnt der Zinslauf für die Hinterziehungszinsen am 19.7.2012 (Tag nach dem Fälligkeitstag) und endet am 17.7.2013 mit der Begleichung der Abschlusszahlung, so dass Zinsen für 11 volle Monate festzusetzen sind (§ 235 Abs. 2 und 3 AO).

Festzusetzende Hinterziehungszinsen:

Steuer	Bemessungsgrundlage	Zinsen
ESt	10.000 €	450 € (5,5 % von 10.000 € = 550 €, abzgl. 100 € nach § 235 Abs. 4 AO anzurechnende § 233a AO Zinsen)
SolZ	550 €	30 € (5,5 % von 550 € = 30,25 €, abgerundet gem. § 239 Abs. 2 Satz 1 AO auf 30 €)

2012:

Die Vorauszahlungen zur Einkommensteuer und zum Solidaritätszuschlag 2012 hatte der Steuerpflichtige erstmalig zum 10.9.2012 (erster Fälligkeitstermin des fehlerhaften Vorauszahlungsbescheids) hinterzogen. Der Zinslauf beginnt mit Ablauf der jeweiligen Fälligkeitstags der Vorauszahlungen, d.h. für das III. Quartal am 11.9.2012 und für das IV. Quartal am 11.12.2012, und endet mit der Fälligkeit der Abschlusszahlungen aufgrund des Jahressteuerbescheids 2012 am 17.7.2013.

Hinterziehungszinsen sind

– für die hinterzogene Einkommensteuer-Vorauszahlung und die hinterzogene Solidaritätszuschlagsvorauszahlung III/2012 vom 11.9.2012 bis 17.7.2013 (mithin für 10 Monate)

– für die hinterzogene Einkommensteuer-Vorauszahlung und die hinterzogene Solidaritätszuschlagsvorauszahlung IV/2012 vom 11.12.2012 bis 17.7.2013 (mithin für 7 Monate)

zu berechnen und festzusetzen.

Bemessungsgrundlage für die Zinsberechnung sind jeweils 5.000 € (ESt) bzw. jeweils 275 € (SolZ), die gem. § 238 Abs. 2 AO auf 250 € abgerundet werden.

Festzusetzende Hinterziehungszinsen:

Steuer/Voraus-zahlung	Bemessungsgrundlage	Zinsen
ESt III/2012	5.000 €	250 € (5 % von 5.000 €)
SolZ III/2012	250 €	12 € (5 % von 250 € = 12,50 €, abgerundet gem. § 239 Abs. 2 Satz 1 AO auf 12 €)
ESt IV/2012	5.000 €	175 € (3,5 % von 5.000 €)
SolZ IV/2012	250 €	0 € (3,5 % von 250 € = 8,75 €, abgerundet gem. § 239 Abs. 2 Satz 1 AO auf 8 €; nach § 239 Abs. 2 Satz 2 AO erfolgt insoweit keine Zinsfestsetzung, vgl. AEAO zu § 239, Nr. 3)

2013:

Für die Einkommensteuer 2013 werden keine Hinterziehungszinsen auf die Vorauszahlungen festgesetzt, da der Einkommensteuerbescheid 2013 vom 20.6.2014 zu keiner Abschlusszahlung führte.

Beispiel 2:

Wie Beispiel 1, jedoch betrug die Abschlusszahlung zur Einkommensteuer für 2012 lediglich 4.000 € und zum Solidaritätszuschlag 220 €.

Die zutreffende Steuererklärung für die Einkommensteuer 2012 führte zu einer Festsetzung von 24.000 € Einkommensteuer zuzüglich 1.320 € Solidaritätszuschlag (Bescheid vom 14.6.2013). Es waren keine Steuerabzugsbeträge anzurechnen. Die Abschlusszahlung von 4.000 € Einkommensteuer zuzüglich 220 € Solidaritätszuschlag wurde bei Fälligkeit am 17.7.2013 beglichen.

Lösung:

Für 2011 und 2013 ergeben sich keine Änderungen.

2012:

Wegen des Zinslaufs und der Anzahl der (vollen) Zinsmonate ergeben sich keine Änderungen.

Die Bemessungsgrundlage für die Zinsberechnung auf die Vorauszahlungen wird auf den Nachforderungsbetrag der Einkommensteuer 2012 (hier 4.000 €) bzw. Solidaritätszuschlag (220 €) begrenzt. Diese Beträge sind gleichmäßig auf die hinterzogenen Vorauszahlungszeiträume zu verteilen. Daraus ergibt sich für das III. und IV. Quartal eine Bemessungsgrundlage von jeweils 2.000 € (ESt) bzw. jeweils 110 € (SolZ), die gem. § 238 Abs. 2 AO auf 100 € abgerundet werden.

Festzusetzende Hinterziehungszinsen:

Steuer/Voraus-zahlung	Bemessungsgrundlage	Zinsen
ESt III/2012	2.000 €	100 € (5 % von 2.000 €)
SolZ III/2012	110 €	0 € (5 % von 100 € = 5 €; nach § 239 Abs. 2 Satz 2 AO erfolgt insoweit keine Zinsfestsetzung)
ESt IV/2012	2.000 €	70 € (3,5 % von 2.000 €)
SolZ IV/2012	110 €	0 € (3,5 % von 100 € = 3,50 €, abgerundet gem. § 239 Abs. 2 Satz 1 AO auf 3 €; nach § 239 Abs. 2 Satz 2 AO erfolgt insoweit keine Zinsfestsetzung)

5.4. Beispiele zur Berechnung der Hinterziehungszinsen bei Fälligkeitssteuern

Beispiel 1:

Der Steuerpflichtige machte in der nicht zustimmungsbedürftigen Umsatzsteuervoranmeldung für den Monat Juli 2017 (erklärter Umsatz zu 19 % USt 50.000 €, kein Vorsteuerabzug) vorsätzlich unrichtige oder unvollständige Angaben. Im Rahmen der Umsatzsteuer-Jahreserklärung für das Jahr 2017 erfolgte am 18.5.2018 die entsprechende Nacherklärung der bisher nicht erklärten

Umsätze in Höhe von 10.000 €. Die hierauf entfallende Umsatzsteuer wurde bei Fälligkeit der Umsatzsteuer 2017 am 18.6.2018 entrichtet.

Lösung:

Für die Umsatzsteuer-Vorauszahlung Juli 2017 beginnt der Zinslauf für die Hinterziehungszinsen am 11.8.2017 (Tag nach der gesetzlichen Fälligkeit, da keine Zustimmung erforderlich war) und endet am 18.6.2018 (Tag der Zahlung = Tag der Fälligkeit aufgrund der Umsatzsteuer-Jahreserklärung für das Jahr 2017), so dass Zinsen für 10 volle Monate festzusetzen sind (§ 235 Abs. 2 und 3 AO; AEAO zu § 235, Nr. 4.1.2 und 4.2.1).

Festzusetzende Hinterziehungszinsen:

Steuer	Umsatz	USt	Zinsen
USt 7/2017	10.000 €	1.900 €	95 € (5 % von 1.900 € = 95 €)

Beispiel 2:

Abwandlung des Beispiels 1: Der Steuerpflichtige machte in der nicht zustimmungsbedürftigen Umsatzsteuervoranmeldung für den Monat Juli 2017 (erklärter Umsatz zu 19 % USt 50.000 €, kein Vorsteuerabzug) vorsätzlich unrichtige oder unvollständige Angaben. Der Steuerpflichtige hat keine Nacherklärung im Rahmen der Umsatzsteuererklärung für 2017 vorgenommen. Die Umsatzsteuer-Jahreserklärung für das Jahr 2017 wurde am 18.5.2018 abgegeben, ohne dass sich eine Veränderung zu den Voranmeldungen ergab. Die Steuerhinterziehung wurde erst im Rahmen eines steuerstrafrechtlichen Ermittlungsverfahrens entdeckt. Es erging daraufhin am 22.7.2019 ein geänderter Umsatzsteuerbescheid für 2017 mit Fälligkeit 26.8.2019[1]). Die Umsatzsteuernachzahlung wurde bei Fälligkeit entrichtet.

Lösung:

Für die Umsatzsteuer-Vorauszahlung Juli 2017 beginnt der Zinslauf für die Hinterziehungszinsen am 11.8.2017 (Tag nach der gesetzlichen Fälligkeit, da keine Zustimmung erforderlich war) und endet am 18.6.2018 (Tag der fiktiven Fälligkeit der Umsatzsteuer 2017), so dass Zinsen für 10 volle Monate festzusetzen sind (§ 235 Abs. 2 und 3 AO; AEAO zu § 235, Nr. 4.1.2 und 4.2.1).

Für die Umsatzsteuer-Jahreszahlung 2017 beginnt der Zinslauf für die Hinterziehungszinsen am 19.6.2018 (Tag nach der fiktiven Fälligkeit der Umsatzsteuer 2017; vgl. § 235 Abs. 2 Satz 2 AO) und endet am 26.8.2019 (Tag der Zahlung = Tag der Fälligkeit der Umsatzsteuer 2017 des geänderten Umsatzsteuerbescheids für 2017 vom 22.7.2019), so dass Zinsen für 14 volle Monate festzusetzen sind (§ 235 Abs. 2 und 3 AO). Hierauf sind Zinsen nach § 233a anzurechnen, soweit sich die Zinszeiträume vom 1.4.2019 bis 25.7.2019, somit für 3 volle Monate, überschneiden (§ 235 Abs. 4 AO).

Steuer	Umsatz	USt	Zinsen
USt 7/2017	10.000 €	1.900 €	95 € (5 % von 1.900 € = 95 €)
USt 2017	10.000 €	1.900 €	105 € (7 % von 1.900 € =133 € abzügl. 28 €[2]) nach § 235 Abs. 4 AO anzurechnende § 233a AO-Zinsen)

Beispiel 3:

Der Steuerpflichtige machte in der zustimmungsbedürftigen Umsatzsteuervoranmeldung für den Monat Juli 2017 (erklärter Umsatz zu 19 % 50.000 € und Vorsteuerabzug i.H.v. 25.000 €) vorsätzlich unrichtige oder unvollständige Angaben. Die Zustimmung zur Umsatzsteuervoranmeldung ist dem Steuerpflichtigen am 15.8.2017 bekannt gegeben worden. Im Rahmen der Umsatzsteuer-Jahreserklärung für das Jahr 2017 erfolgte am 11.5.2018 die entsprechende Nacherklärung

---

[1]) **Amtl. Anm.:** Verschiebung der Fälligkeit gem. § 108 Abs. 3 AO auf den nächstfolgenden Werktag

[2]) **Amtl. Anm.:** § 233a Zinsen (für 3 volle Monate) 1.900 € × 1,5 % = 28,50 € wurden gem. § 239 Abs. 2 Satz 1 AO auf 28 € abgerundet.

der bislang nicht erklärten Umsätze in Höhe von 30.000 €. Die hierauf entfallende Umsatzsteuer wurde bei Fälligkeit der Umsatzsteuer 2017 am 11.6.2018 entrichtet.

Lösung:
Für die Umsatzsteuer-Vorauszahlung Juli 2017 beginnt der Zinslauf für die Hinterziehungszinsen am 15.8.2017 (Bekanntgabe der Zustimmung zur Umsatzsteuervoranmeldung, da Erstattungsfall) und endet am 11.6.2018 (Tag der Zahlung = Tag der Fälligkeit der Nachzahlung aufgrund der Umsatzsteuer-Jahreserklärung für das Jahr 2017), so dass Zinsen für 9 volle Monate festzusetzen sind (§ 235 Abs. 2 und 3 AO; AEAO zu § 235, Nr. 4.1.2 und 4.2.1).

Steuer	Umsatz	USt	Zinsen
USt 7/2017	30.000 €	5.700 €	256 € (4,5 % von 5.700 € = 256 €[1])

Beispiel 4:
Abwandlung des Beispiels 3: Der Steuerpflichtige machte in der zustimmungsbedürftigen Umsatzsteuervoranmeldung für den Monat Juli 2017 (erklärter Umsatz zu 19 % 50.000 € und Vorsteuerabzug i.H.v. 25.000 €) vorsätzlich unrichtige oder unvollständige Angaben. Die Zustimmung zur Umsatzsteuervoranmeldung ist dem Steuerpflichtigen am 15.8.2017 bekannt gegeben worden. Der Steuerpflichtige hat keine Nacherklärung im Rahmen der Umsatzsteuer-Jahreserklärung für das Jahr 2017 vorgenommen. Die Umsatzsteuer-Jahreserklärung für das Jahr 2017 wurde am 11.5. 2018 abgegeben, ohne dass sich eine Veränderung zu den Voranmeldungen ergab. Die Steuerhinterziehung wurde erst im Rahmen eines steuerstrafrechtlichen Ermittlungsverfahrens entdeckt. Es erging daraufhin am 22.7.2019 ein geänderter Umsatzsteuerbescheid für 2017 mit Fälligkeit 26.8.2019[2]. Die Umsatzsteuernachzahlung wurde bei Fälligkeit entrichtet.

Lösung:
Für die Umsatzsteuer-Vorauszahlung Juli 2017 beginnt der Zinslauf für die Hinterziehungszinsen am 15.8.2017 (Bekanntgabe der Zustimmung zur Umsatzsteuervoranmeldung, da Erstattungsfall) und endet am 11.6.2018 (Tag der fiktiven Fälligkeit der Umsatzsteuer 2017), so dass Zinsen für 9 volle Monate festzusetzen sind (§ 235 Abs. 2 und 3 AO; AEAO zu § 235, Nr. 4.1.2 und 4.2.1).
Für die Umsatzsteuer-Jahreszahlung 2017 beginnt der Zinslauf für die Hinterziehungszinsen am 12.6.2018 (Tag nach der fiktiven Fälligkeit der Umsatzsteuer 2017; vgl. § 235 Abs. 2 Satz 2 AO) und endet am 26.8.2019 (Tag der Zahlung = Tag der Fälligkeit der Umsatzsteuer 2017 des geänderten Umsatzsteuerbescheids für 2017 vom 22.7.2019), so dass Zinsen für 14 volle Monate festzusetzen sind (§ 235 Abs. 2 und 3 AO). Hierauf sind Zinsen nach § 233a anzurechnen, soweit sich die Zinszeiträume vom 1.4.2019 bis 25.7.2019, somit für 3 volle Monate, überschneiden (§ 235 Abs. 4 AO).

Steuer	Umsatz	USt	Zinsen
USt 7/2017	30.000 €	5.700 €	256 € (4,5 % von 5.700 € = 256 €[1])
USt 2017	30.000 €	5.700 €	314 € (7 % von 5.700 € = 399 €) abzügl. 85 €[3] nach § 235 Abs. 4 AO anzurechnende § 233a AO-Zinsen)

Beispiel 5:
Der Steuerpflichtige machte in der nach seinen Angaben zustimmungsbedürftigen Umsatzsteuervoranmeldung für den Monat Juli 2017 (erklärter Umsatz zu 19 % 50.000 € und Vorsteuerabzug i.H.v. 25.000 €) vorsätzlich unrichtige oder unvollständige Angaben. Die Zustimmung zur Um-

---

[1] **Amtl. Anm.:** 5.700 € × 4,5 % = 256,50 € wurden gem. § 239 Abs. 2 Satz 1 AO auf 256 € abgerundet.
[2] **Amtl. Anm.:** Verschiebung der Fälligkeit gem. § 108 Abs. 3 AO auf den nächstfolgenden Werktag
[3] **Amtl. Anm.:** § 233a Zinsen (für 3 volle Monate) 5.700 € × 1,5 % = 85,50 € wurden gem. § 239 Abs. 2 Satz 1 AO auf 85 € abgerundet.

satzsteuervoranmeldung ist dem Steuerpflichtigen am 15.8.2017 bekannt gegeben worden. Im Rahmen der Umsatzsteuer-Jahreserklärung für das Jahr 2017 erfolgte am 11.5.2018 die entsprechende Nacherklärung der bislang nicht erklärten Umsätze in Höhe von 100.000 €. Die hierauf entfallende Umsatzsteuer wurde bei Fälligkeit der Umsatzsteuer 2017 am 11.6.2018 entrichtet.

Lösung:

Für die Umsatzsteuer-Vorauszahlung Juli 2017 beginnt der Zinslauf für die Hinterziehungszinsen am 11.8.2017 (Tag nach der gesetzlichen Fälligkeit, da bei richtiger Anmeldung keine Zustimmung erforderlich gewesen wäre) und endet am 11.6.2018 (Tag der Zahlung = Tag der Fälligkeit aufgrund der Umsatzsteuer-Jahreserklärung für das Jahr 2017), so dass Zinsen für 10 volle Monate (AEAO zu § 238, Nr. 1) festzusetzen sind (§ 235 Abs. 2 und 3 AO; AEAO zu § 235, Nr. 4.1.2 und 4.2.1).

Steuer	Umsatz	USt	Zinsen
USt 7/2017	100.000 €	19.000 €	950 € (5 % von 19.000 € = 950 €)

Beispiel 6:

Abwandlung des Beispiels 5: Der Steuerpflichtige machte in der nach seinen Angaben zustimmungsbedürftigen Umsatzsteuervoranmeldung für den Monat Juli 2017 (erklärter Umsatz zu 19 % 50.000 € und Vorsteuerabzug i.H.v. 25.000 €) vorsätzlich unrichtige oder unvollständige Angaben. Die Zustimmung zur Umsatzsteuervoranmeldung ist dem Steuerpflichtigen am 15.8.2017 bekannt gegeben worden. Der Steuerpflichtige hat keine Nacherklärung im Rahmen der Umsatzsteuer-Jahreserklärung für das Jahr 2017 vorgenommen. Die Umsatzsteuer-Jahreserklärung für das Jahr 2017 wurde am 11.5.2018 abgegeben, ohne dass sich eine Veränderung zu den Voranmeldungen ergab. Die Steuerhinterziehung wurde erst im Rahmen eines steuerstrafrechtlichen Ermittlungsverfahrens entdeckt. Es erging daraufhin am 22.7.2019 ein geänderter Umsatzsteuerbescheid für 2017 mit Fälligkeit 26.8.2019[1]. Die Umsatzsteuernachzahlung wurde bei Fälligkeit entrichtet.

Lösung:

Für die Umsatzsteuer-Vorauszahlung Juli 2017 beginnt der Zinslauf für die Hinterziehungszinsen am 11.8.2017 (Tag nach der gesetzlichen Fälligkeit, da bei richtiger Anmeldung keine Zustimmung erforderlich gewesen wäre) und endet am 11.6.2018 (Tag der fiktiven Fälligkeit der Umsatzsteuer 2017), so dass Zinsen für 10 volle Monate (AEAO zu § 238, Nr. 1) festzusetzen sind (§ 235 Abs. 2 und 3 AO; AEAO zu § 235, Nr. 4.1.2 und 4.2.1).

Für die Umsatzsteuer-Jahreszahlung 2017 beginnt der Zinslauf für die Hinterziehungszinsen am 12.6.2018 (Tag nach der fiktiven Fälligkeit der Umsatzsteuer 2017; vgl. § 235 Abs. 2 Satz 2 AO) und endet am 26.8.2019 (Tag der Zahlung = Tag der Fälligkeit der Umsatzsteuer 2017 des geänderten Umsatzsteuerbescheids für 2017 vom 22.7.2019), so dass Zinsen für 14 volle Monate festzusetzen sind (§ 235 Abs. 2 und 3 AO). Hierauf sind Zinsen nach § 233a anzurechnen, soweit sich die Zinszeiträume vom 1.4.2019 bis 25.7.2019, somit für 3 volle Monate, überschneiden (§ 235 Abs. 4 AO).

Steuer	Umsatz	USt	Zinsen
USt 7/2017	100.000 €	19.000 €	950 € (5 % von 19.000 € = 950 €)
USt 2017	100.000 €	19.000 €	1.045 € (7 % von 19.000 € = 1.330 €) abzügl. 285 €[2] nach § 235 Abs. 4 AO anzurechnende § 233a AO-Zinsen)

---

[1] **Amtl. Anm.:** Verschiebung der Fälligkeit gem. § 108 Abs. 3 AO auf den nächstfolgenden Werktag

[2] **Amtl. Anm.:** § 233a Zinsen (für 3 volle Monate) 19.000 € × 1,5 % = 285 €

6. Verfahren

6.1. Sind Steuern zum Vorteil der Gesellschafter einer Personengesellschaft hinterzogen worden, hat das Betriebsfinanzamt die Berechnungsgrundlagen der Hinterziehungszinsen gesondert und einheitlich festzustellen (§ 239 Abs. 3 Nr. 2 AO).

6.2. [1]Die Zinsen für hinterzogene Realsteuern (insbes. Gewerbesteuer) sind von der hebeberechtigten Gemeinde zu berechnen, festzusetzen und zu erheben, wenn ihr die Festsetzung der Realsteuer übertragen worden ist. [2]Die Berechnungsgrundlagen werden vom Finanzamt nach § 239 Abs. 3 Nr. 2 AO festgestellt. [3]Dieser Messbescheid ist Grundlagenbescheid für den von der Gemeinde zu erlassenden Zinsbescheid.

Die Geltendmachung der Haftung für Hinterziehungszinsen zur Gewerbesteuer durch Haftungsbescheid setzt nicht voraus, dass zuvor gegenüber dem Zinsschuldner oder dem Haftungsschuldner Tatbestand und Umfang der Steuerhinterziehung gesondert festgestellt worden sind (BVerwG-Beschluss vom 16.9.1997, 8 B 143/97, BStBl. II S. 782).

6.3. Werden Zinsen für mehrere Ansprüche aus dem Steuerschuldverhältnis (vgl. AEAO zu § 235, Nr. 2.2) äußerlich verbunden in einem Sammelbescheid festgesetzt, muss dieser Sammelbescheid erkennen lassen, in welcher Höhe für den einzelnen Anspruch Zinsen festgesetzt worden sind (vgl. BFH-Urteil vom 26.11.2014, X R 18/13, BFH/NV 2015 S. 785).

7. Verjährung

[1]Die Festsetzungsfrist für Hinterziehungszinsen beträgt ein Jahr (§ 239 Abs. 1 Satz 1 AO). [2]Sie beginnt mit Ablauf des Kalenderjahrs, in dem die Festsetzung der hinterzogenen Steuern unanfechtbar geworden ist, jedoch nicht vor Ablauf des Kalenderjahrs, in dem ein eingeleitetes Strafverfahren rechtskräftig abgeschlossen worden ist (§ 239 Abs. 1 Satz 2 Nr. 3 AO). [3]Ein Strafverfahren hat nur dann Einfluss auf die für die Hinterziehungszinsen geltende Festsetzungsfrist, wenn es bis zum Ablauf des Jahres eingeleitet wird, in dem die hinterzogenen Steuern unanfechtbar festgesetzt wurden (BFH-Urteil vom 24.8.2001, VI R 42/94, BStBl. II S. 782).

AEAO zu § 236 – Prozesszinsen auf Erstattungsbeträge:

1. [1]Voraussetzung für die Zahlung von Erstattungszinsen an den Steuerpflichtigen ist, dass eine festgesetzte Steuer herabgesetzt oder eine Steuervergütung gewährt – oder erhöht – wird. [2]Die Steuerherabsetzung oder die Gewährung (Erhöhung) der Steuervergütung muss erfolgt sein:

a) durch eine rechtskräftige gerichtliche Entscheidung;

b) aufgrund einer rechtskräftigen gerichtlichen Entscheidung, z.B. in den Fällen, in denen das Gericht nach § 100 Abs. 1 Satz 1, Abs. 2 Sätze 2 und 3 oder Abs. 3 FGO[1]) den angefochtenen Verwaltungsakt aufhebt und das Finanzamt die Steuer niedriger festsetzt oder eine (höhere) Steuervergütung gewährt;

c) durch Aufhebung oder Änderung des angefochtenen Verwaltungsakts sowie durch Erlass des beantragten Verwaltungsakts, wenn sich der Rechtsstreit bei Gericht dadurch rechtskräftig erledigt;

---

[1]) Nr. 2.

d) durch einen sog. Folgebescheid nach § 175 Abs. 1 Satz 1 Nr. 1 AO oder § 35b GewStG[1]) in den Fällen, in denen sich der Rechtsstreit bei Gericht gegen den Grundlagenbescheid (z.B. Feststellungsbescheid, Steuermessbescheid) durch oder aufgrund einer gerichtlichen Entscheidung (Buchstaben a und b) bzw. durch einen Verwaltungsakt (Buchstabe c) rechtskräftig erledigt; der Steuerpflichtige, dem gegenüber der Folgebescheid ergangen ist, muss nicht Kläger im Verfahren gegen den Grundlagenbescheid gewesen sein (BFH-Urteil vom 17.1.2007, X R 19/06, BStBl. II S. 506).

[1] Ohne Bedeutung ist, aus welchen Gründen die Steuerherabsetzung oder die Gewährung (Erhöhung) der Steuervergütung erfolgt ist. [2] Das abgeschlossene gerichtliche Verfahren muss aber hierfür ursächlich gewesen sein (BFH-Urteil vom 15.10.2003, X R 48/01, BStBl. 2004 II S. 169).

[1] Wird ein ändernder oder ersetzender Verwaltungsakt nach § 68 FGO Gegenstand des Klageverfahrens, ist für die Verzinsung das Ergebnis des gegen den neuen Verwaltungsakt fortgeführten Klageverfahrens maßgebend. [2] Dies gilt auch, wenn ein angefochtener Vorauszahlungsbescheid durch die Jahressteuerfestsetzung ersetzt wird (vgl. AEAO zu § 365, Nr. 2). [3] Durch die Überleitung auf den neuen Verfahrensgegenstand tritt noch keine Rechtsstreiterledigung i.S.d. § 236 Abs. 1 Satz 1 AO ein (BFH-Urteil vom 14.7.1993, I R 33/93, BFH/NV 1994 S. 438).

2. [1] Zu verzinsen ist nur der zuviel entrichtete Steuerbetrag oder die zuwenig gewährte Steuervergütung. [2] Sofern also der Rechtsbehelf zwar zu einer Herabsetzung der Steuer oder zu einer Gewährung (Erhöhung) der Steuervergütung führt, nicht aber oder nicht in gleichem Umfang zu einer Steuererstattung oder Auszahlung einer Steuervergütung, kommt insoweit eine Verzinsung nicht in Betracht.

3. [1] Der zu verzinsende Betrag ist auf den nächsten durch fünfzig Euro teilbaren Betrag abzurunden. [2] Hat der Steuerpflichtige die zu erstattende Steuerschuld in Raten entrichtet, wird die Abrundung nur einmal bei der Rate mit der kürzesten Laufzeit vorgenommen.

4. [1] Der Anspruch auf Erstattungszinsen entsteht mit der Rechtskraft der gerichtlichen Entscheidung oder der Unanfechtbarkeit des geänderten Verwaltungsakts. [2] Ein Gerichtsbescheid (§ 90a FGO) wirkt als Urteil. [3] Er gilt aber als nicht ergangen, wenn ihn die Revision nicht zugelassen wurde und rechtzeitig mündliche Verhandlung beantragt worden ist.

5. [1] Erstattungszinsen sind für die Zeit vom Tag der Rechtshängigkeit, frühestens jedoch vom Tag der Zahlung des Steuerbetrages an bis zum Tag der Auszahlung des zu verzinsenden Steuer- oder Steuervergütungsbetrages zu berechnen und zu zahlen. [2] Rechtshängig ist die Streitsache erst mit dem Tag, an dem die Klage bei Gericht erhoben wird (§ 66 Abs. 1 i.V.m. mit § 64 Abs. 1 FGO). [3] Wird die Klage zur Fristwahrung beim Finanzamt angebracht (§ 47 Abs. 2 FGO), ist die Streitsache mit dem Tag der Anbringung zwar anhängig, nicht aber rechtshängig. [4] Auch in diesem Fall wird die Streitsache erst mit dem Eingang der Klage beim Gericht rechtshängig. [5] Das Gleiche gilt bei einer Sprungklage (§ 45 FGO). [6] Stimmt die Behörde der Sprungklage nicht zu oder gibt das Gericht die Klage an die Behörde ab, ist die Sprungklage als außergerichtlicher Rechtsbehelf zu behandeln; die Rechtshängigkeit entfällt somit

---

1) dtv 5786 KSt/GewSt Nr. 4.

rückwirkend. [7] Wird ein ändernder oder ersetzender Verwaltungsakt nach § 68 FGO Gegenstand des Klageverfahrens, berührt dies nicht den Tag der Rechtshängigkeit der Streitsache.

6. [1] Erstattungszinsen sind von Amts wegen zu zahlen. [2] Es ist nicht erforderlich, dass der Steuerpflichtige einen Antrag stellt.

7. Die Zahlung von Erstattungszinsen entfällt, soweit durch Entscheidung des Gerichts einem Steuerpflichtigen die Kosten des Verfahrens nach § 137 Satz 1 FGO auferlegt worden sind, weil die Herabsetzung der Steuer oder die Gewährung (Erhöhung) der Steuervergütung auf Tatsachen beruhte, die dieser früher hätte geltend machen oder beweisen können und müssen (§ 236 Abs. 3 AO).

8. [1] Bei den Realsteuern obliegt die Festsetzung und Zahlung von Erstattungszinsen den Gemeinden. [2] Diesen sind deshalb – soweit erforderlich – die zur Berechnung und Festsetzung der Zinsen notwendigen Daten mitzuteilen.

AEAO zu § 237 – Zinsen bei Aussetzung der Vollziehung:

1. Die Zinsregelung gilt sowohl für das außergerichtliche als auch für das gerichtliche Rechtsbehelfsverfahren.

2. [1] Voraussetzung für die Erhebung von Aussetzungszinsen beim Steuerpflichtigen ist, dass die Vollziehung eines Steuerbescheids, eines Bescheids über die Rückforderung einer Steuervergütung oder – nach Aussetzung eines Einkommensteuer-, Körperschaftsteuer- oder Feststellungsbescheids – eines Gewerbesteuermessbescheids oder Gewerbesteuerbescheids ausgesetzt worden ist. [2] Die Verzinsung tritt auch dann ein, wenn nach Anfechtung eines Grundlagenbescheids die Vollziehung eines Folgebescheids ausgesetzt wird. [3] Auch wenn ein Grundlagenbescheid nicht auf den Vorschriften der §§ 179 ff. AO beruht oder wenn die Anfechtung des Grundlagenbescheids die Vollziehungsaussetzung eines anderen Grundlagenbescheids und der hierauf beruhenden Folgebescheide gem. § 361 Abs. 3 Satz 1 AO oder § 69 Abs. 2 Satz 4 FGO[1]) auslöst, tritt die Verzinsung ein.

3. Bei teilweiser Aussetzung der Vollziehung eines angefochtenen Verwaltungsakts bezieht sich die Zinspflicht nur auf den ausgesetzten Steuerbetrag.

4. [1] Aussetzungszinsen sind zu erheben, soweit ein Einspruch oder eine Anfechtungsklage endgültig erfolglos geblieben ist. [2] Ohne Bedeutung ist, aus welchen Gründen der Rechtsbehelf im Ergebnis erfolglos war (BFH-Urteil vom 27.11.1991, X R 103/89, BStBl. 1992 II S. 319). [3] Aussetzungszinsen sind demnach zu erheben,

a) wenn der Steuerpflichtige aufgrund einer bestandskräftigen Einspruchsentscheidung oder aufgrund eines rechtskräftigen gerichtlichen Urteils ganz oder teilweise unterlegen ist,

b) wenn das Einspruchsverfahren oder gerichtliche Verfahren nach der Rücknahme des Einspruchs, der Klage oder der Revision rechtskräftig abgeschlossen wird,

c) wenn der angefochtene Verwaltungsakt – ohne dem Rechtsbehelfsantrag voll zu entsprechen – geändert wird und sich der Rechtsstreit endgültig erledigt,

d) soweit der Rechtsbehelf aufgrund einer unanfechtbar gewordenen Teil-Einspruchsentscheidung (§ 367 Abs. 2a AO) oder Allgemeinverfügung (§ 367

---

[1]) Nr. 2.

Abs. 2b AO) oder aufgrund eines unanfechtbar gewordenen Teilurteils (§ 98 FGO) endgültig keinen Erfolg hatte, unabhängig davon, inwieweit das Rechtsbehelfsverfahren im Übrigen wegen weiterer Streitpunkte anhängig bleibt.

[1] Wird ein ändernder oder ersetzender Verwaltungsakt nach § 365 Abs. 3 AO oder nach § 68 FGO Gegenstand des Rechtsbehelfsverfahrens, ist für die Verzinsung das Ergebnis des gegen den neuen Verwaltungsakt fortgeführten Einspruchs- bzw. Klageverfahrens maßgebend. [2] Dies gilt auch, wenn ein angefochtener Vorauszahlungsbescheid durch die Jahressteuerfestsetzung ersetzt wird (vgl. AEAO zu § 365, Nr. 2).

Für die Entscheidung, wann der Einspruch oder die Anfechtungsklage endgültig ohne Erfolg geblieben ist und somit die einjährige Frist für die Festsetzung von Aussetzungszinsen (§ 239 Abs. 1 Satz 2 Nr. 5 AO) in Lauf gesetzt wurde, ist auch dann auf den Zeitpunkt des Abschlusses des Einspruchsverfahrens oder des Verfahrens vor dem Finanzgericht oder dem BFH abzustellen, wenn sich hieran ein Verfassungsbeschwerdeverfahren anschließt (BFH-Urteil vom 11.2.1987, II R 176/84, BStBl. II S. 320; BFH-Beschluss vom 14.6.2007, VII B 185/06, BFH/NV S. 2055; vgl. auch AEAO zu § 361, Nr. 1.3).

5. Aussetzungszinsen sind nicht zu erheben, wenn die Fälligkeit des streitigen Steueranspruchs, z.B. aufgrund einer Stundung (§ 222 AO), hinausgeschoben war oder Vollstreckungsaufschub (§ 258 AO) gewährt wurde.

6. [1] Aussetzungszinsen sind vom Tag des Eingangs des außergerichtlichen Rechtsbehelfs, frühestens vom Tag der Fälligkeit an, oder von der Rechtshängigkeit an bis zu dem Tag zu erheben, an dem die nach § 361 AO oder nach § 69 FGO gewährte Aussetzung der Vollziehung endet. [2] Wird die Aussetzung der Vollziehung erst später gewährt, werden Zinsen erst vom Tag des Beginns der Vollziehungsaussetzung erhoben.

7. [1] Bei den Realsteuern obliegt die Festsetzung und Erhebung der Aussetzungszinsen den Gemeinden. [2] Diesen sind deshalb – soweit erforderlich – die für die Berechnung und Festsetzung der Zinsen notwendigen Daten mitzuteilen.

8. [1] Wegen der einjährigen Frist für die Festsetzung von Aussetzungszinsen wird auf den AEAO zu § 237, Nr. 4 (letzter Absatz) und auf § 239 Abs. 1 Satz 1, Satz 2 Nr. 5 AO verwiesen. [2] Soweit der Rechtsbehelf durch eine Teil-Einspruchsentscheidung (§ 367 Abs. 2a AO), eine Allgemeinverfügung (§ 367 Abs. 2b AO) oder ein Teilurteil (§ 98 FGO) zurückgewiesen wurde (vgl. AEAO zu § 237, Nr. 4 erster Absatz Buchstabe d), beginnt die Festsetzungsfrist bereits mit dem Eintritt der Unanfechtbarkeit dieser Entscheidung.

AEAO zu § 238 – Höhe und Berechnung der Zinsen:[1)]

1. Ein voller Zinsmonat (§ 238 Abs. 1 Satz 2 AO) ist erreicht, wenn der Tag, an dem der Zinslauf (ggf. unter Berücksichtigung des § 108 Abs. 3 AO) endet, hinsichtlich seiner Zahl dem Tag entspricht, der dem Tag vorhergeht, an dem die Frist begann (BFH-Urteil vom 24.7.1996, X R 119/92, BStBl. 1997 II S. 6).

[1)] Zur vorläufigen Festsetzung von Zinsen nach § 233 AO i.V.m. § 238 Abs. 1 Satz 1 AO siehe BMF v. 2.5.2019, BStBl. I 2019, 448, geänd. durch BMF v. 27.11.2019, BStBl. I 2019, 1266.

2. [1]Abzurunden ist jeweils der einzelne zu verzinsende Anspruch. [2]Bei der Zinsberechnung sind die Ansprüche zu trennen, wenn Steuerart, Zeitraum (Teilzeitraum) oder der Tag des Beginns des Zinslaufs voneinander abweichen. [3]Im Falle von Teilzahlungen wird nur der Gesamtbetrag gerundet.

AEAO zu § 239 – Festsetzung der Zinsen:

1. [1]Zinsen werden durch Zinsbescheid festgesetzt; die Formvorschriften für Steuerbescheide (§ 157 Abs. 1, ggf. § 87a Abs. 4 AO) gelten entsprechend. [2]Der Mindestinhalt des Zinsbescheids richtet sich nach § 157 Abs. 1 Sätze 2 und 3, § 119 Abs. 3 AO. [3]Der Bescheid kann nach § 129 AO berichtigt oder nach §§ 172 ff. AO aufgehoben oder geändert werden. [4]Als Rechtsbehelf gegen den Zinsbescheid sowie gegen die Ablehnung, Erstattungszinsen nach §§ 233a, 236 AO zu zahlen, ist der Einspruch gegeben. [5]Zum Rechtsbehelfsverfahren gegen die Entscheidung über eine Billigkeitsmaßnahme vgl. AEAO zu § 347, Nr. 4.

2. [1]Nach Ablauf der Festsetzungsfrist von einem Jahr können Zinsen nicht mehr festgesetzt werden. [2]Die für Folgebescheide geltende Ablaufhemmung nach § 171 Abs. 10 Satz 1 AO wird im Verhältnis vom Steuerbescheid zum Zinsbescheid gemäß § 233a AO durch die speziellen Regelungen in § 239 Abs. 1 Sätze 1 bis 3 AO verdrängt. [3]Ergeht hingegen ein Zinsbescheid als Folgebescheid eines Zins-Grundlagenbescheids (§ 239 Abs. 3 AO), endet die Festsetzungsfrist für den Zinsbescheid nach § 171 Abs. 10 Satz 1 AO nicht vor Ablauf von zwei Jahren nach Bekanntgabe des Zins-Grundlagenbescheids (BFH-Urteil vom 16.1.2019, X R 30/17, BStBl. II S. 362). [4]Wegen der Frist für die Festsetzung von Aussetzungszinsen vgl. AEAO zu § 237, Nr. 4 (letzter Absatz). [5]Der Anspruch auf festgesetzte Zinsen erlischt durch Zahlungsverjährung (§§ 228 ff. AO), ggf. aber auch schon früher mit dem Erlöschen des Hauptanspruchs (§ 232 AO).

3. [1]Bei der Zinsfestsetzung ist die Rundung zugunsten des Steuerpflichtigen zu beachten (§ 239 Abs. 2 Satz 1 AO). [2]Die Kleinbetragsregelung des § 239 Abs. 2 Satz 2 AO (Zinsen unter zehn Euro werden nicht festgesetzt) ist auf die für eine Einzelforderung berechneten Zinsen anzuwenden (vgl. AEAO zu § 238, Nr. 2).

4. Zur Anrechnung von Erstattungs- und Nachzahlungszinsen nach § 233a AO bei der Festsetzung von Stundungs-, Hinterziehungs-, Prozess- und Aussetzungszinsen vgl. AEAO zu § 233a, Nrn. 65 ff. und AEAO zu § 235, Nr. 5.1.2 und 5.2.2.

AEAO zu § 240 – Säumniszuschläge:

1. [1]Säumnis tritt ein, wenn die Steuer oder die zurückzuzahlende Steuervergütung nicht bis zum Ablauf des Fälligkeitstages entrichtet wird. [2]Sofern – wie bei den Fälligkeitssteuern – die Steuer ohne Rücksicht auf die erforderliche Steuerfestsetzung oder Steueranmeldung fällig wird, tritt die Säumnis nicht ein, bevor die Steuer festgesetzt oder die Steueranmeldung abgegeben worden ist. [3]Bei Fälligkeitssteuern ist daher wie folgt zu verfahren:

a) [1]Gibt der Steuerpflichtige seine Voranmeldung oder Anmeldung erst nach Ablauf des Fälligkeitstages ab, so sind Säumniszuschläge bei verspätet geleisteter Zahlung nicht vom Ablauf des im Einzelsteuergesetz bestimmten Fälligkeitstages an, sondern erst von dem auf den Tag des Eingangs der Voranmeldung oder Anmeldung folgenden Tag an (ggf. unter Gewährung der

Zahlungs-Schonfrist nach § 240 Abs. 3 AO) zu berechnen. [2] Entsprechendes gilt für den Mehrbetrag, der sich ergibt, wenn der Steuerpflichtige seine Voranmeldung oder Anmeldung nachträglich berichtigt und sich dadurch die Steuer erhöht.

b) [1] Setzt das Finanzamt eine Steuer wegen Nichtabgabe der Voranmeldung oder Anmeldung fest, so sind Säumniszuschläge für verspätet geleistete Zahlung nicht vom Ablauf des im Einzelsteuergesetz bestimmten Fälligkeitstages an, sondern erst von dem Tag an (ggf. unter Gewährung der Zahlungs-Schonfrist nach § 240 Abs. 3 AO) zu erheben, der auf den letzten Tag der vom Finanzamt gesetzten Zahlungsfrist folgt. [2] Dieser Tag bleibt für die Berechnung der Säumniszuschläge auch dann maßgebend, wenn der Steuerpflichtige nach Ablauf der vom Finanzamt gesetzten Zahlungsfrist seine Voranmeldung oder Anmeldung abgibt. [3] Entsprechendes gilt, wenn das Finanzamt eine auf einer Voranmeldung oder Anmeldung beruhende Steuerschuld höher festsetzt, als sie sich aus der Voranmeldung oder Anmeldung ergibt, oder eine von ihm festgesetzte Steuer durch Korrektur der Steuerfestsetzung erhöht.

2. [1] Im Falle der Aufhebung oder Änderung der Steuerfestsetzung oder ihrer Berichtigung nach § 129 AO bleiben die bis dahin verwirkten Säumniszuschläge bestehen (§ 240 Abs. 1 Satz 4 AO). [2] Das gilt auch, wenn die ursprüngliche, für die Bemessung der Säumniszuschläge maßgebende Steuer in einem Rechtsbehelfsverfahren herabgesetzt wird. [3] Säumniszuschläge sind nicht zu entrichten, soweit sie sich auf Steuerbeträge beziehen, die durch (nachträgliche) Anrechnung von Lohn-, Kapitalertrag- oder Körperschaftsteuer entfallen sind, weil insoweit zu keiner Zeit eine rückständige Steuer i.S.d. § 240 Abs. 1 Satz 4 AO vorgelegen hat (BFH-Urteil vom 24.3.1992, VII R 39/91, BStBl. II S. 956).

3. Der Säumniszuschlag ist von den Gesamtschuldnern nur in der Höhe anzufordern, in der er entstanden wäre, wenn die Säumnis nur bei einem Gesamtschuldner eingetreten wäre; der Ausgleich findet zwischen den Gesamtschuldnern nach bürgerlichem Recht statt.

4. Säumniszuschläge sind nicht zu entrichten, wenn Verspätungszuschläge, Zinsen, Säumniszuschläge, Zwangsgelder und Kosten (steuerliche Nebenleistungen) nicht rechtzeitig gezahlt werden.

5. [1] Säumniszuschläge entstehen kraft Gesetzes allein durch Zeitablauf ohne Rücksicht auf ein Verschulden des Steuerpflichtigen (BFH-Urteil vom 17.7. 1985, I R 172/79, BStBl. 1986 II S. 122). [2] Sie stellen in erster Linie ein Druckmittel zur Durchsetzung fälliger Steuerforderungen dar, sind aber auch eine Gegenleistung für das Hinausschieben der Zahlung und ein Ausgleich für den angefallenen Verwaltungsaufwand (BFH-Urteil vom 29.8.1991, V R 78/86, BStBl. II S. 906). [3] Soweit diese Zielsetzung durch die verwirkten Säumniszuschläge nicht mehr erreicht werden kann, ist ihre Erhebung sachlich unbillig, so dass sie nach § 227 AO ganz oder teilweise erlassen werden können.

Im Einzelnen kommt ein Erlass in Betracht:

a) bei plötzlicher Erkrankung des Steuerpflichtigen, wenn er selbst dadurch an der pünktlichen Zahlung gehindert war und es dem Steuerpflichtigen seit seiner Erkrankung bis zum Ablauf der Zahlungsfrist nicht möglich war, einen Vertreter mit der Zahlung zu beauftragen;

b) bei einem bisher pünktlichen Steuerzahler, dem ein offenbares Versehen unterlaufen ist. [2] Wer seine Steuern laufend unter Ausnutzung der Schonfrist des § 240 Abs. 3 AO zahlt, ist kein pünktlicher Steuerzahler (BFH-Urteil vom 15.5.1990, VII R 7/88, BStBl. II S. 1007);

c) wenn einem Steuerpflichtigen die rechtzeitige Zahlung der Steuern wegen Zahlungsunfähigkeit und Überschuldung nicht mehr möglich war (BFH-Urteil vom 8.3.1984, I R 44/80, BStBl. II S. 415). [2] Zu erlassen ist regelmäßig die Hälfte der verwirkten Säumniszuschläge (BFH-Urteil vom 16.7.1997, XI R 32/96, BStBl. 1998 II S. 7);

d) bei einem Steuerpflichtigen, dessen wirtschaftliche Leistungsfähigkeit durch nach § 258 AO bewilligte oder sonst hingenommene Ratenzahlungen unstreitig bis an die äußerste Grenze ausgeschöpft worden ist. [2] Zu erlassen ist regelmäßig die Hälfte der verwirkten Säumniszuschläge (BFH-Urteil vom 22.6.1990, III R 150/85, BStBl. 1991 II S. 864);

e) wenn die Voraussetzungen für einen Erlass der Hauptschuld nach § 227 AO oder für eine zinslose Stundung der Steuerforderung nach § 222 AO im Säumniszeitraum vorliegen (BFH-Urteil vom 23.5.1985, V R 124/79, BStBl. II S. 489). [2] Lagen nur die Voraussetzungen für eine verzinsliche Stundung der Hauptforderung vor, ist die Hälfte der verwirkten Säumniszuschläge zu erlassen;

f) soweit die angefochtene Steuerfestsetzung später aufgehoben oder zu Gunsten des Steuerpflichtigen geändert wird und der Steuerpflichtige alle außergerichtlichen und gerichtlichen Möglichkeiten ausgeschöpft hat, um die Aussetzung der Vollziehung zu erreichen, diese aber – obwohl möglich und geboten – abgelehnt worden ist. [2] Der Steuerpflichtige ist so zu stellen, als hätte er den gebotenen einstweiligen Rechtsschutz erlangt, weshalb die betroffenen Säumniszuschläge in voller Höhe zu erlassen sind (vgl. BFH-Urteil vom 24.4.2014, V R 52/13, BStBl. II S. 106);

g) in sonstigen Fällen sachlicher Unbilligkeit.

[1] Die Möglichkeit eines weitergehenden Erlasses aus persönlichen Billigkeitsgründen bleibt unberührt. [2] Zum Erlass von Säumniszuschlägen bei einer Überschneidung mit Nachzahlungszinsen vgl. AEAO zu § 233a, Nr. 64.

6. In Stundungs- und Aussetzungsfällen sowie bei der Herabsetzung von Vorauszahlungen gilt Folgendes:

a) Stundung

aa) Stundungsantrag bis zur Fälligkeit

[1] Wird eine Stundung bis zur Fälligkeit beantragt, aber erst nach Fälligkeit bewilligt, so ist die Stundung mit Wirkung vom Fälligkeitstag an auszusprechen. [2] Vom neuen Fälligkeitstag an gilt nach § 240 Abs. 3 AO wieder eine Schonfrist.

[1] Wird eine Stundung bis zur Fälligkeit beantragt, aber erst nach Fälligkeit abgelehnt, so kann im Allgemeinen eine Frist zur Zahlung der rückständigen Steuern bewilligt werden. [2] Diese Zahlungsfrist soll eine Woche grundsätzlich nicht überschreiten [3] Vom neuen Fälligkeitstag an gilt nach § 240 Abs. 3 AO wieder eine Schonfrist. [4] Bei Zahlung bis zum Ablauf dieser Schonfrist sind keine Säumniszuschläge zu erheben.

bb) Stundungsantrag nach Fälligkeit

Wird eine Stundung nach Fälligkeit beantragt und bewilligt, so ist die Stundung vom Eingangstag des Antrags an auszusprechen, sofern nicht besondere Gründe eine rückwirkende Stundung vom Fälligkeitstag an rechtfertigen.

[1] Bei einem innerhalb der Schonfrist nach § 240 Abs. 3 AO eingegangenen Stundungsantrag sind für die Zeit von der Fälligkeit bis zum Beginn der Stundung keine Säumniszuschläge zu erheben. [2] Das Gleiche gilt, wenn der Stundungsantrag am ersten Werktag nach Ablauf der Schonfrist eingegangen ist und die Stundung daher unmittelbar an die Schonfrist anschließt.

Bis zum Beginn der Stundung entstandene und zu erhebende Säumniszuschläge sind in die Stundungsverfügung einzubeziehen.

Vom neuen Fälligkeitstag an gilt nach § 240 Abs. 3 AO wieder eine Schonfrist.

[1] Wird eine Stundung nach Fälligkeit beantragt und abgelehnt, so verbleibt es bei dem ursprünglichen Fälligkeitstag, sofern nicht besondere Gründe eine Frist zur Zahlung der rückständigen Steuern rechtfertigen. [2] Die Zahlungsfrist soll eine Woche grundsätzlich nicht überschreiten. [3] Vom neuen Fälligkeitstag an gilt nach § 240 Abs. 3 AO wieder eine Schonfrist. [4] Bei Zahlung bis zum Ablauf dieser Schonfrist sind keine Säumniszuschläge zu erheben.

cc) Folgen verspäteter Zahlung

Wird bei Bewilligung einer Stundung erst nach Ablauf der vom neuen Fälligkeitstag an berechneten Schonfrist (§ 240 Abs. 3 AO) gezahlt, sind Säumniszuschläge vom Ablauf des neuen Fälligkeitstages an zu berechnen.

Wird im Falle der Ablehnung einer Stundung die eingeräumte Zahlungsfrist (ggf. zuzüglich der an die Zahlungsfrist anschließenden Schonfrist nach § 240 Abs. 3 AO) nicht eingehalten, sind Säumniszuschläge vom Ablauf des ursprünglichen Fälligkeitstages an zu berechnen.

b) Aussetzung der Vollziehung

[1] Wird ein rechtzeitig gestellter Antrag auf Aussetzung der Vollziehung nach Fälligkeit abgelehnt, so kann im Allgemeinen eine Frist zur Zahlung der rückständigen Steuern bewilligt werden. [2] Die Zahlungsfrist soll eine Woche grundsätzlich nicht überschreiten. [3] Die Schonfrist (§ 240 Abs. 3 AO) ist vom Ende der Zahlungsfrist an zu gewähren. [4] Bei Zahlung bis zum Ablauf der Schonfrist sind keine Säumniszuschläge zu erheben.

c) Herabsetzung von Vorauszahlungen

Wird einem rechtzeitig gestellten Antrag auf Herabsetzung von Vorauszahlungen erst nach Fälligkeit entsprochen, sind Säumniszuschläge auf den Herabsetzungsbetrag nicht zu erheben.

[1] Wird ein rechtzeitig gestellter Antrag auf Herabsetzung von Vorauszahlungen nach Fälligkeit abgelehnt, so kann im Allgemeinen eine Frist zur Zahlung der rückständigen Steuern bewilligt werden. [2] Die Zahlungsfrist soll eine Woche grundsätzlich nicht überschreiten. [3] Die Schonfrist (§ 240 Abs. 3 AO) ist vom Ende der Zahlungsfrist an zu gewähren. [4] Bei Zahlung bis zum Ablauf der Schonfrist sind keine Säumniszuschläge zu erheben.

Wird einer der vorbezeichneten Anträge mit dem Ziel gestellt, sich der rechtzeitigen Zahlung der Steuer zu entziehen (Missbrauchsfälle), ist keine Zahlungsfrist zu bewilligen.

7. [1] Mit einem Verwaltungsakt nach § 258 AO verzichtet die Vollstreckungsbehörde auf Vollstreckungsmaßnahmen; an der Fälligkeit der Steuerschuld ändert sich dadurch jedoch nichts (s. auch BFH-Urteil vom 15.3.1979, IV R 174/78, BStBl. II S. 429). [2] Für die Dauer eines bekannt gegebenen Vollstreckungsaufschubs sind daher grundsätzlich Säumniszuschläge zu erheben; auf diese Rechtslage ist der Steuerpflichtige bei Bekanntgabe des Vollstreckungsaufschubs hinzuweisen (siehe Abschn. 7 Abs. 3 VollStrA). [3] Die Möglichkeit, von der Erhebung von Säumniszuschlägen aus Billigkeitsgründen nach § 227 AO ganz oder teilweise abzusehen, bleibt unberührt (vgl. AEAO zu § 240, Nr. 5 Abs. 2).

8. [1] Macht der Steuerpflichtige geltend, die Säumniszuschläge seien nicht oder nicht in der angeforderten Höhe entstanden, so ist sein Vorbringen – auch wenn es bspw. als „Erlassantrag" bezeichnet ist – als Antrag auf Erteilung eines Bescheids nach § 218 Abs. 2 AO anzusehen, da nur in diesem Verfahren entschieden werden kann, ob und inwieweit Säumniszuschläge entstanden sind (ständige Rechtsprechung, vgl. z.B. BFH-Urteil vom 12.8.1999, VII R 92/98, BStBl. II S. 751). [2] Bestreitet der Steuerpflichtige nicht die Entstehung der Säumniszuschläge dem Grunde und der Höhe nach, sondern wendet er sich gegen deren Anforderung im engeren Sinne (Leistungsgebot, § 254 AO), ist sein Vorbringen als Einspruch (§ 347 AO) anzusehen. [3] Das Vorbringen des Steuerpflichtigen ist als Erlassantrag zu werten, wenn sachliche oder persönliche Billigkeitsgründe geltend gemacht werden.

AEAO zu §§ 241 bis 248 – Sicherheitsleistung:

1. [1] Die Vorschriften regeln nur die Art und das Verfahren der Sicherheitsleistung. [2] Wann und ggf. in welcher Höhe Sicherheiten zu leisten sind, ergibt sich aus anderen Vorschriften der Abgabenordnung (siehe z.B. § 109 Abs. 3, § 165 Abs. 1, §§ 221, 222, 223, 361 Abs. 2 AO) oder aus Einzelsteuergesetzen (§ 18f UStG[1]). [3] Die Erzwingung von Sicherheiten richtet sich nach § 336 AO, ihre Verwertung nach § 327 AO. [4] Die Kosten der Sicherheitsleistung treffen den Steuerpflichtigen.

2. Die für die Bundesfinanzverwaltung bekannt gegebenen Bestimmungen über Formen der Sicherheitsleistung im Bereich der von der Zollverwaltung verwalteten Steuern und Abgaben – SiLDV – (Vorschriftensammlung Bundesfinanzverwaltung E – VSF – Kennungen S 1450 und Z 0915) sind – soweit sie Formen der Sicherheitsleistung in Verbrauchsteuerverfahren betreffen – für den Bereich der Besitz- und Verkehrsteuern entsprechend anzuwenden.

AEAO zu § 251 – Insolvenzverfahren:

---

[1] dtv 5546 USt Nr. 1.

1. Allgemeines

Ist über das Vermögen eines Steuerpflichtigen (Schuldner) das Insolvenzverfahren eröffnet worden, können die Finanzbehörden ihre Ansprüche während der Dauer des Verfahrens nur nach den Vorschriften der Insolvenzordnung geltend machen (§ 251 Abs. 2 Satz 1 AO).

Die Vorschriften der Abschnitte 57 bis 64 der Vollstreckungsanweisung (VollstrA) sind anzuwenden.

2. Voraussetzung für die Eröffnung des Verfahrens

2.1. Eröffnungsgründe

Nach § 16 InsO sind Gründe für die Eröffnung des Insolvenzverfahrens

– die Zahlungsunfähigkeit (§ 17 InsO),

– die drohende Zahlungsunfähigkeit (§ 18 InsO) und

– die Überschuldung (§ 19 InsO).

Die gleichen Eröffnungsgründe gelten auch in Nachlassinsolvenzverfahren (§ 320 InsO).

2.1.1. Zahlungsunfähigkeit

[1] Allgemeiner Eröffnungsgrund ist die Zahlungsunfähigkeit des Schuldners. [2] Sie ist in der Regel anzunehmen, wenn der Schuldner seine Zahlungen eingestellt hat (§ 17 InsO). [3] Leistet der Schuldner noch einzelne Zahlungen, bleiben aber nicht unwesentliche Verbindlichkeiten unerfüllt, ändert dies grundsätzlich nichts an der Zahlungsunfähigkeit (BGH-Urteil vom 10.7.2003, IX ZR 89/02, DB S. 2383).

Zahlungsunfähigkeit ist weiterhin regelmäßig anzunehmen, wenn der Schuldner nicht in der Lage ist, binnen drei Wochen 90 % seiner fälligen Gesamtverbindlichkeiten auszugleichen (BGH-Urteil vom 24.5.2005, IX ZR 123/04, NJW S. 3062).

2.1.2. Drohende Zahlungsunfähigkeit

Bei Eigenanträgen des Schuldners ist auch die drohende Zahlungsunfähigkeit Eröffnungsgrund (§ 18 Abs. 1 InsO). [2] Der Schuldner droht zahlungsunfähig zu werden, wenn er voraussichtlich nicht in der Lage sein wird, die bestehenden Zahlungspflichten im Zeitpunkt der Fälligkeit zu erfüllen (§ 18 Abs. 2 InsO).

2.1.3. Überschuldung

[1] Bei juristischen Personen, Personengesellschaften ohne eine persönlich haftende natürliche Person ist daneben die Überschuldung ein eigenständiger Eröffnungsgrund (§ 19 InsO). [2] Eine Überschuldung liegt vor, wenn das Vermögen des Schuldners die bestehenden Verbindlichkeiten nicht mehr deckt, es sei denn, die Fortführung des Unternehmens ist nach den Umständen überwiegend wahrscheinlich (§ 19 Abs. 2 Satz 1 InsO). [3] Eine Ausnahme gilt in den Fällen des § 19 Abs. 3 Satz 2 InsO.

2.2. Eröffnungsantrag

[1] Das Insolvenzverfahren wird nur auf schriftlichen Antrag eröffnet. [2] Antragsberechtigt sind sowohl die Gläubiger als auch der Schuldner (§ 13 Abs. 1 Satz 2 InsO). [3] Den Antrag auf Eröffnung des Insolvenzverfahrens kann außer bei drohender Zahlungsunfähigkeit jeder Gläubiger stellen, der ein rechtliches Interesse an der Eröffnung hat und seinen Anspruch sowie den Eröffnungsgrund glaubhaft macht (§ 14 Abs. 1 InsO). [4] Das rechtliche Interesse eines Gläubigers fehlt beispielsweise dann, wenn er aufgrund eines Aussonderungsrechts innerhalb wie außerhalb des Verfahrens in gleicher Weise Befriedigung erlangen kann.

Bei vollstreckbaren Rückständen ist die Finanzbehörde im Rahmen pflichtgemäßer Ermessensausübung gehalten, bei Vorliegen eines Insolvenzgrundes einen Insolvenzantrag zu stellen.

[1] Nach § 14 Abs. 1 Satz 2 InsO wird ein Insolvenzantrag nicht alleine dadurch unzulässig, dass die Forderung erfüllt wird. [2] Ein von der Finanzbehörde gestellter Insolvenzantrag kann weiterhin trotz Tilgung der Forderungen aufrecht erhalten bleiben.

2.3. Rechtsbehelfe

[1] Die Stellung eines Antrag auf Eröffnung eines Insolvenzverfahrens über das Vermögen des Schuldners durch die Finanzbehörde ist kein Verwaltungsakt, sondern stellt schlichtes hoheitliches Handeln dar, dessen Überprüfung dem Finanzgericht und nicht dem Insolvenzgericht obliegt (vgl. BFH-Beschluss vom 31.8.2011, VII B 59/11, BFH/NV S. 2105). [2] Dem Steuerpflichtigen stehen als Rechtsbehelfe hiergegen die allgemeine Leistungsklage (§ 40 Abs. 1 FGO[1]) bzw. im vorläufigen Rechtsschutzverfahren der Antrag auf Erlass einer einstweiligen Anordnung (§ 114 FGO) zu (vgl. BFH-Beschluss vom 12.8.2011, VII B 159/10, BFH/NV S. 2104).

[1] Über den Insolvenzantrag selbst entscheidet das Insolvenzgericht. [2] Gegen eine ablehnende Entscheidung des Insolvenzgerichts über den Insolvenzantrag steht dem antragstellenden Gläubiger das Rechtsmittel der sofortigen Beschwerde zu (§ 34 Abs. 1 InsO). [3] Die Beschwerde ist binnen einer Notfrist von zwei Wochen bei dem Insolvenzgericht einzulegen (§§ 4 und 6 InsO, § 569 ZPO). [4] Die Frist beginnt mit der Verkündung der Entscheidung oder, wenn diese nicht verkündet wird, mit deren Zustellung (§ 6 Abs. 2 InsO). [5] Gegen die Entscheidung des Beschwerdegerichts ist die Rechtsbeschwerde gegeben, soweit sie zugelassen ist (§ 574 ZPO). [6] Die Rechtsbeschwerde ist binnen einer Notfrist von einem Monat nach Zustellung des Beschlusses über die

---

[1] Nr. 2.

sofortige Beschwerde bei dem Rechtsbeschwerdegericht einzulegen (§ 575 ZPO).

3. Insolvenzeröffnungsverfahren

3.1. Sicherungsmaßnahmen

[1] Die häufigste Sicherungsmaßnahme ist neben dem Vollstreckungsverbot die Anordnung der vorläufigen Insolvenzverwaltung gem. § 21 Abs. 2 Nr. 1 i.V.m. § 22 InsO. [2] Wird diese Anordnung mit dem Erlass eines allgemeinen Verfügungsverbots nach § 21 Abs. 2 Nr. 2 InsO verbunden, geht die Verwaltungs- und Verfügungsbefugnis über das Schuldnervermögen auf den vorläufigen Insolvenzverwalter über. [3] Aufgrund seiner umfassenden Befugnisse wird dieser als „starker" vorläufiger Insolvenzverwalter bezeichnet. [4] Im Besteuerungsverfahren hat der „starke" vorläufige Insolvenzverwalter die gleiche Stellung (§ 34 Abs. 3 AO) wie der Insolvenzverwalter im eröffneten Verfahren (vgl. AEAO zu § 251, Nr. 4.2). [5] Die vom „starken" vorläufigen Insolvenzverwalter begründeten Verbindlichkeiten gelten nach Verfahrenseröffnung als Masseverbindlichkeiten i.S.d. § 55 Abs. 2 InsO (vgl. AEAO zu § 251, Nr. 6.1). [6] Für hierauf bezogene Verwaltungsakte ist er im Insolvenzeröffnungsverfahren Bekanntgabeadressat (vgl. AEAO zu § 251, Nr. 4.3.2). [7] Mit Bestellung des „starken" vorläufigen Insolvenzverwalters tritt bereits die Unterbrechungswirkung analog zu § 240 Satz 2 ZPO ein, weshalb ab diesem Zeitpunkt insbesondere keine Steuerbescheide mehr für solche Steuern erlassen werden dürfen, die vor Bestellung des „starken" vorläufigen Insolvenzverwalters begründet worden sind (vgl. AEAO zu § 251, Nr. 4.1.2). [8] Eine vom Schuldner vor Bestellung eines „starken" vorläufigen Insolvenzverwalters erteilte Empfangsvollmacht ist weiterhin zu beachten, sofern sie nicht vom „starken" vorläufigen Insolvenzverwalter widerrufen oder das Insolvenzverfahren eröffnet wurde.

[1] Soweit das Gericht vom Erlass eines allgemeinen Verfügungsverbots absieht und die Rechte des vorläufigen Insolvenzverwalters individuell bestimmt, handelt es sich um einen sog. „schwachen" vorläufigen Insolvenzverwalter. [2] Dieser ist nicht Vermögensverwalter i.S.d. § 34 Abs. 3 AO; daher obliegen die steuerlichen Pflichten, insbesondere die Steuererklärungspflicht, weiterhin dem Schuldner. [3] Steuerbescheide sind daher an den Schuldner zu richten und diesem bekannt zu geben, soweit kein Empfangsbevollmächtigter bestellt ist.

[1] Der „schwache" vorläufige Insolvenzverwalter kann in der Regel keine Masseverbindlichkeiten begründen (vgl. BGH-Urteil vom 18.7.2002, IX ZR 195/01, DB S. 2011). [2] Aufgrund der Regelung des § 55 Abs. 4 InsO gelten jedoch Steuerverbindlichkeiten des Schuldners, die vom vorläufigen Insolvenzverwalter oder vom Schuldner mit Zustimmung des vorläufigen Insolvenzverwalters begründet werden, nach Eröffnung des Insolvenzverfahrens als Masseverbindlichkeiten. [3] Zu Einzelheiten der Anwendung des § 55 Abs. 4 InsO siehe BMF-Schreiben vom 20.5.2015, BStBl. I S. 476, ergänzt durch BMF-Schreiben vom 18.11.2015, BStBl. I S. 886.

Aus der Bestellung eines Gutachters durch das Insolvenzgericht ergeben sich keine Auswirkungen auf das Besteuerungsverfahren des Schuldners.

3.2. Besonderheiten bei beantragter Eigenverwaltung

Zu der Möglichkeit der Vorbereitung einer Sanierung nach § 270b InsO vgl. AEAO zu § 251, Nr. 13.1.

4. Eröffnung des Verfahrens
4.1. Wirkung der Eröffnung des Verfahrens
4.1.1. Allgemeines

[1] Mit der Eröffnung des Insolvenzverfahrens verliert der Schuldner die Befugnis, sein zur Insolvenzmasse gehörendes Vermögen zu verwalten und darüber zu verfügen (§ 80 Abs. 1 InsO), sofern keine Eröffnung unter Anordnung der Eigenverwaltung erfolgt (§ 270 Abs. 1 Satz 1 InsO, vgl. AEAO zu § 251, Nr. 13.2). [2] Die Verwaltungs- und Verfügungsrechte werden durch den Insolvenzverwalter ausgeübt (§ 34 Abs. 3 AO).

[1] Die Insolvenzmasse erfasst das gesamte Vermögen einschließlich der Geschäftsbücher (§ 36 Abs. 2 Nr. 1 InsO), das dem Schuldner zur Zeit der Eröffnung des Verfahrens gehört und das er während des Verfahrens erlangt (sog. Neuerwerb, § 35 InsO). [2] Nicht zur Insolvenzmasse gehören die unpfändbaren Gegenstände i.S.d. § 36 InsO, das Vermögen aus einer nach § 35 Abs. 2 InsO freigegebenen Tätigkeit (sog. insolvenzfreies Vermögen, vgl. AEAO zu § 251, Nr. 7) und das nach Ende der Abtretungsfrist bei erteilter Restschuldbefreiung erworbene Vermögen (§ 300a Abs. 1 Satz 1 InsO).

[1] Die Eröffnung des Verfahrens hat weiter die Wirkung, dass alle im letzten Monat vor dem Eröffnungsantrag oder nach diesem Antrag durch Zwangsvollstreckung erlangten Sicherungsrechte ihre Wirksamkeit verlieren (§ 88 InsO). [2] Im Verbraucherinsolvenzverfahren (vgl. AEAO zu § 251, Nr. 12) verlängert sich die Frist nach § 88 Abs. 2 InsO auf drei Monate.

[1] Mit der Eröffnung des Verfahrens können bis zu diesem Zeitpunkt begründete Ansprüche aus dem Steuerschuldverhältnis (Insolvenzforderungen, vgl. AEAO zu § 251, Nr. 5.1) nur noch nach Maßgabe der InsO geltend gemacht werden. [2] Dies gilt auch für Ansprüche, auf die steuerliche Verfahrensvorschriften entsprechend anzuwenden sind (z.B. Rückforderung von Investitionszulage).

4.1.2. Unterbrechungswirkung (analog § 240 ZPO)

[1] Das Steuerfestsetzungsverfahren, das Rechtsbehelfsverfahren und der Lauf der Rechtsbehelfsfristen werden, soweit sie die Insolvenzmasse betreffen oder abstrakt dazu geeignet sind, sich auf zur Tabelle anzumeldende Steuerforderungen auszuwirken, analog zu § 240 ZPO unterbrochen (vgl. BFH-Urteil vom 24.8.2004, VIII R 14/02, BStBl. II 2005, S. 246). [2] Das gilt auch für Rechtsbehelfsverfahren, wenn damit eine Erstattung für die Masse begehrt wird (BFH-Urteil vom 30.7.2019, VIII R 21/16, BStBl. II 2021, S. 171).

[1] Eine Verfahrensunterbrechung tritt jedoch im Steuerfestsetzungsverfahren nicht ein, wenn keine Forderungen gegenüber der Insolvenzmasse für Zeiträume vor Insolvenzeröffnung geltend zu machen sind (z.B. im Falle einer Erstattung für die Masse; BFH-Urteil vom 13.5.2009, XI R 63/07, BStBl. 2010 II S. 11). [2] Hinsichtlich der Zulässigkeit des Erlasses von Steuerbescheiden wird auf Nr. 4.3.1 verwiesen.

Zur Unterbrechungswirkung bei der gesonderten und einheitlichen Feststellung von Besteuerungsgrundlagen vgl. AEAO zu § 251, Nr. 4.4.

[1] Die Ermittlungsrechte und -pflichten der Finanzbehörde (§ 88 AO) und die Mitwirkungspflichten des Schuldners, des vorläufigen Insolvenzverwalters und des Insolvenzverwalters (§ 34 Abs. 3 AO) bleiben von der Unterbrechungs-

wirkung unberührt. [2] Die Pflicht zur handels- und steuerrechtlichen Rechnungslegung ergibt sich aus § 155 InsO.

Bei der Wiederaufnahme von unterbrochenen Rechtsbehelfsverfahren ist zwischen passiven und aktiven Verfahren zu unterscheiden.

Bei Einspruchs- und Klageverfahren, in denen Insolvenzforderungen strittig sind oder die abstrakt geeignet sind, sich auf zur Tabelle anzumeldende Steuerforderungen auszuwirken (Passiv-Verfahren), wird auf Nr. 5.3. verwiesen.

[1] Bei Einspruchsverfahren, die im Erfolgsfall zu einer Erstattung der bereits gezahlten Steuern in die Insolvenzmasse führen (Aktiv-Verfahren), fehlt es an einer gesetzlichen oder analogen Grundlage für die Aufnahme des Verfahrens durch das Finanzamt. [2] Lediglich dem Insolvenzverwalter steht die Möglichkeit zu, in analoger Anwendung des § 85 Abs. 1 Satz 1 InsO, Rechtsbehelfsverfahren aufzunehmen (BFH-Urteil vom 30.7.2019, VIII R 21/16, a.a.O.). [3] Es bleibt dem Finanzamt aber unbenommen mit dem Insolvenzverwalter den Streitstand zu erörtern und den Insolvenzverwalter zur Aufnahme des Verfahren zu bewegen.

[1] In Klageverfahren, die im Erfolgsfall zu einer Erstattung der bereits gezahlten Steuern in die Insolvenzmasse führen (Aktivprozess), kann das Finanzamt das Verfahren wiederaufnehmen, wenn der Insolvenzverwalter die Aufnahme des Verfahrens abgelehnt hat (§ 85 Abs. 2 InsO). [2] Der Insolvenzverwalter ist in diesem Verfahren dann nicht mehr beteiligt. [3] Die gesetzliche Prozessführungsbefugnis und die Beteiligtenstellung gehen auf den Schuldner über; der im Streit befindliche Massegegenstand wird freigegeben (BFH-Beschluss vom 20.2.2018, XI B 110/17, BFH/NV S. 736).

4.1.3. Auswirkungen auf bei Insolvenzeröffnung anhängige Rechtsbehelfsverfahren und Anträge auf Aussetzung der Vollziehung

[1] Wird während eines anhängigen außergerichtlichen oder gerichtlichen Rechtsbehelfsverfahrens das Insolvenzverfahren eröffnet, so wird das Rechtsbehelfsverfahren grundsätzlich unterbrochen, soweit es die Insolvenzmasse betrifft (Nr. 4.1 des AEAO zu § 251). [2] Die Unterbrechung endet, wenn das Rechtsbehelfsverfahren nach den für das Insolvenzrecht geltenden Vorschriften aufgenommen (vgl. hierzu AEAO zu § 251, Nr. 5.3.1.2.2) oder das Insolvenzverfahren beendet wird.

[1] Ein noch nicht beschiedener Antrag auf Aussetzung der Vollziehung nach § 361 AO bzw. § 69 FGO wird durch die Eröffnung des Insolvenzverfahrens unzulässig (vgl. BFH-Urteil vom 27.11.1974, I R 185/73, BStBl. 1975 II S. 208). [2] Eine gewährte Aussetzung der Vollziehung erledigt sich mit der Eröffnung des Insolvenzverfahrens (siehe § 124 Abs. 2 AO i.V.m. § 41 Abs. 1 InsO). [3] Die Beträge sind zur Tabelle anzumelden (vgl. AEAO zu § 251, Nr. 5.2).

4.1.4. Auswirkungen auf Stundung und Vollstreckungsaufschub

[1] Noch nicht beschiedene Anträge auf Stundung und Vollstreckungsaufschub werden durch die Eröffnung des Insolvenzverfahrens unzulässig. [2] Gewährte Stundungen oder Vollstreckungsaufschübe erledigen sich mit der Eröffnung des Insolvenzverfahrens (siehe § 124 Abs. 2 i.V.m. § 41 Abs. 1 InsO). [3] Die Beträge sind zur Tabelle anzumelden (vgl. AEAO zu § 251, Nr. 5.2).

4.1.5. Wirkungen auf Verfahren gegen Dritte

[1] Verfahren gegen Dritte, die sich nicht in Insolvenz befinden, bleiben grundsätzlich von den Wirkungen der Eröffnung des Insolvenzverfahrens unberührt. [2] Dies gilt z.b. für das Besteuerungsverfahren des nichtinsolventen Ehegatten/Lebenspartners des Schuldners, für das Besteuerungsverfahren der nichtinsolventen Gesellschafter einer Personengesellschaft und für Haftungsverfahren gegen GmbH-Geschäftsführer.

4.2. Stellung und steuerliche Pflichten des Insolvenzverwalters

[1] Der Insolvenzverwalter hat als Vermögensverwalter (§ 34 Abs. 3 AO) die steuerlichen Pflichten des Schuldners zu erfüllen. [2] Er ist daher u.a. gem. § 149 Abs. 1 AO i.V.m. den Einzelsteuergesetzen verpflichtet, Steuererklärungen für den Schuldner abzugeben. [3] Die Steuererklärungspflicht besteht sowohl für Besteuerungszeiträume nach Eröffnung des Insolvenzverfahrens als auch für Besteuerungszeiträume vor Eröffnung des Insolvenzverfahrens, soweit der Schuldner noch keine Steuererklärungen abgegeben hat.

[1] Der Insolvenzverwalter hat die steuerlichen Pflichten des Schuldners jedoch nur insoweit zu erfüllen, als seine Verfügungsbefugnis reicht. [2] Soweit Besteuerungsgrundlagen den insolvenzfreien Bereich betreffen, insbesondere Umsätze bzw. Einkünfte aus dem nach § 35 Abs. 2 InsO freigegebenen oder pfändungsfreien Vermögen, ist daher nicht der Insolvenzverwalter, sondern der Schuldner zur Erklärung verpflichtet, z.B. zur Abgabe von Umsatzsteuererklärungen für das freigegebene Unternehmen. [3] Entsprechendes gilt für die Erklärung zu Besteuerungsgrundlagen, die den mit dem Schuldner zusammenveranlagten Ehegatten/Lebenspartner betreffen. [4] Soweit die Steuergesetze die eigenhändige Unterzeichnung einer Steuererklärung vorschreiben, muss die Steuererklärung vom Insolvenzverwalter eigenhändig (mit-)unterschrieben werden; dies gilt auch im Fall einer Antragsveranlagung gem. § 46 Abs. 2 Nr. 8 EStG[1].

[1] Für die Steuererklärungspflicht des Insolvenzverwalters ist es i.d.R. unerheblich, ob die Insolvenzmasse über ausreichende Mittel verfügt, um diese Erklärungen durch einen Dritten erstellen zu lassen (BFH-Urteil vom 23.8. 1994, VII R 143/92, BStBl. 1995 II S. 194). [2] Soweit der Insolvenzverwalter verpflichtet ist, Steuererklärungen einschließlich Steueranmeldungen abzugeben, und er dieser Verpflichtung nicht nachkommt, sind Zwangsmaßnahmen (§§ 328, 329 AO) gegen ihn zulässig. [3] Dies gilt auch, wenn aus den angeforderten Erklärungen voraussichtlich nicht mit steuerlichen Auswirkungen zu rechnen ist (sogenannte „Null-Erklärungen" vgl. BFH-Urteil vom 6.11.2012, VII R 72/11, BStBl. 2013 II S. 141). [4] In massearmen Verfahren kann jedoch regelmäßig von der Anwendung von Zwangsmitteln abgesehen werden; die Besteuerungsgrundlagen sind dann zu schätzen.

Erkennt der Insolvenzverwalter während des Verfahrens, dass der Schuldner für die Zeit vor Insolvenzeröffnung unrichtige oder unvollständige Erklärungen abgegeben hat und dass es dadurch zu einer Verkürzung von Steuern kommen kann oder bereits gekommen ist, ist er nach § 153 Abs. 1 AO verpflichtet, die unrichtigen oder unvollständigen Steuererklärungen zu berichtigen oder zu vervollständigen.

---

[1] **dtv 5785 ESt/LSt Nr. 1.**

[1] Die Steuererklärungspflicht des Insolvenzverwalters endet grundsätzlich mit Aufhebung des Insolvenzverfahrens. [2] Soweit Steuererklärungen vor Aufhebung des Insolvenzverfahrens vom Insolvenzverwalter abzugeben waren, besteht diese Verpflichtung über diesen Zeitpunkt hinaus fort, soweit der frühere Insolvenzverwalter dieser Verpflichtung noch tatsächlich nachkommen kann (§§ 34, 36 AO).

Für Zeiträume nach der Aufhebung des Insolvenzverfahrens obliegen die steuerlichen Pflichten dem Schuldner.

4.3. Verwaltungsakte im Insolvenzverfahren

4.3.1. Vor Insolvenzeröffnung begründete Ansprüche

[1] Während des Insolvenzverfahrens dürfen hinsichtlich Insolvenzforderungen grundsätzlich keine Bescheide über die Festsetzung von Ansprüchen aus dem Steuerschuldverhältnis und keine Bescheide, die Besteuerungsgrundlagen feststellen oder Steuermessbeträge festsetzen, welche die Höhe der zur Insolvenztabelle anzumeldenden Steuerforderungen beeinflussen können, erlassen werden. [2] Ein gleichwohl erlassener Steuerbescheid über einen Steueranspruch, der eine Insolvenzforderung betrifft, ist unwirksam (BFH-Urteil vom 18.12.2002, I R 33/01, BStBl. 2003 II S. 630).

Steuerfestsetzungen i.H.v. 0 €, deren Besteuerungsgrundlagen in einen verbleibenden Verlustvortrag nach § 10d EStG eingehen können, sind ebenfalls unwirksam, da sie abstrakt geeignet sind, sich auf anzumeldende Steuerforderungen auszuwirken, vgl. § 10d Abs. 4 Satz 4 EStG.

[1] Bescheide, die einen Erstattungsanspruch zugunsten der Insolvenzmasse festsetzen, oder Festsetzungen von Steuermessbeträgen, die sich für den Schuldner vorteilhaft auswirken, können ergehen, sofern sie nicht abstrakt geeignet sind, sich auf anzumeldende Steuerforderungen auszuwirken (z.B. über einen Verlustvortrag nach § 10d EStG). [2] Beispielsweise ist das Finanzamt berechtigt, Umsatzsteuerbescheide zu erlassen, in denen eine negative Umsatzsteuer für einen Besteuerungszeitraum vor Eröffnung des Insolvenzverfahrens festgesetzt wird, sofern sich daraus keine Zahllast ergibt (BFH-Urteil vom 13.5.2009, XI R 63/07, BStBl. 2010 II S. 11).

[1] Eine Steuerfestsetzung hat außerdem zu erfolgen, wenn der Insolvenzverwalter ausdrücklich die Erteilung eines Steuerbescheids beantragt, auch wenn sie sich auf anzumeldende Steuerforderungen auswirken kann. [2] Ein solcher Antrag ist erforderlich, wenn der Insolvenzverwalter die Anrechnung von Steuerabzugsbeträgen und/oder Vorauszahlungen begehrt mit dem Ziel ihrer (teilweisen) Erstattung zugunsten der Insolvenzmasse. [3] Die Abgabe einer gesetzlich vorgeschriebenen Steuererklärung ist, mit Ausnahme der Fälle des § 46 Abs. 2 Nr. 8 EStG (vgl. BFH-Urteil vom 20.1.2016, VI R 14/15, BStBl. II S. 380), kein Antrag auf Erteilung eines Steuerbescheids (vgl. AEAO zu § 171, Nr. 2).

Weiterhin können folgende Verwaltungsakte ergehen:

– Verwaltungsakte nach § 251 Abs. 3 AO (ggf. neben einer Bekanntgabe an den widersprechenden Gläubiger, § 179 Abs. 1 InsO),

– Gewerbesteuermessbetragsbescheide (§ 184 AO) und Zerlegungsbescheide (§ 188 AO) nach einem Widerspruch gegen die Anmeldung von Gewerbesteuerforderungen zur Insolvenztabelle durch die erhebungsberechtigte Körperschaft (BFH-Urteil vom 2.7.1997, I R 11/97, BStBl. 1998 II S. 428),

– Bescheide, die Besteuerungsgrundlagen feststellen, die eine vom Insolvenzverwalter im Prüfungstermin bestrittene Steuerforderung betreffen (BFH-Urteil vom 1.4.2003, I R 51/02, BStBl. II S. 779; zu Feststellungsbescheiden vgl. auch AEAO zu § 251, Nr. 4.4).

Für diese Verwaltungsakte ist Bekanntgabeadressat (vgl. AEAO zu § 122, Nr. 1.4) der Insolvenzverwalter.

In Fällen der Eigenverwaltung (vgl. AEAO zu § 251, Nr. 13) ist der Schuldner Bekanntgabeadressat.

Zu Verbindlichkeiten nach § 55 Abs. 2 und 4 InsO vgl. AEAO zu § 251, Nr. 3.1.

4.3.2. Nach Insolvenzeröffnung begründete Ansprüche

Verwaltungsakte, die die Insolvenzmasse betreffen, dürfen erlassen werden.

[1] Bekanntgabeadressat aller die Insolvenzmasse betreffenden Verwaltungsakte ist der Insolvenzverwalter. [2] Dies gilt insbesondere für die Bekanntgabe von

– Steuerbescheiden oder Steuermessbetragsbescheiden wegen Steueransprüchen, die nach der Verfahrenseröffnung begründet und damit sonstige Masseverbindlichkeiten sind,

– Verwaltungsakten nach § 218 Abs. 2 AO,

– Steuerbescheiden wegen Steueransprüchen, die aufgrund einer neuen beruflichen oder gewerblichen, nicht vom Insolvenzverwalter freigegebenen Tätigkeit des Schuldners begründet sind (sog. Neuerwerb, § 35 InsO).

Verwaltungsakte, die das insolvenzfreie Vermögen betreffen, sind an den Schuldner zu richten und diesem bekannt zu geben.

4.3.3. Beispiele für Bescheiderläuterungen bei Bekanntgabe an den Insolvenzverwalter:

„Der Bescheid ergeht an Sie als Verwalter/vorläufiger Verwalter im Insolvenzverfahren/Verfahren über den Antrag auf Eröffnung des Insolvenzverfahrens über das Vermögen des Schuldners ... ."

Die Erläuterung ist, soweit erforderlich, zur Klarstellung zu ergänzen:

„Die Steuerfestsetzung betrifft die Festsetzung der Umsatzsteuer als sonstige Masseverbindlichkeit."

„Die Festsetzung des Gewerbesteuermessbetrags dient der erhebungsberechtigten Körperschaft als Grundlage zur Fortführung des weiteren Verfahrens aufgrund des Widerspruchs gegen die Anmeldung der Gewerbesteuerforderung zur Tabelle."

4.4. Besonderheiten bei der gesonderten Feststellung von Besteuerungsgrundlagen
4.4.1. Personengesellschaften
4.4.1.1. Insolvenz der Personengesellschaft

Das Insolvenzverfahren einer Personengesellschaft umfasst nur das Gesamthandsvermögen, nicht jedoch das persönliche Vermögen der Gesellschafter oder das Sonderbetriebsvermögen einzelner Gesellschafter.

[1] Zivilrechtlich wird die Personengesellschaft durch die Eröffnung des Insolvenzverfahrens aufgelöst (§ 728 Abs. 1 BGB, § 131 Abs. 1 Nr. 3, § 161 Abs. 2 HGB). [2] Steuerrechtlich besteht sie zunächst fort (vgl. AEAO zu § 122, Nr. 2.7.1).

Ist ausschließlich über das Vermögen der Gesellschaft – nicht aber auch über das Vermögen eines Gesellschafters – ein Insolvenzverfahren eröffnet worden, unterbricht diese Verfahrenseröffnung das (Gewinn-)Feststellungsverfahren nicht, weil dessen steuerlichen Folgen nicht die Insolvenzmasse, sondern ausschließlich die Gesellschafter treffen (BFH-Urteil vom 24.7.1990, VIII R 194/84, BStBl. 1992 II S. 508).

[1] Daher sind weiterhin Feststellungserklärungen abzugeben. [2] Die Pflicht zur Abgabe der Feststellungserklärung obliegt wie bisher den Beteiligten (§§ 179 Abs. 1, 181 Abs. 2 AO), nicht dem Insolvenzverwalter. [3] Dieser ist nur dann zur Abgabe der Feststellungserklärung verpflichtet, wenn er Insolvenzverwalter im Insolvenzverfahren über das Vermögen eines Beteiligten ist. [4] Seine ggf. bestehende Pflicht zur Abgabe einer Gewerbesteuererklärung bleibt davon unberührt.

[1] Der Insolvenzverwalter über das Vermögen einer Personengesellschaft ist vorbehaltlich des § 5b Abs. 2 EStG zur elektronischen Übermittlung der E-Bilanz gem. § 5b Abs. 1 EStG verpflichtet, wenn ihm die Abgabepflicht für eine Steuer- oder Feststellungserklärung obliegt, für die die E-Bilanz von Bedeutung ist (insbesondere die Gewerbesteuererklärung oder die Erklärung über die gesonderte und einheitliche Feststellung der Besteuerungsgrundlagen). [2] In diesem Fall hat er auch die nach § 51 Abs. 4 Nr. 1b EStG vom BMF im Einvernehmen mit den obersten Finanzbehörden der Länder bestimmten Mussangaben, die die Feststellungsbeteiligten betreffen, an das Finanzamt zu übermitteln.

Zur Bekanntgabe von Feststellungsbescheiden, wenn die Gesellschaft durch die Eröffnung des Insolvenzverfahrens aufgelöst wird, vgl. Nr. 2.5.5 des AEAO zu § 122.

4.4.1.2. Insolvenz eines (oder mehrerer) Gesellschafters der Personengesellschaft

[1] Mit der Eröffnung des Insolvenzverfahrens über das Vermögen eines Feststellungsbeteiligten wird das (Gewinn-)Feststellungsverfahren ausschließlich hinsichtlich der Feststellung des Anteils des in der Insolvenz befindlichen Gesellschafters unterbrochen. [2] Diese Unterbrechung hindert den Fortgang des (Gewinn-)Feststellungsverfahrens gegenüber den übrigen Beteiligten nicht. [3] Insoweit wird vom Grundsatz der Einheitlichkeit des Feststellungsverfahrens (§ 179 Abs. 2 Satz 2 AO) abgewichen.

Sobald dem für die Besteuerung eines Feststellungsbeteiligten zuständigen Finanzamt bekannt wird, dass über das Vermögen dieses Steuerpflichtigen das Insolvenzverfahren eröffnet worden ist, hat es das für die Durchführung der gesonderten und einheitlichen Feststellung zuständige Finanzamt unverzüglich hierüber zu unterrichten.

Wenn im Zeitpunkt der Insolvenzeröffnung noch kein (Gewinn-)Feststellungsbescheid vorliegt, gilt für die Besteuerung des Anteils des insolventen Beteiligten Folgendes:

Eine Unterscheidung zwischen Insolvenz- und Masseforderungen ist bereits im (Gewinn-)Feststellungsbescheid gegenüber dem in Insolvenz befindlichen Mitunternehmer vorzunehmen.

[1] Werden durch die gesonderte und einheitliche Feststellung gegenüber dem Schuldner (insolventer Feststellungsbeteiligter) sowohl Besteuerungsgrundlagen, welche der Anmeldung von Insolvenzforderungen dienen, als auch

Besteuerungsgrundlagen, welche der Festsetzung von Masseforderungen dienen, festgestellt, so sind die Besteuerungsgrundlagen, welche der Anmeldung von Insolvenzforderungen dienen, gesondert aufzuführen. [2] Dieser Bescheid ist dem Insolvenzverwalter bekannt zu geben. [3] Dabei ist darauf hinzuweisen, dass der Bescheid, soweit er Besteuerungsgrundlagen betrifft, die der Anmeldung von Insolvenzforderungen dienen, lediglich ein „informatorischer Bescheid" über die Berechnungsgrundlage ist (vgl. BFH-Urteil vom 24.8.2004, VIII R 14/02, BStBl. 2005 II S. 246).

Zuständig für die Anmeldung der Forderungen zur Tabelle ist und bleibt das für die Besteuerung des Schuldners zuständige Finanzamt. [2] Es nimmt bei Bedarf auch am Prüfungstermin teil.

[1] Wird die von dem Finanzamt angemeldete Forderung im Prüfungstermin bestritten, hat das für die Besteuerung des Schuldners zuständige Finanzamt einen Feststellungsbescheid nach § 251 Abs. 3 AO zu erlassen, der auf Feststellung zur Insolvenztabelle gerichtet ist. [2] Der Feststellungsbescheid nach § 251 Abs. 3 AO ist an die widersprechenden Insolvenzgläubiger bzw. den widersprechenden Insolvenzverwalter zu richten.

[1] Wird kein Einspruch gegen den Feststellungsbescheid nach § 251 Abs. 3 AO eingelegt, gilt die Forderung als festgestellt. [2] Die Berichtigung der Tabelle ist von dem für die Besteuerung des Schuldners zuständigen Finanzamt zu beantragen.

[1] Wird gegen den Feststellungsbescheid nach § 251 Abs. 3 AO Einspruch eingelegt und damit begründet, dass die festgestellte Forderung auf einer Gewinnfeststellung beruht, ist das Gewinnfeststellungsverfahren wieder aufzunehmen. [2] Der Rechtsstreit über den Feststellungsbescheid nach § 251 Abs. 3 AO ist bis zu der abschließenden Entscheidung in dem Gewinnfeststellungsverfahren gem. § 363 Abs. 1 AO auszusetzen.

An diesem Gewinnfeststellungsverfahren sind anstelle des Schuldners die im Prüfungstermin widersprechenden Insolvenzgläubiger bzw. der widersprechende Insolvenzverwalter beteiligt; ihnen ist deshalb auch ein sog. „verkürzter" Gewinnfeststellungsbescheid (§ 183 Abs. 2 Satz 2 AO) bekannt zu geben (BFH-Urteil vom 24.8.2004, VIII R 14/02, a.a.O.).

[1] Die Entscheidung im Gewinnfeststellungsverfahren ist bei der Entscheidung über den Feststellungsbescheid nach § 251 Abs. 3 AO zu berücksichtigen. [2] Die Berichtigung der Tabelle beim Insolvenzgericht ist dann von dem für die Besteuerung des Schuldners zuständigen Finanzamt zu beantragen.

4.4.2. Sonstige Feststellungen von Besteuerungsgrundlagen

[1] Gesonderte Feststellungen von Besteuerungsgrundlagen, denen die abstrakte Eignung fehlt, sich auf anzumeldende Steuerforderungen auszuwirken (z.B. Feststellung des steuerlichen Einlagekontos gem. § 27 KStG[1])), oder wenn der Insolvenzverwalter die Feststellung ausdrücklich beantragt hat (vgl. BFH-Urteil vom 18.12.2002, I R 33/01, BStBl. 2003 II S. 630), sind zulässig. [2] Die Abgabe einer gesetzlich vorgeschriebenen Feststellungserklärung ist kein Antrag auf Erteilung eines Feststellungsbescheids (vgl. AEAO zu § 171, Nr. 2).

---

[1]) **dtv 5786 KSt/GewSt Nr. 1.**

4.5. Auskunftsrechte des Insolvenzverwalters gegenüber dem Finanzamt

[1] Der Schuldner selbst hat nach der AO keinen Anspruch auf Akteneinsicht oder Übersendung eines Kontoauszuges, sondern nur ein Recht darauf, dass die Finanzbehörde über seinen Antrag auf Akteneinsicht bzw. seinen Antrag auf Übersendung eines Kontoauszuges nach pflichtgemäßem Ermessen entscheidet. [2] Der Insolvenzverwalter hat keinen darüber hinausgehenden Anspruch (vgl. BFH-Urteil vom 19.3.2013, II R 17/11, BStBl. II S. 639, und BFH-Beschluss vom 15.9.2010, II B 4/10, BFH/NV 2011 S. 2).

[1] Bei Auskunftsanträgen des Insolvenzverwalters nach der AO hat das Finanzamt bei der Ermessensausübung zu berücksichtigen, ob ein berechtigtes Interesse substantiiert dargelegt wurde oder ein solches erkennbar ist, insbesondere ob die begehrte Auskunft der Wahrnehmung von Rechten oder Pflichten im konkreten Besteuerungsverfahren dienen kann (vgl. BFH-Beschluss vom 14.4. 2011, VII B 201/10, BFH/NV S. 1296). [2] Fehlt es daran, kann die Erteilung einer Auskunft oder die Übersendung von Kontoauszügen abgelehnt werden (vgl. BFH-Urteil vom 19.3.2013, II R 17/11, a.a.O.).

[1] Ein Auskunftsanspruch des Insolvenzverwalters allein wegen des Verdachts anfechtbarer Zahlungen auf Steuerschulden gegenüber dem Finanzamt besteht nicht (BGH-Urteil vom 13.8.2009, IX ZR 58/06, HFR 2010 S. 299). [2] Der Insolvenzverwalter muss mögliche der Anfechtung unterliegende Rechtshandlungen selbst ermitteln. [3] Das Finanzamt ist nicht verpflichtet, durch Herausgabe von Unterlagen oder durch Erteilung von Auskünften zur Ermittlung von Insolvenzanfechtungstatbeständen beizutragen.

Außersteuerliche Auskunftsrechte des Insolvenzverwalters zur Vorbereitung der Geltendmachung von Anfechtungsansprüchen nach §§ 129 ff. InsO können sich jedoch nach den jeweils einschlägigen Regelungen eines IFG ergeben, wenn der Schuldner zustimmt (§ 30 Abs. 4 Nr. 3 AO).

5. Insolvenzforderungen
5.1. Begriff

[1] Eine Insolvenzforderung ist eine zur Zeit der Eröffnung des Insolvenzverfahrens begründete Forderung des Gläubigers gegen den Schuldner (§ 38 InsO). [2] Der Zeitpunkt der steuerrechtlichen Entstehung der Forderung ist für diese Einordnung unmaßgeblich, so dass eine Abgabenforderung – unabhängig von der steuerrechtlichen Entstehung – immer dann als Insolvenzforderung anzusehen ist, wenn ihr Rechtsgrund zum Zeitpunkt der Verfahrenseröffnung bereits gelegt war bzw. der den Steueranspruch begründende Tatbestand nach den steuerrechtlichen Vorschriften bereits vor der Insolvenzeröffnung vollständig verwirklicht und damit abgeschlossen war, es sei denn, dass der Tatbestand der § 55 Abs. 2 oder 4 InsO[1] erfüllt ist.

[1] Ist die Steuerforderung im Zeitpunkt der Eröffnung des Insolvenzverfahrens noch nicht gem. § 38 AO entstanden (z.B. Eröffnung im Laufe des Umsatzsteuer-Voranmeldungszeitraums), ist nur die zum Eröffnungszeitpunkt bereits begründete Teilsteuerforderung Insolvenzforderung. [2] Der nach Eröffnung begründete Teil ist Masseforderung.

---

[1] Steuern begründen in der vorläufigen Eigenverwaltung keine Masseverbindlichkeiten, siehe BGH v. 22.11.2018 XI ZR 167/16, NJW 2019, 224.

Abgabenansprüche, die lediglich begründet, aber noch nicht fällig sind, gelten im Zeitpunkt der Verfahrenseröffnung als fällig (§ 41 InsO).

Beispiel 1 (Umsatzsteuer)
Die Umsatzsteuerforderung entsteht bei Sollversteuerung erst mit Ablauf des Voranmeldungszeitraums, in dem die Leistungen ausgeführt worden sind (§ 13 Abs. 1 Nr. 1 Buchstabe a UStG[1]). Dagegen ist sie grundsätzlich bereits begründet, soweit die Leistung erbracht ist.

Im Falle der Istversteuerung nach § 20 UStG entsteht die Umsatzsteuerforderung erst mit Ablauf des Voranmeldungszeitraums, in dem das Entgelt vereinnahmt worden ist (§ 13 Abs. 1 Nr. 1 Buchstabe b UStG). Insolvenzrechtlich begründet ist sie bereits im Zeitpunkt der Vereinnahmung des Entgelts (BFH-Urteil vom 29.1.2009, V R 64/07, BStBl. II S. 682). Das Gleiche gilt für die Anzahlungsbesteuerung nach § 13 Abs. 1 Nr. 1 Buchstabe a Satz 4 UStG.

Zur Verteilung auf die einzelnen Vermögensbereiche vgl. AEAO zu § 251, Nr. 9.2.

Beispiel 2 (Vorsteuerrückforderung)
Der Vorsteuerrückforderungsanspruch (§ 17 Abs. 1 Satz 2 in Verbindung mit § 17 Abs. 2 Nr. 1 UStG) entsteht ebenfalls erst mit Ablauf des Voranmeldungszeitraums. Er ist aber zur Zeit der Bestellung eines vorläufigen Insolvenzverwalters mit Zustimmungsvorbehalt oder Bestellung eines vorläufigen Insolvenzverwalters, dem die Verwaltungs- und Verfügungsbefugnis über das Vermögen des Schuldners übertragen worden ist, begründet, weil die Uneinbringlichkeit bereits zu diesem Zeitpunkt vorlag (BMF-Schreiben vom 20.5.2015, BStBl. I S. 476). Spätestens ist der Vorsteuerrückforderungsanspruch mit der Eröffnung des Insolvenzverfahrens begründet (BFH-Urteil vom 22.10.2009, V R 14/08, BStBl. II 2011, S. 988, und vom 9.12.2010, V R 22/10, BStBl. II 2011 S. 996).

Beispiel 3 (Lohnsteuer)
Die Lohnsteuer entsteht in dem Zeitpunkt, in dem der Arbeitslohn dem Arbeitnehmer zufließt (§§ 38 Abs. 2, 41a Abs. 1 EStG). Sie ist regelmäßig auch in diesem Zeitpunkt begründet im Sinne von § 38 InsO, unabhängig davon, für welchen Zeitraum die Lohnzahlungen erfolgen.

Beispiel 4 (Rückforderung Investitionszulage)
Der Anspruch auf Rückforderung einer gewährten Investitionszulage ist vor Eröffnung des Insolvenzverfahrens begründet, wenn das zulagenbegünstigte Wirtschaftsgut vor Eröffnung des Insolvenzverfahrens bereits zulagenschädlich verwendet wurde (z.B. Veräußerung oder Umqualifizierung von Anlagevermögen in Umlaufvermögen).

Die nach Eröffnung des Insolvenzverfahrens durch den Insolvenzverwalter erfolgte zulagenschädliche Verwendung des Wirtschaftsgutes führt ebenfalls zu einer Insolvenzforderung. Der Rückforderungsanspruch war schon vor der Eröffnung begründet, weil das vom Schuldner geschaffene öffentlich-rechtliche Verhältnis zur Finanzbehörde, aus dem später der Rückforderungsanspruch entstanden ist, zum Zeitpunkt der Verfahrenseröffnung bereits bestand.

Beispiel 5 (Kraftfahrzeugsteuer)
Die auf Zeiträume vor Verfahrenseröffnung bzw. vor Bestellung eines „starken" vorläufigen Insolvenzverwalters entfallende Steuer gehört zu den Insolvenzforderungen. Es ist eine Aufteilung des Besteuerungszeitraums und Berechnung der Kraftfahrzeugsteuer nach Monaten, u.U. nach Tagen vorzunehmen (BFH-Urteil vom 16.11.2004, VII R 62/03, BStBl. 2005 II S. 309, und BFH-Beschluss vom 8.7.1997, VII B 89/97, BFH/NV 1998 S. 86).

Beispiel 6 (Einkommen- und Körperschaftsteuer)
Die Einkommen- und Körperschaftsteuer auf die bis zur Insolvenzeröffnung erzielten Einkünfte stellt eine Insolvenzforderung dar.
Für die Zuordnung der Einkünfte und für die Verteilung der Steuer auf die einzelnen Vermögensbereiche vgl. AEAO zu § 251, Nr. 9.1.

Verspätungszuschläge sind Insolvenzforderungen (BFH-Beschluss vom 19.1.2005, VII B 286/04, BFH/NV S. 1001), wenn sie auf Fristversäumnissen des Schuldners bis zur Insolvenzeröffnung beruhen.

Zinsen nach §§ 233 ff. AO auf Insolvenzforderungen für Zeiträume bis zur Eröffnung des Insolvenzverfahrens sind zur Insolvenztabelle anzumelden.

---

[1] dtv 5546 USt Nr. 1.

Säumniszuschläge und Zinsen, die seit Eröffnung des Insolvenzverfahrens auf Insolvenzforderungen entstanden sind, sowie rückständige Bußgelder und Zwangsgelder sind nachrangige Insolvenzforderungen i.S.d. § 39 InsO.

5.2. Geltendmachung von Insolvenzforderungen

[1] Insolvenzforderungen sind schriftlich beim Insolvenzverwalter anzumelden (§ 174 Abs. 1 InsO). [2] Liegt der Forderung eine Steuerstraftat des Schuldners nach §§ 370, 373 oder 374 AO zugrunde, sind neben dem Grund und dem Betrag der Forderung auch die Tatsachen, aus denen sich nach Einschätzung der Finanzbehörde eine entsprechende Steuerstraftat ergibt, anzugeben. [3] Zu diesen Forderungen gehören auch die entstandenen Zinsansprüche wie z.B. Hinterziehungszinsen (vgl. BFH-Urteil vom 20.3.2012, VII R 12/11, BStBl. II S. 491). [4] Im Zeitpunkt der Anmeldung zur Tabelle muss noch keine rechtskräftige Verurteilung wegen einer Steuerstraftat vorliegen. [5] Der Insolvenzverwalter führt eine Tabelle, in die er jede angemeldete Forderung mit den in § 174 Abs. 2, 3 InsO genannten Angaben einzutragen hat (§§ 174, 175 InsO). [6] Nachrangige Insolvenzforderungen sind nur auf besondere Aufforderung durch das Insolvenzgericht hin anzumelden (§ 174 Abs. 3 InsO).

5.3. Insolvenzforderungen im Prüfungstermin; Auswirkungen auf das Besteuerungsverfahren

Wegen der Auswirkungen auf das Steuerfestsetzungs- und Rechtsbehelfsverfahren ist für die weitere Bearbeitung zunächst zu unterscheiden, ob die Forderung im Prüfungstermin (§ 29 Abs. 1 Nr. 2 InsO) bestritten wurde.

5.3.1. Vom Insolvenzverwalter oder einem Gläubiger bestrittene Forderungen

Ist eine angemeldete Abgabenforderung nach Grund und Höhe im Prüfungstermin bestritten worden, was z.B. auch bei „vorläufigem Bestreiten" oder „auflösend bedingter Feststellung" gegeben ist (vgl. BFH-Beschluss vom 16.3.2016, V B 41/15, BFH/NV S. 1073), muss weiter differenziert werden, ob der Anspruch tituliert ist.

[1] Von einer „Titulierung" im insolvenzrechtlichen Sinne ist auszugehen, wenn vor Insolvenzeröffnung ein Bescheid bekannt gegeben oder eine Steueranmeldung abgegeben worden ist. [2] Arrestanordnungen sind keine Titel i.S.d. § 179 InsO.

Nicht titulierte Ansprüche sind Steuerforderungen, die im Zeitpunkt der Verfahrenseröffnung begründet (§ 38 InsO, vgl. AEAO zu § 251, Nr. 5.1) waren, für die aber bis zur Insolvenzeröffnung noch kein Steuerbescheid wirksam bekannt gegeben wurde oder für die noch keine Steueranmeldung abgegeben wurde oder diese erst nach Verfahrenseröffnung beim Finanzamt eingegangen ist.

5.3.1.1. Nicht titulierte Forderungen

[1] Wird eine nicht titulierte Forderung bestritten, stellt das Finanzamt das Bestehen der Abgabenforderung durch Feststellungsbescheid nach § 251 Abs. 3 AO fest. [2] Inhalts- und Bekanntgabeadressat ist der Bestreitende (Insolvenzverwalter oder -gläubiger; § 179 Abs. 1 InsO).

5.3.1.2. Titulierte Forderungen

[1] Wird eine titulierte Abgabenforderung bestritten, obliegt es dem Bestreitenden, den Widerspruch zu verfolgen (§ 179 Abs. 2 InsO). [2] Es bleibt dem

Finanzamt unbenommen – insbesondere zur Erlangung des Stimmrechts (§ 77 InsO) –, das durch die Verfahrenseröffnung unterbrochene Verfahren selbst aufzunehmen (grundlegend BVerwG-Urteil vom 29.4.1988, 8 C 73/85, NJW 1989, S. 314 und Abschnitt 60 Abs. 7 VollstrA).

5.3.1.2.1. Nicht bestandskräftiger und nicht angefochtener Steuerbescheid

[1] War der Steuerbescheid vor Eröffnung des Verfahrens noch nicht bestandskräftig und wurde noch kein Rechtsbehelf eingelegt, ist der Lauf der Rechtsbehelfsfrist durch die Eröffnung des Verfahrens unterbrochen. [2] Das Finanzamt hat dem Bestreitenden die Aufnahme des Rechtsstreits zu erklären (analog § 240 ZPO). [3] Mit der Bekanntgabe dieser Erklärung beginnt die durch die Verfahrenseröffnung unterbrochene Einspruchsfrist neu zu laufen.

Entsprechendes gilt auch für nicht bestandskräftige Bescheide, mit denen der Tabellenstreit unmittelbar im Zusammenhang steht, wie insbesondere Verlustfeststellungsbescheide oder Gewerbesteuermessbescheide, die zumindest die abstrakte Eignung haben, sich auf Insolvenzforderungen auszuwirken (vgl. Urteil des FG Köln vom 10.8.2017, 13 K 1849/13, EFG S. 1807).

Legt der Bestreitende gegen den Steuerbescheid Einspruch ein, ist das Einspruchsverfahren nach den allgemeinen Vorschriften durchzuführen. [2] Ist der Einspruch begründet, ist eine (neue) Steuerberechnung an den Bestreitenden zu übersenden; die Forderungsanmeldung ist ggf. zu berichtigen. [3] Hat der Einspruch keinen Erfolg, sind der Einspruch und ein ggf. vorliegender Widerspruch gegen die Anmeldung zur Tabelle mit der Einspruchsentscheidung als unbegründet zurückzuweisen und die bestrittenen Steueransprüche als Insolvenzforderungen festzustellen (BFH-Urteil vom 23.2.2005, VII R 63/03, BStBl. II S. 591).

5.3.1.2.2. Angefochtener Steuerbescheid

[1] War der Steuerbescheid vor Eröffnung des Insolvenzverfahrens noch nicht bestandskräftig und vom Schuldner oder dem vorläufigen „starken" Insolvenzverwalter mit einem zulässigen Einspruch oder einer zulässigen Klage angefochten, hat der Insolvenzverwalter die Möglichkeit – ggf. nach entsprechender Aufforderung durch das Finanzamt –, das Rechtsbehelfsverfahren aufzunehmen und fortzuführen. [2] Das vom Insolvenzverwalter aufgenommene Einspruchsverfahren ist vom Finanzamt weiter zu betreiben.

Nimmt der Insolvenzverwalter trotz Aufforderung durch das Finanzamt seinen Widerspruch gegen die Forderungsanmeldung innerhalb einer angemessenen Frist nicht zurück und den Rechtsstreit von sich auch nicht auf, nimmt das Finanzamt das Einspruchsverfahren auf und führt dieses fort (BFH-Urteil vom 13.11.2007, VII R 61/06, BStBl. 2008 II S. 790).

Das Einspruchsverfahren wird in dem Verfahrensstand fortgesetzt, in dem es bei seiner Unterbrechung zum Stillstand gekommen ist.

Bei einem begründeten Einspruch ist eine Steuerberechnung an den Insolvenzverwalter zu übersenden und die Forderungsanmeldung zu berichtigen.

[1] Kann dem Einspruch in der Sache (Höhe der festgesetzten Steuer) nicht in vollem Umfang entsprochen werden, ist er durch Einspruchsentscheidung (u.U. teilweise) als unbegründet zurückzuweisen. [2] Die Einspruchsentscheidung ist dem Insolvenzverwalter als Einspruchsführer bekannt zu geben. [3] In diesen Fällen ist kein Feststellungsbescheid gem. § 251 Abs. 3 AO zu erlassen.

[1] Die Einspruchsentscheidung muss sich sowohl auf die Rechtmäßigkeit der Steuerforderung als auch auf die rechtmäßige Beanspruchung der Steuerforderung als Insolvenzforderung erstrecken. [2] Dazu ist im Tenor über den Einspruch gegen die Steuerfestsetzung und über den im Prüfungstermin erhobenen Widerspruch zu entscheiden (BFH-Urteil vom 23.2.2005, VII R 63/03, BStBl. II S. 591).

Beispiel der Tenorierung:

Der Einspruch gegen den Bescheid vom ... wird als unbegründet zurückgewiesen.

Die zur Insolvenztabelle angemeldeten Forderungen werden wie folgt als Insolvenzforderungen festgestellt:

(Aufstellung der geltend gemachten Steuerforderungen nebst Säumniszuschlägen wie beim Insolvenzfeststellungsbescheid).

Soweit wegen der streitigen Steuer eine Anmeldung zur Tabelle (§ 175 InsO) vorgenommen wurde, ist die Anmeldung im Anschluss an den Erlass der Einspruchsentscheidung entsprechend zu berichtigen.

[1] Eine Verböserung in der Einspruchsentscheidung ist hingegen unzulässig, da die Verböserung einer nicht zulässigen erstmaligen Festsetzung einer Steuerschuld gleichstehen würde. [2] Die ggf. höhere Steuerforderung muss durch Anmeldung zur Insolvenztabelle geltend gemacht werden.

Falls beim Finanzgericht oder beim BFH Rechtsbehelfsverfahren anhängig sind, informiert die Finanzbehörde das Gericht über das Ergebnis des Prüfungstermins.

Wurden vor Eröffnung des Insolvenzverfahrens neben einem Steuerbescheid auch damit unmittelbar im Zusammenhang stehende Bescheide, wie insbesondere Verlustfeststellungsbescheide oder Gewerbesteuermessbescheide, die zumindest die abstrakte Eignung haben, sich auf Insolvenzforderungen auszuwirken, angefochten, können bei Streitigkeiten über Besteuerungsgrundlagen, die gleichermaßen für die festzustellende Forderung als auch die zugehörigen Bescheide von Bedeutung sind, nicht nur das durch die Insolvenzeröffnung unterbrochene Verfahren bezüglich des angefochtenen Steuerbescheids, sondern auch die unterbrochenen Verfahren für die angefochtenen zugehörigen Bescheide wieder aufgenommen werden (vgl. Urteil des FG Köln vom 10.8. 2017, 13 K 1849/13, EFG S. 1807).

5.3.1.2.3. Bestandskräftiger Steuerbescheid

[1] War die Abgabenforderung vor der Eröffnung des Insolvenzverfahrens bereits bestandskräftig festgesetzt, wirkt die Bestandskraft auch gegen den Widersprechenden. [2] Diesem obliegt die Verfolgung seines Widerspruchs. [3] Dabei muss er das Verfahren in der Lage übernehmen, in der es sich bei Eröffnung des Insolvenzverfahrens befand. [4] Liegen keine Wiedereinsetzungsgründe vor und sind die Voraussetzungen der Korrekturvorschriften (insbesondere §§ 129 ff., 164, 165, 172 ff. AO) nicht erfüllt, erlässt das Finanzamt einen Feststellungsbescheid nach § 251 Abs. 3 AO und stellt die Bestandskraft der angemeldeten Forderung fest (BFH-Urteil vom 23.2.2010, VII R 48/07, BStBl. II S. 562).

5.3.2. Vom Schuldner bestrittene Forderungen

[1] Auch dem Schuldner steht das Widerspruchsrecht zu. [2] Dieser Widerspruch steht jedoch der Feststellung der Forderung nicht entgegen (§ 178 Abs. 1 Satz 2 InsO).

[1] Trotz Widerspruchs des Schuldners tritt die Rechtskraftwirkung des Tabelleneintrags ein (§ 178 Abs. 3 InsO). [2] Soweit der Schuldner die zur Tabelle angemeldete Forderung bestreitet, wirkt der Tabelleneintrag nach Insolvenzbeendigung nicht gegen den Schuldner (§ 201 Abs. 2 InsO); insbesondere ist keine Vollstreckung aus der Eintragung in die Tabelle wie aus einem vollstreckbaren Urteil gegen den Schuldner zulässig (vgl. hierzu AEAO zu § 251, Nr. 5.3.4).

[1] Im Falle einer titulierten Forderung obliegt es dem Schuldner, binnen einer Frist von einem Monat, beginnend ab dem Prüfungstermin oder im schriftlichen Verfahren mit dem Bestreiten der Forderung, den Widerspruch zu verfolgen. [2] Nach fruchtlosem Ablauf dieser Frist gilt ein Widerspruch als nicht erhoben (§ 184 Abs. 2 InsO).

Erfolgt der Widerspruch des Schuldners rechtzeitig, kann ein unterbrochenes Einspruchsverfahren vom Finanzamt gegenüber dem Schuldner fortgeführt werden (§ 184 Abs. 1 Satz 2 InsO).

[1] Haben sowohl der Insolvenzverwalter als auch der Schuldner widersprochen, ist es zulässig, den unterbrochenen Rechtsstreit sowohl gegen den Insolvenzverwalter als auch gegen den Schuldner aufzunehmen und damit denselben Rechtsstreit einmal gegen den Insolvenzverwalter auf Feststellung der Forderung zur Insolvenztabelle und zum anderen auf Feststellung der Forderung gegenüber dem Schuldner fortzuführen. [2] Es handelt sich dabei um zwei miteinander verbundene Rechtsbehelfe mit verschiedenen Rechtsbehelfsbegehren (BFH-Urteil vom 13.11.2007, VII R 61/06, BStBl. 2008 II S. 790).

Wird eine nicht titulierte Forderung vom Schuldner bestritten, kann das Finanzamt das Bestehen der Abgabenforderung durch Bescheid nach § 251 Abs. 3 AO feststellen (§ 180 Abs. 1 Satz 1 InsO). [2] Dieser Bescheid ist an den Schuldner zu richten und diesem bekannt zu geben.

Widerspricht der Schuldner der Anmeldung einer Forderung i.S.v. § 302 Nr. 1 InsO, kann das Finanzamt bis zur Aufhebung des Insolvenzverfahrens – unabhängig von einer Titulierung – einen Feststellungsbescheid i.S.v. § 251 Abs. 3 AO mit dem Ziel erlassen, die Forderung von der Restschuldbefreiung auszunehmen, wenn der Schuldner im Zusammenhang mit den angemeldeten Forderungen wegen einer Steuerstraftat nach den §§ 370, 373 oder 374 AO rechtskräftig verurteilt worden ist; ein ergangener Strafbefehl, gegen den kein Einspruch erhoben worden ist, steht einem rechtskräftigen Urteil gleich (§ 410 Abs. 3 StPO).

Erfolgt die rechtskräftige Verurteilung erst nach Beendigung des Insolvenzverfahrens, siehe AEAO zu § 251, Nr. 15.2.

5.3.3. Feststellung der Forderung zur Tabelle

Werden die angemeldeten Forderungen im Prüfungstermin weder vom Insolvenzverwalter noch von einem Insolvenzgläubiger bestritten oder wird ein erhobener Widerspruch beseitigt, so gelten sowohl die titulierten als auch die nicht titulierten Forderungen als festgestellt (§ 178 Abs. 1 InsO).

[1] Die Eintragung der Feststellung zur Tabelle wirkt gegenüber dem Insolvenzverwalter und den übrigen Insolvenzgläubigern wie ein rechtskräftiges Urteil (§ 178 Abs. 3 InsO), unabhängig davon, ob ein Steuerbescheid ergangen ist. [2] Zur Möglichkeit der Änderung eines festgestellten Tabelleneintrags vgl. AEAO zu § 251, Nr. 5.3.5.

Nach Abschluss des Insolvenzverfahrens kann der Insolvenzgläubiger aus der Eintragung in die Tabelle wie aus einem vollstreckbaren Urteil die Zwangsvollstreckung gegen den Schuldner betreiben, sofern nicht Restschuldbefreiung eingetreten·ist oder noch ein Widerspruch des Schuldners (vgl. AEAO zu § 251, Nr. 5.3.2) vorliegt.

Die widerspruchslose Feststellung einer Steuerforderung zur Insolvenztabelle bewirkt zwar die Erledigung eines wegen dieser Forderung geführten Finanzrechtsstreits in der Hauptsache, beendet aber nicht zugleich die Unterbrechung (vgl. AEAO zu § 251, Nrn. 4.1.2 und 4.1.3) des finanzgerichtlichen Verfahrens (BFH-Beschluss vom 14.5.2013, X B 134/12, BStBl. II S. 585).

5.3.4. Feststellungsbescheid gem. § 251 Abs. 3 AO

[1] Der Feststellungsbescheid nach § 251 Abs. 3 AO ist kein Steuerbescheid i.S.v. §§ 155 ff. AO. [2] Eine Korrektur richtet sich nach den §§ 129 bis 131 AO.

5.3.5. Änderung von zur Insolvenztabelle festgestellten Steuerforderungen

[1] Der widerspruchslosen Eintragung in die Insolvenztabelle kommt dieselbe Wirkung wie der beim Bestreiten vorzunehmenden Feststellung gem. § 185 InsO i.V.m. § 251 Abs. 3 AO zu. [2] Die widerspruchslose Eintragung kann wie die Feststellung zugunsten des Schuldners unter den Voraussetzungen der §§ 130, 131 AO korrigiert werden (BFH-Urteile vom 24.11.2011, V R 13/11, BStBl. 2012 II S. 298, und vom 24.11.2011, V R 20/10, BFH/NV 2012, S. 711 zur Anwendung des § 130 AO).

Eine Nachmeldung von Insolvenzforderungen zur Tabelle für Besteuerungszeiträume, für die bereits ein festgestellter Tabelleneintrag vorliegt, ist zulässig (vgl. BGH-Urteil vom 19.1.2012, IX ZR 4/11, ZInsO S. 488).

6. Sonstige Masseverbindlichkeiten (§ 55 InsO)

6.1. Begründung von sonstigen Masseverbindlichkeiten

[1] Die durch die Handlungen des Insolvenzverwalters oder in anderer Weise durch die Verwaltung, Verwertung und Verteilung der Insolvenzmasse nach der Eröffnung des Insolvenzverfahrens begründeten Abgabenforderungen (sonstige Masseverbindlichkeiten nach § 55 Abs. 1 InsO) sind vorweg zu begleichen (§ 53 InsO). [2] Nach der Insolvenzeröffnung sind die Abgabenansprüche begründet, wenn der einzelne (unselbständige) Besteuerungstatbestand nach der Insolvenzeröffnung vollständig verwirklicht wurde (BFH-Urteile vom 8.3.2012, V R 24/11, BStBl. II S. 466, vom 25.7.2012, VII R 29/11, BStBl. II 2013 S. 36, und vom 16.5.2013, IV R 23/11, BStBl. II S. 759). [3] Dazu gehören insbesondere

– nach Eröffnung des Insolvenzverfahrens begründete Umsatzsteuer,

– nach Eröffnung des Insolvenzverfahrens vereinnahmte Umsatzsteuer aus Umsätzen vor Eröffnung des Insolvenzverfahrens. [2] Dies gilt sowohl bei Istversteuerung (BFH-Urteil vom 29.1.2009, V R 64/07, BStBl. II S. 682) als auch bei Sollversteuerung (BFH-Urteil vom 9.12.2010, V R 22/10, BStBl. 2011 II S. 996),

– Umsatzsteuer aufgrund Vorsteuerberichtigung i.S.v. § 15a UStG (BFH-Urteile vom 9.2.2011, XI R 35/09, BStBl. II S. 1000, und vom 8.3.2012, V R 24/11, a.a.O.),

– Einkommensteuer/Körperschaftsteuer, die sich auf Einkünfte aus der Verwaltung oder der Verwertung der Masse gründet. [2]Die Steuerschuld stellt auch dann in voller Höhe eine Masseverbindlichkeit dar, wenn der (tatsächlich) zur Masse gelangte Erlös nicht ausreicht, um die aus der Verwertungshandlung resultierende Einkommen-/Körperschaftsteuerforderung zu befriedigen (vgl. BFH-Urteil vom 16.5.2013, IV R 23/11, a.a.O.),

– Einkommensteuer eines in Insolvenz befindlichen Mitunternehmers, die auf seinem nach Insolvenzeröffnung begründeten Gewinnanteil beruht (vgl. BFH-Urteil vom 18.5.2010, X R 60/08, BStBl. 2011 II S. 429),

– Gewerbesteuer bei Weiterführung des Gewerbebetriebs durch den Insolvenzverwalter,

– Lohnsteuer auf nach Eröffnung des Insolvenzverfahrens ausgezahlte Arbeitslöhne,

– Kraftfahrzeugsteuer für den laufenden Entrichtungszeitraum ab der Verfahrenseröffnung und für alle danach beginnenden Entrichtungszeiträume, sofern das Fahrzeug Teil der Insolvenzmasse ist (vgl. BFH-Urteile vom 13.4. 2011, II R 49/09, BStBl. II S. 944, und vom 8.9.2011, II R 54/10, BStBl. 2012 II S. 149).

Weitere Masseverbindlichkeiten sind

– Verbindlichkeiten, die von einem vorläufigen Insolvenzverwalter begründet worden sind, auf den die Verfügungsbefugnis über das Vermögen des Schuldners übergegangen ist (§ 55 Abs. 2 Satz 1 InsO) sowie

– Verbindlichkeiten des Schuldners aus dem Steuerschuldverhältnis, die von einem vorläufigen Insolvenzverwalter oder vom Schuldner mit Zustimmung eines vorläufigen Insolvenzverwalters begründet worden sind (§ 55 Abs. 4 InsO). [2]Zur Anwendung des § 55 Abs. 4 InsO siehe BMF-Schreiben vom 20.5.2015; BStBl. I S. 476, ergänzt durch BMF-Schreiben vom 18.11.2015, BStBl. I S. 886.

[1]Die als Masseverbindlichkeiten entstehenden Abgabenansprüche sind durch Steuerbescheid geltend zu machen (BFH-Urteil vom 6.7.2011, II R 34/10, BFH/NV 2012, S. 10). [2]Der Insolvenzverwalter ist Bekanntgabeadressat (vgl. AEAO zu § 122, Nr. 1.4). [3]Die Masse betreffende Verwaltungsakte können nicht durch die Bekanntgabe an den Schuldner wirksam werden. [4]Der Insolvenzverwalter ist verpflichtet, die entsprechenden Steuererklärungen einschließlich Steueranmeldungen abzugeben (vgl. AEAO zu § 251, Nr. 4.2).

[1]Er ist dem Massegläubiger zum Schadensersatz verpflichtet, wenn er durch eine Rechtshandlung eine Masseverbindlichkeit begründet, die aus der Masse nicht voll erfüllt werden kann, und er bei der Begründung der Verbindlichkeit erkennen konnte, dass die Masse voraussichtlich zur Erfüllung nicht ausreichen würde (§ 61 InsO). [2]Der Schadensersatzanspruch kann nur zivilrechtlich geltend gemacht werden.

Sind die Kosten des Insolvenzverfahrens gedeckt, reicht die Insolvenzmasse jedoch nicht aus, um die fälligen sonstigen Masseverbindlichkeiten zu erfüllen, hat der Insolvenzverwalter dem Insolvenzgericht die Masseunzulänglichkeit anzuzeigen (§ 208 Abs. 1 Satz 1 InsO).

[1] Die Rangfolge der Vorwegbefriedigung von Masseverbindlichkeiten richtet sich nach § 209 InsO. [2] Zunächst werden die Kosten des Insolvenzverfahrens, das sind die Gerichtskosten und die Vergütung des Insolvenzverwalters sowie ggf. des Gläubigerausschusses, danach die Neumasseverbindlichkeiten (Verbindlichkeiten, die nach Anzeige der Masseunzulänglichkeit begründet wurden) und schließlich die Altmasseverbindlichkeiten befriedigt.

6.2. Durchsetzung von sonstigen Masseverbindlichkeiten

[1] Werden sonstige Masseverbindlichkeiten vom Insolvenzverwalter nicht entrichtet, ist dieser zur unverzüglichen Zahlung aufzufordern. [2] Die Vollstreckung gegen die Masse richtet sich nach den allgemeinen Vorschriften der AO. [3] Grundsätzlich ist während der Dauer des Insolvenzverfahrens die Vollstreckung in die Insolvenzmasse durch Massegläubiger – vorbehaltlich § 90 Abs. 1 InsO – zulässig, weil § 89 InsO nur für Insolvenzgläubiger gilt. [4] Mit der Anzeige der Masseunzulänglichkeit greift allerdings für Massegläubiger das Vollstreckungsverbot wegen Altmasseverbindlichkeiten i.S.v. § 209 Abs. 1 Nr. 3 InsO (§ 210 InsO). [5] Ein gesetzlich verankertes Vollstreckungsverbot für Neumassegläubiger enthält die InsO nicht. [6] Der Insolvenzverwalter kann die Zahlung auf Neumasseverbindlichkeiten verweigern, sobald sich herausstellt, dass die Masse nicht zur vollen Befriedigung aller Neumassegläubiger ausreicht. [7] Für diese greift der Grundsatz der Gleichbehandlung sämtlicher Gläubiger, so dass lediglich eine quotale Befriedigung verlangt werden kann.

7. Insolvenzfreies Vermögen

[1] Übt der Schuldner eine selbständige Tätigkeit aus oder beabsichtigt er, demnächst eine solche Tätigkeit auszuüben, hat der Insolvenzverwalter ihm gegenüber zu erklären, ob Vermögen aus der selbständigen Tätigkeit zur Insolvenzmasse gehört und ob Ansprüche aus dieser Tätigkeit im Insolvenzverfahren geltend gemacht werden können, § 35 Abs. 2 Satz 1 InsO. [2] Diese Freigabeerklärung wirkt grundsätzlich erst ab ihrem Zugang beim Insolvenzschuldner (ex nunc). [3] Die Wirksamkeit der Erklärung wird dabei allerdings nicht vom Insolvenzgericht überprüft. [4] Das Amtsgericht übernimmt lediglich die Vorgaben des Insolvenzverwalters, d.h. der Zugang der Erklärung beim Schuldner ist vom Insolvenzverwalter gegenüber dem Finanzamt nachzuweisen. [5] Eine einmal erteilte Freigabeerklärung ist für den Insolvenzverwalter unwiderruflich. [6] Unterlässt der Insolvenzverwalter in Kenntnis oder bei Erkennbarkeit der selbständigen Tätigkeit des Schuldners (z.B. nach entsprechender Information durch das Finanzamt) die Abgabe der Erklärung nach § 35 Abs. 2 Satz 1 InsO, stellen die durch die selbständige Tätigkeit des Insolvenzschuldners begründeten Verbindlichkeiten Masseverbindlichkeiten nach § 55 Abs. 1 Nr. 1 InsO dar (BFH-Urteil vom 18.12.2019, XI R 10/19, BStBl. 2020 II S. 480).

Keine Masseverbindlichkeiten liegen vor, wenn der Schuldner die Tätigkeit ohne Wissen und Billigung durch den Insolvenzverwalter ausgeübt hat und die Entgelte nicht zur Insolvenzmasse gelangt sind (BFH-Urteile vom 18.5.2010, X R 11/09, BFH/NV 2010 S. 2114 und vom 6.6.2019, V R 51/17, BStBl. 2021 II S. 52).

[1] Steuererstattungsansprüche innerhalb dieses freigegebenen Neuerwerbes stehen immer dem Schuldner zu. [2] Das Finanzamt kann – sofern keine Aufrechnungslage besteht – nach Bekanntgabe der Freigabe solche Guthaben aus dem insolvenzfreien Neuerwerb nur noch schuldbefreiend an ihn leisten.

[3] Steuerzahlungen für das insolvenzfreie Vermögen sind vom Schuldner zu leisten.

Einkommensteuernachzahlungen, die auf Einkünften aus nichtselbständiger Tätigkeit oder Renten beruhen, stellen Forderungen gegen das insolvenzfreie Vermögen dar (BFH-Urteile vom 24.2.2011, VI R 21/10, BStBl. II S. 520 sowie vom 27.7.2011, VI R 9/11, BFH/NV S. 2111 f.).

8. Aufrechnung im Insolvenzverfahren

Für die Aufrechnung in Insolvenzfällen gelten die allgemeinen Grundsätze der § 226 AO i.V.m. §§ 387 ff. BGB, es sind jedoch die Aufrechnungsverbote der §§ 95 und 96 InsO zu beachten.

Die Steuerberechnung nach §§ 16 ff. UStG ist keine Aufrechnung, so dass sie auch nicht den Beschränkungen der §§ 94 ff. InsO unterliegt (BFH-Urteile vom 24.11.2011, V R 13/11, BStBl. 2012 II S. 298, und vom 25.7.2012, VII R 30/11, BFH/NV 2013 S. 603 und vom 24.9.2014, V R 48/13, BStBl. 2015 II S. 506).

[1] War ein Gläubiger zum Zeitpunkt der Eröffnung des Insolvenzverfahrens zur Aufrechnung berechtigt, so kann die Aufrechnung auch noch im Insolvenzverfahren erklärt werden (§ 94 InsO). [2] Zur Aufrechnung im Planverfahren vgl. AEAO zu § 251, Nr. 11; zur Aufrechnung im Restschuldbefreiungsverfahren vgl. AEAO zu § 251, Nr. 15.2.

[1] Nach § 95 Abs. 1 InsO kann (noch) nicht aufgerechnet werden, wenn die aufzurechnenden Forderungen oder eine von ihnen aufschiebend bedingt oder noch nicht fällig sind. [2] Die Aufrechnung kann erst erfolgen, wenn die Voraussetzungen (Unbedingtheit oder Fälligkeit) eingetreten sind; hierbei ist die Fälligkeitsfiktion des § 41 InsO nicht anzuwenden. [3] Es gilt allein die steuerrechtliche Fälligkeit (§ 220 AO).

[1] Wird über das Vermögen des Schuldners ein Insolvenzverfahren eröffnet, werden die in diesem Zeitpunkt entstandenen Steuerforderungen des Finanzamts – vorbehaltlich spezieller steuergesetzlicher Fälligkeitsbestimmungen – fällig, ohne dass es dafür ihrer Festsetzung oder Feststellung durch Verwaltungsakt oder einer Anmeldung der Forderung zur Tabelle bedürfte (BFH-Urteil vom 4.5.2004, VII R 45/03, BStBl. II S. 815). [2] Die Befugnis, mit Haftungsansprüchen i.S.d. § 73 AO, die vor Eröffnung des Insolvenzverfahrens begründet worden sind, gegen vorinsolvenzliche Erstattungsansprüche der Organgesellschaft gem. § 226 AO aufzurechnen, besteht auch im Falle einer Insolvenz der Organgesellschaft. [3] Der vorherige Erlass eines Haftungsbescheides, die Feststellung der Haftungsforderung oder deren Anmeldung zur Insolvenztabelle ist nicht erforderlich (BFH-Urteil vom 10.5.2007, VII R 18/05, BStBl. II S. 914). [4] Entsteht der Steuererstattungsanspruch dem Grunde nach vor Erteilung der Restschuldbefreiung, so kann die Aufrechnung ungeachtet der noch nicht erfolgten Festsetzung des Steuererstattungsanspruchs bereits nach dessen Entstehung erklärt werden.

Eine Aufrechnung ist unzulässig,

– wenn ein Insolvenzgläubiger erst nach der Eröffnung des Insolvenzverfahrens etwas zur Masse schuldig geworden ist (§ 96 Abs. 1 Nr. 1 InsO),

Beispiel:

Eine vor der Verfahrenseröffnung fällige Umsatzsteuerforderung kann nicht gegen einen Vorsteuererstattungsanspruch aufgerechnet werden, der aufgrund von Umsätzen nach Eröffnung des Insolvenzverfahrens begründet ist.

Eine Aufrechnung ist aber zulässig, wenn die Gegenforderung und die Hauptforderung vor Verfahrenseröffnung begründet worden sind.

Beispiel:

Die Eröffnung des Insolvenzverfahrens erfolgt am 2.11.2011. Die Einkommensteuer 2010 wurde als Insolvenzforderung zur Tabelle angemeldet. Die nach Eröffnung des Verfahrens durchgeführte Festsetzung der Umsatzsteuer 2010 (vgl. AEAO zu § 251, Nr. 4.3.1) führte zu einer Erstattung.

Mit dem Anspruch auf Einkommensteuernachzahlung 2010 kann gegen den Umsatzsteuererstattungsanspruch 2010 aufgerechnet werden.

Wurden beide Ansprüche nach der Verfahrenseröffnung im Bereich der Insolvenzmasse begründet, ist eine Aufrechnung ebenfalls zulässig.

– wenn ein Insolvenzgläubiger die Möglichkeit der Aufrechnung durch eine anfechtbare Rechtshandlung erlangt hat (§ 96 Abs. 1 Nr. 3 InsO),

Beispiel:

Die Vorsteuer aus der Vergütung des vorläufigen Insolvenzverwalters, welche nach Insolvenzeröffnung in Rechnung gestellt wurde, kann regelmäßig mit zur Zeit der Insolvenzeröffnung bestehenden Forderungen des Finanzamts nicht aufgerechnet werden. Die Rechtshandlung, die der Vorsteuervergütung zugrunde liegt, ist in der kritischen Zeit vor Insolvenzeröffnung erfolgt und stellt daher häufig eine anfechtbare Rechtshandlung dar (vgl. BFH-Urteile vom 2.11.2010, VII R 6/10, BStBl. 2011 II S. 374, und VII R 62/10, BStBl. 2011 II S. 439).

Lagen zum Zeitpunkt der Begründung der Gegenforderung und der Hauptforderung die Anfechtungsvoraussetzungen der §§ 129 ff. InsO nicht vor, ist die Aufrechnung zulässig.

Beispiel:

Die Insolvenzeröffnung erfolgte am 3.3.2012 aufgrund des Insolvenzantrags vom 2.11.2011. Es wurde eine Umsatzsteuervoranmeldung für Oktober 2011 mit einem Umsatzsteuerguthaben eingereicht, bei der die Guthaben aus Wareneinkäufen aus Juni 2011 beruhen, die Rechnung aber erst im Oktober 2011 erstellt wurde. Die Umsatzsteuervoranmeldung April 2011 führte zu einer Nachzahlung, die zur Tabelle angemeldet wurde.

Das Guthaben aus der Umsatzsteuervoranmeldung Oktober 2011 kann mit der Umsatzsteuer April 2011 aufgerechnet werden.

oder

– wenn ein Gläubiger, dessen Forderung aus dem insolvenzfreien Vermögen des Schuldners zu erfüllen ist, etwas zur Insolvenzmasse schuldet (§ 96 Abs. 1 Nr. 4 InsO).

Beispiel:

Der Schuldner hat aus seiner freigegebenen selbständigen Tätigkeit Umsatzsteuer in Höhe von 10.000 € zu zahlen. Gleichzeitig steht der Insolvenzmasse aus Umsätzen, die der Insolvenzverwalter getätigt hat, eine Umsatzsteuererstattung von 5.000 € zu.

Eine Aufrechnung der Umsatzsteuererstattung zur Masse mit der Zahllast aus dem insolvenzfreien Vermögen ist nicht möglich.

Eine Aufrechnung eines Erstattungsanspruchs aus dem insolvenzfreien Vermögen mit Insolvenzforderungen ist aber zulässig (BFH-Beschluss vom 1.9.2010, VII R 35/08, BStBl. 2011 II S. 336).

9. Verteilung der Steuerforderungen und -erstattungsansprüche auf die insolvenzrechtlichen Vermögensbereiche

Ansprüche aus dem Steuerschuldverhältnis können sich gegen unterschiedliche insolvenzrechtliche Vermögensbereiche (vorinsolvenzrechtlicher Vermögensteil, Insolvenzmasse, ggf. insolvenzfreies Vermögen) richten.

9.1. Einkommensteuer

[1]Die Einkommensteuer ist eine Jahressteuer, die mit Ablauf des Kalenderjahres entsteht (zur Entstehung der Einkommensteuervorauszahlungen siehe § 37 Abs. 1 EStG). [2]Die einheitlich ermittelte Jahressteuer ist grundsätzlich im Verhältnis der Einkünfte den verschiedenen insolvenzrechtlichen Vermögensbereichen zuzuordnen. [3]Die Verteilung der Einkünfte auf die einzelnen Ver-

mögensbereiche hat nach Maßgabe der in den einzelnen Abschnitten zu berücksichtigenden Besteuerungsmerkmale insbesondere unter Beachtung der Gewinnermittlungsvorschriften (§ 4 Abs. 1 EStG oder § 4 Abs. 3 EStG) zu erfolgen (BFH-Urteil vom 9.12.2014, X R 12/12, BFH/NV 2015 S. 988). [4]Da eine konkrete Zuordnung häufig nicht möglich ist, können die Einkünfte im Schätzungswege zeitanteilig zugeordnet werden, es sei denn, dies führt zu einer offensichtlich unzutreffenden Verteilung z.b. bei Aufdeckung stiller Reserven (BFH-Urteil vom 29.3.1984, IV R 271/83, BStBl. II S. 602), Auflösung von Rückstellungen oder Einkünften aus insolvenzfreiem Vermögen.

Beispiel:

Das Insolvenzgericht eröffnete am 1.7.01 das Insolvenzverfahren. Der Steuerpflichtige erzielte im Jahr 01 insgesamt Einkünfte von 100.000 €. Hiervon entfallen 60.000 € auf die Veräußerung eines Grundstücks durch den Insolvenzverwalter im Oktober 01. Weitere Einkünfte i.H.v. 10.000 € entfallen auf den Gewinn aus einer vom Insolvenzverwalter freigegebenen selbstständigen Tätigkeit des Schuldners. Hinsichtlich der restlichen Einkünfte von 30.000 € ist eine Zuordnung auf Zeiträume vor Insolvenzeröffnung und nach Insolvenzeröffnung nicht möglich.

Die Verteilung hat vorrangig nach Zuordnung zu den Geschäftsvorfällen zu erfolgen, da eine zeitanteilige Verteilung aller Einkünfte hier zu einem unzutreffenden Ergebnis führen würde.

	Einkünfte	Durch vorinsolvenzrechtliches Vermögen begründet (vorinsolvenzlicher Vermögensbereich)	Durch Insolvenzmasse begründet (Insolvenzmasse)	Insolvenzfreies Vermögen
Zuordnung nach Geschäftsvorfällen	70.000 €		60.000 €	10.000 €
Zeitanteilig zugeordnet	30.000 €	15.000 €	15.000 €	0 €
Summe	**100.000 €**	**15.000 €**	**75.000 €**	**10.000 €**

9.1.1. Einzelveranlagung

Die einheitlich ermittelte Jahressteuer ist im ermittelten Verhältnis der Einkünfte (vgl. AEAO zu § 251, Nr. 9.1) den verschiedenen insolvenzrechtlichen Vermögensbereichen zuzuordnen.

Beispiel 1:

Das Insolvenzgericht eröffnete auf einen Insolvenzantrag vom 1.6.01 das Insolvenzverfahren über das Vermögen des Schuldners am 1.9.01. Der Steuerpflichtige erzielte im Jahr 01 insgesamt Einkünfte von 120.000 €. Hiervon entfallen 100.000 € auf Zeiträume vor Insolvenzeröffnung und je 10.000 € auf Einkünfte der Insolvenzmasse (einschließlich Einkünfte i.S.v. § 55 Abs. 4 InsO) und des insolvenzfreien Vermögens. Die einheitlich ermittelte Einkommensteuer beträgt insgesamt 12.000 €.

Die einheitlich ermittelte Steuer ist den insolvenzrechtlichen Vermögensbereichen im Verhältnis der Einkünfte aus den unterschiedlichen Vermögensbereichen zu der Summe der Einkünfte zuzuordnen:

$$\text{Anteiliger Steuerbetrag} = \frac{\text{anteilige Einkünfte des Vermögensbereichs}}{\text{Summe der Einkünfte}} \times \text{Gesamtsteuerbetrag}$$

	Summe	vorinsolvenzlicher Vermögensbereich	Insolvenzmasse	Insolvenzfreies Vermögen
Einkünfte	120.000 €	100.000 €	10.000 €	10.000 €
Steuer	12.000 €	10.000 €	1.000 €	1.000 €

[1] Die einheitlich ermittelte Steuer wird in Höhe des auf den jeweiligen insolvenzrechtlichen Vermögensbereich entfallenden Betrages gegenüber diesem festgesetzt (Insolvenzmasse bzw. insolvenzfreies Vermögen) oder berechnet. [2] Vorauszahlungen und Steuerabzugsbeträge werden im Rahmen der Anrechnungsverfügung bei dem insolvenzrechtlichen Vermögensbereich berücksichtigt, aus dem sie geleistet wurden. [3] Steuererstattungsansprüche aufgrund von Steuervorauszahlungen oder Steuerabzugsbeträgen entstehen in den jeweiligen Vermögensbereichen im Zeitpunkt der Entrichtung der Steuer bzw. des Einbehalts der Steuerabzugsbeträge unter der aufschiebenden Bedingung, dass am Ende des Veranlagungszeitraums die geschuldete Steuer geringer ist als die Summe aus geleisteten Vorauszahlungen und Steuerabzugsbeträgen, vgl. § 36 Abs. 4 EStG (BFH-Urteil vom 29.1.1991, VII R 45/90, BFH/NV S. 791). [4] Eine Verrechnung von Erstattungs- mit Nachzahlungsbeträgen verschiedener Vermögensbereiche im Rahmen der Jahresveranlagung ist nicht statthaft (BFH-Urteil vom 24.2.2015, VII R 27/14, BStBl. II S. 993). [5] Die Möglichkeit einer Aufrechnung z.B. eines Guthabens im vorinsolvenzrechtlichen oder freigegebenen Vermögen mit Insolvenzforderungen unter Beachtung insbesondere der §§ 94 ff. InsO bleibt unberührt.

Beispiel 2 (Fortsetzung von Beispiel 1):
Am 10.3.01 zahlte der Schuldner 600 € Vorauszahlungen. Die festgesetzte Vorauszahlung für das II. Quartal zahlte er nicht. Am 10.9.01 und am 10.12.01 zahlte der Insolvenzverwalter jeweils 600 € Vorauszahlungen. Das Finanzamt setzte gegen den Schuldner keine Vorauszahlungen für das insolvenzfreie Vermögen fest.

	Summe	vorinsolvenzlicher Vermögensbereich	Insolvenzmasse	Insolvenzfreies Vermögen
Einkünfte	120.000 €	100.000 €	10.000 €	10.000 €
Steuer	12.000 €	10.000 €	1.000 €	1.000 €
Abzgl. geleistete VZ	1.800 €	600 €	1.200 €	0 €
Ergebnis		9.400 €	− 200 €	1.000 €

Zur Tabelle sind 9.400 € als Insolvenzforderung anzumelden. Die auf die Insolvenzmasse entfallende Steuer i.H.v. 1.000 € ist gegenüber dem Insolvenzverwalter festzusetzen. Das sich nach Anrechnung der geleisteten Vorauszahlungen ergebende Guthaben i.H.v. 200 € ist vorbehaltlich der Aufrechnungsmöglichkeit mit weiteren Masseverbindlichkeiten an die Insolvenzmasse zu erstatten. Die auf das insolvenzfreie Vermögen entfallende Steuer i.H.v. 1.000 € ist gegenüber dem Schuldner festzusetzen und der Schuldner zur Zahlung aufzufordern.

9.1.2. Zusammenveranlagung

Im Fall der Zusammenveranlagung von Ehegatten/Lebenspartnern zur Einkommensteuer wirken sich aufgrund der Gesamtschuldnerschaft (§ 44 Abs. 1 AO) die Einkünfte des nicht insolventen Ehegatten/Lebenspartners auch auf die gegenüber den jeweiligen insolvenzrechtlichen Vermögensbereichen festzusetzenden Steuern bzw. zu berechnenden und zur Tabelle anzumeldenden Steuerforderungen aus, so dass eine Verteilung der Einkünfte des nicht insolventen Ehegatten/Lebenspartners auf die unterschiedlichen insolvenzrechtlichen Vermögensbereiche zu erfolgen hat.

[1] Die Verteilung der Einkünfte des nicht insolventen Ehegatten/Lebenspartners auf den Zeitraum vor und nach Insolvenzeröffnung erfolgt zeitanteilig, es sei denn, diese Verteilung ist offensichtlich unzutreffend. [2] Die Verteilung der Einkünfte des nicht insolventen Ehegatten/Lebenspartners, die nach der Insolvenzeröffnung entstanden sind, auf die Insolvenzmasse sowie das insolvenzfreie

Vermögen erfolgt im Verhältnis der Einkünfte des insolventen Ehegatten/ Lebenspartners in diesen insolvenzrechtlichen Vermögensbereichen.

Beispiel 3:

Das Insolvenzgericht eröffnete am 1.10.01 das Insolvenzverfahren über das Vermögen des Schuldners. Der insolvente Ehegatte/Lebenspartner erzielte im Jahr 01 insgesamt Einkünfte von 120.000 €. Hiervon entfallen 100.000 € auf Zeiträume vor Insolvenzeröffnung und 15.000 € auf Einkünfte der Insolvenzmasse sowie 5.000 € auf das insolvenzfreie Vermögen. Der nichtinsolvente Ehegatte/Lebenspartner erzielte 60.000 € im gesamten Jahr. Die einheitlich ermittelte Einkommensteuer beträgt insgesamt 18.000 €. Vorauszahlungen leisteten die Steuerpflichtigen sowie der Insolvenzverwalter nicht.

Die einheitlich ermittelte Steuer ist den insolvenzrechtlichen Vermögensbereichen im Verhältnis der Einkünfte aus den unterschiedlichen Vermögensbereichen zu den Gesamteinkünften beider Ehegatten/Lebenspartner zuzuordnen:

1. Schritt:

Für die Zuordnung der vorinsolvenzrechtlichen und der nachinsolvenzrechtlichen Einkünfte des nicht in Insolvenz befindlichen Ehegatten/Lebenspartners sind die Einkünfte der Ehegatten/ Lebenspartner zeitanteilig zu verteilen:

	Summe	vorinsolvenzlicher Vermögensbereich	Insolvenzmasse	Insolvenzfreies Vermögen
Einkünfte insolventer Ehegatte/Lebenspartner (s. Sachverhalt Bsp. 3)	120.000 €	100.000 €	15.000 €	5.000 €
Einkünfte nicht insolventer Ehegatte/Lebenspartner	60.000 €	45.000 €	15.000 €	

Die vorinsolvenzrechtlichen Einkünfte des nichtinsolventen Ehegatten/Lebenspartners betragen 45.000 € (⁹⁄₁₂ von 60.000 €).

2. Schritt:

In einem zweiten Schritt sind die nachinsolvenzrechtlichen Einkünfte des nicht in Insolvenz befindlichen Ehegatten/Lebenspartners (15.000 €) auf den Vermögensbereich Insolvenzmasse und, sofern vorhanden, auf das insolvenzfreie Vermögen zu verteilen.

Für diese Zuordnung sind die nachinsolvenzrechtlichen Einkünfte des nichtinsolventen Ehegatten/ Lebenspartners nach dem Verhältnis der Einkünfte des insolventen Ehegatten/Lebenspartners in den Vermögensbereichen Insolvenzmasse und insolvenzfreies Vermögen zu verteilen.

	Summe	vorinsolvenzlicher Vermögensbereich	Insolvenzmasse	Insolvenzfreies Vermögen
Einkünfte				
insolventer Ehegatte/Lebenspartner (s. Sachverhalt)	120.000 €	100.000 €	20.000 € ↙ ↘	
			15.000 € (³⁄₄)	5.000 € (¼)
nicht insolventer Ehegatte/Lebenspartner (s. Sachverhalt)	60.000 €	45.000 €	15.000 € ↙ ↘	
			11.250 € (³⁄₄)	3.750 € (¼)
Zwischensumme	180.000 €	145.000 €	26.250 €	8.750 €
Steuer	18.000 €	14.500 €	2.625 €	875 €

Ergebnis zu Beispiel 3:

Insolvenzforderungen sind i.H.v. 14.500 € zur Tabelle anzumelden. Gegen den Insolvenzverwalter sind Masseforderungen i.H.v. 2.625 € festzusetzen und gegen den insolventen Schuldner 875 € für den insolvenzfreien Bereich. Gegen den nicht insolventen Ehegatten/Lebenspartner ist eine Steuer i.H.v. 18.000 € festzusetzen, da er insoweit Gesamtschuldner ist.

Vorauszahlungen/anzurechnende Steuerabzugsbeträge

[1] Sind Vorauszahlungen gegen den nicht insolventen Ehegatten/Lebenspartner festgesetzt und geleistet worden, sind diese Vorauszahlungen entsprechend des Zahlungszeitpunkts auf die vor- und nachinsolvenzrechtlichen Vermögensbereiche zu verteilen. [2] Die Verteilung innerhalb der nachinsolvenzrechtlichen Vermögensbereiche Insolvenzmasse und insolvenzfreies Vermögen erfolgt im Verhältnis der Einkünfte des insolventen Ehegatten/Lebenspartners in diesem Vermögensbereich. [3] Dies gilt entsprechend für die Zuordnung der anzurechnenden Steuerabzugsbeträge des nicht insolventen Ehegatten/Lebenspartners.

Beispiel 4 (Fortsetzung von Beispiel 3):
Der Schuldner leistete keine Vorauszahlungen. Am 10.12.01 zahlte der Insolvenzverwalter 600 € Vorauszahlungen. Das Finanzamt setzte gegen den Schuldner keine Vorauszahlungen für das insolvenzfreie Vermögen fest. Der nicht insolvente Ehegatte/Lebenspartner leistete Vorauszahlungen zu den jeweiligen Fälligkeitszeitpunkten i.H.v. insgesamt 400 € (jeweils 100 €).

	Summe	vorinsolvenzlicher Vermögensbereich	Insolvenzmasse	Insolvenzfreies Vermögen
Einkünfte				
insolventer Ehegatte/Lebenspartner (s. Sachverhalt)	120.000 €	100.000 €	15.000 €	5.000 €
nicht insolventer Ehegatte/Lebenspartner (s. 1. + 2. Schritt)	60.000 €	45.000 €	11.250 €	3.750 €
Zwischensumme	180.000 €	145.000 €	26.250 €	8.750 €
Steuer	18.000 €	14.500 €	2.625 €	875 €
abzgl. geleistete VZ InsO-Schuldner	–	–	–	–
abzgl. geleistete VZ InsO-Verwalter	600 €	–	600 €	–
abzgl. geleistete VZ nicht insolventer Ehegatte/Lebenspartner	400 €	300 €	100 € 75 € (¾)	25 € (¼)
Ergebnis	17.000 €	14.200 €	1.950 €	850 €

600 € geleistete Vorauszahlungen sind im Bereich der Insolvenzmasse abzuziehen. Die Vorauszahlungen i.H.v. 300 €, die der nicht insolvente Ehegatte/Lebenspartner vor der Insolvenzeröffnung geleistet hatte, sind im Bereich der Insolvenzforderungen abzuziehen. Die Vorauszahlung für das IV. Quartal i.H.v. 100 € ist im Verhältnis ¾ zu ¼ (= Verhältnis der Einkünfte des insolventen Ehegatten/Lebenspartners in diesem Bereich) in den Bereichen Insolvenzmasse und insolvenzfreies Vermögen zu berücksichtigen.

Insolvenzforderungen sind i.H.v. 14.200 € zur Tabelle anzumelden. Der Insolvenzverwalter ist zur Zahlung von Masseverbindlichkeiten i.H.v. 1.950 € und der Schuldner für den insolvenzfreien Bereich i.H.v. 850 € aufzufordern.

Gegenüber dem nicht insolventen Ehegatten/Lebenspartner erfolgt eine Steuerfestsetzung i.H.v. 18.000 €. Ferner ist er als Gesamtschuldner zur Zahlung von 17.000 € aufzufordern.

9.1.3. Berücksichtigung von Verlustvor- und -rückträgen

[1] Durch die Berücksichtigung des verbleibenden Verlustvortrags aus dem Vorjahr und des Verlustrücktrag aus dem Folgejahr bei der Ermittlung des Aufteilungsquotienten wird die Herkunft der negativen Einkünfte aus Zeiträumen vor oder nach Eröffnung des Insolvenzverfahrens entsprechend der insolvenzrechtlichen Begründetheit (§ 38 InsO) berücksichtigt. [2] Zudem wird der

Vorgabe des § 10d Abs. 1 und Abs. 2 EStG Rechnung getragen, wonach nicht ausgeglichene negative Einkünfte vorrangig vor Sonderausgaben, außergewöhnlichen Belastungen und sonstigen Abzugsbeträgen abzuziehen sind.

Das Antragsrecht nach § 10d Abs. 1 Satz 5 EStG (Verzicht bzw. Beschränkung des Verlustrücktrags) steht jeweils demjenigen zu, dem die Verfügungsbefugnis über den Vermögensbereich obliegt, in dem der jeweilige Verlust entstanden ist.

[1]Der zum 31.12. eines Jahres verbleibende Verlustvortrag ist vorrangig von den Einkünften des Vermögensbereichs abzuziehen, in dem er begründet worden ist. [2]Ein übersteigender verbleibender Verlustvortrag ist quotal von den vom Insolvenzverwalter erzielten Einkünften und von insolvenzfreien Einkünften abzuziehen.

Die vorstehend beschriebene Berücksichtigung der Verlustvorträge erfolgt auch in den Fällen, in denen aufgrund von § 251 Abs. 2 Satz 1 AO und § 87 InsO nur eine Berechnung des Verlustvortrags durchgeführt worden ist.

Beispiel 5:

Gegen den Insolvenzschuldner wird für 00 eine Einkommensteuer von 0 € festgesetzt. Ein Verlustvortrag wird nicht festgestellt. Im Jahr 01 erzielt der Insolvenzschuldner Einkünfte aus Gewerbebetrieb i.S.v. § 15 EStG i.H.v. −5.000 €. Im Jahr 02, dem Jahr der Insolvenzeröffnung, erzielt der Insolvenzschuldner Einkünfte aus Gewerbebetrieb gem. § 15 EStG i.H.v. insgesamt −40.000 €, davon entfallen −15.000 € auf den vorinsolvenzrechtlichen Vermögensbereich und −25.000 € auf die Insolvenzmasse.

Im folgenden Jahr erzielt der Insolvenzschuldner Einkünfte i.H.v. 30.000 €. Hiervon entfallen 3.000 € auf Einkünfte der Insolvenzmasse (Einkünfte aus Gewerbebetrieb gem. § 15 EStG) sowie 27.000 € auf das insolvenzfreie Vermögen (Einkünfte aus nichtselbständiger Tätigkeit gem. § 19 EStG). Vorauszahlungen leistete der Insolvenzverwalter nicht. Die anzurechnenden Beträge sind geringer als die Jahressteuer.

Der verbleibende Verlustvortrag, der aus dem Bereich der Insolvenzmasse entstammt, ist zunächst mit den positiven Einkünften der Insolvenzmasse i.H.v. 3.000 € zu verrechnen. Der danach verbleibende Verlustvortrag i.H.v. 42.000 € (Summe der anteiligen Verlustvorträge im vorinsolvenzrechtlichen Bereich sowie im Bereich der Insolvenzmasse) ist quotal (27.000 € × 20.000 €/ 42.000 € = 12.857 € sowie 27.000 € × 22.000 €/42.000 € = 14.143 €) mit den positiven Einkünften aus dem Bereich des insolvenzfreien Vermögens zu verrechnen.

Der vortragsfähige Verlust entwickelt sich wie folgt:

VZ	vorinsolvenzlicher Vermögensbereich	Insolvenzmasse	Insolvenzfreies Vermögen	Summe
Verlustvortrag 31.12.01	− 5.000 €			− 5.000 €
Einkünfte 02	− 15.000 €	− 25.000 €		
Verlustvortrag 31.12.02	− 20.000 €	− 25.000 €		− 45.000 €
Einkünfte Insolvenzmasse 03		3.000 €		
Zwischensumme	− 20.000 €	− 22.000 €		− 42.000 €
Einkünfte insolvenzfreies Vermögen 03			27.000 €	
Verlustabzug	12.857 €	14.143 €	− 27.000 €	
Verlustvortrag 31.12.03	− 7.143 €	− 7.857 €	0 €	− 15.000 €

Der Verlustrücktrag nach § 10d Abs. 1 EStG aus dem Veranlagungszeitraum nach Insolvenzeröffnung (Folgejahr) ist zunächst von den Einkünften desjenigen Vermögensbereichs abzuziehen, in welchem im Folgejahr nicht ausgeglichene negative Einkünfte angefallen sind. Ein danach verbleibender Verlustrücktrag ist ggf. dem zweiten Vermögensbereich (Masseverbindlichkeit bzw.

insolvenzfreier Bereich) zuzuordnen. Ein etwaiger Rest ist schließlich von den Einkünften abzuziehen, die auf den Zeitraum vor Eröffnung des Insolvenzverfahrens entfallen.

9.1.4. Einkommensteuererstattungen

[1] Einkommensteuererstattungen, die sich bei einer nach Insolvenzeröffnung vorgenommenen Veranlagung ergeben, stellen, soweit sie nicht ausnahmsweise dem insolvenzfreien Vermögen zuzurechnen sind, grundsätzlich Vermögenswerte der Insolvenzmasse dar (§ 35 Abs. 1 InsO). [2] Sie sind daher grundsätzlich an die Insolvenzmasse auszukehren, sofern keine Aufrechnungsmöglichkeit besteht.

Einkommensteuererstattungen, die während des Insolvenzverfahrens begründet werden und aus einer Lohnsteuerüberzahlung resultieren, gehören in vollem Umfang zur Insolvenzmasse (vgl. BFH-Beschluss vom 29.1.2010, VII B 188/09, BFH/NV S. 1243).

Hat der Schuldner nach Freigabe der selbständigen Tätigkeit Einkommensteuervorauszahlungen aus dem insolvenzfreien Vermögen geleistet und ergeben sich hieraus Einkommensteuererstattungen, fallen diese grundsätzlich in das insolvenzfreie Vermögen und sind vorbehaltlich der Aufrechnung an den Schuldner auszukehren (vgl. BFH-Urteil vom 26.11.2014, VII R 32/13, BStBl. 2015 II S. 561).

[1] Ergibt sich bei Ehegatten/Lebenspartnern bei der Zusammenveranlagung eine Steuererstattung, liegt im Gegensatz zur Gesamtschuldnerschaft bei Steuerschulden keine Gesamtgläubigerschaft vor. [2] Für die Verteilung zwischen ihnen sind die sich aus § 37 Abs. 2 AO ergebenden Grundsätze anzuwenden (vgl. AEAO zu § 37 und BMF-Schreiben vom 14.1.2015, BStBl. I S. 83). [3] Vorauszahlungen aufgrund eines an beide Ehegatten/Lebenspartner gemeinsam gerichteten Vorauszahlungsbescheids ohne individuelle Tilgungsbestimmung sind unabhängig davon, ob die Ehegatten/Lebenspartner später zusammen oder getrennt veranlagt werden, zunächst auf die festgesetzten Steuern beider Ehegatten/Lebenspartner anzurechnen (BFH-Urteil vom 22.3.2011, VII R 42/10, BStBl. II S. 607). [4] Dies gilt auch für die vom nicht insolventen Ehegatten/Lebenspartner nach Insolvenzeröffnung ohne individuelle Tilgungsbestimmung geleisteten Vorauszahlungen (BFH-Urteil vom 30.9.2008, VII R 18/08, BStBl. 2009 II S. 38).

[1] Ergibt sich aus dieser Verteilung ein Erstattungsbetrag für den insolventen Ehegatten/Lebenspartner, so ist der Erstattungsbetrag auf den vor- und nachinsolvenzlichen Zeitraum unter Berücksichtigung der sich in den Vermögensbereichen aufgrund der dort zu berücksichtigenden geleisteten Vorauszahlungen und Steuerabzugsbeträgen ggf. ergebenden Guthaben zu verteilen. [2] Zahlungen des Insolvenzverwalters werden für die Verteilung des Erstattungsbetrages nach § 37 Abs. 2 AO dem insolventen Ehegatten/Lebenspartner zugerechnet, wobei der Insolvenzverwalter ausschließlich die auf die Insolvenzmasse entfallende Steuerschuld zahlt.

Beispiel 6:
Im Rahmen einer Zusammenveranlagung von Ehegatten/Lebenspartnern, bei denen sich nur ein Ehegatte/Lebenspartner in Insolvenz befindet, ergibt sich eine Jahressteuer von 18.000 €, die i.H.v. 14.500 € auf den vorinsolvenzrechtlichen Vermögensteil und i.H.v. 3.500 € auf die Insolvenzmasse entfällt.

Folgende geleistete Vorauszahlungen sind anzurechnen:

– Schuldner		10.000 €
– Insolvenzverwalter		600 €
sowie		
– nicht insolventer Ehegatte/ Lebenspartner:	bis zur Insolvenzeröffnung	300 €
	nach Insolvenzeröffnung	8.100 €

Vorauszahlungen und Steuerabzugsbeträge werden bei den insolvenzrechtlichen Vermögensbereichen berücksichtigt, aus denen sie geleistet wurden.

	Summe	vorinsolvenz- licher Vermögens- bereich	Insolvenzmasse
Steuer	18.000 €	14.500 €	3.500 €
abzgl. geleistete VZ InsO-Schuldner	10.000 €	10.000 €	–
abzgl. geleistete VZ InsO-Verwalter	600 €	–	600 €
abzgl. geleistete VZ nicht insolventer Ehe- gatte/Lebenspartner	8.400 €	300 €	8.100 €
Zwischensumme	−1.000 €	4.200 €	−5.200 €
	↙ ↘		↙ ↘
	−515,79 € −484,21 €		−2.779,31 € −2.420,69 €

Die Verteilung des Erstattungsbetrages auf die Ehegatten/Lebenspartner erfolgt zunächst nach § 37 Abs. 2 AO.

Die anschließende Verteilung des auf den insolventen Ehegatten/Lebenspartner entfallenden Erstattungsbetrages auf den vor- und nachinsolvenzlichen Zeitraum erfolgt unter Berücksichtigung des sich im Vermögensbereich Insolvenzmasse ergebenden Guthabens aufgrund der dort zu berücksichtigenden geleisteten Vorauszahlungen und Steuerabzugsbeträge.

1. Verteilung des Erstattungsbetrages der Veranlagung zwischen den Ehegatten/Lebenspartnern

Insolventer Ehegatte/Lebenspartner:

$$-1.000 \text{ €} \times \frac{(\frac{1}{2} \times 10.000 \text{ €}) + 600 \text{ €} + (\frac{1}{2} \times 8.400 \text{ €})}{19.000 \text{ €}} = -515,79 \text{ €}$$

Nicht insolventer Ehegatte/Lebenspartner:

$$-1.000 \text{ €} \times \frac{(\frac{1}{2} \times 10.000 \text{ €}) + (\frac{1}{2} \times 8.400 \text{ €})}{19.000 \text{ €}} = -484,21 \text{ €}$$

2. Verteilung des nachinsolvenzlichen Erstattungsbetrages zwischen den Ehegatten/Lebenspartnern

Insolventer Ehegatte/Lebenspartner:

$$-5.200 \text{ €} \times \frac{600 \text{ €} + (\frac{1}{2} \times 8.100 \text{ €})}{8.700 \text{ €}} = -2.779,31 \text{ €}$$

Nicht insolventer Ehegatte/Lebenspartner:

$$-5.200 \text{ €} \times \frac{\frac{1}{2} \times 8.100 \text{ €}}{8.700 \text{ €}} = -2.420,69 \text{ €}$$

Die nachinsolvenzlich begründete Einkommensteuer i.H.v. 3.500 € ist gegenüber dem Insolvenzverwalter festzusetzen und der sich nach Anrechnung der geleisteten Vorauszahlungen für die Insolvenzmasse ergebende Erstattungsanspruch i.H.v. 2.779,31 € an diese vorbehaltlich der Aufrechnungsmöglichkeit mit Masseverbindlichkeiten zu erstatten.

Zur Insolvenztabelle ist eine Forderung i.H.v. 2.263,52 € (= 2.779,31 € − 515,79 €) anzumelden, die sich aus dem auf den insolventen Ehegatten/Lebenspartner aus der Veranlagung entfallenden

Erstattungsbetrag i.H.v. 515,79 € unter Berücksichtigung des nachinsolvenzlichen Erstattungsbetrages i.H.v. 2.779,31 € zusammensetzt. Gegenüber dem nicht insolventen Ehegatten/Lebenspartner erfolgt eine Steuerfestsetzung i.H.v. 18.000 €. Der anteilig aus der Jahresveranlagung auf diesen entfallende Erstattungsbetrag i.H.v. 484,21 € ist vorbehaltlich etwaiger Aufrechnungsmöglichkeiten zu erstatten.

9.2. Umsatzsteuer

[1] Durch die Eröffnung des Insolvenzverfahrens über das Vermögen des leistenden Unternehmers kommt es zu einer Aufspaltung des Unternehmens in mehrere selbständige Unternehmensteile. [2] Dabei handelt es sich um die Insolvenzmasse und das vom Insolvenzverwalter freigegebene Vermögen sowie einen vorinsolvenzrechtlichen Unternehmensteil. [3] Dies gilt auch in den Fällen der Eröffnung unter Anordnung der Eigenverwaltung (§ 270 Abs. 1 Satz 1 InsO) sowie in den Fällen der Bestellung eines vorläufigen Insolvenzverwalters, wenn für den Schuldner ein allgemeines Verfügungsverbot angeordnet worden ist (§ 21 Abs. 2 Nr. 2 InsO). [4] Bei den selbständigen Unternehmensteilen handelt es sich um die Insolvenzmasse und das vom Insolvenzverwalter freigegebene Vermögen sowie um einen vorinsolvenzrechtlichen Unternehmensteil. [5] Die Eingangs- und Ausgangsumsätze sind dem Unternehmensteil zuzuordnen, der sie ausgeführt hat.

Zur Wahrung des Grundsatzes der Unternehmenseinheit reicht es aus, dass die Summe der für alle Unternehmensteile insgesamt festgesetzten oder angemeldeten Umsatzsteuer der Umsatzsteuer für das gesamte Unternehmen entspricht (vgl. BFH-Urteil vom 9.12.2010, V R 22/10, BStBl. 2011 II S. 996).

Dabei können Erstattungsansprüche zugunsten eines Unternehmensteils entstehen, während sich für denselben Besteuerungszeitraum Nachforderungen gegen einen anderen Unternehmensteil ergeben können.

Zu den Einzelheiten wird insbesondere auf Abschnitt 17.1 Abs. 11 bis 16 UStAE[1] sowie auf das BMF-Schreiben vom 20.5.2015, BStBl. I S. 476, ergänzt durch BMF-Schreiben vom 18.11.2015, BStBl. I S. 886, verwiesen.

Hinsichtlich der Verwertung von Sicherungsgut wird insbesondere auf Abschnitt 1.2 UStAE und auf das BMF-Schreiben vom 30.4.2014, BStBl. I S. 816, verwiesen.

10. Befriedigung der Insolvenzgläubiger

[1] Die Insolvenzordnung sieht zur Befriedigung der Insolvenzgläubiger grundsätzlich die Verwertung der Insolvenzmasse und die Verteilung des Erlöses nach den Vorschriften der Insolvenzordnung vor (§§ 159 ff., 187 ff. InsO). [2] Abweichend dazu kann die BeAbschnitt 1.2friedigung der Gläubiger und die Verwertung der Insolvenzmasse und deren Verteilung durch einen Insolvenzplan (§§ 217 ff. InsO) geregelt werden. [3] Die Entscheidung über den Fortgang des Verfahrens (Stilllegung oder Fortführung, Verfahren nach den Vorschriften der InsO oder nach den Regelungen eines Insolvenzplanes) trifft die Gläubigerversammlung.

11. Insolvenzplan

In einem Insolvenzplan (§§ 217 ff. InsO), der vom Insolvenzverwalter – ggf. im Auftrag der Gläubigerversammlung (§ 157 InsO) – oder vom Schuldner selbst eingebracht werden kann, können abweichend von den gesetzlichen Regelungen des Insolvenzverfahrens z.B. geregelt werden:

---

[1] **dtv 5546 USt Nr. 5.**

– die Befriedigung der Gläubiger (einschließlich der Absonderungsgläubiger),
– die Verwertung der Insolvenzmasse,
– die Verteilung der Insolvenzmasse an die Beteiligten und
– die Inanspruchnahme des Schuldners nach Verfahrensbeendigung.

Über die Wirksamkeit eines Insolvenzplans stimmen die Gläubiger in Gruppen ab, soweit ihnen gem. § 77 InsO ein Stimmrecht im Verfahren eingeräumt ist (§§ 222, 235 ff. InsO).

[1] § 225a InsO sieht für ab dem 1.3.2012 beantragte Insolvenzverfahren die Möglichkeit der Umwandlung von Gläubigerforderungen in Mitgliedschafts- oder Anteilsrechte („Debt-Equity-Swap") vor, die die zustimmende Erklärung des betroffenen Gläubigers voraussetzt. [2] Diese Zustimmung zu erteilen, obliegt der steuerverwaltenden Körperschaft (§ 252 AO). [3] Eine Zustimmung zur Umwandlung von Gläubigerforderungen in Anteils- oder Mitgliedschaftsrechte darf nur unter Beachtung der einschlägigen Vorschriften (insbesondere Haushaltsordnungen) der jeweiligen steuerverwaltenden Körperschaft erfolgen. [4] Die Voraussetzungen zum Erwerb von Beteiligungen an privatrechtlichen Unternehmen und damit zur Zustimmung zu einem derartigen Plan liegen regelmäßig nicht vor, da die unternehmerische Betätigung des Landes oder des Bundes auf die Verfolgung von wichtigen Interessen des Landes bzw. des Bundes zu beschränken ist.

Weist das Insolvenzgericht den Plan nicht zurück, hat das Finanzamt zu prüfen, ob sämtliche angemeldeten Ansprüche enthalten sind und das Finanzamt durch den Plan nicht schlechter gestellt wird, als es ohne den Plan stünde.

[1] Soweit auf Steuerforderungen, die Gegenstand des Insolvenzplans sind, verzichtet wurde, werden diese mit Bestätigung des Plans zu unvollkommenen Forderungen. [2] Sie sind zwar erfüllbar, können aber grundsätzlich gegen den Schuldner nicht mehr geltend gemacht werden. [3] Die Möglichkeit der Inanspruchnahme Dritter im Wege der Haftung bleibt bestehen, soweit nicht ein Haftungsausschluss nach § 227 Abs. 2 InsO in Betracht kommt.

Ein bei Eröffnung des Insolvenzverfahrens bestehendes Aufrechnungsrecht bleibt auch dann erhalten, wenn die aufgerechnete Gegenforderung nach einem rechtskräftig bestätigten Insolvenzplan als erlassen gilt (BGH-Urteil vom 19.5.2011, IX ZR 222/08, WM S. 1182)

Auf Abschnitt 61 VollstrA wird hingewiesen.

12. Verbraucherinsolvenzverfahren nach §§ 304 ff. InsO

[1] Die nachstehenden Ausführungen gelten für nach dem 30.6.2014 beantragte Insolvenzverfahren. [2] Für vor dem 1.7.2014 beantragte Verfahren gelten die Ausführungen des AEAO zu § 251, Nr. 12 in der Fassung vom 31.1.2014, BStBl. I S. 290.

[1] Natürliche Personen, die keine selbständige gewerbliche oder freiberufliche Tätigkeit ausüben oder ausgeübt haben, können das Verbraucherinsolvenzverfahren nach §§ 304 ff. InsO beantragen. [2] Dies gilt auch für Personen, die eine selbständige Tätigkeit ausgeübt haben, wenn ihre Vermögensverhältnisse überschaubar sind und gegen sie keine Forderungen aus Arbeitsverhältnissen bestehen. [3] Überschaubar sind Vermögensverhältnisse, wenn der Schuldner zu dem Zeitpunkt, zu dem der Antrag auf Eröffnung des Insolvenzverfahrens gestellt wird, weniger als 20 Gläubiger hat. [4] Forderungen aus Arbeitsverhältnissen sind nicht nur die Ansprüche der ehemaligen Arbeitnehmer selbst, sondern auch die

Forderungen von Sozialversicherungsträgern und Finanzämtern (z.B. Lohnsteuerforderungen). [5] Der geschäftsführende Alleingesellschafter einer GmbH übt eine selbständige wirtschaftliche Tätigkeit aus. [6] Wird dieser für Lohnsteuerrückstände der GmbH in Haftung genommen, handelt es sich um Forderungen aus Arbeitsverhältnissen i.S.d. § 304 Abs. 1 InsO (BGH-Beschluss vom 22.9.2005, IX ZR 55/04, WM S. 918).

[1] Das Verfahren gliedert sich in drei Abschnitte. [2] Zunächst hat der Schuldner eine außergerichtliche Einigung mit seinen Gläubigern ernsthaft anzustreben (AEAO zu § 251, Nr. 12.1). [3] Gelingt ihm dies nicht, wird auf seinen Antrag ein gerichtliches Schuldenbereinigungsverfahren durchgeführt (AEAO zu § 251, Nr. 12.2). [4] Scheitert auch dies, schließt sich ein Insolvenzverfahren an (AEAO zu § 251, Nr. 12.3).

12.1. Außergerichtlicher Einigungsversuch

Der Schuldner hat den Gläubigern und damit ggf. auch dem Finanzamt zum Zweck der außergerichtlichen Einigung unter anderem z.B. ein Vermögensverzeichnis, eine Aufstellung seiner Verbindlichkeiten und Gläubiger sowie einen Plan zur Schuldenregulierung vorzulegen (vgl. § 305 Abs. 1 InsO).

[1] Das Finanzamt kann nur im Rahmen einer persönlichen Billigkeitsmaßnahme Ansprüche aus dem Steuerschuldverhältnis abweichend festsetzen, stunden oder erlassen. [2] Wird ein Erlass gewährt, erlischt der Anspruch aus dem Steuerschuldverhältnis gem. § 47 AO.

Zu den vom Finanzamt zu beachtenden Grundsätzen bei der Bearbeitung von Anträgen auf außergerichtliche Schuldenbereinigung i.S.v. § 305 Abs. 1 Nr. 1 InsO wird auf das BMF-Schreiben vom 11.1.2002, BStBl. I S. 132, hingewiesen.

12.2. Schuldenbereinigungsverfahren

Scheitert der ernsthafte Versuch des Schuldners, eine außergerichtliche Einigung herbeizuführen, so kann er die Eröffnung des Insolvenzverfahrens beantragen.

[1] Mit einem Antrag auf Eröffnung des Insolvenzverfahrens hat der Schuldner die in § 305 Abs. 1 InsO genannten Unterlagen und Erklärungen, insbesondere einen Schuldenbereinigungsplan, vorzulegen. [2] Bei einem inhaltlich ordnungsgemäßen Antrag erklärt das Insolvenzgericht das Insolvenzverfahren bis zur Entscheidung über den Schuldenbereinigungsplan für ruhend (§ 306 Abs. 1 Satz 1 InsO). [3] Das Insolvenzgericht stellt den vom Schuldner genannten Gläubigern gem. § 307 Abs. 1 InsO den Schuldenbereinigungsplan und die Vermögensübersicht zur Stellungnahme binnen einer Notfrist von einem Monat zu.

[1] Das Finanzamt hat die vom Gericht zugestellte Vermögensübersicht und den Schuldenbereinigungsplan unter Beteiligung aller in Betracht kommenden Dienststellen unverzüglich daraufhin zu überprüfen, ob alle bis zum Ablauf der vom Gericht genannten Frist entstandenen Abgabenansprüche (zum Beispiel entstandene, aber noch nicht festgesetzte Abgabenforderungen) aufgenommen worden sind. [2] Noch nicht festgesetzte oder angemeldete Steueransprüche, die bis zum Ablauf der Notfrist entstehen, sind erforderlichenfalls im Schätzungswege zu ermitteln.

Während das Verfahren über den Antrag auf Eröffnung des Insolvenzverfahrens ruht (§ 306 Abs. 1 Satz 1 InsO), sind – unabhängig von etwaigen

Sicherungsmaßnahmen des Insolvenzgerichts (§ 306 Abs. 2 InsO) – alle Verwaltungsakte weiterhin dem Schuldner bekannt zu geben.

Gibt das Finanzamt innerhalb der Frist von einem Monat keine Stellungnahme ab, gilt dies nach § 307 Abs. 2 Satz 1 InsO als Einverständnis.

Die unterlassene Ergänzung der Abgabenforderungen hat – falls keine Wiedereinsetzungsgründe vorliegen – die Folge, dass nicht oder nicht in der richtigen Höhe geltend gemachte Forderungen nach § 308 Abs. 3 Satz 2 InsO erlöschen, wenn der Schuldenbereinigungsplan angenommen wird.

Der Schuldenbereinigungsplan gilt als angenommen, wenn

– alle Gläubiger zugestimmt haben,

– kein Gläubiger Einwendungen erhoben hat oder

– die Zustimmung eines oder mehrerer Gläubiger nach § 309 InsO ersetzt wird.

[1] Die Zustimmung des Finanzamts orientiert sich an den im BMF-Schreiben vom 11.1.2002, BStBl. I S. 132, dargestellten Grundsätzen zur außergerichtlichen Einigung. [2] Dabei ist zu beachten, dass akzessorische Sicherheiten (z.B. Zwangshypothek) erlöschen, wenn der Plan keine abweichende Regelung vorsieht. [3] Erforderlichenfalls sind daher entsprechende Einwendungen gegen den Plan zu erheben.

Da bei Nichterfüllung des Plans eine Wiederauflebensklausel gesetzlich nicht vorgesehen ist, soll das Finanzamt in seiner Stellungnahme auf eine solche hinwirken.

[1] Das Insolvenzgericht ersetzt die Zustimmung eines Gläubigers unter den Voraussetzungen des § 309 Abs. 1 InsO und hat dazu den Betroffenen zu hören. [2] Eine gerichtliche Ersetzung der Zustimmung ist jedoch nach § 309 Abs. 3 InsO ausgeschlossen, wenn das Finanzamt glaubhaft macht, dass die Angaben des Schuldners im Schuldenbereinigungsplan dem Grunde oder der Höhe nach unrichtig sind und es deshalb nicht angemessen beteiligt wird.

[1] Das Insolvenzgericht entscheidet über die Ersetzung durch Beschluss. [2] Dagegen stehen dem Antragsteller und dem Gläubiger, dessen Zustimmung ersetzt wird, die sofortige Beschwerde zu (§ 309 Abs. 2 Satz 3 InsO).

Der angenommene Schuldenbereinigungsplan hat nach § 308 Abs. 1 Satz 2 InsO die Wirkung eines (Prozess-)Vergleichs i.S.d. § 794 Abs. 1 Nr. 1 ZPO.

[1] § 308 Abs. 3 InsO stellt im Interesse des Gläubigerschutzes klar, dass Gläubiger, die keine Möglichkeit der Mitwirkung an dem Schuldenbereinigungsplan hatten, keinen Rechtsverlust erleiden. [2] Dies ist allerdings nur denkbar, wenn dem Finanzamt kein Schuldenbereinigungsplan zur Stellungnahme zugestellt wurde. [3] Allerdings kann sich der Gläubiger der Wirkung des Schuldenbereinigungsplans nicht durch eine unvollständige Forderungsaufstellung, unterlassene oder unzureichende Nachbesserung des Schuldenbereinigungsplans entziehen.

[1] Das Verfahren über den Eröffnungsantrag wird wieder aufgenommen, wenn das Insolvenzgericht nach Anhörung des Schuldners zu der Überzeugung gelangt, dass der Schuldenbereinigungsplan voraussichtlich nicht angenommen wird (§ 306 Abs. 1 Satz 3 InsO) oder Einwendungen gegen den Schuldenbereinigungsplan erhoben werden, die vom Gericht nicht gem. § 309 InsO durch gerichtliche Zustimmung ersetzt werden (§ 311 InsO). [2] Ein erneuter Antrag des Schuldners ist nicht erforderlich.

[1] Soweit ein Gläubiger einen Antrag auf Eröffnung des Insolvenzverfahrens stellt und der Schuldner keinen Eigenantrag nachreicht (§ 306 Abs. 3 InsO), findet ein Schuldenbereinigungsverfahren nicht statt. [2] In diesem Fall ist – wie im Fall des Scheiterns des Schuldenbereinigungsverfahrens – ein Insolvenzverfahren durchzuführen.

Im Übrigen wird auf Abschnitt 63 VollstrA hingewiesen.

12.3. Eröffnetes Insolvenzverfahren

Grundsätzlich sind die Bestimmungen für das Regelinsolvenzverfahren anzuwenden.

[1] Auch ein Insolvenzplan kann durchgeführt werden (siehe AEAO zu § 251, Nr. 11). [2] Die Regelungen zur Eigenverwaltung gelten jedoch nicht (§ 270 Abs. 1 Satz 3 InsO).

Im Übrigen wird auf Abschnitt 63 VollstrA hingewiesen.

13. Eigenverwaltung

Die Vorschriften der Eigenverwaltung gelten nicht für Verbraucherinsolvenzverfahren i.S.v. §§ 304 ff. InsO (§ 270 Abs. 1 Satz 3 InsO).

13.1. Vorbereitung einer Sanierung nach § 270b InsO

[1] Bei einer angestrebten Sanierung nach § 270b InsO kann das Insolvenzgericht auf Antrag des Schuldners eine Frist zur Vorlage eines Insolvenzplans bestimmen (§ 270b Abs. 1 Satz 1 InsO). [2] Die Frist darf höchstens drei Monate betragen.

[1] Stimmt das Gericht dem Antrag des Schuldners zu, hat es einen vorläufigen Sachwalter (§ 270a Abs. 1 InsO) zu bestellen und kann vorläufige Maßnahmen nach § 21 Abs. 1 und 2 Nr. 1a, 3 bis 5 InsO anordnen. [2] Auf Antrag des Schuldners hat es ein Vollstreckungsverbot nach § 21 Abs. 2 Nr. 3 InsO anzuordnen. [3] Des Weiteren hat das Gericht auf Antrag des Schuldners anzuordnen, dass der Schuldner Masseverbindlichkeiten begründet. [4] § 55 Abs. 2 InsO gilt entsprechend.

[1] Spätestens nach Ablauf der Frist nach § 270b Abs. 1 Satz 1 InsO hat das Gericht über den Antrag auf Insolvenzeröffnung zu entscheiden. [2] Ist es dem Schuldner innerhalb der Frist nach § 270b Abs. 1 Satz 1 InsO gelungen, dem Gericht einen Insolvenzplan vorzulegen, so wird über den Plan im eröffneten Insolvenzverfahren nach den allgemeinen Vorschriften über den Insolvenzplan entschieden.

13.2. Eröffnung des Insolvenzverfahrens

Auf Antrag des Schuldners oder der Gläubigerversammlung kann das Insolvenzgericht die Eigenverwaltung der Insolvenzmasse gem. §§ 270 ff. InsO unter der Aufsicht eines Sachwalters anordnen, wenn dadurch nicht Gläubigerinteressen beeinträchtigt werden (z.B. durch Verfahrensverzögerung).

[1] Die insolvenzrechtlichen Vorschriften bleiben durch die Eigenverwaltung – von wenigen Ausnahmen abgesehen – unberührt. [2] Im Grunde sind nur Befugnisse des Insolvenzverwalters auf den Schuldner selbst zu übertragen. [3] Insolvenzforderungen sind schriftlich beim Sachwalter zur Tabelle anzumelden (§ 270c InsO).

[1] Auswirkungen auf das Besteuerungsverfahren (z.B. die Veranlagungszeiträume) ergeben sich durch die Anordnung der Eigenverwaltung nicht. [2] Umsatzsteuerlich kommt es aber mit der Eröffnung des Insolvenzverfahrens zu einer

Aufspaltung des Unternehmens in mehrere Unternehmensteile, zwischen denen einzelne umsatzsteuerrechtliche Berechtigungen und Verpflichtungen nicht miteinander verrechnet werden können. [3]Zu den Einzelheiten vgl. AEAO zu § 251, Nr. 9.2 sowie UStAE Abschnitt 17.1 Abs. 11. [4]Da der Schuldner im Fall der Eigenverwaltung jedoch selbst rechtsgeschäftlich mit Verfügungsbefugnis handeln kann, der Sachwalter demgegenüber nur Kontroll- und Aufsichtspflichten ausübt, ist der Schuldner selbst steuerlich als Vertreter der Insolvenzmasse i.S.v. §§ 34, 35 AO anzusehen. [5]Daher ist er Bekanntgabeadressat für alle die Insolvenzmasse betreffenden Verwaltungsakte.

Die Eigenverwaltung kann auf Antrag der Gläubigerversammlung, des Schuldners oder eines Gläubigers, der entsprechende Gründe glaubhaft zu machen hat, aufgehoben werden (§ 272 InsO).

14. Vorgehensweise nach Aufhebung des Insolvenzverfahrens

Mit Aufhebung des Insolvenzverfahrens erhält der Schuldner die Verwaltungs- und Verfügungsbefugnis über sein Vermögen zurück.

[1]Die Aufrechnungsverbote der §§ 95 und 96 InsO gelten nicht mehr. [2]Steuererstattungsansprüche unterliegen nicht mehr dem Insolvenzbeschlag, es sei denn, es liegt eine wirksame Anordnung der Nachtragsverteilung bzw. der wirksame Vorbehalt der Nachtragsverteilung vor. [3]Mit dem Vorbehalt oder der Anordnung einer Nachtragsverteilung tritt hinsichtlich des einzelnen Erstattungsanspruchs erneut die Insolvenzbeschlagnahme ein (BFH-Urteil vom 28.2. 2012, VII R 36/11, BStBl. II S. 451). [4]Soweit sich aus dem Beschluss des Insolvenzgerichts nicht ausdrücklich etwas anderes ergibt, ist anzunehmen, dass der Insolvenzbeschlag hinsichtlich aller Steuerarten fortbesteht, die bis zur Aufhebung des Insolvenzverfahrens (insolvenzrechtlich) begründet worden sind (BFH-Urteil vom 20.9.2016, VII R 10/15, BFH/NV 2017 S. 442). [5]Ein nicht hinreichend bestimmter Beschluss entfaltet keinen Insolvenzbeschlag.

[1]Steuerbescheide sind an den Steuerpflichtigen zu richten und diesem bekannt zu geben. [2]Aus diesem Grund ist für das Jahr der Insolvenzaufhebung z.B. nur eine Einkommensteuerfestsetzung durchzuführen, in der sowohl der Massezeitraum wie auch der Zeitraum nach Abschluss des Verfahrens zusammengefasst werden. [3]Der Schuldner ist auch hinsichtlich der nach Eröffnung des Insolvenzverfahrens begründeten Steuerforderungen weiterhin Steuerschuldner (vgl. BFH-Beschluss vom 23.8.1993, V B 135/91, BFH/NV 1994 S. 186). [4]Somit können die während des Bestehens des Insolvenzverfahrens begründeten Steuerschulden nach Aufhebung des Insolvenzverfahrens gegenüber dem Steuerpflichtigen geltend gemacht und auch vollstreckt werden (vgl. BFH-Urteil vom 28.11.2017, VII R 1/16, BStBl. 2018 II S. 457).

Zur Frage der Prozessführungsbefugnis des Insolvenzverwalters und der Auswirkungen auf noch anhängige Rechtsbehelfsverfahren zu Masseverbindlichkeiten bei Beendigung des Insolvenzverfahrens vgl. BFH-Urteil vom 6.7.2011, II R 34/10, BFH/NV 2012 S. 10.

Änderungen von zur Insolvenztabelle angemeldeten und festgestellten Steuerforderungen, denen der Insolvenzschuldner nicht widersprochen hat oder dessen Widerspruch beseitigt worden ist, sind nach Aufhebung des Insolvenzverfahrens nur möglich, wenn die Voraussetzungen für eine Änderung der festgestellten Forderung nach §§ 130, 131 AO vorliegen.

Schließt sich nach der Aufhebung des Insolvenzverfahrens das Restschuldbefreiungsverfahren an, kann wegen dieser Forderungen nicht vollstreckt, sondern lediglich aufgerechnet werden.

[1] Zur Insolvenztabelle angemeldete, nicht titulierte Forderungen, für die keine Feststellung erfolgt ist, können nach Aufhebung des Insolvenzverfahrens gegenüber dem Steuerpflichtigen unter Beachtung der Ablaufhemmung nach § 171 Abs. 13 AO erstmals geltend gemacht werden (z.B. zum Zwecke der Aufrechnung). [2] Die Erteilung einer Restschuldbefreiung gilt vorbehaltlich § 302 InsO auch für diese Forderungen.

Nach rechtskräftiger Bestätigung eines Insolvenzplans ist eine Änderung einer vorinsolvenzlich erfolgten Steuerfestsetzung nicht mehr möglich (BFH-Urteil vom 22.10.2014, I R 39/13, BStBl. 2015 II S. 577).

[1] Während des laufenden Insolvenzverfahrens ohne rechtlichen Grund an den Insolvenzverwalter ausbezahlte Ansprüche aus dem Steuerschuldverhältnis können nach Aufhebung des Insolvenzverfahrens vom früheren Insolvenzverwalter zurückgefordert werden, wenn die Zahlung auf dessen Anderkonto eingegangen war (BFH-Beschluss vom 12.8.2013, VII B 188/12, ZIP S. 2370). [2] Hiervon zu unterscheiden ist die Rechtslage bei Zahlungen auf ein sog. Sonderkonto, das vom Insolvenzverwalter für den Schuldner als Kontoinhaber (Fremdkonto) eingerichtet wird und bei dem der Insolvenzverwalter lediglich aufgrund seiner treuhänderischen Stellung verfügungsberechtigt ist. [3] Gehen Zahlungen auf ein solches Sonderkonto ein, fallen sie in das Schuldnervermögen und damit in die Insolvenzmasse. [4] Rückforderungen sind somit nicht gegen den Insolvenzverwalter persönlich, sondern nur gegen ihn in seiner Eigenschaft als Insolvenzverwalter geltend zu machen (BFH-Beschluss vom 12.8.2013, VII B 188/12, a.a.O.).

15. Restschuldbefreiung

[1] Die nachstehenden Ausführungen gelten für nach dem 30.6.2014 beantragte Insolvenzverfahren. [2] Für vor dem 1.7.2014 beantragte Verfahren gelten die Ausführungen des AEAO zu § 251, Nr. 15 in der Fassung vom 31.1.2014, BStBl. I S. 290.

15.1. Laufzeit der Abtretungserklärung

[1] Ist der Schuldner eine natürliche Person, so sieht die Insolvenzordnung die Möglichkeit der Restschuldbefreiung vor. [2] Hierzu hat der Schuldner rechtzeitig einen Antrag auf Restschuldbefreiung beim Insolvenzgericht zu stellen (§ 287 Abs. 1 InsO). [3] Um die Restschuldbefreiung zu erlangen, hat der Schuldner den pfändbaren Teil seiner Bezüge für einen Zeitraum von 6 Jahren – beginnend ab der Eröffnung des Insolvenzverfahrens – an einen Treuhänder abzutreten (§ 287 Abs. 2 InsO). [4] Zwischen der Beendigung des Insolvenzverfahrens und dem Ende der Abtretungsfrist hat der Schuldner die Obliegenheiten gem. § 295 InsO zu erfüllen.

Der Treuhänder kehrt das Erlangte jährlich nach der im Schlussverzeichnis festgelegten Quote an die Gläubiger aus (§ 292 Abs. 1 Satz 2 InsO).

Das Insolvenzgericht stellt durch öffentlich bekannt zu machenden Beschluss zu Beginn des Verfahrens fest, ob der Antrag auf Restschuldbefreiung zulässig ist und dass der Schuldner Restschuldbefreiung erlangt, wenn er den Obliegenheiten gem. § 295 InsO nachkommt und keine Versagungsgründe nach §§ 290, 297 bis 298 InsO vorliegen (§ 287a InsO).

[1] Das Finanzamt hat zu prüfen, ob nach § 290 Abs. 1 InsO ein Grund vorliegt, die Restschuldbefreiung zu versagen. [2] Es hat insbesondere festzustellen, ob der Schuldner zur Vermeidung von Steuerzahlungen in den letzten drei Jahren vor dem Antrag auf Eröffnung des Insolvenzverfahrens oder nach dem Antrag schuldhaft schriftlich unrichtige oder unvollständige Angaben über seine wirtschaftlichen Verhältnisse im Rahmen von Anträgen auf Vollstreckungsaufschub, in Vermögensverzeichnissen, Erlass- und Stundungsanträgen oder Steuererklärungen gemacht hat (§ 290 Abs. 1 Nr. 2 InsO).

[1] Liegen Versagungsgründe nach § 290 InsO vor, so soll das Finanzamt bis zum Schlusstermin oder bis zur Entscheidung über die Einstellung des Verfahrens wegen Masseunzulänglichkeit die Versagung der Restschuldbefreiung schriftlich beantragen und glaubhaft machen (§ 290 Abs. 2 InsO). [2] Wird dieser Antrag vom Insolvenzgericht abgewiesen, kann sofortige Beschwerde erhoben werden (§ 290 Abs. 3 InsO). [3] Stellt sich nach dem Schlusstermin heraus, dass Versagungsgründe vorlagen, kann ein Antrag auf Versagung der Restschuldbefreiung binnen sechs Monaten nach Kenntniserlangung durch den Gläubiger nachgeholt werden (§ 297a InsO).

[1] Nach Beendigung des Insolvenzverfahrens, aber noch während der Laufzeit der Abtretungserklärung sind Vollstreckungsmaßnahmen wegen der Insolvenzforderungen in das Vermögen des Schuldners unzulässig (§ 294 Abs. 1 InsO). [2] Aufrechnungen gegen Steuererstattungsansprüche des Schuldners sind aber zulässig, es sei denn, es liegt ein Vorbehalt oder eine wirksame Anordnung der Nachtragsverteilung für diesen Anspruch vor.

Verwaltungsakte sind wieder an den Schuldner zu richten und diesem bekannt zu geben, da der hier zu bestellende Treuhänder keine Befugnis hat, das Vermögen des Schuldners zu verwalten oder über dieses zu verfügen (§ 292 InsO).

Steuererstattungsansprüche nach Aufhebung des Insolvenzverfahrens gehören nicht zu den abtretbaren Bezügen i.S.d. § 287 InsO und können vorbehaltlich der Anordnung einer Nachtragsverteilung mit Insolvenzforderungen aufgerechnet werden (BGH-Urteil vom 21.7.2005, IX ZR 115/04, NJW S. 2988).

Endet bei erteilter Restschuldbefreiung die Abtretungsfrist vor Beendigung des Insolvenzverfahrens, gehören die dann erworbenen Steuererstattungsansprüche nicht mehr zur Insolvenzmasse (§ 300a InsO) und können aufgerechnet werden.

15.2. Ausgenommene Forderungen

Neben Geldstrafen (§ 302 Nr. 2 InsO) und Verbindlichkeiten aus zinslosen Darlehen, die dem Schuldner zur Begleichung der Kosten des Insolvenzverfahrens gewährt wurden (§ 302 Nr. 3 InsO), sind folgende Verbindlichkeiten des Schuldners von der Restschuldbefreiung ausgenommen:

– Verbindlichkeiten aus vorsätzlich begangenen unerlaubten Handlungen (§ 302 Nr. 1 1. Alternative InsO)

– Verbindlichkeiten aus rückständigem gesetzlichen Unterhalt (§ 302 Nr. 1 2. Alternative InsO)

– Verbindlichkeiten aus dem Steuerschuldverhältnis, wenn der Schuldner im Zusammenhang damit wegen einer Steuerstraftat nach §§ 370, 373 oder 374 AO rechtskräftig verurteilt wurde (§ 302 Nr. 1 3. Alternative InsO).

Voraussetzung für eine Ausnahme von der Restschuldbefreiung bei den Verbindlichkeiten nach § 302 Nr. 1 InsO ist, dass der Gläubiger seine Forderung unter Angabe des Rechtsgrundes nach § 174 Abs. 2 InsO zur Tabelle angemeldet hat (vgl. AEAO zu § 251, Nr. 5.2).

Hat das Finanzamt bei der Forderungsanmeldung Tatsachen angegeben, aus denen sich eine Steuerstraftat des Schuldners nach §§ 370, 373 oder 374 AO ergibt, tritt die Ausnahme von der Erteilung der Restschuldbefreiung in folgenden Fällen ein:

- Das Gericht hat die Forderung eingetragen und der Schuldner hat der Anmeldung im Prüfungstermin nicht widersprochen.

- [1]Der Schuldner hat der Anmeldung der Forderung widersprochen und die rechtskräftige Verurteilung wegen einer Steuerstraftat nach den §§ 370, 373 oder 374 AO ist vor Beendigung des Insolvenzverfahrens erfolgt. [2]In diesem Fall kann der Widerspruch durch Feststellungsbescheid nach § 251 Abs. 3 AO beseitigt werden (vgl. AEAO zu § 251, Nr. 5.3.2).

- [1]Der Schuldner hat der Anmeldung der Forderung widersprochen und die rechtskräftige Verurteilung wegen einer Steuerstraftat nach den §§ 370, 373 oder 374 AO ist erst nach Beendigung des Insolvenzverfahrens erfolgt. [2]Da die insolvenzrechtliche Nachhaftung für hinterzogene Steuern auch nach Beendigung des Insolvenzverfahrens bestehen bleibt, ist es unbeachtlich, wann die rechtskräftige Verurteilung erfolgt. [3]Widerspricht der Schuldner lediglich der rechtlichen Einordnung einer Steuerforderung als Anspruch im Sinne von § 302 Nr. 1 InsO (oder ist bei einem Widerspruch gegen den Rechtsgrund und die Höhe der Forderung der Widerspruch gegen die Höhe der Forderung beseitigt), ist dem Finanzamt auch nach Erteilung der Restschuldbefreiung aus der Eintragung der Forderung in der Tabelle – unabhängig vom Vorliegen einer rechtskräftigen Verurteilung wegen einer Steuerstraftat – ein Tabellenauszug zur Durchführung der Vollstreckung zu erteilen (vgl. BGH-Beschluss vom 3.4.2014, IX ZB 93/13, ZinsO 2014 S. 568). [4]Nach Eintritt der Rechtskraft des Urteils kann das Finanzamt sogleich das Vollstreckungsverfahren aufnehmen (vgl. BGH-Urteil vom 2.12.2010, IX ZR 247/09, NJW 2011 S. 1133). [5]Ob die Forderungen von der Restschuldbefreiung nach § 302 Nr. 1 InsO ausgenommen sind, kann der Vollstreckungsschuldner im Steuererhebungsverfahrens überprüfen lassen (z.B. Einspruch gegen Pfändungsmaßnahme, Antrag auf Erteilung eines Abrechnungsbescheides bei Aufrechnung). [6]Für anschließende Klageverfahren ist der Finanzrechtsweg einschlägig.

15.3. Erteilung der Restschuldbefreiung

[1]Nach Aufhebung des Insolvenzverfahrens hat der Schuldner ausschließlich die Obliegenheiten nach § 295 InsO zu erfüllen. [2]Die Versagungsgründe des § 290 InsO gelten nicht mehr.

[1]Wird dem Finanzamt bekannt, dass der Schuldner Obliegenheiten verletzt und dadurch die Befriedigung der Insolvenzgläubiger beeinträchtigt, soll es beim Insolvenzgericht Antrag auf Versagung der Restschuldbefreiung stellen und seine Angaben durch entsprechende Unterlagen glaubhaft machen (§ 296 Abs. 1 InsO). [2]Gegen die Entscheidung des Gerichts ist die sofortige Beschwerde gegeben.

[1]Ist die Laufzeit der Abtretungserklärung ohne vorherige Beendigung verstrichen, hat das Insolvenzgericht nach vorheriger Anhörung des Schuldners,

des Treuhänders und der Gläubiger zu entscheiden, ob dem Schuldner die endgültige Restschuldbefreiung zu erteilen ist (§ 300 Abs. 1 Satz 1 InsO). [2]Eine vorzeitige Erteilung der Restschuldbefreiung kommt in Betracht, wenn der Schuldner die Kosten des Verfahrens berichtigt hat und

– im Verfahren kein Insolvenzgläubiger eine Forderung angemeldet hat oder wenn die Forderungen der Insolvenzgläubiger befriedigt sind und der Schuldner die sonstigen Masseverbindlichkeiten berichtigt hat (§ 300 Abs. 1 Satz 2 Nr. 1 InsO),

– drei Jahre der Abtretungsfrist verstrichen sind, dem Insolvenzverwalter oder Treuhänder innerhalb dieses Zeitraums ein Betrag zugeflossen ist, der eine Befriedigung der Forderungen der Insolvenzgläubiger in Höhe von mindestens 35 % ermöglicht (§ 300 Abs. 1 Satz 2 Nr. 2 InsO), und der Schuldner Angaben zur Herkunft der Mittel macht (§ 300 Abs. 2 Satz 1 InsO) oder

– fünf Jahre der Abtretungsfrist verstrichen sind (§ 300 Abs. 1 Satz 2 Nr. 3 InsO).

[1]Erteilt das Insolvenzgericht die Restschuldbefreiung, wirkt diese gegen alle Insolvenzgläubiger. [2]Die angemeldeten, aber nicht vollständig befriedigten Forderungen wandeln sich in unvollkommene Forderungen um. [3]Das heißt, dass diese Forderungen zwar weiterhin erfüllbar, aber nicht mehr erzwingbar sind. [4]Insoweit entfällt die Möglichkeit einer Aufrechnung gegen Guthaben mit diesen Forderungen, da die Aufrechnung voraussetzt, dass die zur Aufrechnung gestellte Forderung vollwirksam und fällig/erzwingbar ist. [5]Dies gilt nicht, wenn bei Eröffnung des Insolvenzverfahrens die Aufrechnungslage bereits bestand (BGH-Urteil vom 19.5.2011, IX ZR 222/08, WM S. 1182). [6]Weiterhin besteht die Möglichkeit, Haftungs- oder sonstige Gesamtschuldner in Anspruch zu nehmen (§ 301 Abs. 2 InsO).

Masseverbindlichkeiten werden von der Restschuldbefreiung nicht erfasst und können daher auch nach Erteilung der Restschuldbefreiung vollstreckt werden (vgl. BFH-Urteil vom 28.11.2017, VII R 1/16, BStBl. 2018 II S. 457).

[1]Gem. § 303 InsO kann die gewährte Restschuldbefreiung widerrufen werden, wenn innerhalb eines Jahres nach Rechtskraft des Beschlusses nachträglich ein Obliegenheitsverstoß oder eine Verurteilung des Schuldners wegen einer Insolvenzstraftat bekannt wird. [2]Wenn der Schuldner Auskunfts- und Mitwirkungspflichten, die ihm nach der InsO obliegen, vorsätzlich verletzt hat, kann der nachträgliche Widerruf der Restschuldbefreiung innerhalb eines halben Jahres nach Rechtskraft des Beschlusses beantragt werden. [3]Der begründete Antrag ist durch einen Gläubiger bei Gericht zu stellen. [4]Vor dem Beschluss sind der Schuldner und der Insolvenzverwalter bzw. Treuhänder zu hören.

AEAO vor § 347 – Außergerichtliches Rechtsbehelfsverfahren:

1. [1]Das außergerichtliche Rechtsbehelfsverfahren nach der AO (Einspruchsverfahren) ist abzugrenzen

– von den in der AO nicht geregelten nichtförmlichen Rechtsbehelfen (Gegenvorstellung, Sachaufsichtsbeschwerde, Dienstaufsichtsbeschwerde),

– von dem Antrag, einen Verwaltungsakt zu berichtigen, zurückzunehmen, zu widerrufen, aufzuheben oder zu ändern (Korrekturantrag; §§ 129 bis 132, 172 bis 177 AO).

Der förmliche Rechtsbehelf (Einspruch) unterscheidet sich von den Korrekturanträgen in folgenden Punkten:
– Er hindert den Eintritt der formellen und materiellen Bestandskraft (zum Begriff der Bestandskraft vgl. AEAO vor §§ 172 bis 177, Nr. 1);
– er kann zur Verböserung führen (§ 367 Abs. 2 Satz 2 AO); der Verböserungsgefahr kann der Steuerpflichtige aber durch rechtzeitige Rücknahme des Einspruchs entgehen;
– er ermöglicht die Aussetzung der Vollziehung.

In Zweifelsfällen ist ein Einspruch anzunehmen, da er die Rechte des Steuerpflichtigen umfassender wahrt als ein Korrekturantrag.

2. [1] Das Einspruchsverfahren ist nicht kostenpflichtig. [2] Steuerpflichtige und Finanzbehörden haben jeweils ihre eigenen Aufwendungen zu tragen. [3] Auf die Kostenerstattung nach § 139 FGO[1], auch für das außergerichtliche Vorverfahren, wird hingewiesen.

AEAO zu § 347 – Statthaftigkeit des Einspruchs:

1. [1] Das Einspruchsverfahren ist nur eröffnet, wenn ein Verwaltungsakt (auch ein nichtiger Verwaltungsakt oder ein Scheinverwaltungsakt) angegriffen wird oder der Einspruchsführer sich gegen den Nichterlass eines Verwaltungsakts wendet. [2] Verwaltungsakt ist z.B. auch die Ablehnung eines Realakts (vgl. AEAO zu § 364) oder die Ablehnung der Erteilung einer verbindlichen Auskunft.

2. [1] Der Einspruch ist auch gegeben, wenn ein Verwaltungsakt aufgehoben, geändert, zurückgenommen oder widerrufen oder ein Antrag auf Erlass eines Verwaltungsakts abgelehnt wird. [2] Gleiches gilt, wenn die Finanzbehörde einen Verwaltungsakt wegen einer offenbaren Unrichtigkeit gem. § 129 AO berichtigt oder es ablehnt, die beantragte Berichtigung eines Verwaltungsakts durchzuführen (BFH-Urteil vom 13.12.1983, VIII R 67/81, BStBl. 1984 II S. 511). [3] Gegen Entscheidungen über die schlichte Änderung (§ 172 Abs. 1 Satz 1 Nr. 2 Buchstabe a AO) ist ebenfalls der Einspruch gegeben (BFH-Urteil vom 27.10.1993, XI R 17/93, BStBl. 1994 II S. 439); dies gilt nicht, soweit der Antrag auf schlichte Änderung durch eine Allgemeinverfügung nach § 172 Abs. 3 AO zurückgewiesen wurde (§ 348 Nr. 6 AO).

3. [1] Beantragt der Steuerpflichtige bei einer Steuerfestsetzung unter Vorbehalt der Nachprüfung (§ 164 AO) oder bei einer vorläufigen Steuerfestsetzung (§ 165 AO) die Aufhebung dieser Nebenbestimmungen, ist gegen den ablehnenden Bescheid der Einspruch gegeben. [2] Wird der Vorbehalt nach § 164 AO aufgehoben, kann der Steuerpflichtige gegen die dann als Steuerfestsetzung ohne Vorbehalt der Nachprüfung wirkende Steuerfestsetzung uneingeschränkt Einspruch einlegen. [3] Soweit eine vorläufige Steuerfestsetzung endgültig durchgeführt oder für endgültig erklärt wird, gilt dies nur, soweit die Vorläufigkeit reichte.

[1] Gegen die Aufhebung des Nachprüfungsvorbehalts in der Einspruchsentscheidung ist die Klage, nicht ein erneuter Einspruch gegeben (BFH-Urteil vom 4.8.1983, IV R 216/82, BStBl. 1984 II S. 85). [2] Das gilt entsprechend, wenn in einer Einspruchsentscheidung die bisher vorläufige Steuerfestsetzung für endgültig erklärt wird.

---

[1] Nr. 2.

4. [1] Gegen eine Ermessensentscheidung über eine Billigkeitsmaßnahme nach § 163 Abs. 1 AO ist auch dann ein gesonderter Einspruch gegeben, wenn sie mit der Steuerfestsetzung verbunden ist (§ 163 Abs. 2 AO). [2] Entsprechendes gilt für die mit einer Zinsfestsetzung verbundene Billigkeitsentscheidung nach § 234 Abs. 2 oder § 237 Abs. 4 AO.

5. § 347 Abs. 1 Satz 1 Nr. 3 AO beschränkt i.V.m. § 348 Nr. 3 und 4 AO in Steuerberatungsangelegenheiten das Einspruchsverfahren auf Streitigkeiten über

– die Ausübung (insbesondere die Zulässigkeit) der Hilfe in Steuersachen einschließlich der Rechtsverhältnisse der Lohnsteuerhilfevereine,

– die Voraussetzungen für die Berufsausübung der Steuerberater und Steuerbevollmächtigten (mit Ausnahme der Entscheidungen der Zulassungs- und der Prüfungsausschüsse),

– die Vollstreckung wegen Handlungen und Unterlassungen.

6. [1] In anderen Angelegenheiten (§ 347 Abs. 1 Satz 1 Nr. 4 AO) sind die Vorschriften über das Einspruchsverfahren z.B. für anwendbar erklärt worden durch:

– Landesgesetze, die Steuern betreffen, die der Landesgesetzgebung unterliegen und durch Landesfinanzbehörden verwaltet werden,

– Gesetze zur Durchführung der Verordnungen des Rates der Europäischen Union,

soweit diese Gesetze die Anwendbarkeit der AO-Vorschriften vorsehen.

Soweit Gesetze die für Steuervergütungen geltenden Vorschriften für entsprechend anwendbar erklären, ist das Einspruchsverfahren bereits nach § 347 Abs. 1 Satz 1 Nr. 1 AO eröffnet (z.B. EigZulG, InvZulG, WoPG [1]) und 5. VermBG [2]).

AEAO zu § 350 – Beschwer:

1. [1] Eine Beschwer ist nicht nur dann schlüssig geltend gemacht, wenn eine Rechtsverletzung oder Ermessenswidrigkeit gerügt wird, sondern auch dann, wenn der Einspruchsführer eine günstigere Ermessensentscheidung begehrt. [2] Aus nicht gesondert festgestellten Besteuerungsgrundlagen (§ 157 Abs. 2 AO) ergibt sich keine Beschwer.

2. [1] Bei einer zu niedrigen Festsetzung kann eine Beschwer dann bestehen, wenn eine höhere Festsetzung, z.B. aufgrund des Bilanzenzusammenhangs, sich in Folgejahren günstiger auswirkt (BFH-Urteil vom 27.5.1981, I R 123/77, BStBl. 1982 II S. 211) oder wenn durch die begehrte höhere Steuerfestsetzung die Anrechnung von Steuerabzugsbeträgen ermöglicht wird und aufgrund dessen ein geringerer Betrag als bisher entrichtet werden muss (BFH-Urteil vom 8.11.1985, VI R 238/80, BStBl. 1986 II S. 186 und BFH-Beschluss vom 3.2.1993, I B 90/92, BStBl. II S. 426).

3. [1] Bei einer Nullfestsetzung besteht grundsätzlich keine Beschwer. [2] Dies gilt nicht in folgenden Fällen:

a) Mit dem Einspruch wird eine Steuervergütung begehrt (z.B. die Festsetzung einer negativen Umsatzsteuer).

---

[1] dtv 5765 Steuergesetze Nr. 27.
[2] dtv 5765 Steuergesetze Nr. 25.

b) Durch den Einspruch soll die Anwendung des § 10d Abs. 4 Satz 5 EStG[1] i.d.F. des JStG 2010 (vom Steuerbescheid abweichende Berücksichtigung von Besteuerungsgrundlagen bei der Feststellung des verbleibenden Verlustvortrags) ermöglicht werden.

c) Es wird eine Steuerbefreiung nach § 5 Abs. 1 Nr. 9 KStG[2] (BFH-Urteil vom 13.7.1994, I R 5/93, BStBl. 1995 II S. 134) begehrt.

d) [1] Die der Steuerfestsetzung zugrunde liegenden Besteuerungsgrundlagen sind für ein anderes steuerliches oder außersteuerliches Verfahren bindend (vgl. BFH-Urteil vom 20.12.1994, IX R 80/92, BStBl. 1995 II S. 537). [2] Eine derartige Bindungswirkung besteht beispielsweise für das BAföG-Verfahren oder einen Beihilfeanspruch nach der BBhV oder vergleichbaren landesrechtlichen Regelungen hinsichtlich der Einkünfte (vgl. BFH-Urteile vom 20.12.1994, IX R 124/92, BStBl. 1995 II S. 628, und vom 19.2.2013, IX R 31/11, BFH/NV S. 1075), nicht aber hinsichtlich der außergewöhnlichen Belastungen (BFH-Urteil vom 29.5.1996, III R 49/93, BStBl. II S. 654) und auch nicht für das Wohngeldverfahren nach dem WoGG (BFH-Urteil vom 24.1.1975, VI R 148/72, BStBl. II S. 382).

4. Wird durch Einspruch die Änderung eines Grundlagenbescheids begehrt, kommt es für die schlüssige Geltendmachung der Beschwer nicht auf die Auswirkungen in den Folgebescheiden an.

5. Beschwert sein kann nicht nur derjenige, für den ein Verwaltungsakt bestimmt ist, sondern auch derjenige, der von ihm betroffen ist.

6. Eine weitere, in der AO nicht ausdrücklich genannte Zulässigkeitsvoraussetzung ist das Vorliegen eines Rechtsschutzbedürfnisses, d.h. eines schutzwürdigen, berücksichtigungswerten Interesses an der begehrten Entscheidung im Einspruchsverfahren.

[1] Die Möglichkeit, einen Antrag auf schlichte Änderung (§ 172 Abs. 1 Satz 1 Nr. 2 Buchstabe a AO) zu stellen, beseitigt nicht das Rechtsschutzbedürfnis für einen Einspruch, da dieser die Rechte des Steuerpflichtigen umfassender wahrt (vgl. AEAO vor § 347, Nr. 1). [2] Wendet sich der Steuerpflichtige gegen denselben Verwaltungsakt sowohl mit einem Einspruch als auch mit einem Antrag auf schlichte Änderung, ist nur das Einspruchsverfahren durchzuführen (BFH-Urteil vom 27.9.1994, VIII R 36/89, BStBl. 1995 II S. 353).

[1] Wird mit dem Einspruch ausschließlich die angebliche Verfassungswidrigkeit einer Rechtsnorm gerügt, fehlt grundsätzlich das Rechtsschutzbedürfnis, wenn die Finanzbehörde den angefochtenen Verwaltungsakt spätestens im Einspruchsverfahren hinsichtlich des strittigen Punktes für vorläufig erklärt hat (BFH-Beschlüsse vom 10.11.1993, X B 83/93, BStBl. 1994 II S. 119, und vom 22.3.1996, III B 173/95, BStBl. II S. 506). [2] Trotz vorläufiger Steuerfestsetzung kann aber ein Rechtsschutzbedürfnis anzunehmen sein, wenn der Einspruchsführer besondere Gründe materiell-rechtlicher oder verfahrensrechtlicher Art substantiiert geltend macht oder Aussetzung der Vollziehung begehrt (BFH-Urteil vom 30.9.2010, III R 39/08, BStBl. 2011 II S. 11; zur Aussetzung der Vollziehung wegen verfassungsrechtlicher Zweifel vgl. AEAO zu § 361, Nr. 2.5.4).

---

[1] **dtv 5785 ESt/LSt Nr. 1.**
[2] **dtv 5786 KSt/GewSt Nr. 1.**

AEAO zu § 351 – Bindungswirkung anderer Verwaltungsakte:

1. [1] Wird ein Bescheid angegriffen, der einen unanfechtbaren Bescheid geändert hat, ist die Sache nach § 367 Abs. 2 Satz 1 AO in vollem Umfang erneut zu prüfen. [2] Geändert werden kann aber aufgrund der Anfechtung der Änderungsbescheid nur in dem Umfang, in dem er vom ursprünglichen Bescheid abweicht; diese Beschränkung bezieht sich z.B. beim Steuerbescheid auf den festgesetzten Steuerbetrag. [3] Einwendungen, die bereits gegen die ursprüngliche Steuerfestsetzung vorgebracht werden konnten, können auch gegen den Änderungsbescheid vorgetragen werden. [4] Ist z.B. im Änderungsbescheid eine höhere Steuer festgesetzt worden, kann die ursprünglich festgesetzte Steuer nicht unterschritten werden; ist dagegen im Änderungsbescheid eine niedrigere Steuer festgesetzt worden, kann der Steuerpflichtige nicht eine weitere Herabsetzung erreichen.

2. Etwas anderes gilt, soweit sich aus den Vorschriften über die Aufhebung oder die Änderung von Verwaltungsakten, z.B. wegen neuer Tatsachen, ein Rechtsanspruch auf Änderung des unanfechtbaren Bescheids ergibt.

Beispiele:

a) Ein Steuerbescheid wird nach § 173 Abs. 1 Nr. 1 AO zuungunsten des Steuerpflichtigen geändert. Der Steuerpflichtige kann mit dem Einspruch geltend machen, dass Tatsachen i.S.d. § 173 Abs. 1 Nr. 2 AO unberücksichtigt geblieben sind, die die Mehrsteuern im Ergebnis nicht nur ausgleichen, sondern sogar zu einer Erstattung führen.

b) Ein Steuerbescheid wird nach § 173 Abs. 1 Nr. 2 AO zugunsten des Steuerpflichtigen geändert. Der Steuerpflichtige kann mit dem Einspruch geltend machen, dass Tatsachen i.S.d. Vorschrift, die zu einer weitergehenden Erstattung führen, unberücksichtigt geblieben sind.

3. [1] § 351 Abs. 1 AO gilt nach seinem Wortlaut nur für änderbare Bescheide, nicht hingegen für die sonstigen Verwaltungsakte, die den Vorschriften über die Rücknahme (§ 130 AO) und den Widerruf (§ 131 AO) unterliegen (BFH-Urteil vom 24.7.1984, VII R 122/80, BStBl. II S. 791). [2] § 351 Abs. 1 AO bleibt aber zu beachten, wenn ein änderbarer Verwaltungsakt nach § 129 AO berichtigt worden ist (vgl. AEAO zu § 129, Nr. 5).

4. Ein Einspruch gegen einen Folgebescheid, mit welchem nur Einwendungen gegen den Grundlagenbescheid geltend gemacht werden, ist unbegründet, nicht unzulässig (BFH-Urteil vom 2.9.1987, I R 162/84, BStBl. 1988 II S. 142; vgl. auch BFH-Urteil vom 27.6.2018, I R 13/16, BStBl. 2019 II S. 632).

AEAO zu § 352 – Einspruchsbefugnis bei der einheitlichen Feststellung:

1. Die Regelungen des § 352 AO zur Einspruchsbefugnis bei einheitlichen Feststellungsbescheiden gelten unabhängig von der Art der in die Feststellung einbezogenen Besteuerungsgrundlagen.

2. Nach Absatz 1 Nr. 1 erste Alternative können gegen einheitliche Feststellungsbescheide die zur Vertretung berufenen Geschäftsführer Einspruch einlegen.

3. Betrifft die einheitliche Feststellung eine Personengruppe, die keinen Geschäftsführer hat (z.B. eine Erbengemeinschaft), so gilt – soweit kein Fall i.S.d. Absatzes 1 Nr. 3 bis 5 vorliegt – nach Absatz 1 Nr. 1 zweite Alternative i.V.m. Absatz 2 Folgendes:

a) Haben die Feststellungsbeteiligten gem. § 183 Abs. 1 Satz 1 AO bzw. § 6 Abs. 1 Satz 1 der V zu § 180 Abs. 2 AO einen gemeinsamen Empfangsbevollmächtigten bestellt, so ist nach Absatz 2 Satz 1 ausschließlich dieser einspruchsbefugt, soweit das Finanzamt dem Belehrungsgebot nach Absatz 2 Satz 3 nachgekommen ist.

b) [1]Haben die Feststellungsbeteiligten keinen gemeinsamen Empfangsbevollmächtigten bestellt oder ist ein solcher (z.b. wegen Widerrufs der Vollmacht) nicht mehr vorhanden, steht die Einspruchsbefugnis dem nach § 183 Abs. 1 Satz 2 AO gesetzlich fingierten Empfangsbevollmächtigten (Vertretungs- bzw. Verwaltungsberechtigter) zu (Absatz 2 Satz 2 erster Halbsatz erste Alternative). [2]Dies gilt nicht, wenn der gesetzlich fingierte Empfangsbevollmächtigte Geschäftsführer ist; in diesem Fall richtet sich die Einspruchs- befugnis nach Absatz 1 Nr. 1 erste Alternative.

c) [1]Ist auch ein gesetzlich fingierter Empfangsbevollmächtigter nicht vorhan- den, steht die Einspruchsbefugnis dem nach § 183 Abs. 1 Satz 3 bis 5 AO bzw. § 6 Abs. 1 Satz 3 bis 5 der V zu § 180 Abs. 2 AO von der Finanzbehör- de bestimmten Empfangsbevollmächtigten zu (Absatz 2 Satz 2 erster Halbsatz zweite Alternative). [2]Benennen die Feststellungsbeteiligten nach einer Auf- forderung i.S.d. § 183 Abs. 1 Satz 3 bis 5 AO bzw. des § 6 Abs. 1 Satz 3 bis 5 der V zu § 180 Abs. 2 AO eine andere als die von der Finanzbehörde vorgeschlagene Person als Empfangsbevollmächtigten, richtet sich die Ein- spruchsbefugnis nach Absatz 2 Satz 1.

d) Ist weder ein von den Feststellungsbeteiligten bestellter noch ein gesetzlich fingierter oder ein von der Finanzbehörde bestimmter Empfangsbevollmäch- tigter vorhanden, ist jeder Feststellungsbeteiligte einspruchsbefugt (Absatz 1 Nr. 2).

e) Die grundsätzliche Beschränkung der Einspruchsbefugnis auf den von den Feststellungsbeteiligten bestellten, den gesetzlich fingierten bzw. den von der Finanzbehörde bestimmten Empfangsbevollmächtigten greift nur ein, wenn die Beteiligten in der Feststellungserklärung des betreffenden Jahres oder in der Aufforderung zur Benennung eines Empfangsbevollmächtigten (§ 183 Abs. 1 Satz 3 und 4 AO, § 6 Abs. 1 Satz 3 und 4 der V zu § 180 Abs. 2 AO) über die Einspruchsbefugnis des Empfangsbevollmächtigten belehrt worden sind (Absatz 2 Satz 3).

f) [1]Ferner hat jeder Feststellungsbeteiligte das Recht, für seine Person der Einspruchsbefugnis des gesetzlich fingierten bzw. des von der Finanzbehörde bestimmten – nicht aber der Einspruchsbefugnis des von den Feststellungs- beteiligten bestellten – Empfangsbevollmächtigten zu widersprechen (Ab- satz 2 Satz 2 zweiter Halbsatz). [2]Der widersprechende Feststellungsbeteiligte ist dann selbst einspruchsbefugt (Absatz 1 Nr. 2). [3]Der Widerspruch ist gegenüber der das Feststellungsverfahren durchführenden Finanzbehörde spätestens bis zum Ablauf der Einspruchsfrist zu erheben. [4]Ein nicht schrift- lich bzw. elektronisch erklärter Widerspruch ist unter Datumsangabe akten- kundig zu machen.

AEAO zu § 353 – Einspruchsbefugnis des Rechtsnachfolgers:

Die Rechtsnachfolge tritt ein,

1. bevor einer der in § 353 AO genannten Bescheide ergangen ist: [2]Nach § 182 Abs. 2 Satz 2, § 184 Abs. 1 Satz 4, §§ 185 und 190 AO wirkt der Bescheid gegen den Rechtsnachfolger nur dann, wenn er ihm bekannt gegeben wird;

2. nach der Bekanntgabe eines in § 353 AO genannten Bescheids, aber noch innerhalb der Einspruchsfrist: [2] Der Rechtsnachfolger kann innerhalb der – schon laufenden – Frist Einspruch einlegen (§ 353 AO);

3. nach Ablauf der Einspruchsfrist für einen in § 353 AO genannten Bescheid: [2] Der Bescheid wirkt gegenüber dem Rechtsnachfolger, ohne dass dieser die Möglichkeit des Einspruchs hat (§ 182 Abs. 2 Satz 1, § 184 Abs. 1 Satz 4, §§ 185 und 190 AO);

4. während eines Einspruchsverfahrens gegen einen in § 353 AO genannten Bescheid: [2] Der Gesamtrechtsnachfolger tritt in der Rechtsstellung des Rechtsvorgängers als Verfahrensbeteiligter ein; seiner Hinzuziehung bedarf es nicht. [3] Beim Einzelrechtsnachfolger hat die Finanzbehörde seine Hinzuziehung zum Verfahren zu prüfen (§§ 359, 360 AO);

5. während die Frist zur Erhebung der Klage läuft: [2] Da auch in diesem Fall der Bescheid gegen den Rechtsnachfolger wirkt (§ 353 AO), kann dieser nur innerhalb der für den Rechtsvorgänger maßgebenden Frist gem. § 40 Abs. 2 FGO[1]) Klage erheben;

6. während eines finanzgerichtlichen Verfahrens: [2] Bei Gesamtrechtsnachfolge (z.B. bei Erbfolge oder bei Verschmelzung von Gesellschaften) wird das Verfahren bis zur Aufnahme durch den Rechtsnachfolger unterbrochen (§ 155 FGO; § 239 ZPO), es sei denn, der Rechtsvorgänger war durch einen Prozessbevollmächtigten vertreten (§ 155 FGO; §§ 239, 246 ZPO). [3] Bei Einzelrechtsnachfolge (z.B. bei Kauf) hat das Finanzgericht zu prüfen, ob der Rechtsnachfolger beizuladen ist (§§ 57, 60 FGO).

AEAO zu § 355 – Einspruchsfrist:

1. [1] Die Einspruchsfrist beträgt einen Monat. [2] Sie beginnt im Fall des § 355 Abs. 1 Satz 1 AO mit Bekanntgabe (§ 122 AO), im Fall des § 355 Abs. 1 Satz 2 erster Halbsatz AO mit Eingang der Steueranmeldung bei der Finanzbehörde und im Fall des § 355 Abs. 1 Satz 2 AO zweiter Halbsatz mit Bekanntwerden der formfreien Zustimmung des Finanzamts zu laufen. [3] Wurde der Steuerpflichtige schriftlich bzw. elektronisch über die Zustimmung unterrichtet (z.B. zusammen mit einer Abrechnungsmitteilung), ist grundsätzlich davon auszugehen, dass ihm die Zustimmung am dritten Tag nach Aufgabe zur Post bzw. nach der Absendung bekannt geworden ist; zu diesem Zeitpunkt beginnt demnach auch erst die Einspruchsfrist zu laufen. [4] Ist keine Mitteilung ergangen, ist regelmäßig davon auszugehen, dass dem Steuerpflichtigen die Zustimmung frühestens mit der Zahlung (§ 224 Abs. 3 AO) der Steuervergütung oder des Mindersolls bekannt geworden ist.

2. Zur Wiedereinsetzung in den vorigen Stand nach unterlassener Anhörung eines Beteiligten bzw. wegen fehlender Begründung des Verwaltungsakts (§ 126 Abs. 3 i.V.m. § 110 AO) vgl. AEAO zu § 91, Nr. 3. und AEAO zu § 121, Nr. 3.

3. Zur Unterbrechung der Einspruchsfrist durch Eröffnung des Insolvenzverfahrens vgl. AEAO zu § 251, Nr. 4.1.2 und Nr. 5.3.1.2.1.

---

[1]) Nr. 2.

AEAO zu § 357 – Einlegung des Einspruchs:

1. [1]Der Einspruch ist schriftlich oder elektronisch einzureichen oder zur Niederschrift zu erklären. [2]Ein elektronisch erhobener Einspruch bedarf keiner qualifizierten elektronischen Signatur (BFH-Urteil vom 13.5.2015, III R 26/14, BStBl. II S. 790; vgl. AEAO zu § 87a, Nr. 3.2.4). [3]Ein Einspruch kann auch durch Telefax, auch durch Computerfax, eingelegt werden (vgl. BFH-Urteil vom 22.6.2010, VIII R 38/08, BStBl. II S. 1017 zur Klageerhebung).

2. [1]Nach § 357 Abs. 2 Satz 4 AO genügt die Einlegung des Einspruchs bei einer unzuständigen Behörde, sofern der Einspruch innerhalb der Einspruchsfrist einer der Behörden übermittelt wird, bei der er nach § 357 Abs. 2 Sätze 1 bis 3 AO angebracht werden kann; der Steuerpflichtige trägt jedoch das Risiko der rechtzeitigen Übermittlung. [2]Kann eine Behörde leicht und einwandfrei erkennen, dass sie für einen bei ihr eingegangenen Einspruch nicht und welche Finanzbehörde zuständig ist, hat sie diesen Einspruch unverzüglich an die zuständige Finanzbehörde weiterzuleiten. [3]Geschieht dies nicht und wird dadurch die Einspruchsfrist versäumt, kommt Wiedereinsetzung in den vorigen Stand (§ 110 AO) in Betracht (BVerfG-Beschluss vom 2.9.2002, 1 BvR 476/01, BStBl. II S. 835).

3. [1]Wird ein Einspruch bei einem Wechsel der örtlichen Zuständigkeit nach Erlass eines Verwaltungsakts entgegen § 357 Abs. 2 Satz 1 AO bereits bei der nach § 367 Abs. 1 Satz 2 AO zur Entscheidung berufenen anderen Finanzbehörde eingelegt, gilt auch in diesem Fall § 357 Abs. 2 Satz 4 AO. [2]Der Einspruch muss der alten Behörde innerhalb der Einspruchsfrist übermittelt werden, damit diese die Anwendung des § 26 Satz 2 AO prüfen kann; wird der Einspruch nicht rechtzeitig übermittelt, können die Voraussetzungen des § 110 AO gegeben sein.

4. [1]Wird gegen einen Bescheid, der mehrere Verwaltungsakte enthält, Einspruch eingelegt, ist ggf. durch Auslegung zu ermitteln, gegen welchen Verwaltungsakt sich der Einspruch richtet. [2]Hierbei ist von Bedeutung, welches materiell-rechtliche Begehren der Einspruchsführer mit seinem Rechtsbehelf verfolgt (vgl. BFH-Urteil vom 29.10.2019, IX R 4/19, BStBl. 2020 II S. 368). [3]Wird z.B. gegen einen Bescheid über Einkommensteuer, Solidaritätszuschlag und Kirchensteuer Einspruch eingelegt und erhebt der Einspruchsführer nur Einwendungen gegen die Rechtmäßigkeit der Festsetzung des Solidaritätszuschlags, werden damit nicht zugleich auch die Festsetzungen der Einkommensteuer und der Kirchensteuer angefochten (BFH-Urteil vom 19.8.2013, X R 44/11, BStBl. 2014 II S. 234).

AEAO zu § 360 – Hinzuziehung zum Verfahren:

1. Entsprechend der Regelung in § 60 FGO[1)] über die Beiladung wird zwischen notwendiger (§ 360 Abs. 3 AO) und einfacher Hinzuziehung (§ 360 Abs. 1 AO) unterschieden.

2. § 360 Abs. 1 Satz 2 AO ist entsprechend auf § 360 Abs. 3 AO anzuwenden; der Einspruchsführer erhält damit die Möglichkeit, durch Rücknahme seines Einspruchs die Hinzuziehung zu vermeiden.

3. [1]Bei Zusammenveranlagung (z.B. von Ehegatten/Lebenspartnern bei der Einkommensteuer) wird es sich regelmäßig empfehlen, von der Möglichkeit

---

[1)] Nr. 2.

der einfachen Hinzuziehung (§ 360 Abs. 1 AO) Gebrauch zu machen. [2]Das gilt auch dann, wenn der hinzuzuziehende Ehegatte/Lebenspartner nicht über eigene Einkünfte verfügt.

4. Will das Finanzamt den angefochtenen Verwaltungsakt gem. § 172 Abs. 1 Satz 1 Nr. 2 Buchstabe a AO ändern, ohne dem Antrag des Einspruchsführers der Sache nach zu entsprechen, ist auch die Zustimmung des notwendig Hinzugezogenen einzuholen; Gleiches empfiehlt sich bei einfacher Hinzuziehung.

AEAO zu § 361 – Aussetzung der Vollziehung:

1. Anwendungsbereich des § 361 AO und des § 69 Abs. 2 FGO/Abgrenzung zur gerichtlichen Vollziehungsaussetzung und zur Stundung

1.1. [1]§ 361 AO regelt die Aussetzung der Vollziehung durch die Finanzbehörde während eines Einspruchsverfahrens. [2]§ 69 Abs. 2 FGO[1)] erlaubt es der Finanzbehörde, während eines Klageverfahrens die Vollziehung auszusetzen.

1.2. [1]Die Rechtsgrundlagen für eine Vollziehungsaussetzung durch das Finanzgericht ergeben sich aus § 69 Abs. 3, 4, 6 und 7 FGO. [2]Das Finanzgericht kann die Vollziehung – unter den einschränkenden Voraussetzungen des § 69 Abs. 4 FGO – auch schon vor Erhebung der Anfechtungsklage aussetzen (vgl. AEAO zu § 361, Nr. 11).

[1)] Nr. 2.

1.3. Demjenigen, der eine Verfassungsbeschwerde erhoben hat, kann für diesen Verfahrensabschnitt keine Aussetzung der Vollziehung gewährt werden (§ 32 BVerfGG; siehe BFH-Urteil vom 11.2.1987, II R 176/84, BStBl. II S. 320).

1.4. Liegen nebeneinander die gesetzlichen Voraussetzungen sowohl für eine Stundung als auch für eine Aussetzung der Vollziehung vor, wird im Regelfall auszusetzen sein.

1.5. Zu den Auswirkungen der Eröffnung des Insolvenzverfahrens auf das Verfahren der Aussetzung der Vollziehung vgl. AEAO zu § 251, Nr. 4.1.3.

2. Voraussetzungen für eine Vollziehungsaussetzung

2.1. [1]Die zuständige Finanzbehörde (vgl. AEAO zu § 361, Nr. 3.3) soll auf Antrag die Vollziehung aussetzen, wenn ernstliche Zweifel an der Rechtmäßigkeit des angefochtenen Verwaltungsakts bestehen oder wenn die Vollziehung für den Betroffenen eine unbillige, nicht durch überwiegende öffentliche Interessen gebotene Härte zur Folge hätte (§ 361 Abs. 2 Satz 2 AO; § 69 Abs. 2 Satz 2 FGO). [2]Die Finanzbehörde kann auch ohne Antrag die Vollziehung aussetzen (§ 361 Abs. 2 Satz 1 AO; § 69 Abs. 2 Satz 1 FGO). [3]Von dieser Möglichkeit ist insbesondere dann Gebrauch zu machen, wenn der Rechtsbehelf offensichtlich begründet ist, der Abhilfebescheid aber voraussichtlich nicht mehr vor Fälligkeit der geforderten Steuer ergehen kann.

2.2. [1]Eine Vollziehungsaussetzung ist nur möglich, wenn der Verwaltungsakt, dessen Vollziehung ausgesetzt werden soll, angefochten und das Rechtsbehelfsverfahren noch nicht abgeschlossen ist (Ausnahme: Folgebescheide i.S.d. § 361 Abs. 3 Satz 1 AO und des § 69 Abs. 2 Satz 4 FGO; vgl. AEAO zu § 361, Nr. 6). [2]Eine Vollziehungsaussetzung kommt daher nicht in Betracht, wenn der Steuerpflichtige statt eines Rechtsbehelfs einen Änderungsantrag, z.B. nach § 164 Abs. 2 Satz 2 AO oder nach § 172 Abs. 1 Satz 1 Nr. 2 Buchstabe a AO, bei der Finanzbehörde einreicht.

2.3. Die Aussetzung der Vollziehung setzt Vollziehbarkeit des Verwaltungsakts voraus.

2.3.1. Vollziehbar sind insbesondere

– die eine (positive) Steuer festsetzenden Steuerbescheide (vgl. AEAO zu § 361, Nr. 4),

– Steuerbescheide über 0 €, die einen vorhergehenden Steuerbescheid über einen negativen Betrag ändern (BFH-Beschluss vom 28.11.1974, V B 52/73, BStBl. 1975 II S. 239),

– Vorauszahlungsbescheide bis zum Erlass des Jahressteuerbescheids (BFH-Beschluss vom 4.6.1981, VIII B 31/80, BStBl. II S. 767; vgl. AEAO zu § 361, Nr. 8.2.2),

– Bescheide, mit denen der Vorbehalt der Nachprüfung aufgehoben wird (BFH-Beschluss vom 1.6.1983, III B 40/82, BStBl. II S. 622),

– Verwaltungsakte nach § 218 Abs. 2 AO, die eine Zahlungsschuld feststellen (BFH-Beschluss vom 10.11.1987, VII B 137/87, BStBl. 1988 II S. 43),

– Mitteilungen nach § 141 Abs. 2 AO über die Verpflichtung zur Buchführung (BFH-Beschluss vom 6.12.1979, IV B 32/79, BStBl. 1980 II S. 427),

– Leistungsgebote (BFH-Beschluss vom 31.10.1975, VIII B 14/74, BStBl. 1976 II S. 258),

– der Widerruf einer Stundung (BFH-Beschluss vom 8.6.1982, VIII B 29/82, BStBl. II S. 608),

– die völlige oder teilweise Ablehnung eines Antrags auf einen Lohnsteuer-Freibetrag (§ 39a EStG[1]); vgl. BFH-Beschlüsse vom 29.4.1992, VI B 152/91, BStBl. II S. 752, und vom 17.3.1994, VI B 154/93, BStBl. II S. 567),

– Außenprüfungsanordnungen (vgl. AEAO zu § 196, Nr. 1).

2.3.2. Nicht vollziehbar sind insbesondere

– erstmalige Steuerbescheide über 0 €, auch wenn der Steuerpflichtige die Festsetzung einer negativen Steuer begehrt (BFH-Urteil vom 17.12.1981, V R 81/81, BStBl. 1982 II S. 149, BVerfG-Beschluss vom 23.6.1982, 1 BvR 254/82, StRK FGO § 69 R 244),

– auf eine negative Steuerschuld lautende Steuerbescheide, wenn der Steuerpflichtige eine Erhöhung des negativen Betrags begehrt (BFH-Beschluss vom 28.11.1974, V B 44/74, BStBl. 1975 II S. 240),

– Verwaltungsakte, die den Erlass oder die Korrektur eines Verwaltungsakts ablehnen, z.B. Ablehnung eines Änderungsbescheids (BFH-Beschlüsse vom 24.11.1970, II B 42/70, BStBl. 1971 II S. 110, und vom 25.3.1971, II B 47/69, BStBl. II S. 334), Ablehnung der Herabsetzung bestandskräftig festgesetzter Vorauszahlungen (BFH-Beschluss vom 27.3.1991, I B 187/90, BStBl. II S. 643), Ablehnung einer Stundung (BFH-Beschluss vom 8.6.1982, VIII B 29/82, BStBl. II S. 608) oder eines Erlasses (BFH Beschluss vom 24.9.1970, II B 28/70, BStBl. II S. 813),

– die Ablehnung einer Billigkeitsmaßnahme i.S.d. § 163 AO,

– die Ablehnung der Erteilung einer Freistellungsbescheinigung nach § 44a Abs. 5 EStG (BFH-Beschluss vom 27.7.1994, I B 246/93, BStBl. II S. 899) oder einer Freistellung vom Quellensteuerabzug nach § 50a Abs. 4 EStG (BFH-Beschluss vom 13.4.1994, I B 212/93, BStBl. II S. 835),

– verbindliche Auskünfte (§ 89 Abs. 2 AO; § 2 StAuskV), verbindliche Zusagen (§§ 204 bis 207 AO) und Lohnsteueranrufungsauskünfte (§ 42e EStG), unabhängig davon, ob sie der Rechtsauffassung des Steuerpflichtigen entsprechen oder nicht, sowie die Ablehnung, eine verbindliche Auskunft, eine verbindliche Zusage oder eine Lohnsteueranrufungsauskunft zu erteilen.

2.3.3. Zur Vollziehbarkeit von Feststellungsbescheiden vgl. AEAO zu § 361, Nr. 5.1.

2.3.4. Vorläufiger Rechtsschutz gegen einen nicht vollziehbaren Verwaltungsakt kann nur durch eine einstweilige Anordnung nach § 114 FGO gewährt werden.

2.4. Bei der Entscheidung über Anträge auf Aussetzung der Vollziehung ist der gesetzliche Ermessensspielraum im Interesse der Steuerpflichtigen stets voll auszuschöpfen.

2.5. [1] Zur Aussetzung berechtigende ernstliche Zweifel an der Rechtmäßigkeit des angefochtenen Verwaltungsakts bestehen, wenn eine summarische Prüfung (vgl. AEAO zu § 361, Nr. 3.4) ergibt, dass neben den für die Rechtmäßigkeit sprechenden Umständen gewichtige gegen die Rechtmäßigkeit sprechende Gründe zutage treten, die Unentschiedenheit oder Unsicherheit in der Beurteilung der Rechtsfragen oder Unklarheit in der Beurteilung der Tatfragen

---

[1] **dtv 5785 ESt/LSt Nr. 1.**

bewirken. [2]Dabei brauchen die für die Unrechtmäßigkeit des Verwaltungsakts sprechenden Bedenken nicht zu überwiegen, d.h. ein Erfolg des Steuerpflichtigen muss nicht wahrscheinlicher sein als ein Misserfolg (BFH-Beschlüsse vom 10.2.1967, III B 9/66, BStBl. III S. 182, und vom 28.11.1974, V B 52/73, BStBl. 1975 II S. 239).

2.5.1. Bei der Abschätzung der Erfolgsaussichten sind nicht nur die BFH-Rechtsprechung und die einschlägigen Verwaltungsanweisungen, sondern auch die Entscheidungen des zuständigen Finanzgerichts zu beachten.

2.5.2. Ernstliche Zweifel an der Rechtmäßigkeit des Verwaltungsakts werden im Allgemeinen zu bejahen sein,

– wenn die Behörde bewusst oder unbewusst von einer für den Antragsteller günstigen Rechtsprechung des BFH abgewichen ist (BFH-Beschluss vom 15.2.1967, VI S 2/66, BStBl. III S. 256),

– wenn der BFH noch nicht zu der Rechtsfrage Stellung genommen hat und die Finanzgerichte unterschiedliche Rechtsauffassungen vertreten (BFH-Beschluss vom 10.5.1968, III B 55/67, BStBl. II S. 610),

– wenn die Gesetzeslage unklar ist, die streitige Rechtsfrage vom BFH noch nicht entschieden ist, im Schrifttum Bedenken gegen die Rechtsauslegung des Finanzamt erhoben werden und die Finanzverwaltung die Zweifelsfrage in der Vergangenheit nicht einheitlich beurteilt hat (BFH-Beschlüsse vom 22.9.1967, VI B 59/67, BStBl. 1968 II S. 37, und vom 19.8.1987, V B 56/85, BStBl. II S. 830),

– wenn eine Rechtsfrage von zwei obersten Bundesgerichten oder zwei Senaten des BFH unterschiedlich entschieden worden ist (BFH-Beschlüsse vom 22.11.1968, VI B 87/68, BStBl. 1969 II S. 145, und vom 21.11.1974, IV B 39/74, BStBl. 1975 II S. 175) oder widersprüchliche Urteile desselben BFH-Senats vorliegen (BFH-Beschluss vom 5.2.1986, I B 39/85, BStBl. II S. 490).

2.5.3. Dagegen werden ernstliche Zweifel im Allgemeinen zu verneinen sein,

– wenn der Verwaltungsakt der höchstrichterlichen Rechtsprechung entspricht (BFH-Beschlüsse vom 24.2.1967, VI B 15/66, BStBl. III S. 341, und vom 11.3.1970, I B 50/68, BStBl. II S. 569), und zwar auch dann, wenn einzelne Finanzgerichte eine von der höchstrichterlichen Rechtsprechung abweichende Auffassung vertreten,

– wenn der Rechtsbehelf unzulässig ist (BFH-Beschlüsse vom 24.11.1970, II B 42/70, BStBl. 1971 II S. 110, und vom 25.3.1971, II B 47/69, BStBl. II S. 334).

2.5.4. [1]An die Zweifel hinsichtlich der Rechtmäßigkeit des angefochtenen Verwaltungsakts sind, wenn die Verfassungswidrigkeit einer angewandten Rechtsnorm geltend gemacht wird, keine strengeren Anforderungen zu stellen als im Falle der Geltendmachung fehlerhafter Rechtsanwendung. [2]Die Begründetheit des Aussetzungsantrags ist nicht nach den Grundsätzen zu beurteilen, die für eine einstweilige Anordnung durch das BVerfG nach § 32 BVerfGG gelten (BFH-Beschluss vom 10.2.1984, III B 40/83, BStBl. II S. 454). [3]Eine Aussetzung der Vollziehung ist nicht allein deshalb abzulehnen, weil im Fall einer tatsächlich festgestellten Verfassungswidrigkeit zu erwarten ist, dass das BVerfG lediglich die Unvereinbarkeit eines Gesetzes mit dem GG aussprechen und dem Gesetzgeber nur eine Nachbesserungspflicht für die Zukunft aufgeben wird (BFH-Beschluss vom 21.11.2013, II B 46/13, BStBl. 2014 II S. 263).

[1] Im Hinblick auf den Geltungsanspruch jedes formell verfassungsgemäß zustande gekommenen Gesetzes muss aber der Antragsteller zusätzlich ein besonderes berechtigtes Interesse an der Gewährung vorläufigen Rechtsschutzes haben. [2] Geboten ist eine Interessenabwägung zwischen der einer Aussetzung der Vollziehung entgegenstehenden Gefährdung der öffentlichen Haushaltsführung und den für eine Aussetzung der Vollziehung sprechenden individuellen Interessen des Antragstellers an der Gewährung vorläufigen Rechtsschutzes (vgl. BFH-Beschlüsse vom 6.11.1987, III B 101/86, BStBl. 1988 II S. 134, vom 1.4.2010, II B 168/09, BStBl. II S. 558, und vom 25.11.2014, VII B 65/14, BStBl. 2015 II S. 207). [3] Als Ergebnis dieser Interessenabwägung kann somit trotz ernstlicher Zweifel an der Verfassungsmäßigkeit einer angewandten Vorschrift eine Aussetzung der Vollziehung abzulehnen sein. [4] Diese Grundsätze gelten nicht nur, wenn zweifelhaft ist, ob eine Norm materiell verfassungsgemäß ist, sondern auch dann, wenn Zweifel an der formellen Verfassungsmäßigkeit einer Norm bestehen (BFH-Beschluss vom 9.3.2012, VII B 171/11, BStBl. II S. 418). [5] Würde eine Aussetzung der Vollziehung im Ergebnis zur vorläufigen Nichtanwendung eines ganzen Gesetzes führen, hat das Interesse an einer geordneten Haushaltsführung Vorrang, wenn der durch die Vollziehung des angefochtenen Verwaltungsakts eintretende Eingriff beim Steuerpflichtigen als eher gering einzustufen ist und dieser Eingriff keine dauerhaften nachteiligen Wirkungen hat; ob ernstliche Zweifel an der Verfassungsmäßigkeit des Gesetzes bestehen, muss dann i.d.R. nicht geprüft werden (vgl. BFH-Beschlüsse vom 1.4.2010, II B 168/09, und vom 25.11.2014, VII B 65/14, jeweils a.a.O.). [6] Dem Interesse des Antragstellers an der Gewährung der Aussetzung der Vollziehung ist nicht allein deshalb der Vorrang einzuräumen, weil ein Gericht einen Beschluss über eine Vorlage an das BVerfG erlassen hat (BFH-Beschluss vom 25.11.2014, VII B 65/14, a.a.O.).

2.5.5. [1] Auch Zweifel an der Vereinbarkeit einer deutschen Rechtsnorm mit dem Recht der Europäischen Union können „ernstliche Zweifel" begründen und somit zu einer Aussetzung der Vollziehung führen. [2] Dem Interesse des Antragstellers an der Gewährung vorläufigen Rechtsschutzes ist nicht allein deshalb der Vorrang gegenüber dem Interesse an einer geordneten Haushaltsführung einzuräumen, weil ein Gericht ein Vorabentscheidungsersuchen an den EuGH beschlossen hat (BFH-Beschluss vom 25.11.2014, VII B 65/14, BStBl. 2015 II S. 207). [3] Eine derartige Interessenabwägung ist aber jedenfalls dann nicht vorzunehmen, wenn sich die europarechtlichen Zweifel aus einem möglichen Verstoß gegen die Grundfreiheiten ergeben, die in den EU-Mitgliedstaaten unmittelbar anwendbares Recht sind (BFH-Beschlüsse vom 14.2. 2006, VIII B 107/04, BStBl. II S. 523, und vom 25.11.2014, VII B 65/14, a.a.O.).

2.5.6. [1] Die Gefährdung des Steueranspruchs ist – wenn ernstliche Zweifel an der Rechtmäßigkeit des Verwaltungsakts bestehen – für sich allein kein Grund, die Aussetzung der Vollziehung abzulehnen. [2] Steuerausfälle können dadurch vermieden werden, dass die Aussetzung von einer Sicherheitsleistung abhängig gemacht wird (vgl. AEAO zu § 361, Nr. 9.2).

2.6. [1] Eine Aussetzung der Vollziehung wegen unbilliger Härte kommt in Betracht, wenn bei sofortiger Vollziehung dem Betroffenen Nachteile drohen würden, die über die eigentliche Realisierung des Verwaltungsakts hinausgehen, indem sie vom Betroffenen ein Tun, Dulden oder Unterlassen fordern, dessen nachteilige Folgen nicht mehr oder nur schwer rückgängig gemacht werden können oder existenzbedrohend sind. [2]Der Antragsteller muss seine wirtschaftliche Lage im Einzelnen vortragen und glaubhaft machen (BFH-Beschluss vom 25.11.2014, VII B 65/14, BStBl. 2015 II S. 207). [3]Eine Vollziehungsaussetzung wegen unbilliger Härte ist zu versagen, wenn der Rechtsbehelf offensichtlich keine Aussicht auf Erfolg hat (BFH-Beschlüsse vom 21.12. 1967, V B 26/67, BStBl. 1968 II S. 84, und vom 19.4.1968, IV B 3/66, BStBl. II S. 538).

2.7. Durch Aussetzung der Vollziehung darf die Entscheidung in der Hauptsache nicht vorweggenommen werden (BFH-Beschluss vom 22.7.1980, VII B 3/80, BStBl. II S. 592).

3. Summarisches Verfahren/Vollstreckung bei anhängigem Vollziehungsaussetzungsantrag/Zuständigkeit

3.1. [1]Über Anträge auf Aussetzung der Vollziehung ist unverzüglich zu entscheiden. [2]Solange über einen entsprechenden bei der Finanzbehörde gestellten Antrag noch nicht entschieden ist, sollen Vollstreckungsmaßnahmen unterbleiben, es sei denn, der Antrag ist aussichtslos, bezweckt offensichtlich nur ein Hinausschieben der Vollstreckung oder es besteht Gefahr im Verzug.

3.2. [1]Stellt der Steuerpflichtige einen Antrag auf Aussetzung der Vollziehung nach § 69 Abs. 3 FGO beim Finanzgericht, ist die Vollstreckungsstelle darüber zu unterrichten. [2]Die Vollstreckungsstelle entscheidet, ob im Einzelfall von Vollstreckungsmaßnahmen abzusehen ist. [3]Vor Einleitung von Vollstreckungsmaßnahmen ist mit dem Finanzgericht Verbindung aufzunehmen (s. Abschn. 5 Abs. 4 Satz 3 VollstrA). [4]Die Verpflichtung des Finanzamts, unverzüglich selbst zu prüfen, ob eine Aussetzung der Vollziehung in Betracht kommt, und ggf. die Aussetzung der Vollziehung selbst auszusprechen, bleibt unberührt.

3.3. [1]Für die Entscheidung über die Aussetzung der Vollziehung ist ohne Rücksicht auf die Steuerart und die Höhe des Steuerbetrages das Finanzamt zuständig, das den angefochtenen Verwaltungsakt erlassen hat. [2]Ein zwischenzeitlich eingetretener Zuständigkeitswechsel betrifft grundsätzlich auch das Aussetzungsverfahren (§ 367 Abs. 1 Satz 2 i.V.m. § 26 Satz 2 AO).

3.4. [1]Die Entscheidung über die Aussetzung der Vollziehung ergeht in einem summarischen Verfahren. [2]Die Begründetheit des Rechtsbehelfs ist im Rahmen dieses Verfahrens nur in einem begrenzten Umfang zu prüfen. [3]Bei der Prüfung sind nicht präsente Beweismittel ausgeschlossen (vgl. BFH-Beschlüsse vom 23.7.1968, II B 17/68, BStBl. II S. 589, und vom 19.5.1987, VIII B 104/85, BStBl. 1988 II S. 5). [4]Die Sachentscheidungsvoraussetzungen für die Vollziehungsaussetzung (z.B. Anhängigkeit eines förmlichen Rechtsbehelfs, Zuständigkeit) sind eingehend und nicht nur summarisch zu prüfen (vgl. BFH-Beschluss vom 21.4.1971, VII B 106/69, BStBl. II S. 702).

4. Berechnung der auszusetzenden Steuer

Die Höhe der auszusetzenden Steuer ist in jedem Fall zu berechnen; eine pauschale Bestimmung (z.B. ausgesetzte Steuer = Abschlusszahlung) ist nicht vorzunehmen.

[1]Bei Steuerbescheiden sind die Aussetzung und die Aufhebung der Vollziehung auf die festgesetzte Steuer, vermindert um die anzurechnenden Steuer-

abzugsbeträge, um die anzurechnende Körperschaftsteuer und um die festgesetzten Vorauszahlungen, beschränkt; dies gilt nicht, wenn die Aussetzung
oder Aufhebung der Vollziehung zur Abwendung wesentlicher Nachteile nötig
erscheint (§ 361 Abs. 2 Satz 4 AO; § 69 Abs. 2 Satz 8 und Abs. 3 Satz 4 FGO).
[2] Diese Regelung ist verfassungsgemäß (BFH-Beschlüsse vom 2.11.1999, I B
49/99, BStBl. 2000 II S. 57, und vom 24.1.2000, X B 99/99, BStBl. II S. 559).
[3] Zum Begriff „wesentliche Nachteile" vgl. AEAO zu § 361, Nr. 4.6.1.

Vorauszahlungen sind auch dann „festgesetzt" i.S.d. § 361 Abs. 2 Satz 4 AO,
§ 69 Abs. 2 Satz 8 FGO, wenn der Vorauszahlungsbescheid in der Vollziehung
ausgesetzt war (BFH-Beschluss vom 24.1.2000, X B 99/99, BStBl. II S. 559;
vgl. AEAO zu § 361, Nrn. 4.2, 4.4 und 8.2.2).

Steuerabzugsbeträge sind bei der Ermittlung der auszusetzenden Steuer auch
dann zu berücksichtigen, wenn sie erst im Rechtsbehelfsverfahren geltend
gemacht werden und die Abrechnung des angefochtenen Steuerbescheids zu
korrigieren ist.

Wird ein Steuerbescheid zum Nachteil des Steuerpflichtigen geändert oder
gem. § 129 AO berichtigt, kann hinsichtlich des sich ergebenden Mehrbetrags
die Aussetzung der Vollziehung unabhängig von den Beschränkungen des
§ 361 Abs. 2 Satz 4 AO bzw. des § 69 Abs. 2 Satz 8 FGO gewährt werden.

Es sind folgende Fälle zu unterscheiden (in den Beispielsfällen 4.1 bis 4.5
wird jeweils davon ausgegangen, dass ein Betrag von 5.000 € streitbefangen ist
und in dieser Höhe auch ernstliche Zweifel an der Rechtmäßigkeit der angefochtenen Steuerfestsetzung bestehen sowie kein Ausnahmefall des Vorliegens
wesentlicher Nachteile – vgl. AEAO zu § 361, Nr. 4.6.1 – gegeben ist):

4.1. Die streitbefangene Steuer ist kleiner als die Abschlusszahlung

Beispiel 1:

festgesetzte Steuer	15.000 €
festgesetzte und entrichtete Vorauszahlungen	8.000 €
Abschlusszahlung	7.000 €
streitbefangene Steuer	5.000 €

Die Vollziehung ist i.H.v. 5.000 € auszusetzen. Der Restbetrag i.H.v. 2.000 € ist am Fälligkeitstag
zu entrichten.

Beispiel 2:

festgesetzte Umsatzsteuer	0 €
Summe der festgesetzten Umsatzsteuer-Vorauszahlungen	./. 7.000 €
Abschlusszahlung	7.000 €
streitbefangene Steuer	5.000 €

Die Vollziehung ist i.H.v. 5.000 € auszusetzen. Der Restbetrag i.H.v. 2.000 € ist am Fälligkeitstag
zu entrichten.

4.2. Die streitbefangene Steuer ist kleiner als die Abschlusszahlung einschließlich nicht geleisteter Vorauszahlungen

Beispiel 1:

festgesetzte Steuer	15.000 €
festgesetzte Vorauszahlungen	8.000 €
entrichtete Vorauszahlungen	5.000 €
rückständige Vorauszahlungen	3.000 €
anzurechnende Steuerabzugsbeträge	4.000 €

Abschlusszahlung (einschließlich der rückständigen Vorauszahlungsbeträge, da nach § 36 Abs. 2 Nr. 1 EStG nur die entrichteten Vorauszahlungen anzurechnen sind) 6.000 €
streitbefangene Steuer 5.000 €

Die Vollziehung ist nur i.H.v. 3.000 € auszusetzen (15.000 € – festgesetzte Steuer – ./. 8.000 € – festgesetzte Vorauszahlungen – ./. 4.000 € – anzurechnende Steuerabzugsbeträge –). Die rückständigen Vorauszahlungen i.H.v. 3.000 € sind sofort zu entrichten.

Beispiel 2:

festgesetzte Steuer	15.000 €
festgesetzte Vorauszahlungen	8.000 €
Vollziehungsaussetzung des Vorauszahlungsbescheids i.H.v.	3.000 €
entrichtete Vorauszahlungen	5.000 €
anzurechnende Steuerabzugsbeträge	4.000 €
Abschlusszahlung (einschließlich der in der Vollziehung ausgesetzten Vorauszahlungen)	6.000 €
streitbefangene Steuer	5.000 €

Die Vollziehung ist nur i.H.v. 3.000 € auszusetzen (15.000 € – festgesetzte Steuer – ./. 8.000 € – festgesetzte Vorauszahlungen – ./. 4.000 € – anzurechnende Steuerabzugsbeträge –). Die in der Vollziehung ausgesetzten Vorauszahlungen i.H.v. 3.000 € sind innerhalb der von der Finanzbehörde zu setzenden Frist (vgl. AEAO zu § 361, Nr. 8.2.2) zu entrichten. Der Restbetrag der Abschlusszahlung (3.000 €) muss nicht geleistet werden, solange die Aussetzung der Vollziehung wirksam ist.

4.3. Die streitbefangene Steuer ist größer als die Abschlusszahlung

Beispiel:

festgesetzte Steuer	15.000 €
festgesetzte und entrichtete Vorauszahlungen	8.000 €
anzurechnende Steuerabzugsbeträge	4.000 €
Abschlusszahlung	3.000 €
streitbefangene Steuer	5.000 €

Die Vollziehung ist nur i.H.v. 3.000 € auszusetzen (15.000 € – festgesetzte Steuer ./. 8.000 € – festgesetzte Vorauszahlungen – ./. 4.000 € – anzurechnende Steuerabzugsbeträge –). Die Abschlusszahlung muss nicht geleistet werden, solange die Aussetzung der Vollziehung wirksam ist.

4.4. Die streitbefangene Steuer ist größer als die Abschlusszahlung einschließlich nicht geleisteter Vorauszahlungen

Beispiel 1:

festgesetzte Steuer	15.000 €
festgesetzte Vorauszahlungen	8.000 €
entrichtete Vorauszahlungen	5.000 €
rückständige Vorauszahlungen	3.000 €
anzurechnende Steuerabzugsbeträge	6.000 €
Abschlusszahlung (einschließlich der rückständigen Vorauszahlungen)	4.000 €
streitbefangene Steuer	5.000 €

Die Vollziehung ist nur i.H.v. 1.000 € auszusetzen (15.000 € – festgesetzte Steuer – ./. 8.000 € – festgesetzte Vorauszahlungen- ./. 6.000 € – anzurechnende Steuerabzugsbeträge –). Die rückständigen Vorauszahlungen i.H.v. 3.000 € sind sofort zu entrichten.

Beispiel 2:

festgesetzte Steuer	15.000 €
festgesetzte Vorauszahlungen	8.000 €
Vollziehungsaussetzung des Vorauszahlungsbescheids i.H.v.	3.000 €
entrichtete Vorauszahlungen	5.000 €
anzurechnende Steuerabzugsbeträge	6.000 €

Abschlusszahlung (einschließlich der in der Vollziehung ausgesetzten Vorauszahlungen) 4.000 €

streitbefangene Steuer 5.000 €

Die Vollziehung ist nur i.H.v. 1.000 € auszusetzen (15.000 € – festgesetzte Steuer – ./.8.000 € – festgesetzte Vorauszahlungen – ./. 6.000 € – anzurechnende Steuerabzugsbeträge –). Die in der Vollziehung ausgesetzten Vorauszahlungen i.H.v. 3.000 € sind innerhalb der von der Finanzbehörde zu setzenden Frist (vgl. AEAO zu § 361, Nr. 8.2.2) zu entrichten. Der Restbetrag der Abschlusszahlung (1.000 €) muss nicht geleistet werden, solange die Aussetzung der Vollziehung wirksam ist.

4.5. Die Steuerfestsetzung führt zu einer Erstattung

Beispiel 1:

festgesetzte Steuer	15.000 €
festgesetzte und entrichtete Vorauszahlungen	12.000 €
anzurechnende Steuerabzugsbeträge	5.000 €
Erstattungsbetrag	2.000 €
streitbefangene Steuer	5.000 €

Eine Aussetzung der Vollziehung ist nicht möglich (15.000 € – festgesetzte Steuer – ./. 12.000 € – festgesetzte Vorauszahlungen ./. 5.000 € – anzurechnende Steuerabzugsbeträge –).

Beispiel 2:

Nach einem Erstbescheid gem. Beispiel 1 ergeht ein Änderungsbescheid:

festgesetzte Steuer nunmehr	16.000 €
festgesetzte und entrichtete Vorauszahlungen	12.000 €
anzurechnende Steuerabzugsbeträge	5.000 €
neuer Erstattungsbetrag	1.000 €
Rückforderung der nach dem Erstbescheid geleisteten Erstattung (Leistungsgebot) i.H.v.	1.000 €
streitbefangene Steuer	5.000 €

Der Änderungsbescheid kann i.H.v. 1.000 € in der Vollziehung ausgesetzt werden.

Beispiel 3:

Nach einem Erstbescheid gem. Beispiel 1 ergeht ein Änderungsbescheid:

festgesetzte Steuer nunmehr	18.000 €
festgesetzte und entrichtete Vorauszahlungen	12.000 €
anzurechnende Steuerabzugsbeträge	5.000 €
Abschlusszahlung neu	1.000 €
Leistungsgebot über (Abschlusszahlung – 1.000 € – zuzüglich der nach dem Erstbescheid geleisteten Erstattung – 2.000 € –)	3.000 €
streitbefangene Steuer	5.000 €

Der Änderungsbescheid kann i.H.v. 3.000 € in der Vollziehung ausgesetzt werden.

4.6. Sonderfälle

4.6.1. Die Beschränkung der Aussetzung bzw. Aufhebung der Vollziehung von Steuerbescheiden auf den Unterschiedsbetrag zwischen festgesetzter Steuer und Vorleistungen (festgesetzte Vorauszahlungen, anzurechnende Steuerabzugsbeträge, anzurechnende Körperschaftsteuer) gilt nicht, wenn die Aussetzung oder Aufhebung der Vollziehung zur Abwendung wesentlicher Nachteile nötig erscheint (vgl. AEAO zu § 361, Nr. 4 zweiter Absatz).

[1] Für die Beurteilung, wann „wesentliche Nachteile" vorliegen, sind die von der BFH-Rechtsprechung zur einstweiligen Anordnung nach § 114 FGO entwickelten Grundsätze heranzuziehen (BFH-Beschluss vom 22.12.2003, IX B 177/02, BStBl. 2004 II S. 367). [2] „Wesentliche Nachteile" liegen demnach

vor, wenn durch die Versagung der Vollziehungsaussetzung bzw. Vollziehungsaufhebung unmittelbar und ausschließlich die wirtschaftliche oder persönliche Existenz des Steuerpflichtigen bedroht sein würde (BFH-Beschluss vom 22.12. 2003, IX B 177/02, a.a.O.).

Keine „wesentlichen Nachteile" sind – für sich allein gesehen – allgemeine Folgen, die mit der Steuerzahlung verbunden sind, beispielsweise

– ein Zinsverlust (BFH-Beschluss vom 27.7.1994, I B 246/93, BStBl. II S. 899),

– eine zur Bezahlung der Steuern notwendige Kreditaufnahme (BFH-Beschlüsse vom 12.4.1984, VIII B 115/82, BStBl. II S. 492, und vom 2.11.1999, I B 49/99, BStBl. 2000 II S. 57),

– ein Zurückstellen betrieblicher Investitionen oder eine Einschränkung des gewohnten Lebensstandards (BFH-Beschluss vom 12.4.1984, VIII B 115/82, a.a.O.).

[1] „Wesentliche Nachteile" liegen auch vor, wenn der BFH oder ein Finanzgericht von der Verfassungswidrigkeit einer streitentscheidenden Vorschrift überzeugt ist und deshalb diese Norm gem. Art. 100 Abs. 1 GG dem BVerfG zur Prüfung vorgelegt hat (BFH-Beschluss vom 22.12.2003, IX B 177/02, a.a.O.). [2] Für eine Vorlage an den EuGH wegen europarechtlicher Zweifel (vgl. AEAO zu § 361, Nr. 2.5.5) gilt dies nicht, da das vorlegende Gericht nicht von einem Verstoß gegen Europarecht überzeugt sein muss.

[1] Wurde ein Grundlagenbescheid angefochten, sind erst bei der Vollziehungsaussetzung des Folgebescheids die Regelungen des § 361 Abs. 2 Satz 4 AO bzw. des § 69 Abs. 2 Satz 8 und Abs. 3 Satz 4 FGO zu beachten (vgl. AEAO zu § 361, Nr. 4 zweiter Absatz, Nr. 5.1 letzter Absatz und Nr. 6 letzter Absatz). [2] Folglich ist auch erst in diesem Verfahren zu prüfen, ob „wesentliche Nachteile" vorliegen.

4.6.2. In Fällen, in denen die Vollziehung des angefochtenen Steuerbescheids auszusetzen ist, bei Erfolg des Rechtsbehelfs aber andere Steuerbescheide zuungunsten des Rechtsbehelfsführers zu ändern sind, kann die Aussetzung der Vollziehung des angefochtenen Steuerbescheids nicht auf den Unterschiedsbetrag der steuerlichen Auswirkungen begrenzt werden (BFH-Urteil vom 10.11.1994, IV R 44/94, BStBl. 1995 II S. 814).

4.7. Außersteuerliche Verwaltungsakte

[1] Die vorstehenden Ausführungen gelten sinngemäß für außersteuerliche Verwaltungsakte, auf die die Vorschriften des § 361 AO und des § 69 FGO entsprechend anzuwenden sind (z.B. Bescheide für Investitionszulagen, Wohnungsbauprämien, Arbeitnehmer-Sparzulagen). [2] Die Vollziehung eines Bescheids, der beispielsweise eine Investitionszulage nach Auffassung des Antragstellers zu niedrig festsetzt, kann daher nicht ausgesetzt werden. [3] Ein Bescheid, der eine gewährte Investitionszulage zurückfordert, ist dagegen ein vollziehbarer und aussetzungsfähiger Verwaltungsakt.

5. Aussetzung der Vollziehung von Grundlagenbescheiden

5.1. Auch die Vollziehung von Grundlagenbescheiden (insbesondere Feststellungs- und Steuermessbescheiden) kann unter den allgemeinen Voraussetzungen – Anhängigkeit eines Rechtsbehelfs (vgl. AEAO zu § 361, Nr. 2.2), vollziehbarer Verwaltungsakt (vgl. AEAO zu § 361, Nr. 2.3), ernstliche Zweifel (vgl. AEAO zu § 361, Nr. 2.5) oder unbillige Härte (vgl. AEAO zu § 361, Nr. 2.6) – ausgesetzt werden.

Eine Aussetzung der Vollziehung ist daher insbesondere möglich bei

– Bescheiden über die gesonderte Feststellung von Besteuerungsgrundlagen nach § 180 Abs. 1 Satz 1 Nr. 2 AO,

– Feststellungsbescheiden nach der V zu § 180 Abs. 2 AO,

– Feststellungsbescheiden nach §§ 27, 28 und 38 KStG[1]),

– Gewerbesteuermessbescheiden,

– Grundsteuermessbescheiden,

– Einheitswertbescheiden (§ 180 Abs. 1 Satz 1 Nr. 1 AO i.V.m. § 19 BewG[2])),

– Bescheiden über die Feststellung von Grundbesitzwerten (§ 151 BewG),

– Feststellungsbescheiden nach § 17 Abs. 2 und 3 GrEStG[3]).

Nach der Rechtsprechung des BFH kommt eine Vollziehungsaussetzung auch in Betracht bei

– Verlustfeststellungsbescheiden, soweit die Feststellung eines höheren Verlustes begehrt wird (BFH-Beschlüsse vom 10.7.1979, VIII B 84/78, BStBl. II S. 567, und vom 25.10.1979, IV B 68/79, BStBl. 1980 II S. 66),

– Feststellungsbescheiden, die Anteile einzelner Gesellschafter auf 0 € feststellen und angefochten werden, weil diese Gesellschafter den Ansatz von Verlustanteilen begehren (BFH-Beschluss vom 22.10.1980, I S 1/80, BStBl. 1981 II S. 99),

– Feststellungsbescheiden, die eine Mitunternehmerschaft einzelner Beteiligter verneinen (BFH-Beschluss vom 10.7.1980, IV B 77/79, BStBl. II S. 697),

– negativen Gewinn-/Verlustfeststellungsbescheiden, d.h. Bescheiden, die den Erlass eines Gewinn(Verlust-)feststellungsbescheids ablehnen (Beschluss des Großen Senats des BFH vom 14.4.1987, GrS 2/85, BStBl. II S. 637),

– Bescheiden nach § 15a Abs. 4 EStG über die Feststellung eines verrechenbaren Verlustes (BFH-Beschluss vom 2.3.1988, IV B 95/87, BStBl. II S. 617).

Soweit in einem Grundlagenbescheid Feststellungen enthalten sind, die Gegenstand eines anderen Feststellungsverfahrens waren, ist die Vollziehung des Grundlagenbescheids nach § 361 Abs. 3 Satz 1 AO bzw. § 69 Abs. 2 Satz 4 FGO auszusetzen (vgl. AEAO zu § 361, Nr. 6).

Die Beschränkungen des § 361 Abs. 2 Satz 4 AO bzw. des § 69 Abs. 2 Satz 8 und Abs. 3 Satz 4 FGO (vgl. AEAO zu § 361, Nr. 4 zweiter Absatz) sind erst bei der Aussetzung der Vollziehung des Folgebescheids zu beachten (vgl. AEAO zu § 361, Nr. 6 letzter Absatz).

5.2. [1]Die Aussetzung der Vollziehung eines Feststellungsbescheids kann auf Gewinnanteile einzelner Gesellschafter beschränkt werden, auch wenn der Rechtsstreit die Gewinnanteile aller Gesellschafter berührt (BFH-Beschluss vom 7.11.1968, IV B 47/68, BStBl. 1969 II S. 85). [2]Wird vorläufiger Rechtsschutz nicht von der Gesellschaft, sondern nur von einzelnen Gesellschaftern beantragt, sind nur diese am Verfahren der Aussetzung der Vollziehung beteiligt; eine Hinzuziehung der übrigen Gesellschafter zum Verfahren ist nicht

---

[1]) **dtv 5786 KSt/GewSt Nr. 1.**
[2]) **dtv 5547 ErbSt/BewG/GrSt Nr. 1.**
[3]) **dtv 5765 Steuergesetze Nr. 12.**

notwendig (BFH-Beschlüsse vom 22.10.1980, I S 1/80, BStBl. 1981 II S. 99, und vom 5.5.1981, VIII B 26/80, BStBl. II S. 574).

5.3. [1] Im Verwaltungsakt über die Aussetzung der Vollziehung eines Feststellungsbescheids müssen im Falle der gesonderten und einheitlichen Feststellung die ausgesetzten Besteuerungsgrundlagen auf die einzelnen Beteiligten aufgeteilt werden. [2] Außerdem sollte ggf. darauf hingewiesen werden, dass eine Erstattung von geleisteten Vorauszahlungen, Steuerabzugsbeträgen und anzurechnender Körperschaftsteuer im Rahmen der Aussetzung der Vollziehung des Folgebescheids grundsätzlich nicht erfolgt (AEAO zu § 361, Nr. 4 zweiter Absatz und Nr. 6 letzter Absatz). [3] Die Vollziehung eines negativen Feststellungsbescheids (vgl. AEAO zu § 361, Nr. 5.1, vorletzter Beispielsfall) ist mit der Maßgabe auszusetzen, dass bis zur bestandskräftigen/rechtskräftigen Entscheidung im Hauptverfahren von einem Verlust von x € auszugehen sei, der sich auf die Beteiligten wie folgt verteile: ... (Beschluss des Großen Senats des BFH vom 14.4.1987, GrS 2/85, BStBl. II S. 637).

5.4. Unterrichtungspflicht

5.4.1. Ist die Aussetzung der Vollziehung eines Grundlagenbescheids beantragt worden, kann über den Antrag aber nicht kurzfristig entschieden werden, sollen die für die Erteilung der Folgebescheide zuständigen Finanzämter, ggf. Gemeinden, unterrichtet werden.

Wegen der Unterrichtung der Gemeinden über anhängige Einspruchsverfahren gegen Realsteuermessbescheide vgl. AEAO zu § 184.

5.4.2. [1] Die Wohnsitzfinanzämter der Beteiligten sind von der Aussetzung der Vollziehung eines Feststellungsbescheids zu unterrichten. [2] In diese Mitteilungen ist ggf. der Hinweis über die grundsätzliche Nichterstattung von Steuerbeträgen (vgl. AEAO zu § 361, Nr. 4 zweiter Absatz, Nr. 5.1 letzter Absatz und Nr. 6 letzter Absatz) aufzunehmen. [3] Entsprechendes gilt für den Beginn und das Ende der Aussetzung der Vollziehung (vgl. AEAO zu § 361, Nr. 8.1.3 und 8.2.1).

5.4.3. Wird die Vollziehung eines Realsteuermessbescheids ausgesetzt, ist die Gemeinde hierüber zu unterrichten.

6. Aussetzung der Vollziehung von Folgebescheiden

[1] Nach der Aussetzung der Vollziehung eines Grundlagenbescheids ist die Vollziehung der darauf beruhenden Folgebescheide von Amts wegen auszusetzen, und zwar auch dann, wenn die Folgebescheide nicht angefochten wurden (§ 361 Abs. 3 Satz 1 AO; § 69 Abs. 2 Satz 4 FGO). [2] Entsprechendes gilt, wenn bei Rechtsbehelfen gegen außersteuerliche Grundlagenbescheide die aufschiebende Wirkung eintritt, angeordnet oder wiederhergestellt oder die Vollziehung ausgesetzt wird.

[1] Ist der Folgebescheid vor Erlass des Grundlagenbescheids ergangen und berücksichtigt er nach Auffassung des Steuerpflichtigen die noch gesondert festzustellenden Besteuerungsgrundlagen nicht oder – bei einer Schätzung nach § 162 Abs. 5 AO – in unzutreffender Höhe, kann unter den allgemeinen Voraussetzungen die Vollziehung ausgesetzt werden. [2] Dies gilt entsprechend, wenn Einwendungen gegen die Wirksamkeit der Bekanntgabe eines ergangenen Grundlagenbescheids erhoben werden (BFH-Beschluss vom 25.3.1986, III B 6/85, BStBl. II S. 477, und BFH-Urteil vom 15.4.1988, III R 26/85, BStBl. II S. 660).

[1] Ein Antrag auf Vollziehungsaussetzung eines Einkommensteuerbescheids, der mit Zweifeln an der Rechtmäßigkeit der Entscheidungen in einem wirksam ergangenen positiven oder negativen Gewinnfeststellungsbescheid begründet wird, ist mangels Rechtsschutzbedürfnisses unzulässig (BFH-Urteil vom 29.10.1987, VIII R 413/83, BStBl. 1988 II S. 240). [2] Zulässig ist dagegen ein Antrag auf Vollziehungsaussetzung eines Folgebescheids, der mit ernstlichen Zweifeln an der wirksamen Bekanntgabe eines Grundlagenbescheids begründet wird (BFH-Beschluss vom 15.4.1988, III R 26/85, BStBl. II S. 660). [1] Bei der Aussetzung der Vollziehung des Folgebescheids sind ggf. die Beschränkungen des § 361 Abs. 2 Satz 4 AO bzw. des § 69 Abs. 2 Satz 8 und Abs. 3 Satz 4 FGO (vgl. AEAO zu § 361, Nr. 4 zweiter Absatz) zu beachten. [2] Erst in diesem Verfahren ist ggf. auch zu prüfen, ob „wesentliche Nachteile" (vgl. AEAO zu § 361, Nr. 4.6.1) vorliegen.

7. Aufhebung der Vollziehung durch das Finanzamt

7.1. [1] Die Finanzbehörden sind befugt, im Rahmen eines Verfahrens nach § 361 AO oder nach § 69 Abs. 2 FGO auch die Aufhebung der Vollziehung anzuordnen (§ 361 Abs. 2 Satz 2 AO; § 69 Abs. 2 Satz 7 FGO). [2] Die Ausführungen in den Nrn. 2.1 bis 4.6 gelten entsprechend.

7.2. [1] Die Aufhebung der Vollziehung bewirkt die Rückgängigmachung bereits durchgeführter Vollziehungsmaßnahmen. [2] Dies gilt auch, soweit eine Steuer „freiwillig", d.h. abgesehen vom Leistungsgebot ohne besondere Einwirkungen des Finanzamts (wie Mahnung, Postnachnahme, Beitreibungsmaßnahmen), entrichtet worden ist (BFH-Beschluss vom 22.7.1977, III B 34/74, BStBl. II S. 838). [3] Durch die Aufhebung der Vollziehung erhält der Rechtsbehelfsführer einen Erstattungsanspruch (§ 37 Abs. 2 AO) in Höhe des Aufhebungsbetrags, da der rechtliche Grund für die Zahlung nachträglich weggefallen ist. [4] Durch Aufhebung der Vollziehung kann aber grundsätzlich nicht die Erstattung von geleisteten Vorauszahlungsbeträgen, Steuerabzugsbeträgen oder anrechenbarer Körperschaftsteuer erreicht werden (vgl. AEAO zu § 361, Nr. 4 zweiter Absatz).

Beispiel:

festgesetzte Steuer	15.000 €
festgesetzte und entrichtete Vorauszahlungen	5.000 €
anzurechnende Steuerabzugsbeträge	7.000 €
entrichtete Abschlusszahlung	3.000 €

An der Rechtmäßigkeit der Steuerfestsetzung bestehen i.H.v. 5.000 € ernstliche Zweifel; der Sonderfall des Vorliegens „wesentlicher Nachteile" ist nicht gegeben. Nach Aufhebung der Vollziehung ist ein Betrag i.H.v. 3.000 € zu erstatten (15.000 € – festgesetzte Steuer – ./. 5.000 € – festgesetzte Vorauszahlungen – ./. 7.000 € – anzurechnende Steuerabzugsbeträge –).

7.3. [1] Wird die Vollziehung einer Steueranmeldung aufgehoben, dürfen die entrichteten Steuerbeträge nur an den Anmeldenden erstattet werden. [2] Dies gilt auch, wenn – wie z.B. in den Fällen des Lohnsteuerabzugs nach § 38 EStG oder des Steuerabzugs nach § 50a Abs. 4 EStG – der Anmeldende lediglich Entrichtungspflichtiger, nicht aber Steuerschuldner ist (BFH-Beschluss vom 13.8.1997, I B 30/97, BStBl. II S. 700).

7.4. [1] Bei der Aufhebung der Vollziehung ist zu bestimmen, ob die Aufhebung rückwirken soll oder nicht. [2] Für die Beurteilung dieser Frage ist maßgeblich, ab welchem Zeitpunkt ernstliche Zweifel an der Rechtmäßigkeit des Verwaltungsakts erkennbar vorlagen (BFH-Beschluss vom 10.12.1986p, I B

121/86, BStBl. 1987 II S. 389; vgl. AEAO zu § 361, Nr. 8.1.1). [3] Durch rückwirkende Aufhebung der Vollziehung entfallen bereits entstandene Säumniszuschläge (BFH-Beschluss vom 10.12.1986, I B 121/86, a.a.O.). [4] Vollstreckungsmaßnahmen bleiben bestehen, soweit nicht ihre Aufhebung ausdrücklich angeordnet (§ 257 Abs. 1 Nr. 1 i.V.m. Abs. 2 Satz 3 AO) oder die Rückwirkung der Aufhebung der Vollziehung verfügt worden ist.

8. Dauer der Aussetzung/Aufhebung der Vollziehung
8.1. Beginn der Aussetzung/Aufhebung der Vollziehung

8.1.1. [1] Wird der Antrag auf Aussetzung/Aufhebung der Vollziehung vor Fälligkeit der strittigen Steuerforderung bei der Finanzbehörde eingereicht und begründet, ist die Aussetzung/Aufhebung der Vollziehung im Regelfall ab Fälligkeitstag der strittigen Steuerbeträge auszusprechen; vgl. AEAO zu § 361, Nr. 7.4. [2] Ein späterer Zeitpunkt kommt in Betracht, wenn der Steuerpflichtige – z.B. in Schätzungsfällen – die Begründung des Rechtsbehelfs oder des Aussetzungsantrags unangemessen hinausgezögert hat und die Finanzbehörde deshalb vorher keine ernstlichen Zweifel an der Rechtmäßigkeit des angefochtenen Verwaltungsakts zu haben brauchte (vgl. BFH-Beschluss vom 10.12.1986, I B 121/86, BStBl. 1987 II S. 389).

8.1.2. Wird die Aussetzung/Aufhebung der Vollziehung nach Fälligkeit der strittigen Steuerforderung beantragt und begründet, gilt Nr. 8.1.1 Satz 2 entsprechend.

8.1.3. [1] Bei der Aussetzung/Aufhebung der Vollziehung von Grundlagenbescheiden (vgl. AEAO zu § 361, Nr. 5) ist als Beginn der Aussetzung/Aufhebung der Vollziehung der Tag der Bekanntgabe des Grundlagenbescheids zu bestimmen, wenn der Rechtsbehelf oder der Antrag auf Aussetzung/Aufhebung der Vollziehung vor Ablauf der Einspruchsfrist begründet wurde. [2] Bei später eingehender Begründung gilt Nr. 8.1.1 Satz 2 des AEAO zu § 361 entsprechend.

8.1.4. Trifft die Finanzbehörde keine Aussage über den Beginn der Aussetzung/Aufhebung der Vollziehung, wirkt die Aussetzung/Aufhebung der Vollziehung ab Bekanntgabe der Aussetzungsverfügung/Aufhebungsverfügung (§ 124 Abs. 1 Satz 1 AO).

8.1.5. Der Beginn der Aussetzung/Aufhebung der Vollziehung eines Folgebescheids (vgl. AEAO zu § 361, Nr. 6 und 8.1.3) richtet sich nach dem Beginn der Aussetzung/Aufhebung der Vollziehung des Grundlagenbescheids (vgl. BFH-Beschluss vom 10.12.1986, I B 121/86, BStBl. 1987 II S. 389).

8.2. Ende der Aussetzung/Aufhebung der Vollziehung

8.2.1. [1] Die Aussetzung/Aufhebung der Vollziehung ist grundsätzlich nur für eine Rechtsbehelfsstufe zu bewilligen (BFH-Beschluss vom 3.1.1978, VII S 13/77, BStBl. II S. 157). [2] Das Ende der Aussetzung/Aufhebung der Vollziehung ist in der Verfügung zu bestimmen. [3] Soweit nicht eine datumsmäßige Befristung angebracht ist, sollte das Ende bei Entscheidungen über die Aussetzung/Aufhebung der Vollziehung während des außergerichtlichen oder gerichtlichen Rechtsbehelfsverfahrens auf einen Monat nach Bekanntgabe der Einspruchsentscheidung bzw. nach Verkündung oder Zustellung des Urteils oder einen Monat nach dem Eingang einer Erklärung über die Rücknahme des Rechtsbehelfs festgelegt werden. [4] Einer Aufhebung der Aussetzungs-/Aufhebungsverfügung bedarf es in einem solchen Fall nicht. [5] Die Aussetzung/

Aufhebung der Vollziehung eines Folgebescheids ist bis zur Beendigung der Aussetzung/Aufhebung der Vollziehung des Grundlagenbescheids und für den Fall, dass der Rechtsbehelf gegen den Grundlagenbescheid zu einer Änderung des Folgebescheids führt, bis zum Ablauf eines Monats nach Bekanntgabe des geänderten Folgebescheids zu befristen.

8.2.2. [1] Wird der in der Vollziehung ausgesetzte Verwaltungsakt geändert oder ersetzt, erledigt sich die bisher gewährte Aussetzung/Aufhebung der Vollziehung, ohne dass es einer Aufhebung der Vollziehungsaussetzungs(aufhebungs)verfügung bedarf. [2] Für eine eventuelle Nachzahlung der bisher in der Vollziehung ausgesetzten Beträge kann dem Steuerpflichtigen i.d.R. eine einmonatige Zahlungsfrist eingeräumt werden.

[1] In den Fällen des § 365 Abs. 3 AO bzw. des § 68 FGO ist auf der Grundlage des neuen Verwaltungsakts erneut über die Aussetzung bzw. Aufhebung der Vollziehung zu entscheiden. [2] Dies gilt auch, wenn ein in der Vollziehung ausgesetzter Vorauszahlungsbescheid durch die Jahressteuerfestsetzung ersetzt wird (vgl. AEAO zu § 365, Nr. 2).

9. Nebenbestimmungen zur Aussetzung/Aufhebung der Vollziehung

9.1. Widerrufsvorbehalt

Der Verwaltungsakt über die Aussetzung/Aufhebung der Vollziehung ist grundsätzlich mit dem Vorbehalt des Widerrufs zu versehen.

9.2. Sicherheitsleistung

9.2.1. [1] Die Finanzbehörde kann die Aussetzung oder Aufhebung der Vollziehung von einer Sicherheitsleistung abhängig machen (§ 361 Abs. 2 Satz 5 AO; § 69 Abs. 2 Satz 3 FGO). [2] Die Entscheidung hierüber ist nach pflichtgemäßem Ermessen zu treffen.

9.2.2. [1] Die Anordnung der Sicherheitsleistung muss vom Grundsatz der Verhältnismäßigkeit bestimmt sein (BVerfG-Beschluss vom 24.10.1975, 1 BvR 266/75, StRK FGO § 69 R 171).[1] [2] Sie ist geboten, wenn die wirtschaftliche Lage des Steuerpflichtigen die Steuerforderung als gefährdet erscheinen lässt (BFH–Beschlüsse vom 8.3.1967, VI B 50/66, BStBl. III S. 294, und vom 22.6. 1967, I B 7/67, BStBl. III S. 512). [3] Die Anordnung einer Sicherheitsleistung ist z.B. gerechtfertigt, wenn der Steuerbescheid nach erfolglosem Rechtsbehelf im Ausland vollstreckt werden müsste (BFH–Urteil vom 27.8.1970, V R 102/67, BStBl. 1971 II S. 1). [4] Dies gilt auch, wenn in einem Mitgliedstaat der EU zu vollstrecken wäre, es sei denn, mit diesem Staat besteht ein Abkommen, welches eine Vollstreckung unter gleichen Bedingungen wie im Inland gewährleistet (BFH-Beschluss vom 3.2.1977, V B 6/76, BStBl. II S. 351; zur zwischenstaatlichen Vollstreckungshilfe siehe BMF-Merkblatt vom 29.2.2012, BStBl. I S. 244). [5] Eine Sicherheitsleistung ist unzumutbar, wenn die Zweifel an der Rechtmäßigkeit des Verwaltungsakts so bedeutsam sind, dass mit großer Wahrscheinlichkeit seine Aufhebung zu erwarten ist (BFH-Beschluss vom 22.12.1969, V B 115/69, BStBl. 1970 II S. 127).

9.2.3. Kann ein Steuerpflichtiger trotz zumutbarer Anstrengung eine Sicherheit nicht leisten, darf eine Sicherheitsleistung bei Aussetzung/Aufhebung der Vollziehung wegen ernstlicher Zweifel an der Rechtmäßigkeit des ange-

---

[1] Zur Anordnung einer Sicherheitsleistung bei laufend veranlagten und festgesetzten Steuern vgl. BVerfG v. 22.9.2009 1 BvR 1305/09, DStR 2009, 2146.

fochtenen Verwaltungsakts nicht verlangt werden; Aussetzung/Aufhebung der Vollziehung wegen unbilliger Härte darf jedoch bei Gefährdung des Steueranspruchs nur gegen Sicherheitsleistung bewilligt werden (BFH-Beschluss vom 9.4.1968, I B 73/67, BStBl. II S. 456).

9.2.4. [1]Zur Sicherheitsleistung bei der Aussetzung der Vollziehung von Grundlagenbescheiden s. § 361 Abs. 3 Satz 3 AO und § 69 Abs. 2 Satz 6 FGO. [2]Hiernach entscheiden über die Sicherheitsleistung die für den Erlass der Folgebescheide zuständigen Finanzämter bzw. Gemeinden. [3]Das für den Erlass des Grundlagenbescheids zuständige Finanzamt darf jedoch anordnen, dass die Aussetzung der Vollziehung von keiner Sicherheitsleistung abhängig zu machen ist. [4]Das kann z.b. der Fall sein, wenn der Rechtsbehelf wahrscheinlich erfolgreich sein wird.

9.2.5. Zu den möglichen Arten der Sicherheitsleistung s. § 241 AO.

9.2.6. [1]Die Anordnung einer Sicherheitsleistung ist eine unselbständige Nebenbestimmung in Form einer aufschiebenden Bedingung; sie kann daher nicht selbständig, sondern nur zusammen mit der Entscheidung über die Aussetzung/Aufhebung der Vollziehung angefochten werden (BFH-Urteil vom 31.10.1973, I R 249/72, BStBl. 1974 II S. 118, und BFH-Beschluss vom 20.6. 1979, IV B 20/79, BStBl. II S. 666). [2]Eine Aussetzung/Aufhebung der Vollziehung gegen Sicherheitsleistung wird erst wirksam, wenn die Sicherheitsleistung erbracht worden ist. [3]In dem Verwaltungsakt über die Aussetzung/Aufhebung der Vollziehung ist deshalb eine Frist für die Sicherheitsleistung zu setzen. [4]Wird die Sicherheit innerhalb der Frist nicht erbracht, ist der Steuerpflichtige auf die Rechtsfolgen hinzuweisen und zur Zahlung aufzufordern.

10. Ablehnung der Vollziehungsaussetzung

Zur Erhebung von Säumniszuschlägen nach Ablehnung eines Antrags auf Vollziehungsaussetzung vgl. AEAO zu § 240, Nr. 6 Buchstabe b.

[1]Hat das Finanzamt einen Aussetzungsantrag abgelehnt, ist i.d.R. unter Beachtung der Grundsätze des § 258 AO (siehe Abschn. 7 VollstrA) zu vollstrecken, auch wenn die Entscheidung des Finanzamts vom Steuerpflichtigen angefochten worden ist. [2]Über die Ablehnung des Aussetzungsbegehrens ist die Vollstreckungsstelle zu unterrichten.

11. Rechtsbehelfe

[1]Gegen die Entscheidung der Finanzbehörde über die Aussetzung/Aufhebung der Vollziehung ist der Einspruch gegeben. [2]Das Gericht kann nur nach § 69 Abs. 3 FGO angerufen werden; eine Klagemöglichkeit ist insoweit nicht gegeben (§ 361 Abs. 5 AO; § 69 Abs. 7 FGO).

[1]Der Antrag auf Aussetzung/Aufhebung der Vollziehung durch das Gericht ist nur zulässig, wenn die Finanzbehörde einen Antrag auf Aussetzung/Aufhebung der Vollziehung ganz oder zum Teil abgelehnt hat. [2]Dies gilt nicht, wenn die Finanzbehörde über den Antrag ohne Mitteilung eines zureichenden Grundes in angemessener Frist sachlich nicht entschieden hat oder eine Vollstreckung droht (§ 69 Abs. 4 FGO). [3]Eine teilweise Antragsablehnung i.S.d. § 69 Abs. 4 Satz 1 FGO liegt auch vor, wenn die Finanzbehörde die Aussetzung/Aufhebung der Vollziehung von einer Sicherheitsleistung abhängig gemacht hat (vgl. AEAO zu § 361, Nr. 9.2), nicht aber, wenn eine im Übrigen antragsgemäße Aussetzung/Aufhebung der Vollziehung unter Widerrufsvor-

behalt (vgl. AEAO zu § 361, Nr. 9.1) gewährt wurde (BFH-Beschluss vom 12.5.2000, VI B 266/98, BStBl. II S. 536).

12. Aussetzungszinsen
Wegen der Erhebung von Aussetzungszinsen siehe § 237 AO, wegen der nur einjährigen Festsetzungsfrist vgl. AEAO zu § 237, Nr. 4 und 8.

AEAO zu § 362 – Rücknahme des Einspruchs:
1. [1] Für die Rücknahme eines Einspruchs gelten die Formvorschriften für einen Einspruch sinngemäß (§ 362 Abs. 1 Satz 2 AO). [2] Die Rücknahme ist daher schriftlich oder elektronisch oder zur Niederschrift zu erklären. [3] Eine elektronisch erklärte Rücknahme bedarf keiner qualifizierten elektronischen Signatur (vgl. AEAO zu § 357, Nr. 1).

2. [1] Die Rücknahme führt nur zum Verlust des eingelegten Einspruchs, nicht der Einspruchsmöglichkeit schlechthin. [2] Der Einspruch kann daher innerhalb der Einspruchsfrist erneut erhoben werden.

3. [1] Eine Unwirksamkeit der Einspruchsrücknahme ist grundsätzlich innerhalb eines Jahres nach Eingang der Rücknahmeerklärung bei der für die Einlegung des Einspruchs zuständigen Finanzbehörde (§ 362 Abs. 1 Satz 2, § 357 Abs. 2 AO) geltend zu machen. [2] Ein späteres Geltendmachen ist nur in Fällen höherer Gewalt zulässig (§ 362 Abs. 2 Satz 2, § 110 Abs. 3 AO). [3] Nach einem fristgerechten Geltendmachen der Unwirksamkeit der Rücknahme ist das Einspruchsverfahren wieder aufzunehmen und in der Sache zu entscheiden. [4] Sind die vorgetragenen Gründe für die Unwirksamkeit der Einspruchsrücknahme nicht stichhaltig, ist der Einspruch als unzulässig zu verwerfen.

AEAO zu § 363 – Aussetzung und Ruhen des Verfahrens:
1. Die nach § 363 Abs. 2 Satz 1 AO erforderliche Zustimmung des Einspruchsführers zur Verfahrensruhe aus Zweckmäßigkeitsgründen sollte aus Gründen der Klarheit immer schriftlich oder elektronisch erteilt werden.

2. [1] Voraussetzung für eine Verfahrensruhe nach § 363 Abs. 2 Satz 2 AO ist, dass der Einspruchsführer in der Begründung seines Einspruchs die strittige, auch für seinen Steuerfall entscheidungserhebliche Rechtsfrage darlegt und sich hierzu konkret auf ein beim EuGH, beim BVerfG oder bei einem obersten Bundesgericht anhängiges Verfahren beruft (BFH-Urteile vom 26.9.2006, X R 39/05, BStBl. 2007 II S. 222, und vom 30.9.2010, III R 39/08, BStBl. 2011 II S. 11). [2] Eine nach § 363 Abs. 2 Satz 2 AO eingetretene Verfahrensruhe endet, wenn das Gerichtsverfahren, auf das sich der Einspruchsführer berufen hat, abgeschlossen ist. [3] Dies gilt auch, wenn gegen diese Gerichtsentscheidung Verfassungsbeschwerde erhoben wird und der Einspruchsführer sich nicht auf dieses neue Verfahren beruft (BFH-Urteil vom 30.9.2010, III R 39/08, a.a.O.). [4] Endet demnach die Verfahrensruhe, bedarf es insoweit keiner Fortsetzungsmitteilung nach § 363 Abs. 2 Satz 4 AO und somit grundsätzlich auch keiner Ermessensentscheidung (BFH-Urteil vom 26.9.2006, X R 39/05, a.a.O.), soweit nicht im Einzelfall eine Verfahrensruhe aus Zweckmäßigkeitsgründen nach § 363 Abs. 2 Satz 1 AO angemessen erscheint.

3. [1] Sind die Voraussetzungen für eine Verfahrensaussetzung oder Verfahrensruhe erfüllt, kann über den Einspruch insoweit nicht entschieden werden, und zwar weder durch eine Einspruchsentscheidung noch durch den Erlass eines Änderungsbescheids. [2] Über Fragen, die nicht Anlass der Verfahrensaussetzung oder Verfahrensruhe sind, kann dagegen durch Erlass einer Teil-Einspruchsentscheidung (§ 367 Abs. 2a AO) oder eines Teilabhilfebescheids entschieden werden. [3] Dabei wird i.d.R. zur Herbeiführung der Bestandskraft eine Teil-Einspruchsentscheidung zweckmäßig sein (vgl. AEAO zu § 367, Nr. 6). [4] Auch der Erlass von Änderungsbescheiden aus außerhalb des Einspruchsverfahrens liegenden Gründen (z.B. Folgeänderung gem. § 175 Abs. 1 Satz 1 Nr. 1 AO) bleibt zulässig. [5] Änderungsbescheide werden gem. § 365 Abs. 3 AO Gegenstand des anhängigen Verfahrens.

4. [1] Eine Fortsetzungsmitteilung gem. § 363 Abs. 2 Satz 4 AO kann in sämtlichen Fällen des § 363 Abs. 2 AO ergehen. [2] Über ihren Erlass ist nach pflichtgemäßem Ermessen zu entscheiden; die Ermessenserwägungen sind dem Einspruchsführer mitzuteilen (BFH-Urteil vom 26.9.2006, X R 39/05, BStBl. 2007 II S. 222). [3] Ein zureichender Grund für den Erlass einer Fortsetzungsmitteilung liegt insbesondere dann vor, wenn ein weiteres gerichtliches Musterverfahren herbeigeführt werden soll, wenn bereits eine Entscheidung des EuGH, des BVerfG oder des obersten Bundesgerichts in einem Parallelverfahren ergangen ist oder wenn das Begehren des Einspruchsführers letztlich darauf abzielt, seinen Steuerfall „offen zu halten", um von künftigen Änderungen der höchstrichterlichen Rechtsprechung zu derzeit nicht strittigen Fragen zu „profitieren" (BFH-Urteil vom 26.9.2006, X R 39/05, a.a.O.).

Teilt die Finanzbehörde nach § 363 Abs. 2 Satz 4 AO die Fortsetzung des bisher ruhenden Einspruchsverfahrens mit, soll sie vor Erlass einer Einspruchsentscheidung den Beteiligten Gelegenheit geben, sich erneut zu äußern.

5. Zur Unterbrechung eines Einspruchsverfahrens durch eine Insolvenzeröffnung vgl. AEAO zu § 251, Nr. 4.1; zur Aufnahme eines unterbrochenen Einspruchsverfahrens vgl. AEAO zu § 251, Nrn. 5.3.1.2.2 und 5.3.2; zur Erledigung eines Einspruchsverfahrens vgl. AEAO zu § 251, Nr. 5.3.4.

AEAO zu § 364 – Offenlegen der Besteuerungsunterlagen:

[1] Den Beteiligten sind die Besteuerungsunterlagen mitzuteilen oder anderweitig offenzulegen, wenn sie dies beantragt haben oder wenn die Einspruchsbegründung dazu Anlass gibt. [2] Wenn die Finanzbehörde es für zweckmäßig hält, kann sie Akteneinsicht gewähren. [3] Hierbei ist sicherzustellen, dass Verhältnisse eines anderen nicht unbefugt offenbart werden. [4] Die Ablehnung eines Antrags auf Akteneinsicht ist mit dem Einspruch anfechtbar. [5] Für das finanzgerichtliche Verfahren gilt § 78 FGO[1)].

AEAO zu § 364a – Erörterung des Sach- und Rechtsstands:

1. [1] § 364a AO soll eine einvernehmliche Erledigung der Einspruchsverfahren fördern und Streitfälle von den Finanzgerichten fernhalten. [2] Ziel einer mündlichen Erörterung kann auch eine „tatsächliche Verständigung" (vgl. BMF-Schreiben vom 30.7.2008, BStBl. I S. 831, ergänzt durch BMF-Schreiben vom 15.4.2019, BStBl. I S. 447) sein.

2. [1] Einem Antrag auf mündliche Erörterung soll grundsätzlich entsprochen werden. [2] Dies gilt nicht, wenn bei mehr als 10 Beteiligten kein gemeinsamer Vertreter nach Absatz 2 bestellt wird oder wenn die beantragte Erörterung offensichtlich nur der Verfahrensverschleppung dient.

[1)] Nr. 2.

3. [1] Antragsbefugt sind nur Einspruchsführer, nicht aber hinzugezogene Personen. [2] Hinzugezogene können aber von Amts wegen zu einer mündlichen Erörterung geladen werden (§ 364a Abs. 1 Satz 2 und 3 AO).

4. Keine Verpflichtung zur mündlichen Erörterung besteht, wenn das Finanzamt dem Einspruch abhelfen will oder solange das Einspruchsverfahren nach § 363 AO ausgesetzt ist oder ruht.

5. [1] Die mündliche Erörterung kann in geeigneten Fällen auch telefonisch durchgeführt werden. [2] Im Hinblick auf die Pflicht zur Wahrung des Steuergeheimnisses (§ 30 AO) muss sich das Finanzamt dann aber über die Identität des Gesprächspartners vergewissern.

AEAO zu § 364b – Fristsetzung:

1. [1] § 364b AO soll dem Missbrauch des Einspruchsverfahrens zu rechtsbehelfsfremden Zwecken entgegenwirken. [2] Von der Möglichkeit der Fristsetzung nach § 364b AO sollte daher insbesondere in Einspruchsverfahren, die einen Schätzungsbescheid nach Nichtabgabe der Steuererklärung betreffen, Gebrauch gemacht werden.

2. [1] Eine Fristsetzung nach § 364b AO kann nur gegenüber einem Einspruchsführer, nicht gegenüber einem Hinzugezogenen (§ 360 AO) ergehen. [2] Die Frist soll mindestens einen Monat betragen. [3] Ein eventueller Nachprüfungsvorbehalt (§ 164 AO) ist spätestens mit der Fristsetzung aufzuheben.

3. [1] Erklärungen und Beweismittel, die erst nach Ablauf der vom Finanzamt – insbesondere unter Beachtung des Belehrungsgebots (§ 364b Abs. 3 AO) – wirksam gesetzten Frist vorgebracht werden, können im Einspruchsverfahren allenfalls im Rahmen einer Verböserung nach § 367 Abs. 2 Satz 2 AO berücksichtigt werden. [2] Außerhalb des Einspruchsverfahrens bestehende Korrekturvorschriften (z.B. § 173 AO) bleiben zwar unberührt, werden aber i.d.R. nicht einschlägig sein.

4. [1] Geht ein Antrag auf Fristverlängerung vor Fristablauf beim Finanzamt ein, kann die Frist gem. § 109 AO verlängert werden. [2] Geht der Antrag nach Ablauf der Frist beim Finanzamt ein, kann nur nach § 110 AO Wiedereinsetzung in den vorigen Stand gewährt werden. [3] Über Einwendungen gegen die Fristsetzung ist – soweit nicht abgeholfen wird – im Rahmen der Entscheidung über den Einspruch gegen den Steuerbescheid zu entscheiden.

5. [1] Zu den Wirkungen einer nach § 364b AO gesetzten Ausschlussfrist für ein nachfolgendes Klageverfahren vgl. § 76 Abs. 3 FGO[1]. [2] Die Finanzbehörde kann trotz einer rechtmäßigen Fristsetzung in einem nachfolgenden Klageverfahren einen Abhilfebescheid gem. § 172 Abs. 1 Satz 1 Nr. 2 Buchstabe a AO erlassen.

AEAO zu § 365 – Anwendung von Verfahrensvorschriften:

1. Die Aufklärungspflicht der Einspruchsbehörde wird von der Zumutbarkeit begrenzt (vgl. AEAO zu § 88, Nr. 3).

[1] Nach dem BFH-Urteil vom 11.12.1984, VIII R 131/76, BStBl. 1985 II S. 354 können im Hinblick auf die Gesetzmäßigkeit und Gleichmäßigkeit der Besteuerung keine Vergleiche über Steueransprüche abgeschlossen werden. [2] Eine „tatsächliche Verständigung" über schwierig zu ermittelnde tatsächliche

---

[1] Nr. 2.

Umstände ist aber zulässig und bindend (vgl. BMF-Schreiben vom 30.7.2008, BStBl. I S. 831, ergänzt durch BMF-Schreiben vom 15.4.2019, BStBl. I S. 447).

2. [1] Wird während des Einspruchsverfahrens der angefochtene Verwaltungsakt geändert oder ersetzt, wird der neue Verwaltungsakt Gegenstand des Einspruchsverfahrens (§ 365 Abs. 3 Satz 1 AO); der Einspruch muss aber zulässig sein (BFH-Urteil vom 13.4.2000, V R 56/99, BStBl. II S. 490). [2] Dies gilt entsprechend, wenn ein Verwaltungsakt wegen einer offenbaren Unrichtigkeit gem. § 129 AO berichtigt wird oder wenn ein Verwaltungsakt an die Stelle eines angefochtenen – z.B. wegen eines Bekanntgabemangels – unwirksamen Verwaltungsakts tritt (§ 365 Abs. 3 Satz 2 AO).

Bei einem Teilwiderruf oder einer Teilrücknahme bleibt der Verwaltungsakt – wenn auch eingeschränkt – bestehen und der Einspruch damit ebenfalls anhängig (BFH-Urteil vom 28.1.1982, V R 100/80, BStBl. II S. 292).

Eine Ersetzung i.S.d. § 365 Abs. 3 AO liegt auch vor, wenn sich ein mit dem Einspruch angefochtener Vorauszahlungsbescheid mit Wirksamwerden der Jahressteuerfestsetzung erledigt (BFH-Urteil vom 4.11.1999, V R 35/98, BStBl. 2000 II S. 454).

Die Regelungen des § 365 Abs. 3 AO gelten nur für das Einspruchsverfahren; insbesondere bleiben Beitreibungsmaßnahmen nur auf der Grundlage eines wirksamen Verwaltungsakts zulässig.

Wegen des Erlasses eines Änderungsbescheids vor oder nach Ergehen einer Teil-Einspruchsentscheidung vgl. AEAO zu § 367, Nr. 6.5.

AEAO zu § 366 – Form, Inhalt und Erteilung der Einspruchsentscheidung:

1. [1] Für die Bekanntgabe der Einspruchsentscheidung gelten §§ 122 und 122a AO. [2] Wegen der Bekanntgabe an Bevollmächtigte vgl. AEAO zu § 122, Nr. 1.7; wegen der Bekanntgabe durch Telefax vgl. AEAO zu § 122, Nrn. 1.8.1.2 und 1.8.2.2.

2. [1] Eine förmliche Zustellung der Einspruchsentscheidung ist nur erforderlich, wenn sie ausdrücklich angeordnet wird (§ 122 Abs. 5 Satz 1 AO). [2] Sie sollte insbesondere dann angeordnet werden, wenn ein eindeutiger Nachweis des Zugangs für erforderlich gehalten wird. [3] Zum Zustellungsverfahren vgl. AEAO zu § 122, Nrn. 3 und 4.5.

3. [1] In den Gründen der Einspruchsentscheidung sollen Wiedergabe des Tatbestandes und Darlegung der rechtlichen Erwägungen der entscheidenden Behörde getrennt sein. [2] Auf Zulässigkeitsfragen ist nur einzugehen, wenn hierzu begründeter Anlass besteht, etwa in den Fällen der §§ 354 Abs. 2, 362 Abs. 2 AO oder bei ernsthaften Zweifeln am Vorliegen einzelner Zulässigkeitsvoraussetzungen. [3] Hinweis auf § 358 AO.

Enthält die Einspruchsentscheidung entgegen § 366 AO keine oder eine unrichtige Rechtsbehelfsbelehrung, beträgt die Klagefrist nach § 55 Abs. 2 FGO ein Jahr statt eines Monats.[1)]

[1)] Zum Hinweis auf den elektronischen Rechtsverkehr in der Rechtsbehelfsbelehrung siehe BFH v. 20.11.2013 X R 2/12, BStBl. II 2014, 236, und v. 18.3.2014 VIII R 33/12, BStBl. II 2014, 922; siehe auch § 357 Abs. 1 Satz 1 AO i.d.F. des G v. 25.7.2013, BGBl. I 2013, 2749.

AEAO zu § 367 – Entscheidung über den Einspruch:

1. [1] Jeder nach Erlass eines Verwaltungsakts eintretende Zuständigkeitswechsel bewirkt auch eine Zuständigkeitsänderung im Einspruchsverfahren. [2] Die Einspruchsvorgänge sind daher mit den übrigen Akten abzugeben. [3] Die zunächst zuständige Behörde kann jedoch unter Wahrung der Interessen der Beteiligten aus Zweckmäßigkeitsgründen das Einspruchsverfahren fortführen, wenn das neu zuständige Finanzamt zustimmt. [4] Zu den Auswirkungen eines Zuständigkeitswechsels auf das Einspruchsverfahren siehe auch BMF-Schreiben vom 10.10.1995, BStBl. I S. 664.

2. Gem. § 132 AO gelten die Vorschriften über Rücknahme, Widerruf, Aufhebung und Änderung von Verwaltungsakten auch während des Einspruchsverfahrens (vgl. AEAO zu § 365, Nr. 2).

2.1. Aufgrund der im Einspruchsverfahren geltenden umfassenden Überprüfungsmöglichkeit nach § 367 Abs. 2 Satz 1 AO ist die Finanzbehörde jedoch nicht an die Voraussetzungen der Korrekturvorschriften §§ 130 ff., 172 ff. AO gebunden (BFH-Urteil vom 10.3.2016, III R 2/15, BStBl. II S. 508).

2.2. [1] Will die Finanzbehörde den angefochtenen Verwaltungsakt zum Nachteil des Einspruchsführers ändern, muss der Einspruchsführer auf die Möglichkeit einer verbösernden Entscheidung unter Angabe von Gründen hingewiesen und ihm Gelegenheit gegeben werden, sich hierzu zu äußern (§ 367 Abs. 2 Satz 2 AO). [2] Dieser Hinweis ist nur dann – ausnahmsweise – entbehrlich, wenn sich die Änderung zum Nachteil des Einspruchsführers durch Einspruchsrücknahme nicht hätte vermeiden lassen. [3] Ist zweifelhaft, ob eine solche Änderung noch möglich ist, darf auf diesen Hinweis nicht verzichtet werden (vgl. BFH-Urteil vom 22.3.2006, XI R 24/05, BStBl. II S. 576).

2.3. Die Finanzbehörde ist auch dann noch zum Erlass einer verbösernden Einspruchsentscheidung gemäß § 367 Abs. 2 Satz 2 AO berechtigt, wenn

– sie zuvor einen Änderungsbescheid erlassen hat, in dem sie dem Einspruchsbegehren teilweise entsprochen, jedoch nicht in voller Höhe abgeholfen hat (sog. Teilabhilfebescheid; vgl. BFH-Urteil vom 6.9.2006, XI R 51/05, BStBl. 2007 II S. 83) oder

– ein Verwaltungsakt, mit dem die Finanzbehörde einem Antrag auf eine Billigkeitsmaßnahme nach §§ 163, 222 oder 227 AO nur teilweise stattgegeben hat, mit dem Einspruch angefochten wird (BFH-Urteil vom 10.3.2016, III R 2/15, BStBl. II S. 508).

2.4. Nimmt der Steuerpflichtige seinen Einspruch zurück, ist eine Änderung zum Nachteil des Steuerpflichtigen nur noch möglich, wenn dies nach den Vorschriften über Aufhebung, Änderung, Rücknahme oder Widerruf von Verwaltungsakten zulässig ist.

3. Zu den Auswirkungen einer Teilabhilfe auf das Einspruchsverfahren vgl. AEAO zu § 365, Nr. 2.

[1] Stellt ein Steuerpflichtiger nach Einspruchseinlegung einen Antrag bezüglich eines bisher nicht geltend gemachten Streitpunkts, ist dieser Antrag als Erweiterung des Einspruchsantrags, verbunden mit der Anregung, dem Einspruch insoweit durch Erlass eines Teilabhilfebescheids stattzugeben, auszulegen. [2] Ist der Antrag begründet, kann während des Einspruchsverfahrens ein geänderter Verwaltungsakt erlassen werden. [3] Dieser wird dann gem. § 365

Abs. 3 AO Gegenstand des Einspruchsverfahrens. [4] Ist der Antrag unbegründet, ist über ihn in der Einspruchsentscheidung zu befinden; die Ablehnung durch gesonderten Verwaltungsakt ist während eines anhängigen Einspruchsverfahrens nicht zulässig.

4. Zur Möglichkeit der Änderung eines im Einspruchsverfahren bestätigten oder geänderten Verwaltungsakts vgl. AEAO zu § 172, Nrn. 3 und 4.

5. [1] Es ist zulässig, den Vorbehalt der Nachprüfung (§ 164 AO) auch in der Entscheidung über den Einspruch aufrechtzuerhalten (BFH-Urteil vom 12.6. 1980, IV R 23/79, BStBl. II S. 527). [2] In diesen Fällen braucht die Angelegenheit nicht umfassender geprüft zu werden als in dem Verfahren, das dem Erlass der angefochtenen Vorbehaltsfestsetzung vorangegangen ist.

[1] Der Vorbehalt der Nachprüfung ist jedoch aufzuheben, wenn im Einspruchsverfahren eine abschließende Prüfung i.S.d. § 164 Abs. 1 AO durchgeführt wird. [2] Die Aufhebung des Vorbehalts bedarf regelmäßig keiner besonderen Begründung. [3] Insbesondere kann insoweit auch ein Hinweis nach § 367 Abs. 2 Satz 2 AO unterbleiben (BFH-Urteil vom 10.7.1996, I R 5/96, BStBl. 1997 II S. 5).

[1] Es ist auch statthaft, nach Hinweis auf die Verböserungsmöglichkeit einen Verwaltungsakt erstmalig in der Einspruchsentscheidung mit einer Nebenbestimmung zu versehen (BFH-Urteil vom 12.6.1980, IV R 23/79, a.a.O.). [2] Ist ein Bescheid, der auf einer Schätzung beruht, ohne Nachprüfungsvorbehalt ergangen und wird nach Klageerhebung die Steuererklärung eingereicht, kann der daraufhin ergehende Änderungsbescheid nur mit Zustimmung des Steuerpflichtigen unter Nachprüfungsvorbehalt gestellt werden (BFH-Urteil vom 30.10.1980, IV R 168–170/79, BStBl. 1981 II S. 150).

6. Teil-Einspruchsentscheidung[1]

6.1. [1] Der Erlass einer Teil-Einspruchsentscheidung (§ 367 Abs. 2a AO) steht im Ermessen der Finanzbehörde, muss aber sachdienlich sein. [2] Dies ist der Fall, wenn ein Teil des Einspruchs entscheidungsreif ist, während über einen anderen Teil des Einspruchs zunächst nicht entschieden werden kann, weil z.B. insoweit die Voraussetzungen für eine Verfahrensruhe nach § 363 Abs. 2 Satz 2 AO vorliegen oder hinsichtlich des nicht entscheidungsreifen Teils des Einspruchs noch Ermittlungen zur Sach- oder Rechtslage erforderlich sind. [3] Zu unbenannten Streitpunkten besteht grundsätzlich Entscheidungsreife, es sei denn, die umfassende Prüfung des Steuerfalls (§ 367 Abs. 2 Satz 1 AO) ergibt Aufklärungsbedarf (BFH-Urteil vom 14.3.2012, X R 50/09, BStBl. II S. 536).

Eine Teil-Einspruchsentscheidung wird somit insbesondere dann sachdienlich sein, wenn

– der Einspruchsführer strittige Rechtsfragen aufwirft, die Gegenstand eines beim EuGH, beim BVerfG oder bei einem obersten Bundesgericht anhängigen Verfahrens sind,

– der Einspruchsführer sich auf dieses Verfahren beruft,

– der Erlass einer Fortsetzungsmitteilung gem. § 363 Abs. 2 Satz 4 AO (vgl. AEAO zu § 363, Nr. 4) nicht in Betracht kommt und

– der Einspruch im Übrigen entscheidungsreif ist.

---

[1] Ein erneuter Einspruch gegen Teil-Einspruchsentscheidung ist auch innerhalb der Einspruchsfrist unzulässig; siehe BFH v. 18.9.2014 VI R 80/13, BStBl. II 2015, 115.

6.2. [1] Eine Teil-Einspruchsentscheidung ist auch dann sachdienlich, wenn sie dem Interesse der Finanzverwaltung an einer zeitnahen Entscheidung über den entscheidungsreifen Teil eines Einspruchs dient, der ersichtlich nur zu dem Zweck eingelegt wurde, die Steuerfestsetzung nicht bestandskräftig werden zu lassen (BFH-Urteile vom 30.9.2010, III R 39/08, BStBl. 2011 II S. 11, und vom 14.3.2012, X R 50/09, BStBl. II S. 536). [2] Um neuen Masseneinsprüchen entgegenzuwirken, soll in Fällen, in denen mit dem Einspruch ausschließlich das Ziel verfolgt wird, im Hinblick auf anhängige Gerichtsverfahren mit Breitenwirkung den angefochtenen Verwaltungsakt nicht bestandskräftig werden zu lassen, möglichst zeitnah eine Teil-Einspruchsentscheidung erlassen werden, wenn und soweit der Einspruch nicht durch die Beifügung eines Vorläufigkeitsvermerks gem. § 165 Abs. 1 Satz 2 Nr. 3 oder 4 AO erledigt werden kann.

6.3. [1] Es besteht keine über § 367 Abs. 2 Satz 2 AO („Verböserungshinweis") hinausgehende Verpflichtung, dem Einspruchsführer vor Erlass einer Teil-Einspruchsentscheidung rechtliches Gehör zu gewähren, damit dieser prüfen kann, ob er noch Einwendungen vorträgt. [2] Die Finanzbehörde ist auch nicht verpflichtet, dem Einspruchsführer vor Erlass einer Teil-Einspruchsentscheidung eine Frist nach § 364b Abs. 1 Nr. 1 AO zu setzen (BFH-Urteil vom 14.3.2012, X R 50/09, BStBl. II S. 536).

6.4. [1] In der Teil-Einspruchsentscheidung ist genau zu bestimmen, hinsichtlich welcher Teile des Verwaltungsakts Bestandskraft nicht eintreten soll, um die Reichweite der Teil-Einspruchsentscheidung zu definieren. [2] Durch Angabe der betreffenden Besteuerungsgrundlage(n) wird hinreichend bestimmt, hinsichtlich welcher Teile Bestandskraft nicht eintreten soll; es ist nicht erforderlich und i.d.R. auch nicht möglich, den Teil der Steuer zu beziffern, dessen Festsetzung nicht bestandskräftig werden soll (BFH-Urteile vom 30.9.2010, III R 39/08, BStBl. 2011 II S. 11, und vom 14.3.2012, X R 50/09, BStBl. II S. 536). [3] Die Bestimmung, hinsichtlich welcher Teile des Verwaltungsakts Bestandskraft nicht eintreten soll, ist Teil des Tenors der Teil-Einspruchsentscheidung und weder Nebenbestimmung noch Grundlagenbescheid. [4] Sie kann daher nur durch Klage gegen die Teil-Einspruchsentscheidung angegriffen werden. [5] Soweit anhängige Verfahren vor dem EuGH, dem BVerfG oder einem obersten Bundesgericht Anlass für eine Teil-Einspruchsentscheidung/Verfahrensruhe sind (vgl. AEAO zu § 367, Nr. 6.1 zweiter Absatz), sind diese nicht im Tenor, sondern in der Begründung der Teil-Einspruchsentscheidung zu benennen.

Ist der Erlass einer Teil-Einspruchsentscheidung sachdienlich (vgl. AEAO zu § 367, Nrn. 6.1 und 6.2), ist das der Finanzbehörde eingeräumte Entschließungsermessen in einer Weise vorgeprägt, dass es keiner über die Darlegung der Sachdienlichkeit hinausgehenden Begründung bedarf, warum eine Teil-Einspruchsentscheidung erlassen wird (BFH-Urteile vom 30.9.2010, III R 39/08, und vom 14.3.2012, X R 50/09, jeweils a.a.O.).

6.5. [1] Ergeht vor Erlass der Teil-Einspruchsentscheidung ein Änderungsbescheid, wird dieser neue Bescheid Gegenstand des Einspruchsverfahrens (§ 365 Abs. 3 AO) und somit auch Gegenstand der Teil-Einspruchsentscheidung. [2] Bei der Bestimmung, inwieweit Bestandskraft nicht eintreten soll, ist vom Inhalt des neuen Bescheids auszugehen. [3] Soll nach Ergehen der Teil-Einspruchsentscheidung ein Änderungsbescheid erlassen werden, ist zuvor zu prüfen, inwieweit dem Änderungsbescheid die Bindungswirkung der Teil-Einspruchsentscheidung entgegensteht.

6.6. [1] Die Teil-Einspruchsentscheidung hat nicht zur Folge, dass stets noch eine förmliche „End-Einspruchsentscheidung" ergehen muss. [2] Das Einspruchsverfahren kann beispielsweise auch dadurch abgeschlossen werden, dass die Finanzbehörde dem Einspruch hinsichtlich der zunächst „offen" gebliebenen Frage abhilft, der Steuerpflichtige seinen Einspruch zurücknimmt oder eine Allgemeinverfügung nach § 367 Abs. 2b AO ergeht. [3] Wird die wirksam ergangene Teil-Einspruchsentscheidung bestandskräftig, kann im weiteren Verfahren über den „noch offenen" Teil der angefochtenen Steuerfestsetzung nicht mit Erfolg geltend gemacht werden, die in der Teil-Einspruchsentscheidung vertretene Rechtsauffassung entspreche nicht dem Gesetz. [4] Dies ist auch in einem eventuellen Klageverfahren gegen eine „End-Einspruchsentscheidung" zu beachten.

7. Allgemeinverfügung

7.1. Wegen der Erledigung von Masseneinsprüchen und Massenanträgen durch eine Allgemeinverfügung vgl. § 367 Abs. 2b sowie § 172 Abs. 3 AO.

7.2. [1] Ergeht eine Allgemeinverfügung nach § 367 Abs. 2b AO, bleibt das Einspruchsverfahren im Übrigen anhängig. [2] Gegenstand des Einspruchsverfahrens ist der angefochtene Verwaltungsakt und nicht ein Teil der Besteuerungsgrundlagen oder ein einzelner Streitpunkt. [3] Auch wenn sich die Allgemeinverfügung auf sämtliche vom Einspruchsführer vorgebrachte Einwendungen erstreckt, ist deshalb das Einspruchsverfahren im Übrigen fortzuführen. [4] Dies gilt nicht, soweit bereits eine Teil-Einspruchsentscheidung (§ 367 Abs. 2a AO) ergangen ist, die den „noch offen bleibenden" Teil des Einspruchs auf den Umfang beschränkt hat, der Gegenstand der Allgemeinverfügung ist. [5] Über die Rechtsfrage, die Gegenstand der Allgemeinverfügung war, kann in einer eventuell notwendig werdenden Einspruchsentscheidung (§ 366, § 367 Abs. 1 AO) nicht erneut entschieden werden. [6] Zu berücksichtigen ist dann, dass für eine Klage nach einer Zurückweisung des Einspruchs durch Allgemeinverfügung und für eine Klage nach Erlass einer Einspruchsentscheidung durch die örtlich zuständige Finanzbehörde unterschiedliche Fristen gelten.

7.3. [1] Unzulässige Einsprüche werden von einer nach § 367 Abs. 2b AO ergehenden Allgemeinverfügung grundsätzlich nicht erfasst, da der Ausgang des Verfahrens, das bei einem der in § 367 Abs. 2b Satz 1 AO angeführten Gerichte anhängig war, für diese Einsprüche i.d.R. nicht entscheidungserheblich ist. [2] Wenn dagegen die Frage der Zulässigkeit eines Einspruchs Gegenstand des Verfahrens bei einem der in § 367 Abs. 2b Satz 1 AO angeführten Gerichte war, kann eine Allgemeinverfügung insoweit auch unzulässige Einsprüche erfassen. [3] Ansonsten sind unzulässige Einsprüche möglichst zeitnah durch Einspruchsentscheidung zu verwerfen, falls sie vom Einspruchsführer nicht zurückgenommen werden.

8. Insolvenzverfahren

Zur Verfahrensweise in Insolvenzfällen vgl. AEAO zu § 251, Nrn. 5.3 ff. und Nr. 14.

Anlage 1. Abtretungs-/Verpfändungsanzeige

Anlage zum AEAO zu § 46 AO

ACHTUNG	Eingangsstempel
Beachten Sie unbedingt die Hinweise in Abschnitt V. des Formulars! Zutreffendes bitte ankreuzen bzw. leserlich ausfüllen!	

Finanzamt	Raum für Bearbeitungsvermerke

☐ **Abtretungsanzeige**   ☐ **Verpfändungsanzeige**

I. Abtretende(r) / Verpfänder(in)

Familienname bzw. Firma (bei Gesellschaften)	Vorname	Geburtsdatum
	Steuernummer	
Ehegatte/Lebenspartner: Familienname	Vorname	Geburtsdatum
Anschrift(en)		

II. Abtretungsempfänger(in) / Pfandgläubiger(in)

Name / Firma und Anschrift

III. Anzeige

Folgender Erstattungs- bzw. Vergütungsanspruch ist abgetreten / verpfändet worden:

1. Bezeichnung des Anspruchs:

☐ Einkommensteuer-Veranlagung	für	Kalenderjahr	
☐ _____	für	Zeitraum	
☐ _____	für	Kalenderjahr	
☐			

☐ Umsatzsteuerfestsetzung	für	Kalenderjahr	
☐ Umsatzsteuervoranmeldung	für	Monat bzw. Quartal / Jahr	

2. Umfang der Abtretung bzw. Verpfändung:

☐ **VOLL**-Abtretung / Verpfändung   <u>Hinweis:</u> Die Vollabtretung umfasst auch Erstattungsansprüche aufgrund künftiger Änderungen der Steuerfestsetzung(en), die nicht auf Verlustrückträgen (§ 10d EStG) oder rückwirkenden Ereignissen (§ 175 AO) aus Zeiträumen nach Eingang der Abtretungsanzeige / Verpfändungsanzeige bei der Finanzbehörde beruhen.

☐ **TEIL**-Abtretung / Verpfändung in Höhe von _____ Euro

3. Grund der Abtretung / Verpfändung: _____

(kurze stichwortartige Kennzeichnung des der Abtretung zugrunde liegenden schuldrechtlichen Lebenssachverhaltes)

4. a) Es handelt sich um eine Sicherungsabtretung oder Verpfändung als Sicherheit:

     ☐ Ja   ☐ Nein

   b) Die Abtretung / Verpfändung erfolgte geschäftsmäßig:

     ☐ Ja   ☐ Nein

---

5. Der Abtretungsempfänger / Pfandgläubiger ist ein Unternehmen, dem das Betreiben von Bankgeschäften erlaubt ist:

☐ Ja ☐ Nein

IV. Überweisung / Verrechnung

Der abgetretene / verpfändete Betrag soll ausgezahlt werden durch:

☐ **Überweisung** auf Konto **IBAN** (International Bank Account Number; internationale Kontonummer)

BIC (Business Identifier Code; internationale Bankleitzahl)

Geldinstitut (Zweigstelle) und Ort

Kontoinhaber, wenn abweichend von Abschnitt II.

☐ **Verrechnung** mit Steuerschulden des / der Abtretungsempfängers(in) / Pfandgläubigers(in)

beim Finanzamt _____ Steuernummer _____

Steuerart _____ Zeitraum _____

(für genauere Anweisungen bitte einen gesonderten Verrechnungsantrag beifügen!)

V. Wichtige Hinweise

Unterschreiben Sie bitte kein Formular, das nicht ausgefüllt ist oder dessen Inhalt Sie nicht verstehen!

Prüfen Sie bitte sorgfältig, ob sich eine Abtretung für Sie überhaupt lohnt! Denn das Finanzamt bemüht sich, Erstattungs- und Vergütungsansprüche schnell zu bearbeiten.

Vergleichen Sie nach Erhalt des Steuerbescheids den Erstattungsbetrag mit dem Betrag, den Sie gegebenenfalls im Wege der Vorfinanzierung erhalten haben.

Denken Sie daran, dass die Abtretung aus unterschiedlichen Gründen unwirksam sein kann, dass das Finanzamt dies aber nicht zu prüfen braucht! Der geschäftsmäßige Erwerb von Steuererstattungsansprüchen ist nur Kreditinstituten (Banken und Sparkassen) im Rahmen von Sicherungsabtretungen gestattet. Die Abtretung an andere Unternehmen und Privatpersonen ist nur zulässig, wenn diese nicht geschäftsmäßig handeln. Haben Sie z.B. Ihren Anspruch an eine Privatperson abgetreten, die den Erwerb von Steuererstattungsansprüchen geschäftsmäßig betreibt, dann ist die Abtretung unwirksam. Hat aber das Finanzamt den Erstattungsbetrag bereits an den / die von Ihnen angegebenen neuen Gläubiger ausgezahlt, dann kann es nicht mehr in Anspruch genommen werden, das heißt: Sie haben selbst dann keinen Anspruch mehr gegen das Finanzamt auf den Erstattungsanspruch, wenn die Abtretung nicht wirksam ist.

Abtretungen / Verpfändungen können gem. § 46 Abs. 2 AO dem Finanzamt erst dann wirksam angezeigt werden, wenn der abgetretene / verpfändete Erstattungsanspruch entstanden ist. Der Erstattungsanspruch entsteht nicht vor Ablauf des Besteuerungszeitraums (bei der Einkommensteuer / Lohnsteuer: grundsätzlich Kalenderjahr; bei der Umsatzsteuer: Monat, Kalendervierteljahr bzw. Kalenderjahr).

Die Anzeige ist an das für die Besteuerung des / der Abtretenden / Verpfändenden zuständige Finanzamt zu richten. So ist z.B. für den Erstattungsanspruch aus der Einkommensteuer-Veranlagung das Finanzamt zuständig, in dessen Bereich der / die Abtretende / Verpfändende seinen / ihren Wohnsitz hat.

Bitte beachten Sie, dass neben den beteiligten Personen bzw. Gesellschaften auch der abgetretene / verpfändete Erstattungsanspruch für die Finanzbehörde zweifelsfrei erkennbar sein muss. Die Angaben in Abschnitt III. der Anzeige dienen dazu, die gewünschte Abtretung schnell und problemlos ohne weitere Rückfragen erledigen zu können!

Die Abtretungs- / Verpfändungsanzeige ist sowohl von dem / der Abtretenden / Verpfändenden als auch von dem / der Abtretungsempfänger(in) / Pfandgläubiger(in) zu unterschreiben. Dies gilt z.B. auch, wenn der / die zeichnungsberechtigte Vertreter(in) einer abtretenden juristischen Person (z.B. GmbH) oder sonstigen Gesellschaft und der / die Abtretungsempfänger(in) / Pfandgläubiger(in personengleich sind (2 Unterschriften).

VI. Unterschriften

1. Abtretende(r) / Verpfänder(in) lt. Abschnitt I. - Persönliche Unterschrift -

Ort, Datum

(Werden bei der **Einkommensteuer-Zusammenveranlagung** die Ansprüche beider Ehegatten/Lebenspartner abgetreten, ist unbedingt erforderlich, dass **beide Ehegatten/Lebenspartner** persönlich unterschreiben.)

2. Abtretungsempfänger(in) / Pfandgläubiger(in) lt. Abschnitt II. - Unterschrift unbedingt erforderlich -

Ort, Datum

Anlage 2. Muster einer Erklärung der Ordensgemeinschaften

Anlage 2 zu Nr. 5 des AEAO zu § 60

1. Der – Die ....
                (Bezeichnung der Ordensgemeinschaft)
   mit dem Sitz in ....
   ist eine anerkannte Ordensgemeinschaft der Katholischen Kirche.

2. Der – Die ....
   verfolgt ausschließlich und unmittelbar kirchliche, gemeinnützige oder mildtätige Zwecke, und zwar insbesondere durch ....
   ....

3. Überschüsse aus der Tätigkeit der Ordensgemeinschaft werden nur für die
   satzungsmäßigen Zwecke verwendet. Den Mitgliedern stehen keine Anteile
   an den Überschüssen zu. Ferner erhalten die Mitglieder weder während der
   Zeit ihrer Zugehörigkeit zu der Ordensgemeinschaft noch im Fall ihres
   Ausscheidens noch bei Auflösung oder Aufhebung der Ordensgemeinschaft
   irgendwelche Zuwendungen oder Vermögensvorteile aus deren Mitteln. Es
   darf keine Person durch Ausgaben, die den Zwecken der Ordensgemeinschaft fremd sind, oder durch unverhältnismäßig hohe Vergütungen begünstigt werden.

4. Der – Die ....
   wird vertreten durch ....

....
            (Ort)   (Datum)

....
           (Unterschrift des Ordensobern)

2. Finanzgerichtsordnung (FGO)

In der Fassung der Bekanntmachung vom 28. März 2001[1]

(BGBl. I S. 442, ber. S. 2262, I 2002 S. 679)

FNA 350-1

geänd. durch Art. 2 Abs. 19 Zustellungsreformgesetz (ZustRG) v. 25.6.2001 (BGBl. I S. 1206, 2012), Art. 9 Gesetz zur Anpassung der Formvorschriften des Privatrechts und anderer Vorschriften an den modernen Rechtsgeschäftsverkehr v. 13.7.2001 (BGBl. I S. 1542), Art. 6 Gesetz zur Änderung des Finanzverwaltungsgesetzes und anderer Gesetze v. 14.12.2001 (BGBl. I S. 3714), Art. 11 Steuer-änderungsgesetz 2001 (StÄndG 2001) v. 20.12.2001 (BGBl. I S. 3794), Art. 5 Steuerverkürzungs-bekämpfungsgesetz (StVBG) v. 19.12.2001 (BGBl. I S. 3922), Art. 4 Abs. 27 Kostenrechtsmodernisie-rungsgesetz (KostRMoG) v. 5.5.2004 (BGBl. I S. 718), Art. 7 Erstes Gesetz zur Modernisierung der Justiz v. 24.8.2004 (BGBl. I S. 2198), Art. 10 Anhörungsrügengesetz v. 9.12.2004 (BGBl. I S. 3220), Art. 7 Gesetz zur Vereinfachung und Vereinheitlichung der Verfahrensvorschriften zur Wahl und Berufung ehrenamtlicher Richter v. 21.12.2004 (BGBl. I S. 3599), Art. 3 Justizkommunikationsgesetz (JKomG) v. 22.3.2005 (BGBl. I S. 837, ber. S. 2022), Art. 10 Föderalismusreform-Begleitgesetz v. 5.9.2006 (BGBl. I S. 2098), Art. 14 Gesetz zur Neuregelung des Rechtsberatungsrechts v. 12.12. 2007 (BGBl. I S. 2840), Art. 6 Gesetz zur Modernisierung von Verfahren im anwaltlichen und notariellen Berufsrecht, zur Errichtung einer Schlichtungsstelle der Rechtsanwaltschaft sowie zur Änderung sonstiger Vorschriften v. 30.7.2009 (BGBl. I S. 2449), Art. 9 Gesetz über den Rechtsschutz bei überlangen Gerichtsverfahren und strafrechtlichen Ermittlungsverfahren v. 24.11.2011 (BGBl. I S. 2302), Art. 2 Abs. 35 Gesetz zur Änderung von Vorschriften über Verkündung und Bekannt-machungen sowie der Zivilprozessordnung, des Gesetzes betreffend die Einführung der Zivilprozess-ordnung und der Abgabenordnung v. 22.12.2011 (BGBl. I S. 3044), Art. 8 Gesetz zur Förderung der Mediation und anderer Verfahren der außergerichtlichen Konfliktbeilegung v. 21.7.2012 (BGBl. I S. 1577), Art. 2 Gesetz zur Einführung von Kostenhilfe für Drittbetroffene in Verfahren vor dem Europäischen Gerichtshof für Menschenrechte sowie zur Änderung der Finanzgerichtsordnung v. 20.4.2013 (BGBl. I S. 829), Art. 3 G zur Intensivierung des Einsatzes von Videokonferenztechnik in gerichtlichen und staatsanwaltschaftlichen Verfahren v. 25.4.2013 (BGBl. I S. 935), Art. 23 Gesetz zur Umsetzung der Amtshilferichtlinie sowie zur Änderung steuerlicher Vorschriften (Amtshilfericht-linie-Umsetzungsgesetz – AmtshilfeRLUmsG) v. 26.6.2013 (BGBl. I S. 1809), Art. 13 Gesetz zur Änderung des Prozesskostenhilfe- und Beratungshilferechts v. 31.8.2013 (BGBl. I S. 3533, ber. BGBl. 2016 I S. 121), Art. 6 Gesetz zur Förderung des elektronischen Rechtsverkehrs mit den Gerichten v. 10.10.2013 (BGBl. I S. 3786), Art. 14 Gesetz zur Durchführung der Verordnung (EU) Nr. 1215/2012 sowie zur Änderung sonstiger Vorschriften v. 8.7.2014 (BGBl. I S. 890), Art. 172 Zehnte Zuständigkeitsanpassungsverordnung v. 31.8.2015 (BGBl. I S. 1474), Art. 3 Gesetz zur Neu-ordnung des Rechts der Syndikusanwälte und zur Änderung der Finanzgerichtsordnung v. 21.12.2015 (BGBl. I S. 2517), Art. 15 Gesetz zur Modernisierung des Besteuerungsverfahrens v. 18.7.2016 (BGBl. I S. 1679), Art. 8 Gesetz zur Änderung des Sachverständigenrechts und zur weiteren Änderung des Gesetzes über das Verfahren in Familiensachen und in den Angelegenheiten der freiwilligen Gerichtsbarkeit sowie zur Änderung des Sozialgerichtsgesetzes, der Verwaltungsgerichtsordnung, der Finanzgerichtsordnung und des Gerichtskostengesetzes v. 11.10.2016 (BGBl. I S. 2222), Art. 22 und 23 Gesetz zur Einführung der elektronischen Akte in der Justiz und zur weiteren Förderung des elektronischen Rechtsverkehrs v. 5.7.2017 (BGBl. I S. 2208), Art. 11 Abs. 26 Gesetz zur Durch-führung der Verordnung (EU) Nr. 910/2014 des Europäischen Parlaments und des Rates vom 23. Juli 2014 über elektronische Identifizierung und Vertrauensdienste für elektronische Transaktionen im Binnenmarkt und zur Aufhebung der Richtlinie 1999/93/EG (eIDAS-Durchführungsgesetz) v. 18.7. 2017 (BGBl. I S. 2745), Art. 5 Abs. 3 Gesetz zur Erweiterung der Medienöffentlichkeit in Gerichts-verfahren und zur Verbesserung der Kommunikationshilfen für Menschen mit Sprach- und Hör-behinderungen (Gesetz über die Erweiterung der Medienöffentlichkeit in Gerichtsverfahren – EMöGG) v. 8.10.2017 (BGBl. I S. 3546), Art. 8 Gesetz zur Einführung einer zivilprozessualen Musterfeststellungsklage v. 12.7.2018 (BGBl. I S. 1151), Art. 5 Abs. 8 Gesetz zur Einführung einer Karte für Unionsbürger und Angehörige des Europäischen Wirtschaftsraums mit Funktion zum elektronischen Identitätsnachweis sowie zur Änderung des Personalausweisgesetzes und weiterer Vor-

---

[1] Neubekanntmachung der FGO v. 6.10.1965 (BGBl. I S. 1477) in der ab 1.1.2001 geltenden Fassung.

schriften[1] v. 21.6.2019 (BGBl. I S. 846) und Art. 7 Gesetz zur Regelung der Wertgrenze für die Nichtzulassungsbeschwerde in Zivilsachen, zum Ausbau der Spezialisierung bei den Gerichten sowie zur Änderung weiterer prozessrechtlicher Vorschriften v. 12.12.2019 (BGBl. I S. 2633)

Nichtamtliche Inhaltsübersicht

Erster Teil. Gerichtsverfassung

Abschnitt I. Gerichte

---

[1] Die Änd. des Inkrafttretens dieses G durch Art. 154a G v. 20.11.2019 (BGBl. I S. 1626) ist unbeachtlich, da das G bei Erlass des ÄndG bereits in Kraft getreten war.

Zweiter Teil. Verfahren

Abschnitt I. Klagearten, Klagebefugnis, Klagevoraussetzungen, Klageverzicht

Abschnitt II. Allgemeine Verfahrensvorschriften

Abschnitt III. Verfahren im ersten Rechtszug

Erster Teil. Gerichtsverfassung

Abschnitt I. Gerichte

§ 1 [Unabhängigkeit der Gerichte] Die Finanzgerichtsbarkeit wird durch unabhängige, von den Verwaltungsbehörden getrennte, besondere Verwaltungsgerichte ausgeübt.

§ 2 [Arten der Gerichte] Gerichte der Finanzgerichtsbarkeit sind in den Ländern die Finanzgerichte als obere Landesgerichte, im Bund der Bundesfinanzhof mit dem Sitz in München.

§ 3 [Errichtung und Aufhebung von Finanzgerichten] (1) Durch Gesetz werden angeordnet

1. die Errichtung und Aufhebung eines Finanzgerichts,

2. die Verlegung eines Gerichtssitzes,

3. Änderungen in der Abgrenzung der Gerichtsbezirke,

4. die Zuweisung einzelner Sachgebiete an ein Finanzgericht für die Bezirke mehrerer Finanzgerichte,

5. die Errichtung einzelner Senate des Finanzgerichts an anderen Orten,

6. der Übergang anhängiger Verfahren auf ein anderes Gericht bei Maßnahmen nach den Nummern 1, 3 und 4, wenn sich die Zuständigkeit nicht nach den bisher geltenden Vorschriften richten soll.

(2) Mehrere Länder können die Errichtung eines gemeinsamen Finanzgerichts oder gemeinsamer Senate eines Finanzgerichts oder die Ausdehnung von Gerichtsbezirken über die Landesgrenzen hinaus, auch für einzelne Sachgebiete, vereinbaren.

§ 4 [Anwendung des Gerichtsverfassungsgesetzes] Für die Gerichte der Finanzgerichtsbarkeit gelten die Vorschriften des Zweiten Titels des Gerichtsverfassungsgesetzes entsprechend.

§ 5 [Verfassung der Finanzgerichte] (1) [1]Das Finanzgericht besteht aus dem Präsidenten, den Vorsitzenden Richtern und weiteren Richtern in erforderlicher Anzahl. [2]Von der Ernennung eines Vorsitzenden Richters kann abgesehen werden, wenn bei einem Gericht nur ein Senat besteht.

(2) [1]Bei den Finanzgerichten werden Senate gebildet. [2]Zoll-, Verbrauchsteuer- und Finanzmonopolsachen sind in besonderen Senaten zusammenzufassen.

(3) [1]Die Senate entscheiden in der Besetzung mit drei Richtern und zwei ehrenamtlichen Richtern, soweit nicht ein Einzelrichter entscheidet. [2]Bei Beschlüssen außerhalb der mündlichen Verhandlung und bei Gerichtsbescheiden (§ 90a) wirken die ehrenamtlichen Richter nicht mit.

(4) [1]Die Länder können durch Gesetz die Mitwirkung von zwei ehrenamtlichen Richtern an den Entscheidungen des Einzelrichters vorsehen. [2]Absatz 3 Satz 2 bleibt unberührt.

§ 6 [Übertragung des Rechtsstreits auf Einzelrichter] (1) Der Senat kann den Rechtsstreit einem seiner Mitglieder als Einzelrichter zur Entscheidung übertragen, wenn

1. die Sache keine besonderen Schwierigkeiten tatsächlicher oder rechtlicher Art aufweist und

2. die Rechtssache keine grundsätzliche Bedeutung hat.

(2) Der Rechtsstreit darf dem Einzelrichter nicht übertragen werden, wenn bereits vor dem Senat mündlich verhandelt worden ist, es sei denn, dass inzwischen ein Vorbehalts-, Teil- oder Zwischenurteil ergangen ist.

(3) [1]Der Einzelrichter kann nach Anhörung der Beteiligten den Rechtsstreit auf den Senat zurückübertragen, wenn sich aus einer wesentlichen Änderung der Prozesslage ergibt, dass die Rechtssache grundsätzliche Bedeutung hat oder die Sache besondere Schwierigkeiten tatsächlicher oder rechtlicher Art aufweist. [2]Eine erneute Übertragung auf den Einzelrichter ist ausgeschlossen.

(4) [1]Beschlüsse nach den Absätzen 1 und 3 sind unanfechtbar. [2]Auf eine unterlassene Übertragung kann die Revision nicht gestützt werden.

§§ 7 bis 9 (weggefallen)

§ 10 [Verfassung des Bundesfinanzhofs] (1) Der Bundesfinanzhof besteht aus dem Präsidenten und aus den Vorsitzenden Richtern und weiteren Richtern in erforderlicher Anzahl.

(2) [1]Beim Bundesfinanzhof werden Senate gebildet. [2]§ 5 Abs. 2 Satz 2 gilt sinngemäß.

(3) Die Senate des Bundesfinanzhofs entscheiden in der Besetzung von fünf Richtern, bei Beschlüssen außerhalb der mündlichen Verhandlung in der Besetzung von drei Richtern.

§ 11 [Zuständigkeit des Großen Senats] (1) Bei dem Bundesfinanzhof wird ein Großer Senat gebildet.

(2) Der Große Senat entscheidet, wenn ein Senat in einer Rechtsfrage von der Entscheidung eines anderen Senats oder des Großen Senats abweichen will.

(3) [1] Eine Vorlage an den Großen Senat ist nur zulässig, wenn der Senat, von dessen Entscheidung abgewichen werden soll, auf Anfrage des erkennenden Senats erklärt hat, dass er an seiner Rechtsauffassung festhält. [2] Kann der Senat, von dessen Entscheidung abgewichen werden soll, wegen einer Änderung des Geschäftsverteilungsplanes mit der Rechtsfrage nicht mehr befasst werden, tritt der Senat an seine Stelle, der nach dem Geschäftsverteilungsplan für den Fall, in dem abweichend entschieden wurde, nunmehr zuständig wäre. [3] Über die Anfrage und die Antwort entscheidet der jeweilige Senat durch Beschluss in der für Urteile erforderlichen Besetzung.

(4) Der erkennende Senat kann eine Frage von grundsätzlicher Bedeutung dem Großen Senat zur Entscheidung vorlegen, wenn das nach seiner Auffassung zur Fortbildung des Rechts oder zur Sicherung einer einheitlichen Rechtsprechung erforderlich ist.

(5) [1] Der Große Senat besteht aus dem Präsidenten und je einem Richter der Senate, in denen der Präsident nicht den Vorsitz führt. [2] Bei einer Verhinderung des Präsidenten tritt ein Richter aus dem Senat, dem er angehört, an seine Stelle.

(6) [1] Die Mitglieder und die Vertreter werden durch das Präsidium für ein Geschäftsjahr bestellt. [2] Den Vorsitz im Großen Senat führt der Präsident, bei Verhinderung das dienstälteste Mitglied. [3] Bei Stimmengleichheit gibt die Stimme des Vorsitzenden den Ausschlag.

(7) [1] Der Große Senat entscheidet nur über die Rechtsfrage. [2] Er kann ohne mündliche Verhandlung entscheiden. [3] Seine Entscheidung ist in der vorliegenden Sache für den erkennenden Senat bindend.

§ 12 [Geschäftsstelle] [1] Bei jedem Gericht wird eine Geschäftsstelle eingerichtet. [2] Sie wird mit der erforderlichen Anzahl von Urkundsbeamten besetzt.

§ 13 [Rechts- und Amtshilfe] Alle Gerichte und Verwaltungsbehörden leisten den Gerichten der Finanzgerichtsbarkeit Rechts- und Amtshilfe.

Abschnitt II. Richter

§ 14 [Richter auf Lebenszeit] (1) Die Richter werden auf Lebenszeit ernannt, soweit nicht in § 15 Abweichendes bestimmt ist.

(2) Die Richter des Bundesfinanzhofs müssen das 35. Lebensjahr vollendet haben.

§ 15 [Richter auf Probe] Bei den Finanzgerichten können Richter auf Probe oder Richter kraft Auftrags verwendet werden.

Abschnitt III. Ehrenamtliche Richter

§ 16 [Stellung] Der ehrenamtliche Richter wirkt bei der mündlichen Verhandlung und der Urteilsfindung mit gleichen Rechten wie der Richter mit.

§ 17[1) [Voraussetzungen für die Berufung] [1]Der ehrenamtliche Richter muss Deutscher sein. [2]Er soll das 25. Lebensjahr vollendet und seinen Wohnsitz oder seine gewerbliche oder berufliche Niederlassung innerhalb des Gerichtsbezirks haben.

§ 18 [Ausschlussgründe] (1) Vom Amt des ehrenamtlichen Richters sind ausgeschlossen

1. Personen, die infolge Richterspruchs die Fähigkeit zur Bekleidung öffentlicher Ämter nicht besitzen oder wegen einer vorsätzlichen Tat zu einer Freiheitsstrafe von mehr als sechs Monaten oder innerhalb der letzten zehn Jahre wegen einer Steuer- oder Monopolstraftat verurteilt worden sind, soweit es sich nicht um eine Tat handelt, für die das nach der Verurteilung geltende Gesetz nur noch Geldbuße androht,

2. Personen, gegen die Anklage wegen einer Tat erhoben ist, die den Verlust der Fähigkeit zur Bekleidung öffentlicher Ämter zur Folge haben kann,

3. Personen, die nicht das Wahlrecht zu den gesetzgebenden Körperschaften des Landes besitzen.

(2) Personen, die in Vermögensverfall geraten sind, sollen nicht zu ehrenamtlichen Richtern berufen werden.

§ 19 [Unvereinbarkeit] Zum ehrenamtlichen Richter können nicht berufen werden

1. Mitglieder des Bundestages, des Europäischen Parlaments, der gesetzgebenden Körperschaften eines Landes, der Bundesregierung oder einer Landesregierung,

2. Richter,

3. Beamte und Angestellte der Steuerverwaltungen des Bundes und der Länder,

4. Berufssoldaten und Soldaten auf Zeit,

5. Rechtsanwälte, Notare, Patentanwälte, Steuerberater, Vorstandsmitglieder von Steuerberatungsgesellschaften, die nicht Steuerberater sind, ferner Steuerbevollmächtigte, Wirtschaftsprüfer, vereidigte Buchprüfer und Personen, die fremde Rechtsangelegenheiten geschäftsmäßig besorgen.

§ 20 [Recht zur Ablehnung der Berufung] (1) Die Berufung zum Amt des ehrenamtlichen Richters dürfen ablehnen

1. Geistliche und Religionsdiener,

2. Schöffen und andere ehrenamtliche Richter,

3.[2)] Personen, die zwei Amtsperioden lang als ehrenamtliche Richter beim Finanzgericht tätig gewesen sind,

4. Ärzte, Krankenpfleger, Hebammen,

5. Apothekenleiter, die kein pharmazeutisches Personal beschäftigen,

---

[1)] § 17 Satz 2 geänd. durch G v. 21.12.2004 (BGBl. I S. 3599).
[2)] § 20 Abs. 1 Nr. 3 geänd. durch G v. 21.12.2004 (BGBl. I S. 3599).

6.[1] Personen, die die Regelaltersgrenze nach dem Sechsten Buch Sozialgesetzbuch erreicht haben.

(2) In besonderen Härtefällen kann außerdem auf Antrag von der Übernahme des Amtes befreit werden.

§ 21 [Gründe für Amtsentbindung] (1) Ein ehrenamtlicher Richter ist von seinem Amt zu entbinden, wenn er

1. nach den §§ 17 bis 19 nicht berufen werden konnte oder nicht mehr berufen werden kann oder

2. einen Ablehnungsgrund nach § 20 Abs. 1 geltend macht oder

3. seine Amtspflichten gröblich verletzt hat oder

4. die zur Ausübung seines Amtes erforderlichen geistigen oder körperlichen Fähigkeiten nicht mehr besitzt oder

5. seinen Wohnsitz oder seine gewerbliche oder berufliche Niederlassung im Gerichtsbezirk aufgibt.

(2) In besonderen Härtefällen kann außerdem auf Antrag von der weiteren Ausübung des Amtes entbunden werden.

(3) [1] Die Entscheidung trifft der vom Präsidium für jedes Geschäftsjahr im Voraus bestimmte Senat in den Fällen des Absatzes 1 Nr. 1, 3 und 4 auf Antrag des Präsidenten des Finanzgerichts, in den Fällen des Absatzes 1 Nr. 2 und 5 und des Absatzes 2 auf Antrag des ehrenamtlichen Richters. [2] Die Entscheidung ergeht durch Beschluss nach Anhörung des ehrenamtlichen Richters.

(4) Absatz 3 gilt sinngemäß in den Fällen des § 20 Abs. 2.

(5) Auf Antrag des ehrenamtlichen Richters ist die Entscheidung nach Absatz 3 aufzuheben, wenn Anklage nach § 18 Nr. 2 erhoben war und der Angeschuldigte rechtskräftig außer Verfolgung gesetzt oder freigesprochen worden ist.

§ 22[2] [Wahl] Die ehrenamtlichen Richter werden für jedes Finanzgericht auf fünf Jahre durch einen Wahlausschuss nach Vorschlagslisten (§ 25) gewählt.

§ 23 [Wahlausschuss] (1) Bei jedem Finanzgericht wird ein Ausschuss zur Wahl der ehrenamtlichen Richter bestellt.

(2)[3] [1] Der Ausschuss besteht aus dem Präsidenten des Finanzgerichts als Vorsitzendem, einem durch die Oberfinanzdirektion zu bestimmenden Beamten der Landesfinanzverwaltung und sieben Vertrauensleuten, die die Voraussetzungen zur Berufung als ehrenamtlicher Richter erfüllen. [2] Die Vertrauensleute, ferner sieben Vertreter werden auf fünf Jahre vom Landtag oder von einem durch ihn bestimmten Landtagsausschuss oder nach Maßgabe der Landesgesetze gewählt. [3] In den Fällen des § 3 Abs. 2 und bei Bestehen eines Finanzgerichts für die Bezirke mehrerer Oberfinanzdirektionen innerhalb eines Landes richtet sich die Zuständigkeit der Oberfinanzdirektion für die Bestellung des Beamten der Landesfinanzverwaltung sowie des Landes für die Wahl der Vertrauensleute nach dem Sitz des Finanzgerichts. [4] Die Landesgesetzgebung kann in diesen

---

[1] § 20 Abs. 1 Nr. 6 geänd. mWv 5.8.2009 durch G v. 30.7.2009 (BGBl. I S. 2449).
[2] § 22 geänd. durch G v. 21.12.2004 (BGBl. I S. 3599).
[3] § 23 Abs. 2 Satz 5 angef. mWv 21.12.2001 durch G v. 14.12.2001 (BGBl. I S. 3714); Satz 2 geänd. durch G v. 21.12.2004 (BGBl. I S. 3599).

Fällen vorsehen, dass jede beteiligte Oberfinanzdirektion einen Beamten der Finanzverwaltung in den Ausschuss entsendet und dass jedes beteiligte Land mindestens zwei Vertrauensleute bestellt. [5] In Fällen, in denen ein Land nach § 2a Abs. 1 des Finanzverwaltungsgesetzes[1] auf Mittelbehörden verzichtet hat, ist für die Bestellung des Beamten der Landesfinanzverwaltung die oberste Landesbehörde im Sinne des § 2 Abs. 1 Nr. 1 des Finanzverwaltungsgesetzes zuständig.

(3) Der Ausschuss ist beschlussfähig, wenn wenigstens der Vorsitzende, ein Vertreter der Finanzverwaltung und drei Vertrauensleute anwesend sind.

§ 24 [Bestimmung der Anzahl] Die für jedes Finanzgericht erforderliche Anzahl von ehrenamtlichen Richtern wird durch den Präsidenten so bestimmt, dass voraussichtlich jeder zu höchstens zwölf ordentlichen Sitzungstagen im Jahre herangezogen wird.

§ 25[2] [Vorschlagsliste] [1] Die Vorschlagsliste der ehrenamtlichen Richter wird in jedem fünften Jahr durch den Präsidenten des Finanzgerichts aufgestellt. [2] Er soll zuvor die Berufsvertretungen hören. [3] In die Vorschlagsliste soll die doppelte Anzahl der nach § 24 zu wählenden ehrenamtlichen Richter aufgenommen werden.

§ 26 [Wahlverfahren] (1) Der Ausschuss wählt aus den Vorschlagslisten mit einer Mehrheit von mindestens zwei Dritteln der Stimmen die erforderliche Anzahl von ehrenamtlichen Richtern.

(2) Bis zur Neuwahl bleiben die bisherigen ehrenamtlichen Richter im Amt.

§ 27 [Liste und Hilfsliste] (1) [1] Das Präsidium des Finanzgerichts bestimmt vor Beginn des Geschäftsjahrs durch Aufstellung einer Liste die Reihenfolge, in der die ehrenamtlichen Richter heranzuziehen sind. [2] Für jeden Senat ist eine Liste aufzustellen, die mindestens zwölf Namen enthalten muss.

(2) Für die Heranziehung von Vertretern bei unvorhergesehener Verhinderung kann eine Hilfsliste ehrenamtlicher Richter aufgestellt werden, die am Gerichtssitz oder in seiner Nähe wohnen.

§ 28 (weggefallen)

§ 29[3] [Entschädigung] Der ehrenamtliche Richter und der Vertrauensmann (§ 23) erhalten eine Entschädigung nach dem Justizvergütungs- und -entschädigungsgesetz.

§ 30 [Ordnungsstrafen] (1) [1] Gegen einen ehrenamtlichen Richter, der sich ohne genügende Entschuldigung zu einer Sitzung nicht rechtzeitig einfindet oder der sich seinen Pflichten auf andere Weise entzieht, kann ein Ordnungsgeld festgesetzt werden. [2] Zugleich können ihm die durch sein Verhalten verursachten Kosten auferlegt werden.

(2) [1] Die Entscheidung trifft der Vorsitzende. [2] Er kann sie bei nachträglicher Entschuldigung ganz oder zum Teil aufheben.

---

[1] dtv 5765 Steuergesetze Nr. 31.
[2] § 25 Sätze 1 und 2 geänd. durch G v. 21.12.2004 (BGBl. I S. 3599).
[3] § 29 geänd. durch G v. 5.5.2004 (BGBl. I S. 718).

Abschnitt IV. Gerichtsverwaltung

§ 31 [Dienstaufsicht] Der Präsident des Gerichts übt die Dienstaufsicht über die Richter, Beamten, Angestellten und Arbeiter aus.

§ 32 [Verbot der Übertragung von Verwaltungsgeschäften] Dem Gericht dürfen keine Verwaltungsgeschäfte außerhalb der Gerichtsverwaltung übertragen werden.

Abschnitt V. Finanzrechtsweg und Zuständigkeit
Unterabschnitt 1. Finanzrechtsweg

§ 33 [Zulässigkeit des Rechtsweges] (1) Der Finanzrechtsweg ist gegeben

1. in öffentlich-rechtlichen Streitigkeiten über Abgabenangelegenheiten, soweit die Abgaben der Gesetzgebung des Bundes unterliegen und durch Bundesfinanzbehörden oder Landesfinanzbehörden verwaltet werden,

2. in öffentlich-rechtlichen Streitigkeiten über die Vollziehung von Verwaltungsakten in anderen als den in Nummer 1 bezeichneten Angelegenheiten, soweit die Verwaltungsakte durch Bundesfinanzbehörden oder Landesfinanzbehörden nach den Vorschriften der Abgabenordnung[1] zu vollziehen sind,

3. in öffentlich-rechtlichen und berufsrechtlichen Streitigkeiten über Angelegenheiten, die durch den Ersten Teil, den Zweiten und den Sechsten Abschnitt des Zweiten Teils und den Ersten Abschnitt des Dritten Teils des Steuerberatungsgesetzes geregelt werden,

4. in anderen als den in den Nummern 1 bis 3 bezeichneten öffentlich-rechtlichen Streitigkeiten, soweit für diese durch Bundesgesetz oder Landesgesetz der Finanzrechtsweg eröffnet ist.

(2) Abgabenangelegenheiten im Sinne dieses Gesetzes sind alle mit der Verwaltung der Abgaben einschließlich der Abgabenvergütungen oder sonst mit der Anwendung der abgabenrechtlichen Vorschriften durch die Finanzbehörden zusammenhängenden Angelegenheiten einschließlich der Maßnahmen der Bundesfinanzbehörden zur Beachtung der Verbote und Beschränkungen für den Warenverkehr über die Grenze; den Abgabenangelegenheiten stehen die Angelegenheiten der Verwaltung der Finanzmonopole gleich.

(3) Die Vorschriften dieses Gesetzes finden auf das Straf- und Bußgeldverfahren keine Anwendung.

§ 34 (weggefallen)

Unterabschnitt 2. Sachliche Zuständigkeit

§ 35 [Zuständigkeit der Finanzgerichte] Das Finanzgericht entscheidet im ersten Rechtszug über alle Streitigkeiten, für die der Finanzrechtsweg gegeben ist.

§ 36 [Zuständigkeit des Bundesfinanzhofs] Der Bundesfinanzhof entscheidet über das Rechtsmittel

---

[1] Nr. 1.

1. der Revision gegen Urteile des Finanzgerichts und gegen Entscheidungen, die Urteilen des Finanzgerichts gleichstehen,
2. der Beschwerde gegen andere Entscheidungen des Finanzgerichts, des Vorsitzenden oder des Berichterstatters.

§ 37 (weggefallen)

Unterabschnitt 3. Örtliche Zuständigkeit

§ 38 [Örtliche Zuständigkeit des Finanzgerichts] (1) Örtlich zuständig ist das Finanzgericht, in dessen Bezirk die Behörde, gegen welche die Klage gerichtet ist, ihren Sitz hat.

(2) [1] Ist die in Absatz 1 bezeichnete Behörde eine oberste Finanzbehörde, so ist das Finanzgericht zuständig, in dessen Bezirk der Kläger seinen Wohnsitz, seine Geschäftsleitung oder seinen gewöhnlichen Aufenthalt hat; bei Zöllen, Verbrauchsteuern und Monopolabgaben ist das Finanzgericht zuständig, in dessen Bezirk ein Tatbestand verwirklicht wird, an den das Gesetz die Abgabe knüpft. [2] Hat der Kläger im Bezirk der obersten Finanzbehörde keinen Wohnsitz, keine Geschäftsleitung und keinen gewöhnlichen Aufenthalt, so findet Absatz 1 Anwendung.

(2a)[1] [1] In Angelegenheiten des Familienleistungsausgleichs nach Maßgabe der §§ 62 bis 78 des Einkommensteuergesetzes[2] ist das Finanzgericht zuständig, in dessen Bezirk der Kläger seinen Wohnsitz oder seinen gewöhnlichen Aufenthalt hat. [2] Hat der Kläger im Inland keinen Wohnsitz und keinen gewöhnlichen Aufenthalt, ist das Finanzgericht zuständig, in dessen Bezirk die Behörde, gegen welche die Klage gerichtet ist, ihren Sitz hat.

(3) Befindet sich der Sitz einer Finanzbehörde außerhalb ihres Bezirks, so richtet sich die örtliche Zuständigkeit abweichend von Absatz 1 nach der Lage des Bezirks.

§ 39 [Bestimmung des Gerichts durch den Bundesfinanzhof] (1) Das zuständige Finanzgericht wird durch den Bundesfinanzhof bestimmt,

1. wenn das an sich zuständige Finanzgericht in einem einzelnen Fall an der Ausübung der Gerichtsbarkeit rechtlich oder tatsächlich verhindert ist,
2. wenn es wegen der Grenzen verschiedener Gerichtsbezirke ungewiss ist, welches Finanzgericht für den Rechtsstreit zuständig ist,
3. wenn verschiedene Finanzgerichte sich rechtskräftig für zuständig erklärt haben,
4. wenn verschiedene Finanzgerichte, von denen eines für den Rechtsstreit zuständig ist, sich rechtskräftig für unzuständig erklärt haben,
5. wenn eine örtliche Zuständigkeit nach § 38 nicht gegeben ist.

(2) [1] Jeder am Rechtsstreit Beteiligte und jedes mit dem Rechtsstreit befasste Finanzgericht kann den Bundesfinanzhof anrufen. [2] Dieser kann ohne mündliche Verhandlung entscheiden.

---

[1] § 38 Abs. 2a eingef. mWv 1.5.2013 durch G v. 20.4.2013 (BGBl. I S. 829); Satz 3 aufgeh. mWv 31.12.2015 durch G v. 21.12.2015 (BGBl. I S. 2517).
[2] **dtv 5785 ESt/LSt Nr. 1.**

Zweiter Teil. Verfahren

Abschnitt I. Klagearten, Klagebefugnis, Klagevoraussetzungen, Klageverzicht

§ 40 [Anfechtungs- und Verpflichtungsklage] (1) Durch Klage kann die Aufhebung, in den Fällen des § 100 Abs. 2 auch die Änderung eines Verwaltungsakts (Anfechtungsklage) sowie die Verurteilung zum Erlass eines abgelehnten oder unterlassenen Verwaltungsakts (Verpflichtungsklage) oder zu einer anderen Leistung begehrt werden.

(2) Soweit gesetzlich nichts anderes bestimmt ist, ist die Klage nur zulässig, wenn der Kläger geltend macht, durch den Verwaltungsakt oder durch die Ablehnung oder Unterlassung eines Verwaltungsakts oder einer anderen Leistung in seinen Rechten verletzt zu sein.

(3) Verwaltet eine Finanzbehörde des Bundes oder eines Landes eine Abgabe ganz oder teilweise für andere Abgabenberechtigte, so können diese in den Fällen Klage erheben, in denen der Bund oder das Land die Abgabe oder einen Teil der Abgabe unmittelbar oder mittelbar schulden würde.

§ 41 [Feststellungsklage] (1) Durch Klage kann die Feststellung des Bestehens oder Nichtbestehens eines Rechtsverhältnisses oder der Nichtigkeit eines Verwaltungsakts begehrt werden, wenn der Kläger ein berechtigtes Interesse an der baldigen Feststellung hat (Feststellungsklage).

(2) [1]Die Feststellung kann nicht begehrt werden, soweit der Kläger seine Rechte durch Gestaltungs- oder Leistungsklage verfolgen kann oder hätte verfolgen können. [2]Dies gilt nicht, wenn die Feststellung der Nichtigkeit eines Verwaltungsakts begehrt wird.

§ 42 [Unanfechtbare Verwaltungsakte] Auf Grund der Abgabenordnung[1)] erlassene Änderungs- und Folgebescheide können nicht in weiterem Umfang angegriffen werden, als sie in dem außergerichtlichen Vorverfahren angefochten werden können.

§ 43 [Verbindung von Klagen] Mehrere Klagebegehren können vom Kläger in einer Klage zusammen verfolgt werden, wenn sie sich gegen denselben Beklagten richten, im Zusammenhang stehen und dasselbe Gericht zuständig ist.

§ 44 [Außergerichtlicher Rechtsbehelf] (1) In den Fällen, in denen ein außergerichtlicher Rechtsbehelf gegeben ist, ist die Klage vorbehaltlich der §§ 45 und 46 nur zulässig, wenn das Vorverfahren über den außergerichtlichen Rechtsbehelf ganz oder zum Teil erfolglos geblieben ist.

(2) Gegenstand der Anfechtungsklage nach einem Vorverfahren ist der ursprüngliche Verwaltungsakt in der Gestalt, die er durch die Entscheidung über den außergerichtlichen Rechtsbehelf gefunden hat.

§ 45 [Sprungklage] (1) [1]Die Klage ist ohne Vorverfahren zulässig, wenn die Behörde, die über den außergerichtlichen Rechtsbehelf zu entscheiden hat, innerhalb eines Monats nach Zustellung der Klageschrift dem Gericht gegen-

---

[1)] Nr. 1.

über zustimmt. ²Hat von mehreren Berechtigten einer einen außergerichtlichen Rechtsbehelf eingelegt, ein anderer unmittelbar Klage erhoben, ist zunächst über den außergerichtlichen Rechtsbehelf zu entscheiden.

(2) ¹Das Gericht kann eine Klage, die nach Absatz 1 ohne Vorverfahren erhoben worden ist, innerhalb von drei Monaten nach Eingang der Akten der Behörde bei Gericht, spätestens innerhalb von sechs Monaten nach Klagezustellung, durch Beschluss an die zuständige Behörde zur Durchführung des Vorverfahrens abgeben, wenn eine weitere Sachaufklärung notwendig ist, die nach Art oder Umfang erhebliche Ermittlungen erfordert, und die Abgabe auch unter Berücksichtigung der Belange der Beteiligten sachdienlich ist. ²Der Beschluss ist unanfechtbar.

(3) Stimmt die Behörde im Fall des Absatzes 1 nicht zu oder gibt das Gericht die Klage nach Absatz 2 ab, ist die Klage als außergerichtlicher Rechtsbehelf zu behandeln.

(4) Die Klage ist außerdem ohne Vorverfahren zulässig, wenn die Rechtswidrigkeit der Anordnung eines dinglichen Arrests geltend gemacht wird.

§ 46 [Untätigkeitsklage]

(1) ¹Ist über einen außergerichtlichen Rechtsbehelf ohne Mitteilung eines zureichenden Grundes in angemessener Frist sachlich nicht entschieden worden, so ist die Klage abweichend von § 44 ohne vorherigen Abschluss des Vorverfahrens zulässig. ²Die Klage kann nicht vor Ablauf von sechs Monaten seit Einlegung des außergerichtlichen Rechtsbehelfs erhoben werden, es sei denn, dass wegen besonderer Umstände des Falles eine kürzere Frist geboten ist. ³Das Gericht kann das Verfahren bis zum Ablauf einer von ihm bestimmten Frist, die verlängert werden kann, aussetzen; wird dem außergerichtlichen Rechtsbehelf innerhalb dieser Frist stattgegeben oder der beantragte Verwaltungsakt innerhalb dieser Frist erlassen, so ist der Rechtsstreit in der Hauptsache als erledigt anzusehen.

(2) Absatz 1 Satz 2 und 3 gilt für die Fälle sinngemäß, in denen geltend gemacht wird, dass eine der in § 348 Nr. 3 und 4 der Abgabenordnung¹⁾ genannten Stellen über einen Antrag auf Vornahme eines Verwaltungsakts ohne Mitteilung eines zureichenden Grundes in angemessener Frist sachlich nicht entschieden hat.

§ 47 [Frist zur Erhebung der Anfechtungsklage]

(1)²⁾ ¹Die Frist für die Erhebung der Anfechtungsklage beträgt einen Monat; sie beginnt mit der Bekanntgabe der Entscheidung über den außergerichtlichen Rechtsbehelf, in den Fällen des § 45 und in den Fällen, in denen ein außergerichtlicher Rechtsbehelf nicht gegeben ist, mit der Bekanntgabe des Verwaltungsakts. ²Dies gilt für die Verpflichtungsklage sinngemäß, wenn der Antrag auf Vornahme des Verwaltungsakts abgelehnt worden ist.

(2)³⁾ ¹Die Frist für die Erhebung der Klage gilt als gewahrt, wenn die Klage bei der Behörde, die den angefochtenen Verwaltungsakt oder die angefochtene Entscheidung erlassen oder den Beteiligten bekannt gegeben hat oder die nachträglich für den Steuerfall zuständig geworden ist, innerhalb der Frist an-

---

¹⁾ Nr. 1.
²⁾ Abweichend hierzu siehe Art. 97 § 18a EGAO (Nr. 1.1).
³⁾ § 47 Abs. 2 Satz 2 geänd. durch G v. 22.3.2005 (BGBl. I S. 837); Satz 1 geänd. mWv 1.1.2018 durch G v. 5.7.2017 (BGBl. I S. 2208).

gebracht oder zu Protokoll gegeben wird. [2]Die Behörde hat die Klageschrift in diesem Fall unverzüglich dem Gericht zu übermitteln.

(3) Absatz 2 gilt sinngemäß bei einer Klage, die sich gegen die Feststellung von Besteuerungsgrundlagen oder gegen die Festsetzung eines Steuermessbetrags richtet, wenn sie bei der Stelle angebracht wird, die zur Erteilung des Steuerbescheids zuständig ist.

§ 48 [Klagebefugnis] (1) Gegen Bescheide über die einheitliche und gesonderte Feststellung von Besteuerungsgrundlagen können Klage erheben:

1. zur Vertretung berufene Geschäftsführer oder, wenn solche nicht vorhanden sind, der Klagebevollmächtigte im Sinne des Absatzes 2;

2. wenn Personen nach Nummer 1 nicht vorhanden sind, jeder Gesellschafter, Gemeinschafter oder Mitberechtigte, gegen den der Feststellungsbescheid ergangen ist oder zu ergehen hätte;

3. auch wenn Personen nach Nummer 1 vorhanden sind, ausgeschiedene Gesellschafter, Gemeinschafter oder Mitberechtigte, gegen die der Feststellungsbescheid ergangen ist oder zu ergehen hätte;

4. soweit es sich darum handelt, wer an dem festgestellten Betrag beteiligt ist und wie dieser sich auf die einzelnen Beteiligten verteilt, jeder, der durch die Feststellungen hierzu berührt wird;

5. soweit es sich um eine Frage handelt, die einen Beteiligten persönlich angeht, jeder, der durch die Feststellungen über die Frage berührt wird.

(2) [1]Klagebefugt im Sinne des Absatzes 1 Nr. 1 ist der gemeinsame Empfangsbevollmächtigte im Sinne des § 183 Abs. 1 Satz 1 der Abgabenordnung[1)] oder des § 6 Abs. 1 Satz 1 der Verordnung über die gesonderte Feststellung von Besteuerungsgrundlagen nach § 180 Abs. 2 der Abgabenordnung vom 19. Dezember 1986 (BGBl. I S. 2663). [2]Haben die Feststellungsbeteiligten keinen gemeinsamen Empfangsbevollmächtigten bestellt, ist klagebefugt im Sinne des Absatzes 1 Nr. 1 der nach § 183 Abs. 1 Satz 2 der Abgabenordnung fingierte oder der nach § 183 Abs. 1 Satz 3 bis 5 der Abgabenordnung oder nach § 6 Abs. 1 Satz 3 bis 5 der Verordnung über die gesonderte Feststellung von Besteuerungsgrundlagen nach § 180 Abs. 2 der Abgabenordnung von der Finanzbehörde bestimmte Empfangsbevollmächtigte; dies gilt nicht für Feststellungsbeteiligte, die gegenüber der Finanzbehörde der Klagebefugnis des Empfangsbevollmächtigten widersprechen. [3]Die Sätze 1 und 2 sind nur anwendbar, wenn die Beteiligten spätestens bei Erlass der Einspruchsentscheidung über die Klagebefugnis des Empfangsbevollmächtigten belehrt worden sind.

§ 49 (weggefallen)

§ 50 [Klageverzicht] (1) [1]Auf die Erhebung der Klage kann nach Erlass des Verwaltungsakts verzichtet werden. [2]Der Verzicht kann auch bei Abgabe einer Steueranmeldung ausgesprochen werden, wenn er auf den Fall beschränkt wird, dass die Steuer nicht abweichend von der Steueranmeldung festgesetzt wird. [3]Eine trotz des Verzichts erhobene Klage ist unzulässig.

[1)] Nr. 1.

(1a) [1] Soweit Besteuerungsgrundlagen für ein Verständigungs- oder ein Schiedsverfahren nach einem Vertrag im Sinne des § 2 der Abgabenordnung[1] von Bedeutung sein können, kann auf die Erhebung der Klage insoweit verzichtet werden. [2] Die Besteuerungsgrundlage, auf die sich der Verzicht beziehen soll, ist genau zu bezeichnen.

(2)[2] [1] Der Verzicht ist gegenüber der zuständigen Behörde schriftlich oder zu Protokoll zu erklären; er darf keine weiteren Erklärungen enthalten. [2] Wird nachträglich die Unwirksamkeit des Verzichts geltend gemacht, so gilt § 56 Abs. 3 sinngemäß.

Abschnitt II. Allgemeine Verfahrensvorschriften

§ 51 [Ausschließung und Ablehnung der Gerichtspersonen] (1) [1] Für die Ausschließung und Ablehnung der Gerichtspersonen gelten die §§ 41 bis 49 der Zivilprozessordnung sinngemäß. [2] Gerichtspersonen können auch abgelehnt werden, wenn von ihrer Mitwirkung die Verletzung eines Geschäfts- oder Betriebsgeheimnisses oder Schaden für die geschäftliche Tätigkeit eines Beteiligten zu besorgen ist.

(2) Von der Ausübung des Amtes als Richter, als ehrenamtlicher Richter oder als Urkundsbeamter ist auch ausgeschlossen, wer bei dem vorausgegangenen Verwaltungsverfahren mitgewirkt hat.

(3) Besorgnis der Befangenheit nach § 42 der Zivilprozessordnung ist stets dann begründet, wenn der Richter oder ehrenamtliche Richter der Vertretung einer Körperschaft angehört oder angehört hat, deren Interessen durch das Verfahren berührt werden.

§ 52 [Sitzungspolizei usw.] (1) Die §§ 169, 171b bis 197 des Gerichtsverfassungsgesetzes über die Öffentlichkeit, Sitzungspolizei, Gerichtssprache, Beratung und Abstimmung gelten sinngemäß.

(2) Die Öffentlichkeit ist auch auszuschließen, wenn ein Beteiligter, der nicht Finanzbehörde ist, es beantragt.

(3) Bei der Abstimmung und Beratung dürfen auch die zu ihrer steuerrechtlichen Ausbildung beschäftigten Personen zugegen sein, soweit sie die Befähigung zum Richteramt besitzen und soweit der Vorsitzende ihre Anwesenheit gestattet.

§ 52a[3] [Elektronische Übermittlung von Dokumenten] (1)[4] Vorbereitende Schriftsätze und deren Anlagen, schriftlich einzureichende Anträge und Erklärungen der Beteiligten sowie schriftlich einzureichende Auskünfte, Aussagen, Gutachten, Übersetzungen und Erklärungen Dritter können nach Maßgabe der Absätze 2 bis 6 als elektronische Dokumente bei Gericht eingereicht werden.

(2) [1] Das elektronische Dokument muss für die Bearbeitung durch das Gericht geeignet sein. [2] Die Bundesregierung bestimmt durch Rechtsverordnung

---

[1] Nr. **1**.
[2] § 50 Abs. 2 Satz 1 geänd. mWv 1.1.2018 durch G v. 5.7.2017 (BGBl. I S. 2208).
[3] § 52a eingef. durch G v. 22.3.2005 (BGBl. I S. 837); Abs. 1 und 2 neu gef., Abs. 3 bis 6 eingef., bish. Abs. 3 wird Abs. 7 mWv 1.1.2018 durch G v. 10.10.2013 (BGBl. I S. 3786).
[4] § 52a Abs. 1 geänd. mWv 1.1.2020 durch G v. 12.12.2019 (BGBl. I S. 2633).

mit Zustimmung des Bundesrates die für die Übermittlung und Bearbeitung geeigneten technischen Rahmenbedingungen.

(3)[1] [1]Das elektronische Dokument muss mit einer qualifizierten elektronischen Signatur der verantwortenden Person versehen sein oder von der verantwortenden Person signiert und auf einem sicheren Übermittlungsweg eingereicht werden. [2]Satz 1 gilt nicht für Anlagen, die vorbereitenden Schriftsätzen beigefügt sind.

(4) Sichere Übermittlungswege sind

1. der Postfach- und Versanddienst eines De-Mail-Kontos, wenn der Absender bei Versand der Nachricht sicher im Sinne des § 4 Absatz 1 Satz 2 des De-Mail-Gesetzes angemeldet ist und er sich die sichere Anmeldung gemäß § 5 Absatz 5 des De-Mail-Gesetzes bestätigen lässt,

2. der Übermittlungsweg zwischen dem besonderen elektronischen Anwaltspostfach nach § 31a der Bundesrechtsanwaltsordnung oder einem entsprechenden, auf gesetzlicher Grundlage errichteten elektronischen Postfach und der elektronischen Poststelle des Gerichts,

3. der Übermittlungsweg zwischen einem nach Durchführung eines Identifizierungsverfahrens eingerichteten Postfach einer Behörde oder einer juristischen Person des öffentlichen Rechts und der elektronischen Poststelle des Gerichts; das Nähere regelt die Verordnung nach Absatz 2 Satz 2,

4. sonstige bundeseinheitliche Übermittlungswege, die durch Rechtsverordnung der Bundesregierung mit Zustimmung des Bundesrates festgelegt werden, bei denen die Authentizität und Integrität der Daten sowie die Barrierefreiheit gewährleistet sind.

(5) [1]Ein elektronisches Dokument ist eingegangen, sobald es auf der für den Empfang bestimmten Einrichtung des Gerichts gespeichert ist. [2]Dem Absender ist eine automatisierte Bestätigung über den Zeitpunkt des Eingangs zu erteilen. [3]Die Vorschriften dieses Gesetzes über die Beifügung von Abschriften für die übrigen Beteiligten finden keine Anwendung.

(6) [1]Ist ein elektronisches Dokument für das Gericht zur Bearbeitung nicht geeignet, ist dies dem Absender unter Hinweis auf die Unwirksamkeit des Eingangs und die geltenden technischen Rahmenbedingungen unverzüglich mitzuteilen. [2]Das Dokument gilt als zum Zeitpunkt der früheren Einreichung eingegangen, sofern der Absender es unverzüglich in einer für das Gericht zur Bearbeitung geeigneten Form nachreicht und glaubhaft macht, dass es mit dem zuerst eingereichten Dokument inhaltlich übereinstimmt.

(7)[2] [1]Soweit eine handschriftliche Unterzeichnung durch den Richter oder den Urkundsbeamten der Geschäftsstelle vorgeschrieben ist, genügt dieser Form die Aufzeichnung als elektronisches Dokument, wenn die verantwortenden Personen am Ende des Dokuments ihren Namen hinzufügen und das Dokument mit einer qualifizierten elektronischen Signatur versehen. [2]Der in Satz 1 genannten Form genügt auch ein elektronisches Dokument, in welches das handschriftlich unterzeichnete Schriftstück gemäß § 52b Absatz 6 Satz 4 übertragen worden ist.

---

[1] § 52a Abs. 3 Satz 2 angef. mWv 1.1.2020 durch G v. 12.12.2019 (BGBl. I S. 2633).
[2] § 52a bish. Abs. 3 geänd. mWv 29.7.2017 durch G v. 18.7.2017 (BGBl. I S. 2745); Abs. 7 Satz 2 angef. mWv 1.1.2018 durch G v. 5.7.2017 (BGBl. I S. 2208).

§ 52b[1]) [Elektronische Führung von Prozessakten]

[Fassung bis 31.12.2025:]

[Fassung ab 1.1.2026:[2])]

(1)[3]) [1]Die Prozessakten können elektronisch geführt werden. [2]Die Bundesregierung und die Landesregierungen bestimmen jeweils für ihren Bereich durch Rechtsverordnung den Zeitpunkt, von dem an die Prozessakten elektronisch geführt werden. [3]In der Rechtsverordnung sind die organisatorisch-technischen Rahmenbedingungen für die Bildung, Führung und Verwahrung der elektronischen Akten festzulegen. [4]Die Landesregierungen können die Ermächtigung auf die für die Finanzgerichtsbarkeit zuständigen obersten Landesbehörden übertragen. [5]Die Zulassung der elektronischen Akte kann auf einzelne Gerichte oder Verfahren beschränkt werden; wird von dieser Möglichkeit Gebrauch gemacht, kann in der Rechtsverordnung bestimmt werden, dass durch Verwaltungsvorschrift, die öffentlich bekanntzumachen ist, geregelt wird, in welchen Verfahren die Prozessakten elektronisch zu führen sind. [6]Die Rechtsverordnung der Bundesregierung bedarf der Zustimmung des Bundesrates.

(1a)[4]) [1]Die Prozessakten werden ab dem 1. Januar 2026 elektronisch geführt. [2]Die Bundesregierung und die Landesregierungen bestimmen jeweils für ihren Bereich durch Rechtsverordnung die organisatorischen und dem Stand der Technik entsprechenden technischen Rahmenbedingungen für die Bildung, Führung und Verwahrung der elektronischen Akten einschließlich der einzuhaltenden Anforderungen der Barrierefreiheit. [3]Die Bundesregierung und die Lan-

(1) [1]Die Prozessakten werden elektronisch geführt. [2]Die Bundesregierung und die Landesregierungen bestimmen jeweils für ihren Bereich durch Rechtsverordnung die organisatorischen und dem Stand der Technik entsprechenden technischen Rahmenbedingungen für die Bildung, Führung und Verwahrung der elektronischen Akten einschließlich der einzuhaltenden Anforderungen der Barrierefreiheit. [3]Die Bundesregierung und die Landesregierungen können jeweils für ihren Bereich durch Rechtsverordnung bestimmen, dass Akten, die in Papierform angelegt wurden, in Papierform weitergeführt werden. [4]Die Landesregierungen können die Ermächtigungen nach den Sätzen 2 und 3 auf die für die Finanzgerichtsbarkeit zuständigen obersten Landesbehörden übertragen. [5]Die Rechtsverordnungen der Bundesregierung bedürfen nicht der Zustimmung des Bundesrates.

---

[1]) § 52b eingef. durch G v. 22.3.2005 (BGBl. I S. 837).
[2]) § 52b Abs. 1 aufgeh., bish. Abs. 1a wird Abs. 1 und Satz 1 geänd. **mWv 1.1.2026** durch G v. 5.7.2017 (BGBl. I S. 2208).
[3]) § 52b Abs. 1 Satz 5 geänd. mWv 13.7.2017 durch G v. 5.7.2017 (BGBl. I S. 2208).
[4]) § 52b Abs. 1a eingef. mWv 1.1.2018 durch G v. 5.7.2017 (BGBl. I S. 2208).

[Fassung bis 31.12.2025:]

desregierungen können jeweils für ihren Bereich durch Rechtsverordnung bestimmen, dass Akten, die in Papierform angelegt wurden, in Papierform weitergeführt werden. [4]Die Landesregierungen können die Ermächtigungen nach den Sätzen 2 und 3 auf die für die Finanzgerichtsbarkeit zuständigen obersten Landesbehörden übertragen. [5]Die Rechtsverordnungen der Bundesregierung bedürfen nicht der Zustimmung des Bundesrates.

[Fassung ab 1.1.2026:]

(2)[1)] [1]Werden die Akten in Papierform geführt, ist von einem elektronischen Dokument ein Ausdruck für die Akten zu fertigen. [2]Kann dies bei Anlagen zu vorbereitenden Schriftsätzen nicht oder nur mit unverhältnismäßigem Aufwand erfolgen, so kann ein Ausdruck unterbleiben. [3]Die Daten sind in diesem Fall dauerhaft zu speichern; der Speicherort ist aktenkundig zu machen.

(3)[1)] Ist das elektronische Dokument auf einem sicheren Übermittlungsweg eingereicht, so ist dies aktenkundig zu machen.

(4)[1)] Wird das elektronische Dokument mit einer qualifizierten elektronischen Signatur versehen und nicht auf einem sicheren Übermittlungsweg eingereicht, muss der Ausdruck einen Vermerk darüber enthalten,

1. welches Ergebnis die Integritätsprüfung des Dokumentes ausweist,

2. wen die Signaturprüfung als Inhaber der Signatur ausweist,

3. welchen Zeitpunkt die Signaturprüfung für die Anbringung der Signatur ausweist.

(5)[1)] Ein eingereichtes elektronisches Dokument kann im Falle von Absatz 2 nach Ablauf von sechs Monaten gelöscht werden.

(6)[2)] [1]Werden die Prozessakten elektronisch geführt, sind in Papierform vorliegende Schriftstücke und sonstige Unterlagen nach dem Stand der Technik zur Ersetzung der Urschrift in ein elektronisches Dokument zu übertragen. [2]Es ist sicherzustellen, dass das elektronische Dokument mit den vorliegenden Schriftstücken und sonstigen Unterlagen bildlich und inhaltlich übereinstimmt. [3]Das elektronische Dokument ist mit einem Übertragungsnachweis zu versehen, der das bei der Übertragung angewandte Verfahren und die bildliche und inhaltliche Übereinstimmung dokumentiert. [4]Wird ein von den verantwortlichen Personen handschriftlich unterzeichnetes gerichtliches Schriftstück übertragen, ist der Übertragungsnachweis mit einer qualifizierten elektronischen Signatur des Urkundsbeamten der Geschäftsstelle zu versehen. [5]Die in Papierform vorliegenden Schriftstücke und sonstige Unterlagen können sechs Monate nach der Übertragung vernichtet werden, sofern sie nicht rückgabepflichtig sind.

[1)] § 52b Abs. 2 bis 5 neu gef. mWv 1.1.2018 durch G v. 10.10.2013 (BGBl. I S. 3786).
[2)] § 52b Abs. 6 angef. mWv 1.1.2018 durch G v. 10.10.2013 (BGBl. I S. 3786); neu gef. mWv 1.1.2018 durch G v. 5.7.2017 (BGBl. I S. 2208).

§ 52c[1]) Formulare; Verordnungsermächtigung. [1] Das Bundesministerium der Justiz und für Verbraucherschutz kann durch Rechtsverordnung mit Zustimmung des Bundesrates elektronische Formulare einführen. [2] Die Rechtsverordnung kann bestimmen, dass die in den Formularen enthaltenen Angaben ganz oder teilweise in strukturierter maschinenlesbarer Form zu übermitteln sind. [3] Die Formulare sind auf einer in der Rechtsverordnung zu bestimmenden Kommunikationsplattform im Internet zur Nutzung bereitzustellen. [4] Die Rechtsverordnung kann bestimmen, dass eine Identifikation des Formularverwenders abweichend von § 52a Absatz 3 auch durch Nutzung des elektronischen Identitätsnachweises nach § 18 des Personalausweisgesetzes, § 12 des eID-Karte-Gesetzes oder § 78 Absatz 5 des Aufenthaltsgesetzes erfolgen kann.

[*ab 1.1.2022:*

§ 52d[2]) Nutzungspflicht für Rechtsanwälte, Behörden und vertretungsberechtigte Personen. [1] Vorbereitende Schriftsätze und deren Anlagen sowie schriftlich einzureichende Anträge und Erklärungen, die durch einen Rechtsanwalt, durch eine Behörde oder durch eine juristische Person des öffentlichen Rechts einschließlich der von ihr zur Erfüllung ihrer öffentlichen Aufgaben gebildeten Zusammenschlüsse eingereicht werden, sind als elektronisches Dokument zu übermitteln. [2] Gleiches gilt für die nach diesem Gesetz vertretungsberechtigten Personen, für die ein sicherer Übermittlungsweg nach § 52a Absatz 4 Nummer 2 zur Verfügung steht. [3] Ist eine Übermittlung aus technischen Gründen vorübergehend nicht möglich, bleibt die Übermittlung nach den allgemeinen Vorschriften zulässig. [4] Die vorübergehende Unmöglichkeit ist bei der Ersatzeinreichung oder unverzüglich danach glaubhaft zu machen; auf Anforderung ist ein elektronisches Dokument nachzureichen.]

§ 53[3]) [Zustellung] (1) Anordnungen und Entscheidungen, durch die eine Frist in Lauf gesetzt wird, sowie Terminbestimmungen und Ladungen sind den Beteiligten zuzustellen, bei Verkündung jedoch nur, wenn es ausdrücklich vorgeschrieben ist.

(2) Zugestellt wird von Amts wegen nach den Vorschriften der Zivilprozessordnung.

(3) [1] Wer seinen Wohnsitz oder seinen Sitz nicht im Geltungsbereich dieses Gesetzes hat, hat auf Verlangen einen Zustellungsbevollmächtigten zu bestellen. [2] Geschieht dies nicht, so gilt eine Sendung mit der Aufgabe zur Post als zugestellt, selbst wenn sie als unbestellbar zurückkommt.

§ 54 [Beginn des Laufs von Fristen] (1) Der Lauf einer Frist beginnt, soweit nichts anderes bestimmt ist, mit der Bekanntgabe des Verwaltungsakts oder der Entscheidung oder mit dem Zeitpunkt, an dem die Bekanntgabe als bewirkt gilt.

(2) Für die Fristen gelten die Vorschriften der §§ 222, 224 Abs. 2 und 3, §§ 225 und 226 der Zivilprozessordnung.

---

[1]) § 52c eingef. mWv 1.7.2014 durch G v. 10.10.2013 (BGBl. I S. 3786); Satz 1 geänd. mWv 8.9. 2015 durch VO v. 31.8.2015 (BGBl. I S. 1474); Satz 4 geänd. mWv 1.11.2019 durch G v. 21.6.2019 (BGBl. I S. 846).

[2]) § 52d eingef. **mWv 1.1.2022** durch G v. 10.10.2013 (BGBl. I S. 3786).

[3]) § 53 Abs. 2 geänd. mWv 1.7.2002 durch G v. 25.6.2001 (BGBl. I S. 1206).

§ 55[1]) **[Belehrung über Frist]** (1)[2]) Die Frist für einen Rechtsbehelf beginnt nur zu laufen, wenn der Beteiligte über den Rechtsbehelf, die Behörde oder das Gericht, bei denen der Rechtsbehelf anzubringen ist, den Sitz und die einzuhaltende Frist schriftlich oder elektronisch belehrt worden ist.

(2)[3]) [1] Ist die Belehrung unterblieben oder unrichtig erteilt, so ist die Einlegung des Rechtsbehelfs nur innerhalb eines Jahres seit Bekanntgabe im Sinne des § 54 Abs. 1 zulässig, es sei denn, dass die Einlegung vor Ablauf der Jahresfrist infolge höherer Gewalt unmöglich war oder eine schriftliche oder elektronische Belehrung dahin erfolgt ist, dass ein Rechtsbehelf nicht gegeben sei. [2] § 56 Abs. 2 gilt für den Fall höherer Gewalt sinngemäß.

§ 56 [Wiedereinsetzung in den vorigen Stand] (1) Wenn jemand ohne Verschulden verhindert war, eine gesetzliche Frist einzuhalten, so ist ihm auf Antrag Wiedereinsetzung in den vorigen Stand zu gewähren.

(2)[4]) [1] Der Antrag ist binnen zwei Wochen nach Wegfall des Hindernisses zu stellen; bei Versäumung der Frist zur Begründung der Revision oder der Nichtzulassungsbeschwerde beträgt die Frist einen Monat. [2] Die Tatsachen zur Begründung des Antrags sind bei der Antragstellung oder im Verfahren über den Antrag glaubhaft zu machen. [3] Innerhalb der Antragsfrist ist die versäumte Rechtshandlung nachzuholen. [4] Ist dies geschehen, so kann Wiedereinsetzung auch ohne Antrag gewährt werden.

(3) Nach einem Jahr seit dem Ende der versäumten Frist kann Wiedereinsetzung nicht mehr beantragt oder ohne Antrag bewilligt werden, außer wenn der Antrag vor Ablauf der Jahresfrist infolge höherer Gewalt unmöglich war.

(4) Über den Antrag auf Wiedereinsetzung entscheidet das Gericht, das über die versäumte Rechtshandlung zu befinden hat.

(5) Die Wiedereinsetzung ist unanfechtbar.

§ 57 [Am Verfahren Beteiligte] Beteiligte am Verfahren sind

1. der Kläger,
2. der Beklagte,
3. der Beigeladene,
4. die Behörde, die dem Verfahren beigetreten ist (§ 122 Abs. 2).

§ 58 [Prozessfähigkeit] (1) Fähig zur Vornahme von Verfahrenshandlungen sind

1. die nach dem bürgerlichen Recht Geschäftsfähigen,
2. die nach dem bürgerlichen Recht in der Geschäftsfähigkeit Beschränkten, soweit sie durch Vorschriften des bürgerlichen oder öffentlichen Rechts für den Gegenstand des Verfahrens als geschäftsfähig anerkannt sind.

(2) [1] Für rechtsfähige und nichtrechtsfähige Personenvereinigungen, für Personen, die geschäftsunfähig oder in der Geschäftsfähigkeit beschränkt sind, für alle Fälle der Vermögensverwaltung und für andere einer juristischen Person ähnliche Gebilde, die als solche der Besteuerung unterliegen, sowie bei Wegfall

---

[1]) Abweichend hierzu siehe Art. 97 § 18a EGAO (Nr. **1.1**).
[2]) § 55 Abs. 1 neu gef. durch G v. 22.3.2005 (BGBl. I S. 837).
[3]) § 55 Abs. 2 Satz 1 geänd. durch G v. 22.3.2005 (BGBl. I S. 837).
[4]) § 56 Abs. 2 Satz 1 2. HS angef. durch G v. 24.8.2004 (BGBl. I S. 2198).

eines Steuerpflichtigen handeln die nach dem bürgerlichen Recht dazu befugten Personen. [2]Die §§ 53 bis 58 der Zivilprozessordnung gelten sinngemäß.

(3) Betrifft ein Einwilligungsvorbehalt nach § 1903 des Bürgerlichen Gesetzbuchs den Gegenstand des Verfahrens, so ist ein geschäftsfähiger Betreuter nur insoweit zur Vornahme von Verfahrenshandlungen fähig, als er nach den Vorschriften des bürgerlichen Rechts ohne Einwilligung des Betreuers handeln kann oder durch Vorschriften des öffentlichen Rechts als handlungsfähig anerkannt ist.

§ 59 [Streitgenossenschaft] Die Vorschriften der §§ 59 bis 63 der Zivilprozessordnung über die Streitgenossenschaft sind sinngemäß anzuwenden.

§ 60 [Beiladungen] (1) [1]Das Finanzgericht kann von Amts wegen oder auf Antrag andere beiladen, deren rechtliche Interessen nach den Steuergesetzen durch die Entscheidung berührt werden, insbesondere solche, die nach den Steuergesetzen neben dem Steuerpflichtigen haften. [2]Vor der Beiladung ist der Steuerpflichtige zu hören, wenn er am Verfahren beteiligt ist.

(2) Wird eine Abgabe für einen anderen Abgabenberechtigten verwaltet, so kann dieser nicht deshalb beigeladen werden, weil seine Interessen als Abgabenberechtigter durch die Entscheidung berührt werden.

(3) [1]Sind an dem streitigen Rechtsverhältnis Dritte derart beteiligt, dass die Entscheidung auch ihnen gegenüber nur einheitlich ergehen kann, so sind sie beizuladen (notwendige Beiladung). [2]Dies gilt nicht für Mitberechtigte, die nach § 48 nicht klagebefugt sind.

(4) [1]Der Beiladungsbeschluss ist allen Beteiligten zuzustellen. [2]Dabei sollen der Stand der Sache und der Grund der Beiladung angegeben werden.

(5) Die als Mitberechtigte Beigeladenen können aufgefordert werden, einen gemeinsamen Zustellungsbevollmächtigten zu benennen.

(6) [1]Der Beigeladene kann innerhalb der Anträge eines als Kläger oder Beklagter Beteiligten selbständig Angriffs- und Verteidigungsmittel geltend machen und alle Verfahrenshandlungen wirksam vornehmen. [2]Abweichende Sachanträge kann er nur stellen, wenn eine notwendige Beiladung vorliegt.

§ 60a[1]) [Begrenzung der Beiladung] [1]Kommt nach § 60 Abs. 3 die Beiladung von mehr als 50 Personen in Betracht, kann das Gericht durch Beschluss anordnen, dass nur solche Personen beigeladen werden, die dies innerhalb einer bestimmten Frist beantragen. [2]Der Beschluss ist unanfechtbar. [3]Er ist im Bundesanzeiger bekannt zu machen. [4]Er muss außerdem in Tageszeitungen veröffentlicht werden, die in dem Bereich verbreitet sind, in dem sich die Entscheidung voraussichtlich auswirken wird. [5]Die Bekanntmachung kann zusätzlich in einem von dem Gericht für Bekanntmachungen bestimmten Informations- und Kommunikationssystem erfolgen. [6]Die Frist muss mindestens drei Monate seit Veröffentlichung im Bundesanzeiger betragen. [7]In der Veröffentlichung in Tageszeitungen ist mitzuteilen, an welchem Tage die Frist abläuft. [8]Für die Wiedereinsetzung in den vorigen Stand wegen Versäumung der Frist gilt § 56 entsprechend. [9]Das Gericht soll Personen, die von der

---

[1]) § 60a Satz 3 geänd., Satz 5 eingef., Satz 6 geänd. durch G v. 22.3.2005 (BGBl. I S. 837, 2022); Sätze 3 und 6 geänd. mWv 1.4.2012 durch G v. 22.12.2011 (BGBl. I S. 3044).

Entscheidung erkennbar in besonderem Maße betroffen werden, auch ohne Antrag beiladen.

§ 61 (weggefallen)

§ 62[1) [Bevollmächtigte und Beistände] (1) Die Beteiligten können vor dem Finanzgericht den Rechtsstreit selbst führen.

(2) [1]Die Beteiligten können sich durch einen Rechtsanwalt, Steuerberater, Steuerbevollmächtigten, Wirtschaftsprüfer oder vereidigten Buchprüfer als Bevollmächtigten vertreten lassen; zur Vertretung berechtigt sind auch Gesellschaften im Sinne des § 3 Nr. 2 und 3 des Steuerberatungsgesetzes, die durch solche Personen handeln. [2]Darüber hinaus sind als Bevollmächtigte vor dem Finanzgericht vertretungsbefugt nur

1. Beschäftigte des Beteiligten oder eines mit ihm verbundenen Unternehmens (§ 15 des Aktiengesetzes); Behörden und juristische Personen des öffentlichen Rechts einschließlich der von ihnen zur Erfüllung ihrer öffentlichen Aufgaben gebildeten Zusammenschlüsse können sich auch durch Beschäftigte anderer Behörden oder juristischer Personen des öffentlichen Rechts einschließlich der von ihnen zur Erfüllung ihrer öffentlichen Aufgaben gebildeten Zusammenschlüsse vertreten lassen,

2. volljährige Familienangehörige (§ 15 der Abgabenordnung[2)], § 11 des Lebenspartnerschaftsgesetzes), Personen mit Befähigung zum Richteramt und Streitgenossen, wenn die Vertretung nicht im Zusammenhang mit einer entgeltlichen Tätigkeit steht,

3.[3)] Personen und Vereinigungen im Sinne des § 3a des Steuerberatungsgesetzes im Rahmen ihrer Befugnis nach § 3a des Steuerberatungsgesetzes,

4. landwirtschaftliche Buchstellen im Rahmen ihrer Befugnisse nach § 4 Nr. 8 des Steuerberatungsgesetzes,

5. Lohnsteuerhilfevereine im Rahmen ihrer Befugnisse nach § 4 Nr. 11 des Steuerberatungsgesetzes,

6. Gewerkschaften und Vereinigungen von Arbeitgebern sowie Zusammenschlüsse solcher Verbände für ihre Mitglieder oder für andere Verbände oder Zusammenschlüsse mit vergleichbarer Ausrichtung und deren Mitglieder,

7. juristische Personen, deren Anteile sämtlich im wirtschaftlichen Eigentum einer der in Nummer 6 bezeichneten Organisationen stehen, wenn die juristische Person ausschließlich die Rechtsberatung und Prozessvertretung dieser Organisation und ihrer Mitglieder oder anderer Verbände oder Zusammenschlüsse mit vergleichbarer Ausrichtung und deren Mitglieder entsprechend deren Satzung durchführt, und wenn die Organisation für die Tätigkeit der Bevollmächtigten haftet.

[3]Bevollmächtigte, die keine natürlichen Personen sind, handeln durch ihre Organe und mit der Prozessvertretung beauftragten Vertreter.

(3) [1]Das Gericht weist Bevollmächtigte, die nicht nach Maßgabe des Absatzes 2 vertretungsbefugt sind, durch unanfechtbaren Beschluss zurück. [2]Prozesshandlungen eines nicht vertretungsbefugten Bevollmächtigten und Zustel-

---

[1)] § 62 neu gef. mWv 1.7.2008 durch G v. 12.12.2007 (BGBl. I S. 2840).
[2)] Nr. **1**.
[3)] § 62 Abs. 2 Nr. 3 geänd. mWv 5.8.2009 durch G v. 30.7.2009 (BGBl. I S. 2449).

lungen oder Mitteilungen an diesen Bevollmächtigten sind bis zu seiner Zurückweisung wirksam. [3] Das Gericht kann den in Absatz 2 Satz 2 bezeichneten Bevollmächtigten durch unanfechtbaren Beschluss die weitere Vertretung untersagen, wenn sie nicht in der Lage sind, das Sach- und Streitverhältnis sachgerecht darzustellen.

(4) [1] Vor dem Bundesfinanzhof müssen sich die Beteiligten durch Prozessbevollmächtigte vertreten lassen. [2] Dies gilt auch für Prozesshandlungen, durch die ein Verfahren vor dem Bundesfinanzhof eingeleitet wird. [3] Als Bevollmächtigte sind nur die in Absatz 2 Satz 1 bezeichneten Personen und Gesellschaften zugelassen. [4] Behörden und juristische Personen des öffentlichen Rechts einschließlich der von ihnen zur Erfüllung ihrer öffentlichen Aufgaben gebildeten Zusammenschlüsse können sich durch eigene Beschäftigte mit Befähigung zum Richteramt oder durch Beschäftigte mit Befähigung zum Richteramt anderer Behörden oder juristischer Personen des öffentlichen Rechts einschließlich der von ihnen zur Erfüllung ihrer öffentlichen Aufgaben gebildeten Zusammenschlüsse vertreten lassen. [5] Ein Beteiligter, der nach Maßgabe des Satzes 3 zur Vertretung berechtigt ist, kann sich selbst vertreten.

(5) [1] Richter dürfen nicht als Bevollmächtigte vor dem Gericht auftreten, dem sie angehören. [2] Ehrenamtliche Richter dürfen, außer in den Fällen des Absatzes 2 Satz 2 Nr. 1, nicht vor einem Spruchkörper auftreten, dem sie angehören. [3] Absatz 3 Satz 1 und 2 gilt entsprechend.

(6) [1] Die Vollmacht ist schriftlich zu den Gerichtsakten einzureichen. [2] Sie kann nachgereicht werden; hierfür kann das Gericht eine Frist bestimmen. [3] Der Mangel der Vollmacht kann in jeder Lage des Verfahrens geltend gemacht werden. [4] Das Gericht hat den Mangel der Vollmacht von Amts wegen zu berücksichtigen, wenn nicht als Bevollmächtigter eine in Absatz 2 Satz 1 bezeichnete Person oder Gesellschaft auftritt. [5] Ist ein Bevollmächtigter bestellt, sind die Zustellungen oder Mitteilungen des Gerichts an ihn zu richten.

(7) [1] In der Verhandlung können die Beteiligten mit Beiständen erscheinen. [2] Beistand kann sein, wer in Verfahren, in denen die Beteiligten den Rechtsstreit selbst führen können, als Bevollmächtigter zur Vertretung in der Verhandlung befugt ist. [3] Das Gericht kann andere Personen als Beistand zulassen, wenn dies sachdienlich ist und hierfür nach den Umständen des Einzelfalls ein Bedürfnis besteht. [4] Absatz 3 Satz 1 und 3 und Absatz 5 gelten entsprechend. [5] Das von dem Beistand Vorgetragene *gelten*[1]) als von dem Beteiligten vorgebracht, soweit es nicht von diesem sofort widerrufen oder berichtigt wird.

§ 62a[2]) *(aufgehoben)*

Abschnitt III. Verfahren im ersten Rechtszug

§ 63 [Passivlegitimation] (1) Die Klage ist gegen die Behörde zu richten,

1. die den ursprünglichen Verwaltungsakt erlassen oder
2. die den beantragten Verwaltungsakt oder die andere Leistung unterlassen oder abgelehnt hat oder
3. der gegenüber die Feststellung des Bestehens oder Nichtbestehens eines Rechtsverhältnisses oder der Nichtigkeit eines Verwaltungsakts begehrt wird.

---

[1]) Richtig wohl: „gilt".
[2]) § 62a aufgeh. mWv 1.7.2008 durch G v. 12.12.2007 (BGBl. I S. 2840).

(2) Ist vor Erlass der Entscheidung über den Einspruch eine andere als die ursprünglich zuständige Behörde für den Steuerfall örtlich zuständig geworden, so ist die Klage zu richten

1. gegen die Behörde, welche die Einspruchsentscheidung erlassen hat,

2.[1] wenn über einen Einspruch ohne Mitteilung eines zureichenden Grundes in angemessener Frist sachlich nicht entschieden worden ist (§ 46), gegen die Behörde, die im Zeitpunkt der Klageerhebung für den Steuerfall örtlich zuständig ist.

(3) Hat eine Behörde, die auf Grund gesetzlicher Vorschrift berechtigt ist, für die zuständige Behörde zu handeln, den ursprünglichen Verwaltungsakt erlassen oder den beantragten Verwaltungsakt oder die andere Leistung unterlassen oder abgelehnt, so ist die Klage gegen die zuständige Behörde zu richten.

§ 64 [Form der Klageerhebung] (1)[2] Die Klage ist bei dem Gericht schriftlich oder zu Protokoll des Urkundsbeamten der Geschäftsstelle zu erheben.

(2) Der Klage sollen Abschriften für die übrigen Beteiligten beigefügt werden; § 77 Abs. 2 gilt sinngemäß.

§ 65 [Notwendiger Inhalt der Klage] (1)[3] ¹Die Klage muss den Kläger, den Beklagten, den Gegenstand des Klagebegehrens, bei Anfechtungsklagen auch den Verwaltungsakt und die Entscheidung über den außergerichtlichen Rechtsbehelf bezeichnen. ²Sie soll einen bestimmten Antrag enthalten. ³Die zur Begründung dienenden Tatsachen und Beweismittel sollen angegeben werden. ⁴Der Klage soll eine Abschrift des angefochtenen Verwaltungsakts und der Einspruchsentscheidung beigefügt werden.

(2)[4] ¹Entspricht die Klage diesen Anforderungen nicht, hat der Vorsitzende oder der nach § 21g des Gerichtsverfassungsgesetzes zuständige Berufsrichter (Berichterstatter) den Kläger zu der erforderlichen Ergänzung innerhalb einer bestimmten Frist aufzufordern. ²Er kann dem Kläger für die Ergänzung eine Frist mit ausschließender Wirkung setzen, wenn es an einem der in Absatz 1 Satz 1 genannten Erfordernisse fehlt. ³Für die Wiedereinsetzung in den vorigen Stand wegen Versäumung der Frist gilt § 56 entsprechend.

§ 66[5] [Rechtshängigkeit] ¹Durch Erhebung der Klage wird die Streitsache rechtshängig. ²In Verfahren nach dem Siebzehnten Titel des Gerichtsverfassungsgesetzes wegen eines überlangen Gerichtsverfahrens wird die Streitsache erst mit Zustellung der Klage rechtshängig.

§ 67 [Klageänderung] (1) Eine Änderung der Klage ist zulässig, wenn die übrigen Beteiligten einwilligen oder das Gericht die Änderung für sachdienlich hält; § 68 bleibt unberührt.

(2) Die Einwilligung des Beklagten in die Änderung der Klage ist anzunehmen, wenn er sich, ohne ihr zu widersprechen, in einem Schriftsatz oder in einer mündlichen Verhandlung auf die geänderte Klage eingelassen hat.

---

[1] § 63 Abs. 2 Nr. 2 ber. durch G v. 28.8.2001 (BGBl. I S. 2262).
[2] § 64 Abs. 1 geänd. mWv 1.1.2018 durch G v. 5.7.2017 (BGBl. I S. 2208).
[3] § 65 Abs. 1 Satz 4 geänd. mWv 1.7.2014 durch G v. 10.10.2013 (BGBl. I S. 3786).
[4] § 65 Abs. 2 Satz 1 geänd. durch G v. 22.3.2005 (BGBl. I S. 837, 2022).
[5] § 66 Satz 2 angef. mWv 15.10.2016 durch G v. 11.10.2016 (BGBl. I S. 2222).

(3) Die Entscheidung, dass eine Änderung der Klage nicht vorliegt oder zuzulassen ist, ist nicht selbständig anfechtbar.

§ 68[1] [Änderung des angefochtenen Verwaltungsakts] [1] Wird der angefochtene Verwaltungsakt nach Bekanntgabe der Einspruchsentscheidung geändert oder ersetzt, so wird der neue Verwaltungsakt Gegenstand des Verfahrens. [2] Ein Einspruch gegen den neuen Verwaltungsakt ist insoweit ausgeschlossen. [3] Die Finanzbehörde hat dem Gericht, bei dem das Verfahren anhängig ist, eine Abschrift des neuen Verwaltungsakts zu übermitteln. [4] Satz 1 gilt entsprechend, wenn

1. ein Verwaltungsakt nach § 129 der Abgabenordnung[2] berichtigt wird oder

2. ein Verwaltungsakt an die Stelle eines angefochtenen unwirksamen Verwaltungsakts tritt.

§ 69 [Aussetzung der Vollziehung] (1) [1] Durch Erhebung der Klage wird die Vollziehung des angefochtenen Verwaltungsakts vorbehaltlich des Absatzes 5 nicht gehemmt, insbesondere die Erhebung einer Abgabe nicht aufgehalten. [2] Entsprechendes gilt bei Anfechtung von Grundlagenbescheiden für die darauf beruhenden Folgebescheide.

(2) [1] Die zuständige Finanzbehörde kann die Vollziehung ganz oder teilweise aussetzen. [2] Auf Antrag soll die Aussetzung erfolgen, wenn ernstliche Zweifel an der Rechtmäßigkeit des angefochtenen Verwaltungsakts bestehen oder wenn die Vollziehung für den Betroffenen eine unbillige, nicht durch überwiegende öffentliche Interessen gebotene Härte zur Folge hätte. [3] Die Aussetzung kann von einer Sicherheitsleistung abhängig gemacht werden. [4] Soweit die Vollziehung eines Grundlagenbescheides ausgesetzt wird, ist auch die Vollziehung eines Folgebescheides auszusetzen. [5] Der Erlass eines Folgebescheides bleibt zulässig. [6] Über eine Sicherheitsleistung ist bei der Aussetzung eines Folgebescheides zu entscheiden, es sei denn, dass bei der Aussetzung der Vollziehung des Grundlagenbescheides die Sicherheitsleistung ausdrücklich ausgeschlossen worden ist. [7] Ist der Verwaltungsakt schon vollzogen, tritt an die Stelle der Aussetzung der Vollziehung die Aufhebung der Vollziehung. [8] Bei Steuerbescheiden sind die Aussetzung und die Aufhebung der Vollziehung auf die festgesetzte Steuer, vermindert um die anzurechnenden Steuerabzugsbeträge, um die anzurechnende Körperschaftsteuer und um die festgesetzten Vorauszahlungen, beschränkt; dies gilt nicht, wenn die Aussetzung oder Aufhebung der Vollziehung zur Abwendung wesentlicher Nachteile nötig erscheint.

(3) [1] Auf Antrag kann das Gericht der Hauptsache die Vollziehung ganz oder teilweise aussetzen; Absatz 2 Satz 2 bis 6 und § 100 Abs. 2 Satz 2 gelten sinngemäß. [2] Der Antrag kann schon vor Erhebung der Klage gestellt werden. [3] Ist der Verwaltungsakt im Zeitpunkt der Entscheidung schon vollzogen, kann das Gericht ganz oder teilweise die Aufhebung der Vollziehung, auch gegen Sicherheit, anordnen. [4] Absatz 2 Satz 8 gilt entsprechend. [5] In dringenden Fällen kann der Vorsitzende entscheiden.

(4) [1] Der Antrag nach Absatz 3 ist nur zulässig, wenn die Behörde einen Antrag auf Aussetzung der Vollziehung ganz oder zum Teil abgelehnt hat. [2] Das gilt nicht, wenn

---

[1] § 68 Satz 3 geänd. duch G v. 22.3.2005 (BGBl. I S. 837, 2022).
[2] Nr. **1**.

1. die Finanzbehörde über den Antrag ohne Mitteilung eines zureichenden Grundes in angemessener Frist sachlich nicht entschieden hat oder
2. eine Vollstreckung droht.

(5) ¹Durch Erhebung der Klage gegen die Untersagung des Gewerbebetriebes oder der Berufsausübung wird die Vollziehung des angefochtenen Verwaltungsakts gehemmt. ²Die Behörde, die den Verwaltungsakt erlassen hat, kann die hemmende Wirkung durch besondere Anordnung ganz oder zum Teil beseitigen, wenn sie es im öffentlichen Interesse für geboten hält; sie hat das öffentliche Interesse schriftlich zu begründen. ³Auf Antrag kann das Gericht der Hauptsache die hemmende Wirkung wiederherstellen, wenn ernstliche Zweifel an der Rechtmäßigkeit des Verwaltungsakts bestehen. ⁴In dringenden Fällen kann der Vorsitzende entscheiden.

(6) ¹Das Gericht der Hauptsache kann Beschlüsse über Anträge nach den Absätzen 3 und 5 Satz 3 jederzeit ändern oder aufheben. ²Jeder Beteiligte kann die Änderung oder Aufhebung wegen veränderter oder im ursprünglichen Verfahren ohne Verschulden nicht geltend gemachter Umstände beantragen.

(7) Lehnt die Behörde die Aussetzung der Vollziehung ab, kann das Gericht nur nach den Absätzen 3 und 5 Satz 3 angerufen werden.

§ 70 [Wirkungen der Rechtshängigkeit; Entscheidung über die Zulässigkeit des Rechtsweges] ¹Für die sachliche und örtliche Zuständigkeit gelten die §§ 17 bis 17b des Gerichtsverfassungsgesetzes entsprechend. ²Beschlüsse entsprechend § 17a Abs. 2 und 3 des Gerichtsverfassungsgesetzes sind unanfechtbar.

§ 71 [Zustellung der Klageschrift] (1)¹⁾ ¹Die Klageschrift ist dem Beklagten von Amts wegen zuzustellen. ²Zugleich mit der Zustellung der Klage ist der Beklagte aufzufordern, sich schriftlich oder zu Protokoll des Urkundsbeamten der Geschäftsstelle zu äußern. ³Hierfür kann eine Frist gesetzt werden.

(2)²⁾ Die beteiligte Finanzbehörde hat die den Streitfall betreffenden Akten nach Empfang der Klageschrift an das Gericht zu übermitteln.

§ 72 [Zurücknahme der Klage] (1)³⁾ ¹Der Kläger kann seine Klage bis zur Rechtskraft des Urteils zurücknehmen. ²Nach Schluss der mündlichen Verhandlung, bei Verzicht auf die mündliche Verhandlung und nach Ergehen eines Gerichtsbescheides ist die Rücknahme nur mit Einwilligung des Beklagten möglich. ³Die Einwilligung gilt als erteilt, wenn der Klagerücknahme nicht innerhalb von zwei Wochen seit Zustellung des die Rücknahme enthaltenden Schriftsatzes widersprochen wird; das Gericht hat auf diese Folge hinzuweisen.

(1a) ¹Soweit Besteuerungsgrundlagen für ein Verständigungs- oder ein Schiedsverfahren nach einem Vertrag im Sinne des § 2 der Abgabenordnung⁴⁾ von Bedeutung sein können, kann die Klage hierauf begrenzt zurückgenommen werden. ²§ 50 Abs. 1a Satz 2 gilt entsprechend.

---

¹⁾ § 71 Abs. 1 Satz 2 geänd. mWv 1.1.2018 durch G v. 5.7.2017 (BGBl. I S. 2208).
²⁾ § 71 Abs. 2 geänd. durch G v. 22.3.2005 (BGBl. I S. 837).
³⁾ § 72 Abs. 1 Satz 3 angef. durch G v. 24.8.2004 (BGBl. I S. 2198).
⁴⁾ Nr. 1.

(2) ¹Die Rücknahme hat bei Klagen, deren Erhebung an eine Frist gebunden ist, den Verlust der Klage zur Folge. ²Wird die Klage zurückgenommen, so stellt das Gericht das Verfahren durch Beschluss ein. ³Wird nachträglich die Unwirksamkeit der Klagerücknahme geltend gemacht, so gilt § 56 Abs. 3 sinngemäß.

§ 73 [Verbindung mehrerer Verfahren] (1) ¹Das Gericht kann durch Beschluss mehrere bei ihm anhängige Verfahren zu gemeinsamer Verhandlung und Entscheidung verbinden und wieder trennen. ²Es kann anordnen, dass mehrere in einem Verfahren zusammengefasste Klagegegenstände in getrennten Verfahren verhandelt und entschieden werden.

(2) Ist die Klage von jemandem erhoben, der wegen dieses Klagegegenstands nach § 60 Abs. 3 zu einem anderen Verfahren beizuladen wäre, so wird die notwendige Beiladung des Klägers dadurch ersetzt, dass die beiden Verfahren zu gemeinsamer Verhandlung und einheitlicher Entscheidung verbunden werden.

§ 74 [Aussetzung der Verhandlung] Das Gericht kann, wenn die Entscheidung des Rechtsstreits ganz oder zum Teil von dem Bestehen oder Nichtbestehen eines Rechtsverhältnisses abhängt, das den Gegenstand eines anderen anhängigen Rechtsstreits bildet oder von einer Verwaltungsbehörde festzustellen ist, anordnen, dass die Verhandlung bis zur Erledigung des anderen Rechtsstreits oder bis zur Entscheidung der Verwaltungsbehörde auszusetzen sei.

§ 75 [Mitteilung der Besteuerungsgrundlagen] Den Beteiligten sind, soweit es noch nicht geschehen ist, die Unterlagen der Besteuerung auf Antrag oder, wenn der Inhalt der Klageschrift dazu Anlass gibt, von Amts wegen mitzuteilen.

§ 76 [Erforschung des Sachverhalts durch das Gericht] (1)¹⁾ ¹Das Gericht erforscht den Sachverhalt von Amts wegen. ²Die Beteiligten sind dabei heranzuziehen. ³Sie haben ihre Erklärungen über tatsächliche Umstände vollständig und der Wahrheit gemäß abzugeben und sich auf Anforderung des Gerichts zu den von den anderen Beteiligten vorgebrachten Tatsachen zu erklären. ⁴§ 90 Abs. 2, § 93 Abs. 3 Satz 2, § 97, §§ 99, 100 der Abgabenordnung²⁾ gelten sinngemäß. ⁵Das Gericht ist an das Vorbringen und an die Beweisanträge der Beteiligten nicht gebunden.

(2) Der Vorsitzende hat darauf hinzuwirken, dass Formfehler beseitigt, sachdienliche Anträge gestellt, unklare Anträge erläutert, ungenügende tatsächliche Angaben ergänzt, ferner alle für die Feststellung und Beurteilung des Sachverhalts wesentlichen Erklärungen abgegeben werden.

(3) ¹Erklärungen und Beweismittel, die erst nach Ablauf der von der Finanzbehörde nach § 364b Abs. 1 der Abgabenordnung gesetzten Frist im Einspruchsverfahren oder im finanzgerichtlichen Verfahren vorgebracht werden, kann das Gericht zurückweisen und ohne weitere Ermittlungen entscheiden. ²§ 79b Abs. 3 gilt entsprechend.

---

¹⁾ § 76 Abs. 1 Satz 4 geänd. mWv 30.6.2013 durch G v. 26.6.2013 (BGBl. I S. 1809).
²⁾ Nr. **1.**

(4)[1] Die Verpflichtung der Finanzbehörde zur Ermittlung des Sachverhalts (§§ 88, 89 Abs. 1 der Abgabenordnung) wird durch das finanzgerichtliche Verfahren nicht berührt.

§ 77 [Schriftsätze] (1)[2] [1] Die Beteiligten sollen zur Vorbereitung der mündlichen Verhandlung Schriftsätze einreichen. [2] Hierzu kann der Vorsitzende sie unter Fristsetzung auffordern. [3] Den Schriftsätzen sollen Abschriften für die übrigen Beteiligten beigefügt werden. [4] Die Schriftsätze sind den Beteiligten von Amts wegen zu übermitteln.

(2)[3] [1] Den Schriftsätzen sind die Urkunden oder elektronischen Dokumente, auf die Bezug genommen wird, in Abschrift ganz oder im Auszug beizufügen. [2] Sind die Urkunden dem Gegner bereits bekannt oder sehr umfangreich, so genügt die genaue Bezeichnung mit dem Anerbieten, Einsicht bei Gericht zu gewähren.

§ 77a[4] *(aufgehoben)*

§ 78 [Akteneinsicht] (1)[5] [1] Die Beteiligten können die Gerichtsakte und die dem Gericht vorgelegten Akten einsehen. [2] Beteiligte können sich auf ihre Kosten durch die Geschäftsstelle Ausfertigungen, Auszüge, Ausdrucke und Abschriften erteilen lassen.

(2)[6] [1] Werden die Prozessakten elektronisch geführt, wird Akteneinsicht durch Bereitstellung des Inhalts der Akten zum Abruf gewährt. [2] Auf besonderen Antrag wird Akteneinsicht durch Einsichtnahme in die Akten in Diensträumen gewährt. [3] Ein Aktenausdruck oder ein Datenträger mit dem Inhalt der Akten wird auf besonders zu begründenden Antrag nur übermittelt, wenn der Antragsteller hieran ein berechtigtes Interesse darlegt. [4] Stehen der Akteneinsicht in der nach Satz 1 vorgesehenen Form wichtige Gründe entgegen, kann die Akteneinsicht in der nach den Sätzen 2 und 3 vorgesehenen Form auch ohne Antrag gewährt werden. [5] Über einen Antrag nach Satz 3 entscheidet der Vorsitzende; die Entscheidung ist unanfechtbar. [6] § 79a Absatz 4 gilt entsprechend.

(3)[7] [1] Werden die Prozessakten in Papierform geführt, wird Akteneinsicht durch Einsichtnahme in die Akten in Diensträumen gewährt. [2] Die Akteneinsicht kann, soweit nicht wichtige Gründe entgegenstehen, auch durch Bereitstellung des Inhalts der Akten zum Abruf gewährt werden.

(4)[8] Die Entwürfe zu Urteilen, Beschlüssen und Verfügungen, die Arbeiten zu ihrer Vorbereitung, ferner die Dokumente, die Abstimmungen oder Ord-

---

[1] § 76 Abs. 4 geänd. durch G v. 5.9.2006 (BGBl. I S. 2098).
[2] § 77 Abs. 1 Satz 4 geänd. durch G v. 22.3.2005 (BGBl. I S. 837).
[3] § 77 Abs. 2 Satz 1 geänd. mWv 1.7.2014 durch G v. 10.10.2013 (BGBl. I S. 3786); Satz 1 geänd. mWv 1.1.2018 durch G v. 5.7.2017 (BGBl. I S. 2208).
[4] § 77a eingef. mWv 1.8.2001 durch G v. 13.7.2001 (BGBl. I S. 1542) und aufgeh. mWv 1.4.2005 durch G v. 22.3.2005 (BGBl. I S. 837).
[5] § 78 Abs. 1 neu gef. durch G v. 22.3.2005 (BGBl. I S. 837); Satz 2 angef. mWv 1.1.2018 durch G v. 5.7.2017 (BGBl. I S. 2208).
[6] § 78 Abs. 2 neu gef. mWv 1.1.2018 durch G v. 5.7.2017 (BGBl. I S. 2208).
[7] § 78 Abs. 3 eingef. mWv 1.1.2018 durch G v. 5.7.2017 (BGBl. I S. 2208).
[8] § 78 Abs. 2 eingef., bish. Abs. 2 wird Abs. 3 und geänd. durch G v. 22.3.2005 (BGB. I S. 837); Abs. 3 eingef., bish. Abs. 3 wird Abs. 4 mWv 1.1.2018 durch G v. 5.7.2017 (BGBl. I S. 2208).

nungsstrafen des Gerichts betreffen, werden weder vorgelegt noch abschriftlich mitgeteilt.

§ 79 [Vorbereitung der mündlichen Verhandlung] (1) [1]Der Vorsitzende oder der Berichterstatter hat schon vor der mündlichen Verhandlung alle Anordnungen zu treffen, die notwendig sind, um den Rechtsstreit möglichst in einer mündlichen Verhandlung zu erledigen. [2]Er kann insbesondere

1. die Beteiligten zur Erörterung des Sach- und Streitstandes und zur gütlichen Beilegung des Rechtsstreits laden;

2.[1] den Beteiligten die Ergänzung oder Erläuterung ihrer vorbereitenden Schriftsätze, die Vorlegung von Urkunden, die Übermittlung von elektronischen Dokumenten und die Vorlegung von anderen zur Niederlegung bei Gericht geeigneten Gegenständen aufgeben, insbesondere eine Frist zur Erklärung über bestimmte klärungsbedürftige Punkte setzen;

3. Auskünfte einholen;

4.[2] die Vorlage von Urkunden oder die Übermittlung von elektronischen Dokumenten anordnen;

5. das persönliche Erscheinen der Beteiligten anordnen; § 80 gilt entsprechend;

6. Zeugen und Sachverständige zur mündlichen Verhandlung laden.

(2) Die Beteiligten sind von jeder Anordnung zu benachrichtigen.

(3) [1]Der Vorsitzende oder der Berichterstatter kann einzelne Beweise erheben. [2]Dies darf nur insoweit geschehen, als es zur Vereinfachung der Verhandlung vor dem Gericht sachdienlich und von vornherein anzunehmen ist, dass das Gericht das Beweisergebnis auch ohne unmittelbaren Eindruck von dem Verlauf der Beweisaufnahme sachgemäß zu würdigen vermag.

§ 79a [Entscheidung im vorbereitenden Verfahren] (1) Der Vorsitzende entscheidet, wenn die Entscheidung im vorbereitenden Verfahren ergeht,

1. über die Aussetzung und das Ruhen des Verfahrens;

2.[3] bei Zurücknahme der Klage, auch über einen Antrag auf Prozesskostenhilfe;

3.[4] bei Erledigung des Rechtsstreits in der Hauptsache, auch über einen Antrag auf Prozesskostenhilfe;

4. über den Streitwert;

5. über Kosten;

6.[5] über die Beiladung.

(2) [1]Der Vorsitzende kann ohne mündliche Verhandlung durch Gerichtsbescheid (§ 90a) entscheiden. [2]Dagegen ist nur der Antrag auf mündliche Verhandlung innerhalb eines Monats nach Zustellung des Gerichtsbescheides gegeben.

---

[1] § 79 Abs. 1 Satz 2 Nr. 2 neu gef. durch G v. 22.3.2005 (BGBl. I S. 837).
[2] § 79 Abs. 1 Satz 2 Nr. 4 geänd. durch G v. 22.3.2005 (BGBl. I S. 837).
[3] § 79a Abs. 1 Nr. 2 geänd. durch G v. 24.8.2004 (BGBl. I S. 2198).
[4] § 79a Abs. 1 Nr. 3 geänd. durch G v. 24.8.2004 (BGBl. I S. 2198).
[5] § 79a Abs. 1 Nr. 6 angef. durch G v. 24.8.2004 (BGBl. I S. 2198).

(3) Im Einverständnis der Beteiligten kann der Vorsitzende auch sonst anstelle des Senats entscheiden.

(4) Ist ein Berichterstatter bestellt, so entscheidet dieser anstelle des Vorsitzenden.

§ 79b [Fristsetzung] (1) ¹Der Vorsitzende oder der Berichterstatter kann dem Kläger eine Frist setzen zur Angabe der Tatsachen, durch deren Berücksichtigung oder Nichtberücksichtigung im Verwaltungsverfahren er sich beschwert fühlt. ²Die Fristsetzung nach Satz 1 kann mit der Fristsetzung nach § 65 Abs. 2 Satz 2 verbunden werden.

(2) Der Vorsitzende oder der Berichterstatter kann einem Beteiligten unter Fristsetzung aufgeben, zu bestimmten Vorgängen

1. Tatsachen anzugeben oder Beweismittel zu bezeichnen,

2.¹⁾ Urkunden oder andere bewegliche Sachen vorzulegen oder elektronische Dokumente zu übermitteln, soweit der Beteiligte dazu verpflichtet ist.

(3)²⁾ ¹Das Gericht kann Erklärungen und Beweismittel, die erst nach Ablauf einer nach den Absätzen 1 und 2 gesetzten Frist vorgebracht werden, zurückweisen und ohne weitere Ermittlungen entscheiden, wenn

1. ihre Zulassung nach der freien Überzeugung des Gerichts die Erledigung des Rechtsstreits verzögern würde und

2. der Beteiligte die Verspätung nicht genügend entschuldigt und

3. der Beteiligte über die Folgen einer Fristversäumnis belehrt worden ist.

²Der Entschuldigungsgrund ist auf Verlangen des Gerichts glaubhaft zu machen. ³Satz 1 gilt nicht, wenn es mit geringem Aufwand möglich ist, den Sachverhalt auch ohne Mitwirkung des Beteiligten zu ermitteln.

§ 80 [Persönliches Erscheinen] (1) ¹Das Gericht kann das persönliche Erscheinen eines Beteiligten anordnen. ²Für den Fall des Ausbleibens kann es Ordnungsgeld wie gegen einen im Vernehmungstermin nicht erschienenen Zeugen androhen. ³Bei schuldhaftem Ausbleiben setzt das Gericht durch Beschluss das angedrohte Ordnungsgeld fest. ⁴Androhung und Festsetzung des Ordnungsgelds können wiederholt werden.

(2) Ist Beteiligter eine juristische Person oder eine Vereinigung, so ist das Ordnungsgeld dem nach Gesetz oder Satzung Vertretungsberechtigten anzudrohen und gegen ihn festzusetzen.

(3) Das Gericht kann einer beteiligten öffentlich-rechtlichen Körperschaft oder Behörde aufgeben, zur mündlichen Verhandlung einen Beamten oder Angestellten zu entsenden, der mit einem schriftlichen Nachweis über die Vertretungsbefugnis versehen und über die Sach- und Rechtslage ausreichend unterrichtet ist.

§ 81 [Beweiserhebung] (1) ¹Das Gericht erhebt Beweis in der mündlichen Verhandlung. ²Es kann insbesondere Augenschein einnehmen, Zeugen, Sachverständige und Beteiligte vernehmen und Urkunden heranziehen.

---

¹⁾ § 79b Abs. 2 Nr. 2 geänd. durch G v. 22.3.2005 (BGBl. S. 837).
²⁾ § 79b Abs. 3 ber. 28.8.2001 (BGBl. I S. 2262) und 11.2.2002 (BGBl. I S. 679).

(2) Das Gericht kann in geeigneten Fällen schon vor der mündlichen Verhandlung durch eines seiner Mitglieder als beauftragten Richter Beweis erheben lassen oder durch Bezeichnung der einzelnen Beweisfragen ein anderes Gericht um die Beweisaufnahme ersuchen.

§ 82[1) **[Verfahren bei der Beweisaufnahme]** Soweit die §§ 83 bis 89 nicht abweichende Vorschriften enthalten, sind auf die Beweisaufnahme die §§ 358 bis 371, 372 bis 377, 380 bis 382, 386 bis 414 und 450 bis 494 der Zivilprozessordnung sinngemäß anzuwenden.

§ 83 [Benachrichtigung der Parteien] [1] Die Beteiligten werden von allen Beweisterminen benachrichtigt und können der Beweisaufnahme beiwohnen. [2] Sie können an Zeugen und Sachverständige sachdienliche Fragen richten. [3] Wird eine Frage beanstandet, so entscheidet das Gericht.

§ 84 [Zeugnisverweigerungsrecht] (1) Für das Recht zur Verweigerung des Zeugnisses und die Pflicht zur Belehrung über das Zeugnisverweigerungsrecht gelten die §§ 101 bis 103 der Abgabenordnung[2) sinngemäß.

(2) Wer als Angehöriger zur Verweigerung des Zeugnisses berechtigt ist, kann die Ableistung des Eides verweigern.

§ 85[3) **[Hilfspflichten der Zeugen]** [1] Zeugen, die nicht aus dem Gedächtnis aussagen können, haben Dokumente und Geschäftsbücher, die ihnen zur Verfügung stehen, einzusehen und, soweit nötig, Aufzeichnungen daraus zu entnehmen. [2] Die Vorschriften der § 97, §§ 99, 100, 104 der Abgabenordnung[2) gelten sinngemäß.

§ 86 [Aktenvorlage und Auskunftserteilung] (1)[4) Behörden sind zur Vorlage von Urkunden und Akten, zur Übermittlung elektronischer Dokumente und zu Auskünften verpflichtet, soweit nicht durch das Steuergeheimnis (§ 30 der Abgabenordnung[2)) geschützte Verhältnisse Dritter unbefugt offenbart werden.

(2)[5) [1] Wenn das Bekanntwerden von Urkunden, elektronischer Dokumente oder Akten oder von Auskünften dem Wohle des Bundes oder eines deutschen Landes Nachteile bereiten würde oder wenn die Vorgänge aus anderen Gründen als nach Absatz 1 nach einem Gesetz oder ihrem Wesen nach geheimgehalten werden müssen, kann die zuständige oberste Aufsichtsbehörde die Vorlage von Urkunden oder Akten, die Übermittlung elektronischer Dokumente und die Erteilung der Auskünfte verweigern. [2] Satz 1 gilt in den Fällen des § 88 Absatz 3 Satz 3 und Absatz 5 Satz 4 sowie des § 156 Absatz 2 Satz 3 der Abgabenordnung entsprechend.

(3)[6) [1] Auf Antrag eines Beteiligten stellt der Bundesfinanzhof in den Fällen der Absätze 1 und 2 ohne mündliche Verhandlung durch Beschluss fest, ob die

---

[1) § 82 geänd. durch G v. 22.3.2005 (BGBl. I S. 837).
[2) Nr. **1**.
[3) § 85 geänd. durch G v. 22.3.2005 (BGBl. I S. 837); Satz 2 geänd. mWv 30.6.2013 durch G v. 26.6.2013 (BGBl. I S. 1809).
[4) § 86 Abs. 1 geänd. durch G v. 22.3.2005 (BGBl. I S. 837).
[5) § 86 Abs. 2 geänd. durch G v. 22.3.2005 (BGBl. I S. 837); Satz 2 angef. mWv 1.1.2017 durch G v. 18.7.2016 (BGBl. I S. 1679).
[6) § 86 Abs. 3 neu gef. durch G v. 22.3.2005 (BGBl. I S. 837).

Verweigerung der Vorlage der Urkunden oder Akten, der Übermittlung elektronischer Dokumente oder die Verweigerung der Erteilung von Auskünften rechtmäßig ist. [2] Der Antrag ist bei dem für die Hauptsache zuständigen Gericht zu stellen. [3] Auf Aufforderung des Bundesfinanzhofs hat die oberste Aufsichtsbehörde die verweigerten Dokumente oder Akten vorzulegen oder zu übermitteln oder ihm die verweigerten Auskünfte zu erteilen. [4] Sie ist zu diesem Verfahren beizuladen. [5] Das Verfahren unterliegt den Vorschriften des materiellen Geheimschutzes. [6] Können diese nicht eingehalten werden oder macht die zuständige oberste Aufsichtsbehörde geltend, dass besondere Gründe der Geheimhaltung oder des Geheimschutzes einer Übergabe oder Übermittlung der Dokumente oder der Akten an den Bundesfinanzhof entgegenstehen, wird die Vorlage nach Satz 3 dadurch bewirkt, dass die Dokumente oder Akten dem Bundesfinanzhof in von der obersten Aufsichtsbehörde bestimmten Räumlichkeiten zur Verfügung gestellt werden. [7] Für die nach Satz 3 vorgelegten oder übermittelten Dokumente oder Akten und für die gemäß Satz 6 geltend gemachten besonderen Gründe gilt § 78 nicht. [8] Die Mitglieder des Bundesfinanzhofs sind zur Geheimhaltung verpflichtet; die Entscheidungsgründe dürfen Art und Inhalt der geheim gehaltenen Dokumente oder Akten und Auskünfte nicht erkennen lassen. [9] Für das nichtrichterliche Personal gelten die Regelungen des personellen Geheimschutzes.

§ 87 [Zeugnis von Behörden] Wenn von Behörden, von Verbänden und Vertretungen von Betriebs- oder Berufszweigen, von geschäftlichen oder gewerblichen Unternehmungen, Gesellschaften oder Anstalten Zeugnis begehrt wird, ist das Ersuchen, falls nicht bestimmte Personen als Zeugen in Betracht kommen, an den Vorstand oder an die Geschäfts- oder Betriebsleitung zu richten.

§ 88 [Weiterer Grund für Ablehnung von Sachverständigen] Die Beteiligten können Sachverständige auch ablehnen, wenn von deren Heranziehung eine Verletzung eines Geschäfts- oder Betriebsgeheimnisses oder Schaden für ihre geschäftliche Tätigkeit zu befürchten ist.

§ 89[1]) [Erzwingung der Vorlage von Urkunden] Für die Erzwingung einer gesetzlich vorgeschriebenen Vorlage von Urkunden und elektronischen Dokumenten gelten § 380 der Zivilprozessordnung und § 255 der Abgabenordnung[2]) sinngemäß.

§ 90 [Entscheidung grundsätzlich auf Grund mündlicher Verhandlung] (1) [1] Das Gericht entscheidet, soweit nichts anderes bestimmt ist, auf Grund mündlicher Verhandlung. [2] Entscheidungen des Gerichts, die nicht Urteile sind, können ohne mündliche Verhandlung ergehen.

(2) Mit Einverständnis der Beteiligten kann das Gericht ohne mündliche Verhandlung entscheiden.

§ 90a [Entscheidung ohne mündliche Verhandlung; Gerichtsbescheid] (1) Das Gericht kann in geeigneten Fällen ohne mündliche Verhandlung durch Gerichtsbescheid entscheiden.

---

[1]) § 89 geänd. durch G v. 22.3.2005 (BGBl. I S. 837).
[2]) Nr. 1.

(2) [1] Die Beteiligten können innerhalb eines Monats nach Zustellung des Gerichtsbescheides mündliche Verhandlung beantragen. [2] Hat das Finanzgericht in dem Gerichtsbescheid die Revision zugelassen, können sie auch Revision einlegen. [3] Wird von beiden Rechtsbehelfen Gebrauch gemacht, findet mündliche Verhandlung statt.

(3) Der Gerichtsbescheid wirkt als Urteil; wird rechtzeitig mündliche Verhandlung beantragt, gilt er als nicht ergangen.

(4) Wird mündliche Verhandlung beantragt, kann das Gericht in dem Urteil von einer weiteren Darstellung des Tatbestands und der Entscheidungsgründe absehen, soweit es der Begründung des Gerichtsbescheides folgt und dies in seiner Entscheidung feststellt.

§ 91 [Ladung der Beteiligten] (1) [1] Sobald der Termin zur mündlichen Verhandlung bestimmt ist, sind die Beteiligten mit einer Ladungsfrist von mindestens zwei Wochen, beim Bundesfinanzhof von mindestens vier Wochen, zu laden. [2] In dringenden Fällen kann der Vorsitzende die Frist abkürzen.

(2) Bei der Ladung ist darauf hinzuweisen, dass beim Ausbleiben eines Beteiligten auch ohne ihn verhandelt und entschieden werden kann.

(3) Das Gericht kann Sitzungen auch außerhalb des Gerichtssitzes abhalten, wenn dies zur sachdienlichen Erledigung notwendig ist.

(4) § 227 Abs. 3 Satz 1 der Zivilprozessordnung ist nicht anzuwenden.

§ 91a[1]) [Übertragung der mündlichen Verhandlung und der Vernehmung] (1) [1] Das Gericht kann den Beteiligten, ihren Bevollmächtigten und Beiständen auf Antrag oder von Amts wegen gestatten, sich während einer mündlichen Verhandlung an einem anderen Ort aufzuhalten und dort Verfahrenshandlungen vorzunehmen. [2] Die Verhandlung wird zeitgleich in Bild und Ton an diesen Ort und in das Sitzungszimmer übertragen.

(2) [1] Das Gericht kann auf Antrag gestatten, dass sich ein Zeuge, ein Sachverständiger oder ein Beteiligter während einer Vernehmung an einem anderen Ort aufhält. [2] Die Vernehmung wird zeitgleich in Bild und Ton an diesen Ort und in das Sitzungszimmer übertragen. [3] Ist Beteiligten, Bevollmächtigten und Beiständen nach Absatz 1 Satz 1 gestattet worden, sich an einem anderen Ort aufzuhalten, so wird die Vernehmung auch an diesen Ort übertragen.

(3) [1] Die Übertragung wird nicht aufgezeichnet. [2] Entscheidungen nach Absatz 1 Satz 1 und Absatz 2 Satz 1 sind unanfechtbar.

(4) Die Absätze 1 und 3 gelten entsprechend für Erörterungstermine (§ 79 Absatz 1 Satz 2 Nummer 1).

§ 92 [Gang der Verhandlung] (1) Der Vorsitzende eröffnet und leitet die mündliche Verhandlung.

(2) Nach Aufruf der Sache trägt der Vorsitzende oder der Berichterstatter den wesentlichen Inhalt der Akten vor.

(3) Hierauf erhalten die Beteiligten das Wort, um ihre Anträge zu stellen und zu begründen.

---

[1]) § 91a neu gef. mWv 1.11.2013 durch G v. 25.4.2013 (BGBl. I S. 935).

§ 93 [Erörterung der Streitsache] (1) Der Vorsitzende hat die Streitsache mit den Beteiligten tatsächlich und rechtlich zu erörtern.

(2) [1]Der Vorsitzende hat jedem Mitglied des Gerichts auf Verlangen zu gestatten, Fragen zu stellen. [2]Wird eine Frage beanstandet, so entscheidet das Gericht.

(3) [1]Nach Erörterung der Streitsache erklärt der Vorsitzende die mündliche Verhandlung für geschlossen. [2]Das Gericht kann die Wiedereröffnung beschließen.

§ 93a[1]) *(aufgehoben)*

§ 94[2]) **[Protokoll]** Für das Protokoll gelten die §§ 159 bis 165 der Zivilprozessordnung entsprechend.

§ 94a[3]) **[Verfahren nach billigem Ermessen]** [1]Das Gericht kann sein Verfahren nach billigem Ermessen bestimmen, wenn der Streitwert bei einer Klage, die eine Geldleistung oder einen hierauf gerichteten Verwaltungsakt betrifft, fünfhundert Euro nicht übersteigt. [2]Auf Antrag eines Beteiligten muss mündlich verhandelt werden. [3]Das Gericht entscheidet über die Klage durch Urteil; § 76 über den Untersuchungsgrundsatz und § 79a Abs. 2, § 90a über den Gerichtsbescheid bleiben unberührt.

Abschnitt IV. Urteile und andere Entscheidungen

§ 95 [Urteil] Über die Klage wird, soweit nichts anderes bestimmt ist, durch Urteil entschieden.

§ 96 [Freie Beweiswürdigung, notwendiger Inhalt des Urteils]

(1) [1]Das Gericht entscheidet nach seiner freien, aus dem Gesamtergebnis des Verfahrens gewonnenen Überzeugung; die §§ 158, 160, 162 der Abgabenordnung[4]) gelten sinngemäß. [2]Das Gericht darf über das Klagebegehren nicht hinausgehen, ist aber an die Fassung der Anträge nicht gebunden. [3]In dem Urteil sind die Gründe anzugeben, die für die richterliche Überzeugung leitend gewesen sind.

(2) Das Urteil darf nur auf Tatsachen und Beweisergebnisse gestützt werden, zu denen die Beteiligten sich äußern konnten.

§ 97 [Zwischenurteil über Zulässigkeit der Klage] Über die Zulässigkeit der Klage kann durch Zwischenurteil vorab entschieden werden.

§ 98 [Teilurteil] Ist nur ein Teil des Streitgegenstands zur Entscheidung reif, so kann das Gericht ein Teilurteil erlassen.

§ 99 [Vorabentscheidung über den Grund] (1) Ist bei einer Leistungsklage oder einer Anfechtungsklage gegen einen Verwaltungsakt ein Anspruch nach Grund und Betrag strittig, so kann das Gericht durch Zwischenurteil über den Grund vorab entscheiden.

---

[1]) § 93a aufgeh. mWv 1.11.2013 durch G v. 25.4.2013 (BGBl. I S. 935).
[2]) § 94 geänd. mWv 1.1.2018 durch G v. 5.7.2017 (BGBl. I S. 2208).
[3]) § 94a Satz 1 geänd. mWv 1.1.2002 durch G v. 19.12.2000 (BGBl. I S. 1757).
[4]) Nr. 1.

(2) Das Gericht kann durch Zwischenurteil über eine entscheidungserhebliche Sach- oder Rechtsfrage vorab entscheiden, wenn dies sachdienlich ist und nicht der Kläger oder der Beklagte widerspricht.

§ 100[1)] [Aufhebung angefochtener Verwaltungsakte durch Urteil]

(1) [1] Soweit ein angefochtener Verwaltungsakt rechtswidrig und der Kläger dadurch in seinen Rechten verletzt ist, hebt das Gericht den Verwaltungsakt und die etwaige Entscheidung über den außergerichtlichen Rechtsbehelf auf; die Finanzbehörde ist an die rechtliche Beurteilung gebunden, die der Aufhebung zugrunde liegt, an die tatsächliche so weit, als nicht neu bekannt werdende Tatsachen und Beweismittel eine andere Beurteilung rechtfertigen. [2] Ist der Verwaltungsakt schon vollzogen, so kann das Gericht auf Antrag auch aussprechen, dass und wie die Finanzbehörde die Vollziehung rückgängig zu machen hat. [3] Dieser Ausspruch ist nur zulässig, wenn die Behörde dazu in der Lage und diese Frage spruchreif ist. [4] Hat sich der Verwaltungsakt vorher durch Zurücknahme oder anders erledigt, so spricht das Gericht auf Antrag durch Urteil aus, dass der Verwaltungsakt rechtswidrig gewesen ist, wenn der Kläger ein berechtigtes Interesse an dieser Feststellung hat.

(2) [1] Begehrt der Kläger die Änderung eines Verwaltungsakts, der einen Geldbetrag festsetzt oder eine darauf bezogene Feststellung trifft, kann das Gericht den Betrag in anderer Höhe festsetzen oder die Feststellung durch eine andere ersetzen. [2] Erfordert die Ermittlung des festzusetzenden oder festzustellenden Betrags einen nicht unerheblichen Aufwand, kann das Gericht die Änderung des Verwaltungsakts durch Angabe der zu Unrecht berücksichtigten oder nicht berücksichtigten tatsächlichen oder rechtlichen Verhältnisse so bestimmen, dass die Behörde den Betrag auf Grund der Entscheidung errechnen kann. [3] Die Behörde teilt den Beteiligten das Ergebnis der Neuberechnung unverzüglich formlos mit; nach Rechtskraft der Entscheidung ist der Verwaltungsakt mit dem geänderten Inhalt neu bekannt zu geben.

(3) [1] Hält das Gericht eine weitere Sachaufklärung für erforderlich, kann es, ohne in der Sache selbst zu entscheiden, den Verwaltungsakt und die Entscheidung über den außergerichtlichen Rechtsbehelf aufheben, soweit nach Art oder Umfang die noch erforderlichen Ermittlungen erheblich sind und die Aufhebung auch unter Berücksichtigung der Belange der Beteiligten sachdienlich ist. [2] Satz 1 gilt nicht, soweit der Steuerpflichtige seiner Erklärungspflicht nicht nachgekommen ist und deshalb die Besteuerungsgrundlagen geschätzt worden sind. [3] Auf Antrag kann das Gericht bis zum Erlass des neuen Verwaltungsakts eine einstweilige Regelung treffen, insbesondere bestimmen, dass Sicherheiten geleistet werden oder ganz oder zum Teil bestehen bleiben und Leistungen zunächst nicht zurückgewährt werden müssen. [4] Der Beschluss kann jederzeit geändert oder aufgehoben werden. [5] Eine Entscheidung nach Satz 1 kann nur binnen sechs Monaten seit Eingang der Akten der Behörde bei Gericht ergehen.

(4) Kann neben der Aufhebung eines Verwaltungsakts eine Leistung verlangt werden, so ist im gleichen Verfahren auch die Verurteilung zur Leistung zulässig.

[1)] Zur Nichtanwendung vgl. Art. 97 § 13 Satz 2 EGAO (Nr. **1.1**).

§ 101 [Urteil auf Erlass eines Verwaltungsakts] [1]Soweit die Ablehnung oder Unterlassung eines Verwaltungsakts rechtswidrig und der Kläger dadurch in seinen Rechten verletzt ist, spricht das Gericht die Verpflichtung der Finanzbehörde aus, den begehrten Verwaltungsakt zu erlassen, wenn die Sache spruchreif ist. [2]Andernfalls spricht es die Verpflichtung aus, den Kläger unter Beachtung der Rechtsauffassung des Gerichts zu bescheiden.

§ 102[1) [Nachprüfung des Ermessensgebrauchs] [1]Soweit die Finanzbehörde ermächtigt ist, nach ihrem Ermessen zu handeln oder zu entscheiden, prüft das Gericht auch, ob der Verwaltungsakt oder die Ablehnung oder Unterlassung des Verwaltungsakts rechtswidrig ist, weil die gesetzlichen Grenzen des Ermessens überschritten sind oder von dem Ermessen in einer dem Zweck der Ermächtigung nicht entsprechenden Weise Gebrauch gemacht ist. [2]Die Finanzbehörde kann ihre Ermessenserwägungen hinsichtlich des Verwaltungsaktes bis zum Abschluss der Tatsacheninstanz eines finanzgerichtlichen Verfahrens ergänzen.

§ 103 [Am Urteil beteiligte Richter] Das Urteil kann nur von den Richtern und ehrenamtlichen Richtern gefällt werden, die an der dem Urteil zugrunde liegenden Verhandlung teilgenommen haben.

§ 104 [Verkündung und Zustellung des Urteils] (1) [1]Das Urteil wird, wenn eine mündliche Verhandlung stattgefunden hat, in der Regel in dem Termin, in dem die mündliche Verhandlung geschlossen wird, verkündet, in besonderen Fällen in einem sofort anzuberaumenden Termin, der nicht über zwei Wochen hinaus angesetzt werden soll. [2]Das Urteil wird durch Verlesung der Formel verkündet; es ist den Beteiligten zuzustellen.

(2)[2) Statt der Verkündung ist die Zustellung des Urteils zulässig; dann ist das Urteil binnen zwei Wochen nach der mündlichen Verhandlung der Geschäftsstelle zu übermitteln.

(3) Entscheidet das Gericht ohne mündliche Verhandlung, so wird die Verkündung durch Zustellung an die Beteiligten ersetzt.

§ 105 [Urteilsform] (1) [1]Das Urteil ergeht im Namen des Volkes. [2]Es ist schriftlich abzufassen und von den Richtern, die bei der Entscheidung mitgewirkt haben, zu unterzeichnen. [3]Ist ein Richter verhindert, seine Unterschrift beizufügen, so wird dies mit dem Hinderungsgrund vom Vorsitzenden oder, wenn er verhindert ist, vom dienstältesten beisitzenden Richter unter dem Urteil vermerkt. [4]Der Unterschrift der ehrenamtlichen Richter bedarf es nicht.

(2) Das Urteil enthält

1. die Bezeichnung der Beteiligten, ihrer gesetzlichen Vertreter und der Bevollmächtigten nach Namen, Beruf, Wohnort und ihrer Stellung im Verfahren,

2. die Bezeichnung des Gerichts und die Namen der Mitglieder, die bei der Entscheidung mitgewirkt haben,

3. die Urteilsformel,

4. den Tatbestand,

[1) § 102 Satz 2 angef. mWv 23.12.2001 durch G v. 20.12.2001 (BGBl. I S. 3794).
[2) § 104 Abs. 2 geänd. durch G v. 22.3.2005 (BGBl. I S. 837).

5. die Entscheidungsgründe,
6. die Rechtsmittelbelehrung.

(3) [1] Im Tatbestand ist der Sach- und Streitstand unter Hervorhebung der gestellten Anträge seinem wesentlichen Inhalt nach gedrängt darzustellen. [2] Wegen der Einzelheiten soll auf Schriftsätze, Protokolle und andere Unterlagen verwiesen werden, soweit sich aus ihnen der Sach- und Streitstand ausreichend ergibt.

(4)[1)] [1] Ein Urteil, das bei der Verkündung noch nicht vollständig abgefasst war, ist vor Ablauf von zwei Wochen, vom Tag der Verkündung an gerechnet, vollständig abgefasst der Geschäftsstelle zu übermitteln. [2] Kann dies ausnahmsweise nicht geschehen, so ist innerhalb dieser zwei Wochen das von den Richtern unterschriebene Urteil ohne Tatbestand, Entscheidungsgründe und Rechtsmittelbelehrung der Geschäftsstelle zu übermitteln. [3] Tatbestand, Entscheidungsgründe und Rechtsmittelbelehrung sind alsbald nachträglich niederzulegen, von den Richtern besonders zu unterschreiben und der Geschäftsstelle zu übermitteln.

(5) Das Gericht kann von einer weiteren Darstellung der Entscheidungsgründe absehen, soweit es der Begründung des Verwaltungsakts oder der Entscheidung über den außergerichtlichen Rechtsbehelf folgt und dies in seiner Entscheidung feststellt.

(6)[2)] [1] Der Urkundsbeamte der Geschäftsstelle hat auf dem Urteil den Tag der Zustellung und im Fall des § 104 Abs. 1 Satz 1 den Tag der Verkündung zu vermerken und diesen Vermerk zu unterschreiben. [2] Werden die Akten elektronisch geführt, hat der Urkundsbeamte der Geschäftsstelle den Vermerk in einem gesonderten Dokument festzuhalten. [3] Das Dokument ist mit dem Urteil untrennbar zu verbinden.

§ 106 [Gerichtsbescheide] Die §§ 104 und 105 gelten für Gerichtsbescheide sinngemäß.

§ 107 [Berichtigung des Urteils] (1) Schreibfehler, Rechenfehler und ähnliche offenbare Unrichtigkeiten im Urteil sind jederzeit vom Gericht zu berichtigen.

(2)[3)] [1] Über die Berichtigung kann ohne mündliche Verhandlung entschieden werden. [2] Der Berichtigungsbeschluss wird auf dem Urteil und den Ausfertigungen vermerkt. [3] Ist das Urteil elektronisch abgefasst, ist auch der Beschluss elektronisch abzufassen und mit dem Urteil untrennbar zu verbinden.

§ 108 [Antrag auf Berichtigung des Tatbestandes] (1) Enthält der Tatbestand des Urteils andere Unrichtigkeiten oder Unklarheiten, so kann die Berichtigung binnen zwei Wochen nach Zustellung des Urteils beantragt werden.

(2)[4)] [1] Das Gericht entscheidet ohne Beweisaufnahme durch Beschluss. [2] Der Beschluss ist unanfechtbar. [3] Bei der Entscheidung wirken nur die Richter mit, die beim Urteil mitgewirkt haben. [4] Ist ein Richter verhindert, so gibt bei

---

[1)] § 105 Abs. 4 geänd. durch G v. 22.3.2005 (BGBl. I S. 837).
[2)] § 105 Abs. 6 Sätze 2 und 3 angef. durch G v. 22.3.2005 (BGBl. I S. 837).
[3)] § 107 Abs. 2 Satz 3 angef. durch G v. 22.3.2005 (BGBl. I S. 837).
[4)] § 108 Abs. 2 Satz 6 angef. durch G v. 22.3.2005 (BGBl. I S. 837).

Stimmengleichheit die Stimme des Vorsitzenden den Ausschlag. [5] Der Berichtigungsbeschluss wird auf dem Urteil und den Ausfertigungen vermerkt. [6] Ist das Urteil elektronisch abgefasst, ist auch der Beschluss elektronisch abzufassen und mit dem Urteil untrennbar zu verbinden.

§ 109[1)] **[Nachträgliche Ergänzung eines Urteils]** (1) Wenn ein nach dem Tatbestand von einem Beteiligten gestellter Antrag oder die Kostenfolge bei der Entscheidung ganz oder zum Teil übergangen ist, so ist auf Antrag das Urteil durch nachträgliche Entscheidung zu ergänzen.

(2) [1] Die Entscheidung muss binnen zwei Wochen nach Zustellung des Urteils beantragt werden. [2] Die mündliche Verhandlung hat nur den nicht erledigten Teil des Rechtsstreits zum Gegenstand. [3] Von der Durchführung einer mündlichen Verhandlung kann abgesehen werden, wenn mit der Ergänzung des Urteils nur über einen Nebenanspruch oder über die Kosten entschieden werden soll und wenn die Bedeutung der Sache keine mündliche Verhandlung erfordert.

§ 110 [Rechtskraftwirkung der Urteile] (1) [1] Rechtskräftige Urteile binden, soweit über den Streitgegenstand entschieden worden ist,

1. die Beteiligten und ihre Rechtsnachfolger,

2. in den Fällen des § 48 Abs. 1 Nr. 1 die nicht klageberechtigten Gesellschafter oder Gemeinschafter und

3. im Fall des § 60a die Personen, die einen Antrag auf Beiladung nicht oder nicht fristgemäß gestellt haben.

[2] Die gegen eine Finanzbehörde ergangenen Urteile wirken auch gegenüber der öffentlich-rechtlichen Körperschaft, der die beteiligte Finanzbehörde angehört.

(2) Die Vorschriften der Abgabenordnung[2)] und anderer Steuergesetze über die Rücknahme, Widerruf, Aufhebung und Änderung von Verwaltungsakten sowie über die Nachforderung von Steuern bleiben unberührt, soweit sich aus Absatz 1 Satz 1 nichts anderes ergibt.

§§ 111 und 112 (weggefallen)

§ 113 [Beschlüsse] (1) Für Beschlüsse gelten § 96 Abs. 1 Satz 1 und 2, § 105 Abs. 2 Nr. 6, §§ 107 bis 109 sinngemäß.

(2) [1] Beschlüsse sind zu begründen, wenn sie durch Rechtsmittel angefochten werden können oder über einen Rechtsbehelf entscheiden. [2] Beschlüsse über die Aussetzung der Vollziehung (§ 69 Abs. 3 und 5) und über einstweilige Anordnungen (§ 114 Abs. 1), Beschlüsse nach Erledigung des Rechtsstreits in der Hauptsache (§ 138) sowie Beschlüsse, in denen ein Antrag auf Bewilligung von Prozesskostenhilfe zurückgewiesen wird (§ 142), sind stets zu begründen. [3] Beschlüsse, die über ein Rechtsmittel entscheiden, bedürfen keiner weiteren Begründung, soweit das Gericht das Rechtsmittel aus den Gründen der angefochtenen Entscheidung als unbegründet zurückweist.

[1)] § 109 Abs. 2 Satz 3 angef. mWv 1.1.2020 durch G v. 12.12.2019 (BGBl. I S. 2633).
[2)] Nr. 1.

§ 114 [Einstweilige Anordnungen] (1) [1]Auf Antrag kann das Gericht, auch schon vor Klageerhebung, eine einstweilige Anordnung in Bezug auf den Streitgegenstand treffen, wenn die Gefahr besteht, dass durch eine Veränderung des bestehenden Zustands die Verwirklichung eines Rechts des Antragstellers vereitelt oder wesentlich erschwert werden könnte. [2]Einstweilige Anordnungen sind auch zur Regelung eines vorläufigen Zustands in Bezug auf ein streitiges Rechtsverhältnis zulässig, wenn diese Regelung, vor allem bei dauernden Rechtsverhältnissen, um wesentliche Nachteile abzuwenden oder drohende Gewalt zu verhindern oder aus anderen Gründen nötig erscheint.

(2) [1]Für den Erlass einstweiliger Anordnungen ist das Gericht der Hauptsache zuständig. [2]Dies ist das Gericht des ersten Rechtszugs. [3]In dringenden Fällen kann der Vorsitzende entscheiden.

(3) Für den Erlass einstweiliger Anordnungen gelten die §§ 920, 921, 923, 926, 928 bis 932, 938, 939, 941 und 945 der Zivilprozessordnung sinngemäß.

(4) Das Gericht entscheidet durch Beschluss.

(5) Die Vorschriften der Absätze 1 bis 3 gelten nicht für die Fälle des § 69.

Abschnitt V. Rechtsmittel und Wiederaufnahme des Verfahrens

Unterabschnitt 1. Revision

§ 115 [Zulassung der Revision] (1) Gegen das Urteil des Finanzgerichts (§ 36 Nr. 1) steht den Beteiligten die Revision an den Bundesfinanzhof zu, wenn das Finanzgericht oder auf Beschwerde gegen die Nichtzulassung der Bundesfinanzhof sie zugelassen hat.

(2) Die Revision ist nur zuzulassen, wenn

1. die Rechtssache grundsätzliche Bedeutung hat,
2. die Fortbildung des Rechts oder die Sicherung einer einheitlichen Rechtsprechung eine Entscheidung des Bundesfinanzhofs erfordert oder
3. ein Verfahrensmangel geltend gemacht wird und vorliegt, auf dem die Entscheidung beruhen kann.

(3) Der Bundesfinanzhof ist an die Zulassung gebunden.

§ 116 [Nichtzulassungsbeschwerde] (1) Die Nichtzulassung der Revision kann durch Beschwerde angefochten werden.

(2)[1)] [1]Die Beschwerde ist innerhalb eines Monats nach Zustellung des vollständigen Urteils bei dem Bundesfinanzhof einzulegen. [2]Sie muss das angefochtene Urteil bezeichnen. [3]Der Beschwerdeschrift soll eine Ausfertigung oder Abschrift des Urteils, gegen das die Revision eingelegt werden soll, beigefügt werden. [4]Satz 3 gilt nicht im Falle der elektronischen Beschwerdeeinlegung.

(3) [1]Die Beschwerde ist innerhalb von zwei Monaten nach der Zustellung des vollständigen Urteils zu begründen. [2]Die Begründung ist bei dem Bundesfinanzhof einzureichen. [3]In der Begründung müssen die Voraussetzungen des § 115 Abs. 2 dargelegt werden. [4]Die Begründungsfrist kann von dem Vorsitzenden auf einen vor ihrem Ablauf gestellten Antrag um einen weiteren Monat verlängert werden.

(4) Die Einlegung der Beschwerde hemmt die Rechtskraft des Urteils.

[1)] § 116 Abs. 2 Satz 4 angef. mWv 1.1.2018 durch G v. 5.7.2017 (BGBl. I S. 2208).

(5) [1] Der Bundesfinanzhof entscheidet über die Beschwerde durch Beschluss. [2] Der Beschluss soll kurz begründet werden; von einer Begründung kann abgesehen werden, wenn sie nicht geeignet ist, zur Klärung der Voraussetzungen beizutragen, unter denen eine Revision zuzulassen ist, oder wenn der Beschwerde stattgegeben wird. [3] Mit der Ablehnung der Beschwerde durch den Bundesfinanzhof wird das Urteil rechtskräftig.

(6) Liegen die Voraussetzungen des § 115 Abs. 2 Nr. 3 vor, kann der Bundesfinanzhof in dem Beschluss das angefochtene Urteil aufheben und den Rechtsstreit zur anderweitigen Verhandlung und Entscheidung zurückverweisen.

(7) [1] Wird der Beschwerde gegen die Nichtzulassung der Revision stattgegeben, so wird das Beschwerdeverfahren als Revisionsverfahren fortgesetzt, wenn nicht der Bundesfinanzhof das angefochtene Urteil nach Absatz 6 aufhebt; der Einlegung einer Revision durch den Beschwerdeführer bedarf es nicht. [2] Mit der Zustellung der Entscheidung beginnt für den Beschwerdeführer die Revisionsbegründungsfrist, für die übrigen Beteiligten die Revisions- und die Revisionsbegründungsfrist. [3] Auf Satz 1 und 2 ist in dem Beschluss hinzuweisen.

§ 117 (weggefallen)

§ 118 [Revisionsgründe] (1) [1] Die Revision kann nur darauf gestützt werden, dass das angefochtene Urteil auf der Verletzung von Bundesrecht beruhe. [2] Soweit im Fall des § 33 Abs. 1 Nr. 4 die Vorschriften dieses Unterabschnitts durch Landesgesetz für anwendbar erklärt werden, kann die Revision auch darauf gestützt werden, dass das angefochtene Urteil auf der Verletzung von Landesrecht beruhe.

(2) Der Bundesfinanzhof ist an die in dem angefochtenen Urteil getroffenen tatsächlichen Feststellungen gebunden, es sei denn, dass in Bezug auf diese Feststellungen zulässige und begründete Revisionsgründe vorgebracht sind.

(3) [1] Wird die Revision auf Verfahrensmängel gestützt und liegt nicht zugleich eine der Voraussetzungen des § 115 Abs. 2 Nr. 1 und 2 vor, so ist nur über die geltend gemachten Verfahrensmängel zu entscheiden. [2] Im Übrigen ist der Bundesfinanzhof an die geltend gemachten Revisionsgründe nicht gebunden.

§ 119 [Fälle der Verletzung von Bundesrecht] Ein Urteil ist stets als auf der Verletzung von Bundesrecht beruhend anzusehen, wenn

1. das erkennende Gericht nicht vorschriftsmäßig besetzt war,
2. bei der Entscheidung ein Richter mitgewirkt hat, der von der Ausübung des Richteramts kraft Gesetzes ausgeschlossen oder wegen Besorgnis der Befangenheit mit Erfolg abgelehnt war,
3. einem Beteiligten das rechtliche Gehör versagt war,
4. ein Beteiligter im Verfahren nicht nach Vorschrift des Gesetzes vertreten war, außer wenn er der Prozessführung ausdrücklich oder stillschweigend zugestimmt hat,
5. das Urteil auf eine mündliche Verhandlung ergangen ist, bei der die Vorschriften über die Öffentlichkeit des Verfahrens verletzt worden sind, oder
6. die Entscheidung nicht mit Gründen versehen ist.

§ 120 [Einlegung der Revision] (1)[1] [1] Die Revision ist bei dem Bundesfinanzhof innerhalb eines Monats nach Zustellung des vollständigen Urteils schriftlich einzulegen. [2] Die Revision muss das angefochtene Urteil bezeichnen. [3] Eine Ausfertigung oder Abschrift des Urteils soll beigefügt werden, sofern dies nicht schon nach § 116 Abs. 2 Satz 3 geschehen ist. [4] Satz 3 gilt nicht im Falle der elektronischen Revisionseinlegung.

(2) [1] Die Revision ist innerhalb von zwei Monaten nach Zustellung des vollständigen Urteils zu begründen; im Fall des § 116 Abs. 7 beträgt die Begründungsfrist für den Beschwerdeführer einen Monat nach Zustellung des Beschlusses über die Zulassung der Revision. [2] Die Begründung ist bei dem Bundesfinanzhof einzureichen. [3] Die Frist kann auf einen vor ihrem Ablauf gestellten Antrag von dem Vorsitzenden verlängert werden.

(3) Die Begründung muss enthalten:

1. die Erklärung, inwieweit das Urteil angefochten und dessen Aufhebung beantragt wird (Revisionsanträge);

2. die Angabe der Revisionsgründe, und zwar

   a) die bestimmte Bezeichnung der Umstände, aus denen sich die Rechtsverletzung ergibt;

   b) soweit die Revision darauf gestützt wird, dass das Gesetz in Bezug auf das Verfahren verletzt sei, die Bezeichnung der Tatsachen, die den Mangel ergeben.

§ 121 [Verfahrensvorschriften] [1] Für das Revisionsverfahren gelten die Vorschriften über das Verfahren im ersten Rechtszug und die Vorschriften über Urteile und andere Entscheidungen entsprechend, soweit sich aus den Vorschriften über die Revision nichts anderes ergibt. [2] § 79a über die Entscheidung durch den vorbereitenden Richter und § 94a über das Verfahren nach billigem Ermessen sind nicht anzuwenden. [3] Erklärungen und Beweismittel, die das Finanzgericht nach § 79b zu Recht zurückgewiesen hat, bleiben auch im Revisionsverfahren ausgeschlossen.

§ 122 [Beteiligte am Revisionsverfahren] (1) Beteiligter am Verfahren über die Revision ist, wer am Verfahren über die Klage beteiligt war.

(2) [1] Betrifft das Verfahren eine auf Bundesrecht beruhende Abgabe oder eine Rechtsstreitigkeit über Bundesrecht, so kann das Bundesministerium der Finanzen dem Verfahren beitreten. [2] Betrifft das Verfahren eine von den Landesfinanzbehörden verwaltete Abgabe oder eine Rechtsstreitigkeit über Landesrecht, so steht dieses Recht auch der zuständigen obersten Landesbehörde zu. [3] Der Senat kann die zuständigen Stellen zum Beitritt auffordern. [4] Mit ihrem Beitritt erlangt die Behörde die Rechtsstellung eines Beteiligten.

§ 123 [Unzulässigkeit der Klageänderung] (1) [1] Klageänderungen und Beiladungen sind im Revisionsverfahren unzulässig. [2] Das gilt nicht für Beiladungen nach § 60 Abs. 3 Satz 1.

(2) [1] Ein im Revisionsverfahren nach § 60 Abs. 3 Satz 1 Beigeladener kann Verfahrensmängel nur innerhalb von zwei Monaten nach Zustellung des Beila-

---

[1] § 120 Abs. 1 Satz 4 angef. durch G v. 22.3.2005 (BGBl. I S. 837).

dungsbeschlusses rügen. [2] Die Frist kann auf einen vor ihrem Ablauf gestellten Antrag von dem Vorsitzenden verlängert werden.

§ 124 [Prüfung der Zulässigkeit der Revision] (1) [1] Der Bundesfinanzhof prüft, ob die Revision statthaft und ob sie in der gesetzlichen Form und Frist eingelegt und begründet worden ist. [2] Mangelt es an einem dieser Erfordernisse, so ist die Revision unzulässig.

(2) Der Beurteilung der Revision unterliegen auch diejenigen Entscheidungen, die dem Endurteil vorausgegangen sind, sofern sie nicht nach den Vorschriften dieses Gesetzes unanfechtbar sind.

§ 125 [Rücknahme der Revision] (1) [1] Die Revision kann bis zur Rechtskraft des Urteils zurückgenommen werden. [2] Nach Schluss der mündlichen Verhandlung, bei Verzicht auf die mündliche Verhandlung und nach Ergehen eines Gerichtsbescheides ist die Rücknahme nur mit Einwilligung des Revisionsbeklagten möglich.

(2) Die Zurücknahme bewirkt den Verlust des eingelegten Rechtsmittels.

§ 126 [Entscheidung über die Revision] (1) Ist die Revision unzulässig, so verwirft der Bundesfinanzhof sie durch Beschluss.

(2) Ist die Revision unbegründet, so weist der Bundesfinanzhof sie zurück.

(3) [1] Ist die Revision begründet, so kann der Bundesfinanzhof

1. in der Sache selbst entscheiden oder
2. das angefochtene Urteil aufheben und die Sache zur anderweitigen Verhandlung und Entscheidung zurückverweisen.

[2] Der Bundesfinanzhof verweist den Rechtsstreit zurück, wenn der in dem Revisionsverfahren nach § 123 Abs. 1 Satz 2 Beigeladene ein berechtigtes Interesse daran hat.

(4) Ergeben die Entscheidungsgründe zwar eine Verletzung des bestehenden Rechts, stellt sich die Entscheidung selbst aber aus anderen Gründen als richtig dar, so ist die Revision zurückzuweisen.

(5) Das Gericht, an das die Sache zur anderweitigen Verhandlung und Entscheidung zurückverwiesen ist, hat seiner Entscheidung die rechtliche Beurteilung des Bundesfinanzhofs zugrunde zu legen.

(6) [1] Die Entscheidung über die Revision bedarf keiner Begründung, soweit der Bundesfinanzhof Rügen von Verfahrensmängeln nicht für durchgreifend erachtet. [2] Das gilt nicht für Rügen nach § 119 und, wenn mit der Revision ausschließlich Verfahrensmängel geltend gemacht werden, für Rügen, auf denen die Zulassung der Revision beruht.

§ 126a [Unbegründete Revision] [1] Der Bundesfinanzhof kann über die Revision in der Besetzung von fünf Richtern durch Beschluss entscheiden, wenn er einstimmig die Revision für unbegründet und eine mündliche Verhandlung nicht für erforderlich hält. [2] Die Beteiligten sind vorher zu hören. [3] Der Beschluss soll eine kurze Begründung enthalten; dabei sind die Voraussetzungen dieses Verfahrens festzustellen. [4] § 126 Abs. 6 gilt entsprechend.

§ 127 [Zurückverweisung] Ist während des Revisionsverfahrens ein neuer oder geänderter Verwaltungsakt Gegenstand des Verfahrens geworden (§§ 68, 123 Satz 2), so kann der Bundesfinanzhof das angefochtene Urteil aufheben und die Sache zur anderweitigen Verhandlung und Entscheidung an das Finanzgericht zurückverweisen.

Unterabschnitt 2. Beschwerde, Erinnerung, Anhörungsrüge

§ 128 [Fälle der Zulässigkeit der Beschwerde] (1) Gegen die Entscheidungen des Finanzgerichts, des Vorsitzenden oder des Berichterstatters, die nicht Urteile oder Gerichtsbescheide sind, steht den Beteiligten und den sonst von der Entscheidung Betroffenen die Beschwerde an den Bundesfinanzhof zu, soweit nicht in diesem Gesetz etwas anderes bestimmt ist.

(2) Prozessleitende Verfügungen, Aufklärungsanordnungen, Beschlüsse über die Vertagung oder die Bestimmung einer Frist, Beweisbeschlüsse, Beschlüsse nach den §§ 91a und 93a, Beschlüsse über die Ablehnung von Beweisanträgen, über Verbindung und Trennung von Verfahren und Ansprüchen und über die Ablehnung von Gerichtspersonen, Sachverständigen und Dolmetschern, Einstellungsbeschlüsse nach Klagerücknahme sowie Beschlüsse im Verfahren der Prozesskostenhilfe können nicht mit der Beschwerde angefochten werden.

(3) [1] Gegen die Entscheidung über die Aussetzung der Vollziehung nach § 69 Abs. 3 und 5 und über einstweilige Anordnungen nach § 114 Abs. 1 steht den Beteiligten die Beschwerde nur zu, wenn sie in der Entscheidung zugelassen worden ist. [2] Für die Zulassung gilt § 115 Abs. 2 entsprechend.

(4) [1] In Streitigkeiten über Kosten ist die Beschwerde nicht gegeben. [2] Das gilt nicht für die Beschwerde gegen die Nichtzulassung der Revision.

§ 129 [Einlegung der Beschwerde] (1)[1)] Die Beschwerde ist beim Finanzgericht schriftlich oder zu Protokoll des Urkundsbeamten der Geschäftsstelle innerhalb von zwei Wochen nach Bekanntgabe der Entscheidung einzulegen.

(2) Die Beschwerdefrist ist auch gewahrt, wenn die Beschwerde innerhalb der Frist beim Bundesfinanzhof eingeht.

§ 130 [Abhilfe oder Vorlage beim BFH] (1) Hält das Finanzgericht, der Vorsitzende oder der Berichterstatter, dessen Entscheidung angefochten wird, die Beschwerde für begründet, so ist ihr abzuhelfen; sonst ist sie unverzüglich dem Bundesfinanzhof vorzulegen.

(2) Das Finanzgericht soll die Beteiligten von der Vorlage der Beschwerde in Kenntnis setzen.

§ 131 [Aufschiebende Wirkung der Beschwerde] (1) [1] Die Beschwerde hat nur dann aufschiebende Wirkung, wenn sie die Festsetzung eines Ordnungs- oder Zwangsmittels zum Gegenstand hat. [2] Das Finanzgericht, der Vorsitzende oder der Berichterstatter, dessen Entscheidung angefochten wird, kann auch sonst bestimmen, dass die Vollziehung der angefochtenen Entscheidung einstweilen auszusetzen ist.

(2) Die §§ 178 und 181 Abs. 2 des Gerichtsverfassungsgesetzes bleiben unberührt.

§ 132 [Entscheidung über die Beschwerde] Über die Beschwerde entscheidet der Bundesfinanzhof durch Beschluss.

[1)] § 129 Abs. 1 geänd. mWv 1.1.2018 durch G v. 5.7.2017 (BGBl. I S. 2208).

§ 133 [Antrag auf Entscheidung des Gerichts] (1)[1] [1] Gegen die Entscheidung des beauftragten oder ersuchten Richters oder des Urkundsbeamten kann innerhalb von zwei Wochen nach Bekanntgabe die Entscheidung des Finanzgerichts beantragt werden. [2] Der Antrag ist schriftlich oder zu Protokoll des Urkundsbeamten der Geschäftsstelle des Gerichts zu stellen. [3] Die §§ 129 bis 131 gelten sinngemäß.

(2) Im Verfahren vor dem Bundesfinanzhof gilt Absatz 1 für Entscheidungen des beauftragten oder ersuchten Richters oder des Urkundsbeamten der Geschäftsstelle sinngemäß.

§ 133a[2] [Anhörungsrüge] (1) [1] Auf die Rüge eines durch eine gerichtliche Entscheidung beschwerten Beteiligten ist das Verfahren fortzuführen, wenn

1. ein Rechtsmittel oder ein anderer Rechtsbehelf gegen die Entscheidung nicht gegeben ist und

2. das Gericht den Anspruch dieses Beteiligten auf rechtliches Gehör in entscheidungserheblicher Weise verletzt hat.

[2] Gegen eine der Endentscheidung vorausgehende Entscheidung findet die Rüge nicht statt.

(2)[3] [1] Die Rüge ist innerhalb von zwei Wochen nach Kenntnis von der Verletzung des rechtlichen Gehörs zu erheben; der Zeitpunkt der Kenntniserlangung ist glaubhaft zu machen. [2] Nach Ablauf eines Jahres seit Bekanntgabe der angegriffenen Entscheidung kann die Rüge nicht mehr erhoben werden. [3] Formlos mitgeteilte Entscheidungen gelten mit dem dritten Tage nach Aufgabe zur Post als bekannt gegeben. [4] Die Rüge ist schriftlich oder zu Protokoll des Urkundsbeamten der Geschäftsstelle bei dem Gericht zu erheben, dessen Entscheidung angegriffen wird. [5] Die Rüge muss die angegriffene Entscheidung bezeichnen und das Vorliegen der in Absatz 1 Satz 1 Nr. 2 genannten Voraussetzungen darlegen.

(3) Den übrigen Beteiligten ist, soweit erforderlich, Gelegenheit zur Stellungnahme zu geben.

(4) [1] Ist die Rüge nicht statthaft oder nicht in der gesetzlichen Form oder Frist erhoben, so ist sie als unzulässig zu verwerfen. [2] Ist die Rüge unbegründet, weist das Gericht sie zurück. [3] Die Entscheidung ergeht durch unanfechtbaren Beschluss. [4] Der Beschluss soll kurz begründet werden.

(5) [1] Ist die Rüge begründet, so hilft ihr das Gericht ab, indem es das Verfahren fortführt, soweit dies aufgrund der Rüge geboten ist. [2] Das Verfahren wird in die Lage zurückversetzt, in der es sich vor dem Schluss der mündlichen Verhandlung befand. [3] In schriftlichen Verfahren tritt an die Stelle des Schlusses der mündlichen Verhandlung der Zeitpunkt, bis zu dem Schriftsätze eingereicht werden können. [4] Für den Ausspruch des Gerichts ist § 343 der Zivilprozessordnung entsprechend anzuwenden.

(6) § 131 Abs. 1 Satz 2 ist entsprechend anzuwenden.

---

[1] § 133 Abs. 1 Satz 2 geänd. mWv 1.1.2018 durch G v. 5.7.2017 (BGBl. I S. 2208).
[2] § 133a eingef. mWv 1.1.2005 durch G v. 9.12.2004 (BGBl. I S. 3220).
[3] § 133a Abs. 2 Satz 5 aufgeh., bish. Satz 6 wird Satz 5 mWv 1.7.2008 durch G v. 12.12.2007 (BGBl. I S. 2840); Satz 4 geänd. mWv 1.1.2018 durch G v. 5.7.2017 (BGBl. I S. 2208).

Unterabschnitt 3. Wiederaufnahme des Verfahrens

§ 134 [Anwendbarkeit der ZPO] Ein rechtskräftig beendetes Verfahren kann nach den Vorschriften des Vierten Buchs der Zivilprozessordnung wieder aufgenommen werden.

Dritter Teil. Kosten und Vollstreckung

Abschnitt I. Kosten[1])

§ 135 [Kostenpflichtige] (1) Der unterliegende Beteiligte trägt die Kosten des Verfahrens.

(2) Die Kosten eines ohne Erfolg eingelegten Rechtsmittels fallen demjenigen zur Last, der das Rechtsmittel eingelegt hat.

(3) Dem Beigeladenen können Kosten nur auferlegt werden, soweit er Anträge gestellt oder Rechtsmittel eingelegt hat.

(4) Die Kosten des erfolgreichen Wiederaufnahmeverfahrens können der Staatskasse auferlegt werden, soweit sie nicht durch das Verschulden eines Beteiligten entstanden sind.

(5) [1]Besteht der kostenpflichtige Teil aus mehreren Personen, so haften diese nach Kopfteilen. [2]Bei erheblicher Verschiedenheit ihrer Beteiligung kann nach Ermessen des Gerichts die Beteiligung zum Maßstab genommen werden.

§ 136 [Kompensation der Kosten] (1) [1]Wenn ein Beteiligter teils obsiegt, teils unterliegt, so sind die Kosten gegeneinander aufzuheben oder verhältnismäßig zu teilen. [2]Sind die Kosten gegeneinander aufgehoben, so fallen die Gerichtskosten jedem Teil zur Hälfte zur Last. [3]Einem Beteiligten können die Kosten ganz auferlegt werden, wenn der andere nur zu einem geringen Teil unterlegen ist.

(2) Wer einen Antrag, eine Klage, ein Rechtsmittel oder einen anderen Rechtsbehelf zurücknimmt, hat die Kosten zu tragen.

(3) Kosten, die durch einen Antrag auf Wiedereinsetzung in den vorigen Stand entstehen, fallen dem Antragsteller zur Last.

§ 137[2]) [Anderweitige Auferlegung der Kosten] [1]Einem Beteiligten können die Kosten ganz oder teilweise auch dann auferlegt werden, wenn er obsiegt hat, die Entscheidung aber auf Tatsachen beruht, die er früher hätte geltend machen oder beweisen können und sollen. [2]Kosten, die durch Verschulden eines Beteiligten entstanden sind, können diesem auferlegt werden. [3]Berücksichtigt das Gericht nach § 76 Abs. 3 Erklärungen und Beweismittel, die im Einspruchsverfahren nach § 364b der Abgabenordnung[3]) rechtmäßig zurückgewiesen wurden, sind dem Kläger insoweit die Kosten aufzuerlegen.

§ 138 [Kostenentscheidung durch Beschluss] (1) Ist der Rechtsstreit in der Hauptsache erledigt, so entscheidet das Gericht nach billigem Ermessen über die Kosten des Verfahrens durch Beschluss; der bisherige Sach- und Streitstand ist zu berücksichtigen.

---

[1]) Wegen der Berechnung der Kosten siehe §§ 3 und 34 sowie Anlagen 1 und 2 des Gerichtskostengesetzes (Anhang zu Nr. **2**).
[2]) § 137 Satz 3 angef. mWv 28.12.2001 durch G v. 19.12.2001 (BGBl. I S. 3922).
[3]) Nr. **1**.

(2) [1] Soweit ein Rechtsstreit dadurch erledigt wird, dass dem Antrag des Steuerpflichtigen durch Rücknahme oder Änderung des angefochtenen Verwaltungsakts stattgegeben oder dass im Fall der Untätigkeitsklage gemäß § 46 Abs. 1 Satz 3 Halbsatz 2 innerhalb der gesetzten Frist dem außergerichtlichen Rechtsbehelf stattgegeben oder der beantragte Verwaltungsakt erlassen wird, sind die Kosten der Behörde aufzuerlegen. [2] § 137 gilt sinngemäß.

(3)[1)] Der Rechtsstreit ist auch in der Hauptsache erledigt, wenn der Beklagte der Erledigungserklärung des Klägers nicht innerhalb von zwei Wochen seit Zustellung des die Erledigungserklärung enthaltenden Schriftsatzes widerspricht und er vom Gericht auf diese Folge hingewiesen worden ist.

§ 139 [Erstattungsfähige Kosten] (1) Kosten sind die Gerichtskosten (Gebühren und Auslagen) und die zur zweckentsprechenden Rechtsverfolgung oder Rechtsverteidigung notwendigen Aufwendungen der Beteiligten einschließlich der Kosten des Vorverfahrens.

(2) Die Aufwendungen der Finanzbehörden sind nicht zu erstatten.

(3) [1] Gesetzlich vorgesehene Gebühren und Auslagen eines Bevollmächtigten oder Beistands, der nach den Vorschriften des Steuerberatungsgesetzes zur geschäftsmäßigen Hilfeleistung in Steuersachen befugt ist, sind stets erstattungsfähig. [2] Aufwendungen für einen Bevollmächtigten oder Beistand, für den Gebühren und Auslagen gesetzlich nicht vorgesehen sind, können bis zur Höhe der gesetzlichen Gebühren und Auslagen der Rechtsanwälte erstattet werden. [3] Soweit ein Vorverfahren geschwebt hat, sind die Gebühren und Auslagen erstattungsfähig, wenn das Gericht die Zuziehung eines Bevollmächtigten oder Beistands für das Vorverfahren für notwendig erklärt. [4] Steht der Bevollmächtigte oder Beistand in einem Angestelltenverhältnis zu einem Beteiligten, so werden die durch seine Zuziehung entstandenen Gebühren nicht erstattet.

(4) Die außergerichtlichen Kosten des Beigeladenen sind nur erstattungsfähig, wenn das Gericht sie aus Billigkeit der unterliegenden Partei oder der Staatskasse auferlegt.

§§ 140 und 141 (weggefallen)

§ 142 [Prozesskostenhilfe] (1) Die Vorschriften der Zivilprozessordnung über die Prozesskostenhilfe gelten sinngemäß.

(2)[2)] [1] Einem Beteiligten, dem Prozesskostenhilfe bewilligt worden ist, kann auch ein Steuerberater, Steuerbevollmächtigter, Wirtschaftsprüfer oder vereidigter Buchprüfer beigeordnet werden. [2] Die Vergütung richtet sich nach den für den beigeordneten Rechtsanwalt geltenden Vorschriften des Rechtsanwaltsvergütungsgesetzes.

(3)[3)] [1] Die Prüfung der persönlichen und wirtschaftlichen Verhältnisse nach den §§ 114 bis 116 der Zivilprozessordnung einschließlich der in § 118 Absatz 2 der Zivilprozessordnung bezeichneten Maßnahmen und der Entscheidungen nach § 118 Absatz 2 Satz 4 der Zivilprozessordnung obliegt dem Urkundsbeamten der Geschäftsstelle des jeweiligen Rechtszugs, wenn der Vorsitzende

---

[1)] § 138 Abs. 3 angef. durch G v. 24.8.2004 (BGBl. I S. 2198).
[2)] § 142 Abs. 2 Satz 1 geänd., Satz 2 angef. mWv 1.1.2014 durch G v. 31.8.2013 (BGBl. I S. 3533).
[3)] § 142 Abs. 3 angef. mWv 1.1.2014 durch G v. 31.8.2013 (BGBl. I S. 3533); neu gef. mWv 16.7.2014 durch G v. 8.7.2014 (BGBl. I S. 890).

ihm das Verfahren insoweit überträgt. [2]Liegen die Voraussetzungen für die Bewilligung der Prozesskostenhilfe hiernach nicht vor, erlässt der Urkundsbeamte die den Antrag ablehnende Entscheidung; anderenfalls vermerkt der Urkundsbeamte in den Prozessakten, dass dem Antragsteller nach seinen persönlichen und wirtschaftlichen Verhältnissen Prozesskostenhilfe gewährt werden kann und in welcher Höhe gegebenenfalls Monatsraten oder Beträge aus dem Vermögen zu zahlen sind.

(4)[1] Dem Urkundsbeamten obliegen im Verfahren über die Prozesskostenhilfe ferner die Bestimmung des Zeitpunkts für die Einstellung und eine Wiederaufnahme der Zahlungen nach § 120 Absatz 3 der Zivilprozessordnung sowie die Änderung und die Aufhebung der Bewilligung der Prozesskostenhilfe nach den §§ 120a und 124 Absatz 1 Nummer 2 bis 5 der Zivilprozessordnung.

(5)[2] [1]Der Vorsitzende kann Aufgaben nach den Absätzen 3 und 4 zu jedem Zeitpunkt an sich ziehen. [2]§ 5 Absatz 1 Nummer 1, die §§ 6, 7, 8 Absatz 1 bis 4 und § 9 des Rechtspflegergesetzes gelten entsprechend mit der Maßgabe, dass an die Stelle des Rechtspflegers der Urkundsbeamte der Geschäftsstelle tritt.

(6)[1] § 79a Absatz 4 gilt entsprechend.

(7)[1] [1]Gegen Entscheidungen des Urkundsbeamten nach den Absätzen 3 und 4 ist die Erinnerung an das Gericht gegeben. [2]Die Frist für die Einlegung der Erinnerung beträgt zwei Wochen. [3]Über die Erinnerung entscheidet das Gericht durch Beschluss.

(8)[1] Durch Landesgesetz kann bestimmt werden, dass die Absätze 3 bis 7 für die Gerichte des jeweiligen Landes nicht anzuwenden sind.

§ 143 [Kostenentscheidung] (1) Das Gericht hat im Urteil oder, wenn das Verfahren in anderer Weise beendet worden ist, durch Beschluss über die Kosten zu entscheiden.

(2) Wird eine Sache vom Bundesfinanzhof an das Finanzgericht zurückverwiesen, so kann diesem die Entscheidung über die Kosten des Verfahrens übertragen werden.

§ 144 [Kostenentscheidung bei Rücknahme eines Rechtsbehelfs]

Ist ein Rechtsbehelf seinem vollen Umfang nach zurückgenommen worden, so wird über die Kosten des Verfahrens nur entschieden, wenn ein Beteiligter Kostenerstattung beantragt.

§ 145 [Anfechtung der Kostenentscheidung] Die Anfechtung der Entscheidung über die Kosten ist unzulässig, wenn nicht gegen die Entscheidung in der Hauptsache ein Rechtsmittel eingelegt wird.

§§ 146 bis 148 (weggefallen)

§ 149 [Festsetzung der zu erstattenden Aufwendungen] (1) Die den Beteiligten zu erstattenden Aufwendungen werden auf Antrag von dem Urkundsbeamten des Gerichts des ersten Rechtszugs festgesetzt.

---

[1] § 142 Abs. 4 und 6 bis 8 angef. mWv 1.1.2014 durch G v. 31.8.2013 (BGBl. I S. 3533).
[2] § 142 Abs. 5 angef. mWv 1.1.2014 durch G v. 31.8.2013 (BGBl. I S. 3533, ber. 2016 S. 121).

(2) ¹Gegen die Festsetzung ist die Erinnerung an das Gericht gegeben. ²Die Frist für die Einlegung der Erinnerung beträgt zwei Wochen. ³Über die Zulässigkeit der Erinnerung sind die Beteiligten zu belehren.

(3) Der Vorsitzende des Gerichts oder das Gericht können anordnen, dass die Vollstreckung einstweilen auszusetzen ist.

(4) Über die Erinnerung entscheidet das Gericht durch Beschluss.

Abschnitt II. Vollstreckung

§ 150¹⁾ [Anwendung der Bestimmungen der AO] ¹Soll zugunsten des Bundes, eines Landes, eines Gemeindeverbands, einer Gemeinde oder einer Körperschaft, Anstalt oder Stiftung des öffentlichen Rechts als Abgabenberechtigte vollstreckt werden, so richtet sich die Vollstreckung nach den Bestimmungen der Abgabenordnung²⁾, soweit nicht durch Gesetz etwas anderes bestimmt ist. ²Vollstreckungsbehörden sind die Finanzämter und Hauptzollämter. ³Für die Vollstreckung gilt § 69 sinngemäß.

§ 151 [Anwendung der Bestimmungen der ZPO] (1) ¹Soll gegen den Bund, ein Land, einen Gemeindeverband, eine Gemeinde, eine Körperschaft, eine Anstalt oder Stiftung des öffentlichen Rechts vollstreckt werden, so gilt für die Zwangsvollstreckung das Achte Buch der Zivilprozessordnung sinngemäß; § 150 bleibt unberührt. ²Vollstreckungsgericht ist das Finanzgericht.

(2) Vollstreckt wird

1. aus rechtskräftigen und aus vorläufig vollstreckbaren gerichtlichen Entscheidungen,

2. aus einstweiligen Anordnungen,

3. aus Kostenfestsetzungsbeschlüssen.

(3) Urteile auf Anfechtungs- und Verpflichtungsklagen können nur wegen der Kosten für vorläufig vollstreckbar erklärt werden.

(4) Für die Vollstreckung können den Beteiligten auf ihren Antrag Ausfertigungen des Urteils ohne Tatbestand und ohne Entscheidungsgründe erteilt werden, deren Zustellung in den Wirkungen der Zustellung eines vollständigen Urteils gleichsteht.

§ 152 [Vollstreckung wegen Geldforderungen] (1) ¹Soll im Fall des § 151 wegen einer Geldforderung vollstreckt werden, so verfügt das Vollstreckungsgericht auf Antrag des Gläubigers die Vollstreckung. ²Es bestimmt die vorzunehmenden Vollstreckungsmaßnahmen und ersucht die zuständigen Stellen um deren Vornahme. ³Die ersuchte Stelle ist verpflichtet, dem Ersuchen nach den für sie geltenden Vollstreckungsvorschriften nachzukommen.

(2) ¹Das Gericht hat vor Erlass der Vollstreckungsverfügung die Behörde oder bei Körperschaften, Anstalten und Stiftungen des öffentlichen Rechts, gegen die vollstreckt werden soll, die gesetzlichen Vertreter von der beabsichtigten Vollstreckung zu benachrichtigen mit der Aufforderung, die Vollstreckung innerhalb einer vom Gericht zu bemessenden Frist abzuwenden. ²Die Frist darf einen Monat nicht übersteigen.

---

¹⁾ § 150 Satz 2 geänd. durch G v. 22.3.2005 (BGBl. I S. 837).
²⁾ Nr. **1.**

(3) ¹Die Vollstreckung ist unzulässig in Sachen, die für die Erfüllung öffentlicher Aufgaben unentbehrlich sind oder deren Veräußerung ein öffentliches Interesse entgegensteht. ²Über Einwendungen entscheidet das Gericht nach Anhörung der zuständigen Aufsichtsbehörde oder bei obersten Bundes- oder Landesbehörden des zuständigen Ministers.

(4) Für öffentlich-rechtliche Kreditinstitute gelten die Absätze 1 bis 3 nicht.

(5) Der Ankündigung der Vollstreckung und der Einhaltung einer Wartefrist bedarf es nicht, wenn es sich um den Vollzug einer einstweiligen Anordnung handelt.

§ 153 [Vollstreckung ohne Vollstreckungsklausel] In den Fällen der §§ 150, 152 Abs. 1 bis 3 bedarf es einer Vollstreckungsklausel nicht.

§ 154¹⁾ [Androhung eines Zwangsgeldes] ¹Kommt die Finanzbehörde in den Fällen des § 100 Abs. 1 Satz 2 und der §§ 101 und 114 der ihr im Urteil oder in der einstweiligen Anordnung auferlegten Verpflichtung nicht nach, so kann das Gericht des ersten Rechtszugs auf Antrag unter Fristsetzung gegen sie ein Zwangsgeld bis eintausend Euro durch Beschluss androhen, nach fruchtlosem Fristablauf festsetzen und von Amts wegen vollstrecken. ²Das Zwangsgeld kann wiederholt angedroht, festgesetzt und vollstreckt werden.

Vierter Teil. Übergangs- und Schlussbestimmungen

§ 155²⁾ [Anwendung von GVG und von ZPO] ¹Soweit dieses Gesetz keine Bestimmungen über das Verfahren enthält, sind das Gerichtsverfassungsgesetz und, soweit die grundsätzlichen Unterschiede der beiden Verfahrensarten es nicht ausschließen, die Zivilprozessordnung einschließlich § 278 Absatz 5 und § 278a sinngemäß anzuwenden; Buch 6 der Zivilprozessordnung ist nicht anzuwenden. ²Die Vorschriften des Siebzehnten Titels des Gerichtsverfassungsgesetzes sind mit der Maßgabe entsprechend anzuwenden, dass an die Stelle des Oberlandesgerichts und des Bundesgerichtshofs der Bundesfinanzhof und an die Stelle der Zivilprozessordnung die Finanzgerichtsordnung tritt; die Vorschriften über das Verfahren im ersten Rechtszug sind entsprechend anzuwenden.

§ 156³⁾ [§ 6 EGGVG] § 6 des Einführungsgesetzes zum Gerichtsverfassungsgesetz gilt entsprechend.

§ 157 [Folgen der Nichtigkeitserklärung von landesrechtlichen Vorschriften] ¹Hat das Verfassungsgericht eines Landes die Nichtigkeit von Landesrecht oder Vorschriften des Landesrechts für nichtig erklärt, so bleiben vorbehaltlich einer besonderen gesetzlichen Regelung durch das Land die nicht mehr anfechtbaren Entscheidungen der Gerichte der Finanzgerichtsbarkeit, die auf der für nichtig erklärten Norm beruhen, unberührt. ²Die Vollstreckung aus einer solchen Entscheidung ist unzulässig. ³§ 767 der Zivilprozessordnung gilt sinngemäß.

---

¹⁾ § 154 Satz 1 geänd. mWv 1.1.2002 durch G v. 19.12.2000 (BGBl. I S. 1757).
²⁾ § 155 Satz 2 angef. durch G v. 24.11.2011 (BGBl. I S. 2302); Satz 1 geänd. mWv 26.7.2012 durch G v. 21.7.2012 (BGBl. I S. 1577); Satz 1 geänd. mWv 1.11.2018 durch G v. 12.7.2018 (BGBl. I S. 1151).
³⁾ § 156 eingef. mWv 1.1.2005 durch G v. 21.12.2004 (BGBl. I S. 3599).

§ 158 [Eidliche Vernehmung, Beeidigung] ¹Die eidliche Vernehmung eines Auskunftspflichtigen nach § 94 der Abgabenordnung¹⁾ oder die Beeidigung eines Sachverständigen nach § 96 Abs. 7 Satz 5 der Abgabenordnung durch das Finanzgericht findet vor dem dafür im Geschäftsverteilungsplan bestimmten Richter statt. ²Über die Rechtmäßigkeit einer Verweigerung des Zeugnisses, des Gutachtens oder der Eidesleistung entscheidet das Finanzgericht durch Beschluss.

§ 159²⁾ **[§ 43 EGGVG]** § 43 des Einführungsgesetzes zum Gerichtsverfassungsgesetz gilt entsprechend.

§ 160 [Beteiligung und Beiladung] Soweit der Finanzrechtsweg auf Grund des § 33 Abs. 1 Nr. 4 eröffnet wird, können die Beteiligung am Verfahren und die Beiladung durch Gesetz abweichend von den Vorschriften dieses Gesetzes geregelt werden.

§ 161 (Aufhebung von Vorschriften)

§§ 162 bis 183 (weggefallen)

§ 184 (1) Inkrafttreten.³⁾

(2) (Überleitungsvorschriften)

---

¹⁾ Nr. **1**.
²⁾ § 159 eingef. mWv 19.10.2017 durch G v. 8.10.2017 (BGBl. I S. 3546).
³⁾ § 184 betrifft das Inkrafttreten des Gesetzes in seiner ursprünglichen Fassung v. 6.10.1965. Das Inkrafttreten der späteren Änderungen ergibt sich aus den jeweiligen Änderungsgesetzen.

Anhang
(zu §§ 135 ff. FGO, Kosten)

§§ 1, 3, 34 und 52 des Gerichtskostengesetzes

In der Fassung der Bekanntmachung vom 27. Februar 2014[1]
(BGBl. I S. 154)

FNA 360-7

zuletzt geänd. durch G v. 18.1.2021 (BGBl. I S. 2)

§ 1 Geltungsbereich. (1) …

(2) Dieses Gesetz ist ferner anzuwenden für Verfahren

1.   …

2.   vor den Gerichten der Finanzgerichtsbarkeit nach der Finanzgerichtsordnung;

3.–5. …

(3) …

(4) Kosten nach diesem Gesetz werden auch erhoben für Verfahren über eine Beschwerde, die mit einem der in den Absätzen 1 bis 3 genannten Verfahren im Zusammenhang steht.

(5) Die Vorschriften dieses Gesetzes über die Erinnerung und die Beschwerde gehen den Regelungen der für das zugrunde liegende Verfahren geltenden Verfahrensvorschriften vor.

§ 3 Höhe der Kosten. (1) Die Gebühren richten sich nach dem Wert des Streitgegenstands (Streitwert), soweit nichts anderes bestimmt ist.

(2) Kosten werden nach dem Kostenverzeichnis der Anlage 1 zu diesem Gesetz erhoben.

§ 34[2] Wertgebühren. (1) ¹Wenn sich die Gebühren nach dem Streitwert richten, beträgt bei einem Streitwert bis 500 Euro die Gebühr 38 Euro. ²Die Gebühr erhöht sich bei einem

Streitwert bis … Euro	für jeden angefangenen Betrag von weiteren … Euro	um … Euro
2 000	500	20
10 000	1 000	21
25 000	3 000	29
50 000	5 000	38
200 000	15 000	132
500 000	30 000	198
über 500 000	50 000	198

³Eine Gebührentabelle für Streitwerte bis 500 000 Euro ist diesem Gesetz als Anlage 2 beigefügt.

(2) Der Mindestbetrag einer Gebühr ist 15 Euro.

§ 52[3] Verfahren vor Gerichten der Verwaltungs-, Finanz- und Sozialgerichtsbarkeit.

(1) In Verfahren vor den Gerichten der Verwaltungs-, Finanz- und Sozialgerichtsbarkeit ist, soweit nichts anderes bestimmt ist, der Streitwert nach der sich aus dem Antrag des Klägers für ihn ergebenden Bedeutung der Sache nach Ermessen zu bestimmen.

---

[1] Neubekanntmachung des GKG v. 5.5.2004 (BGBl. I S. 718) in der ab 1.1.2014 geltenden Fassung.
[2] § 34 Abs. 1 Sätze 1 und 2 neu gef. mWv 1.1.2021 durch G v. 21.12.2020 (BGBl. I S. 3229).
[3] § 52 Abs. 3 Satz 3 angef., Abs. 5 eingef., bish. Abs. 5–7 werden Abs. 6–8 mWv 16.7.2014 durch G v. 8.7.2014 (BGBl. I S. 890); Abs. 7 geänd. mWv 4.7.2015 durch G v. 29.6.2015 (BGBl. I S. 1042); Abs. 4 Nr. 2 und 3 geänd., Nr. 4 angef. mWv 1.1.2019 durch G v. 9.8.2019 (BGBl. I S. 1202).

(2) Bietet der Sach- und Streitstand für die Bestimmung des Streitwerts keine genügenden Anhaltspunkte, ist ein Streitwert von 5 000 Euro anzunehmen.

(3) [1] Betrifft der Antrag des Klägers eine bezifferte Geldleistung oder einen hierauf bezogenen Verwaltungsakt, ist deren Höhe maßgebend. [2] Hat der Antrag des Klägers offensichtlich absehbare Auswirkungen auf künftige Geldleistungen oder auf noch zu erlassende, auf derartige Geldleistungen bezogene Verwaltungsakte, ist die Höhe des sich aus Satz 1 ergebenden Streitwerts um den Betrag der offensichtlich absehbaren zukünftigen Auswirkungen für den Kläger anzuheben, wobei die Summe das Dreifache des Werts nach Satz 1 nicht übersteigen darf. [3] In Verfahren in Kindergeldangelegenheiten vor den Gerichten der Finanzgerichtsbarkeit ist § 42 Absatz 1 Satz 1 und Absatz 3 entsprechend anzuwenden; an die Stelle des dreifachen Jahresbetrags tritt der einfache Jahresbetrag.

(4) In Verfahren

1. vor den Gerichten der Finanzgerichtsbarkeit, mit Ausnahme der Verfahren nach § 155 Satz 2 der Finanzgerichtsordnung und der Verfahren in Kindergeldangelegenheiten, darf der Streitwert nicht unter 1 500 Euro,

2. vor den Gerichten der Sozialgerichtsbarkeit und bei Rechtsstreitigkeiten nach dem Krankenhausfinanzierungsgesetz nicht über 2 500 000 Euro,

3. vor den Gerichten der Verwaltungsgerichtsbarkeit über Ansprüche nach dem Vermögensgesetz nicht über 500 000 Euro und

4. bei Rechtsstreitigkeiten nach § 36 Absatz 6 Satz 1 des Pflegeberufegesetzes nicht über 1 500 000 Euro

angenommen werden.

(5) Solange in Verfahren vor den Gerichten der Finanzgerichtsbarkeit der Wert nicht festgesetzt ist und sich der nach den Absätzen 3 und 4 Nummer 1 maßgebende Wert auch nicht unmittelbar aus den gerichtlichen Verfahrensakten ergibt, sind die Gebühren vorläufig nach dem in Absatz 4 Nummer 1 bestimmten Mindestwert zu bemessen.

(6) [1] In Verfahren, die die Begründung, die Umwandlung, das Bestehen, das Nichtbestehen oder die Beendigung eines besoldeten öffentlich-rechtlichen Dienst- oder Amtsverhältnisses betreffen, ist Streitwert

1. die Summe der für ein Kalenderjahr zu zahlenden Bezüge mit Ausnahme nicht ruhegehaltsfähiger Zulagen, wenn Gegenstand des Verfahrens ein Dienst- oder Amtsverhältnis auf Lebenszeit ist,

2. im Übrigen die Hälfte der für ein Kalenderjahr zu zahlenden Bezüge mit Ausnahme nicht ruhegehaltsfähiger Zulagen.

[2] Maßgebend für die Berechnung ist das laufende Kalenderjahr. [3] Bezügebestandteile, die vom Familienstand oder von Unterhaltsverpflichtungen abhängig sind, bleiben außer Betracht. [4] Betrifft das Verfahren die Verleihung eines anderen Amts oder den Zeitpunkt einer Versetzung in den Ruhestand, ist Streitwert die Hälfte des sich nach den Sätzen 1 bis 3 ergebenden Betrags.

(7) Ist mit einem in Verfahren nach Absatz 6 verfolgten Klagebegehren ein aus ihm hergeleiteter vermögensrechtlicher Anspruch verbunden, ist nur ein Klagebegehren, und zwar das wertmäßig höhere, maßgebend.

(8) Dem Kläger steht gleich, wer sonst das Verfahren des ersten Rechtszugs beantragt hat.

Anlage 1[1]
(zu § 3 Abs. 2)

Kostenverzeichnis

Teil 6. Verfahren vor den Gerichten der Finanzgerichtsbarkeit

Nr.	Gebührentatbestand	Gebühr oder Satz der Gebühr nach § 34 GKG
	Hauptabschnitt 1. Prozessverfahren	
	Abschnitt 1. Erster Rechtszug	
	Unterabschnitt 1. Verfahren vor dem Finanzgericht	
6110	Verfahren im Allgemeinen, soweit es sich nicht nach § 45 Abs. 3 FGO erledigt	4,0

6111	Beendigung des gesamten Verfahrens durch
	1. Zurücknahme der Klage
	  a) vor dem Schluss der mündlichen Verhandlung oder,
	  b) wenn eine solche nicht stattfindet, vor Ablauf des Tages, an dem das Urteil oder der Gerichtsbescheid der Geschäftsstelle übermittelt wird, oder
	2. Beschluss in den Fällen des § 138 FGO,
	
	es sei denn, dass bereits ein Urteil oder ein Gerichtsbescheid vorausgegangen ist:
	Die Gebühr 6110 ermäßigt sich auf ....
	Die Gebühr ermäßigt sich auch, wenn mehrere Ermäßigungstatbestände erfüllt sind.
		2,0

	Unterabschnitt 2. Verfahren vor dem Bundesfinanzhof	
6112	Verfahren im Allgemeinen	5,0

6113	Beendigung des gesamten Verfahrens durch
	1. Zurücknahme der Klage
	  a) vor dem Schluss der mündlichen Verhandlung oder,
	  b) wenn eine solche nicht stattfindet, vor Ablauf des Tages, an dem das Urteil oder der Gerichtsbescheid der Geschäftsstelle übermittelt wird, oder
	2. Beschluss in den Fällen des § 138 FGO,
	
	es sei denn, dass bereits ein Urteil oder ein Gerichtsbescheid vorausgegangen ist:
	Die Gebühr 6112 ermäßigt sich auf ....
	Die Gebühr ermäßigt sich auch, wenn mehrere Ermäßigungstatbestände erfüllt sind.
		3,0

	Abschnitt 2. Revision	
6120	Verfahren im Allgemeinen	5,0
6121	Beendigung des gesamten Verfahrens durch Zurücknahme der Revision oder der Klage, bevor die Schrift zur Begründung der Revision bei Gericht eingegangen ist: Die Gebühr 6120 ermäßigt sich auf .... Erledigungen in den Fällen des § 138 FGO stehen der Zurücknahme gleich.	1,0
6122	Beendigung des gesamten Verfahrens, wenn nicht Nummer 6121 erfüllt ist, durch 1. Zurücknahme der Revision oder der Klage a) vor dem Schluss der mündlichen Verhandlung oder,	

---

[1] Anl. 1 geänd. mWv 1.1.2021 durch G v. 21.12.2020 (BGBl. I S. 3229).

Nr.	Gebührentatbestand	Gebühr oder Satz der Gebühr nach § 34 GKG
	b) wenn eine solche nicht stattfindet, vor Ablauf des Tages, an dem das Urteil, der Gerichtsbescheid oder der Beschluss in der Hauptsache der Geschäftsstelle übermittelt wird, oder 2. Beschluss in den Fällen des § 138 FGO,	
	es sei denn, dass bereits ein Urteil, ein Gerichtsbescheid oder ein Beschluss in der Hauptsache vorausgegangen ist:	
	Die Gebühr 6120 ermäßigt sich auf	3,0
	Die Gebühr ermäßigt sich auch, wenn mehrere Ermäßigungstatbestände erfüllt sind.	

Hauptabschnitt 2. Vorläufiger Rechtsschutz

Vorbemerkung 6.2:
(1) Die Vorschriften dieses Hauptabschnitts gelten für einstweilige Anordnungen und für Verfahren nach § 69 Abs. 3 und 5 FGO.
(2) Im Verfahren über den Antrag auf Erlass und im Verfahren über den Antrag auf Aufhebung einer einstweiligen Anordnung werden die Gebühren jeweils gesondert erhoben. Mehrere Verfahren nach § 69 Abs. 3 und 5 FGO gelten innerhalb eines Rechtszugs als ein Verfahren.

Abschnitt 1. Erster Rechtszug

6210	Verfahren im Allgemeinen	2,0
6211	Beendigung des gesamten Verfahrens durch 1. Zurücknahme des Antrags a) vor dem Schluss der mündlichen Verhandlung oder, b) wenn eine solche nicht stattfindet, vor Ablauf des Tages, an dem der Beschluss (§ 114 Abs. 4 FGO) der Geschäftsstelle übermittelt wird, oder 2. Beschluss in den Fällen des § 138 FGO,	
	es sei denn, dass bereits ein Beschluss nach § 114 Abs. 4 FGO vorausgegangen ist:	
	Die Gebühr 6210 ermäßigt sich auf	0,75
	Die Gebühr ermäßigt sich auch, wenn mehrere Ermäßigungstatbestände erfüllt sind.	

Abschnitt 2. Beschwerde

Vorbemerkung 6.2.2:
Die Vorschriften dieses Abschnitts gelten für Beschwerden gegen Beschlüsse über einstweilige Anordnungen (§ 114 FGO) und über die Aussetzung der Vollziehung (§ 69 Abs. 3 und 5 FGO).

6220	Verfahren über die Beschwerde	2,0
6221	Beendigung des gesamten Verfahrens durch Zurücknahme der Beschwerde:	
	Die Gebühr 6220 ermäßigt sich auf	1,0

Hauptabschnitt 3. Besondere Verfahren

6300	Selbstständiges Beweisverfahren	1,0
6301	Verfahren über Anträge auf gerichtliche Handlungen der Zwangsvollstreckung gemäß § 152 FGO	22,00 €

Hauptabschnitt 4. Rüge wegen Verletzung des Anspruchs auf rechtliches Gehör

6400	Verfahren über die Rüge wegen Verletzung des Anspruchs auf rechtliches Gehör (§ 133a FGO): Die Rüge wird in vollem Umfang verworfen oder zurückgewiesen	66,00 €

Nr.	Gebührentatbestand	Gebühr oder Satz der Gebühr nach § 34 GKG
	Hauptabschnitt 5. Sonstige Beschwerden	
6500	Verfahren über die Beschwerde gegen die Nichtzulassung der Revision:	
	Soweit die Beschwerde verworfen oder zurückgewiesen wird	2,0
6501	Verfahren über die Beschwerde gegen die Nichtzulassung der Revision:	
	Soweit die Beschwerde zurückgenommen oder das Verfahren durch anderweitige Erledigung beendet wird	1,0
	Die Gebühr entsteht nicht, soweit die Revision zugelassen wird.	
6502	Verfahren über nicht besonders aufgeführte Beschwerden, die nicht nach anderen Vorschriften gebührenfrei sind:	
	Die Beschwerde wird verworfen oder zurückgewiesen	66,00 €
	Wird die Beschwerde nur teilweise verworfen oder zurückgewiesen, kann das Gericht die Gebühr nach billigem Ermessen auf die Hälfte ermäßigen oder bestimmen, dass eine Gebühr nicht zu erheben ist.	
	Hauptabschnitt 6. Besondere Gebühr	
6600	Auferlegung einer Gebühr nach § 38 GKG wegen Verzögerung des Rechtsstreits	wie vom Gericht bestimmt

Anlage 2[1]
(zu § 34 Absatz 1 Satz 3)

Gebührentabelle

Streitwert bis ... €	Gebühr ... €	Streitwert bis ... €	Gebühr ... €
500	38,00	50 000	601,00
1 000	58,00	65 000	733,00
1 500	78,00	80 000	865,00
2 000	98,00	95 000	997,00
3 000	119,00	110 000	1 129,00
4 000	140,00	125 000	1 261,00
5 000	161,00	140 000	1 393,00
6 000	182,00	155 000	1 525,00
7 000	203,00	170 000	1 657,00
8 000	224,00	185 000	1 789,00
9 000	245,00	200 000	1 921,00
10 000	266,00	230 000	2 119,00
13 000	295,00	260 000	2 317,00
16 000	324,00	290 000	2 515,00
19 000	353,00	320 000	2 713,00
22 000	382,00	350 000	2 911,00
25 000	411,00	380 000	3 109,00
30 000	449,00	410 000	3 307,00
35 000	487,00	440 000	3 505,00
40 000	525,00	470 000	3 703,00
45 000	563,00	500 000	3 901,00

[1] Anl. 2 neu gef. mWv 1.1.2021 durch G v. 22.12.2020 (BGBl. I S. 3256).

Sachverzeichnis

Die fett gedruckten Ziffern nach dem Stichwort bezeichnen die Nummern innerhalb
dieser Ausgabe, die nachfolgende magere Ziffer den Paragraphen, die in Klammern
gesetzten Zahlen verweisen auf die Nummern innerhalb dieser Vorschrift.

Sachverzeichnis

Sachverzeichnis

Sachverzeichnis

Sachverzeichnis

Sachverzeichnis

Sachverzeichnis

Sachverzeichnis

Sachverzeichnis

Sachverzeichnis

Sachverzeichnis

fette Ziffern = Gesetzesnummern

Kulturelle Zwecke, steuerbegünstigte Einrichtung **1** 52; **1.2** 64
Kunstausstellung, Zweckbetrieb **1** 68
Kunstgegenstände, Zahlungsmittel für Erbschaftsteuer oder Vermögensteuer **1** 224a
Künstlersozialkasse, Mitteilung von Besteuerungsgrundlagen an K. **1.2** 31

Ladung, Beteiligte im steuergerichtlichen Verfahren **2** 53, 79, 81
Länderbezogener Bericht, multinationale Unternehmensgruppe **1** 138a, 379; **1.1** Art. 97 § 31; **1.2** 138a
Lagefinanzamt 1 18; **1.2** 19
Land- und Forstwirtschaft
Anzeigepflichten **1** 138; **1.2** 138
Außenprüfung **1** 193
Betriebsstätte **1.2** 12
Buchführungspflicht **1** 141; **1.1** Art. 97 § 19; **1.2** 141
Steuererklärungsfristen **1** 109, 149; **1.1** Art. 97 § 10a; **1.2** 149
Verzinsung von Steuern **1** 233a; **1.1** Art. 97 § 15; **1.2** 233a
Warenausgangsaufzeichnungen **1** 144
Zweckbetrieb **1** 68
Landesfinanzbehörden statt Oberfinanzdirektion **1** 6
Lasten, Empfängernachweis **1** 160
Lebenspartnerschaft s. *Eingetragene Lebenspartnerschaft*
Lebensversicherung, Steuerpflicht von Zinsen **1.2** 180
Legitimationsprüfung, Kontoneröffnung **1.2** 154
Leichtfertige Steuerverkürzung 1 378; **1.1** Art. 97 § 24; **1.2** 153, 235
Leiharbeit
steuerbegünstigte Zwecke **1** 58
Steuergeheimnis **1** 31a; **1.2** 31a
Leistungen
Haftung Dritter **1** 48; **1.2** 48
steuerbegünstigte Zwecke **1.2** 68
Leistungsgebot 1 218, 219, 254; **1.2** 168, 218, 219, 361
Leistungsklage 2 41
Leistungsmissbrauch, Mitteilungen der Finanzbehörden **1** 31a; **1.2** 31a
Lieferscheine, Aufbewahrungsfristen **1** 147
Liquidation
Bekanntgabe Verwaltungsakt **1.2** 122, 197
Haftung **1** 75
Zuständigkeit **1** 26
Lizenzspielerstatut, Sportler **1.2** 67a
Lohnsteuer
Anmeldung **1.2** 167
Außenprüfung **1** 193, 194; **1.2** 193

Haftung **1.2** 191
Stundung **1** 222
Lohnsteueranmeldung, Selbstanzeige **1** 371
Lohnsteuererstattungsanspruch, Abtretung, Pfändung oder Verpfändung **1.2** 46
Lohnsteuerhilfeverein, Bevollmächtigter im Verfahren bei Finanzbehörde **1** 80, 80a
Löschung, Daten **1** 32f
Lotteriesteuer, Anzeigepflichten **1** 139
Lotterieunternehmen, Zweckbetrieb **1** 68
Luftfahrzeuge, Vollstreckung **1** 306, 311, 315, 318, 322, 323

Mahlzeitendienste 1 68
Mahnung, Vollstreckungsverfahren **1** 259, 337
Mangel, Zustellungsmangel **1.2** 122
Marktfähigkeit, grenzüberschreitende Steuergestaltungen **1** 138h
Massenanträge und -rechtsbehelfe 1.1 Art. 97 § 18a; **1.2** 367
Massenverfahren, Hinzuziehung **1** 360
Materielle Fehler 129, 177, 233a
Mechanische Fehler 1 129, 173a
Mehrere Nutzer, grenzüberschreitende Steuergestaltungen **1** 138g
Mehrere Verwaltungsakte, Einspruch **1.2** 357
Mehrere Wohnungen als Wohnsitz **1.2** 8
Mehrfache Pfändung 1 308, 320
Mehrfache Steuerfestsetzungen, Aufhebung **1** 174
Mehrfacher Wohnsitz, Zuständigkeit **1** 19
Mehrfache Zuständigkeit 1 25
Mehrgemeindliche Tätigkeitsausübung 1.2 180
Mehrheit von Schuldnern, Vollstreckungsgebühren **1** 342, 344
Mehrstufige Organschaft, Haftung **1** 73; **1.2** 73
Mehrwertsteuer s. *Umsatzsteuer*
Meldebehörden, Übermittlung von Daten **1** 139b
Meldepflicht s. *Mitteilung*
Menschen mit Behinderungen, Einrichtungen als Zweckbetrieb **1** 68; **1.2** 68
Messbescheid, Gewerbesteuer **1.2** 127
Mildtätige Zwecke, steuerbegünstigte Einrichtung **1** 53, 66, 68; **1.2** 53
Mindestbetrag, Verspätungszuschlag **1.2** 152
Mindestgebot, Versteigerung von Pfandsachen **1** 300
Mindestlohn, Überprüfung **1.2** 31a
Mineralgewinnungsrecht s. *Bodenschätze*
Missbrauch, Gestaltungsmissbrauch **1** 42; **1.2** 42

Sachverzeichnis

Sachverzeichnis

Sachverzeichnis

Sachverzeichnis

fette Ziffern = Gesetzesnummern

860